LE ROBERT & Collins

W0405333

allemand

français-allemand
allemand-français

HarperCollins Publishers
Westerhill Road
Bishopbriggs
Glasgow
G64 2QT
Great Britain

Sixième édition/Sechste Au,age 2015

www.collins.co.uk
www.collinsdictionary.com

ISBN 978-0-00-745081-7

Dictionnaires Le Robert
25, avenue Pierre-de-Coubertin
75211 Paris cedex 13
France

www.lerobert.fr

ISBN Mini+ 978-2-32100-836-1
ISBN Mini 978-2-32100-832-3

Dépôt légal mai 2016
Achevé d'imprimer en mai 2016
N°éditeur : 10217914 - 10217910

Photocomposition/Fotosatz
Davidson Publishing Solutions, Glasgow

Imprimé en Italie par/
Gedruckt in Italien von
La Tipografica Varese

DIRECTION ÉDITORIALE/
REDAKTIONELLE LEITUNG
Catherine Love

CHEF DE PROJET/PROJEKTLEITUNG
Persephone Lock

COLLABORATEURS/MITARBEITER
Teresa Álvarez
Sabine Citron
Horst Kopleck
Carol McCann
Val McNulty

INFORMATIQUE ÉDITORIALE/
DATENVERARBEITUNG
Thomas Callan
Agnieszka Urbanowicz

POUR LA MAISON D'ÉDITION/
VERLAGSMITARBEITER
Gerry Breslin
Kerry Ferguson

Inhalt

Table des matières

Abkürzungen — Abréviations

Abkürzungen		Abréviations
Abkürzung	*abk, abr*	abréviation
Akkusativ	*acc*	accusatif
Adjektiv	*adj*	adjectif
Verwaltung	*Admin*	administration
Adverb	*adv*	adverbe
Landwirtschaft	*Agr*	agriculture
Akkusativ	*Akk*	accusatif
Anatomie	*Anat*	anatomie
Architektur	*Archit*	architecture
Artikel	*art*	article
Kunst	*Art*	beaux arts
Astrologie	*Astrol, Astr*	astrologie
Astronomie	*Astron*	astronomie
attributiv	*attrib*	qualificatif
Auto, Verkehr	*Aut*	automobile
Hilfsverb	*aux*	auxiliaire
Luftfahrt	*Aviat*	aviation
besonderes	*bes*	en particulier
Biologie	*Biol, Bio*	biologie
Botanik	*Bot*	botanique
Boxen	*Boxe*	boxe
Chemie	*Chem, Chim*	chimie
Film	*Ciné*	cinéma
Handel	*Comm*	commerce
Konjunktion	*conj*	conjonction
Bauwesen	*Constr*	construction
Kochen und Backen	*Culin*	cuisine
Dativ	*Dat, dat*	datif
bestimmt	*déf*	défini
demonstrativ	*dém*	démonstratif
Wirtschaft	*Écon*	économie
Elektrizität	*Élec*	électricité
und so weiter	*etc*	et cetera
etwas	*etw*	quelque chose
Interjektion	*excl*	exclamation
Femininum, weiblich	*f*	féminin
umgangssprachlich	*fam*	familier
derb	*fam !*	vulgaire
figurativ	*fig*	figuré
Finanzen	*Fin*	finance

Abkürzungen		Abréviations
Fußball	*Foot*	football
gehoben	*geh*	style soutenu
Genitiv	*Gen, gén*	génitif
Geografie, Geologie	*Géo*	géographie, géologie
Geometrie	*Géom*	géométrie
Geschichte	*Hist*	histoire
unpersönlich	*impers*	impersonnel
unbestimmt	*indef, indéf*	indéfini
Computer	*Inform*	informatique
untrennbar	*insép*	non séparable
Interjektion	*interj*	exclamation
interrogativ	*interrog*	interrogatif
unveränderlich	*inv*	invariable
unregelmäßig	*irr*	irrégulier
jemand, jemanden, jemandem, jemandes	*jd, jdn, jdm, jds*	quelqu'un
Rechtswesen	*Jur*	juridique
Konjunktion	*konj*	conjonction
Sprachwissenschaft, Grammatik	*Ling*	linguistique et grammaire
Literatur	*Litt*	littérature
Maskulinum, männlich	*m*	masculin
Mathematik	*Math*	mathématiques
Medizin	*Méd*	médecine
Meteorologie	*Météo*	météorologie
Maskulinum und Femininum	*mf*	masculin et féminin
Militärwesen	*Mil*	domaine militaire
Musik	*Mus*	musique
Substantiv	*n*	nom
Seefahrt	*Naut*	nautisme
Neutrum, sächlich	*nt*	neutre
Zahlwort	*num*	numéral
oder	*od*	ou
Österreich	*Österr*	Autriche
pejorativ, abwertend	*péj*	péjoratif
persönlich	*pers*	personnel
Philosophie	*Philos*	philosophie
Fotografie	*Phot, Photo*	photographie
Physik	*Phys*	physique

Abkürzungen		Abréviations
Physiologie	*Physiol*	physiologie
Plural	*pl*	pluriel
Politik	*Pol*	politique
Possessivum	*poss*	possessif
Partizip Perfekt	*pp*	participe passé
Präposition	*präp, prép*	préposition
Präfix	*préf*	préfixe
Pronomen	*pron*	pronom
Psychologie	*Psych*	psychologie
etwas	*qch*	quelque chose
jemand	*qn*	quelqu'un
Warenzeichen	®	marque déposée
Eisenbahn	*Rail*	chemins de fer
Relativ-	*rel*	relatif
Religion	*Rel*	religion
Schulwesen	*Scol*	domaine scolaire
Singular	*sg*	singulier
Skifahren	*Ski*	ski
Konjunktiv	*sub*	subjonctif
Subjekt	*subj, suj*	sujet
Süddeutschland	*Südd*	Allemagne du Sud
Technik	*Tech*	technique
Nachrichtentechnik	*Tél*	télécommunications
Theater	*Theat, Théât*	théâtre
Fernsehen	*TV*	télévision
Typografie	*Typ, Typo*	typographie
Universität	*Univ*	université
unpersönlich	*unpers*	impersonnel
Verb	*vb*	verbe
intransitives Verb	*vi*	verbe intransitif
reflexives Verb	*vpr, vr*	verbe pronominal ou réfléchi
transitives Verb	*vt*	verbe transitif
Zoologie	*Zool*	zoologie
zusammengesetztes Wort	*zW*	mot composé
zwischen zwei Sprechern	—	changement d'interlocuteur
ungefähre Entsprechung	≈	indique une équivalence culturelle
abtrennbares Präfix	|	préfixe séparable

Terminaisons régulières des noms allemands
Regelmäßige deutsche Substantivendungen

nominatif		*génitif*	*pluriel*	*nominatif*		*génitif*	*pluriel*
-ade	*f*	-ade	-aden	-ist	*m*	-isten	-isten
-ant	*m*	-anten	-anten	-ium	*nt*	-iums	-ien
-anz	*f*	-anz	-anzen	-ius	*m*	-ius	-iusse
-ar	*m*	-ars	-are	-ive	*f*	-ive	-iven
-är	*m*	-ärs	-äre	-keit	*f*	-keit	-keiten
-at	*nt*	-at[e]s	-ate	-lein	*nt*	-leins	-lein
-atte	*f*	-atte	-atten	-ling	*m*	-lings	-linge
-chen	*nt*	-chens	-chen	-ment	*nt*	-ments	-mente
-ei	*f*	-ei	-eien	-mus	*m*	-mus	-men
-elle	*f*	-elle	-ellen	-nis	*f*	-nis	-nisse
-ent	*m*	-enten	-enten	-nis	*nt*	-nisses	-nisse
-enz	*f*	-enz	-enzen	-nom	*m*	-nomen	-nomen
-ette	*f*	-ette	-etten	-rich	*m*	-richs	-riche
-eur	*m*	-eurs	-eure	-schaft	*f*	-schaft	-schaften
-euse	*f*	-euse	-eusen	-sel	*nt*	-sels	-sel
-heit	*f*	-heit	-heiten	-tät	*f*	-tät	-täten
-ie	*f*	-ie	-ien	-tiv	*nt, m*	-tivs	-tive
-ik	*f*	-ik	-iken	-tor	*m*	-tors	-toren
-in	*f*	-in	-innen	-tum	*m, nt*	-tums	-tümer
-ine	*f*	-ine	-inen	-ung	*f*	-ung	-ungen
-ion	*f*	-ion	-ionen	-ur	*f*	-ur	-uren

Substantive, die mit einem geklammerten „r" oder „s" enden (z.B. **Angestellte(r)** *mf*, **Beamte(r)** *m*, **Gute(s)** *nt*) werden wie Adjektive dekliniert:

Les noms suivis d'un « r » ou d'un « s » entre parenthèses (par exemple **Angestellte(r)** *mf*, **Beamte(r)** *m*, **Gute(s)** *nt*) se déclinent comme des adjectifs:

der Angestellte *m*	**die Angestellte** *f*	**die Angestellten** *pl*
ein Angestellter *m*	**eine Angestellte** *f*	**Angestellte** *pl*
der Beamte *m*		**die Beamten** *pl*
ein Beamter *m*		**Beamte** *pl*
das Gute *nt*		
ein Gutes *nt*		

Transcription phonétique
Lautschrift

Vokale		Voyelles
plat, amour	[a]	matt
bas, pâte	[ɑ]	
jouer, été	[e]	Etage
lait, merci	[ɛ]	Wäsche
le, premier	[ə]	mache
ici, vie, lyre	[i]	Vitamin
or, homme	[ɔ]	Most
mot, gauche	[o]	Oase
beurre, peur	[œ]	Götter
peu, deux	[ø]	Ökonomie
genou, roue	[u]	zuletzt
rue, urne	[y]	Typ

Konsonanten		Consonnes
bombe	[b]	Ball
dinde	[d]	denn
fer, phare	[f]	fern
gag, bague	[g]	gern
yeux, paille, pied	[j]	ja
coq, qui, képi	[k]	Kind
lent, salle	[l]	links
maman, femme	[m]	Mann
non, nonne	[n]	Nest
agneau, vigne	[ɲ]	
camping	[ŋ]	Gong
poupée	[p]	Paar
rare, rentrer	[ʀ]	
sale, ce, nation	[s]	Bus
tache, chat	[ʃ]	Stein, Schlag
gilet, juge	[ʒ]	Etage
tente, thermal	[t]	Tafel
vase	[v]	wer
fouetter, oui	[w]	
huile, lui	[ɥ]	
zéro, rose	[z]	singen

Nasale		Nasales
sang, dans	[ɑ̃]	Gourmand
matin, plein	[ɛ̃]	timbrieren
brun	[œ̃]	Parfum
non, pont	[ɔ̃]	Bonbon

Bei Stichwörtern mit einem „h aspiré" steht in der Lautschrift [']. Diese Wörter werden nicht mit dem vorhergehenden Wort zusammengezogen.

Französische Verben

Hilfsverben

présent	*imparfait*	*futur*	*passé composé*
avoir			
j'ai	j'avais	j'aurai	j'ai eu
tu as	tu avais	tu auras	tu as eu
il a	il avait	il aura	il a eu
nous avons	nous avions	nous aurons	nous avons eu
vous avez	vous aviez	vous aurez	vous avez eu
ils ont	ils avaient	ils auront	ils ont eu
être			
je suis	j'étais	je serai	j'ai été
tu es	tu étais	tu seras	tu as été
il est	il était	il sera	il a été
nous sommes	nous étions	nous serons	nous avons été
vous êtes	vous étiez	vous serez	vous avez été
ils sont	ils étaient	ils seront	ils ont été

Zum Gebrauch der Hilfsverben in den zusammengesetzten Zeiten befindet sich beim entsprechenden Stichwort ein Vermerk. Steht keine Angabe zum Hilfsverb, wird bei transitivem und intransitivem Gebrauch des Verbs das Hilfsverb **avoir** benutzt. Bei Pronominalverben werden zusammengesetzte Zeiten grundsätzlich mit **être** gebildet.

Musterverben

Die im Wörterbuchteil bei Verben in Spitzklammen angegebenen. Ziffern weisen auf die im Folgenden aufgeführten Konjugationsmuster hin.

présent	*imparfait*	*futur*	*passé composé*
1 aimer -er			
j'aime	j'aimais	j'aimerai	j'ai aimé
tu aimes	tu aimais	tu aimeras	tu as aimé
il aime	il aimait	il aimera	il a aimé
nous aimons	nous aimions	nous aimerons	nous avons aimé
vous aimez	vous aimiez	vous aimerez	vous avez aimé
ils aiment	ils aimaient	ils aimeront	ils ont aimé
auch für Verben auf -ier, z. B. **prier**:			
je prie	je priais	je prierai	j'ai prié
nous prions	nous priions		
und auf -éer, z. B. **créer**:			
je crée	je créais	je créerai	j'ai créé
nous créons	nous créions		
2 placer -cer			
je place	je plaçais	je placerai	j'ai placé
nous plaçons			
2 manger -ger			
je mange	je mangeais	je mangerai	j'ai mangé
nous mangeons			
3 appeler -eler			
j'appelle	j'appelais	j'appellerai	j'ai appelé
nous appelons			
3 jeter -eter			
je jette	je jetais	je jetterai	j'ai jeté
nous jetons			

présent	*imparfait*	*futur*	*passé composé*

4 geler -eler

je gèle	je gelais	je gèlerai	j'ai gelé
nous gelons			

4 acheter -eter

j'achète	j'achetais	j'achèterai	j'ai acheté
nous achetons			

gleiche Konjugation für Verben auf -emer (z. B.: **semer**)
-ener (z. B.: **mener**)
-eser (z. B.: **peser**)
-ever (z. B.: **lever**)

5 céder

je cède	je cédais	je céderai	j'ai cédé
nous cédons			

auch für Verben mit é + Konsonant + er (z. B.: **célébrer**, **préférer**)

6 nettoyer

je nettoie	je nettoyais	je nettoierai	j'ai nettoyé
nous nettoyons			

auch für Verben auf -uyer (z. B.: **appuyer**)

7 payer

je paie *od* paye	je payais	je paierai	j'ai payé
nous payons			

8 finir

je finis	je finissais	je finirai	j'ai fini
tu finis			
il finit			
nous finissons			
vous finissez			
ils finissent			

présent	*imparfait*	*futur*	*passé composé*
9 tenir			
je tiens	je tenais	je tiendrai	j'ai tenu
tu tiens			
il tient			
nous tenons			
vous tenez			
ils tiennent			
auch **venir**			
10 partir			
je pars	je partais	je partirai	je suis parti(e)
tu pars			
il part			
nous partons			
vous partez			
ils partent			
10 sentir			
je sens	je sentais	je sentirai	j'ai senti
nous sentons			
11 ouvrir			
j'ouvre	j'ouvrais	j'ouvrirai	j'ai ouvert
tu ouvres			
il ouvre			
nous ouvrons			
vous ouvrez			
ils ouvrent			
auch **offrir**			

présent	*imparfait*	*futur*	*passé composé*
12 recevoir			
je reçois	je recevais	je recevrai	j'ai reçu
tu reçois			
il reçoit			
nous recevons			
vous recevez			
ils reçoivent			
13 prendre			
je prends	je prenais	je prendrai	j'ai pris
tu prends			
il prend			
nous prenons			
vous prenez			
ils prennent			
14 vendre			
je vends	je vendais	je vendrai	j'ai vendu
tu vends			
il vend			
nous vendons			
vous vendez			
ils vendent			

sowie Verben auf -andre (z. B.: **répandre**)
-ondre (z.B.: **répondre**)
-ordre (z.B.: **mordre**)

Unregelmäßige Verben

infinitif	*présent*	*futur*	*participe passé*
accroître	j'accrois, il acroît, nous accroissons	j'accroîtrai	accru(e)
acquérir	j'acquiers, nous acquérons, ils acquièrent	j'acquerrai	acquis(e)
aller	je vais, tu vas, il va, nous allons, ils vont	j'irai	allé(e)
asseoir	j'assieds *od* j'assois, nous asseyons *od* nous assoyons	j'assierai *od* j'assoirai	assis(e)
battre	je bats, nous battons	je battrai	battu(e)
boire	je bois, nous buvons, ils boivent	je boirai	bu(e)
bouillir	je bous, nous bouillons	je bouillirai	bouilli(e)
conclure	je conclus, nous concluons	je conclurai	conclu(e)
conduire	je conduis, nous conduisons	je conduirai	conduit(e)
connaître	je connais, nous connaissons	je connaîtrai	connu(e)
coudre	je couds, nous cousons	je coudrai	cousu(e)
courir	je cours, nous courons	je courrai	couru(e)
craindre	je crains, nous craignons	je craindrai	craint(e)
croire	je crois, nous croyons	je croirai	cru(e)
cueillir	je cueille, nous cueillons	je cueillerai	cueilli(e)
devoir	je dois, nous devons, ils doivent	je devrai	dû, due
dire	je dis, nous disons, vous dites, ils disent	je dirai	dit(e)
dissoudre	je dissous, nous dissolvons	je dissoudrai	dissous, dissoute
dormir	je dors, nous dormons	je dormirai	dormi
écrire	j'écris, nous écrivons	je écrirai	écrit(e)
faillir	je faillis, nous faillissons	je faillirai	failli(e)
faire	je fais, nous faisons, vous faites, ils font	je ferai	fait(e)
falloir	*nur:* il faut	*nur:* il faudra	*nur:* il a fallu
frire	*nur:* je fris, tu fris, il frit	*nur:* je frirai, tu friras, il frira	frit(e)

infinitif	*présent*	*futur*	*participe passé*
fuir	je fuis, nous fuyons, ils fuient	je fuirai	fui(e)
haïr	je hais, nous haïssons, ils haïssent	je haïrai	haï(e)
joindre	je joins, nous joignons	je joindrai	joint(e)
lire	je lis, nous lisons	je lirai	lu(e)
luire	je luis, nous luisons	je luirai	lui
mettre	je mets, nous mettons	je mettrai	mis(e)
moudre	je mouds, nous moulons,	je moudrai	moulu(e)
mourir	je meurs, nous mourons, ils meurent	je mourrai	mort(e)
mouvoir	je meus, nous mouvons, ils meuvent	je mouvrai	mû, mue
naître	je nais, nous naissons	je naîtrai	né(e)
peindre	je peins, nous peignons	je peindrai	peint(e)
plaire	je plais, il plaît	je plairai	plu(e)
pleuvoir	*nur:* il pleut	*nur:* il pleuvra	*nur:* il a plu
pourvoir	je pourvois, nous pourvoyons	je pourvoirai	pourvu(e)
pouvoir	je peux, nous pouvons, ils peuvent	je pourrai	pu(e)
rire	je ris, nous rions, ils rient	je rirai	ri
saillir	il saille	il saillira	sailli
savoir	je sais, nous savons	je saurai	su(e)
suffire	je suffis, nous suffisons	je suffirai	suffi(e)
suivre	je suis, nous suivons	je suivrai	suivi(e)
taire, se	je me tais, nous nous taisons	je me tairai	tu(e)
traire	je trais, nous trayons, ils traient	je trairai	trait(e)
vaincre	je vaincs, nous vainquons	je vaincrai	vaincu(e)
valoir	je vaux, nous valons	je vaudrai	valu(e)
vêtir	je vêts, nous vêtons	je vêtirai	vêtu(e)
vivre	je vis, nous vivons	je vivrai	vécu(e)
voir	je vois, nous voyons, ils voient	je verrai	vu(e)
vouloir	je veux, nous voulons, ils veulent	je voudrai	voulu(e)

Verbes allemands irréguliers

Infinitiv	*Präsens 2., 3. Singular*	*Imperfekt*	*Partizip Perfekt*
abwägen	wägst ab, wägt ab	wog ab	abgewogen
ausbedingen	bedingst aus, bedingt aus	bedang aus	ausbedungen
backen	bäckst, bäckt	backte *ou* buk	gebacken
befehlen	befiehlst, befiehlt	befahl	befohlen
beginnen	beginnst, beginnt	begann	begonnen
beißen	beißt, beißt	biss	gebissen
bergen	birgst, birgt	barg	geborgen
bersten	birst, birst	barst	geborsten
betrügen	betrügst, betrügt	betrog	betrogen
biegen	biegst, biegt	bog	gebogen
bieten	bietest, bietet	bot	geboten
binden	bindest, bindet	band	gebunden
bitten	bittest, bittet	bat	gebeten
blasen	bläst, bläst	blies	geblasen
bleiben	bleibst, bleibt	blieb	geblieben
braten	brätst, brät	briet	gebraten
brechen	brichst, bricht	brach	gebrochen
brennen	brennst, brennt	brannte	gebrannt
bringen	bringst, bringt	brachte	gebracht
denken	denkst, denkt	dachte	gedacht
dreschen	drischst, drischt	drosch	gedroschen
dringen	dringst, dringt	drang	gedrungen
dürfen	darfst, darf	durfte	gedurft
empfangen	empfängst, empfängt	empfing	empfangen
empfehlen	empfiehlst, empfiehlt	empfahl	empfohlen
empfinden	empfindest, empfindet	empfand	empfunden
erschrecken	erschrickst, erschrickt	erschrak	erschrocken
erwägen	erwägst, erwägt	erwog	erwogen
essen	isst, isst	aß	gegessen
fahren	fährst, fährt	fuhr	gefahren
fallen	fällst, fällt	fiel	gefallen
fangen	fängst, fängt	fing	gefangen
fechten	fichst, ficht	focht	gefochten
finden	findest, findet	fand	gefunden
flechten	flichtst, flicht	flocht	geflochten

Infinitiv	*Präsens 2., 3. Singular*	*Imperfekt*	*Partizip Perfekt*
fliegen	fliegst, fliegt	flog	geflogen
fliehen	fliehst, flieht	floh	geflohen
fließen	fließt, fließt	floss	geflossen
fressen	frisst, frisst	fraß	gefressen
frieren	frierst, friert	fror	gefroren
gären	gärst, gärt	gor	gegoren
gebären	gebierst, gebiert	gebar	geboren
geben	gibst, gibt	gab	gegeben
gedeihen	gedeihst, gedeiht	gedieh	gediehen
gehen	gehst, geht	ging	gegangen
gelingen	--, gelingt	gelang	gelungen
gelten	giltst, gilt	galt	gegolten
genesen	genest, genest	genas	genesen
genießen	genießt, genießt	genoss	genossen
geraten	gerätst, gerät	geriet	geraten
geschehen	--, geschieht	geschah	geschehen
gewinnen	gewinnst, gewinnt	gewann	gewonnen
gießen	gießt, gießt	goss	gegossen
gleichen	gleichst, gleicht	glich	geglichen
gleiten	gleitest, gleitet	glitt	geglitten
glimmen	glimmst, glimmt	glomm	geglommen
graben	gräbst, gräbt	grub	gegraben
greifen	greifst, greift	griff	gegriffen
haben	hast, hat	hatte	gehabt
halten	hältst, hält	hielt	gehalten
hängen	hängst, hängt	hing	gehangen
hauen	haust, haut	haute	gehauen
heben	hebst, hebt	hob	gehoben
heißen	heißt, heißt	hieß	geheißen
helfen	hilfst, hilft	half	geholfen
kennen	kennst, kennt	kannte	gekannt
klingen	klingst, klingt	klang	geklungen
kneifen	kneifst, kneift	kniff	gekniffen
kommen	kommst, kommt	kam	gekommen
können	kannst, kann	konnte	gekonnt
kriechen	kriechst, kriecht	kroch	gekrochen
laden	lädst, lädt	lud	geladen

Infinitiv	*Präsens 2., 3. Singular*	*Imperfekt*	*Partizip Perfekt*
lassen	lässt, lässt	ließ	gelassen
laufen	läufst, läuft	lief	gelaufen
leiden	leidest, leidet	litt	gelitten
leihen	leihst, leiht	lieh	geliehen
lesen	liest, liest	las	gelesen
liegen	liegst, liegt	lag	gelegen
lügen	lügst, lügt	log	gelogen
mahlen	mahlst, mahlt	mahlte	gemahlen
meiden	meidest, meidet	mied	gemieden
melken	melkst, melkt	melkte *ou* molk	gemolken
messen	misst, misst	maß	gemessen
misslingen	--, misslingt	misslang	misslungen
mögen	magst, mag	mochte	gemocht
müssen	musst, muss	musste	gemusst
nehmen	nimmst, nimmt	nahm	genommen
nennen	nennst, nennt	nannte	genannt
pfeifen	pfeifst, pfeift	pfiff	gepfiffen
preisen	preist, preist	pries	gepriesen
quellen	quillst, quillt	quoll	gequollen
raten	rätst, rät	riet	geraten
reiben	reibst, reibt	rieb	gerieben
reißen	reißt, reißt	riss	gerissen
reiten	reitest, reitet	ritt	geritten
rennen	rennst, rennt	rannte	gerannt
riechen	riechst, riecht	roch	gerochen
ringen	ringst, ringt	rang	gerungen
rinnen	rinnst, rinnt	rann	geronnen
rufen	rufst, ruft	rief	gerufen
salzen	salzt, salzt	salzte	gesalzen
saufen	säufst, säuft	soff	gesoffen
saugen	saugst, saugt	sog *ou* saugte	gesogen *ou* gesaugt
schaffen	schaffst, schafft	schuf	geschaffen
scheiden	scheidest, scheidet	schied	geschieden
scheinen	scheinst, scheint	schien	geschienen
scheißen	scheißt, scheißt	schiss	geschissen

Infinitiv	*Präsens 2., 3. Singular*	*Imperfekt*	*Partizip Perfekt*
schelten	schiltst, schilt	schalt	gescholten
scheren	scherst, schert	schor	geschoren
schieben	schiebst, schiebt	schob	geschoben
schießen	schießt, schießt	schoss	geschossen
schinden	schindest, schindet	schindete	geschunden
schlafen	schläfst, schläft	schlief	geschlafen
schlagen	schlägst, schlägt	schlug	geschlagen
schleichen	schleichst, schleicht	schlich	geschlichen
schleifen	schleifst, schleift	schliff	geschliffen
schließen	schließt, schließt	schloss	geschlossen
schlingen	schlingst, schlingt	schlang	geschlungen
schmeißen	schmeißt, schmeißt	schmiss	geschmissen
schmelzen	schmilzt, schmilzt	schmolz	geschmolzen
schneiden	schneidest, schneidet	schnitt	geschnitten
schreiben	schreibst, schreibt	schrieb	geschrieben
schreien	schreist, schreit	schrie	geschrien
schreiten	schreitest, schreitet	schritt	geschritten
schweigen	schweigst, schweigt	schwieg	geschwiegen
schwellen	schwillst, schwillt	schwoll	geschwollen
schwimmen	schwimmst, schwimmt	schwamm	geschwommen
schwinden	schwindest, schwindet	schwand	geschwunden
schwingen	schwingst, schwingt	schwang	geschwungen
schwören	schwörst, schwört	schwör	geschworen
sehen	siehst, sieht	sah	gesehen
sein	bist, ist	war	gewesen
senden	sendest, sendet	sandte	gesandt
singen	singst, singt	sang	gesungen
sinken	sinkst, sinkt	sank	gesunken
sinnen	sinnst, sinnt	sann	gesonnen
sitzen	sitzt, sitzt	saß	gesessen
sollen	sollst, soll	sollte	gesollt
speien	speist, speit	spie	gespien
spinnen	spinnst, spinnt	spann	gesponnen
sprechen	sprichst, spricht	sprach	gesprochen
springen	springst, springt	sprang	gesprungen
stechen	stichst, sticht	stach	gestochen
stehen	stehst, steht	stand	gestanden

Infinitiv	*Präsens 2., 3. Singular*	*Imperfekt*	*Partizip Perfekt*
stehlen	stiehlst, stiehlt	stahl	gestohlen
steigen	steigst, steigt	stieg	gestiegen
sterben	stirbst, stirbt	starb	gestorben
stinken	stinkst, stinkt	stank	gestunken
stoßen	stößt, stößt	stieß	gestoßen
streichen	streichst, streicht	strich	gestrichen
streiten	streitest, streitet	stritt	gestritten
tragen	trägst, trägt	trug	getragen
treffen	triffst, trifft	traf	getroffen
treiben	treibst, treibt	trieb	getrieben
treten	trittst, tritt	trat	getreten
trinken	trinkst, trinkt	trank	getrunken
trügen	trügst, trügt	trog	getrogen
tun	tust, tut	tat	getan
verderben	verdirbst, verdirbt	verdarb	verdorben
vergessen	vergisst, vergisst	vergaß	vergessen
verlieren	verlierst, verliert	verlor	verloren
verschleißen	verleißt, verschleißt	verschliss	verschlissen
verschwinden	verschwindest, verschwindet	verschwand	verschwunden
verzeihen	verzeihst, verzeiht	verzieh	verziehen
wachsen	wächst, wächst	wuchs	gewachsen
waschen	wäscht, wäscht	wusch	gewaschen
weben	webst, webt	webte *ou* wob	gewoben
weichen	weichst, weicht	wich	gewichen
weisen	weist, weist	wies	gewiesen
wenden	wendest, wendet	wandte	gewandt
werben	wirbst, wirbt	warb	geworben
werden	wirst, wird	wurde	geworden
werfen	wirfst, wirft	warf	geworfen
wiegen	wiegst, wiegt	wog	gewogen
winden	windest, windet	wand	gewunden
wissen	weißt, weiß	wusste	gewusst
wollen	willst, will	wollte	gewollt
wringen	wringst, wringt	wrang	gewrungen
ziehen	ziehst, zieht	zog	gezogen
zwingen	zwingst, zwingt	zwang	gezwungen

FRANÇAIS – ALLEMAND
FRANZÖSISCH – DEUTSCH

a

MOT-CLÉ

à [a] (*à* + *le* = **au**, *à* + *les* = **aux**) *prép*
1 (*situation*) in +*dat*; **être à Paris/ au Portugal** in Paris/Portugal sein; **être à l'école/au bureau** in der Schule/im Büro sein; **être à la campagne/maison** auf dem Land/ zu Hause sein; **c'est à 10 km (d'ici)** das ist 10 km (von hier) entfernt
2 (*direction*) in +*acc*; (*avec villes et pays*) nach; **aller à l'école/au bureau** in die Schule/ins Büro gehen; **aller à Paris/au Portugal** nach Paris/Portugal fahren; **aller à la campagne** aufs Land fahren; **rentrer à la maison** nach Hause gehen
3 (*temps*) : **à 3 heures/minuit** um 3 Uhr/Mitternacht; **à demain/ lundi/la semaine prochaine !** bis morgen/Montag/nächste Woche!
4 (*attribution, appartenance*) : **donner qch à qn** jdm etw geben; **ce livre est à Paul/lui/moi** das Buch gehört Paul/ihm/mir; **un ami à moi** ein Freund von mir
5 (*moyen*) mit; **se chauffer au gaz/à l'électricité** mit Gas/Strom heizen
6 (*provenance*) aus; **prendre de l'eau à la fontaine** Wasser aus dem Brunnen holen; **boire à la bouteille** aus der Flasche trinken
7 (*caractérisation, manière*) : **l'homme aux yeux bleus/à la casquette rouge** der Mann mit den blauen Augen/der roten Mütze; **à l'européenne/la russe** auf europäische/russische Art
8 (*but, destination*) : **maison à vendre** Haus zu verkaufen
9 (*rapport, distribution etc*) pro; **100 km/unités à l'heure** 100 km/ Einheiten in der *ou* pro Stunde; **payé au mois/à l'heure** monatlich/nach Stunden bezahlt; **4 à 5 heures/kilos** 4 bis 5 Stunden/Kilo

abaisser [abese] *vt* senken; (*vitre*) herunterlassen; (*manette*) nach unten drücken; (*prix, limite, niveau*) senken
abandon [abɑ̃dɔ̃] *nm* Verlassen *nt*, Aufgeben *nt*; **être à l'~** verwahrlost sein • **abandonner** *vt* verlassen; (*activité*) aufgeben
abasourdir [abazuʀdiʀ] *vt* betäuben
abat-jour [abaʒuʀ] *nm inv* Lampenschirm *m*
abats [aba] *nmpl* (*viande*) Innereien *pl*
abattement [abatmɑ̃] *nm* (*déduction*) Abzug *m*
abattoir [abatwaʀ] *nm* Schlachthof *m*
abattre [abatʀ] *vt* (*arbre*) fällen; (*mur, maison*) einreißen, abreißen; (*avion*) abschießen; (*animal*) schlachten; (*personne*) niederschießen; **s'abattre** *vpr* (*mât, malheur*) niederstürzen; **s'~ sur** (*suj* : *pluie*) niederprasseln auf

+acc • **abattu, e** *adj* (*déprimé*) entmutigt
abbaye [abei] *nf* Abtei *f*
abbé [abe] *nm* (*d'une abbaye*) Abt *m*; (*de paroisse*) Pfarrer *m*
abcès [apsɛ] *nm* Abszess *m*
abdomen [abdɔmɛn] *nm* Bauch *m*
abeille [abɛj] *nf* Biene *f*
aberrant, e [aberɑ̃, ɑ̃t] *adj* absurd
abîme [abim] *nm* Abgrund *m*
abîmer [abime] *vt* beschädigen; **s'abîmer** *vpr* kaputtgehen
abject, e [abʒɛkt] *adj* verabscheuungswürdig
ablation [ablasjɔ̃] *nf* Entfernen *nt*
aboiement [abwamɑ̃] *nm* Bellen *nt*
abois [abwa] *nmpl* : **être aux ~** in die Enge getrieben sein
abolir [abɔliʀ] *vt* abschaffen • **abolition** *nf* Abschaffung *f*
abominable [abɔminabl] *adj* abscheulich
abondance [abɔ̃dɑ̃s] *nf* (*grande quantité*) Fülle *f*; (*richesse*) Reichtum *m*; **en ~** in Hülle und Fülle • **abondant, e** *adj* reichlich • **abonder** *vi* im Überfluss vorhanden sein; **~ en** wimmeln von
abonné, e [abɔne] *nm/f* (*du téléphone*) Teilnehmer(in) *m(f)*; TV, (*à un journal*) Abonnent(in) *m(f)*
abonnement [abɔnmɑ̃] *nm* Abonnement *nt*; (*de transports en commun*) Zeitkarte *f* • **abonner** *vpr* : **s'~ à qch** etw abonnieren
abord [abɔʀ] *nm* : **d'~** zuerst
abordable [abɔʀdabl] *adj* erschwinglich; (*personne*) umgänglich
aborder [abɔʀde] *vt* (*personne*) ansprechen
aboutir [abutiʀ] *vi* erfolgreich sein; **~ à/dans** enden in *+dat*
aboyer [abwaje] *vi* bellen
abrasif, -ive [abʀazif, iv] *adj* Schleif- ▶ *nm* Schleifmittel *nt*
abrégé [abʀeʒe] *nm* Abriss *m*
abréger [abʀeʒe] *vt* (ver)kürzen
abreuver [abʀœve] : **s'abreuver** *vpr* saufen
abréviation [abʀevjasjɔ̃] *nf* Abkürzung *f*
abri [abʀi] *nm* Schutz *m*; (*lieu couvert*) Unterstand *m*; (*cabane*) (Schutz)hütte *f* • **abribus** *nm* Wartehäuschen *nt*
abricot [abʀiko] *nm* Aprikose *f* • **abricotier** *nm* Aprikosenbaum *m*
abriter [abʀite] *vt* schützen; (*recevoir, loger*) unterbringen; **s'abriter** *vpr* Schutz suchen
abroger [abʀɔʒe] *vt* außer Kraft setzen
abrupt, e [abʀypt] *adj* steil; (*personne, ton*) schroff
abruti, e [abʀyti] *nm/f* Idiot(in) *m(f)*
absence [apsɑ̃s] *nf* Abwesenheit *f* • **absent, e** *adj* (*personne*) abwesend; (*chose*) fehlend • **absentéisme** *nm* häufiges Fehlen *nt* (*bei der Arbeit, in der Schule etc*); **taux d'~** Abwesenheitsquote *f* • **absenter** : **s'~** *vpr* weggehen; (*pour maladie etc*) sich *dat* freinehmen
absolu, e [apsɔly] *adj* absolut • **absolument** *adv* absolut; (*sans faute*) unbedingt
absolution [apsɔlysjɔ̃] *nf* (*Rel*) Absolution *f*; (*Jur*) Freispruch *m*
absorbant, e [apsɔʀbɑ̃, ɑ̃t] *adj* (*matière*) saugfähig; (*tâche, travail*) fesselnd
absorber [apsɔʀbe] *vt* (*manger, boire*) zu sich nehmen; (*liquide*) absorbieren
absoudre [apsudʀ] *vt* lossprechen

abstenir [apstəniʀ] : **s'~** *vpr* (*Pol*) sich der Stimme enthalten; **s'~ de qch** sich einer Sache *gén* enthalten • **abstention** *nf* (Stimm)enthaltung *f* • **abstentionniste** *nmf* Nichtwähler(in) *m(f)*
abstraction [apstʀaksjɔ̃] *nf* Abstraktion *f*; (*idée*) Abstraktum *nt*; **faire ~ de qch** etw beiseitelassen
abstrait, e [apstʀɛ, ɛt] *adj* abstrakt
absurde [apsyʀd] *adj* absurd
abus [aby] *nm* (*d'alcool, de médicaments etc*) Missbrauch *m*; **~ de médicaments** Arzneimittelmissbrauch • **abuser** *vi* (*dépasser la mesure*) zu weit gehen; **s'abuser** *vpr* sich irren • **abusif, -ive** *adj* (*prix*) unverschämt, maßlos; **usage ~** Missbrauch *m*
acacia [akasja] *nm* Akazie *f*
académie [akademi] *nf* Akademie *f*
académique [akademik] *adj* akademisch
acajou [akaʒu] *nm* Mahagoni *nt*
accablant, e [akɑblɑ̃, ɑ̃t] *adj* unerträglich • **accabler** *vt* belasten
accalmie [akalmi] *nf* Flaute *f*
accaparer [akapaʀe] *vt* an sich *acc* reißen; (*occuper*) (völlig) in Anspruch nehmen
accéder [aksede] : **~ à** *vt* kommen zu, gelangen zu; (*requête*) nachkommen +*dat*
accélérateur [akseleʀatœʀ] *nm* (*Auto*) Gaspedal *nt*
accélération [akseleʀasjɔ̃] *nf* Beschleunigung *f*
accélérer [akseleʀe] *vt, vi* beschleunigen
accent [aksɑ̃] *nm* Akzent *m*; (*inflexions*) Tonfall *m* • **accentuer** *vt* betonen; (*augmenter*) steigern; **s'accentuer** *vpr* zunehmen
acceptable [aksɛptabl] *adj* annehmbar
accepter [aksɛpte] *vt* annehmen; (*risque, responsabilité*) auf sich *acc* nehmen; (*fait, hypothèse*) anerkennen; (*personne, échec, danger etc*) akzeptieren
acception [aksɛpsjɔ̃] *nf* Bedeutung *f*
accès [aksɛ] *nm* Zugang *m*; (*routes*) Zufahrt(sstraße) *f*; (*Inform*) Zugriff *m*; **~ codé** Passwortschutz *m* • **accessible** *adj* leicht zu erreichen; (*personne, sujet*) zugänglich
accessoire [akseswaʀ] *nm* (*pièce*) Zubehörteil *nt*
accident [aksidɑ̃] *nm* Unfall *m*
acclamer [aklame] *vt* zujubeln +*dat*
acclimater [aklimate] : **s'acclimater** *vpr* sich akklimatisieren
accolade [akɔlad] *nf* Umarmung *f*; (*Typo*) geschweifte Klammer *f*
accommodant, e [akɔmɔdɑ̃, ɑ̃t] *adj* zuvorkommend
accommoder [akɔmɔde] *vt* (*Culin*) zubereiten
accompagnateur, -trice [akɔ̃paɲatœʀ, tʀis] *nm/f* Begleiter(in) *m(f)*; (*de voyage organisé*) Reisebegleiter(in) *m(f)* • **accompagnement** *nm* Begleitung *f* • **accompagner** *vt* begleiten
accompli, e [akɔ̃pli] *adj* : **musicien ~** vollendeter Musiker *m*
accomplir [akɔ̃pliʀ] *vt* ausführen
accord [akɔʀ] *nm* (*entente, Ling*) Übereinstimmung *f*; (*contrat,*

traité) Abkommen *nt*; (*autorisation*) Zustimmung *f*; **être d'~ avec qn** mit jdm einer Meinung sein
accordéon [akɔʀdeɔ̃] *nm* (*Mus*) Akkordeon *nt*
accorder [akɔʀde] *vt* bewilligen
accoster [akɔste] *vt* (*personne*) ansprechen
accouchement [akuʃmɑ̃] *nm* Entbindung *f* • **accoucher** *vi* entbinden; **~ d'une fille** ein Mädchen gebären *ou* zur Welt bringen
accoudoir [akudwaʀ] *nm* Armlehne *f*
accoupler [akuple] *vt* (*moteurs, bœufs*) (zusammen)koppeln; **s'accoupler** *vpr* sich paaren
accourir [akuʀiʀ] *vi* herbeilaufen
accoutrement [akutʀəmɑ̃] (*péj*) *nm* Aufzug *m*
accoutumance [akutymɑ̃s] *nf* Sucht *f*
accoutumé, e [akutyme] *adj* gewohnt
accro [akʀo] (*fam*) *adj* : **être ~** ein Junkie sein
accroc [akʀo] *nm* (*déchirure*) Riss *m*; **sans ~s** (*fig*) ohne Probleme
accrochage [akʀɔʃaʒ] *nm* Aufhängen *nt*; (*Auto*) Zusammenstoß *m*
accrocher [akʀɔʃe] *vt* (*suspendre*) aufhängen; (*attacher*) festmachen; (*heurter*) anstoßen an *+dat*; **s'accrocher** *vpr* : **s'~ à** hängen bleiben an *+dat*; (*fig*) sich klammern an *+acc*
accrocheur, -euse [akʀɔʃœʀ, øz] *adj* (*vendeur, concurrent*) beharrlich; (*publicité, titre*) zugkräftig
accroissement [akʀwasmɑ̃] *nm* Zunahme *f*
accroître [akʀwatʀ] *vt* vergrößern; **s'accroître** *vpr* anwachsen, stärker werden
accroupir [akʀupiʀ] *vpr* : **s'~** hocken, kauern
accru, e [akʀy] *pp de* **accroître** ▶ *adj* verstärkt
accueil [akœj] *nm* Empfang *m* • **accueillant, e** *adj* gastfreundlich • **accueillir** *vt* begrüßen; (*loger*) unterbringen
accumulation [akymylasjɔ̃] *nf* : **une ~ de** eine Anhäufung von
accumuler [akymyle] *vt* anhäufen
accusation [akyzasjɔ̃] *nf* Beschuldigung *f*; (*Jur*) Anklage *f* • **accusé, e** *nm/f* Angeklagte(r) *f(m)* ▶ *nm* : **~ de réception** Empfangsbestätigung *f* • **accuser** *vt* beschuldigen; (*Jur*) anklagen
acerbe [asɛʀb] *adj* bissig
acharnement [aʃaʀnəmɑ̃] *nm* (*dans une lutte*) Unerbittlichkeit *f*; (*de travail*) Unermüdlichkeit *f*
acharner [aʃaʀne] : **s'~** *vpr* : **s'~ contre** *ou* **sur qn** jdn unerbittlich verfolgen; (*suj* : *malchance*) jdn (ständig) verfolgen; **s'~ à faire qch** etw unbedingt tun wollen
achat [aʃa] *nm* Kauf *m*
acheminer [aʃ(ə)mine] *vt* befördern; **s'acheminer** *vpr* : **s'~ vers** zusteuern auf *+acc*
acheter [aʃ(ə)te] *vt* kaufen • **acheteur, -euse** *nm/f* Käufer(in) *m(f)*
achever [aʃ(ə)ve] *vt* beenden
acide [asid] *adj* sauer ▶ *nm* Säure *f*
acier [asje] *nm* Stahl *m*
acné [akne] *nf* Akne *f*
acolyte [akɔlit] (*péj*) *nm* Komplize *m*, Komplizin *f*
acompte [akɔ̃t] *nm* Anzahlung *f*
acoustique [akustik] *adj* akustisch
acquéreur [akeʀœʀ] *nm* Käufer(in) *m(f)*

acquérir [akeʀiʀ] *vt* erwerben
acquiescer [akjese] *vi* zustimmen
acquis, e [aki, iz] *pp de* **acquérir** ▶ *adj* : **caractère ~** erworbene Eigenschaft *f*; **vitesse ~e** (Momentan)geschwindigkeit *f*
acquisition [akizisjɔ̃] *nf* Kauf *m*
acquit [aki] *vb voir* **acquérir** ▶ *nm* Quittung *f*
acquittement [akitmɑ̃] *nm (d'un accusé)* Freispruch *m*; *(de facture)* Begleichen *nt*; *(de promesse)* Einlösen *nt*; *(de tâche)* Ausführung *f*
acquitter [akite] *vt (accusé)* freisprechen; *(payer)* begleichen; **s'acquitter de** *vpr (promesse)* einlösen; *(tâche)* ausführen
âcre [ɑkʀ] *adj* bitter
acrimonie [akʀimɔni] *nf* Bitterkeit *f*
acrobate [akʀɔbat] *nmf* Akrobat(in) *m(f)* • **acrobatie** *nf (exercice)* akrobatisches Kunststück *nt* • **acrobatique** *adj* akrobatisch
acronyme [akʀɔnim] *nm* Akronym *nt*
acte [akt] *nm* Tat *f*, Handlung *f*; *(document)* Akte *f*; *(Théât)* Akt *m*
acteur, -trice [aktœʀ, tʀis] *nm/f* Schauspieler(in) *m(f)*
actif, -ive [aktif, iv] *adj* aktiv ▶ *nm (Comm)* Aktiva *pl*
action [aksjɔ̃] *nf (acte)* Tat *f*; *(effet sur qch)* Wirkung *f*; *(de pièce, roman)* Handlung *f*; *(Comm)* Aktie *f* • **actionnaire** *nmf* Aktionär(in) *m(f)* • **actionner** *vt* betätigen
activer [aktive] *vt (accélérer)* beschleunigen; *(Chim)* aktivieren; **s'activer** *vpr* sich betätigen
activiste [aktivist] *nmf* Aktivist(in) *m(f)*
activité [aktivite] *nf* Aktivität *f*; *(occupation, loisir)* Betätigung *f*; **en ~** aktiv; *(volcan aussi)* tätig
actrice [aktʀis] *nf voir* **acteur**
actualiser [aktɥalize] *vt* aktualisieren
actualité [aktɥalite] *nf* Aktualität *f*; **les actualités** *nfpl* die Nachrichten *pl*
actuel, le [aktɥɛl] *adj (présent)* augenblicklich; *(d'actualité)* aktuell • **actuellement** *adv* derzeit
adage [adaʒ] *nm* Redensart *f*
adaptateur, -trice [adaptatœʀ, tʀis] *nm (Élec)* Adapter *m*
adaptation [adaptasjɔ̃] *nf* Bearbeitung *f*
adapter [adapte] *vt (œuvre)* bearbeiten; **~ qch à** etw anpassen an *+acc*
additif [aditif] *nm* Zusatz *m*
addition [adisjɔ̃] *nf* Hinzufügen *nt*; *(Math)* Addition *f*; *(au café etc)* Rechnung *f* • **additionnel, le** *adj* zusätzlich • **additionner** *vt* addieren
adepte [adɛpt] *nmf* Anhänger(in) *m(f)*
adéquat, e [adekwa(t), at] *adj* angebracht
adhérent, e [adeʀɑ̃, ɑ̃t] *nm/f* Mitglied *nt*
adhérer [adeʀe] *vi* : **~ à** haften an *+dat*; *(approuver)* unterstützen; *(devenir membre de)* Mitglied werden bei
adhésif, -ive [adezif, iv] *adj* haftend ▶ *nm* Klebstoff *m*
adhésion [adezjɔ̃] *nf* Beitritt *m*; *(à une opinion)* Unterstützung *f*
adieu [adjø] *excl* tschüs(s) ▶ *nm* Abschied *m*
adjectif, -ive [adʒɛktif, iv] *nm* Adjektiv *nt*
adjoint, e [adʒwɛ̃, wɛ̃t] *nm/f* : **directeur ~** stellvertretender Direktor *m*; **~ au maire** Zweiter *ou* stellvertretender Bürgermeister *m*

adjudication [adʒydikasjɔ̃] *nf* (*vente aux enchères*) Versteigerung *f*; (: *attribution*) Zuschlag *m*; (*de travaux*) Ausschreibung *f*; (: *attribution*) Vergabe *f*
adjuger [adʒyʒe] *vt* zusprechen; **adjugé !** verkauft!
admettre [admɛtʀ] *vt* (*laisser entrer*) hereinlassen, zulassen; (*reconnaître*) anerkennen; **~ que** zugeben, dass
administrateur, -trice [administʀatœʀ, tʀis] *nm/f* Verwalter(in) *m(f)*; **~ judiciaire** Konkursverwalter *m* • **administratif, -ive** *adj* administrativ, Verwaltungs-; (*péj*) bürokratisch • **administration** *nf* Verwaltung *f*; **l'A~** der Staatsdienst • **administrer** *vt* (*entreprise*) führen, leiten; (*remède, correction*) verabreichen; (*sacrement*) spenden
admirable [admiʀabl] *adj* bewundernswert • **admirateur, -trice** *nm/f* Bewunderer *m*, Bewunderin *f* • **admiratif, -ive** *adj* bewundernd • **admiration** *nf* Bewunderung *f*; **être en ~ devant qch** etw voller Bewunderung betrachten • **admirer** *vt* bewundern
admissible [admisibl] *adj* zulässig
admission [admisjɔ̃] *nf* Einlass *m*; (*candidat reçu*) Zulassung *f*
ADN [ɑdeɛn] *sigle m* (*= acide désoxyribonucléique*) DNS *f*
ado [ado] (*fam*) *nmf* = **adolescent**
adolescence [adɔlesɑ̃s] *nf* Jugend *f* • **adolescent, e** *nm/f* Jugendliche(r) *f(m)*
adopter [adɔpte] *vt* (*motion etc*) verabschieden; (*politique, attitude*) annehmen; (*enfant*) adoptieren
adoptif, -ive [adɔptif, iv] *adj* Adoptiv-; **c'est sa patrie adoptive** das Land ist seine Wahlheimat
adoption [adɔpsjɔ̃] *nf* (*de motion etc*) Verabschiedung *f*; (*de politique, attitude*) Annahme *f*; (*d'un enfant*) Adoption *f*; (*d'un nouveau venu*) Aufnahme *f*; **c'est sa patrie d'~** das Land ist seine Wahlheimat
adorable [adɔʀabl] *adj* bezaubernd • **adorer** *vt* (*aimer beaucoup*) furchtbar gernhaben
adosser [adose] *vt* : **~ qch à/contre qch** eine Sache an etw *acc*/gegen etw lehnen
adoucir [adusiʀ] *vt* (*mœurs, caractère*) verfeinern; (*peau*) zart machen; (*peine, douleur*) versüßen, erleichtern • **adoucissant** *nm* Weichspüler *m*
adrénaline [adʀenalin] *nf* Adrenalin *nt*
adresse [adʀɛs] *nf* (*habileté*) Geschick *nt*; (*domicile, Inform*) Adresse *f* • **adresser** *vt* (*expédier*) schicken; (*écrire l'adresse sur*) adressieren
Adriatique [adʀijatik] *nf* : **l'~** die Adria *f*
adroit, e [adʀwa, wat] *adj* geschickt
ADSL [adeɛsɛl] *sigle m* (*= Assymetrical Digital Subscriber Line*) ADSL *f*
adulte [adylt] *nmf* Erwachsene(r) *f(m)*
adultère [adyltɛʀ] *nm* Ehebruch *m*
advenir [advəniʀ] *vi* sich ereignen
adverbe [advɛʀb] *nm* Adverb *nt*
adversaire [advɛʀsɛʀ] *nmf* Gegner(in) *m(f)*
adverse [advɛʀs] *adj* gegnerisch; **la partie ~** die Gegenpartei *f*
adversité [advɛʀsite] *nf* Not *f*

aération [aerasjɔ̃] *nf* Lüftung *f* • **aérer** *vt* lüften
aérien, ne [aeʀjɛ̃, jɛn] *adj* (*Aviat*) Luft-; (*câble*) überirdisch
aérobic [aeʀɔbik] *nm ou nf* Aerobic *nt*
aérodrome [aeʀodʀom] *nm* Flugplatz *m*
aérogare [aeʀogaʀ] *nf* Terminal *nt*
aéroglisseur [aeʀoglisœʀ] *nm* Luftkissenboot *nt*
aéronautique [aeʀonotik] *adj* aeronautisch
aéroport [aeʀɔpɔʀ] *nm* Flughafen *m*
aérosol [aeʀɔsɔl] *nm* (*bombe*) Spraydose *f*
affable [afabl] *adj* umgänglich
affaiblir [afebliʀ] *vt* schwächen; **s'affaiblir** *vpr* schwächer werden
affaire [afɛʀ] *nf* (*question*) Angelegenheit *f*; (*scandale*) Affäre *f*; (*entreprise, transaction*) Geschäft *nt*; (*occasion intéressante*) (günstige) Gelegenheit *f*; **affaires** *nfpl* (*activités commerciales*) Geschäfte *pl*; (*effets*) Sachen *pl*
affairer [afeʀe]: **s'~** *vpr* geschäftig hin und her eilen
affairisme [afeʀism] *nm* Geschäftemacherei *f*
affaisser [afese]: **s'~** *vpr* (*terrain, immeuble*) einstürzen; (*personne*) zusammenbrechen
affaler [afale]: **s'~** *vpr*: **s'~ dans/sur qch** sich erschöpft in/auf etw *acc* fallen lassen
affamer [afame] *vt* aushungern
affectation [afɛktasjɔ̃] *nf* (*de crédits*) (Zweck)bindung *f*; (*à un poste*) Zuweisung *f*; (*manque de naturel*) Geziertheit *f*; (*simulation*) Heuchelei *f*
affecté, e [afɛkte] *adj* geziert; (*feint*) geheuchelt
affecter [afɛkte] *vt* (*toucher*) berühren, treffen; (*feindre*) vortäuschen; **~ à** (*personne, crédits*) zuteilen +*dat*
affectif, -ive [afɛktif, iv] *adj* affektiv
affection [afɛksjɔ̃] *nf* Zuneigung *f*
affectueux, -euse [afɛktɥø, øz] *adj* liebevoll
affichage [afiʃaʒ] *nm* Anschlag; (*électronique*) Anzeige *f*
affiche [afiʃ] *nf* Plakat *nt* • **afficher** *vt* anschlagen • **afficheur** *nm* Plakatankleber *m*; (*Inform*) Display *nt*; **~ à cristaux liquides** Flüssigkristallanzeige *f*, LCD-Anzeige
affilée [afile]: **d'~** *adv* an einem Stück
affilier [afilje]: **s'~ à** *vpr* Mitglied werden bei
affirmatif, -ive [afiʀmatif, iv] *adj* positiv; (*réponse aussi*) bejahend
affirmation [afiʀmasjɔ̃] *nf* Behauptung *f*
affirmative [afiʀmativ] *nf*: **répondre par l'~** mit Ja antworten • **affirmer** *vt* behaupten
affligé, e [afliʒe] *adj* bedrückt • **affliger** *vt* (*peiner*) zutiefst bekümmern
affluence [aflyɑ̃s] *nf*: **heure d'~** Stoßzeit *f*
affluent [aflyɑ̃] *nm* Nebenfluss *m*
affluer [aflye] *vi* (*secours, biens*) eintreffen; (*gens, sang*) strömen
afflux [afly] *nm* (*de gens, de capitaux*) Zustrom *m*; **~ de sang** Blutandrang *m*
affolant, e [afɔlɑ̃, ɑ̃t] *adj* erschreckend • **affolement** *nm* Panik *f* • **affoler** *vt* verrückt machen; **s'affoler** *vpr* durchdrehen

affranchir [afʀɑ̃ʃiʀ] *vt (lettre, paquet)* frankieren; *(fig)* befreien
affreux, -euse [afʀø, øz] *adj* schrecklich
affrontement [afʀɔ̃tmɑ̃] *nm* Konfrontation *f* • **affronter** *vt (adversaire)* entgegentreten *+dat*
affût [afy] *nm* : **être à l'~ de qn/qch** auf jdn/etw lauern
affûter [afyte] *vt* schärfen
afghan, e [afgɑ̃, an] *adj* afghanisch
Afghanistan [afganistɑ̃] *nm* : **l'~** Afghanistan *nt*
afin [afɛ̃] : **~ que** *conj* sodass, damit; **~ de faire qch** um etw zu tun
africain, e [afʀikɛ̃, ɛn] *adj* afrikanisch ▶ *nm/f* : **A~, e** Afrikaner(in) *m(f)* • **Afrique** *nf* : **l'~** Afrika *nt*
AG [aʒe] *sigle f (= assemblée générale)* Generalversammlung *f*
agacement [agasmɑ̃] *nm* Gereiztheit *f*
agacer [agase] *vt* aufregen
âge [ɑʒ] *nm* Alter *nt*; *(ère)* Zeitalter *nt*; **quel ~ as-tu ?** wie alt bist du? • **âgé, e** *adj* alt; **~ de 10 ans** 10 Jahre alt
agence [aʒɑ̃s] *nf* Agentur *f*; *(succursale)* Filiale *f*; **~ immobilière** Maklerbüro *nt*; **~ matrimoniale** Heiratsvermittlung *f*, Ehe(anbahnungs)institut *nt*; **~ de publicité** Werbeagentur *f*; **~ de voyages** Reisebüro *nt*
agencer [aʒɑ̃se] *vt (éléments, texte)* zusammenfügen, arrangieren; *(appartement)* einrichten
agenda [aʒɛ̃da] *nm (calepin)* Taschenkalender *m*
agenouiller [aʒ(ə)nuje] : **s'~** *vpr* niederknien
agent [aʒɑ̃] *nm (élément, facteur)* (wirkende) Kraft *f*; **~ (de police)** Polizist(in) *m(f)*
agglomération [aglɔmeʀasjɔ̃] *nf* Ortschaft *f*
aggravation [agʀavasjɔ̃] *nf* Verschlimmerung *f*
aggraver [agʀave] *vt* verschlimmern
agile [aʒil] *adj* beweglich
agir [aʒiʀ] *vi (se comporter)* sich verhalten; *(entrer en action)* handeln; *(avoir de l'effet)* wirken
agitation [aʒitasjɔ̃] *nf* Bewegung *f*; *(excitation)* Erregung *f* • **agité, e** *adj* unruhig; *(troublé, excité)* aufgeregt, erregt; *(mer)* aufgewühlt • **agiter** *vt (bouteille)* schütteln; *(préoccuper, exciter)* beunruhigen
agneau [aɲo] *nm* Lamm *nt*
agonie [agɔni] *nf* Todeskampf *m*
agoniser [agɔnize] *vi* in den letzten Zügen liegen
agrafe [agʀaf] *nf (de bureau)* Heftklammer *f*; *(de vêtement)* Haken *m* • **agrafer** *vt (feuilles de papier)* (zusammen)heften • **agrafeuse** *nf* Heftmaschine *f*
agraire [agʀɛʀ] *adj* Agrar-, landwirtschaftlich
agrandir [agʀɑ̃diʀ] *vt* vergrößern; *(domaine, entreprise aussi)* erweitern; **s'agrandir** *vpr* größer werden • **agrandissement** *nm* Vergrößerung *f*
agréable [agʀeabl] *adj* angenehm
agréé, e [agʀee] *adj* : **concessionnaire ~** Vertragshändler *m*
agrégation [agʀegasjɔ̃] *nf* höchste Lehramtsbefähigung
agrégé, e [agʀeʒe] *nm/f* Lehrer(in) *mit der höchsten Lehramtsbefähigung, der agrégation*

agrément [agʀemɑ̃] *nm* (*accord*) Zustimmung *f*; (*plaisir*) Vergnügen *nt*
agresser [agʀese] *vt* angreifen •**agresseur** *nm* Angreifer(in) *m(f)* •**agressif, -ive** *adj* aggressiv •**agression** *nf* Aggression *f*; (*attaque*) Angriff *m* •**agressivité** *nf* Aggressivität *f*
agricole [agʀikɔl] *adj* landwirtschaftlich
agriculteur, -trice [agʀikyltœʀ, tʀis] *nm/f* Landwirt(in) *m(f)*
agriculture [agʀikyltyʀ] *nf* Landwirtschaft *f*
agripper [agʀipe] *vt, vr* : **~ qch, s'~ à qch** sich an etw *acc* klammern
agroalimentaire [agʀoalimɑ̃tɛʀ] (*pl* **agroalimentaires**) *adj* Lebensmittel-
agrumes [agʀym] *nmpl* Zitrusfrüchte *pl*
aguerrir [ageʀiʀ] *vt* abhärten, stählen
aguets [agɛ] *nmpl* : **être aux ~** auf der Lauer liegen
ah ['ɑ] *excl* oh
ahuri, e [ayʀi] *adj* verblüfft
ahurissant, e [ayʀisɑ̃, ɑ̃t] *adj* verblüffend
aide [ɛd] *nf* Hilfe *f* ▸ *nmf* Assistent(in) *m(f)* •**aide-mémoire** *nm inv* Gedächtnisstütze *f* •**aider** *vt* helfen +*dat*
aide-soignant, e [ɛdswaɲɑ̃, [ɑ̃t]] (*pl* **aides-soignants, es**) *nm/f* Krankenpfleger(in) *m(f)*
aigle [ɛgl] *nm* Adler *m*
aigre [ɛgʀ] *adj* sauer, säuerlich •**aigre-doux, -douce** (*pl* **aigres-doux, -douces**) *adj* süßsauer; (*propos*) säuerlich •**aigreur** *nf* säuerlicher Geschmack *m*; **~s d'estomac** Sodbrennen *nt* •**aigri, e** *adj* verbittert
aigu, -uë [egy] *adj* (*objet, angle, arête*) spitz; (*son, voix*) hoch
aiguillage [egɥijaʒ] *nm* Weiche *f*
aiguille [egɥij] *nf* Nadel *f*; (*de montre, compteur*) Zeiger *m*; **~ à tricoter** Stricknadel *f*
aiguilleur [egɥijœʀ] *nm* : **~ du ciel** Fluglotse (Fluglotsin) *m(f)*
aiguillon [egɥijɔ̃] *nm* Stachel *m* •**aiguillonner** *vt* anspornen
aiguiser [egize] *vt* schleifen, schärfen
ail [aj] *nm* Knoblauch *m*
aile [ɛl] *nf* Flügel *m*
aileron [ɛlʀɔ̃] *nm* (*de requin*) Flosse *f*; (*d'avion*) Querruder *nt*
ailier [elje] *nm* Flügelspieler(in) *m(f)*
ailleurs [ajœʀ] *adv* woanders; **nulle part ~** nirgendwo anders
aimable [ɛmabl] *adj* freundlich
aimant, e [ɛmɑ̃, ɑ̃t] *nm* Magnet *m*
aimer [eme] *vt* lieben; (*d'amitié, affection*) mögen; **j'aime mieux** *ou* **autant vous dire que** ich sage Ihnen lieber, dass; **j'aimais autant y aller maintenant** ich würde jetzt lieber gehen
aine [ɛn] *nf* Leiste *f*
aîné, e [ene] *adj* älter ▸ *nm/f* Älteste(r) *f(m)*
ainsi [ɛ̃si] *adv* so
air [ɛʀ] *nm* (*atmosphérique, ciel*) Luft *f*; (*expression*) (Gesichts)ausdruck *m*; (*mélodie*) Melodie *f*; **avoir l'~ triste** traurig aussehen
airbag [ɛʀbag] *nm* Airbag *m*; **~ conducteur/passager** Fahrer-/Beifahrerairbag *m*
aire [ɛʀ] *nf* Fläche *f*; (*domaine*) Gebiet *nt*; **~ de jeu** Spielplatz *m*; **~ de lancement** Abschussrampe *f*; **~ de repos** Raststätte *f*.

Rastplatz *m*; **~ de stationnement** Parkplatz *m*
aisance [ɛzɑ̃s] *nf* Leichtigkeit *f*; (*adresse*) Geschicklichkeit *f*; (*richesse*) Wohlstand *m*
aise [ɛz] *nf*: **être à l'~** *ou* **à son ~** sich wohlfühlen
aisé, e [eze] *adj* (*facile*) leicht; (*assez riche*) gut situiert • **aisément** *adv* leicht
aisselle [ɛsɛl] *nf* Achselhöhle *f*
ajourner [aʒuʀne] *vt* vertagen
ajout [aʒu] *nm* Zusatz *m* • **ajouter** *vt* hinzufügen
ajustement [aʒystəmɑ̃] *nm* (*de statistique, prix*) Anpassung *f*
ajuster [aʒyste] *vt* (*régler*) einstellen; **~ qch à** (*adapter*) etw anpassen an *+acc*
alarmant, e [alaʀmɑ̃, ɑ̃t] *adj* beunruhigend
alarme [alaʀm] *nf* (*signal*) Alarm *m*; (*inquiétude*) Sorge *f* • **alarmer** *vt* (*inquiéter*) beunruhigen; **s'alarmer** *vpr* sich *dat* Sorgen machen
alarmiste [alaʀmist] *adj* Unheil prophezeiend
albanais, e [albanɛ, ɛz] *adj* albanisch ▸ *nm/f*: **A~, e** Albaner(in) *m(f)*
Albanie [albani] *nf*: **l'~** Albanien *nt*
albatros [albatʀos] *nm* Albatros *m*
albinos [albinos] *nmf* Albino *m*
album [albɔm] *nm* Album *nt*
albumine [albymin] *nf* Albumin *nt*; **avoir** *ou* **faire de l'~** Eiweiß im Urin haben
alcool [alkɔl] *nm* Alkohol *m*; **~ à brûler** Brennspiritus *m* • **alcoolique** *adj* alkoholisch ▸ *nmf* Alkoholiker(in) *m(f)* • **alcoolisé, e** *adj* (*boisson*) alkoholisch • **alcoolisme** *nm* Alkoholismus *m* • **alcootest®, alcotest®** *nm* Alkoholtest *m*
aléas [alea] *nmpl* Risiken *pl*
aléatoire [aleatwaʀ] *adj* zufällig; (*Inform, Stat*) Zufalls-
alentour [alɑ̃tuʀ] *adv* in der Umgebung; **alentours** *nmpl* Umgebung *f*
alerte [alɛʀt] *nf* (*signal*) Alarm *m* • **alerter** *vt* (*pompiers etc*) alarmieren; (*informer, prévenir*) (darauf) aufmerksam machen
Algérie [alʒeʀi] *nf*: **l'~** Algerien *nt* • **algérien, ne** *adj* algerisch ▸ *nm/f*: **A~, ne** Algerier(in) *m(f)*
algorithme [algɔʀitm] *nm* Algorithmus *m*
algue [alg] *nf* Alge *f*
alibi [alibi] *nm* Alibi *nt*
aliéné, e [aljene] *nm/f* Geistesgestörte(r) *f(m)*
aligner [aliɲe] *vt* (*mettre en ligne*) in einer Reihe ausrichten; **s'aligner** *vpr* (*concurrents*) sich aufstellen; **~ qch sur** etw angleichen an *+acc*
aliment [alimɑ̃] *nm* Nahrungsmittel *nt* • **alimentaire** *adj* Nahrungs-; (*péj*) lukrativ; **produits** *ou* **denrées ~s** Nahrungsmittel *pl*; **régime ~** Diät *f* • **alimentation** *nf* Ernährung *f*; (*en eau, en électricité*) Versorgung *f*; **« ~ générale »** „Lebensmittel"; **~ en papier** Papiereinzug *m* • **alimenter** *vt* ernähren
allaitement [alɛtmɑ̃] *nm* Stillen *nt* • **allaiter** *vt* stillen
allécher [aleʃe] *vt* anlocken
allée [ale] *nf* Allee *f*
allégé, e [aleʒe] *adj* leicht
alléger [aleʒe] *vt* leichter machen; (*dette, impôt*) senken; (*souffrance*) lindern
allégresse [a(l)legʀɛs] *nf* Fröhlichkeit *f*
Allemagne [almaɲ] *nf*: **l'~** Deutschland *nt* • **allemand, e** *adj*

deutsch ▶ *nm (Ling)* Deutsch *nt*
▶ *nm/f*: **A~, e** Deutsche(r) *f(m)*

MOT-CLÉ

aller [ale] *vi* **1** *(se rendre)* gehen; *(en voiture, train etc)* fahren; **~ à l'école** in die Schule gehen; **~ voir/chercher qn** jdn besuchen/abholen gehen
2 *(état)*: **il va bien/mal/mieux** es geht ihm gut/schlecht/besser; **comment allez-vous/vas-tu ?** wie geht es (Ihnen/dir)?; **ça va ? — oui, ça va** wie gehts? — gut; **ça va bien/mal** es geht mir gut/nicht gut; **tout va bien** alles läuft bestens
3 *(convenir)* passen *+dat*; *(suj : style, couleur etc)* stehen *+dat*; **cette robe vous va très bien** dieses Kleid steht Ihnen sehr gut; **cela me va** das passt mir; **~ avec** passen zu
4 *(futur proche)*: **je vais y ~/me fâcher/le faire** ich werde hingehen/mich ärgern/das machen
▶ *vpr*: **s'en ~** weggehen
▶ *nm* **1** *(trajet)* Hinweg *m*
2 *(billet)* einfache Fahrkarte *f*; **~ simple** einfache Fahrkarte; **~ (et) retour** Rückfahrkarte *f*

allergie [alɛʀʒi] *nf* Allergie *f* • **allergique** *adj*: **~ à** allergisch auf *+acc*
alliance [aljɑ̃s] *nf* Allianz *f*; *(bague)* Ehering *m*
allier [alje] *vt* verbünden
allô [alo] *excl* hallo
allocataire [alɔkatɛʀ] *nmf* Empfänger(in) *m(f) (einer Beihilfe)*
allocation [alɔkasjɔ̃] *nf (action)* Zuteilung *f*; **~ (de) chômage** Arbeitslosenunterstützung *f*; **~s familiales** Familienhilfe *f*
allocution [a(l)lɔkysjɔ̃] *nf* kurze Ansprache *f*
allonger [alɔ̃ʒe] *vt* verlängern; *(bras, jambe)* ausstrecken
allumage [alymaʒ] *nm (Auto)* Zündung *f* • **allume-cigare** *nm inv* Zigarrenanzünder *m* • **allumer** *vt (lampe, radio)* einschalten; **~ (la lumière** *ou* **l'électricité)** das Licht anmachen; **~ un feu** ein Feuer machen
allumette [alymɛt] *nf* Streichholz *nt*
allure [alyʀ] *nf (vitesse)* Geschwindigkeit *f*; *(démarche)* Gang *m*; *(aspect)* Aussehen *nt*
allusion [a(l)lyzjɔ̃] *nf* Anspielung *f*
alors [alɔʀ] *adv (à ce moment-là)* damals ▶ *conj (par conséquent)* dann
alouette [alwɛt] *nf* Lerche *f*
alourdir [aluʀdiʀ] *vt* beschweren
alpage [alpaʒ] *nm* Alm *f*
Alpes [alp] *nfpl*: **les ~** die Alpen *pl*
alpestre [alpɛstʀ] *adj* alpin, Alpen-
alphabet [alfabɛ] *nm* Alphabet *nt* • **alphabétique** *adj* alphabetisch; **par ordre ~** in alphabetischer Reihenfolge
alphanumérique [alfanymeʀik] *adj* alphanumerisch
alpin, e [alpɛ̃, in] *adj* Alpen-, alpin; **club ~** Alpenverein *m*
alpinisme [alpinism] *nm* Bergsteigen *nt* • **alpiniste** *nmf* Bergsteiger(in) *m(f)*
Alsace [alzas] *nf*: **l'~** das Elsass • **alsacien, ne** *adj* elsässisch ▶ *nm/f*: **A~, ne** Elsässer(in) *m(f)*
altercation [altɛʀkasjɔ̃] *nf* (heftige) Auseinandersetzung *f*
altérer [alteʀe] *vt (faits)* (ab)ändern; *(vérité)* verdrehen; *(qualité)* beeinträchtigen

altermondialisme [altɛʀmɔ̃djalism] *nm* alternative Globalisierung *f* • **altermondialiste** *nmf* Globalisierungskritiker(in) *m(f)* ▶ *adj* globalisierungskritisch
alternance [altɛʀnɑ̃s] *nf* Abwechseln *nt*; **en ~** abwechselnd
alternatif, -ive [altɛʀnatif, iv] *adj* wechselnd; **courant ~** Wechselstrom *m* • **alternative** *nf* Alternative *f* • **alternativement** *adv* abwechselnd
alterner [altɛʀne] *vi* sich abwechseln; **~ avec qch** sich mit etw abwechseln
altiste [altist] *nmf* Bratschist(in) *m(f)*
altitude [altityd] *nf* Höhe *f* (*über dem Meeresspiegel*)
alto [alto] *nm* (*instrument*) Bratsche *f* ▶ *nf* (*chanteuse*) Altistin *f*
aluminium [alyminjɔm] *nm* Aluminium *nt*
amabilité [amabilite] *nf* Liebenswürdigkeit *f*
amadouer [amadwe] *vt* beschwichtigen
amalgame [amalgam] *nm* Amalgam *nt*; (*de gens, d'idées*) Mischung *f*
amande [amɑ̃d] *nf* Mandel *f* • **amandier** *nm* Mandelbaum *m*
amant, e [amɑ̃, ɑ̃t] *nm/f* Geliebte(r) *f(m)*
amarrer [amaʀe] *vt* (*Naut*) festmachen
amas [amɑ] *nm* Haufen *m* • **amasser** *vt* anhäufen
amateur [amatœʀ] *nm* Amateur(in) *m(f)*; **~ de musique/de sport** Musik-/Sportfreund(in) *m(f)*
Amazone [amazon] *nf* Amazonas *m*
ambassade [ɑ̃basad] *nf* Botschaft *f* • **ambassadeur, -drice** *nm/f* Botschafter(in) *m(f)*
ambiance [ɑ̃bjɑ̃s] *nf* Atmosphäre *f*
ambiant, e [ɑ̃bjɑ̃, jɑ̃t] *adj* umgebend
ambigu, -uë [ɑ̃bigy] *adj* zweideutig • **ambiguïté** *nf* Doppeldeutigkeit *f*
ambitieux, -euse [ɑ̃bisjø, jøz] *adj* ehrgeizig
ambition [ɑ̃bisjɔ̃] *nf* Ehrgeiz *m* • **ambitionner** *vt* anstreben
ambivalent, e [ɑ̃bivalɑ̃, ɑ̃t] *adj* ambivalent
ambre [ɑ̃bʀ] *nm* : **~ jaune** Bernstein *m*; **~ gris** Amber *m*
ambulance [ɑ̃bylɑ̃s] *nf* Krankenwagen *m* • **ambulancier, -ière** *nm/f* Sanitäter(in) *m(f)*
ambulant, e [ɑ̃bylɑ̃, ɑ̃t] *adj* Wander-
ambulatoire [ɑ̃bylatwaʀ] *adj* (*Méd*) ambulant
âme [ɑm] *nf* Seele *f*
amélioration [ameljɔʀasjɔ̃] *nf* Verbesserung *f* • **améliorer** *vt* verbessern; **s'améliorer** *vpr* besser werden
aménagement [amenaʒmɑ̃] *nm* Einrichtung *f* • **aménager** *vt* einrichten; (*espace, terrain*) anlegen
amende [amɑ̃d] *nf* Geldstrafe *f*
amendement [amɑ̃dmɑ̃] *nm* Gesetzesänderung *f*
amender [amɑ̃de] *vt* (*loi*) ändern; **s'amender** *vpr* sich bessern
amener [am(ə)ne] *vt* mitbringen; (*occasionner*) mit sich führen
amer, amère [amɛʀ] *adj* bitter
américain, e [ameʀikɛ̃, ɛn] *adj* amerikanisch ▶ *nm/f* : **A~, e** Amerikaner(in) *m(f)* • **Amérique** *nf* Amerika *nt*; **l'~ centrale** Zentralamerika *nt*; **l'~ latine**

Lateinamerika *nt*; **l'~ du Nord/du Sud** Nord-/Südamerika *nt*
amertume [amɛʀtym] *nf* Bitterkeit *f*
ameublement [amœbləmɑ̃] *nm* Einrichtung *f*
ameuter [amøte] *vt* (*attrouper*) zusammenlaufen lassen
ami, e [ami] *nm/f* Freund(in) *m(f)*
amiable [amjabl] *adj* : **à l'~** gütlich
amiante [amjɑ̃t] *nm* Asbest *m*
amical, e, -aux [amikal, o] *adj* (*conseil, attitude*) freundschaftlich
amidon [amidɔ̃] *nm* Stärke *f* • **amidonner** *vt* stärken
amincir [amɛ̃siʀ] *vt* (*objet*) dünn machen; (*personne*) schlank machen; **s'amincir** *vpr* (*personne*) schlanker werden
amiral, -aux [amiʀal, o] *nm* Admiral *m*
amitié [amitje] *nf* Freundschaft *f*; **faire ses ~s à qn** jdm herzliche Grüße übermitteln *ou* ausrichten
ammoniac [amɔnjak] *nm* Ammoniak *m*
ammoniaque [amɔnjak] *nf* Salmiakgeist *m*
amnésie [amnezi] *nf* Gedächtnisverlust *m*
amnistie [amnisti] *nf* Amnestie *f* • **amnistier** *vt* amnestieren
amoindrir [amwɛ̃dʀiʀ] *vt* vermindern
amont [amɔ̃] *adv* : **en ~** stromaufwärts; (*sur une pente*) bergauf
amorce [amɔʀs] *nf* (*sur un hameçon*) Köder *m*; (*explosif*) Zünder *m* • **amorcer** *vt* (*négociations*) in die Wege leiten; (*virage*) anfahren; **~ un hameçon** einen Köder an den Angelhaken hängen
amortir [amɔʀtiʀ] *vt* (*choc, bruit*) dämpfen • **amortissement** *nm* (*de choc*) Dämpfen *nt*; (*d'une dette*) Abbezahlen *nt* • **amortisseur** *nm* (*Auto*) Stoßdämpfer *m*
amour [amuʀ] *nm* Liebe *f*; **faire l'~** sich lieben
amoureux, -euse [amuʀø, øz] *adj* verliebt; (*vie*) Liebes-
amour-propre [amuʀpʀɔpʀ] (*pl* **amours-propres**) *nm* Selbstachtung *f*
amovible [amɔvibl] *adj* abnehmbar
amphi [ɑ̃fi] *nm* Hörsaal *m*
amphithéâtre [ɑ̃fiteɑtʀ] *nm* Amphitheater *nt*; (*Univ*) Hörsaal *m*
ample [ɑ̃pl] *adj* (*vêtement*) weit • **ampleur** *nf* Weite *f*
amplificateur [ɑ̃plifikatœʀ] *nm* Verstärker *m*
amplifier [ɑ̃plifje] *vt* (*son, oscillation*) verstärken; (*importance, quantité*) vergrößern
amplitude [ɑ̃plityd] *nf* (*Phys*) Amplitude *f*; (*des températures*) Schwankung *f*
ampoule [ɑ̃pul] *nf* (*Élec*) (Glüh)birne *f*; (*de médicament*) Ampulle *f*; (*aux mains, pieds*) Blase *f*
amputer [ɑ̃pyte] *vt* (*Méd*) amputieren; (*texte, budget*) drastisch kürzen
amusant, e [amyzɑ̃, ɑ̃t] *adj* komisch; (*jeu*) unterhaltsam
amuse-gueule [amyzgœl] *nm inv* Appetithappen *m*
amusement [amyzmɑ̃] *nm* (*hilarité*) Belustigung *f*; (*jeu, divertissement*) Unterhaltung *f* • **amuser** *vt* (*divertir*) unterhalten; (*faire rire*) belustigen; **s'amuser** *vpr* (*jouer*) spielen; (*se divertir*) sich amüsieren
amygdale [amidal] *nf* : **opérer qn des ~s** jdm die Mandeln herausnehmen • **amygdalite** *nf* Mandelentzündung *f*

an [ɑ̃] *nm* Jahr *nt*
anabolisants [anabɔlizɑ̃] *nmpl* Anabolika *pl*
anachronique [anakʀɔnik] *adj* nicht zeitgemäß, anachronistisch
analgésique [analʒezik] *nm* Schmerzmittel *nt*
anallergique [analɛʀʒik] *adj* antiallergisch
analogie [analɔʒi] *nf* Analogie *f*
analogique [analɔʒik] *adj* analog; **calculateur ~** Analogrechner *m*
analogue [analɔg] *adj* analog
analyse [analiz] *nf* Analyse *f*; **~ syntaxique** (*Ling*) Satzanalyse • **analyser** *vt* analysieren • **analyste** *nmf* (*Psych*) Analytiker(in) *m(f)* • **analytique** *adj* analytisch
ananas [anana(s)] *nm* Ananas *f*
anarchie [anaʀʃi] *nf* Anarchie *f*
anatomie [anatɔmi] *nf* Anatomie *f*
ancestral, e, -aux [ɑ̃sɛstʀal, o] *adj* Ahnen-
ancêtre [ɑ̃sɛtʀ] *nmf* Vorfahr *m*; **ancêtres** *nmpl* Vorfahren *pl*
anchois [ɑ̃ʃwa] *nm* Sardelle *f*
ancien, ne [ɑ̃sjɛ̃, jɛn] *adj* alt; (*de l'antiquité*) antik; (*précédent*) ehemalig • **ancienneté** *nf* Alter *nt*; (*temps de service*) Dienstalter *nt*
ancre [ɑ̃kʀ] *nf* Anker *m* • **ancrer** *vt* verankern; **s'ancrer** *vpr* Anker werfen
Andorre [ɑ̃dɔʀ] *nf* Andorra *nt*
andouille [ɑ̃duj] *nf* Art Wurst (*mit Innereien*); (*fam*) Trottel *m*
andouillette [ɑ̃dujɛt] *nf* Art Würstchen (*mit Innereien*)
âne [ɑn] *nm* Esel *m*
anéantir [aneɑ̃tiʀ] *vt* vernichten
anecdote [anɛkdɔt] *nf* Anekdote *f*
anémie [anemi] *nf* Anämie *f* • **anémique** *adj* anämisch
anémone [anemɔn] *nf* Anemone *f*
anesthésie [anɛstezi] *nf* Betäubung *f*; **~ générale** Vollnarkose *f*; **~ locale** örtliche Betäubung
ange [ɑ̃ʒ] *nm* Engel *m*
angine [ɑ̃ʒin] *nf* Angina *f*; **~ de poitrine** Angina pectoris *f*
anglais, e [ɑ̃glɛ, ɛz] *adj* englisch ▶ *nm/f*: **A~, e** Engländer(in) *m(f)*
angle [ɑ̃gl] *nm* Winkel *m*; **~ aigu** spitzer Winkel; **~ droit** rechter Winkel; **~ obtus** stumpfer Winkel
Angleterre [ɑ̃glətɛʀ] *nf*: **l'~** England *nt*
anglophone [ɑ̃glɔfɔn] *adj* englischsprachig
angoisse [ɑ̃gwas] *nf* Angst *f*; **avoir des ~s** Ängste ausstehen • **angoisser** *vt* beängstigen
Angola [ɑ̃gɔla] *nm*: **l'~** Angola *nt*
angora [ɑ̃gɔʀa] *adj* Angora- ▶ *nm* Angorawolle *f*
anguille [ɑ̃gij] *nf* Aal *m*
anguleux, -euse [ɑ̃gylø, øz] *adj* kantig
animal, e, -aux [animal, o] *nm* Tier *nt*
animateur, -trice [animatœʀ, tʀis] *nm/f* (*TV, de music-hall*) Conférencier *m*; (*de groupe*) Leiter(in) *m(f)*, Animateur *m*
animation [animasjɔ̃] *nf* (*de rue*) Belebtheit *f*; (*Ciné*) Animation *f*
animer [anime] *vt* (*donner de la vie à*) beleben; (*mener*) leiten
animosité [animozite] *nf* Feindseligkeit *f*
anis [ani(s)] *nm* Anis *m*
ankyloser [ɑ̃kiloze]: **s'~** *vpr* steif werden
annales [anal] *nfpl* Annalen *pl*
anneau, x [ano] *nm* Ring *m*; (*de chaîne*) Glied *nt*
année [ane] *nf* Jahr *nt*; **~ scolaire/fiscale** Schuljahr/Finanzjahr *nt*

annexe [anɛks] *nf (bâtiment)* Anbau *m*; *(de document, ouvrage)* Anhang *m* • **annexer** *vt (pays)* annektieren; **~ qch à** *(document)* etw anhängen an *+acc*
annihiler [aniile] *vt* vernichten
anniversaire [anivɛʀsɛʀ] *nm* Geburtstag *m*; *(d'un événement, bâtiment)* Jahrestag *m*
annonce [anɔ̃s] *nf (avis)* Ankündigung *f*; *(aussi :* **annonce publicitaire***)* Anzeige *f* • **annoncer** *vt* ankündigen
annotation [anɔtasjɔ̃] *nf* Randbemerkung *f*
annuaire [anɥɛʀ] *nm* Jahrbuch *nt*; **~ téléphonique** Telefonbuch *nt*
annuel, le [anɥɛl] *adj* jährlich
annulaire [anylɛʀ] *nm* Ringfinger *m*
annulation [anylasjɔ̃] *nf (d'un rendez-vous)* Absagen *nt*; *(d'un voyage)* Stornieren *nt*; *(d'un contrat)* Annullieren *nt*
annuler [anyle] *vt (rendez-vous)* absagen; *(voyage)* stornieren
anodin, e [anɔdɛ̃, in] *adj* unbedeutend
anomalie [anɔmali] *nf* Anomalie *f*
anonymat [anɔnima] *nm* Anonymität *f*
anonyme [anɔnim] *adj* anonym; *(sans caractère)* unpersönlich
anorak [anɔʀak] *nm* Anorak *m*
anorexie [anɔʀɛksi] *nf* Magersucht *f* • **anorexique** *adj* magersüchtig
anse [ɑ̃s] *nf* Henkel *m*
antarctique [ɑ̃taʀktik] *adj* antarktisch ▶ *nm* : **l'A~** die Antarktis *f*
antécédent [ɑ̃tesedɑ̃] *nm (Ling)* Bezugswort *nt*; **antécédents** *nmpl (Méd)* Vorgeschichte *f*
antenne [ɑ̃tɛn] *nf* Antenne *f*
antérieur, e [ɑ̃teʀjœʀ] *adj (d'avant)* vorhergehend; *(de devant)* vordere(r, s); **~ à** vor *+dat*
anthologie [ɑ̃tɔlɔʒi] *nf* Anthologie *f*
anthracite [ɑ̃tʀasit] *nm* Anthrazit *m*
anti [ɑ̃ti] *préf* anti • **antiatomique** *adj* : **abri ~** Atomschutzbunker *m* • **antibiotique** *nm* Antibiotikum *nt* ▶ *adj* antibiotisch • **antibrouillard** *adj inv* : **phare ~** Nebelscheinwerfer *m* • **antibruit** *adj inv* : **mur ~** Lärmschutzmauer *f*
anticipation [ɑ̃tisipasjɔ̃] *nf* Vorwegnahme *f*; **par ~** *(rembourser etc)* im Voraus; **livre d'~** Zukunftsroman *m*; **film d'~** Science-Fiction-Film *m* • **anticipé, e** *adj* Voraus- • **anticiper** *vt* vorausnehmen; *(en imaginant)* vorausahnen
anticoagulant, e [ɑ̃tikɔagylɑ̃, ɑ̃t] *adj* gerinnungshemmend • **anticorps** *nm* Antikörper *m*
anticyclone [ɑ̃tisiklon] *nm* Antizyklon *m*
antidémarrage [ɑ̃tidemaʀaʒ] *nm* Wegfahrsperre *f* • **antidopage** *adj* : **contrôle ~** Dopingkontrolle *f* • **antidote** *nm* Gegenmittel *nt* • **antigang** *adj inv* : **brigade ~** *Truppe zur Bekämpfung des Bandenunwesens* • **antigel** *nm* Frostschutzmittel *nt* • **antihistaminique** *nm* Antihistamin *nt* • **anti-inflammatoire** *nm* entzündungshemmendes Mittel *nt*
Antilles [ɑ̃tij] *nfpl* Antillen *pl*
antilope [ɑ̃tilɔp] *nf* Antilope *f*
antinucléaire [ɑ̃ntinykleɛʀ] *adj* Antikernkraft-; **manifestation ~** Demonstration *f* von Kernkraftgegnern

antipathique [ɑ̃tipatik] *adj* unsympathisch
antipollution [ɑ̃tipɔlysjɔ̃] *adj* umweltfreundlich, Umweltschutz-
antiquaire [ɑ̃tikɛʀ] *nmf* Antiquar(in) *m(f)*
antique [ɑ̃tik] *adj* antik; (*très vieux*) uralt
antiquité [ɑ̃tikite] *nf* Antiquität *f*; **l'A~** die Antike; **magasin d'~s** Antiquitätensgeschäft *nt*
antirides [ɑ̃tiʀid] *adj* gegen Falten, Falten-
antisémite [ɑ̃tisemit] *adj* antisemitisch • **antisémitisme** *nm* Antisemitismus *m*
antiseptique [ɑ̃tisɛptik] *adj* antiseptisch
antisocial, e, -aux [ɑ̃tisɔsjal, jo] *adj* unsozial
antitabac [ɑ̃titaba] *adj inv* gegen das Rauchen
antivirus [ɑ̃tiviʀys] *nm* (*Inform*) Antivirensoftware *f*
antivol [ɑ̃tivɔl] *nm, adj* : **(dispositif) ~** Diebstahlsicherung *f*
antre [ɑ̃tʀ] *nm* Höhle *f*
anus [anys] *nm* Anus *m*
anxiété [ɑ̃ksjete] *nf* Bangigkeit *f*
anxieux, -euse [ɑ̃ksjø, jøz] *adj* ängstlich
aorte [aɔʀt] *nf* Aorta *f*
août [u(t)] *nm* August *m* • **aoûtien, ne** *nm/f Person, die im August in Urlaub geht*
apaisement [apɛzmɑ̃] *nm* Beruhigung *f*
apaiser [apeze] *vt* beruhigen; (*douleur*) lindern
apathie [apati] *nf* Apathie *f* • **apathique** *adj* apathisch
apatride [apatʀid] *nmf* Staatenlose(r) *f(m)*
apercevoir [apɛʀsəvwaʀ] *vt* sehen, erblicken; (*saisir*) bemerken; **s'apercevoir** *vpr* : **s'~ de** bemerken
aperçu [apɛʀsy] *nm* (*vue d'ensemble*) Überblick *m*; (*idée*) Einsicht *f*
apéritif, -ive [apeʀitif, iv] *nm* (*boisson*) Aperitif *m* ▶ *adj* appetitanregend
aphone [afɔn] *adj* völlig heiser; (*Ling*) stimmlos
aphrodisiaque [afʀɔdizjak] *adj* aphrodisisch ▶ *nm* Aphrodisiakum *nt*
aphte [aft] *nm* Bläschen *nt* auf der Mundschleimhaut
aphteuse [aftøz] *adj* : **fièvre ~** Maul- und Klauenseuche *f*
apiculteur, -trice [apikyltœʀ, tʀis] *nm/f* Imker(in) *m(f)* • **apiculture** *nf* Imkerei *f*
apitoyer [apitwaje] *vt* (zu Mitleid) rühren
aplanir [aplaniʀ] *vt* (*surface*) einebnen
aplatir [aplatiʀ] *vt* flach machen
aplomb [aplɔ̃] *nm* (*sang-froid*) Sicherheit *f*; **d'~** (*mur*) senkrecht
apoplexie [apɔplɛksi] *nf* Schlaganfall *m*
apostrophe [apɔstʀɔf] *nf* (*signe*) Apostroph *m*; (*interpellation*) (rüde) Zwischenbemerkung *f*
apôtre [apotʀ] *nm* Apostel *m*
apparaître [apaʀɛtʀ] *vi* erscheinen
appareil [apaʀɛj] *nm* Apparat *m*; **~ photo(graphique)** Fotoapparat *m*
apparemment [apaʀamɑ̃] *adv* anscheinend • **apparence** *nf* Anschein *m* • **apparent, e** *adj* (*visible*) sichtbar; (*évident*) offensichtlich; (*illusoire,*

superficiel) anscheinend; **coutures ~es** sichtbare (Zier)nähte *pl*; **poutres/pierres ~es** frei *ou* offen liegende Balken/ Mauersteine
apparenté, e [apaʀɑ̃te] *adj* verwandt mit
apparition [apaʀisjɔ̃] *nf* Erscheinen *nt*
appartement [apaʀtəmɑ̃] *nm* Wohnung *f*
appartenance [apaʀtənɑ̃s] *nf*: **~ à** Zugehörigkeit zu
appartenir [apaʀtəniʀ]: **~ à** *vt* gehören *+dat*
appât [apɑ] *nm* Köder *m*
appel [apɛl] *nm* (*cri, interpellation*) Ruf *m*; (*incitation, Tél*) Anruf *m*; (*Inform*) Aufruf *m*; (*nominal*) (namentlicher) Aufruf *m* •**appeler** *vt* rufen; (*Tél*) anrufen; (*qualifier*) nennen; **s'appeler** *vpr* heißen; **comment ça s'appelle ?** wie heißt das? •**appellation** *nf* Bezeichnung *f*
appendice [apɛ̃dis] *nm* (*Anat*) Blinddarm *m*; (*d'un livre*) Anhang *m*
appendicite [apɛ̃disit] *nf* Blinddarmentzündung *f*
appétissant, e [apetisɑ̃, ɑ̃t] *adj* appetitlich, appetitanregend
appétit [apeti] *nm* Appetit *m*; **bon ~ !** guten Appetit!
applaudir [aplodiʀ] *vi* klatschen •**applaudissements** *nmpl* Beifall *m*
appli [apli] *nf* App *f*
applicable [aplikabl] *adj* anwendbar
application [aplikasjɔ̃] *nf* (*aussi Inform*) Anwendung *f*; (*de papier peint etc*) Anbringen *nt*; (*attention*) Fleiß *m*; **mettre en ~** anwenden
applique [aplik] *nf* Wandlampe *f*
appliqué, e [aplike] *adj* (*élève, ouvrier*) fleißig
appliquer [aplike] *vt* anwenden; (*poser*) anbringen; **s'appliquer** *vpr* (*élève, ouvrier*) sich anstrengen
appoint [apwɛ̃] *nm*: **faire l'~** (*en payant*) mit abgezähltem Geld bezahlen
apport [apɔʀ] *nm* Beitrag *m*
apporter [apɔʀte] *vt* bringen
appréciation [apʀesjasjɔ̃] *nf* (*d'immeuble, de distance etc*) Schätzung *f*; (*de situation, personne*) Einschätzung *f*
apprécier [apʀesje] *vt* (*personne*) schätzen; (*distance*) abschätzen
appréhender [apʀeɑ̃de] *vt* (*craindre*) fürchten; (*arrêter*) festnehmen
appréhension [apʀeɑ̃sjɔ̃] *nf* (*crainte*) Angst *f*
apprendre [apʀɑ̃dʀ] *vt* lernen; (*nouvelle*) erfahren; **~ qch à qn** (*informer*) jdm etw mitteilen; (*enseigner*) jdm etw beibringen
apprenti, e [apʀɑ̃ti] *nm/f* Lehrling *m*, Auszubildende(r) *f(m)* •**apprentissage** *nm* Lehre *f*
apprivoiser [apʀivwaze] *vt* zähmen
approbation [apʀɔbasjɔ̃] *nf* Zustimmung *f*
approche [apʀɔʃ] *nf* (*d'un problème*) Angehen *nt* •**approcher** *vi* sich nähern; (*vacances, date*) nahen, näher rücken; **s'approcher de** *vpr* sich nähern *+dat*
approfondir [apʀɔfɔ̃diʀ] *vt* vertiefen
approprié, e [apʀɔpʀije] *adj*: **~ à** angemessen *+dat*
approprier [apʀɔpʀije]: **s'approprier** *vpr* sich *dat* aneignen
approuver [apʀuve] *vt* (*loi*) annehmen; (*projet*) genehmigen; (*être d'accord avec*) zustimmen *+dat*

approvisionnement [apʀɔvizjɔnmɑ̃] *nm* Belieferung *f*; (*provisions*) Vorräte *pl*
approvisionner [apʀɔvizjɔne] *vt* beliefern, versorgen; (*compte bancaire*) auffüllen
approximatif, -ive [apʀɔksimatif, iv] *adj* ungefähr
appt *abr* = **appartement**
appui [apɥi] *nm* (*fig*) Unterstützung *f*; **prendre ~ sur** sich stützen auf +*acc* • **appuyer** *vt* (*soutenir*) unterstützen; **s'appuyer** *vpr*: **s'~ sur** sich stützen auf +*acc*; **~ sur** drücken auf +*acc*; (*frein*) betätigen
âpre [ɑpʀ] *adj* herb; (*voix*) rau; (*discussion, lutte*) erbittert
après [apʀɛ] *prép* nach +*dat* ▶ *adv* danach; **~ coup** hinterher • **après-demain** *adv* übermorgen • **après-guerre** (*pl* **après-guerres**) *nm* Nachkriegszeit *f*; **d'~** Nachkriegs- • **après-midi** *nm inv ou nf inv* Nachmittag *m* • **après-rasage** (*pl* **après-rasages**) *nm* Aftershave *nt* • **après-shampooing** *nm* Haarspülung *f* • **après-ski** (*pl* **après-skis**) *nm* (*chaussure*) Après-Ski-Stiefel *m* • **après-soleil** *nm* After-Sun-Lotion *f* • **après-vente** *adj inv*: **service ~** Kundendienst *m*
à-propos [apʀɔpo] *nm inv* (*d'une remarque*) Schlagfertigkeit *f*; **faire preuve d'~** seine Geistesgegenwart beweisen
apte [apt] *adj*: **~ à qch** zu etw fähig; (*Mil*) tauglich • **aptitude** *nf* Fähigkeit *f*; **avoir des ~s pour** eine Begabung haben für
aquarelle [akwaʀɛl] *nf* Aquarellmalerei *f*; (*tableau*) Aquarell *nt*
aquarium [akwaʀjɔm] *nm* Aquarium *nt*
aquatique [akwatik] *adj* Wasser-
aqueduc [ak(ə)dyk] *nm* Aquädukt *nt*
arabe [aʀab] *adj* arabisch ▶ *nm* (*Ling*) Arabisch *nt* ▶ *nmf*: **A~** Araber(in) *m(f)*
Arabie [aʀabi] *nf*: **l'~ Saoudite** Saudi-Arabien *nt*
arachide [aʀaʃid] *nf* Erdnuss *f*
araignée [aʀeɲe] *nf* Spinne *f*
arbitrage [aʀbitʀaʒ] *nm* (*de match, de conflit*) Schlichtung *f*; (*de débat*) Gesprächsführung *f*; **erreur d'~** Schiedsrichterirrtum *m*
arbitraire [aʀbitʀɛʀ] *adj* willkürlich
arbitre [aʀbitʀ] *nm* Schlichter *m*; (*Sport*) Schiedsrichter(in) *m(f)*
arbitrer [aʀbitʀe] *vt* (*conflit*) schlichten; (*débat, confrontation*) die Gesprächsführung haben bei; (*Sport*) als Schiedsrichter leiten
arborer [aʀbɔʀe] *vt* (*drapeau, enseigne*) gehisst haben; (*vêtement, chapeau, attitude*) zur Schau stellen
arbre [aʀbʀ] *nm* Baum *m*; **~ de transmission** Kardanwelle *f*
arbuste [aʀbyst] *nm* Strauch *m*
arc [aʀk] *nm* Bogen *m*
arcade [aʀkad] *nf* Arkade *f*; **~ sourcilière** Augenbrauenbogen *m*
arc-en-ciel [aʀkɑ̃sjɛl] (*pl* **arcs-en-ciel**) *nm* Regenbogen *m*
archaïque [aʀkaik] *adj* archaisch, veraltet
archéologie [aʀkeɔlɔʒi] *nf* Archäologie *f*
archer [aʀʃe] *nm* Bogenschütze *m*
archet [aʀʃɛ] *nm* (*Mus*) Bogen *m*
archevêque [aʀʃəvɛk] *nm* Erzbischof *m*
archipel [aʀʃipɛl] *nm* Archipel *m*

architecte [aʀʃitɛkt] *nm* Architekt(in) *m(f)* • **architecture** *nf* Architektur *f*
archives [aʀʃiv] *nfpl* Archiv *nt*
arctique [aʀktik] *adj* arktisch ▶ *nm* : **l'A~** die Arktis *f*
ardent, e [aʀdɑ̃, ɑ̃t] *adj* glühend • **ardeur** *nf* Glut *f*
ardoise [aʀdwaz] *nf* (*matière*) Schiefer *m*
ardu, e [aʀdy] *adj* schwierig
arène [aʀɛn] *nf* Arena *f*; **arènes** *nfpl* (*de corrida*) Stierkampfarena *f*
arête [aʀɛt] *nf* (*de poisson*) Gräte *f*
argent [aʀʒɑ̃] *nm* (*métal*) Silber *nt*; (*monnaie*) Geld *nt*; **~ liquide** Bargeld *nt* • **argenterie** *nf* Silber *nt*
argentin, e [aʀʒɑ̃tɛ̃, in] *adj* (*d'Argentine*) argentinisch • **Argentine** *nf* : **l'~** Argentinien *nt*
argentique [aʀʒɑ̃tik] *adj* (*appareil-photo*) Analog-
argile [aʀʒil] *nf* Ton *m*
argot [aʀgo] *nm* ≈ Slang *m*
argument [aʀgymɑ̃] *nm* Argument *nt* • **argumentaire** *nm* (*brochure*) (Verkaufs)broschüre *f*
argus [aʀgys] *nm Zeitschrift mit Preisen für Gebrauchtwagen*
aride [aʀid] *adj* trocken
aristocrate [aʀistɔkʀat] *nmf* Aristokrat(in) *m(f)* • **aristocratie** *nf* Aristokratie *f*
armateur [aʀmatœʀ] *nm* Reeder *m*
armature [aʀmatyʀ] *nf* Gerüst *nt*
arme [aʀm] *nf* Waffe *f*
armé, e [aʀme] *adj* bewaffnet; **~ de** (*garni, équipé*) versehen mit
armée [aʀme] *nf* Armee *f*
armement [aʀməmɑ̃] *nm* Bewaffnung *f*, Waffen *pl*
armer [aʀme] *vt* bewaffnen
armistice [aʀmistis] *nm* Waffenstillstand *m*
armoire [aʀmwaʀ] *nf* Schrank *m*
armoiries [aʀmwaʀi] *nfpl* Wappen *nt*
armure [aʀmyʀ] *nf* Rüstung *f*
arnaque [aʀnak] (*fam*) *nf* : **c'est de l'~** das ist (doch) Betrug
arobase [aʀobaz] *nf* At-Zeichen *nt*, Klammeraffe *m*
aromatique [aʀɔmatik] *adj* aromatisch
arôme [aʀom] *nm* Aroma *nt*
arpenteur [aʀpɑ̃tœʀ] *nm* Landvermesser *m*
arracher [aʀaʃe] *vt* herausziehen; (*dent*) ziehen; (*souche, page etc*) herausreißen
arrangeant, e [aʀɑ̃ʒɑ̃, ɑ̃t] *adj* verträglich
arranger [aʀɑ̃ʒe] *vt* (*appartement etc*) einrichten; (*rendez-vous, rencontre*) vereinbaren; (*voyage*) organisieren; **s'arranger** *vpr* (*se mettre d'accord*) sich einigen
arrestation [aʀɛstasjɔ̃] *nf* Festnahme *f*
arrêt [aʀɛ] *nm* (*de projet, construction*) Einstellung *f*; (*de croissance, hémorragie, trafic*) Stillstand *m*; (*de bus etc*) Haltestelle *f*; **sans ~** ununterbrochen
arrêter [aʀete] *vt* anhalten; (*projet, construction*) einstellen; (*suspect, criminel*) festnehmen; **s'arrêter** *vpr* stehen bleiben; (*pluie, bruit*) aufhören; **~ de faire qch** aufhören, etw zu tun
arrhes [aʀ] *nfpl* Anzahlung *f*
arrière [aʀjɛʀ] *adj inv* : **feu/siège ~** Rücklicht *nt*/ Rücksitz *m* ▶ *nm* (*d'une voiture*) Heck *nt*; **roue ~** Hinterrad *nt*; **en ~** rückwärts
arrière- [aʀjɛʀ] *préf* Hinter-, Nach- • **arrière-goût** (*pl* **arrière-goûts**) *nm* Nachgeschmack *m*

a

• **arrière-grand-mère** (*pl* **arrière-grands-mères**) *nf* Urgroßmutter *f* • **arrière-grand-père** (*pl* **arrière-grands-pères**) *nm* Urgroßvater *m* • **arrière-pays** *nm inv* Hinterland *nt* • **arrière-pensée** (*pl* **arrière-pensées**) *nf* Hintergedanke *m* • **arrière-plan** (*pl* **arrière-plans**) *nm* Hintergrund *m*

arrimer [aʀime] *vt* (*chargement*) festzurren

arrivage [aʀivaʒ] *nm* Eingang *m*

arrivée [aʀive] *nf* Ankunft *f*

arriver [aʀive] *vi* ankommen; (*survenir*) geschehen, sich ereignen; **j'arrive à faire qch** es gelingt mir, etw zu tun

arriviste [aʀivist] *nmf* Streber *m*

arrobase *nf* = **arobase**

arrogance [aʀɔgɑ̃s] *nf* Arroganz *f* • **arrogant, e** *adj* arrogant

arroger [aʀɔʒe] : **s'~** *vpr* sich *dat* anmaßen

arrondir [aʀɔ̃diʀ] *vt* (*forme, objet*) runden; (*somme : en augmentant*) aufrunden; (*: en diminuant*) abrunden

arrondissement [aʀɔ̃dismɑ̃] *nm* ≈ Verwaltungsbezirk *m*

arroser [aʀoze] *vt* gießen; (*Culin : fêter*) begießen • **arrosoir** *nm* Gießkanne *f*

arsenal, -aux [aʀsənal, o] *nm* (*dépôt d'armes*) Waffenlager *nt*, Arsenal *nt*; (*Naut*) Marinewerft *f*; (*matériel*) Ausrüstung *f*

art [aʀ] *nm* Kunst *f*

artère [aʀtɛʀ] *nf* Arterie *f*; (*rue*) Verkehrsader *f*

arthrite [aʀtʀit] *nf* Arthritis *f*

arthrose [aʀtʀoz] *nf* Arthrose *f*

artichaut [aʀtiʃo] *nm* Artischocke *f*

article [aʀtikl] *nm* Artikel *m*

articulation [aʀtikylasjɔ̃] *nf* (*Anat*) Gelenk *nt* • **articuler** *vt* (*mot, phrase*) aussprechen

artifice [aʀtifis] *nm* Trick *m*

artificiel, le [aʀtifisjɛl] *adj* künstlich

artisan [aʀtizɑ̃] *nm* Handwerker(in) *m(f)* • **artisanal, e, -aux** *adj* handwerklich • **artisanat** *nm* Handwerk *nt*

artiste [aʀtist] *nmf* Künstler(in) *m(f)* • **artistique** *adj* künstlerisch

as [ɑs] *nm* Ass *nt*

ascendant, e [asɑ̃dɑ̃, ɑ̃t] *adj* aufsteigend ▶ *nm* (*Astrol*) Aszendent *m*; (*influence*) Einfluss *m*

ascenseur [asɑ̃sœʀ] *nm* Aufzug *m*

ascension [asɑ̃sjɔ̃] *nf* Besteigung *f*; (*d'un ballon etc*) Aufstieg *m*; **l'A~** (Christi) Himmelfahrt *f*

asiatique [azjatik] *adj* asiatisch ▶ *nmf* : **A~** Asiat *m*, Asiatin *f*

Asie [azi] *nf* : **l'~** Asien *nt*

asile [azil] *nm* Zuflucht *f*; (*Pol*) Asyl *nt*; (*pour malades mentaux*) Anstalt *f*, Heim *nt*; **droit d'~** Asylrecht *nt*

aspect [aspɛ] *nm* (*apparence, air*) Aussehen *nt*; (*point de vue*) Aspekt *m*, Gesichtspunkt *m*

asperge [aspɛʀʒ] *nf* Spargel *m*

asperger [aspɛʀʒe] *vt* bespritzen

asphyxie [asfiksi] *nf* Ersticken *nt* • **asphyxier** *vt* ersticken; (*fig*) lähmen

aspic [aspik] *nm* (*Zool*) Natter *f*; (*Culin*) Sülze *f*

aspirateur [aspiʀatœʀ] *nm* Staubsauger *m*; **passer l'~** staubsaugen

aspiration [aspiʀasjɔ̃] *nf* (*d'air*) Einatmen *nt*; (*de liquide, poussière etc*) Aufsaugen *nt*; **~s** (*ambitions*) Ziele *pl* • **aspirer** *vt* (*respirer*) einatmen; **~ à qch** nach etw streben

aspirine [aspiʀin] *nf* Aspirin® *nt*
assagir [asaʒiʀ] : **s'assagir** *vpr* ruhiger werden
assaillir [asajiʀ] *vt* angreifen; **~ qn de** jdn überschütten mit
assaisonnement [asɛzɔnmɑ̃] *nm* Gewürz *nt* • **assaisonner** *vt* (*plat*) würzen; (*salade*) anmachen
assassin [asasɛ̃] *nm* Mörder *m* • **assassinat** *nm* Ermordung *f* • **assassiner** *vt* ermorden
assaut [aso] *nm* (*Mil*) Sturmangriff *m*; **prendre d'~** stürmen
assécher [aseʃe] *vt* trockenlegen
assemblée [asɑ̃ble] *nf* Versammlung *f* • **assembler** *vt* zusammensetzen; (*mots, idées*) verbinden; **s'assembler** *vpr* (*personnes*) sich versammeln • **assembleur** *nm* Assembler *m*
assentiment [asɑ̃timɑ̃] *nm* Zustimmung *f*
asseoir [aswaʀ] *vt* hinsetzen; (*autorité, réputation*) festigen; **s'asseoir** *vpr* sich hinsetzen
assermenté, e [asɛʀmɑ̃te] *adj* vereidigt
assertion [asɛʀsjɔ̃] *nf* Behauptung *f*
assez [ase] *adv* genug; (*avec adjectif, adverbe*) ziemlich
assidu, e [asidy] *adj* eifrig • **assiduité** *nf* Eifer *m*, Gewissenhaftigkeit *f*; **assiduités** *nfpl* ständige Bemühungen *pl*
assiette [asjɛt] *nf* Teller *m*; **~ anglaise** ≈ kalte Platte *f*
assimiler [asimile] *vt* (*aliments*) verdauen; (*connaissances, idée*) verarbeiten; (*immigrants, nouveaux venus*) integrieren, aufnehmen; **~ qch/qn à** (*comparer*) etw/jdn gleichstellen mit
assis, e [asi, iz] *adj* sitzend; **être ~** sitzen
assise [asiz] *nf* (*d'une maison*) Unterbau *m*; (*fig*) Grundlage *f*; **assises** *nfpl* (*Jur*) ≈ Schwurgericht *nt*
assistance [asistɑ̃s] *nf* (*public*) Publikum *nt*; (*aide*) Hilfe *f* • **assistant, e** *nm/f* Assistent(in) *m(f)* • **assisté, e** *nm/f* ≈ Sozialhilfeempfänger(in) *m(f)* • **assister** *vt* (*seconder*) helfen *+dat*; **~ à** dabei sein bei
association [asɔsjasjɔ̃] *nf* Vereinigung *f*; **~ d'idées** Gedankenassoziation *f* • **associé, e** *nm/f* Partner(in) *m(f)* • **associer** *vt* vereinigen; (*mots, idées*) verbinden; **~ qn à** (*projets, profits*) jdn beteiligen an *+dat*
assommer [asɔme] *vt* niederschlagen
Assomption [asɔ̃psjɔ̃] *nf*: **l'~** Mariä Himmelfahrt *f*
assorti, e [asɔʀti] *adj* zusammenpassend; **fromages/légumes ~s** Käse-/Gemüseplatte *f*; **~ à** passend zu • **assortiment** *nm* Auswahl *f*
assoupir [asupiʀ] : **s'~** *vpr* einschlummern
assouplir [asupliʀ] *vt* geschmeidig machen; (*fig*) lockern • **assouplissant** *nm* Weichspüler *m*
assourdir [asuʀdiʀ] *vt* dämpfen, abschwächen; (*rendre sourd*) taub machen
assujettir [asyʒetiʀ] *vt* unterwerfen; **~ qn à qch** (*impôt*) jdm etw auferlegen
assumer [asyme] *vt* übernehmen
assurance [asyʀɑ̃s] *nf* (*confiance en soi*) Selbstbewusstsein *nt*; (*contrat, garantie*) Versicherung *f*; **~ annulation** Reiserücktrittsversicherung; **~ maladie** Krankenversicherung *f*;

~ voyage Reiseversicherung *f*; **~ vol** Diebstahlversicherung *f* • **assuré, e** *nm/f* Versicherte(r) *f(m)* • **assurément** *adv* sicherlich, ganz gewiss • **assurer** *vt* (*contre un risque*) versichern; (*succès, victoire*) sichern

astérisque [asteʀisk] *nm* Sternchen *nt*

asthmatique [asmatik] *adj* asthmatisch

asthme [asm] *nm* Asthma *nt*

asticot [astiko] *nm* Made *f*

astiquer [astike] *vt* polieren

astre [astʀ] *nm* Gestirn *nt*

astreindre [astʀɛ̃dʀ] *vt* : **~ qn à qch** jdn zu etw zwingen; **~ qn à faire qch** jdn dazu zwingen, etw zu tun

astrologie [astʀɔlɔʒi] *nf* Astrologie *f* • **astrologique** *adj* astrologisch • **astrologue** *nmf* Astrologe (Astrologin) *m(f)*

astronaute [astʀonot] *nmf* Astronaut (Astronautin) *m(f)*

astronomie [astʀɔnɔmi] *nf* Astronomie *f* • **astronomique** *adj* astronomisch

astuce [astys] *nf* (*ingéniosité*) Findigkeit *f*; (*truc*) Trick *m* • **astucieux, -euse** *adj* schlau, pfiffig

atelier [atəlje] *nm* Werkstatt *f*; (*de peintre*) Atelier *nt*

athée [ate] *adj* atheistisch

athlète [atlɛt] *nmf* Athlet(in) *m(f)* • **athlétisme** *nm* Leichtathletik *f*

atlantique [atlɑ̃tik] *nm* : **l'(océan) A~** der Atlantische Ozean

atlas [atlɑs] *nm* Atlas *m*

atmosphère [atmɔsfɛʀ] *nf* Atmosphäre *f*; (*air*) Luft *f*

atome [atom] *nm* Atom *nt* • **atomique** *adj* Atom-

atomiseur [atɔmizœʀ] *nm* Zerstäuber *m*

atout [atu] *nm* Trumpf *m*

atroce [atʀɔs] *adj* entsetzlich

attabler [atable] : **s'~** *vpr* sich an den Tisch setzen

attachant, e [ataʃɑ̃, ɑ̃t] *adj* liebenswert

attache [ataʃ] *nf* (*agrafe*) (Heft)klammer *f*; (*fig*) Bindung *f*, Band *nt*

attaché, e [ataʃe] *adj* : **être ~ à** (*aimer*) sehr hängen an *+dat* ▶ *nm* (*Admin*) Attaché *m*; **~ d'ambassade** Botschaftsattaché *m*; **~ commercial** Handelsattaché *m*; **~ de presse** Presseattaché *m*

attachement [ataʃmɑ̃] *nm* Zuneigung *f*

attacher [ataʃe] *vt* befestigen; (*ceinture, tablier*) umbinden; (*souliers*) binden, zuschnüren

attaque [atak] *nf* Angriff *m*; (*Méd* : *cardiaque*) Anfall *m*; (: *cérébrale*) Schlaganfall *m* • **attaquer** *vt* angreifen; (*travail*) in Angriff nehmen

attarder [ataʀde] : **s'~** *vpr* sich lange aufhalten

atteindre [atɛ̃dʀ] *vt* erreichen; (*blesser*) treffen • **atteint, e** *adj* (*Méd*) : **être ~ de** leiden an *+dat*

atteinte [atɛ̃t] *nf* Angriff *m*; **hors d'~** außer Reichweite; **porter ~ à** angreifen

attelle [atɛl] *nf* Schiene *f*

attenant, e [at(ə)nɑ̃, ɑ̃t] *adj* : **~ à** angrenzend an *+acc*

attendre [atɑ̃dʀ] *vt* warten auf *+acc*; (*être destiné ou réservé à, espérer*) erwarten; **~ qch de qn/qch** etw von jdm/einer Sache *dat* erwarten; **~ un enfant** ein Kind erwarten

attendrir [atɑ̃dʀiʀ] *vt* (*personne*) rühren
attendu, e [atɑ̃dy] *adj* erwartet
attentat [atɑ̃ta] *nm* Attentat *nt*, Anschlag *m*; **~ à la pudeur** Sittlichkeitsvergehen *nt*
attente [atɑ̃t] *nf* Warten *nt*; (*espérance*) Erwartung *f*; **contre toute ~** entgegen allen Erwartungen
attenter [atɑ̃te]: **~ à** *vt* (*liberté*) antasten; **~ à la vie de qn** einen Anschlag auf jds Leben *acc* machen
attentif, -ive [atɑ̃tif, iv] *adj* aufmerksam; (*soins, travail*) sorgfältig
attention [atɑ̃sjɔ̃] *nf* Aufmerksamkeit *f*; **faire ~ à** achtgeben auf +*acc*; **~ !** Vorsicht!, Achtung! • **attentionné, e** *adj* aufmerksam, zuvorkommend
attentisme [atɑ̃tism] *nm* Abwartepolitik *f*
attentivement [atɑ̃tivmɑ̃] *adv* aufmerksam
atténuant, e [atenɥɑ̃, ɑ̃t] *adj*: **circonstances ~es** mildernde Umstände *pl* • **atténuer** *vt* abschwächen
atterrir [ateʀiʀ] *vi* landen • **atterrissage** *nm* Landung *f*
attestation [atɛstasjɔ̃] *nf* Bescheinigung *f* • **attester** *vt* bestätigen
attirail [atiʀaj] *nm* Ausrüstung *f*; (*péj*) Zeug *nt*
attirer [atiʀe] *vt* anlocken; (*chose, aimant etc*) anziehen
attitude [atityd] *nf* (*comportement*) Verhalten *nt*; (*position du corps, état d'esprit*) Haltung *f*
attraction [atʀaksjɔ̃] *nf* (*attirance*) Reiz *m*; (*Phys*) Anziehungskraft *f*; (*de foire*) Attraktion *f*
attrait [atʀɛ] *nm* Reiz *m*
attraper [atʀape] *vt* fangen; (*train, maladie, amende*) bekommen
attrayant, e [atʀɛjɑ̃, ɑ̃t] *adj* attraktiv
attribuer [atʀibɥe] *vt* (*prix*) verleihen; (*rôle, tâche*) zuweisen
attribut [atʀiby] *nm* Merkmal *nt*, Kennzeichen *nt*; (*Ling*) Attribut *nt*
au [o] *voir* **à**
aubaine [obɛn] *nf* unverhoffter Glücksfall *m*
aube [ob] *nf* Morgengrauen *nt*; **à l'~** bei Tagesanbruch; **à l'~ de** bei Anbruch +*gén*
auberge [obɛʀʒ] *nf*; **~ de jeunesse** Jugendherberge *f*
aubergine [obɛʀʒin] *nf* Aubergine *f*
aubergiste [obɛʀʒist] *nmf* Gastwirt(in) *m(f)*
aucun, e [okœ̃, yn] *adj* kein(e) ▶ *pron* keine(r, s); **sans ~ doute** zweifellos
audace [odas] *nf* Kühnheit *f*; (*péj: culot*) Frechheit *f* • **audacieux, -euse** *adj* kühn
au-delà [od(ə)la] *adv* weiter ▶ *nm inv*: **l'~** das Jenseits *nt*; **~ de** jenseits von; (*de limite, somme etc*) über +*dat*
au-dessous [odsu] *adv* darunter, unten; **~ de** unter +*dat*; (*avec verbe de mouvement*) unter +*acc*
au-dessus [odsy] *adv* darüber, oben; **~ de** über +*dat*; (*avec verbe de mouvement*) über +*acc*
au-devant [od(ə)vɑ̃] *prép*: **aller ~ de** entgegengehen +*dat*
audience [odjɑ̃s] *nf* (*entrevue*) Audienz *f*; (*Jur: séance*) Sitzung *f*
audimat® [odimat] *nm inv* (*taux d'écoute*) Einschaltquote *f*
audiovisuel, le [odjovizɥɛl] *adj* audiovisuell ▶ *nm* Funk und Fernsehen *pl*

auditeur, -trice [oditœʀ, tʀis] *nm/f* (Zu)hörer(in) *m(f)*
audition [odisjɔ̃] *nf* (*ouïe*) Gehör *nt*; (*de témoins*) Anhörung *f*; (*Théât*) Vorsprechen *nt* • **auditionner** *vt* (*Mus*) vorspielen lassen; (: *chanteur*) vorsingen lassen; (*Théât*) vorsprechen lassen
auditoire [oditwaʀ] *nm* Publikum *nt*
augmentation [ɔgmɑ̃tasjɔ̃] *nf* Erhöhung *f*; **~ (de salaire)** Gehaltserhöhung *f* • **augmenter** *vt* erhöhen; (*grandeur*) erweitern ▸ *vi* zunehmen, sich vergrößern; (*vitesse, prix*) steigen; (*vie, produit*) teurer werden
augure [ogyʀ] *nm* (*prophète*) Wahrsager(in) *m(f)*; **être de bon/mauvais ~** ein gutes/schlechtes Zeichen sein
aujourd'hui [oʒuʀdɥi] *adv* heute; (*de nos jours*) heutzutage
auparavant [opaʀavɑ̃] *adv* vorher, zuvor
auprès [opʀɛ] : **~ de** *prép* bei
auquel [okɛl] *prép +pron voir* **lequel**
auriculaire [ɔʀikylɛʀ] *nm* kleiner Finger *m*
aurore [ɔʀɔʀ] *nf* Morgendämmerung *f*; **~ boréale** Nordlicht *nt*
ausculter [ɔskylte] *vt* abhorchen
aussi [osi] *adv* auch, ebenfalls; (*dans comparaison*) (genau)so; (*si, tellement*) so; **lui ~** er auch • **aussitôt** *adv* sofort, sogleich
austère [ostɛʀ] *adj* (*personne*) streng; (*paysage*) karg • **austérité** *nf* (*Écon*) Sparmaßnahmen *pl*
austral, e [ɔstʀal] *adj* südlich, Süd-
Australie [ostʀali] *nf* : **l'~** Australien *nt* • **australien, ne** *adj* australisch ▸ *nm/f* : **A~, ne** Australier(in) *m(f)*
autant [otɑ̃] *adv* so viel; **~ (que)** genauso viel (wie); **~ (de)** (*nombre*) so viele; (*quantité*) so viel
autel [otɛl] *nm* Altar *m*
auteur [otœʀ] *nm* (*écrivain*) Autor(in) *m(f)*; (*d'un crime*) Täter(in) *m(f)* • **auteur-compositeur** (*pl* **auteurs-compositeurs**) *nm* ≈ Liedermacher(in) *m(f)*
authentique [otɑ̃tik] *adj* echt; (*véridique*) wahr
autisme [otism] *nm* Autismus *m* • **autiste** *adj* autistisch
auto [oto] *préf* Auto-, Selbst- • **autobiographie** *nf* Autobiografie *f*
autobus [ɔtɔbys] *nm* Bus *m*
autocar [ɔtɔkaʀ] *nm* Reisebus *m*
autocollant, e [otokɔlɑ̃, ɑ̃t] *adj* selbstklebend ▸ *nm* Aufkleber *m*
auto-couchettes [ɔtɔkuʃɛt] *adj inv* : **train ~** Autoreisezug *m*
autocritique [otokʀitik] Selbstkritik *f*
autocuiseur [otokɥizœʀ] *nm* Schnellkochtopf *m*
autodéfense [otodefɑ̃s] *nf* Selbstverteidigung *f*
autodidacte [otodidakt] Autodidakt(in) *m(f)*
auto-école [otoekɔl] (*pl* **auto-écoles**) *nf* Fahrschule *f*
autoentrepreneur [otoɑ̃tʀəpʀənœʀ] *nmf* selbständiger Einzelunternehmer *m*
autogestion [otoʒɛstjɔ̃] *nf* Selbstverwaltung *f*
autographe [ɔtɔgʀaf] *nm* Autogramm *nt*
automate [ɔtɔmat] *nm* Automat *m* • **automatique** *adj* automatisch • **automatiquement** *adv*

automatisch • **automatiser** *vt* automatisieren • **automatisme** *nm* Automatismus *m*

automnal, e, -aux [ɔtɔnal, o] *adj* herbstlich

automne [ɔtɔn] *nm* Herbst *m*

automobile [ɔtɔmɔbil] *nf* Auto *nt* • **automobiliste** *nmf* Autofahrer(in) *m(f)*

autonome [ɔtɔnɔm] *adj* autonom; (*appareil, système*) unabhängig • **autonomie** *nf* Unabhängigkeit *f*; (*Pol*) Autonomie *f*

autopsie [ɔtɔpsi] *nf* Autopsie *f*

autoradio [otoʀadjo] *nm* Autoradio *nt*

autorisation [ɔtɔʀizasjɔ̃] *nf* Genehmigung *f*, Erlaubnis *f* • **autorisé, e** *adj* (*source*) offiziell; (*opinion*) maßgeblich • **autoriser** *vt* genehmigen; (*chose*) berechtigen zu

autoritaire [ɔtɔʀitɛʀ] *adj* autoritär

autorité [ɔtɔʀite] *nf* Autorität *f*; **faire ~** maßgeblich sein

autoroute [otoʀut] *nf* Autobahn *f*; **~ de l'information** Datenautobahn *f*

auto-stop [otostɔp] *nm inv* Trampen *nt*; **faire de l'~** per Anhalter fahren, trampen • **auto-stoppeur, -euse** (*pl* **auto-stoppeurs, -euses**) *nm/f* Anhalter(in) *m(f)*

autour [otuʀ] *adv* herum, umher; **~ de qch** um etw *acc* herum; (*environ*) etwa etw; **tout ~** rundherum

autre [otʀ] *adj, pron* andere(r, s); **un(e) ~** ein anderer/eine andere/ein anderes; **je préférerais un ~ verre** ich möchte lieber ein anderes Glas; **je voudrais un ~ verre d'eau** (*supplémentaire*) ich möchte noch ein Glas Wasser; **~ part** anderswo; **d'~ part** andererseits; **nous/vous ~s** wir/ihr; **d'~s** andere; **l'~** der/die/das andere; **les ~s** die anderen; **entre ~s** unter anderem • **autrefois** *adv* früher, einst • **autrement** *adv* (*d'une manière différente*) anders; (*sinon*) sonst; **je n'ai pas pu faire ~** ich konnte nicht anders; **~ dit** anders ausgedrückt

Autriche [otʀiʃ] *nf*: **l'~** Österreich *nt* • **autrichien, ne** *adj* österreichisch ▶ *nm/f*: **A~, ne** Österreicher(in) *m(f)*

autruche [otʀyʃ] *nf* Strauß *m*

autrui [otʀɥi] *pron* die anderen *pl*

auvent [ovɑ̃] *nm* (*de tente*) Vorzelt *nt*

Auvergne [ovɛʀɲ] *nf*: **l'~** die Auvergne *f*

aux [o] *voir* **à**

auxiliaire [ɔksiljɛʀ] *adj* Hilfs- ▶ *nmf* (*Admin*) Hilfskraft *f*

auxquels [okɛl] *prép* +*pron voir* **lequel**

av. *abr* = **avenue**

aval [aval] *nm* (*accord*) Unterstützung *f*; **en ~ de** flussabwärts von

avalanche [avalɑ̃ʃ] *nf* Lawine *f*

avaler [avale] *vt* verschlingen

avance [avɑ̃s] *nf* (*sur un concurrent*) Vorsprung *m*; (*opposé à retard*) Verfrühung *f*; **avances** *nfpl* (*ouvertures*) Annäherungsversuche *pl*; **être en ~** zu früh dran sein; **à l'~, d'~, par ~** im Voraus

avancement [avɑ̃smɑ̃] *nm* (*professionnel*) Beförderung *f*

avancer [avɑ̃se] *vi* sich vorwärtsbewegen; (*dans le temps*) voranschreiten; (*montre, réveil*) vorgehen ▶ *vt* vorschieben;

(*montre*) vorstellen; **s'avancer** *vpr* (*s'approcher*) näher kommen

avant [avɑ̃] *prép* vor +*dat*; (*avec verbe de mouvement*) vor +*acc* ▶ *adj inv* : **siège/roue ~** Vordersitz *m*/ Vorderrad *nt* ▶ *nm* (*d'un véhicule*) Vorderteil *nt*; **~ tout** vor allem; **en ~** nach vorne

avantage [avɑ̃taʒ] *nm* Vorteil *m* • **avantager** *vt* bevorzugen • **avantageux, -euse** *adj* vorteilhaft

avant-bras [avɑ̃bʀa] *nm inv* Unterarm *m* • **avant-centre** (*pl* **avant-centres**) *nm* Mittelstürmer *m* • **avant-dernier, -ière** *adj* vorletze(r, s) ▶ *nm/f* Vorletzte(r) *f(m)* • **avant-garde** (*pl* **avant-gardes**) *nf* (*Mil*) Vorhut *f*; (*fig*) Avantgarde *f*, Vorreiter *pl*; **d'~** avantgardistisch • **avant-goût** (*pl* **avant-goûts**) *nm* Vorgeschmack *m* • **avant-hier** *adv* vorgestern • **avant-première** (*pl* **avant-premières**) *nf* (*de film*) Voraufführung *f* • **avant-projet** (*pl* **avant-projets**) *nm* Pilotprojekt *nt* • **avant-propos** *nm inv* Vorwort *nt* • **avant-veille** *nf* : **l'~** zwei Tage davor

avare [avaʀ] *adj* geizig • **avarice** *nf* Geiz *m*

avarié, e [avaʀje] *adj* verdorben

avec [avɛk] *prép* mit; (*en plus de, à l'égard de*) zu

avenir [avniʀ] *nm* Zukunft *f*

Avent [avɑ̃] *nm* Advent *m*

aventure [avɑ̃tyʀ] *nf* Abenteuer *nt* • **aventurer** : **s'aventurer** *vpr* sich wagen • **aventurier, -ière** *nm/f* Abenteurer(in) *m(f)*

avenue [avny] *nf* Allee *f*

avérer [aveʀe] : **s'~** *vpr* : **s'~ faux/ coûteux** sich als falsch/ kostspielig erweisen

averse [avɛʀs] *nf* Regenschauer *m*

aversion [avɛʀsjɔ̃] *nf* Abneigung *f*

avertir [avɛʀtiʀ] *vt* benachrichtigen; **~ qn de qch** jdn vor etw *dat* warnen • **avertissement** *nm* Warnung *f* • **avertisseur** *nm* (*Auto*) Hupe *f*

aveu [avø] *nm* Geständnis *nt*

aveugle [avœgl] *adj* blind • **aveuglément** *adv* blindlings • **aveugler** *vt* blenden; (*fig : amour, colère*) blind machen

aviateur, -trice [avjatœʀ, tʀis] *nm/f* Flieger(in) *m(f)* • **aviation** *nf* Luftfahrt *f*

aviculture [avikyltyʀ] *nf* Geflügelzucht *f*

avide [avid] *adj* begierig; (*péj*) gierig

avion [avjɔ̃] *nm* Flugzeug *nt*; **aller (à Pise) en ~** (nach Pisa) fliegen

aviron [aviʀɔ̃] *nm* Ruder *nt*; (*sport*) Rudern *nt*

avis [avi] *nm* Meinung *f*; **être d'~ que** der Meinung sein, dass; **changer d'~** seine Meinung ändern

avisé, e [avize] *adj* (*sensé*) vernünftig

aviser [avize] *vt* (*voir*) bemerken; **~ qn de qch** jdn von etw in Kenntnis setzen

avocat, e [avɔka, at] *nm/f* (*Jur*) Rechtsanwalt *m*, Rechtsanwältin *f* ▶ *nm* (*Culin*) Avocado *f*; **~ général** ≈ Staatsanwalt *m*

avoine [avwan] *nf* Hafer *m*

MOT-CLÉ

avoir [avwaʀ] *vt* **1** haben; **il a les yeux gris** er hat graue Augen; **vous avez du sel ?** haben Sie Salz? **~ faim/peur** Hunger/Angst haben; **~ qch à faire** etw zu tun haben

2 (*âge, dimensions*) : **il a 3 ans** er ist 3 Jahre alt
3 (*fam : duper*) hereinlegen
4 (*train, prix, renseignement*) bekommen
5 : **en ~ assez** genug haben
▶ *vb aux* **1** haben; **~ mangé/dormi** gegessen/geschlafen haben
2 (*avoir à + infinitif*) : **~ à faire qch** etw tun müssen
▶ *vb impers* **1** : **il y a** es gibt; **il y a des hommes, qui ...** es gibt Männer, die ...; **il n'y a qu'à faire qch** man braucht nur etw zu tun
2 (*temporel*) : **il y a 10 ans** vor 10 Jahren
▶ *nm* Vermögen *nt*; (*Comm*) Guthaben *nt*

avoisiner [avwazine] *vt* angrenzen an *+acc*
avortement [avɔʀtəmɑ̃] *nm* Abtreibung *f* • **avorter** *vi* abtreiben, misslingen, scheitern
avoué [avwe] *nm nicht plädierender Anwalt*
avouer [avwe] *vt* gestehen
avril [avʀil] *nm* April *m*
axe [aks] *nm* Achse *f*
azalée [azale] *nf* Azalee *f*
Azerbaïdjan [azɛʀbaidʒɑ̃] *nm* : **l'~** Aserbaidschan *nt*
azote [azɔt] *nm* Stickstoff *m*
azur [azyʀ] *nm* (*couleur*) Azur(blau) *nt*, Himmelsblau *nt*

b

baba [baba] *nm* : **~ au rhum** *rumgetränkter Kuchen*
bâbord [bɑbɔʀ] *nm* : **à** *ou* **par ~** backbord
babouin [babwɛ̃] *nm* Pavian *m*
baby-foot [babifut] *nm inv* Tischfußball *m*
baby-sitter [babisitœʀ] (*pl* **baby-sitters**) *nmf* Babysitter(in) *m(f)*
baby-sitting [babisitiŋ] *nm* Babysitten *nt*
bac¹ [bak] *nm* (*bateau*) Fähre *f*
bac² [bak] *abr m* (= *baccalauréat*) ≈ Abi *nt*
baccalauréat [bakalɔʀea] *nm* ≈ Abitur *nt*
bacille [basil] *nm* Bazillus *m*
bâcler [bɑkle] *vt* pfuschen
bactérie [bakteʀi] *nf* Bakterie *f*
badaud, e [bado, od] *nm/f* Schaulustige(r) *f(m)*
badge [badʒ] *nm* Button *m*
badigeonner [badiʒɔne] *vt* tünchen; (*Méd*) bepinseln
badminton [badmintɔn] *nm* Badminton *nt*
baffe [baf] (*fam*) *nf* Ohrfeige *f*
baffle [bafl] *nm* Lautsprecherkette *f*

bafouiller [bafuje] *vi, vt* stammeln
bagage [bagaʒ] *nm* : **bagages** *nmpl* Gepäck *nt*; **~s à main** Handgepäck *nt*
bagarre [bagaʀ] *nf* Rauferei *f* • **bagarrer** : **se ~** *vpr* sich raufen • **bagarreur, -euse** *adj* rauflustig ▸ *nm/f* Raufbold *m*
bagatelle [bagatɛl] *nf* Kleinigkeit *f*
bagne [baɲ] *nm* Strafkolonie *f*
bagnole [baɲɔl] (*fam*) *nf* Auto *nt*
bagout [bagu] *nm* : **avoir du ~** ein geschmiertes *ou* gutes Mundwerk haben
bague [bag] *nf* Ring *m*
baguette [bagɛt] *nf* Stab *m*; (*pain*) Stangenweißbrot *nt*
Bahamas [baamas] *nfpl* : **les (îles) ~** die Bahamas *pl*
Bahreïn [baʀɛn] *nm* Bahrein *nt*
baie [bɛ] *nf* (*Géo*) Bucht *f*; (*fruit*) Beere *f*
baignade [bɛɲad] *nf* Baden *nt* • **baigner** *vt* baden; **se baigner** *vpr* schwimmen; (*dans une baignoire*) baden • **baigneur, -euse** *nm/f* Badende(r) *f(m)* • **baignoire** *nf* Badewanne *f*
bail, baux [baj, bo] *nm* Mietvertrag *m*
bâiller [bɑje] *vi* gähnen
bailleur [bajœʀ] *nm* : **~ de fonds** Geldgeber *m*
bain [bɛ̃] *nm* Bad *nt*; **se mettre dans le ~** sich mit einer Sache vertraut machen; **~ de pieds** Fußbad *nt*; **~ de soleil** Sonnenbad *nt*; **~s de mer** Baden im Meer • **bain-marie** (*pl* **bains-marie**) *nm* Wasserbad *nt*
baiser [beze] *nm* Kuss *m* ▸ *vt* (*embrasser*) küssen; (*fam !* : *coucher avec*) bumsen (*fam !*), ficken (*fam !*)
baisse [bɛs] *nf* Sinken *nt* • **baisser** *vt* (*store, vitre*) herunterlassen; (*radio*) leiser stellen; (*chauffage*) niedriger stellen; (*prix*) herabsetzen ▸ *vi* fallen; **se baisser** *vpr* sich bücken
bal [bal] *nm* Ball *m*
balade [balad] *nf* Spaziergang *m*; (*en voiture*) Spazierfahrt *f* • **balader** *vt* (*traîner*) mit sich herumschleppen; (*promener*) spazieren führen; **se balader** *vpr* spazieren gehen
baladeur [baladœʀ] *nm* Walkman® *m*
balai [balɛ] *nm* Besen *m*
balance [balɑ̃s] *nf* Waage *f*; **la B~** (*Astrol*) die Waage • **balancer** *vt* schwenken; **se balancer** *vpr* schaukeln • **balancier** *nm* (*de pendule*) Pendel *nt*; (*perche*) Balancierstange *f* • **balançoire** *nf* (*suspendue*) Schaukel *f*; (*sur pivot*) Wippe *f*
balayer [baleje] *vt* (aus)fegen • **balayeur, -euse** *nm/f* Straßenkehrer(in) *m(f)* ▸ *nf* (*engin*) Straßenkehrmaschine *f*
balbutier [balbysje] *vi, vt* stammeln
balcon [balkɔ̃] *nm* Balkon *m*
Bâle [bɑl] Basel *nt*
baleine [balɛn] *nf* Wal(fisch *m*) *m*
balisage [balizaʒ] *nm* Befeuerung *f*, Markierung *f* • **balise** *nf* (*Naut*) Bake *f*, Seezeichen *nt*; (*Aviat*) Befeuerungslicht *nt*; (*Auto, Ski*) Markierung *f* • **baliser** *vt* befeuern, markieren
balivernes [balivɛʀn] *nfpl* Geschwätz *nt*
Balkans [balkɑ̃] *nmpl* : **les ~** die Balkanländer *pl*
ballast [balast] *nm* Schotter *m*
balle [bal] *nf* Ball *m*; (*d'arme à feu*) Kugel *f*; (*du blé*) Spreu *f*; (*paquet*) Ballen *m*; **~ perdue** verirrte Kugel

ballerine [bal(ə)ʀin] *nf* Ballerina *f*; (*chaussure*) leichter, flacher Damenschuh
ballet [balɛ] *nm* Ballett *nt*
ballon [balɔ̃] *nm* Ball *m*
ballottage [balɔtaʒ] *nm* (*Pol*) Stichwahl *f*
balnéaire [balneɛʀ] *adj* Bade-
balnéothérapie [balneoteʀapi] *nf* Bäderkur *f*
balourd, e [baluʀ, uʀd] *adj* linkisch
baltique [baltik] *adj* baltisch ▶ *nf*: **la (mer) B~** die Ostsee *f*
balustrade [balystʀad] *nf* Geländer *nt*
bambin [bɑ̃bɛ̃] *nm* kleines Kind *nt*
bambou [bɑ̃bu] *nm* Bambus *m*
ban [bɑ̃] *nm* : **être au ~ de** ausgestoßen sein aus; **bans** *nmpl* (*de mariage*) Aufgebot *nt*; **mettre au ~ de** ausstoßen aus
banal, e [banal] *adj* banal • **banaliser** *vt* banal machen • **banalité** *nf* Banalität *f*
banane [banan] *nf* Banane *f*
banc [bɑ̃] *nm* (*siège*) Bank *f*
bancaire [bɑ̃kɛʀ] *adj* Bank-
bancal, e [bɑ̃kal] *adj* wackelig
bandage [bɑ̃daʒ] *nm* Verband *m*
bande [bɑ̃d] *nf* (*de tissu etc*) Streifen *m*, Band *nt*; (*Méd*) Binde *f*; **~ dessinée** Comic *m* • **bande-annonce** (*pl* **bandes-annonces**) *nf* Vorschau *f*
bandeau [bɑ̃do] *nm* Stirnband *nt*
bander [bɑ̃de] *vt* (*blessure*) verbinden ▶ *vi* (*fam !*) einen stehen haben (*fam*)
banderole [bɑ̃dʀɔl] *nf* Spruchband *nt*
bande-son [bɑ̃dsɔ̃] (*pl* **bandes-son**) *nf* Tonspur *f*
bandit [bɑ̃di] *nm* Bandit *m*; (*fig : escroc*) Gauner *m*
Bangladesh [bɑ̃gladɛʃ] *nm* : **le ~** Bangladesch *nt*
banlieue [bɑ̃ljø] *nf* Vorort *m*; **quartier de ~** Vorstadtviertel *nt* • **banlieusard, e** *nm/f* Vorortbewohner(in) *m(f)*; (*voyageur*) Pendler(in) *m(f)*
bannière [banjɛʀ] *nf* Banner *nt*
bannir [baniʀ] *vt* verbannen
banque [bɑ̃k] *nf* Bank *f*; **~ d'affaires** Handelsbank *f*; **~ à domicile** Homebanking *nt*; **~ de données** Datenbank *f*; **~ d'organes** Organbank *f*
banqueroute [bɑ̃kʀut] *nf* Bankrott *m*
banquet [bɑ̃kɛ] *nm* Festmahl *nt*
banquette [bɑ̃kɛt] *nf* Sitzbank *f*
banquier [bɑ̃kje] *nm* Bankier *m*
baptême [batɛm] *nm* Taufe *f* • **baptiser** *vt* taufen
baquet [bakɛ] *nm* Zuber *m*, Kübel *m*
bar [baʀ] *nm* Bar *f*; (*comptoir*) Tresen *m*
baraque [baʀak] *nf* (*cabane, hutte*) Hütte *f*; **~ foraine** Jahrmarktsbude *f*
baraqué, e [baʀake] (*fam*) *adj* gut beieinander
baratin [baʀatɛ̃] (*fam*) *nm* : **faire du ~ à qn** jdn beschwatzen • **baratiner** (*fam*) *vt* einreden auf +*acc*
barbare [baʀbaʀ] *adj* barbarisch; (*inculte*) unzivilisiert ▶ *nmf* Barbar(in) *m(f)* • **barbarie** *nf* Barbarei *f*
barbe [baʀb] *nf* Bart *m*; **~ à papa** Zuckerwatte *f*
barbecue [baʀbəkju] *nm* Barbecue *nt*
barbelé [baʀbəle] *nm* Stacheldraht *m*
barber [baʀbe] (*fam*) *vt* tödlich langweilen

barbiturique [barbityrik] *nm* Schlafmittel *nt*
barboter [barbɔte] *vi* waten ▶ *vt* (*fam*) klauen
barbouiller [barbuje] *vt* beschmieren
barbu, e [barby] *adj* bärtig
barbue [barby] *nf* (*poisson*) Glattbutt *m*
barde [bard] *nf* (*Culin*) Speckstreifen *m* ▶ *nm* (*poète*) Barde *m*
barème [barɛm] *nm* Skala *f*
baril [bari(l)] *nm* (*de pétrole*) Barrel *nt*
bariolé, e [barjɔle] *adj* bunt
barman [barman] *nm* Barkeeper *m*
baromètre [barɔmɛtr] *nm* Barometer *nt*
baroque [barɔk] *adj* barock; (*fig*) seltsam
barque [bark] *nf* Barke *f*
barrage [baraʒ] *nm* Damm *m*; (*sur route*) Straßensperre *f*; **~ de police** Polizeisperre *f*
barre [bar] *nf* Stange *f*; (*Naut*) Ruderpinne *f*; **~ chocolatée** Schokoriegel *m*; **~ d'espacement** Leertaste *f*; **~ d'icônes** Symbolleiste *f*
barreau, x [baro] *nm* Stab *m*
barrer [bare] *vt* (*route etc*) (ab)sperren; (*mot*) (durch)streichen; (*chèque*) zur Verrechnung ausstellen
barrette [barɛt] *nf* (*pour les cheveux*) Spange *f*
barreur [barœr] *nm* Steuermann *m*
barricade [barikad] *nf* Barrikade *f* • **barricader** *vt* verbarrikadieren; **se barricader** *vpr* : **se ~ chez soi** sich verbarrikadieren
barrière [barjɛr] *nf* Zaun *m*; (*de passage à niveau*) Schranke *f*; (*obstacle*) Hindernis *nt*; **~ acoustique** Lärmschutzwall *m*
barrique [barik] *nf* Fass *nt*
baryton [baritɔ̃] *nm* Bariton *m*
bas, basse [bɑ, bɑs] *adj* niedrig ▶ *nm* (*chaussette*) Strumpf *m*; (*partie inférieure*) : **le ~ de ...** der untere Teil von ... ▶ *adv* niedrig, tief; **en ~** unten; **de ~ en haut** von oben bis unten
basalte [bazalt] *nm* Basalt *m*
basané, e [bazane] *adj* braun gebrannt
basculer [baskyle] *vi* (um)fallen; (*benne etc*) (um)kippen ▶ *vt* (*faire basculer*) (um)kippen
base [bɑz] *nf* Basis *f*; **~ de données** Datenbank *f*
base-ball [bɛzbol] *nm* Baseball *m*
baser [bɑze] *vt* : **~ qch sur** etw basieren auf +*acc*; **se baser** *vpr* : **se ~ sur** sich stützen auf +*acc*
bas-fond [bɑfɔ̃] (*pl* **bas-fonds**) *nm* (*Naut*) Untiefe *f*; **bas-fonds** *nmpl* (*fig*) Abschaum *m*
basilic [bazilik] *nm* Basilikum *nt*
basilique [bazilik] *nf* Basilika *f*
basket [baskɛt] *nm* Basketball *m*
basket-ball [baskɛtbol] *nm* Basketball *m*
baskets [baskɛt] *nfpl* (*chaussures*) Turnschuhe *pl*
basque [bask] *adj* baskisch
basse [bɑs] *adj f voir* **bas** ▶ *nf* (*Mus*) Bass *m* • **basse-cour** (*pl* **basses-cours**) *nf* (Hühner)hof *m*
Basse-Saxe [bɑssaks] *nf* : **la ~** Niedersachsen *nt*
basset [bɑsɛ] *nm* Basset *m*
bassin [basɛ̃] *nm* Becken *nt*; (*pièce d'eau*) Bassin *nt*
bassiste [bɑsist] *nmf* Kontrabassspieler(in) *m(f)*
basson [bɑsɔ̃] *nm* (*instrument*) Fagott *nt*

bastingage [bastɛ̃gaʒ] *nm* Reling *f*
bastion [bastjɔ̃] *nm* Bastion *f*; *(fig)* Bollwerk *nt*
bas-ventre [bavɑ̃tʀ] *(pl* **bas-ventres***)* *nm* Unterleib *m*
bataille [bataj] *nf* Schlacht *f*, Kampf *m*
batavia [batavja] *nf* Bataviasalat *m*
bateau, x [bato] *nm* Schiff *nt* • **bateau-mouche** *(pl* **bateaux-mouches***)* *nm Ausflugsdampfer auf der Seine*
bâti, e [bɑti] *adj (terrain)* bebaut; **bien ~** gut gebaut
batifoler [batifɔle] *vi* herumalbern
bâtiment [bɑtimɑ̃] *nm* Gebäude *nt*; *(Naut)* Schiff *nt*; **le ~** *(industrie)* das Baugewerbe *nt*
bâtir [bɑtiʀ] *vt* bauen
bâton [bɑtɔ̃] *nm* Stock *m*; **~ de rouge (à lèvres)** Lippenstift *m*
batraciens [batʀasjɛ̃] *nmpl* Amphibien *pl*
battage [bataʒ] *nm* Werbung *f*
battant, e [batɑ̃, ɑ̃t] *nm (de volet, de porte)* Flügel *m*
batterie [batʀi] *nf (Mil, Élec)* Batterie *f*; *(Mus)* Schlagzeug *nt*
batteur [batœʀ] *nm (Mus)* Schlagzeuger(in) *m(f)*; *(Culin)* Rührgerät *nt*
battre [batʀ] *vt* schlagen; **se battre** *vpr* sich schlagen
battue [baty] *nf* Treibjagd *f*
baud [bo] *nm* Baud *nt*
baume [bom] *nm* Balsam *m*
bauxite [boksit] *nf* Bauxit *m*
bavard, e [bavaʀ, aʀd] *adj* schwatzhaft • **bavardage** *nm* Geschwätz *nt* • **bavarder** *vi* schwatzen
bavarois, e [bavaʀwa, waz] *adj* bay(e)risch
bave [bav] *nf* Speichel *m*; *(de chien etc)* Geifer *m*; *(d'escargot etc)* Schleim *m* • **baver** *vi* sabbern; **en ~** *(fam)* ganz schön ins Schwitzen kommen
bavette [bavɛt] *nf* Lätzchen *nt*
baveux, -euse [bavø, øz] *adj* sabbernd; *(omelette)* flüssig
Bavière [bavjɛʀ] *nf*: **la ~** Bayern *nt*
bavure [bavyʀ] *nf (fig)* Schnitzer *m*
bazar [bazaʀ] *nm* Basar *m*; *(fam : désordre)* Durcheinander *nt*
BCBG [besebeʒe] *sigle (= bon chic bon genre)* chic
BD [bede] *sigle f (= bande dessinée)* Comic *m*
bd *abr* = **boulevard**
béant, e [beɑ̃, ɑ̃t] *adj* weit offen
béat, e [bea, at] *adj* (glück)selig
beau, belle [bo, bɛl] *(devant nom masculin commençant par une voyelle ou un h muet* **bel**, *mpl* **beaux***)* *adj* schön; *(homme)* gut aussehend; **il fait ~** es ist schönes Wetter
beaucoup [boku] *adv* viel; **~ de** *(nombre)* viele; *(quantité)* viel; **~ plus de** viel mehr; **~ trop de** *(nombre)* viel zu viele; *(quantité)* viel zu viel
beau-fils [bofis] *(pl* **beaux-fils***)* *nm* Schwiegersohn *m*; *(d'un remariage)* Stiefsohn *m* • **beau-frère** *(pl* **beaux-frères***)* *nm* Schwager *m* • **beau-père** *(pl* **beaux-pères***)* *nm* Schwiegervater *m*; *(d'un remariage)* Stiefvater *m*
beauté [bote] *nf* Schönheit *f*
beaux-arts [bozaʀ] *nmpl* schöne Künste *pl*
beaux-parents [boparɑ̃] *nmpl* Schwiegereltern *pl*
bébé [bebe] *nm* Baby *nt* • **bébé-éprouvette** *(pl* **bébés-éprouvette***)* *nm* Retortenbaby *nt*

bec [bɛk] *nm* Schnabel *m*
bécane [bekan] *(fam) nf* Fahrrad *nt*
bécasse [bekas] *nf* Waldschnepfe *f*
bec-de-lièvre [bɛkdəljɛvʀ] *(pl* **becs-de-lièvre**) *nm* Hasenscharte *f*
bêche [bɛʃ] *nf* Spaten *m* • **bêcher** *vt* umgraben
bedaine [bədɛn] *nf* Wanst *m*
bédé [bede] *(fam) nf* Comic *m*
bedonnant, e [bədɔnɑ̃, ɑ̃t] *adj* dick(bäuchig)
bée [be] *adj* : **bouche ~** mit offenem Mund
beffroi [befʀwa] *nm* Glockenturm *m*
bégayer [begeje] *vi, vt* stottern, stammeln
beige [bɛʒ] *adj* beige
beignet [bɛɲɛ] *nm* Krapfen *m*
bel [bɛl] *adj m voir* **beau**
bêler [bele] *vi* blöken
belette [bəlɛt] *nf* Wiesel *nt*
belge [bɛlʒ] *adj* belgisch ▶ *nmf* : **B~** Belgier(in) *m(f)* • **Belgique** *nf* : **la ~** Belgien *nt*
bélier [belje] *nm* Widder *m*; *(engin)* Rammbock *m*; **être (du) B~** *(Astrol)* Widder sein
belle [bɛl] *adj f voir* **beau**
• **belle-fille** *(pl* **belles-filles**) *nf* Schwiegertochter *f*; *(d'un remariage)* Stieftochter *f*
• **belle-mère** *(pl* **belles-mères**) *nf* Schwiegermutter *f*; *(d'un remariage)* Stiefmutter *f*
• **belle-sœur** *(pl* **belles-sœurs**) *nf* Schwägerin *f*
belliqueux, -euse [belikø, øz] *adj* kriegerisch
belote [bəlɔt] *nf* Kartenspiel mit 32 Karten
belvédère [bɛlvedɛʀ] *nm* Aussichtspunkt *m*
bémol [bemɔl] *nm* b *nt*, Erniedrigungszeichen *nt*
bénédiction [benediksjɔ̃] *nf* Segen *m*
bénéfice [benefis] *nm* Gewinn *m*; *(avantage)* Nutzen *m*
• **bénéficiaire** *nm* Nutznießer *m*
• **bénéficier** *vi* : **~ de** *(avoir)* genießen; *(tirer profit de)* Nutzen ziehen aus; *(obtenir)* erhalten
bénéfique [benefik] *adj* vorteilhaft
bénévole [benevɔl] *adj* freiwillig
• **bénévolement** *adv* freiwillig
Bénin [benɛ̃] *nm* : **le ~** Benin *nt*
bénin, -igne [benɛ̃, iɲ] *adj* gütig; *(Méd)* gutartig
bénir [beniʀ] *vt* segnen • **bénit, e** *adj* : **eau ~e** Weihwasser *nt*
benjamin, e [bɛ̃ʒamɛ̃, in] *nm/f* Benjamin *m*
benne [bɛn] *nf (de camion)* Kipplader *m*; *(de téléphérique)* Gondel *f*
BEPC [beəpese] *sigle m (= brevet d'études du premier cycle)* ≈ mittlere Reife *f*
béquille [bekij] *nf* Krücke *f*; *(de bicyclette)* Ständer *m*
berceau, x [bɛʀso] *nm* Wiege *f*
• **bercer** *vt* wiegen
berceuse [bɛʀsøz] *nf* Wiegenlied *nt*
béret [beʀɛ] *nm* : **~ (basque)** Baskenmütze *f*
berge [bɛʀʒ] *nf* Ufer *nt*
berger, -ère [bɛʀʒe, ɛʀ] *nm/f* Schäfer(in) *m(f)* ▶ *nf (fauteuil)* ≈ Polstersessel *m*; **~ allemand** *(chien)* Schäferhund *m* • **bergerie** *nf* Schafstall *m*
Berlin [bɛʀlɛ̃] Berlin *nt*
berline [bɛʀlin] *nf (Auto)* Limousine *f*
berlingot [bɛʀlɛ̃go] *nm (emballage)* Tetrapack® *nt*
berlinois, e [bɛʀlinwa, waz] *adj* Berliner

bermuda [bɛʀmyda] *nm* Bermudas *pl*
Bermudes [bɛʀmyd] *nfpl* : **les (îles) ~** die Bermudas *pl*
Berne [bɛʀn] *n* Bern *nt*
berne [bɛʀn] *nf* : **en ~** auf halbmast
berner [bɛʀne] *vt* zum Narren halten
besogne [bəzɔɲ] *nf* Arbeit *f*
besoin [bəzwɛ̃] *nm* Bedürfnis *nt*, Bedarf *m*; **au ~** notfalls; **avoir ~ de qch** etw nötig haben; **avoir ~ de faire qch** etw tun müssen
bestiaux [bɛstjo] *nmpl* Vieh *nt*
bestiole [bɛstjɔl] *nf* Tierchen *nt*
bêtabloquant [bɛtablɔkɑ̃] *nm* Betablocker *m*
bétail [betaj] *nm* Vieh *nt*
bête [bɛt] *nf* Tier *nt* ▶ *adj* dumm
• **bêtise** *nf* Dummheit *f*; **dire une ~** Unsinn reden
béton [betɔ̃] *nm* Beton *m*; **~ armé** Stahlbeton *m*
bette [bɛt] *nf* Mangold *m*
betterave [bɛtʀav] *nf*; **~ (rouge)** Rote Bete *f*
beur [bœʀ] *nmf junger Franzose maghrebinischer Abstammung*
beurre [bœʀ] *nm* Butter *f*
• **beurrer** *vt* buttern • **beurrier** *nm* Butterdose *f*
bévue [bevy] *nf* Schnitzer *m*
Bhoutan [butɑ̃] *nm* : **le ~** Bhutan *nt*
biais [bjɛ] *nm* Schrägstreifen *m*; **par le ~ de** mittels *+gén*; **en ~, de ~** *(obliquement)* schräg
biaiser [bjeze] *vi (fig)* ausweichen
bibelot [biblo] *nm* Ziergegenstand *m*
biberon [bibʀɔ̃] *nm* (Saug)flasche *f*
bible [bibl] *nf* Bibel *f*
bibliobus [biblijobys] *nm* Fahrbücherei *f*
bibliophile [biblijɔfil] *nmf* Bücherfreund(in) *m(f)*
bibliothécaire [biblijɔtekɛʀ] *nmf* Bibliothekar(in) *m(f)*
• **bibliothèque** *nf (meuble)* Bücherschrank *m*; *(institution)* Bibliothek *f*; **~ municipale** Stadtbücherei *f*
biblique [biblik] *adj* biblisch
bicarbonate [bikaʀbɔnat] *nm* : **~ (de soude)** Natron *nt*
biceps [bisɛps] *nm* Bizeps *m*
biche [biʃ] *nf* Hirschkuh *f*
bichonner [biʃɔne] *vt* verhätscheln
bicolore [bikɔlɔʀ] *adj* zweifarbig
bicoque [bikɔk] *(péj) nf* Bruchbude *f*
bicyclette [bisiklɛt] *nf* Fahrrad *nt*
bide [bid] *(fam) nm (ventre)* Bauch *m*; *(Théât)* Reinfall *m*
bidet [bidɛ] *nm* Bidet *nt*
bidon [bidɔ̃] *nm* Kanister *m*
bidonville [bidɔ̃vil] *nm* Slumvorstadt *f*
bidule [bidyl] *(fam) nm* Dingsda *nt*

MOT-CLÉ

bien [bjɛ̃] *nm* **1** *(avantage, profit)* : **faire du ~ à qn** jdm gut tun; **dire du ~ de qn/qch** gut von jdm/etw sprechen; **c'est pour son ~ que ...** es ist zu seinem Guten, dass ...; **changer en ~** sich zum Guten wenden; **mener à ~** zum guten Ende führen; **je te veux du ~** ich meine es gut mit dir
2 *(possession, patrimoine)* Besitz *m*; **avoir du ~** Besitz haben; **~s de consommation** Verbrauchsgüter *pl*
3 *(moral)* : **le ~** das Gute; **faire le ~** Gutes tun; **le ~ public** das Allgemeinwohl
▶ *adv* **1** *(de façon satisfaisante)* gut
2 *(valeur intensive)* sehr; **~ jeune** ein bisschen (zu) jung; **~ souvent**

sehr oft; **j'en ai ~ assez** ich habe wirklich genug davon; **~ mieux** sehr viel besser; **~ sûr !** sicher!; **c'est ~ fait !** er *etc* verdient es!; **j'espère ~ y aller** ich hoffe doch, dass ich dort hingehe; **je veux ~ le faire** (*concession*) ich will es ja gerne machen; **j'ai ~ téléphoné** ich habe wirklich telefoniert; **il faut ~ l'admettre** *ou* **le reconnaître** das muss man einfach zugeben
3 (*beaucoup*) : **~ du temps/des gens** viel Zeit/viele Leute
4 : **~ que** obwohl
▶ *adj inv* **1** (*en bonne forme, à l'aise*) : **être/se sentir ~** sich wohlfühlen; **je ne me sens pas ~** mir ist nicht gut
2 (*joli, beau*) schön; **elle est ~, cette femme** das ist eine hübsche Frau
3 (*satisfaisant, adéquat*) gut; **elle est ~, cette maison** dieses Haus ist genau richtig
4 (*juste, moral*) : **ce n'est pas ~ de faire ça** das macht man nicht
5 (*convenable*) : **des gens ~** feine Leute *pl*
6 (*en bons termes*) : **être ~ avec qn** auf freundschaftlichem Fuß mit jdm stehen
• **bien-être** *nm* Wohlbefinden *nt*
• **bienfaisance** *nf* Wohltätigkeit *f*
• **bienfaisant, e** *adj* (*chose*) gut, zuträglich • **bienfait** *nm* (*acte*) gute Tat; (*avantage*) Vorteil *m*
• **bienfaiteur, -trice** *nm/f* Wohltäter(in) *m(f)* • **bien-fondé** *nm* Berechtigung *f* • **bienheureux, -euse** *adj* glücklich

biennal, e, -aux [bjenal, o] *adj* (*plan*) Zweijahres-; (*exposition*) alle zwei Jahre stattfindend

bientôt [bjɛ̃to] *adv* bald; **à ~** bis bald

bienveillance [bjɛ̃vɛjɑ̃s] *nf* Wohlwollen *nt* • **bienveillant, e** *adj* wohlwollend

bienvenu, e [bjɛ̃vəny] *adj* willkommen ▶ *nm/f* : **être le ~/la ~e** willkommen sein ▶ *nf* : **souhaiter la ~e à qn** jdn willkommen heißen; **~e à Bienne** willkommen in Biel

bière [bjɛʀ] *nf* Bier *nt*

bifteck [biftɛk] *nm* Beefsteak *nt*

bifurcation [bifyʀkasjɔ̃] *nf* Gabelung *f* • **bifurquer** *vi* (*route*) sich gabeln; (*véhicule*) abbiegen

bigorneau, x [bigɔʀno] *nm* Strandschnecke *f*

bigot, e [bigo, ɔt] *adj* bigott ▶ *nm/f* Frömmler(in) *m(f)*

bigoudi [bigudi] *nm* Lockenwickler *m*

bijou, x [biʒu] *nm* Schmuckstück *nt*; **mes ~x** mein Schmuck *m* • **bijouterie** *nf* (*magasin*) Juwelierladen *m* • **bijoutier, -ière** *nm/f* Juwelier *m*

bikini [bikini] *nm* Bikini *m*

bilan [bilɑ̃] *nm* Bilanz *f*; **faire le ~ de** die Bilanz ziehen aus

bile [bil] *nf* Galle *f* • **biliaire** *adj* Gallen-

bilingue [bilɛ̃g] *adj* zweisprachig

billard [bijaʀ] *nm* Billard *nt*; (*table*) Billardtisch *m*; **~ électrique** Flipper *m*

bille [bij] *nf* Kugel *f*; (*de verre*) Murmel *f*

billet [bijɛ] *nm* (*argent*) Banknote *f*; (*de cinéma, musée etc*) Eintrittskarte *f*; (*de bus etc*) Fahrkarte *f*; **~ d'avion** Flugticket *nt*, Flugschein *m*; **~ de banque** Banknote *f*; **~ circulaire** Rundreiseticket *nt*;

~ électronique E-Ticket *nt*; **~ de loterie** Lotterielos *nt*; **~ de train** Fahrkarte • **billetterie** *nf* (*pour spectacles*) Kasse *f*; (*pour transports*)
bimensuel, le [bimɑ̃sɥɛl] *adj* vierzehntägig
binaire [binɛʀ] *adj* binär
bio [bjo] *adj* Bio- • **biocarburant** [bjokaʀbyʀɑ̃] *nm* Biokraftstoff *m*
biochimie [bjoʃimi] *nf* Biochemie *f*
biochimique [bjoʃimik] *adj* biochemisch
biodégradable [bjodegʀadabl] *adj* biologisch abbaubar
biodiversité [bjodivɛʀsite] *nf* Artenvielfalt *f*
bioéthique [bjoetik] *nf* Bioethik *f*
biographie [bjɔgʀafi] *nf* Biografie *f*
biographique [bjɔgʀafik] *adj* biografisch
biologie [bjɔlɔʒi] *nf* Biologie *f* • **biologique** *adj* biologisch; (*agriculture, alimentation*) biodynamisch • **biologiste** *nmf* Biologe *m*, Biologin *f*
biomasse [bjomas] *nf* Biomasse *f*
biopsie [bjɔpsi] *nf* Biopsie *f*
bioterrorisme [bjotɛʀɔʀism] *nm* Bioterrorismus *m*
biotope [bjɔtɔp] *nm* Biotop *m ou nt*
bip [bip] *nm* : **~ sonore** Pfeifton *m*
biplan [biplɑ̃] *nm* Doppeldecker *m*
bipolaire [bipɔlɛʀ] *adj* bipolar
Birmanie [biʀmani] *nf* : **la ~** Birma *nt*
bis, e [*adj* bi, biz *adv, excl, nm* bis] *adj* (*couleur*) graubraun ▶ *adv* (*après un chiffre*) : **12 ~** ≈ 12 a ▶ *nm* Zugabe *f*
bisannuel, le [bizanɥɛl] *adj* zweijährlich
biscornu, e [biskɔʀny] *adj* unförmig, ungestalt; (*péj : idée, esprit*) bizarr
biscotte [biskɔt] *nf* Zwieback *m*
biscuit [biskɥi] *nm* Keks *m ou nt*
bise [biz] *nf* (*baiser*) Kuss *m*
bisexuel, le [bisɛksɥɛl] *adj* bisexuell
bisou [bizu] (*fam*) *nm* Küsschen *nt*
bisque [bisk] *nf* : **~ d'écrevisses/de homard** Garnelen-/Hummersuppe *f*
bissextile [bisɛkstil] *adj* : **année ~** Schaltjahr *nt*
bistro, bistrot [bistʀo] *nm* Lokal *nt*
bit [bit] *nm* Bit *nt*
bitume [bitym] *nm* Asphalt *m*
bivouac [bivwak] *nm* Biwak *nt*
bizarre [bizaʀ] *adj* bizarr
blackbouler [blakbule] *vt* stimmen gegen
blafard, e [blafaʀ, aʀd] *adj* bleich
blague [blag] *nf* Witz *m*; (*farce*) Streich *m* • **blaguer** *vi* Witze machen • **blagueur, -euse** (*fam*) *adj* neckend
blaireau, x [blɛʀo] *nm* (*Zool*) Dachs *m*; (*brosse*) Rasierpinsel *m*
blâme [blɑm] *nm* Tadel *m* • **blâmer** *vt* tadeln
blanc, blanche [blɑ̃, blɑ̃ʃ] *adj* weiß ▶ *nm/f* Weiße(r) *f(m)* ▶ *nm* (*couleur*) Weiß *nt*; (*linge*) Weißwäsche *f*; (*aussi* : **blanc d'œuf**) Eiweiß *nt*; (*aussi* : **blanc de poulet**) Hühnerbrust *f*; **chèque en blanc** Blankoscheck *m* • **blanc-bec** (*pl* **blancs-becs**) *nm* Grünschnabel *m* • **blancheur** *nf* Weiß *nt* • **blanchiment** *nm* (*mur*) Weißen *nt*, Tünchen *nt*; (*de tissu, etc*) Bleichen *nt*; **~ d'argent** (*fig*) Geldwäsche *f* • **blanchir** *vt* weiß machen; (*linge, argent*) waschen; (*Culin*) blanchieren ▶ *vi* weiß werden; (*cheveux*) grau werden • **blanchisserie** *nf* Wäscherei *f*

blanquette [blɑ̃kɛt] *nf*: **~ de veau** Kalbsragout *nt*
blasé, e [blɑze] *adj* blasiert
blason [blɑzɔ̃] *nm* Wappen *nt*
blasphème [blasfɛm] *nm* Blasphemie *f*
blatte [blat] *nf* Schabe *f*
blazer [blazɛʀ] *nm* Blazer *m*
blé [ble] *nm* Weizen *m*
bled [blɛd] *nm* (*péj*) Kaff *nt*
blême [blɛm] *adj* blass
blessant, e [blesɑ̃, ɑ̃t] *adj* verletzend •**blessé, e** *adj* verletzt ▶ *nm/f* Verletzte(r) *f(m)*; **un ~ grave, un grand ~** ein Schwerverletzter *m* •**blesser** *vt* verletzen •**blessure** *nf* Wunde *f*, Verletzung *f*
blet, blette [blɛ, blɛt] *adj* überreif
blette [blɛt] *nf* (*Bot*) = **bette**
bleu, e [blø] *adj* blau; (*bifteck*) blutig ▶ *nm* (*couleur*) Blau *nt*; (*contusion*) blauer Fleck *m*; **au ~** (*Culin*) blau
bleuet [bløɛ] *nm* Kornblume *f*
blindé, e [blɛ̃de] *adj* gepanzert; (*fig*) abgehärtet ▶ *nm* Panzer *m*
blizzard [blizaʀ] *nm* Schneesturm *m*
bloc [blɔk] *nm* Block *m*
blocage [blɔkaʒ] *nm* Blockieren *nt*
bloc-notes [blɔknɔt] (*pl* **blocs-notes**) *nm* Notizblock *m*
blocus [blɔkys] *nm* Blockade *f*
blog [blɔg] *nm* Blog *m*, Weblog *m* •**bloguer** *vi* bloggen
blogueur, -euse [blɔg(oe)ʀ, øz] *nm/f* Blogger(in) *m(f)*
blond, e [blɔ̃, blɔ̃d] *adj* blond; (*sable, blés*) golden ▶ *nm/f* Blonde(r) *m*, Blondine *f*; **~ cendré** aschblond
bloquer [blɔke] *vt* blockieren; (*crédits, compte*) sperren
blottir [blɔtiʀ] *vpr*: **se ~** sich verkriechen
blouse [bluz] *nf* Kittel *m*
blouson [bluzɔ̃] *nm* Blouson *nt*
blue-jean [bludʒin], **blue-jeans** [bludʒins] *nm* (Blue)jeans *pl*
bluff [blœf] *nm* Bluff *m* •**bluffer** *vi, vt* bluffen
bobard [bɔbaʀ] (*fam*) *nm* Lügenmärchen *nt*
bobine [bɔbin] *nf* Spule *f*
bobo[1] [bobo] *nm* (*langage enfantin*) Wehweh *nt*
bobo[2] [bobo] *nmf* alternativ eingestellte Wohlstandsbürger(in) *m/f*
bobsleigh [bɔbslɛg] *nm* Bob *m*
bocage [bɔkaʒ] *nm* Heckenlandschaft *f*
bocal, -aux [bɔkal, o] *nm* Glasbehälter *m*
body [bɔdi] *nm* Body *m*
bœuf [bœf] *nm* (*animal*) Ochse *m*; (*Culin*) Rindfleisch *nt*
bof [bɔf] *excl* nicht besonders
bohémien, ne [bɔemjɛ̃, jɛn] *nm/f* Zigeuner(in) *m/f*
boire [bwaʀ] *vt* trinken ▶ *vi* trinken
bois [bwɑ] *nm* (*matière*) Holz *nt*; (*forêt*) Wald *m*; **de** *ou* **en ~** aus Holz
boiseries [bwazʀi] *nfpl* (Holz)vertäfelung *f*
boisson [bwasɔ̃] *nf* Getränk *nt*; **~s gazeuses** Sprudelgetränke *pl*
boîte [bwat] *nf* Schachtel *f*; **~ de conserve** Konservendose *f*; **~ aux lettres** Briefkasten *m*; (*électronique*) Mailbox *f*; **~ noire** Flugschreiber *m*; **~ (de nuit)** Nachtklub *m*; **~ postale** Postfach *nt*; **~ vocale** (*dispositif*) Voicemail *f*
boiter [bwate] *vi* hinken •**boiteux, -euse** *adj* hinkend
boîtier [bwatje] *nm* Gehäuse *nt*
bol [bɔl] *nm* Schale *f*
bolet [bɔlɛ] *nm* Röhrling *m*
bolide [bɔlid] *nm* Rennwagen *m*

Bolivie [bɔlivi] *nf* : **la ~** Bolivien *nt*

bombardement [bɔ̃baʀdəmɑ̃] *nm* Bombardierung *f* • **bombarder** *vt* bombardieren; **~ qn de** (*cailloux etc*) jdn bewerfen mit; (*lettres etc*) jdn überhäufen mit

bombe [bɔ̃b] *nf* Bombe *f*; (*atomiseur*) Spraydose *f*; **~ atomique** Atombombe *f*

bomber [bɔ̃be] *vt* (*graffiti*) sprühen

MOT-CLÉ

bon, bonne [bɔ̃, bɔn] *adj* **1** gut; **être ~ en maths** gut in Mathematik sein; **être ~ (envers)** gut sein (zu); **avoir ~ goût** (*fruit etc*) gut schmecken; (*fig : personne*) einen guten Geschmack haben
2 (*approprié, apte*) : **~ à/pour** gut zu/für
3 (*correct*) richtig; **le ~ moment** der richtige Augenblick
4 (*souhaits*) : **~ anniversaire !** herzlichen Glückwunsch zum Geburtstag!; **~ voyage !** gute Reise!; **~ne chance !** viel Glück!; **~ne année !** ein gutes Neues Jahr!; **~ne nuit !** gute Nacht!
5 (*composés*) : **~ marché** preiswert; **~ sens** gesunder Menschenverstand *m*; **~ vivant** Lebenskünstler *m*
▶ *adv* : **il fait ~** es ist schön warm; **sentir ~** gut riechen; **tenir ~** aushalten
▶ *excl* : **~ !** gut!; **ah ~ ?** ach ja?
▶ *nm* **1** (*billet*) Bon *m*; **~ cadeau** Geschenkgutschein *m*; **~ d'essence** Benzingutschein *m*; **~ de commande** Bestellschein *m*
2 : **il y a du ~ dans ce qu'il dit** an dem, was er sagt, ist etwas dran; **il y a du ~ dans tout cela** das hat etwas Gutes für sich; **pour de ~** für immer

bonbon [bɔ̃bɔ̃] *nm* Bonbon *m ou nt*

bonbonne [bɔ̃bɔn] *nf* Korbflasche *f*

bond [bɔ̃] *nm* Sprung *m*

bonde [bɔ̃d] *nf* (*d'évier etc*) Stöpsel *m*; (*de tonneau*) Spund *m*

bondé, e [bɔ̃de] *adj* überfüllt

bondir [bɔ̃diʀ] *vi* springen

bonheur [bɔnœʀ] *nm* Glück *nt*; **porter ~ (à qn)** (jdm) Glück bringen; **par ~** glücklicherweise

bonhomme [bɔnɔm] (*pl* **bonshommes**) [bɔ̃zɔm] *nm* Mensch *m*, Typ *m*; **~ de neige** Schneemann *m*

bonification [bɔnifikasjɔ̃] *nf* (*somme*) Bonus *m*

bonifier [bɔnifje] *vt* verbessern

bonjour [bɔ̃ʒuʀ] *excl, nm* guten Tag; **dire ~ à qn** jdn grüßen; **~, Monsieur** guten *ou* Guten Tag

bonne [bɔn] *adj f voir* **bon** ▶ *nf* (*domestique*) (Haus)mädchen *nt*

bonnement [bɔnmɑ̃] *adv* : **tout ~** ganz einfach

bonnet [bɔnɛ] *nm* Mütze *f*; **~ de bain** Badekappe *f*

bonsoir [bɔ̃swaʀ] *excl, nm* guten Abend

bonté [bɔ̃te] *nf* Güte *f*

bonus [bɔnys] *nm* Bonus *m*

boom [bum] *nm* Boom *m*; **~ démographique** Bevölkerungsexplosion *f*

boots [buts] *nmpl* Boots *pl*

bord [bɔʀ] *nm* Rand *m*; (*de rivière, lac*) Ufer *nt*; **au ~ de la mer** am Meer; **à ~** an Bord; **monter à ~** an Bord gehen

bordeaux [bɔʀdo] *nm* (*vin*) Bordeaux *m* ▶ *adj inv* (*couleur*) weinrot

bordel [bɔʀdɛl] *nm* (*fam*) Bordell *nt*; (*désordre*) heilloses Durcheinander *nt* • **bordélique** (*fam*) *adj* heillos unordentlich

border [bɔʀde] *vt* säumen
bordereau, x [bɔʀdəʀo] *nm* Aufstellung *f*; (*facture*) Rechnung *f*
bordure [bɔʀdyʀ] *nf* Umrandung *f*; (*sur un vêtement*) Bordüre *f*; **en ~ de** am Rand von
borgne [bɔʀɲ] *adj* einäugig; (*fenêtre*) blind; **hôtel ~** Absteige *f*
borne [bɔʀn] *nf* Grenzstein *m*; (*kilométrique*) Kilometerstein *m*; **~ wifi** Hotspot *m*
borné, e [bɔʀne] *adj* engstirnig
borner [bɔʀne] *vt* be- *ou* eingrenzen
bosniaque [bɔznjak] *adj* bosnisch • **Bosnie** *nf* Bosnien *nt* • **Bosnie-Herzégovine** *nf* Bosnien und Herzegowina *nt*
bosquet [bɔskɛ] *nm* Wäldchen *nt*
bosse [bɔs] *nf* (*de terrain, sur un objet etc*) Unebenheit *f*; (*enflure*) Beule *f*; (*du bossu*) Buckel *m*; (*du chameau*) Höcker *m*
bosser [bɔse] (*fam*) *vi* (*travailler*) schuften • **bosseur, -euse** *nm/f* Arbeitstier *nt*
bossu, e [bɔsy] *adj* buckelig
botanique [bɔtanik] *nf* Botanik *f* ▸ *adj* botanisch
Botswana [bɔtswana] *nm* : **le ~** Botswana *nt*
botte [bɔt] *nf* (*soulier*) Stiefel *m*; **~ d'asperges** Bündel *nt* Spargel • **botter** *vt* Stiefel anziehen *+dat*; (*donner un coup de pied à*) einen Tritt versetzen *+dat*; **ça me botte** (*fam*) das reizt mich
bottin [bɔtɛ̃] *nm* Telefonbuch *nt*
bottine [bɔtin] *nf* Stiefelette *f*
bouc [buk] *nm* Ziegenbock *m*
boucan [bukɑ̃] *nm* Lärm *m*, Radau *m*
bouche [buʃ] *nf* Mund *m*; **~ d'égout** Kanalschacht *m*; **~ d'incendie** Hydrant *m*; **~ de métro** Eingang *m* zur U-Bahn
bouché, e [buʃe] *adj* verstopft; (*vin, cidre*) verkorkt
bouche-à-bouche [buʃabuʃ] *nm inv* : **faire du ~ à qn** bei jdm Mund-zu-Mund-Beatmung machen
bouchée [buʃe] *nf* Bissen *m*; **~s à la reine** Königinpastetchen *pl*
boucher [buʃe] *nm* Metzger *m* ▸ *vt* (*passage, porte*) versperren; (*tuyau, lavabo*) verstopfen; **se boucher** *vpr* sich verstopfen
boucherie [buʃʀi] *nf* Metzgerei *f*
bouchon [buʃɔ̃] *nm* (*en liège*) Korken *m*; (*autre matière*) Stöpsel *m*; (*embouteillage*) Stau *m*
boucle [bukl] *nf* Schleife *f*; (*objet*) Schnalle *f*, Spange *f*; **~ (de cheveux)** Locke *f*; **~s d'oreilles** Ohrringe *pl*
bouclé, e [bukle] *adj* lockig • **boucler** *vi* (*cheveux*) sich kräuseln
bouclier [buklije] *nm* Schild *m*
bouddhisme [budism] *nm* Buddhismus *m* • **bouddhiste** *nmf* Buddhist(in) *m(f)*
bouder [bude] *vi* schmollen • **boudeur, -euse** *adj* schmollend
boudin [budɛ̃] *nm* (*Culin*) ≈ Blutwurst *f*
boue [bu] *nf* Schlamm *m*
bouée [bwe] *nf* Boje *f*; **~ (de sauvetage)** Rettungsring *m*
boueux, -euse [bwø, øz] *adj* schlammig ▸ *nm* Müllmann *m*
bouffant, e [bufɑ̃, ɑ̃t] *adj* bauschig
bouffe [buf] (*fam*) *nf* Essen *nt*
bouffée [bufe] *nf* (*d'air*) Hauch *m*; (*de pipe*) Schwade *f*; **~ de chaleur** fliegende Hitze *f*; **~ de honte** Anfall *m* von Scham; **~ d'orgueil** Anfall *m* von Stolz
bouffer [bufe] *vt* (*fam*) futtern
bouffi, e [bufi] *adj* geschwollen

bougeoir [buʒwaʀ] *nm* Kerzenhalter *m*
bougeotte [buʒɔt] *nf*: **avoir la ~** kein Sitzfleisch haben
bouger [buʒe] *vi* sich bewegen; (*voyager*) herumreisen ▸ *vt* bewegen
bougie [buʒi] *nf* Kerze *f*; (*Auto*) Zündkerze *f*
bougon, ne [bugɔ̃, ɔn] *adj* mürrisch, grantig
bouillabaisse [bujabɛs] *nf* Bouillabaisse *f*
bouillant, e [bujɑ̃, ɑ̃t] *adj* (*qui bout*) kochend; (*très chaud*) siedend heiß
bouille [buj] (*fam*) *nf* Birne *f*, Rübe *f*
bouilli, e [buji] *adj* gekocht • **bouillie** *nf* Brei *m*; **en ~** zermatscht
bouillir [bujiʀ] *vi* kochen ▸ *vt* kochen
bouilloire [bujwaʀ] *nf* Kessel *m*
bouillon [bujɔ̃] *nm* (*Culin*) Bouillon *f*
bouillonner [bujɔne] *vi* schäumen
bouillotte [bujɔt] *nf* Wärmflasche *f*
boulanger, -ère [bulɑ̃ʒe, ɛʀ] *nm/f* Bäcker(in) *m(f)* • **boulangerie** *nf* Bäckerei *f* • **boulangerie-pâtisserie** (*pl* **boulangeries-pâtisseries**) *nf* Bäckerei und Konditorei *f*
boule [bul] *nf* (*pour jouer*) Kugel *f*
bouleau, x [bulo] *nm* Birke *f*
bouledogue [buldɔg] *nm* Bulldogge *f*
boulet [bulɛ] *nm* (*de canon*) Kanonenkugel *f*
boulette [bulɛt] *nf* Bällchen *nt*; **~ de viande** Fleischklößchen *nt*
boulevard [bulvaʀ] *nm* Boulevard *m*
bouleversement [bulvɛʀsəmɑ̃] *nm* (*politique, social*) Aufruhr *m* • **bouleverser** *vt* erschüttern; (*pays, vie, objets*) durcheinanderbringen
boulimie [bulimi] *nf* Bulimie *f* • **boulimique** *adj* bulimiekrank
boulon [bulɔ̃] *nm* Bolzen *m* • **boulonner** *vt* anschrauben
boulot[1] [bulo] (*fam*) *nm* Arbeit *f*; **petit ~** Gelegenheitsarbeit
boulot[2], te [bulo, ɔt] *adj* rundlich
boum [bum] *nf* Fete *f*
bouquet [bukɛ] *nm* (*de fleurs*) (Blumen)strauß *m*; (*de persil*) Bund *nt*
bouquetin [buk(ə)tɛ̃] *nm* Steinbock *m*
bouquin [bukɛ̃] (*fam*) *nm* Buch *nt* • **bouquiner** (*fam*) *vi* lesen
bourbier [buʀbje] *nm* Morast *m*
bourdon [buʀdɔ̃] *nm* Hummel *f*
bourdonnement [buʀdɔnmɑ̃] *nm* Summen *nt* • **bourdonner** *vi* (*abeilles etc*) summen; (*oreilles*) dröhnen
bourg [buʀ] *nm* Stadt *f*
bourgade [buʀgad] *nf* kleiner Marktflecken *m*
bourgeois, e [buʀʒwa, waz] *adj* (*souvent péj*) bürgerlich, spießig ▸ *nm/f* Bürger(in) *m(f)*; (*péj*) Spießbürger(in) *m(f)* • **bourgeoisie** *nf* Bürgertum *nt*; **petite ~** Kleinbürgertum *nt*
bourgeon [buʀʒɔ̃] *nm* Knospe *f* • **bourgeonner** *vi* knospen
Bourgogne [buʀgɔɲ] *nf*: **la ~** Burgund *nt* ▸ *nm* : **bourgogne** (*vin*) Burgunder *m*
bourguignon, ne [buʀgiɲɔ̃, ɔn] *adj* burgundisch; **(bœuf) ~** Rindfleisch *nt* Burgunder Art (*in Rotwein*)
bourlinguer [buʀlɛ̃ge] (*fam*) *vi* herumziehen

bourrasque [burask] *nf* Bö(e) *f*
bourratif, -ive [buratif, iv] *adj* stopfend
bourré, e [bure] *adj* : **~ de** vollgestopft mit
bourreau [buro] *nm* (*qui torture*) Folterknecht *m*; (*qui tue*) Henker *m*; **~ de travail** Arbeitstier *nt*
bourrelet [burlɛ] *nm* (*isolant*) Dichtungsband *nt*
bourrer [bure] *vt* vollstopfen; (*pipe*) stopfen
bourrique [burik] *nf* (*ânesse*) Eselin *f*
bourru, e [bury] *adj* mürrisch
bourse [burs] *nf* (*subvention*) Stipendium *nt*; (*porte-monnaie*) Geldbeutel *m*; **la B~** die Börse *f* • **boursier, -ière** *nm/f* Stipendiat(in) *m(f)*
boursouflé, e [bursufle] *adj* geschwollen
bousculade [buskylad] *nf* (*mouvements de foule*) Gedränge *nt* • **bousculer** *vt* anrempeln; (*fig : presser*) drängeln
bouse [buz] *nf* : **~ (de vache)** Kuhmist *m*
boussole [busɔl] *nf* Kompass *m*
bout [bu] *nm* (*extrémité*) Ende *nt*; (*morceau*) Stück *nt*; (*de pied, bâton*) Spitze *f*; **au ~ de** (*après*) nach; **être à ~** am Ende sein; **~ à ~** aneinander; **d'un ~ à l'autre, de ~ en ~** von Anfang bis Ende
boutade [butad] *nf* witzige Bemerkung *f*
boute-en-train [butɑ̃tʀɛ̃] *nm inv* Betriebsnudel *f*
bouteille [butɛj] *nf* Flasche *f*
boutique [butik] *nf* Laden *m*
bouton [butɔ̃] *nm* Knopf *m*; (*Bot*) Knospe *f*; (*sur la peau*) Pickel *m*; **~ de commande** (*Inform*) Befehlsschaltfläche; **~ d'or** Butterblume *f* • **boutonner** *vt* zuknöpfen • **boutonnière** *nf* Knopfloch *nt* • **bouton-pression** (*pl* **boutons-pression**) *nm* Druckknopf *m*
bouvreuil [buvʀœj] *nm* Dompfaff *m*
bovin, e [bɔvɛ̃, in] *adj* Rinder-
box [bɔks] *nm* (*d'écurie*) Box *f*; **le ~ des accusés** die Anklagebank *f*
boxe [bɔks] *nf* Boxen *nt* • **boxer** *vi* boxen • **boxeur** *nm* Boxer *m*
boyau, x [bwajo] *nm* (*galerie*) Gang *m*; (*de bicyclette*) Schlauch *m*; **boyaux** *nmpl* (*viscères*) Eingeweide *pl*
boycotter [bɔjkɔte] *vt* boykottieren
BP [bepe] *sigle f* (*= boîte postale*) Postfach *nt*
bracelet [bʀaslɛ] *nm* Armband *nt* • **bracelet-montre** (*pl* **bracelets-montres**) *nm* Armbanduhr *f*
braconnier [bʀakɔnje] *nm* Wilderer *m*
brader [bʀade] *vt* verschleudern • **braderie** *nf* Trödelmarkt *m*
braguette [bʀagɛt] *nf* Hosenschlitz *m*
braillard, e [bʀɑjaʀ, aʀd] *adj* brüllend
braille [bʀɑj] *nm* Blindenschrift *f*
braise [bʀɛz] *nf* Glut *f*
braiser [bʀeze] *vt* schmoren; **bœuf braisé** geschmortes Rindfleisch *nt*
brancard [bʀɑ̃kaʀ] *nm* Bahre *f*
branche [bʀɑ̃ʃ] *nf* Ast *m*; (*de lunettes*) Bügel *m*
branché, e [bʀɑ̃ʃe] (*fam*) *adj* voll im Trend
branchement [bʀɑ̃ʃmɑ̃] *nm* Anschluss *m* • **brancher** *vt* anschließen
branchies [bʀɑ̃ʃi] *nfpl* Kiemen *pl*

brandir [bʀɑ̃diʀ] *vt* schwenken, fuchteln mit
branlant, e [bʀɑ̃lɑ̃, ɑ̃t] *adj* wackelig
branle-bas [bʀɑ̃lba] *nm inv* Aufregung *f*, Durcheinander *nt*
branler [bʀɑ̃le] *vi* wackeln ▶ *vt* : **~ la tête** mit dem Kopf wackeln
braquer [bʀake] *vi* (*Auto*) steuern ▶ *vt* (*fam* : *attaquer*) überfallen; **se braquer** *vpr* : **se ~ (contre)** sich widersetzen (+*dat*); **~ qn** (*mettre en colère*) jdn aufbringen
bras [bʀa] *nm* Arm *m*
brassard [bʀasaʀ] *nm* Armbinde *f*
brasse [bʀas] *nf* (*nage*) Brustschwimmen *nt*; **~ papillon** Schmetterlingsstil *m*
brasser [bʀase] *vt* (*remuer*) mischen; **~ de l'argent** viel Geld in Umlauf bringen; **~ des affaires** groß im Geschäft sein
brasserie [bʀasʀi] *nf* (*restaurant*) Gaststätte *f*; (*usine*) Brauerei *f* • **brasseur** *nm* Brauer *m*
bravade [bʀavad] *nf* : **par ~** aus Mutwillen
brave [bʀav] *adj* (*courageux*) mutig; (*bon, gentil*) lieb
braver [bʀave] *vt* trotzen +*dat*
bravo [bʀavo] *excl* bravo ▶ *nm* Bravoruf *m*
bravoure [bʀavuʀ] *nf* Mut *m*
break [bʀɛk] *nm* (*Auto*) Kombi *m*
brebis [bʀəbi] *nf* (Mutter)schaf *nt*; **~ galeuse** schwarzes Schaf *nt*
brèche [bʀɛʃ] *nf* Öffnung *f*; **être sur la ~** (*fig*) auf Trab sein
bredouille [bʀəduj] *adj* mit leeren Händen
bredouiller [bʀəduje] *vi, vt* murmeln
bref, brève [bʀɛf, ɛv] *adj* kurz ▶ *adv* kurz und gut
breloque [bʀəlɔk] *nf* Anhänger *m*
Brésil [bʀezil] *nm* : **le ~** Brasilien *nt* • **brésilien, ne** *adj* brasilianisch
Bretagne [bʀətaɲ] *nf* Bretagne *f*
bretelle [bʀətɛl] *nf* (*d'autoroute*) Verbindung *f*; **bretelles** *nfpl* (*pour pantalon*) Hosenträger *pl*
breton, ne [bʀətɔ̃, ɔn] *adj* bretonisch ▶ *nm/f* : **B~, ne** Bretone *m*, Bretonin *f*
brevet [bʀəvɛ] *nm* Diplom *nt*; **~ (d'invention)** Patent *nt* • **breveté, e** *adj* (*invention*) patentiert; (*diplômé*) diplomiert
bribes [bʀib] *nfpl* (*de conversation*) Bruchstücke *pl*; **par ~** stückweise
bric-à-brac [bʀikabʀak] *nm inv* Trödel *m*
bricolage [bʀikɔlaʒ] *nm* Basteln *nt*
bricole [bʀikɔl] *nf* Kleinigkeit *f*
bricoler [bʀikɔle] *vi* herumwerkeln ▶ *vt* (*réparer*) herumwerkeln an +*dat* • **bricoleur, -euse** *nm/f* Bastler(in) *m(f)*
bride [bʀid] *nf* Zaum *m*
bridé, e [bʀide] *adj* : **yeux ~s** Schlitzaugen *pl*
brider [bʀide] *vt* (*réprimer*) zügeln; (*cheval*) aufzäumen; (*volaille*) dressieren
bridge [bʀidʒ] *nm* (*jeu*) Bridge *nt*; (*dentaire*) Brücke *f*
brièvement [bʀijɛvmɑ̃] *adv* kurz • **brièveté** *nf* Kürze *f*
brigade [bʀigad] *nf* (*Police*) Trupp *m*; (*Mil*) Brigade *f*
brigadier [bʀigadje] *nm* ≈ Gefreite(r) *m*
brigand [bʀigɑ̃] *nm* Räuber *m*
brillamment [bʀijamɑ̃] *adv* glänzend, großartig
brillant, e [bʀijɑ̃, ɑ̃t] *adj* strahlend; (*remarquable*) erstklassig ▶ *nm* (*diamant*) Brillant *m*

b

briller [bʀije] *vi* leuchten
brimade [bʀimad] *nf* (*vexation*) Schikane *f*
brin [bʀɛ̃] *nm* : **un ~ de** (*un peu*) ein bisschen; **~ d'herbe** Grashalm *m*; **~ de paille** Strohhalm *m*
brindille [bʀɛ̃dij] *nf* Zweig *m*
brio [bʀijo] *nm* : **avec ~** großartig
brioche [bʀijɔʃ] *nf* Brioche *f*, *Art Brötchen*; (*fam* : *ventre*) Bauch *m*
brique [bʀik] *nf* Ziegelstein *m* ▶ *adj inv* (*couleur*) ziegelrot
briquet [bʀikɛ] *nm* Feuerzeug *nt*
brise [bʀiz] *nf* Brise *f*
brisé, e [bʀize] *adj* gebrochen
brise-glace, brise-glaces [bʀizglas] *nm inv* Eisbrecher *m*
briser [bʀize] *vt* zerbrechen; (*fig*) zerstören
britannique [bʀitanik] *adj* britisch ▶ *nmf* : **B~** Brite *m*, Britin *f*
brocante [bʀɔkɑ̃t] *nf* (*objets*) Trödel *m*; (*commerce*) Handel *m* mit Trödel • **brocanteur, -euse** *nm/f* Trödler(in) *m(f)*
broche [bʀɔʃ] *nf* Brosche *f*; (*Culin*) Bratspieß *m*; **à la ~** am Spieß
broché, e [bʀɔʃe] *adj* (*livre*) broschiert
brochet [bʀɔʃɛ] *nm* Hecht *m*
brochette [bʀɔʃɛt] *nf* (*Culin*) Schaschlik *m ou nt*
brochure [bʀɔʃyʀ] *nf* Broschüre *f*
brocoli [bʀɔkɔli] *nm* Brokkoli *m*
broder [bʀɔde] *vt* sticken ▶ *vi* : **~ (sur des faits/une histoire)** (die Tatsachen/eine Geschichte) ausschmücken • **broderie** *nf* Stickerei *f*
broncher [bʀɔ̃ʃe] *vi* : **sans ~** ohne mit der Wimper zu zucken
bronches [bʀɔ̃ʃ] *nfpl* Bronchien *pl*
bronchite [bʀɔ̃ʃit] *nf* Bronchitis *f*
bronzage [bʀɔ̃zaʒ] *nm* Sonnenbräune *f*
bronze [bʀɔ̃z] *nm* Bronze *f*
bronzé, e [bʀɔ̃ze] *adj* sonnengebräunt, braun • **bronzer** *vt* bräunen ▶ *vi* (*peau, personne*) braun werden; **se bronzer** *vpr* sonnenbaden
brosse [bʀɔs] *nf* Bürste *f*; **~ à dents** Zahnbürste *f* • **brosser** *vt* (ab)bürsten
brouette [bʀuɛt] *nf* Schubkarren *m*
brouhaha [bʀuaa] *nm* Tumult *m*
brouillard [bʀujaʀ] *nm* Nebel *m*
brouille [bʀuj] *nf* Streit *m* • **brouillé, e** *adj* (*teint*) unrein; **il est ~ avec ses parents** er ist mit seinen Eltern verkracht • **brouiller** *vt* durcheinanderbringen; (*rendre confus*) trüben; (*désunir*) entzweien; **se brouiller** *vpr* (*ciel, temps*) sich zuziehen; **se ~ (avec)** sich verkrachen (mit)
brouillon, ne [bʀujɔ̃, ɔn] *adj* unordentlich ▶ *nm* (*écrit*) Konzept *nt*
broussailles [bʀusɑj] *nfpl* Gestrüpp *nt*, Gebüsch *nt* • **broussailleux, -euse** *adj* buschig
brousse [bʀus] *nf* Busch *m*
brouter [bʀute] *vt* fressen ▶ *vi* (*Auto, Tech*) ruckeln
broutille [bʀutij] *nf* Lappalie *f*
broyer [bʀwaje] *vt* zerkleinern; **~ du noir** grübeln
brugnon [bʀyɲɔ̃] *nm* Nektarine *f*
bruine [bʀɥin] *nf* Nieselregen *m* • **bruiner** *vb* : **il bruine** es nieselt
bruissement [bʀɥismɑ̃] *nm* Rascheln *nt*
bruit [bʀɥi] *nm* Geräusch *nt*; (*désagréable*) Lärm *m*; (*fig* : *rumeur*) Gerücht *nt* • **bruitage** *nm* Toneffekte *pl*
brûlant, e [bʀylɑ̃, ɑ̃t] *adj* siedend heiß • **brûlé, e** *adj* (*fig* : *démasqué*)

entlarvt ▶ *nm* : **odeur de ~** Brandgeruch *m* • **brûler** *vt* verbrennen; (*consommer*) verbrauchen; (*feu rouge, signal*) überfahren ▶ *vi* brennen; (*être brûlant, ardent*) glühen; **se brûler** *vpr* sich verbrennen • **brûleur** *nm* Brenner *m* • **brûlure** *nf* (*lésion*) Verbrennung *f*; (*sensation*) Brennen *nt*; **~s d'estomac** Sodbrennen *nt*
brume [bʀym] *nf* Nebel *m* • **brumisateur** *nm* Zerstäuber *m*
brun, e [bʀœ̃, bʀyn] *adj* braun
brunch [bʀœntʃ] *nm* Brunch *m*
Brunéi [bʀunei] *nm* : **le ~** Brunei *nt*
brunir [bʀyniʀ] *vi* braun werden ▶ *vt* bräunen
brushing [bʀœʃiŋ] *nm* Föhnwelle *f*
brusque [bʀysk] *adj* (*rude*) schroff; (*soudain*) plötzlich • **brusquement** *adv* plötzlich
brusquer [bʀyske] *vt* drängen
brusquerie [bʀyskəʀi] *nf* Barschheit *f*
brut, e [bʀyt] *adj* roh; (*bénéfice, salaire, poids*) Brutto- ▶ *nm* : **(champagne) ~** trockener Champagner *m*
brutal, e, -aux [bʀytal, o] *adj* brutal • **brutaliser** *vt* brutal *ou* grob behandeln • **brutalité** *nf* Brutalität *f*
brute [bʀyt] *nf* Bestie *f*
Bruxelles [bʀysɛl] Brüssel *nt*
bruyamment [bʀɥijamɑ̃] *adv* laut • **bruyant, e** *adj* laut
bruyère [bʀyjɛʀ] *nf* Heidekraut *nt*
BTP [betepe] *sigle mpl* (= *bâtiments et travaux publics*) ≈ öffentliches Bauwesen *nt*
BTS [beteɛs] *sigle m* (= *brevet de technicien supérieur*) *Abschlusszeugnis einer technischen Schule*
bu, e [by] *pp de* **boire**
buanderie [bɥɑ̃dʀi] *nf* Waschküche *f*
bûche [byʃ] *nf* Holzscheit *nt*
budget [bydʒɛ] *nm* Etat *m*, Haushalt *m* • **budgétaire** *adj* Haushalts-
buée [bɥe] *nf* (*sur une vitre*) Kondensation *f*; (*haleine*) Dampf *m*
buffet [byfɛ] *nm* (*meuble*) Anrichte *f*; (*de réception*) Büffet *nt*; **~ (de gare)** Bahnhofsgaststätte *f*
buffle [byfl] *nm* Büffel *m*
buisson [bɥisɔ̃] *nm* Busch *m*
bulbe [bylb] *nm* (*Bot*) Zwiebel *f*
bulgare [bylgaʀ] *adj* bulgarisch • **Bulgarie** *nf* : **la ~** Bulgarien *nt*
bulldozer [buldozɛʀ] *nm* Bulldozer *m*
bulle [byl] *nf* Blase *f*
bulletin [byltɛ̃] *nm* (*Radio, TV*) Sendung *f*; **~ de vote** Stimmzettel *m*; **~ météorologique** Wetterbericht *m*
buraliste [byʀalist] *nmf* Tabakwarenhändler(in) *m(f)*
bureau, x [byʀo] *nm* (*meuble*) Schreibtisch *m*; (*pièce, d'une entreprise*) Büro *nt*; **~ de change** Wechselstube *f*; **~ de poste** Postamt *nt*; **~ de tabac** Tabakwarenhandlung *f* • **bureaucrate** *nm* Bürokrat *m* • **bureaucratie** *nf* Bürokratie *f* • **bureaucratique** *adj* bürokratisch • **bureautique** *nf* Büroautomation *f*
Burkina-Faso [byʀkinafaso] *nm* : **le ~** Burkina Faso *nt*
Burundi [buʀundi] *nm* : **le ~** Burundi *nt*
bus [bys] *nm* Bus *m*; (*Inform*) (Daten)bus *m*
buse [byz] *nf* Bussard *m*
buste [byst] *nm* (*Anat*) Brustkorb *m*; (*sculpture*) Büste *f*

bustier [bystje] *nm* Mieder *nt*; (*soutien-gorge*) Bustier *m*

but [by(t)] *nm* (*cible*) Zielscheibe *f*; (*fig*) Ziel *nt*; (*Football etc*) Tor *nt*

butane [bytan] *nm* Butan *nt*; (*domestique*) Propangas *nt*

buté, e [byte] *adj* stur

buter [byte] *vi* : **~ contre/sur qch** gegen/auf etw *acc* stoßen

buteur [bytœʀ] *nm* Torjäger *m*

butin [bytɛ̃] *nm* Beute *f*

butiner [bytine] *vi* Honig sammeln

butte [byt] *nf* Hügel *m*

buvable [byvabl] *adj* trinkbar

buvard [byvaʀ] *nm* Löschpapier *nt*

buvette [byvɛt] *nf* Erfrischungsraum *m*

buveur, -euse [byvœʀ, øz] *nm/f* (*péj*) Säufer(in) *m(f)*; **~ de cidre/de vin** Cidre-/Weintrinker(in) *m(f)*

C

ça [sa] *pron* das; **ça va ?** wie gehts?; **ça alors !** na so was!; **c'est ça** richtig

çà [sa] *adv* : **çà et là** hier und da

cabane [kaban] *nf* Hütte *f*

cabaret [kabaʀɛ] *nm* Nachtklub *m*

cabillaud [kabijo] *nm* Kabeljau *m*

cabine [kabin] *nf* Kabine *f*

cabinet [kabinɛ] *nm* (*de médecin*) Praxis *f*; (*d'avocat, de notaire etc*) Büro *nt*; **cabinets** *nmpl* (*W.C.*) Toiletten *pl*

câble [kɑbl] *nm* Kabel *nt*; (*TV*) Kabelfernsehen *nt*

cabrer [kɑbʀe] *vt* (*cheval*) steigen lassen; (*avion*) hochziehen; **se cabrer** *vpr* (*cheval*) sich aufbäumen; (*fig*) sich auflehnen

cabriolet [kabʀijɔlɛ] *nm* Kabriolett *nt*

caca [kaka] *nm* (*langage enfantin*) Aa *nt*

cacahuète [kakaɥɛt] *nf* Erdnuss *f*

cacao [kakao] *nm* Kakao *m*

cache [kaʃ] *nm* Maske *f*, Versteck *nt* • **cache-cache** *nm inv* : **jouer à ~** Verstecken spielen • **cacher** *vt* verstecken; (*vérité, nouvelle*) verheimlichen • **cache-sexe** *nm inv* Minislip *m*

cachet [kaʃɛ] *nm* (*comprimé*) Tablette *f*; (*sceau*) Siegel *nt*

cachette [kaʃɛt] *nf* Versteck *nt*; **en ~** heimlich
cachot [kaʃo] *nm* Verlies *nt*
cacophonie [kakɔfɔni] *nf* Kakofonie *f*
cactus [kaktys] *nm inv* Kaktus *m*
c.-à-d. *abr* (= *c'est-à-dire*) d. h.
cadavre [kadɑvʀ] *nm* Leiche *f*
caddie® [kadi] *nm* Einkaufswagen *m* (*im Supermarkt*)
cadeau, x [kado] *nm* Geschenk *nt*; **faire un ~ à qn** jdm etwas schenken; **faire ~ de qch à qn** jdm etw schenken
cadenas [kadnɑ] *nm* Vorhängeschloss *nt*
cadence [kadɑ̃s] *nf* Tempo *nt*
cadet, te [kadɛ, ɛt] *adj* jüngere(r, s) ▶ *nm/f*: **le ~/la ~te** der/die Jüngste
cadran [kadʀɑ̃] *nm* Zifferblatt *nt*; **~ solaire** Sonnenuhr *f*
cadre [kɑdʀ] *nm* Rahmen; (*environnement*) Umgebung *f*; (*personne*) Führungskraft *f*
cadrer [kɑdʀe] *vi*: **~ avec qch** einer Sache *dat* entsprechen ▶ *vt* (*Ciné*) zentrieren
caduc, -uque [kadyk] *adj* veraltet; **arbre à feuilles caduques** Laubbaum *m*
cafard [kafaʀ] *nm* Schabe *f*; **avoir le ~** deprimiert sein • **cafardeux, -euse** *adj* (*personne*) deprimiert; (*ambiance*) deprimierend
café [kafe] *nm* Kaffee *m*; (*bistro*) Kneipe *f*; **~ au lait** Milchkaffee *m* • **café-théâtre** (*pl* **cafés-théâtres**) *nm kleines Experimentiertheater* • **cafetier, -ière** *nm/f* Besitzer(in) *m(f)* einer Gastwirtschaft • **cafetière** *nf* (*pot*) Kaffeekanne *f*
cage [kaʒ] *nf* Käfig *m*
cagibi [kaʒibi] (*fam*) *nm* Kämmerchen *nt*
cagnotte [kaɲɔt] *nf* gemeinsame Kasse *f*
cagoule [kagul] *nf* Kapuze *f*; (*passe-montagne*) Kapuzenmütze *f*
cahier [kaje] *nm* (Schul)heft *nt*
caille [kaj] *nf* Wachtel *f*
caillé, e [kaje] *adj*: **lait ~** saure Milch *f*
caillou, x [kaju] *nm* Kieselstein *m* • **caillouteux, -euse** *adj* steinig
caisse [kɛs] *nf* Kasse *f*; (*cageot, boîte*) Kiste *f*; **~ d'épargne/de retraite** Spar-/Pensionskasse *f* • **caissier, -ière** *nm/f* Kassierer(in) *m(f)*
cajoler [kaʒɔle] *vt* besonders lieb sein zu
cake [kɛk] *nm* englischer Kuchen *m*
calandre [kalɑ̃dʀ] *nf* (*Auto*) Kühlergrill *m*
calanque [kalɑ̃k] *nf kleine Felsenbucht am Mittelmeer*
calcaire [kalkɛʀ] *nm* Kalkstein *m* ▶ *adj* (*eau*) kalkhaltig; (*terrain*) kalkig
calcium [kalsjɔm] *nm* Kalzium *nt*
calcul [kalkyl] *nm* Rechnung *f*; **~ biliaire** Gallenstein *m*; **~ rénal** Nierenstein *m* • **calculateur** *nm* (*machine*) Rechner *m* • **calculatrice** *nf* (*de poche*) Taschenrechner *m* • **calculer** *vt* berechnen; (*combiner, arranger*) kalkulieren ▶ *vi* rechnen • **calculette** *nf* Taschenrechner *m*
cale [kal] *nf* (*de bateau*) Laderaum *m*; (*en bois*) Keil *m*; **~ sèche** Trockendock *nt*
calembour [kalɑ̃buʀ] *nm* Wortspiel *nt*
calendrier [kalɑ̃dʀije] *nm* Kalender *m*; (*programme*) Zeitplan *m*
calepin [kalpɛ̃] *nm* Notizbuch *nt*
caler [kale] *vt* (*fixer*) festkeilen ▶ *vi* nicht mehr können

calibre [kalibʀ] *nm* Kaliber *nt*; (*d'un fruit*) Größe *f*
calice [kalis] *nm* Kelch *m*
califourchon [kalifuʀʃɔ̃] : **à ~** *adv* rittlings
câlin, e [kɑlɛ̃, in] *adj* anschmiegsam
câliner [kɑline] *vt* schmusen mit
calmant, e [kalmɑ̃, ɑ̃t] *adj* beruhigend ▶ *nm* Beruhigungsmittel *nt*
calmar [kalmaʀ] *nm* Tintenfisch *m*
calme [kalm] *adj* ruhig ▶ *nm* Ruhe *f*
calmer [kalme] *vt* lindern, mildern; (*personne*) beruhigen; **se calmer** *vpr* sich beruhigen; (*vent, colère etc*) sich legen
calomnie [kalɔmni] *nf* Verleumdung *f* • **calomnier** *vt* verleumden
calorie [kalɔʀi] *nf* Kalorie *f*
calque [kalk] *nm* (*aussi* : **papier calque**) Pauspapier *nt*; (*dessin*) Pause *f*; (*fig*) Nachahmung *f* • **calquer** *vt* durchpausen
calvados [kalvados] *nm* Calvados *m*
calvaire [kalvɛʀ] *nm* Martyrium *nt*
calvitie [kalvisi] *nf* Kahlköpfigkeit *f*
camarade [kamaʀad] *nmf* Kumpel *m* • **camaraderie** *nf* Freundschaft *f*
Camargue [kamaʀg] *nf* : **la ~** die Camargue *f*
cambiste [kɑ̃bist] *nm* Devisenhändler *m*
Cambodge [kɑ̃bɔdʒ] *nm* : **le ~** Kambodscha *nt*
cambouis [kɑ̃bwi] *nm* Ölschmiere *f*
cambriolage [kɑ̃bʀijɔlaʒ] *nm* Einbruch *m* • **cambrioler** *vt* einbrechen in *+dat*; (*personne*) einbrechen bei • **cambrioleur, -euse** *nm/f* Einbrecher(in) *m(f)*
came [kam] *nf* (*fam* : *drogue*) Koks *m* • **camé, e** *nm/f* Junkie *mf*
camelot [kamlo] *nm* Hausierer *m*
camelote [kamlɔt] *nf* Ramsch *m*
camembert [kamɑ̃bɛʀ] *nm* Camembert *m*
caméra [kameʀa] *nf* Kamera *f*
Cameroun [kamʀun] *nm* : **le ~** Kamerun *nt*
caméscope [kameskɔp] *nm* Videokamera *f*, Camcorder *m*
camion [kamjɔ̃] *nm* Lastwagen *m* • **camion-citerne** (*pl* **camions-citernes**) *nm* Tankwagen *m* • **camionnette** *nf* Kleintransporter *m* • **camionneur** *nm* Lkw-Fahrer(in) *m(f)*
camisole [kamizɔl] *nf* : **~ de force** Zwangsjacke *f*
camomille [kamɔmij] *nf* Kamille *f*; (*boisson*) Kamillentee *m*
camouflage [kamuflaʒ] *nm* Tarnung *f*
camoufler [kamufle] *vt* tarnen
camp [kɑ̃] *nm* Lager *nt*; **~ de vacances** Ferienlager *nt*
campagnard, e [kɑ̃paɲaʀ, aʀd] *adj* Land-; (*mœurs*) ländlich
campagne [kɑ̃paɲ] *nf* Land *nt*; **à la ~** auf dem Land
campement [kɑ̃pmɑ̃] *nm* Lager *nt*
camper [kɑ̃pe] *vi* zelten • **campeur, -euse** *nm/f* Camper(in) *m(f)*
camphre [kɑ̃fʀ] *nm* Kampfer *m*
camping [kɑ̃piŋ] *nm* (*activité*) Camping *nt*; **(terrain de) ~** Campingplatz *m*; **faire du ~** zelten, campen • **camping-car** (*pl* **camping-cars**) *nm* Wohnmobil *nt* • **camping-gaz®** *nm* Campingkocher *m*
campus [kɑ̃pys] *nm* Universitätsgelände *nt*

Canada [kanada] *nm* : **le ~** Kanada *nt* • **canadien, ne** *adj* kanadisch ▶ *nm/f* : **C~, ne** Kanadier(in) *m(f)*
canal, -aux [kanal, o] *nm* Kanal *m* • **canalisation** *nf (tuyau)* Leitung *f* • **canaliser** *vt* kanalisieren
canapé [kanape] *nm* Sofa *nt*; *(Culin)* belegtes Brot *nt*
canard [kanaʀ] *nm* Ente *f*
canari [kanaʀi] *nm* Kanarienvogel *m*
Canaries [kanaʀi] *nfpl* : **les (îles) ~** die Kanarischen Inseln *pl*
cancer [kɑ̃sɛʀ] *nm* Krebs *m*; **être (du) C~** *(Astrol)* Krebs sein • **cancéreux, -euse** *adj* Krebs-; *(malade)* krebskrank
cancre [kɑ̃kʀ] *nm* Niete *f*
candidat, e [kɑ̃dida, at] *nm/f* Kandidat(in) *m(f)*
candidature [kɑ̃didatyʀ] *nf (Pol)* Kandidatur *f*; *(à un poste)* Bewerbung *f*; **poser sa ~** *(à un poste)* sich bewerben
candide [kɑ̃did] *adj* naiv, unbefangen
cane [kan] *nf* Ente *f*
canette [kanɛt] *nf* Flasche *f*
canevas [kanva] *nm (couture)* Stickleinen *nt*; *(d'un texte, récit)* Struktur *f*
caniche [kaniʃ] *nm* Pudel *m*
canicule [kanikyl] *nf (chaleur)* brütende Hitze *f*
canif [kanif] *nm* Taschenmesser *nt*
caniveau [kanivo] *nm* Rinnstein *m*
cannabis [kanabis] *nm* Cannabis *nt*
canne [kan] *nf* Stock *m*; **~ à pêche** Angelrute *f*
cannelle [kanɛl] *nf* Zimt *m*
canoë [kanɔe] *nm* Kanu *nt*
canon [kanɔ̃] *nm* Kanone *f*; **~ à neige** Schneekanon
canoniser [kanɔnize] *vt* heiligsprechen
canot [kano] *nm* Boot *nt*; **~ de sauvetage** Rettungsboot *nt*; **~ pneumatique** Schlauchboot *nt*
cantatrice [kɑ̃tatʀis] *nf* Sängerin *f*
cantine [kɑ̃tin] *nf* Kantine *f*
cantique [kɑ̃tik] *nm* Kirchenlied *nt*
canton [kɑ̃tɔ̃] *nm (en Suisse)* Kanton *m*
cantonal, e, -aux [kɑ̃tɔnal, o] *adj (en France)* Bezirks-; *(en Suisse)* kantonal
cantonner [kɑ̃tɔne] : **se cantonner dans** *vpr* sich beschränken auf +*akk*; *(maison)* sich zurückziehen in +*acc*
canyoning [kanjɔniŋ] *nm* Canyoning *nt*
caoutchouc [kautʃu] *nm* Kautschuk *m*; **en ~** aus Gummi; **~ mousse®** Schaumgummi *m*
CAP [seape] *sigle m (= certificat d'aptitude professionnelle)* Zeugnis einer technischen Schule
cap [kap] *nm* Kap *nt*; **mettre le ~ sur** Kurs nehmen auf +*acc*
capable [kapabl] *adj* fähig
capacité [kapasite] *nf (aptitude)* Fähigkeit *f*; *(d'un récipient)* Fassungsvermögen *nt*
cape [kap] *nf* Cape *nt*; **rire sous ~** sich *dat* ins Fäustchen lachen
capillaire [kapilɛʀ] *adj* Haar-; *(vaisseau etc)* Kapillar-
capitaine [kapitɛn] *nm* Kapitän *m*; *(Mil : de gendarmerie, pompiers)* Hauptmann *m*
capital, e, -aux [kapital, o] *adj* wesentlich ▶ *nm* Kapital *nt* • **capitale** *nf (ville)* Hauptstadt *f*; *(lettre)* Großbuchstabe *m* • **capitalisme** *nm* Kapitalismus *m* • **capitaliste** *adj* kapitalistisch

capiteux, -euse [kapitø, øz] *adj* berauschend
capituler [kapityle] *vi* kapitulieren
caporal, -aux [kapɔʀal, o] *nm* Gefreite(r) *m*
capot [kapo] *nm* (*de voiture*) Kühlerhaube *f*
capote [kapɔt] *nf* (*de voiture, de landau*) Verdeck *nt*; **~ (anglaise)** (*fam*) Pariser *m*
capoter [kapɔte] *vi* sich überschlagen
câpre [kɑpʀ] *nf* Kaper *f*
caprice [kapʀis] *nm* Laune *f* • **capricieux, -euse** *adj* launisch
Capricorne [kapʀikɔʀn] *nm* : **le ~** (*Astrol*) Steinbock *m*
capsule [kapsyl] *nf* (*de bouteille*) Verschluss *m*; (*spatiale*) Raumkapsel *f*
capter [kapte] *vt* (*eau*) fassen; (*attention, intérêt*) erregen • **capteur** *nm* : **~ solaire** Sonnenkollektor *m*
captif, -ive [kaptif, iv] *adj* gefangen
captivant, e [kaptivɑ̃, ɑ̃t] *adj* fesselnd, faszinierend
captiver [kaptive] *vt* fesseln, faszinieren
captivité [kaptivite] *nf* Gefangenschaft *f*
capturer [kaptyʀe] *vt* einfangen
capuche [kapyʃ] *nf* (*de manteau*) Kapuze *f*
capuchon [kapyʃɔ̃] *nm* Kapuze *f*; (*de stylo*) Kappe *f*
capucine [kapysin] *nf* Kapuzinerkresse *f*
caquelon [kaklɔ̃] *nm* Fonduetopf *m*
car [kaʀ] *nm* Reisebus *m* ▶ *conj* weil, da
caractère [kaʀaktɛʀ] *nm* Charakter *m*; (*Typo*) Schriftzeichen *nt*; **en ~s d'imprimerie** in Druckschrift
caractériser [kaʀakteʀize] *vt* charakterisieren
caractéristique [kaʀakteʀistik] *adj* charakteristisch ▶ *nf* typisches Merkmal *nt*
carafe [kaʀaf] *nf* [kaʀafɔ̃] Karaffe *f*
caraïbe [kaʀaib] *adj* karibisch ▶ *nf* : **la mer des C~s** die Karibik *f*
carambolage [kaʀɑ̃bɔlaʒ] *nm* Karambolage *f*
caramel [kaʀamɛl] *nm* (*bonbon*) Karamellbonbon *m ou nt*; (*substance*) Karamell *m*
carapace [kaʀapas] *nf* Panzer *m*
caravane [kaʀavan] *nf* (*camping*) Wohnwagen *m* • **caravaning** *nm* (*camping*) Urlaub *m* mit dem Wohnwagen; (*terrain*) Campingplatz *m* für Wohnwagen
carbonade [kaʀbɔnad] *nf* *geschmortes Rind mit Zwiebeln in Biersoße*
carbone [kaʀbɔn] *nm* Kohlenstoff *m*; (*aussi* : **papier carbone**) Kohlepapier *nt*; (*double*) Durchschlag *m*; **empreinte ~** CO2-Bilanz *f* • **carbonique** *adj* : **gaz ~** Kohlensäure *f*; **neige ~** Trockeneis *nt*
carburant [kaʀbyʀɑ̃] *nm* Treibstoff *m*
carburateur [kaʀbyʀatœʀ] *nm* Vergaser *m*
carcasse [kaʀkas] *nf* (*d'animal*) Kadaver *m*; (*de voiture etc*) Karosserie *f*
carcinogène [kaʀsinɔʒɛn] *adj* krebserregend
cardiaque [kaʀdjak] *adj* Herz-
cardigan [kaʀdigɑ̃] *nm* Strickjacke *f*
cardinal, e, -aux [kaʀdinal, o] *adj* (*nombre*) Kardinal- ▶ *nm* Kardinal *m*

cardiologie [kaʀdjɔlɔʒi] *nf* Kardiologie *f* • **cardiologue** *nmf* Kardiologe *m*, Kardiologin *f*

carême [kaʀɛm] *nm* : **le ~** die Fastenzeit *f*

carence [kaʀɑ̃s] *nf* Mangel *m*; (*inefficacité, incapacité*) Unfähigkeit *f*

caresse [kaʀɛs] *nf* Zärtlichkeit *f* • **caresser** *vt* streicheln

cargaison [kaʀgɛzɔ̃] *nf* (Schiffs)fracht *f*

cargo [kaʀgo] *nm* Frachter *m*

caricature [kaʀikatyʀ] *nf* Karikatur *f*

carie [kaʀi] *nf* : **la ~ (dentaire)** Karies *f*; **une ~** ein Loch *nt* im Zahn

carillon [kaʀijɔ̃] *nm* (*d'église*) Glockenspiel *nt*; **~ (électrique)** (*de porte*) Türglocke *f*

carlingue [kaʀlɛ̃g] *nf* (*d'avion*) Cockpit *nt*

carnage [kaʀnaʒ] *nm* Blutbad *nt*

carnaval [kaʀnaval] *nm* Karneval *m*

carnet [kaʀnɛ] *nm* Heft *nt*; **~ de chèques** Scheckbuch *nt*

carnivore [kaʀnivɔʀ] *adj* fleischfressend

carotide [kaʀɔtid] *nf* Halsschlagader *f*

carotte [kaʀɔt] *nf* Möhre *f*

carpe [kaʀp] *nf* Karpfen *m*

carré, e [kaʀe] *adj* quadratisch; (*visages, épaules*) eckig ▶ *nm* Quadrat *nt*; (*de terrain, jardin*) Stück *nt*

carreau, x [kaʀo] *nm* (*par terre*) Fliese *f*; (*au mur*) Kachel *f*; (*de fenêtre*) Scheibe *f*; (*Cartes*) Karo *nt*

carrefour [kaʀfuʀ] *nm* Kreuzung *f*

carrelage [kaʀlaʒ] *nm* Fliesen *pl*

carrelet [kaʀlɛ] *nm* (*poisson*) Scholle *f*

carrément [kaʀemɑ̃] *adv* geradeheraus; (*nettement*) ganz einfach

carrière [kaʀjɛʀ] *nf* (*de craie, sable*) Steinbruch *m*; (*métier*) Karriere *f*

carrosse [kaʀɔs] *nm* Kutsche *f*

carrosserie [kaʀɔsʀi] *nf* Karosserie *f* • **carrossier** *nm* Karosseriebauer *m*; (*dessinateur*) Karosseriedesigner *m*

carrousel [kaʀuzɛl] *nm* Karussell *nt*

carrure [kaʀyʀ] *nf* Statur *f*

cartable [kaʀtabl] *nm* Schultasche *f*

carte [kaʀt] *nf* Karte *f*; (*d'électeur, de parti*) Ausweis *m*; (*au restaurant*) Speisekarte *f*; (*aussi* : **carte de visite**) (Visiten)karte *f*; **~ à puce** Chipkarte *f*; **C~ Bleue®** Kundenkarte *f*; **~ d'identité** Personalausweis *m*; **~ de crédit** Kreditkarte *f*; **~ d'embarquement** Bordkarte, Einsteigekarte; **~ de séjour** Aufenthaltsgenehmigung *f*; **~ SIM** SIM-Karte *f*; **~ grise** ≈ Kraftfahrzeugschein *m*; **~ orange** *Zeitkarte für den Pariser Verkehrsverbund*; **~ postale** Postkarte *f*; **~ routière** Straßenkarte *f*; **~ verte** grüne Versicherungskarte *f*

cartel [kaʀtɛl] *nm* Kartell *nt*

carter [kaʀtɛʀ] *nm* (*Auto*) Ölwanne *f*

cartilage [kaʀtilaʒ] *nm* Knorpel *m*

carton [kaʀtɔ̃] *nm* (*matériau*) Pappe *f*; (*boîte*) Karton

cartouche [kaʀtuʃ] *nf* Patrone *f*; (*de film, de toner etc*) Kassette *f*

cas [kɑ] *nm* Fall *m*; **en aucun ~** keinesfalls; **au ~ où** falls; **en tout ~** auf jeden Fall

casanier, -ière [kazanje, jɛʀ] *adj* häuslich

cascade [kaskad] *nf* Wasserfall *m*
cascadeur, -euse [kaskadœʀ, øz] *nm/f* Stuntman *m*/-girl *nt*
case [kɑz] *nf* (*compartiment*) Fach *nt*; (*sur un formulaire, de mots croisés, d'échiquier*) Kästchen *nt* • **caser** *vt* (*loger*) unterbringen; **se caser** *vpr* (*personne*) sich niederlassen
caserne [kazɛʀn] *nf* Kaserne *f*
cash [kaʃ] *adv* : **payer ~** bar zahlen
casier [kɑzje] *nm* (*à journaux*) Ständer *m*; (*case*) Fach *nt*; **~ judiciaire** Vorstrafenregister *nt*
casino [kazino] *nm* Kasino *nt*
casque [kask] *nm* Helm *m*; (*chez le coiffeur*) Trockenhaube *f*; (*pour audition*) Kopfhörer *m*
casquette [kaskɛt] *nf* Kappe *f*
cassant, e [kasɑ̃, ɑ̃t] *adj* zerbrechlich; (*fig*) schroff
casse [kɑs] *nf* : **mettre à la ~** verschrotten; **il y a eu de la ~** es hat viel Bruch gegeben
casse-cou [kɑsku] *adj inv* waghalsig
casse-croûte [kɑskʀut] *nm inv* Imbiss *m*
casse-noisette, casse-noisettes [kɑsnwazɛt] *nm* Nussknacker *m*
casse-noix [kɑsnwa] *nm inv* Nussknacker *m*
casse-pieds [kɑspje] (*fam*) *adj, nm inv/nf inv* : **il est ~, c'est un ~** er ist ein Nervtöter
casser [kɑse] *vt* brechen ▶ *vi* (*corde etc*) reißen; **se casser** *vpr* brechen
casserole [kasʀɔl] *nf* Kochtopf *m*
casse-tête [kɑstɛt] *nm inv* (*problème difficile*) harte Nuss *f*
cassette [kasɛt] *nf* Kassette *f*; (*coffret*) Schatulle *f*
casseur [kɑsœʀ] *nm* (*vandale*) Hooligan *m*
cassis [kasis] *nm* (*Bot*) Schwarze Johannisbeere *f*; (*de la route*) Unebenheit *f*
cassoulet [kasulɛ] *nm* Ragout *mit weißen Bohnen und Gänse-, Enten-, Hammel- oder Schweinefleisch*
caste [kast] *nf* Kaste *f*
castor [kastɔʀ] *nm* Biber *m*
catalogue [katalɔg] *nm* Katalog *m* • **cataloguer** *vt* katalogisieren; **~ qn** (*péj*) jdn in eine Schublade einordnen
catalyseur [katalizœʀ] *nm* Katalysator *m* • **catalytique** *adj* : **pot ~** Auspuff *m* mit (eingebautem) Katalysator
catamaran [katamaʀɑ̃] *nm* Katamaran *m*
cataplasme [kataplasm] *nm* Umschlag *m*
cataracte [kataʀakt] *nf* grauer Star *m*
catastrophe [katastʀɔf] *nf* Katastrophe *f* • **catastrophique** *adj* katastrophal
catch [katʃ] *nm* Catchen *nt*
catégorie [kategɔʀi] *nf* Kategorie *f*; (*Sport*) Klasse *f*
catégorique [kategɔʀik] *adj* kategorisch
cathédrale [katedʀal] *nf* Kathedrale *f*
catholicisme [katɔlisism] *nm* Katholizismus *m* • **catholique** *adj* katholisch
catogan [katɔgɑ̃] *nm* Pferdeschwanz *m*
Caucase [kɔkɑz] *nm* : **le ~** der Kaukasus *m*
cauchemar [koʃmaʀ] *nm* Albtraum *m*
cause [koz] *nf* Grund *m*; (*d'un accident etc*) Ursache *f*; **à ~ de** wegen +*gén ou dat*; **pour ~ de**

wegen *+gén ou dat* • **causer** *vt* verursachen ▶ *vi* plaudern • **causerie** *nf* Plauderei *f*
caustique [kostik] *adj* (*personne, remarque*) bissig
caution [kosjɔ̃] *nf* Kaution *f* • **cautionner** *vt* unterstützen
cavale [kaval] (*fam*) *nf*: **en ~** auf der Flucht
cavalier, -ière [kavalje, jɛʀ] *nm/f* Reiter(in) *m(f)*; (*au bal*) Partner(in) *m(f)* ▶ *nm* (*Échecs*) Springer *m*
cave [kav] *nf* Keller *m*
caveau, x [kavo] *nm* Gruft *f*
caverne [kavɛʀn] *nf* Höhle *f*
caviar [kavjaʀ] *nm* Kaviar *m*
cavité [kavite] *nf* Hohlraum *m*
c.c. *abr* (= *compte courant*) Girokonto *nt*
CCP [sesepe] *sigle m* (= *compte chèque postal*) *voir* **compte**
CD [sede] *sigle m* (= *compact disc*) CD *f*; (= *corps diplomatique*) CD
CDD [sedede] *sigle m* (= *contrat à durée déterminée*) befristeter Arbeitsvertrag *m*
CDI [sedei] *sigle m* (= *centre de documentation et d'information*) Schulbücherei *f*; (= *contrat à durée indéterminée*) unbefristeter Arbeitsvertrag *m*
CD-ROM [sedeʀɔm] *abr m* (= *Compact Disc Read Only Memory*) CD-ROM *f*

MOT-CLÉ

ce, c', cette [sə, s, sɛt] (*devant nom masculin commençant par une voyelle ou un h muet* **cet**, *pl* **ces**) *adj* diese(r, s); (*pl*) diese; **cette maison(-ci/là)** dieses Haus da; **cet homme** dieser Mann; **cette nuit** (*qui vient*) heute Nacht ▶ *pron* **1**: **c'est** das ist, es ist; **c'est une voiture/girafe** das ist ein Auto/eine Giraffe; **c'est petit/grand** es ist klein/groß; **qui est-ce ?** wer ist da?; (*en désignant*) wer ist das?; **qu'est-ce ?** was ist das?; **c'est toi qui le dis** das sagst du
2: **ce qui** was; **ce que** was; **ce dont j'ai parlé** (das) wovon ich gesprochen habe; **ce que c'est grand !** das ist aber groß!

ceci [səsi] *pron* dies, das
cécité [sesite] *nf* Blindheit *f*
céder [sede] *vt* aufgeben; **~ le passage** Vorfahrt achten
CEDEX [sedɛks] *sigle m* (= *courrier d'entreprise à distribution exceptionnelle*) *Postzustellung für Großkunden*
cèdre [sɛdʀ] *nm* Zeder *f*
ceinture [sɛ̃tyʀ] *nf* Gürtel *m*; **~ de sécurité** Sicherheitsgurt *m* • **ceinturon** *nm* Gürtel *m*
cela [s(ə)la] *pron* das
célèbre [selɛbʀ] *adj* berühmt
célébrer [selebʀe] *vt* feiern
célébrité [selebʀite] *nf* Berühmtheit *f*
céleri [sɛlʀi] *nm*: **~(-rave)** (Knollen)sellerie *f ou m*; **~ en branche** Staudensellerie *f ou m*
céleste [selɛst] *adj* himmlisch
célibataire [selibatɛʀ] *adj* ledig
celle, celles [sɛl] *pron voir* **celui**
cellophane® [selɔfan] *nf* Cellophan® *nt*
cellulaire [selylɛʀ] *adj*: **voiture** *ou* **fourgon ~** grüne Minna *f*
cellule [selyl] *nf* Zelle *f*; **~ (photo-électrique)** Fotozelle *f*; **~ souche** Stammzelle *f*
cellulite [selylit] *nf* Cellulitis *f*
cellulose [selyloz] *nf* Zellulose *f*
celte [sɛlt] [sɛltik] *adj* keltisch

MOT-CLÉ

celui, celle [səlɥi, sɛl] (*mpl* **ceux**, *fpl* **celles**) *pron* **1** : **~-ci/là, celle-ci/là** der/die/das; **ceux-ci, celles-ci** die; **ceux-là, celles-là** die; **~ de mon frère** der/die/das von meinem Bruder; **ce n'est pas mon livre, c'est ~ de mon frère** das ist nicht mein Buch, es ist das von meinem Bruder
2 : **quel oiseau ? — ~ qui chante** welcher Vogel? — der, der singt; **~/celle dont je parle** der/die, von dem/der ich spreche
3 (*valeur indéfinie*) : **~ qui veut** wer will

cendre [sɑ̃dʀ] *nf* Asche *f* • **cendré, e** *adj* (*couleur*) aschgrau • **cendrier** *nm* Aschenbecher *m*
censé, e [sɑ̃se] *adj* : **être ~ faire qch** etw (eigentlich) tun sollen
censure [sɑ̃syʀ] *nf* Zensur *f* • **censurer** *vt* zensieren
cent [sɑ̃] *num* hundert; **pour ~** Prozent *nt* • **centaine** *nf* : **une ~ (de)** hundert; (*environ* 100) etwa hundert • **centenaire** *adj* hundertjährig ▶ *nmf* Hundertjährige(r) *f(m)* ▶ *nm* (*anniversaire*) hundertster Geburtstag *m* • **centième** *num* hundertste(r, s) • **centigrade** *nm* Grad *m* Celsius • **centime** *nm* Centime *m*; (*suisse*) Rappen *m*; **~ d'euro** (Euro)cent *m* • **centimètre** *nm* Zentimeter *m ou nt*; (*ruban*) Zentimetermaß *nt* • **central, e, -aux** *adj* zentral ▶ *nm* : **~ (téléphonique)** (Telefon)zentrale *f* • **centrale** *nf*; **~ électrique** Elektrizitätswerk *nt*; **~ nucléaire** Kernkraftwerk *nt*
centraliser [sɑ̃tʀalize] *vt* zentralisieren
centre [sɑ̃tʀ] *nm* Zentrum *nt*; (*milieu*) Mitte *f*; **~ commercial** Geschäftszentrum *nt*; **~ culturel** Kulturzentrum *nt*; **~ d'appels** Callcenter *m*; **~ sportif** Sportzentrum *nt* • **centrer** *vt* zentrieren • **centre-ville** *nm* Stadtzentrum *nt*
centuple [sɑ̃typl] *nm* : **le ~ de qch** das Hundertfache von etw
cep [sɛp] *nm* Rebstock *m*
cèpe [sɛp] *nm* Steinpilz *m*
cependant [s(ə)pɑ̃dɑ̃] *adv* jedoch
céramique [seʀamik] *nf* Keramik *f*
cercle [sɛʀkl] *nm* Kreis *m*
cercueil [sɛʀkœj] *nm* Sarg *m*
céréale [seʀeal] *nf* Getreide *nt*
cérémonie [seʀemɔni] *nf* Zeremonie *f*; **cérémonies** *nfpl* (*péj*) Theater *nt*, Umstände *pl*
cerf [sɛʀ] *nm* Hirsch *m*
cerfeuil [sɛʀfœj] *nm* Kerbel *m*
cerf-volant [sɛʀvɔlɑ̃] (*pl* **cerfs-volants**) *nm* Drachen *m*
cerise [s(ə)ʀiz] *nf* Kirsche *f* • **cerisier** *nm* Kirschbaum *m*
cerner [sɛʀne] *vt* umzingeln; (*problème, question*) einkreisen
certain, e [sɛʀtɛ̃, ɛn] *adj* (*sûr*) sicher; (*avec art indéf*) : **un ~ Georges** ein gewisser Georges; **certains** *pron pl* manche • **certainement** *adv* sicher
certes [sɛʀt] *adv* sicherlich
certificat [sɛʀtifika] *nm* Zeugnis *nt*; **~ de fin d'études secondaires** ≈ Abiturzeugnis *nt*; **~ médical** ärztliche Bescheinigung *f* • **certifier** *vt* bestätigen
certitude [sɛʀtityd] *nf* Gewissheit *f*
cerveau, x [sɛʀvo] *nm* Gehirn *nt*
cervelle [sɛʀvɛl] *nf* Gehirn *nt*; (*Culin*) Hirn *nt*; **se creuser la ~** sich *dat* das Hirn zermartern

Cervin [sɛʀvɛ̃] *nm* : **le ~** das Matterhorn
CES [seəɛs] *sigle m (= collège d'enseignement secondaire)* Sekundarstufe I *f*
ces [se] *adj dém voir* **ce**
césarienne [sezaʀjɛn] *nf* Kaiserschnitt *m*
cesse [sɛs] : **sans ~** *adv* unaufhörlich
cesser [sese] *vt* aufhören mit
cessez-le-feu [sesel(ə)fø] *nm inv* Waffenruhe *f*
c'est-à-dire [sɛtadiʀ] *adv* das heißt
cette [sɛt] *adj dém voir* **ce**
ceux [sø] *pron voir* **celui**
cf [seɛf] *abr (= confer)* s
CFC [seɛfse] *nm abr (= chlorofluorocarbone)* FCKW *nt*
chacun, e [ʃakœ̃, yn] *pron* jede(r, s)
chagrin, e [ʃagʀɛ̃, in] *adj* missmutig ▶ *nm* Kummer *m*
chahut [ʃay] *nm (Scol)* Krawall *m* • **chahuter** *vt (professeur)* auf der Nase herumtanzen *+dat* ▶ *vi* Unfug treiben
chaîne [ʃɛn] *nf* Kette *f*; *(Radio, TV)* Programm *nt*; **~ (de fabrication)** Fließband *nt*; **~ (de montage)** Montageband *nt*; **~ stéréo** Stereoanlage *f*
chair [ʃɛʀ] *nf* Fleisch *nt*
chaire [ʃɛʀ] *nf (d'église)* Kanzel *f*
chaise [ʃɛz] *nf* Stuhl *m*; **~ longue** Liegestuhl *m*
châle [ʃal] *nm* Schultertuch *nt*
chalet [ʃalɛ] *nm* Chalet *nt*
chaleur [ʃalœʀ] *nf* Wärme *f*; *(forte)* Hitze *f* • **chaleureux, -euse** *adj* herzlich
challenge [ʃalɑ̃ʒ] *nm* Wettkampf *m*
challenger [ʃalɑ̃ʒœʀ] *nm* Herausforderer *m*
chaloupe [ʃalup] *nf (de sauvetage)* Rettungsboot *nt*
chalumeau, x [ʃalymo] *nm (outil)* Lötlampe *f*
chalut [ʃaly] *nm* Schleppnetz *nt*
chalutier [ʃalytje] *nm* Fischdampfer *m*
chamailler [ʃamaje] : **se ~** *vpr* sich streiten
chambre [ʃɑ̃bʀ] *nf* Zimmer *nt*; **~ à air** Schlauch *m*; **~ à coucher** Schlafzimmer *nt*; **~ à un lit/deux lits** *(à l'hôtel)* Einzelzimmer/ Zweibettzimmer *nt*
chambrer [ʃɑ̃bʀe] *vt (vin)* auf Zimmertemperatur bringen
chameau, x [ʃamo] *nm* Kamel *nt*
chamois [ʃamwa] *nm* Gämse *f*
champ [ʃɑ̃] *nm* Feld *nt*
champagne [ʃɑ̃paɲ] *nm (vin)* Champagner *m*
champignon [ʃɑ̃piɲɔ̃] *nm* Pilz *m*; **~ de couche** *ou* **de Paris** Champignon *m*
champion, ne [ʃɑ̃pjɔ̃, jɔn] *nm/f (Sport)* Champion *m*, Meister(in) *m(f)*; *(d'une cause)* Verfechter(in) *m(f)* • **championnat** *nm* Meisterschaft *f*
chance [ʃɑ̃s] *nf (bonne fortune)* Glück *nt*; *(hasard)* Zufall *m*; **chances** *nfpl* Chancen *pl*; **bonne ~ !** viel Glück!
chanceler [ʃɑ̃s(ə)le] *vi (personne)* wackelig auf den Beinen sein; *(meuble, mur)* wackeln
chancelier [ʃɑ̃səlje] *nm (allemand)* (Bundes)kanzler *m*; *(d'ambassade)* Sekretär *m*
chanceux, -euse [ʃɑ̃sø, øz] *adj* glücklich; **être ~** Glück haben
chandail [ʃɑ̃daj] *nm* dicker Pullover *m*
chandelier [ʃɑ̃dəlje] *nm* (Kerzen)leuchter *m*

C

chandelle [ʃɑ̃dɛl] *nf* Kerze *f*
change [ʃɑ̃ʒ] *nm* (*Comm*) Wechseln *nt*; **le contrôle des ~s** die Devisenkontrolle *f*
changement [ʃɑ̃ʒmɑ̃] *nm* Änderung *f*; **~ climatique** Klimawandel *m*
changer [ʃɑ̃ʒe] *vt* wechseln ▶ *vi* sich ändern; **se changer** *vpr* sich umziehen; **~ de place avec qn** mit jdm den Platz tauschen; **~ de vitesse** (*Auto*) schalten; **~ (de train)** umsteigen
chanson [ʃɑ̃sɔ̃] *nf* Lied *nt*
chant [ʃɑ̃] *nm* (*chanson*) Lied *nt*
chantage [ʃɑ̃taʒ] *nm* Erpressung *f*
chanter [ʃɑ̃te] *vt* singen
chanterelle [ʃɑ̃tʀɛl] *nf* Pfifferling *m*
chanteur, -euse [ʃɑ̃tœʀ, øz] *nm/f* Sänger(in) *m(f)*
chantier [ʃɑ̃tje] *nm* Baustelle *f*; **~ naval** Werft *f*
chantilly [ʃɑ̃tiji] *nf*: **(crème) ~** Schlagsahne *f*
chanvre [ʃɑ̃vʀ] *nm* Hanf *m*
chaos [kao] *nm* Chaos *nt*
chaotique [kaɔtik] *adj* chaotisch
chapeau, x [ʃapo] *nm* Hut *m*
chapelet [ʃaplɛ] *nm* Rosenkranz *m*
chapelle [ʃapɛl] *nf* Kapelle *f*
chapelure [ʃaplyʀ] *nf* Paniermehl *nt*
chapiteau, x [ʃapito] *nm* (*Archit*) Kapitell *nt*; (*de cirque*) (Zirkus)zelt *nt*
chapitre [ʃapitʀ] *nm* Kapitel *nt*; (*fig*) Thema *nt*
chaque [ʃak] *adj* jede(r, s)
char [ʃaʀ] *nm* Wagen *m*; (*aussi* : **char d'assaut**) Panzer *m*
charabia [ʃaʀabja] *nm* Kauderwelsch *nt*
charbon [ʃaʀbɔ̃] *nm* Kohle *f*
charcuterie [ʃaʀkytʀi] *nf* (*magasin*) (Schweine)metzgerei *f*; (*produits*) Wurstwaren *pl*
• **charcutier, -ière** *nm/f* Schweinemetzger(in) *m(f)*; (*traiteur*) Delikatessenhändler(in) *m(f)*
chardon [ʃaʀdɔ̃] *nm* Distel *f*
charge [ʃaʀʒ] *nf* (*fardeau*) Last *f*; (*Élec*) Ladung *f*; (*rôle, mission*) Aufgabe *f* • **chargement** *nm* Ladung *f* • **charger** *vt* beladen; (*fusil, batterie*) laden; **se charger** *vpr* : **se ~ de** sich kümmern um; **~ qn de qch/faire qch** jdn mit etw beauftragen/jdn beauftragen, etw zu tun • **chargeur** *nm* (*d'arme à feu*) Magazin *nt*; (*Photo*) Kassette *f*; **~ de batterie** Ladegerät *nt*
chariot [ʃaʀjo] *nm* Wagen *m*; (*table roulante*) Teewagen *m*; (*à bagages*) Kofferkuli *m*; (*à provisions*) Einkaufswagen; (*charrette*) Karren *m*
charisme [kaʀism] *nm* Charisma *nt*
charitable [ʃaʀitabl] *adj* karitativ, wohltätig
charité [ʃaʀite] *nf* (*vertu*) Nächstenliebe *f*; **faire la ~ à qn** jdm ein Almosen geben; **fête/vente de ~** Wohltätigkeitsveranstaltung *f*/-basar *m*
charlotte [ʃaʀlɔt] *nf* Charlotte *f*
charmant, e [ʃaʀmɑ̃, ɑ̃t] *adj* charmant
charme [ʃaʀm] *nm* (*d'une personne*) Charme *m*; (*d'un endroit, d'une activité*) Reiz *m*; (*envoûtement*) Anziehungskraft *f*; **faire du ~ à qn** mit jdm flirten • **charmer** *vt* bezaubern • **charmeur, -euse** *adj* (*sourire, manières*) verführerisch ▶ *nm/f* Charmeur *m*
charnière [ʃaʀnjɛʀ] *nf* (*de porte*) Türangel *f*
charnu, e [ʃaʀny] *adj* fleischig
charogne [ʃaʀɔɲ] *nf* Aas *nt*

charpente [ʃaʀpɑ̃t] *nf* Gerüst *nt*
charpentier [ʃaʀpɑ̃tje] *nm* Zimmermann *m*
charrette [ʃaʀɛt] *nf* Karren *m*
charrier [ʃaʀje] *vt* (*suj : camion*) transportieren; (: *fleuve etc*) mit sich führen; (*fam*) verspotten ▸ *vi* (*fam*) wild übertreiben
charrue [ʃaʀy] *nf* Pflug *m*
charte [ʃaʀt] *nf* Charta *f*; **C~ internationale des droits de l'homme** Internationale Charta der Menschenrechte
charter [ʃaʀtɛʀ] *nm* (*vol*) Charterflug *m*; (*avion*) Charterflugzeug *nt*
chas [ʃɑ] *nm* Öhr *nt*
chasse [ʃas] *nf* Jagd *f*; (*aussi :* **chasse d'eau**) (Wasser)spülung *f* • **chasse-neige** *nm inv* Schneepflug *m* • **chasser** *vt* jagen • **chasseur, -euse** *nm/f* Jäger(in) *m(f)*
châssis [ʃɑsi] *nm* (*de voiture*) Chassis *nt*
chaste [ʃast] *adj* keusch
chasuble [ʃazybl] *nf* (*Rel*) Messgewand *nt*
chat¹ [ʃa] *nm* Katze *f*
chat² [tʃat] *nm* (*Inform*) Chat *m*
châtaigne [ʃɑtɛɲ] *nf* Kastanie *f*
châtain [ʃɑtɛ̃] *adj inv* kastanienbraun
château, x [ʃɑto] *nm* Schloss *nt*; (*forteresse*) Burg *f*; **~ fort** Festung *f*
châtiment [ʃɑtimɑ̃] *nm* Bestrafung *f*
chaton [ʃatɔ̃] *nm* Kätzchen *nt*; (*de bague*) Fassung *f*
chatouiller [ʃatuje] *vt* kitzeln
chatouilleux, -euse [ʃatujø, øz] *adj* kitzelig; (*susceptible*) empfindlich
chatte [ʃat] *nf* Katze *f*
chatter [tʃate] *vi* chatten
chaud, e [ʃo, ʃod] *adj* warm; (*très chaud*) heiß; **il fait ~** es ist warm/heiß; **j'ai ~** mir ist warm
chaudron [ʃodʀɔ̃] *nm* großer Kessel *m*
chauffage [ʃofaʒ] *nm* (*appareils*) Heizung *f*; **~ au gaz** Gasheizung *f*; **~ central** Zentralheizung *f*; **~ électrique** Elektroheizung *f*
chauffard [ʃofaʀ] (*péj*) *nm* Verkehrsrowdy *m*
chauffe-eau [ʃofo] *nm inv* Heißwasserbereiter *m*
chauffer [ʃofe] *vt* (*appartement*) heizen; (*eau*) erhitzen ▸ *vi* sich erwärmen; (*moteur*) sich überhitzen, heiß laufen
chauffeur, -euse [ʃofœʀ, øz] *nm/f* Fahrer(in) *m(f)*; **~ de taxi** Taxifahrer
chaume [ʃom] *nm* (*du toit*) Stroh *nt*; (*tiges*) Stoppeln *pl*
chaussée [ʃose] *nf* Fahrbahn *f*
chausser [ʃose] *vt* (*bottes, skis*) anziehen; (*enfant*) die Schuhe anziehen +*dat*; **~ du 38/42** Schuhgröße 38/42 haben
chaussette [ʃosɛt] *nf* Socke *f*
chausson [ʃosɔ̃] *nm* Hausschuh *m*; **~ (aux pommes)** Apfeltasche *f*
chaussure [ʃosyʀ] *nf* Schuh *m*
chauve [ʃov] *adj* kahl(köpfig) • **chauve-souris** (*pl* **chauves-souris**) *nf* Fledermaus *f*
chauvin, e [ʃovɛ̃, in] *adj* chauvinistisch (*nationalistisch*)
chaux [ʃo] *nf* Kalk *m*
chef [ʃɛf] *nm* (*patron*) Chef(in) *m(f)*; (*d'armée, parti, groupe*) Führer(in) *m(f)*; (*de cuisine*) Koch *m*, Köchin *f*; **~ d'orchestre** Dirigent(in) *m(f)*
chef-d'œuvre [ʃɛdœvʀ] (*pl* **chefs-d'œuvre**) *nm* Meisterwerk *nt*
chef-lieu [ʃɛfljø] (*pl* **chefs-lieux**) *nm* (*Admin*) ≈ Kreisstadt *f*, *Hauptstadt eines französischen Departements*

chemin [ʃ(ə)mɛ̃] *nm* Weg *m*; **en ~** unterwegs; **~(s) de fer** Eisenbahn *f*
cheminée [ʃ(ə)mine] *nf* (*sur le toit*) Schornstein *m*; (*à l'intérieur*) Kamin *m*
cheminer [ʃ(ə)mine] *vi* (*personne*) gehen
cheminot [ʃ(ə)mino] *nm* Eisenbahner *m*
chemise [ʃ(ə)miz] *nf* Hemd *nt* • **chemisier** *nm* Bluse *f*
chenal, -aux [ʃənal, o] *nm* Kanal *m*
chêne [ʃɛn] *nm* Eiche *f*
chenille [ʃ(ə)nij] *nf* Raupe *f*; (*de char, chasse-neige*) (Raupen)kette *f*
chèque [ʃɛk] *nm* Scheck *m*; **~ barré** Verrechnungsscheck; **~ de voyage** Reisescheck *m*; **~ sans provision** ungedeckter Scheck • **chèque-cadeau** (*pl* **chèques-cadeaux**) *nm* Geschenkgutschein *m* • **chèque-repas** (*pl* **chèques-repas**) *nm*, **chèque-restaurant** (*pl* **chèques-restaurant**) ▶ *nm* Essensbon *m* • **chéquier** *nm* Scheckbuch *nt*
cher, chère [ʃɛʀ] *adj* (*aimé*) lieb; (*coûteux*) teuer ▶ *adv* : **coûter/payer ~** teuer sein/bezahlen
chercher [ʃɛʀʃe] *vt* suchen; **aller ~** holen • **chercheur, -euse** *nm/f* (*scientifique*) Forscher(in) *m(f)*
chéri, e [ʃeʀi] *adj* geliebt; **(mon) ~** Liebling *m*
cheval [ʃ(ə)val] (*pl* **chevaux**) *nm* Pferd *nt*; **faire du ~** reiten
chevalet [ʃ(ə)valɛ] *nm* Staffelei *f*
chevalier [ʃ(ə)valje] *nm* Ritter *m*
chevalin, e [ʃ(ə)valɛ̃, in] *adj* : **boucherie ~e** Pferdemetzgerei *f*
chevaucher [ʃ(ə)voʃe] *vi* (*aussi* : **se chevaucher**) sich überlappen ▶ *vt* (rittlings) sitzen auf +*dat*
chevelu, e [ʃəv(ə)ly] *adj* haarig • **chevelure** *nf* Haar *nt*
chevet [ʃ(ə)vɛ] *nm* : **au ~ de qn** an jds Bett *dat*; **table de ~** Nachttischchen *nt*
cheveu, x [ʃ(ə)vø] *nm* Haar *nt*
cheville [ʃ(ə)vij] *nf* (*Anat*) Knöchel *m*; (*de bois*) Stift *m*
chèvre [ʃɛvʀ] *nf* Ziege *f* ▶ *nm* (*fromage*) Ziegenkäse *m*
chevreuil [ʃəvʀœj] *nm* Reh *nt*
chewing-gum [ʃwiŋgɔm] (*pl* **chewing-gums**) *nm* Kaugummi *m ou nt*
chez [ʃe] *prép* bei; **~ moi/toi** bei mir/dir (zu Hause); (*direction*) zu mir/dir (nach Hause) • **chez-soi** *nm inv* Zuhause *nt*
chiant, e [ʃjɑ̃, ʃjɑ̃t] (*fam !*) *adj* beschissen (*fam !*)
chic [ʃik] *adj inv* (*élégant*) chic; (*généreux*) anständig ▶ *nm* (*élégance*) Schick *m*; **avoir le ~ pour faire qch** (ein) Talent haben, etw zu tun; **~ !** toll!
chiche [ʃiʃ] *adj* knauserig; **~ !** wetten, dass?
chichis [ʃiʃi] *nmpl* : **faire des ~** viel Theater machen
chicorée [ʃikɔʀe] *nf* (*café*) Zichorienkaffee *m*
chien [ʃjɛ̃] *nm* Hund *m*
chiffon [ʃifɔ̃] *nm* Lappen *m*
chiffonner [ʃifɔne] *vt* zerknittern
chiffre [ʃifʀ] *nm* (*représentant un nombre, d'un code*) Ziffer *f*; (*montant, total*) Summe *f*; **~ d'affaires** Umsatz *m* • **chiffrer** *vt* (*dépense*) beziffern; (*message*) verschlüsseln
chignon [ʃiɲɔ̃] *nm* Knoten *m*
chiite [ʃiit] *adj* schiitisch
Chili [ʃili] *nm* : **le ~** Chile *nt* • **chilien, ne** *adj* chilenisch
chimie [ʃimi] *nf* Chemie *f*

chimio [ʃimjo], **chimiothérapie** [ʃimjoteʀapi] *nf* Chemotherapie *f* •**chimique** *adj* chemisch •**chimiste** *nmf* Chemiker(in) *m(f)*
chimpanzé [ʃɛ̃pɑ̃ze] *nm* Schimpanse *m*
Chine [ʃin] *nf* : **la ~** China *nt* •**chinois, e** *adj* chinesisch ▶ *nm/f* : **C~, e** Chinese *m*, Chinesin *f*
chips [ʃips] *nfpl* (*aussi* : **pommes chips**) Chips *pl*
chirurgical, e, -aux [ʃiʀyʀʒikal, o] *adj* chirurgisch •**chirurgie** *nf* Chirurgie *f* •**chirurgien, ne** *nm/f* Chirurg(in) *m(f)*
chlore [klɔʀ] *nm* Chlor *nt*
choc [ʃɔk] *nm* Stoß *m*; (*moral*) Schock *m*; **troupe de ~** Kampftruppe *f*
chocolat [ʃɔkɔla] *nm* Schokolade *f*; **~ au lait** Milchschokolade *f*
chœur [kœʀ] *nm* Chor *m*
choisir [ʃwaziʀ] *vt* auswählen
choix [ʃwa] *nm* Wahl *f*; **avoir le ~** die Wahl haben
cholestérol [kɔlɛsteʀɔl] *nm* Cholesterin *nt*
chômage [ʃomaʒ] *nm* Arbeitslosigkeit *f*; **être au ~** arbeitslos sein •**chômeur, -euse** *nm/f* Arbeitslose(r) *f(m)*
chope [ʃɔp] *nf* (*verre*) Schoppenglas *nt*
choquant, e [ʃɔkɑ̃, ɑ̃t] *adj* schockierend •**choquer** *vt* schockieren; (*commotionner*) erschüttern
chorégraphie [kɔʀegʀafi] *nf* Choreografie *f*
choriste [kɔʀist] *nmf* Chorsänger(in) *m(f)*
chose [ʃoz] *nf* Ding *nt*; (*sujet, matière*) Sache *f*
chou, x [ʃu] *nm* Kohl *m*; **mon petit ~** mein Süßer *m*, meine Süße *f*; **~ (à la crème)** Windbeutel *m*; **~ de Bruxelles** Rosenkohl *m*
chouchou, te [ʃuʃu, ut] (*fam*) *nm/f* (*Scol*) Liebling *m*
choucroute [ʃukʀut] *nf* Sauerkraut *nt*
chouette [ʃwɛt] *nf* Eule *f* ▶ *adj* (*fam*) : **~ !** toll!
chou-fleur [ʃuflœʀ] (*pl* **choux-fleurs**) *nm* Blumenkohl *m*
chou-rave [ʃuʀav] (*pl* **choux-raves**) *nm* Kohlrabi *m*
choyer [ʃwaje] *vt* verwöhnen
chrétien, ne [kʀetjɛ̃, jɛn] *adj* christlich ▶ *nm/f* Christ(in) *m(f)*
Christ [kʀist] *nm* : **le ~** Christus *m* •**christianisme** *nm* Christentum *nt*
chrome [kʀom] *nm* Chrom *nt*
chromosome [kʀomozom] *nm* Chromosom *nt*
chronique [kʀɔnik] *adj* chronisch
chrono [kʀɔno] *nm* = **chronomètre**
chronologie [kʀɔnɔlɔʒi] *nf* Chronologie *f*, zeitliche Reihenfolge •**chronologique** *adj* chronologisch
chronomètre *nm* Stoppuhr *f*
chrysalide [kʀizalid] *nf* Puppe *f*
CHU [seaʃy] *sigle m* (= *centre hospitalo-universitaire*) Universitätsklinik *f*
chuchoter [ʃyʃɔte] *vt, vi* flüstern
chut [ʃyt] *excl* pst
chute [ʃyt] *nf* Sturz *m*; **la ~ des cheveux** der Haarausfall; **~s de neige** Schneefall *m*; **~s de pluie** Regenfall *m*
Chypre [ʃipʀ] *n* Zypern *nt*
ci-après [siapʀɛ] *adv* im Folgenden
cibiste [sibist] *nm* CB-Funker(in) *m(f)*
cible [sibl] *nf* Zielscheibe *f*
ciboulette [sibulɛt] *nf* Schnittlauch *m*

cicatrice [sikatʀis] *nf* Narbe *f* • **cicatriser**: **se cicatriser** *vpr* (ver)heilen
ci-contre [sikɔ̃tʀ] *adv* gegenüber • **ci-dessous** *adv* unten • **ci-dessus** *adv* oben
cidre [sidʀ] *nm* Apfelwein *m*
Cie *abr* (= *compagnie*) Co
ciel [sjɛl] (*pl* **ciels** *ou* (*litt*) **cieux**) *nm* Himmel *m*
cierge [sjɛʀʒ] *nm* Kerze *f*
cigale [sigal] *nf* Zikade *f*
cigare [sigaʀ] *nm* Zigarre *f*
cigarette [sigaʀɛt] *nf* Zigarette *f*; **~ électronique** E-Zigarette *f*
cigogne [sigɔɲ] *nf* Storch *m*
ci-joint, e [siʒwɛ̃, ɛ̃t] *adj, adv* beiliegend
cil [sil] *nm* (Augen)wimper *f*
cime [sim] *nf* (*d'arbre*) Wipfel *m*; (*de montagne*) Gipfel *m*
ciment [simɑ̃] *nm* Zement *m*; **~ armé** Stahlbeton *m*
cimetière [simtjɛʀ] *nm* Friedhof *m*
cinéaste [sineast] *nmf* Filmemacher(in) *m(f)*
cinéma [sinema] *nm* (*salle*) Kino *nt*; (*Art*) Film *m*
cinq [sɛ̃k] *num* fünf • **cinquantaine** *nf*: **une ~ (de)** etwa fünfzig • **cinquante** *num* fünfzig • **cinquième** *num* fünfte(r, s) ▶ *nm* Fünftel *nt*
cintre [sɛ̃tʀ] *nm* Kleiderbügel *m*
cirage [siʀaʒ] *nm* Schuhcreme *f*
circoncision [siʀkɔ̃sizjɔ̃] *nf* Beschneidung *f*
circonférence [siʀkɔ̃feʀɑ̃s] *nf* Umfang *m*
circonflexe [siʀkɔ̃flɛks] *adj*: **accent ~** Zirkumflex *m*
circonscription [siʀkɔ̃skʀipsjɔ̃] *nf*: **~ électorale** Wahlkreis *m* • **circonscrire** *vt* (*incendie*) eindämmen; (*propriété*) abstecken
circonstance [siʀkɔ̃stɑ̃s] *nf* Umstand *m*
circuit [siʀkɥi] *nm* (*trajet*) Rundgang *m*; (*Élec*) Stromkreis *m*
circulaire [siʀkylɛʀ] *adj* kreisförmig ▶ *nf* Rundschreiben *nt*
circulation [siʀkylasjɔ̃] *nf* (*Auto*) Verkehr *m*; (*Méd*) Kreislauf *m*
circuler [siʀkyle] *vi* (*personne*) (herum)gehen; (*voiture*) fahren; (*devises, capitaux*) im Umlauf sein
cire [siʀ] *nf* Wachs *nt* • **ciré, e** *adj* (*parquet*) gewachst ▶ *nm* (*vêtement*) Ölzeug *nt* • **cirer** *vt* (*parquet*) wachsen; (*chaussures*) putzen
cirque [siʀk] *nm* Zirkus *m*
cirrhose [siʀoz] *nf*: **~ du foie** Leberzirrhose *f*
ciseau, x [sizo] *nm*: **~ (à bois)** Meißel *m*; **ciseaux** *nmpl* Schere *f*
citadelle [sitadɛl] *nf* Zitadelle *f*
citadin, e [sitadɛ̃, in] *nm/f* Städter(in) *m(f)*
citation [sitasjɔ̃] *nf* (*d'auteur*) Zitat *nt*; (*Jur*) Vorladung *f*
cité [site] *nf* (*ville*) Stadt *f*; **~ universitaire** Studentenviertel *nt* • **cité-dortoir** (*pl* **cités-dortoirs**) *nf* Schlafstadt *f*
citer [site] *vt* (*se référer à*) zitieren; (*Jur*) vorladen
citerne [sitɛʀn] *nf* Zisterne *f*
citoyen, ne [sitwajɛ̃, jɛn] *nm/f* Bürger(in) *m(f)*
citron [sitʀɔ̃] *nm* Zitrone *f*
citronnelle [sitʀɔnɛl] *nf* Zitronenmelisse *f*
citronnier [sitʀɔnje] *nm* Zitronenbaum *m*
citrouille [sitʀuj] *nf* Kürbis *m*
civet [sivɛ] *nm* Wildragout mit Wein
civière [sivjɛʀ] *nf* Bahre *f*
civil, e [sivil] *adj* (staats)bürgerlich; (*Jur*) Zivil- ▶ *nm* (*personne*) Zivilist(in) *m(f)*;

mariage ~ standesamtliche Trauung *f*; **enterrement ~** nicht kirchliche Bestattung *f*
civilisation [sivilizasjɔ̃] *nf* Zivilisation *f*
civilisé, e [sivilize] *adj* zivilisiert
civique [sivik] *adj* staatsbürgerlich; **instruction ~** Staatsbürgerkunde *f*
civisme [sivism] *nm* vorbildliches staatsbürgerliches Verhalten *nt*
clair, e [klɛʀ] *adj* hell; (*fig*) klar ▶ *nm* : **~ de lune** Mondschein *m*; **bleu ~** hellblau
clairière [klɛʀjɛʀ] *nf* Lichtung *f*
clandestin, e [klɑ̃dɛstɛ̃, in] *adj* heimlich; (*commerce*) Schwarz-; **passager ~** blinder Passagier *m*
claque [klak] *nf* (*gifle*) Klaps *m*, Schlag *m*
claquer [klake] *vi, vt* (*porte*) zuschlagen
clarifier [klaʀifje] *vt* (*fig*) klären
clarinette [klaʀinɛt] *nf* Klarinette *f*
clarté [klaʀte] *nf* Helligkeit *f*; (*netteté*) Klarheit *f*
classe [klɑs] *nf* Klasse *f*; **~ affaires** (*Aviat*) Businessclass *f*; **~ économique** (*Aviat*) Economyclass *f*
classement [klɑsmɑ̃] *nm* (*action*) Einteilung *f*; (*rang*) Einstufung *f* • **classer** *vt* (ein)ordnen; (*candidat, concurrent*) einstufen
classeur [klɑsœʀ] *nm* (*cahier*) Aktenordner *m*; (*meuble*) Aktenschrank *m*
classique [klasik] *adj* klassisch; (*habituel*) üblich
clause [kloz] *nf* Klausel *f*
clavecin [klav(ə)sɛ̃] *nm* Cembalo *nt*
clavicule [klavikyl] *nf* Schlüsselbein *nt*
clavier [klavje] *nm* (*de piano*) Klaviatur *f*; (*de machine*) Tastatur *f*
clé, clef [kle] *nf* Schlüssel *m*; (*de boîte de conserves*) Öffner *m*; (*de mécanicien*) Schraubenschlüssel; **~ d'accès** (*Inform*) Passwort *nt*; **clef anglaise** *ou* **à molette** Engländer *m*; **clef de contact** Zündschlüssel; **~ en croix** Kreuzschlüssel *m*; **clef USB** USB-Stick *m*
clerc [klɛʀ] *nm* : **~ de notaire** Notariatsangestellte(r) *f(m)*
clergé [klɛʀʒe] *nm* Klerus *m*
clic [klik] *nm* Klick *m*
clic-clac® [klikklak] *nm inv* Bettcouch *f*
cliché [kliʃe] *nm* Klischee *nt*; (*Photo*) Negativ *nt*
client, e [klijɑ̃, klijɑ̃t] *nm/f* (*d'un magasin, restaurant*) Kunde *m*, Kundin *f*; (*de médecin*) Patient(in) *m(f)* • **clientèle** *nf* Kundschaft *f*; (*de médecin, d'avocat*) Klientel *f*
cligner [kliɲe] *vi* : **~ des yeux** blinzeln
clignotant, e [kliɲɔtɑ̃, ɑ̃t] *adj* Blink- ▶ *nm* (*Auto*) Blinker *m*
clignoter [kliɲɔte] *vi* (*lumière*) blinken; (*yeux*) zwinkern
climat [klima] *nm* Klima *nt* • **climatique** *adj* klimatisch, Klima- • **climatisation** *nf* Klimaanlage *f* • **climatisé, e** *adj* mit Klimaanlage
clin d'œil [klɛ̃dœj] *nm* (Augen)zwinkern *nt*; **en un ~** im Nu
clinique [klinik] *nf* Klinik *f*
clip [klip] *nm* Videoclip *m*
cliquer [klike] *vi* (*Inform*) klicken; **~ deux fois** doppelklicken
clitoris [klitɔʀis] *nm* Klitoris *f*
clivage [klivaʒ] *nm* Kluft *f*
clochard, e [klɔʃaʀ, aʀd] *nm/f* Penner(in) *m(f)*

cloche [klɔʃ] *nf* Glocke *f* • **cloche-pied**; **à ~** *adv* auf einem Bein hüpfend • **clocher** *nm* Kirchturm *m*
clochette [klɔʃɛt] *nf* Glöckchen *nt*
cloison [klwazɔ̃] *nf* Trennwand *f*
clonage [klonaʒ] *nm* Klonen *nt* • **clone** *nm* Klon *m*
clope [klɔp] (*fam*) *nf* Fluppe *f*
cloque [klɔk] *nf* Blase *f*
clore [klɔʀ] *vt* abschließen
clos, e [klo, kloz] *adj* geschlossen; (*fini*) beendet
clôture [klotyʀ] *nf* (*barrière*) Zaun *m*; (*d'un festival, d'une manifestation*) Abschluss *m*
clou [klu] *nm* Nagel *m*; **clous** *nmpl* (*passage clouté*) Zebrastreifen *m* • **clouer** *vt* nageln; (*immobiliser*) festnageln
clown [klun] *nm* Clown *m*
club [klœb] *nm* Klub *m*
cm *abr* (= *centimètre*) cm
CMU [seɛmy] *nf abr* (= *couverture maladie universelle*) *kostenlose medizinische Versorgung für sozial Schwache*
CNRS [seɛnɛʀɛs] *sigle m* (= *Centre national de la recherche scientifique*) ≈ Wissenschaftsrat *m*
coaguler [kɔagyle] *vi* (*aussi* : **se coaguler**) gerinnen
coalition [kɔalisjɔ̃] *nf* Koalition *f*
cobalt [kɔbalt] *nm* Kobalt *nt*
cobaye [kɔbaj] *nm* Meerschweinchen *nt*; (*fig*) Versuchskaninchen *nt*
coca® [kɔka] *nm* Cola *f*
cocaïne [kɔkain] *nf* Kokain *nt*
cocasse [kɔkas] *adj* komisch, spaßig
coccinelle [kɔksinɛl] *nf* Marienkäfer *m*
cocher [kɔʃe] *nm* Kutscher *m* ▶ *vt* abhaken; (*marquer d'une croix*) ankreuzen
cochon, ne [kɔʃɔ̃, ɔn] *adj* schweinisch ▶ *nm* Schwein *nt* • **cochonnerie** (*fam*) *nf* (*saleté, grivoiserie*) Schweinerei *f* • **cochonnet** *nm* Zielkugel *f*
cocktail [kɔktɛl] *nm* Cocktail *m*
coco [kɔko] *nm voir* **noix**; (*fam*) Typ *m*
cocooning [kɔkuniŋ] *nm* Cocooning *nt* (*neue Häuslichkeit*)
cocorico [kɔkɔʀiko] *excl* kikeriki
cocotier [kɔkɔtje] *nm* Kokospalme *f*
cocotte [kɔkɔt] *nf* (*en fonte*) Kasserolle *f*; **~ (minute)®** Schnellkochtopf *m*
cocu, e [kɔky] *adj* gehörnt ▶ *nm* betrogener Ehemann *m*
code [kɔd] *nm* (*Jur*) Gesetzbuch *nt*; (*conventions*) Kodex *m*; (*Auto*) : **phares ~(s)** Abblendlicht; **~ (à) barres** Balkencode *m*; **~ civil** bürgerliches Gesetzbuch *nt*; **~ pénal** Strafgesetzbuch *nt*; **~ postal** Postleitzahl *f*; **~ de la route** Straßenverkehrsordnung *f*; **~ secret** Geheimcode *m*
codéine [kɔdein] *nf* Codein *nt*
coder [kɔde] *vt* codieren
coefficient [kɔefisjɑ̃] *nm* Koeffizient *m*
cœur [kœʀ] *nm* Herz *nt*; **j'ai mal au ~** mir ist schlecht; **par ~** auswendig
coffre [kɔfʀ] *nm* (*meuble*) Truhe *f*; (*d'auto*) Kofferraum *m*; **avoir du ~** (*fam*) gut bei Puste sein • **coffre-fort** (*pl* **coffres-forts**) *nm* Tresor *m* • **coffret** *nm* Schatulle *f*
cogner [kɔɲe] *vi* schlagen; **~ sur un clou** auf einen Nagel schlagen *ou* hämmern; **~ à la porte/fenêtre** an die Tür/das Fenster klopfen
cohabitation [kɔabitasjɔ̃] *nf* Zusammenleben *nt* • **cohabiter** *vi* zusammenleben

cohérence [kɔeʀɑ̃s] *nf* Zusammenhang *m* • **cohérent, e** *adj* zusammenhängend
coiffe [kwaf] *nf* Haube *f* • **coiffé, e** *adj* : **bien ~** frisiert; **mal ~** unfrisiert • **coiffer** *vt* frisieren; **se coiffer** *vpr* (*se peigner*) sich frisieren • **coiffeur, -euse** *nm/f* Friseur *m*, Friseuse *f* ▶ *nf* (*table*) Frisiertisch *m* • **coiffure** *nf* Frisur *f*
coin [kwɛ̃] *nm* Ecke *f*; (*pour caler, fendre le bois*) Keil *m*
coincé, e [kwɛ̃se] *adj* verklemmt
coincer [kwɛ̃se] *vt* einklemmen
coïncidence [kɔɛ̃sidɑ̃s] *nf* Zufall *m* • **coïncider** *vi* übereinstimmen; **~ avec** zusammenfallen mit
coing [kwɛ̃] *nm* Quitte *f*
coke¹ [kɔk] *nm* Koks *m*
coke² [kɔk] (*fam*) *nf* (*cocaïne*) Koks *m*
col [kɔl] *nm* Kragen *m*; (*encolure, de bouteille*) Hals *m*; (*de montagne*) Pass *m*
colère [kɔlɛʀ] *nf* Wut *f*; **mettre qn en ~** jdn wütend machen; **se mettre en ~** wütend werden
colin [kɔlɛ̃] *nm* Seehecht *m*
colique [kɔlik] *nf* Kolik *f*
colis [kɔli] *nm* Paket *nt*
collaborateur, -trice [kɔ(l)labɔʀatœʀ, tʀis] *nm/f* Mitarbeiter(in) *m(f)*; (*Pol : péj*) Kollaborateur(in) *m(f)* • **collaboration** *nf* Mitarbeit *f*; (*Pol : péj*) Kollaboration *f*; **en ~ avec** in Zusammenarbeit mit • **collaborer** *vi* zusammenarbeiten
collant, e [kɔlɑ̃, ɑ̃t] *adj* klebrig; (*robe etc*) hauteng ▶ *nm* (*bas*) Strumpfhose *f*; (*de danseur*) Trikot *nt*
collation [kɔlasjɔ̃] *nf* Imbiss *m*
colle [kɔl] *nf* Klebstoff *m*
collecte [kɔlɛkt] *nf* Sammlung *f*
collectif, -ive [kɔlɛktif, iv] *adj* Kollektiv-; (*nom, terme*) Sammel-
collection [kɔlɛksjɔ̃] *nf* Sammlung *f*; (*de mode*) Kollektion *f* • **collectionner** *vt* sammeln • **collectionneur, -euse** *nm/f* Sammler(in) *m(f)*
collectivité [kɔlɛktivite] *nf* Gemeinschaft *f*
collège [kɔlɛʒ] *nm* (*école*) höhere Schule *f*; (*assemblée*) Kollegium *nt*
collègue [kɔ(l)lɛg] *nmf* Kollege *m*, Kollegin *f*
coller [kɔle] *vt* kleben
collier [kɔlje] *nm* (*bijou*) (Hals)kette *f*
colline [kɔlin] *nf* Hügel *m*
collision [kɔlizjɔ̃] *nf* (*de véhicules*) Zusammenstoß *m*; **entrer en ~ (avec qch)** (mit etw) zusammenstoßen
colo [kɔlɔ] *nf abr* (= *colonie de vacances*) Ferienlager *nt*
colocataire [kolɔkatɛʀ] *nmf* Mitbewohner(in) *m(f)*
Cologne [kɔlɔɲ] Köln *nt*
colombage [kɔlɔ̃baʒ] *nm* Fachwerk *nt*
colombe [kɔlɔ̃b] *nf* Taube *f*
Colombie [kɔlɔ̃bi] *nf* : **la ~** Kolumbien *nt*
colonel [kɔlɔnɛl] *nm* Oberst *m*
colonie [kɔlɔni] *nf* Kolonie *f*; **~ (de vacances)** Ferienkolonie *f*
colonne [kɔlɔn] *nf* Säule *f*; (*sur une page*) Spalte *f*; **~ (vertébrale)** Wirbelsäule *f*
colorant, e [kɔlɔʀɑ̃, ɑ̃t] *adj* (*shampooing*) Färbe-, Tönungs- ▶ *nm* (*alimentaire*) Farbstoff *m* • **colorer** *vt* färben • **coloris** *nm* Farbe *f*
colporter [kɔlpɔʀte] *vt* (*marchandises*) hausieren mit; (*nouvelle*) verbreiten

C

colza [kɔlza] *nm* Raps *m*
coma [kɔma] *nm* Koma *nt*
combat [kɔ̃ba] *nm* Kampf *m* • **combattant, e** *adj* kämpfend ▶ *nm* Kämpfer *m*; **ancien ~** Kriegsveteran *m* • **combattre** *vt* bekämpfen
combien [kɔ̃bjɛ̃] *adv* (*interrogatif*: *quantité*) wie viel; (: *nombre*) wie viele; (*exclamatif*) wie; **~ d'argent/de personnes** wie viel Geld/wie viele Personen; **~ coûte/pèse ceci ?** wie viel kostet/wiegt das?
combinaison [kɔ̃binɛzɔ̃] *nf* Zusammenstellung *f*; (*de femme*) Unterrock *m*; (*spatiale, d'homme-grenouille*) Anzug *m*
combine [kɔ̃bin] *nf* Trick *m*
combiné [kɔ̃bine] *nm* (*téléphonique*) Hörer *m*
combiner [kɔ̃bine] *vt* kombinieren, zusammenstellen
comble [kɔ̃bl] *adj* brechend voll ▶ *nm* (*du bonheur, plaisir*) Höhepunkt *m*; **combles** *nmpl* Dachboden *m*; **c'est le ~ !** das ist wirklich der Gipfel *ou* die Höhe!; **de fond en ~** von oben bis unten • **combler** *vt* (*fig* : *lacune, déficit*) ausgleichen; (*désirs, personne*) zufriedenstellen
combustible [kɔ̃bystibl] *nm* Brennstoff *m*
combustion [kɔ̃bystjɔ̃] *nf* Verbrennung *f*
comédie [kɔmedi] *nf* Komödie *f*; (*fig*) Theater *nt*
comédien, ne [kɔmedjɛ̃, jɛn] *nm/f* Schauspieler(in) *m(f)*
comestible [kɔmɛstibl] *adj* essbar, genießbar
comète [kɔmɛt] *nf* Komet *m*
comique [kɔmik] *adj* komisch ▶ *nm* (*artiste*) Komiker(in) *m(f)*
comité [kɔmite] *nm* Komitee *nt*; **~ d'entreprise** Betriebsrat *m*; **~ d'experts** Sachverständigengremium *nt*; **~ des fêtes** Festausschuss *m*; **~ directeur** Leitungsteam *nt*
commandant [kɔmɑ̃dɑ̃] *nm* (*Mil*) Kommandant *m*; **~ (de bord)** (*Aviat*) Kapitän *m*
commande [kɔmɑ̃d] *nf* (*Comm*) Bestellung *f*; (*Inform*) Befehl *m*; **commandes** *nfpl* (*de voiture, d'avion*) Steuerung *f*
commandement [kɔmɑ̃dmɑ̃] *nm* (*ordre*) Befehl *m*; (*Rel*) Gebot *nt*
commander [kɔmɑ̃de] *vt* (*Comm*) bestellen
commanditaire [kɔmɑ̃ditɛʀ] *nm* stiller Teilhaber *m*

MOT-CLÉ

comme [kɔm] *prép* **1** wie; **~ mon père** wie mein Vater; **joli/bête ~ tout** unheimlich hübsch/dumm; **~ ça** so; **faites(-le) ~ ça** machen Sie es so; **~ ci, ~ ça** so, lala; **ce n'est pas ~ ça qu'on va réussir** so kommen wir nicht zum Ziel
2 (*en tant que*) als; **travailler ~ secrétaire** als Sekretärin arbeiten
▶ *conj* **1** (*ainsi que*) wie; **elle écrit ~ elle parle** sie schreibt, wie sie spricht; **~ on dit** wie man so sagt; **~ si** als ob; **~ quoi** (*disant que*) wonach; **~ il faut** wie es sich gehört
2 (*au moment où, alors que*) als; **il est parti ~ j'arrivais** er ging, als ich ankam
3 (*parce que, puisque*) da; **~ il était en retard** da er zu spät kam
▶ *adv* (*exclamation*) : **~ il est petit/fort !** wie klein/stark er ist!

commencement [kɔmɑ̃smɑ̃] *nm* Anfang *m* • **commencer** *vt* anfangen; (*être placé au début de*) beginnen ▶ *vi* anfangen, beginnen

comment [kɔmɑ̃] *adv* wie; **~ ?** (*que dites-vous?*) wie bitte?
commentaire [kɔmɑ̃tɛʀ] *nm* Kommentar *m* • **commenter** *vt* kommentieren
commerçant, e [kɔmɛʀsɑ̃, ɑ̃t] *adj* (*rue, personne*) Geschäfts-; (*ville*) Handels- ▶ *nm/f* (*marchand*) Geschäftsmann *m*, Geschäftsfrau *f* • **commerce** *nm* (*activité*) Handel *m*; (*boutique*) Geschäft *nt*; **~ équitable** Fairer Handel • **commercial, e, -aux** *adj* Handels- • **commercialiser** *vt* auf den Markt bringen
commettre [kɔmɛtʀ] *vt* begehen
commis [kɔmi] *nm* : **~ voyageur** Handlungsreisende(r) *m*
commissaire [kɔmisɛʀ] *nm* (*de police*) ≈ Kommissar(in) *m(f)* • **commissaire-priseur** (*pl* **commissaires-priseurs**) *nm* Auktionator *m* • **commissariat** *nm* (*de police*) Polizeiwache *f*
commission [kɔmisjɔ̃] *nf* (*comité*) Kommission *f*; (*pourcentage*) Provision *f*; (*message*) Botschaft *f*; **commissions** *nfpl* (*achats*) Besorgungen *pl*
commode [kɔmɔd] *adj* praktisch ▶ *nf* Kommode *f*
commotion [komosjɔ̃] *nf* : **~ (cérébrale)** Gehirnerschütterung *f*
commun, e [kɔmœ̃, yn] *adj* (*à plusieurs*) gemeinsam; (*ordinaire, vulgaire*) gewöhnlich • **communal, e, -aux** *adj* Gemeinde-, Kommunal-
communautaire [kɔmynotɛʀ] *adj* Gemeinschafts-
communauté [kɔmynote] *nf* Gemeinschaft *f*; **C~ des États indépendants** Gemeinschaft Unabhängiger Staaten
commune [kɔmyn] *nf* (*Admin*) Gemeinde *f*; (*: urbaine*) Stadtbezirk *m*
communication [kɔmynikasjɔ̃] *nf* Kommunikation *f*, Verständigung *f*; (*message*) Mitteilung *f*; (*téléphonique*) (Telefon)gespräch *nt*; **communications** *nfpl* Verbindungen *pl*, Verkehr *m*
communier [kɔmynje] *vi* (*Rel*) zur Kommunion gehen • **communion** *nf* (*catholique*) Kommunion *f*; (*protestant*) Abendmahl *nt*
communiqué [kɔmynike] *nm* Kommuniqué *nt*; **~ de presse** (amtliche) Presseverlautbarung *f*
communiquer [kɔmynike] *vt* (*annoncer*) mitteilen; (*transmettre*) übermitteln; (*dossier*) übergeben; (*maladie, sentiment, mouvement*) übertragen ▶ *vi* (*salles*) miteinander verbunden sein
communisme [kɔmynism] *nm* Kommunismus *m* • **communiste** *adj* kommunistisch ▶ *nmf* Kommunist(in) *m(f)*
commutable [kɔmytabl] *adj* umschaltbar
commutateur [kɔmytatœʀ] *nm* Schalter *m*
compact, e [kɔ̃pakt] *adj* (*matière*) dicht; (*véhicule, appareil*) kompakt
compagne [kɔ̃paɲ] *nf* (*camarade*) Kameradin *f*; (*concubine*) Partnerin *f*
compagnie [kɔ̃paɲi] *nf* Gesellschaft *f*; **en ~ de** in Begleitung von
compagnon [kɔ̃paɲɔ̃] *nm* (*de voyage*) Begleiter *m*; (*de classe*) Klassenkamerad *m*; (*époux, partenaire*) Partner *m*
comparable [kɔ̃paʀabl] *adj* : **~ (à)** vergleichbar (mit)

C

comparaison [kɔ̃paʀɛzɔ̃] *nf* Vergleich *m*
comparatif, -ive [kɔ̃paʀatif, iv] *adj* vergleichend ▶*nm* Komparativ *m*
comparer [kɔ̃paʀe] *vt* vergleichen; **~ qch/qn à** *ou* **et qch/qn** etw/jdn mit etw/jdm vergleichen
compartiment [kɔ̃paʀtimɑ̃] *nm* (*de train*) Abteil *nt*; (*case*) Fach *nt*
comparution [kɔ̃paʀysjɔ̃] *nf* Erscheinen *nt* vor Gericht
compas [kɔ̃pɑ] *nm* (*boussole*) Kompass *m*
compassion [kɔ̃pasjɔ̃] *nf* Mitgefühl *nt*
compatible [kɔ̃patibl] *adj* (*Inform*) kompatibel; **~ (avec)** vereinbar (mit)
compatriote [kɔ̃patʀijɔt] *nmf* Landsmann *m*, Landsmännin *f*
compenser [kɔ̃pɑ̃se] *vt* ausgleichen
compétence [kɔ̃petɑ̃s] *nf* (*aptitude*) Fähigkeit *f*; (*Jur*) Kompetenz *f* • **compétent, e** *adj* (*apte*) fähig; (*Jur*) zuständig
compétitif, -ive [kɔ̃petitif, iv] *adj* (*Comm*) wettbewerbsfähig • **compétition** *nf* Wettbewerb *m*
compilateur [kɔ̃pilatœʀ] *nm* (*Inform*) Compiler *m*
complaire [kɔ̃plɛʀ] : **se ~** *vpr* : **se ~ dans** Gefallen finden an +*dat*; **se ~ parmi** sich wohlfühlen bei
complaisance [kɔ̃plɛzɑ̃s] *nf* Gefälligkeit *f*; (*péj*) Nachsichtigkeit *f*; **attestation de ~** *aus Gefälligkeit ausgestellte Bescheinigung* • **complaisant, e** *adj* gefällig, zuvorkommend
complément [kɔ̃plemɑ̃] *nm* Ergänzung *f*; **~ (d'objet) direct** Akkusativobjekt *nt*; **~ (d'objet) indirect** Dativobjekt *nt*
complet, -ète [kɔ̃plɛ, ɛt] *adj* (*total*) völlig, total; (*hôtel, cinéma*) voll ▶*nm* (*costume*) Anzug *m* • **complètement** *adv* völlig • **compléter** *vt* ergänzen
complexe [kɔ̃plɛks] *adj* kompliziert, komplex ▶*nm* Komplex *m*
complication [kɔ̃plikasjɔ̃] *nf* (*d'une situation*) Kompliziertheit *f*; (*difficulté, ennui*) Komplikation *f*; **complications** *nfpl* (*Méd*) Komplikationen *pl*
complice [kɔ̃plis] *nmf* Komplize *m*, Komplizin *f* • **complicité** *nf* Mittäterschaft *f*
compliment [kɔ̃plimɑ̃] *nm* Kompliment *nt*; **mes ~s!** herzlichen Glückwunsch! • **complimenter** *vt* : **~ qn (sur** *ou* **de)** jdm Komplimente machen (über +*acc*)
compliqué, e [kɔ̃plike] *adj* kompliziert
compliquer [kɔ̃plike] *vt* komplizieren
complot [kɔ̃plo] *nm* Komplott *nt*, Verschwörung *f*
comportement [kɔ̃pɔʀtəmɑ̃] *nm* Verhalten *nt* • **comporter** *vt* sich zusammensetzen aus; **se comporter** *vpr* sich verhalten
composante [kɔ̃pozɑ̃t] *nf* Komponente *f*
composé, e [kɔ̃poze] *adj* zusammengesetzt; **~ de** zusammengesetzt aus • **composer** *vt* (*musique*) komponieren; (*former, assembler*) zusammenstellen; (*constituer*) bilden; **se composer** *vpr* : **se ~ de** sich zusammensetzen aus
composite [kɔ̃pozit] *adj* verschiedenartig
compositeur, -trice [kɔ̃pozitœʀ, tʀis] *nm/f* (*Mus*) Komponist(in) *m(f)*

composition [kɔ̃pozisjɔ̃] *nf* Zusammenstellung *f*; (*Mus*) Komposition *f*
compost [kɔ̃pɔst] *nm* Kompost *m*
composter [kɔ̃pɔste] *vt* entwerten • **composteur** *nm* Entwerter *m*
compote [kɔ̃pɔt] *nf* Kompott *nt*; **~ de pommes** Apfelkompott *nt* • **compotier** *nm* Kompottschale *f*
compréhensible [kɔ̃pʀeɑ̃sibl] *adj* verständlich • **compréhension** *nf* Verständnis *nt*
comprendre [kɔ̃pʀɑ̃dʀ] *vt* verstehen; (*inclure*) umfassen
compresse [kɔ̃pʀɛs] *nf* Umschlag *m*
comprimé, e [kɔ̃pʀime] *nm* Tablette *f*
comprimer [kɔ̃pʀime] *vt* (*presser*) zusammenpressen; (*crédits*) einschränken; (*effectifs*) verringern
compris, e [kɔ̃pʀi, iz] *adj* : **la maison ~e, y ~ la maison** einschließlich des Hauses, mitsamt dem Haus
compromettre [kɔ̃pʀɔmɛtʀ] *vt* (*personne*) kompromittieren; (*plan, chances*) gefährden
compromis [kɔ̃pʀɔmi] *nm* Kompromiss *m*
comptabiliser [kɔ̃tabilize] *vt* verbuchen
comptabilité [kɔ̃tabilite] *nf* Buchhaltung *f*
comptable [kɔ̃tabl] *nmf* Buchhalter(in) *m(f)*
comptant [kɔ̃tɑ̃] *adv* : **payer ~** bar bezahlen; **acheter ~** gegen bar kaufen
compte [kɔ̃t] *nm* Zählung *f*; (*total, montant*) Betrag *m*, Summe *f*; (*bancaire*) Konto *nt*; **~ chèque postal** Postscheckkonto *nt*; **~ chèques** *ou* **courant** Girokonto *nt*; **~ rendu** (*de film, livre*) Besprechung *f* • **compter** *vt* zählen; (*facturer*) berechnen ▶ *vi* (*calculer*) rechnen • **compte-tours** *nm inv* Drehzahlmesser *m* • **compteur** *nm* Zähler *m*
comptine [kɔ̃tin] *nf* Abzählreim *m*
comptoir [kɔ̃twaʀ] *nm* (*de magasin*) Ladentisch *m*; (*de café*) Theke *f*
compulser [kɔ̃pylse] *vt* konsultieren
comte, comtesse [kɔ̃t, kɔ̃tɛs] *nm/f* Graf *m*, Gräfin *f*
con, ne [kɔ̃, kɔn] (*fam !*) *adj* bescheuert (*fam*) ▶ *nm/f* Arschloch *nt* (*fam !*)
concéder [kɔ̃sede] *vt* zugestehen; **~ que** zugeben, dass
concentration [kɔ̃sɑ̃tʀasjɔ̃] *nf* Konzentration *f*
concentrer [kɔ̃sɑ̃tʀe] *vt* konzentrieren; (*pouvoirs*) vereinigen, vereinen; **se concentrer** *vpr* sich konzentrieren
concept [kɔ̃sɛpt] *nm* Begriff *m*
conception [kɔ̃sɛpsjɔ̃] *nf* (*d'un projet*) Konzeption *f*; (*d'un enfant*) Empfängnis *f*; (*d'une machine etc*) Design *nt*
concernant [kɔ̃sɛʀnɑ̃] *prép* betreffend +*acc*
concerner [kɔ̃sɛʀne] *vt* betreffen, angehen; **en ce qui me concerne** was mich betrifft; **en ce qui concerne qch** was etw betrifft
concert [kɔ̃sɛʀ] *nm* Konzert *nt*; **de ~** (*ensemble*) gemeinsam; (*d'un commun accord*) einstimmig
concertation [kɔ̃sɛʀtasjɔ̃] *nf* Meinungsaustausch *m*; (*rencontre*) Treffen *nt*
concerter [kɔ̃sɛʀte] : **se concerter** *vpr* sich absprechen
concerto [kɔ̃sɛʀto] *nm* Konzert *nt*

C

concession [kɔ̃sesjɔ̃] *nf* Zugeständnis *nt*; (*terrain, exploitation*) Konzession *f* • **concessionnaire** *nmf* Inhaber(in) *m(f)* einer Konzession

concevable [kɔ̃s(ə)vabl] *adj* denkbar

concevoir [kɔ̃s(ə)vwaʀ] *vt* (*projet, idée*) sich *dat* ausdenken; (*enfant*) empfangen

concierge [kɔ̃sjɛʀʒ] *nmf* ≈ Hausmeister(in) *m(f)*

concilier [kɔ̃silje] *vt* in Einklang bringen, miteinander vereinbaren

concis, e [kɔ̃si, iz] *adj* kurz, knapp

concitoyen, ne [kɔ̃sitwajɛ̃, jɛn] *nm/f* Mitbürger(in) *m(f)*

concluant, e [kɔ̃klyɑ̃, ɑ̃t] *adj* schlüssig, überzeugend

conclure [kɔ̃klyʀ] *vt* schließen; **~ qch de qch** etw aus etw folgern *ou* schließen; **~ au suicide** auf Selbstmord *acc* befinden

conclusion [kɔ̃klyzjɔ̃] *nf* Schluss *m*

concocter [kɔ̃kɔkte] *vt* zusammenbrauen

concombre [kɔ̃kɔ̃bʀ] *nm* (Salat)gurke *f*

concordance [kɔ̃kɔʀdɑ̃s] *nf* Übereinstimmung *f* • **concorder** *vi* übereinstimmen

concourir [kɔ̃kuʀiʀ] *vi* : **~ à** beitragen zu

concours [kɔ̃kuʀ] *nm* Wettbewerb *m*; (*Sport*) Wettkampf *m*

concret, -ète [kɔ̃kʀɛ, ɛt] *adj* konkret

concubinage [kɔ̃kybinaʒ] *nm* eheähnliche Gemeinschaft *f*

concurrence [kɔ̃kyʀɑ̃s] *nf* Konkurrenz *f*; **jusqu'à ~ de** bis zur Höhe von; **~ déloyale** unlauterer Wettbewerb *m* • **concurrencer** *vt* Konkurrenz machen *+dat* • **concurrent, e** *nm/f* Konkurrent(in) *m(f)*; (*Sport*) Teilnehmer(in) *m(f)*

condamnation [kɔ̃dɑnasjɔ̃] *nf* Verurteilung *f* • **condamner** *vt* verurteilen

condensateur [kɔ̃dɑ̃satœʀ] *nm* Kondensator *m*

condensation [kɔ̃dɑ̃sasjɔ̃] *nf* Kondensation *f*

condenser [kɔ̃dɑ̃se] *vt* (*discours, texte*) zusammenfassen; (*gaz etc*) kondensieren; **se condenser** *vpr* sich kondensieren

condiment [kɔ̃dimɑ̃] *nm* Gewürz *nt*

condisciple [kɔ̃disipl] *nmf* (*Scol*) Mitschüler(in) *m(f)*; (*Univ*) Kommilitone *m*, Kommilitonin *f*

condition [kɔ̃disjɔ̃] *nf* (*clause*) Bedingung *f*; (*état*) Zustand *m*; (*rang social*) Stand *m*, Rang *m*; **sans ~** bedingungslos; **à ~ de/que** vorausgesetzt, dass • **conditionné, e** *adj* : **air ~** Klimaanlage *f*

conditionnel, le [kɔ̃disjɔnɛl] *adj* bedingt ▶ *nm* (*Ling*) Konditional *nt*

conditionnement [kɔ̃disjɔnmɑ̃] *nm* (*emballage*) Verpackung *f*

conditionner [kɔ̃disjɔne] *vt* (*déterminer*) bestimmen; (*Comm : produit*) verpacken

condoléances [kɔ̃dɔleɑ̃s] *nfpl* Beileid *nt*

conducteur, -trice [kɔ̃dyktœʀ, tʀis] *adj* (*Élec*) leitend ▶ *nm/f* Fahrer(in) *m(f)*

conduire [kɔ̃dɥiʀ] *vt* (*véhicule, passager*) fahren; **se conduire** *vpr* sich benehmen; **~ à** (*suj : attitude, erreur, études*) führen zu

conduit [kɔ̃dɥi] *nm* (*Tech*) Leitung *f*, Rohr *nt*

conduite [kɔ̃dɥit] *nf* (*comportement*) Benehmen *nt*;

(*d'eau, gaz*) Leitung *f*, Rohr *nt*; **~ à gauche** Linkssteuerung *f*; **~ intérieure** Limousine *f*
cône [kon] *nm* Kegel *m*
confection [kɔ̃fɛksjɔ̃] *nf* (*fabrication*) Herstellung *f* • **confectionner** *vt* herstellen
confédération [kɔ̃fedeʀasjɔ̃] *nf* (*Pol*) Bündnis *nt*, Bund *m*
conférence [kɔ̃feʀɑ̃s] *nf* (*exposé*) Vortrag *m*; (*pourparlers*) Konferenz *f*
confesser [kɔ̃fese] *vt* gestehen, zugeben; (*Rel*) beichten; **se confesser** *vpr* (*Rel*) beichten (gehen) • **confession** *nf* (*Rel*) Beichte *f*; (*croyance*) Konfession *f*
confessionnal, -aux [kɔ̃fesjɔnal, o] *nm* Beichtstuhl *m*
confessionnel, le [kɔ̃fesjɔnɛl] *adj* kirchlich
confetti [kɔ̃feti] *nm* Konfetti *nt*
confiance [kɔ̃fjɑ̃s] *nf* Vertrauen *nt*; **avoir ~ en** Vertrauen haben zu, vertrauen *+dat* • **confiant, e** *adj* vertrauensvoll
confidence [kɔ̃fidɑ̃s] *nf* vertrauliche Mitteilung *f* • **confident, e** *nm/f* Vertraute(r) *f(m)* • **confidentiel, le** *adj* vertraulich
confier [kɔ̃fje] *vt* anvertrauen; (*travail, responsabilité*) betrauen mit; **se ~ à qn** sich jdm anvertrauen
configuration [kɔ̃figyʀasjɔ̃] *nf* Beschaffenheit *f*; (*Inform*) Konfiguration *f*
confiner [kɔ̃fine] *vt* : **~ à** grenzen an *+acc*; **se confiner dans** *ou* **à** *vpr* sich beschränken auf *+acc*
confirmation [kɔ̃fiʀmasjɔ̃] *nf* Bestätigung *f*; (*Rel : catholique*) Firmung *f*; (*: protestante*) Konfirmation *f*
confirmer [kɔ̃fiʀme] *vt* bestätigen
confiserie [kɔ̃fizʀi] *nf* (*magasin*) Süßwarenladen *m*; **confiseries** *nfpl* Süßigkeiten *pl* • **confiseur, -euse** *nm/f* ≈ Konditor(in) *m(f)*
confisquer [kɔ̃fiske] *vt* beschlagnahmen
confit, e [kɔ̃fi, it] *adj* : **fruits ~s** kandierte Früchte *pl*; **~ d'oie** *nm* eingelegte Gans *f*
confiture [kɔ̃fityʀ] *nf* Marmelade *f*
conflit [kɔ̃fli] *nm* Konflikt *m*
confluent [kɔ̃flyɑ̃] *nm* Zusammenfluss *m*
confondre [kɔ̃fɔ̃dʀ] *vt* verwechseln; (*dates, faits aussi*) durcheinanderbringen
conforme [kɔ̃fɔʀm] *adj* : **~ à** übereinstimmend mit; **copie certifiée ~** beglaubigte Abschrift *f* • **conformément** *adv* : **~ à** entsprechend *+dat* • **conformer** *vt* : **~ qch à** etw anpassen an *+acc*; **se conformer à** *vpr* sich richten nach • **conformisme** *nm* Konformismus *m* • **conformité** *nf* Übereinstimmung *f*
confort [kɔ̃fɔʀ] *nm* Komfort *m* • **confortable** *adj* bequem
conforter [kɔ̃fɔʀte] *vt* bestärken
confrère [kɔ̃fʀɛʀ] *nm* Kollege *m*
confrontation [kɔ̃fʀɔ̃tasjɔ̃] *nf* Gegenüberstellung *f*
confronter [kɔ̃fʀɔ̃te] *vt* gegenüberstellen
confus, e [kɔ̃fy, yz] *adj* (*vague*) wirr, verworren; (*embarrassé*) verlegen • **confusion** *nf* (*caractère confus*) Verworrenheit *f*; (*erreur*) Verwechslung *f*; (*embarras*) Verlegenheit *f*
congé [kɔ̃ʒe] *nm* Urlaub *m*; (*avis de départ*) Kündigung *f*; **en ~** auf

Urlaub; **prendre ~ de qn** sich von jdm verabschieden; **donner son ~ à qn** jdm kündigen; **~s payés** bezahlter Urlaub

congédier [kɔ̃ʒedje] *vt* entlassen

congélateur [kɔ̃ʒelatœʀ] *nm* Gefriertruhe *f*; *(compartiment)* Gefrierfach *nt* • **congeler** *vt* einfrieren

congestion [kɔ̃ʒɛstjɔ̃] *nf*: **~ cérébrale** Schlaganfall *m*; **~ pulmonaire** Lungenemphysem *nt*

Congo [kɔ̃go] *nm* : **le ~** der Kongo

congrès [kɔ̃gʀɛ] *nm* Kongress *m*

conifère [kɔnifɛʀ] *nm* Nadelbaum *m*

conjecture [kɔ̃ʒɛktyʀ] *nf* Vermutung *f*

conjoint, e [kɔ̃ʒwɛ̃, wɛ̃t] *adj (commun)* gemeinsam ▸ *nm/f (époux)* Ehegatte *m*, Ehegattin *f*

conjonction [kɔ̃ʒɔ̃ksjɔ̃] *nf (Ling)* Konjunktion *f*, Bindewort *nt*

conjonctivite [kɔ̃ʒɔ̃ktivit] *nf* Bindehautentzündung *f*

conjoncture [kɔ̃ʒɔ̃ktyʀ] *nf* Umstände *pl*, Lage *f*; **la ~ économique** die Konjunktur *f* • **conjoncturel, le** *adj* Konjunktur-

conjugaison [kɔ̃ʒygɛzɔ̃] *nf (Ling)* Konjugation *f*

conjugal, e, -aux [kɔ̃ʒygal, o] *adj* ehelich

conjuguer [kɔ̃ʒyge] *vt (Ling)* konjugieren; *(efforts)* vereinen

conjurer [kɔ̃ʒyʀe] *vt (sort, maladie)* abwenden; **~ qn de faire qch** jdn beschwören, etw zu tun

connaissance [kɔnɛsɑ̃s] *nf (personne connue)* Bekannte(r) *f(m)*, Bekanntschaft *f*; **connaissances** *nfpl (savoir)* Wissen *nt*; **être sans ~** bewusstlos sein; **perdre/reprendre ~** das Bewusstsein verlieren/wieder zu Bewusstsein kommen; **à ma/sa ~** meines/seines Wissens; **avoir/prendre ~ de qch** von etw Kenntnis haben/etw zur Kenntnis nehmen

connaisseur, -euse [kɔnɛsœʀ, øz] *nm/f* Kenner(in) *m(f)*

connaître [kɔnɛtʀ] *vt* kennen; **se connaître** *(se rencontrer)* sich kennenlernen

connard, connasse [kɔnaʀ, -as] *(fam !) nm/f* blöde Sau *f (fam !)*

connecté, e [kɔnɛkte] *adj (Inform)* online • **connecter** *vt* anschließen ▸ *vpr* : **se ~ à Internet** sich ins Internet einloggen • **connecteur** *nm (Inform)* Steckplatz *m*

connerie [kɔnʀi] *(fam !) nf* totaler Quatsch *m (fam)*

connu, e [kɔny] *adj* bekannt

conquérir [kɔ̃keʀiʀ] *vt* erobern; *(droit)* erkämpfen

conquête [kɔ̃kɛt] *nf* Eroberung *f*

consacré, e [kɔ̃sakʀe] *adj (béni)* geweiht

consacrer [kɔ̃sakʀe] *vt (sanctionner)* sanktionieren; *(dévouer)* widmen; **se consacrer** *vpr* : **se ~ à qch** sich einer Sache *dat* widmen

conscience [kɔ̃sjɑ̃s] *nf* Bewusstsein *nt*; *(morale)* Gewissen *nt*; **perdre/reprendre ~** das Bewusstsein verlieren/wiedererlangen • **consciencieux, -euse** *adj* gewissenhaft • **conscient, e** *adj (Méd)* bei Bewusstsein; **être ~ de qch** sich *dat* einer Sache *gén* bewusst sein

consécutif, -ive [kɔ̃sekytif, iv] *adj* aufeinanderfolgend; **~ à** folgend auf *+acc*

conseil [kɔ̃sɛj] *nm (avis)* Rat *m*, Ratschlag *m*; *(assemblée)* Rat, Versammlung *f*; **prendre ~ (auprès de qn)** sich *dat* (bei jdm)

Rat holen; **~ municipal** ≈ Stadtrat *m*
conseiller[1] [kɔ̃seje] *vt* (*qn*) raten +*dat*; **~ qch à qn** jdm zu etw raten
conseiller[2], -ère [kɔ̃seje, ɛʀ] *nm/f* Berater(in) *m(f)*
consentement [kɔ̃sɑ̃tmɑ̃] *nm* Zustimmung *f*
consentir [kɔ̃sɑ̃tiʀ] *vt* : **~ à qch** einer Sache *dat* zustimmen
conséquence [kɔ̃sekɑ̃s] *nf* Konsequenz *f*, Folge *f*; **en ~** (*donc*) folglich; (*de façon appropriée*) entsprechend • **conséquent, e** *adj* konsequent; (*fam*)
conservateur, -trice [kɔ̃sɛʀvatœʀ, tʀis] *adj* (*traditionaliste*) konservativ ▶ *nm/f* (*de musée*) Kustos *m*
conservation [kɔ̃sɛʀvasjɔ̃] *nf* (*action*) Erhaltung *f*; (*état*) Konservierung *f*
conservatoire [kɔ̃sɛʀvatwaʀ] *nm* (*de musique*) Konservatorium *nt*
conserve [kɔ̃sɛʀv] *nf* Konserve *f*; **en ~** Dosen-, Büchsen- • **conserver** *vt* behalten; (*habitude*) beibehalten; (*préserver*) konservieren, frisch halten; (Culin) einmachen
considérable [kɔ̃sideʀabl] *adj* beträchtlich
considération [kɔ̃sideʀasjɔ̃] *nf* Erwägung *f*; (*estime*) Achtung *f* • **considérer** *vt* (*étudier, regarder*) betrachten; (*tenir compte de*) berücksichtigen; **~ que** meinen, dass; **~ qch comme terminé** etw für beendet halten
consigne [kɔ̃siɲ] *nf* Pfand *nt*; (*de gare*) Gepäckaufbewahrung *f*; (*ordre*) Anweisung *f*; **~ automatique** Schließfächer *pl* • **consigner** *vt* (*emballage*) Pfand verlangen für
consistance [kɔ̃sistɑ̃s] *nf* Konsistenz *f*
consistant, e [kɔ̃sistɑ̃, ɑ̃t] *adj* (*liquide*) dickflüssig; (*repas, nourriture*) solide; (*argument*) stichhaltig
consister [kɔ̃siste] *vi* : **~ à faire qch** daraus bestehen, etw zu tun
consœur [kɔ̃sœʀ] *nf* Kollegin *f*
consolation [kɔ̃sɔlasjɔ̃] *nf* Trost *m*
console [kɔ̃sɔl] *nf* (*table*) Konsole *f*; (*d'ordinateur*) Kontrollpult *nt*; **~ de jeux** Spielekonsole *f*; **~ de mixage** Mischpult
consoler [kɔ̃sɔle] *vt* trösten
consolider [kɔ̃sɔlide] *vt* (*maison*) befestigen; (*meuble*) verstärken
consommateur, -trice [kɔ̃sɔmatœʀ, tʀis] *nm/f* Verbraucher(in) *m(f)*; (*dans un café*) Gast *m*
consommation [kɔ̃sɔmasjɔ̃] *nf* Verbrauch *m*; **régler les ~s** (*dans un café*) (für die Getränke) zahlen; **~ aux 100 km** (Benzin)verbrauch *m* auf 100 km
consommé, e [kɔ̃sɔme] *adj* vollendet ▶ *nm* (*potage*) Kraftbrühe *f*
consommer [kɔ̃sɔme] *vt* verbrauchen ▶ *vi* (*dans un café*) etwas verzehren
consonne [kɔ̃sɔn] *nf* Konsonant *m*
conspiration [kɔ̃spiʀasjɔ̃] *nf* Verschwörung *f*
constamment [kɔ̃stamɑ̃] *adv* andauernd
constant, e [kɔ̃stɑ̃, ɑ̃t] *adj* beständig
constat [kɔ̃sta] *nm* Bericht *m*; (*procès-verbal*) Protokoll *nt*
constatation [kɔ̃statasjɔ̃] *nf* Feststellung *f*
constater [kɔ̃state] *vt* feststellen
constellation [kɔ̃stelasjɔ̃] *nf* (*Astron*) Konstellation *f*

consternation [kɔ̃stɛʀnasjɔ̃] *nf* Bestürzung *f*

constipation [kɔ̃stipasjɔ̃] *nf* Verstopfung *f* • **constipé, e** *adj* verstopft

constitué, e [kɔ̃stitɥe] *adj* : **~ de** zusammengesetzt aus

constituer [kɔ̃stitɥe] *vt* (*comité, équipe*) bilden, aufstellen; (*dossier, collection*) zusammenstellen

constitution [kɔ̃stitysjɔ̃] *nf* (*santé*) Konstitution *f*, Gesundheit *f*; (*composition*) Zusammensetzung *f*; (*Pol*) Verfassung *f*

constructeur [kɔ̃stʀyktœʀ] *nm* Hersteller *m*

construction [kɔ̃stʀyksjɔ̃] *nf* Bau *m*

construire [kɔ̃stʀɥiʀ] *vt* bauen

consul [kɔ̃syl] *nm* Konsul *m*

consulat [kɔ̃syla] *nm* Konsulat *nt*

consultant, e [kɔ̃syltɑ̃, ɑ̃t] *adj* (*expert*) beratend ▶ *nm/f* Berater(in) *m/f* • **consultation** *nf* (*d'un expert*) Konsultation *f*; (*séance : médicale*) Untersuchung *f*; (*: juridique, astrologique*) Beratung *f*; **heures de ~** (*Méd*) Sprechstunden *pl*

consulter [kɔ̃sylte] *vt* (*médecin, avocat, conseiller*) konsultieren, zurate ziehen; (*dictionnaire, annuaire*) nachschlagen in *+dat*; (*plan*) nachsehen auf *+dat* ▶ *vi* (*médecin*) Sprechstunden haben

consumer [kɔ̃syme] *vt* (*brûler*) verbrennen; **se consumer** *vpr* (*feu*) verbrennen

contact [kɔ̃takt] *nm* Kontakt *m*; **mettre/couper le ~** den Motor anlassen/ausschalten; **se mettre en ~ avec qn** mit jdm Verbindung aufnehmen; **prendre ~ avec** sich mit jdm in Verbindung setzen • **contacter** *vt* sich in Verbindung setzen mit

contagieux, -euse [kɔ̃taʒjø, jøz] *adj* ansteckend

container [kɔ̃tɛnɛʀ] *nm* Container *m*

contamination [kɔ̃taminasjɔ̃] *nf* Infektion *f*; (*de l'eau etc*) Verseuchung *f*

contaminer [kɔ̃tamine] *vt* anstecken

conte [kɔ̃t] *nm* Erzählung *f*; **~ de fées** Märchen *nt*

contempler [kɔ̃tɑ̃ple] *vt* betrachten

contemporain, e [kɔ̃tɑ̃pɔʀɛ̃, ɛn] *adj* zeitgenössisch

contenance [kɔ̃t(ə)nɑ̃s] *nf* (*d'un récipient*) Fassungsvermögen *nt*; (*attitude*) Haltung *f*

conteneur [kɔ̃t(ə)nœʀ] *nm* Container *m*; (*pour plantes*) Pflanztrog *m*; **~ à verre** (Alt)glascontainer

contenir [kɔ̃t(ə)niʀ] *vt* enthalten; (*capacité*) fassen; **se contenir** *vpr* sich beherrschen

content, e [kɔ̃tɑ̃, ɑ̃t] *adj* zufrieden; **~ de qn/qch** mit jdm/etw zufrieden • **contenter** *vt* (*personne*) zufriedenstellen; **se contenter de** *vpr* sich begnügen mit

contenu [kɔ̃t(ə)ny] *nm* Inhalt *m*

conter [kɔ̃te] *vt* : **en ~ de(s) belles à qn** jdm Märchen erzählen

contestation [kɔ̃tɛstasjɔ̃] *nf* : **la ~** (*Pol*) der Protest *m*

conteste [kɔ̃tɛst] : **sans ~** *adv* zweifellos • **contester** *vi* protestieren

contexte [kɔ̃tɛkst] *nm* Zusammenhang *m*

contigu, -uë [kɔ̃tigy] *adj* (*choses*) aneinandergrenzend, benachbart

continent [kɔ̃tinɑ̃] *nm* Kontinent *m*

contingences [kɔ̃tɛ̃ʒɑ̃s] *nfpl* Eventualitäten *pl*
continu, e [kɔ̃tiny] *adj* ständig, dauernd; **courant ~** Gleichstrom *m*
continuel, le [kɔ̃tinɥɛl] *adj* ständig, fortwährend
continuer [kɔ̃tinɥe] *vt* weitermachen mit; (*voyage, études etc*) fortsetzen; (*prolonger*) verlängern ▶ *vi* nicht aufhören; (*pluie*) andauern; **~ à** *ou* **de faire qch** etw weiter tun
contorsion [kɔ̃tɔʀsjɔ̃] *nf* Verrenkung *f*
contour [kɔ̃tuʀ] *nm* Umriss *m*, Kontur *f* • **contourner** *vt* umgehen
contraceptif, -ive [kɔ̃tʀasɛptif, iv] *adj* empfängnisverhütend ▶ *nm* Verhütungsmittel *nt* • **contraception** *nf* Empfängnisverhütung *f*
contracter [kɔ̃tʀakte] *vt* (*muscle*) zusammenziehen; (*visage*) verziehen; (*maladie, habitude*) sich *dat* zuziehen; (*assurance*) abschließen; **se contracter** *vpr* sich zusammenziehen • **contraction** *nf* Krampf *m*
contractuel, le [kɔ̃tʀaktɥɛl] *adj* vertraglich ▶ *nm/f* (*agent*) Verkehrspolizist(in) *m(f)*
contradiction [kɔ̃tʀadiksjɔ̃] *nf* Widerspruch *m* • **contradictoire** *adj* widersprüchlich
contraindre [kɔ̃tʀɛ̃dʀ] *vt* : **~ qn à qch/faire qch** jdn zu etw zwingen/jdn zwingen, etw zu tun • **contrainte** *nf* Zwang *m*
contraire [kɔ̃tʀɛʀ] *adj* entgegengesetzt ▶ *nm* Gegenteil *nt*; **au ~** im Gegenteil
contralto [kɔ̃tʀalto] *nm* (*voix*) Alt *m*; (*personne*) Altistin *f*
contrarier [kɔ̃tʀaʀje] *vt* ärgern
contraste [kɔ̃tʀast] *nm* Kontrast *m*, Gegensatz *m* • **contraster** *vi* : **~ (avec)** kontrastieren (mit)
contrat [kɔ̃tʀa] *nm* Vertrag *m*
contravention [kɔ̃tʀavɑ̃sjɔ̃] *nf* (*infraction*) Verstoß *m*; (*amende*) Geldstrafe *f*; (*pour stationnement interdit*) Strafzettel *m*
contre [kɔ̃tʀ] *prép* gegen; **par ~** hingegen • **contre-attaquer** *vi* zurückschlagen
contrebande [kɔ̃tʀəbɑ̃d] *nf* Schmuggel *m*; (*marchandise*) Schmuggelware *f*
contrebas [kɔ̃tʀəbɑ] : **en ~** *adv* unten
contrebasse [kɔ̃tʀəbɑs] *nf* Kontrabass *m*
contrecarrer [kɔ̃tʀəkaʀe] *vt* (*action*) vereiteln • **contrecœur** : **à ~** *adv* widerwillig • **contrecoup** *nm* Nachwirkung *f*
contre-courant [kɔ̃tʀəkuʀɑ̃] (*pl* **contre-courants**) *nm* : **à ~** gegen den Strom
contredire [kɔ̃tʀədiʀ] *vt* widersprechen *+dat*; **se contredire** *vpr* einander widersprechen
contre-expertise [kɔ̃tʀɛkspɛʀtiz] (*pl* **contre-expertises**) *nf* Gegengutachten *nt*
contrefaçon [kɔ̃tʀəfasɔ̃] *nf* Fälschung *f* • **contrefaire** *vt* (*document, signature*) fälschen; (*personne, démarche*) nachmachen
contreforts [kɔ̃tʀəfɔʀ] *nmpl* (Gebirgs)ausläufer *pl*
contre-indication [kɔ̃tʀɛ̃dikasjɔ̃] (*pl* **contre-indications**) *nf* Kontraindikation *f*, Gegenanzeige *f*
contre-jour [kɔ̃tʀəʒuʀ] : **à ~** *adv* im Gegenlicht

contre-offensive [kɔ̃tʀɔfɑ̃siv] (*pl* **contre-offensives**) *nf* Gegenoffensive *f*, Gegenangriff *m*
contrepartie [kɔ̃tʀəpaʀti] *nf*: **en ~** zum Ausgleich
contre-pied [kɔ̃tʀəpje] *nm*: **prendre le ~ de** das genaue Gegenteil tun *ou* sagen von • **contreplaqué** *nm* Sperrholz *nt* • **contrepoids** *nm* Gegengewicht *nt*; **faire ~** als Gegengewicht dienen
contrer [kɔ̃tʀe] *vt* (*adversaire*) (erfolgreich) kontern +*dat*
contresens [kɔ̃tʀəsɑ̃s] *nm* (*d'interprétation*) Fehldeutung *f*; (*de traduction*) Fehlübersetzung *f*; (*absurdité*) Unsinn *m*; **à ~** verkehrt • **contretemps** *nm* Zwischenfall *m*; **à ~** (*fig*) zur Unzeit • **contrevenir**: **~ à** *vt* verstoßen gegen
contribuable [kɔ̃tʀibɥabl] *nmf* Steuerzahler(in) *f(m)* • **contribuer**: **~ à** *vt* beitragen zu; (*dépense, frais*) beisteuern zu • **contribution** *nf* Beitrag *m*
contrôle [kɔ̃tʀol] *nm* Kontrolle *f*, Überprüfung *f*; (*surveillance*) Überwachung *f*; **perdre le ~ de son véhicule** die Kontrolle *ou* Gewalt über sein Fahrzeug verlieren; **~ antipollution** Abgassonderuntersuchung *f*; **~ d'identité** Ausweiskontrolle *f*
contrôler [kɔ̃tʀole] *vt* kontrollieren; **se contrôler** *vpr* sich beherrschen • **contrôleur, -euse** *nm/f* (*de train, bus*) Schaffner(in) *m(f)*
controversé, e [kɔ̃tʀɔvɛʀse] *adj* umstritten
contusion [kɔ̃tyzjɔ̃] *nf* Prellung *f*
convaincant, e [kɔ̃vɛ̃kɑ̃, ɑ̃t] *adj* überzeugend
convaincre [kɔ̃vɛ̃kʀ] *vt*: **~ qn (de qch)** jdn (von etw) überzeugen
convaincu, e [kɔ̃vɛ̃ky] *pp de* **convaincre** ▶ *adj* überzeugt
convalescence [kɔ̃valesɑ̃s] *nf* Genesung *f*
convenable [kɔ̃vnabl] *adj* anständig • **convenablement** *adv* (*placé, choisi*) gut; (*s'habiller, s'exprimer*) passend; (*payé, logé*) anständig • **convenance** *nf*: **à ma/votre ~** nach (meinem/Ihrem) Belieben; **convenances** *nfpl* Anstand *m* • **convenir** *vi* passen; **~ à** passen +*dat*; **~ de faire qch** übereinkommen, etw zu tun; **il a été convenu que** es wurde vereinbart, dass; **comme convenu** wie vereinbart
convention [kɔ̃vɑ̃sjɔ̃] *nf* Abkommen *nt*
conventionné, e [kɔ̃vɑ̃sjɔne] *adj* (*médecin*) ≈ Kassen-
convenu, e [kɔ̃vny] *adj* vereinbart, festgesetzt
converger [kɔ̃vɛʀʒe] *vi* konvergieren; (*efforts, idées*) übereinstimmen; **~ vers** *ou* **sur** zustreben +*dat*
conversation [kɔ̃vɛʀsasjɔ̃] *nf* Gespräch *nt*
conversion [kɔ̃vɛʀsjɔ̃] *nf* Umwandlung *f*; (*Pol*) Umbildung *f*; (*Rel*) Bekehrung *f*; (*Com, Inform*) Konvertierung *f* • **convertir** *vt*: **~ qn (à)** jdn bekehren (zu)
conviction [kɔ̃viksjɔ̃] *nf* Überzeugung *f*
convier [kɔ̃vje] *vt*: **~ qn à** jdn einladen zu; **~ qn à faire qch** jdn dazu auffordern, etw zu tun
convive [kɔ̃viv] *nmf* Gast *m* bei Tisch
convivial, e, -aux [kɔ̃vivjal, jo] *adj* gesellig; (*Inform*) benutzerfreundlich

convocation [kɔ̃vɔkasjɔ̃] *nf* (*papier, document*) Vorladung *f*; (*d'une assemblée*) Einberufung *f*
convoi [kɔ̃vwa] *nm* Konvoi *m*, Kolonne *f*; (*train*) Zug *m*; **~ (funèbre)** Leichenzug *m*
convoquer [kɔ̃vɔke] *vt* (*assemblée, comité*) einberufen; (*candidat à un examen*) bestellen
convoyeur [kɔ̃vwajœʀ] *nm* (*Naut*) Begleitschiff *nt*; **~ de fonds** Sicherheitsbeamte(r) *m*
convulsions [kɔ̃vylsjɔ̃] *nfpl* (*Méd*) Zuckungen *pl*, Krämpfe *pl*
cookie [kuki] *nm* (*Inform*) Cookie *nt*
coopérant, e [kɔɔpeʀɑ̃, ɑ̃t] *nm/f* ≈ Entwicklungshelfer(in) *m(f)*
coopération [kɔɔpeʀasjɔ̃] *nf* Kooperation *f*, Unterstützung *f* • **coopérer** *vi* zusammenarbeiten; **~ à** mitarbeiten an *+dat*
copain, copine [kɔpɛ̃, kɔpin] *nm/f* Freund(in) *m(f)* ▶ *adj* : **être ~ avec qn** mit jdm gut befreundet sein
copie [kɔpi] *nf* Kopie *f* • **copier** *vt* kopieren • **copieur** *nm* Kopiergerät *nt*, Kopierer *m*
copieux, -euse [kɔpjø, jøz] *adj* (*repas, portion*) reichlich
copilote [kopilɔt] *nm* Kopilot(in) *m(f)*; (*Auto*) Beifahrer(in) *m(f)*
copine [kɔpin] *nf voir* **copain**
coproduction [kopʀɔdyksjɔ̃] *nf* Koproduktion *f*
copropriété [kopʀɔpʀijete] *nf* Miteigentum *nt*, Mitbesitz *m*; **acheter un appartement en ~** eine Eigentumswohnung erwerben
coq [kɔk] *nm* Hahn *m*
coque [kɔk] *nf* : **à la ~** (*Culin*) weich gekocht
coquelicot [kɔkliko] *nm* Mohn *m*
coqueluche [kɔklyʃ] *nf* Keuchhusten *m*
coquet, te [kɔkɛ, ɛt] *adj* (*qui veut plaire*) kokett; (*joli*) hübsch, nett
coquetier [kɔk(ə)tje] *nm* Eierbecher *m*
coquillage [kɔkijaʒ] *nm* Muschel *f*
coquille [kɔkij] *nf* Schale *f*; **~ Saint-Jacques** Jakobsmuschel *f*
coquin, e [kɔkɛ̃, in] *adj* schelmisch
cor [kɔʀ] *nm* (*Mus*) Horn *nt*; **~ (au pied)** Hühnerauge *nt*
corail, -aux [kɔʀaj, o] *nm* Koralle *f*
Coran [kɔʀɑ̃] *nm* Koran *m*
corbeau, x [kɔʀbo] *nm* Rabe *m*
corbeille [kɔʀbɛj] *nf* Korb *m*; (*Inform*) Papierkorb *m*; **~ à pain** Brotkorb *m*
corbillard [kɔʀbijaʀ] *nm* Leichenwagen *m*
corde [kɔʀd] *nf* Seil *nt*, Strick *m*; (*de violon, raquette*) Saite *f*; (*d'arc*) Sehne *f*
cordeau, x [kɔʀdo] *nm* Richtschnur *f*
cordée [kɔʀde] *nf* Seilschaft *f*
cordial, e, -aux [kɔʀdjal, jo] *adj* herzlich • **cordialement** *adv* herzlich; (*formule épistolaire*) mit herzlichen Grüßen
cordon [kɔʀdɔ̃] *nm* Schnur *f*
cordonnier [kɔʀdɔnje] *nm* Schuster *m*, Schuhmacher *m*
Corée [kɔʀe] *n* : **la ~** Korea *nt* • **coréen, ne** *adj* koreanisch ▶ *nm/f* : **C~, ne** Koreaner(in) *m(f)*
coriace [kɔʀjas] *adj* zäh; (*adversaire, problème aussi*) hartnäckig
coriandre [kɔʀjɑ̃dʀ] *nf* Koriander *m*
cormoran [kɔʀmɔʀɑ̃] *nm* Kormoran *m*
corne [kɔʀn] *nf* Horn *nt*
cornée [kɔʀne] *nf* Hornhaut *f*

corneille [kɔʀnɛj] *nf* Krähe *f*
cornemuse [kɔʀnəmyz] *nf* Dudelsack *m*
corner¹ [kɔʀnɛʀ] *nm* Ecke *f*
corner² [kɔʀne] *vt* (*pages*) ein Eselsohr *nt* machen in +*acc*
cornet [kɔʀnɛ] *nm* Tüte *f*
cornette [kɔʀnɛt] *nf* (*coiffure*) Schwesternhaube *f*
corniche [kɔʀniʃ] *nf* (*route*) Küstenstraße *f*
cornichon [kɔʀniʃɔ̃] *nm* Gewürzgurke *f*
corporation [kɔʀpɔʀasjɔ̃] *nf* Innung *f*, Zunft *f*
corporel, le [kɔʀpɔʀɛl] *adj* Körper-; (*besoin, blessures*) körperlich
corps [kɔʀ] *nm* Körper *m*; (*cadavre*) Leiche *f*
corpulent, e [kɔʀpylɑ̃, ɑ̃t] *adj* korpulent
correct, e [kɔʀɛkt] *adj* richtig; (*bienséant, honnête*) korrekt • **correctement** *adv* richtig • **correcteur, -trice** *nm/f* (*Typo*) Korrektor(in) *m(f)* ▸ *nm* : **~ orthographique** Rechtschreibhilfe *f* • **correction** *nf* Korrektur *f*; (*de faute, erreur*) Verbesserung *f*
correctionnel, le [kɔʀɛksjɔnɛl] *adj* : **tribunal ~** Strafgericht *nt* ▸ *nf* : **la ~le** das Strafgericht
correspondance [kɔʀɛspɔ̃dɑ̃s] *nf* (*analogie, rapport*) Entsprechung *f*; (*échange de lettres*) Korrespondenz *f*; (*de train, d'avion*) Anschluss *m* • **correspondant, e** *nm/f* (*épistolaire*) Brieffreund(in) *m(f)*; (*journaliste*) Korrespondent(in) *m(f)* • **correspondre** *vi* (*données, témoignages*) übereinstimmen; (*chambres*) miteinander verbunden sein; **~ à** entsprechen +*dat*; **~ avec qn** mit jdm in Briefwechsel stehen
corridor [kɔʀidɔʀ] *nm* Korridor *m*, Gang *m*
corriger [kɔʀiʒe] *vt* korrigieren; (*erreur, défaut*) verbessern; (*punir*) züchtigen
corroborer [kɔʀɔbɔʀe] *vt* bestätigen
corrompre [kɔʀɔ̃pʀ] *vt* (*dépraver*) verderben, korrumpieren; (*soudoyer*) bestechen
corruption [kɔʀypsjɔ̃] *nf* Korruption *f*
corsage [kɔʀsaʒ] *nm* Bluse *f*
corse [kɔʀs] *adj* korsisch ▸ *nmf* : **C~** Korse *m*, Korsin *f* ▸ *nf* : **la C~** Korsika *nt*
corset [kɔʀsɛ] *nm* Korsett *nt*
cortège [kɔʀtɛʒ] *nm* Zug *m*
cortisone [kɔʀtizɔn] *nf* Kortison *nt*
cosmétique [kɔsmetik] *nm* Kosmetikprodukt *nt*
cosmonaute [kɔsmɔnot] *nmf* Kosmonaut(in) *m(f)*
cosmopolite [kɔsmɔpɔlit] *adj* kosmopolitisch
cosse [kɔs] *nf* (*Bot*) Hülse *f*, Schote *f*
cossu, e [kɔsy] *adj* (*maison*) prunkvoll
Costa Rica [kɔstaʀika] *nm* : **le ~** Costa Rica *nt*
costaud, e [kɔsto, od] *adj* (*personne*) stämmig, kräftig; (*objet*) stabil
costume [kɔstym] *nm* (*d'homme*) Anzug *m*; (*de théâtre*) Kostüm *nt*
cotation [kɔtasjɔ̃] *nf* Notierung *f*
cote [kɔt] *nf* (*d'une valeur boursière*) Börsennotierung *f*; (*d'un cheval*) Gewinnquote *f*; (*d'un candidat etc*) Chancen *pl*; (*Géo*) Höhenmarkierung *f*; **~ d'alerte** Hochwassermarke *f*

côte [kot] *nf* (*rivage*) Küste *f*; (*pente*) Gefälle *nt*; (*Anat, Tricot*) Rippe *f*; **~ à ~** Seite an Seite

côté [kote] *nm* Seite *f*; **de tous les ~s** von allen Seiten; **de quel ~ est-il parti ?** in welche Richtung ist er gegangen?; **laisser de ~** beiseitelassen; **mettre de ~** auf die Seite legen; **à ~** nebenan; **à ~ de** neben +*dat*

coteau [kɔto] *nm* Hügel *m*

côtelette [kotlɛt] *nf* Kotelett *nt*

côtier, -ière [kotje, jɛʀ] *adj* Küsten-

cotisant, e [kɔtizɑ̃, ɑ̃t] *nm/f* Beitragszahler(in) *m(f)*

cotisation [kɔtizasjɔ̃] *nf* Beitrag *m* • **cotiser** *vi* : **~ à** seinen Beitrag bezahlen +*dat*

coton [kɔtɔ̃] *nm* Baumwolle *f*; **~ hydrophile** Verbandwatte *f*

Coton-Tige® [kɔtɔ̃tiʒ] (*pl* **Cotons-Tiges**) *nm* Wattestäbchen *nt*

cou [ku] *nm* Hals *m*

couche [kuʃ] *nf* Schicht *f*; (*de bébé*) Windel *f*; **~ jetable** Wegwerfwindel *f* • **couche-culotte** (*pl* **couches-culottes**) *nf* Windel *f*

coucher [kuʃe] *vt* (*mettre au lit*) ins *ou* zu Bett bringen ▶ *vi* schlafen; **se coucher** *vpr* (*pour dormir*) schlafen gehen; (*s'étendre*) sich hinlegen ▶ *nm* : **~ de soleil** Sonnenuntergang *m*; **~ avec qn** mit jdm schlafen

couchette [kuʃɛt] *nf* (*de train*) Liegewagenplatz *m*

coucou [kuku] *nm* Kuckuck *m*

coude [kud] *nm* Ellbogen *m*; (*de route*) Kurve *f*

cou-de-pied [kudpje] (*pl* **cous-de-pied**) *nm* Spann *m*, Rist *m*

coudre [kudʀ] *vt* nähen; (*bouton*) annähen ▶ *vi* nähen

couenne [kwan] *nf* (*porc*) Schwarte *f*

couette [kwɛt] *nf* (*édredon*) Steppdecke *f*

couffin [kufɛ̃] *nm* Körbchen *nt*

couler [kule] *vi* fließen; (*fuir*) auslaufen, lecken; (*sombrer : bateau*) untergehen ▶ *vt* (*bateau*) versenken

couleur [kulœʀ] *nf* Farbe *f*; **couleurs** *nfpl* (*du teint*) Gesichtsfarbe *f*; **film/télévision en ~(s)** Farbfilm *m*/-fernsehen *nt*

couleuvre [kulœvʀ] *nf* Ringelnatter *f*

coulisse [kulis] *nf* (*Tech*) Führungsleiste *f*; **coulisses** *nfpl* (*Théât*) Kulisse *f*

couloir [kulwaʀ] *nm* Gang *m*

MOT-CLÉ

coup [ku] *nm* **1** Schlag *m*; **~ de poing** Faustschlag *m*; **~ de pied** Fußtritt *m*; **~ de coude** Stoß *m* mit dem Ellbogen; **~ de couteau** Messerstich *m*; **à ~s de hache/marteau** mit der Hacke/dem Hammer; **~ de vent** Windstoß *m*; **en ~ de vent** in Windeseile

2 : **~ franc** Freistoß *m*; **~ de feu** Schuss

3 (*bruit*) Schlag *m*; **~ de sonnette** Klingeln *nt*; **~ de tonnerre** Donner(schlag) *m*

4 (*fam : fois*) Mal *nt*; **d'un seul ~** auf einmal; **du premier ~** auf Anhieb; **du même ~** gleichzeitig; **après ~** hinterher; **à tous les ~s** jedes Mal

5 (*locutions*) : **donner un ~ de balai/chiffon** fegen/staubwischen; **~ dur** harter Schlag *m*; **avoir le ~** den Dreh heraushaben; **être dans le/hors**

du ~ auf dem/nicht auf dem Laufendem sein; **du ~** (*fam*) daraufhin; **boire un ~** einen Schluck trinken; **à ~ sûr** bestimmt, ganz sicher; **sur le ~** auf der Stelle; **sous le ~ de** (*surprise etc*) unter dem Eindruck *+gén*; **tomber sous le ~ de la loi** (*Jur*) eine Straftat sein; **faire un ~ fourré à qn** jdm in den Rücken fallen
6 (*composés*) : **~ de chance** Glücksfall *m*; **~ de crayon** Bleistiftstrich *m*; **~ d'essai** erster Versuch *m*; **~ d'État** Staatsstreich *m*; **~ de fil** Anruf *m*; **donner** *ou* **passer un ~ de fil (à qn)** (jdn) anrufen; **~ de filet** Fang *m*; **~ de foudre** Liebe *f* auf den ersten Blick; **~ de frein** : **donner un ~ de frein** (*Auto*) scharf bremsen; **~ de grâce** Gnadenstoß *m*; **~ de main** : **donner un ~ de main à qn** jdm helfen; **~ de maître** Meisterstück *nt*; **~ d'œil** Blick *m*; **~ de pied** Fußtritt *m*; **~ de pinceau** Pinselstrich *m*; **~ de poing** Faustschlag *m*; **~ de soleil** Sonnenbrand *m*; **~ de téléphone** Anruf *m*; **~ de tête** (*fig*) impulsive Entscheidung *f*; **~ de théâtre** Knalleffekt *m*

coupable [kupabl] *adj* schuldig ▸ *nmf* Schuldige(r) *f(m)*; **~ de** schuldig *+gén*

coupe [kup] *nf* (*à champagne, à fruits*) Schale *f*; (*Sport*) Pokal *m*; (*de cheveux, vêtement*) Schnitt *m*

coupe-faim [kupfɛ̃] (*pl* **coupe-faim(s)**) *nm* Appetitzügler *m*

coupe-gorge [kupgɔʀʒ] *nm inv* gefährliche Gasse *f*

couper [kupe] *vt* schneiden; (*tissu*) zuschneiden; (*tranche, morceau, route, retraite*) abschneiden; (*communication*) unterbrechen; (*eau, courant*) sperren, abstellen ▸ *vi* schneiden; **se couper** *vpr* sich schneiden; **~ le contact** *ou* **l'allumage** die Zündung ausstellen

coupe-vent [kupvɑ̃] (*pl* **coupe-vent(s)**) *nm* Windjacke *f*

couple [kupl] *nm* Paar *nt*; (*époux*) Ehepaar *nt*

couplet [kuplɛ] *nm* (*Mus*) Strophe *f*

coupole [kupɔl] *nf* Kuppel *f*

coupon [kupɔ̃] *nm* (*ticket*) Abschnitt *m*

coupure [kupyʀ] *nf* (*blessure*) Schnitt *m*; **~ d'eau** Abstellen *nt* des Wassers; **~ de courant** Stromsperre *f*

cour [kuʀ] *nf* Hof *m*; (*Jur*) Gericht *nt*

courage [kuʀaʒ] *nm* Mut *m* •**courageux, -euse** *adj* mutig, tapfer

couramment [kuʀamɑ̃] *adv* (*souvent*) oft, häufig; (*parler*) fließend

courant, e [kuʀɑ̃, ɑ̃t] *adj* (*fréquent*) häufig; (*normal*) geläufig, gebräuchlich; (*en cours*) laufend ▸ *nm* (*Élec*) Strom *m*; (*de rivière etc*) Strömung *f*; **être au ~ (de)** auf dem Laufenden sein (über *+acc*); **~ d'air** Durchzug *m*; **~ électrique** (elektrischer) Strom *m*

courbatures [kuʀbatyʀ] *nfpl* Muskelkater *m*

courbe [kuʀb] *nf* Kurve *f* ▸ *adj* gebogen •**courber** *vt* biegen

coureur, -euse [kuʀœʀ, øz] *nm/f* (*cycliste*) Radrennfahrer(in) *m(f)*; (*automobile*) Rennfahrer(in) *m(f)*; (*à pied*) Läufer(in) *m(f)*

courge [kuʀʒ] *nf* Kürbis *m*

courgette [kuʀʒɛt] *nf* Zucchini *f*
courir [kuʀiʀ] *vi* laufen, rennen ▶ *vt* (*danger*) sich aussetzen +*dat*; (*risque*) eingehen
couronne [kuʀɔn] *nf* Krone *f*; (*de fleurs*) Kranz *m* • **couronner** *vt* (*roi*) krönen; (*lauréat, ouvrage*) auszeichnen; (*carrière, efforts*) der Höhepunkt *ou* die Krönung sein von
courriel [kuʀjɛl] *nm* E-Mail *f*; **envoyer qch par ~** etw per E-Mail schicken
courrier [kuʀje] *nm* Post *f*, Briefe *pl*; **~ électronique** E-Mail *f*
courroie [kuʀwa] *nf* Riemen *m*; **~ de transmission** Antriebsriemen *m*
cours [kuʀ] *nm* Kurs *m*; (*leçon*) Unterrichtsstunde *f*; **en ~** laufend; **en ~ de route** unterwegs; **au ~ de** im Verlauf +*gén*; **~ d'eau** Wasserweg *m*; **~ du soir** Abendkurs *m*
course [kuʀs] *nf* (*action de courir*) Wettlauf *m*; (*épreuve*) Rennen *nt*; (*d'un taxi, autocar*) Fahrt *f*; **courses** *nfpl* (*achats*) Einkäufe *pl*; **faire les** *ou* **ses ~s** einkaufen gehen
court, e [kuʀ, kuʀt] *adj* kurz ▶ *nm* (*de tennis*) (Tennis)platz *m* • **court-bouillon** (*pl* **courts-bouillons**) *nm* Fischbouillon *f* • **court-circuit** (*pl* **courts-circuits**) *nm* Kurzschluss *m* • **court-circuiter** *vt* (*fig*) umgehen
courtier, -ière [kuʀtje, jɛʀ] *nm/f* Makler(in) *m(f)*
courtiser [kuʀtize] *vt* den Hof machen +*dat*
courtois, e [kuʀtwa, waz] *adj* höflich • **courtoisie** *nf* Höflichkeit *f*
couscous [kuskus] *nm* Kuskus *m* *ou nt*
cousin, e [kuzɛ̃, in] *nm/f* Vetter *m*, Cousine *f*
coussin [kusɛ̃] *nm* Kissen *nt*
cousu, e [kuzy] *pp de* **coudre**
coût [ku] *nm* Kosten *pl*; **le ~ de la vie** die Lebenshaltungskosten *pl*
coûtant [kutɑ̃] *adj m* : **au prix ~** zum Selbstkostenpreis
couteau, x [kuto] *nm* Messer *nt*; **~ à cran d'arrêt** Klappmesser *nt*
coûter [kute] *vt, vi* kosten; **~ cher** teuer sein; **combien ça coûte ?** wie viel kostet das? • **coûteux, -euse** *adj* teuer
coutume [kutym] *nf* Sitte *f*, Brauch *m*
couture [kutyʀ] *nf* (*activité*) Nähen *nt*; (*points*) Naht *f* • **couturier** *nm* Modeschöpfer *m* • **couturière** *nf* Schneiderin *f*
couvent [kuvɑ̃] *nm* Kloster *nt*
couver [kuve] *vt* ausbrüten
couvercle [kuvɛʀkl] *nm* Deckel *m*
couvert, e [kuvɛʀ, ɛʀt] *adj* (*ciel, temps*) bedeckt, bewölkt ▶ *nm* (*ustensile*) Besteck *nt*; (*place à table*) Gedeck *nt*; **mettre le ~** den Tisch decken
couverture [kuvɛʀtyʀ] *nf* (*de lit*) Decke *f*; (*de livre*) Einband *m*
couveuse [kuvøz] *nf* (*pour bébé*) Brutkasten *m*
couvre-feu [kuvʀəfø] (*pl* **couvre-feux**) *nm* Ausgangssperre *f*
couvre-lit [kuvʀəli] (*pl* **couvre-lits**) *nm* Tagesdecke *f*
couvrir [kuvʀiʀ] *vt* bedecken; **se couvrir** *vpr* (*s'habiller*) sich anziehen
covoiturage [kovwatyʀaʒ] *nm* (*déplacement en commun*) Fahrgemeinschaft *f*; (*voiture en commun*) Carsharing *nt*
CQFD [sekyɛfde] *abr* (= *ce qu'il fallait démontrer*) QED

crabe [kʀab] *nm* Krabbe *f*
cracher [kʀaʃe] *vi* spucken ▶ *vt* ausspucken
crachin [kʀaʃɛ̃] *nm* Sprühregen *m*
crack [kʀak] *nm* (*drogue*) Crack *nt*
cradingue [kʀadɛ̃g], **crade** [kʀad] *adj* dreckig
craie [kʀɛ] *nf* Kreide *f*
craindre [kʀɛ̃dʀ] *vt* fürchten, sich fürchten vor; (*chaleur, froid*) nicht vertragen; **~ que** befürchten, dass
crainte [kʀɛ̃t] *nf* Furcht *f*; **soyez sans ~** nur keine Angst; **de ~ de/que** aus Furcht vor/aus Furcht, dass
craintif, -ive [kʀɛ̃tif, iv] *adj* furchtsam, ängstlich
cramoisi, e [kʀamwazi] *adj* puterrot
crampe [kʀɑ̃p] *nf* Krampf *m*
crampon [kʀɑ̃pɔ̃] *nm* Steigeisen *nt*
cramponner [kʀɑ̃pɔne] : **se ~ (à)** *vpr* sich klammern (an +*acc*)
cran [kʀɑ̃] *nm* (*entaille*) Kerbe *f*, Einschnitt *m*; (*courage*) Schneid *m*, Mumm *m*; **~ d'arrêt** *ou* **de sûreté** Sicherung *f*
crâne [kʀɑn] *nm* Schädel *m*
crapaud [kʀapo] *nm* Kröte *f*
crapule [kʀapyl] *nf* Schuft *m*
crapuleux, -euse [kʀapylø, øz] *adj* : **crime ~** scheußliches Verbrechen *nt*
craquement [kʀakmɑ̃] *nm* Krachen *nt* • **craquer** *vi* (*bruit*) knacken, knarren; (*fil, couture*) (zer)reißen; (*branche*) brechen
crasse [kʀas] *nf* Schmutz *m*, Dreck *m*
crasseux, -euse [kʀasø, øz] *adj* dreckig, schmutzig
cravate [kʀavat] *nf* Krawatte *f*
crawl [kʀol] *nm* Kraulen *nt*
crayon [kʀɛjɔ̃] *nm* Bleistift *m*; **~ à bille** Kugelschreiber *m*; **~ de couleur** Farbstift *m* • **crayon-feutre** (*pl* **crayons-feutres**) *nm* Filzstift *m*
créancier, -ière [kʀeɑ̃sje, jɛʀ] *nm/f* Gläubiger(in) *m(f)*
créateur, -trice [kʀeatœʀ, tʀis] *nm/f* Schöpfer(in) *m(f)*
créatif, -ive [kʀeatif, iv] *adj* kreativ
création [kʀeasjɔ̃] *nf* Schöpfung *f*; (*d'entreprise, emplois etc*) Schaffung *f*; (*nouvelle robe, voiture etc*) Kreation *f*
créativité [kʀeativite] *nf* Kreativität *f*
créature [kʀeatyʀ] *nf* Lebewesen *nt*
crèche [kʀɛʃ] *nf* Krippe *f*
crédibilité [kʀedibilite] *nf* Glaubwürdigkeit *f* • **crédible** *adj* glaubwürdig
crédit [kʀedi] *nm* (*prêt*) Kredit *m*; (*d'un compte bancaire*) Guthaben *nt*; (*confiance*) Glaube *m*; **payer à ~** in Raten zahlen; **acheter à ~** auf Kredit kaufen • **crédit-bail** (*pl* **crédits-bails**) *nm* Leasing *nt* • **créditer** *vt* : **~ un compte d'une somme** einem Konto einen Betrag gutschreiben
credo [kʀedo] *nm* Glaubensbekenntnis *nt*
créer [kʀee] *vt* schaffen; (*problème, besoins etc aussi*) verursachen
crémaillère [kʀemajɛʀ] *nf* : **chemin de fer à ~** Zahnradbahn *f*
crème [kʀɛm] *nf* (*du lait*) Sahne *f*; (*de beauté, entremets*) Creme *f* ▶ *adj inv* cremefarben; **un (café) ~** ein Kaffee *m* mit Milch; **~ Chantilly** *ou* **fouettée** Schlagsahne *f* • **crémerie** *nf* Milchhandlung *f*
créneau, x [kʀeno] *nm* (*de fortification*) Zinne *f*; (*Comm*) Marktlücke *f*; (*TV*) Sendeplatz *m*; **faire un ~** sein Auto rückwärts (in eine Lücke) einparken

crêpe [kʀɛp] *nf* (*galette*) (dünner) Pfannkuchen *m*, Crêpe *f* ▶ *nm* (*tissu*) Krepp *m* • **crêperie** *nf* Crêperie *f*
crépu, e [kʀepy] *adj* kraus, gekräuselt
crépuscule [kʀepyskyl] *nm* (Abend)dämmerung *f*
cresson [kʀesɔ̃] *nm* Brunnenkresse *f*
crête [kʀɛt] *nf* Kamm *m*
creuser [kʀøze] *vt* (*trou, tunnel*) graben; (*sol*) graben in +*dat*; (*fig* : *approfondir*) vertiefen; **se creuser** *vpr* : **se ~ la cervelle** *ou* **la tête** sich *dat* den Kopf zerbrechen
creux, creuse [kʀø, kʀøz] *adj* hohl; (*assiette*) tief ▶ *nm* Loch *nt*
crevaison [kʀəvɛzɔ̃] *nf* Reifenpanne *f*
crevant, e [kʀəvɑ̃, ɑ̃t] (*fam*) *adj* (*fatigant*) ermüdend; (*amusant*) umwerfend komisch
crevasse [kʀəvas] *nf* Spalte *f*; (*de glacier*) Gletscherspalte *f*; (*sur la peau*) Schrunde *f*, Riss *m*
crevé, e [kʀəve] *adj* (*pneu*) platt; **je suis ~** (*fam*) ich bin fix und fertig *ou* total kaputt
crever [kʀəve] *vt* (*ballon, tambour*) zerplatzen lassen ▶ *vi* (*pneu*) platzen; (*automobiliste*) einen Platten haben; (*abcès, nuage*) aufbrechen
crevette [kʀəvɛt] *nf* : **~ (rose)** Krabbe *f*; **~ grise** Garnele *f*, Krevette *f*
cri [kʀi] *nm* Schrei *m*; (*appel*) Ruf *m*
criard, e [kʀijaʀ, kʀijaʀd] *adj* (*couleur*) grell; (*voix*) kreischend
crible [kʀibl] *nm* Sieb *nt*; **passer qch au ~** etw durchsieben
cric [kʀik] *nm* Wagenheber *m*
crier [kʀije] *vi* schreien ▶ *vt* (*ordre*) brüllen
crime [kʀim] *nm* Verbrechen *nt*
criminalité [kʀiminalite] *nf* Kriminalität *f*
criminel, le [kʀiminɛl] *nm/f* Kriminelle(r) *f(m)*, Verbrecher(in) *m(f)*
crinière [kʀinjɛʀ] *nf* Mähne *f*
crique [kʀik] *nf* kleine Bucht *f*
criquet [kʀikɛ] *nm* Grille *f*
crise [kʀiz] *nf* Krise *f*; **~ cardiaque** Herzanfall *m*; **~ de foie** Leberbeschwerden *pl*
crisper [kʀispe] *vt* (*visage*) verzerren; (*muscle*) anspannen; **se crisper** *vpr* sich verkrampfen
cristal, -aux [kʀistal, o] *nm* Kristall *nt*; **~ de roche** Bergkristall *nt* • **cristallin, e** *adj* kristallklar ▶ *nm* Augenlinse *f* • **cristalliser** *vi* (*aussi* : **se cristalliser**) sich kristallisieren
critère [kʀitɛʀ] *nm* Kriterium *nt*
critique [kʀitik] *nf* Kritik *f* ▶ *nmf* Kritiker(in) *m(f)* • **critiquer** *vt* kritisieren
croate [kʀɔat] *adj* kroatisch; **C~** *nmf* Kroate *m*, Kroatin *f*
Croatie [kʀɔasi] *nf* : **la ~** Kroatien *nt*
crochet [kʀɔʃɛ] *nm* Haken *m*; (*tige, clef*) Dietrich *m*; (*détour*) Abstecher *m*; (*Tricot : aiguille*) Häkelnadel *f*; (*: technique*) Häkeln *nt*
crocodile [kʀɔkɔdil] *nm* Krokodil *nt*; (*peau*) Krokodilleder *nt*
crocus [kʀɔkys] *nm* Krokus *m*
croire [kʀwaʀ] *vt* glauben; (*personne*) glauben +*dat*; **~ que** glauben, dass; **~ à** *ou* **en** glauben an +*acc*
croisade [kʀwazad] *nf* Kreuzzug *m*
croisement [kʀwazmɑ̃] *nm* Kreuzung *f*
croiser [kʀwaze] *vt* (*personne, voiture*) begegnen +*dat*; (*route, Biol*) kreuzen ▶ *vi* (*Naut*) kreuzen;

se croiser *vpr* (*personnes, véhicules*) einander begegnen; (*routes, lettres*) sich kreuzen • **croisière** *nf* Kreuzfahrt *f*

croissance [kʀwasɑ̃s] *nf* Wachstum *nt*

croissant, e [kʀwasɑ̃, ɑ̃t] *adj* wachsend, zunehmend ▶ *nm* (*à manger*) Croissant *nt*, Hörnchen *nt*; **~ de lune** Mondsichel *f*

croître [kʀwatʀ] *vi* wachsen; (*fig*) zunehmen

croix [kʀwa] *nf* Kreuz *nt*; **la C~ Rouge** das Rote Kreuz

croquant, e [kʀɔkɑ̃, ɑ̃t] *adj* knackig

croque-madame [kʀɔkmadam] *nm inv überbackener Käsetoast mit Schinken und Spiegelei* • **croque-monsieur** *nm inv überbackener Käsetoast mit Schinken* • **croque-mort** (*pl* **croque-morts**) (*fam*) *nm* Sargträger *m* • **croquer** *vt* (*manger*) knabbern; (*dessiner*) skizzieren ▶ *vi* : **chocolat à ~** Bitterschokolade *f*

croquis [kʀɔki] *nm* Skizze *f*

cross [kʀɔs] [kʀɔskuntʀi] *nm* Querfeldeinrennen *nt*, Geländelauf *m*

crotte [kʀɔt] *nf* Kot *m*; **~ !** (*fam*) Mist! • **crotté, e** *adj* dreckig

crottin [kʀɔtɛ̃] *nm* (*de cheval*) Pferdeäpfel *pl*; (*fromage*) *kleiner Ziegenkäse*

crouler [kʀule] *vi* (*s'effondrer*) einstürzen; (*être délabré*) verfallen; **~ sous (le poids de) qch** unter dem Gewicht einer Sache *gén* zusammenbrechen

croupe [kʀup] *nf* Kruppe *f*; **monter en ~** hinten aufsitzen

croupier [kʀupje] *nm* Croupier *m*

croupir [kʀupiʀ] *vi* (*eau*) faulen; (*personne*) stagnieren

croustillant, e [kʀustijɑ̃, ɑ̃t] *adj* knusprig; (*histoire*) pikant

croûte [kʀut] *nf* (*du fromage*) Rinde *f*; (*du pain*) Kruste *f*; **en ~** (*Culin*) im Teigmantel; **~ au fromage** Käsetoast *m*; **~ aux champignons** Champignontoast *m* • **croûton** *nm* (*Culin*) Crouton *m*; (*bout du pain*) Brotkanten *m*

croyant, e [kʀwajɑ̃, ɑ̃t] *adj* : **être/ne pas être ~** gläubig/ungläubig sein ▶ *nm/f* (*Rel*) Gläubige(r) *f(m)*

CRS [seɛʀɛs] *sigle m* (= *Compagnies républicaines de sécurité*) ≈ Bereitschaftspolizist *m*

cru, e [kʀy] *pp de* **croire** ▶ *adj* (*non cuit*) roh ▶ *nm* (*vignoble*) (Wein)lage *f*; (*vin*) Wein(sorte *f*) *m*

crû [kʀy] *pp de* **croître**

cruauté [kʀyote] *nf* Grausamkeit *f*

cruche [kʀyʃ] *nf* Krug *m*

crucial, e, -aux [kʀysjal, jo] *adj* entscheidend

crucifix [kʀysifi] *nm* Kruzifix *nt*

crudités [kʀydite] *nfpl* Rohkostplatte *f* (*als Vorspeise*)

cruel, le [kʀyɛl] *adj* grausam

crustacés [kʀystase] *nmpl* (*Culin*) Meeresfrüchte *pl*

crypte [kʀipt] *nf* Krypta *f*

CSA [seɛsa] *sigle f* (= *Conseil supérieur de l'audiovisuel*) *Fernseh-Aufsichtsgremium*

Cuba [kyba] *nf ou nm* Kuba *nt*

cube [kyb] *nm* Würfel *m*; **mètre ~** Kubikmeter *m*

cubique [kybik] *adj* würfelförmig

cueillette [kœjɛt] *nf* Ernte *f* • **cueillir** *vt* pflücken

cuiller [kɥijɛʀ] *nf* Löffel *m*; **~ à café** Kaffeelöffel, Teelöffel; **~ à soupe** Esslöffel

cuir [kɥiʀ] *nm* Leder *nt*

cuire [kɥiʀ] *vt* (*aliments*) kochen; (*au four*) backen

cuisine [kɥizin] *nf* Küche *f*; **faire la ~** kochen • **cuisiner** *vt* zubereiten ▸ *vi* kochen • **cuisinier, -ière** *nm/f* Koch *m*, Köchin *f*
cuissard [kɥisaʀ] *nm* Radlerhose *f*
cuisse [kɥis] *nf* Oberschenkel *m*; (*de mouton*) Keule *f*; (*de poulet*) Schlegel *m*
cuit, e [kɥi, kɥit] *adj* (*légumes*) gekocht; (*pain*) gebacken; **bien ~** gut durchgebraten
cuivre [kɥivʀ] *nm* Kupfer *nt*
cul [ky] (*fam !*) *nm* Arsch *m* (*fam !*)
culasse [kylas] *nf* (*Auto*) Zylinderkopf *m*
culbute [kylbyt] *nf* (*en jouant*) Purzelbaum *m*; (*accidentelle*) Sturz *m* • **culbuteur** *nm* (*Auto*) Unterbrecherhebel *m*
cul-de-sac [kydsak] (*pl* **culs-de-sac**) *nm* Sackgasse *f*
culinaire [kylinɛʀ] *adj* kulinarisch
culminant [kylminɑ̃] *adj* : **point ~** höchster Punkt *m* • **culminer** *vi* den höchsten Punkt erreichen
culot [kylo] *nm* (*d'ampoule*) Sockel *m*; (*effronterie*) Frechheit *f*
culotte [kylɔt] *nf* (*pantalon*) Kniehose *f*; **petite ~** (*slip*) Schlüpfer *m*
culpabiliser [kylpabilize] *vt* : **~ qn** jdm Schuldgefühle geben
culpabilité [kylpabilite] *nf* Schuld *f*
culte [kylt] *nm* Verehrung *f*, Kult *m*; (*service*) Gottesdienst *m*
cultivateur, -trice [kyltivatœʀ, tʀis] *nm/f* Landwirt(in) *m(f)*
cultivé, e [kyltive] *adj* (*terre*) bebaut; (*personne*) kultiviert, gebildet • **cultiver** *vt* (*terre*) bebauen, bestellen; (*légumes etc*) anbauen, anpflanzen; (*esprit, mémoire*) entwickeln
culture [kyltyʀ] *nf* Kultur *f*; (*du blé etc*) Anbau *m*
culturel, le [kyltyʀɛl] *adj* kulturell
culturisme [kyltyʀism] *nm* Bodybuilding *nt*
cumin [kymɛ̃] *nm* Kümmel *m*
cumuler [kymyle] *vt* (*emplois, honneurs*) gleichzeitig innehaben; (*salaires*) gleichzeitig beziehen
cupide [kypid] *adj* habgierig
cure [kyʀ] *nf* Kur *f*; **~ de désintoxication** Entziehungskur *f*; **~ thermale** Badekur *f*
curé [kyʀe] *nm* Pfarrer *m*
cure-dents [kyʀdɑ̃] *nm* Zahnstocher *m*
curer [kyʀe] *vt* säubern
curieusement [kyʀjøzmɑ̃] *adv* merkwürdigerweise
curieux, -euse [kyʀjø, jøz] *adj* (*étrange*) eigenartig, seltsam; (*indiscret, intéressé*) neugierig ▸ *nmpl* (*badauds*) Schaulustige *pl*
curiosité [kyʀjozite] *nf* Neugier(de) *f*; (*site*) Sehenswürdigkeit *f*
curriculum vitae [kyʀikylɔmvite] *nm inv* Lebenslauf *m*
curseur [kyʀsœʀ] *nm* (*Inform*) Cursor *m*; **position du ~** Schreibstelle *f*
cursus [kyʀsys] *nm* Studiengang *m*
cuve [kyv] *nf* Bottich *m*
cuvée [kyve] *nf* Jahrgang *m*
cuvette [kyvɛt] *nf* Becken *nt*
CV [seve] *sigle m* = **curriculum vitae**
cybercafé [sibɛʀkafe] *nm* Internet-Café *nt* • **cybercriminalité** *nf* Internetkriminalität *f* • **cyberespace** *nm* Cyberspace *m*
cyclable [siklabl] *adj* : **piste ~** Radweg *m*

C

cyclamen [siklamɛn] *nm* Alpenveilchen *nt*

cycle [sikl] *nm* Kreislauf *m*

cyclisme [siklism] *nm* Radfahren *nt*; (*Sport*) Radrennfahren *nt* • **cycliste** *nmf* Radfahrer(in) *m(f)*

cyclomoteur [siklɔmɔtœʀ] *nm* Mofa *nt* (*bis 50 Kubik*) • **cyclomotoriste** *nmf* Mofafahrer(in) *m(f)*

cyclone [siklon] *nm* Wirbelsturm *m*

cyclotourisme [siklotuʀism(ə)] *nm* Fahrradtourismus *m*

cygne [siɲ] *nm* Schwan *m*

cylindre [silɛ̃dʀ] *nm* Zylinder *m* • **cylindrée** *nf* Hubraum *m*

cymbale [sɛ̃bal] *nf* Becken *nt*

cynique [sinik] *adj* zynisch

cynisme [sinism] *nm* Zynismus *m*

cyprès [sipʀɛ] *nm* Zypresse *f*

cystite [sistit] *nf* Blasenentzündung *f*

d

d' [d] *prép voir* **de**

dactylo [daktilo] *nf* Stenotypistin *f*

dada [dada] *nm* Steckenpferd *nt*

dahlia [dalja] *nm* Dahlie *f*

daigner [deɲe] *vt* : **~ faire qch** sich (dazu) herablassen, etw zu tun

daim [dɛ̃] *nm* Damhirsch *m*; (*peau*) Wildleder *nt*

dalle [dal] *nf* (Stein)platte *f*

dame [dam] *nf* Dame *f*; **dames** *nfpl* (*jeu*) Dame(spiel) *nt* • **damier** *nm* (*dessin*) Schachbrettmuster *nt*

damner [dɑne] *vt* verdammen

dancing [dɑ̃siŋ] *nm* Tanzlokal *nt*

Danemark [danmaʀk] *nm* : **le ~** Dänemark *nt*

danger [dɑ̃ʒe] *nm* Gefahr *f* • **dangereux, -euse** *adj* gefährlich

danois, e [danwa, waz] *adj* dänisch ▸ *nm/f* : **D~, e** Däne *m*, Dänin *f*

MOT-CLÉ

dans [dɑ̃] *prép* **1** (*lieu : sans mouvement*) in +*dat*; **~ le tiroir** in der Schublade; **~ la rue** auf der Straße

2 (*lieu : avec mouvement*) in +*acc*; **mettre une lettre ~ une**

enveloppe einen Brief in einen Umschlag stecken; **~ la rue** auf die Straße
3 (*lieu : provenance*) aus; **je l'ai pris ~ le tiroir/salon** ich habe es aus der Schublade/dem Wohnzimmer geholt; **boire ~ un verre** aus einem Glas trinken
4 (*temps*) in +*dat*; **~ deux mois** in zwei Monaten; **~ quelques jours** in einigen Tagen

danse [dɑ̃s] *nf* Tanz *m*; (*activité*) Tanzen *nt* • **danser** *vt, vi* tanzen • **danseur, -euse** *nm/f* Tänzer(in) *m(f)*
Danube [danyb] *nm* Donau *f*
dard [daʀ] *nm* Stachel *m*
dare-dare [daʀdaʀ] (*fam*) *adv* auf die Schnelle
darne [daʀn] *nf* (Fisch)steak *nt*
date [dat] *nf* Datum *nt*; **de longue ~** langjährig; **~ limite** (Schluss)termin *m*; **~ de naissance** Geburtsdatum *nt* • **dater** *vt* datieren ▶ *vi* veraltet sein; **~ de** stammen aus; **à ~ de juin** von Juni an
datte [dat] *nf* Dattel *f*
dauphin [dofɛ̃] *nm* Delfin *m*; (*Hist*) Dauphin *m*
davantage [davɑ̃taʒ] *adv* mehr; **~ de** mehr
DDASS [das] *sigle f* (= *Direction départementale de l'action sanitaire et sociale*) ≈ Sozialamt *nt*

MOT-CLÉ

de [də] (*de* + *le* = **du**, *de* + *les* = **des**) *prép* 1 (*appartenance*) +*gén*; **le toit de la maison** das Dach des Hauses; **la voiture d'Anna** Annas Auto
2 (*moyen*) : **suivre des yeux** mit den Augen folgen
3 (*provenance, point de départ*) aus; **il vient de Londres/d'Angleterre** er kommt aus London/England
4 (*caractérisation, mesure*) : **un mur de brique** eine Mauer aus Backsteinen; **un billet de 50 euros** eine 50-Euro-Note; **12 mois de crédit/travail** 12 Monate Kredit/Arbeit; **un bébé de 10 mois** ein 10 Monate altes Baby; **être payé 20 euros de l'heure** 20 Euro pro Stunde *ou* die Stunde bekommen; **de nos jours** heutzutage
5 (*cause*) : **elle est morte d'une pneumonie** sie ist an einer Lungenentzündung gestorben
6 (*avec infinitif*) zu; **il refuse de parler** er weigert sich zu reden
▶ *art* 1 (*phrases affirmatives et interrogatives*) : **du vin/de l'eau/des pommes** Wein/Wasser/Äpfel; **pendant des mois** monatelang; **y a-t-il du vin ?** ist Wein da?
2 (*phrases négatives et interro-négatives*) : **il ne veut pas d'enfants/de femme** er möchte keine Kinder/keine Frau; **il n'a pas de chance** er hat kein Glück

dé [de] *nm* Würfel *m*; (*à coudre*) Fingerhut *m*
dealer [dilœʀ] *nm* (*fam*) Dealer *m*
débâcle [debɑkl] *nf* (*dégel*) Eisschmelze *f*; (*Mil*) Debakel *nt*
déballer [debale] *vt* auspacken
débarbouiller [debaʀbuje] : **se débarbouiller** *vpr* sich waschen
débardeur [debaʀdœʀ] *nm* Docker *m*; (*maillot*) Pullunder *m*
débarquement [debaʀkəmɑ̃] *nm* (*de personnes*) Aussteigen *nt*; (*arrivée*) Ankunft *f*; (*de marchandises*) Entladen *nt*; (*Mil*) Landung *f*

débarquer [debaʀke] *vt* ausladen ▶ *vi* von Bord gehen
débarras [debaʀɑ] *nm* Rumpelkammer *f*; **bon ~ !** den/die/das sind wir glücklich los! • **débarrasser** *vt* (*local*) räumen; (*la table*) abräumen; **~ qn de qch** jdm etw abnehmen
débat [deba] *nm* Debatte *f*
débattre [debatʀ] *vt* diskutieren *ou* debattieren über *+acc*; **se débattre** *vpr* kämpfen
débit [debi] *nm* (*de rivière, barrage etc*) Flussvolumen *nt*; **~ de boissons** (Getränke)ausschank *m*; **~ de tabac** Tabakladen *m* • **débiter** *vt* (*compte*) belasten • **débiteur, -trice** *nm/f* Schuldner(in) *m(f)*
déblayer [debleje] *vt* räumen
débloquer [deblɔke] *vt* losmachen ▶ *vi* (*fam*) dummes Zeug daherreden
débogage [debɔgaʒ] *nm* (*Inform*) Fehlerbeseitigung *f* • **déboguer** *vt* (*Inform*) debuggen
déboires [debwaʀ] *nmpl* Rückschläge *pl*
déboisement [debwazmɑ̃] *nm* Abholzen *nt* • **déboiser** *vt* abholzen
déboîter [debwate] *vi* (*Auto*) ausscheren; **se déboîter** *vpr* (*genou etc*) sich *dat* ausrenken *ou* auskugeln
débordé, e [debɔʀde] *adj* : **être ~** überlastet sein
déborder [debɔʀde] *vi* (*rivière*) über die Ufer treten; (*eau, lait*) überlaufen
débouché [debuʃe] *nm* (*marché*) Absatzmarkt *m*; (*perspectives d'emploi*) (Berufs)aussichten *pl*; **au ~ de la vallée** am Ausgang des Tales
déboucher [debuʃe] *vt* frei machen; (*bouteille*) entkorken ▶ *vi* (*aboutir*) herauskommen; **~ sur** (*fig*) hinführen auf *+acc*
débourser [debuʀse] *vt* ausgeben
debout [d(ə)bu] *adv* : **être ~** stehen; (*levé, éveillé*) auf sein; **~ !** aufstehen!
déboutonner [debutɔne] *vt* aufknöpfen
débraillé, e [debʀaje] *adj* schlampig
débrancher [debʀɑ̃ʃe] *vt* abschalten
débrayage [debʀɛjaʒ] *nm* (*Auto*) Kupplung *f* • **débrayer** *vi* (*Auto*) kuppeln
débris [debʀi] *nm* Scherbe *f*
débrouillard, e [debʀujaʀ, aʀd] *adj* einfallsreich, findig • **débrouiller** *vt* klären; **se débrouiller** *vpr* zurechtkommen
début [deby] *nm* Anfang *m*, Beginn *m* • **débutant, e** *nm/f* Anfänger(in) *m(f)* • **débuter** *vi* anfangen
décaféiné, e [dekafeine] *adj* koffeinfrei
décalage [dekalaʒ] *nm* (*écart*) Unterschied *m*; **~ horaire** Zeitverschiebung *f*
décaler [dekale] *vt* verschieben; **~ de 10 cm** um 10 cm verschieben
décapiter [dekapite] *vt* köpfen
décapotable [dekapɔtabl] *adj*, *nf* : **(voiture) ~** Kabriolett *nt*
décapsuleur [dekapsylœʀ] *nm* Flaschenöffner *m*
décédé, e [desede] *adj* verstorben
déceler [des(ə)le] *vt* entdecken
décembre [desɑ̃bʀ] *nm* Dezember *m*
décence [desɑ̃s] *nf* Anstand *m* • **décent, e** *adj* anständig

décentralisation [desɑ̃tʀalizasjɔ̃] *nf* Dezentralisierung *f* • **décentraliser** *vt* dezentralisieren
déception [desɛpsjɔ̃] *nf* Enttäuschung *f*
décès [desɛ] *nm* Ableben *nt*
décevoir [des(ə)vwaʀ] *vt* enttäuschen
déchaîner [deʃene] *vt* auslösen; **se déchaîner** *vpr* (*tempête*) losbrechen; (*mer*) toben
décharge [deʃaʀʒ] *nf* (*dépôt d'ordures*) Mülldeponie *f*; (*aussi* : **décharge électrique**) Schock *m*; **à la ~ de** zur Entlastung von • **décharger** *vt* entladen
déchéance [deʃeɑ̃s] *nf* Verfall *m*
déchet [deʃɛ] *nm* Abfall *m*; **~s radioactifs** radioaktiver Müll
déchiffrer [deʃifʀe] *vt* entziffern
déchirer [deʃiʀe] *vt* zerreißen; **se déchirer** *vpr* reißen; **se ~ un muscle/tendon** sich *dat* einen Muskel/eine Sehne zerren
décidé, e [deside] *adj* entschlossen; **c'est ~** es ist beschlossen • **décidément** *adv* wahrhaftig
décider [deside] *vt* beschließen; **se décider** *vpr* sich entschließen; **~ de qch** etw entscheiden
décilitre [desilitʀ] *nm* Deziliter *m* • **décimètre** *nm* Dezimeter *m*
décisif, -ive [desizif, iv] *adj* entscheidend • **décision** *nf* Entscheidung *f*; (*fermeté*) Entschiedenheit *f*
déclaration [deklaʀasjɔ̃] *nf* Erklärung *f*; **~ de décès/naissance** Meldung *f* (eines Todefalles/einer Geburt) • **déclarer** *vt* erklären; (*Admin : revenus, employés etc*) angeben; (*: décès, naissance*) melden; **se déclarer** *vpr* (*feu, maladie*) ausbrechen
déclencher [deklɑ̃ʃe] *vt* auslösen; **se déclencher** *vpr* losgehen
déclic [deklik] *nm* Auslöservorrichtung *f*; (*bruit*) Klicken *nt*
déclin [deklɛ̃] *nm* Niedergang *m*
déclinaison [deklinɛzɔ̃] *nf* Deklination *f*
décliner [dekline] *vi* (*santé*) sich verschlechtern; (*jour*) sich neigen; (*soleil*) sinken ▸ *vt* (*invitation, responsabilité*) ablehnen; (*identité*) angeben; (*Ling*) deklinieren
décoder [dekɔde] *vt* decodieren • **décodeur** *nm* Decoder *m*
décoiffer [dekwafe] *vt* : **~ qn** jdm die Haare zerzausen
décoincer [dekwɛ̃se] *vt* (*fam*) entspannen
décollage [dekɔlaʒ] *nm* (*avion*) Abflug *m* • **décoller** *vt* lösen ▸ *vi* (*avion*) abheben; **se décoller** *vpr* sich lösen
décolleté, e [dekɔlte] *adj* ausgeschnitten ▸ *nm* Dekolleté *nt*
décolorer [dekɔlɔʀe] *vt* bleichen; **se décolorer** *vpr* verblassen
décombres [dekɔ̃bʀ] *nmpl* Ruinen *pl*, Trümmer *pl*
décommander [dekɔmɑ̃de] *vt* abbestellen; (*réception*) absagen; **se décommander** *vpr* absagen
décompacter [dekɔ̃pakte] *vt* (*Inform*) entpacken
décomposer [dekɔ̃poze] *vt* zerlegen; **se décomposer** *vpr* sich zersetzen, verwesen
décompresser [dekɔ̃pʀese] *vt* dekomprimieren
décompte [dekɔ̃t] *nm* (*déduction*) Abzug *m*; (*facture détaillée*) aufgeschlüsselte Rechnung *f*
décongeler [dekɔ̃ʒ(ə)le] *vt* auftauen

décongestionner [dekɔ̃ʒɛstjɔne] *vt* (*Méd*) abschwellen lassen
déconnecté, e [dekɔnɛkte] *adj* (*Inform*) offline, Offline- • **déconnecter** *vpr*: **se déconnecter** sich ausloggen
déconseiller [dekɔ̃seje] *vt* : **~ qch (à qn)** (jdm) von etw abraten
décontamination [dekɔ̃taminasjɔ̃] *nf* Entseuchung *f*
décontracté, e [dekɔ̃tʀakte] *adj* entspannt • **décontracter** *vt* entspannen; **se décontracter** *vpr* sich entspannen
décor [dekɔʀ] *nm* Ausstattung *f*; (*Ciné*) Szene *f*; (*Théât*) Bühnenbild *nt* • **décorateur, -trice** *nm/f* Dekorateur(in) *m(f)* • **décoratif, -ive** *adj* dekorativ • **décoration** *nf* (*ornement*) Schmuck *m* • **décorer** *vt* schmücken
découdre [dekudʀ] *vt* auftrennen; **se découdre** *vpr* aufgehen
découper [dekupe] *vt* (*article*) ausschneiden; (*volaille, viande*) zerteilen
décourager [dekuʀaʒe] *vt* entmutigen
découvert, e [dekuvɛʀ, ɛʀt] *adj* bloß; (*lieu*) kahl, nackt ▶ *nm* (*bancaire*) Kontoüberziehung *f*
découvrir [dekuvʀiʀ] *vt* entdecken; (*enlever ce qui couvre ou protège*) aufdecken; **~ que** entdecken *ou* herausfinden, dass
décret [dekʀɛ] *nm* Verordnung *f* • **décréter** *vt* anordnen
décrire [dekʀiʀ] *vt* beschreiben
décrocher [dekʀɔʃe] *vt* herunternehmen ▶ *vi* (*téléphone*) abnehmen
déçu, e [desy] *pp de* **décevoir**
dédaigner [dedeɲe] *vt* verachten; **~ de faire qch** sich nicht herablassen, etw zu tun
dedans [dədɑ̃] *adv* innen ▶ *nm* Innere(s) *nt*; **là-~** dort drinnen; **au ~** drinnen
dédicacer [dedikase] *vt* mit einer Widmung versehen
dédier [dedje] *vt* : **~ qch à** etw widmen *+dat*
dédommagement [dedɔmaʒmɑ̃] *nm* Entschädigung *f* • **dédommager** *vt* : **~ qn (de)** jdn entschädigen (für)
dédouaner [dedwane] *vt* zollamtlich abfertigen
déduction [dedyksjɔ̃] *nf* (*d'argent*) Abzug *m*
déduire [dedɥiʀ] *vt* : **~ qch (de)** etw abziehen (von)
déesse [deɛs] *nf* Göttin *f*
défaillance [defajɑ̃s] *nf* Schwächeanfall *m*; (*technique*) Versagen *nt*
défaire [defɛʀ] *vt* (*paquet, bagages etc*) auspacken; (*nœud, vêtement*) aufmachen
défait, e [defɛ, ɛt] *adj* (*visage*) verzerrt
défaut [defo] *nm* Fehler *m*; **à ~ de** mangels *+gén*
défavorable [defavɔʀabl] *adj* ungünstig
défavoriser [defavɔʀize] *vt* benachteiligen
défection [defɛksjɔ̃] *nf* Abfall *m*, Abtrünnigwerden *nt*; (*absence*) Nichterscheinen *nt*; **faire ~** abtrünnig werden *+dat*
défectueux, -euse [defɛktɥø, øz] *adj* defekt, fehlerhaft
défendre [defɑ̃dʀ] *vt* (*soutenir*) verteidigen; (*opinion, théorie*) vertreten; (*interdire*) untersagen, verbieten; **se défendre** *vpr* sich verteidigen; **~ à qn de faire qch** jdm verbieten, etw zu tun • **défense** *nf* Verteidigung *f*;

(*protection*) Schutz *m*; (*d'éléphant*) Stoßzahn *m*; **« ~ de fumer/ cracher »** „Rauchen/Spucken verboten" • **défenseur** *nm* Verteidiger *m* • **défensif, -ive** *adj* (*attitude*) defensiv ▶ *nf*: **être sur la défensive** in der Defensive sein
défi [defi] *nm* Herausforderung *f*; (*bravade*) Trotz *m*
défiance [defjɑ̃s] *nf* Misstrauen *nt*
déficit [defisit] *nm* Defizit *nt* • **déficitaire** *adj* Verlust-; (*année, récolte*) schlecht
défier [defje] *vt* herausfordern; (*fig*) trotzen +*dat*; **se défier de** *vpr* (*se méfier*) misstrauen +*dat*
défigurer [defigyʀe] *vt* entstellen
défilé [defile] *nm* (*Géo*) Enge *f* • **défiler** *vi* vorbeiziehen, vorbeimarschieren; **se défiler** *vpr* (*fam*) sich verdrücken
définir [definiʀ] *vt* definieren • **définitif, -ive** *adj* endgültig
définition [definisjɔ̃] *nf* Definition *f*; (*de mots croisés*) Frage *f*; (*TV*) Bildauflösung *f*
définitivement [definitivmɑ̃] *adv* endgültig
déformer [defɔʀme] *vt* aus der Form bringen; (*pensée, fait*) verdrehen; **se déformer** *vpr* sich verformen
défouler [defule]: **se ~** *vpr* sich abreagieren
défragmenter [defʀagmɑ̃te] *vt* (*Inform*) defragmentieren
défunt, e [defœ̃, œ̃t] *adj* verstorben
dégagé, e [degaʒe] *adj* klar; (*ton, air*) lässig, ungezwungen
dégager [degaʒe] *vt* (*délivrer*) befreien; (*désencombrer*) räumen; (*exhaler*) aussenden, ausströmen; **se dégager** *vpr* (*odeur*) sich ausbreiten; (*se libérer*) sich befreien; (*ciel*) sich aufklären
dégâts [degɑ] *nmpl* Schaden *m*
dégel [deʒɛl] *nm* Tauwetter *nt* • **dégeler** *vi* auftauen
dégénéré, e [deʒeneʀe] *adj* degeneriert
dégénérer [deʒeneʀe] *vi* degenerieren; (*violence, situation*) ausarten
dégivrer [deʒivʀe] *vt* abtauen, entfrosten • **dégivreur** *nm* Enteiser *m*
dégonflé, e [degɔ̃fle] *adj* (*pneu*) platt • **dégonfler** *vt* die Luft herauslassen aus
dégorger [degɔʀʒe] *vi*: **faire ~** (*Culin*) (ent)wässern
dégouliner [deguline] *vi* tropfen
dégourdi, e [deguʀdi] *adj* gewitzt, gerissen
dégourdir [deguʀdiʀ]: **se dégourdir** *vpr*: **se ~ les jambes** sich *dat* die Beine vertreten
dégoût [degu] *nm* Ekel *m* • **dégoûtant, e** *adj* widerlich; (*injuste*) gemein • **dégoûter** *vt* anwidern
dégradé [degʀade] *nm* Farbabstufung *f*; (*de coiffure*) Stufenschnitt *m*
dégrader [degʀade] *vt* (*Mil*) degradieren; (*abîmer*) verunstalten; (*avilir*) erniedrigen; **se dégrader** *vpr* (*relations, situation*) sich verschlechtern
degré [dəgʀe] *nm* Grad *m*; (*escalier, échelon*) Stufe *f*; **alcool à 90 ~s** 90-prozentiger Alkohol *m*
dégueulasse [degœlas] (*fam !*) *adj* widerlich
déguisement [degizmɑ̃] *nm* Verkleidung *f* • **déguiser** *vt* verkleiden; **se déguiser** *vpr* sich verkleiden
dégustation [degystasjɔ̃] *nf*: **~ de vin(s)** Weinprobe *f*

déguster [degyste] *vt* (*vin, fromage etc*) probieren; (*savourer*) genießen
dehors [dəɔʀ] *adv* draußen ▶ *nmpl* Äußerlichkeiten *pl*; **mettre** *ou* **jeter ~** hinauswerfen; **en ~** nach draußen
déjà [deʒa] *adv* schon, bereits
déjanté, e [deʒɑ̃te] *adj* (*fam*) ausgeflippt
déjeuner [deʒœne] *vi* zu Mittag essen ▶ *nm* Mittagessen *nt*; **petit ~** Frühstück *nt*
déjouer [deʒwe] *vt* (*complot*) vereiteln; (*attention*) sich entziehen +*dat*
delà [dəla] *adv*: **par-~, au-~ de, en ~ de** jenseits +*gén*
délabrer [delɑbʀe]: **se ~** *vpr* verfallen, herunterkommen
délai [delɛ] *nm* Frist *f*; **sans ~** unverzüglich; **à bref ~** kurzfristig; **dans les ~s** innerhalb der Frist
délasser [delɑse] *vt* entspannen
délavé, e [delave] *adj* verwaschen
delco® [dɛlko] *nm* (*Auto*) Verteiler *m*
délégation [delegasjɔ̃] *nf* (*groupe*) Delegation *f*, Abordnung *f*; (*de pouvoirs, autorité*) Übertragung *f*; **~ de pouvoir** (*document*) Vollmacht *f*
délégué, e [delege] *nm/f* Vertreter(in) *m(f)*; **ministre ~ à la Culture** Minister *m* mit dem Kulturaufgabenbereich
déléguer [delege] *vt* delegieren
délibération [delibeʀasjɔ̃] *nf* (*réflexions*) Beratung *f*
délibéré, e [delibeʀe] *adj* (*conscient*) absichtlich • **délibérément** *adv* mit Absicht, bewusst
délibérer [delibeʀe] *vi* sich beraten
délicat, e [delika, at] *adj* (*odeur, goût*) fein; (*peau, fleur, santé*) zart; (*manipulation, problème*) delikat, heikel; (*attentionné*) feinfühlig • **délicatesse** *nf* Feinfühligkeit *f*
délicieux, -euse [delisjø, jøz] *adj* köstlich; (*sensation, femme, robe*) wunderbar
délimiter [delimite] *vt* abgrenzen
délinquance [delɛ̃kɑ̃s] *nf* Kriminalität *f*; **~ juvénile** Jugendkriminalität *f* • **délinquant, e** *nm/f* Delinquent(in) *m(f)*
délire [deliʀ] *nm* (*fièvre*) Delirium *nt*
délit [deli] *nm* Delikt *nt*, Straftat *f*
délivrer [delivʀe] *vt* entlassen; (*passeport, certificat*) ausstellen; **~ qn de** jdn befreien von
délocaliser [delɔkalize] *vt* ins Ausland verlagern ▶ *vi* auslagern
deltaplane® [dɛltaplan] *nm* Deltaflieger *m*
déluge [delyʒ] *nm* Sintflut *f*
demain [d(ə)mɛ̃] *adv* morgen; **~ matin/midi/soir** morgen früh/ Mittag/Abend; **à ~ !** bis morgen!
demande [d(ə)mɑ̃d] *nf* Forderung *f*; (*Admin: formulaire*) Antrag *m*; **~ d'emploi** (*candidature*) Bewerbung *f*; **« ~s d'emploi »** „Stellengesuche" • **demandé, e** *adj*: **très ~** sehr gefragt • **demander** *vt* bitten um; (*renseignement*) fragen nach; (*salaire*) verlangen; **~ qch à qn** jdn um etw bitten; **~ à qn de faire qch** jdn darum bitten, etw zu tun; **~ que** verlangen, dass; **~ la main de qn** um jds Hand anhalten; **on vous demande au téléphone** Sie werden am Telefon verlangt • **demandeur, -euse** *nm/f*: **~ d'emploi** Stellensuchende(r) *f(m)*

démangeaison [demɑ̃ʒɛzɔ̃] *nf* Jucken *nt* • **démanger** *vi* jucken
démanteler [demɑ̃t(ə)le] *vt* (*bâtiment*) demontieren; (*organisation*) auflösen
démaquillant, e [demakijɑ̃, ɑ̃t] *adj* Reinigungs- • **démaquiller** : **se démaquiller** *vpr* sich abschminken
démarche [demaʀʃ] *nf* (*allure*) Gang *m*; (*intellectuelle etc*) Denkweise *f*; **faire** *ou* **entreprendre des ~s auprès de qn** bei jdm vorstellig werden
démarquer [demaʀke] *vt* (*prix*) heruntersetzen; (*joueur*) freispielen
démarrage [demaʀaʒ] *nm* Anfahren *nt* • **démarrer** *vi* starten ▶ *vt* (*voiture*) anlassen; (*Inform, Tech*) hochfahren • **démarreur** *nm* Anlasser *m*
démêler [demele] *vt* entwirren
démêlés [demele] *nmpl* Auseinandersetzung *f*
déménagement [demenaʒmɑ̃] *nm* Umzug *m*; **camion de ~** Möbelwagen *m* • **déménager** *vi* umziehen
démener [dem(ə)ne] : **se ~** *vpr* (*remuer*) um sich schlagen
dément, e [demɑ̃, ɑ̃t] *adj* irre
démentir [demɑ̃tiʀ] *vt* (*nier*) dementieren; (*contredire*) widerlegen
démerder [demɛʀde] (*fam !*) *vi* : **se ~** sich durchschlagen
démesure [dem(ə)zyʀ] *nf* Maßlosigkeit *f*
démettre [demɛtʀ] : **se démettre** *vpr* (*épaule etc*) sich *dat* ausrenken
demeurant [d(ə)mœʀɑ̃] : **au ~** *adv* im Übrigen
demeure [d(ə)mœʀ] *nf* Wohnung *f*, Wohnsitz *m*; **mettre qn en ~ de faire qch** jdn anweisen, etw zu tun • **demeurer** *vi* (*habiter*) wohnen; (*rester*) bleiben
demi, e [d(ə)mi] *adj* : **trois jours/bouteilles et ~(e)** dreieinhalb Tage/Flaschen ▶ *nm* (*bière*) kleines Bier *nt* ▶ *adv* halb; **il est 2 heures et ~e/midi et ~** es ist halb drei/eins; **à ~** *adj* halb-; **à la ~e** (*heure*) um halb
demi- [d(ə)mi] *préf* Halb- • **demi-cercle** (*pl* **demi-cercles**) *nm* Halbkreis *m* • **demi-douzaine** (*pl* **demi-douzaines**) *nf* halbe(s) Dutzend *nt* • **demi-finale** (*pl* **demi-finales**) *nf* Halbfinale *nt* • **demi-frère** (*pl* **demi-frères**) *nm* Halbbruder *m* • **demi-heure** (*pl* **demi-heures**) *nf* halbe Stunde *f* • **demi-jour** (*pl* **demi-jour(s)**) *nm* Zwielicht *nt* • **demi-journée** (*pl* **demi-journées**) *nf* halbe(r) Tag *m* • **demi-litre** (*pl* **demi-litres**) *nm* halbe(r) Liter *m* • **demi-pension** (*pl* **demi-pensions**) *nf* Halbpension *f* • **demi-sel** *adj inv* (*beurre, fromage*) leicht gesalzen
démission [demisjɔ̃] *nf* Rücktritt *m*, Kündigung *f*; **donner sa ~** seinen Rücktritt erklären • **démissionner** *vi* zurücktreten
demi-tarif [d(ə)mitaʀif] (*pl* **demi-tarifs**) *nm* halber Preis *m*
demi-tour [d(ə)mituʀ] (*pl* **demi-tours**) *nm* Kehrtwendung *f*; **faire ~** umkehren
démocratie [demɔkʀasi] *nf* Demokratie *f*
démocratique [demɔkʀatik] *adj* demokratisch
démodé, e [demɔde] *adj* altmodisch
démographique [demɔgʀafik] *adj* demografisch; **poussée ~** Bevölkerungszuwachs *m*

demoiselle [d(ə)mwazɛl] *nf* Fräulein *nt*; **~ d'honneur** Ehrenjungfrau *f*
démolir [demɔliʀ] *vt* abreißen • **démolition** *nf* (*de bâtiment*) Abbruch *m*; **entreprise de ~** Abbruchunternehmen *nt*
démon [demɔ̃] *nm* Dämon *m*, (kleiner) Teufel *m*
démonstration [demɔ̃stʀasjɔ̃] *nf* Demonstration *f*, Vorführung *f*
démonter [demɔ̃te] *vt* auseinandernehmen
démontrer [demɔ̃tʀe] *vt* beweisen
démoraliser [demɔʀalize] *vt* entmutigen
dénicher [deniʃe] *vt* auftreiben
dénombrer [denɔ̃bʀe] *vt* zählen; (*énumérer*) aufzählen
dénomination [denɔminasjɔ̃] *nf* Bezeichnung *f*
dénommé, e [denɔme] *adj* : **le ~ Dupont** ein gewisser Dupont
dénoncer [denɔ̃se] *vt* (*personne*) anzeigen; **se dénoncer** *vpr* sich stellen • **dénonciation** *nf* Denunziation *f*
dénoter [denɔte] *vt* verraten
dénouement [denumɑ̃] *nm* Ausgang *m*
dénouer [denwe] *vt* aufknoten
dénoyauter [denwajote] *vt* entsteinen
denrée [dɑ̃ʀe] *nf* Lebensmittel *nt*; **~s alimentaires** Nahrungsmittel *pl*
dense [dɑ̃s] *adj* dicht • **densité** *nf* Dichte *f*
dent [dɑ̃] *nf* Zahn *m*; **~ de lait** Milchzahn *m*; **~ de sagesse** Weisheitszahn *m* • **dentaire** *adj* Zahn- • **denté, e** *adj* : **roue ~e** Zahnrad *nt*
dentelé, e [dɑ̃t(ə)le] *adj* gezackt
dentelle [dɑ̃tɛl] *nf* Spitze *f*
dentier [dɑ̃tje] *nm* Gebiss *nt*
dentifrice [dɑ̃tifʀis] *nm* Zahnpasta *f*
dentiste [dɑ̃tist] *nmf* Zahnarzt *m*, Zahnärztin *f*
dentition [dɑ̃tisjɔ̃] *nf* (*dents*) Zähne *pl*
dénucléariser [denykleaʀize] *vt* atomwaffenfrei machen
dénudé, e [denyde] *adj* kahl • **dénuder** *vt* entblößen
dénué, e [denɥe] *adj* : **~ de** ohne
déodorant [deɔdɔʀɑ̃] *nm* Deodorant *nt*
déontologie [deɔ̃tɔlɔʒi] *nf* Berufsethos *nt*
dépannage [depanaʒ] *nm* Reparatur *f*; **service de ~** (*Auto*) Pannendienst *m* • **dépanner** *vt* (*voiture, télévision*) reparieren; (*automobiliste*) (bei einer Panne) helfen +*dat*; (*fam*) aus der Patsche helfen +*dat* • **dépanneuse** *nf* Abschleppwagen *m*
départ [depaʀ] *nm* Abreise *f*; (*Sport*) Start *m*; (*sur un horaire*) Abfahrt *f*; **au ~** zu Beginn
départager [depaʀtaʒe] *vt* entscheiden zwischen +*dat*
département [depaʀtəmɑ̃] *nm* (*de ministère*) Abteilung *f*; (*en France*) Departement *nt*
dépassé, e [depɑse] *adj* veraltet, überholt; (*affolé*) überfordert
dépassement [depɑsmɑ̃] *nm* Überschreitung *f*
dépasser [depɑse] *vt* überholen; (*endroit*) vorübergehen an +*dat*; (*somme, limite fixée, prévisions*) überschreiten ▶ *vi* (*ourlet, jupon*) hervorschauen
dépaysé, e [depeize] *adj* verloren • **dépayser** *vt* verwirren

dépêcher [depeʃe] *vt* senden, schicken; **se dépêcher** *vpr* sich beeilen
dépeindre [depɛ̃dʀ] *vt* schildern
dépénalisation [depenalizasjɔ̃] *nf* Entkriminalisierung *f*
dépendre [depɑ̃dʀ] *vi* : **~ de** abhängen von; (*financièrement*) abhängig sein von; **ça dépend** das kommt ganz drauf an
dépens [depɑ̃] *nmpl* : **aux ~ de qn** auf jds Kosten *acc*
dépense [depɑ̃s] *nf* Ausgabe *f* • **dépenser** *vt* ausgeben; **se dépenser** *vpr* sich anstrengen • **dépensier, -ière** *adj* verschwenderisch
dépérir [depeʀiʀ] *vi* verkümmern
dépeupler [depœple] *vt* entvölkern; **se dépeupler** *vpr* sich entvölkern
dépilatoire [depilatwaʀ] *adj* : **crème/lait ~** Enthaarungscreme *f*/-milch *f*
dépistage [depistaʒ] *nm* (*Méd*) Früherkennung *f* • **dépister** *vt* (*Méd*) erkennen; (*voleur*) finden
dépit [depi] *nm* : **par ~** aus Trotz; **en ~ de** (*malgré*) trotz *+gén* • **dépité, e** *adj* verärgert
déplacé, e [deplase] *adj* (*inopportun*) unangebracht, deplatziert
déplacement [deplasmɑ̃] *nm* (*voyage*) Reise *f* • **déplacer** *vt* umstellen; **se déplacer** *vpr* (*voyager*) verreisen
déplaire [deplɛʀ] *vi* : **~ à qn** jdm nicht gefallen
dépliant [deplijɑ̃] *nm* Faltblatt *nt*
déplier [deplije] *vt* auseinanderfalten; **se déplier** *vpr* (*parachute*) sich entfalten
déplorable [deplɔʀabl] *adj* (*triste*) beklagenswert; (*blâmable*) bedauerlich
déplorer [deplɔʀe] *vt* bedauern
déployer [deplwaje] *vt* (*aile, carte*) ausbreiten; (*troupes*) einsetzen
déposer [depoze] *vt* (*mettre, poser*) legen, stellen; (*à la banque*) einzahlen; (*à la consigne*) aufgeben; (*passager, roi*) absetzen; (*faire enregistrer*) einreichen; **se déposer** *vpr* (*calcaire, poussière*) sich ablagern • **déposition** *nf* Aussage *f*
dépôt [depo] *nm* (*de sable, poussière*) Ablagerung *f*; (*entrepôt, réserve*) (Waren)lager *nt* • **dépotoir** *nm* Müllabladeplatz *m*
dépouille [depuj] *nf* abgezogene Haut *f*; **~ (mortelle)** sterbliche Überreste *pl* • **dépouiller** *vt* (*animal*) häuten; (*personne*) berauben; (*résultats, documents*) sorgfältig durchsehen
dépourvu, e [depuʀvy] *adj* : **~ de** ohne ▸ *nm* : **prendre qn au ~** jdn unvorbereitet finden
dépression [depʀesjɔ̃] *nf* (*Psych*) Depression *f*; (*creux*) Vertiefung *f*; (*Écon*) Flaute *f*; (*Météo*) Tief(druckgebiet) *nt*; **faire une ~ nerveuse** einen Nervenzusammenbruch haben
déprime [depʀim] (*fam*) *nf* : **faire de la ~** ein Tief haben
déprimer [depʀime] *vt* deprimieren
dépt *abr* = **département**

MOT-CLÉ

depuis [dəpɥi] *prép* **1** (*temps*) seit; **il habite Paris ~ 1983** er wohnt seit 1983 in Paris; **~ quand le connaissez-vous ?** seit wann kennen Sie ihn?
2 (*lieu*) : **elle a téléphoné ~ Valence** sie hat aus Valence angerufen

3 *(quantité, rang)* von; **~ les plus petits jusqu'aux plus grands** vom Kleinsten bis zum Größten ▶ *adv* seitdem; **je ne lui ai pas parlé ~** ich habe seitdem *ou* seither nicht mehr mit ihm gesprochen; **~ que** seit; **~ qu'il me l'a dit** seit er es mir gesagt hat

député, e [depyte] *nm* Abgeordnete(r) *f(m)*
dérailler [deʀaje] *vi* entgleisen
dérailleur [deʀajœʀ] *nm* Kettenschaltung *f*
dérangement [deʀɑ̃ʒmɑ̃] *nm* Störung *f*; **en ~** gestört •**déranger** *vt (objets)* durcheinanderbringen; *(personne)* stören
déraper [deʀape] *vi (voiture)* schleudern; *(personne)* ausrutschen
déréglé, e [deʀegle] *adj* : **ma montre est ~e** meine Uhr geht falsch; **le mécanisme est ~** der Mechanismus funktioniert nicht richtig •**déréglementation** *nf* Deregulierung *f* •**dérégler** *vt (mécanisme)* außer Betrieb setzen
déréguler [deʀegyle] *vt* deregulieren
dérision [deʀizjɔ̃] *nf* Spott *m*; **tourner en ~** verspotten •**dérisoire** *adj* lächerlich
dérive [deʀiv] *nf* : **aller à la ~** sich treiben lassen •**dériver** *vi (bateau, avion)* abgetrieben werden
dermatite [dɛʀmatit] *nf* Hautentzündung *f*
dermatologue [dɛʀmatɔlɔg] *nmf* Hautarzt *m*, Hautärztin *f*
dermatose [dɛʀmatoz] *nf* Hautkrankheit *f*
dernier, -ière [dɛʀnje, jɛʀ] *adj* letzte(r, s); **lundi/le mois ~** letzten *ou* vorigen Montag/Monat; **en ~** zuletzt •**dernièrement** *adv* kürzlich
dérober [deʀɔbe] *vt* stehlen; **se dérober** *vpr* sich wegstehlen; **se ~ à** sich entziehen *+dat*
dérouler [deʀule] *vt* aufrollen; **se dérouler** *vpr* stattfinden
déroutant, e [deʀutɑ̃, ɑ̃t] *adj* verwirrend
déroute [deʀut] *nf* Debakel *nt*
derrière [dɛʀjɛʀ] *prép* hinter *+dat*; *(direction)* hinter *+acc* ▶ *adv* hinten ▶ *nm* Rückseite *f*; *(postérieur)* Hinterteil *nt*; **les pattes de ~** die Hinterbeine *pl*; **par ~** von hinten
des [de] *voir* **de**
dès [dɛ] *prép* ab; **~ que** sobald; **~ son retour** gleich nach seiner Rückkehr
désabusé, e [dezabyze] *adj* desillusioniert
désaccord [dezakɔʀ] *nm* Meinungsverschiedenheit *f*
désactiver [dezaktive] *vt (Inform)* deaktivieren
désagréable [dezagʀeabl] *adj* unangenehm; *(personne aussi)* unfreundlich
désagrément [dezagʀemɑ̃] *nm* Unannehmlichkeit *f*
désamorcer [dezamɔʀse] *vt* entschärfen
désapprouver [dezapʀuve] *vt* missbilligen
désarmement [dezaʀməmɑ̃] *nm (d'un pays)* Abrüstung *f*
désarmer [dezaʀme] *vt (personne)* entwaffnen; *(pays)* abrüsten
désarroi [dezaʀwa] *nm* Ratlosigkeit *f*
désastre [dezastʀ] *nm* Katastrophe *f*
désastreux, -euse [dezastʀø, øz] *adj* katastrophal

désavantage [dezavɑ̃taʒ] *nm* Nachteil *m*
descendant, e [desɑ̃dɑ̃, ɑ̃t] *nm/f* Nachkomme *m*
descendre [desɑ̃dʀ] *vt* (*escalier, rue*) hinuntergehen; (*objet*) hinuntertragen, hinunterbringen ▶ *vi* hinuntergehen; (*passager*) aussteigen; (*avion*) absteigen; (*voiture*) hinunterfahren; (*niveau, température, marée*) sinken; **~ de** (*famille*) abstammen von; **~ du train/de cheval** aus dem Zug/ vom Pferd steigen; **~ à l'hôtel** in einem Hotel absteigen • **descente** *nf* Abstieg *m*; (*Ski*) Abfahrt *f*
description [dɛskʀipsjɔ̃] *nf* Beschreibung *f*
désemparé, e [dezɑ̃paʀe] *adj* ratlos
désemparer [dezɑ̃paʀe] *vi*: **sans ~** ununterbrochen
déséquilibre [dezekilibʀ] *nm* Unausgeglichenheit *f*; **en ~** aus dem Gleichgewicht • **déséquilibrer** *vt* aus dem seelischen Gleichgewicht bringen
désert, e [dezɛʀ, ɛʀt] *adj* verlassen ▶ *nm* Wüste *f*
déserter [dezɛʀte] *vi* (*Mil*) desertieren ▶ *vt* verlassen
désespéré, e [dezɛspeʀe] *adj* verzweifelt • **désespérément** *adv* verzweifelt • **désespérer** *vi* verzweifeln; **~ de qn/qch** an jdm/ etw verzweifeln • **désespoir** *nm* Verzweiflung *f*
déshabillé, e [dezabije] *adj* unbekleidet ▶ *nm* Negligé *nt* • **déshabiller** *vt* ausziehen; **se déshabiller** *vpr* sich ausziehen
désherbant [dezɛʀbɑ̃] *nm* Unkrautvernichtungsmittel *nt*
déshonorer [dezɔnɔʀe] *vt* Schande machen *+dat*
déshydraté, e [dezidʀate] *adj* sehr durstig; (*Med*) dehydriert; (*aliment*) Trocken-
designer [dizajnœʀ] *nm* Designer(in) *m(f)*
désigner [deziɲe] *vt* (*montrer*) zeigen, deuten auf *+acc*; (*dénommer*) bezeichnen; (*nommer*) ernennen
désinfecter [dezɛ̃fɛkte] *vt* desinfizieren
désintéressé, e [dezɛ̃teʀese] *adj* uneigennützig, selbstlos
désintéresser [dezɛ̃teʀese]: **se ~** *vpr*: **se ~ (de qn/qch)** das Interesse (an jdm/etw) verlieren
désintoxication [dezɛ̃tɔksikasjɔ̃] *nf* Entgiftung *f*; (*de drogue*) Entziehung *f*; **faire une cure de ~** eine Entziehungskur machen
désinvolte [dezɛ̃vɔlt] *adj* (*personne, attitude*) lässig
désir [deziʀ] *nm* Verlangen *nt*; (*souhait*) Wunsch *m* • **désirer** *vt* wünschen; (*sexuellement*) begehren; **je désire ...** ich möchte gerne ...
désobéir [dezɔbeiʀ] *vi* nicht gehorchen • **désobéissant, e** *adj* ungehorsam
désodorisant, e [dezɔdɔʀizɑ̃, ɑ̃t] *adj* deodorierend ▶ *nm* Deodorant *nt*; (*d'appartement*) Raumspray *nt*
désœuvré, e [dezœvʀe] *adj* müßig
désolé, e [dezɔle] *adj*: **je suis ~** es tut mir leid
désoler [dezɔle] *vt* Kummer bereiten *+dat*
désordre [dezɔʀdʀ] *nm* Unordnung *f*; **désordres** *nmpl* (*Pol*) Unruhen *pl*; **en ~** unordentlich
désorienter [dezɔʀjɑ̃te] *vt* verwirren

désormais [dezɔʀmɛ] *adv* von jetzt an, in Zukunft
désosser [dezose] *vt* entbeinen
dessaisir [desezir]: **se dessaisir de** *vpr* verzichten auf *+acc*
dessécher [deseʃe] *vt* austrocknen
dessein [desɛ̃] *nm* Absicht *f*; **dans le ~ de faire qch** mit der Absicht, etw zu tun; **à ~** absichtlich
desserrer [deseʀe] *vt* lösen
dessert [desɛʀ] *nm* Nachtisch *m*
desservir [desɛʀviʀ] *vt* (*table*) abräumen, abdecken; (*moyen de transport*) versorgen; (*nuire à*) schaden *+dat*, einen schlechten Dienst erweisen *+dat*
dessin [desɛ̃] *nm* Zeichnung *f*; (*motif*) Muster *nt*; **~ animé** Zeichentrick(film) *m*
• **dessinateur, -trice** *nm/f* Zeichner(in) *m(f)* • **dessiner** *vt* zeichnen
dessous [d(ə)su] *adv* darunter ▶ *nm* Unterseite *f* ▶ *nmpl* (*sous-vêtements*) Unterwäsche *f*; **en ~** darunter • **dessous-de-plat** *nm inv* Untersetzer *m*
dessus [d(ə)sy] *adv* oben; (*collé, écrit*) darüber ▶ *nm* Oberteil *nt*; **en ~** obendrauf • **dessus-de-lit** *nm inv* Bettüberwurf *m*
destin [dɛstɛ̃] *nm* Schicksal *nt*
destinataire [dɛstinatɛʀ] *nmf* Empfänger(in) *m(f)* • **destination** *nf* Bestimmung *f*; (*usage*) Zweck *m*; **à ~ de** (*avion, train, bateau*) in Richtung • **destinée** *nf* Schicksal *nt* • **destiner** *vt*: **~ qn à** jdn bestimmen für
destituer [dɛstitɥe] *vt* absetzen
destructif, -ive [dɛstʀyktif, iv] *adj* zerstörerisch
destruction [dɛstʀyksjɔ̃] *nf* Zerstörung *f*
désunir [dezyniʀ] *vt* entzweien
détacher [detaʃe] *vt* (*enlever*) lösen; (*prisonnier*) befreien; **se détacher** *vpr* (*se défaire*) abgehen
détail [detaj] *nm* Einzelheit *f*; **en ~** im Einzelnen • **détaillant, e** *nm/f* Einzelhändler(in) *m(f)*
détartrer [detaʀtʀe] *vt* entkalken
détecter [detɛkte] *vt* wahrnehmen
détective [detɛktiv] *nm*: **~ (privé)** Detektiv *m*
déteindre [detɛ̃dʀ] *vi* verblassen; **~ sur** abfärben auf *+acc*
détendre [detɑ̃dʀ]: **se détendre** *vpr* (*ressort*) sich lockern; (*personne*) sich entspannen • **détendu, e** *adj* entspannt
détenir [detəniʀ] *vt* besitzen; (*otage, prisonnier*) festhalten
détente [detɑ̃t] *nf* Entspannung *f*
détenteur, -trice [detɑ̃tœʀ, tʀis] *nm/f* Inhaber(in) *m(f)*
détention [detɑ̃sjɔ̃] *nf* (*possession*) Besitz *m*; **~ préventive** Untersuchungshaft *f*
détenu, e [det(ə)ny] *nm/f* (*prisonnier*) Häftling *m*
détergent [detɛʀʒɑ̃] *nm* (*lessive*) Reinigungsmittel *nt*
détériorer [deteʀjɔʀe] *vt* beschädigen
déterminant, e [detɛʀminɑ̃, ɑ̃t] *adj* ausschlaggebend
• **détermination** *nf* (*résolution*) Entscheidung *f* • **déterminé, e** *adj* entschlossen; (*fixé*) festgelegt
• **déterminer** *vt* bestimmen; **~ qn à faire qch** jdn veranlassen, etw zu tun
déterrer [deteʀe] *vt* ausgraben
détester [detɛste] *vt* verabscheuen
détonateur [detɔnatœʀ] *nm* Sprengkapsel *f*

détonner [detɔne] *vi* (*Mus*) falsch singen; (*fig*) nicht harmonieren
détour [detuʀ] *nm* Umweg *m*; (*courbe*) Kurve *f*
détournement [detuʀnəmɑ̃] *nm* : **~ d'avion** Flugzeugentführung *f*; **~ de fonds** Unterschlagung *f* von Geldern; **~ de mineur** Verführung *f* Minderjähriger • **détourner** *vt* (*rivière, trafic*) umleiten; (*yeux, tête*) abwenden; **se détourner** *vpr* sich abwenden
détraquer [detʀake] *vt* (*appareil*) kaputt machen; **se détraquer** *vpr* (*appareil*) kaputtgehen
détresse [detʀɛs] *nf* Verzweiflung *f*; **en ~** in Not; **feux de ~** Warnblinkanlage *f*
détriment [detʀimɑ̃] *nm* : **au ~ de** zum Schaden von
détroit [detʀwa] *nm* Meerenge *f*
détruire [detʀɥiʀ] *vt* zerstören
dette [dɛt] *nf* Schuld *f*
DEUG [dœg] *sigle m* (= *diplôme d'études universitaires générales*) ≈ Zwischenprüfung *f*
deuil [dœj] *nm* Trauerfall *m*
deux [dø] *num* zwei • **deuxième** *adj* zweite(r, s) • **deuxièmement** *adv* zweitens • **deux-pièces** *nm inv* (*maillot de bain*) Bikini *m*; (*tailleur*) Zweiteiler *m*; (*appartement*) Zweizimmerwohnung *f* • **deux-temps** *adj inv* : **moteur ~** Zweitaktmotor *m*
dévaliser [devalize] *vt* berauben
dévaluation [devalɥasjɔ̃] *nf* Abwertung *f* • **dévaluer** *vt* abwerten
devancer [d(ə)vɑ̃se] *vt* (*distancer*) hinter sich *dat* lassen; (*arriver avant*) ankommen vor +*dat*; (*prévenir, anticiper*) zuvorkommen +*dat*
devant [d(ə)vɑ̃] *adv* (*en tête*) vorne ▶ *prép* vor +*dat*; (*avec mouvement*) vor +*acc* ▶ *nm* Vorderseite *f*; **de ~** Vorder-; **aller au-~ de qn** jdm entgegenkommen; **aller au-~ de qch** etw +*dat* zuvorkommen
devanture [d(ə)vɑ̃tyʀ] *nf* (*étalage*) Auslage *f*; (*vitrine*) Schaufenster *nt*
dévaster [devaste] *vt* verwüsten
développement [dev(ə)lɔpmɑ̃] *nm* Entwicklung *f*; **~ durable** nachhaltige Entwicklung • **développer** *vt* entwickeln; **se développer** *vpr* sich entwickeln
devenir [dəv(ə)niʀ] *vt* werden
déverser [devɛʀse] *vt* ausgießen
dévêtir [devetiʀ] *vt* ausziehen; **se dévêtir** *vpr* sich ausziehen
déviation [devjasjɔ̃] *nf* (*Auto*) Umleitung *f*
dévier [devje] *vt* umleiten ▶ *vi* (*véhicule, balle*) vom Kurs abkommen
deviner [d(ə)vine] *vt* raten • **devinette** *nf* Rätsel *nt*
devis [d(ə)vi] *nm* (Kosten)voranschlag *m*
dévisager [devizaʒe] *vt* mustern
devise [dəviz] *nf* (*formule*) Devise *f*, Motto *nt*; (*monnaie*) Währung *f*; **devises** *nfpl* Devisen *pl*
dévisser [devise] *vt* aufschrauben
dévoiler [devwale] *vt* enthüllen
devoir [d(ə)vwaʀ] *nm* Pflicht *f*; (*Scol*) Hausaufgabe *f* ▶ *vb aux* müssen ▶ *vt* (*argent, respect*) schulden; **il doit le faire** er muss es machen; **je devrais le faire** ich sollte es machen
dévorer [devɔʀe] *vt* verschlingen
dévot, e [devo, ɔt] *adj* fromm
dévoué, e [devwe] *adj* ergeben • **dévouement** *nm* Hingabe *f* • **dévouer** : **se ~ (pour)** *vpr* sich aufopfern (für)

DG [deʒe] *sigle m* (= *directeur général*) *voir* **directeur**
diabète [djabɛt] *nm* Diabetes *m*, Zuckerkrankheit *f* • **diabétique** *nmf* Diabetiker(in) *m(f)*, Zuckerkranke(r) *f(m)*
diable [djɑbl] *nm* Teufel *m* • **diabolique** *adj* teuflisch
diacre [djakʀ] *nm* Diakon *m*
diagnostic [djagnɔstik] *nm* Diagnose *f* • **diagnostiquer** *vt* diagnostizieren
diagonale [djagɔnal] *nf* Diagonale *f*; **en ~** diagonal; **lire en ~** überfliegen
diagramme [djagʀam] *nm* Diagramm *nt*
dialecte [djalɛkt] *nm* Dialekt *m*
dialogue [djalɔg] *nm* Dialog *m* • **dialoguer** *vi* (*Pol*) im Dialog stehen
dialyse [djaliz] *nf* Dialyse *f*
diamant [djamɑ̃] *nm* Diamant *m*
diamètre [djamɛtʀ] *nm* Durchmesser *m*
diapason [djapazɔ̃] *nm* Stimmgabel *f*
diaphragme [djafʀagm] *nm* (*Photo*) Blende *f*; (*contraceptif*) Pessar *nt*
diapo [djapo] *nf* Dia *nt* • **diapositive** *nf* Dia(positiv) *nt*
diarrhée [djaʀe] *nf* Durchfall *m*
dictateur [diktatœʀ] *nm* Diktator *m* • **dictature** *nf* Diktatur *f*
dictée [dikte] *nf* Diktat *nt*
dicter [dikte] *vt* diktieren
diction [diksjɔ̃] *nf* Diktion *f*; **cours de ~** Sprecherziehung *f*
dictionnaire [diksjɔnɛʀ] *nm* Wörterbuch *nt*
dicton [diktɔ̃] *nm* Redensart *f*
dièse [djɛz] *nm* Kreuz(chen) *nt*
diesel [djezɛl] *nm* Diesel(öl) *nt*; **un (véhicule/moteur) ~** ein Diesel *m*
diète [djɛt] *nf* Diät *f* • **diététique** *adj* diätetisch
dieu, x [djø] *nm* Gott *m*
diffamation [difamasjɔ̃] *nf* Verleumdung *f*
différé, e [difeʀe] *adj* : **traitement ~** (*Inform*) Stapelverarbeitung *f* ▶ *nm* : **en ~** (*TV*) als Aufzeichnung
différence [difeʀɑ̃s] *nf* Unterschied *m*
différencier [difeʀɑ̃sje] *vt* unterscheiden
différent, e [difeʀɑ̃, ɑ̃t] *adj* verschieden
différentiel, le [difeʀɑ̃sjɛl] *adj* (*tarif, droit*) unterschiedlich ▶ *nm* (*Auto*) Differenzial *nt*
différer [difeʀe] *vt* aufschieben, verschieben ▶ *vi* : **~ (de)** sich unterscheiden (von)
difficile [difisil] *adj* schwierig • **difficilement** *adv* schwer
difficulté [difikylte] *nf* Schwierigkeit *f*; **en ~** in Schwierigkeiten; (*bateau*) in Seenot
difforme [difɔʀm] *adj* deformiert
diffus, e [dify, yz] *adj* diffus
diffuser [difyze] *vt* verbreiten; (*émission, musique*) ausstrahlen • **diffusion** Verbreitung *f*, Ausstrahlung *f*
digérer [diʒeʀe] *vt* verdauen • **digestif, -ive** *adj* Verdauungs- ▶ *nm* Verdauungsschnaps *m* • **digestion** *nf* Verdauung *f*
digicode® [diʒikɔd] *nm* Türcode *m*
digital, e, -aux [diʒital, o] *adj* digital
digne [diɲ] *adj* (*respectable*) würdig; **~ d'intérêt** beachtenswert • **dignitaire** *nm* Würdenträger *m* • **dignité** *nf* Würde *f*
digue [dig] *nf* Damm *m*; (*pour protéger la côte*) Deich *m*

dilapider [dilapide] *vt* (*gaspiller*) verschwenden
dilater [dilate] : **se dilater** *vpr* sich (aus)dehnen
dilemme [dilɛm] *nm* Dilemma *nt*
diligence [diliʒɑ̃s] *nf* (*véhicule*) Postkutsche *f*; (*empressement*) Eifer *m*
diluer [dilɥe] *vt* verdünnen
dimanche [dimɑ̃ʃ] *nm* Sonntag *m*; *voir aussi* **lundi**
dimension [dimɑ̃sjɔ̃] *nf* (*grandeur*) Größe *f*; (*Math, fig*) Dimension *f*
diminuer [diminɥe] *vt* verringern ▶ *vi* abnehmen • **diminutif** *nm* (*surnom*) Kosename *m* • **diminution** *nf* Abnahme *f*, Rückgang *m*
dinde [dɛ̃d] *nf* Truthenne *f*
dindon [dɛ̃dɔ̃] *nm* Puter *m*
dîner [dine] *nm* Abendessen *nt* ▶ *vi* zu Abend essen
dingue [dɛ̃g] (*fam*) *adj* verrückt
dinosaure [dinɔzɔʀ] *nm* Dinosaurier *m*
diode [djɔd] *nf* Diode *f*
dioxine [djɔksin] *nf* Dioxin *nt*
diplomate [diplɔmat] *adj* diplomatisch ▶ *nmf* Diplomat(in) *m(f)* • **diplomatie** *nf* Diplomatie *f* • **diplomatique** *adj* diplomatisch
diplôme [diplom] *nm* Diplom *nt* • **diplômé, e** *adj* Diplom-
dircom [diʀkɔm] *nmf* PR-Manager(in) *m(f)*
dire [diʀ] *vt* sagen; (*secret, mensonge*) erzählen; **vouloir ~ que** bedeuten, dass
direct, e [diʀɛkt] *adj* direkt • **directement** *adv* direkt
directeur, -trice [diʀɛktœʀ, tʀis] *adj* Haupt- ▶ *nm/f* Direktor(in) *m(f)*
direction [diʀɛksjɔ̃] *nf* Leitung *f*, Führung *f*; (*Auto*) Lenkung *f*; (*sens*) Richtung *f*
directive [diʀɛktiv] *nf* Direktive *f*, Anweisung *f*; (*de l'UE*) Richtlinie *f*
dirigeable [diʀiʒabl] *nm* Luftschiff *nt*, Zeppelin *m*
diriger [diʀiʒe] *vt* leiten; (*personnes, véhicule*) führen; **se diriger** *vpr* (*s'orienter*) sich orientieren; **se ~ vers** *ou* **sur** sich zubewegen auf *+acc*
discernement [disɛʀnəmɑ̃] *nm* (*bon sens*) Verstand *m*
discerner [disɛʀne] *vt* wahrnehmen
disciple [disipl] *nmf* Jünger *m*; **un ~ de** ein Schüler von
discipline [disiplin] *nf* Disziplin *f*
disc-jockey [diskʒɔkɛ] (*pl* **disc-jockeys**) *nm* Discjockey *m*
discorde [diskɔʀd] *nf* Zwist *m*
discothèque [diskɔtɛk] *nf* (*disques*) Plattensammlung *f*
discours [diskuʀ] *nm* Rede *f*
discret, -ète [diskʀɛ, ɛt] *adj* (*réservé, modéré*) zurückhaltend; **un endroit ~** ein stilles *ou* verschwiegenes Plätzchen *nt* • **discrètement** *adv* (*sans attirer l'attention*) diskret; (*sobrement*) dezent • **discrétion** *nf* Diskretion *f*, Zurückhaltung *f*
discrimination [diskʀiminasjɔ̃] *nf* Diskriminierung *f*; (*discernement*) Unterscheidung *f*
disculper [diskylpe] *vt* entlasten
discussion [diskysjɔ̃] *nf* Diskussion *f* • **discutable** *adj* (*contestable*) anfechtbar • **discuté, e** *adj* umstritten • **discuter** *vt* (*contester*) infrage stellen ▶ *vi* : **~ de** diskutieren über *+acc*
disette [dizɛt] *nf* Hungersnot *f*
disgrâce [disgʀɑs] *nf* Ungnade *f*; **être tombé en ~** in Ungnade gefallen sein
disjoindre [disʒwɛ̃dʀ] : **se disjoindre** *vpr* auseinandergehen

d

dislocation [dislɔkasjɔ̃] *nf* Auskugeln *nt*
disloquer [dislɔke] *vt* (*membre*) ausrenken; (*chaise*) auseinandernehmen; **se disloquer** *vpr* (*parti, empire*) auseinanderfallen; **se ~ l'épaule** sich *dat* die Schulter ausrenken
disparaître [dispaʀɛtʀ] *vi* verschwinden; (*mourir*) sterben
disparition [dispaʀisjɔ̃] *nf* Verschwinden *nt*; (*mort*) Sterben *nt*
disparu, e [dispaʀy] *nm/f* (*défunt*) Verstorbene(r) *f(m)*
dispatcher [dispatʃe] *vt* verteilen
dispensaire [dispɑ̃sɛʀ] *nm* ≈ Ambulanz *f*
dispenser [dispɑ̃se] *vt* (*distribuer*) gewähren; **~ qn de faire qch** jdm erlassen, etw zu tun; **se dispenser** *vpr* : **se ~ de qch** sich einer Sache *dat* entziehen
disperser [dispɛʀse] *vt* zerstreuen; **se disperser** *vpr* sich zerstreuen
disponibilité [dispɔnibilite] *nf* Verfügbarkeit *f* • **disponible** *adj* verfügbar
dispos [dispo] *adj m* : **frais et ~** frisch und munter
disposé, e [dispoze] *adj* : **~ à** bereit zu
disposer [dispoze] *vt* (*arranger*) anordnen ▸ *vi* : **vous pouvez ~** Sie können gehen; **se disposer** *vpr* : **se ~ à faire qch** sich darauf vorbereiten, etw zu tun; **~ de** (*avoir*) verfügen über +*acc*
dispositif [dispozitif] *nm* Vorrichtung *f*; (*policier, de contrôle*) Einsatzplan *m*
disposition [dispozisjɔ̃] *nf* (*arrangement*) Anordnung *f*; **dispositions** *nfpl* (*mesures*) Maßnahmen *pl*; **être à la ~ de qn** jdm zur Verfügung stehen
disproportion [dispʀɔpɔʀsjɔ̃] *nf* Missverhältnis *nt*
• **disproportionné, e** *adj* unangepasst
dispute [dispyt] *nf* Streit *m*
• **disputer** : **se disputer** *vpr* sich streiten
disquaire [diskɛʀ] *nmf* Schallplattenhändler(in) *m(f)*
disqualifier [diskalifje] *vt* disqualifizieren
disque [disk] *nm* (*Mus*) Schallplatte *f*; (*Inform*) Platte *f*; (*forme, Tech*) Scheibe *f*; (*Sport*) Diskus *m*; **~ compact** Compact Disc *f*, CD *f*; **~ dur** Festplatte *f*
disquette [diskɛt] *nf* Diskette *f*
dissertation [disɛʀtasjɔ̃] *nf* (*Scol*) Aufsatz *m*
dissident, e [disidɑ̃, ɑ̃t] *nm/f* Dissident(in) *m(f)*
dissimuler [disimyle] *vt* (*taire, cacher*) verheimlichen
dissiper [disipe] *vt* (*doutes, brouillard*) zerstreuen; **se dissiper** *vpr* (*brouillard*) sich auflösen; (*doutes*) sich zerstreuen
dissolution [disɔlysjɔ̃] *nf* Auflösung *f*
dissolvant, e [disɔlvɑ̃, ɑ̃t] *vb voir* **dissoudre** ▸ *nm* (*Chim*) Lösungsmittel *nt*; (*pour ongles*) Nagellackentferner *m*
dissoudre [disudʀ] *vt* auflösen; **se dissoudre** *vpr* sich auflösen
dissuader [disɥade] *vt* : **~ qn de faire qch** jdn davon abbringen, etw zu tun; **~ qn de qch** jdn von etw abbringen • **dissuasion** *nf* Abschreckung *f*
distance [distɑ̃s] *nf* Entfernung *f*, Distanz *f*; (*fig*) Abstand *m*; **à ~** aus der Entfernung • **distancer** *vt* hinter sich *dat* lassen

distant, e [distɑ̃, ɑ̃t] *adj* (*éloigné*) entfernt; (*réservé*) distanziert; **~ de 5 km** 5 km entfernt
distillerie [distilʀi] *nf* Destillerie *f*
distinct, e [distɛ̃(kt), ɛ̃kt] *adj* (*clair, net*) deutlich, klar • **distinctement** *adv* deutlich • **distinction** *nf* (*différence*) Unterschied *m*; (*bonnes manières*) Vornehmheit *f*; (*médaille, honneur etc*) Auszeichnung *f*
distingué, e [distɛ̃ge] *adj* (*raffiné, élégant*) distinguiert, vornehm; (*éminent*) von hohem Rang
distinguer [distɛ̃ge] *vt* (*apercevoir*) erkennen; (*différencier*) unterscheiden; **se distinguer** *vpr*: **se ~ de** (*différer*) sich unterscheiden von
distraction [distʀaksjɔ̃] *nf* (*diversion*) Zerstreuung *f*; (*manque d'attention*) Zerstreutheit *f*
distraire [distʀɛʀ] *vt* (*déranger, dissiper*) ablenken; (*amuser, divertir*) unterhalten; **se distraire** *vpr* (*s'amuser*) sich unterhalten • **distrait, e** *adj* zerstreut
distribuer [distʀibɥe] *vt* verteilen • **distributeur, -trice** *nm/f* (*Comm*) Vertreiber *m* ▸ *nm*: **~ de billets** (*Rail*) Fahrkartenautomat *m*; (*Banque*) Geldautomat *m* • **distribution** *nf* Verteilung *f*; (*Comm*) Vertrieb *m*; (*choix d'acteurs*) Besetzung *f*
district [distʀikt] *nm* Bezirk *m*
dit [di] *pp de* **dire**
diurétique [djyʀetik] *adj* harntreibend
divaguer [divage] *vi* (*péj*) (unzusammenhängendes Zeug) faseln
divan [divɑ̃] *nm* Diwan *m*
divergence [divɛʀʒɑ̃s] *nf* Meinungsverschiedenheit *f* • **diverger** *vi* voneinander abweichen
divers, e [divɛʀ, ɛʀs] *adj* unterschiedlich • **diversifier** *vt* abwechslungsreicher gestalten
diversion [divɛʀsjɔ̃] *nf* Ablenkung *f*
diversité [divɛʀsite] *nf* Vielfalt *f*
divertir [divɛʀtiʀ] *vt* unterhalten; **se divertir** *vpr* sich amüsieren • **divertissement** *nm* Unterhaltung *f*; (*passe-temps*) Zeitvertreib *m*
dividende [dividɑ̃d] *nm* (*Math*) Zähler *m*; (*Comm*) Dividende *f*
divin, e [divɛ̃, in] *adj* göttlich • **divinité** *nf* Gottheit *f*
diviser [divize] *vt* (*Math*) teilen, dividieren; (*morceler*) aufteilen; **se diviser** *vpr*: **se ~ en** sich unterteilen in *+acc* • **division** *nf* Division *f*; (*de somme, terrain*) Aufteilung *f*; **1ère/2ème ~** (*Sport*) ≈ Erste/Zweite Liga *f*
divorce [divɔʀs] *nm* Scheidung *f* • **divorcé, e** *adj* geschieden ▸ *nm/f* Geschiedene(r) *f(m)* • **divorcer** *vi* sich scheiden lassen
divulguer [divylge] *vt* veröffentlichen
dix [dis] *num* zehn • **dix-huit** *num* achtzehn • **dixième** *adj* zehnte(r, s) ▸ *nm* (*fraction*) Zehntel *nt* • **dix-neuf** *num* neunzehn • **dix-sept** *num* siebzehn • **dizaine** *nf*: **une ~ de** etwa zehn
dl *abr* (= *décilitre*) dl
dm *abr* (= *décimètre*) dm
do [do] *nm* (*Mus*) C *nt*
docile [dɔsil] *adj* gefügig
docker [dɔkɛʀ] *nm* Dockarbeiter *m*
docteur [dɔktœʀ] *nm* Arzt *m*, Ärztin *f*; (*titre*) Doktor *m* • **doctorat** *nm* Doktorwürde *f*
doctrine [dɔktʀin] *nf* Doktrin *f*

d

document [dɔkymɑ̃] *nm* Dokument *nt* • **documentaire** *nm* (*film*) Dokumentarfilm *m* • **documentation** *nf* (*documents*) Dokumentation *f* • **documenter** *vt* (*Inform*) dokumentieren; **se ~ (sur)** sich *dat* Unterlagen verschaffen (zu)

dodo [dɔdo] (*fam*) *nm* : **faire ~** schlafen

dodu, e [dɔdy] *adj* gut gepolstert

dogmatique [dɔgmatik] *adj* dogmatisch • **dogme** *nm* Dogma *nt*

doigt [dwa] *nm* Finger *m*; **~ de pied** Zehe *f*

dollar [dɔlaʀ] *nm* Dollar *m*

DOM [dɔm] *sigle m ou mpl* = **département(s) d'outre-mer**

domaine [dɔmɛn] *nm* (*champ, sphère*) Gebiet *nt*; **tomber dans le ~ public** Gemeineigentum werden

dôme [dom] *nm* Kuppel *f*

domestique [dɔmɛstik] *adj* Haus- • **domestiquer** *vt* (*animal*) domestizieren

domicile [dɔmisil] *nm* Wohnsitz *m*; **à ~** zu Hause; (*livrer*) ins Haus; **sans ~ fixe** ohne festen Wohnsitz • **domicilié, e** *adj* : **être ~ à** seinen Wohnsitz haben in *+dat*

dominant, e [dɔminɑ̃, ɑ̃t] *adj* dominierend; (*principal*) Haupt- • **dominateur, -trice** *adj* dominierend • **dominer** *vt* (*soumettre, maîtriser*) beherrschen; (*surpasser*) übertreffen ▶ *vi* dominieren; **se dominer** *vpr* sich beherrschen

dominical, e, -aux [dɔminikal, o] *adj* Sonntags-

domino [dɔmino] *nm* (*pièce*) Dominostein *m*; **dominos** *nmpl* (*jeu*) Domino *nt*

dommage [dɔmaʒ] *nm* (*préjudice*) Schaden *m*; **c'est ~ que** es ist schade, dass • **dommages-intérêts** *nmpl* Schaden(s)ersatz *m*

dompter [dɔ̃(p)te] *vt* bändigen

DOM-TOM [dɔmtɔm] *sigle m ou mpl* (= *département(s) et région(s)/ territoire(s) d'outre-mer*)

don [dɔ̃] *nm* (*aptitude*) Gabe *f*, Talent *nt*; (*charité*) Spende *f*; (*cadeau*) Geschenk *nt*

donation [dɔnasjɔ̃] *nf* Schenkung *f*

donc [dɔ̃k] *conj* daher, deshalb

dongle [dɔ̃gl] *nm* Dongle *m*

donjon [dɔ̃ʒɔ̃] *nm* Bergfried *m*

donné, e [dɔne] *adj* : **à un moment ~** zu einem bestimmten Zeitpunkt; **c'est ~** (*pas cher*) das ist geschenkt; **étant ~ que ...** angesichts der Tatsache, dass ...

donnée [dɔne] *nf* (*Math*) bekannte Größe *f*; **données** *nfpl* (*Inform*) Daten *pl*

donner [dɔne] *vt* geben; (*en cadeau*) schenken; (*nom, renseignements*) (an)geben; (*film, spectacle*) zeigen ▶ *vi* (*regarder*) : **la chambre donne sur la mer** das Zimmer hat einen Blick aufs Meer

donneur, -euse [dɔnœʀ, øz] *nm/f* (*Méd*) Spender(in) *m(f)*; (*Cartes*) Geber(in) *m(f)*

MOT-CLÉ

dont [dɔ̃] *pron relatif*

1 (*appartenance*) wovon; (*possesseur m ou nt sg*) dessen; (*possesseur pl ou f sg*) deren; **la maison ~ le toit est rouge** das Haus, dessen Dach rot ist; **l'homme ~ je connais la sœur** der Mann, dessen Schwester ich kenne; **le chat ~ le maître habite en face** die Katze, deren Herrchen gegenüber wohnt

2 (*parmi lesquels*) : **deux livres, ~ l'un est gros** zwei Bücher, von

denen eines dick ist; **il y avait plusieurs personnes, ~ Gabrielle** es waren mehrere Leute da, (unter anderen) auch Gabrielle; **10 blessés, ~ 2 grièvement** 10 Verletzte, davon 2 schwer verletzt
3 (*provenance, origine*) : **le pays ~ il est originaire** das Land, aus dem er stammt
4 (*au sujet de qui ou quoi*) : **le voyage ~ je t'ai parlé** die Reise, von der ich dir erzählt habe; **le fils/livre ~ il est si fier** der Sohn/das Buch, auf den/das er so stolz ist

dopage [dɔpaʒ] *nm* Doping *nt* • **doper** *vt* dopen • **doping** *nm* Doping *nt*
doré, e [dɔʀe] *adj* golden; (*plaqué*) vergoldet
dorénavant [dɔʀenavɑ̃] *adv* von nun an
dorer [dɔʀe] *vt* vergolden ▶ *vi* : **faire ~** goldbraun backen
dorloter [dɔʀlɔte] *vt* verhätscheln
dormir [dɔʀmiʀ] *vi* schlafen
dortoir [dɔʀtwaʀ] *nm* Schlafsaal *m*
dorure [dɔʀyʀ] *nf* Vergoldung *f*
dos [do] *nm* Rücken *m*; **voir au ~** siehe Rückseite; **de ~** von hinten
dosage [dozaʒ] *nm* Dosierung *f*
dose [doz] *nf* Dosis *f*
doser [doze] *vt* dosieren
dossier [dosje] *nm* (*de chaise*) Rückenlehne *f*; (*documents*) Akte *f*; (*Inform*) Ordner *m*
dot [dɔt] *nf* Mitgift *f*
doter [dɔte] *vt* : **~ qn/qch de** jdn/etw ausstatten mit
douane [dwan] *nf* Zoll *m* • **douanier, -ière** *adj* Zoll- ▶ *nm* Zollbeamte(r) *m*, Zollbeamtin *f*
double [dubl] *adj* doppelt ▶ *adv* : **voir ~** doppelt sehen ▶ *nm* : **le ~ (de)** doppelt so viel (wie), das Doppelte (von); (*autre exemplaire*) Duplikat *nt*; **~ clic** Doppelklick *m* • **double-cliquer** *vt, vi* doppelklicken; **~ sur un dossier** einen Ordner doppelklicken • **doubler** *vt* (*multiplier par deux*) verdoppeln; (*vêtement, chaussures*) füttern; (*voiture, concurrent*) überholen; (*film*) synchronisieren; (*acteur*) doubeln ▶ *vi* (*devenir double*) sich verdoppeln • **doublure** *nf* (*de vêtement*) Futter *nt*; (*acteur*) Double *nt*
douce [dus] *adj voir* **doux** • **doucement** *adv* behutsam; (*lentement*) langsam • **doucereux, -euse** *adj* süßlich • **douceur** *nf* (*de peau, parfum, couleur*) Zartheit *f*; (*de personne*) Sanftheit *f*; (*de vent, temps, climat*) Milde *f*
douche [duʃ] *nf* Dusche *f* • **doucher** : **se doucher** *vpr* duschen
doudoune [dudun] *nf* Daunenjacke *f*
doué, e [dwe] *adj* begabt; **être ~ de** besitzen
douillet, te [dujɛ, ɛt] *adj* (*péj* : *personne*) empfindlich; (*lit, maison*) gemütlich, behaglich
douleur [dulœʀ] *nf* Schmerz *m* • **douloureux, -euse** *adj* schmerzhaft; (*membre*) schmerzend
doute [dut] *nm* : **un ~** ein Verdacht *m*; **sans ~** zweifellos; **sans nul** *ou* **aucun ~** ohne jeden Zweifel • **douter** *vt* : **~ de** zweifeln an +*dat*; **se douter** *vpr* : **se ~ de qch/que** etw ahnen/ahnen, dass • **douteux, -euse** *adj* zweifelhaft
doux, douce [du, dus] *adj* (*personne*) sanft; (*vent, climat, région, moutarde etc*) mild; (*peau, voix, parfum, couleur*) zart; (*sucré*) süß

douzaine [duzɛn] *nf*: **une ~ (de)** ein Dutzend *nt*
douze [duz] *num* zwölf
doyen, ne [dwajɛ̃, jɛn] *nm/f* (*en âge*) Älteste(r) *f(m)*; (*de faculté*) Dekan *m*
Dr *abr* (= *docteur*) Dr.
dragée [dʀaʒe] *nf* Zuckermandel *f*; (*Méd*) Dragee *nt*
dragon [dʀagɔ̃] *nm* Drache *m*
draguer [dʀage] *vt* (*fam*) anmachen, aufreißen • **dragueur, -euse** *nm/f* (*fam: séducteur*) Aufreißertyp *m*, Anmacherin *f* ▸ *nm* (*de mines*) Minensuchboot *nt*
drainage [dʀɛnaʒ] *nm* (*du sol*) Entwässerung *f*
drainer [dʀene] *vt* (*sol*) entwässern
dramatique [dʀamatik] *adj* dramatisch; (*tragique*) tragisch • **dramaturge** *nmf* Dramaturg(in) *m(f)* • **drame** *nm* Drama *nt*
drap [dʀa] *nm* (*de lit*) (Bett)laken *nt*
drapeau, x [dʀapo] *nm* Fahne *f*; **sous les ~x** beim Militär
drap-housse [dʀaus] (*pl* **draps-housses**) *nm* Spannbetttuch *nt*
Dresde [dʀɛzd] Dresden *nt*
dresser [dʀese] *vt* (*établir, ériger, lever*) aufstellen; (*animal*) dressieren
drogue [dʀɔg] *nf* Droge *f*; **~ douce/dure** weiche/harte Droge • **drogué, e** *nm/f* Drogensüchtige(r) *f(m)*, Drogenabhängige(r) *f(m)* • **droguer** *vt* betäuben; (*malade*) mit Medikamenten vollpumpen *+dat*; **se droguer** *vpr* Drogen nehmen • **droguerie** *nf* Drogerie *f* • **droguiste** *nmf* Drogist(in) *m(f)*
droit, e [dʀwa, dʀwat] *adj* (*non courbe*) gerade; (*vertical*) senkrecht; (*opposé à gauche*) rechte(r, s) ▸ *adv* (*marcher*) gerade ▸ *nm*: **un ~** ein Recht *nt*; **le ~** (*matière d'étude*) Jura *nt*, Jurisprudenz *f* • **droite** *nf*: **à ~** nach rechts; **à ~ de** rechts von; **la ~** (*Pol*) die Rechte *f* • **droitier, -ière** *nm/f* Rechtshänder(in) *m(f)*
drôle [dʀol] *adj* komisch • **drôlement** *adv* komisch; **il fait ~ froid** (*fam*) es ist echt kalt
dromadaire [dʀɔmadɛʀ] *nm* Dromedar *nt*
druide [dʀɥid] *nm* Druide *m*
du [dy] *voir* **de**
dû, e [dy] *pp de* **devoir**
dubitatif, -ive [dybitatif, iv] *adj* zweifelnd
duc [dyk] *nm* Herzog *m* • **duchesse** *nf* Herzogin *f*
dûment [dymɑ̃] *adv* ordnungsgemäß
dune [dyn] *nf* Düne *f*
dupe [dyp] *adj*: **(ne pas) être ~ de** (nicht) auf etw *acc* hereinfallen • **duper** *vt* betrügen
duplex [dyplɛks] *nm* (*appartement*) Wohnung *f* auf zwei Etagen
duplicata [dyplikata] *nm* Duplikat *nt*
dur, e [dyʀ] *adj* hart; (*difficile*) schwierig ▸ *adv* hart; **~ d'oreille** schwerhörig
durable [dyʀabl] *adj* dauerhaft
durant [dyʀɑ̃] *prép* während *+gén ou dat*; **~ des mois, des mois ~** monatelang
durcir [dyʀsiʀ] *vt* härten; (*politique etc*) verhärten ▸ *vi* (*colle*) hart werden; **se durcir** *vpr* hart werden • **durcissement** *nm* Verhärtung *f*
durée [dyʀe] *nf* Dauer *f*
durement [dyʀmɑ̃] *adv* hart
durer [dyʀe] *vi* dauern

dureté [dyʀte] *nf* Härte *f*; (*sévérité*) Strenge *f*
duvet [dyvɛ] *nm* Daunen *pl*
DVD [devede] *sigle m* (= *digital versatile disc*) DVD *f*
dynamique [dinamik] *adj* dynamisch
dynamisme [dinamism] *nm* Dynamik *f*; (*d'une personne*) Tatkraft *f*
dynamite [dinamit] *nf* Dynamit *nt* • **dynamiter** *vt* mit Dynamit sprengen
dynamo [dinamo] *nf* Dynamo *m*
dysenterie [disɑ̃tʀi] *nf* Ruhr *f*
dyslexie [dislɛksi] *nf* Legasthenie *f* • **dyslexique** *adj* legasthenisch
dyspepsie [dispɛpsi] *nf* Verdauungsstörung *f*

e

eau, x [o] *nf* Wasser *nt*; **~ courante** fließendes Wasser; **~ de Cologne** Kölnischwasser *nt*; **~ de javel** Javel; **~ gazeuse** Sprudelwasser *nt*; **~ minérale** Mineralwasser *nt*; **~ plate** stilles Wasser; **~x usées** Abwasser *nt* • **eau-de-vie** (*pl* **eaux-de-vie**) *nf* Schnaps *m*
ébauche [eboʃ] *nf* Entwurf *m* • **ébaucher** *vt* entwerfen
ébène [ebɛn] *nf* Ebenholz *nt* • **ébéniste** *nmf* Möbeltischler(in) *m(f)*
éblouir [ebluiʀ] *vt* blenden
éboueur [ebwœʀ] *nm* Müllmann *m*
éboulis [ebuli] *nm* Geröll *nt*
ébranler [ebʀɑle] *vt* erschüttern
ébriété [ebʀijete] *nf*: **en état d'~** in betrunkenem Zustand
ébullition [ebylisjɔ̃] *nf*: **être en ~** sieden
écaille [ekɑj] *nf* (*de poisson, reptile*) Schuppe *f*; (*matière*) Schildpatt *nt*; (*de peinture etc*) Splitter *m* • **écailler** *vt* (*poisson*) schuppen; (*huître*) öffnen; **s'écailler** *vpr* abblättern
écart [ekaʀ] *nm* Abstand *m*; (*de prix etc*) Differenz *f*; **à l'~ (de)** abseits (von)

écartement [ekaʀtəmɑ̃] *nm* Abstand *m* • **écarter** *vt* (*éloigner*) entfernen; (*jambes*) spreizen; (*candidat, possibilité*) ausscheiden; **s'écarter** *vpr* sich öffnen; **s'~ de** sich entfernen von
échafaudage [eʃafodaʒ] *nm* Gerüst *nt*
échalote [eʃalɔt] *nf* Schalotte *f*
échange [eʃɑ̃ʒ] *nm* Austausch *m*; **en ~** dafür; **en ~ de** für; **~s de lettres** Briefwechsel *m* • **échanger** *vt* austauschen; **~ qch (contre)** etw eintauschen (gegen); **~ qch avec qn** (*clin d'œil, lettres etc*) etw mit jdm wechseln • **échangeur** *nm* (*d'autoroute*) Autobahnkreuz *nt*
échantillon [eʃɑ̃tijɔ̃] *nm* (*Comm*) Muster *nt*; (*fig*) Probe *f*
échappement [eʃapmɑ̃] *nm* (*Auto*) Auspuff *m* • **échapper** : **~ à** *vt* entkommen +*dat*; (*punition, péril etc*) entgehen +*dat*; **s'échapper** *vpr* fliehen; (*gaz, eau*) entweichen; **~ à qn** (*suj : détail, sens*) jdm entgehen
écharpe [eʃaʀp] *nf* Schal *m*
échauffer [eʃofe] *vt* (*moteur*) überhitzen; **s'échauffer** *vpr* (*Sport*) sich aufwärmen
échéance [eʃeɑ̃s] *nf* (*d'un paiement*) Fälligkeit *f*
échec [eʃɛk] *nm* Misserfolg *m*; **échecs** *nmpl* (*jeu*) Schach(spiel) *nt*
échelle [eʃɛl] *nf* Leiter *f*; (*d'une carte*) Maßstab *m*
échelon [eʃ(ə)lɔ̃] *nm* (*d'échelle*) Sprosse *f*; (*grade*) Rang *m*
échiquier [eʃikje] *nm* Schachbrett *nt*
écho [eko] *nm* Echo *nt* • **échographie** *nf* Ultraschalluntersuchung *f*
échouer [eʃwe] *vi* scheitern

éclair [eklɛʀ] *nm* Blitz *m*; (*gâteau*) Eclair *nt*
éclairage [eklɛʀaʒ] *nm* Beleuchtung *f*
éclaircie [eklɛʀsi] *nf* Aufheiterung *f* • **éclaircir** *vt* (*fig*) aufklären; **s'éclaircir** *vpr* sich (auf)klären
éclairer [ekleʀe] *vt* beleuchten; (*instruire*) aufklären
éclat [ekla] *nm* (*de bombe, verre*) Splitter *m*; (*du soleil, d'une couleur etc*) Leuchten *nt*; **~s de rire** schallendes Gelächter *nt* • **éclatant, e** *adj* hell; (*vérité*) offensichtlich • **éclater** *vi* platzen; **~ de rire** auflachen; **~ en sanglots** aufschluchzen
éclipse [eklips] *nf* (*Astron*) Finsternis *f*
écluse [eklyz] *nf* Schleuse *f*
écœurant, e [ekœʀɑ̃, ɑ̃t] *adj* ekelerregend • **écœurer** *vt* anwidern
école [ekɔl] *nf* Schule *f*; **aller à l'~** in die Schule gehen • **écolier, -ière** *nm/f* Schüler(in) *m(f)*
écolo [ekɔlo] (*fam*) *nmf* Öko *m(f)* • **écologie** *nf* Ökologie *f* • **écologique** *adj* ökologisch • **écologiste** *nmf* Umweltschützer(in) *m(f)*
économe [ekɔnɔm] *adj* sparsam ▸ *nmf* (Finanz)verwalter(in) *m(f)*
économie [ekɔnɔmi] *nf* (*vertu*) Sparsamkeit *f*; (*gain*) Ersparnis *f*; (*science*) Wirtschaftswissenschaft *f*; (*situation économique*) Wirtschaft *f*; **économies** *nfpl* (*pécule*) Ersparnisse *pl* • **économique** *adj* wirtschaftlich
économiser [ekɔnɔmize] *vt, vi* sparen
économiseur [ekɔnɔmizœʀ] *nm* : **~ d'écran** Bildschirmschoner *m*

écorce [ekɔʀs] *nf* Rinde *f*; (*de fruit*) Schale *f*
écorecharge [ekoʀəʃaʀʒ] *nf* Nachfüllpackung *f*
écossais, e [ekɔsɛ, ɛz] *adj* schottisch •**Écosse** *nf*: **l'~** Schottland *nt*
écosystème [ekosistɛm] *nm* Ökosystem *nt*
écouler [ekule] *vt* (*stock*) absetzen; **s'écouler** *vpr* (*eau*) (ab)fließen
écourter [ekuʀte] *vt* abkürzen
écouter [ekute] *vt* hören; (*personne, conversation etc*) zuhören *dat*; (*suivre les conseils de*) hören auf *+acc* •**écouteur** *nm* (*téléphone*) Hörer *m*
écran [ekʀɑ̃] *nm* Bildschirm *m*; (*de cinéma*) Leinwand *f*
écraser [ekʀɑze] *vt* zerquetschen, zerdrücken; (*piéton*) überfahren
écrémer [ekʀeme] *vt* entrahmen
écrevisse [ekʀəvis] *nf* Krebs *m*
écrire [ekʀiʀ] *vt, vi* schreiben; **s'écrire** *vpr* sich *dat* schreiben •**écrit** *nm* Schriftstück *nt*; (*examen*) schriftliche Prüfung *f*
écriteau, x [ekʀito] *nm* Schild *nt*
écriture [ekʀityʀ] *nf* Schrift *f*
écrivain [ekʀivɛ̃] *nm* Schriftsteller(in) *m(f)*
écrou [ekʀu] *nm* (Schrauben)mutter *f*
écrouler [ekʀule]: **s'~** *vpr* (*mur*) einstürzen; (*personne, animal*) zusammenbrechen
ecstasy [ɛkstazi] *nf* Ecstasy *nt*
écueil [ekœj] *nm* Riff *nt*; (*fig*) Falle *f*
écume [ekym] *nf* Schaum *m*
écureuil [ekyʀœj] *nm* Eichhörnchen *nt*
écurie [ekyʀi] *nf* Pferdestall *m*
écusson [ekysɔ̃] *nm* Wappen *nt*
eczéma [ɛgzema] *nm* Ekzem *nt*
éd. *abr* (= *édition*) Aufl.; (= *éditeur*) Hrsg
EDF [ədeɛf] *sigle f* (= *Électricité de France*) *französisches Elektrizitätswerk*
édifice [edifis] *nm* Gebäude *nt*
éditer [edite] *vt* (*publier*) herausgeben; (*Inform*) editieren •**éditeur, -trice** *nm/f* Herausgeber(in) *m(f)*; (*Inform*) Editor *m* •**édition** *nf* (*série d'exemplaires*) Auflage *f*; (*version d'un texte*) Ausgabe *f*
éditorial, -aux [editɔʀjal, jo] *nm* Leitartikel *m*
édredon [edʀədɔ̃] *nm* Federbett *nt*
éducateur, -trice [edykatœʀ, tʀis] *nm/f* Lehrer(in) *m(f)*
éducation [edykasjɔ̃] *nf* Erziehung *f*; (*formation*) Ausbildung *f*; **sans ~** (*mal élevé*) schlecht erzogen; **l'É~ (nationale)** (*Admin*) das Erziehungswesen; **~ physique** Sport *m*
éduquer [edyke] *vt* (*personne*) erziehen; (*faculté, don*) entwickeln
effacer [efase] *vt* (*dessin*) ausradieren; (*Inform*) löschen
effarer [efaʀe] *vt* beunruhigen
effaroucher [efaʀuʃe] *vt* aufschrecken
effectif, -ive [efɛktif, iv] *adj* effektiv ▶ *nm* Bestand *m* •**effectivement** *adv* tatsächlich
effectuer [efɛktɥe] *vt* ausführen
efféminé, e [efemine] *adj* weibisch
effervescent, e [efɛʀvesɑ̃, ɑ̃t] *adj* (*cachet, boisson*) sprudelnd
effet [efɛ] *nm* Wirkung *f*; **sous l'~ de** unter dem Einfluss von; **en ~** (*effectivement*) tatsächlich; **~ de serre** Treibhauseffekt *m*

e

efficace [efikas] *adj* wirksam; (*personne*) kompetent • **efficacité** *nf* Wirksamkeit *f*
effigie [efiʒi] *nf* Bildnis *nt*
effleurer [eflœʀe] *vt* streifen
effluves [eflyv] *nmpl* Ausdünstungen *pl*
effondrement [efɔ̃dʀəmɑ̃] *nm* Einsturz *m*
effondrer [efɔ̃dʀe]: **s'~** *vpr* einstürzen; (*personne*) zusammenbrechen
efforcer [efɔʀse]: **s'~** *vpr*: **s'~ de faire qch** sich bemühen, etw zu tun
effort [efɔʀ] *nm* Anstrengung *f*; **faire un ~** sich anstrengen
effrayant, e [efʀɛjɑ̃, ɑ̃t] *adj* schrecklich • **effrayer** *vt* erschrecken
effréné, e [efʀene] *adj* wild, zügellos
effriter [efʀite]: **s'~** *vpr* bröckeln
effroi [efʀwa] *nm* panische Angst *f*
effronté, e [efʀɔ̃te] *adj* unverschämt
effroyable [efʀwajabl] *adj* grauenvoll
effusion [efyzjɔ̃] *nf* (überschwänglicher) Gefühlsausbruch *m*; **sans ~ de sang** ohne Blutvergießen
égal, e, -aux [egal, o] *adj* gleich; (*plan*) eben; (*constant*) gleichmäßig ▶ *nm/f* Gleichgestellte(r) *f(m)*; **être ~ à zéro** gleich null sein; **ça lui/nous est ~** das ist ihm/uns egal • **également** *adv* genauso; (*aussi*) auch • **égaler** *vt* (*personne*) gleichkommen +*dat*; (*record*) einstellen • **égaliser** *vt* (*sol*) einebnen; (*salaires, chances*) ausgleichen • **égalité** *nf* Gleichheit *f*; **~ de droits** Gleichberechtigung *f*
égard [egaʀ] *nm* Rücksicht *f*; **égards** *nmpl* Rücksicht; **par ~ pour** aus Rücksicht für; **à l'~ de** gegenüber +*dat*
égarer [egaʀe] *vt* verlegen; **s'égarer** *vpr* sich verirren
églantine [eglɑ̃tin] *nf* Heckenrose *f*, Wildrose *f*
églefin [egləfɛ̃] *nm* Schellfisch *m*
église [egliz] *nf* Kirche *f*
égoïsme [egɔism] *nm* Egoismus *m* • **égoïste** *adj* egoistisch
égout [egu] *nm* Abwasserkanal *m*
égoutter [egute] *vt* (*vaisselle, fromage*) abtropfen lassen
égratignure [egʀatiɲyʀ] *nf* Kratzer *m*
Égypte [eʒipt] *nf*: **l'~** Ägypten *nt* • **égyptien, ne** *adj* ägyptisch
eh [e] *excl* he; **eh bien!** na so was!; **eh bien?** also?
éjecter [eʒɛkte] *vt* (*Tech*) ausstoßen
élaborer [elabɔʀe] *vt* ausarbeiten
élan [elɑ̃] *nm* (*Zool*) Elch *m*; (*Sport*) Anlauf *m*; (*d'objet en mouvement*) Schwung *m*
élancé, e [elɑ̃se] *adj* schlank
élargir [elaʀʒiʀ] *vt* verbreitern; (*groupe*) vergrößern; **s'élargir** *vpr* breiter werden
élastique [elastik] *adj* elastisch ▶ *nm* Gummiband *nt*
électeur, -trice [elɛktœʀ, tʀis] *nm/f* Wähler(in) *m(f)* • **élection** *nf* Wahl *f*
électorat [elɛktɔʀa] *nm* Wählerschaft *f*
électricien, ne [elɛktʀisjɛ̃, jɛn] *nm/f* Elektriker(in) *m(f)* • **électricité** *nf* Elektrizität *f* • **électrifier** *vt* elektrifizieren • **électrique** *adj* elektrisch
électro [elɛktʀo] *préf* Elektro • **électrocardiogramme** *nm*

Elektrokardiogramm *nt*
• **électroménager** *adj* : **appareils ~s** elektrische Haushaltsgeräte *pl*, Elektrogeräte *pl*
électronique [elɛktʀɔnik] *adj* elektronisch
élégance [elegɑ̃s] *nf* Eleganz *f*
• **élégant, e** *adj* elegant
élément [elemɑ̃] *nm* Element *nt*; (*composante*) Bestandteil *m*
• **élémentaire** *adj* einfach, simpel
éléphant [elefɑ̃] *nm* Elefant *m*
élevage [el(ə)vaʒ] *nm* Zucht *f*
élévation [elevasjɔ̃] *nf* Erhöhung *f*
élevé, e [el(ə)ve] *adj* hoch; **bien/mal ~** gut/schlecht erzogen
élève [elɛv] *nmf* Schüler(in) *m(f)*
élever [el(ə)ve] *vt* (*enfant*) aufziehen; (*animaux*) züchten; **s'élever** *vpr* (*avion, alpiniste*) hochsteigen; (*niveau, température*) steigen; **s'~ contre qch** sich gegen etw erheben; **s'~ à** (*frais, dégâts*) steigen auf +*acc* • **éleveur, -euse** *nm/f* (*de bétail*) Viehzüchter(in) *m(f)*
élimination [eliminasjɔ̃] *nf* Ausscheiden *nt*
éliminatoire [eliminatwaʀ] *nf* (*Sport*) Ausscheidungswettkampf *m*
éliminer [elimine] *vt* ausscheiden lassen; (*déchets etc*) ausscheiden
élire [eliʀ] *vt* wählen
élite [elit] *nf* Elite *f*; **tireur d'~** Scharfschütze *m*

MOT-CLÉ

elle [ɛl] *pron* **1** (*sujet : personne*) sie; (*: chose : selon le genre du mot allemand*) er/sie/es; **~ me l'a dit** sie hat es mir gesagt; **c'est ~ qui me l'a dit** sie hat es mir gesagt; **je mange une pomme ; ~ est aigre** ich esse einen Apfel; er ist sauer
2 (*avec préposition : personne : accusatif*) sie; (*: datif*) ihr; (*: chose : accusatif*) ihn/sie/es; (*: datif*) ihm/ihr/ihm; **pour ~** für sie; **avec ~** mit ihr
3 : **~s** (*nominatif, accusatif*) sie; (*datif*) ihnen; **pour ~s** für sie; **à cause d'~s** wegen ihnen

e

éloge [elɔʒ] *nm* Lob *nt*
éloigné, e [elwaɲe] *adj* weit (entfernt) • **éloigner** *vt* entfernen; (*fig : soupçons, danger*) abwenden; **s'éloigner** *vpr* : **s'~ de** sich entfernen von
éloquence [elɔkɑ̃s] *nf* Beredtheit *f*
• **éloquent, e** *adj* wortgewandt; (*discours, mot, attitude*) vielsagend
élu, e [ely] *pp de* **élire** ▶ *nm/f* (*Pol*) Abgeordnete(r) *f(m)*
élucider [elyside] *vt* aufklären
Élysée [elize] *nm* : **l'~, le palais de l'~** der Élyséepalast
e-mail [imɛl] *nm* E-Mail *f*; **envoyer qch par ~** etw per E-Mail schicken
émail, -aux [emaj, o] *nm* Email *nt*
• **émaillé, e** *adj* emailliert
émancipation [emɑ̃sipasjɔ̃] *nf* (*de mineur*) Mündigsprechung *f*; (*des femmes*) Emanzipation *f*
émanciper [emɑ̃sipe] *vt* (*libérer*) befreien; **s'émanciper** *vpr* (*femmes*) sich emanzipieren
emballage [ɑ̃balaʒ] *nm* Verpackung *f* • **emballer** *vt* einpacken, verpacken; **s'emballer** *vpr* (*moteur, cheval*) jagen
embarcadère [ɑ̃baʀkadɛʀ] *nm* Anlegestelle *f*
embarcation [ɑ̃baʀkasjɔ̃] *nf* kleines Boot *nt*
embargo [ɑ̃baʀgo] *nm* Embargo *nt*
embarquement [ɑ̃baʀkəmɑ̃] *nm* Einsteigen *nt*; **« vol AF 321 : ~**

immédiat, porte 30 » „Aufruf für Passagiere des Flugs AF 321, sich zum Flugsteig 30 zu begeben"
embarquer [ɑ̃baʀke] *vt* einschiffen ▶ *vi* an Bord gehen; **s'embarquer** *vpr* an Bord gehen
embarras [ɑ̃baʀa] *nm* Hindernis *nt*; (*gêne*) Verlegenheit *f* • **embarrassant, e** *adj* peinlich • **embarrasser** *vt* (*gêner*) in Verlegenheit bringen
embaucher [ɑ̃boʃe] *vt* einstellen
embaumer [ɑ̃bome] *vt* (*lieu*) mit Duft erfüllen
embellie [ɑ̃beli] *nf* Aufheiterung *f*
embellir [ɑ̃beliʀ] *vt* verschönern ▶ *vi* schöner werden
embêtement [ɑ̃bɛtmɑ̃] *nm* Unannehmlichkeit *f*
embêter [ɑ̃bete] *vt* ärgern; **s'embêter** *vpr* sich langweilen
embonpoint [ɑ̃bɔ̃pwɛ̃] *nm* Korpulenz *f*, Fülligkeit *f*
embouchure [ɑ̃buʃyʀ] *nf* (*Géo*) Mündung *f*
embouteillage [ɑ̃butɛjaʒ] *nm* (Verkehrs)stau *m*
embranchement [ɑ̃bʀɑ̃ʃmɑ̃] *nm* (*routier*) Abzweigung *f*
embrasser [ɑ̃bʀase] *vt* küssen; **s'embrasser** *vpr* sich küssen
embrasure [ɑ̃bʀɑzyʀ] *nf* Öffnung *f*
embrayage [ɑ̃bʀɛjaʒ] *nm* Kupplung *f*
embrouiller [ɑ̃bʀuje] *vt* (*personne aussi*) verwirren; (*objets, idées*) durcheinanderbringen; **s'embrouiller** *vpr* (*personne*) konfus werden
embryon [ɑ̃bʀijɔ̃] *nm* Embryo *m*
embué, e [ɑ̃bɥe] *adj* beschlagen
embuscade [ɑ̃byskad] *nf* Hinterhalt *m*
éméché, e [emeʃe] (*fam*) *adj* beschwipst
émeraude [em(ə)ʀod] *nf* Smaragd *m*
émergence [emɛʀʒɑ̃s] *nf* (*fig*) Auftauchen *nt* • **émerger** *vi* auftauchen
émeri [em(ə)ʀi] *nm* : **papier ~** Schmirgelpapier *nt*
émerveiller [emɛʀveje] *vt* in Bewunderung versetzen; **s'émerveiller** *vpr* : **s'~ de qch** über etw *acc* staunen
émetteur, -trice [emetœʀ, tʀis] *adj* (*poste, station*) Sende- ▶ *nm* (*poste*) Sender *m*
émettre [emɛtʀ] *vt* (*son, lumière*) ausstrahlen; (*Radio, TV*) senden ▶ *vi* : **~ sur ondes courtes** auf Kurzwelle senden
émeute [emøt] *nf* Aufruhr *m*
émigration [emigʀasjɔ̃] *nf* Emigration *f*, Auswanderung *f*
émigré, e [emigʀe] *nm/f* Emigrant(in) *m(f)* • **émigrer** *vi* auswandern
éminent, e [eminɑ̃, ɑ̃t] *adj* (hoch) angesehen
émission [emisjɔ̃] *nf* (*TV, Radio*) Sendung *f*
emménager [ɑ̃menaʒe] *vi* : **~ dans** einziehen in +*acc*
emmener [ɑ̃m(ə)ne] *vt* mitnehmen
emmerder [ɑ̃mɛʀde] (*fam !*) *vt* ankotzen (*fam !*)
emmitoufler [ɑ̃mitufle] *vt* warm einpacken
émoi [emwa] *nm* Aufregung *f*
émotif, -ive [emɔtif, iv] *adj* emotional; (*personne*) gefühlsbetont • **émotion** *nf* (*vif sentiment*) Gefühl *nt*; (*réaction affective*) Bewegtheit *f*
émouvant, e [emuvɑ̃, ɑ̃t] *adj* rührend, bewegend

émouvoir [emuvwaʀ] *vt* bewegen; (*attendrir aussi*) rühren; **s'émouvoir** *vpr* gerührt sein
emparer [ɑ̃paʀe] : **s'~ de** *vpr* ergreifen
empattement [ɑ̃patmɑ̃] *nm* (*Auto*) Radabstand *m*
empêchement [ɑ̃pɛʃmɑ̃] *nm* Hindernis *nt*, Schwierigkeit *f* • **empêcher** *vt* verhindern; **~ qn de faire qch** jdn daran hindern *ou* davon abhalten, etw zu tun
empereur [ɑ̃pʀœʀ] *nm* Kaiser *m*
emphase [ɑ̃fɑz] *nf* Pathos *nt*; **avec ~** mit Pathos
empiffrer [ɑ̃pifʀe] (*fam*) : **s'~** *vpr* sich vollstopfen
empiler [ɑ̃pile] *vt* aufstapeln, anhäufen
empire [ɑ̃piʀ] *nm* Reich *nt*
empirer [ɑ̃piʀe] *vi* sich verschlechtern
emplacement [ɑ̃plasmɑ̃] *nm* Platz *m*, Stelle *f*
emplette [ɑ̃plɛt] *nf* : **faire des ~s** einkaufen
emplir [ɑ̃pliʀ] *vt* füllen; **s'emplir (de)** *vpr* sich füllen (mit)
emploi [ɑ̃plwa] *nm* Gebrauch *m*; (*poste*) Stelle *f*; **d'~ facile/délicat** leicht/schwierig zu benutzen; **~ du temps** Zeitplan *m* • **employé, e** *nm/f* Angestellte(r) *f(m)* • **employer** *vt* verwenden, gebrauchen; (*personne*) beschäftigen • **employeur, -euse** *nm/f* Arbeitgeber(in) *m(f)*
empocher [ɑ̃pɔʃe] *vt* einstecken
empoigner [ɑ̃pwaɲe] *vt* packen
empoisonner [ɑ̃pwazɔne] *vt* vergiften; (*empester*) verpesten
emporter [ɑ̃pɔʀte] *vt* mitnehmen; (*blessés, voyageurs*) wegbringen; **s'emporter** *vpr* aufbrausen
empreint, e [ɑ̃pʀɛ̃, ɛ̃t] *adj* : **~ de** voller
empreinte [ɑ̃pʀɛ̃t] *nf* Abdruck *m*; **~ écologique** ökologischer Fußabdruck *m*, CO_2-Bilanz *f*; **~s digitales** Fingerabdrücke *pl*
empressé, e [ɑ̃pʀese] *adj* beflissen • **empressement** *nm* Eifer *m*; (*hâte*) Eile *f* • **empresser** : **s'~** *vpr* : **s'~ de faire qch** sich beeilen, etw zu tun
emprise [ɑ̃pʀiz] *nf* Einfluss *m*
emprisonner [ɑ̃pʀizɔne] *vt* einsperren
emprunt [ɑ̃pʀœ̃] *nm* Anleihe *f*; (*Finance aussi*) Darlehen *nt*; (*Ling*) Lehnwort *nt* • **emprunter** *vt* sich *dat* leihen; (*route, itinéraire*) einschlagen
ému, e [emy] *pp de* **émouvoir**
émulation [emylasjɔ̃] *nf* Nacheifern *nt*

MOT-CLÉ

en [ɑ̃] *prép* **1** (*endroit, pays : situation*) in +*dat*; (*direction*) in +*acc*; (: *pays*) nach; **habiter en France/ville** in Frankreich/in der Stadt leben; **aller en ville/France** in die Stadt/nach Frankreich gehen
2 (*temps*) in +*dat*; **en 3 jours/20 ans** in 3 Tagen/20 Jahren; **en été/juin** im Sommer/Juni
3 (*moyen de transport*) en; **en avion/taxi** im Flugzeug/Taxi
4 (*composition*) aus; **c'est en verre/bois** das ist aus Glas/Holz
5 (*description, état*) : **une femme (habillée) en rouge** eine Frau in Rot; **peindre qch en rouge** etw rot anstreichen; **partir en vacances** in die Ferien fahren; **en deuil** in Trauer; **en bonne santé** bei guter Gesundheit; **en deux volumes** in zwei Bänden;

en une pièce an einem Stück
6 (*avec gérondif*) : **en travaillant** bei der Arbeit; **en dormant** im Schlaf; **en apprenant la nouvelle/sortant** als er/sie *etc* die Nachricht hörte/wegging
▶ *pron* 1 (*indéfini*) : **j'en ai/veux** ich habe/möchte davon; **j'en ai deux** ich habe zwei; **j'en ai assez** ich habe genug (davon); (*j'en ai marre*) mir reichts
2 (*provenance*) : **j'en viens** ich komme daher
3 (*cause*) : **il en est malade/perd le sommeil** er ist deswegen krank/kann deswegen nicht schlafen
4 (*autre complément*) : **j'en suis fier** ich bin stolz darauf; **j'en ai besoin** ich brauche es

ENA [ena] *sigle f* (= *École nationale d'administration*) Eliteschule für Verwaltungskräfte • **énarque** *nmf* Absolvent(in) *m(f)* der ENA
encadrement [ɑ̃kadʀəmɑ̃] *nm* Rahmen *m*
encadrer [ɑ̃kadʀe] *vt* (*tableau, image*) einrahmen; (*entourer*) umgeben; (*former*) ausbilden
encaisser [ɑ̃kese] *vt* (*chèque*) einlösen; (*argent*) einstreichen; (*coup, défaite*) einstecken
encart [ɑ̃kaʀ] *nm* Einlage *f*; **~ publicitaire** Werbebeilage *f*
en-cas [ɑ̃ka] *nm inv* (*repas*) kleine Zwischenmahlzeit *f*
encastrer [ɑ̃kastʀe] *vt* : **~ qch dans** etw einbauen in +*acc*; (*mur*) etw einlassen in +*acc*; **s'encastrer** *vpr* : **s'~ dans** hineinpassen in +*acc*; (*heurter*) hineinprallen in +*acc*
encaustique [ɑ̃kostik] *nf* (Bohner)wachs *nt*
enceinte [ɑ̃sɛ̃t] *adj f* schwanger
▶ *nf* (*mur*) Mauer *f*; **~ de six mois** im 6. Monat schwanger; **~ (acoustique)** Lautsprecher *pl*
encens [ɑ̃sɑ̃] *nm* Weihrauch *m* • **encenser** *vt* beweihräuchern
enchaîner [ɑ̃ʃene] *vt* in Ketten legen; (*mouvements, séquence*) (miteinander) verknüpfen
enchanté, e [ɑ̃ʃɑ̃te] *adj* entzückt, hocherfreut • **enchantement** *nm* Zauber *m*; **comme par ~** wie durch Zauber • **enchanter** *vt* (hoch) erfreuen • **enchanteur, -eresse** *adj* zauberhaft
enchère [ɑ̃ʃɛʀ] *nf* : **mettre** *ou* **vendre aux ~s** versteigern
enclencher [ɑ̃klɑ̃ʃe] *vt* auslösen
enclin, e [ɑ̃klɛ̃, in] *adj* : **être ~ à qch** zu etw neigen; **être ~ à faire qch** dazu neigen, etw zu tun
enclos [ɑ̃klo] *nm* Einfriedung *f*
enclume [ɑ̃klym] *nf* Amboss *m*
encoder [ɑ̃kɔde] *vt* codieren, verschlüsseln
encolure [ɑ̃kɔlyʀ] *nf* (*mesure*) Kragenweite *f*; (*cou*) Hals *m*
encombrant, e [ɑ̃kɔ̃bʀɑ̃, ɑ̃t] *adj* sperrig
encombre [ɑ̃kɔ̃bʀ] : **sans ~** *adv* ohne Zwischenfälle • **encombrer** *vt* behindern
encorder [ɑ̃kɔʀde] : **s'~** *vpr* sich anseilen

MOT-CLÉ

encore [ɑ̃kɔʀ] *adv* 1 (*continuation*) noch; **il travaille ~** er arbeitet noch; **pas ~** noch nicht; **~ deux jours** noch zwei Tage
2 (*pas plus tard que*) : **hier ~** erst gestern
3 (*de nouveau*) wieder; **~ une fois** noch einmal

4 (*intensif*) : **~ plus fort/mieux** noch lauter/besser
5 (*aussi*) : **non seulement ..., mais ~** nicht nur ..., sondern auch
6 (*restriction*) allerdings; **~ que** obwohl

encourageant, e [ɑ̃kuʀaʒɑ̃, ɑ̃t] *adj* ermutigend
encouragement [ɑ̃kuʀaʒmɑ̃] *nm* Ermutigung *f*
encourager [ɑ̃kuʀaʒe] *vt* ermutigen
encourir [ɑ̃kuʀiʀ] *vt* sich *dat* zuziehen, auf sich *acc* ziehen
encre [ɑ̃kʀ] *nf* Tinte *f*; **~ de Chine** Tusche *f*
encyclopédie [ɑ̃siklɔpedi] *nf* Enzyklopädie *f*
endetter [ɑ̃dete] *vt* in Schulden stürzen +*dat*; **s'endetter** *vpr* sich verschulden
endiablé, e [ɑ̃djable] *adj* leidenschaftlich
endive [ɑ̃div] *nf* Chicorée *m*
endommager [ɑ̃dɔmaʒe] *vt* beschädigen
endormir [ɑ̃dɔʀmiʀ] *vt* (*enfant*) zum Schlafen bringen; (*Méd*) betäuben; **s'endormir** *vpr* einschlafen
endoscope [ɑ̃dɔskɔp] *nm* Endoskop *nt* • **endoscopie** *nf* Endoskopie *f*
endosser [ɑ̃dose] *vt* (*responsabilité*) übernehmen; (*chèque*) gegenzeichnen; (*uniforme, tenue*) anlegen
endroit [ɑ̃dʀwa] *nm* Ort *m*; (*emplacement*) Stelle *f*; (*opposé à l'envers*) rechte Seite *f*; **à l'~** richtig herum
enduire [ɑ̃dɥiʀ] *vt* : **~ qch de** etw bestreichen mit; **s'enduire de** *vpr* sich einreiben mit • **enduit, e** *pp de* **enduire** ▶ *nm* Überzug *m*
endurance [ɑ̃dyʀɑ̃s] *nf* Durchhaltevermögen *nt*
endurci, e [ɑ̃dyʀsi] *adj* : **buveur ~** abgehärteter Trinker *m*; **célibataire ~** eingefleischter Junggeselle *m*
endurcir [ɑ̃dyʀsiʀ] *vt* abhärten; **s'endurcir** *vpr* hart *ou* zäh werden
endurer [ɑ̃dyʀe] *vt* ertragen
énergétique [enɛʀʒetik] *adj* Energie-
énergie [enɛʀʒi] *nf* Energie *f* • **énergique** *adj* energisch
énervant, e [enɛʀvɑ̃, ɑ̃t] *adj* irritierend
énervé, e [enɛʀve] *adj* aufgeregt; (*agacé*) verärgert
énerver [enɛʀve] *vt* aufregen; **s'énerver** *vpr* sich aufregen
enfance [ɑ̃fɑ̃s] *nf* Kindheit *f*
enfant [ɑ̃fɑ̃] *nmf* Kind *nt*; **~ unique** Einzelkind • **enfanter** *vi, vt* gebären • **enfantillage** (*péj*) *nm* Kinderei *f* • **enfantin, e** *adj* kindlich; (*péj*) kindisch; (*simple*) kinderleicht
enfer [ɑ̃fɛʀ] *nm* Hölle *f*
enfermer [ɑ̃fɛʀme] *vt* einschließen; (*prisonnier*) einsperren; **s'enfermer** *vpr* sich einschließen
enfiévré [ɑ̃fjevʀe] *adj* (*fig*) fiebrig
enfiler [ɑ̃file] *vt* (*perles etc*) auffädeln; (*aiguille*) einfädeln; (*vêtement*) schlüpfen in +*acc*; (*rue, couloir*) einbiegen in +*acc*
enfin [ɑ̃fɛ̃] *adv* endlich; (*en dernier lieu*) schließlich
enflammer [ɑ̃flame] *vt* in Brand setzen; (*Méd*) entzünden; **s'enflammer** *vpr* Feuer fangen; (*Méd*) sich entzünden
enflé, e [ɑ̃fle] *adj* geschwollen • **enfler** *vi* anschwellen

enfoncer [ɑ̃fɔ̃se] *vt* einschlagen ▶ *vi* versinken; **s'enfoncer** *vpr* : **s'~ dans** (*neige, vase etc*) versinken in +*dat*; (*forêt, ville*) verschwinden in +*dat*

enfouir [ɑ̃fwiʀ] *vt* (*dans le sol*) vergraben; (*dans un tiroir, une poche etc*) verstecken; **s'enfouir** *vpr* : **s'~ dans/sous** sich vergraben in +*dat*/ unter +*dat*

enfourcher [ɑ̃fuʀʃe] *vt* besteigen

enfuir [ɑ̃fɥiʀ] : **s'~** *vpr* fliehen, weglaufen

engagé, e [ɑ̃gaʒe] *adj* engagiert

engagement [ɑ̃gaʒmɑ̃] *nm* (*promesse*) Versprechen *nt* • **engager** *vt* (*embaucher*) anstellen, einstellen; **s'engager** *vpr* (*promettre*) sich verpflichten; **s'~ à faire qch** sich verpflichten, etw zu tun; **s'~ dans** einbiegen in +*acc*

engelures [ɑ̃ʒlyʀ] *nfpl* Frostbeulen *pl*

engendrer [ɑ̃ʒɑ̃dʀe] *vt* zeugen; (*fig*) hervorbringen

engin [ɑ̃ʒɛ̃] *nm* Gerät *nt*

englober [ɑ̃glɔbe] *vt* umfassen

engloutir [ɑ̃glutiʀ] *vt* verschlingen

engouement [ɑ̃gumɑ̃] *nm* Begeisterung *f*, Schwärmerei *f*

engouffrer [ɑ̃gufʀe] *vt* verschlingen; **s'engouffrer dans** *vpr* hineinströmen in +*acc*

engourdi, e [ɑ̃guʀdi] *adj* gefühllos, taub

engourdir [ɑ̃guʀdiʀ] *vt* gefühllos werden lassen; **s'engourdir** *vpr* gefühllos werden

engrais [ɑ̃gʀɛ] *nm* Dünger *m*

engraisser [ɑ̃gʀese] *vt* (*animal*) mästen

engrenage [ɑ̃gʀənaʒ] *nm* Getriebe *nt*

engueuler [ɑ̃gœle] (*fam !*) *vt* anschnauzen (*fam*)

énigme [enigm] *nf* Rätsel *nt*

enivrer [ɑ̃nivʀe] *vt* betrunken machen; **s'enivrer** *vpr* sich betrinken

enjambée [ɑ̃ʒɑ̃be] *nf* Schritt *m*

enjamber [ɑ̃ʒɑ̃be] *vt* überschreiten; (*pont*) überspannen

enjeu, x [ɑ̃ʒø] *nm* Einsatz *m*

enjoliver [ɑ̃ʒɔlive] *vt* ausschmücken • **enjoliveur** *nm* (*Auto*) Radkappe *f*

enjoué, e [ɑ̃ʒwe] *adj* fröhlich

enlacer [ɑ̃lase] *vt* (*personne*) umarmen

enlèvement [ɑ̃lɛvmɑ̃] *nm* (*rapt*) Entführung *f*

enlever [ɑ̃l(ə)ve] *vt* (*vêtement*) ausziehen; (*lunettes*) absetzen; **~ qch à qn** jdm etw nehmen

enneigé, e [ɑ̃neʒe] *adj* verschneit

ennemi, e [ɛnmi] *adj* feindlich ▶ *nm/f* Feind(in) *m(f)*

ennui [ɑ̃nɥi] *nm* (*lassitude*) Langeweile *f*; (*difficulté*) Schwierigkeit *f* • **ennuyer** *vt* ärgern; (*lasser*) langweilen; **s'ennuyer** *vpr* sich langweilen; **si cela ne vous ennuie pas** wenn es Ihnen keine Umstände macht • **ennuyeux, -euse** *adj* (*lassant*) langweilig; (*contrariant*) ärgerlich

énoncé [enɔ̃se] *nm* Wortlaut *m*; (*Ling*) Aussage *f*

enorgueillir [ɑ̃nɔʀgœjiʀ] : **s'~ de** *vpr* sich rühmen +*gén*

énorme [enɔʀm] *adj* enorm, gewaltig • **énormément** *adv* : **~ de neige/gens** ungeheuer viel Schnee/viele Menschen

enquête [ɑ̃kɛt] *nf* (*judiciaire, de police*) Untersuchung *f*, Ermittlung *f*; (*sondage d'opinion*)

(Meinungs)umfrage *f* • **enquêter** *vi* ermitteln • **enquêteur, -euse** *ou* **trice** *nm/f* Ermittler(in) *m(f)*; (*de sondage*) Meinungsforscher(in) *m(f)*
enragé, e [ɑ̃ʀaʒe] *adj* (*Méd*) tollwütig; (*passionné*) fanatisch
enrager [ɑ̃ʀaʒe] *vi* rasend *ou* wütend sein
enrayer [ɑ̃ʀeje] *vt* aufhalten, stoppen; **s'enrayer** *vpr* klemmen
enregistrement [ɑ̃ʀ(ə)ʒistʀəmɑ̃] *nm* Aufnahme *f*; (*d'une plainte*) Registrierung *f* • **enregistrer** *vt* (*Mus*) aufnehmen; (*Inform*) sichern; (*Admin*) eintragen, registrieren; (*bagages*) aufgeben
enrhumer [ɑ̃ʀyme] : **s'~** *vpr* sich erkälten
enrichir [ɑ̃ʀiʃiʀ] *vt* reich machen; (*moralement*) bereichern; **s'enrichir** *vpr* reich werden
enrober [ɑ̃ʀɔbe] *vt* : **~ qch de** etw umhüllen mit
enrouer [ɑ̃ʀwe] : **s'~** *vpr* heiser werden
enrouler [ɑ̃ʀule] *vt* (*fil, corde*) aufwickeln; **~ qch autour de** etw herumwickeln um
enseignant, e [ɑ̃sɛɲɑ̃, ɑ̃t] *adj* (*personnel*) Lehr- ▸ *nm/f* Lehrer(in) *m(f)*
enseigne [ɑ̃sɛɲ] *nf* Geschäftsschild *nt*; **~ lumineuse** Leuchtreklame *f*
enseignement [ɑ̃sɛɲ(ə)mɑ̃] *nm* Unterricht *m*; (*profession*) Lehrerberuf *m* • **enseigner** *vt* unterrichten ▸ *vi* unterrichten; **~ qch à qn** jdm etw beibringen
ensemble [ɑ̃sɑ̃bl] *adv* zusammen ▸ *nm* (*groupe, assemblage*) Komplex *m*; **l'~ du/de la ...** der/die/das ganze ...; **aller ~** zusammenpassen
ensoleillé, e [ɑ̃sɔleje] *adj* sonnig
ensommeillé, e [ɑ̃sɔmeje] *adj* schläfrig, verschlafen
ensuite [ɑ̃sɥit] *adv* dann
ensuivre [ɑ̃sɥivʀ] : **s'~** *vpr* folgen; **il s'ensuit que** daraus ergibt sich, dass
entamer [ɑ̃tame] *vt* (*pain*) anschneiden; (*bouteille*) anbrechen; (*hostilités, pourparlers*) eröffnen; (*altérer*) beeinträchtigen
entasser [ɑ̃tase] *vt* (*empiler*) anhäufen, aufhäufen; **s'entasser** *vpr* sich anhäufen
entendre [ɑ̃tɑ̃dʀ] *vt* hören; (*comprendre*) verstehen; **s'entendre** *vpr* (*sympathiser*) sich verstehen; (*se mettre d'accord*) übereinkommen • **entendu, e** *adj* (*réglé*) abgemacht; **bien ~ !** selbstverständlich! • **entente** *nf* Einvernehmen *nt*
entériner [ɑ̃teʀine] *vt* bestätigen
enterrement [ɑ̃tɛʀmɑ̃] *nm* Begräbnis *nt* • **enterrer** *vt* begraben; (*trésor etc*) vergraben
entêter [ɑ̃tete] : **s'~** *vpr* : **s'~ à faire qch** sich darauf versteifen, etw zu tun
enthousiasme [ɑ̃tuzjasm] *nm* Begeisterung *f* • **enthousiasmer** *vt* begeistern; **s'enthousiasmer** *vpr* : **s'~ (pour qch)** sich (für etw) begeistern
entier, -ère [ɑ̃tje, jɛʀ] *adj* ganz; (*intact, complet*) vollständig; (*personne, caractère*) geradlinig; **en ~** vollständig • **entièrement** *adv* völlig
entité [ɑ̃tite] *nf* Wesen *nt*
entonner [ɑ̃tɔne] *vt* (*chanson*) anstimmen
entonnoir [ɑ̃tɔnwaʀ] *nm* Trichter *m*

e

entorse [ɑ̃tɔʀs] *nf* (*Méd*) Verstauchung *f*; **~ au règlement** Regelverstoß *m*
entourage [ɑ̃tuʀaʒ] *nm* Umgebung *f* • **entourer** *vt* umgeben
entracte [ɑ̃tʀakt] *nm* Pause *f*
entraide [ɑ̃tʀɛd] *nf* gegenseitige Hilfe *f*
entrailles [ɑ̃tʀaj] *nfpl* (*intestins*) Eingeweide *pl*; (*fig*) Innere(s) *nt*
entrain [ɑ̃tʀɛ̃] *nm* Elan *m*
entraînement [ɑ̃tʀɛnmɑ̃] *nm* Training *nt*; (*Tech*) Antrieb *m*
entraîner [ɑ̃tʀene] *vt* (*tirer*) ziehen; (*Tech*) antreiben; (*emmener*) mitschleppen; (*Sport*) trainieren; **s'entraîner** *vpr* trainieren; **~ qn à faire qch** jdn dazu bringen, etw zu tun • **entraîneur, -euse** *nm/f* (*Sport*) Trainer(in) *m(f)*
entraver [ɑ̃tʀave] *vt* behindern
entre [ɑ̃tʀ] *prép* zwischen +*dat*; (*avec mouvement*) zwischen +*acc*; (*parmi*) unter +*dat*; **l'un d'~ eux** einer von *ou* unter ihnen; **~ autres (choses)** unter anderem • **entrebâillé, e** *adj* angelehnt • **entrecôte** *nf* Entrecôte *nt*
entrée [ɑ̃tʀe] *nf* (*accès, porte*) Eingang *m*; (*d'une personne*) Eintreten *nt*; (*billet*) Eintrittskarte *f*; (*Culin*) Vorspeise *f*; (*Inform*) Eingabe *f*
entrefilet [ɑ̃tʀəfilɛ] *nm* Notiz *f*
entrelarder [ɑ̃tʀəlaʀde] *vt* (*viande*) spicken; **entrelardé de** (*fig*) gespickt mit
entremets [ɑ̃tʀəmɛ] *nm* Nachspeise *f*
entremise [ɑ̃tʀəmiz] *nf*: **par l'~ de** durch Vermittlung +*gén*
entreposer [ɑ̃tʀəpoze] *vt* einlagern
entrepôt [ɑ̃tʀəpo] *nm* Lagerhaus *nt*
entreprenant, e [ɑ̃tʀəpʀənɑ̃, ɑ̃t] *adj* (*actif*) unternehmungslustig; (*trop galant*) dreist
entreprendre [ɑ̃tʀəpʀɑ̃dʀ] *vt* machen; (*personne*) angehen
entrepreneur [ɑ̃tʀəpʀənœʀ] *nm* Unternehmer(in) *m(f)*; **~ (en bâtiment)** Bauunternehmer *m*
entreprise [ɑ̃tʀəpʀiz] *nf* Unternehmen *nt*
entrer [ɑ̃tʀe] *vi* hereinkommen; (*véhicule*) hereinfahren; (*pénétrer, s'enfoncer*) eindringen ▶ *vt* (*Inform*) eingeben; **~ qch dans** etw hineintun in +*acc*; **~ dans** kommen in +*acc*; (*véhicule*) fahren in +*acc*; **faire ~ qn** jdn hereinbitten
entre-temps [ɑ̃tʀətɑ̃] *adv* in der Zwischenzeit
entretenir [ɑ̃tʀət(ə)niʀ] *vt* unterhalten; (*feu*) am Leben halten; (*amitié, relations*) aufrechterhalten; **s'entretenir** *vpr*: **s'~ (de qch)** sich unterhalten (über etw *acc*) • **entretien** *nm* Unterhalt *m*; (*discussion*) Unterhaltung *f*
entrevoir [ɑ̃tʀəvwaʀ] *vt* (*à peine*) (kaum) ausmachen; (*brièvement*) kurz sehen • **entrevue** *nf* Gespräch *nt*; (*audience*) Interview *nt*
entrouvert, e [ɑ̃tʀuvɛʀ, ɛʀt] *adj* halb offen *ou* halb geöffnet
énumérer [enymeʀe] *vt* aufzählen
envahir [ɑ̃vaiʀ] *vt* überfallen; (*suj: marchandises*) überschwemmen; (*: inquiétude, peur*) überkommen • **envahissant, e** *adj* (*péj*) aufdringlich
enveloppe [ɑ̃v(ə)lɔp] *nf* (*de lettre*) (Brief)umschlag *m*; (*revêtement*,

gaine) Hülle *f* • **envelopper** *vt* einpacken; (*entourer*) einhüllen

envergure [ɑ̃vɛʀgyʀ] *nf* (*d'un oiseau, avion*) Spannweite *f*; (*d'un projet, d'une action*) Ausmaß *nt*

envers [ɑ̃vɛʀ] *prép* gegenüber +*dat* ▶ *nm* (*d'une feuille*) Rückseite *f*; (*d'une étoffe, d'un vêtement*) linke Seite *f*; **à l'~** verkehrt herum

enviable [ɑ̃vjabl] *adj* beneidenswert

envie [ɑ̃vi] *nf* (*jalousie*) Neid *m*; (*souhait, désir*) Verlangen *nt*; **avoir ~ de qch** Lust auf etw *acc* haben; **avoir ~ de faire qch** Lust (darauf) haben, etw zu tun • **envier** *vt* beneiden • **envieux, -euse** *adj* neidisch

environ [ɑ̃viʀɔ̃] *adv* ungefähr; **environs** *nmpl* Umgebung *f*

environnement [ɑ̃viʀɔnmɑ̃] *nm* Umwelt *f*

envisageable [ɑ̃vizaʒabl] *adj* vorstellbar

envisager [ɑ̃vizaʒe] *vt* beabsichtigen

envoi [ɑ̃vwa] *nm* Sendung *f*

envoler [ɑ̃vɔle]: **s'~** *vpr* wegfliegen; (*avion*) abfliegen

envoyé, e [ɑ̃vwaje] *nm/f* (*Pol*) Gesandte(r) *f(m)*; **~ spécial** Sonderberichterstatter *m*

envoyer [ɑ̃vwaje] *vt* schicken; (*ballon*) werfen

éolien, ne [eɔljɛ̃, jɛn] *adj* Wind-; **énergie ~ne** Windkraft *f* ▶ *nf* Windrad *nt*

épagneul, e [epaɲœl] *nm/f* Spaniel *m*

épais, se [epɛ, ɛs] *adj* dick; (*sauce, liquide*) dickflüssig; (*fumée, brouillard, ténèbres, forêt*) dicht • **épaisseur** *nf* Dicke *f*

épanouir [epanwiʀ]: **s'~** *vpr* aufblühen

épargne [epaʀɲ] *nf*: **l'~** das Sparen *nt*; **l'~-logement** das Bausparen *nt* • **épargner** *vt* sparen ▶ *vi* sparen; **~ qch à qn** jdm etw ersparen

éparpiller [epaʀpije] *vt* verstreuen; (*pour répartir*) streuen; **s'éparpiller** *vpr* sich verzetteln

épars, e [epaʀ, aʀs] *adj* verstreut

épatant, e [epatɑ̃, ɑ̃t] (*fam*) *adj* super

épaté, e [epate] *adj*: **nez ~** platte (breite) Nase *f*

épater [epate] *vt* beeindrucken

épaule [epol] *nf* Schulter *f* • **épauler** *vt* (*aider*) unterstützen; (*arme*) anlegen ▶ *vi* anlegen

épave [epav] *nf* Wrack *nt*

épée [epe] *nf* Schwert *nt*

épeler [ep(ə)le] *vt* buchstabieren

éphémère [efemɛʀ] *adj* kurz, kurzlebig

épi [epi] *nm* Ähre *f*; **~ de cheveux** Haarbüschel *nt*

épice [epis] *nf* Gewürz *nt*

épicéa [episea] *nm* Fichte *f*

épicer [epise] *vt* würzen

épicerie [episʀi] *nf* (*magasin*) Lebensmittelgeschäft *nt*; **~ fine** Feinkostgeschäft *nt* • **épicier, -ière** *nm/f* Lebensmittelhändler(in) *m(f)*

épidémie [epidemi] *nf* Epidemie *f*

épiderme [epidɛʀm] *nm* Haut *f*

épier [epje] *vt* (*personne*) bespitzeln; (*occasion*) lauern auf +*acc*

épilepsie [epilɛpsi] *nf* Epilepsie *f*

épiler [epile] *vt* enthaaren; **s'épiler** *vpr*: **s'~ les jambes** (sich *dat*) die Beine enthaaren; **s'~ les sourcils** (sich *dat*) die Augenbrauen zupfen

épinards [epinaʀ] *nmpl* Spinat *m*

épine [epin] *nf* (*de rose*) Dorne *f*; (*d'oursin*) Stachel *m*; **~ dorsale** Rückgrat *nt*
épingle [epɛ̃gl] *nf* Nadel *f*; **~ de nourrice** *ou* **de sûreté** *ou* **double** Sicherheitsnadel • **épingler** *vt* : **~ qch sur** etw feststecken auf *+dat*
Épiphanie [epifani] *nf* Dreikönigsfest *nt*
épique [epik] *adj* episch
épisode [epizɔd] *nm* (*de récit, film*) Fortsetzung *f*; (*dans la vie, l'histoire*) Episode *f*
épluche-légumes [eplyʃlegym] *nm inv* Kartoffelschäler *m* • **éplucher** *vt* schälen • **épluchures** *nfpl* Schalen *pl*
éponge [epɔ̃ʒ] *nf* Schwamm *m* • **éponger** *vt* (*liquide*) aufsaugen; (*surface*) (mit dem Schwamm) abwischen; **s'éponger** *vpr* : **s'~ le front** sich *dat* die Stirn abwischen
épopée [epɔpe] *nf* Epos *nt*
époque [epɔk] *nf* (*de l'histoire*) Epoche *f*, Ära *f*; (*de l'année, la vie*) Zeit *f*; **d'~** (*meuble etc*) Stil-; **à l'~ où** zu der Zeit als; **à l'~ de** zur Zeit *+gén*
épouse [epuz] *nf* Ehefrau *f* • **épouser** *vt* heiraten
épousseter [epuste] *vt* abstauben
époustouflant, e [epustuflɑ̃, ɑ̃t] *adj* atemberaubend, umwerfend
épouvantable [epuvɑ̃tabl] *adj* schrecklich, entsetzlich
épouvantail [epuvɑ̃taj] *nm* Vogelscheuche *f*
épouvante [epuvɑ̃t] *nf* : **film/ livre d'~** Horrorfilm *m*/ Horrorroman *m* • **épouvanter** *vt* erschrecken
époux, -ouse [epu, uz] *nm/f* Ehemann *m*, Ehefrau *f* ▶ *nmpl* : **les ~** das Ehepaar
épreuve [eprœv] *nf* Prüfung *f*; (*Sport*) Wettkampf *m*; (*Photo*) Abzug *m*
éprouver [epruve] *vt* (*ressentir*) verspüren; (*mettre à l'épreuve*) prüfen
éprouvette [epruvɛt] *nf* Reagenzglas *nt*
épuisé, e [epɥize] *adj* erschöpft; (*livre*) vergriffen • **épuisement** *nm* Erschöpfung *f*; **jusqu'à ~ du stock** *ou* **des stocks** solange der Vorrat reicht • **épuiser** *vt* erschöpfen; **s'épuiser** *vpr* müde werden; (*stock*) ausgehen
Équateur [ekwatœr] *nm* (*pays*) : **l'~** Ecuador *nt*
équateur [ekwatœr] *nm* (*ligne*) Äquator *m*
équation [ekwasjɔ̃] *nf* Gleichung *f*
équestre [ekɛstr] *adj* : **statue ~** Reiterstandbild *nt*
équilibre [ekilibr] *nm* Gleichgewicht *nt* • **équilibré, e** *adj* ausgeglichen • **équilibrer** *vt* ausgleichen; **s'équilibrer** *vpr* (*fig*) sich ausgleichen
équinoxe [ekinɔks] *nm* Tagundnachtgleiche *f*
équipage [ekipaʒ] *nm* Mannschaft *f*
équipe [ekip] *nf* (*de joueurs*) Mannschaft *f*; (*au travail*) Team *nt*
équipement [ekipmɑ̃] *nm* Ausrüstung *f*, Ausstattung *f* • **équiper** *vt* ausrüsten; **~ qch de** etw ausstatten mit
équitable [ekitabl] *adj* gerecht
équitation [ekitasjɔ̃] *nf* Reiten *nt*
équité [ekite] *nf* Fairness *f*
équivalence [ekivalɑ̃s] *nf* Äquivalenz *f* • **équivalent, e** *adj* gleichwertig ▶ *nm* : **l'~ de qch** das Äquivalent einer Sache *gén*

équivoque [ekivɔk] *adj* doppeldeutig
érable [eʀabl] *nm* Ahorn(baum) *m*
érafler [eʀɑfle] : **s'~ la main/les jambes** sich *dat* die Hand/die Beine zerkratzen
ère [ɛʀ] *nf* Ära *f*, Zeitalter *nt*
érection [eʀɛksjɔ̃] *nf* (*Anat*) Erektion *f*
érémiste [eʀemist] *nmf* Sozialhilfeempfänger(in) *m(f)*
ergonomie [ɛʀgɔnɔmi] *nf* Ergonomie *f* • **ergonomique** *adj* ergonomisch
ergot [ɛʀgo] *nm* (*de coq*) Sporn *m*
ergothérapeute [ɛʀgɔteʀapøt] *nmf* Ergotherapeut(in) *m(f)* • **ergothérapie** *nf* Ergotherapie *f*
ermite [ɛʀmit] *nm* Einsiedler *m*
éroder [eʀɔde] *vt* erodieren
érotique [eʀɔtik] *adj* erotisch • **érotisme** *nm* Erotik *f*
errer [eʀe] *vi* umherirren
erreur [eʀœʀ] *nf* Fehler *m*; (*de jugement*) Irrtum *m*; **induire qn en ~** jdn irreführen; **par ~** irrtümlicherweise
erroné, e [eʀɔne] *adj* falsch
érudit, e [eʀydi, it] *adj* gelehrt, gebildet ▶ *nm/f* Gelehrte(r) *f(m)* • **érudition** *nf* Gelehrsamkeit *f*
éruption [eʀypsjɔ̃] *nf* Ausbruch *m*
ès [ɛs] *prép* : **docteur ès lettres/sciences** Dr. phil./Dr. rer. nat.
escabeau, x [ɛskabo] *nm* Hocker *m*
escadre [ɛskɑdʀ] *nf* (*Naut*) Geschwader *nt*; (*Aviat*) Staffel *f*
escadron [ɛskadʀɔ̃] *nm* Schwadron *f*
escalade [ɛskalad] *nf* (*en montagne*) Bergsteigen *nt*; **l'~ de la guerre/violence** die Eskalation *f* des Krieges/der Gewalt; **~ libre** freies Klettern • **escalader** *vt* klettern auf *+acc*
escalator [ɛskalatɔʀ] *nm* Rolltreppe *f*
escale [ɛskal] *nf* Anlaufstation *f*; **faire ~ (à)** (*Naut*) Zwischenhalt machen (in *+dat*); (*Aviat*) zwischenlanden (in *+dat*)
escalier [ɛskalje] *nm* Treppe *f*; **dans l'~** *ou* **les ~s** auf der Treppe; **~ mécanique** *ou* **roulant** Rolltreppe
escalope [ɛskalɔp] *nf* Schnitzel *nt*
escamoter [ɛskamɔte] *vt* umgehen, ausweichen *+dat*; (*illusionniste*) wegzaubern
escapade [ɛskapad] *nf* : **faire une ~** (*écolier etc*) ausreißen
escargot [ɛskaʀgo] *nm* Schnecke *f*
escarpé, e [ɛskaʀpe] *adj* steil
escarpin [ɛskaʀpɛ̃] *nm* Pumps *m*
esclaffer [ɛsklafe] : **s'~** *vpr* schallend loslachen
esclandre [ɛsklɑ̃dʀ] *nm* : **faire un ~** eine Szene machen
esclavage [ɛsklavaʒ] *nm* Sklaverei *f* • **esclave** *nmf* Sklave *m*, Sklavin *f*
escompte [ɛskɔ̃t] *nm* (*Fin*) Skonto *m ou nt*; (*Comm*) Rabatt *m* • **escompter** *vt* (*Comm*) nachlassen; (*espérer*) erwarten
escorte [ɛskɔʀt] *nf* Eskorte *f* • **escorter** *vt* eskortieren
escrime [ɛskʀim] *nf* Fechten *nt*
escroc [ɛskʀo] *nm* Schwindler(in) *m(f)* • **escroquer** *vt* : **~ qn (de qch)** jdn (um etw) beschwindeln • **escroquerie** *nf* Betrug *m*
ésotérisme [ezɔteʀism] *nm* Esoterik *f*
espace [ɛspas] *nm* Raum *m*; (*écartement*)
espadon [ɛspadɔ̃] *nm* Schwertfisch *m*
espadrille [ɛspadʀij] *nf* Espadrille *f*

Espagne [ɛspaɲ] *nf* : **l'~** Spanien *nt* • **espagnol, e** *adj* spanisch ▶ *nm* (*Ling*) Spanisch *nt* ▶ *nm/f* : **E~, e** Spanier(in) *m(f)*

espèce [ɛspɛs] *nf* Art *f*; **espèces** *nfpl* (*Comm*) Bargeld *nt*; **une ~ de ...** eine Art ...; **payer en ~s** bar zahlen

espérance [ɛspeʀɑ̃s] *nf* Hoffnung *f* • **espérer** *vt* hoffen auf +*acc* ▶ *vi* : **~ que** hoffen, dass

espiègle [ɛspjɛgl] *adj* schelmisch

espion, ne [ɛspjɔ̃, jɔn] *nm/f* Spion(in) *m(f)* • **espionnage** *nm* Spionage *f* • **espionner** *vt* ausspionieren

espoir [ɛspwaʀ] *nm* Hoffnung *f*; **l'~ de qch** die Hoffnung auf etw +*acc*

esprit [ɛspʀi] *nm* Geist *m*; **reprendre ses ~s** (wieder) zu sich kommen

esquimau, -aude, x [ɛskimo, od] *adj* Eskimo- ▶ *nm* (*glace*) Eislutscher *m* ▶ *nm/f* : **E~, -aude** Eskimo *m*, Eskimofrau *f*

esquisse [ɛskis] *nf* Skizze *f*; **l'~ d'un sourire/changement** die Andeutung *f* eines Lächelns/einer Veränderung • **esquisser** *vt* : **~ un geste/un sourire** eine Geste/ein Lächeln andeuten

esquiver [ɛskive] *vt* ausweichen +*dat*; **s'esquiver** *vpr* sich wegstehlen

essai [esɛ] *nm* (*tentative*) Versuch *m*; **à l'~** versuchsweise

essaim [esɛ̃] *nm* Schwarm *m*

essayage [esɛjaʒ] *nm* Anprobe *f*

essayer [eseje] *vt* (aus)probieren; (*vêtement, chaussures*) anprobieren ▶ *vi* : **~ de faire qch** probieren, etw zu tun

essence [esɑ̃s] *nf* Benzin *nt*; (*d'une plante*) Essenz *f*; **~ sans plomb** bleifreies Benzin

essentiel, -le [esɑ̃sjɛl] *adj* (*indispensable*) unbedingt notwendig; (*de base*) wesentlich ▶ *nm* : **l'~ de** das Wesentliche +*gen*; **l'~ d'un discours** der Hauptteil *m* eines Vortrags; **c'est l'~** das ist das Wesentliche • **essentiellement** *adv* im Wesentlichen

essieu, x [esjø] *nm* Achse *f*

essor [esɔʀ] *nm* Aufschwung *m*

essorer [esɔʀe] *vt* auswringen; (*linge : dans une essoreuse*) schleudern • **essoreuse** *nf* Schleuder *f*

essouffler [esufle] *vt* außer Atem bringen; **s'essouffler** *vpr* außer Atem kommen

essuie-glace [esɥiglas] *nm inv* Scheibenwischer *m* • **essuie-mains** *nm inv* Handtuch *nt*

essuie-tout [esɥitu] *nm inv* Küchenrolle *f*

essuyer [esɥije] *vt* abtrocknen; **s'essuyer** *vpr* sich abtrocknen

est [ɛst] *nm* Osten *m* ▶ *adj inv* Ost-, östlich; **à l'~ de** östlich von

estafette [ɛstafɛt] *nf* Kurier *m*

estampe [ɛstɑ̃p] *nf* Stich *m*

est-ce que [ɛskə] *adv voir* **être**

esthéticien, ne [ɛstetisjɛ̃, jɛn] *nm/f* (*Art*) Ästhet(in) *m(f)* ▶ *nf* (*d'institut de beauté*) Kosmetikerin *f*

esthétique [ɛstetik] *adj* ästhetisch

estimation [ɛstimasjɔ̃] *nf* Schätzung *f*

estime [ɛstim] *nf* Wertschätzung *f* • **estimer** *vt* schätzen; **~ que/être** meinen, dass/meinen, zu sein

estival, e, -aux [ɛstival, o] *adj* sommerlich

estivant, e [ɛstivɑ̃, ɑ̃t] *nm/f* Sommerfrischler(in) *m(f)*

estomac [ɛstɔma] *nm* Magen *m*

estomper [ɛstɔ̃pe] *vt* verwischen, trüben; **s'estomper** *vpr* undeutlich werden
Estonie [ɛstɔni] *nf*: **l'~** Estland *nt*
estrade [ɛstʀad] *nf* Podium *nt*
estragon [ɛstʀagɔ̃] *nm* Estragon *m*
estuaire [ɛstɥɛʀ] *nm* Mündung *f*
esturgeon [ɛstyʀʒɔ̃] *nm* Stör *m*
et [e] *conj* und; **et puis** und dann; **et alors** *ou* **(puis) après ?** na und?
étable [etabl] *nf* Kuhstall *m*
établi [etabli] *nm* Werkbank *f*
établir [etabliʀ] *vt* (*papiers d'identité, facture*) ausstellen; (*liste, programme, gouvernement, record*) aufstellen; (*entreprise*) gründen; **s'établir** *vpr*: **s'~ (à son compte)** sich selb(st)ständig machen; **s'~ à/près de** sich niederlassen in +*dat*/in der Nähe von • **établissement** *nm* (*entreprise*) Unternehmen *nt*; **~ de crédit** Kreditinstitut *nt*; **~ scolaire** schulische Einrichtung, Schule *f*
étage [etaʒ] *nm* Stockwerk *nt*; **habiter à l'~/au deuxième ~** oben/im zweiten Stock(werk) wohnen
étagère [etaʒɛʀ] *nf* (*rayon*) (Regal)brett *nt*; (*meuble*) Regal *nt*
étain [etɛ̃] *nm* Zinn *nt*
étalage [etalaʒ] *nm* Auslage *f*
étaler [etale] *vt* ausbreiten; (*paiements, dates, vacances*) verteilen; (*marchandises*) ausstellen; **s'étaler** *vpr* (*liquide*) sich ausbreiten; **s'~ sur** (*se répartir*) sich verteilen über +*acc*
étanche [etɑ̃ʃ] *adj* wasserdicht
étang [etɑ̃] *nm* Teich *m*
étant [etɑ̃] *vb voir* **être**
étape [etap] *nf* Etappe *f*; (*lieu d'arrivée*) Rastplatz *m*; **faire ~ à** Rast machen in +*dat*
état [eta] *nm* Zustand *m*; **É~** Staat *m*; **être hors d'~ de faire qch** außerstande sein, etw zu tun; **~ civil** Personenstand *m*; **~ d'urgence** Notstand *m* • **état-major** (*pl* **états-majors**) *nm* (*Mil*) Stab *m* • **État-providence** *nm* Wohlfahrtsstaat *m* • **États-Unis** *nmpl*: **les ~ (d'Amérique)** die Vereinigten Staaten *pl* (von Amerika)
étayer [eteje] *vt* abstützen; (*fig*) unterstützen
etc. [ɛtseteʀa] *abr* usw
et caetera, et cetera [ɛtseteʀa] *adv* und so weiter
été [ete] *pp de* **être** ▶ *nm* Sommer *m*
éteindre [etɛ̃dʀ] *vt* ausmachen; (*incendie, bougie, dette, aussi fig*) löschen; **s'éteindre** *vpr* ausgehen • **éteint, e** *adj* (*personne, regard, voix*) matt, stumpf; (*volcan*) erloschen
étendre [etɑ̃dʀ] *vt* (*carte, tapis*) ausbreiten; (*blessé, malade*) hinlegen; **s'étendre** *vpr* (*terrain, forêt etc*) sich erstrecken; (*s'allonger*) sich hinlegen • **étendue** *nf* Ausmaß *nt*; (*surface*) Fläche *f*
éternel, le [etɛʀnɛl] *adj* ewig • **éterniser**: **s'~** *vpr* ewig andauern; (*visiteur*) ewig lang bleiben • **éternité** *nf* Ewigkeit *f*
éternuer [etɛʀnɥe] *vi* niesen
éther [etɛʀ] *nm* Äther *m*
Éthiopie [etjɔpi] *nf*: **l'~** Äthiopien *nt*
ethnie [ɛtni] *nf* ethnische Gruppe *f*
ethnique [ɛtnik] *adj* ethnisch
ethnologie [ɛtnɔlɔʒi] *nf* Völkerkunde *f*
éthologie [etɔlɔʒi] *nf* Verhaltensforschung *f*

étinceler [etɛ̃s(ə)le] *vi* funkeln • **étincelle** *nf* Funke *m*
étiqueter [etik(ə)te] *vt* (*paquet, boîte*) beschriften • **étiquette** *nf* (*à coller*) Aufkleber *m*; (*fig*) Etikett *nt*
étirer [etiʀe] *vt* dehnen; **s'étirer** *vpr* (*personne*) sich strecken
étoffe [etɔf] *nf* Stoff *m*
étoile [etwal] *nf* Stern *m*; (*vedette*) Star *m* ▶ *adj* : **danseur/danseuse ~** Startänzer *m*/-tänzerin *f*; **à la belle ~** unter freiem Himmel; **~ de mer** Seestern *m*; **~ filante** Sternschnuppe *f*
étonnant, e [etɔnɑ̃, ɑ̃t] *adj* erstaunlich
étonnement [etɔnmɑ̃] *nm* Erstaunen *nt*; **à mon grand ~** zu meinem großen Erstaunen
étonner [etɔne] *vt* erstaunen; **s'étonner** *vpr* : **s'~ que/de** erstaunt sein, dass/über *+acc*
étouffant, e [etufɑ̃, ɑ̃t] *adj* erstickend, bedrückend
étouffée [etufe] : **à l'~** *adv* gedünstet
étouffer [etufe] *vt* ersticken; (*bruit*) dämpfen ▶ *vi* ersticken; **s'étouffer** *vpr* sich verschlucken
étourderie [etuʀdəʀi] *nf* Schusseligkeit *f* • **étourdi, e** *adj* schusselig
étourdir [etuʀdiʀ] *vt* betäuben; (*éloges, vitesse*) schwindelig machen • **étourdissement** *nm* Schwindelgefühl *nt*
étrange [etʀɑ̃ʒ] *adj* sonderbar, eigenartig
étranger, -ère [etʀɑ̃ʒe, ɛʀ] *adj* (*d'un autre pays*) ausländisch; (*pas de la famille*) fremd ▶ *nm/f* Ausländer(in) *m(f)*, Fremde(r) *f(m)* ▶ *nm* : **à l'~** im Ausland
étrangler [etʀɑ̃gle] *vt* erwürgen; **s'étrangler** *vpr* sich verschlucken

MOT-CLÉ

être [ɛtʀ] *vi* **1** sein; **il est fort** er ist stark; **il est instituteur** er ist Lehrer; **elle est à Paris/au salon** sie ist in Paris/im Wohnzimmer
2 : **~ à** (*appartenir*) gehören *+dat*; **ce livre est à Paul** das Buch gehört Paul; **c'est à moi/eux** das gehört mir/ihnen
3 (*date*) : **nous sommes le 5 juin** wir haben den 5. Juni
▶ *vb aux* **1** sein; **elle est partie** sie ist weggegangen
2 (*obligation*) : **c'est à faire** das muss gemacht werden
▶ *vb impers* **1** : **il est** (*+adjectif*) es ist; **il est impossible de le faire** es ist unmöglich, das zu tun; **il serait facile de le faire** es wäre einfach, das zu tun
2 (*heure*) : **il est 10 heures/1 heure/minuit** es ist 10 Uhr/1 Uhr/Mitternacht
3 (*emphatique*) : **c'est moi** ich bins; **c'est à lui de le faire/de décider** er muss es machen/entscheiden
3 (*est-ce que*) : **est-ce que c'est cher ?** ist es teuer?; **est-ce que c'était bon ?** war es gut?; **quand est-ce qu'il part ?** wann reist er ab?; **où est-ce qu'il va ?** wohin geht er?; **qui est-ce qui a fait ça ?** wer hat das gemacht?
▶ *nm* (*individu*) Wesen *nt*

étrennes [etʀɛn] *nfpl* Neujahrsgeschenke *pl*
étrier [etʀije] *nm* Steigbügel *m*
étroit, e [etʀwa, wat] *adj* eng
étude [etyd] *nf* (*action*) Studieren *nt*; (*ouvrage*) Studie *f*; **études** *nfpl* Studium *nt*; **faire des ~s de droit/médecine** Jura/Medizin studieren • **étudiant, e** *nm/f* Student(in) *m(f)* ▶ *adj*

Studenten- •**étudier** *vt* studieren; (*élève*) lernen ▶ *vi* studieren
étui [etɥi] *nm* Etui *nt*
eu, eue [y] *pp de* **avoir**
euphorie [øfɔʀi] *nf* Euphorie *f*
euro [øʀo] *nm* Euro *m*
eurodollar [øʀodɔlaʀ] *nm* Eurodollar *m*
Euroland [øʀolɑ̃d] *nm* Euroland *nt*, Eurozone *f*
Europe [øʀɔp] *nf*: **l'~** Europa *nt* •**européen, ne** *adj* europäisch ▶ *nm/f*: **E~, ne** Europäer(in) *m(f)* •**eurosceptique** *nmf* Euroskeptiker(in) *m(f)*
euthanasie [øtanazi] *nf* Euthanasie *f*
eux [ø] *pron* sie; (*objet indirect, après prép +dat*) ihnen
évacuation [evakɥasjɔ̃] *nf* Evakuierung *f*
évacuer [evakɥe] *vt* räumen; (*population, occupants*) evakuieren; (*Méd*) ausscheiden
évadé, e [evade] *nm/f* entwichener Häftling *m*
évader [evade]: **s'~** *vpr* flüchten
évaluation [evalɥasjɔ̃] *nf* Einschätzung *f*
évaluer [evalɥe] *vt* einschätzen
évangile [evɑ̃ʒil] *nm* Evangelium *nt*
évanouir [evanwiʀ]: **s'~** *vpr* ohnmächtig werden; (*fig*) schwinden •**évanouissement** *nm* Ohnmacht *f*
évaporer [evapɔʀe]: **s'~** *vpr* verdunsten
évasif, -ive [evazif, iv] *adj* ausweichend
évasion [evazjɔ̃] *nf* Flucht *f*
évêché [eveʃe] *nm* Bistum *nt*
éveil [evɛj] *nm* Erwachen *nt*; **être en ~** wachsam sein •**éveillé, e** *adj* wach •**éveiller** *vt* wecken; **s'éveiller** *vpr* aufwachen
événement [evɛnmɑ̃] *nm* Ereignis *nt*
éventail [evɑ̃taj] *nm* Fächer *m*
éventualité [evɑ̃tɥalite] *nf* Eventualität *f*; **dans l'~ de** im Falle *+gén*
éventuel, le [evɑ̃tɥɛl] *adj* möglich
évêque [evɛk] *nm* Bischof *m*
éviction [eviksjɔ̃] *nf* (*de locataire*) Hinauswurf *m*; (*de rival*) Ausschalten *nt*
évidemment [evidamɑ̃] *adv* (*de toute évidence*) offensichtlich; (*bien sûr*) natürlich
évidence [evidɑ̃s] *nf* Offensichtlichkeit *f*; (*fait*) Tatsache *f*; **mettre en ~** aufzeigen •**évident, e** *adj* offensichtlich
évier [evje] *nm* Spülbecken *nt*
éviter [evite] *vt* ausweichen *+dat*; (*obstacle, ville*) meiden; (*catastrophe, malheur*) verhindern; **~ de faire qch** vermeiden, etw zu tun; **~ que qch ne se passe** verhindern, dass etw geschieht; **~ qch à qn** jdm etw ersparen
évocation [evɔkasjɔ̃] *nf* Heraufbeschwören *nt*
évolué, e [evɔlɥe] *adj* hoch entwickelt •**évoluer** *vi* sich entwickeln •**évolution** *nf* Entwicklung *f*
évoquer [evɔke] *vt* heraufbeschwören
ex [ɛks] *préf*: **son ex-mari** ihr Exmann *m*
ex. *abr* (= *exemple*) Beisp.
exacerber [ɛgzasɛʀbe] *vt* verschlimmern
exact, e [ɛgza(kt), ɛgzakt] *adj* (*précis*) genau; (*correct*) exakt; **l'heure ~e** die genaue Uhrzeit *f* •**exactement** *adv* genau •**exactitude** *nf* Genauigkeit *f*

ex aequo [ɛgzeko] *adj inv* : **être classé premier ~** sich den ersten Platz mit jemandem teilen
exagérer [ɛgzaʒeʀe] *vt* übertreiben ▶ *vi* übertreiben
examen [ɛgzamɛ̃] *nm* (*d'un dossier, d'un problème*) Untersuchung *f*; (*Scol*) Prüfung *f*; **mettre en ~** (*Jur*) das Verfahren einleiten gegen; **~ médical** ärztliche Untersuchung • **examinateur, -trice** *nm/f* Prüfer(in) *m(f)* • **examiner** *vt* prüfen; (*malade, problème, question*) untersuchen
exaspérer [ɛgzaspeʀe] *vt* zur Verzweiflung bringen
exaucer [egzose] *vt* (*vœu*) erfüllen; **~ qn** jdn erhören
excavation [ɛkskavasjɔ̃] *nf* Ausgrabung *f*
excédent [ɛksedɑ̃] *nm* Überschuss *m*; **~ de bagages** Übergepäck *nt*
excéder [ɛksede] *vt* (*dépasser*) überschreiten; (*agacer*) zur Verzweiflung bringen
excellence [ɛkselɑ̃s] *nf* hervorragende Qualität *f*; **son E~** Exzellenz *f* • **excellent, e** *adj* ausgezeichnet, hervorragend • **exceller** *vi* : **~ (en** *ou* **dans)** sich auszeichnen (in +*dat*)
excentrique [ɛksɑ̃tʀik] *adj* exzentrisch
excepté, e [ɛksɛpte] *adj* : **les élèves/dictionnaires ~s** ausgenommen Schüler/ Wörterbücher ▶ *prép* außer +*dat*; **~ si** es sei denn; **~ quand** außer wenn
exception [ɛksɛpsjɔ̃] *nf* Ausnahme *f*; **sans ~** ausnahmslos • **exceptionnel, le** *adj* außergewöhnlich • **exceptionnellement** *adv* außergewöhnlich; (*par exception*) außerordentlich
excès [ɛksɛ] *nm* Überschuss *m*; **à l'~** übertrieben; **~ de vitesse** Geschwindigkeitsüberschreitung *f* • **excessif, -ive** *adj* überhöht
excitant [ɛksitɑ̃] *nm* Aufputschmittel *nt*
excitation [ɛksitasjɔ̃] *nf* Aufregung *f* • **exciter** *vt* aufregen; (*sexuellement*) erregen; (*Physiol*) anregen
exclamation [ɛksklamasjɔ̃] *nf* Ausruf *m* • **exclamer** : **s'~** *vpr* rufen
exclure [ɛksklyʀ] *vt* ausschließen; (*faire sortir*) hinausweisen • **exclusif, -ive** *adj* exklusiv • **exclusion** *nf* : **à l'~ de** mit Ausnahme von • **exclusivement** *adv* ausschließlich
excursion [ɛkskyʀsjɔ̃] *nf* Ausflug *m* • **excursionniste** *nm/f* Ausflügler(in) *m(f)*
excusable [ɛkskyzabl] *adj* entschuldbar
excuse [ɛkskyz] *nf* Entschuldigung *f*; (*prétexte aussi*) Ausrede *f* • **excuser** *vt* entschuldigen; **s'excuser** *vpr* sich entschuldigen; **excusez-moi** Entschuldigung
exécuter [ɛgzekyte] *vt* (*ordre, mission, travail, Inform*) ausführen; (*opération*) durchführen • **exécutif, -ive** *adj* exekutiv ▶ *nm* : **l'~** die Exekutive *f* • **exécution** *nf* Hinrichtung *f*, Ausführung *f*, Durchführung *f*; **mettre à ~** ausführen
exemplaire [ɛgzɑ̃plɛʀ] *adj* beispielhaft, vorbildlich ▶ *nm* Exemplar *nt*
exemple [ɛgzɑ̃pl] *nm* Beispiel *nt*; **par ~** zum Beispiel

exempt, e [ɛgzɑ̃, ɑ̃(p)t] *adj* : **~ de** befreit von; (*sans*) frei von • **exempter** *vt* : **~ qn de** jdn befreien von
exercer [ɛgzɛʀse] *vt* ausüben; (*personne, faculté*) trainieren; **s'exercer** *vpr* üben
exercice [ɛgzɛʀsis] *nm* Übung *f*; (*physique*) Bewegung *f*
exhaustif, -ive [ɛgzostif, iv] *adj* erschöpfend
exhorter [ɛgzɔʀte] *vt* : **~ qn à faire qch** jdn anflehen, etw zu tun
exigeant, e [ɛgziʒɑ̃, ɑ̃t] *adj* anspruchsvoll • **exigence** *nf* Forderung *f* • **exiger** *vt* fordern, erfordern
exigu, ë [ɛgzigy] *adj* eng
exil [ɛgzil] *nm* Exil *nt* • **exiler** *vt* verbannen; **s'exiler** *vpr* ins Exil gehen
existence [ɛgzistɑ̃s] *nf* Existenz *f*; (*vie*) Leben *nt*, Dasein *nt* • **exister** *vi* existieren; (*vivre*) leben; **il existe** es gibt
exode [ɛgzɔd] *nm* : **~ rural** Landflucht *f*
exonérer [ɛgzɔneʀe] *vt* : **~ de** befreien von
exorbitant, e [ɛgzɔʀbitɑ̃, ɑ̃t] *adj* astronomisch
exotique [ɛgzɔtik] *adj* exotisch
exp. *abr* (= *expéditeur*) Abs.
expansif, -ive [ɛkspɑ̃sif, iv] *adj* mitteilsam
expansion [ɛkspɑ̃sjɔ̃] *nf* Expansion *f*
expatrier [ɛkspatʀije] *vt* (*argent*) ins Ausland verschieben; **s'expatrier** *vpr* ins Ausland gehen
expectative [ɛkspɛktativ] *nf* : **être dans l'~** abwarten
expédier [ɛkspedje] *vt* abschicken • **expéditeur, -trice** *nm/f* Absender(in) *m(f)*
expédition [ɛkspedisjɔ̃] *nf* Expedition *f*; (*d'une lettre*) Absenden *nt*
expérience [ɛkspeʀjɑ̃s] *nf* Erfahrung *f*; (*scientifique*) Experiment *nt*
expérimenter [ɛkspeʀimɑ̃te] *vt* erproben
expert, e [ɛkspɛʀ, ɛʀt] *adj* : **être ~ en** gut Bescheid wissen über +*acc* ▶ *nm* Experte *m*, Expertin *f* • **expert-comptable** (*pl* **experts-comptable**) *nm* Wirtschaftsprüfer(in) *m(f)* • **expertise** *nf* Gutachten *nt* • **expertiser** *vt* (*dégâts*) abschätzen
expirer [ɛkspiʀe] *vi* (*passeport, bail*) ablaufen
explication [ɛksplikasjɔ̃] *nf* Erklärung *f*; (*discussion*) Aussprache *f*
explicite [ɛksplisit] *adj* ausdrücklich • **expliquer** *vt* erklären; **s'expliquer** *vpr* (*se comprendre*) verständlich sein; (*discuter, se disputer*) sich aussprechen
exploit [ɛksplwa] *nm* Leistung *f*
exploitation [ɛksplwatasjɔ̃] *nf* Ausbeutung *f*; **~ agricole** landwirtschaftlicher Betrieb *m* • **exploiter** *vt* ausbeuten
explorateur, -trice [ɛksplɔʀatœʀ, tʀis] *nm/f* Forscher(in) *m(f)*
exploration [ɛksplɔʀasjɔ̃] *nf* Erforschung *f*
explorer [ɛksplɔʀe] *vt* erforschen
exploser [ɛksploze] *vi* explodieren; (*joie, colère*) ausbrechen • **explosif, -ive** *adj* explosiv ▶ *nm* Sprengstoff *m* • **explosion** *nf* Explosion *f*; **~ de colère** Wutausbruch *m*;

~ démographique Bevölkerungsexplosion *f*

exportateur, -trice [ɛkspɔʀtatœʀ, tʀis] *adj* Export- ▶ *nm* (*personne*) Exporteur *m*

exportation [ɛkspɔʀtasjɔ̃] *nf* Export *m*

exporter [ɛkspɔʀte] *vt* exportieren

exposant [ɛkspozɑ̃] *nm* (*personne*) Aussteller *m*; (*Math*) Exponent *m*

exposé, e [ɛkspoze] *adj* (*orienté*) ausgerichtet ▶ *nm* (*conférence*) Referat *nt*; **être ~ à l'est/au sud** nach Osten/Süden gehen *ou* liegen

exposer [ɛkspoze] *vt* ausstellen • **exposition** *nf* Ausstellung *f*; (*Photo*) Belichtung *f*

exprès¹ [ɛkspʀɛ] *adv* absichtlich

exprès², -esse [ɛkspʀɛs] *adj* (*ordre, défense*) ausdrücklich ▶ *adj inv*: **lettre ~** Eilbrief *m*; **colis ~** Schnellpaket *nt*

express [ɛkspʀɛs] *adj, nm*: **(café) ~** Espresso *m*

expressément [ɛkspʀesemɑ̃] *adv* ausdrücklich

expressif, -ive [ɛkspʀesif, iv] *adj* ausdrucksvoll

expression [ɛkspʀesjɔ̃] *nf* Ausdruck *m*

exprimer [ɛkspʀime] *vt* ausdrücken; **s'exprimer** *vpr* sich ausdrücken

exproprier [ɛkspʀɔpʀije] *vt* enteignen

expulser [ɛkspylse] *vt* verweisen; (*locataire*) hinauswerfen • **expulsion** *nf* Ausweisung *f*

exquis, e [ɛkski, iz] *adj* exquisit

exsangue [ɛksɑ̃g] *adj* blutleer

extasier [ɛkstɑzje]: **s'~** *vpr*: **s'~ sur** in Ekstase geraten über +*acc*

extensible [ɛkstɑ̃sibl] *adj* dehnbar

extensif, -ive [ɛkstɑ̃sif, iv] *adj* extensiv

extension [ɛkstɑ̃sjɔ̃] *nf* Strecken *nt*; (*fig*) Expansion *f*; **~ de mémoire** (*Inform*) Speichererweiterung *f*

exténuer [ɛkstenɥe] *vt* erschöpfen

extérieur, e [ɛksteʀjœʀ] *adj* Außen-; (*influences, pressions*) äußere(r, s); (*superficiel*) äußerlich ▶ *nm* Außenseite *f*

exterminer [ɛkstɛʀmine] *vt* ausrotten

externat [ɛkstɛʀna] *nm* Tagesschule *f*

externe [ɛkstɛʀn] *adj* extern

extincteur [ɛkstɛ̃ktœʀ] *nm* Feuerlöscher *m*

extinction [ɛkstɛ̃ksjɔ̃] *nf* (*d'une race*) Aussterben *nt*; **~ des feux** Lichtausmachen *nt*; **~ de voix** Stimmverlust *m*

extirper [ɛkstiʀpe] *vt* (*plante*) ausreißen; (*tumeur*) entfernen

extorquer [ɛkstɔʀke] *vt*: **~ qch à qn** etw von jdm erpressen

extra [ɛkstʀa] *adj inv* erstklassig

extraconjugal, e (*pl* **-aux**) [ɛkstʀakɔ̃ʒygal, o] *adj* außerehelich

extraction [ɛkstʀaksjɔ̃] *nf* Gewinnung *f*; (*de dent*) Ziehen *nt*

extradition [ɛkstʀadisjɔ̃] *nf* Auslieferung *f*

extraire [ɛkstʀɛʀ] *vt* (*minerai*) gewinnen; (*dent, Math: racine*) ziehen; **~ qch de** etw herausziehen aus

extrait, e [ɛkstʀɛ, ɛt] *pp de* **extraire** ▶ *nm* Extrakt *m*; (*de film, livre*) Auszug *m*

extraordinaire [ɛkstʀaɔʀdinɛʀ] *adj* außergewöhnlich; **mission ~**

Sondermission *f*; **assemblée ~** Sondersitzung *f*
extraterrestre [ɛkstʀateʀɛstʀ(ə)] *nmf* Außerirdische(r) *f(m)*
extravagant, e [ɛkstʀavagɑ̃, ɑ̃t] *adj* extravagant
extraverti, e [ɛkstʀavɛʀti] *adj* extrovertiert
extrême [ɛkstʀɛm] *adj* extrem; *(limite)* äußerste(r, s) ▶ *nm* : **les ~s** die Extreme *pl* • **Extrême-Orient** *nm* : **l'~** der Ferne Osten *m* • **extrémiste** *nmf* Extremist(in) *m(f)*
extrémité [ɛkstʀemite] *nf* äußerstes Ende *nt*; *(situation)* äußerste Not *f*; **extrémités** *nfpl* *(pieds et mains)* Extremitäten *pl*
exubérant, e [ɛgzybeʀɑ̃, ɑ̃t] *adj* überschwänglich
exulter [ɛgzylte] *vi* frohlocken
eye-liner [ajlajnœʀ] *(pl* **eye-liners**) *nm* Lidstrich *m*

f

fa [fɑ] *nm inv (Mus)* F *nt*
fable [fɑbl] *nf* Fabel *f*
fabricant [fabʀikɑ̃] *nm* Hersteller *m* • **fabrication** *nf* Herstellung *f*
fabrique [fabʀik] *nf* Fabrik *f* • **fabriquer** *vt* herstellen
fabuleux, -euse [fabylø, øz] *adj* *(récit etc)* Fabel-; *(somme, quantité etc)* märchenhaft
fac [fak] *(fam) abr f* Uni *f*
façade [fasad] *nf* Fassade *f*
face [fas] *nf* *(côté)* Seite *f*; *(visage)* Gesicht *nt*; **en ~ de** gegenüber von; *(fig)* im Angesicht *+gén*; **de ~** von vorn; **~ à** gegenüber von; *(fig)* angesichts *+gén*; **~ à ~** einander gegenüber
facette [fasɛt] *nf* Facette *f*; *(d'un problème)* Seite *f*
fâché, e [fɑʃe] *adj* wütend, böse • **fâcher** *vt* ärgern; **se fâcher** *vpr* wütend werden; **se ~ contre qn** sich über jdn ärgern; **se ~ avec qn** sich mit jdm zerstreiten
fâcheux, -euse [fɑʃø, øz] *adj* *(regrettable)* bedauerlich
facile [fasil] *adj* leicht, einfach; **~ à faire** leicht (zu machen) • **facilement** *adv* leicht

• **facilité** *nf* (*aise*) Leichtigkeit *f* • **faciliter** *vt* erleichtern
façon [fasɔ̃] *nf* (*manière*) (Art und) Weise *f*; **de toute ~** auf jeden Fall
facteur [faktœʀ] *nm* (*postier*) Briefträger *m*; (*Math, fig*) Faktor *m*
factice [faktis] *adj* nachgemacht; (*situation, sourire*) gekünstelt
faction [faksjɔ̃] *nf* (*groupe*) (Splitter)gruppe *f*; (*garde*) Wache *f*
facture [faktyʀ] *nf* Rechnung *f* • **facturer** *vt* berechnen
facultatif, -ive [fakyltatif, iv] *adj* freiwillig
faculté [fakylte] *nf* (*possibilité, pouvoir*) Fähigkeit *f*, Vermögen *nt*; (*Univ*) Fakultät *f*
fade [fad] *adj* fad
fading [fadiŋ] *nm* (*Radio*) Ausblenden *nt*
faible [fɛbl] *adj* schwach; (*moralement*) (willens)schwach ▶ *nm* : **le ~ de qn/qch** die schwache Stelle von jdm/etw; **avoir un ~ pour qn/qch** eine Schwäche *ou* ein Faible für jdn/etw haben • **faiblesse** *nf* Schwäche *f* • **faiblir** *vi* schwächer werden
faïence [fajɑ̃s] *nf* Töpferware *f*, Keramik *f*
faille [faj] *nf* (*dans un rocher*) Spalte *f*; (*fig*) Schwachstelle *f*
faillible [fajibl] *adj* fehlbar
faillir [fajiʀ] *vi* : **j'ai failli tomber** ich wäre beinahe hingefallen
faillite [fajit] *nf* Bankrott *m*
faim [fɛ̃] *nf* Hunger *m*; **avoir ~** Hunger haben
fainéant, e [fɛneɑ̃, ɑ̃t] *adj* faul ▶ *nm/f* Faulenzer(in) *m(f)*

MOT-CLÉ

faire [fɛʀ] *vt* **1** machen; **que fait-il ?** was macht er?; **qu'allons-nous ~ ?** was sollen wir tun?; **que ~ ?** was tun?; **que faites-vous ?** was machen Sie (gerade)?; **~ des dégâts** Schaden anrichten; **~ la cuisine** kochen; **~ les courses** einkaufen; **~ les magasins** einen Einkaufsbummel machen; **n'avoir que ~ de qch** etw nicht nötig haben
2 (*produire*) erzeugen; **fait à la main** Handarbeit; **fait à la machine** mit der Maschine gefertigt
3 (*études*) betreiben; (*sport*) treiben; (*musique*) machen; **~ du rugby** Rugby spielen; **~ du ski** Ski laufen; **~ du violon/piano** Geige/Klavier spielen
4 (*maladie*) haben; **~ du diabète/de la tension/de la fièvre** Diabetes/Bluthochdruck/Fieber haben
5 (*simuler*) : **~ le malade/l'ignorant** den Kranken/Unwissenden spielen
6 (*transformer, avoir un effet sur*) : **ça ne me fait rien** das ist mir egal; **ça ne fait rien** das macht nichts
7 (*calculs, prix, mesures*) : **2 et 2 font 4** 2 und 2 macht *ou* ist 4; **9 divisé par 3 fait 3** 9 geteilt durch 3 macht *ou* ist 3; **ça fait 15 euros** das macht 15 Euro
8 (*dire*) sagen; **« vraiment ? » fit-il** „wirklich?" sagte er
▶ *vi* **1** (*agir, s'y prendre*) machen; **il faut ~ vite** wir müssen uns beeilen; **faites comme chez vous** fühlen Sie sich wie zu Hause
2 (*ses besoins*) machen
3 (*paraître*) aussehen; **~ vieux/démodé/petit** alt/altmodisch/klein aussehen
▶ *vb substitut* machen; **remets-le**

en place — je viens de le ~ tu es zurück — ich habs gerade *ou* schon gemacht
▸ *vb impers* 1 : **il fait beau** es ist schönes Wetter; **il fait froid/chaud** es ist kalt/warm
2 (*temps écoulé, durée*) : **ça fait cinq heures qu'il est parti** er ist vor fünf Stunden weggefahren; **ça fait deux ans/heures qu'il y est** er ist schon zwei Jahre/Stunden dort
▸ *vb semi-aux* (*avec infinitif*) lassen; **~ tomber qch** etw fallen lassen; **~ chauffer de l'eau** Wasser aufsetzen; **~ réparer qch** etw reparieren lassen; **il m'a fait ouvrir la porte** er hat mich gezwungen, die Tür zu öffnen
se faire *vpr* 1 (*vin, fromage*) reifen
2 : **cela se fait beaucoup** das sieht man oft; **cela ne se fait pas** das macht man nicht
3 (*+nom ou pronom*) : **se ~ une jupe** sich *dat* einen Rock machen *ou* nähen; **se ~ des amis** Freunde gewinnen; **il ne s'en fait pas** er macht sich keine Sorgen
4 (*+adj*) : **se ~ vieux** (langsam) alt werden
5 : **se ~ à** (*s'habituer*) sich gewöhnen an *+acc*
6 (*+infinitif*) : **se ~ opérer** sich operieren lassen; **se ~ couper les cheveux** sich *dat* die Haare schneiden lassen; **se ~ montrer/expliquer qch** sich *dat* etw zeigen/erklären lassen; **se ~ faire un vêtement** sich *dat* ein Kleidungsstück anfertigen lassen
7 (*impersonnel*) : **comment se fait-il/faisait-il que … ?** wie kommt/kam es, dass …?; **il peut se ~ que …** es kann sein, dass …

faire-part [fɛʀpaʀ] *nm inv* : **~ de mariage/décès** Heiratsanzeige *f*/Todesanzeige *f*
fair-play [fɛʀplɛ] *adj inv* fair
faisable [fəzabl] *adj* machbar
faisan, e [fəzɑ̃, an] *nm/f* Fasan *m*
faisceau, x [fɛso] *nm* (*de lumière, électronique etc*) Strahl *m*; (*de branches etc*) Bündel *nt*
fait[1] [fɛ] *nm* Tatsache *f*; **au ~** übrigens; **en ~** tatsächlich; **~ accompli** vollendete Tatsache; **« ~ divers »** „Vermischtes"
fait[2], e [fɛ, fɛt] *adj* (*fromage*) reif; **c'est bien ~ pour lui/eux** das geschieht ihm/ihnen ganz recht
faitout, fait-tout [fɛtu] *nm inv* großer Kochtopf *m*
falaise [falɛz] *nf* Klippe *f*
falloir [falwaʀ] *vb impers* : **il va ~ 100 euros** (*besoin*) es werden 100 Euro nötig sein; **il faut faire les lits** die Betten müssen gemacht werden; **il me faut/faudrait 100 euros/de l'aide** ich brauche/bräuchte 100 Euro/Hilfe; **il vous faut tourner à gauche après l'église** nach der Kirche müssen Sie links abbiegen; **il faut que je fasse les lits** ich muss die Betten machen; **il faudrait qu'elle rentre** sie sollte wirklich nach Hause gehen
falsifier [falsifje] *vt* fälschen
famé, e [fame] *adj* : **mal ~** zwielichtig
fameux, -euse [famø, øz] *adj* berühmt; (*bon*) ausgezeichnet
familial, e, -aux [familjal, jo] *adj* Familien- ▸ *nf* (*Auto*) Kombi *m*
familiariser [familjaʀize] *vt* : **~ qn avec qch** jdn mit etw vertraut machen; **se familiariser** *vpr* : **se ~ avec** vertraut werden mit
• **familiarité** *nf* Vertraulichkeit *f*;

f

(*connaissance*) Vertrautheit *f* • **familier, -ière** *adj* (*connu*) vertraut; (*dénotant une certaine intimité*) vertraulich

famille [famij] *nf* Familie *f*; **il a de la ~ à Paris** er hat Verwandte in Paris

famine [famin] *nf* Hungersnot *f*

fana [fana] (*fam*) *abr* = **fanatique**

fanatique [fanatik] *adj* fanatisch ▸ *nmf* Fanatiker(in) *m(f)* • **fanatisme** *nm* Fanatismus *m*

faner [fane] : **se ~** *vpr* (*fleur*) verwelken, verblühen

fanfare [fɑ̃faʀ] *nf* (*orchestre*) Blaskapelle *f*; (*musique*) Fanfare *f*

fanfaron, ne [fɑ̃faʀɔ̃, ɔn] *nm/f* Angeber(in) *m(f)*

fanion [fanjɔ̃] *nm* Wimpel *m*

fantaisie [fɑ̃tezi] *nf* Fantasie *f* ▸ *adj* : **bijou ~** Modeschmuck *m*; **agir selon sa ~** nach Lust und Laune handeln • **fantaisiste** *adj* (*péj*) unseriös ▸ *nm* (*de music-hall*) Varietékünstler(in) *m(f)*

fantasme [fɑ̃tasm] *nm* Hirngespinst *nt* • **fantasque** *adj* launisch

fantastique [fɑ̃tastik] *adj* fantastisch

fantôme [fɑ̃tom] *nm* Gespenst *nt*

faon [fɑ̃] *nm* Hirschkalb *nt*, Rehkitz *nt*

FAQ [fak] *sigle f* (*Inform* : = *foire aux questions*) FAQ *pl*

farce [faʀs] *nf* (*Culin*) Füllung *f*; (*blague*) Streich *m*; (*Théât*) Possenspiel *nt* • **farceur, -euse** *nm/f* Spaßvogel *m* • **farcir** *vt* (*Culin*) füllen; **~ qch de** (*fig*) etw spicken mit

fard [faʀ] *nm* Schminke *f*

fardeau, x [faʀdo] *nm* Last *f*

farder [faʀde] *vt* schminken

farfelu, e [faʀfəly] *adj* exzentrisch

farine [faʀin] *nf* Mehl *nt* • **farineux, -euse** *adj* mehlig

farouche [faʀuʃ] *adj* (*sauvage*) scheu; (*brutal, indompté*) wild; (*déterminé*) stark, heftig

fart [faʀt] *nm* Skiwachs *nt* • **farter** *vt* wachsen

fascicule [fasikyl] *nm* Heft *nt*

fascinant, e [fasinɑ̃, ɑ̃t] *adj* faszinierend

fasciner [fasine] *vt* faszinieren

fascisme [faʃism] *nm* Faschismus *m* • **fasciste** *adj* faschistisch ▸ *nmf* Faschist(in) *m(f)*

fast-food [fastfud] (*pl* **fast-foods**) *nm* Fast Food *nt*; (*restaurant*) Schnellimbiss *m*

fastidieux, -euse [fastidjø, jøz] *adj* langweilig; (*travail*) mühsam

fastueux, -euse [fastɥø, øz] *adj* prunkvoll, prächtig

fatal, e [fatal] *adj* tödlich • **fatalité** *nf* (*destin*) Schicksal *nt*; (*coïncidence fâcheuse*) Verhängnis *nt*

fatigant, e [fatigɑ̃, ɑ̃t] *adj* ermüdend • **fatigue** *nf* Müdigkeit *f* • **fatigué, e** *adj* müde • **fatiguer** *vt* ermüden, müde machen; (*importuner*) belästigen ▸ *vi* (*moteur*) überlastet sein; **se fatiguer** *vpr* müde werden

fatras [fatʀɑ] *nm* Durcheinander *nt*

faubourg [fobuʀ] *nm* Vorstadt *f*

fauché, e [foʃe] (*fam*) *adj* blank

faucher [foʃe] *vt* (*herbe, champs*) mähen; (*mort, véhicule*) niedermähen; (*fam*) mopsen

faucille [fosij] *nf* Sichel *f*

faucon [fokɔ̃] *nm* Falke *m*

faufiler [fofile] *vt* heften; **se faufiler** *vpr* : **se ~ dans/parmi** sich einschleichen in +*acc*; **se ~ entre** hindurchschlüpfen durch +*acc*

faune [fon] *nf* Fauna *f*, Tierwelt *f*; (*péj*) Haufen *m*

faussaire [fosɛʀ] *nmf* Fälscher(in) *m(f)* • **faussement** *adv* fälschlich • **fausser** *vt* verfälschen

faut [fo] *voir* **falloir**

faute [fot] *nf* Fehler *m*; (*mauvaise action*) Verstoß *m*; **par la ~ de Pierre** durch Pierres Schuld; **c'est de sa/ma ~** das ist seine/meine Schuld; **~ de** aus Mangel an *+dat*, mangels *+gén*; **sans ~** ganz bestimmt; **~ d'orthographe** Schreibfehler *m*

fauteuil [fotœj] *nm* Sessel *m*; **~ d'orchestre** (*Théât*) Sperrsitz *m*; **~ roulant** Rollstuhl *m*

fautif, -ive [fotif, iv] *adj* (*responsable*) schuldig; (*incorrect*) falsch

fauve [fov] *nm* Raubkatze *f*

faux[1] [fo] *nf* (*Agr*) Sense *f*

faux[2]**, fausse** [fo, fos] *adj* falsch; (*falsifié*) gefälscht ▶ *adv* (*Mus*) : **jouer/chanter ~** falsch spielen/singen ▶ *nm* (*copie*) Fälschung *f*; **fausse clé** Dietrich *m*; **fausse couche** *nf* Fehlgeburt *f*; **~ frais** *nmpl* Nebenausgaben *pl*; **~ pas** Stolpern *nt*; (*fig*) Fauxpas *m* • **faux-filet** (*pl* **faux-filets**) *nm* (*Culin*) ≈ Lendenstück *nt*

faveur [favœʀ] *nf* Gunst *f*; (*service*) Gefallen *m*; **régime/traitement de ~** Bevorzugung *f*; **en ~ de qn/qch** zu jds Gunsten/zugunsten einer Sache *gén*

favorable [favɔʀabl] *adj* (*propice*) günstig; (*bien disposé*) wohlwollend; **être ~ à qch** einer Sache *dat* positiv gegenüberstehen

favori, -ite [favɔʀi, it] *adj* Lieblings- ▶ *nm* Favorit(in) *m(f)* • **favoriser** *vt* (*personne*) bevorzugen; (*activité*) fördern • **favoritisme** *nm* Vetternwirtschaft *f*

fax [faks] *nm* Fax *nt*

fécond, e [fekɔ̃, ɔ̃d] *adj* fruchtbar • **féconder** *vt* befruchten • **fécondité** *nf* Fruchtbarkeit *f*

fécule [fekyl] *nf* Stärke *f*

fédéral, e, -aux [fedeʀal, o] *adj* Bundes- • **fédération** *nf* Verband *m*; (*Pol*) Staatenbund *m*, Föderation *f*

fée [fe] *nf* Fee *f* • **féerique** *adj* zauberhaft

feindre [fɛ̃dʀ] *vt* (*simuler*) vortäuschen; **~ de faire qch** vorgeben, etw zu tun • **feint, e** *pp de* **feindre** ▶ *adj* vorgetäuscht

feinte [fɛ̃t] *nf* Finte *f*

félicitations [felisitasjɔ̃] *nfpl* Glückwünsche *pl* • **féliciter** *vt* beglückwünschen, gratulieren *+dat*

félin, e [felɛ̃, in] *adj* Katzen-, katzenartig ▶ *nm* (*Zool*) Katze *f*

fêlure [felyʀ] *nf* Sprung *m*

femelle [fəmɛl] *nf* (*d'animal*) Weibchen *nt* ▶ *adj* weiblich

féminin, e [feminɛ̃, in] *adj* weiblich; (*équipe, vêtements etc*) Frauen- ▶ *nm* Femininum *nt* • **féminisme** *nm* Feminismus *m* • **féministe** *adj* feministisch ▶ *nf* Feministin *f*

féminité [feminite] *nf* Weiblichkeit *f*

femme [fam] *nf* Frau *f*; **~ de chambre** Zimmermädchen *nt*; **~ de ménage** Putzfrau *f*

fémur [femyʀ] *nm* Oberschenkel *m*

fendre [fɑ̃dʀ] *vt* spalten; **se fendre** *vpr* bersten, zerspringen • **fendu, e** *adj* (*sol, mur*) rissig

fenêtre [f(ə)nɛtʀ] *nf* Fenster *nt*

fenouil [fənuj] *nm* Fenchel *m*

fente [fɑ̃t] *nf* (*fissure*) Riss *m*, Sprung *m*; (*de boîte à lettres, dans un vêtement etc*) Schlitz *m*

fer [fɛʀ] *nm* Eisen *nt*; **de** *ou* **en ~** aus Eisen; **~ à cheval** Hufeisen; **~ (à repasser)** Bügeleisen *nt*; **~ à vapeur** Dampfbügeleisen *nt*; **~ forgé** Schmiedeeisen *nt*
• **fer-blanc** (*pl* **fers-blancs**) *nm* Blech *nt*
férié, e [feʀje] *adj* : **jour ~** Feiertag *m*
ferme [fɛʀm] *nf* Bauernhof *m* ▶ *adj* fest; (*personne*) entschieden
fermé, e [fɛʀme] *adj* geschlossen
fermement [fɛʀməmɑ̃] *adv* fest, entschieden
fermentation [fɛʀmɑ̃tasjɔ̃] *nf* Gärung *f*
fermenter [fɛʀmɑ̃te] *vi* gären
fermer [fɛʀme] *vt* schließen, zumachen; (*eau, électricité, robinet*) abstellen; (*aéroport, route*) sperren ▶ *vi* (*porte, valise*) zugehen; (*entreprise*) schließen; **se fermer** *vpr* sich schließen
fermeté [fɛʀməte] *nf* Festigkeit *f*; (*d'une personne*) Entschiedenheit *f*
fermeture [fɛʀmətyʀ] *nf* Schließen *nt*; (*dispositif*) Verschluss *m*; **jour de ~** Ruhetag *m*
fermier, -ière [fɛʀmje, jɛʀ] *nm/f* Bauer *m*, Bäuerin *f*
fermoir [fɛʀmwaʀ] *nm* Verschluss *m*, Schließe *f*
féroce [feʀɔs] *adj* wild
ferraille [fɛʀɑj] *nf* Schrott *m*, Alteisen *nt*; **mettre à la ~** verschrotten
ferré, e [feʀe] *adj* (*canne*) mit Eisen beschlagen
ferroviaire [feʀɔvjɛʀ] *adj* Eisenbahn-
ferry [feʀi] (*pl* **ferries**), **ferry-boat** [feʀibot] (*pl* **ferry-boats**) *nm* Fähre *f*
fertile [fɛʀtil] *adj* fruchtbar
• **fertiliser** *vt* (*terre*) düngen
• **fertilité** *nf* Fruchtbarkeit *f*
fervent, e [fɛʀvɑ̃, ɑ̃t] *adj* (*prière*) inbrünstig; (*admirateur*) glühend
• **ferveur** *nf* Inbrunst *f*, Eifer *m*
fesse [fɛs] *nf* Hinterbacke *f*; **les ~s** das Hinterteil *nt* • **fessée** *nf* Schläge *pl* (*auf das Hinterteil*)
festin [fɛstɛ̃] *nm* Festmahl *nt*
festival [fɛstival] *nm* Festival *nt*, Festspiele *pl* • **festivalier** *nm* Festivalbesucher(in) *m(f)*
festivités [fɛstivite] *nfpl* Festlichkeiten *pl*
festoyer [fɛstwaje] *vi* schmausen
fête [fɛt] *nf* (*publique*) Feiertag *m*; (*en famille*) Feier *f*, Fest *nt*; (*d'une personne*) Namenstag *m*; **faire la ~** in Saus und Braus leben; **jour de ~** Festtag *m*, Feiertag *m*; **les ~s (de fin d'année)** die (Weihnachts)feiertage *pl*; **salle/comité des ~s** Festsaal *m*/Festausschuss *m*; **la ~ nationale** der Nationalfeiertag *m*; **~ foraine** Jahrmarkt *m*; **~ mobile** beweglicher Feiertag *m*
• **Fête-Dieu** (*pl* **Fêtes-Dieu**) *nf* : **la ~** Fronleichnam *m* • **fêter** *vt* feiern
feu[1] [fø] *adj inv* : **~ son père** sein verstorbener Vater
feu[2]**, x** [fø] *nm* Feuer *nt*; (*Naut*) (Leucht)feuer *nt*; (*de voiture, avion*) Licht *nt*; (*de circulation*) Ampel *f*; **au ~ !** Feuer, Feuer!; **à ~ doux/vif** auf kleiner/großer Flamme; **avez-vous du ~ ?** (*pour cigarette*) haben Sie Feuer?; **s'arrêter aux ~x** *ou* **au ~ rouge** an der roten Ampel stehen bleiben; **~ arrière** (*Auto*) Rücklicht *nt*; **~x d'artifice** Feuerwerk *nt*; **~x de croisement** Abblendlicht *nt*; **~x de position** Parklicht *nt*
feuillage [fœjaʒ] *nm* Blätter *pl*

feuille [fœj] *nf* Blatt *nt*; **~ (de papier)** Blatt Papier
feuilleté, e [fœjte] *adj* : **pâte ~e** Blätterteig *m*
feuilleter [fœjte] *vt* durchblättern
feuilleton [fœjtɔ̃] *nm* (*roman*) Fortsetzungsroman *m*; (*TV, Radio*) Serie *f*
feutre [føtʀ] *nm* (*matière*) Filz *m*; (*chapeau*) Filzhut *m*; (*stylo*) Filzstift *m*
fève [fɛv] *nf* dicke Bohne *f*
février [fevʀije] *nm* Februar *m*; *voir aussi* **juillet**
fi [fi] *excl* : **faire fi de** nicht befolgen
fiable [fjabl] *adj* zuverlässig
fiançailles [fjɑ̃saj] *nfpl* Verlobung *f*; (*période*) Verlobungszeit *f* • **fiancé, e** *nm/f* Verlobte(r) *f(m)* ▶ *adj* : **être ~ (à)** verlobt sein (mit) • **fiancer** : **se ~** *vpr* : **se ~ (à** *ou* **avec)** sich verloben (mit)
fibre [fibʀ] *nf* Faser *f*; **~ optique** optische Faser, Glasfaser *f*
ficeler [fis(ə)le] *vt* (*paquet*) verschnüren • **ficelle** *nf* Schnur *f*, Bindfaden *m*
fichage [fiʃaʒ] *nm* Registrierung *f*
fiche [fiʃ] *nf* (*carte*) Karteikarte *f*; (*Élec*) Stecker *m*; **~ de paye** Gehaltsabrechnung *f*
ficher [fiʃe] *vt* (*police*) in die Akten aufnehmen; (*fam* : *faire*) machen; **se ficher** *vpr* : **se ~ de** (*fam* : *se moquer*) sich lustig machen über +*acc*; (: *être indifférent*) sich nicht scheren um; **~ qn à la porte** (*fam*) jdn zur Tür rauswerfen; **fiche(-moi) le camp !** (*fam*) hau ab!; **fiche-moi la paix** (*fam*) lass mich in Ruhe *ou* Frieden
fichier [fiʃje] *nm* Kartei *f*; (*Inform*) Datei *f*; **~ joint** (*Inform*) Attachment *nt*, Anhang *m*
fichu, e [fiʃy] *pp de* **ficher** ▶ *adj* (*fam* : *inutilisable*) kaputt
fictif, -ive [fiktif, iv] *adj* fiktiv • **fiction** *nf* Fiktion *f*
fidèle [fidɛl] *adj* treu ▶ *nmf* : **les ~s** (*Rel*) die Gläubigen *pl*; **être ~ à** treu sein +*dat*; (*parole donnée*) halten • **fidéliser** *vt* (*Comm*) als Stammkunde gewinnen • **fidélité** *nf* Treue *f*, Zuverlässigkeit *f*
Fidji [fidʒi] *nfpl* : **les îles ~** die Fidschi-Inseln *pl*
fiduciaire [fidysjɛʀ] *adj* treuhänderisch
fief [fjɛf] *nm* (*Hist*) Lehen *nt*; (*fig*) Herrschaftsgebiet *nt*; (*Pol*) Hochburg *f*
fier¹ [fje] : **se ~ à** *vpr* sich verlassen auf +*acc*
fier², fière [fje, fjɛʀ] *adj* stolz; **~ de qch/qn** stolz auf etw/jdn • **fierté** *nf* Stolz *m*
fièvre [fjɛvʀ] *nf* Fieber *nt* • **fiévreux, -euse** *adj* fiebrig; (*fig*) fieberhaft
FIFA [fifa] *sigle f* (= *Fédération internationale de football association*) FIFA *f*
figer [fiʒe] *vt* (*sang*) gerinnen lassen; (*personne*) erstarren lassen, lähmen
figue [fig] *nf* Feige *f* • **figuier** *nm* Feigenbaum *m*
figurant, e [figyʀɑ̃, ɑ̃t] *nm/f* Statist(in) *m(f)*
figuratif, -ive [figyʀatif, iv] *adj* (*art*) gegenständlich
figure [figyʀ] *nf* (*visage*) Gesicht *nt*; (*aspect*) Aussehen *nt*; (*personnage*) Gestalt *f*
figuré, e [figyʀe] *adj* (*Ling*) übertragen
figurer [figyʀe] *vi* (*apparaître*) erscheinen ▶ *vt* (*représenter*) darstellen; **se figurer** *vpr* : **se ~**

qch sich *dat* etw vorstellen; **se ~ que** sich *dat* vorstellen, dass

fil [fil] *nm* Faden *m*; (*électrique*) Leitung *f*; **sans ~** (*Tél*) schnurlos; **~ à coudre** Nähgarn *nt*; **~ à pêche** Angelschnur *f*; **~ à plomb** Lot *nt*; **~ de fer** Draht *m*; **~ de fer barbelé** Stacheldraht *m*; **~ dentaire** Zahnseide *f*

filament [filamɑ̃] *nm* (*Élec*) Glühfaden *m*; (*de liquide etc*) Faden *m*

filandreux, -euse [filɑ̃dʀø, øz] *adj* (*viande*) faserig

filant, e [filɑ̃, ɑ̃t] *adj* : **étoile ~e** Sternschnuppe *f*

filature [filatyʀ] *nf* (*fabrique*) Spinnerei *f*; (*d'un suspect*) Beschattung *f*

file [fil] *nf* Reihe *f*; (*d'attente*) Schlange *f*

filer [file] *vt* spinnen ▶ *vi* (*aller vite*) flitzen; (*fam : partir*)

filet [filɛ] *nm* Netz *nt*; (*Culin*) Filet *nt*

filial, e, -aux [filjal, jo] *adj* Kindes- ▶ *nf* Filiale *f* •**filiation** *nf* Abstammung *f*; (*fig*) Abfolge *f*

filière [filjɛʀ] *nf* (*hiérarchique, administrative*) Wege *pl*; **suivre la ~** von der Pike auf dienen

filiforme [filifɔʀm] *adj* fadenförmig, fadendünn

fille [fij] *nf* (*opposé à garçon*) Mädchen *nt*; (*opposé à fils*) Tochter *f*; **vieille ~** (alte) Jungfer •**fillette** *nf* kleines Mädchen *nt*

filleul, e [fijœl] *nm/f* Patenkind *nt*

film [film] *nm* Film *m*; **~ d'horreur** Horrorfilm *m*; **~ muet/parlant** Stummfilm *m*/Tonfilm *m* •**filmer** *vt* filmen

filou [filu] *nm* Gauner *m*

fils [fis] *nm* Sohn *m*; **~ à papa** verzogenes Kind *nt* reicher Eltern; **~ de famille** junger Mann *m* aus gutem Hause

filtrant, e [filtʀɑ̃, ɑ̃t] *adj* (*huile solaire etc*) mit Schutzfaktor

filtre [filtʀ] *nm* Filter *m* •**filtrer** *vt* filtern ▶ *vi* (*lumière*) durchscheinen; (*bruit, liquide, nouvelle*) durchsickern

fin[1] [fɛ̃] *nf* Ende *nt*; **(à la) ~ mai/juin** Ende Mai/Juni; **en ~ de journée/semaine** am Ende des Tages/der Woche; **à la ~** schließlich

fin[2]**, e** [fɛ̃, fin] *adj* fein; (*papier, couche, cheveux*) dünn; (*visage*) fein geschnitten; (*taille*) schmal, zierlich; (*pointe, pinceau*) fein, spitz; (*esprit, personne, remarque*) feinsinnig ▶ *adv* völlig; **au ~ fond de** mitten in +*dat*; **vin/repas ~** erlesener Wein *m*/köstliches Essen *nt*; **~ gourmet** großer Feinschmecker *m*; **~es herbes** fein gehackte Kräuter *pl*

final, e [final] *adj* letzte(r, s); (*Philos*) final; **cause ~e** Urgrund *m* •**finale** (*Sport*) Finale *nt*; **quart/huitièmes de ~** Viertel-/Achtelfinale *nt* •**finalement** *adv* schließlich •**finaliste** *nmf* Endrundenteilnehmer(in) *m(f)*

finance [finɑ̃s] *nf* Finanz(welt) *f*; **finances** *nfpl* (*situation*) Finanzen *pl* •**financement** *nm* Finanzierung *f* •**financer** *vt* finanzieren •**financier, -ière** *adj* Finanz- ▶ *nm* Finanzier *m*

finement [finmɑ̃] *adv* fein

finesse [finɛs] *nf* Feinheit *f*

fini, e [fini] *adj* (*terminé*) fertig; (*sans avenir*) erledigt •**finir** *vt* (*travail, opération*) fertig machen, beenden; (*vie, études*) beenden; (*repas, paquet de bonbons etc*) aufessen ▶ *vi* (*se terminer*) zu Ende gehen, aufhören; **~ de faire**

qch (*terminer*) etw beenden *ou* zu Ende machen; (*cesser*) aufhören, etw zu tun •**finissage** *nm* Fertigstellung *f*, letzter Schliff *m* •**finition** *nf* Fertigstellung *f*
finlandais, e [fɛ̃lɑ̃dɛ, ɛz] *adj* finnisch ▸*nm/f*: **F~, e** Finne *m*, Finnin *f* •**Finlande** *nf*: **la ~** Finnland *nt* •**finnois, e** *adj* finnisch
firme [fiʀm] *nf* Firma *f*
fisc [fisk] *nm*: **le ~** der Fiskus *m*, die Steuerbehörde *f* •**fiscal, e, -aux** *adj* Steuer- •**fiscalité** *nf* (*système*) Steuerwesen *nt*; (*charges*) Steuerlast *f*
fissure [fisyʀ] *nf* (*lézarde, cassure*) Sprung *m*; (*crevasse*) Riss *m* •**fissurer**: **se ~** *vpr* rissig werden
fiston [fistɔ̃] (*fam*) *nm* Söhnchen *nt*
fixateur [fiksatœʀ] *nm* (*Photo*) Fixiermittel *nt*; (*pour cheveux*) Festiger *m* •**fixation** *nf* Befestigung *f*; (*de ski*) Bindung *f*
fixe [fiks] *adj* fest; (*regard*) starr ▸*nm* (*salaire*) Festgehalt *nt*; **à date/heure ~** zu einem bestimmten Datum/zu einer bestimmten Uhrzeit; **menu à prix ~** Menü *nt* zu einem festen Preis
fixé, e [fikse] *adj*: **être ~ (sur)** (*savoir à quoi s'en tenir*) genau Bescheid wissen (über +*acc*)
fixer [fikse] *vt* (*attacher*) festmachen, befestigen; (*déterminer*) festlegen, festsetzen; (*Chim, Photo*) fixieren; (*poser son regard sur*) fixieren, anstarren
flacon [flakɔ̃] *nm* Fläschchen *nt*
flagada [flagada] *adj inv* (*fam*) schlapp
flageolet [flaʒɔlɛ] *nm* Zwergbohne *f*
flagrant, e [flagʀɑ̃, ɑ̃t] *adj* offenkundig; **prendre qn en ~ délit** jdn auf frischer Tat ertappen
flair [flɛʀ] *nm* (*du chien*) Geruchssinn *m*; (*fig*) Gespür *nt* •**flairer** *vt* wittern
flamand, e [flamɑ̃, ɑ̃d] *adj* flämisch ▸*nm/f*: **F~, e** Flame *m*, Flamin *f*
flamant [flamɑ̃] *nm* Flamingo *m*
flambant [flɑ̃bɑ̃] *adv*: **~ neuf** funkelnagelneu
flambé, e [flɑ̃be] *adj* flambiert
flambeau, x [flɑ̃bo] *nm* Fackel *f*
flambée [flɑ̃be] *nf* (*feu*) (hell aufloderndes) Feuer *nt*; **~ de violence** Aufflackern *nt* von Gewalt; **~ des prix** Emporschießen *nt* der Preise
flamber [flɑ̃be] *vi* (*feu*) auflodern; (*maison*) abbrennen ▸*vt* (*poulet*) absengen; (*aiguille*) (in der Flamme) keimfrei machen
flamboyant, e [flɑ̃bwajɑ̃, ɑ̃t] *adj*: **gothique ~** Spätgotik *f*
flamingant, e [flamɛ̃gɑ̃, ɑ̃t] *adj* flämischsprachig
flamme [flam] *nf* Flamme *f*; (*fig*) Glut *f*, Leidenschaft *f*
flan [flɑ̃] *nm* Pudding *m*
flanc [flɑ̃] *nm* (*Anat*) Seite *f*; **à ~ de coteau** am Hang
Flandre [flɑ̃dʀ] *nf*: **la ~, les ~s** Flandern *nt*
flanelle [flanɛl] *nf* Flanell *m*
flâner [flane] *vi* bummeln
flanquer [flɑ̃ke] *vt* (*être accolé à*) flankieren; **~ qch sur/dans** (*fam*) etw schmeißen auf +*acc*/in +*acc*; **~ qn à la porte** (*fam*) jdn zur Tür hinauswerfen; **~ la frousse à qn** (*fam*) jdm eine Heidenangst einjagen
flaque [flak] *nf* Pfütze *f*
flash [flaʃ] (*pl* **flashes**) *nm* (*Photo*) Blitz(licht *nt*) *m*; **~ d'information** Kurznachrichten *pl* •**flash-back** *nm inv* Rückblende *f*

flasque [flask] *adj* schlaff
flatter [flate] *vt* (*personne*) schmeicheln +*dat* • **flatterie** *nf* Schmeichelei *f* • **flatteur, -euse** *adj* schmeichelhaft ▸ *nm/f* Schmeichler(in) *m(f)*
fléau, x [fleo] *nm* (*calamité*) Geißel *f*, Plage *f*; (*pour le blé*) Dreschflegel *m*
flèche [flɛʃ] *nf* Pfeil *m* • **fléchette** *nf* Wurfpfeil *m*
flegmatique [flɛgmatik] *adj* phlegmatisch
flemme [flɛm] *nf*: **j'ai la ~ de le faire** ich habe keinen Bock, es zu tun
flétan [fletɑ̃] *nm* Heilbutt *m*
flétrir [fletʀiʀ] *vt* (*fleur*) verwelken lassen; **se flétrir** *vpr* verwelken
fleur [flœʀ] *nf* Blume *f*; (*d'un arbre*) Blüte *f*; **être en ~** blühen
fleuri, e [flœʀi] *adj* (*jardin*) blühend, in voller Blüte; (*maison, balcon*) blumengeschmückt; (*style, propos*) blumig; (*teint, nez*) gerötet
fleurir [flœʀiʀ] *vi* blühen; (*fig*) seine Blütezeit haben ▸ *vt* mit Blumen schmücken • **fleuriste** *nmf* Florist(in) *m(f)*
fleuve [flœv] *nm* Fluss *m*
flexibilité [flɛksibilite] *nf* Flexibilität *f*
flexible [flɛksibl] *adj* (*objet*) biegsam; (*matériau*) elastisch; (*personne, caractère*) flexibel
flexion [flɛksjɔ̃] *nf* Biegung *f*; (*Ling*) Flexion *f*, Beugung *f*
flic [flik] (*fam*) *nm* Bulle *m*
flingue [flɛ̃g] (*fam*) *nm* Knarre *f*
flinguer [flɛ̃ge] *vt* (*fam*) abknallen
flipper¹ [flipœʀ] *nm* Flipper *m*
flipper² [flipe] *vi* (*fam*) ausflippen
flirter [flœʀte] *vi* flirten
flocon [flɔkɔ̃] *nm* Flocke *f*
floraison [flɔʀɛzɔ̃] *nf* Blütezeit *f*
floral, e, -aux [flɔʀal, o] *adj* Blumen-
flore [flɔʀ] *nf* Flora *f*
florissant, e [flɔʀisɑ̃, ɑ̃t] *adj* (*entreprise, commerce*) blühend
flot [flo] *nm* Flut *f*; **flots** *nmpl* (*de la mer*) Wellen *pl*; **à ~s** in Strömen
flotte [flɔt] *nf* (*Naut*) Flotte *f*; (*fam: eau*) Wasser *nt*
flottement [flɔtmɑ̃] *nm* (*hésitation*) Schwanken *nt*, Zögern *nt*; (*Écon*) Floating *nt*
flotter [flɔte] *vi* (*bateau, bois*) schwimmen; (*drapeau, cheveux*) wehen, flattern ▸ *vt* flößen ▸ *vb impers* (*fam*): **il flotte** es regnet • **flotteur** *nm* (*d'hydravion etc*) Schwimmkörper *m*; (*de canne à pêche*) Schwimmer *m*
flou, e [flu] *adj* verschwommen; (*photo*) unscharf
fluctuation [flyktɥasjɔ̃] *nf* Schwankung *f*
fluet, te [flyɛ, ɛt] *adj* zart, zerbrechlich
fluide [flɥid] *adj* flüssig
fluor [flyɔʀ] *nm* Fluor *m*
fluorescent, e [flyɔʀesɑ̃, ɑ̃t] *adj* fluoreszierend, Leucht-
flûte [flyt] *nf* Flöte *f*; (*pain*) Stangenbrot *nt*; **~ à bec** Blockflöte *f*; **~ traversière** Querflöte *f*
fluvial, e, -aux [flyvjal, jo] *adj* Fluss-
flux [fly] *nm* Flut *f*; **le ~ et le reflux** Ebbe *f* und Flut; (*fig*) das Auf und Ab
FM [ɛfɛm] *sigle f* (= *fréquence modulée*) FM
FMI [ɛfɛmi] *sigle m* (= *Fonds monétaire international*) IWF *m*
FN [ɛfɛn] *sigle m* (= *Front national*) rechtsextreme Partei
fœtus [fetys] *nm* Fötus *m*

foi [fwa] *nf* Glaube *m*; **digne de ~** glaubwürdig; **être de bonne/ mauvaise ~** guten Glaubens sein/ nicht guten Glaubens sein
foie [fwa] *nm* Leber *f*
foin [fwɛ̃] *nm* Heu *nt*
foire [fwaʀ] *nf* Markt *m*; (*fête foraine*) Jahrmarkt *m*; (*exposition*) Messe *f*
fois [fwa] *nf* Mal *nt*; **une ~** einmal; **deux ~** zweimal; **vingt ~** zwanzigmal; **encore une ~** noch einmal; **cette ~** diesmal; **la ~ suivante** das nächste Mal, nächstes Mal; **à la ~** auf einmal
foison [fwazɔ̃] *nf*: **une ~ de** eine Fülle von; **à ~** in Hülle und Fülle • **foisonner** *vi*: **~ en** *ou* **de** reich sein an *+dat*
folie [fɔli] *nf* Verrücktheit *f*; (*maladie*) Wahnsinn *m*
folklore [fɔlklɔʀ] *nm* Folklore *f* • **folklorique** *adj* Volks-, volkstümlich; (*fam* : *péj*) seltsam
folle [fɔl] *adj f, nf voir* **fou** • **follement** *adv* wahnsinnig
foncé, e [fɔ̃se] *adj* dunkel; **bleu/ rouge ~** dunkelblau/dunkelrot
foncer [fɔ̃se] *vi* (*tissu, teinte*) dunkler werden; (*fam* : *aller vite*) rasen; **~ sur** (*fam*) sich stürzen auf *+acc*
fonceur, -euse [fɔ̃sœʀ, øz] *nm/f* (*fam*) Tatmensch *m*
foncier, -ière [fɔ̃sje, jɛʀ] *adj* (*honnêteté, malhonnêteté*) grundlegend, fundamental; (*propriétaire, impôt*) Grund-
fonction [fɔ̃ksjɔ̃] *nf* Funktion *f*; (*profession*) Amt *nt* • **fonctionnaire** *nmf* ≈ Beamte(r) *m*, Beamtin *f* • **fonctionnel, le** *adj* Funktions-; (*bien conçu*) funktionell • **fonctionner** *vi* funktionieren
fond [fɔ̃] *nm* (*d'un récipient, trou*) Boden *m*; (*d'une salle, d'un tableau, décor*) Hintergrund *m*; **au ~ de** (*salle*) im hinteren Teil *+gén*; **à ~** (*connaître, soutenir*) gründlich; (*appuyer, visser*) kräftig, fest; **~ de teint** Grundierung *f*
fondamental, e, -aux [fɔ̃damɑ̃tal, o] *adj* grundlegend, fundamental • **fondamentalisme** *nm* Fundamentalismus *m*
fondant, e [fɔ̃dɑ̃, ɑ̃t] *adj* schmelzend; (*au goût*) auf der Zunge zergehend
fondateur, -trice [fɔ̃datœʀ, tʀis] *nm/f* Gründer(in) *m(f)* • **fondation** *nf* Gründung *f*; (*établissement*) Stiftung *f*
fondé, e [fɔ̃de] *adj* begründet ▸ *nm*: **~ de pouvoir** Prokurist(in) *m(f)*; **bien ~** wohlbegründet; **être ~ à croire** Grund zu der Annahme haben, daß
fondement [fɔ̃dmɑ̃] *nm* (*postérieur*) Hinterteil *nt*; **fondements** *nmpl* (*fig*) Grundlage *f*; **sans ~** unbegründet, grundlos • **fonder** *vt* gründen; **se fonder** *vpr*: **se ~ sur qch** sich stützen auf *+acc*; **~ qch sur** etw stützen auf *+acc*
fonderie [fɔ̃dʀi] *nf* Gießerei *f*
fondre [fɔ̃dʀ] *vt* schmelzen ▸ *vi* schmelzen; (*dans de l'eau*) sich auflösen; **faire ~** schmelzen
fonds [fɔ̃] *nm* (*de bibliothèque*) Bestand *m* ▸ *nmpl* (*argent*) Kapital *nt*, Gelder *pl*; **le F~ monétaire international** der Internationale Währungsfonds
fondu, e [fɔ̃dy] *adj* geschmolzen
fondue [fɔ̃dy] *nf*: **~ (savoyarde)/ bourguignonne** Käse/ Fleischfondue *nt*
fongicide [fɔ̃ʒisid] *nm* Fungizid *nt*; (*Méd*) Hautpilzmittel *nt*

f

fontaine [fɔ̃tɛn] *nf* Quelle *f*; (*construction*) Brunnen *m*
fonte [fɔ̃t] *nf* Schmelze *f*, Schmelzen *nt*; (*métal*) Gusseisen *nt*; **en ~ émaillée** aus emailliertem Gusseisen
foot [fut], **football** [futbol] *nm* Fußball *m* • **footballeur, -euse** *nm/f* Fußballspieler(in) *m(f)*
footing [futiŋ] *nm* : **faire du ~** joggen
forain, e [fɔʀɛ̃, ɛn] *adj* Jahrmarkts- ▶ *nm/f* Schausteller(in) *m(f)*
force [fɔʀs] *nf* Kraft *f*; (*degré de puissance*) Stärke *f*; **forces** *nfpl* (*Mil*) Streitkräfte *pl*; **de ~** mit Gewalt; **~ de dissuasion** Abschreckungskraft *f*; **~ de frappe** Militärmacht *f*; **les ~s de l'ordre** die Polizei *f* • **forcé, e** *adj* (*rire, attitude*) gezwungen; (*atterrissage*) Not- • **forcément** *adv* (*bien sûr*) ganz bestimmt; **pas ~** nicht unbedingt
forcené, e [fɔʀsəne] *nm/f* Wahnsinnige(r) *f(m)*
forceps [fɔʀsɛps] *nm* Geburtszange *f*
forcer [fɔʀse] *vt* (*porte, serrure*) aufbrechen; (*moteur*) überfordern; (*contraindre*) zwingen ▶ *vi* (*Sport*) sich verausgaben; **se forcer** *vpr* : **se ~ à qch/faire qch** sich zu etw zwingen/sich dazu zwingen, etw zu tun; **~ qn à faire qch** jdn dazu zwingen, etw zu tun
forcing [fɔʀsiŋ] *nm* : **faire du ~** Druck machen
forer [fɔʀe] *vt* (*objet, rocher*) durchbohren; (*trou, puits*) bohren
forestier, -ière [fɔʀɛstje, jɛʀ] *adj* Forst-, Wald-
foret [fɔʀɛ] *nm* Bohrer *m*
forêt [fɔʀɛ] *nf* Wald *m*; **~ vierge** Urwald *m*
Forêt-Noire [fɔʀɛnwaʀ] *nf* (*Géo*) Schwarzwald *m*
forêt-noire [fɔʀɛnwaʀ] *nf* (*Culin*) Schwarzwälder Kirschtorte *f*
foreuse [fɔʀøz] *nf* Bohrmaschine *f*
forfait [fɔʀfɛ] *nm* (*Comm*) Pauschalpreis *m* • **forfaitaire** *adj* Pauschal-
forge [fɔʀʒ] *nf* Schmiede *f* • **forgé, e** *adj* : **~ de toutes pièces** von A bis Z erfunden • **forger** *vt* schmieden • **forgeron** *nm* Schmied *m*
formaliser [fɔʀmalize] : **se ~** *vpr* gekränkt sein; **se ~ de qch** an etw Anstoß nehmen
formalité [fɔʀmalite] *nf* Formalität *f*
format [fɔʀma] *nm* Format *nt* • **formater** *vt* formatieren
formation [fɔʀmasjɔ̃] *nf* Bildung *f*; (*éducation, apprentissage*) Ausbildung *f*; (*Géo*) Formation *f*
forme [fɔʀm] *nf* Form *f*; **prendre ~** Gestalt annehmen
formel, le [fɔʀmɛl] *adj* (*preuve, décision*) klar • **formellement** *adv* (*interdit*) ausdrücklich
former [fɔʀme] *vt* bilden; (*personne*) ausbilden; (*caractère, intelligence, goût*) ausbilden; (*lettre etc*) gestalten; **se former** *vpr* (*apparaître*) sich bilden, entstehen; (*se développer*) sich entwickeln
formidable [fɔʀmidabl] *adj* (*important*) gewaltig, ungeheuer; (*excellent*) wunderbar, toll
formulaire [fɔʀmylɛʀ] *nm* Formular *nt*
formule [fɔʀmyl] *nf* (*Science*) Formel *f*; (*de crédit*) System *nt*; **~ de politesse** Höflichkeitsfloskel *f*
formuler [fɔʀmyle] *vt* ausdrücken, formulieren

fort, e [fɔʀ, fɔʀt] *adj* stark; (*doué*) begabt; (*sauce etc*) scharf ▶ *adv* (*frapper, serrer*) kräftig; (*sonner, parler*) laut ▶ *nm* (*édifice*) Fort *nt*
forteresse [fɔʀtəʀɛs] *nf* Festung *f*
fortifiant, e [fɔʀtifjɑ̃, jɑ̃t] *adj* stärkend ▶ *nm* Stärkungsmittel *nt*
fortifications [fɔʀtifikasjɔ̃] *nfpl* Befestigungsanlagen *pl*
fortifier [fɔʀtifje] *vt* stärken; (*Mil*) befestigen
fortuit, e [fɔʀtɥi, it] *adj* zufällig
fortune [fɔʀtyn] *nf* Vermögen *nt*; (*destin*) Schicksal *nt*; **faire ~** reich werden • **fortuné, e** *adj* wohlhabend
forum [fɔʀɔm] *nm* Forum *nt*; (*débat*) Diskussionsforum *nt*
fosse [fos] *nf* (*grand trou*) Grube *f*; (*Géo*) Graben *m*
fossé [fose] *nm* Graben *m*, Kluft *f*
fossile [fosil] *nm* Fossil *nt*
fossoyeur [foswajœʀ] *nm* Totengräber *m*
fou, folle [fu, fɔl] *adj* verrückt; (*extrême*) wahnsinnig ▶ *nm/f* Verrückte(r) *f(m)* ▶ *nm* (*Échecs*) Läufer *m*; **être ~ de** (*sport, art etc*) verrückt sein auf *+acc*; (*personne*) verrückt sein nach
foudre [fudʀ] *nf*: **la ~** der Blitz
foudroyant, e [fudʀwajɑ̃, ɑ̃t] *adj* (*rapidité, succès*) überwältigend; (*maladie, poison*) sofort tödlich
foudroyer [fudʀwaje] *vt* erschlagen
fouet [fwɛ] *nm* Peitsche *f*; (*Culin*) Schneebesen *m* • **fouetter** *vt* peitschen; (*Culin*) schlagen
fougère [fuʒɛʀ] *nf* Farn *m*
fouille [fuj] *nf* Durchsuchung *f*; **fouilles** *nfpl* (*archéologiques*) Ausgrabungen *pl* • **fouiller** *vt* (*personne, local*) durchsuchen; (*sol*) durchwühlen
fouillis [fuji] *nm* Durcheinander *nt*
fouiner [fwine] *vi*: **~ dans** herumschnüffeln in *+dat*
foulard [fulaʀ] *nm* (Hals)tuch *nt*, (Kopf)tuch *nt*
foule [ful] *nf* Menschenmenge *f*; **une ~ de** (*beaucoup*) eine Menge (von); **les ~s** die Massen *pl*
fouler [fule] *vt* (*raisin*) keltern; **se fouler** *vpr*: **se ~ la cheville/le bras** sich *dat* den Knöchel/den Arm verstauchen • **foulure** *nf* Verstauchung *f*
four [fuʀ] *nm* (Back)ofen *m*
fourbe [fuʀb] *adj* (*personne*) betrügerisch; (*regard*) verschlagen
fourbi [fuʀbi] (*fam*) *nm* Krempel *m*
fourbu, e [fuʀby] *adj* erschöpft
fourche [fuʀʃ] *nf* (*à foin*) Heugabel *f* • **fourchette** *nf* Gabel *f*; **~ à dessert** Kuchengabel *f*
fourgon [fuʀgɔ̃] *nm* (*Auto*) Lieferwagen *m*
fourgonnette [fuʀgɔnɛt] *nf* Lieferwagen *m*
fourmi [fuʀmi] *nf* Ameise *f*; **j'ai des ~s dans les jambes** mir sind die Beine eingeschlafen • **fourmilière** *nf* Ameisenhaufen *m* • **fourmillement** *nm* (*démangeaison*) Kribbeln *nt*
fournaise [fuʀnɛz] *nf* Feuersbrunst *f*; (*lieu très chaud*) Treibhaus *nt*
fourneau, x [fuʀno] *nm* (*de cuisine*) Herd *m*
fourni, e [fuʀni] *adj* (*barbe, cheveux*) dicht; **bien/mal ~ (en)** gut/schlecht ausgestattet (mit)
fournir [fuʀniʀ] *vt* liefern; **~ un effort** sich anstrengen • **fournisseur, -euse** *nm/f* Lieferant(in) *m(f)*; **~ d'accès** Provider *m* • **fourniture** *nf* Lieferung *f*; **fournitures** *nfpl* Ausstattung *f*

f

fourrage [fuʀaʒ] *nm* (Vieh)futter *nt*
fourré, e [fuʀe] *adj* (*bonbon, chocolat etc*) gefüllt; (*manteau, botte etc*) gefüttert ▶ *nm* Dickicht *nt*
fourreau, x [fuʀo] *nm* (*d'épée*) Scheide *f*
fourrer [fuʀe] (*fam*) *vt* : **~ qch dans** etw stecken in *+acc* • **fourre-tout** *nm inv* (*sac*) Reisetasche *f*; (*fig*) Mischmasch *m*
fourreur [fuʀœʀ] *nm* Kürschner(in) *m(f)*
fourrière [fuʀjɛʀ] *nf* (*pour voitures*) Abstellplatz *m* für abgeschleppte Fahrzeuge
fourrure [fuʀyʀ] *nf* (*pelage*) Fell *nt*; (*matériau, manteau*) Pelz *m*
fourvoyer [fuʀvwaje] : **se ~** *vpr* sich verirren
foutu, e [futy] (*fam !*) *adj* = **fichu**
foyer [fwaje] *nm* (*d'incendie, d'infection*) Herd *m*; (*famille, domicile*) Heim *nt*; (*Théât*) Foyer *nt*; (*résidence*) Wohnheim *nt*; (*Optique, Photo*) Brennpunkt *m*; **lunettes à double ~** Bifokalbrille *f*
fracas [fʀaka] *nm* Krach *m* • **fracasser** *vt* zertrümmern; **se fracasser** *vpr* : **se ~ contre** *ou* **sur** zerschellen an *+dat*
fraction [fʀaksjɔ̃] *nf* (*Math*) Bruch *m*; (*partie*) Bruchteil *m*; **une ~ de seconde** der Bruchteil einer Sekunde
fracture [fʀaktyʀ] *nf* (*Méd*) Bruch *m*; **~ du crâne** Schädelbruch *m*; **~ ouverte** offener Bruch *m* • **fracturer** *vt* (*coffre, serrure*) aufbrechen; (*os, membre*) brechen; **se ~ la jambe** sich *dat* ein Bein brechen; **se ~ le crâne** einen Schädelbruch erleiden
fragile [fʀaʒil] *adj* (*objet*) zerbrechlich; (*estomac*) empfindlich; (*santé*) schwach, zart; (*personne*) zart, zerbrechlich • **fragilité** *nf* Zerbrechlichkeit *f*, Zartheit *f*
fragment [fʀagmɑ̃] *nm* (*morceau*) (Bruch)stück *nt*, Teil *m*; (*extrait*) Auszug *m*
fraîchement [fʀɛʃmɑ̃] *adv* (*sans enthousiasme*) kühl, zurückhaltend; (*récemment*) kürzlich, neulich
fraîcheur [fʀɛʃœʀ] *nf* Frische *f* • **fraîchir** *vi* abkühlen; (*vent*) auffrischen
frais[1], fraîche [fʀɛ, fʀɛʃ] *adj* frisch; (*froid*) kühl ▶ *nm* : **mettre au ~** (*au réfrigérateur*) kühl lagern; **il fait ~** es ist kühl; **à boire/servir ~** gut gekühlt trinken/servieren; **prendre le ~** frische Luft schöpfen *ou* schnappen
frais[2] [fʀɛ] *nmpl* (*dépenses*) Kosten *pl*, Ausgaben *pl*; **faire des ~** Geld ausgeben; **~ de déplacement** Fahrtkosten *pl*
fraise [fʀɛz] *nf* Erdbeere *f*; (*Tech*) Fräse *f*; **~ des bois** Walderdbeere *f*
fraiser [fʀeze] *vt* fräsen
fraisier [fʀezje] *nm* Erdbeerpflanze *f*
framboise [fʀɑ̃bwaz] *nf* Himbeere *f*
franc, franche [fʀɑ̃, fʀɑ̃ʃ] *adj* (*personne*) offen, aufrichtig ▶ *adv* : **à parler ~** und ehrlich gesagt ▶ *nm* (*monnaie*) Franc *m*; **~ de port** portofrei, gebührenfrei; **~ suisse** Schweizer Franken *m*
français, e [fʀɑ̃sɛ, ɛz] *adj* französisch ▶ *nm* (*Ling*) Französisch *nt* ▶ *nm/f* : **F~, e** Franzose *m*, Französin *f* • **France** *nf* : **la ~** Frankreich *nt*
franchement [fʀɑ̃ʃmɑ̃] *adv* ehrlich; (*tout à fait*) ausgesprochen
franchir [fʀɑ̃ʃiʀ] *vt* (*obstacle, distance*) überwinden; (*seuil, ligne, rivière*) überschreiten

franchise [fʀɑ̃ʃiz] *nf* Offenheit *f*, Aufrichtigkeit *f*; (*douanière, d'impôt*) (Gebühren)freiheit *f*; (*Assurances*) Selbstbeteiligung *f*
franc-maçon [fʀɑ̃masɔ̃] (*pl* **franc-maçons**) *nm* Freimaurer *m*
franco[1] [fʀɑ̃ko] *adv* : **~ (de port)** franko, gebührenfrei
franco[2] [fʀɑ̃ko] *préf* französisch • **francophile** *adj* frankophil • **francophone** *adj* Französisch sprechend • **francophonie** *nf* *Gesamtheit der Französisch sprechenden Bevölkerungsgruppen*
franc-parler [fʀɑ̃paʀle] *nm inv* Freimütigkeit *f*, Unverblümtheit *f*
frange [fʀɑ̃ʒ] *nf* (*de vêtement, tissu etc*) Franse *f*; (*de cheveux*) Pony(franse *f*) *m*
franglais [fʀɑ̃glɛ] *nm* *Französisch mit vielen Anglizismen*
franquette [fʀɑ̃kɛt] : **à la bonne ~** *adv* ohne Umstände, ganz zwanglos
frappe [fʀap] *nf* Anschlag *m*; (*Boxe*) Schlag *m* • **frapper** *vt* schlagen; (*étonner*) beeindrucken, auffallen *+dat*; (*monnaie*) prägen
frasques [fʀask] *nfpl* Eskapaden *pl*
fraternel, le [fʀatɛʀnɛl] *adj* brüderlich
fraterniser [fʀatɛʀnize] *vi* freundschaftlichen Umgang haben
fraternité [fʀatɛʀnite] *nf* Brüderlichkeit *f*
fraude [fʀod] *nf* Betrug *m* • **frauder** *vt, vi* betrügen • **frauduleux, -euse** *adj* betrügerisch
frayeur [fʀɛjœʀ] *nf* Schrecken *m*
fredonner [fʀədɔne] *vt* summen
free-lance [fʀilɑ̃s] *adj* freiberuflich (tätig); **journaliste ~** freier Journalist, freie Journalistin
freezer [fʀizœʀ] *nm* Gefrierfach *nt*
frein [fʀɛ̃] *nm* Bremse *f*; **~ à main** Handbremse *f*; **~s à disques** Scheibenbremse *f*; **~s à tambours** Trommelbremse *f* • **freinage** *nm* Bremsen *nt*; **distance de ~** Bremsweg *m* • **freiner** *vi, vt* bremsen
frêle [fʀɛl] *adj* zart, zerbrechlich
frelon [fʀəlɔ̃] *nm* Hornisse *f*
frémir [fʀemiʀ] *vi* (*de peur, de froid*) zittern; (*eau*) sieden
frêne [fʀɛn] *nm* Esche *f*
frénétique [fʀenetik] *adj* (*passion, sentiments*) rasend; (*musique, applaudissements*) frenetisch, rasend
fréquemment [fʀekamɑ̃] *adv* oft
fréquence [fʀekɑ̃s] *nf* Häufigkeit *f*; (*Phys*) Frequenz *f*; **haute/basse ~** Hoch-/Niederfrequenz *f* • **fréquent, e** *adj* häufig • **fréquentation** *nf* (*d'un lieu*) häufiger Besuch *m*; **la ~ de ces gens** der Umgang mit diesen Leuten; **mauvaises ~s** schlechter Umgang • **fréquenté, e** *adj* (*rue, plage*) belebt; (*établissement*) gut besucht • **fréquenter** *vt* (*lieu*) häufig besuchen
frère [fʀɛʀ] *nm* Bruder *m*
fresque [fʀɛsk] *nf* Fresko *nt*
fret [fʀɛ] *nm* Fracht *f*
fréter [fʀete] *vt* chartern
fretin [fʀətɛ̃] *nm* : **le menu ~** kleine Fische *pl*
friable [fʀijabl] *adj* bröckelig
friand, e [fʀijɑ̃, fʀijɑ̃d] *adj* : **être ~ de qch** etw sehr gern mögen ▶ *nm* (*Culin*) Fleischpastetchen *nt* • **friandise** *nf* Leckerei *f*
Fribourg [fʀibuʀ] Freiburg *nt*
fric [fʀik] (*fam*) *nm* Kohle *f*
friche [fʀiʃ] *nf* : **en ~** brachliegend
friction [fʀiksjɔ̃] *nf* Abreiben *nt*; (*chez le coiffeur*) Massage *f* • **frictionner** *vt* abreiben

frigidaire® [fʀiʒidɛʀ] *nm* Kühlschrank *m*
frigide [fʀiʒid] *adj* frigide
frigo [fʀigo] *nm* Kühlschrank *m* •**frigorifier** *vt* (*produit*) tiefkühlen; **être frigorifié** (*fam*) frieren wie ein Schneider •**frigorifique** *adj* Kühl-
frileux, -euse [fʀilø, øz] *adj* verfroren
frimas [fʀimɑ] *nmpl* Raureif *m*
frime [fʀim] (*fam*) *nf*: **c'est de la ~** das ist alles nur Schau •**frimer** (*fam*) *vi* eine Schau abziehen
frimousse [fʀimus] *nf* Gesichtchen *nt*
fringale [fʀɛ̃gal] *nf* (*fam*): **avoir la ~** Heißhunger haben
fringues [fʀɛ̃g] (*fam*) *nfpl* Klamotten *pl*
fripé, e [fʀipe] *adj* zerknittert
fripon, ne [fʀipɔ̃, ɔn] *adj* spitzbübisch, schelmisch ▸ *nm/f* (*enfant*) Schlingel *m*
frire [fʀiʀ] *vt, vi* braten
Frisbee® [fʀizbi] *nm* Frisbee® *nt*; (*disque*) Frisbeescheibe *f*
frise [fʀiz] *nf* Fries *m*
frisé, e [fʀize] *adj* lockig; **(chicorée) ~e** Friséesalat *m* •**friser** *vt* (*cheveux*) Locken machen in +*akk* ▸ *vi* (*cheveux*) lockig sein, sich locken; **~ la quarantaine** fast vierzig sein
frisson [fʀisɔ̃] *nm* (*de peur*) Schaudern *nt* •**frissonner** *vi* (*personne*) schaudern
frit, e [fʀi, fʀit] *pp de* **frire** ▸ *nf* Pomme frite *f*, Fritte *f* •**friture** *nf* (*huile*) Bratfett *nt*; **~ (de poissons)** gebratene Fische *pl*
frivole [fʀivɔl] *adj* oberflächlich
froid, e [fʀwa, fʀwad] *adj* kalt; (*personne, accueil*) kühl ▸ *nm* : **le ~** die Kälte *f*; **il fait ~** es ist kalt; **j'ai ~** mir ist kalt, ich friere; **à ~** (*démarrer*) kalt; **les grands ~s** die kalte Jahreszeit *f* •**froidement** *adv* kühl
froisser [fʀwase] *vt* zerknittern; (*vexer*) kränken; **se froisser** *vpr* knittern; (*se vexer*) gekränkt sein, beleidigt sein; **se ~ un muscle** sich *dat* einen Muskel zerren
frôler [fʀole] *vt* streifen
fromage [fʀɔmaʒ] *nm* Käse *m*; **~ blanc** ≈ Quark *m* •**fromager, -ère** *nm/f* (*marchand*) Käsehändler(in) *m(f)* •**fromagerie** *nf* Käserei *f*; (*boutique*) Käseladen *m*
froment [fʀɔmɑ̃] *nm* Weizen *m*
frondeur, -euse [fʀɔ̃dœʀ, øz] *adj* aufrührerisch
front [fʀɔ̃] *nm* (*Anat*) Stirn *f*; **de ~** frontal; (*rouler*) Kopf an Kopf; (*simultanément*) gleichzeitig, zugleich
frontal, e, -aux [fʀɔ̃tal, o] *adj* (*Anat*) Stirn-; (*choc, attaque*) frontal
frontalier, -ière [fʀɔ̃talje, jɛʀ] *adj* Grenz- ▸ *nm/f* Grenzgänger(in) *m(f)*
frontière [fʀɔ̃tjɛʀ] *nf* Grenze *f*; **poste/ville ~** Grenzposten *m*/ Grenzstadt *f*; **à la ~** an der Grenze
fronton [fʀɔ̃tɔ̃] *nm* Giebel *m*
frotter [fʀɔte] *vi* reiben ▸ *vt* reiben
frottis [fʀɔti] *nm* (*Méd*) Abstrich *m*
frousse [fʀus] (*fam*) *nf* Muffe *f*; **avoir la ~** Muffensausen haben
fructifier [fʀyktifje] *vi* (*argent*) Zinsen tragen; (*propriété*) an Wert zunehmen; (*arbre*) Früchte tragen; **faire ~** gewinnbringend anlegen
fructueux, -euse [fʀyktɥø, øz] *adj* einträglich
frugal, e, -aux [fʀygal, o] *adj* (*repas*) frugal, einfach
fruit [fʀɥi] *nm* Frucht *f*; (*fig*) Früchte *pl*; **fruits** *nmpl* Obst *nt*; **~s de mer** Meeresfrüchte *pl*; **~s secs** Dörrobst *nt* •**fruité, e** *adj* fruchtig

•**fruitier, -ière** *adj* : **arbre ~** Obstbaum *m* ▶ *nm/f* (*marchand*) Obsthändler(in) *m(f)*
fruste [fʀyst] *adj* ungehobelt, roh
frustrant, e [fʀystʀɑ̃, ɑ̃t] *adj* frustrierend
frustration [fʀystʀasjɔ̃] *nf* Frustration *f*
frustré, e [fʀystʀe] *adj* frustriert
frustrer [fʀystʀe] *vt* (*Psych*) frustrieren; (*espoirs etc*) zunichtemachen; **~ qn de qch** (*priver*) jdn um etw bringen
fuchsia [fyʃja] *nm* Fuchsie *f*
fuel [fjul] *nm* Heizöl *nt*
fugace [fygas] *adj* flüchtig
fugitif, -ive [fyʒitif, iv] *adj* flüchtig
fugue [fyg] *nf* (*d'un enfant*) Ausreißen *nt*; (*Mus*) Fuge *f*; **faire une ~** ausreißen
fuir [fɥiʀ] *vt* fliehen *ou* flüchten vor; (*responsabilités*) sich entziehen *+dat* ▶ *vi* (*personne*) fliehen; (*gaz, eau*) entweichen; (*robinet*) tropfen; (*tuyau*) lecken, undicht sein •**fuite** *nf* Flucht *f*; (*écoulement*) Entweichen *nt*
fulgurant, e [fylgyʀɑ̃, ɑ̃t] *adj* atemberaubend
fumé, e [fyme] *adj* (*Culin*) geräuchert; (*verres*) getönt
fume-cigarette [fymsigaʀɛt] *nm inv* Zigarettenspitze *f*
fumée [fyme] *nf* Rauch *m* •**fumer** *vi* rauchen; (*liquide*) dampfen ▶ *vt* (*cigarette, pipe*) rauchen; (*jambon, poisson*) räuchern; (*terre, champ*) düngen
fumet [fymɛ] *nm* Aroma *nt*
fumeur, -euse [fymœʀ, øz] *nm/f* Raucher(in) *m(f)*; **compartiment (pour) ~s** Raucherabteil *nt*
fumeux, -euse [fymø, øz] (*péj*) *adj* verschwommen
fumier [fymje] *nm* Dung *m*
fumiste [fymist] *nmf* Faulpelz *m*
funambule [fynɑ̃byl] *nm* Seiltänzer *m*
funèbre [fynɛbʀ] *adj* (*service, marche etc*) Trauer-; (*lugubre*) düster, finster
funérailles [fyneʀɑj] *nfpl* Begräbnis *nt*, Beerdigung *f* •**funéraire** *adj* Bestattungs-
funeste [fynɛst] *adj* tödlich, fatal
funiculaire [fynikylɛʀ] *nm* Seilbahn *f*
fur [fyʀ] *nm* : **au ~ et à mesure** nach und nach; **au ~ et à mesure que** sobald
furax [fyʀaks] (*fam*) *adj inv* fuchsteufelswild
fureur [fyʀœʀ] *nf* (*colère*) Wut *f*; **faire ~** in sein
furie [fyʀi] *nf* Wut *f*; (*femme*) Furie *f*; **en ~** tobend
furieux, -euse [fyʀjø, jøz] *adj* wütend
furtif, -ive [fyʀtif, iv] *adj* verstohlen
fusain [fyzɛ̃] *nm* Zeichenkohle *f*
fuseau, x [fyzo] *nm* (*pour filer*) Spindel *f*; (*pantalon*) Keilhose *f*; **~ horaire** Zeitzone *f*
fusée [fyze] *nf* Rakete *f*; **~ éclairante** Leuchtrakete *f*
fuselage [fyz(ə)laʒ] *nm* (Flugzeug)rumpf *m*
fusible [fyzibl] *nm* (*fil*) Schmelzdraht *m*; (*fiche*) Sicherung *f*
fusil [fyzi] *nm* Gewehr *nt*; **~ de chasse** Jagdflinte *f* •**fusillade** *nf* Gewehrfeuer *nt* •**fusiller** *vt* (*exécuter*) erschießen
fusion [fyzjɔ̃] *nf* (*d'un métal*) Schmelzen *nt*; (*Comm, Science*) Fusion *f* •**fusionner** *vi* fusionieren
fustiger [fystiʒe] *vt* (*critiquer*) tadeln

fût [fy] *nm* Fass *nt*
futaie [fytɛ] *nf* Hochwald *m*
futile [fytil] *adj* (*prétexte, activité, propos*) nebensächlich
futur, e [fytyʀ] *adj* zukünftig ▶ *nm* Zukunft *f* • **futuriste** *adj* futuristisch
fuyant, e [fɥijɑ̃, ɑ̃t] *adj* (*regard*) ausweichend; (*personne*) schwer fassbar; (*lignes etc*) fliehend; **perspective ~e** (Art) Fluchtlinien *pl*

g

Gabon [gabɔ̃] *nm* : **le ~** Gabun *nt*
gâcher [gɑʃe] *vt* (*gâter*) verderben; (*gaspiller*) verschwenden
gâchis [gɑʃi] *nm* Verschwendung *f*
gadget [gadʒɛt] *nm* (technische) Spielerei *f*
gadoue [gadu] *nf* (*boue*) Schlamm *m*
gaffe [gaf] *nf* (*instrument*) Bootshaken *m*; (*fam : erreur*) Schnitzer *m*; **faire ~** (*fam*) aufpassen • **gaffer** *vi* einen Schnitzer machen
gage [gaʒ] *nm* Pfand *nt*; (*de fidélité etc*) Zeichen *nt*; **gages** *nmpl* (*salaire*) Lohn *m*; **mettre en ~** verpfänden • **gager** *vt* : **~ que** wetten, dass
gagnant, e [gaɲɑ̃, ɑ̃t] *nm/f* Gewinner(in) *m(f)* • **gagne-pain** *nm inv* Broterwerb *m* • **gagner** *vt* gewinnen; (*somme d'argent, revenu*) verdienen; (*aller vers*) erreichen ▶ *vi* gewinnen
gai, gaie [ge] *adj* fröhlich; (*un peu ivre*) angeheitert • **gaieté** *nf* Fröhlichkeit *f*
gaillard, e [gajaʀ, aʀd] *adj* (*robuste*) kräftig; (*grivois*) derb ▶ *nm* Kerl *m*

gain [gɛ̃] *nm* Gewinn(e *pl*) *m*
gaine [gɛn] *nf* (*corset*) Hüfthalter *m* • **gaine-culotte** (*pl* **gaines-culottes**) *nf* Miederhöschen *nt*
gala [gala] *nm* Gala(veranstaltung) *f*
galant, e [galɑ̃, ɑ̃t] *adj* galant; **en ~e compagnie** in Damenbegleitung • **galanterie** *nf* Galanterie *f*
galantine [galɑ̃tin] *nf* Fleisch in Aspik
galbe [galb] *nm* Rundung *f*
gale [gal] *nf* Krätze *f*; (*de chien*) Räude *f*
galère [galɛʀ] *nf* Galeere *f*; (*fam*) Schlamassel *m*
galérer [galeʀe] (*fam*) *vi* schuften
galerie [galʀi] *nf* Galerie *f*; (*Théât*) Rang *m*; (*de voiture*) (Dach)gepäckträger *m*
galet [galɛ] *nm* Kiesel(stein) *m*; (*Tech*) Rad *nt*
galette [galɛt] *nf* (*gâteau*) runder flacher Kuchen; **~ des Rois** Kuchen zum Dreikönigstag
galipette [galipɛt] *nf* : **faire des ~s** Purzelbäume schlagen
Galles [gal] *nfpl* : **le pays de ~** Wales *nt* • **gallois, e** *adj* walisisch ▶ *nm/f* : **G~, e** Waliser(in) *m(f)*
galop [galo] *nm* Galopp *m*; **au ~** im Galopp • **galoper** *vi* galoppieren
galopin [galɔpɛ̃] *nm* Strolch *m*
gambader [gɑ̃bade] *vi* herumspringen
Gambie [gɑ̃bi] *nf* : **la ~** Gambia *nt*
gamelle [gamɛl] *nf* Kochgeschirr *nt*
gamin, e [gamɛ̃, in] *nm/f* Kind *nt* ▶ *adj* (*puéril*) kindisch
gamme [gam] *nf* (*Mus*) Tonleiter *f*; (*fig*) Skala *f*
gammé, e [game] *adj* : **croix ~e** Hakenkreuz *nt*
gant [gɑ̃] *nm* Handschuh *m*; **~ de toilette** Waschhandschuh *m*; **~s de caoutchouc** Gummihandschuhe *pl*
garage [gaʀaʒ] *nm* (*abri*) Garage *f*; (*entreprise*) Autowerkstatt *f*; **~ à vélos** Fahrradschuppen *m* • **garagiste** *nmf* (*propriétaire*) Werkstattbesitzer(in) *m(f)*; (*mécanicien*) Automechaniker(in) *m(f)*
garant, e [gaʀɑ̃, ɑ̃t] *nm/f* Bürge *m*, Bürgin *f*; **se porter ~ de qch** für etw bürgen • **garantie** *nf* Garantie *f* • **garantir** *vt* garantieren; (*Comm*) eine Garantie geben für; **~ de qch** vor etw *dat* schützen
garce [gaʀs] (*péj*) *nf* Schlampe *f*
garçon [gaʀsɔ̃] *nm* Junge *m*; **~ de café** Kellner *m*; **un ~ manqué** ein halber Junge *m* • **garçonnière** *nf* Junggesellenwohnung *f*
garde [gaʀd] *nm* Aufseher *m* ▶ *nf* Bewachung *f*; **de ~** im Dienst; **mettre en ~** warnen; **être sur ses ~s** auf der Hut sein; **avoir la ~ des enfants** das Sorgerecht für die Kinder haben • **garde-à-vous** *nm inv* : **~ !** stillgestanden! • **garde-barrière** (*pl* **gardes-barrière(s)**) *nmf* Bahnwärter(in) *m(f)* • **garde-boue** *nm inv* Schutzblech *nt* • **garde-chasse** (*pl* **gardes-chasse(s)**) *nm* Jagdaufseher *m* • **garde-fou** (*pl* **garde-fous**) *nm* Geländer *nt* • **garde-malade** (*pl* **gardes-malade(s)**) *nmf* Krankenschwester *f* (im Hause), Krankenpfleger *m* • **garde-manger** *nm inv* Speisekammer *f*
garder [gaʀde] *vt* halten; (*surveiller*) bewachen; (: *enfants*)

g

hüten; **se garder** *vpr* (*se conserver*) sich halten
garderie [gaʀdəʀi] *nf* Kinderkrippe *f*
gardien, ne [gaʀdjɛ̃, jɛn] *nm/f* (*de prison*) Aufseher(in) *m(f)*, Wärter(in) *m(f)*; (*de musée*) Wärter(in); (*d'immeuble*) Hausmeister(in) *m(f)*; **~ de but** Torwart *m*; **~ de la paix** Polizist(in) *m(f)*
gare [gaʀ] *nf* Bahnhof *m*; **~ routière** Busbahnhof *m*
gare [gaʀ] *excl* : **~ à toi !** pass bloß auf!
garer [gaʀe] *vt* parken; **se garer** *vpr* parken
gargariser [gaʀgaʀize] : **se ~** *vpr* gurgeln
garnement [gaʀnəmɑ̃] *nm* Schlingel *m*
garni, e [gaʀni] *adj* (*plat*) mit Beilagen
garnir [gaʀniʀ] *vt* (*décorer, orner*) schmücken; **se garnir** *vpr* (*pièce, salle*) sich füllen
garniture [gaʀnityʀ] *nf* Verzierung *f*; (*Culin*) Beilagen *pl*; (*Culin : farce*) Füllung *f*; **~ de frein** Bremsbelag *m*
garrot [gaʀo] *nm* (*Méd*) Aderpresse *f* • **garrotter** *vt* fesseln
gars [gɑ] *nm* Bursche *m*
Gascogne [gaskɔɲ] *nf* : **la ~** die Gascogne
gas-oil *nm* Diesel(kraftstoff) *m*
gaspillage [gaspijaʒ] *nm* Verschwendung *f*
gaspiller [gaspije] *vt* verschwenden
gastrique [gastʀik] *adj* Magen-
gastronomie [gastʀɔnɔmi] *nf* Gastronomie *f* • **gastronomique** *adj* : **menu ~** Feinschmeckermenü *nt*
gâteau, x [gɑto] *nm* Kuchen *m*; **~ sec** Keks *m ou nt*
gâter [gɑte] *vt* (*enfant etc*) verwöhnen; (*gâcher*) verderben; **se gâter** *vpr* (*dent, fruit*) schlecht werden; (*temps, situation*) schlechter werden
gauche [goʃ] *adj* linke(r, s); (*maladroit*) linkisch ▸ *nf* (*Pol*) Linke *f*; **à ~** links; (*direction*) nach links • **gaucher, -ère** *nm/f* Linkshänder(in) *m(f)*
gauchir [goʃiʀ] *vt* verbiegen; (*fait, idée*) verdrehen
gauchiste [goʃist] *nmf* Linke(r) *f(m)*
gaufre [gofʀ] *nf* Waffel *f*
gaufrette [gofʀɛt] *nf* Waffel *f*
Gaule [gol] *nf* : **la ~** Gallien *nt* • **gaulois, e** *adj* gallisch; (*grivois*) derb ▸ *nm/f* : **G~, e** Gallier(in) *m(f)*
gaver [gave] *vt* mästen; **se gaver** *vpr* : **se ~ de** sich vollstopfen mit; **~ de** (*fig*) vollstopfen mit
gay [gɛ] *adj* schwul
gaz [gɑz] *nm inv* Gas *nt*; **~ hilarant/lacrymogène** Lach-/Tränengas *nt*; **~ naturel/propane** Erd-/Propangas *nt*; **~ de schiste** Schiefergas *nt*
gaze [gɑz] *nf* (*pansement*) Verbandsmull *m*; (*étoffe*) Gaze *f*
gazéifié, e [gazeifje] *adj* kohlensäurehaltig
gazelle [gazɛl] *nf* Gazelle *f*
gazeux, -euse [gɑzø, øz] *adj* gasförmig; **eau/boisson gazeuse** Mineralwasser *nt*/Getränk *nt* mit Kohlensäure
gazoduc [gɑzodyk] *nm* Gasleitung *f*
gazole [gɑzɔl] *nm* = **gas-oil**
gazon [gɑzɔ̃] *nm* Rasen *m*
geai [ʒɛ] *nm* Eichelhäher *m*

géant, e [ʒeɑ̃, ɑ̃t] *adj* riesig ▶ *nm/f* Riese *m*, Riesin *f*
geindre [ʒɛ̃dʀ] *vi* stöhnen
gel [ʒɛl] *nm* (*temps*) Frost *m*; (*produit de beauté*) Gel *nt*; **~ douche** Duschgel *nt*
gélatine [ʒelatin] *nf* Gelatine *f*
gelé, e [ʒ(ə)le] *adj* (*lac*) zugefroren; **je suis ~** mir ist eiskalt
gelée [ʒ(ə)le] *nf* (*Météo*) Frost *m*; (*de viande, de fruits*) Gelee; **viande en ~** Fleisch *nt* in Aspik; **~ blanche** Raureif *m*
geler [ʒ(ə)le] *vt* gefrieren lassen; (*prix, salaires, crédits, capitaux*) einfrieren ▶ *vi* (*sol, eau*) gefrieren; (*personne*) frieren ▶ *vb impers* : **il gèle** es friert
gélule [ʒelyl] *nf* Kapsel *f*
Gémeaux [ʒemo] *nmpl* : **les ~** die Zwillinge *pl*; **être (des) ~** Zwilling sein
gémir [ʒemiʀ] *vi* stöhnen
gênant, e [ʒɛnɑ̃, ɑ̃t] *adj* hinderlich; (*situation*) peinlich
gencive [ʒɑ̃siv] *nf* Zahnfleisch *nt*
gendarme [ʒɑ̃daʀm] *nm* Polizist *m* • **gendarmerie** *nf* (Land)polizei *f*
gendre [ʒɑ̃dʀ] *nm* Schwiegersohn *m*
gène [ʒɛn] *nm* Gen *nt*
gêne [ʒɛn] *nf* (*embarras, confusion*) Verlegenheit *f* • **gêné, e** *adj* verlegen • **gêner** *vt* stören; (*encombrer*) behindern; (*embarrasser*) in Verlegenheit bringen
général, e, -aux [ʒeneʀal, o] *adj* allgemein; **en ~** im Allgemeinen; **culture/médecine ~e** Allgemeinbildung *f*/ Allgemeinmedizin *f* • **généralement** *adv* allgemein
généralisation [ʒeneʀalizasjɔ̃] *nf* Verallgemeinerung *f*
généraliser [ʒeneʀalize] *vt, vi* verallgemeinern; **se généraliser** *vpr* sich verbreiten
généraliste [ʒeneʀalist] *nm* (*Méd*) praktischer Arzt *m*, praktische Ärztin *f*
générateur, -trice [ʒeneʀatœʀ, tʀis] *adj* : **être ~ de** die Ursache sein von ▶ *nf* Generator *m*
génération [ʒeneʀasjɔ̃] *nf* Generation *f*
généreux, -euse [ʒeneʀø, øz] *adj* großzügig
générique [ʒeneʀik] *adj* artgemäß ▶ *nm* (*Ciné, TV : au début du film*) Vorspann *m*
générosité [ʒeneʀozite] *nf* Großzügigkeit *f*
genèse [ʒənɛz] *nf* Entstehung *f*
genêt [ʒ(ə)nɛ] *nm* Ginster *m*
génétique [ʒenetik] *adj* genetisch
génétiquement [ʒenetikmɑ̃] *adv* genetisch
Genève [ʒ(ə)nɛv] *n* Genf *nt*
génie [ʒeni] *nm* Genie *nt*; (*don*) Begabung *f*; **le ~** (*Mil*) die Pioniere *pl*
genièvre [ʒənjɛvʀ] *nm* Wacholder *m*; (*boisson*) Wacholder(schnaps) *m*
génital, e, -aux [ʒenital, o] *adj* genital
génocide [ʒenɔsid] *nm* Völkermord *m*
génoise [ʒenwaz] *nf* (*gâteau*) Biskuitkuchen *m*
genou, x [ʒ(ə)nu] *nm* Knie *nt*; **à ~x** auf (den) Knien; **se mettre à ~x** niederknien; **prendre qn sur ses ~x** jdn auf den Schoß nehmen • **genouillère** *nf* Knieschützer *m*
genre [ʒɑ̃ʀ] *nm* Art *f*; (*Zool etc*) Gattung *f*
gens [ʒɑ̃] *nmpl* Leute *pl*, Menschen *pl*
gentiane [ʒɑ̃sjan] *nf* Enzian *m*

g

gentil, le [ʒɑ̃ti, ij] *adj* nett
• **gentillesse** *nf* Nettigkeit *f*
• **gentiment** *adv* nett
géographie [ʒeɔgʀafi] *nf* Erdkunde *f*
géologique [ʒeɔlɔʒik] *adj* geologisch
géomètre [ʒeɔmɛtʀ] *nmf*: **(arpenteur-)~** Landvermesser(in) *m(f)*
Géorgie [ʒeɔʀʒi] *nf*: **la ~** Georgien *nt*
géranium [ʒeʀanjɔm] *nm* Geranie *f*
gérant, e [ʒeʀɑ̃. ɑ̃t] *nm/f* Leiter(in) *m(f)*, Manager(in) *m(f)*; **~ d'immeuble** Hausverwalter(in) *m(f)*
gerbe [ʒɛʀb] *nf* (*de fleurs*) Strauß *m*; (*de blé*) Garbe *f*
gercé, e [ʒɛʀse] *adj* aufgesprungen
• **gerçure** *nf* Riss *m*
gérer [ʒeʀe] *vt* verwalten; (*entreprise*) leiten
gériatrie [ʒeʀjatʀi] *nf* Geriatrie *f*, Altersheilkunde *f*
germanique [ʒɛʀmanik] *adj* germanisch
germaniste [ʒɛʀmanist] *nmf* Germanist(in) *m(f)*
germanophone [ʒɛʀmanɔfɔn] *adj* deutschsprachig
germe [ʒɛʀm] *nm* Keim *m*
• **germer** *vi* keimen
geste [ʒɛst] *nm* Geste *f*; **faire un ~ de refus** eine ablehnende Geste machen; **il fit un ~ de la main pour m'appeler** er rief mich mit einer Handbewegung zu sich
gesticuler [ʒɛstikyle] *vi* gestikulieren
gestion [ʒɛstjɔ̃] *nf* (*d'entreprise*) Leitung *f*; (*de budget etc*) Verwaltung *f* • **gestionnaire** *nmf* Geschäftsführer(in) *m(f)*

Ghana [gana] *nm*: **le ~** Ghana *nt*
ghetto [geto] *nm* G(h)etto *nt*
G8 (*Pol*) G-8 *f*
gibet [ʒibɛ] *nm* Galgen *m*
gibier [ʒibje] *nm* Wild *nt*
giboulée [ʒibule] *nf* Regenschauer *m*
Gibraltar [ʒibʀaltaʀ] *nm* Gibraltar *nt*
gicler [ʒikle] *vi* spritzen • **gicleur** *nm* Düse *f*
gifle [ʒifl] *nf* Ohrfeige *f* • **gifler** *vt* ohrfeigen
gigantesque [ʒigɑ̃tɛsk] *adj* riesig
gigot [ʒigo] *nm* Keule *f*
gigoter [ʒigɔte] *vi* zappeln
gilet [ʒilɛ] *nm* (*de costume*) Weste *f*; (*pull*) Strickjacke *f*; (*sous-vêtement*) Unterhemd *nt*; **~ de sauvetage** Schwimmweste *f*
gingembre [ʒɛ̃ʒɑ̃bʀ] *nm* Ingwer *m*
girafe [ʒiʀaf] *nf* Giraffe *f*
giratoire [ʒiʀatwaʀ] *adj*: **sens ~** Kreisverkehr *m*
girofle [ʒiʀɔfl] *nf*: **clou de ~** (Gewürz)nelke *f*
girouette [ʒiʀwɛt] *nf* Wetterfahne *f*
gisement [ʒizmɑ̃] *nm* Ablagerung *f*
gitan, e [ʒitɑ̃, an] *nm/f* Zigeuner(in) *m(f)*
gîte [ʒit] *nm*: **~ rural** Ferienhaus *nt* auf dem Lande
givre [ʒivʀ] *nm* Raureif *m*
glabre [glɑbʀ] *adj* glatt rasiert
glace [glas] *nf* Eis *nt*; (*miroir*) Spiegel *m*; (*de voiture*) Fenster *nt*
• **glacé, e** *adj* (*boisson*) eisgekühlt; (*main*) eiskalt • **glaciaire** *adj* Gletscher-; **ère ~** Eiszeit *f*
• **glacial, e, -aux** *adj* eiskalt
• **glacier** *nm* Gletscher *m*
• **glacière** *nf* Kühlbox *f* • **glaçon** *nm*

Eiszapfen *m*; (*pour boisson*) Eiswürfel *m*
glaïeul [glajœl] *nm* Gladiole *f*
glaise [glɛz] *nf* Lehm *m*
gland [glɑ̃] *nm* Eichel *f*; (*décoration*) Quaste *f*
glande [glɑ̃d] *nf* Drüse *f*
glaner [glane] *vi* nachlesen ▶ *vt* (*prix, récompenses*) einsammeln
glauque [glok] *adj* meergrün; (*fig*) düster
glissant, e [glisɑ̃, ɑ̃t] *adj* rutschig • **glisse** *nf* : **sports de ~** *Gleitsportarten* • **glissement** *nm* : **~ de terrain** Erdrutsch *m* • **glisser** *vi* (*avancer, coulisser*) gleiten; (*tomber*) rutschen; (*déraper*) ausrutschen; (*être glissant*) rutschig *ou* glatt sein ▶ *vt* (*mot, conseil*) zuflüstern; **~ qch sous/ dans** etw schieben unter *+acc*/in *+acc*
global, e, -aux [glɔbal, o] *adj* Gesamt- • **globalement** *adv* insgesamt
globe [glɔb] *nm* Globus *m*
globule [glɔbyl] *nm* : **~ blanc/ rouge** weißes/rotes Blutkörperchen *nt*
gloire [glwaʀ] *nf* Ruhm *m*; (*mérite*) Verdienst *nt*; (*personne*) Berühmtheit *f*
glorieux, -euse [glɔʀjø, jøz] *adj* glorreich
glorifier [glɔʀifje] *vt* rühmen
glossaire [glɔsɛʀ] *nm* Glossar *nt*
glotte [glɔt] *nf* Stimmritze *f*
glouton, ne [glutɔ̃, ɔn] *adj* gefräßig
glu [gly] *nf* Kleber *m*
gluant, e [glyɑ̃, ɑ̃t] *adj* klebrig
glucide [glysid] *nm* Kohle(n)hydrat *nt*
glucose [glykoz] *nm* Glukose *f*
glycine [glisin] *nf* Glyzinie *f*
gnangnan [ɲɑ̃ɲɑ̃] (*fam*) *adj inv* quengelig
go [go] : **tout de go** *adv* ohne Umschweife
goal [gol] *nm* Tor *nt*
gobelet [gɔblɛ] *nm* Becher *m*
gober [gɔbe] *vt* roh essen; (*croire facilement*) schlucken
godet [gɔdɛ] *nm* (*récipient*) Becher *m*
goéland [gɔelɑ̃] *nm* Seemöwe *f*
goémon [gɔemɔ̃] *nm* Tang *m*
gogo [gɔgo] : **à ~** *adv* in Hülle und Fülle
goguenard, e [gɔg(ə)naʀ, aʀd] *adj* spöttisch
goinfre [gwɛ̃fʀ] *nm* Vielfraß *m* • **goinfrer** : **se ~** *vpr* sich vollfressen; **se ~ de** sich vollstopfen mit
golf [gɔlf] *nm* Golf *nt*; (*terrain*) Golfplatz *m*
golfe [gɔlf] *nm* Golf *m*
gomme [gɔm] *nf* (*à effacer*) Radiergummi *m ou nt*; **boule** *ou* **pastille de ~** Halsbonbon *nt* • **gommer** *vt* (*effacer*) ausradieren
gond [gɔ̃] *nm* (*de porte, fenêtre*) Angel *f*; **sortir de ses ~s** (*fig*) an die Decke gehen
gondoler [gɔ̃dɔle] *vpr* sich wellen, sich verziehen; (*fam*) sich schieflachen
gonflable [gɔ̃flabl] *adj* (*bateau*) Gummi-; (*matelas*) Luft-
gonflé, e [gɔ̃fle] *adj* (*yeux, visage*) geschwollen • **gonfler** *vt* (*pneu, ballon*) aufpumpen ▶ *vi* (*partie du corps*) anschwellen
gonzesse [gɔ̃zɛs] (*fam*) *nf* Tussi *f*
googler [gugle] *vt* googeln
gorge [gɔʀʒ] *nf* (*Anat*) Kehle *f*; (*poitrine*) Brust *f*; (*Géo*) Schlucht *f* • **gorgé, e** *adj* : **~ de** gefüllt mit; (*d'eau*) durchtränkt mit

gorgée [gɔʀʒe] *nf* Schluck *m*
gorille [gɔʀij] *nm* Gorilla *m*
gosier [gozje] *nm* Kehle *f*
gosse [gɔs] *nmf* Kind *nt*
gothique [gɔtik] *adj* gotisch ▸ *nm* (*style*) Gotik *f*
goudron [gudʀɔ̃] *nm* Teer *m*
• **goudronner** *vt* asphaltieren
gouffre [gufʀ] *nm* Abgrund *m*
goujat [guʒa] *nm* Rüpel *m*
goulot [gulo] *nm* Flaschenhals *m*; **boire au ~** aus der Flasche trinken
goulu, e [guly] *adj* gierig
gourde [guʀd] *nf* Feldflasche *f*
gourdin [guʀdɛ̃] *nm* Knüppel *m*
gourmand, e [guʀmɑ̃, ɑ̃d] *adj* naschhaft • **gourmandise** *nf* Gefräßigkeit *f*; (*bonbon*) Leckerei *f*
gourmet [guʀmɛ] *nm* Feinschmecker *m*
gourmette [guʀmɛt] *nf* Armband *nt*
gourou [guʀu] *nm* Guru *m*
gousse [gus] *nf*; **~ d'ail** Knoblauchzehe *f*
goût [gu] *nm* Geschmack *m*; **de bon ~** geschmackvoll; **de mauvais ~** geschmacklos; **avoir du ~** Geschmack haben; **manquer de ~** keinen Geschmack haben
• **goûter** *vt* (*essayer*) versuchen; (*apprécier*) genießen ▸ *vi* (*à 4 heures*) eine Nachmittagsmahlzeit einnehmen, vespern ▸ *nm* Vesper *f* *ou nt*, Nachmittagsmahlzeit *f*
goutte [gut] *nf* Tropfen *m*; **~ à ~** tröpfchenweise • **goutte-à-goutte** *nm inv* Tropf *m* • **gouttière** *nf* Dachrinne *f*
gouvernail [guvɛʀnaj] *nm* Ruder *nt*
gouvernement [guvɛʀnəmɑ̃] *nm* Regierung *f* • **gouvernemental, e, -aux** *adj* Regierungs-
• **gouverner** *vt* (*pays, peuple*) regieren; (*diriger*) lenken, steuern
GPL [ʒepeɛl] *sigle m* (= *gaz de pétrole liquéfié*) Flüssiggas *nt*, LPG *nt*
GPS [ʒepeɛs] *sigle m* (= *global positionaing system*) GPS *nt*
GR [ʒeɛʀ] *nf abr* (= *Grande randonnée*) (Fern)wanderung *f*
grâce [gʀɑs] *nf* (*charme*) Anmut *f*; (*Rel*) Gnade *f*; (*bienfait*) Gefallen *m*; (*bienveillance*) Gunst *f*; **~ à** dank *+gén*
gracier [gʀasje] *vt* begnadigen
gracieux, -euse [gʀasjø, jøz] *adj* graziös, anmutig; **à titre ~** kostenlos
grade [gʀad] *nm* Rang *m*
gradin [gʀadɛ̃] *nm* Rang *m*; **en ~s** terrassenförmig
graduel, le [gʀadɥɛl] *adj* allmählich • **graduellement** *adv* allmählich
graduer [gʀadɥe] *vt* (*effort etc*) allmählich steigern
graffiti [gʀafiti] *nmpl* Graffiti *pl*
grain [gʀɛ̃] *nm* Korn *nt*; **~ de beauté** Schönheitsfleck *m*; **~ de café** Kaffeebohne *f*; **~ de raisin** Traube *f*
graine [gʀɛn] *nf* Samen *m*
graissage [gʀɛsaʒ] *nm* Ölen *nt*; (*Auto*) Abschmieren *nt*
graisse [gʀɛs] *nf* Fett *nt*; (*lubrifiant*) (Schmier)fett *nt*
• **graisser** *vt* (*machine*) schmieren, ölen; (*Auto*) abschmieren; (*tacher*) fettig machen
grammaire [gʀamɛʀ] *nf* Grammatik *f* • **grammatical, e, -aux** *adj* grammatisch
gramme [gʀam] *nm* Gramm *nt*
grand, e [gʀɑ̃, gʀɑ̃d] *adj* groß; (*voyage*) lang ▸ *adv* : **~ ouvert** weit offen; **au ~ air** im Freien; **~ magasin** Kaufhaus *nt*; **~e**

personne Erwachsene(r) *f(m)*; **~e randonnée** : **sentier de ~e randonnée** markierter französischer Wanderweg; **~e surface** Supermarkt *m*
grand-chose [gʀɑ̃ʃoz] *nm inv/nf inv* : **pas ~** nichts Besonderes
Grande-Bretagne [gʀɑ̃dbʀətaɲ] *nf* : **la ~** Großbritannien *nt*
grandement [gʀɑ̃dmɑ̃] *adv* (*tout à fait*) völlig; (*largement*) sehr; (*généreusement*) großzügig
grandeur [gʀɑ̃dœʀ] *nf* Größe *f*; **~ nature** *adj* lebensgroß
grandiloquent, e [gʀɑ̃dilɔkɑ̃, ɑ̃t] *adj* hochtrabend
grandiose [gʀɑ̃djoz] *adj* großartig, grandios
grandir [gʀɑ̃diʀ] *vi* wachsen; (*bruit, hostilité*) zunehmen
grand-mère [gʀɑ̃mɛʀ] (*pl* **grand(s)-mères**) *nf* Großmutter *f* • **grand-messe** (*pl* **grand(s)-messes**) *nf* Hochamt *nt* • **grand-peine**; **à ~** *adv* mühsam • **grand-père** (*pl* **grands-pères**) *nm* Großvater *m* • **grand-route** *nf* Haupt(verkehrs)straße *f* • **grand-rue** *nf* Hauptstraße *f* • **grands-parents** *nmpl* Großeltern *pl*
grange [gʀɑ̃ʒ] *nf* Scheune *f*
granit [gʀanit] *nm* Granit *m*
graphique [gʀafik] *adj* grafisch ▶ *nm* Grafik *f*
graphiste [gʀafist] *nmf* Grafiker(in) *m(f)*
grappe [gʀap] *nf* Traube *f*; **~ de raisin** (Wein)traube *f*
gras, grasse [gʀɑ, gʀɑs] *adj* fett; (*surface, main, cheveux*) fettig ▶ *nm* (*Culin*) Fett *nt*; **faire la ~se matinée** lang ausschlafen • **grassement** *adv* : **~ payé** sehr gut bezahlt
gratifier [gʀatifje] *vt* : **~ qn de qch** jdm etw gewähren
gratin [gʀatɛ̃] *nm* (*Culin*) Gratin *nt*; **au ~** überbacken
gratis [gʀatis] *adv, adj* gratis
gratitude [gʀatityd] *nf* Dankbarkeit *f*
gratte-ciel [gʀatsjɛl] *nm inv* Wolkenkratzer *m*
gratter [gʀate] *vt* kratzen; (*enlever*) abkratzen; **se gratter** *vpr* sich kratzen
gratuit, e [gʀatɥi, ɥit] *adj* kostenlos; (*entrée*) frei • **gratuitement** *adv* gratis, kostenlos; (*sans preuve, motif*) unbegründet
gravats [gʀavɑ] *nmpl* Trümmer *pl*
grave [gʀav] *adj* (*maladie, accident, faute*) schwer; (*sérieux*) ernst; (*voix, son*) tief • **gravement** *adv* schwer
graver [gʀave] *vt* (*plaque*) gravieren; (*nom*) eingravieren • **graveur** *nm* : **~ de CD/DVD** CD/DVD-Brenner *m*
gravier [gʀavje] *nm* Kies *m*
gravillons [gʀavijɔ̃] *nmpl* Schotter *m*
gravir [gʀaviʀ] *vt* hinaufsteigen auf *+acc*
gravitation [gʀavitasjɔ̃] *nf* Schwerkraft *f*
gravité [gʀavite] *nf* Ernst *m*; (*Phys*) Gravitation *f*
graviter [gʀavite] *vi* : **~ autour de** sich drehen um
gravure [gʀavyʀ] *nf* (*reproduction*) Stich *m*
gré [gʀe] *nm* : **à mon ~** nach meinem Geschmack; **de son (plein) ~** aus freien Stücken; **de ~ ou de force** wohl oder übel; **bon ~ mal ~** wohl oder übel
grec, grecque [gʀɛk] *adj* griechisch ▶ *nm/f* : **G~, Grecque**

g

Grieche *m*, Griechin *f* • **Grèce** *nf* : **la ~** Griechenland *nt*

greffe [gʀɛf] *nf* (*Agr*) Pfropfreis *nt*; (*action*) Pfropfen *nt*; (*Méd : du cœur, rein*) Transplantation *f*; (*: organe*) Transplantat *nt* ▶ *nm* (*Jur*) Kanzlei *f* • **greffer** *vt* (*Bot*) pfropfen; (*Méd*) verpflanzen

greffier, -ière [gʀefje, jɛʀ] *nm/f* (*Jur*) Gerichtsschreiber(in) *m(f)*

grêle [gʀɛl] *nf* Hagel *m* • **grêler** *vb impers* : **il grêle** es hagelt • **grêlon** *nm* Hagelkorn *nt*

grelotter [gʀəlɔte] *vi* (vor Kälte) zittern

grenade [gʀənad] *nf* (*explosive*) Granate *f*; (*Bot*) Granatapfel *m*

grenat [gʀəna] *adj inv* granatrot

grenier [gʀənje] *nm* Speicher *m*

grenouille [gʀənuj] *nf* Frosch *m*

grès [gʀɛ] *nm* (*roche*) Sandstein *m*; (*poterie*) Steingut *nt*

grésiller [gʀezije] *vi* (*Culin*) brutzeln; (*Radio*) knacken, rauschen

grève [gʀɛv] *nf* (*arrêt du travail*) Streik *m*; **se mettre en** *ou* **faire ~** streiken; **~ sur le tas** Sitzstreik *m* • **gréviste** *nmf* Streikende(r) *f(m)*

gribouiller [gʀibuje] *vt, vi* kritzeln

grief [gʀijɛf] *nm* : **faire ~ à qn de qch** jdm etw vorwerfen

grièvement [gʀijɛvmɑ̃] *adv* : **~ blessé** schwer verletzt

griffe [gʀif] *nf* Kralle *f* • **griffer** *vt* kratzen

griffonner [gʀifɔne] *vt* hinkritzeln

grignoter [gʀiɲɔte] *vt* herumnagen an *+dat*

gril [gʀil] *nm* Grill *m* • **grillade** *nf* Gegrilltes *nt*

grillage [gʀijaʒ] *nm* Gitter *nt*

grille [gʀij] *nf* (*portail*) Tor *nt*; (*clôture*) Gitter(zaun *m*) *nt* • **grille-pain** *nm inv* Toaster *m* • **griller** *vt* (*pain*) toasten; (*viande etc*) grillen; (*ampoule, résistance*) durchbrennen lassen; (*feu rouge*) überfahren

grillon [gʀijɔ̃] *nm* Grille *f*

grimace [gʀimas] *nf* Grimasse *f*

grimper [gʀɛ̃pe] *vt* hinaufsteigen ▶ *vi* : **~ à/sur** klettern auf *+acc*

grincement [gʀɛ̃smɑ̃] *nm* Quietschen *nt*; **~ de dents** Zähneknirschen *nt*

grincer [gʀɛ̃se] *vi* quietschen; (*plancher*) knarren; **~ des dents** mit den Zähnen knirschen

grincheux, -euse [gʀɛ̃ʃø, øz] *adj* mürrisch

gringalet [gʀɛ̃galɛ] *adj m* mickrig

griotte [gʀijɔt] *nf* Sauerkirsche *f*

grippe [gʀip] *nf* Grippe *f*; **~ A** Schweinegrippe *f*; **~ aviaire** Vogelgrippe *f* • **grippé, e** *adj* : **être ~** die *ou* eine Grippe haben

gris, e [gʀi, gʀiz] *adj* grau; (*ivre*) beschwipst

grisaille [gʀizɑj] *nf* Trübheit *f*

grisant, e [gʀizɑ̃, ɑ̃t] *adj* berauschend

griser [gʀize] *vt* berauschen

Grisons [gʀizɔ̃] *nmpl* : **les ~** Graubünden *nt*

grisou [gʀizu] *nm* Grubengas *nt*

grive [gʀiv] *nf* Drossel *f*

grivois, e [gʀivwa, waz] *adj* derb

Groenland [gʀɔɛnlɑ̃d] *nm* : **le ~** Grönland *nt*

grogne [gʀɔɲ] *nf* Unruhe *f*

grogner [gʀɔɲe] *vi* (*animal*) knurren; (*personne*) murren

grognon, ne [gʀɔɲɔ̃, ɔn] *adj* mürrisch

grommeler [gʀɔm(ə)le] *vi* grummeln

grondement [gʀɔ̃dmɑ̃] *nm* (*de tonnerre*) Grollen *nt*

gronder [gʀɔ̃de] *vi (tonnerre)* grollen; *(animal)* knurren; *(révolte, mécontentement)* gären ▶ *vt* schimpfen mit
gros, grosse [gʀo, gʀos] *adj* dick; *(volumineux, grand)* groß; *(orage)* schwer; *(bruit)* gewaltig ▶ *nm (Comm)* Großhandel *m*; **prix de ~** Großhandelspreis *m*; **~ mot** Schimpfwort *nt*
groseille [gʀozɛj] *nf*: **~ (rouge)** rote Johannisbeere *f*; **~ (blanche)** weiße Johannisbeere; **~ à maquereau** Stachelbeere *f*
grossesse [gʀosɛs] *nf* Schwangerschaft *f*
grosseur [gʀosœʀ] *nf (corpulence)* Dicke *f*; *(volume)* Größe *f*
grossier, -ière [gʀosje, jɛʀ] *adj (vulgaire)* derb; *(laine)* grob; *(erreur, faute)* krass • **grossièrement** *adv* derb, grob; *(à peu près)* grob
grossir [gʀosiʀ] *vi* zunehmen ▶ *vt* vergrößern
grossiste [gʀosist] *nmf* Großhändler(in) *m(f)*
grotesque [gʀɔtɛsk] *adj* grotesk
grotte [gʀɔt] *nf* Höhle *f*
groupe [gʀup] *nm* Gruppe *f*; **~ sanguin** Blutgruppe *f* • **groupement** *nm* Vereinigung *f*; **~ d'intérêt économique** wirtschaftliche Interessengemeinschaft *f* • **grouper** *vt* gruppieren; **se grouper** *vpr* sich versammeln
grue [gʀy] *nf (de chantier)* Kran *m*; *(Zool)* Kranich *m*
grumeaux [gʀymo] *nmpl (Culin)* Klumpen *pl*
gruyère [gʀyjɛʀ] *nm* Gruyère *m*, Greyerzer(käse) *m*
Guadeloupe [gwadlup] *nf*: **la ~** Guadeloupe *nt*
Guatemala [gwatemala] *nm*: **le ~** Guatemala *nt*
gué [ge] *nm* Furt *f*
guenilles [gənij] *nfpl* Lumpen *pl*
guenon [gənɔ̃] *nf* Äffin *f*
guêpe [gɛp] *nf* Wespe *f* • **guêpier** *nm* Wespennest *nt*
guère [gɛʀ] *adv*: **ne ... ~** kaum; **il n'y a ~ que lui qui soit resté** außer ihm ist kaum jemand dageblieben
guérilla [geʀija] *nf* Guerilla *f*
guérir [geʀiʀ] *vt (Méd)* heilen ▶ *vi (personne)* gesund werden; *(plaie)* heilen • **guérison** *nf* Genesung *f*
guerre [gɛʀ] *nf* Krieg *m* • **guerrier, -ière** *adj* kriegerisch ▶ *nm/f* Krieger(in) *m(f)*
guet [gɛ] *nm*: **faire le ~** auf der Lauer liegen • **guet-apens** *nm inv* Hinterhalt *m* • **guetter** *vt* lauern auf +*acc*
gueule [gœl] *nf (d'animal)* Maul *nt*; *(du canon, tunnel)* Öffnung *f*; *(fam: visage)* Visage *f*; *(bouche)* Klappe *f* • **gueuler** *(fam) vi* schreien, plärren
gui [gi] *nm* Mistel *f*
guichet [giʃɛ] *nm* Schalter *m*; *(au théâtre)* Kasse *f*; **~ automatique** Geldautomat *m*
guide [gid] *nm* Führer(in) *m(f)*; *(livre)* Führer *m* • **guider** *vt* führen • **guidon** *nm (de vélo)* Lenkstange *f*
guignol [giɲɔl] *nm* Kasper *m*; *(fig)* Clown *m*
guillemets [gijmɛ] *nmpl*: **entre ~** in Anführungszeichen
guillotine [gijɔtin] *nf* Guillotine *f*
guindé, e [gɛ̃de] *adj* gekünstelt
Guinée [gine] *nf*: **la (République de) ~** Guinea *nt*; **la ~ équatoriale** Äquatorialguinea *nt*
guirlande [giʀlɑ̃d] *nf* Girlande *f*
guise [giz] *nf*: **à votre ~** wie Sie wollen *ou* wünschen; **en ~ de**

g

(*comme*) als; (*à la place de*) anstelle von
guitare [gitaʀ] *nf* Gitarre *f*
Guyane [gɥijan] *nf*: **la ~** Guayana *nt*
G20 (*Pol*) G-20 *f*
gymnase [ʒimnɑz] *nm* Turnhalle *f*
gymnaste [ʒimnast] *nmf* Turner(in) *m(f)*
gymnastique [ʒimnastik] *nf* (*Scol*) Turnen *nt*; (*au réveil etc*) Gymnastik *f*
gynécologie [ʒinekɔlɔʒi] *nf* Gynäkologie *f* • **gynécologue** *nmf* Gynäkologe *m*, Gynäkologin *f*
gyrophare [ʒiʀofaʀ] *nm* (*sur une voiture*) ≈ Blaulicht *nt*

h

h *abr* = **heure**
habile [abil] *adj* geschickt; (*malin*) gerissen • **habileté** *nf* Geschick *nt*, Gerissenheit *f*
habilité, e [abilite] *adj*: **~ à faire qch** ermächtigt, etw zu tun
habillé, e [abije] *adj* gekleidet; (*robe, costume*) elegant • **habillement** *nm* Kleidung *f* • **habiller** *vt* anziehen; **s'habiller** *vpr* sich anziehen; (*mettre des vêtements chic*) sich chic anziehen
habit [abi] *nm* (*costume*) Kostüm *nt*; **habits** *nmpl* (*vêtements*) Kleider *pl*; **~ (de soirée)** Abendanzug *m*
habitable [abitabl] *adj* bewohnbar
habitacle [abitakl] *nm* (*de voiture*) Führerhaus *nt*; (*Aviat*) Cockpit *nt*
habitant, e [abitɑ̃, ɑ̃t] *nm/f* Einwohner(in) *m(f)*; (*d'une maison*) Bewohner(in) *m(f)*
habitat [abita] *nm* Lebensraum *m*
habitation [abitasjɔ̃] *nf* (*demeure*) Wohnsitz *m*; (*bâtiment*) Wohngebäude *nt*
habiter [abite] *vt* bewohnen, wohnen in +*dat*; (*sentiment, envie*) innewohnen +*dat* ▸ *vi*: **~ à/dans**

wohnen in *+dat*; **~ rue Montmartre** in der rue Montmartre wohnen

habitude [abityd] *nf* Gewohnheit *f*; **avoir l'~ de faire qch** etw gewöhnlich tun; (*expérience*) gewohnt sein, etw zu tun; **d'~** gewöhnlich; **comme d'~** wie gewöhnlich

habitué, e [abitɥe] *adj* : **être ~ à** gewöhnt sein an *+acc* ▶ *nm/f* (*d'un café etc*) Stammgast *m* •**habituel, le** *adj* üblich •**habituer** *vt* : **~ qn à qch/faire qch** jdn an etw *acc* gewöhnen/jdn daran gewöhnen, etw zu tun; **s'habituer** *vpr* : **s'~ à qch** sich an etw *acc* gewöhnen

hache ['aʃ] *nf* Axt *f*, Beil *nt*

haché, e ['aʃe] *adj* (*Culin*) gehackt; **viande ~e** Hackfleisch *nt* •**hacher** *vt* (zer)hacken •**hachis** *nm* (*viande*) Hackfleisch *nt*

hachisch ['aʃiʃ] *nm* = **haschisch**

hachoir ['aʃwaʀ] *nm* (*appareil*) Fleischwolf *m*; (*planche*) Hackbrett *nt*

hagard, e ['agaʀ, aʀd] *adj* verstört

haie ['ɛ] *nf* Hecke *f*; (*Sport*) Hürde *f*

haine ['ɛn] *nf* Hass *m*

haïr ['aiʀ] *vt* hassen

hâlé, e ['ale] *adj* (sonnen)gebräunt

haleine [alɛn] *nf* Atem *m*; **hors d'~** außer Atem

hall ['ol] *nm* Halle *f*

halle ['al] *nf* Markthalle *f*; **halles** *nfpl* städtische Markthallen *pl*

hallucination [alysinasjɔ̃] *nf* Halluzination *f*, Sinnestäuschung *f*; **~ collective** Massenwahn *m*

halogène [alɔʒɛn] *nm* : **lampe (à) ~** Halogenlampe *f*

halte ['alt] *nf* Rast *f*; (*escale*) Zwischenstation *f*; (*Rail*) Haltestelle *f* ▶ *excl* halt; **faire ~** halten •**halte-garderie** (*pl* **haltes-garderies**) *nf* Kinderkrippe *f*

haltère [altɛʀ] *nm* Hantel *f*; **faire des ~s** Gewichte heben

hamac ['amak] *nm* Hängematte *f*

hamburger ['ɑ̃buʀgœʀ] *nm* Hamburger *m*

hameau, x ['amo] *nm* Weiler *m*

hameçon [amsɔ̃] *nm* Angelhaken *m*

hamster ['amstɛʀ] *nm* Hamster *m*

hanche ['ɑ̃ʃ] *nf* Hüfte *f*

handball ['ɑ̃dbal] *nm* Handball *m*

handicap ['ɑ̃dikap] *nm* Handicap *nt* •**handicapé, e** *adj* behindert ▶ *nm/f* Behinderte(r) *f(m)*; **~ mental** geistig Behinderter *m*; **~ physique** Körperbehinderter *m* •**handicaper** *vt* behindern

hangar ['ɑ̃gaʀ] *nm* Schuppen *m*; (*Aviat*) Hangar *m*, Flugzeughalle *f*

hanneton ['antɔ̃] *nm* Maikäfer *m*

hanter ['ɑ̃te] *vt* (*suj : fantôme*) spuken in *+dat*, umgehen in *+dat*; (*: idée, souvenir*) verfolgen, keine Ruhe lassen *+dat* •**hantise** *nf* (übertriebene) Angst *f*

happer ['ape] *vt* schnappen; (*train, voiture*) erfassen

haranguer ['aʀɑ̃ge] *vt* eine Rede halten *+dat*

haras ['aʀɑ] *nm* Gestüt *nt*

harcèlement ['aʀsɛlmɑ̃] *nm* Belästigung *f* •**harceler** *vt* (*importuner*) belästigen

hardi, e ['aʀdi] *adj* tapfer

hareng ['aʀɑ̃] *nm* Hering *m*

hargne ['aʀɲ] *nf* Gehässigkeit *f*

haricot ['aʀiko] *nm* Bohne *f*; **~ blanc** weiße Bohne; **~ vert** grüne Bohne

harmonie [aʀmɔni] *nf* Harmonie *f* •**harmonieux, -euse**

adj harmonisch • **harmonisation** *nf* Angleichung *f*; **~ juridique** Rechtsangleichung *f* • **harmoniser** *vt* aufeinander abstimmen

harmonium [aʀmɔnjɔm] *nm* Harmonium *nt*

harnais ['aʀnɛ] *nm* Geschirr *nt*

harpe ['aʀp] *nf* Harfe *f*

hasard ['azaʀ] *nm* Zufall *m*; **au ~** auf gut Glück; **par ~** zufällig • **hasarder** *vt* riskieren; **se ~ à faire qch** es wagen, etw zu tun

haschisch ['aʃiʃ] *nm* Haschisch *nt*

hâte ['ɑt] *nf* Eile *f*; **à la ~** hastig; **en ~** in aller Eile • **hâter** *vt* beschleunigen; **se hâter** *vpr* sich beeilen • **hâtif, -ive** *adj* (*travail*) gepfuscht; (*décision*) übereilt; (*fruit, légume*) frühreif

hausse ['os] *nf* Anstieg *m*; **en ~** steigend • **hausser** *vt* erhöhen; (*voix*) erheben; **~ les épaules** mit den Schultern zucken

haut, e ['o, 'ot] *adj* hoch ▶ *adv*: **monter/lever ~** hochsteigen/-heben ▶ *nm* (*d'un objet*) oberer Teil *m*; (*d'un arbre*) Wipfel *m*; **~ de 2 m/5 étages** 2 m/5 Stockwerke hoch; **en ~e montagne** im Hochgebirge; **à ~e voix** mit lauter Stimme; **à ~e résolution** *ou* **définition** hoch auflösend; **un mur de 3 m de ~** eine 3 m hohe Mauer; **de ~ en bas** (*regarder*) von oben bis unten; (*frapper*) von oben nach unten; **en ~** oben; (*mouvement*) nach oben; **en ~ de** auf +*dat*; (*mouvement*) auf +*acc*

hautain, e ['otɛ̃, ɛn] *adj* hochmütig

hautbois ['obwɑ] *nm* Oboe *f*

haut-débit ['odebi] *nm* (*Inform*) Breitband *nt*

hauteur ['otœʀ] *nf* Höhe *f*

haut-fourneau ['ofuʀno] (*pl* **hauts-fourneaux**) *nm* Hochofen *m*

haut-parleur ['opaʀlœʀ] (*pl* **haut-parleurs**) *nm* Lautsprecher *m*

Haye ['ɛ] : **La ~** Den Haag *nt*

hayon ['ɛjɔ̃] *nm* Hecktür *f*

hebdo [ɛbdo] (*fam*) *nm* Wochenzeitschrift *f*

hebdomadaire [ɛbdɔmadɛʀ] *adj* wöchentlich ▶ *nm* Wochenzeitschrift *f*

hébergement [ebɛʀʒəmɑ̃] *nm* Beherbergen *nt*, Aufnahme *f*

héberger [ebɛʀʒe] *vt* (bei sich) aufnehmen • **hébergeur** *nm* (*Inform*) Host *m*

hébreu, x [ebʀø] *adj* hebräisch

HEC ['aʃese] *sigle fpl* (= *École des hautes études commerciales*) *Eliteschule für Betriebswirte*

hectare [ɛktaʀ] *nm* Hektar *nt ou m*

hectolitre [ɛktolitʀ] *nm* Hektoliter *m*

hein ['ɛ̃] *excl* was?; **tu m'approuves, ~ ?** du bist doch einverstanden, oder?

hélas ['elɑs] *excl* ach; **~ non/oui !** leider nicht/leider!

héler ['ele] *vt* herbeirufen

hélice [elis] *nf* Schraube *f*; (*de bateau* : *d'avion*) Propeller *m*

hélicoptère [elikɔptɛʀ] *nm* Hubschrauber *m*

helvétique [ɛlvetik] *adj* schweizerisch

hématome [ematom] *nm* Bluterguss *m*

hémicycle [emisikl] *nm* Halbkreis *m*; **l'~** (*Pol*) *das französische Parlament*

hémiplégie [emipleʒi] *nf* halbseitige Lähmung *f*

hémisphère [emisfɛʀ] *nm* : **~ nord/sud** nördliche/südliche Hemisphäre *f ou* Halbkugel *f*
hémophilie [emɔfili] *nf* Bluterkrankheit *f*
hémorragie [emɔʀaʒi] *nf* starke Blutung *f*
hémorroïdes [emɔʀɔid] *nfpl* Hämorr(ho)iden *pl*
henné ['ene] *nm* Henna *f*
hennir ['eniʀ] *vi* wiehern
hépatique [epatik] *adj* Leber- • **hépatite** *nf* Hepatitis *f*
herbe [ɛʀb] *nf* Gras *nt*; (*Culin, Méd*) Kraut *nt* • **herbicide** *nm* Unkrautvertilgungsmittel *nt* • **herbier** *nm* Herbarium *nt* • **herbivore** *nm* Pflanzenfresser *m* • **herboriste** *nmf* Naturheilkundige(r) *f(m)*
héréditaire [eʀeditɛʀ] *adj* erblich • **hérédité** *nf* Vererbung *f*
hérétique [eʀetik] *nmf* Ketzer(in) *m(f)*
hérisson ['eʀisɔ̃] *nm* Igel *m*
héritage [eʀitaʒ] *nm* Erbschaft *f*; (*fig*) Erbe *nt* • **hériter** *vi, vt* erben; **~ de qch** etw erben • **héritier, -ière** *nm/f* Erbe *m*, Erbin *f*
hermétique [ɛʀmetik] *adj* hermetisch
hermine [ɛʀmin] *nf* Hermelin *nt*
hernie ['ɛʀni] *nf* Bruch *m*
héroïne [eʀɔin] *nf* Heldin *f*; (*drogue*) Heroin *nt* • **héroïnomane** *nmf* Heroinsüchtige(r) *f(m)*
héroïque [eʀɔik] *adj* heldenhaft
héron ['eʀɔ̃] *nm* Reiher *m*
héros ['eʀo] *nm* Held *m*
herpès [ɛʀpɛs] *nm* Herpes *m*
hésitation [ezitasjɔ̃] *nf* Zögern *nt* • **hésiter** *vi* zögern
hétéroclite [eteʀɔklit] *adj* (*ensemble*) heterogen; (*objets*) zusammengewürfelt
hétérosexuel, le [eteʀɔsɛksɥɛl] *adj* heterosexuell
hêtre ['ɛtʀ] *nm* Buche *f*
heure [œʀ] *nf* Stunde *f*; **quelle ~ est-il ?** wie viel Uhr ist es?; **pourriez-vous me donner l'~, s'il vous plaît ?** können Sie mir bitte sagen, wie spät es ist?; **2 ~s (du matin)** 2 Uhr (morgens); **être à l'~** pünktlich sein; (*montre*) richtig gehen; **mettre à l'~** stellen; **24 ~s sur 24** rund um die Uhr; **~ d'été** Sommerzeit *f*; **~ de pointe** Hauptverkehrszeit *f*; **~s supplémentaires** Überstunden *pl*
heureusement [œʀøzmɑ̃] *adv* glücklicherweise • **heureux, -euse** *adj* glücklich
heurté, e ['œʀte] *adj* sprunghaft
heurter ['œʀte] *vt* stoßen gegen; (*fig*) verletzen; **se heurter** *vpr* zusammenstoßen
hexagonal, e, -aux [ɛgzagɔnal, o] *adj* sechseckig; (*français*) französisch • **hexagone** *nm* Sechseck *nt*; **l'H~** Frankreich *nt* (*wegen seiner annähernd sechseckigen Form*)
hiberner [ibɛʀne] *vi* Winterschlaf halten
hibiscus [ibiskys] *nm* Hibiskus *m*
hibou, x ['ibu] *nm* Eule *f*
hideux, -euse ['idø, øz] *adj* abscheulich
hier [jɛʀ] *adv* gestern
hiérarchie ['jeʀaʀʃi] *nf* Hierarchie *f*
hindou, e [ɛ̃du] *adj* Hindu-; (*indien*) indisch ▸ *nm/f*: **H~, e** (*Indien*) Inder(in) *m(f)*
hindouisme [ɛ̃duism] *nm* Hinduismus *m*
hippique [ipik] *adj* Pferde- • **hippisme** *nm* Pferdesport *m* • **hippodrome** *nm* Hippodrom *nt*

hippopotame [ipɔpɔtam] *nm* Nilpferd *nt*
hirondelle [iʀɔ̃dɛl] *nf* Schwalbe *f*
hirsute [iʀsyt] *adj* strubbelig, struppig
hisser ['ise] *vt* hissen; **se hisser** *vpr* : **se ~ sur** sich hochziehen auf *+acc*
histoire [istwaʀ] *nf* Geschichte *f* • **historien, ne** *nm/f* Historiker(in) *m(f)* • **historique** *adj* historisch
HIV ['aʃive] *abr m* (= *Human Immunodeficiency Virus*) HIV *m*
hiver [ivɛʀ] *nm* Winter *m*; **en ~** im Winter • **hivernal, e, -aux** *adj* winterlich • **hiverner** *vi* überwintern
HLM ['aʃɛlɛm] *sigle m ou sigle f* (= *habitation à loyer modéré*) ≈ Sozialwohnung *f*
hobby ['ɔbi] *nm* Hobby *nt*
hocher ['ɔʃe] *vt* : **~ la tête** mit dem Kopf nicken; (*signe négatif ou dubitatif*) den Kopf schütteln
hochet ['ɔʃɛ] *nm* Rassel *f*
hockey ['ɔkɛ] *nm* : **~ sur glace/gazon** Eishockey *nt*/Feldhockey *nt*
hold-up ['ɔldœp] *nm inv* Raubüberfall *m*
hollandais, e ['ɔlɑ̃dɛ, ɛz] *adj* holländisch ▶ *nm/f* : **H~, e** Holländer(in) *m(f)* • **Hollande** *nf* : **la ~** Holland *nt*
holocauste [ɔlɔkost] *nm* Holocaust *m*
homard ['ɔmaʀ] *nm* Hummer *m*
homéopathique [ɔmeɔpatik] *adj* homöopathisch
homicide [ɔmisid] *nm* Totschlag *m*; **~ involontaire** fahrlässige Tötung *f*
hommage [ɔmaʒ] *nm* Huldigung *f*
homme [ɔm] *nm* (*individu*) Mann *m*; (*espèce*) Mensch *m*; **l'~ de la rue** der Mann auf der Straße; **~ d'affaires** Geschäftsmann *m*; **~ d'État** Staatsmann *m* • **homme-sandwich** (*pl* **hommes-sandwichs**) *nm* Plakatträger *m*
homogène [ɔmɔʒɛn] *adj* homogen
homologue [ɔmɔlɔg] *nmf* Gegenstück *nt*
homonyme [ɔmɔnim] *nm* (*Ling*) Homonym *nt*
homoparental, e, -aux [ɔmɔpaʀɑ̃tal, o] *adj* gleichgeschlechtlich
homosexualité [ɔmɔsɛksɥalite] *nf* Homosexualität *f*
homosexuel, le [ɔmɔsɛksɥɛl] *adj* homosexuell ▶ *nm/f* Homosexuelle(r) *f(m)*
Honduras ['ɔ̃dyʀas] *nm* : **le ~** Honduras *nt*
Hongrie ['ɔ̃gʀi] *nf* : **la ~** Ungarn *nt* • **hongrois, e** *adj* ungarisch ▶ *nm/f* : **H~, e** Ungar(in) *m(f)*
honnête [ɔnɛt] *adj* ehrlich; (*juste, satisfaisant*) anständig • **honnêtement** *adv* ehrlich • **honnêteté** *nf* Ehrlichkeit *f*
honneur [ɔnœʀ] *nm* Ehre *f*; **en l'~ de** zu Ehren von; **faire ~ à** (*repas etc*) zu würdigen wissen
honorable [ɔnɔʀabl] *adj* ehrenhaft; (*suffisant*) zufriedenstellend
honoraire [ɔnɔʀɛʀ] *adj* ehrenamtlich; **honoraires** *nmpl* Honorar *nt*; **professeur ~** emeritierter Professor *m*
honorer [ɔnɔʀe] *vt* ehren; **~ qn de** jdn beehren mit
honorifique [ɔnɔʀifik] *adj* Ehren-
honte ['ɔ̃t] *nf* Schande *f*; **avoir ~ de** sich schämen *+gén* • **honteux, -euse** *adj* (*personne*) beschämt; (*conduite, acte*) schändlich

hôpital, -aux [ɔpital, o] *nm* Krankenhaus *nt*
hoquet ['ɔkɛ] *nm* Schluckauf *m*
horaire [ɔʀɛʀ] *adj* Stunden- ▶ *nm* (*emploi du temps*) Zeitplan *m*; (*de transports*) Fahrplan *m*; **~ à la carte** *ou* **flexible** *ou* **mobile** Gleitzeit *f*
horizon [ɔʀizɔ̃] *nm* Horizont *m*
horizontal, e, -aux [ɔʀizɔ̃tal, o] *adj* horizontal
horloge [ɔʀlɔʒ] *nf* Uhr *f* • **horloger, -ère** *nm/f* Uhrmacher(in) *m(f)* • **horlogerie** *nf* Uhrenindustrie *f*; **pièces d'~** Uhrteile *pl*
hormis ['ɔʀmi] *prép* außer *+dat*
hormonal, e, -aux [ɔʀmɔnal, o] *adj* hormonell
hormone [ɔʀmɔn] *nf* Hormon *nt*
horodatage [ɔʀɔdataʒ] *nm* Zeitangabe *f*
horodateur, -trice [ɔʀɔdatœʀ, tʀis] *adj* (*appareil*) mit Zeitstempel ▶ *nm* Automat *m* mit Zeitstempel
horoscope [ɔʀɔskɔp] *nm* Horoskop *nt*
horreur [ɔʀœʀ] *nf* Entsetzen *nt*; (*objet*) Abscheulichkeit *f*; **quelle ~ !** wie entsetzlich!; **cela me fait ~** das widert mich an
horrible [ɔʀibl] *adj* grauenhaft
horrifier [ɔʀifje] *vt* entsetzen
horrifique [ɔʀifik] *adj* entsetzlich
hors ['ɔʀ] *prép* außer *+dat*; **~ de** außerhalb von; **être ~ de soi** außer sich *dat* sein; **~ d'usage** defekt; **~ service** außer Betrieb • **hors-bord** *nm inv* Außenborder *m* • **hors-d'œuvre** *nm inv* Vorspeise *f*, Horsd'œuvre *nt* • **hors-jeu** *nm inv* Abseits *nt* • **hors-piste, hors-pistes** *nm inv* Skilaufen *nt* abseits der Pisten • **hors taxe** *adj* zollfrei • **hors-texte** *nm inv* Tafel *f*
hortensia [ɔʀtɑ̃sja] *nm* Hortensie *f*
horticulteur, -trice [ɔʀtikyltœʀ, tʀis] *nm/f* Gärtner(in) *m(f)* • **horticulture** *nf* Gartenbau *m*
hospice [ɔspis] *nm* (*de vieillards*) Heim *nt*
hospitalier, -ière [ɔspitalje, jɛʀ] *adj* (*accueillant*) gastfreundlich; (*Méd*) Krankenhaus-
hospitalisation [ɔspitalizasjɔ̃] *nf* Einweisung *f* ins Krankenhaus
hospitaliser [ɔspitalize] *vt* ins Krankenhaus einweisen
hospitalité [ɔspitalite] *nf* Gastfreundschaft *f*
hostie [ɔsti] *nf* Hostie *f*
hostile [ɔstil] *adj* feindselig; **~ à** gegen *+acc* • **hostilité** *nf* Feindseligkeit *f*; **hostilités** *nfpl* Feindseligkeiten *pl*
hot-dog ['ɔtdɔg] (*pl* **hot-dogs**) *nm* Hotdog *m ou nt*
hôte [ot] *nm* (*maître de maison*) Gastgeber *m* ▶ *nmf* (*invité*) Gast *m*
hôtel [otɛl] *nm* Hotel *nt*; **~ de ville** Rathaus *nt*; **~ (particulier)** Villa *f* • **hôtelier, -ière** *adj* Hotel- ▶ *nm/f* Hotelier *m* • **hôtellerie** *nf* (*profession*) Hotelgewerbe *nt*; (*auberge*) Gasthaus *nt*
hôtesse [otɛs] *nf* (*maîtresse de maison*) Gastgeberin *f*; **~ d'accueil** Hostess; **~ de l'air** Stewardess *f*
hotspot [ɔtspɔt] *nm* (*Inform*) Hotspot *m*
hotte ['ɔt] *nf* (*de cheminée*) Abzugshaube *f*
houblon ['ublɔ̃] *nm* Hopfen *m*
houille ['uj] *nf* Kohle *f*; **~ blanche** Wasserkraft *f*
houlette ['ulɛt] *nf*: **sous la ~ de** unter der Führung von
houleux, -euse ['ulø, øz] *adj* (*mer*) wogend, unruhig; (*fig*) erregt

h

housse ['us] *nf* Bezug *m*
houx ['u] *nm* Stechpalme *f*
hublot ['yblo] *nm* (*Naut*) Bullauge *nt*; (*Aviat*) Fenster *nt*
huer ['ɥe] *vt* ausbuhen
huile [ɥil] *nf* Öl *nt*; **~ d'arachide** Erdnussöl *nt*; **~ de foie de morue** Lebertran *m* • **huiler** *vt* ölen
huis [ɥi] *nm* : **à ~ clos** unter Ausschluss der Öffentlichkeit
huissier [ɥisje] *nm* Amtsdiener *m*; (*Jur*) ≈ Gerichtsvollzieher *m*
huit ['ɥi(t)] *num* acht; **samedi en ~** Samstag in acht Tagen • **huitaine** *nf* : **une ~ de jours** etwa eine Woche *ou* acht Tage • **huitième** *num* achte(r, s) ▶ *nm* Achtel *nt*
huître [ɥitʀ] *nf* Auster *f*
humain, e [ymɛ̃, ɛn] *adj* menschlich
humaniser [ymanize] *vt* menschlicher machen
humanitaire [ymanitɛʀ] *adj* humanitär
humanité [ymanite] *nf* Menschheit *f*
humble [œ̃bl] *adj* bescheiden
humer ['yme] *vt* einatmen
humeur [ymœʀ] *nf* (*momentanée*) Laune *f*, Stimmung *f*; **être de mauvaise/bonne ~** schlechte/gute Laune haben
humide [ymid] *adj* feucht; (*terre, route*) nass; (*saison*) regnerisch • **humidité** *nf* Feuchtigkeit *f*
humiliant, e [ymiljɑ̃, ɑ̃t] *adj* demütigend
humiliation [ymiljasjɔ̃] *nf* Demütigung *f*
humilier [ymilje] *vt* demütigen
humilité [ymilite] *nf* Bescheidenheit *f*
humoriste [ymɔʀist] *nmf* Humorist(in) *m(f)*
humoristique [ymɔʀistik] *adj* humoristisch
humour [ymuʀ] *nm* Humor *m*
hurlement ['yʀləmɑ̃] *nm* Heulen *nt* • **hurler** *vi* heulen; (*personne*) schreien
hurluberlu [yʀlybɛʀly] (*péj*) *nm* Spinner *m*
hutte ['yt] *nf* Hütte *f*
hybride [ibʀid] *adj* : **une (voiture) ~** ein Hybridauto *nt*; **un moteur ~** ein Hybridmotor *m*
hydratant, e [idʀatɑ̃, ɑ̃t] *adj* Feuchtigkeits-
hydrate [idʀat] *nm* : **~s de carbone** Kohle(n)hydrate *pl*
hydrater [idʀate] *vt* Feuchtigkeit verleihen *+dat*
hydraulique [idʀolik] *adj* hydraulisch
hydravion [idʀavjɔ̃] *nm* Wasserflugzeug *nt*
hydrocarbure [idʀɔkaʀbyʀ] *nm* Kohlenwasserstoff *m*
hydrogène [idʀɔʒɛn] *nm* Wasserstoff *m*
hydroglisseur [idʀɔglisœʀ] *nm* Gleitboot *nt*
hydropulseur [idʀɔpylsœʀ] *nm* Munddusche *f*
hygiène [iʒjɛn] *nf* Hygiene *f*; **~ corporelle** Körperpflege *f*; **~ intime** Intimpflege *f* • **hygiénique** *adj* hygienisch
hymne [imn] *nm* Hymne *f*; **~ national** Nationalhymne *f*
hyperlien [ipɛʀljɛ̃] *nm* Hyperlink *m*
hypermarché [ipɛʀmaʀʃe] *nm* Supermarkt *m*
hypersensible [ipɛʀsɑ̃sibl] *adj* hypersensibel
hypertendu, e [ipɛʀtɑ̃dy] *adj* mit zu hohem Blutdruck
hypertension [ipɛʀtɑ̃sjɔ̃] *nf* Bluthochdruck *m*

hypertexte [ipɛʀtɛkst] *nm* Hypertext *m*
hypnose [ipnoz] *nf* Hypnose *f*
hypnotiser [ipnɔtize] *vt* hypnotisieren
hypo-allergénique [ipoalɛʀʒenik] *adj* frei von Allergenen
hypocondriaque [ipɔkɔ̃dʀijak] *adj* hypochondrisch ▶ *nmf* Hypochonder *m*
hypocrisie [ipɔkʀizi] *nf* Heuchelei *f* • **hypocrite** *adj* heuchlerisch ▶ *nmf* Heuchler(in) *m(f)*
hypotension [ipɔtɑ̃sjɔ̃] *nf* niedriger Blutdruck *m*
hypothèque [ipɔtɛk] *nf* Hypothek *f*
hypothermie [ipɔtɛʀmi] *nf* Hypothermie *f*
hypothèse [ipɔtɛz] *nf* Hypothese *f*; **dans l'~ où** gesetzt den Fall, dass • **hypothétique** *adj* hypothetisch
hystérie [isteʀi] *nf* Hysterie *f* • **hystérique** *adj* hysterisch

I

iceberg [ajsbɛʀg] *nm* Eisberg *m*
ici [isi] *adv* hier
icône [ikon] *nf* Ikone *f*; *(Inform)* Ikon *nt*
iconographie [ikɔnɔgʀafi] *nf* *(illustrations)* Abbildungen *pl*
idéal, e, -aux [ideal, o] *adj* ideal ▶ *nm* Ideal *nt*
idée [ide] *nf* Idee *f*
identifiant [idɑ̃tifjɑ̃] *nm* *(Inform)* Login *nt*
identifier [idɑ̃tifje] *vt* *(reconnaître)* identifizieren; **s'identifier** *vpr* : **s'~ avec** *ou* **à qch/qn** sich mit etw/jdm identifizieren
identique [idɑ̃tik] *adj* identisch; **~ à** identisch mit
identité [idɑ̃tite] *nf* *(de vues, goûts)* Übereinstimmung *f*; *(d'une personne)* Identität *f*
idiot, e [idjo, idjɔt] *adj* idiotisch ▶ *nm/f* Idiot(in) *m(f)* • **idiotie** *nf* Idiotie *f*
idole [idɔl] *nf* *(Rel)* Götzenbild *nt*; *(vedette)* Idol *nt*
idylle [idil] *nf* *(amourette)* Romanze *f*
idyllique [idilik] *adj* idyllisch
igloo [iglu] *nm* Iglu *nt ou m*
ignare [iɲaʀ] *adj* ungebildet, unwissend

ignoble [iɲɔbl] *adj* niederträchtig
ignominie [iɲɔmini] *nf* Schmach *f*, Schande *f*; *(action)* Schandtat *f*
ignorance [iɲɔʀɑ̃s] *nf* Unkenntnis *f*, Unwissenheit *f* • **ignorant, e** *adj* unwissend ▶ *nm/f* Ignorant(in) *m(f)* • **ignorer** *vt* nie gehört haben von; *(bouder)* ignorieren; **j'ignore comment/si** ich weiß nicht, wie/ob
il [il] *pron* er; *(selon le genre du nom allemand)* er/sie/es; *(impersonnel)* es; **ils** sie; **il neige** es schneit
île [il] *nf* Insel *f*; **l'~ de Beauté** Korsika *nt*; **l'~ Maurice** Mauritius *nt* • **Île-de-France** *nf* Île-de-France *f* *(französische Region)*
illégal, e, -aux [i(l)legal, o] *adj* illegal • **illégalité** *nf* Illegalität *f*
illégitime [i(l)leʒitim] *adj (enfant)* unehelich; *(pouvoir, revendications)* unrechtmäßig
illicite [i(l)lisit] *adj* verboten
illico [i(l)liko] *(fam) adv* auf der Stelle
illimité, e [i(l)limite] *adj* unbegrenzt
illisible [i(l)lizibl] *adj* unleserlich; *(roman)* unlesbar
illumination [i(l)lyminasjɔ̃] *nf* Beleuchtung *f* • **illuminer** *vt* beleuchten
illusion [i(l)lyzjɔ̃] *nf* Illusion *f*; **se faire des ~s** sich *dat* Illusionen machen • **illusionniste** *nmf* Zauberkünstler(in) *m(f)*
illusoire [i(l)lyzwaʀ] *adj* illusorisch
illustration [i(l)lystʀasjɔ̃] *nf* Illustration *f*, Abbildung *f*
illustre [i(l)lystʀ] *adj* berühmt • **illustré, e** *adj* illustriert ▶ *nm* Illustrierte *f* • **illustrer** *vt* illustrieren
îlot [ilo] *nm* Inselchen *nt*; *(bloc de maisons)* (Häuser)block *m*

image [imaʒ] *nf* Bild *nt*; *(reflet)* (Spiegel)bild *nt*
imaginaire [imaʒinɛʀ] *adj* imaginär
imaginatif, -ive [imaʒinatif, iv] *adj* fantasievoll
imagination [imaʒinasjɔ̃] *nf* Fantasie *f*; *(invention)* Einbildung *f*
imaginer [imaʒine] *vt* sich *dat* vorstellen; *(inventer)* sich *dat* ausdenken; **s'imaginer** *vpr* sich *dat* vorstellen
imam [imam] *nm* Imam *m*
imbattable [ɛ̃batabl] *adj* unschlagbar
imbécile [ɛ̃besil] *adj* blödsinnig ▶ *nmf* Idiot(in) *m(f)*
imbiber [ɛ̃bibe] *vt* : **~ qch de** etw tränken mit
imitateur, -trice [imitatœʀ, tʀis] *nm/f (professionnel)* Imitator(in) *m(f)* • **imitation** *nf* Nachahmung *f*, Imitation *f*; **un sac ~ cuir** eine Tasche aus Kunstleder *ou* Lederimitat • **imiter** *vt* nachahmen, imitieren; *(contrefaire)* fälschen
immatriculation [imatʀikylasjɔ̃] *nf* Einschreibung *f* • **immatriculer** *vt* anmelden; *(à l'université)* einschreiben; **se faire ~** sich einschreiben; **une voiture immatriculée dans l'Ain** ein Auto mit Kennzeichen des Bezirks Ain
immature [imatyʀ] *adj* unreif
immédiat, e [imedja, jat] *adj* unmittelbar ▶ *nm* : **dans l'~** augenblicklich • **immédiatement** *adv (aussitôt)* sofort; *(sans intermédiaire)* direkt, unmittelbar
immense [i(m)mɑ̃s] *adj* riesig; *(fig)* ungeheuer
immerger [imɛʀʒe] *vt* eintauchen; **s'immerger** *vpr (sous-marin)* (ab)tauchen

immeuble [imœbl] *nm* Gebäude *nt*; **~ locatif** Wohnblock *m*
immigrant, e [imigʀɑ̃, ɑ̃t] *nm/f* Einwanderer *m*, Einwanderin *f* •**immigration** *nf* Einwanderung *f* •**immigré, e** *nm/f* Einwanderer *m*, Einwanderin *f* •**immigrer** *vi* einwandern
imminent, e [iminɑ̃, ɑ̃t] *adj* unmittelbar bevorstehend, bevorstehend
immiscer [imise] : **s'~ dans** *vpr* sich einmischen in *+acc*
immobile [i(m)mɔbil] *adj* bewegungslos; **rester** *ou* **se tenir ~** sich nicht bewegen
immobilier, -ière [imɔbilje, jɛʀ] *adj* Immobilien- ▶ *nm (Comm)* Immobilienhandel *m*
immobiliser [imɔbilize] *vt* lahmlegen; *(stopper, empêcher de fonctionner)* zum Stillstand bringen; **s'immobiliser** *vpr* stehen bleiben
immonde [i(m)mɔ̃d] *adj* ekelhaft; *(trafic, propos)* widerlich
immondices [imɔ̃dis] *nfpl (ordures)* Müll *m*, Abfall *m*
immoral, e, -aux [i(m)mɔʀal, o] *adj* unmoralisch
immortaliser [imɔʀtalize] *vt* verewigen
immortel, le [imɔʀtɛl] *adj* unsterblich
immuable [imɥabl] *adj* unveränderlich
immuniser [imynize] *vt* immunisieren
immunité [imynite] *nf* Immunität *f*
impact [ɛ̃pakt] *nm* (Aus)wirkung *f*; *(Inform)* Hit *m*; **point d'~** Aufprallstelle *f*
impair, e [ɛ̃pɛʀ] *adj* ungerade ▶ *nm (gaffe)* Fehler *m*
impardonnable [ɛ̃paʀdɔnabl] *adj* unverzeihlich
imparfait, e [ɛ̃paʀfɛ, ɛt] *adj (inachevé, incomplet)* unvollständig; *(défectueux, grossier)* mangelhaft ▶ *nm (Ling)* Imperfekt *nt*
impartial, e, -aux [ɛ̃paʀsjal, jo] *adj* unparteiisch, unvoreingenommen
impasse [ɛ̃pɑs] *nf* Sackgasse *f*
impassible [ɛ̃pasibl] *adj* gelassen
impatience [ɛ̃pasjɑ̃s] *nf* Ungeduld *f* •**impatient, e** *adj* ungeduldig •**impatienter** : **s'impatienter** *vpr* ungeduldig werden
impeccable [ɛ̃pekabl] *adj* tadellos
impénétrable [ɛ̃penetʀabl] *adj (forêt)* undurchdringlich; *(impossible à comprendre)* unergründlich
impensable [ɛ̃pɑ̃sabl] *adj (inconcevable)* undenkbar; *(incroyable)* unglaublich
imper [ɛ̃pɛʀ] *abr m* = **imperméable**
impératif, -ive [ɛ̃peʀatif, iv] *adj* dringend ▶ *nm (Ling)* Imperativ *m*
impératrice [ɛ̃peʀatʀis] *nf* Kaiserin *f*
imperceptible [ɛ̃pɛʀsɛptibl] *adj* kaum wahrnehmbar
imperfection [ɛ̃pɛʀfɛksjɔ̃] *nf* Unvollkommenheit *f*
impérial, e, -aux [ɛ̃peʀjal, jo] *adj* kaiserlich
impériale [ɛ̃peʀjal] *nf* : **autobus à ~** Doppeldecker(bus) *m*
imperméable [ɛ̃pɛʀmeabl] *adj (terrain, sol)* undurchlässig; *(toile, tissu)* wasserdicht ▶ *nm* Regenmantel *m*
impersonnel, le [ɛ̃pɛʀsɔnɛl] *adj* unpersönlich

impertinence [ɛ̃pɛʀtinɑ̃s] *nf* Unverschämtheit *f* • **impertinent, e** *adj* unverschämt
imperturbable [ɛ̃pɛʀtyʀbabl] *adj* unerschütterlich
impie [ɛ̃pi] *adj* gottlos
impitoyable [ɛ̃pitwajabl] *adj* erbarmungslos
implacable [ɛ̃plakabl] *adj* unerbittlich; (*haine*) unversöhnlich
implantation [ɛ̃plɑ̃tasjɔ̃] *nf* (*d'usine, industrie*) Ansiedlung *f*
implanter [ɛ̃plɑ̃te] *vt* (*usage, mode*) einführen; (*idée, préjugé*) einpflanzen
implicite [ɛ̃plisit] *adj* implizit
impliquer [ɛ̃plike] *vt* (*compromettre*) verwickeln
implorer [ɛ̃plɔʀe] *vt* (*personne, dieu*) anflehen; (*aide, faveur, appui*) flehen *ou* bitten um
impoli, e [ɛ̃pɔli] *adj* unhöflich • **impolitesse** *nf* Unhöflichkeit *f*
impopulaire [ɛ̃pɔpylɛʀ] *adj* unbeliebt; (*gouvernement, mesure*) unpopulär
importance [ɛ̃pɔʀtɑ̃s] *nf* Wichtigkeit *f*, Bedeutung *f*; (*de somme, effectif*) Größe *f*; **sans ~** unbedeutend, unwichtig • **important, e** *adj* wichtig, bedeutend; (*somme, effectifs*) bedeutend, beträchtlich; (*péj*) wichtigtuerisch ▶ *nm* : **l'~ (est de/que)** das Wichtigste (ist, zu/dass)
importateur, -trice [ɛ̃pɔʀtatœʀ, tʀis] *adj* Import- ▶ *nm/f* Importeur(in) *m(f)* • **importation** *nf* Import *m*, Einfuhr *f* • **importer** *vt* importieren ▶ *vi* (*être important*) von Bedeutung sein; **~ à qn** für jdn wichtig sein; **il importe de/que** es ist wichtig, zu/dass; *voir aussi* **n'importe**
importun, e [ɛ̃pɔʀtœ̃, yn] *adj* (*visite*) ungelegen; (*personne*) lästig, aufdringlich ▶ *nm* Eindringling *m* • **importuner** *vt* belästigen
imposable [ɛ̃pozabl] *adj* steuerpflichtig
imposant, e [ɛ̃pozɑ̃, ɑ̃t] *adj* beeindruckend
imposer [ɛ̃poze] *vt* (*taxer*) besteuern; **s'imposer** *vpr* (*être importun*) sich aufdrängen; **~ qch à qn** jdm etw auferlegen; **en ~ (à qn)** Eindruck machen (auf jdn)
imposition [ɛ̃pozisjɔ̃] *nf* (*taxation*) Besteuerung *f*
impossibilité [ɛ̃pɔsibilite] *nf* Unmöglichkeit *f*; **être dans l'~ de faire qch** nicht in der Lage sein, etw zu tun • **impossible** *adj* unmöglich ▶ *nm* : **l'~** das Unmögliche *nt*; **faire l'~** sein Möglichstes tun
imposteur [ɛ̃pɔstœʀ] *nm* Betrüger(in) *m(f)*
impôt [ɛ̃po] *nm* Steuer *f*; **~ foncier** Grundsteuer *f*; **~ sur le revenu** Einkommensteuer *f*
impotent, e [ɛ̃pɔtɑ̃, ɑ̃t] *adj* behindert
impraticable [ɛ̃pʀatikabl] *adj* (*projet, idée*) nicht machbar; (*route*) nicht befahrbar
imprécis, e [ɛ̃pʀesi, iz] *adj* ungenau
imprégner [ɛ̃pʀeɲe] *vt* tränken; (*amertume, ironie etc*) durchziehen; **s'imprégner de** *vpr* (*d'eau*) sich vollsaugen mit
impression [ɛ̃pʀesjɔ̃] *nf* Eindruck *m*; (*d'un ouvrage, tissu*) Druck *m*; **faire bonne/mauvaise ~** einen guten/schlechten Eindruck machen; **avoir l'~ que** den Eindruck haben, dass • **impressionnant, e** *adj* eindrucksvoll • **impressionner** *vt*

(*frapper*) beeindrucken; (*Photo*) belichten • **impressionniste** *nmf* Impressionist(in) *m(f)*
imprévisible [ɛ̃pʀevizibl] *adj* unvorhersehbar
imprévoyant, e [ɛ̃pʀevwajɑ̃, ɑ̃t] *adj* sorglos
imprévu, e [ɛ̃pʀevy] *adj* unvorhergesehen ▶ *nm* : **un ~** ein unerwartetes Ereignis *nt*; **en cas d'~** falls etwas dazwischenkommt
imprimante [ɛ̃pʀimɑ̃t] *nf* Drucker *m*; **~ couleur** Farbdrucker *m*; **~ à jet d'encre** Tintenstrahldrucker *m*; **~ (à) laser** Laserdrucker *m*
imprimé, e [ɛ̃pʀime] *adj* (*tissu*) bedruckt ▶ *nm* (*formulaire*) Formular *nt*; (*Poste*) Drucksache *f* • **imprimer** *vt* drucken; (*tissu*) bedrucken; (*Inform*) (aus)drucken; (*empreinte, marque*) hinterlassen • **imprimerie** *nf* (*établissement*) Druckerei *f* • **imprimeur** *nm* Drucker *m*
improbable [ɛ̃pʀɔbabl] *adj* unwahrscheinlich
impromptu, e [ɛ̃pʀɔ̃pty] *adj* improvisiert
impropre [ɛ̃pʀɔpʀ] *adj* (*incorrect*) falsch; **~ à** ungeeignet für
improvisation [ɛ̃pʀɔvizasjɔ̃] *nf* Improvisation *f*
improviser [ɛ̃pʀɔvize] *vt, vi* improvisieren; **~ qn cuisinier** jdn zum Koch ernennen
improviste [ɛ̃pʀɔvist] : **à l'~** *adv* unerwartet
imprudence [ɛ̃pʀydɑ̃s] *nf* Leichtsinn *m* • **imprudent, e** *adj* leichtsinnig
impudence [ɛ̃pydɑ̃s] *nf* Unverschämtheit *f* • **impudent, e** *adj* unverschämt
impudique [ɛ̃pydik] *adj* schamlos
impuissance [ɛ̃pɥisɑ̃s] *nf* Hilflosigkeit *f*; (*sexuelle*) Impotenz *f* • **impuissant, e** *adj* (*faible*) hilflos, schwach; (*sans effet*) ineffektiv; (*sexuellement*) impotent
impulsif, -ive [ɛ̃pylsif, iv] *adj* impulsiv
impulsion [ɛ̃pylsjɔ̃] *nf* Impuls *m*; (*Phys*) Antrieb *m*; **~ donnée aux affaires** wirtschaftlicher Aufschwung *m*
impunément [ɛ̃pynemɑ̃] *adv* ungestraft
impuni, e [ɛ̃pyni] *adj* unbestraft
impunité [ɛ̃pynite] *nf* Straffreiheit *f*
impur, e [ɛ̃pyʀ] *adj* unrein, verunreinigt • **impureté** *nf* Unreinheit *f*
inabordable [inabɔʀdabl] *adj* (*lieu*) unerreichbar; (*cher*) unerschwinglich
inacceptable [inaksɛptabl] *adj* unannehmbar
inaccessible [inaksesibl] *adj* (*endroit*) unerreichbar; **~ à** (*insensible à*) unberührt von
inaccoutumé, e [inakutyme] *adj* ungewohnt
inachevé, e [inaʃ(ə)ve] *adj* unvollendet
inadapté, e [inadapte] *adj* (*Psych*) verhaltensgestört; **~ à** nicht geeignet für
inadmissible [inadmisibl] *adj* unzulässig
inadvertance [inadvɛʀtɑ̃s] *nf*: **par ~** versehentlich
inanimé, e [inanime] *adj* leblos
inanition [inanisjɔ̃] *nf* Erschöpfungszustand *m*
inaperçu, e [inapɛʀsy] *adj* : **passer ~** unbemerkt bleiben
inapplicable [inaplikabl] *adj* nicht anwendbar

inapproprié, e [inapʀɔpʀije] *adj* ungeeignet
inapte [inapt] *adj* (*Mil*) untauglich; **~ à qch/faire qch** unfähig zu etw/, etw zu tun
inattaquable [inatakabl] *adj* unangreifbar; (*argument*) unschlagbar
inattendu, e [inatɑ̃dy] *adj* unerwartet
inattentif, -ive [inatɑ̃tif, iv] *adj* unaufmerksam • **inattention** *nf*: **une minute d'~** eine Minute der Unaufmerksamkeit; **faute** *ou* **erreur d'~** Flüchtigkeitsfehler *m*
inauguration [inogyʀasjɔ̃] *nf* Eröffnung *f* • **inaugurer** *vt* einweihen; (*nouvelle politique*) einführen
incalculable [ɛ̃kalkylabl] *adj* unberechenbar; (*conséquences*) unabsehbar
incapable [ɛ̃kapabl] *adj* unfähig
incapacité [ɛ̃kapasite] *nf* (*incompétence*) Unfähigkeit *f*; **être dans l'~ de faire qch** außerstande sein, etw zu tun; **~ de travail** Arbeitsunfähigkeit *f*
incarner [ɛ̃kaʀne] *vt* (*représenter*) verkörpern; **s'incarner** *vpr*: **s'~ dans** (*Rel*) erscheinen in *+dat*
incassable [ɛ̃kɑsabl] *adj* unzerbrechlich; (*fil*) reißfest
incendiaire [ɛ̃sɑ̃djɛʀ] *adj* Brand-; (*propos, déclarations*) aufwiegelnd ▶ *nmf* Brandstifter(in) *m/f* • **incendie** *nm* Feuer *nt*, Brand *m*; **~ criminel** Brandstiftung *f* • **incendier** *vt* (*mettre le feu à*) in Brand setzen; (*brûler complètement*) niederbrennen
incertain, e [ɛ̃sɛʀtɛ̃, ɛn] *adj* (*indéterminé*) unbestimmt; (*douteux*) ungewiss; (*temps*) unbeständig; (*personne, pas, démarche*) unsicher • **incertitude** *nf* Ungewissheit *f*
incessamment [ɛ̃sesamɑ̃] *adj* unverzüglich • **incessant, e** *adj* unaufhörlich
inceste [ɛ̃sɛst] *nm* Inzest *m*
inchangé, e [ɛ̃ʃɑ̃ʒe] *adj* unverändert
incidence [ɛ̃sidɑ̃s] *nf* Effekt *m*, Wirkung *f*; (*Phys*) Einfall *m*
incident, e [ɛ̃sidɑ̃, ɑ̃t] *adj* Neben- ▶ *nm* Zwischenfall *m*
incision [ɛ̃sizjɔ̃] *nf* (*Bot*) Schnitt *m*; (*Méd*) Einschnitt *m*
incisive [ɛ̃siziv] *nf* Schneidezahn *m*
inciter [ɛ̃site] *vt*: **~ qn à qch** jdn zu etw veranlassen
inclinaison [ɛ̃klinɛzɔ̃] *nf* Neigung *f*
incliner [ɛ̃kline] *vt* neigen ▶ *vi*: **~ à qch** zu etw neigen; **s'incliner** *vpr* (*personne*) sich beugen
inclure [ɛ̃klyʀ] *vt* einschließen; (*joindre à un envoi*) beilegen • **inclus, e** *adj* (*joint à un envoi*) beiliegend; (*compris*) inklusive; **jusqu'au troisième chapitre ~** bis zum dritten Kapitel einschließlich; **jusqu'au 10 mars ~** bis einschließlich 10. März
incognito [ɛ̃kɔɲito] *adv* inkognito
incohérent, e [ɛ̃kɔeʀɑ̃, ɑ̃t] *adj* (*discours, ouvrage*) unzusammenhängend
incollable [ɛ̃kɔlabl] *adj* (*riz*) nicht klebend; **il est ~** (*fam*) er ist einfach unschlagbar
incolore [ɛ̃kɔlɔʀ] *adj* farblos
incomber [ɛ̃kɔ̃be] *vi*: **~ à qn** jdm obliegen
incommode [ɛ̃kɔmɔd] *adj* unpraktisch; (*inconfortable*) unbequem • **incommoder** *vt* stören

incomparable [ɛ̃kɔ̃paʀabl] *adj* (*inégalable*) unvergleichlich
incompatibilité [ɛ̃kɔ̃patibilite] *nf* Unvereinbarkeit *f*; (*Inform*) Inkompatibilität *f* • **incompatible** *adj* unvereinbar; (*Inform*) inkompatibel
incompétent, e [ɛ̃kɔ̃petɑ̃, ɑ̃t] *adj* inkompetent
incomplet, -ète [ɛ̃kɔ̃plɛ, ɛt] *adj* unvollständig
incompréhensible [ɛ̃kɔ̃pʀeɑ̃sibl] *adj* unverständlich; (*personne, accident*) unbegreiflich
incompréhension [ɛ̃kɔ̃pʀeɑ̃sjɔ̃] *nf* Sturheit *f*
incompris, e [ɛ̃kɔ̃pʀi, iz] *adj* unverstanden
inconcevable [ɛ̃kɔ̃s(ə)vabl] *adj* unvorstellbar; (*conduite etc*) unfassbar
inconditionnel, le [ɛ̃kɔ̃disjɔnɛl] *adj* bedingungslos
inconfortable [ɛ̃kɔ̃fɔʀtabl] *adj* unbequem
incongru, e [ɛ̃kɔ̃gʀy] *adj* unschicklich
inconnu, e [ɛ̃kɔny] *adj* unbekannt ▶ *nm/f* Fremde(r) *f(m)*
inconscience [ɛ̃kɔ̃sjɑ̃s] *nf* (*physique*) Bewusstlosigkeit *f*; (*morale*) Gedankenlosigkeit *f* • **inconscient, e** *adj* (*évanoui*) bewusstlos; (*irréfléchi*) gedankenlos; (*instinctif, spontané*) unbewusst ▶ *nm* : **l'~** das Unbewusste *nt*
inconsidéré, e [ɛ̃kɔ̃sideʀe] *adj* unüberlegt, unbedacht
inconsistant, e [ɛ̃kɔ̃sistɑ̃, ɑ̃t] *adj* (*raisonnement, accusation*) nicht stichhaltig; (*crème, bouillie*) zu flüssig
inconsolable [ɛ̃kɔ̃sɔlabl] *adj* untröstlich
inconstant, e [ɛ̃kɔ̃stɑ̃, ɑ̃t] *adj* unbeständig
incontestable [ɛ̃kɔ̃tɛstabl] *adj* unbestreitbar
incontesté, e [ɛ̃kɔ̃tɛste] *adj* unbestritten, unangefochten
incontournable [ɛ̃kɔ̃tuʀnabl] *adj* unausweichlich
inconvenant, e [ɛ̃kɔ̃v(ə)nɑ̃, ɑ̃t] *adj* unpassend, unschicklich
inconvénient [ɛ̃kɔ̃venjɑ̃] *nm* Nachteil *m*
incorporer [ɛ̃kɔʀpɔʀe] *vt* (*mélanger*) einrühren; (*insérer, joindre*) eingliedern
incorrect, e [ɛ̃kɔʀɛkt] *adj* falsch; (*inconvenant*) unpassend
incorrigible [ɛ̃kɔʀiʒibl] *adj* unverbesserlich
incorruptible [ɛ̃kɔʀyptibl] *adj* unbestechlich
incrédule [ɛ̃kʀedyl] *adj* (*Rel*) skeptisch
incriminer [ɛ̃kʀimine] *vt* (*personne*) belasten
incroyable [ɛ̃kʀwajabl] *adj* unglaublich
incruster [ɛ̃kʀyste] *vt* (*Art*) einlegen; **s'incruster** *vpr* (*invité*) sich einnisten
inculpation [ɛ̃kylpasjɔ̃] *nf* Anklage *f*, Anschuldigung *f* • **inculpé, e** *nm/f* Angeklagte(r) *f(m)*, Beschuldigte(r) *mf* • **inculper** *vt* : **~ qn (de)** Anklage erheben gegen jdn (wegen +*gén*), jdn beschuldigen +*gén*
inculquer [ɛ̃kylke] *vt* : **~ qch à qn** jdm etw einprägen
incurable [ɛ̃kyʀabl] *adj* unheilbar
incursion [ɛ̃kyʀsjɔ̃] *nf* Einfall *m*
Inde [ɛ̃d] *nf* : **l'~** Indien *nt*
indécent, e [ɛ̃desɑ̃, ɑ̃t] *adj* unanständig

indécis, e [ɛ̃desi, iz] *adj* (*personne*) unentschlossen; (*paix, victoire*) zweifelhaft; (*contours, formes*) undeutlich

indéfini, e [ɛ̃defini] *adj* (*imprécis, incertain*) undefiniert • **indéfiniment** *adv* unbegrenzt lange

indemne [ɛ̃dɛmn] *adj* unverletzt, unversehrt • **indemnisation** *nf* Entschädigung *f* • **indemniser** *vt* : **~ qn de qch** jdn für etw entschädigen • **indemnité** *nf* Entschädigung *f*; (*allocation*) Zuschuss *m*

indéniable [ɛ̃denjabl] *adj* unbestreitbar

indépendamment [ɛ̃depɑ̃damɑ̃] *adv* unabhängig; **~ de** (*en faisant abstraction de*) abgesehen von • **indépendance** *nf* Unabhängigkeit *f* • **indépendant, e** *adj* unabhängig; (*emploi*) selb(st)ständig

indescriptible [ɛ̃dɛskʀiptibl] *adj* unbeschreiblich

indésirable [ɛ̃deziʀabl] *adj* unerwünscht

indéterminé, e [ɛ̃detɛʀmine] *adj* unbestimmt; (*sens d'un mot, d'un passage*) ungewiss

index [ɛ̃dɛks] *nm* (*doigt*) Zeigefinger *m*; (*d'un livre etc*) Index *m*

indicateur, -trice [ɛ̃dikatœʀ, tʀis] *nm/f* (*de la police*) Informant *m* ▸ *nm* : **~ de vitesse/de pression/de niveau** Geschwindigkeits-/Druck-/Höhenmesser *m*; **~ immobilier/des chemins de fer/des rues** Immobilienverzeichnis *nt*/Kursbuch *nt*/Straßenverzeichnis *nt*

indicatif, -ive [ɛ̃dikatif, iv] *adj* : **à titre ~** zur Information ▸ *nm* (*Ling*) Indikativ *m*; (*Tél*) Vorwahl *f*

indication [ɛ̃dikasjɔ̃] *nf* Angabe *f*; (*mode d'emploi*) Anweisung *f*; (*marque, signe*) Zeichen *nt*; (*renseignement*) Auskunft *f*

indice [ɛ̃dis] *nm* (*marque, signe*) Zeichen *nt*; **~ des prix** Preisindex *m*

indicible [ɛ̃disibl] *adj* unsagbar

indien, ne [ɛ̃djɛ̃, jɛn] *adj* (*d'Inde*) indisch; (*d'Amérique*) indianisch ▸ *nm/f* : **I~, ne** (*d'Inde*) Inder(in) *m(f)*; (*d'Amérique*) Indianer(in) *m(f)*

indifféremment [ɛ̃difeʀamɑ̃] *adv* wahllos • **indifférence** *nf* Gleichgültigkeit *f* • **indifférent, e** *adj* gleichgültig

indigence [ɛ̃diʒɑ̃s] *nf* Armut *f*

indigène [ɛ̃diʒɛn] *adj* einheimisch ▸ *nmf* Einheimische(r) *f(m)*

indigeste [ɛ̃diʒɛst] *adj* unverdaulich • **indigestion** *nf* Magenverstimmung *f*

indignation [ɛ̃diɲasjɔ̃] *nf* Entrüstung *f*

indigne [ɛ̃diɲ] *adj* unwürdig

indigner [ɛ̃diɲe] *vt* aufbringen, entrüsten; **s'indigner** *vpr* : **s'~ (de qch/contre qn)** sich (über etw/jdn) aufregen *ou* empören

indiqué, e [ɛ̃dike] *adj* (*adéquat*) angemessen; **ce n'est pas ~** das ist nicht ratsam

indiquer [ɛ̃dike] *vt* zeigen; (*recommander*) empfehlen; (*signaler*) mitteilen

indirect, e [ɛ̃diʀɛkt] *adj* indirekt

indiscret, -ète [ɛ̃diskʀɛ, ɛt] *adj* indiskret • **indiscrétion** *nf* Indiskretion *f*

indiscutable [ɛ̃diskytabl] *adj* unbestreitbar

indispensable [ɛ̃dispɑ̃sabl] *adj* (*essentiel*) unerlässlich; (*connaissances, objet, vêtement*) unbedingt erforderlich; (*de première nécessité*) unverzichtbar

indisponible [ɛ̃dispɔnibl] *adj* (*local*) nicht frei; (*personne*) unabkömmlich; (*capitaux*) gebunden
indisposé, e [ɛ̃dispoze] *adj* unpässlich
indisposer [ɛ̃dispoze] *vt* (*incommoder*) nicht bekommen +*dat*
indistinctement [ɛ̃distɛ̃ktəmɑ̃] *adv* undeutlich
individu [ɛ̃dividy] *nm* Individuum *nt*
individualiste [ɛ̃dividɥalist] *nmf* Individualist(in) *m(f)*
individuel, le [ɛ̃dividɥɛl] *adj* individuell; (*personnel*) persönlich; (*isolé*) einzeln
Indochine [ɛ̃dɔʃin] *nf*: **l'~** Indochina *nt*
indolent, e [ɛ̃dɔlɑ̃, ɑ̃t] *adj* (*personne, élève*) träge; (*regard, air, démarche*) lässig
indomptable [ɛ̃dɔ̃(p)tabl] *adj* unzähmbar; (*caractère, orgueil*) unbezähmbar
Indonésie [ɛ̃dɔnezi] *nf*: **l'~** Indonesien *nt*
indu, e [ɛ̃dy] *adj*: **à des heures ~es** zu einer unchristlichen Zeit
indubitablement [ɛ̃dybitabləmɑ̃] *adv* zweifellos
induire [ɛ̃dɥiʀ] *vt*: **~ qn en erreur** jdn irreführen
indulgent, e [ɛ̃dylʒɑ̃, ɑ̃t] *adj* nachsichtig
indûment [ɛ̃dymɑ̃] *adv* (*à tort*) ungebührlich
industrialisation [ɛ̃dystʀijalizasjɔ̃] *nf* Industrialisierung *f*
industrie [ɛ̃dystʀi] *nf* (*Écon*) Industrie *f*; **petite ~** Kleingewerbe *nt*; **moyenne ~** mittlere Industrie; **~ automobile** Automobilindustrie *f*; **~ textile** Textilindustrie *f*
• **industriel, le** *adj* Industrie-; (*activité*) industriell ▶ *nm* Industrielle(r) *f(m)*
inébranlable [inebʀɑ̃labl] *adj* unerschütterlich; (*masse, colonne*) solid, fest
inédit, e [inedi, it] *adj* (*non publié*) unveröffentlicht; (*spectacle, moyen*) neuartig
inefficace [inefikas] *adj* wirkungslos; (*machine, employé*) wenig leistungsfähig
inégal, e, -aux [inegal, o] *adj* ungleich; (*rugueux*) uneben
inégalable [inegalabl] *adj* einzigartig
inégalité [inegalite] *nf* Ungleichheit *f*; (*de terrain*) Unebenheit *f*
inéluctable [inelyktabl] *adj* unausweichlich
inepte [inɛpt] *adj* (*histoire, raisonnement*) unsinnig; (*personne*) unfähig • **ineptie** *nf* Unsinn *m*
inépuisable [inepɥizabl] *adj* unerschöpflich
inerte [inɛʀt] *adj* unbeweglich; (*fig*) apathisch
inestimable [inɛstimabl] *adj* unschätzbar
inévitable [inevitabl] *adj* unvermeidlich
inexact, e [inɛgza(kt), akt] *adj* ungenau; (*calcul*) falsch
inexcusable [inɛkskyzabl] *adj* unverzeihlich
inexistant, e [inɛgzistɑ̃, ɑ̃t] *adj* nicht vorhanden
inexorable [inɛgzɔʀabl] *adj* unerbittlich
inexpérimenté, e [inɛkspeʀimɑ̃te] *adj* unerfahren, ungeübt
inexplicable [inɛksplikabl] *adj* unerklärlich

i

inexprimable [inɛkspʀimabl] *adj* unbeschreiblich
in extremis [inɛkstʀemis] *adv* in letzter Minute; (*testament*) auf dem Sterbebett
inextricable [inɛkstʀikabl] *adj* unentwirrbar; (*fig*) verwickelt
infaillible [ɛ̃fajibl] *adj* unfehlbar
infalsifiable [ɛ̃falsifjabl] *adj* fälschungssicher
infâme [ɛ̃fɑm] *adj* gemein
infanterie [ɛ̃fɑ̃tʀi] *nf* Infanterie *f*
infantile [ɛ̃fɑ̃til] *adj* kindlich
infarctus [ɛ̃faʀktys] *nm* : **~ (du myocarde)** Herzinfarkt *m*
infatigable [ɛ̃fatigabl] *adj* unermüdlich
infect, e [ɛ̃fɛkt] *adj* übel, ekelhaft
infecter [ɛ̃fɛkte] *vt* (*atmosphère, eau*) verunreinigen; (*Méd*) infizieren; **s'infecter** *vpr* (*plaie*) sich infizieren • **infectieux, -euse** *adj* ansteckend
infection [ɛ̃fɛksjɔ̃] *nf* Infektion *f*, Entzündung *f*
inférieur, e [ɛ̃feʀjœʀ] *adj* untere(r, s); (*qualité*) minderwertig; **~ à** kleiner als; (*moins bon que*) schlechter als • **infériorité** *nf* Minderwertigkeit *f*
infernal, e, -aux [ɛ̃fɛʀnal, o] *adj* höllisch
infester [ɛ̃fɛste] *vt* : **infesté de moustiques/rats** von Mücken heimgesucht/mit Ratten verseucht
infidèle [ɛ̃fidɛl] *adj* untreu • **infidélité** *nf* Untreue *f*
infiltrer [ɛ̃filtʀe] : **s'~** *vpr* : **s'~ dans** (*liquide*) einsickern in +*acc*
infime [ɛ̃fim] *adj* (*minuscule*) winzig; (*niveau*) niedrigste(r, s)
infini, e [ɛ̃fini] *adj* unendlich; (*conversation, prétentions etc*) endlos • **infiniment** *adv* (*sans borne*) grenzenlos; (*extrêmement*) ungeheuer
infinitif, -ive [ɛ̃finitif, iv] *adj* Infinitiv- ▶ *nm* Infinitiv *m*
infirme [ɛ̃fiʀm] *adj* behindert ▶ *nmf* Behinderte(r) *f(m)* • **infirmerie** *nf* Krankenrevier *nt* • **infirmier, -ière** *nm/f* Krankenpfleger *m*, Krankenschwester *f* • **infirmité** *nf* Behinderung *f*
inflammable [ɛ̃flamabl] *adj* leicht entzündlich • **inflammation** *nf* Entzündung *f*
inflation [ɛ̃flasjɔ̃] *nf* Inflation *f*
inflexible [ɛ̃flɛksibl] *adj* unbeugsam, unerbittlich
infliger [ɛ̃fliʒe] *vt* : **~ qch à qn** jdm etw auferlegen
influençable [ɛ̃flyɑ̃sabl] *adj* beeinflussbar • **influence** *nf* Einfluss *m* • **influencer** *vt* beeinflussen
info [ɛ̃fo] *nf* (*fam*) Nachricht *f*
infographie® [ɛ̃fogʀafi] *nf* Computergrafik *f*
informaticien, ne [ɛ̃fɔʀmatisjɛ̃, jɛn] *nm/f* Informatiker(in) *m(f)*
information [ɛ̃fɔʀmasjɔ̃] *nf* (*renseignement*) Auskunft *f*; **informations** *nfpl* (*Radio, TV*) Nachrichten *pl*; **~s politiques/sportives** politische Nachrichten/Sportnachrichten *pl*
informatique [ɛ̃fɔʀmatik] *nf* Informatik *f*
informatiser [ɛ̃fɔʀmatize] *vt* auf Computer umstellen
informe [ɛ̃fɔʀm] *adj* formlos; (*laid*) unförmig
informer [ɛ̃fɔʀme] *vt* : **~ qn (de)** jdn informieren (über +*acc*); **s'informer** *vpr* : **s'~ (de)** sich erkundigen (über +*acc*); **s'~ sur** sich informieren über +*acc*

inforoute [ɛ̃foʀut] *nf (fam)* Verkehrsfunk *m*
infortune [ɛ̃fɔʀtyn] *nf* Missgeschick *nt*
infraction [ɛ̃fʀaksjɔ̃] *nf* : **~ à** *(violation)* Verstoß *m* gegen; **être en ~** *(Auto)* gegen die Straßenverkehrsordnung verstoßen
infranchissable [ɛ̃fʀɑ̃ʃisabl] *adj* unüberwindlich
infrastructure [ɛ̃fʀastʀyktyʀ] *nf (Constr)* Unterbau *m*; *(Aviat)* Bodenanlagen *pl*; *(Mil, Écon)* Infrastruktur *f*
infructueux, -euse [ɛ̃fʀyktɥø, øz] *adj* fruchtlos
infuser [ɛ̃fyze] *vt* ziehen lassen ▶ *vi* ziehen • **infusion** *nf* Kräutertee *m*
ingénierie [ɛ̃ʒeniʀi] *nf* Ingenieurwesen *nt*; **~ génétique** Gentechnologie *f*
ingénieur [ɛ̃ʒenjœʀ] *nm* Ingenieur(in) *m(f)*
ingénieux, -euse [ɛ̃ʒenjø, jøz] *adj* genial; *(personne)* erfinderisch
ingérence [ɛ̃ʒeʀɑ̃s] *nf* Einmischung *f*
ingrat, e [ɛ̃gʀa, at] *adj* undankbar • **ingratitude** *nf* Undankbarkeit *f*
ingrédient [ɛ̃gʀedjɑ̃] *nm (Culin)* Zutat *f*
inhabitable [inabitabl] *adj* unbewohnbar
inhalation [inalasjɔ̃] *nf* : **faire une ~** *ou* **des ~s** inhalieren
inhibition [inibisjɔ̃] *nf* Hemmung *f*
inhumain, e [inymɛ̃, ɛn] *adj* unmenschlich
inimaginable [inimaʒinabl] *adj* unvorstellbar
inimitable [inimitabl] *adj* unnachahmlich; *(qualité)* unnachahmbar

initial, e, -aux [inisjal, jo] *adj* anfänglich; *(lettre)* Anfangs-
initialiser [inisjalize] *vt (Inform)* initialisieren
initiative [inisjativ] *nf* Initiative *f*; **prendre l'~ de faire qch** die Initiative ergreifen, etw zu tun
initier [inisje] *vt* : **~ qn à** *(religion)* jdn feierlich aufnehmen in *+acc*; *(secret, procédé, art, jeu)* jdn einweihen in *+acc*; **s'initier à** *vpr* erlernen
injecter [ɛ̃ʒɛkte] *vt* einspritzen • **injection** *nf*; **~ intraveineuse/ sous-cutanée** intravenöse/ subkutane Injektion *f ou* Spritze *f*
injonction [ɛ̃ʒɔ̃ksjɔ̃] *nf* Anordnung *f*
injure [ɛ̃ʒyʀ] *nf (insulte)* Schimpfwort *nt*; *(Jur)* Beleidigung *f* • **injurier** *vt* beschimpfen • **injurieux, -euse** *adj* beleidigend
injuste [ɛ̃ʒyst] *adj* ungerecht • **injustice** *nf* Ungerechtigkeit *f*; *(acte, jugement)* Unrecht *nt*
inlassable [ɛ̃lɑsabl] *adj* unermüdlich
inné, e [i(n)ne] *adj* angeboren
innocence [inɔsɑ̃s] *nf* Unschuld *f* • **innocent, e** *adj* unschuldig • **innocenter** *vt (juge etc)* für unschuldig erklären; *(déclaration etc)* jds Unschuld beweisen
innovateur, -trice [inɔvatœʀ, tʀis] *adj* innovativ • **innovation** *nf* Neuerung *f* • **innover** *vi* Neuerungen einführen
inoccupé, e [inɔkype] *adj (logement)* unbewohnt, leer stehend; *(personne, vie)* untätig
inoculer [inɔkyle] *vt* : **~ un virus à qn** *(volontairement)* jdm einen Virus einimpfen; **~ une maladie à qn** *(volontairement)* jdn gegen eine Krankheit impfen; **~ qn contre qch** jdn gegen etw impfen

i

inodore [inɔdɔʀ] *adj* geruchlos
inoffensif, -ive [inɔfɑ̃sif, iv] *adj* harmlos
inondation [inɔ̃dasjɔ̃] *nf* Überschwemmung *f*; (*afflux massif*) Flut *f* • **inonder** *vt* überschwemmen; (*fig*) strömen in *+acc*
inopiné, e [inɔpine] *adj* unerwartet
inopportun, e [inɔpɔʀtœ̃, yn] *adj* ungelegen
inoubliable [inublijabl] *adj* unvergesslich
inouï, e [inwi] *adj* einmalig; (*incroyable*) unglaublich
inox [inɔks] *nm* Nirosta® *nt*
inoxydable [inɔksidabl] *adj* rostfrei
inqualifiable [ɛ̃kalifjabl] *adj* unbeschreiblich, abscheulich
inquiet, -ète [ɛ̃kjɛ, ɛ̃kjɛt] *adj* besorgt; (*par nature*) unruhig • **inquiétant, e** *adj* beunruhigend; (*mine, visage, expression*) finster • **inquiéter** *vt* beunruhigen; (*harceler*) schikanieren; **s'inquiéter** *vpr*: **s'~ de** sich *dat* Sorgen *ou* Gedanken machen über *+acc* • **inquiétude** *nf* Besorgnis *f*
insaisissable [ɛ̃sezisabl] *adj* (*fugitif, ennemi*) flüchtig; (*nuance, différence*) schwer fassbar
insalubre [ɛ̃salybʀ] *adj* ungesund
insatiable [ɛ̃sasjabl] *adj* unersättlich
insatisfait, e [ɛ̃satisfɛ, ɛt] *adj* unzufrieden; (*non comblé*) unbefriedigt
inscription [ɛ̃skʀipsjɔ̃] *nf* (*sur mur, écriteau*) Inschrift *f*; (*à une institution*) Anmeldung *f* • **inscrire** *vt* (*marquer*) aufschreiben; (*sur un mur, une affiche etc*) schreiben; (*sur une liste*) einschreiben; **s'inscrire** *vpr* sich anmelden; **~ qn à** (*un club, la cantine, l'université*) jdn einschreiben in *+dat*; (*l'école*) jdn anmelden in *+dat*; (*un examen, concours*) jdn anmelden für; **s'~ (à)** (*un club, parti*) beitreten (*+dat*); (*à l'université*) sich immatrikulieren *ou* einschreiben (an *+dat*); (*à un examen, concours*) sich anmelden (zu)
insecte [ɛ̃sɛkt] *nm* Insekt *nt* • **insecticide** *nm* Insektenvernichtungsmittel *nt*
insécurité [ɛ̃sekyʀite] *nf* Unsicherheit *f*; **vivre dans l'~** in der Ungewissheit leben
insémination [ɛ̃seminasjɔ̃] *nf*: **~ artificielle** künstliche Befruchtung *ou* Besamung *f*
insensé, e [ɛ̃sɑ̃se] *adj* wahnsinnig, unsinnig
insensibiliser [ɛ̃sɑ̃sibilize] *vt* betäuben
insensible [ɛ̃sɑ̃sibl] *adj* (*nerf, membre*) taub; (*dur, sévère*) gefühllos; **~ au froid/à la chaleur** gegen Kälte/Hitze unempfindlich
inséparable [ɛ̃sepaʀabl] *adj* (*amis, couple*) unzertrennlich
insérer [ɛ̃seʀe] *vt* (*dans un livre etc*) einlegen; (*dans un journal*) aufgeben
insidieux, -euse [ɛ̃sidjø, jøz] *adj* heimtückisch
insigne [ɛ̃siɲ] *nm* (*d'un parti, club*) Abzeichen *nt* ▶ *adj* hervorragend
insignifiant, e [ɛ̃siɲifjɑ̃, jɑ̃t] *adj* unbedeutend; (*paroles, visage, roman etc*) nichtssagend
insinuation [ɛ̃sinɥasjɔ̃] *nf* Anspielung *f* • **insinuer** *vt*: **que voulez-vous ~ ?** was wollen Sie damit andeuten?
insipide [ɛ̃sipid] *adj* fad(e); (*personne*) nichtssagend

insistance [ɛ̃sistɑ̃s] *nf (d'une personne)* Beharren *nt*
insister [ɛ̃siste] *vi* bestehen, beharren; **~ sur** *(détail, note)* betonen; **~ pour faire qch** darauf beharren, etw zu tun
insolation [ɛ̃sɔlasjɔ̃] *nf* Sonnenstich *m*
insolence [ɛ̃sɔlɑ̃s] *nf* Unverschämtheit *f* • **insolent, e** *adj* unverschämt, frech
insolite [ɛ̃sɔlit] *adj* ungewöhnlich; *(étrange, anormal)* ausgefallen
insoluble [ɛ̃sɔlybl] *adj (problème)* unlösbar; **~ dans** nicht löslich in *+dat*
insolvable [ɛ̃sɔlvabl] *adj* zahlungsunfähig
insomniaque [ɛ̃sɔmnjak] *adj* schlaflos; **être ~** an Schlaflosigkeit leiden
insomnie [ɛ̃sɔmni] *nf* Schlaflosigkeit *f*; **avoir des ~s** an Schlaflosigkeit leiden
insondable [ɛ̃sɔ̃dabl] *adj (mystère, secret)* unergründlich; *(maladresse, bêtise)* unermesslich
insonorisation [ɛ̃sɔnɔʀizasjɔ̃] *nf* Schalldämmung *f*
insonoriser [ɛ̃sɔnɔʀize] *vt* schalldicht machen
insouciance [ɛ̃susjɑ̃s] *nf* Sorglosigkeit *f*
insoumis, e [ɛ̃sumi, iz] *adj (caractère, enfant)* widerspenstig, rebellisch; *(contrée, tribu)* unbezwungen
insoupçonné, e [ɛ̃supsɔne] *adj* ungeahnt
insoutenable [ɛ̃sut(ə)nabl] *adj (opinion, théorie)* unhaltbar; *(effort, chaleur, spectacle)* unerträglich
inspecter [ɛ̃spɛkte] *vt* kontrollieren • **inspecteur, -trice** *nm/f* Inspektor(in) *m(f)* • **inspection** *nf* Prüfung *f*, Kontrolle *f*
inspiration [ɛ̃spiʀasjɔ̃] *nf (divine)* Erleuchtung *f*; *(d'un écrivain, chercheur)* Inspiration *f*; *(idée)* Eingebung *f* • **inspirer** *vt (poète)* inspirieren, anregen ▶ *vi (aspirer)* einatmen
instable [ɛ̃stabl] *adj* unbeständig; *(meuble)* wackelig
installateur [ɛ̃stalatœʀ] *nm* Installateur *m*
installation [ɛ̃stalasjɔ̃] *nf (de l'électricité, du téléphone)* Anschließen *nt*; *(appareils)* Anlage *f*; *(Inform : logiciel)* Installation *f*; **~s électriques/sanitaires** elektrische/sanitäre Anlagen *pl*
installer [ɛ̃stale] *vt (gaz, électricité, téléphone)* anschließen; *(Inform)* installieren; *(appartement)* einrichten; *(meuble, tente)* (auf)stellen; *(caser, loger)* unterbringen; *(coucher)* legen; *(asseoir)* setzen; **s'installer** *vpr (s'établir)* sich niederlassen; **s'~ à l'hôtel/chez qn** sich im Hotel/bei jdm einquartieren
instamment [ɛ̃stamɑ̃] *adv* eindringlich
instance [ɛ̃stɑ̃s] *nf (Jur)* Verfahren *nt*; **instances** *nfpl (prières)* inständige Bitten *pl*; **être en ~ de divorce** in Scheidung leben
instant, e [ɛ̃stɑ̃, ɑ̃t] *adj (prière etc)* eindringlich ▶ *nm* Augenblick *m*; **dans un ~** in einem Augenblick; **à chaque** *ou* **tout ~** jederzeit; **pour l'~** im Augenblick; **par ~s** manchmal
instantané, e [ɛ̃stɑ̃tane] *adj* sofortig
instar [ɛ̃staʀ] *nm* : **à l'~ de ...** dem Beispiel von ... folgend
instaurer [ɛ̃stɔʀe] *vt* einführen

instigateur, -trice [ɛ̃stigatœʀ, tʀis] *nm/f* Initiator(in) *m(f)*, Anstifter(in) *m(f)* • **instigation** *nf* : **à l'~ de qn** auf jds Betreiben *acc*
instinct [ɛ̃stɛ̃] *nm* Instinkt *m*; **d'~** instinktiv • **instinctif, -ive** *adj* instinktiv
instituer [ɛ̃stitɥe] *vt* einführen
institut [ɛ̃stity] *nm* Institut *nt*; **~ de beauté** Schönheitsinstitut *nt*; **I~ universitaire de technologie** ≈ technische Hochschule *f ou* Universität *f*
instituteur, -trice [ɛ̃stitytœʀ, tʀis] *nm/f* ≈ Grundschullehrer(in) *m(f)*
institution [ɛ̃stitysjɔ̃] *nf* Institution *f*; (*collège, école privée*) Privatschule *f*
instructeur [ɛ̃stʀyktœʀ] *nm* Lehrer *m*; **juge ~** Untersuchungsrichter *m*
instructif, -ive [ɛ̃stʀyktif, iv] *adj* lehrreich, instruktiv
instruction [ɛ̃stʀyksjɔ̃] *nf* Ausbildung *f*; (*enseignement*) Unterricht *m*; (*savoir, connaissances*) Bildung *f*; (*Inform*) Anweisung *f*, Befehl *m*; **instructions** *nfpl* (*directives*) Anweisungen *pl*; (*mode d'emploi*) Gebrauchsanweisung *f*
instruire [ɛ̃stʀɥiʀ] *vt* (*élèves*) unterrichten; **s'instruire** *vpr* sich bilden • **instruit, e** *adj* gebildet
instrument [ɛ̃stʀymɑ̃] *nm* Instrument *nt*; **~ à cordes** Saiteninstrument *nt*; **~ à percussion** Schlaginstrument *nt*; **~ à vent** Blasinstrument *nt*; **~ de musique** Musikinstrument *nt*; **~ de travail** Werkzeug
insu [ɛ̃sy] *nm* : **à l'~ de qn** ohne jds Wissen
insubordination [ɛ̃sybɔʀdinasjɔ̃] *nf* (*Mil*) Gehorsamsverweigerung *f*; (*d'un élève*) Aufsässigkeit *f*
insuffisamment [ɛ̃syfizamɑ̃] *adv* unzureichend
insuffisance [ɛ̃syfizɑ̃s] *nf* Unzulänglichkeit *f* • **insuffisant, e** *adj* unzureichend; (*en nombre*) ungenügend
insuffler [ɛ̃syfle] *vt* : **~ qch (dans)** etw einblasen (in +*acc*)
insulaire [ɛ̃sylɛʀ] *adj* Insel-
insuline [ɛ̃sylin] *nf* Insulin *nt*
insulte [ɛ̃sylt] *nf* Beleidigung *f* • **insulter** *vt* beschimpfen, beleidigen
insupportable [ɛ̃sypɔʀtabl] *adj* unerträglich
insurmontable [ɛ̃syʀmɔ̃tabl] *adj* unüberwindlich
insurrection [ɛ̃syʀɛksjɔ̃] *nf* Aufstand *m*
intact, e [ɛ̃takt] *adj* unversehrt, intakt
intarissable [ɛ̃taʀisabl] *adj* unerschöpflich
intégral, e, -aux [ɛ̃tegʀal, o] *adj* vollständig
intégrant, e [ɛ̃tegʀɑ̃, ɑ̃t] *adj* : **faire partie ~e de qch** ein fester Bestandteil von etw sein
intégration [ɛ̃tegʀasjɔ̃] *nf* Integration *f*
intègre [ɛ̃tɛgʀ] *adj* rechtschaffen, integer
intégrer [ɛ̃tegʀe] *vt* integrieren; **s'intégrer** *vpr* : **s'~ à** *ou* **dans qch** sich in etw *acc* integrieren *ou* eingliedern
intégrisme [ɛ̃tegʀism] *nm* Fundamentalismus *m* • **intégriste** *adj* fundamentalistisch ▸ *nmf* Fundamentalist(in) *m(f)*
intellectuel, le [ɛ̃telɛktɥɛl] *adj* intellektuell ▸ *nm/f* Intellektuelle(r) *f(m)*

intelligence [ɛ̃teliʒɑ̃s] *nf* Intelligenz *f*; **~ artificielle** künstliche Intelligenz •**intelligent, e** *adj* intelligent, gescheit

intelligible [ɛ̃teliʒibl] *adj* verständlich

intello [ɛ̃telo] (*fam*) *adj* (schrecklich) intellektuell ▶ *nmf* Intelligenzbestie *f*

intempéries [ɛ̃tɑ̃peʀi] *nfpl* schlechtes Wetter *nt*

intempestif, -ive [ɛ̃tɑ̃pɛstif, iv] *adj* unpassend

intenable [ɛ̃t(ə)nabl] *adj* (*situation, chaleur, enfant*) unerträglich

intendant, e [ɛ̃tɑ̃dɑ̃] *nm/f* Verwalter(in) *m(f)*

intense [ɛ̃tɑ̃s] *adj* stark, intensiv; (*froid*) groß; (*lumière*) hell •**intensif, -ive** *adj* intensiv •**intensité** *nf* Intensität *f*; (*d'un courant électrique*) Stromstärke *f*

intenter [ɛ̃tɑ̃te] *vt* : **~ un procès/ une action à qn** einen Prozess/ einen Vorgang gegen jdn anstrengen

intention [ɛ̃tɑ̃sjɔ̃] *nf* Absicht *f*; **avoir l'~ de faire qch** beabsichtigen *ou* die Absicht haben, etw zu tun •**intentionné, e** *adj* : **bien/mal ~** wohlgesinnt/ nicht wohlgesinnt •**intentionnel, le** *adj* absichtlich

interactif, -ive [ɛ̃tɛʀaktif, iv] *adj* interaktiv

interaction [ɛ̃tɛʀaksjɔ̃] *nf* Wechselwirkung *f*

intercaler [ɛ̃tɛʀkale] *vt* : **~ (dans)** einfügen (in +*acc*)

intercepter [ɛ̃tɛʀsɛpte] *vt* abfangen

interchangeable [ɛ̃tɛʀʃɑ̃ʒabl] *adj* austauschbar

interconnecter [ɛ̃tɛʀkɔnɛkte] *vt* miteinander verbinden

interdiction [ɛ̃tɛʀdiksjɔ̃] *nf* Verbot *nt*; **~ de séjour** Aufenthaltsverbot *nt* •**interdire** *vt* verbieten; **~ à qn de faire qch** jdm verbieten, etw zu tun •**interdit, e** *adj* verboten; **sens/ stationnement ~** Einbahnstraße *f*/Parkverbot *nt*

intéressant, e [ɛ̃teʀesɑ̃, ɑ̃t] *adj* interessant •**intéressé, e** *adj* interessiert; (*puissances, parties, personnes*) betroffen •**intéresser** *vt* interessieren; (*concerner*) betreffen; (*aux bénéfices*) beteiligen; **s'intéresser** *vpr* : **s'~ à qn/qch** sich für jdn/etw interessieren

intérêt [ɛ̃teʀɛ] *nm* Interesse *nt*; (*dividende*) Zins *m*

interface [ɛ̃tɛʀfas] *nf* (*Inform*) Schnittstelle *f*, Interface *nt*

interférer [ɛ̃tɛʀfeʀe] *vi* interferieren

intérieur, e [ɛ̃teʀjœʀ] *adj* innere(r, s); (*politique, cour*) Innen- ▶ *nm* : **l'~** das Innere *nt*; **un ~ bourgeois/confortable** bürgerliche/bequeme (Innen)einrichtung *f*; **à l'~ (de)** im Inneren (von *ou* +*gén*); (*avec mouvement*) ins Innere (von *ou* +*gén*)

intérim [ɛ̃teʀim] *nm* Zwischenzeit *f*; (*travail temporaire*) Zeitarbeit *f*; **assurer l'~ (de qn)** die Vertretung (für jdn) übernehmen; **par ~** vorläufig •**intérimaire** *nmf* (*personne*) Zeitarbeiter(in) *m(f)*

interjection [ɛ̃tɛʀʒɛksjɔ̃] *nf* Ausruf *m*

interlocuteur, -trice [ɛ̃tɛʀlɔkytœʀ, tʀis] *nm/f* Gesprächspartner(in) *m(f)*

interlude [ɛ̃tɛʀlyd] *nm* Zwischenspiel *nt*

intermédiaire [ɛ̃tɛʀmedjɛʀ] *adj* Zwischen- ▶ *nm* : **sans ~** direkt; **par l'~ de** durch

interminable [ɛ̃tɛʀminabl] *adj* endlos

internat [ɛ̃tɛʀna] *nm* (*établissement*) Internat *nt*

international, e, -aux [ɛ̃tɛʀnasjɔnal, o] *adj* international

internaute [ɛ̃tɛʀnot] *nmf* Internetsurfer(in) *m(f)*, Websurfer(in) *m(f)*

interne [ɛ̃tɛʀn] *adj* innere(r, s)

interner [ɛ̃tɛʀne] *vt* (*Pol*) internieren; (*Méd*) in eine Anstalt einweisen

Internet [ɛ̃tɛʀnɛt] *nm* : **(l')~** das Internet; **~ mobile** mobiles Internet *nt*

interpeller [ɛ̃tɛʀpəle] *vt* (*appeler*) zurufen +*dat*

interphone [ɛ̃tɛʀfɔn] *nm* (Wechsel)sprechanlage *f*

interposer [ɛ̃tɛʀpoze] *vt* dazwischentun

interprétation [ɛ̃tɛʀpʀetasjɔ̃] *nf* Interpretation *f* • **interprète** *nmf* (*traducteur*) Dolmetscher(in) *m(f)* • **interpréter** *vt* interpretieren; (*songes, présages*) deuten

interrogateur, -trice [ɛ̃tɛʀɔgatœʀ, tʀis] *adj* fragend • **interrogatif, -ive** *adj* fragend; (*Ling*) Frage- • **interrogation** *nf* Befragung *f*; **~ écrite/orale** (*Scol*) schriftliche/mündliche Prüfung; **~ directe/indirecte** direkte/indirekte Frage *f* • **interrogatoire** *nm* Verhör *nt*; (*au tribunal*) Vernehmung *f* • **interroger** *vt* befragen; (*inculpé*) verhören, vernehmen; (*données, ordinateur*) abfragen

interrompre [ɛ̃tɛʀɔ̃pʀ] *vt* unterbrechen; **s'interrompre** *vpr* aufhören • **interrupteur** *nm* Schalter *m* • **interruption** *nf* Unterbrechung *f*; **~ volontaire de grossesse** Schwangerschaftsabbruch

intersection [ɛ̃tɛʀsɛksjɔ̃] *nf* (*croisement*) Kreuzung *f*

interstice [ɛ̃tɛʀstis] *nm* Zwischenraum *m*, Spalt *m*

interurbain, e [ɛ̃tɛʀyʀbɛ̃, ɛn] *adj* : **communication ~e** Ferngespräch *nt*

intervalle [ɛ̃tɛʀval] *nm* Zwischenraum *m*; **à deux mois d'~** im Abstand von zwei Monaten; **dans l'~** inzwischen

intervenir [ɛ̃tɛʀvəniʀ] *vi* eingreifen • **intervention** *nf* Eingreifen *nt*

interview [ɛ̃tɛʀvju] *nf* Interview *nt* • **interviewer** *vt* interviewen

intestin, e [ɛ̃tɛstɛ̃, in] *adj* : **querelles/luttes ~es** innere Kämpfe *pl* ▶ *nm* Darm *m* • **intestinal, e, -aux** *adj* Darm-

intime [ɛ̃tim] *adj* intim ▶ *nmf* Vertraute(r) *f(m)*

intimer [ɛ̃time] *vt* (*citer*) vorladen; **~ à qn l'ordre de faire qch** jdm den Befehl zukommen lassen, etw zu tun

intimidation [ɛ̃timidasjɔ̃] *nf* Einschüchterung *f*

intimider [ɛ̃timide] *vt* einschüchtern

intimité [ɛ̃timite] *nf* : **dans la plus stricte ~** im engsten Familienkreis

intituler [ɛ̃tityle] *vt* : **comment a-t-il intitulé son livre ?** welchen Titel hat er seinem Buch gegeben?; **s'intituler** *vpr* (*ouvrage*) den Titel tragen

intolérable [ɛ̃tɔleʀabl] *adj* unerträglich
intolérance [ɛ̃tɔleʀɑ̃s] *nf* Intoleranz *f* • **intolérant, e** *adj* intolerant
intoxication [ɛ̃tɔksikasjɔ̃] *nf* Vergiftung *f* • **intoxiquer** *vt* vergiften; (*fig*) indoktrinieren
intraduisible [ɛ̃tʀadɥizibl] *adj* unübersetzbar
intraitable [ɛ̃tʀɛtabl] *adj* (*intransigeant*) unnachgiebig; **~ sur** unnachgiebig in Bezug auf *+acc*; **demeurer ~** nicht nachgeben
intranet [ɛ̃tʀanɛt] *nm* Intranet *nt*
intransigeant, e [ɛ̃tʀɑ̃ziʒɑ̃, ɑ̃t] *adj* unnachgiebig, stur
intraveineux, -euse [ɛ̃tʀavɛnø, øz] *adj* intravenös
intrépide [ɛ̃tʀepid] *adj* mutig, beherzt
intrigue [ɛ̃tʀig] *nf* (*manœuvre*) Intrige *f* • **intriguer** *vi* intrigieren ▶ *vt* neugierig machen
introduction [ɛ̃tʀɔdyksjɔ̃] *nf* Einführung *f* • **introduire** *vt* einführen; (*Inform*) eingeben; **s'introduire** *vpr* (*usages, idées*) in Gebrauch kommen; **~ qch dans** etw stecken in *+acc*; **s'~ dans** (*personne, eau, fumée*) eindringen in *+acc*
introuvable [ɛ̃tʀuvabl] *adj* unauffindbar; (*édition*) schwer auffindbar
introverti, e [ɛ̃tʀɔvɛʀti] *adj* introvertiert
intrus, e [ɛ̃tʀy, yz] *nm/f* Eindringling *m*
intrusion [ɛ̃tʀyzjɔ̃] *nf* Eindringen *nt*; (*ingérence*) Einmischung *f*
intuitif, -ive [ɛ̃tɥitif, iv] *adj* intuitiv • **intuition** *nf* Intuition *f*, Vorahnung *f*; (*pressentiment*) Vorgefühl *nt*
inusable [inyzabl] *adj* unverwüstlich
inutile [inytil] *adj* nutzlos; (*superflu*) unnötig
inutilisable [inytilizabl] *adj* unbrauchbar
invalide [ɛ̃valid] *adj* körperbehindert
invalider [ɛ̃valide] *vt* (*donation, contrat, élection*) ungültig machen
invariable [ɛ̃vaʀjabl] *adj* unveränderlich
invasion [ɛ̃vazjɔ̃] *nf* Invasion *f*
invectiver [ɛ̃vɛktive] *vt* beschimpfen
inventaire [ɛ̃vɑ̃tɛʀ] *nm* Inventar *nt*; (*Comm : liste*) Warenliste *f*; (*: opération*) Inventur *f*; (*fig*) Bestandsaufnahme *f*
inventer [ɛ̃vɑ̃te] *vt* erfinden • **inventeur, -trice** *nm/f* Erfinder(in) *m(f)* • **inventif, -ive** *adj* schöpferisch; (*ingénieux*) einfallsreich • **invention** *nf* Erfindung *f*; (*découverte*) Entdeckung *f*
inventorier [ɛ̃vɑ̃tɔʀje] *vt* eine Aufstellung machen von
inverse [ɛ̃vɛʀs] *adj* umgekehrt; (*sens*) entgegengesetzt ▶ *nm* : **l'~** das Gegenteil *nt* • **inverser** *vt* umkehren
investigation [ɛ̃vɛstigasjɔ̃] *nf* Untersuchung *f*
investir [ɛ̃vɛstiʀ] *vt* investieren • **investissement** *nm* Investition *f*, Anlage *f*
invincible [ɛ̃vɛ̃sibl] *adj* unbesiegbar; (*irrésistible*) unwiderstehlich
invisible [ɛ̃vizibl] *adj* unsichtbar
invitation [ɛ̃vitasjɔ̃] *nf* Einladung *f*; **à** *ou* **sur l'~ de qn** (*exhortation*) auf jds Aufforderung *acc* hin • **invité, e** *nm/f* Gast *m* • **inviter** *vt*

einladen; **~ qn à faire qch** (*exhorter*) jdn auffordern, etw zu tun
involontaire [ɛ̃vɔlɔ̃tɛʀ] *adj* unabsichtlich, unwillkürlich
invoquer [ɛ̃vɔke] *vt* (*Dieu, muse*) anrufen; (*excuse, argument*) anbringen; (*loi, texte, ignorance*) sich berufen auf +*acc*
invraisemblable [ɛ̃vʀɛsɑ̃blabl] *adj* unwahrscheinlich; (*fantastique, inimaginable*) unglaublich
iode [jɔd] *nm* Jod *nt*
iPod® [aɪpɔd, ipɔd] *nm* iPod® *m*
Irak [iʀak] *nm* : **l'~** (der) Irak *m* • **irakien, ne** *adj* irakisch ▸ *nm/f* : **I~, ne** Iraker(in) *m(f)*
Iran [iʀɑ̃] *nm* : **l'~** (der) Iran *m* • **iranien, ne** *adj* iranisch ▸ *nm/f* : **I~, ne** Iraner(in) *m(f)*
Iraq [iʀak] *nm* = **Irak**
irascible [iʀasibl] *adj* jähzornig
iris [iʀis] *nm* Iris *f*, Iris
irlandais, e [iʀlɑ̃dɛ, ɛz] *adj* irisch ▸ *nm/f* : **I~, e** Ire *m*, Irin *f* • **Irlande** *nf* : **l'~** Irland *nt*; **l'~ du Nord** Nordirland *nt*
ironie [iʀɔni] *nf* Ironie *f* • **ironique** *adj* ironisch
irradiation [iʀadjasjɔ̃] *nf* Bestrahlung *f*
irradier [iʀadje] *vt* bestrahlen; (*contaminer*) verstrahlen
irraisonné, e [iʀɛzɔne] *adj* (*geste, acte*) unüberlegt; (*crainte*) unbegründet, unsinnig
irrecevable [iʀəs(ə)vabl] *adj* unannehmbar
irréel, le [iʀeɛl] *adj* unwirklich
irréfléchi, e [iʀefleʃi] *adj* unüberlegt, gedankenlos
irrégulier, -ière [iʀegylje, jɛʀ] *adj* unregelmäßig; (*surface, terrain*) uneben
irrémédiable [iʀemedjabl] *adj* nicht wiedergutzumachen
irremplaçable [iʀɑ̃plasabl] *adj* unersetzlich
irréprochable [iʀepʀɔʃabl] *adj* einwandfrei, tadellos
irrésistible [iʀezistibl] *adj* unwiderstehlich
irrésolu, e [iʀezɔly] *adj* unentschlossen
irrespectueux, -euse [iʀɛspɛktɥø, øz] *adj* respektlos
irresponsable [iʀɛspɔ̃sabl] *adj* unverantwortlich; (*irréfléchi*) verantwortungslos
irréversible [iʀevɛʀsibl] *adj* nicht rückgängig zu machen
irrigation [iʀigasjɔ̃] *nf* Bewässerung *f*
irriguer [iʀige] *vt* bewässern
irritable [iʀitabl] *adj* reizbar
irritation [iʀitasjɔ̃] *nf* (*exaspération*) Gereiztheit *f*; (*inflammation*) Reizung *f*
irriter [iʀite] *vt* reizen
irruption [iʀypsjɔ̃] *nf* Eindringen *nt*, Hereinstürzen *nt*; **faire ~ dans un endroit/chez qn** plötzlich an einem Ort/bei jdm erscheinen
Islam [islam] *nm* Islam *m* • **islamique** *adj* islamisch • **islamiste** *nmf* Islamist(in) *m(f)*
islamophobie [islamɔfɔbi] *nf* Islamophobie *f*
islandais, e [islɑ̃dɛ, ɛz] *adj* isländisch ▸ *nm* (*Ling*) Isländisch *nt* ▸ *nm/f* : **I~, e** Isländer(in) *m(f)* • **Islande** *nf* : **l'~** Island *nt*
isolant, e [izɔlɑ̃, ɑ̃t] *adj* isolierend ▸ *nm* Isoliermaterial *nt*
isolation [izɔlasjɔ̃] *nf* : **~ acoustique** Schalldämmung *f*; **~ électrique** Isolierung *f*; **~ thermique** Wärmeisolierung *f*
isolé, e [izɔle] *adj* isoliert; (*séparé*) einzeln
isoler [izɔle] *vt* isolieren

isoloir [izɔlwaʀ] *nm* Wahlkabine *f*
Israël [isʀaɛl] *nm* Israel *nt*
• **israélien, ne** *adj* israelisch ▶ *nm/f* : **I~, ne** Israeli *mf* • **israélite** *adj* jüdisch ▶ *nmf* : **I~** Israelit(in) *m(f)*
issu, e [isy] *adj* : **être ~ de** abstammen von; (*résulter de*) herrühren von
issue [isy] *nf* Ausgang *m*; (*résultat*) Ergebnis *nt*; **à l'~ de** am Ende von; **chemin/rue sans ~** Sackgasse *f*; **~ de secours** Notausgang *m*
Italie [itali] *nf* : **l'~** Italien *nt*
• **italien, ne** *adj* italienisch ▶ *nm/f* : **I~, ne** Italiener(in) *m(f)*
italique [italik] *nm* : **en ~(s)** kursiv
itinéraire [itineʀɛʀ] *nm* Route *f*; **~ de délestage** Umleitung *f*
IUT [iyte] *sigle m* (= *Institut universitaire de technologie*) *voir* **institut**
IVG [iveʒe] *sigle f* (= *interruption volontaire de grossesse*) *voir* **interruption**
ivoire [ivwaʀ] *nm* Elfenbein *nt*
ivoirien, ne [ivwaʀjɛ̃, jɛn] *adj* von der Elfenbeinküste
ivre [ivʀ] *adj* betrunken • **ivresse** *nf* Trunkenheit *f* • **ivrogne** *nmf* Trinker(in) *m(f)*

J

jachère [ʒaʃɛʀ] *nf* : **(être) en ~** brach(liegen)
jacinthe [ʒasɛ̃t] *nf* Hyazinthe *f*
jacuzzi® [ʒakuzi] *nm* Whirlpool® *m*
jadis [ʒadis] *adv* einst(mals)
jaillir [ʒajiʀ] *vi* hervorsprudeln
jalon [ʒalɔ̃] *nm* Markierungspfosten *m*
jalousie [ʒaluzi] *nf* Eifersucht *f*; (*store*) Jalousie *f* • **jaloux, -se** *adj* eifersüchtig
jamais [ʒamɛ] *adv* nie, niemals; (*sans négation*) je(mals); **ne ... ~** niemals
jambe [ʒɑ̃b] *nf* Bein *nt*
jambon [ʒɑ̃bɔ̃] *nm* Schinken *m*
jambonneau, x [ʒɑ̃bɔno] *nm* (gekochtes) Eisbein *nt*
janvier [ʒɑ̃vje] *nm* Januar *m*; *voir aussi* **juillet**
Japon [ʒapɔ̃] *nm* : **le ~** Japan *nt*
• **japonais, e** *adj* japanisch ▶ *nm/f* : **J~, e** Japaner(in) *m(f)*
jaquette [ʒakɛt] *nf* (*de livre*) Schutzumschlag *m*
jardin [ʒaʀdɛ̃] *nm* Garten *m*; **~ d'enfants** Kindergarten *m*
• **jardinage** *nm* Gartenarbeit *f*
• **jardiner** *vi* im Garten arbeiten

• **jardinier, -ière** *nm/f* Gärtner(in) *m(f)* ▸ *nf* (*caisse*) Blumenkasten *m*; **jardinière d'enfants** Kindergärtnerin *f*; **jardinière (de légumes)** gemischtes Gemüse *nt*
jarret [ʒaʀɛ] *nm* (*Anat*) Kniekehle *f*; (*Culin*) Haxe *f*, Hachse *f*
jaser [ʒɑze] *vi* schwatzen; (*indiscrètement*) klatschen
jasmin [ʒasmɛ̃] *nm* Jasmin *m*
jatte [ʒat] *nf* Napf *m*, Schale *f*
jauger [ʒoʒe] *vt* (*mesurer*) messen; (*juger*) beurteilen
jaune [ʒon] *adj* gelb ▸ *nm* Gelb *nt*; (*d'œuf*) Eigelb *nt*, Dotter *m ou nt*
Javel [ʒavɛl] *nf*: **eau** *f* **de ~** Chlorbleiche *f*
javelot [ʒavlo] *nm* Speer *m*
jazz [dʒɑz] *nm* Jazz *m*
J.-C. *abr* = **Jésus-Christ**
je [ʒə], **j'** (*avant voyelle ou h muet*) *pron* ich
jean [dʒin] *nm* Jeans *f ou pl*
jeep® [(d)ʒip] *nf* Jeep® *m*
je-ne-sais-quoi [ʒən(ə)sɛkwa] *nm inv*: **un ~** ein gewisses Etwas
jersey [ʒɛʀzɛ] *nm* (*tissu*) Jersey *m*
Jésus-Christ [ʒezykʀi(st)] *nm* Jesus Christus *m*; **600 avant/après ~** 600 vor/nach Christus *ou* Christi Geburt
jet¹ [dʒɛt] *nm* (*avion*) Jet *m*
jet² [ʒɛ] *nm* (*action*) Werfen *nt*; (*son résultat, distance*) Wurf *m*; (*jaillissement*) Strahl *m*; **premier ~** erster Entwurf *m*; **~ d'eau** Wasserstrahl *m*; (*fontaine*) Fontäne *f*
jetable [ʒ(ə)tabl] *adj* Wegwerf-
jetée [ʒəte] *nf* Mole *f*
jeter [ʒ(ə)te] *vt* (*lancer*) werfen; (*: violemment*) schleudern; (*se défaire de*) wegwerfen; (*cri, insultes*) ausstoßen
jeton [ʒ(ə)tɔ̃] *nm* (*au jeu*) Spielmarke *f*
jeu, x [ʒø] *nm* Spiel *nt*; **~ de société** Gesellschaftsspiel *nt*; **~ télévisé** Gameshow *f*; **~ vidéo** Videospiel *nt*; **J~x olympiques** Olympische Spiele *pl* • **jeu-concours** (*pl* **jeux-concours**) *nm* Preisausschreiben *nt*
jeudi [ʒødi] *nm* Donnerstag *m*; **~ saint** Gründonnerstag *m*; *voir aussi* **lundi**
jeun [ʒœ̃]: **à ~** *adv* nüchtern
jeune [ʒœn] *adj* jung ▸ *adv*: **faire ~** jugendlich *ou* jung aussehen ▸ *nmpl*: **les ~s** die Jugend *f*, die Jugendlichen *pl*; **~ fille** (junges) Mädchen *nt*; **~ homme** junger Mann *m*
jeûne [ʒøn] *nm* Fasten *nt*
jeunesse [ʒœnɛs] *nf* Jugend *f*; (*apparence*) Jugendlichkeit *f*
JO [ʒio] *sigle mpl* (= *Jeux olympiques*) *voir* **jeu**
joaillerie [ʒɔajʀi] *nf* (*magasin*) Juweliergeschäft *nt* • **joaillier, -ière** *nm/f* Juwelier *m*
job [dʒɔb] (*fam*) *nm* Job *m*
jockey [ʒɔkɛ] *nm* Jockey *m*
jogging [dʒɔgiŋ] *nm* Jogging *nt*; (*vêtement*) Jogginganzug *m*; **faire du ~** joggen
joie [ʒwa] *nf* Freude *f*
joindre [ʒwɛ̃dʀ] *vt* verbinden; (*ajouter*) beifügen; (*réussir à contacter*) erreichen; **se joindre** *vpr*: **se ~ à** sich anschließen +*dat*; **~ un fichier à un mail** eine Datei an eine E-mail anhängen
joint, e [ʒwɛ̃, ɛ̃t] *nm* (*de robinet*) Dichtung *f*; **~ de culasse** Zylinderkopfdichtung *f*
joker [(d)ʒɔkɛʀ] *nm* Joker *m*; (*Inform*) Wildcard *f*, Jokerzeichen *nt*
joli, e [ʒɔli] *adj* hübsch

jonc [ʒɔ̃] *nm* (Schilf)rohr *nt*
jonction [ʒɔ̃ksjɔ̃] *nf* (*de routes*) Kreuzung *f*; (*de fleuves*) Zusammenfluss *m*; (*action de joindre*) Verbindung *f*
jongleur, -euse [ʒɔ̃glœʀ, øz] *nm/f* Jongleur(in) *m(f)*
jonquille [ʒɔ̃kij] *nf* Osterglocke *f*
Jordanie [ʒɔʀdani] *nf*: **la ~** Jordanien *nt*
joue [ʒu] *nf* Backe *f*, Wange *f*
jouer [ʒwe] *vt* spielen; (*argent*) setzen; (*réputation etc*) aufs Spiel setzen; (*simuler*) vortäuschen ▸ *vi* spielen; **se jouer** *vpr*: **se ~ de qn** jdn zum Narren halten; **~ à** spielen; **~ un tour à qn** jdm einen Streich spielen • **jouet** *nm* Spielzeug *nt*; **être le ~ de** das Opfer sein +*gén* • **joueur, -euse** *nm/f* Spieler(in) *m(f)*
joufflu, e [ʒufly] *adj* pausbäckig
jouir [ʒwiʀ] *vi*: **~ de** (*avoir*) haben; (*savourer*) genießen
jouissance [ʒwisɑ̃s] *nf* (*plaisir*) Freude *f*; (*usage*) Nutznießung *f*
jour [ʒuʀ] *nm* Tag *m*; (*clarté*) (Tages)licht *nt*; **il fait ~** es ist Tag; **mettre à ~** auf den neuesten Stand bringen; **~ férié** Feiertag *m*
journal, -aux [ʒuʀnal, o] *nm* Zeitung *f*; (*personnel*) Tagebuch *nt*; **~ télévisé** (Fernseh)nachrichten *pl* • **journalisme** *nm* Journalismus *m* • **journaliste** *nmf* Journalist(in) *m(f)*
journée [ʒuʀne] *nf* Tag *m*; **la ~ continue** durchgehende Arbeitszeit (*ohne Mittagspause*)
jovial, e, -aux [ʒɔvjal, jo] *adj* jovial
joyau, x [ʒwajo] *nm* Juwel *nt*
joyeux, -euse [ʒwajø, øz] *adj* fröhlich; (*nouvelle*) freudig; **~ Noël!** frohe *ou* fröhliche Weihnachten!; **~ anniversaire!** alles Gute zum Geburtstag!
JT [ʒite] *sigle m* (= *journal télévisé*) *voir* **journal**
jubiler [ʒybile] *vi* jubeln
judaïsme [ʒydaism] *nm* Judentum *nt*
judas [ʒyda] *nm* (*trou*) Guckloch *nt*
judiciaire [ʒydisjɛʀ] *adj* gerichtlich, Justiz-
judicieux, -euse [ʒydisjø, jøz] *adj* klug, gescheit
judo [ʒydo] *nm* Judo *nt*
juge [ʒyʒ] *nm* Richter(in) *m(f)*; **~ d'instruction** Untersuchungsrichter(in) *m(f)* • **jugement** *nm* Urteil *nt* • **jugeote** (*fam*) *nf* Grips *m* • **juger** *vt* beurteilen; (*affaire*) entscheiden über +*acc*; **~ bon de faire qch** es für richtig halten, etw zu tun; **~ que** meinen, dass
juguler [ʒygyle] *vt* in den Griff bekommen; (*inflation*) eindämmen
juif, -ive [ʒɥif, ʒɥiv] *adj* jüdisch ▸ *nm/f* Jude *m*, Jüdin *f*
juillet [ʒɥijɛ] *nm* Juli *m*; **en ~** im Juli; **au mois de ~** im Monat Juli; **arriver le 17 ~** am 17. Juli ankommen; **Genève, le 17 ~** (*lettre*) Genf, den 17. Juli; **début/fin ~** Anfang/Ende Juli
juin [ʒɥɛ̃] *nm* Juni *m*; *voir aussi* **juillet**
juke-box [dʒukbɔks] *nm inv* Musikbox *f*
jumeau, -elle, x [ʒymo, ɛl] *nm/f* Zwilling *m* ▸ *adj* (*frère, sœur*) Zwillings-; **maisons jumelles** Doppelhaus *nt*
jumelage [ʒym(ə)laʒ] *nm* (Städte)partnerschaft *f* • **jumeler** *vt* (*villes*) zu Partnerstädten machen
jumelle [ʒymɛl] *adj*, *nf* *voir* **jumeau**
jumelles [ʒymɛl] *nfpl* Fernglas *nt*

J

jument [ʒymɑ̃] *nf* Stute *f*
jungle [ʒœ̃gl] *nf* Dschungel *m*
jupe [ʒyp] *nf* Rock *m*
jupon [ʒypɔ̃] *nm* Unterrock *m*
Jura [ʒyʀa] *nm* : **le ~** der Jura
juré [ʒyʀe] *nm* Geschworene(r) *f(m)*
jurer [ʒyʀe] *vt* schwören, geloben ▸ *vi* (*dire des jurons*) fluchen; **~ que** schwören, dass
juridique [ʒyʀidik] *adj* juristisch
juron [ʒyʀɔ̃] *nm* Fluch *m*
jury [ʒyʀi] *nm* Geschworene *pl*; (*Scol*) Prüfungsausschuss *m*
jus [ʒy] *nm* Saft *m*; **~ de pommes** Apfelsaft *m*; **~ de viande** Bratensaft *m*
jusqu'au-boutiste [ʒyskobutist] *adj* extremistisch ▸ *nmf* Extremist(in) *m(f)*
jusque [ʒysk] *prép* : **jusqu'à** (*endroit*) bis (an) +*acc*; (: *ville, pays*) bis (nach); (*moment*) bis (zu); (*limite*) bis zu; **jusqu'à présent** *ou* **maintenant** bis jetzt; **~ vers** bis (hin) zu; **~-là** (*temps*) bis jetzt
justaucorps [ʒystokɔʀ] *nm* Trikot *nt*
juste [ʒyst] *adj* (*équitable*) gerecht; (*légitime*) gerechtfertigt; (*exact, précis*) genau; (*vrai, correct*) richtig; (*étroit, insuffisant*) knapp ▸ *adv* (*avec exactitude*) genau, richtig •**justement** *adv* (*avec raison*) zu Recht •**justesse** *nf* (*exactitude*) Richtigkeit *f*; (*précision*) Genauigkeit *f*; **de ~** mit knapper Not, gerade noch
justice [ʒystis] *nf* (*équité*) Gerechtigkeit *f*; (*pouvoir judiciaire*) Justiz *f*
justificatif, -ive [ʒystifikatif, iv] *adj* (*document etc*) unterstützend ▸ *nm* Beleg *m*
justification [ʒystifikasjɔ̃] *nf* Rechtfertigung *f* •**justifier** *vt* rechtfertigen
jute [ʒyt] *nm* Jute *f*
juteux, -euse [ʒytø, øz] *adj* saftig
juvénile [ʒyvenil] *adj* jugendlich
juxtaposer [ʒykstapoze] *vt* nebeneinanderstellen

K

kaki [kaki] *adj inv* kaki
kangourou [kɑ̃guʀu] *nm* Känguru *nt*
karaoké [kaʀaoke] *nm* Karaoke *nt*
karaté [kaʀate] *nm* Karate *nt*
kart [kaʀt] *nm* Gokart *m* • **karting** *nm* Gokartfahren *nt*
kascher [kaʃɛʀ] *adj inv* koscher
kayak [kajak] *nm* Kajak *m*
Kazakhstan [kazakstɑ̃] *nm* : **le ~** Kasachstan *nt*
kebab [kebab] *nm* Kebab *m*
Kenya [kenja] *nm* : **le ~** Kenia *nt*
képi [kepi] *nm* Käppi *nt*
kermesse [kɛʀmɛs] *nf* (*villageoise*) Kirmes *f*; (*de bienfaisance*) Wohltätigkeitsbasar *m*
kérosène [keʀozɛn] *nm* Kerosin *nt*
kg *abr* (= *kilogramme*) kg
khôl [kol] *nm* Kajal *nt*
kidnapper [kidnape] *vt* entführen, kidnappen
kilo [kilo] *nm* Kilo *nt* • **kilogramme** *nm* Kilogramm *nt* • **kilométrage** *nm* (*au compteur*) Kilometerstand *m* • **kilomètre** *nm* Kilometer *m*; **~s à l'heure** Stundenkilometer *pl* • **kilomètre-heure** (*pl* **kilomètres-heures**) *nm* Stundenkilometer *m* • **kilométrique** *adj* (*borne, compteur*) Kilometer-; (*distance*) in Kilometern • **kilowatt** *nm* Kilowatt *nt*
kinésithérapeute [kineziteʀapøt] *nmf* Physiotherapeut(in) *m(f)* • **kinésithérapie** *nf* Physiotherapie *f*
kiosque [kjɔsk] *nm* (*à journaux, fleurs*) Kiosk *m*; (*de jardin*) Pavillon *m*
Kirghizistan [kiʀgizistɑ̃] *nm* : **le ~** Kirgistan *nt*
kirsch [kiʀʃ] *nm* Kirschwasser *nt*
kit [kit] *nm* Bastelsatz *m*; **~ mains libres** Freisprechanlage *f*
kitsch [kitʃ] *nm inv* Kitsch *m*
kiwi [kiwi] *nm* (*Zool*) Kiwi *m*; (*Bot*) Kiwi *f*
klaxon [klaksɔn] *nm* Hupe *f* • **klaxonner** *vi* hupen ▶ *vt* anhupen
kleenex® [klinɛks] *nm* Papiertaschentuch *nt*
kleptomane [klɛptɔman] *nmf* Kleptomane *m*, Kleptomanin *f*
km *abr* (= *kilomètre*) km
km/h *abr* (= *kilomètre-heure*) km/h
K.-O. [kao] *adj inv* k. o.
koala [kɔala] *nm* Koala(bär) *m*
kosovar [kɔsɔvaʀ] *adj* kosovarisch • **Kosovo** *nm* : **le ~** der Kosovo *m*
Koweït [kɔwɛt] *nm* : **le ~** Kuwait *nt*
krach [kʀak] *nm* Börsenkrach *m*
kraft [kʀaft] *nm* : **papier ~** Packpapier *nt*
kurde [kyʀd] *adj* kurdisch ▶ *nmf* : **K~** Kurde *m*, Kurdin *f*
K-way® [kawɛ] *nm* Windhemd *nt*
kyste [kist] *nm* Zyste *f*

I

l [ɛl] *abr (= litre)* l
l' [l] *art, pron voir* **le**
la [la] *nm (Mus)* A *nt* ▶ *art, pron voir* **le**
là [la] *adv* dort; *(ici)* da, hier; **elle n'est pas là** sie ist nicht da; **c'est là que** dort
label [labɛl] *nm (marque)* Marke *f*; **~ de qualité** Gütezeichen *nt ou* -siegel *nt*
labeur [labœʀ] *nm* Mühe *f*, Arbeit *f*
labo [labo] *nm* Labor *nt*; = **laboratoire**
laborantin, e [labɔʀɑ̃tɛ̃, in] *nm/f* Laborant(in) *m(f)*
laboratoire [labɔʀatwaʀ] *nm* Labor *nt*
laborieux, -euse [labɔʀjø, jøz] *adj (tâche)* mühsam, mühselig; *(personne)* fleißig
labourer [labuʀe] *vt* pflügen
labrador [labʀadɔʀ] *nm (chien)* Labrador *m*
labyrinthe [labiʀɛ̃t] *nm* Labyrinth *nt*
lac [lak] *nm* See *m*; **~ Léman** Genfer See
lacer [lase] *vt* zuschnüren
lacet [lasɛ] *nm (de chaussure)* Schnürsenkel *m*; *(de route)* scharfe Kurve *f*; *(piège)* Schlinge *f*
lâche [lɑʃ] *adj* locker; *(poltron)* feige ▶ *nmf* Feigling *m*
lâcher [lɑʃe] *vt* loslassen; *(ce qui tombe, remarque)* fallen lassen; *(abandonner)* fallen lassen ▶ *vi (fil, amarres)* reißen; *(freins)* versagen
lâcheté [lɑʃte] *nf* Feigheit *f*
lacrymogène [lakʀimɔʒɛn] *adj (bombe, grenade)* Tränengas-
lacune [lakyn] *nf* Lücke *f*
là-dedans [laddɑ̃] *adv* drinnen • **là-dessous** *adv* darunter; *(fig)* dahinter • **là-dessus** *adv* darüber, darauf
lagune [lagyn] *nf* Lagune *f*
là-haut [lao] *adv* da *ou* dort oben
laid, e [lɛ, lɛd] *adj* hässlich • **laideur** *nf* Hässlichkeit *f*
lainage [lɛnaʒ] *nm (vêtement)* wollenes Kleidungsstück *nt*
laine [lɛn] *nf* Wolle *f*
laïque [laik] *adj* Laien-; *(école, enseignement)* staatlich ▶ *nmf* Laie *m*
laisse [lɛs] *nf* Leine *f*
laisser [lese] *vt, vb aux* lassen; **se laisser** *vpr* : **se ~ aller** sich gehen lassen • **laisser-aller** *nm inv (désinvolture)* Unbekümmertheit *f* • **laissez-passer** *nm inv* Passierschein *m*
lait [lɛ] *nm* Milch *f*; **~ concentré** *ou* **condensé** Kondensmilch *f*; **~ de beauté** Schönheitslotion *f*; **~ démaquillant** Reinigungsmilch *f*; **~ écrémé** Magermilch *f*; **~ en poudre** Milchpulver *nt*; **~ entier** Vollmilch *f* • **laitage** *nm* Milchprodukt *nt* • **laiterie** *nf (usine)* Molkerei *f* • **laitier, -ière** *adj* Milch- ▶ *nm/f* Milchmann *m*, Milchfrau *f*
laiton [lɛtɔ̃] *nm* Messing *nt*
laitue [lety] *nf (salade)* (Kopf)salat *m*

lambda [lɑ̃bda] *adj* : **le lecteur ~** (*fam*) der Durchschnittsleser
lambeau, x [lɑ̃bo] *nm* Fetzen *m*; **en ~x** in Fetzen
lame [lam] *nf* Klinge *f*; (*vague*) Welle *f*; **~ de rasoir** Rasierklinge *f*
lamelle [lamɛl] *nf* Lamelle *f*, Blättchen *nt*; (*petit morceau*) kleiner Streifen *m*
lamentable [lamɑ̃tabl] *adj* erbärmlich • **lamenter** *vpr* : **se ~ (sur)** klagen (über +*acc*)
laminoir [laminwaʀ] *nm* Walzwerk *nt*
lampadaire [lɑ̃padɛʀ] *nm* (*de salon*) Stehlampe *f*; (*dans la rue*) Straßenlaterne *f*
lampe [lɑ̃p] *nf* Lampe *f*; **~ de poche** Taschenlampe *f*; **~ halogène** Halogenleuchte *f*
lance [lɑ̃s] *nf* Speer *m*, Lanze *f*; **~ d'incendie** Feuerwehrschlauch *m*
lance-flammes [lɑ̃sflam] *nm inv* Flammenwerfer *m*
lancement [lɑ̃smɑ̃] *nm* (*d'un produit, d'une voiture*) Einführung *f*; (*d'un bateau*) Stapellauf *m*; (*d'une fusée*) Abschuss *m*
lance-missiles [lɑ̃smisil] *nm inv* Raketenwerfer *m*
lancer [lɑ̃se] *vt* werfen; (*Inform*) starten; (*produit, mode*) auf den Markt bringen ▶ *nm* (*Sport*) Wurf *m*; (*Pêche*) Angeln *nt*; **se lancer** *vpr* : **se ~ sur** *ou* **contre** losstürmen auf +*acc*; **~ qch à qn** jdm etw zuwerfen
lancinant, e [lɑ̃sinɑ̃, ɑ̃t] *adj* (*douleur*) stechend; (*regrets etc*) quälend
landau [lɑ̃do] *nm* (*de bébé*) Kinderwagen *m*
lande [lɑ̃d] *nf* Heide *f*
langage [lɑ̃gaʒ] *nm* Sprache *f*; **~ de programmation** Programmiersprache *f*
lange [lɑ̃ʒ] *nm* Windel *f*
langoureux, -euse [lɑ̃guʀø, øz] *adj* schmachtend
langouste [lɑ̃gust] *nf* Languste *f*
langoustine [lɑ̃gustin] *nf* Garnele *f*
langue [lɑ̃g] *nf* (*Anat, Culin*) Zunge *f*; (*Ling*) Sprache *f*; **de ~ française** französischsprachig; **~ maternelle** Muttersprache *f*
Languedoc [lɑ̃gdɔk] *nm* : **le ~** Languedoc *nt*
languette [lɑ̃gɛt] *nf* (*de chaussure*) Zunge *f*
langueur [lɑ̃gœʀ] *nf* Wehmut *f*
languir [lɑ̃giʀ] *vi* verkümmern; (*conversation*) erlahmen; **faire ~ qn** jdn lange schmachten lassen
lanterne [lɑ̃tɛʀn] *nf* Laterne *f*
Laos [laɔs] *nm* : **le ~** Laos *nt*
lapin [lapɛ̃] *nm* Kaninchen *nt*
laps [laps] *nm* : **~ de temps** Zeitraum *m*
lapsus [lapsys] *nm* Versprecher *m*; (*écrit*) Lapsus *m*
laquais [lakɛ] *nm* Lakai *m*
laque [lak] *nf* Lack *m*; (*pour cheveux*) Haarspray *nt*
laquelle [lakɛl] *pron voir* **lequel**
larcin [laʀsɛ̃] *nm* kleiner Diebstahl *m*
lard [laʀ] *nm* Speck *m*
lardon [laʀdɔ̃] *nm* Speckstreifen *m*
large [laʀʒ] *adj* breit; (*généreux*) großzügig ▶ *nm* : **5 m de ~** 5 m breit; **le ~** (*mer*) das offene Meer • **largement** *adv* weit; (*au minimum, sans compter*) reichlich; **il a ~ le temps** er hat reichlich Zeit; **il a ~ de quoi vivre** er hat ein sehr gutes Auskommen • **largesse** *nf* Großzügigkeit *f* • **largeur** *nf* Breite *f*

larguer [laʀge] *vt (fam : se débarrasser de)* loswerden
larme [laʀm] *nf* Träne *f*; **une ~ de** ein Tröpfchen *nt*
larmoyant, e [laʀmwajɑ̃, ɑ̃t] *adj* weinerlich
larmoyer [laʀmwaje] *vi (yeux)* tränen
larve [laʀv] *nf* Larve *f*
laryngite [laʀɛ̃ʒit] *nf* Kehlkopfentzündung *f*
larynx [laʀɛ̃ks] *nm* Kehlkopf *m*
las, lasse [lɑ, lɑs] *adj* müde, matt
laser [lazɛʀ] *nm* Laser *m*; **rayon ~** Laserstrahl *m*
lasser [lɑse] *vt* erschöpfen; **se lasser** *vpr* : **se ~ de qch** etw leid werden
lassitude [lɑsityd] *nf* Müdigkeit *f*; *(fig)* Überdruss *m*
latent, e [latɑ̃, ɑ̃t] *adj* latent
latin, e [latɛ̃, in] *adj* lateinisch ▶ *nm* Latein *nt*
latitude [latityd] *nf* Breite *f*; **à 48 degrés de ~ nord** bei 48 Grad nördlicher Breite
latte [lat] *nf* Latte *f*; *(de plancher)* Brett *nt*
lauréat, e [lɔʀea, at] *nm/f* Gewinner(in) *m(f)*
laurier [lɔʀje] *nm (Bot)* Lorbeer(baum) *m*; *(Culin)* Lorbeerblatt *nt*
lavabo [lavabo] *nm* Waschbecken *nt*; **lavabos** *nmpl (toilettes)* Toilette *f*
lavage [lavaʒ] *nm* Waschen *nt*; **~ à la main** Handwäsche *f*
lavande [lavɑ̃d] *nf* Lavendel *m*
lave [lav] *nf* Lava *f*
lave-glace [lavglas] *(pl* **lave-glaces**) *nm* Scheibenwaschanlage *f* • **lave-linge** *nm inv* Waschmaschine *f*
laver [lave] *vt* waschen; *(tache)* abwaschen; **se laver** *vpr* sich waschen; **se ~ les dents** sich *dat* die Zähne putzen; **se ~ les mains** sich *dat* die Hände waschen • **laverie** *nf* : **~ (automatique)** Waschsalon *m* • **laveur, -euse** *nm/f* : **~ de carreaux** Fensterputzer *m*; **~ de voitures** Autowäscher *m* • **lave-vaisselle** *nm inv* Geschirrspülmaschine *f* • **lavoir** *nm (bac)* Waschzuber *m*; *(édifice)* Waschhaus *nt*
laxatif, -ive [laksatif, iv] *adj* abführend ▶ *nm* Abführmittel *nt*
laxisme [laksism] *nm* Nachlässigkeit *f* • **laxiste** *adj* lax
layette [lɛjɛt] *nf* Babyausstattung *f*

MOT-CLÉ

le, la [lə, la], **l'** *(avant voyelle ou h muet) (pl* **les**) *art déf* **1** der *m*, die *f*, das *nt*; **le livre** das Buch; **la pomme** der Apfel; **l'amitié** die Freundschaft; **les étudiants/étudiantes** die Studenten/Studentinnen
2 *(indiquant la possession)* : **se casser la jambe** sich *dat* das *ou* ein Bein brechen; **levez la main** heben Sie die Hand
3 *(temps)* : **le matin/soir** am Morgen/Abend; **le jeudi/dimanche** *(d'habitude)* donnerstags/sonntags; *(ce jeudi-là/dimanche-là)* am Donnerstag/Sonntag
4 *(distribution, fraction)* pro; **10 euros le mètre/kilo** 10 Euro pro Meter/Kilo; **le tiers/quart de** ein Drittel/Viertel von
▶ *pron* **1** *(personne : mâle)* ihn; *(: femelle)* sie; *(: pluriel)* sie; **je le/la/les vois** ich sehe ihn/sie/sie;

je l'écoute/les écoute ich höre ihm *ou* ihr/ihnen zu
2 (*animal, chose : singulier : selon le genre du mot allemand*) ihn/sie/es; (*: pluriel*) sie; **je le/la vois** ich sehe ihn/sie/es; **je les vois** ich sehe sie
3 (*remplaçant une phrase*) : **je ne le savais pas** ich wusste es *ou* das nicht

leasing [liziŋ] *nm* Leasing *nt*; **acheter en ~** im Mietkauf erwerben
lécher [leʃe] *vt* (ab)lecken
leçon [l(ə)sɔ̃] *nf* (*heure de classe*) Stunde *f*; (*devoir*) Lektion *f*; (*avertissement*) Lehre *f*; **~s particulières** Privatstunden *pl*, Nachhilfestunden *pl*
lecteur, -trice [lɛktœʀ, tʀis] *nm/f* Leser(in) *m(f)*; (*de manuscrits*) Lektor(in) *m(f)* ▸ *nm* : **~ de disquette(s)** Diskettenlaufwerk *nt*; **~ de CD/DVD** CD/DVD-Spieler *m*; **~ de CD-ROM** CD/ DVD-Laufwerk *nt*; **~ MP3** MP3-Spieler *m*
lecture [lɛktyʀ] *nf* Lesen *nt*, Lektüre *f*
légal, e, -aux [legal, o] *adj* gesetzlich • **légaliser** *vt* legalisieren • **légalité** *nf* Legalität *f*
légendaire [leʒɑ̃dɛʀ] *adj* legendär; (*fig*) berühmt
légende [leʒɑ̃d] *nf* Legende *f*; (*de dessin*) Text *m*
léger, -ère [leʒe, ɛʀ] *adj* leicht; (*peu sérieux*) oberflächlich • **légèrement** *adv* leicht, locker; (*parler, agir*) unbesonnen; **~ plus grand** ein bisschen größer; **~ en retard** leicht verspätet • **légèreté** *nf* Leichtigkeit *f*; (*d'étoffe*) Duftigkeit *f*; (*péj*) Leichtfertigkeit *f*
légion [leʒjɔ̃] *nf* Legion *f*; **L~ d'honneur** Ehrenlegion *f*; **~ étrangère** Fremdenlegion *f*
législateur [leʒislatœʀ] *nm* Gesetzgeber *m*
législatif, -ive [leʒislatif, iv] *adj* gesetzgebend • **législation** *nf* Gesetzgebung *f*
législature [leʒislatyʀ] *nf* Legislative *f*
légitime [leʒitim] *adj* legitim; (*enfant*) ehelich; **~ défense** Notwehr *f*
legs [lɛg] *nm* Erbe *nt*
léguer [lege] *vt* : **~ qch à qn** jdm etw vermachen; (*fig*) etw an jdn vererben
légume [legym] *nm* Gemüse *nt*
Léman [lemɑ̃] *nm* : **le lac ~** der Genfer See
lendemain [lɑ̃dmɛ̃] *nm* : **le ~** der nächste Tag; **le ~ matin/soir** am nächsten Morgen/Abend; **le ~ de** am Tag nach
lent, e [lɑ̃, lɑ̃t] *adj* langsam • **lentement** *adv* langsam • **lenteur** *nf* Langsamkeit *f*; **lenteurs** *nfpl* Schwerfälligkeit *f*
lentille [lɑ̃tij] *nf* Linse *f*; **~s (de contact)** Kontaktlinsen *pl*; **~s jetables** Einmallinsen *pl*

MOT-CLÉ

lequel, laquelle [ləkɛl, lakɛl] (*mpl* **lesquels**, *fpl* **lesquelles**) (*à + lequel* = **auquel**, *de + lequel* = **duquel** *etc*)
pron **1** (*interrogatif : sujet*) welcher/ welche/welches; (*: accusatif*) welchen/welche/welches; (*: datif*) welchem/welcher/welchem; (*: pl*) welche; **dans ~ de ces hôtels avez-vous logé ?** in welchem dieser Hotels haben Sie gewohnt?
2 (*relatif : sujet*) der/die/das; (*: accusatif*) den/die/das; (*: datif*)

dem/der/den; **la femme à laquelle j'ai acheté mon chien** die Frau, von der ich meinen Hund gekauft habe
▶ *adj (relatif)* : **auquel cas** in diesem Fall; **il prit un livre, ~ livre ...** er nahm ein Buch, und dieses Buch ...

les [le] *art, pron voir* **le**
lesbienne [lɛsbjɛn] *nf* Lesbierin *f*
lésion [lezjɔ̃] *nf* Verletzung *f*
Lesotho [lezɔto] *nm* : **le ~** Lesotho *nt*
lesquels, lesquelles [lekɛl] *pron voir* **lequel**
lessive [lesiv] *nf* Waschpulver *nt*; *(linge)* Wäsche *f*; **faire la ~** (Wäsche) waschen • **lessiver** *vt (sol)* aufwischen; *(mur)* abwaschen
leste [lɛst] *adj* flink, behände
Lettonie [lɛtɔni] *nf* : **la ~** Lettland *nt*
lettre [lɛtʀ] *nf* Brief *m*; *(caractère)* Buchstabe *m*; **lettres** *nfpl* Literatur *f*; **en toutes ~s** ausgeschrieben

MOT-CLÉ

leur [lœʀ] *adj possessif* ihr/ihre/ihr; *(pluriel)* ihre; **~ maison** ihr Haus; **~s amis** ihre Freunde; **à ~s amis** ihren Freunden; **à ~ approche** als sie näher kamen
▶ *pron* **1** *(objet indirect)* ihnen; **je ~ ai dit la vérité** ich habe ihnen die Wahrheit gesagt
2 *(possessif)* : **le/la ~** ihrer/ihre/ihres; **les ~s** ihre

levain [ləvɛ̃] *nm* Sauerteig *m*
levant [ləvɑ̃] *adj m* : **soleil ~** aufgehende Sonne *f*
levé, e [ləve] *adj* : **être ~** auf sein
levée [ləve] *nf (Postes)* Leerung *f*
lever [ləve] *vt* aufheben; *(bras)* hochheben ▶ *vi* aufgehen; **se lever** *vpr* aufstehen; *(soleil)* aufgehen; *(jour)* anbrechen ▶ *nm* : **au ~** beim Aufstehen; **~ de soleil** Sonnenaufgang *m*; **~ du jour** Tagesanbruch *m*
lève-tard [lɛvtaʀ] *nm inv/nf inv* Langschläfer(in) *m(f)* • **lève-tôt** *nm inv/nf inv* Frühaufsteher(in) *m(f)*
levier [ləvje] *nm* Hebel *m*; **~ de changement de vitesse** Schalthebel *m*
lèvre [lɛvʀ] *nf* Lippe *f*
levure [l(ə)vyʀ] *nf* Hefe *f*; **~ chimique** Backpulver *nt*
lexique [lɛksik] *nm* Glossar *nt*; *(Ling)* Wortschatz *m*
lézard [lezaʀ] *nm* Eidechse *f*
lézarder [lezaʀde] *vi* sich in der Sonne aalen
liaison [ljɛzɔ̃] *nf* Verbindung *f*; *(amoureuse)* Liaison *f*
liasse [ljas] *nf* Bündel *nt*
Liban [libɑ̃] *nm* : **le ~** der Libanon • **libanais, e** *adj* libanesisch ▶ *nm/f* : **L~, e** Libanese *m*, Libanesin *f*
libeller [libele] *vt* : **~ (au nom de)** (auf jdn) ausstellen
libellule [libelyl] *nf* Libelle *f*
libéral, e, -aux [libeʀal, o] *adj (personne, attitude)* großzügig; *(économie, politique)* liberal • **libéralité** *nf* Großzügigkeit *f*
libération [libeʀasjɔ̃] *nf* Befreiung *f* • **libéré, e** *adj (femme)* emanzipiert • **libérer** *vt* befreien; *(prisonnier)* freilassen; *(gaz)* freisetzen; **se libérer** *vpr (de rendez-vous)* sich freimachen
liberté [libɛʀte] *nf* Freiheit *f*; **libertés** *nfpl (privautés)* Freiheiten *pl*
libertin, e [libɛʀtɛ̃, in] *adj* zügellos

libido [libido] *nf* Libido *f*
libraire [librɛr] *nmf* Buchhändler(in) *m(f)* • **librairie** *nf* Buchhandlung *f*
libre [libr] *adj* frei; (*enseignement, école*) Privat-; **être ~ de faire qch** frei sein, etw zu tun • **libre-échange** *nm* Freihandel *m* • **libre-service** (*pl* **libres-services**) *nm* Selbstbedienung *f*; (*magasin*) Selbstbedienungsladen *m*
Libye [libi] *nf* : **la ~** Libyen *nt*
licence [lisɑ̃s] *nf* Lizenz *f*; **~ monoposte/multiutilisateurs** (*Inform*) Einzelplatz-/Mehrplatzlizenz *f*
licencié, e [lisɑ̃sje] *nm/f* (*Sport*) Lizenzspieler(in) *m(f)*; **~ ès lettres/en droit** ≈ Absolvent(in) *m(f)* des philosophischen/juristischen Staatsexamens
licenciement [lisɑ̃simɑ̃] *nm* Entlassung *f*
licencier [lisɑ̃sje] *vt* entlassen
lichen [likɛn] *nm* Flechte *f*
lie [li] *nf* Bodensatz *m*
lié, e [lje] *adj* : **être très ~ avec qn** mit jdm sehr eng verbunden sein
Liechtenstein [liʃtɛnʃtajn] *nm* : **le ~** Liechtenstein *nt*
liège [ljɛʒ] *nm* Kork *m*
lien [ljɛ̃] *nm* Band *nt*; (*fig*) Bande *pl*, Verbindung *f*; **~s de famille** *ou* **de parenté** Familienbande *pl*
lier [lje] *vt* (zusammen)binden; (*paquet*) zubinden; (*fig*) verbinden; **~ conversation (avec)** eine Unterhaltung anknüpfen (mit); **~ connaissance (avec)** eine Bekanntschaft anknüpfen (mit); **se lier** *vpr* : **se ~ (avec qn)** Freundschaft schließen (mit jdm)
lierre [ljɛr] *nm* Efeu *m*
lieu, x [ljø] *nm* Ort *m*; **lieux** *nmpl* : **vider** *ou* **quitter les ~x** die Räumlichkeiten verlassen; **en premier ~** erstens; **en dernier ~** schließlich; **avoir ~** stattfinden; **au ~ de** statt *+gén ou dat* • **lieu-dit** (*pl* **lieux-dits**) *nm* Weiler *m*
lieutenant [ljøt(ə)nɑ̃] *nm* ≈ Oberleutnant *m*
lièvre [ljɛvr] *nm* (Feld)hase *m*
ligament [ligamɑ̃] *nm* Band *nt*
ligne [liɲ] *nf* Linie *f*; (*Transports : liaison*) Verbindung *f*; (*: trajet*) Strecke *f*, Linie *f*; (*de texte*) Zeile *f*; **garder la ~** seine Figur halten; **en ~** (*Inform*) online
lignée [liɲe] *nf* (*famille*) Linie *f*
ligoter [ligɔte] *vt* binden, fesseln
ligue [lig] *nf* Bund *m*, Liga *f* • **liguer** : **se ~** *vpr* : **se ~ contre** sich verbünden gegen
lilas [lilɑ] *nm* Flieder *m*
limace [limas] *nf* Nacktschnecke *f*
limande [limɑ̃d] *nf* (*poisson*) Scharbe *f*
lime [lim] *nf* (*Tech*) Feile *f*; **~ à ongles** Nagelfeile *f* • **limer** *vt* feilen
limitation [limitasjɔ̃] *nf* : **~ de vitesse** Geschwindigkeitsbegrenzung *f*
limite [limit] *nf* Grenze *f*; **sans ~s** grenzenlos; **vitesse ~** Höchstgeschwindigkeit *f*; **charge ~** Höchstlast *f*; **date ~ de vente** Verkaufsdatum *nt*; **date ~ de consommation** Haltbarkeitsdatum *nt* • **limiter** *vt* (*délimiter*) begrenzen; **~ qch (à)** (*restreindre*) etw beschränken (auf *+acc*)
limitrophe [limitrɔf] *adj* angrenzend, Nachbar-
limoger [limɔʒe] *vt* entlassen
limon [limɔ̃] *nm* Schlick *m*
limonade [limɔnad] *nf* Limonade *f*
limpide [lɛ̃pid] *adj* klar

lin [lɛ̃] *nm* Flachs *m*, Lein *m*; (*tissu*) Leinen *nt*
linceul [lɛ̃sœl] *nm* Leichentuch *nt*
linge [lɛ̃ʒ] *nm* Wäsche *f*; (*pièce de tissu*) Tuch *nt*; (*aussi* : **linge de corps**) Unterwäsche *f*; (*aussi* : **linge de toilette**) Handtücher *pl*; **~ sale** schmutzige Wäsche *f* • **lingerie** *nf* Damenwäsche *f*
lingot [lɛ̃go] *nm* Barren *m*
linguiste [lɛ̃gɥist] *nmf* Linguist(in) *m(f)* • **linguistique** *nf* Linguistik *f*
lino [linɔ], **linoléum** [linɔleɔm] *nm* Linoleum *nt*
lion, ne [ljɔ̃, ljɔn] *nm/f* Löwe *m*, Löwin *f*; **être du L~** (*Astrol*) Löwe sein
liqueur [likœʀ] *nf* Likör *m*
liquidation [likidasjɔ̃] *nf* (*Comm*) Ausverkauf *m*
liquide [likid] *adj* flüssig ▶ *nm* Flüssigkeit *f*; **en ~** in bar; **~ vaisselle** Geschirrspülmittel *nt*
liquider [likide] *vt* (*société, biens*) verkaufen; (*Comm*) ausverkaufen
lire [liʀ] *vt, vi* lesen
lis [lis] *nm* = **lys**
Lisbonne [lisbɔn] Lissabon *nt*
liseuse [lizøz] *nf* E-Book-Leser *m*
lisible [lizibl] *adj* lesbar
lisière [lizjɛʀ] *nf* (*de forêt, bois*) Rand *m*; (*de tissu*) Kante *f*, Saum *m*
lisse [lis] *adj* glatt • **lisser** *vt* glätten
lisseur [li:sœʀ] *nm* Haarglätter *m*, Glätteisen *nt*
listage [listaʒ] *nm* Ausdruck *m*
liste [list] *nf* Liste *f*
listing [listiŋ] *nm* Ausdruck *m*; **un ~ des abonnés** eine Abonnentenliste
lit [li] *nm* Bett *nt*; **faire son ~** sein Bett machen; **aller** *ou* **se mettre au ~** ins Bett gehen; **~ de camp** Feldbett *nt*; **~s superposés** Etagenbett *nt*
litanie [litani] *nf* Litanei *f*
litchi [litʃi] *nm* Litschi *f*
literie [litʀi] *nf* Bettzeug *nt*
litière [litjɛʀ] *nf* Streu *f*
litige [litiʒ] *nm* Rechtsstreit *m* • **litigieux, -euse** *adj* umstritten, strittig
litre [litʀ] *nm* Liter *m*; **un ~ de vin/bière** ein Liter Wein/Bier
littéraire [liteʀɛʀ] *adj* literarisch
littéralement [liteʀalmɑ̃] *adv* (*textuellement*) wörtlich; (*au sens propre*) buchstäblich
littérature [liteʀatyʀ] *nf* Literatur *f*
littoral, e, -aux [litɔʀal, o] *nm* Küste *f*
Lituanie [litɥani] *nf* : **la ~** Litauen *nt* • **lituanien, ne** *adj* litauisch ▶ *nm/f* : **L~, ne** Litauer(in) *m(f)*
liturgie [lityʀʒi] *nf* Liturgie *f*
livide [livid] *adj* blass, bleich
living [liviŋ] *nm* Wohnzimmer *nt*
livrable [livʀabl] *adj* lieferbar
livraison [livʀɛzɔ̃] *nf* Lieferung *f*
livre [livʀ] *nm* Buch *nt* ▶ *nf* Pfund *nt*; **~ numérique** ou **électronique** E-Book *nt*; **~ de poche** Taschenbuch *nt*
livrée [livʀe] *nf* Livree *f*
livrer [livʀe] *vt* (*marchandises*) liefern; **se livrer à** *vpr* (*se confier à*) sich anvertrauen +*dat*; (*se consacrer à*) sich widmen +*dat*
livret [livʀɛ] *nm* (*petit livre*) Broschüre *f*; **~ de caisse d'épargne** Sparbuch *nt*; **~ de famille** Familienstammbuch *nt*
livreur, -euse [livʀœʀ, øz] *nm/f* Lieferant(in) *m(f)*
lobe [lɔb] *nm* : **~ de l'oreille** Ohrläppchen *nt*
local, e, -aux [lɔkal, o] *adj* lokal ▶ *nm* (*salle*) Raum *m*; **locaux** *nmpl* Räumlichkeiten *pl*

localiser [lɔkalize] *vt* lokalisieren; (*dans le temps*) datieren; (*limiter*) eindämmen

localité [lɔkalite] *nf* Örtlichkeit *f*, Ortschaft *f*

locataire [lɔkatɛʀ] *nmf* Mieter(in) *m(f)*

location [lɔkasjɔ̃] *nf* Mieten *nt*; (*par le propriétaire*) Vermieten *nt*; **~ de voitures** Autoverleih *m* • **location-vente** (*pl* **locations-ventes**) *nf* Leasing *nt*

lock-out [lɔkaut] *nm inv* Aussperrung *f* • **lock-outer** *vt* aussperren

locomotive [lɔkɔmɔtiv] *nf* Lokomotive *f*; (*fig*) Schrittmacher *m*

locuteur, -trice [lɔkytœʀ, tʀis] *nm/f* Sprecher(in) *m(f)*; **~ natif** Muttersprachler(in) *m(f)*

locution [lɔkysjɔ̃] *nf* Ausdruck *m*

loge [lɔʒ] *nf* Loge *f*

logement [lɔʒmɑ̃] *nm* Unterkunft *f*; (*appartement*) Wohnung *f* • **loger** *vt* unterbringen ▶ *vi* (*habiter*) wohnen; **se loger** *vpr*: **trouver à se ~** eine Unterkunft finden • **logeur, -euse** *nm/f* Vermieter(in) *m(f)*

logiciel [lɔʒisjɛl] *nm* Software *f*

logique [lɔʒik] *adj* logisch ▶ *nf* Logik *f* • **logiquement** *adv* logischerweise; (*de façon cohérente*) logisch; (*normalement*) eigentlich

logistique [lɔʒistik] *nf* Logistik *f*

logo [lɔgo] [lɔgɔtip] *nm* Logo *nt*

loi [lwa] *nf* Gesetz *nt*

loin [lwɛ̃] *adv* (*dans l'espace*) weit; (*dans le temps : passé*) weit zurück; **plus ~** weiter; **~ de** weit von; **au ~** in der Ferne

lointain, e [lwɛ̃tɛ̃, ɛn] *adj* entfernt; (*dans le passé*) weit zurückliegend

loisir [lwaziʀ] *nm*: **heures de ~** Mußestunden *pl*; **loisirs** *nmpl* (*temps libre*) Freizeit *f*; (*activités*) Freizeitgestaltung *f*

lollo rosso [lɔlɔʀɔso] *nf* Lollo rosso *m*

Londres [lɔ̃dʀ] London *nt*

long, longue [lɔ̃, lɔ̃g] *adj* lang ▶ *nf*: **à la ~ue** auf die Dauer; **en ~** längs; **(tout) le ~ de la rue** die Straße entlang

longer [lɔ̃ʒe] *vt* (*en voiture*) entlangfahren an +*dat*; (*à pied*) entlanggehen; (*mur, route*) entlangführen an +*dat*

longévité [lɔ̃ʒevite] *nf* Langlebigkeit *f*

longitude [lɔ̃ʒityd] *nf* Länge *f*; **à 45 degrés de ~ nord** bei 45 Grad nördlicher Länge

longtemps [lɔ̃tɑ̃] *adv* lange; **avant ~** bald; **pendant ~** lange

longuement [lɔ̃gmɑ̃] *adv* lange

longueur [lɔ̃gœʀ] *nf* Länge *f*; **longueurs** *nfpl* Längen *pl*; **tirer en ~** sich in die Länge ziehen; **~ d'onde** Wellenlänge *f*

longue-vue [lɔ̃gvy] (*pl* **longues-vues**) *nf* Fernrohr *nt*

lopin [lɔpɛ̃] *nm*: **~ de terre** Stück *nt* Land

loquace [lɔkas] *adj* redselig

lorgner [lɔʀɲe] *vt* (*regarder*) schielen nach; (*convoiter*) liebäugeln mit

lorrain, e [lɔʀɛ̃, ɛn] *adj* lothringisch ▶ *nf*: **la Lorraine** Lothringen *nt*

lors [lɔʀ] *adv*: **~ de** anlässlich +*gén*, bei

lorsque [lɔʀsk] *conj* (*passé*) als; (*présent et futur*) wenn

losange [lɔzɑ̃ʒ] *nm* Raute *f*

lot [lo] *nm* (*part, portion*) Anteil *m*; (*de loterie*) Los *nt*; (*Comm*) Posten *m*; (*Inform*) Batch *nt*

loterie [lɔtʀi] *nf* Lotterie *f*
loti, e [lɔti] *adj* : **être bien/mal ~** es gut/schlecht getroffen haben
lotion [losjɔ̃] *nf* Lotion *f*
lotissement [lɔtismɑ̃] *nm* Siedlung *f*; (*parcelle*) Parzelle *f*
loto [lɔto] *nm* Lotto *nt*
lotte [lɔt] *nf* (*de mer*) Seeteufel *m*
louage [lwaʒ] *nm* : **voiture de ~** Mietwagen *m*
louanges [lwɑ̃ʒ] *nfpl* Lob *nt*
loubard [lubaʀ] *nm* (*fam*) (junger) Rowdy *m*
louche [luʃ] *adj* zwielichtig, dubios ▸ *nf* Schöpflöffel *m*
loucher [luʃe] *vi* schielen
louer [lwe] *vt* (*suj : propriétaire*) vermieten; (*: locataire*) mieten; (*réserver*) reservieren; (*faire l'éloge de*) loben; **à ~** zu vermieten
loufoque [lufɔk] *adj* (*fam*) verrückt
loup [lu] *nm* Wolf *m*
loupe [lup] *nf* Lupe *f*
louper [lupe] *vt* (*fam*) (*train etc*) verpassen; (*examen etc*) durchfallen durch
lourd, e [luʀ, luʀd] *adj* schwer; (*démarche, gestes*) schwerfällig; (*chaleur, temps*) drückend • **lourdaud, e** *adj* (*péj*) (*au physique*) schwerfällig; (*au moral*) flegelhaft • **lourdeur** *nf* Schwere *f*; (*de démarche, gestes, style*) Schwerfälligkeit *f*; **~ d'estomac** Magendrücken *nt*
loutre [lutʀ] *nf* (Fisch)otter *m*
louve [luv] *nf* Wölfin *f*
louvoyer [luvwaje] *vi* (*Naut*) kreuzen; (*fig*) geschickt taktieren
loyal, e, -aux [lwajal, o] *adj* (*fidèle*) loyal, treu; (*fair-play*) fair • **loyauté** *nf* Loyalität *f*, Treue *f*, Fairness *f*
loyer [lwaje] *nm* Miete *f*
lu [ly] *pp de* **lire**
lubie [lybi] *nf* Marotte *f*
lubrifiant [lybʀifjɑ̃] *nm* Schmiermittel *nt* • **lubrifier** *vt* schmieren
lucarne [lykaʀn] *nf* kleines Dachfenster *nt*
lucide [lysid] *adj* (*esprit*) klar; (*personne*) bei klarem Verstand
lucratif, -ive [lykʀatif, iv] *adj* lukrativ; **à but non ~** ≈ gemeinnützig
ludique [lydik] *adj* Spiel-
ludothèque [lydɔtɛk] *nf* Spielothek *f*
lueur [lɥœʀ] *nf* Schimmer *m*
luge [lyʒ] *nf* Schlitten *m*; **faire de la ~** Schlitten fahren
lugubre [lygybʀ] *adj* finster; (*voix, musique*) düster
lui¹ [lɥi] *pp de* **luire**

MOT-CLÉ

lui² [lɥi] *pron* **1** (*objet indirect : personne : mâle*) ihm; (*: femelle*) ihr; (*: chose, animal : selon le genre du mot allemand*) ihm/ihr/ihm; **il ~ a offert un cadeau** er hat ihm/ihr ein Geschenk gemacht
2 (*après préposition : avec accusatif*) ihn; (*: avec datif*) ihm; **elle est contente de ~** sie ist zufrieden mit ihm
3 (*dans comparaison*): **je la connais mieux que lui** (*qu'il ne la connaît*) ich kenne sie besser als er; **elle est comme ~** sie ist wie er
4 (*forme emphatique*) er; **~, il est à Paris** er, er ist in Paris; **c'est ~ qui l'a fait** er hat es gemacht

luire [lɥiʀ] *vi* scheinen, leuchten
lumbago [lɔ̃bago] *nm* Hexenschuss *m*
lumière [lymjɛʀ] *nf* Licht *nt*; **faire de la ~** Licht geben

luminaire [lyminɛʀ] *nm* (*appareil*) Lampe *f*
lumineux, -euse [lyminø, øz] *adj* leuchtend
lunatique [lynatik] *adj* launisch
lundi [lœ̃di] *nm* Montag *m*; **on est ~** heute ist Montag; **il est venu ~** er ist am Montag gekommen; **le ~** (*chaque lundi*) montags; **à ~ !** bis Montag!; **~ de Pâques** Ostermontag *m*; **~ de Pentecôte** Pfingstmontag *m*
lune [lyn] *nf* Mond *m*; **~ de miel** Flitterwochen *pl*
lunette [lynɛt] *nf*: **~s** *nfpl* Brille *f*; (*protectrices*) Schutzbrille *f*; **~ arrière** (*Auto*) Heckscheibe *f*; **~s de plongée** Taucherbrille *f*; **~s de soleil** Sonnenbrille *f*
lupin [lypɛ̃] *nm* Lupine *f*
lustre [lystʀ] *nm* (*de plafond*) Kronleuchter *m*; (*fig : éclat*) Glanz *m*
lustrer [lystʀe] *vt* polieren; (*poil d'un animal*) striegeln
luth [lyt] *nm* Laute *f*
luthier [lytje] *nm* Geigenbauer *m*
lutin [lytɛ̃] *nm* Kobold *m*
lutte [lyt] *nf* Kampf *m* • **lutter** *vi* kämpfen; (*Sport*) ringen
luxe [lyks] *nm* Luxus *m*; **de ~** Luxus-
Luxembourg [lyksɑ̃buʀ] *nm* : **le ~** Luxemburg *nt* • **luxembourgeois, e** *adj* luxemburgisch
luxer [lykse] *vpr* : **se ~ l'épaule/le genou** sich *dat* die Schulter/das Knie ausrenken
luxueux, -euse [lyksɥø, øz] *adj* luxuriös
luxuriant, e [lyksyʀjɑ̃, jɑ̃t] *adj* üppig
luzerne [lyzɛʀn] *nf* Luzerne *f*
lycée [lise] *nm* Gymnasium *nt*
lycéen, ne [liseɛ̃, ɛn] *nm/f* Gymnasiast(in) *m(f)*
lymphatique [lɛ̃fatik] *adj* apathisch
lyncher [lɛ̃ʃe] *vt* lynchen
lynx [lɛ̃ks] *nm* Luchs *m*
lyrique [liʀik] *adj* lyrisch
lys [lis] *nm* Lilie *f*

m

M *abr* = **Monsieur**
m' [m] *pron voir* **me**
ma [ma] *adj possessif voir* **mon**
macaron [makaʀɔ̃] *nm* (*gâteau*) Makrone *f*
macaroni [makaʀɔni] *nm* Makkaroni *pl*; **~s au fromage** Käsemakkaroni *pl*; **~s au gratin** Makkaroniauflauf *m*
Macédoine [masedwan] *nf* : **la ~** Mazedonien *nt*
macédoine [masedwan] *nf* : **~ de fruits** Obstsalat *m*; **~ de légumes** gemischtes Gemüse *nt*
mâché, e [mɑʃe] *adj* : **papier ~** Pappmaschee *nt*
mâcher [mɑʃe] *vt* kauen
machin [maʃɛ̃] (*fam*) *nm* Ding(s) *nt*, Dingsda *nt*
machinal, e, aux [maʃinal, o] *adj* mechanisch
machinations [maʃinasjɔ̃] *nfpl* Machenschaften *pl*
machine [maʃin] *nf* Maschine *f*; **~ à coudre** Nähmaschine *f*; **~ à écrire** Schreibmaschine *f*; **~ à laver** Waschmaschine *f* • **machine-outil** (*pl* **machines-outils**) *nf* Werkzeugmaschine *f*
machinerie [maʃinʀi] *nf* Maschinen *pl*; (*d'un navire*) Maschinenraum *m*
machisme [maʃism] *nm* männlicher Chauvinismus *m*
macho [matʃo] *nm* (*fam*) Macho *m*
mâchoire [mɑʃwaʀ] *nf* Kiefer *m*; **~ de frein** Bremsbacke *f*
maçon [masɔ̃] *nm* Maurer *m*
macrobiotique [makʀɔbjɔtik] *adj* makrobiotisch
Madagascar [madagaskaʀ] *nf* Madagaskar *nt*
Madame [madam] (*pl* **Mesdames**) *nf* : **~ Dupont** Frau Dupont; **bonjour, ~** guten Tag; (*si le nom est connu*) guten Tag, Frau X; **~ (Dupont)** (*sur lettre*) sehr geehrte Frau Dupont; **~ la directrice** Frau Direktorin; **Mesdames** meine Damen
madeleine [madlɛn] *nf* Madeleine *nt* (*kleines rundes Sandplätzchen*)
Mademoiselle [madmwazɛl] (*pl* **Mesdemoiselles**) *nf* Fräulein *nt* (*ne s'utilise pratiquement plus*), Frau *f*; **~ Dupont** Frau Dupont; **bonjour, ~** guten Tag; (*si le nom est connu*) guten Tag, Frau X; **~ (Dupont)** (*sur lettre*) sehr geehrte Frau Dupont
madone [madɔn] *nf* Madonna *f*
maffia, mafia [mafja] *nf* Maf(f)ia *f*
magasin [magazɛ̃] *nm* (*boutique*) Geschäft *nt*, Laden *m*; (*entrepôt*) Lager *nt*; **en ~** auf Lager
magazine [magazin] *nm* Zeitschrift *f*
mage [maʒ] *nm* : **les Rois ~s** die Heiligen Drei Könige *pl*
Maghreb [magʀɛb] *nm* : **le ~** der Maghreb • **maghrébin, e** *adj* maghrebinisch

magicien, ne [maʒisjɛ̃, jɛn] *nm/f* Zauberer *m*, Zauberin *f*
magie [maʒi] *nf* (*alchimie, sorcellerie*) Magie *f*; (*charme, séduction*) Zauber *m*
magique [maʒik] *adj* (*occulte*) magisch; (*fig*) wunderbar
magistral, e, aux [maʒistʀal, o] *adj* (*œuvre, adresse*) meisterhaft; (*ton*) meisterlich; **enseignement/cours ~** Vorlesung *f*/Kursus *m*
magistrat [maʒistʀa] *nm* (*Jur*) ≈ (Friedens)richter *m* • **magistrature** *nf* (*charge*) Richteramt *nt*; (*corps*) Gerichtswesen *nt*
magnanime [maɲanim] *adj* großmütig
magnat [magna] *nm* Magnat *m*; **~ de la presse** Pressezar *m*
magnétique [maɲetik] *adj* magnetisch; (*champ*) Magnet-
magnifier [maɲifje] *vt* verherrlichen
magnifique [maɲifik] *adj* großartig; (*splendide*) herrlich
magnolia [maɲɔlja] *nm* Magnolie *f*
magnum [magnɔm] *nm* Magnum(flasche) *f*
magot [mago] *nm* (*fam : argent*) Knete *f*; (*économies*) Erspartes *nt*
magouille [maguj] *nf* (*fam*) finstere Geschäfte *pl*
mai [mɛ] *nm* Mai *m*; *voir aussi* **juillet**
maigre [mɛgʀ] *adj* mager; (*repas, végétation, moisson etc*) dürftig, spärlich • **maigreur** *nf* (*de personne, viande*) Magerkeit *f*, Magerheit *f*; (*de repas, végétation*) Spärlichkeit *f*, Dürftigkeit *f* • **maigrir** *vi* abnehmen
mail [mɛl] *nm* E-mail *f*
maille [maj] *nf* Masche *f*
maillon [majɔ̃] *nm* (*d'une chaîne*) Glied *nt*
maillot [majo] *nm* Trikot *nt*; **~ de bain** Badeanzug *m*
main [mɛ̃] *nf* Hand *f*; **la ~ dans la ~** Hand in Hand; **à deux ~s** mit beiden Händen; **à la ~** (*faire, tricoter etc*) von Hand; **un kit ~s libres** eine Freisprechanlage *f* • **main-d'œuvre** (*pl* **mains-d'œuvre**) *nf* (*façon*) Arbeit *f*; (*ouvriers*) Arbeitskräfte *pl*
maint, e [mɛ̃, mɛ̃t] *adj* : **à ~es reprises** immer wieder
maintenance [mɛ̃t(ə)nɑ̃s] *nf* Wartung *f*
maintenant [mɛ̃t(ə)nɑ̃] *adv* jetzt; **~ que** jetzt, wo *ou* da
maintenir [mɛ̃t(ə)niʀ] *vt* halten; (*garder, affirmer, confirmer*) aufrechterhalten • **maintien** *nm* Haltung *f*, Aufrechterhaltung *f*; (*allure*) Haltung *f*
maire [mɛʀ] *nm* Bürgermeister(in) *m(f)* • **mairie** *nf* Rathaus *nt*; (*administration*) Stadtverwaltung *f*
mais [mɛ] *conj* aber
maïs [mais] *nm* Mais *m*
maison [mɛzɔ̃] *nf* Haus *nt*; (*chez-soi, demeure*) Zuhause *nt*; (*Comm*) Firma *f* ▶ *adj inv* (*fam*) : **pâté/tarte ~** Pastete *f*/Torte *f* Hausmacherart; **à la ~** zu Hause; (*direction*) nach Hause; **~ de repos** Erholungsheim *nt*; **~ de retraite** Altersheim *nt*; **~ de santé** Heilanstalt *f*
maître, -esse [mɛtʀ, mɛtʀɛs] *nm/f* (*dirigeant*) Herr(in) *m(f)*; (*Scol*) Lehrer(in) *m(f)* ▶ *nm* (*artiste*) Meister *m* ▶ *nf* (*amante*) Geliebte *f*; **maison de ~** Herrenhaus *nt*; **~ d'hôtel** Oberkellner *m*; **~/~sse de maison** Hausherr(in) *m(f)*

maîtrise [metʀiz] *nf* (*aussi* : **maîtrise de soi**) Selbstbeherrschung *f*
maîtriser [metʀize] *vt* (*cheval forcené etc*) bändigen; (*incendie*) unter Kontrolle bringen; (*sujet*) meistern; (*émotion*) beherrschen; **se maîtriser** *vpr* sich beherrschen
majesté [maʒɛste] *nf* Majestät *f*
majestueux, -euse [maʒɛstɥø, øz] *adj* majestätisch
majeur, e [maʒœʀ] *adj* (*important*) wichtig; (*Jur*) volljährig; **en ~e partie** größtenteils; **la ~e partie de** der größere Teil *+gén*
major [maʒɔʀ] *nm* : **~ de promotion** Jahrgangsbester *m*
majoration [maʒɔʀasjɔ̃] *nf* Erhöhung *f*
majorer [maʒɔʀe] *vt* erhöhen
majoritaire [maʒɔʀitɛʀ] *adj* Mehrheits- • **majorité** *nf* Mehrheit *f*; (*Jur*) Volljährigkeit *f*
Majorque [maʒɔʀk] *nf* Mallorca *nt*
majuscule [maʒyskyl] *nf* Großbuchstabe *m* ▶ *adj* : **un A ~** ein großes A
mal, maux [mal, mo] *nm* Böse *nt*; (*douleur physique*) Schmerz *m*; (*maladie*) Krankheit *f*; (*souffrance morale*) Leiden *nt* ▶ *adv* schlecht ▶ *adj inv* (*opposé à bien*) : **c'est ~ (de faire qch)** es ist schlecht(, etw zu tun); **être ~** sich nicht wohlfühlen; **~ en point** nicht in Höchstform; **faire du ~ à qn** (*nuire*) jdm schaden; **ça fait ~** das tut weh; **j'ai ~ (ici)** mir tut es (hier) weh; **avoir ~ à la tête/à la gorge/au dos** Kopf-/Hals-/Rückenschmerzen haben; **j'ai ~ au cœur** mir ist schlecht; **~ de mer** Seekrankheit *f*; **~ du pays** : **avoir le ~ du pays** Heimweh haben
malade [malad] *adj* krank ▶ *nmf* Kranke(r) *f(m)*; **tomber ~** krank werden; **être ~ du cœur** herzleidend *ou* herzkrank sein • **maladie** *nf* Krankheit *f*; **~ d'Alzheimer** Alzheimerkrankheit *f*; **~ infantile** Kinderkrankheit *f*; **~ de Parkinson** parkinsonsche Krankheit *f*; **~ sexuellement transmissible** Geschlechtskrankheit *f* • **maladif, -ive** *adj* (*personne*) kränkelnd; (*pâleur*) kränklich; (*curiosité, besoin, peur*) krankhaft
maladresse [maladʀɛs] *nf* Ungeschicklichkeit *f* • **maladroit, e** *adj* ungeschickt
malaise [malɛz] *nm* (*Méd*) Unwohlsein *nt*; (*inquiétude*) Unbehagen *nt*
Malaisie [malɛzi] *nf* : **la ~** Malaysia *nt*
malaria [malaʀja] *nf* Malaria *f*
Malawi [malawi] *nm* : **le ~** Malawi *nt*
malbouffe [malbuf] *nf* (*fam*) : **la ~** Junkfood *nt*
malchance [malʃɑ̃s] *nf* Pech *nt*; **par ~** unglücklicherweise
mâle [mɑl] *nm* (*animal*) Männchen *nt* ▶ *adj* männlich; **prise ~** (*Élec*) Stecker *m*
malédiction [malediksjɔ̃] *nf* Fluch *m*
malentendant, e [malɑ̃tɑ̃dɑ̃, ɑ̃t] *adj* schwerhörig
malentendu [malɑ̃tɑ̃dy] *nm* Missverständnis *nt*
malfaisant, e [malfəzɑ̃, ɑ̃t] *adj* boshaft
malfaiteur [malfɛtœʀ] *nm* Übeltäter *m*
malformation [malfɔʀmasjɔ̃] *nf* Missbildung *f*
malfrat [malfʀa] *nm* (*fam*) Gauner *m*

malgache [malgaʃ] *adj* madegassisch
malgré [malgʀe] *prép* trotz +*gén ou dat*; **~ soi/lui** gegen seinen Willen; **~ tout** trotz allem
malheur [malœʀ] *nm* Unglück *nt* • **malheureusement** *adv* leider • **malheureux, -euse** *adj* unglücklich ▶ *nm/f* Arme(r) *f(m)*
malhonnête [malɔnɛt] *adj* unredlich • **malhonnêteté** *nf* Unehrlichkeit *f*
Mali [mali] *nm* : **le ~** Mali *nt*
malice [malis] *nf* Schalkhaftigkeit *f*; **sans ~** ohne Arg • **malicieux, -euse** *adj* schelmisch
malien, ne [maljɛ̃, ɛn] *adj* aus Mali
malin, -igne [malɛ̃, maliɲ] *adj* clever, schlau; (*Méd*) bösartig
malle [mal] *nf* großer Reisekoffer *m*
mallette [malɛt] *nf* (*valise*) Köfferchen *nt*
malmener [malməne] *vt* (*maltraiter*) grob behandeln; (*fig*) hart angreifen
malnutrition [malnytʀisjɔ̃] *nf* Unterernährung *f*; (*mauvaise alimentation*) schlechte Ernährung *f*
malodorant, e [malɔdɔʀɑ̃, ɑ̃t] *adj* übelriechend
malpoli, e [malpɔli] *adj* unhöflich
malpropre [malpʀɔpʀ] *adj* schmutzig; (*travail*) gepfuscht; (*malhonnête*) unanständig
malsain, e [malsɛ̃, ɛn] *adj* ungesund
malt [malt] *nm* Malz *nt*
Malte [malt] *nf* Malta *nt*
maltraitance [maltʀɛtɑ̃s] *nf* Misshandlung *f*
maltraiter [maltʀete] *vt* misshandeln; (*fig*) hart angreifen
malus [malys] *nm* Erhöhung der Versicherungsprämie nach Autounfällen
malveillant, e [malvɛjɑ̃, ɑ̃t] *adj* feindselig
malvenu, e [malvəny] *adj* : **être ~ de** *ou* **à faire qch** nicht das Recht haben, etw zu tun
maman [mamɑ̃] *nf* Mama *f*
mamelle [mamɛl] *nf* Zitze *f*
mamelon [mam(ə)lɔ̃] *nm* (*Anat*) Brustwarze *f*; (*petite colline*) Hügel *m*
mamie [mami] *nf* (*fam*) Oma *f*
mammifère [mamifɛʀ] *nm* Säugetier *nt*
manche [mɑ̃ʃ] *nf* Ärmel *m*; (*d'un jeu, tournoi*) Runde *f* ▶ *nm* Griff *m*; **la M~** (*Géo*) der Ärmelkanal; **~ à balai** *nm* (*Aviat*) Steuerknüppel *m*; (*Inform*) Joystick *m*

m

manchette [mɑ̃ʃɛt] *nf* Manschette *f*; (*titre*) Schlagzeile *f*
manchon [mɑ̃ʃɔ̃] *nm* (*de fourrure*) Muff *m*; **~ (à incandescence)** Glühstrumpf *m*
manchot, e [mɑ̃ʃo, ɔt] *adj* einarmig ▶ *nm* (*Zool*) Pinguin *m*
mandarine [mɑ̃daʀin] *nf* Mandarine *f*
mandat [mɑ̃da] *nm* (*postal*) Postanweisung *f*; **toucher un ~** eine Postanweisung erhalten • **mandat-carte** (*pl* **mandats-cartes**) *nm* Anweisung *f* als Postkarte • **mandater** *vt* bevollmächtigen; (*député*) ein Mandat geben +*dat* • **mandat-lettre** (*pl* **mandats-lettres**) *nm* Postanweisung *f*
manège [manɛʒ] *nm* Manege *f*; (*d'un cirque*) Karussell *nt*; **faire un tour de ~** Karussell fahren
manette [manɛt] *nf* Hebel *m*; **~ de jeu** Joystick *m*

mangeable [mɑ̃ʒabl] *adj* essbar • **manger** *vt,vi* essen • **mange-tout** *nm inv* : **pois ~** Zuckererbse *f*; **haricot ~** Gartenbohne *f*
mangue [mɑ̃g] *nf* Mango *f*
maniable [manjabl] *adj* handlich; (*voiture, voilier*) wendig
maniaque [manjak] *adj* pingelig ▶ *nmf* (*obsédé, fou*) Wahnsinnige(r) *f(m)*
manie [mani] *nf* Manie *f*; (*Méd*) Wahn *m*
maniement [manimɑ̃] *nm* Umgang *m* • **manier** *vt* umgehen mit
manière [manjɛʀ] *nf* Art *f*, Weise *f*; **manières** *nfpl* (*attitude*) Benehmen *nt*; **de cette ~** auf diese Weise; **de toute ~** auf alle Fälle; **manquer de ~s** kein Benehmen *ou* keine Manieren haben; **faire des ~s** Theater machen; **sans ~s** zwanglos
manif [manif] *nf* (= *manifestation*) Demo *f*
manifestant, e [manifɛstɑ̃, ɑ̃t] *nm/f* Demonstrant(in) *m(f)* • **manifestation** *nf* (*de joie, mécontentement*) Ausdruck *m*; (*fête, réunion etc*) Ereignis *nt*; (*Pol*) Demonstration *f*
manifeste [manifɛst] *adj* offenbar ▶ *nm* Manifest *nt* • **manifester** *vt* (*intentions etc*) kundtun; (*révéler*) zeigen ▶ *vi* demonstrieren; **se manifester** *vpr* sich melden
manipulation [manipylasjɔ̃] *nf* (*Tech*) Handhabung *f*; (*Phys, Chim*) Versuch *m*; (*fig*) Manipulation *f*; **~ génétique** Genmanipulierung *f* • **manipuler** *vt* handhaben
manivelle [manivɛl] *nf* Kurbel *f*
mannequin [mankɛ̃] *nm* (*Couture*) Schneiderpuppe *f*; (*d'un étalage*) Schaufensterpuppe *f*; (*femme*) Mannequin *nt*
manœuvre [manœvʀ] *nf* (*opération*) Bedienung *f*; (*Auto*) Steuern *nt* ▶ *nm* (*ouvrier*) Hilfsarbeiter(in) *m(f)* • **manœuvrer** *vt* (*bateau, voiture*) steuern; (*levier, machine*) bedienen; (*personne*) manipulieren
manoir [manwaʀ] *nm* Landsitz *m*
manque [mɑ̃k] *nm* Mangel *m*; **manques** *nmpl* Mängel *pl*; **par ~ de** aus Mangel an
manqué, e [mɑ̃ke] *adj* verfehlt; (*essai*) gescheitert; **garçon ~** halber Junge *m*
manquement [mɑ̃kmɑ̃] *nm* : **~ à** Verstoß *m* *ou* Verfehlung *f* gegen
manquer [mɑ̃ke] *vi* fehlen ▶ *vt* verpassen, verfehlen ▶ *vb impers* : **il manque des pages** es fehlen Seiten
mansarde [mɑ̃saʀd] *nf* Mansarde *f*
manteau, x [mɑ̃to] *nm* Mantel *m*
manucure [manykyʀ] *nf* Maniküre *f*
manuel, le [manɥɛl] *adj* manuell; (*commande*) Hand- ▶ *nm* Handbuch *nt* • **manuellement** *adv* von Hand
manufacture [manyfaktyʀ] *nf* (*établissement*) Fabrik *f*
manuscrit, e [manyskʀi, it] *adj* handschriftlich ▶ *nm* Manuskript *nt*
manutention [manytɑ̃sjɔ̃] *nf* (*Comm*) Verladen *nt*
mappemonde [mapmɔ̃d] *nf* (*carte*) Weltkarte *f*; (*sphère*) Globus *m*
maquereau, x [makʀo] *nm* (*Zool*) Makrele *f*
maquette [makɛt] *nf* Modell *nt*; (*Typo*) Layout *nt*
maquillage [makijaʒ] *nm* (*produits*) Make-up *nt* • **maquiller**

vt schminken; (*falsifier*) fälschen; **se maquiller** *vpr* sich schminken
maquis [maki] *nm* Dickicht *nt*
marabout [maʀabu] *nm* Marabu *m*
maraîcher, -ère [maʀeʃe, ɛʀ] *adj* (*culture*) Gemüse- ▶ *nm/f* Gemüsegärtner(in) *m(f)*
marais [maʀɛ] *nm* Sumpf *m*, Moor *nt*; **~ salant** Salzsumpf *m*
marasme [maʀasm] *nm* (*économique*) Stagnation *f*
marathon [maʀatɔ̃] *nm* Marathon *m*
marbre [maʀbʀ] *nm* Marmor *m*
marc [maʀ] *nm* (*de raisin, pommes*) Obstwasser *nt*; **~ de café** Kaffeesatz *m*
marchand, e [maʀʃɑ̃, ɑ̃d] *nm/f* Händler(in) *m(f)*; **~ au détail** Einzelhändler *m*; **~ en gros** Großhändler *m* • **marchandage** *nm* Handeln *nt*, Feilschen *nt* • **marchander** *vt* handeln *ou* feilschen um ▶ *vi* handeln, feilschen • **marchandise** *nf* Ware *f*
marche [maʀʃ] *nf* (*d'escalier*) Stufe *f*; (*activité*) Gehen *nt*; (*promenade*) Spaziergang *m*; (*allure, démarche, fonctionnement*) Gang *m*; (*du temps, progrès*) Lauf *m*; (*d'un service*) Verlauf *m*; (*Mil, Mus*) Marsch *m*; **mettre en ~** in Gang setzen; **~ arrière** Rückwärtsgang *m*; **faire ~ arrière** (*Auto*) rückwärtsfahren
marché [maʀʃe] *nm* Markt *m*; (*accord, affaire*) Geschäft *nt*; **~ aux puces** Flohmarkt *m*; **~ du travail** Arbeitsmarkt *m*; **~ noir** Schwarzmarkt *m*
marchepied [maʀʃəpje] *nm* Trittbrett *nt*; **servir de ~ à qn** jdm als Sprungbrett dienen
marcher [maʀʃe] *vi* gehen; (*fonctionner*) laufen; **~ sur** gehen auf +*dat*; (*mettre le pied sur*) treten auf +*acc*; **~ dans** (*herbe etc*) gehen in +*dat*; (*flaque*) treten in +*acc* • **marcheur, -euse** *nm/f* Wanderer *m*, Wanderin *f*
mardi [maʀdi] *nm* Dienstag *m*; **M~ gras** Fastnachtsdienstag *m*; *voir aussi* **lundi**
mare [maʀ] *nf* Tümpel *m*; **~ de sang** Blutlache *f*
marécage [maʀekaʒ] *nm* Sumpf *m*, Moor *nt*
maréchal, -aux [maʀeʃal, o] *nm* Marschall *m*
marée [maʀe] *nf* Gezeiten *pl*; (*poissons*) frische Seefische *pl*; **~ basse** Niedrigwasser *nt*; **~ haute** Hochflut *f*; **~ noire** Ölteppich *m*
marémotrice [maʀemɔtʀis] *adj*: **usine/énergie ~** Gezeitenkraftwerk *nt*/-energie *f*
margarine [maʀgaʀin] *nf* Margarine *f*
marge [maʀʒ] *nf* Rand *m*; (*fig*) Spielraum *m*; **en ~** am Rande; **en ~ de** am Rande +*gén* • **marginal, e, aux** *nm/f* Aussteiger *m*
marguerite [maʀgəʀit] *nf* (*Bot*) Margerite *f*
mari [maʀi] *nm* (Ehe)mann *m*
mariage [maʀjaʒ] *nm* (*union, état*) Ehe *f*; (*noce*) Heirat *f*, Hochzeit *f*; (*fig*) Verbindung *f*
marié, e [maʀje] *adj* verheiratet ▶ *nm/f* Bräutigam *m*, Braut *f* • **marier** *vt* (*prêtre etc*) trauen; (*parents*) verheiraten; **se marier** *vpr* heiraten; **se ~ avec qn** jdn heiraten
marijuana [maʀiʒɥana] *nf* Marihuana *nt*
marin, e [maʀɛ̃, in] *adj* (*sel*) Meeres- ▶ *nm* (*navigateur*) Seemann *m* ▶ *nf* Marine *f*; **(bleu) ~e** marineblau

m

marina [maʀina] *nf* Jachthafen *m*
marinade [maʀinad] *nf* Marinade *f*
mariner [maʀine] *vi* : **faire ~** marinieren
marionnette [maʀjɔnɛt] *nf* Marionette *f*; **marionnettes** *nfpl* (*spectacle*) Puppentheater *nt*
maritime [maʀitim] *adj* See-
marjolaine [maʀʒɔlɛn] *nf* Majoran *m*
marketing [maʀketiŋ] *nm* Marketing *nt*
marmelade [maʀməlad] *nf* (*compote*) Kompott *nt*; (*confiture*) Marmelade *f*
marmite [maʀmit] *nf* Topf *m*
marmonner [maʀmɔne] *vt, vi* murmeln
marmot [maʀmo] *nm* (*fam*) Kind *nt*
marmotte [maʀmɔt] *nf* Murmeltier *nt*
Maroc [maʀɔk] *nm* : **le ~** Marokko *nt* • **marocain, e** *adj* marokkanisch ▸ *nm/f* : **M~, e** Marokkaner(in) *m(f)*
maroquinerie [maʀɔkinʀi] *nf* (*boutique*) Lederwarengeschäft *nt*; (*articles*) Lederwaren *pl*
marotte [maʀɔt] *nf* Marotte *f*
marquant, e [maʀkɑ̃, ɑ̃t] *adj* markant
marque [maʀk] *nf* Zeichen *nt*; (*de pas, doigts*) Abdruck *m*; (*Comm*) Marke *f*; **de ~** (*Comm*) Marken-; (*fig*) bedeutend; **~ déposée** eingetragenes Warenzeichen *nt*
marqué, e [maʀke] *adj* (*linge, drap, visage*) gezeichnet; (*taille*) betont; (*différence, préférence*) deutlich
marquer [maʀke] *vt* (*noter*) aufschreiben; (*: frontières*) einzeichnen; (*endommager*) beschädigen; (*impressionner*) beeindrucken; (*indiquer*) anzeigen ▸ *vi* von Bedeutung sein
marqueterie [maʀkɛtʀi] *nf* Intarsienarbeit *f*
marqueur, -euse [maʀkœʀ, øz] *nm/f* (*de but*) Torschütze *m* ▸ *nm* (*feutre*) Marker *m*
marquis, e [maʀki] *nm/f* Marquis *m*, Marquise *f* ▸ *nf* (*auvent*) Markise *f*
marraine [maʀɛn] *nf* Patentante *f*
marrant, e [maʀɑ̃, ɑ̃t] *adj* (*fam*) lustig
marre [maʀ] *adv* (*fam*) : **en avoir ~ de** die Nase vollhaben von
marrer [maʀe] : **se ~** *vpr* (*fam*) sich kugeln
marron [maʀɔ̃] *nm* Rosskastanie *f* ▸ *adj inv* (*couleur*) braun • **marronnier** *nm* Rosskastanie(nbaum *m*) *f*
mars [maʀs] *nm* März *m*; *voir aussi* **juillet**
marseillais, e [maʀsɛjɛ, ɛz] *adj* aus Marseille ▸ *nf* : **la M~e** die Marseillaise *f*
marteau, x [maʀto] *nm* Hammer *m* • **marteau-piqueur** (*pl* **marteaux-piqueurs**) *nm* Presslufthammer *m*
martial, e, -aux [maʀsjal, jo] *adj* kriegerisch; **loi ~e** Kriegsgesetz *nt*; **cour ~e** Kriegsgericht *nt*
martien, ne [maʀsjɛ̃, jɛn] *nm/f* Marsmensch *m*
martinet [maʀtinɛ] *nm* (*fouet*) (mehrschwänzige) Peitsche *f*; (*Zool*) Mauersegler *m*
Martinique [maʀtinik] *nf* : **la ~** Martinique *nt*
martyr, e [maʀtiʀ] *nm/f* Märtyrer(in) *m(f)*
martyre [maʀtiʀ] *nm* Martyrium *nt*; **souffrir le ~** Höllenqualen erleiden
martyriser [maʀtiʀize] *vt* martern; (*fig*) peinigen

mascara [maskaʀa] *nm* Wimperntusche *f*
mascotte [maskɔt] *nf* Maskottchen *nt*
masculin, e [maskylɛ̃, in] *adj* männlich; *(équipe, vêtements, métier)* Männer- ▸ *nm* Maskulinum *nt*
masochiste [mazɔʃist] *adj* masochistisch ▸ *nmf* Masochist(in) *m(f)*
masque [mask] *nm* Maske *f*; **~ de plongée** Tauchermaske *f*
• **masquer** *vt (cacher)* verbergen
massacre [masakʀ] *nm* Massaker *nt*; **jeu de ~** Ballwurfspiel *nt*
• **massacrer** *vt* massakrieren; *(fig)* verschandeln
massage [masaʒ] *nm* Massage *f*
masse [mas] *nf* Masse *f*; *(quantité)* Menge *f*; **en ~** *adv* en masse, in Scharen
massepain [maspɛ̃] *nm* Marzipan *nt*
masser [mase] *vt* massieren; **se masser** *vpr* sich versammeln
masseur, -euse [masœʀ, øz] *nm/f* Masseur(in) *m(f)*
massif, -ive [masif, iv] *adj* massiv ▸ *nm (montagneux)* Massiv *nt*
mass média [masmedja] *nmpl* Massenmedien *pl*
massue [masy] *nf* Keule *f*; **argument ~** schlagendes Argument *nt*
mastic [mastik] *nm (pour vitres)* Kitt *m*; *(pour fentes)* Spachtelmasse *f*
mastiquer [mastike] *vt (aliment)* kauen; *(vitre)* kitten
masturbation [mastyʀbasjɔ̃] *nf* Masturbation *f*
masturber [mastyʀbe] : **se ~** *vpr* masturbieren
masure [mazyʀ] *nf* Bruchbude *f*
mat, e [mat] *adj* matt ▸ *adj inv* : **être ~** *(Échecs)* schachmatt sein
mât [mɑ] *nm* Mast *m*
match [matʃ] *nm* Spiel *nt*
matelas [mat(ə)la] *nm* Matratze *f*; **~ pneumatique** Luftmatratze *f*
matelot [mat(ə)lo] *nm* Matrose *m*
mater [mate] *vt (personne, prisonniers)* bändigen; *(incendie, révolte, passions)* unter Kontrolle bringen
matérialiste [mateʀjalist] *adj* materialistisch ▸ *nmf* Materialist(in) *m(f)*
matériau, x [mateʀjo] *nm* Material *nt*; *(Constr)* Baumaterial *nt*; **~x de construction** Baumaterialien *pl*
matériel, le [mateʀjɛl] *adj* materiell; *(impossibilité, organisation, aide)* praktisch ▸ *nm* Material *nt*; *(de camping, pêche)* Ausrüstung *f*; *(Inform)* Hardware *f*
maternel, le [matɛʀnɛl] *adj* mütterlich ▸ *nf (aussi* : **école maternelle**) Kindergarten *m*
maternité [matɛʀnite] *nf (état, qualité de mère)* Mutterschaft *f*; *(établissement)* Entbindungsheim *nt*; *(service)* Entbindungsstation *f*
mathématique [matematik] *adj* mathematisch ▸ *nf* Mathematik *f*; **mathématiques** *nfpl* Mathematik
matière [matjɛʀ] *nf* Materie *f*, Stoff *m*; **~s premières** Rohstoffe *pl*
Matignon [matiɲɔ̃] *nm Amtssitz des französischen Premierministers*
matin [matɛ̃] *nm* Morgen *m*, Vormittag *m*; **le ~** *(moment)* morgens; **le lendemain ~** am nächsten Morgen; **hier ~** gestern Morgen; **demain ~** morgen früh; **du ~ au soir** von morgens bis

abends; **tous les ~s** jeden Morgen; **une heure du ~** ein Uhr nachts • **matinal, e, aux** *adj* morgendlich; **être ~** Frühaufsteher sein • **matinée** *nf* Morgen *m*, Vormittag *m*; (*spectacle*) Matinee *f*, Frühvorstellung *f*

matou [matu] *nm* Kater *m*

matraquage [matʀakaʒ] *nm* Knüppeln *nt*; **~ publicitaire** massive Werbung *f* • **matraque** *nf* Knüppel *m* • **matraquer** *vt* (nieder)knüppeln; (*touristes etc*) ausnehmen; (*disque etc*) immer wieder spielen

matricule [matʀikyl] *nf* (*aussi*: **registre matricule**) Aufnahmeregister *nt* ▶ *nm* (*aussi*: **numéro matricule**) Kennnummer *f*

matrimonial, e, aux [matʀimɔnjal, jo] *adj*: **agence ~e** Heiratsvermittlung *f*

maturité [matyʀite] *nf* Reife *f*; (*Suisse*: *baccalauréat*) ≈ Abitur *nt*

maudire [modiʀ] *vt* verfluchen • **maudit, e** *adj* verflucht

Maurice [mɔʀis] *nf*: **l'île ~** Mauritius *nt*

Mauritanie [mɔʀitani] *nf*: **la ~** Mauretanien *nt*

maussade [mosad] *adj* mürrisch; (*ciel, temps*) unfreundlich

mauvais, e [mɔvɛ, ɛz] *adj* schlecht; (*faux*) falsch; (*méchant, malveillant*) böse; **la mer est ~e** das Meer ist stürmisch ▶ *adv*: **sentir ~** schlecht riechen; **il fait ~** es ist schlechtes Wetter

mauve [mov] *nf* (*Bot*) Malve *f* ▶ *adj* (*couleur*) malvenfarbig, mauve

maximal, e, aux [maksimal, o] *adj* maximal

maxime [maksim] *nf* Maxime *f*

maximiser [maksimize] *vt* maximieren

maximum [maksimɔm] *adj* maximal, Höchst- ▶ *nm* Maximum *nt*; **au ~** (*le plus possible*) bis zum Äußersten; (*tout au plus*) höchstens, maximal

Mayence [majɑ̃s] Mainz *nt*

mayonnaise [majɔnɛz] *nf* Mayonnaise *f*

mazout [mazut] *nm* Heizöl *nt*

Me *abr* = **maître**

me [mə], **m'** (*avant voyelle ou h muet*) *pron* (*acc*) mich; (*dat*) mir

mec [mɛk] *nm* (*fam*) Typ *m*

mécanicien, ne [mekanisjɛ̃, jɛn] *nm/f* Mechaniker(in) *m(f)* • **mécanique** *adj* mechanisch ▶ *nf* Mechanik *f*; **ennui ~** Motorschaden *m* • **mécanisme** *nm* Mechanismus *m*

méchanceté [meʃɑ̃ste] *nf* Gemeinheit *f* • **méchant, e** *adj* boshaft, gemein; (*enfant*) unartig, böse

mèche [mɛʃ] *nf* (*d'une lampe, bougie*) Docht *m*; (*de cheveux*: *coupés*) Locke *f*; (*d'une autre couleur*) Strähne *f*

méconnaissable [mekɔnɛsabl] *adj* unkenntlich

mécontent, e [mekɔ̃tɑ̃, ɑ̃t] *adj*: **~ (de)** unzufrieden (mit)

Mecque [mɛk] *nf*: **La ~** Mekka *nt*

médaille [medaj] *nf* Medaille *f*; **~ d'argent/de bronze/d'or** Silber-/Bronze-/Goldmedaille *f*

médaillon [medajɔ̃] *nm* Medaillon *nt*

médecin [med(ə)sɛ̃] *nm* Arzt *m*, Ärztin *f*; **~ généraliste** praktischer Arzt *m*; **~ traitant** behandelnder Arzt *m*

médecine [med(ə)sin] *nf* Medizin *f*; (*profession*) Arztberuf *m*;

~ douce Alternativmedizin *f*, Naturmedizin *f*
médias [medja] *nmpl* Medien *pl*
médiateur, -trice [medjatœʀ, tʀis] *nm/f* Vermittler(in) *m(f)*
médiation [medjasjɔ̃] *nf* Schlichtung *f*
médiatique [medjatik] *adj* Medien- • **médiatisation** *nf* Vermarktung *f* durch die Medien
médical, e, -aux [medikal, o] *adj* ärztlich
médicament [medikamɑ̃] *nm* Medikament *nt*
médiéval, e, aux [medjeval, o] *adj* mittelalterlich
médiocre [medjɔkʀ] *adj* mittelmäßig
médire [mediʀ] : **~ de** *vt* herziehen über *+acc*
méditation [meditasjɔ̃] *nf* Meditation *f*; *(fig)* Nachdenken *nt*
méditer [medite] *vt* meditieren *ou* nachdenken über *+acc* ▶ *vi* nachdenken, meditieren
Méditerranée [mediteʀane] *nf* : **la (mer) ~** das Mittelmeer • **méditerranéen, ne** *adj* Mittelmeer-
méduse [medyz] *nf* Qualle *f*
meeting [mitiŋ] *nm* Treffen *nt*
méfiance [mefjɑ̃s] *nf* Misstrauen *nt* • **méfiant, e** *adj* misstrauisch • **méfier** : **se ~** *vpr* sich in Acht nehmen; **se ~ de** misstrauen *+dat*
mégalomanie [megalɔmani] *nf* Größenwahn *m*
méga-octet [megaɔktɛ] *nm* Megabyte *nt*
mégarde [megaʀd] *nf* : **par ~** aus Versehen
mégot [mego] *nm* Kippe *f*
meilleur, e [mɛjœʀ] *adj* *(comparatif)* bessere(r, s); *(superlatif)* beste(r, s) ▶ *nm/f* : **le ~, la ~e** der/die/das Beste ▶ *adv* : **il fait ~ qu'hier** es ist schöner als gestern; **~ marché** billiger
mél [mɛl] *nm* E-Mail *f*
mélancolie [melɑ̃kɔli] *nf* Melancholie *f* • **mélancolique** *adj* melancholisch
mélange [melɑ̃ʒ] *nm* Mischung *f* • **mélanger** *vt* mischen; *(mettre en désordre, confondre)* durcheinanderbringen
mêlée [mele] *nf (bataille, cohue)* (Hand)gemenge *nt*; *(Rugby)* offenes Gedränge *nt*
mêler [mele] *vt* (ver)mischen; *(embrouiller)* verwirren; **se mêler** *vpr* sich vermischen; **~ à** (hinzu)mischen zu; **se ~ à** *ou* **avec** *(chose)* sich vermischen mit; **se ~ à** *(personne)* sich mischen unter *+acc*
mélo [melo] *adj (fam)* theatralisch
mélodie [melɔdi] *nf* Melodie *f* • **mélodieux, -euse** *adj* melodisch
melon [m(ə)lɔ̃] *nm* Melone *f*
membrane [mɑ̃bʀan] *nf* Membran *f*
membre [mɑ̃bʀ] *nm (Anat)* Glied *nt*; *(personne, pays, élément)* Mitglied *nt*
mémé [meme] *nf (fam)* Oma *f*

MOT-CLÉ

même [mɛm] *adj* **1** *(identique)* gleich; **le/la ~ ...** der/die/das gleiche ...; **en ~ temps** gleichzeitig
2 *(semblable)* derselbe/dieselbe/dasselbe ...; **ils ont les ~s goûts** sie haben den gleichen Geschmack
3 *(après le nom : renforcement)* : **il est la loyauté ~** er ist die Treue selbst; **ce sont celles-là ~s** das sind dieselben
▶ *pron* : **le/la ~** *(semblable)* der/die/das Gleiche; *(identique)* derselbe/

m

dieselbe/dasselbe; **les ~s** (*semblables*) die Gleichen; (*identiques*) dieselben; **cela revient au ~** das kommt aufs Gleiche heraus ▶ *adv* : **il n'a ~ pas pleuré** er hat nicht einmal geweint; **~ André l'a dit** sogar André hat es gesagt; **ici ~** genau hier; **~ si** auch wenn; **être à ~ de faire qch** in der Lage sein, etw zu tun; **faire de ~** das Gleiche tun; **de ~ que** wie auch

mémoire [memwaʀ] *nf* Gedächtnis *nt*; (*Inform*) Speicher *m*; (*souvenir*) Erinnerung *f* ▶ *nm* (*Admin, Jur*) Memorandum *nt*; (*Scol*) Aufsatz *m*; **mémoires** *nmpl* Memoiren *pl*; **à la ~ de** zur Erinnerung an *+acc*; **~ disponible** Speicherplatz *m*; **~ morte** ROM *nt*, Lesespeicher *m*; **~ principale** Hauptspeicher *m*; **~ tampon** (*Inform*) Zwischenspeicher *m*; **~ vive** RAM *nt*, Lese-Schreibspeicher *m*

mémorable [memɔʀabl] *adj* denkwürdig

mémorial, e, aux [memɔʀjal, jo] *nm* Denkmal *nt*

mémoriser [memɔʀize] *vt* sich *dat* einprägen; (*Inform*) (ab)speichern

menace [mənas] *nf* Drohung *f* • **menacer** *vt* drohen *+dat*

ménage [menaʒ] *nm* (*travail*) Haushalt *m*; (*couple*) (Ehe)paar *nt*; **faire le ~** den Haushalt machen

ménagement [menaʒmɑ̃] *nm* Rücksicht *f*; **ménagements** *nmpl* Umsicht *f*

ménager[1] [menaʒe] *vt* schonen

ménager[2]**, -ère** [menaʒe] *adj* Haushalts- ▶ *nf* (*femme*) Hausfrau *f*

mendiant, e [mɑ̃djɑ̃, jɑ̃t] *nm/f* Bettler(in) *m(f)* • **mendier** *vi* betteln

mener [m(ə)ne] *vt* führen; (*enquête*) durchführen ▶ *vi* (*Sport*) führen; **~ à/chez** (*personne*) mitnehmen nach/zu • **meneur, -euse** *nm/f* Anführer(in) *m(f)*; (*péj* : *agitateur*) Rädelsführer(in) *m(f)*; **~ de jeu** Quizmaster *m*

menhir [meniʀ] *nm* Menhir *m*

méningite [menɛ̃ʒit] *nf* Hirnhautentzündung *f*

ménopause [menopoz] *nf* Wechseljahre *pl*

menotte [mənɔt] *nf* (*main*) Händchen *nt*; **menottes** *nfpl* Handschellen *pl*

mensonge [mɑ̃sɔ̃ʒ] *nm* Lüge *f* • **mensonger, -ère** *adj* verlogen

mensuel, le [mɑ̃sɥɛl] *adj* monatlich

mental, e, aux [mɑ̃tal, o] *adj* (*calcul*) Kopf-; (*maladie*) Geistes-; (*âge*) geistig; (*restriction*) innerlich • **mentalement** *adv* (*réciter*) auswendig; (*compter*) im Kopf

mentalité [mɑ̃talite] *nf* Denkweise *f*, Mentalität *f*

menteur, -euse [mɑ̃tœʀ, øz] *nm/f* Lügner(in) *m(f)*

menthe [mɑ̃t] *nf* Minze *f*

mention [mɑ̃sjɔ̃] *nf* (*note*) Vermerk *m* • **mentionner** *vt* erwähnen

mentir [mɑ̃tiʀ] *vi* lügen; **~ à qn** jdn belügen *ou* anlügen

menton [mɑ̃tɔ̃] *nm* Kinn *nt*

menu, e [məny] *adj* (*mince*) dünn ▶ *adv* : **hacher ~** fein hacken ▶ *nm* (*liste de mets*) Speisekarte *f*; (*à prix fixe, Inform*) Menü *nt*; **~ déroulant** Pull-down-Menü *nt*; **~e monnaie** Kleingeld *nt*

menuiserie [mənɥizʀi] *nf* Schreinerei *f* • **menuisier** *nm* Schreiner *m*
méprendre [mepʀɑ̃dʀ] : **se ~** *vpr* sich irren; **se ~ sur** sich täuschen in *+dat*
mépris [mepʀi] *nm* Verachtung *f* • **méprisable** *adj* verachtenswert
méprise [mepʀiz] *nf* Irrtum *m*; (*malentendu*) Missverständnis *nt*
mépriser [mepʀize] *vt* verachten
mer [mɛʀ] *nf* Meer *nt*; **en haute** *ou* **pleine ~** auf hoher See; **la ~ du Nord** die Nordsee *f*
mercatique [mɛʀkatik] *nf* Marketing *nt*
mercenaire [mɛʀsənɛʀ] *nm* Söldner *m*
mercerie [mɛʀsəʀi] *nf* (*boutique*) Kurzwarengeschäft *nt*
merci [mɛʀsi] *excl* danke; **~ de** *ou* **pour** vielen Dank für
mercredi [mɛʀkʀədi] *nm* Mittwoch *m*; *voir aussi* **lundi**
mercure [mɛʀkyʀ] *nm* Quecksilber *nt*
merde [mɛʀd] *nf, excl* (*fam !*) Scheiße *f* (*fam !*)
mère [mɛʀ] *nf* Mutter *f*; **~ porteuse** Leihmutter *f*
merguez [mɛʀgɛz] *nf pikante nordafrikanische Wurst*
méridional, e, aux [meʀidjɔnal, o] *adj* südlich; (*du Midi*) südfranzösisch ▶ *nm/f* (*du Midi*) Südfranzose *m*, Südfranzösin *f*
meringue [məʀɛ̃g] *nf* Baiser *nt*
mérite [meʀit] *nm* Verdienst *nt* • **mériter** *vt* verdienen
merlan [mɛʀlɑ̃] *nm* Weißling *m*
merle [mɛʀl] *nm* Amsel *f*
merveille [mɛʀvɛj] *nf* Wunder *nt* • **merveilleux, -euse** *adj* herrlich, wunderbar
mes [me] *adj possessif voir* **mon**
mésange [mezɑ̃ʒ] *nf* Meise *f*
mésaventure [mezavɑ̃tyʀ] *nf* Missgeschick *nt*
Mesdames [medam] *nfpl voir* **Madame**
Mesdemoiselles [medmwazɛl] *nfpl voir* **Mademoiselle**
mesquin, e [mɛskɛ̃, in] *adj* kleinlich • **mesquinerie** *nf* Kleinlichkeit *f*
mess [mɛs] *nm* Kasino *nt*
message [mesaʒ] *nm* Nachricht *f*; **~ publicitaire** Werbung *f*; **~ SMS** SMS *f* • **messager, -ère** *nm/f* Bote *m*, Botin *f*
messagerie [mesaʒʀi] *nf* (*Inform*) Mailsystem *nt*; (*sur Internet*) Bulletinboard *nt*; **~ vocale** Voicemail *f*
messe [mɛs] *nf* Messe *f*
messie [mesi] *nm* : **le M~** der Messias *m*
Messieurs [mesjø] *nmpl voir* **Monsieur**
mesure [m(ə)zyʀ] *nf* Maß *nt*; (*Mus*) Takt *m*; (*fait de mesurer*) Messen *nt*; (*disposition, acte*) Maßnahme *f*; **sur ~** nach Maß; **être en ~ de faire qch** imstande sein, etw zu tun; **~ de sécurité** Sicherheitsmaßnahme *f* • **mesuré, e** *adj* gemäßigt • **mesurer** *vt* messen
métabolisme [metabɔlism] *nm* Stoffwechsel *m*
métal, aux [metal, o] *nm* Metall *nt* • **métallique** *adj* Metall-; (*éclat, reflet, son*) metallisch
métamorphose [metamɔʀfoz] *nf* Metamorphose *f*; (*fig*) Verwandlung *f*
métaphore [metafɔʀ] *nf* Metapher *f*
métaphysique [metafizik] *nf* Metaphysik *f* ▶ *adj* metaphysisch

m

métastase [metastɑz] *nf* Metastase *f*
météo [meteo] *nf* Wetterbericht *m*
météorologie [meteɔʀɔlɔʒi] *nf* (*étude*) Wetterkunde *f*, Meteorologie *f*; (*service*) Wetterdienst *m*
• **météorologique** *adj* meteorologisch, Wetter-
méthadone [metadɔn] *nf* Methadon *nt*
méthode [metɔd] *nf* Methode *f*; (*ouvrage*) Lehrbuch *nt*
• **méthodique** *adj* methodisch
méticuleux, -euse [metikylø, øz] *adj* gewissenhaft
métier [metje] *nm* Beruf *m*
métis, se [metis] *adj* Mischlings- ▶ *nm/f* Mischling *m*
métrage [metʀaʒ] *nm* (*mesure*) Vermessen *nt*; (*longueur de tissu*) Länge *f*; **long ~** (langer) Spielfilm *m*; **court ~** Kurzfilm *m*
mètre [mɛtʀ] *nm* Meter *m ou nt*; (*règle, ruban*) Metermaß *nt*; **~ carré** Quadratmeter *m*; **~ cube** Kubikmeter *m* • **métrique** *adj* metrisch
métro [metʀo] *nm* U-Bahn *f*
métropole [metʀɔpɔl] *nf* (*capitale*) Hauptstadt *f*; (*France*) Frankreich *nt*
mets [mɛ] *nm* Gericht *nt*
metteur [metœʀ] *nm* : **~ en scène** Regisseur(in) *m(f)*

MOT-CLÉ

mettre [mɛtʀ] *vt* **1** (*placer*) tun, setzen, stellen, legen; **~ ses gants dans un tiroir** die Handschuhe in eine Schublade legen; **~ le couvercle sur une casserole** den Deckel auf einen Topf tun; **~ une lettre dans une enveloppe** einen Brief in einen Umschlag stecken; **~ en bouteille** in Flaschen (ab)füllen; **~ à la poste** zur Post geben; **~ debout/assis** hinstellen/hinsetzen
2 (*vêtements*) anziehen; (: *porter*) tragen; **mets ton bonnet** zieh eine Mütze an
3 (*faire fonctionner* : *chauffage, électricité*) anmachen, anstellen; (: *réveil, minuteur*) stellen; **~ en marche** in Gang setzen
4 (*consacrer*) : **~ du temps/deux heures à faire qch** lang/zwei Stunden brauchen, um etw zu machen; **y ~ du sien** sich einsetzen
5 (*écrire*) schreiben
6 (*supposer*) : **mettons que ...** angenommen, ...
se mettre *vpr* **1** (*réfléchi* : *se placer*) sich setzen; (: *debout*) sich hinstellen; (: *dans une situation*) sich bringen; **vous pouvez vous ~ là** Sie können sich dort hinsetzen; **se ~ au lit** sich ins Bett legen; **se ~ bien avec qn** sich mit jdm gut stellen; **se ~ qn à dos** jdn gegen sich aufbringen
2 (*s'habiller*) : **se ~ en maillot de bain** sich *dat* einen Badeanzug anziehen
3 : **se ~ à** sich machen an *+acc*; **se ~ au travail** sich an die Arbeit machen; **se ~ à faire qch** anfangen, etw zu tun; **se ~ au régime** eine Diät anfangen

meuble [mœbl] *nm* Möbelstück *nt*
• **meublé, e** *adj* : **chambre ~e** möbliertes Zimmer *nt* • **meubler** *vt* möblieren
meuf [mœf] *nf* (*fam*) Tussi *f*
meunier, -ière [mønje, jɛʀ] *nm/f* Müller(in) *m(f)*; **truite meunière** Forelle Müllerin

meurtre [mœʀtʀ] *nm* Mord *m*
• **meurtrier, -ière** *nm/f* Mörder(in) *m(f)*
meurtrir [mœʀtʀiʀ] *vt* quetschen; (*fig*) verletzen
• **meurtrissure** *nf* blauer Fleck *m*
meute [møt] *nf* Meute *f*
mexicain, e [mɛksikɛ̃, ɛn] *adj* mexikanisch • **Mexique** *nm* : **le ~** Mexiko *nt*
mi [mi] *nm* (*Mus*) E *nt* ▸ *préf* halb-; **à la mi-janvier** Mitte Januar; **à mi-hauteur** auf halber Höhe
miauler [mjole] *vi* miauen
miche [miʃ] *nf* Laib *m* (Brot)
mi-chemin [miʃmɛ̃] : **à ~** *adv* auf halbem Wege • **mi-clos, e** (*pl* **mi-clos, es**) *adj* halb geschlossen
micro [mikʀo] *nm* Mikrofon *nt*
microbe [mikʀɔb] *nm* Mikrobe *f*
microbiologie [mikʀobjɔlɔʒi] *nf* Mikrobiologie *f* • **microcosme** *nm* Mikrokosmos *m*
microédition [mikʀoedisjɔ̃] *nf* Desktop-Publishing *nt* • **microfibre** *nf* Mikrofaser *f* • **micro-onde** (*pl* **micro-ondes**) *nf* Mikrowelle *f*; **(four à) ~s** Mikrowellenherd *m*
• **micro-organisme** (*pl* **micro-organismes**) *nm* Mikroorganismus *m*
• **microphone** *nm* Mikrofon *nt*
• **microplaquette** *nf* Mikrochip *m*
• **microprocesseur** *nm* Mikroprozessor *m*
microscope [mikʀɔskɔp] *nm* Mikroskop *nt*; **~ électronique** Elektronenmikroskop *nt*
midi [midi] *nm* (*milieu du jour*) Mittag *m*; (*sud*) Süden *m*; **à ~** um zwölf Uhr; **tous les ~s** jeden Mittag; **le M~** (*de la France*) Südfrankreich *nt*
mie [mi] *nf* weiches Inneres *nt* (*des Brotes*)
miel [mjɛl] *nm* Honig *m*
mien, ne [mjɛ̃, mjɛn] ▸ *pron* : **le(la) ~(ne)** meine(r, s) ; **les miens** meine
miette [mjɛt] *nf* Krümel *m*

MOT-CLÉ

mieux [mjø] *adv* **1** (*comparatif*) : **~ (que)** besser (als); **elle travaille/mange ~** sie arbeitet/isst besser; **elle va ~** es geht ihr besser; **aimer ~** lieber mögen; **de ~ en ~** immer besser
2 (*superlatif*) am besten; **ce que je sais le ~ faire** was ich am besten kann; **au ~** bestenfalls
▸ *adj* **1** (*comparatif*) besser; **se sentir ~** sich besser fühlen; **c'est ~ ainsi** so ist es besser
2 (*superlatif*) : **le ~ des deux** der/die/das Bessere von beiden; **le/la ~** der/die/das Beste; **les ~** die Besten
3 (*plus joli*) : **il est ~ sans moustache/que son frère** er sieht besser aus ohne Schnurrbart/als sein Bruder
▸ *nm* (*amélioration, progrès*) Verbesserung *f*; **faute de ~** in Ermangelung einer besseren Lösung; **pour le ~** zum Besten; **faire de son ~** sein Bestes tun

mignon, ne [miɲɔ̃, ɔn] *adj* niedlich, süß; (*aimable, gentil*) nett
migraine [migʀɛn] *nf* Migräne *f*
migrant, e [migʀɑ̃, ɑ̃t] *nm/f* Wanderarbeiter(in) *m(f)*
migration [migʀasjɔ̃] *nf* (*de populations*) Wanderung *f*; (*d'oiseaux, de poissons*) Zug *m*
mijoter [miʒɔte] *vt* (*plat*) schmoren; (*: préparer avec soin*) liebevoll zubereiten

milieu, x [miljø] *nm* Mitte *f*; (*Biol, Géo*) Lebensraum *m*; (*entourage*) Milieu *nt*; **au ~ de** mitten in +*dat*
militaire [militɛʀ] *adj* Militär- ▶ *nm* Soldat *m*
militant, e [militɑ̃, ɑ̃t] *nm/f* Militante(r) *f(m)*
militariste [militaʀist] *adj* militaristisch
militer [milite] *vi* : **~ pour/contre** sich einsetzen für/gegen
mille [mil] *num* (ein)tausend ▶ *nm* : **mettre dans le ~** ins Schwarze treffen; **~ marin** *nm* Seemeile *f*
millefeuille [milfœj] *nm* Blätterteiggebäck *nt* mit Cremefüllung
millénaire [milenɛʀ] *nm* Jahrtausend *nt* ▶ *adj* tausendjährig
millésime [milezim] *nm* (*d'un vin*) Jahrgang *m*
millet [mijɛ] *nm* Hirse *f*
milliard [miljaʀ] *nm* Milliarde *f* • **milliardaire** *nmf* Milliardär(in) *m(f)*
millier [milje] *nm* Tausend *nt*; **un ~ (de)** etwa tausend; **par ~s** zu Tausenden
milligramme [miligʀam] *nm* Milligramm *nt* • **millilitre** *nm* Milliliter *m* • **millimètre** *nm* Millimeter *m*
million [miljɔ̃] *nm* Million *f* • **millionnaire** *nmf* Millionär(in) *m(f)*
mime [mim] *nmf* (*acteur*) Pantomime *m*, Pantomimin *f* ▶ *nm* (*art*) Pantomime *f* • **mimer** *vt* pantomimisch darstellen; (*imiter*) nachmachen
mimique [mimik] *nf* Mimik *f*
mimosa [mimoza] *nm* Mimose *f*
minable [minabl] *adj* erbärmlich
minaret [minaʀɛ] *nm* Minarett *nt*
mince [mɛ̃s] *adj* dünn; (*svelte*) schlank • **minceur** *nf* Dünne *f*, Schlankheit *f*
mincir [mɛ̃siʀ] *vi* abnehmen
mine [min] *nf* (*figure, physionomie*) Miene *f*; (*allure*) Aussehen *nt*; (*gisement*) Bergwerk *nt*; (*de crayon, explosif*) Mine *f*; **avoir bonne ~** gut aussehen; **avoir mauvaise ~** schlecht aussehen
miner [mine] *vt* (*saper*) aushöhlen; (*fig*) unterminieren; (*Mil*) verminen
minerai [minʀɛ] *nm* Erz *nt*
minéral, e, aux [mineʀal, o] *adj* Mineral- ▶ *nm* Mineral *nt*
minéralogique [mineʀalɔʒik] *adj* : **plaque ~** Nummernschild *nt*; **numéro ~** polizeiliches Kennzeichen *nt*
minet, te [minɛ, ɛt] *nm/f* (*chat*) Kätzchen *nt* ▶ *nf* (*péj*) Modepüppchen *nt*
mineur, e [minœʀ] *adj* zweitrangig; (*Jur*) minderjährig ▶ *nm/f* (*Jur*) Minderjährige(r) *f(m)* ▶ *nm* (*travailleur*) Bergmann *m*
miniature [minjatyʀ] *adj* Miniatur- ▶ *nf* Miniatur *f*; **en ~** im Kleinformat
minibus [minibys] *nm* Minibus *m* • **minichaîne** *nf* Kompaktanlage *f*
minier, -ière [minje, jɛʀ] *adj* (*gisement, industrie*) Bergwerks-, Bergbau-; (*pays, bassin*) Bergbau-
minijupe [miniʒyp] *nf* Minirock *m*
minimal, e, aux [minimal, o] *adj* (*dose*) Mindest-, minimal, Tiefst-
minime [minim] *adj* sehr klein ▶ *nmf* (*Sport*) Junior(in) *m(f)*
minimiser [minimize] *vt* bagatellisieren
minimum, -ma [minimɔm] *adj* (*âge*) Mindest- ▶ *nm* Minimum *nt*; **un ~ de** ein Minimum an +*dat*; **au ~** mindestens; **minima sociaux**

Mindestsozialleistungen *fpl*, Existenzminimum *nt*
ministère [ministɛʀ] *nm* Ministerium *nt*; (*gouvernement*) Regierung *f*
ministre [ministʀ] *nm* Minister(in) *m(f)*
minoritaire [minɔʀitɛʀ] *adj* Minderheits-; (*en sociologie*) Minderheiten-
minorité [minɔʀite] *nf* Minderheit *f*; (*d'une personne : période*) Minderjährigkeit *f*; **être en ~** in der Minderheit sein
minuit [minɥi] *nm* Mitternacht *f*
minuscule [minyskyl] *adj* winzig, sehr klein ▶ *nf* : **(lettre) ~** kleiner Buchstabe *m*
minute [minyt] *nf* Minute *f*; **d'une ~ à l'autre** jeden Augenblick; **à la ~** auf der Stelle; **entrecôte** *ou* **steak ~** Minutensteak *nt* • **minuter** *vt* zeitlich genau festlegen
minuterie [minytʀi] *nf* Schaltuhr *f*
minutie [minysi] *nf* Gewissenhaftigkeit *f*
minutieusement [minysjøzmɑ̃] *adv* sehr genau
minutieux, -euse [minysjø, jøz] *adj* gewissenhaft, äußerst genau
mirabelle [miʀabɛl] *nf* (*fruit*) Mirabelle *f*
miracle [miʀɑkl] *nm* Wunder *nt* • **miraculeux, -euse** *adj* wunderbar
mirage [miʀaʒ] *nm* Fata Morgana *f*
miroir [miʀwaʀ] *nm* Spiegel *m* • **miroiter** *vi* spiegeln; **faire ~ qch à qn** jdm etw in den leuchtendsten Farben ausmalen
mis, e [mi, miz] *adj* (*table*) gedeckt
misanthrope [mizɑ̃tʀɔp] *nm* Menschenfeind *m*
mise [miz] *nf* (*au jeu*) Einsatz *m*; **~ au point** (*Photo*) Scharfstellen *nt*; (*fig*) Richtigstellung *f*; **~ en scène** Inszenierung *f*
miser [mize] *vt* (*enjeu*) setzen; **~ sur** setzen auf +*acc*; (*fig*) rechnen mit
misérable [mizeʀabl] *adj* elend ▶ *nmf* Elende(r) *f(m)*
misère [mizɛʀ] *nf* Armut *f*; **misères** *nfpl* (*malheurs*) Elend *nt*; (*ennuis*) Sorgen *pl*; **salaire de ~** Hungerlohn *m*
miséricorde [mizeʀikɔʀd] *nf* Barmherzigkeit *f*
misogyne [mizɔʒin] *adj* frauenfeindlich ▶ *nmf* Frauenfeind(in) *m(f)*
missel [misɛl] *nm* Messbuch *nt*
missile [misil] *nm* Rakete *f*; **~ de croisière** Marschflugkörper *m*, Cruise-Missile *nt*
mission [misjɔ̃] *nf* (*charge, tâche*) Auftrag *m*; (*Rel*) Mission *f*; **~ de reconnaissance** Aufklärungsmission *f*
missionnaire [misjɔnɛʀ] *nmf* Missionar(in) *m(f)*
missive [misiv] *nf* Schreiben *nt*
mistral [mistʀal] *nm* Mistral *m*
mite [mit] *nf* Motte *f*
mi-temps [mitɑ̃] *nf inv* (*Sport*) Halbzeit *f* ▶ *nm inv* Halbtagsarbeit *f*; **travailler à ~** halbtags arbeiten
mitraillette [mitʀɑjɛt] *nf* Maschinenpistole *f*
mi-voix [mivwa] : **à ~** *adv* halblaut
mixage [miksaʒ] *nm* (*Ciné*) Tonmischung *f*
mixer, mixeur [miksœʀ] *nm* Mixer *m*
mixte [mikst] *adj* gemischt; **mariage ~** Mischehe *f*; **à usage ~**

Mehrzweck-; **double ~** gemischtes Doppel *nt*
mixture [mikstyʀ] *nf* Mixtur *f*; (*péj* : *boisson*) Gesöff *nt*
ml *abr* (= *millilitre*) ml
MLF [ɛmɛlɛf] *sigle m* (= *Mouvement de libération de la femme*) Frauenbewegung *f*
Mlle (*pl* **Mlles**) *abr* (= *Mademoiselle*) Frl
MM *abr* = **Messieurs**
mm *abr* (= *millimètre*) mm
Mme (*pl* **Mmes**) *abr* (= *Madame*) Fr
mn *abr* (= *minute*) Min
Mo *abr* (*Inform*) (= *méga-octet*) MB, Megabyte *nt*
mobile [mɔbil] *adj* beweglich
mobilier, -ière [mɔbilje, jɛʀ] *adj*, *nm* (*meubles*) Mobiliar *nt*
mobilisation [mɔbilizasjɔ̃] *nf* Mobilisieren *nt*; **~ générale** allgemeine Mobilmachung *f*
mobiliser [mɔbilize] *vt* mobilisieren; (*fig* : *enthousiasme, courage*) wecken
mobilité [mɔbilite] *nf* Mobilität *f*
mobylette® [mɔbilɛt] *nf* Mofa *nt*
mocassin [mɔkasɛ̃] *nm* Mokassin *m*
moche [mɔʃ] *adj* (*fam*) hässlich
modalité [mɔdalite] *nf* Modalität *f*; **~s de paiement** Zahlungsbedingungen *pl*
mode [mɔd] *nf* Mode *f* ▶ *nm* Art *f*, Weise *f*; **à la ~** modisch; **~ autonome** (*Inform*) Offline-Betrieb *m*; **~ connecté** (*Inform*) Online-Betrieb *m*; **~ d'emploi** Gebrauchsanweisung *f*; **~ de paiement** Zahlungsweise *f*
modèle [mɔdɛl] *nm* Modell *nt* ▶ *adj* mustergültig; (*cuisine, ferme*) Muster-
modem [mɔdɛm] *nm* Modem *nt*
modération [mɔdeʀasjɔ̃] *nf* (*qualité*) Mäßigung *f* • **modéré, e** *adj* gemäßigt; (*prix, vent, température*) mäßig
• **modérément** *adv* in Maßen
• **modérer** *vt* mäßigen; (*dépenses*) einschränken; (*allure, vitesse*) drosseln; **se modérer** *vpr* sich mäßigen
moderne [mɔdɛʀn] *adj* modern; (*langues, histoire*) neuere(r, s)
• **modernisation** *nf* Modernisierung *f* • **moderniser** *vt* modernisieren
modeste [mɔdɛst] *adj* bescheiden
• **modestie** *nf* Bescheidenheit *f*
modification [mɔdifikasjɔ̃] *nf* (Ver)änderung *f* • **modifier** *vt* (ver)ändern; **se modifier** *vpr* sich ändern, sich wandeln
modique [mɔdik] *adj* gering
modulation [mɔdylasjɔ̃] *nf* : **~ de fréquence** Frequenzmodulation *f*
module [mɔdyl] *nm* Modul *nt*; (*élément*) (Bau)element *nt*; **~ de commande** Kommandokapsel *f*; **~ lunaire** Mondfähre *f*
moelle [mwal] *nf* Mark *nt*
moelleux, -euse [mwalø, øz] *adj* weich; (*aliment*) cremig
mœurs [mœʀ(s)] *nfpl* Sitten *pl*; (*pratiques sociales, coutumes*) Bräuche *pl*

MOT-CLÉ

moi [mwa] *pron* **1** (*sujet*) ich; **c'est ~** ich bins; **c'est ~ qui l'ai fait** das habe ich gemacht
2 (*objet direct* : *après prép avec acc*) mich; **c'est ~ que vous avez appelé ?** haben Sie mich gerufen?; **pour ~** für mich
3 (*objet indirect* : *après prép avec dat*) mir; **apporte-le-~** bring es mir; **avec ~** mit mir; **chez ~** bei mir (zu Hause)
▶ *nm* (*Psych*) Ich *nt*

moindre [mwɛ̃dʀ] *adj* geringer; **le/la ~** der/die/das Geringste
moine [mwan] *nm* Mönch *m*
moineau, x [mwano] *nm* Spatz *m*

MOT-CLÉ

moins [mwɛ̃] *adv* **1** (*comparatif*) : **~ (que)** weniger (als); **elle travaille ~ que moi** sie arbeitet weniger als ich; **il a 3 ans de ~ que moi** er ist 3 Jahre jünger als ich; **~ grand que** kleiner als; **~ je travaille, mieux je me porte** je weniger ich arbeite, desto besser geht es mir
2 (*superlatif*) : **le ~** am wenigsten; **c'est ce que j'aime le ~** das mag ich am wenigsten; **le ~ doué** der Unbegabteste; **au ~** wenigstens; **du ~** wenigstens; **pour le ~** mindestens
3 : **~ de** weniger; **~ de sable/de livres** weniger Sand/Bücher; **~ de 2 ans/100 euros** weniger als 2 Jahre/100 Euro
4 : **100 euros/3 jours de ~** 100 Euro/3 Tage weniger; **de ~ en ~** immer weniger; **à ~ que** es sei denn, dass; **à ~ que tu ne te maries** es sei denn, du heiratest; **à ~ d'un accident** wenn kein Unfall passiert
▶ *prép* weniger, minus; **4 ~ 2** 4 weniger *ou* minus 2; **il est (six heures) ~ cinq** es ist fünf vor (sechs); **il fait ~ 5** es ist minus 5 (Grad)

mois [mwa] *nm* Monat *m*; (*salaire*) Monatsgehalt *nt*
moisi, e [mwazi] *adj* schimmelig ▶ *nm* Schimmel *m* • **moisir** *vi* schimmeln; (*fig*) gammeln • **moisissure** *nf* Schimmel *m*
moisson [mwasɔ̃] *nf* Ernte *f* • **moissonner** *vt* ernten; (*champ*) abernten
moite [mwat] *adj* feucht
moitié [mwatje] *nf* Hälfte *f*
molaire [mɔlɛʀ] *nf* Backenzahn *m*
Moldavie [mɔldavi] *nf* : **la ~** Moldawien *nt*
molécule [mɔlekyl] *nf* Molekül *nt*
molester [mɔlɛste] *vt* misshandeln
molle [mɔl] *adj f voir* **mou** • **mollement** *adv* (*faiblement*) schwach; (*nonchalamment*) lässig
mollet [mɔlɛ] *nm* Wade *f* ▶ *adj m* : **œuf ~** weich gekochtes Ei *nt*
molletonné, e [mɔltɔne] *adj* gefüttert
mollir [mɔliʀ] *vi* weich werden
mollusque [mɔlysk] *nm* Weichtier *nt*
môme [mom] *nmf* (*fam* : *enfant*) Knirps *m*
moment [mɔmɑ̃] *nm* Moment *m*, Augenblick *m*; **à un ~ donné** zu einem bestimmten Zeitpunkt; **pour un bon ~** eine ganze Zeit lang; **pour le ~** im Moment *ou* Augenblick; **au ~ de partir** beim Gehen; **au ~ où** in dem Moment, als; **à tout ~** jederzeit; **en ce ~** jetzt; **d'un ~ à l'autre** jeden Augenblick • **momentané, e** *adj* momentan, augenblicklich
mon, ma [mɔ̃, ma] (*pl* **mes**) *adj possessif* mein(e)
Monaco [mɔnako] *nm* : **(la principauté de) ~** (das Fürstentum) Monaco *nt*
monarchie [mɔnaʀʃi] *nf* Monarchie *f*
monarque [mɔnaʀk] *nm* Monarch(in) *m(f)*
monastère [mɔnastɛʀ] *nm* Kloster *nt*

m

monceau, x [mɔ̃so] *nm* Haufen *m*
mondain, e [mɔ̃dɛ̃, ɛn] *adj* gesellschaftlich; (*peintre, soirée*) Gesellschafts-
monde [mɔ̃d] *nm* Welt *f*; (*gens*) Leute *pl*; **il y a du ~** es sind viele Leute da; **beaucoup/peu de ~** viele/wenige Leute; **tout le ~** alle, jedermann; **pas le moins du ~** nicht im Geringsten • **mondial, e, aux** *adj* Welt-, weltweit • **mondialement** *adv* weltweit
mondialisation [mɔ̃djalizasjɔ̃] *nf* Globalisierung *f*
monégasque [mɔnegask] *adj* monegassisch
monétaire [mɔnetɛʀ] *adj* (*unité*) Währungs-; (*circulation*) Geld-
Mongolie [mɔ̃gɔli] *nf*: **la ~** die Mongolei
moniteur, -trice [mɔnitœʀ, tʀis] *nm/f* (*Sport*) Lehrer(in) *m(f)*; (*de colonie de vacances*) Animateur(in) *m(f)* ▶ *nm* (*Inform*) Monitor *m*, Bildschirm *m*
monnaie [mɔnɛ] *nf* (*pièce*) Münze *f*; (*Écon*) Währung *f*; (*petites pièces*) Kleingeld *nt*; **faire de la ~** Geld wechseln; **rendre à qn la ~ (sur 20 euros)** jdm (auf 20 Euro) herausgeben
monolingue [mɔnɔlɛ̃g] *adj* einsprachig
monologue [mɔnɔlɔg] *nm* Selbstgespräch *nt*; (*Théât*) Monolog *m*
monoparental, e, aux [mɔnɔpaʀɑ̃tal, o] *adj* mit nur einem Elternteil
monopole [mɔnɔpɔl] *nm* Monopol *nt* • **monopoliser** *vt* monopolisieren; (*fig*) für sich allein beanspruchen
monospace [mɔnɔspas] *nm* Van *m*
monotone [mɔnɔtɔn] *adj* monoton • **monotonie** *nf* Monotonie *f*
Monsieur [məsjø] (*pl* **Messieurs**) *nm* Herr *m*; **un m~** ein Herr; **~ Dupont** Herr Dupont; **occupez-vous de ~** würden Sie bitte den Herrn bedienen; **bonjour, ~** guten Tag; (*si le nom est connu*) guten Tag, Herr X; **m~ !** (*pour appeler*) Entschuldigung!; **~ (Dupont)** (*sur lettre*) sehr geehrter Herr Dupont; **m~ le directeur** Herr Direktor; **Messieurs** meine Herren
monstre [mɔ̃stʀ] *nm* (*être anormal*) Monstrum *nt*; (*Mythologie*) Ungeheuer *nt* • **monstrueux, -euse** *adj* (*colossal*) Riesen-; (*abominable*) ungeheuerlich, grauenhaft
mont [mɔ̃] *nm* Berg *m*
montage [mɔ̃taʒ] *nm* Aufbau *m*
montagnard, e [mɔ̃taɲaʀ, aʀd] *adj* Berg-, Gebirgs- ▶ *nm/f* Gebirgsbewohner(in) *m(f)*
montagne [mɔ̃taɲ] *nf* Berg *m*; (*région*) Gebirge *nt*, Berge *pl*; **~s russes** Achterbahn *f* • **montagneux, -euse** *adj* bergig, gebirgig
montant, e [mɔ̃tɑ̃, ɑ̃t] *adj* (*mouvement*) aufwärts; (*marée*) steigend ▶ *nm* (*somme*) Betrag *m*; (*d'une fenêtre, d'un lit*) Pfosten *m*; (*d'une échelle*) Sprosse *f*
monte-charge [mɔ̃tʃaʀʒ] *nm inv* Lastenaufzug *m*
montée [mɔ̃te] *nf* Aufstieg *m*; (*côte*) Steigung *f*, Anstieg *m*
monter [mɔ̃te] *vi* steigen; (*passager*) einsteigen; (*avion*) aufsteigen; (*voiture*) hochfahren; (*chemin, route*) ansteigen; (*niveau, température, prix*) (an)steigen

▶ *vt* (*escalier, marches, côte*) hinaufgehen; (*tente*) aufschlagen
monteur, -euse [mɔ̃tœʀ, øz] *nm/f* (*Tech*) Monteur(in) *m(f)*; (*Ciné*) Cutter(in) *m(f)*
monticule [mɔ̃tikyl] *nm* Hügel *m*; (*tas*) Haufen *m*
montre [mɔ̃tʀ] *nf* Uhr *f* • **montre-bracelet** (*pl* **montres-bracelets**) *nf* Armbanduhr *f*
montrer [mɔ̃tʀe] *vt* zeigen; **se montrer** *vpr* (*paraître*) erscheinen
monture [mɔ̃tyʀ] *nf* (*de lunettes*) Gestell *nt*
monument [mɔnymɑ̃] *nm* Denkmal *nt*, Monument *nt*
monumental, e, aux [mɔnymɑ̃tal, o] *adj* monumental; (*énorme*) gewaltig
moquer [mɔke] : **se ~** *vpr* : **se ~ de** sich lustig machen über +*acc*
moquette [mɔkɛt] *nf* Teppichboden *m*
moqueur, -euse [mɔkœʀ, øz] *adj* spöttisch
moral, e, aux [mɔʀal, o] *adj* moralisch; (*force, douleur*) seelisch ▶ *nm* (*état d'esprit*) Stimmung *f*; **avoir le ~ à zéro** überhaupt nicht in Stimmung sein
morale [mɔʀal] *nf* Moral *f*
moratoire [mɔʀatwaʀ] *adj* : **intérêts ~s** Verzugszinsen *pl*
morceau, x [mɔʀso] *nm* Stück *nt*
mordant, e [mɔʀdɑ̃, ɑ̃t] *adj* bissig; (*froid*) beißend
mordicus [mɔʀdikys] *adv* (*fam*) steif und fest
mordiller [mɔʀdije] *vt* knabbern an +*dat*
mordre [mɔʀdʀ] *vt* beißen ▶ *vi* (*poisson*) anbeißen
mordu, e [mɔʀdy] *nm/f* : **un ~ de** (*fam*) ein Fan *m* von
morfondre [mɔʀfɔ̃dʀ] : **se ~** *vpr* sich zu Tode langweilen; (*de soucis*) bedrückt sein
morgue [mɔʀg] *nf* (*arrogance*) Dünkel *m*; (*lieu*) Leichenschauhaus *nt*
morille [mɔʀij] *nf* Morchel *f*
morne [mɔʀn] *adj* trübsinnig
morose [mɔʀoz] *adj* mürrisch
morphine [mɔʀfin] *nf* Morphium *nt*
morse [mɔʀs] *nm* (*Zool*) Walross *nt*; (*Tél*) Morsealphabet *nt*
morsure [mɔʀsyʀ] *nf* Biss *m*
mort, e [mɔʀ] *adj* tot; **~ de fatigue** todmüde ▶ *nf* Tod *m* ▶ *nm/f* Tote(r) *f(m)*; **à la ~ de qn** bei jds Tod
mortalité [mɔʀtalite] *nf* Sterblichkeit *f*; (*chiffre*) Sterblichkeitsziffer *f*
mortel, le [mɔʀtɛl] *adj* (*entraînant la mort*) tödlich; (*Rel*) sterblich • **mortellement** *adv* (*blessé etc*) tödlich; (*pâle etc*) toten-; (*ennuyeux etc*) sterbens-
morte-saison [mɔʀt(ə)sɛzɔ̃] (*pl* **mortes-saisons**) *nf* Saure-Gurken-Zeit *f*
mortier [mɔʀtje] *nm* (*mélange*) Mörtel *m*; (*récipient, canon*) Mörser *m*
morue [mɔʀy] *nf* Kabeljau *m*
mosaïque [mɔzaik] *nf* Mosaik *nt*
Moscou [mɔsku] Moskau *nt*
mosquée [mɔske] *nf* Moschee *f*
mot [mo] *nm* Wort *nt*; **mettre/écrire/recevoir un ~** ein paar Zeilen schreiben/erhalten; **~ à ~** wortwörtlich; **en un ~** mit einem Wort; **~ de passe** Kennwort *nt*, Passwort *nt*; **~s croisés** Kreuzworträtsel *nt*
motard [mɔtaʀ] *nm* Motorradfahrer(in) *m(f)*; (*de la police*) Motorradpolizist(in) *m(f)*

m

motel [mɔtɛl] *nm* Motel *nt*
moteur, -trice [mɔtœʀ, tʀis] *adj* (*force, roue*) treibend; (*Méd*) motorisch ▸ *nm* Motor *m*; **à ~** Motor-; **~ à deux temps** Zweitaktmotor *m*; **~ à explosion** Verbrennungsmotor *m*, Einspritzmotor *m*; **~ à quatre temps** Viertaktmotor *m*; **~ de recherche** (*Inform*) Suchmaschine *f*; **~ thermique** Verbrennungsmotor
motif [mɔtif] *nm* Motiv *nt*; (*raison*) Grund *m*; **motifs** *nmpl* (*Jur*) Begründung *f*; **sans ~** *adj* grundlos
motion [mosjɔ̃] *nf* Antrag *m*; **~ de censure** Misstrauensantrag *m*
motivation [mɔtivasjɔ̃] *nf* Begründung *f*; (*Psych*) Motivation *f*
motivé, e [mɔtive] *adj* motiviert
motiver [mɔtive] *vt* motivieren
moto [mɔto] *nf* Motorrad *nt*
motocyclette [mɔtɔsiklɛt] *nf* Motorrad *nt* • **motocyclisme** *nm* Motorradsport *m* • **motocycliste** *nmf* Motorradfahrer(in) *m(f)* • **motoneige** *nf* Motorbob *m*
motorisé, e [mɔtɔʀize] *adj* motorisiert
mou, mol, molle [mu, mɔl] *adj* weich; (*poignée de main*) schlaff; (*résistance, protestations*) schwach
mouche [muʃ] *nf* Fliege *f*
moucher [muʃe] *vt* (*enfant*) schnäuzen; **se moucher** *vpr* sich *dat* die Nase putzen, sich schnäuzen
moucheron [muʃʀɔ̃] *nm* Mücke *f*
mouchoir [muʃwaʀ] *nm* Taschentuch *nt*
moudre [mudʀ] *vt* mahlen
moue [mu] *nf*: **faire la ~** einen Flunsch ziehen
mouette [mwɛt] *nf* Möwe *f*
moufle [mufl] *nf* (*gant*) Fausthandschuh *m*
mouillage [mujaʒ] *nm* (*lieu*) Liegeplatz *m*
mouillé, e [muje] *adj* feucht
mouiller [muje] *vt* nass machen; (*humecter*) anfeuchten; (*mine*) legen ▸ *vi* ankern
moule [mul] *nf* (*mollusque*) Miesmuschel *f* ▸ *nm* Form *f*; **~ à gâteaux** Kuchenform *f*
mouler [mule] *vt* (*reproduire*) einen Abguss machen von
moulin [mulɛ̃] *nm* Mühle *f*; **~ à café** Kaffeemühle *f*; **~ à poivre** Pfeffermühle *f*; **~ à vent** Windmühle *f*
moulinette® [mulinɛt] *nf* Küchenmaschine *f*
moulu, e [muly] *pp de* **moudre**
mourir [muʀiʀ] *vi* sterben; (*civilisation, pays*) untergehen; **~ de faim** verhungern; (*fig*) vor Hunger beinahe umkommen; **~ de froid** erfrieren; **~ d'ennui** sich zu Tode langweilen
mousquetaire [muskətɛʀ] *nm* Musketier *m*
mousse [mus] *nf* Schaum *m*; (*Bot*) Moos *nt*; (*dessert*) Mousse *f*; **~ carbonique** Feuerlöschschaum *m* ▸ *nm* (*Naut*) Schiffsjunge *m*
mousseline [muslin] *nf* Musselin *m*; **pommes ~** Kartoffelpüree *nt*
mousser [muse] *vi* schäumen • **mousseux, -euse** *adj* schaumig ▸ *nm* Schaumwein *m*
mousson [musɔ̃] *nf* Monsun *m*
moustache [mustaʃ] *nf* Schnurrbart *m*
moustiquaire [mustikɛʀ] *nf* (*rideau*) Moskitonetz *nt*; (*fenêtre*) Fliegenfenster *nt*
moustique [mustik] *nm* Stechmücke *f*

moutarde [mutaʀd] *nf* Senf *m*
mouton [mutɔ̃] *nm* Schaf *nt*; (*Culin*) Hammelfleisch *nt*
mouvement [muvmɑ̃] *nm* Bewegung *f*; (*trafic*) Betrieb *m*; **en ~** in Bewegung • **mouvementé, e** *adj* turbulent
mouvoir [muvwaʀ] *vt* bewegen; **se mouvoir** *vpr* sich bewegen
moyen, ne [mwajɛ̃, jɛn] *adj* mittlere(r, s); (*de grandeur moyenne, passable*) durchschnittlich ▶ *nm* (*procédé*) Mittel *nt*; **moyens** *nmpl* (*ressources pécuniaires*) Mittel *pl*; **au ~ de** mithilfe von; **~ de transport** Transportmittel *nt*
Moyen Âge [mwajɛnɑʒ] *nm* : **le ~** das Mittelalter
moyennant [mwajɛnɑ̃] *prép* (*prix*) für; (*travail, effort*) durch
Moyen-Orient [mwajɛnɔʀjɑ̃] *nm* : **le ~** der Mittlere Osten
Mozambique [mɔzɑ̃bik] *nm* : **le ~** Mosambik *nt*
MP3 [ɛmpetʀwa] *nm* MP3 *nt*
MST [ɛmɛste] *sigle f* (= *maladie sexuellement transmissible*) sexuell übertragbare Krankheit *f*
mû, mue [my] *pp de* **mouvoir**
mucus [mykys] *nm* Schleim *m*
muer [mɥe] *vi* (*oiseau*) sich mausern; (*serpent, mammifère*) sich häuten; (*adolescent*) im Stimmbruch sein; (*voix*) brechen; **se muer** *vpr* : **se ~ en** sich verwandeln in +*acc*
muet, te [mɥɛ, mɥɛt] *adj* stumm ▶ *nm/f* Stumme(r) *f(m)* ▶ *nm* : **le ~** (*Ciné*) der Stummfilm *m*
mufle [myfl] *nm* (*d'animal*) Maul *nt*; (*fam : péj*) Flegel *m*
mugir [myʒiʀ] *vi* brüllen; (*vent, sirène*) heulen
muguet [mygɛ] *nm* Maiglöckchen *nt*
mule [myl] *nf* (*Zool*) Maulesel *m*; **mules** *nfpl* (*pantoufles*) Pantoffeln *pl*
mulet [mylɛ] *nm* Maulesel *m*; (*poisson*) Meerbarbe *f*
multicolore [myltikɔlɔʀ] *adj* bunt • **multiculturel, le** *adj* multikulturell • **multifenêtre** *adj* mit mehreren Bildschirmfenstern • **multifonctionnel, le** *adj* multifunktional • **multimédia** *adj* Multimedia- • **multinational, e, aux** *adj* multinational
multiple [myltipl] *adj* vielfältig; (*nombre*) vielfach, mehrfach ▶ *nm* Vielfaches *nt*
multiplex [myltiplɛks] *nm* Konferenzschaltung *f*
multiplexe [myltiplɛks] *nm* (*cinéma*) Multiplexkino *nt*
multiplication [myltiplikasjɔ̃] *nf* (*augmentation*) Zunahme *f*, Vermehrung *f*; (*Math*) Multiplikation *f*
multiplier [myltiplije] *vt* vermehren; (*exemplaires*) vervielfältigen; (*Math*) multiplizieren; **se multiplier** *vpr* (*ouvrages, partis, accidents*) zunehmen; (*être vivant*) sich vermehren
multiprogrammation [myltipʀɔgʀamasjɔ̃] *nf* Mehrprogrammbetrieb *m*, Multitasking *nt* • **multipropriété** *nf* Timesharing *nt* • **multitraitement** *nm* (*Inform*) Mehrprozessorbetrieb *m*
multitude [myltityd] *nf* Menge *f*
Munich [mynik] München *nt*
municipal, e, aux [mynisipal, o] *adj* Stadt-, Gemeinde- • **municipalité** *nf* (*corps municipal*) Stadtverwaltung *f*; (*commune*) Gemeinde *f*

munir [myniʀ] *vt* : **~ de** ausstatten *ou* versehen mit
munitions [mynisjɔ̃] *nfpl* Munition *f*
muqueuse [mykøz] *nf* Schleimhaut *f*
mur [myʀ] *nm* Mauer *f*; (*à l'intérieur*) Wand *f*; **~ du son** Schallmauer *f*
mûr, e [myʀ] *adj* reif
muraille [myʀɑj] *nf* Mauer *f*; (*fortification*) Festungsmauer *f*
mural, e, -aux [myʀal, o] *adj* Wand-, Mauer-
murer [myʀe] *vt* (*enclos*) ummauern; (*porte, issue*) zumauern; (*personne*) einmauern
muret [myʀɛ] *nm* Mäuerchen *nt*
mûrir [myʀiʀ] *vi* reifen ▶ *vt* reifen lassen
murmure [myʀmyʀ] *nm* (*de ruisseau, vagues*) Plätschern *nt* • **murmurer** *vi* (*chuchoter*) murmeln; (*protester, se plaindre*) murren; (*ruisseau, vagues*) plätschern
musc [mysk] *nm* Moschus *m*
muscade [myskad] *nf* : **(noix de) ~** Muskatnuss *f*
muscat [myska] *nm* (*raisin*) Muskatellertraube *f*; (*vin*) Muskateller *m*
muscle [myskl] *nm* Muskel *m*
musculaire [myskylɛʀ] *adj* Muskel-
musculation [myskylasjɔ̃] *nf* : **(travail** *ou* **exercices de) ~** Muskeltraining *nt*
musculature [myskylatyʀ] *nf* Muskulatur *f*
museau, x [myzo] *nm* Schnauze *f*
musée [myze] *nm* Museum *nt*
museler [myz(ə)le] *vt* einen Maulkorb anlegen +*dat*
musette [myzɛt] *nf, adj inv* : **bal ~** Tanzvergnügen *nt* mit Akkordeonmusik
musical, e, aux [myzikal, o] *adj* musikalisch, Musik-; (*phrase, voix*) klangvoll
music-hall [myzikol] (*pl* **music-halls**) *nm* Varieté *nt*
musicien, ne [myzisjɛ̃, jɛn] *adj* musikalisch ▶ *nm/f* Musiker(in) *m(f)*
musique [myzik] *nf* Musik *f*; (*d'un vers, d'une phrase*) Melodie *f*; **~ de chambre** Kammermusik *f*
must [mœst] *nm* Muss *nt*
musulman, e [myzylmɑ̃, an] *adj* moslemisch ▶ *nm/f* Moslem *m*
mutation [mytasjɔ̃] *nf* (*Biol*) Mutation *f*; (*d'un fonctionnaire*) Versetzung *f*; **~ génétique** Genmutation *f* • **muter** *vt* (*Admin*) versetzen
mutilé, e [mytile] *nm/f* Krüppel *m*
mutiler [mytile] *vt* verstümmeln
mutiner [mytine] : **se ~** *vpr* meutern
mutinerie [mytinʀi] *nf* Meuterei *f*
mutisme [mytism] *nm* Stummheit *f*
mutuel, le [mytɥɛl] *adj* gegenseitig ▶ *nf* Versicherungsverein *m* auf Gegenseitigkeit
Myanmar [mianmaʀ] *nm* : **le ~** Myanmar *nt*
myope [mjɔp] *adj* kurzsichtig • **myopie** *nf* Kurzsichtigkeit *f*
myosotis [mjɔzɔtis] *nm* Vergissmeinnicht *nt*
myrtille [miʀtij] *nf* Heidelbeere *f*
mystère [mistɛʀ] *nm* Geheimnis *nt*; (*énigme*) Rätsel *nt* • **mystérieux, -euse** *adj* geheimnisvoll; (*inexplicable*) rätselhaft; (*secret*) geheim • **mystifier** *vt* täuschen

mystique [mistik] *adj* mystisch ▶ *nmf* Mystiker(in) *m(f)*
mythe [mit] *nm* Mythos *m*, Sage *f* • **mythique** *adj* mythisch
mythologie [mitɔlɔʒi] *nf* Mythologie *f* • **mythologique** *adj* mythologisch
mythomane [mitɔman] *adj* lügensüchtig ▶ *nmf* Fantast(in) *m(f)*

n

n' [n] *adv voir* **ne**
nacelle [nasɛl] *nf* (*de ballon*) Korb *m*
nacre [nakʀ] *nf* Perlmutt *nt*
nage [naʒ] *nf* Schwimmen *nt*; (*style*) (Schwimm)stil *m*; **traverser/s'éloigner à la ~** durchschwimmen/ wegschwimmen; **en ~** schweißgebadet; **~ libre** Freistil *m*; **~ papillon** Schmetterlingsstil *m* • **nageoire** *nf* Flosse *f* • **nager** *vi* schwimmen; (*fig*) in der Luft hängen, ins Schwimmen kommen; **il nage dans ses vêtements** die Kleider sind ihm viel zu groß; **~ dans le bonheur** im Glück schwimmen ▶ *vt* : **~ le crawl** (im) Kraulstil schwimmen • **nageur, -euse** *nm/f* Schwimmer(in) *m(f)*
naguère [nagɛʀ] *adv* unlängst
naïf, -ïve [naif, naiv] *adj* naiv
nain, e [nɛ̃, nɛn] *nm/f* Zwerg(in) *m(f)*
naissance [nɛsɑ̃s] *nf* Geburt *f*; (*fig*) Entstehung *f*; **donner ~ à** gebären; (*fig*) entstehen lassen
naître [nɛtʀ] *vi* geboren werden; **~ (de)** (*fig*) entstehen (aus); **il est né en 1960** er ist 1960 geboren; **faire ~** (*fig*) erwecken

naïveté [naivte] *nf* Naivität *f*
Namibie [namibi] *nf*: **la ~** Namibia *nt*
nana [nana] *nf* (*fam*) Biene *f*
nanotechnologie [nanotɛknɔlɔʒi] *nf* Nanotechnologie *f*
nappe [nap] *nf* Tischdecke *f*; **~ d'eau** glatte Wasserfläche *f*
napperon [napʀɔ̃] *nm* Untersetzer *m*
narcodollars [naʀkɔdɔlaʀ] *nmpl* Drogendollars *pl* • **narcotique** *nm* Betäubungsmittel *nt* • **narcotrafic** *nm* Drogenhandel *m*
narguer [naʀge] *vt* spöttisch ansehen
narine [naʀin] *nf* Nasenloch *nt*
narquois, e [naʀkwa, waz] *adj* spöttisch
narrateur, -trice [naʀatœʀ, tʀis] *nm/f* Erzähler(in) *m(f)*
narration [naʀasjɔ̃] *nf* Erzählung *f*
nasal, e, -aux [nazal, o] *adj* (*Anat*) Nasen-; (*Ling*) nasal
natal, e [natal] *adj* Geburts-
natation [natasjɔ̃] *nf* Schwimmen *nt*; **faire de la ~** Schwimmsport betreiben
natif, -ive [natif, iv] *adj*: **~ (de)** gebürtig (aus)
nation [nasjɔ̃] *nf* Nation *f*; **les N~s unies** die Vereinten Nationen *pl* • **national, e, -aux** *adj* national • **nationalisation** *nf* Verstaatlichung *f* • **nationaliser** *vt* verstaatlichen • **nationalisme** *nm* Nationalismus *m* • **nationaliste** *nmf* Nationalist(in) *m(f)* • **nationalité** *nf* Staatsbürgerschaft *f*; **il est de ~ française** er ist französischer Staatsbürger
natte [nat] *nf* (*tapis*) Matte *f*; (*cheveux*) Zopf *m*
naturalisation [natyʀalizasjɔ̃] *nf* (*de personne*) Einbürgerung *f*
naturaliser [natyʀalize] *vt* einbürgern, naturalisieren
naturaliste [natyʀalist] *nmf* Naturforscher(in) *m(f)*
nature [natyʀ] *nf* Natur *f* ▶ *adj inv* (*sans affectation*): **omelette/ pommes ~** (*Culin*) Omelette *f*/ Kartoffeln *pl* Natur
naturel, le [natyʀɛl] *adj* natürlich ▶ *nm* (*caractère*) Wesen *nt*; (*spontanéité*) Natürlichkeit *f* • **naturellement** *adv* natürlich
naturiste [natyʀist] *nmf* FKK-Anhänger(in) *m(f)*
naufrage [nofʀaʒ] *nm* Schiffbruch *m* • **naufragé, e** *adj* schiffbrüchig
nauséabond, e [nozeabɔ̃, ɔ̃d] *adj* widerlich
nausée [noze] *nf*: **j'ai la ~** mir ist übel
nautique [notik] *adj* nautisch
nautisme [notism] *nm* Wassersport *m*
navet [navɛ] *nm* (Steck)rübe *f*
navette [navɛt] *nf* (*pour tisser*) (Weber)schiffchen *nt*; (*transport*) Pendelverkehr *m*; **faire la ~ (entre)** pendeln (zwischen); **~ aéroportuaire** Flughafenzubringerdienst *m*
navigable [navigabl] *adj* schiffbar • **navigateur** *nm* (*Inform*) Browser *m* • **navigation** *nf* Schifffahrt *f* • **naviguer** *vi* fahren • **navire** *nm* Schiff *nt*
navrer [navʀe] *vt* betrüben; **je suis navré (que)** es tut mir leid(, dass)
NB [ɛnbe] *abr* (= *nota bene*) NB
ne [n(ə)] *adv*: **je ne dors pas/plus** ich schlafe nicht/nicht mehr
né, e [ne] *adj* geboren; **née Dupont** geborene Dupont

néanmoins [neɑ̃mwɛ̃] *adv* trotzdem
néant [neɑ̃] *nm* Nichts *nt*
nébuleux, -euse [nebylø, øz] *adj* (*fig*) nebulös
nécessaire [nesesɛʀ] *adj* notwendig, nötig ▶ *nm* : **faire le ~** alles Nötige tun; **~ de couture** Nähzeug *nt*; **~ de toilette** (*sac*) Kulturbeutel *m* • **nécessité** *nf* Notwendigkeit *f*; **par ~** notgedrungen • **nécessiter** *vt* erfordern
nectarine [nɛktaʀin] *nf* Nektarine *f*
néerlandais, e [neɛʀlɑ̃dɛ, ɛz] *adj* niederländisch ▶ *nm/f* : **N~, e** Niederländer(in) *m(f)*
nef [nɛf] *nf* Schiff *nt*
néfaste [nefast] *adj* (*influence*) schlecht; (*jour*) unglückselig
négatif, -ive [negatif, iv] *adj* negativ ▶ *nm* (*Photo*) Negativ *nt*
négation [negasjɔ̃] *nf* Negieren *nt*; (*Ling*) Verneinung *f*
négligé, e [neglize] *adj* (*en désordre*) schlampig
négligeable [neglizabl] *adj* minimal, bedeutungslos
négligence [neglizɑ̃s] *nf* Nachlässigkeit *f*; (*faute, erreur*) Versehen *nt*
négligent, e [neglizɑ̃, ɑ̃t] *adj* nachlässig • **négliger** *vt* vernachlässigen; (*avis, précautions*) nicht beachten
négociant, e [negɔsjɑ̃, jɑ̃t] *nm/f* Händler(in) *m(f)* • **négociation** *nf* Verhandlung *f* • **négocier** *vt* aushandeln ▶ *vi* (*Pol*) verhandeln
neige [nɛʒ] *nf* Schnee *m*; **~ carbonique** Trockenschnee *m* • **neiger** *vb impers* : **il neige** es schneit
nem [nɛm] *nm* kleine Frühlingsrolle *f*
nénuphar [nenyfaʀ] *nm* Seerose *f*
néon [neɔ̃] *nm* Neon *nt*
néonazi [neonazi] *adj* neonazistisch ▶ *nmf* Neonazi *m*
néo-zélandais, e [neozelɑ̃dɛ, ɛz] (*pl* **néo-zélandais, es**) *adj* neuseeländisch
Népal [nepal] *nm* : **le ~** Nepal *nt*
nerf [nɛʀ] *nm* Nerv *m*
nerveux, -euse [nɛʀvø, øz] *adj* nervös; (*Méd, Anat*) Nerven-
nervosité [nɛʀvozite] *nf* Nervosität *f*
n'est-ce pas [nɛspɑ] *adv* nicht wahr
Net [nɛt] *nm* (*Internet*) : **le ~** das (Inter)net *nt*
net, nette [nɛt] *adj* deutlich; (*propre*) sauber; (*Comm*) Netto- ▶ *adv* (*refuser*) glatt; **s'arrêter ~** plötzlich stehen bleiben
nettement [nɛtmɑ̃] *adv* klar; (*distinctement*) deutlich; **~ mieux/meilleur** deutlich besser
netteté [nɛtte] *nf* Klarheit *f*
nettoyage [netwajaʒ] *nm* Reinigung *f*, Säuberung *f*; **~ à sec** chemische Reinigung *f* • **nettoyer** *vt* reinigen, säubern
neuf[1] [nœf] *num* neun
neuf[2]**, neuve** [nœf, nœv] *adj* neu; (*pensée, idée*) neu(artig) ▶ *nm* : **quoi de ~ ?** was gibts Neues?
neurologue [nøʀɔlɔg] *nmf* Neurologe *m*, Neurologin *f*
neutraliser [nøtʀalize] *vt* (*adversaire etc*) lähmen; (*Chim*) neutralisieren
neutralité [nøtʀalite] *nf* Neutralität *f*
neutre [nøtʀ] *adj* neutral; (*Ling*) sächlich ▶ *nm* Neutrum *nt*
neuvième [nœvjɛm] *num* neunte(r, s)

neveu, x [n(ə)vø] *nm* Neffe *m*
névralgie [nevʀalʒi] *nf* Neuralgie *f*
névrotique [nevʀɔtik] *adj* neurotisch
nez [ne] *nm* Nase *f*
NF *sigle f* (= *norme française*) ≈ DIN
ni [ni] *conj* : **ni ... ni ...** weder ... noch ...; **ni l'un ni l'autre ne sont ...** weder der eine noch der andere sind ...
niais, e [njɛ, njɛz] *adj* dümmlich
Nicaragua [nikaʀagwa] *nm* : **le ~** Nicaragua *nt*
niche [niʃ] *nf* (*de chien*) (Hunde)hütte *f*; (*dans mur*) Nische *f*
nicher [niʃe] *vi* brüten; **se ~ dans** (s)ein Nest bauen in +*dat*; (*se blottir*) sich kuscheln in +*acc*; (*se cacher*) sich verstecken in +*dat*
nickel [nikɛl] *nm* Nickel *nt*
niçois, e [niswa, waz] *adj* aus Nizza
nicotine [nikɔtin] *nf* Nikotin *nt*
nid [ni] *nm* Nest *nt* • **nid-de-poule** (*pl* **nids-de-poule**) *nm* Schlagloch *nt*
nièce [njɛs] *nf* Nichte *f*
nier [nje] *vt* leugnen
Niger [niʒɛʀ] *nm* : **le ~** Niger *nt*; (*fleuve*) der Niger
night-club [najtklœb] (*pl* **night-clubs**) *nm* Nachtklub *m*
n'importe [nɛ̃pɔʀt] *adv* : **~ qui** jeder; **il dit ~ quoi** er redet irgendwelchen Unsinn; **à ~ quel prix** zu jedem Preis; **~ comment** schlampig
nippon, e [nipɔ̃, ɔn] *adj* japanisch
nitrate [nitʀat] *nm* Nitrat *nt*
niveau, x [nivo] *nm* Höhe *f*; (*fig*) Niveau *nt*; **au ~ de** auf gleicher Höhe mit; **le ~ de la mer** der Meeresspiegel; **~ de vie** Lebensstandard *m*
niveler [niv(ə)le] *vt* einebnen; (*fig*) angleichen
n° *abr* (= *numéro*) Nr.
noble [nɔbl] *adj* edel; (*généreux*) nobel ▶ *nmf* Adlige(r) *f(m)* • **noblesse** *nf* Adel *m*; (*d'une action etc*) Großmütigkeit *f*
noce [nɔs] *nf* Hochzeit *f*; **~s d'argent** Silberhochzeit *f*; **~s d'or** goldene Hochzeit *f*
nocif, -ive [nɔsif, iv] *adj* schädlich
nocturne [nɔktyʀn] *adj* nächtlich
Noël [nɔɛl] *nm* Weihnachten *nt*
nœud [nø] *nm* Knoten *m*
noir, e [nwaʀ] *adj* schwarz; (*sombre*) dunkel; (*ivre*) besoffen ▶ *nm/f* (*personne*) Schwarze(r) *f(m)* ▶ *nm* (*couleur*) Schwarz *nt* • **noircir** *vt* schwärzen
noisetier [nwaz(ə)tje] *nm* Haselnussstrauch *m*
noisette [nwazɛt] *nf* Haselnuss *f* ▶ *adj inv* (*yeux*) nussbraun
noix [nwa] *nf* Walnuss *f*; **~ de cajou** Cashewnuss *f*; **~ de coco** Kokosnuss *f*; **~ de veau** Kalbsnüsschen *nt*; **~ muscade** Muskatnuss *f*
nom [nɔ̃] *nm* Name *m*; **au ~ de qn** in jds Namen; **~ d'une pipe** *ou* **d'un chien !** (*fam*) verdammt noch mal!; **~ de famille** Familienname *m*; **~ de jeune fille** Mädchenname *m*; **~ d'utilisateur** Benutzername *m*
nomade [nɔmad] *adj* nomadisch ▶ *nmf* Nomade *m*, Nomadin *f*
nombre [nɔ̃bʀ] *nm* Zahl *f*; **au ~ de mes amis** unter meinen Freunden • **nombreux, -euse** *adj* (*avec pluriel*) viele; (*avec singulier*) groß; **être ~** zahlreich sein
nombril [nɔ̃bʀi(l)] *nm* Nabel *m*
nominal, e, -aux [nɔminal, o] *adj* (*autorité, valeur*) nominell; (*appel, liste*) namentlich; (*Ling*) Nominal-

nominatif [nɔminatif] *nm* Nominativ *m*
nomination [nɔminasjɔ̃] *nf* Ernennung *f*
nommer [nɔme] *vt* nennen
non [nɔ̃] *adv* nicht; (*réponse*) nein
non- [nɔ̃] *préf* nicht-
nonante [nɔnɑ̃t] *num* (*Belgique, Suisse*) neunzig
non-assistance [nɔnasistɑ̃s] *nf*: **~ à personne en danger** unterlassene Hilfeleistung *f*
nonchalant, e [nɔ̃ʃalɑ̃, ɑ̃t] *adj* lässig
non-fumeur, -euse [nɔ̃fymœʀ, øz] (*pl* **non-fumeurs, -euses**) *nm/f* Nichtraucher(in) *m(f)* • **non-lieu** *nm*: **il y a eu ~** das (Straf)verfahren wurde eingestellt
nonne [nɔn] *nf* Nonne *f*
nonobstant [nɔnɔpstɑ̃] *prép* trotz *+gén ou dat* ▶ *adv* trotzdem
non-sens [nɔ̃sɑ̃s] *nm* Unsinn *m*
non-stop [nɔnstɔp] *adj inv* nonstop
non-violence [nɔ̃vjɔlɑ̃s] *nf* Gewaltlosigkeit *f*
non-violent, e [nɔ̃vjɔlɑ̃, ɑ̃t] *adj* gewaltfrei
nord [nɔʀ] *nm* Norden *m* ▶ *adj inv* nördlich, Nord-; **au ~ de** nördlich von • **nord-africain, e** (*pl* **nord-africains, es**) *adj* nordafrikanisch ▶ *nm/f*: **Nord-Africain, e** Nordafrikaner(in) *m(f)* • **nord-est** *nm inv* Nordosten *m*
nordique [nɔʀdik] *adj* nordisch
nord-ouest [nɔʀwɛst] *nm inv* Nordwesten *m*
normal, e, -aux [nɔʀmal, o] *adj* normal • **normalement** *adv* normalerweise
normand, e [nɔʀmɑ̃, ɑ̃d] *adj* aus der Normandie ▶ *nm/f*: **N~, e** Mann *m*/Frau *f* aus der Normandie; **une réponse de N~** eine unklare Antwort • **Normandie** *nf*: **la ~** die Normandie
norme [nɔʀm] *nf* Norm *f*
Norvège [nɔʀvɛʒ] *nf*: **la ~** Norwegen *nt* • **norvégien, ne** *adj* norwegisch
nos [no] *adj possessif voir* **notre**
nostalgie [nɔstalʒi] *nf* Nostalgie *f* • **nostalgique** *adj* nostalgisch
notable [nɔtabl] *adj* bedeutend ▶ *nmf* Prominente(r) *f(m)*
notaire [nɔtɛʀ] *nm* Notar(in) *m(f)*
notamment [nɔtamɑ̃] *adv* besonders
notation [nɔtasjɔ̃] *nf* (*Scol*) Zensierung *f*; (*note, trait*) Note *f*
note [nɔt] *nf* Note *f*; (*facture*) Rechnung *f*; (*billet*) Zettel *m*; (*annotation*) Anmerkung *f*; **prendre ~ de qch** sich *dat* etw merken
noté, e [nɔte] *adj*: **être bien/mal ~** gut/schlecht bewertet werden
noter [nɔte] *vt* notieren; (*remarquer*) bemerken
notice [nɔtis] *nf* Notiz *f*; **~ explicative** Erläuterung *f*
notifier [nɔtifje] *vt*: **~ qch à qn** jdn von etw benachrichtigen
notion [nosjɔ̃] *nf* Vorstellung *f*; **avoir des ~s de** Grundkenntnisse haben in
notoire [nɔtwaʀ] *adj* bekannt; (*en mal*) notorisch • **notoriété** *nf* allgemeine Bekanntheit *f*; **c'est de ~ publique** das ist ja allgemein bekannt
notre [nɔtʀ] (*pl* **nos**) *adj possessif* (*selon le genre de l'objet en allemand*) unser/unsere/unser; (*pl*) unsere
nôtre [notʀ] *pron*: **le/la ~** der/die/das Unsere; **les ~s** unsere; (*famille,*

n

groupe) die Unsrigen *pl*; **serez-vous des ~s ?** schließen Sie sich uns an?

nouba [nuba] *nf*: **faire la ~** einen draufmachen

nouer [nwe] *vt* binden

nougat [nuga] *nm Süßigkeit aus Honig und Mandeln*

nougatine [nugatin] *nf* ≈ Krokant *m*

nouille [nuj] *nf* Nudel *f*; (*fam*) Blödmann *m*

nounours [nunuʀs] *nm* (*fam*) Teddybär *m*

nourrice [nuʀis] *nf* (*sens moderne*) Tagesmutter *f*

nourrir [nuʀiʀ] *vt* (*alimenter*) füttern; (*donner les moyens de subsister*) ernähren; **nourri logé** mit Übernachtung und Verpflegung •**nourrissant, e** *adj* nahrhaft •**nourrisson** *nm* Säugling *m* •**nourriture** *nf* Nahrung *f*

nous [nu] *pron* wir; (*objet, après préposition*) uns

nouveau, nouvelle [nuvo, nuvɛl] (*devant nom masculin commençant par une voyelle et un h muet* **nouvel**, *mpl* **nouveaux**) *adj* neu ▶ *nm/f* Neue(r) *f(m)* ▶ *nm*: **il y a du ~** es gibt was Neues; **de ~, à ~** nochmals •**nouveau-né, e** (*pl* **nouveau-nés, es**) *adj* neugeboren ▶ *nm* Neugeborene(s) *nt* •**nouveauté** *nf* Neuheit *f*

nouvelle [nuvɛl] *adj f voir* **nouveau** ▶ *nf* Nachricht *f*; (*Litt*) Novelle *f*

Nouvelle-Calédonie [nuvɛlkaledɔni] *nf*: **la ~** Neukaledonien *nt* •**Nouvelle-Zélande** *nf*: **la ~** Neuseeland *nt*

novembre [nɔvɑ̃bʀ] *nm* November *m*; *voir aussi* **juillet**

noyau, x [nwajo] *nm* Kern *m* •**noyauter** *vt* (*Pol*) unterwandern

noyer [nwaje] *nm* (*Bot*) Walnussbaum *m* ▶ *vt* ertränken; **se noyer** *vpr* ertrinken; **~ son moteur** den Motor absaufen lassen

N/Réf. *abr* (= *notre référence*) unser Zeichen

NTIC [ɛnteise] *sigle fpl* (= *nouvelles technologies de l'information et de la communication*) neue Informations- und Kommunikationstechnologien *fpl*

nu, e [ny] *adj* nackt; (*chambre*) leer ▶ *nm* (*Art*) Akt *m*; **(les) pieds nus** barfuß

nuage [nɥaʒ] *nm* Wolke *f* •**nuageux, -euse** *adj* wolkig, bewölkt

nuance [nɥɑ̃s] *nf* Nuance *f* •**nuancer** *vt* nuancieren

nubuck [nybyk] *nm* Nubukleder *nt*

nucléaire [nykleɛʀ] *adj* Kern-

nudisme [nydism] *nm* Freikörperkultur *f* •**nudiste** *nmf* Nudist(in) *m(f)*

nudité [nydite] *nf* Nacktheit *f*

nuée [nɥe] *nf*: **une ~ de** eine Wolke von, ein Schwarm von

nuire [nɥiʀ] *vi* schädlich sein; **~ à** schaden +*dat* •**nuisible** *adj* schädlich

nuit [nɥi] *nf* Nacht *f*; (*à l'hôtel*) Übernachtung *f*; **il fait ~** es ist Nacht; **cette ~** heute Nacht; **de ~** (*vol, service*) Nacht-; **~ blanche** schlaflose Nacht *f*

nul, nulle [nyl] *adj* (*aucun*) kein; (*non valable*) ungültig; (*péj*) unnütz ▶ *pron* niemand •**nullement** *adv* keineswegs

numérique [nymeʀik] *adj* numerisch; (*technologie*) Digital-

numériser [nymeʀize] *vt* digitalisieren

numéro [nymeʀo] *nm* Nummer *f*; **~ vert** ≈ gebührenfreier Anruf *m* • **numéroter** *vt* nummerieren
nuque [nyk] *nf* Nacken *m*
nutritif, -ive [nytʀitif, iv] *adj* (*fonction, valeur*) Nähr-; (*élément, aliment*) nahrhaft • **nutrition** *nf* Ernährung *f* • **nutritionniste** *nmf* Ernährungswissenschaftler(in) *m(f)*
nylon [nilɔ̃] *nm* Nylon *nt*
nymphomane [nɛ̃fɔman] *nf* Nymphomanin *f*

O

oasis [ɔazis] *nf ou nm* Oase *f*
obéir [ɔbeiʀ] *vi* gehorchen; **~ à** gehorchen +*dat*; (*ordre, loi, impulsion*) folgen +*dat* • **obéissant, e** *adj* gehorsam
obèse [ɔbɛz] *adj* fettleibig
objecter [ɔbʒɛkte] *vt* : **~ qch à qch** etw gegen etw einwenden • **objecteur** *nm* : **~ de conscience** Wehrdienstverweigerer *m*
objectif, -ive [ɔbʒɛktif, iv] *adj* objektiv ▶ *nm* (*Optique, Photo*) Objektiv *nt*; **~ grand ange** Weitwinkelobjektiv *nt*
objection [ɔbʒɛksjɔ̃] *nf* Einwand *m*
objectivement [ɔbʒɛktivmɑ̃] *adv* objektiv
objectivité [ɔbʒɛktivite] *nf* Objektivität *f*
objet [ɔbʒɛ] *nm* Gegenstand *m*; (*sujet, but*) Objekt *nt*; **(bureau des) ~s trouvés** Fundbüro *nt*; **~s de toilette** Toilettenartikel *pl*
obligation [ɔbligasjɔ̃] *nf* Pflicht *f* • **obligatoire** *adj* obligatorisch
obligé, e [ɔbliʒe] *adj* : **~ de faire qch** verpflichtet, etw zu tun; **être très ~ à qn** (*redevable*) jdm sehr verbunden *ou* verpflichtet sein

obliger [ɔbliʒe] *vt* : **~ qn à qch** (*contraindre*) jdn zu etw zwingen; **~ qn à faire qch** jdn zwingen, etw zu tun; (*Jur* : *engager*) jdn verpflichten, etw zu tun

oblique [ɔblik] *adj* schief, schräg; **en ~** diagonal

oblitération [ɔbliteʀasjɔ̃] *nf* (*de timbre*) Entwerten *nt*

obscène [ɔpsɛn] *adj* obszön

obscur, e [ɔpskyʀ] *adj* (*sombre*) finster, dunkel; (*inconnu*) obskur • **obscurcir** *vt* (*assombrir*) verdunkeln; (*fig*) unklar machen; **s'obscurcir** *vpr* : **le ciel s'obscurcit** es wird dunkel • **obscurité** *nf* Dunkelheit *f*; **dans l'~** im Dunkeln

obsédé, e [ɔpsede] *nm/f*; **~ sexuel** Sexbesessener *m*

obséder [ɔpsede] *vt* verfolgen; **être obsédé par** besessen sein von

obsèques [ɔpsɛk] *nfpl* Begräbnis *nt*

observateur, -trice [ɔpsɛʀvatœʀ, tʀis] *adj* aufmerksam ▶ *nm/f* Beobachter(in) *m(f)*

observation [ɔpsɛʀvasjɔ̃] *nf* Beobachtung *f*; (*commentaire, critique*) Bemerkung *f*

observatoire [ɔpsɛʀvatwaʀ] *nm* Observatorium *nt*; (*lieu élevé*) Beobachtungsstand *m* • **observer** *vt* beobachten; (*remarquer*) bemerken; (*respecter*) befolgen

obsession [ɔpsesjɔ̃] *nf* Besessenheit *f*

obstacle [ɔpstakl] *nm* Hindernis *nt*

obstétrique [ɔpstetʀik] *nf* Geburtshilfe *f*

obstination [ɔpstinasjɔ̃] *nf* Eigensinn *m* • **obstiné, e** *adj* eigensinnig • **obstiner** : **s'~** *vpr* nicht nachgeben, stur bleiben; **s'~ à faire qch** hartnäckig darauf bestehen, etw zu tun

obstruction [ɔpstʀyksjɔ̃] *nf* (*Sport*) Sperren *nt*; (*Méd*) Verschluss *m*; (*Pol*) Obstruktion *f*; **faire de l'~** (*fig*) sich querstellen

obstruer [ɔpstʀye] *vt* verstopfen

obtenir [ɔptəniʀ] *vt* bekommen, erhalten; (*total, résultat*) erreichen

obturateur [ɔptyʀatœʀ] *nm* (*Photo*) Verschluss *m*

obturation [ɔptyʀasjɔ̃] *nf* Verstopfen *nt*; **~ (dentaire)** Füllung *f*

obtus, e [ɔpty, yz] *adj* (*angle*) stumpf; (*fig*) abgestumpft

obus [ɔby] *nm* Granate *f*

occasion [ɔkazjɔ̃] *nf* Gelegenheit *f*; (*acquisition avantageuse*) Gelegenheitskauf *m*; **à plusieurs ~s** mehrfach; **à l'~** gelegentlich; **à l'~ de** anlässlich +*gén*; **être l'~ de qch** der Anlass für etw sein; **d'~** gebraucht • **occasionnel, le** *adj* (*fortuit*) zufällig; (*non régulier*) gelegentlich • **occasionner** *vt* verursachen

occident [ɔksidɑ̃] *nm* : **l'~** der Westen • **occidental, e, -aux** *adj* westlich

occulte [ɔkylt] *adj* okkult • **occulter** *vt* (*fig*) überschatten, verdunkeln

occupant, e [ɔkypɑ̃, ɑ̃t] *nm/f* (*d'un appartement*) Bewohner(in) *m(f)* • **occupation** *nf* (*de pays, usine*) Besetzung *f*; (*passe-temps, emploi*) Beschäftigung *f*

occupé, e [ɔkype] *adj* besetzt; (*personne*) beschäftigt • **occuper** *vt* (*pays, territoire, usine*) besetzen; (*place, endroit*) einnehmen; (*appartement, maison*) bewohnen; (*surface, période*) ausfüllen; (*heure, loisirs*) in Anspruch nehmen; (*poste,

fonction) innehaben; (*personne, main d'œuvre*) beschäftigen; **s'occuper** *vpr* : **s'~ de** sich kümmern um; (*s'intéresser à, pratiquer*) sich beschäftigen mit
océan [ɔseɑ̃] *nm* Ozean *m*
océanographe [ɔseanɔgʀaf] *nmf* Meeresforscher(in) *m(f)*
ocre [ɔkʀ] *adj inv* ocker(farben)
octante [ɔktɑ̃t] *num* (*Suisse*) achtzig
octet [ɔktɛ] *nm* Byte *nt*
octobre [ɔktɔbʀ] *nm* Oktober *m*; *voir aussi* **juillet**
oculaire [ɔkylɛʀ] *adj* Augen-
oculiste [ɔkylist] *nmf* Augenarzt *m*, Augenärztin *f*
odeur [ɔdœʀ] *nf* Geruch *m*; **mauvaise ~** Gestank *m*
odieux, -euse [ɔdjø, jøz] *adj* widerlich
odorant, e [ɔdɔʀɑ̃, ɑ̃t] *adj* duftend
odorat [ɔdɔʀa] *nm* Geruchssinn *m*; **avoir l'~ fin** eine feine Nase haben
œcuménique [ekymenik] *adj* ökumenisch
œil [œj] (*pl* **yeux**) *nm* Auge *nt*; **à l'~** (*fam : gratuitement*) umsonst • **œillères** *nfpl* Scheuklappen *pl*
œillet [œjɛ] *nm* Nelke *f*
œuf [œf, *pl* ø] *nm* Ei *nt*; **~ à la coque** weiches *ou* weich gekochtes Ei *nt*; **~ dur** hartes *ou* hart gekochtes Ei *nt*; **~ de Pâques** Osterei *nt*; **~ au plat** Spiegelei *nt*; **~ poché** pochiertes Ei *nt*; **~s brouillés** Rührei *nt*
œuvre [œvʀ] *nf* Werk *nt*; (*organisation charitable*) Stiftung *f* ▶ *nm* (*d'un artiste*) Werk *nt*; **~ d'art** Kunstwerk *nt*
offense [ɔfɑ̃s] *nf* (*affront*) Beleidigung *f* • **offenser** *vt* (*personne*) beleidigen; (*bon sens, bon goût, principes*) verletzen; **s'offenser** *vpr* : **s'~ de qch** an etw *dat* Anstoß nehmen
offensif, -ive [ɔfɑ̃sif, iv] *adj* Offensiv-
office [ɔfis] *nm* (*charge*) Amt *nt*; (*bureau, agence*) Büro *nt*; (*messe*) Gottesdienst *m*; **avocat désigné d'~** Pflichtverteidiger *m*; **~ du tourisme** Fremdenverkehrsamt *nt*
officiel, le [ɔfisjɛl] *adj* offiziell ▶ *nm/f* (*Sport*) Funktionär(in) *m(f)*
officier [ɔfisje] *nm* Offizier *m*
officieux, -euse [ɔfisjø, jøz] *adj* halbamtlich, halb amtlich
officinal, e, -aux [ɔfisinal, o] *adj* : **plantes ~es** Heilpflanzen *pl*
offre [ɔfʀ] *nf* Angebot *nt*; **~ d'emploi** Stellenangebot *nt*; **~ publique d'achat** Übernahmeangebot *nt*
offrir [ɔfʀiʀ] *vt* schenken; (*choix, avantage, etc*) bieten; (*aspect, spectacle*) darbieten; **s'offrir** *vpr* (*se payer*) sich *dat* leisten *ou* genehmigen; **~ (à qn) de faire qch** (jdm) anbieten, etw zu tun; **~ à boire à qn** jdm etwas zu trinken anbieten
ogive [ɔʒiv] *nf* (*Archit*) Spitzbogen *m*; (*Mil*) Sprengkopf *m*
ogre [ɔgʀ] *nm* Menschenfresser *m*
oie [wa] *nf* Gans *f*
oignon [ɔɲɔ̃] *nm* Zwiebel *f*
oiseau, x [wazo] *nm* Vogel *m*
oisif, -ive [wazif, iv] *adj* müßig
oléoduc [ɔleɔdyk] *nm* (Öl)pipeline *f*
olive [ɔliv] *nf* Olive *f* ▶ *adj inv* olivgrün • **olivier** *nm* Olivenbaum *m*; (*bois*) Olivenholz *nt*
olympique [ɔlɛ̃pik] *adj* olympisch
Oman [ɔman] *nm* : **le sultanat d'~** das Sultanat Oman
ombilical, e, -aux [ɔ̃bilikal, o] *adj* Nabel-

ombrage [ɔ̃bʀaʒ] *nm (ombre)* Schatten *m*; **ombrages** *nmpl (feuillage)* (schattiges) Blätterwerk *nt* • **ombragé, e** *adj* schattig • **ombrageux, -euse** *adj (cheval, âne)* unruhig; *(personne)* empfindlich
ombre [ɔ̃bʀ] *nf* Schatten *m*; **à l'~** im Schatten; **~ à paupières** Lidschatten *m*
ombrelle [ɔ̃bʀɛl] *nf* Sonnenschirmchen *nt*
omelette [ɔmlɛt] *nf* Omelett *nt*; **~ au fromage** Käseomelett *nt*; **~ aux herbes** Kräuteromelett *nt*; **~ au jambon** Omelett *nt* mit Schinken
omettre [ɔmɛtʀ] *vt* unterlassen; *(oublier)* vergessen; *(de liste)* auslassen • **omission** *nf* Unterlassung *f*, Vergessen *nt*, Auslassen *nt*
omnibus [ɔmnibys] *nm* : **(train) ~** Personenzug *m*
omnipotent, e [ɔmnipɔtɑ̃, ɑ̃t] *adj* allmächtig
omniscient, e [ɔmnisjɑ̃, jɑ̃t] *adj* allwissend
omoplate [ɔmɔplat] *nf* Schulterblatt *nt*

MOT-CLÉ

on [ɔ̃] *pron* **1** *(indéterminé, les gens)* man; **on peut le faire ainsi** man kann es so machen; **autrefois, on croyait que** früher glaubte man, dass
2 *(quelqu'un)* : **on les a attaqués** man hat sie angegriffen, sie wurden angegriffen; **on vous demande au téléphone** Sie werden am Telefon verlangt
3 *(fam : nous)* wir; **on va y aller demain** wir gehen morgen hin
4 : **on ne peut plus stupide/ridicule** dümmer/lächerlicher gehts nicht

oncle [ɔ̃kl] *nm* Onkel *m*
onctueux, -euse [ɔ̃ktɥø, øz] *adj* cremig
onde [ɔ̃d] *nf* Welle *f*; **sur les ~s** *(la radio)* im Radio; **grandes ~s** Langwellen *pl*; **~s courtes** Kurzwellen *pl*; **~s moyennes** Mittelwellen *pl*
ondée [ɔ̃de] *nf* Regenguss *m*
on-dit [ɔ̃di] *nm inv* Gerücht *nt*
ondulation [ɔ̃dylasjɔ̃] *nf* Welle *f* • **ondulé, e** *adj* wellig
onéreux, -euse [ɔneʀø, øz] *adj* kostspielig; **à titre ~** gegen Entgelt
ongle [ɔ̃gl] *nm* Nagel *m*
onguent [ɔ̃gɑ̃] *nm* Salbe *f*
ONU [ɔny] *sigle f (= Organisation des Nations unies)* UNO *f*
onze ['ɔ̃z] *num* elf • **onzième** *num* elfte(r, s)
OPA [ɔpea] *sigle f (= offre publique d'achat)* Übernahmeangebot *nt*
opale [ɔpal] *nf* Opal *m*
opaque [ɔpak] *adj* undurchsichtig
OPEP [ɔpɛp] *sigle f (= Organisation des pays exportateurs de pétrole)* OPEC *f*
opéra [ɔpeʀa] *nm* Oper *f*
opérateur, -trice [ɔpeʀatœʀ, tʀis] *nm/f (machiniste, manipulateur)* Operator(in) *m(f)*, Bediener(in) *m(f)*; **~ (de prise de vues)** Kameramann *m*
opération [ɔpeʀasjɔ̃] *nf* Operation *f*; *(processus)* Vorgang *m*
opérationnel, le [ɔpeʀasjɔnɛl] *adj (organisation, usine)* funktionsfähig; *(Mil)* einsatzfähig
opératoire [ɔpeʀatwaʀ] *adj* operativ; **bloc ~** OP-Bereich *m*

opérer [ɔpeʀe] *vt* (*Méd*) operieren; (*faire, exécuter*) durchführen; (*choix*) treffen ▶ *vi* (*faire effet*) wirken; (*procéder, agir*) vorgehen
opérette [ɔpeʀɛt] *nf* Operette *f*
ophtalmologue [ɔftalmɔlɔg] *nmf* Augenarzt *m*, Augenärztin *f*
opiner [ɔpine] *vi* : **~ de la tête** zustimmend mit dem Kopf nicken
opiniâtre [ɔpinjɑtʀ] *adj* hartnäckig
opinion [ɔpinjɔ̃] *nf* Meinung *f*; **l'~ (publique)** die öffentliche Meinung
opportun, e [ɔpɔʀtœ̃, yn] *adj* günstig
opportunisme [ɔpɔʀtynism] *nm* Opportunismus *m* • **opportuniste** *nmf* Opportunist(in) *m(f)* ▶ *adj* opportunistisch
opposant, e [ɔpozɑ̃, ɑ̃t] *adj* (*parti*) gegnerisch; (*minorité*) opponierend ▶ *nm* Gegner *m*
opposé, e [ɔpoze] *adj* (*contraire*) entgegengesetzt; (*rive*) gegenüberliegend; (*faction*) gegnerisch ▶ *nm* : **l'~** (*contraire*) das Gegenteil; **à l'~ de** im Gegensatz zu; **être ~ à qch** gegen etw sein
opposer [ɔpoze] *vt* einander gegenüberstellen; **s'opposer** *vpr* (*l'un à l'autre*) entgegengesetzt sein; **~ qch à** (*comme objection, contraste*) etw entgegenhalten +*dat*; **s'~ à** (*interdire, empêcher*) Widerspruch erheben gegen; (*tenir tête à*) sich auflehnen gegen; **s'~ à ce que qn fasse qch** dagegen sein, dass jd etw tut
opposition [ɔpozisjɔ̃] *nf* Opposition *f*; (*contraste*) Gegensatz *m*; (*d'intérêts*) Konflikt *m*; (*objection*) Widerspruch *m*; **par ~ à** im Gegensatz zu
oppresser [ɔpʀese] *vt* (*chaleur, angoisse*) bedrücken • **oppression** *nf* (*gêne, malaise*) Beklemmung *f*; (*asservissement*) Unterdrückung *f*
opprimer [ɔpʀime] *vt* unterdrücken
opprobre [ɔpʀɔbʀ] *nm* Schande *f*; **vivre dans l'~** in Schande leben
opter [ɔpte] *vi* : **~ pour** sich entscheiden für
opticien, ne [ɔptisjɛ̃, jɛn] *nm/f* Optiker(in) *m(f)*
optimal, e, -aux [ɔptimal, o] *adj* optimal
optimiser [ɔptimize] *vt* optimieren; (*ressources*) optimal (aus)nutzen
optimisme [ɔptimism] *nm* Optimismus *m* • **optimiste** *nmf* Optimist(in) *m(f)*
optimum [ɔptimɔm] *nm* Optimum *nt* ▶ *adj* optimal, beste(r, s)
option [ɔpsjɔ̃] *nf* Wahl *f*; (*Scol*) Wahlfach *nt*; (*supplément*) (optionales) Extra *nt*; **matière à ~** Wahlfach; **texte à ~** wahlweiser Zusatztext *m*
optionnel, le [ɔpsjɔnɛl] *adj* (*matière*) Wahl-; (*accessoire etc*) zusätzlich
optique [ɔptik] *adj* optisch ▶ *nf* Optik *f*; (*fig*) Sehweise *f*
opulence [ɔpylɑ̃s] *nf* Reichtum *m*; **vivre dans l'~** im Überfluss leben • **opulent, e** *adj* üppig; (*pays*) reich
or [ɔʀ] *nm* Gold *nt* ▶ *conj* nun, aber; **en or** golden; **plaqué or** vergoldet; **or blanc** Weißgold *nt*; **or jaune** Gelbgold *nt*
orage [ɔʀaʒ] *nm* Gewitter *nt*; (*fig*) Sturm *m* • **orageux, -euse** *adj* Gewitter-; (*fig*) stürmisch
oraison [ɔʀɛzɔ̃] *nf* Gebet *nt*; **~ funèbre** Grabrede *f*

oral, e, -aux [ɔʀal, o] *adj* mündlich; **par voie ~e** oral • **oralement** *adv* mündlich
orange [ɔʀɑ̃ʒ] *nf* Orange *f*, Apfelsine *f* ▶ *adj inv* orange; **~ pressée** frisch gepresster Orangensaft *m*; **~ sanguine** Blutorange *f* • **orangé, e** *adj* orange(farben) • **orangeade** *nf* Orangeade *f* • **oranger** *nm* Orangenbaum *m*
orateur [ɔʀatœʀ] *nm* Redner *m*
orbital, e, -aux [ɔʀbital, o] *adj* : **station ~e** Raumstation *f*
orbite [ɔʀbit] *nf* (*Phys*) Umlaufbahn *f*; (*Anat*) Augenhöhle *f*; **placer** *ou* **mettre un satellite sur** *ou* **en ~** einen Satelliten in *ou* auf die Umlaufbahn bringen
orchestre [ɔʀkɛstʀ] *nm* (*Mus*) Orchester *nt*; (*Théât, Ciné*) Parkett *nt*
orchidée [ɔʀkide] *nf* Orchidee *f*
ordi [ɔʀdi] *nm* (*fam*) Computer *m*, Kiste *f*
ordinaire [ɔʀdinɛʀ] *adj* gewöhnlich; (*de tous les jours*) alltäglich ▶ *nm* : **d'~** gewöhnlich
ordinateur [ɔʀdinatœʀ] *nm* Computer *m*
ordonnance [ɔʀdɔnɑ̃s] *nf* (*Méd*) Rezept *nt*; (*Mil*) Ordonnanz *f*
ordonné, e [ɔʀdɔne] *adj* (*en bon ordre*) (wohl)geordnet; (*personne*) ordentlich • **ordonner** *vt* (*donner un ordre*) : **~ à qn de faire qch** jdm befehlen, etw zu tun; (*Méd*) verordnen
ordre [ɔʀdʀ] *nm* Ordnung *f*; (*succession*) Reihenfolge *f*; (*directive*) Befehl *m*; **mettre en ~** in Ordnung bringen; **libeller à l'~ de** ausstellen auf *+acc*
ordure [ɔʀdyʀ] *nf* Unrat *m*; **ordures** *nfpl* (*déchets*) Abfall *m*; **~s ménagères** Müll *m*
oreille [ɔʀɛj] *nf* Ohr *nt*
oreiller [ɔʀeje] *nm* Kopfkissen *nt*
oreillons [ɔʀɛjɔ̃] *nmpl* Mumps *m ou f*
orfèvrerie [ɔʀfɛvʀəʀi] *nf* Goldschmiedekunst *f*
organe [ɔʀgan] *nm* Organ *nt*; **~ génital** Geschlechtsorgan *nt*
organigramme [ɔʀganigʀam] *nm* Organisationsplan *m*
organique [ɔʀganik] *adj* organisch
organisateur, -trice [ɔʀganizatœʀ, tʀis] *nm/f* Organisator(in) *m(f)*
organisation [ɔʀganizasjɔ̃] *nf* Organisation *f*; **l'O~ mondiale de la santé** die Weltgesundheitsorganisation; **l'O~ des Nations unies** die Vereinten Nationen *pl*; **l'O~ du traité de l'Atlantique Nord** der Nordatlantikpakt
organiser [ɔʀganize] *vt* organisieren; (*mettre sur pied aussi*) veranstalten
organisme [ɔʀganism] *nm* Organismus *m*; (*Admin, Pol*) Organ *nt*; (*association, organisation*) Organisation *f*; **~ génétiquement modifié** genmanipulierter Organismus *m*
organiste [ɔʀganist] *nmf* Organist(in) *m(f)*
orgasme [ɔʀgasm] *nm* Orgasmus *m*
orge [ɔʀʒ] *nf* Gerste *f*
orgeat [ɔʀʒa] *nm* : **sirop d'~** Mandelmilch *f*
orgue [ɔʀg] *nm* Orgel *f*; **~ électrique** *ou* **électronique** elektronische Orgel *f*
orgueil [ɔʀgœj] *nm* (*amour-propre*) Stolz *m*; (*péj*) Hochmut *m* • **orgueilleux, -euse** *adj* hochmütig, überheblich

Orient [ɔʀjɑ̃] *nm* : **l'~** der Orient; **le Proche-/le Moyen-/l'Extrême-~** der Nahe/Mittlere/Ferne Osten • **oriental, e, -aux** *adj* orientalisch ▶ *nm/f* : **O~, e** Orientale *m*, Orientalin *f*
orientation [ɔʀjɑ̃tasjɔ̃] *nf* Orientierung *f*; (*d'un journal etc*) Tendenz *f*; **avoir le sens de l'~** einen guten Orientierungssinn haben; **~ professionnelle** Berufsberatung *f*
orienté, e [ɔʀjɑ̃te] *adj* (*Pol*) tendenziös; **~ au sud** nach Süden gelegen
orienter [ɔʀjɑ̃te] *vt* ausrichten; (*maison*) legen; (*voyageur, touriste*) die Richtung weisen *+dat*; **s'orienter** *vpr* (*se repérer*) sich zurechtfinden
orifice [ɔʀifis] *nm* Öffnung *f*
origan [ɔʀigɑ̃] *nm* Oregano *m*
originaire [ɔʀiʒinɛʀ] *adj* : **être ~ de** stammen aus
original, e, -aux [ɔʀiʒinal, o] *adj* (*pièce, document etc*) original; (*bizarre*) originell ▶ *nm/f* (*fam* : *excentrique*) Original *nt* ▶ *nm* (*document, œuvre*) Original *nt* • **originalité** *nf* Originalität *f*; (*d'un nouveau modèle*) Besonderheit *f*
origine [ɔʀiʒin] *nf* (*de personne, message, vin*) Herkunft *f*; **à l'~** am Anfang, anfänglich
originel, le [ɔʀiʒinɛl] *adj* ursprünglich; **le péché ~** die Erbsünde
ORL [oɛʀɛl] *sigle m/sigle f* (= *oto-rhino-laryngologiste*) HNO-Arzt *m*, HNO-Ärztin *f*
orme [ɔʀm] *nm* Ulme *f*
ornement [ɔʀnəmɑ̃] *nm* Verzierung *f* • **orner** *vt* schmücken
ornithologie [ɔʀnitɔlɔʒi] *nf* Vogelkunde *f*
orphelin, e [ɔʀfəlɛ̃, in] *adj* verwaist ▶ *nm/f* Waisenkind *nt*, Waise *f* • **orphelinat** *nm* Waisenhaus *nt*
ORSEC [ɔʀsɛk] *sigle f* (= *Organisation des secours*): **le plan ~** ≈ der Plan für den Katastrophenfall
orteil [ɔʀtɛj] *nm* Zehe *f*; **gros ~** große *ou* dicke Zehe *f*
orthodoxe [ɔʀtɔdɔks] *adj* orthodox
orthographe [ɔʀtɔgʀaf] *nf* Rechtschreibung *f*
orthopédique [ɔʀtɔpedik] *adj* orthopädisch
orthophoniste [ɔʀtɔfɔnist] *nmf* Logopäde *m*, Logopädin *f*
ortie [ɔʀti] *nf* Brennnessel *f*
OS [oɛs] *sigle m* (= *ouvrier spécialisé*) Hilfsarbeiter *m*
os [ɔs] *nm* Knochen *m*
osciller [ɔsile] *vi* schwingen; **~ entre** (*hésiter*) schwanken zwischen *+dat*
osé, e [oze] *adj* gewagt
oseille [ozɛj] *nf* Sauerampfer *m*
oser [oze] *vi* : **~ faire qch** es wagen, etw zu tun; **je n'ose pas** ich traue mich nicht
osier [ozje] *nm* (Korb)weide *f*; **d'~, en ~** Korb-
ossature [ɔsatyʀ] *nf* Skelett *nt*; (*d'un bâtiment etc*) Gerippe *nt*; (*fig*) Struktur *f*
ostensible [ɔstɑ̃sibl] *adj* ostentativ
ostentation [ɔstɑ̃tasjɔ̃] *nf* Prahlerei *f*
ostréiculture [ɔstʀeikyltyʀ] *nf* Austernzucht *f*
otage [ɔtaʒ] *nm* Geisel *f*
OTAN [ɔtɑ̃] *sigle f* (= *Organisation du traité de l'Atlantique Nord*) NATO *f*
otarie [ɔtaʀi] *nf* Seelöwe *m*

ôter [ote] *vt* wegnehmen; (*vêtement*) ausziehen; (*tache, noyau*) herausmachen
otite [ɔtit] *nf* Mittelohrentzündung *f*
oto-rhino [ɔtɔʀino] *nmf* Hals-Nasen-Ohrenarzt *m*, Hals-Nasen-Ohrenärztin *f*
oto-rhino-laryngologiste [ɔtɔʀinolaʀɛ̃gɔlɔʒist(ə)] *nm/f* Hals-Nasen- *m*, Hals-Nasen-Ohrenärztin *f*
ou [u] *conj* oder; **ou … ou** entweder … oder; **ou bien** oder (auch)

MOT-CLÉ

où [u] *pron relatif* **1** (*lieu*) wo; (: *direction*) wohin; **la ville où je l'ai rencontré** die Stadt, wo ich ihn kennenlernte; **le pays où il est né** das Land, in dem er geboren ist; **la chambre où il était** das Zimmer, in dem er war; **la ville où je vais** die Stadt, in die ich *ou* wohin ich fahre; **la pièce d'où il est sorti** das Zimmer, aus dem er herausging; **le village d'où je viens** das Dorf, aus dem ich komme; **les villes par où il est passé** die Städte, durch die er gefahren ist
2 (*temps, état*) : **le jour où il est parti** der Tag, an dem er wegging; **au prix où sont les choses** bei den Preisen heutzutage
▶ *adv* (*interrogatif* : *situation*) wo; (: *direction*) wohin; **où est-elle ?** wo ist sie?; **où va-t-il ?** wohin geht er?; **d'où vient que … ?** wie kommt es, dass …?

ouate ['wat] *nf* Watte *f*; **tampon d'~** Wattebausch *m*
oubli [ubli] *nm* (*acte*) Vergessen *nt*; (*étourderie, négligence*) Vergesslichkeit *f* •**oublier** *vt* vergessen
oubliettes [ublijɛt] *nfpl* Verlies *nt*
ouest [wɛst] *nm* Westen *m* ▶ *adj inv* West-, westlich; **l'O~** (*région de France*) Westfrankreich *nt*; (*Pol* : *l'Occident*) der Westen; **à l'~ de** westlich von
Ouganda [ugɑ̃da] *nm* : **l'~** Uganda *nt*
oui ['wi] *adv* ja; **répondre (par) ~** mit Ja antworten
ouï-dire ['widiʀ] *nm inv* : **par ~** vom Hörensagen
ouïe [wi] *nf* Gehör *nt*; **ouïes** *nfpl* (*de poisson*) Kiemen *pl*
ouragan [uʀagɑ̃] *nm* Orkan *m*
ourler [uʀle] *vt* säumen •**ourlet** *nm* Saum *m*
ours [uʀs] *nm* Bär *m*; **~ blanc** Eisbär *m*; **~ brun** Braunbär *m*; **~ en peluche** Teddybär *m*
oursin [uʀsɛ̃] *nm* Seeigel *m*
ourson [uʀsɔ̃] *nm* Bärenjunge(s) *nt*
outil [uti] *nm* Werkzeug *nt*
outrage [utʀaʒ] *nm* Beleidigung *f*
outrance [utʀɑ̃s] *nf* : **à ~** bis zum Exzess
outre [utʀ] *nf* Schlauch *m* ▶ *prép* außer *+dat* ▶ *adv* : **en ~** außerdem
outremer [utʀəmɛʀ] *adj* ultramarin(blau) •**outre-mer** *adv* : **d'~** Übersee- •**outrepasser** *vt* überschreiten
outrer [utʀe] *vt* übertreiben; (*indigner*) aufbringen
outre-Rhin [utʀəʀɛ̃] *adv* auf der anderen Rheinseite
ouvert, e [uvɛʀ, ɛʀt] *adj* offen; (*robinet, gaz*) aufgedreht •**ouvertement** *adv* offen, freiheraus
ouverture [uvɛʀtyʀ] *nf* (*action*) Öffnen *nt*; (*orifice, Pol*) Öffnung *f*; **~ (du diaphragme)** (*Photo*) Blende *f*

ouvrable [uvʀabl] *adj* : **jour ~** Werktag *m*
ouvrage [uvʀaʒ] *nm* (*objet, œuvre*) Werk *nt*; (*Tricot etc*) Arbeit *f*
ouvrant, e [uvʀɑ̃, ɑ̃t] *adj* : **toit ~** (*Auto*) Schiebedach *nt*
ouvre-boîte, ouvre-boîtes [uvʀəbwat] *nm inv* Büchsenöffner *m* • **ouvre-bouteille, ouvre-bouteilles** *nm inv* Flaschenöffner *m*
ouvrier, -ière [uvʀije, ijɛʀ] *nm/f* Arbeiter(in) *m(f)* ▶ *adj* Arbeiter-
ouvrir [uvʀiʀ] *vt* öffnen; (*eau, électricité, chauffage*) anmachen; (*robinet*) aufdrehen ▶ *vi* (*magasin, théâtre*) aufmachen, öffnen; **s'ouvrir** *vpr* aufgehen, sich öffnen
Ouzbékistan [uzbekistɑ̃] *nm* : **l'~** Usbekistan *nt*
ovaire [ɔvɛʀ] *nm* Eierstock *m*
ovale [ɔval] *adj* oval
ovation [ɔvasjɔ̃] *nf* Ovation *f*
overdose [ɔvœʀdoz] *nf* Überdosis *f*
ovni [ɔvni] *sigle m* (= *objet volant non identifié*) UFO *nt*
ovulation [ɔvylasjɔ̃] *nf* Eisprung *m*
ovule [ɔvyl] *nm* Ei *nt*, Eizelle *f*; (*Méd*) Zäpfchen *nt*
oxyde [ɔksid] *nm* Oxid *nt*; **~ de carbone** Kohlenmonoxid *nt*
oxyder [ɔkside] : **s'~** *vpr* oxidieren
oxygène [ɔksiʒɛn] *nm* Sauerstoff *m*; **cure d'~** Frischluftkur *f* • **oxygéné, e** *adj* : **eau ~e** Wasserstoff(su)peroxid *nt*
ozone [ozon] *nm* Ozon *m ou nt*

p

pacemaker [pɛsmɛkœʀ] *nm* (Herz)schrittmacher *m*
pachyderme [paʃidɛʀm] *nm* Dickhäuter *m*
pacifier [pasifje] *vt* (*pays, peuple*) Ruhe und Frieden stiften in +*dat*; (*fig*) beruhigen
pacifique [pasifik] *adj* friedlich; (*personne*) friedfertig ▶ *nm* : **le P~** der Pazifische Ozean • **pacifiste** *nmf* Pazifist(in) *m(f)*
pacotille [pakɔtij] *nf* Billigware *f*
PACS [paks] *sigle m* (= *pacte civil de solidarité*) (standesamtlich) eingetragene Lebensgemeinschaft *f*
pacser [pakse] : **se ~** *vpr* eine eingetragene Lebensgemeinschaft eingehen
pacte [pakt] *nm* Pakt *m*; **~ d'alliance** Bündnis *nt*; **~ de non-agression** Nichtangriffspakt *m* • **pactiser** *vi* : **~ avec** sich einigen mit
pagaie [pagɛ] *nf* Paddel *nt*
pagaille [pagaj] *nf* Durcheinander *nt*
pagayer [pageje] *vi* paddeln
page [paʒ] *nf* Seite *f* ▶ *nm* Page *m*; **être à la ~** auf dem Laufenden

sein; **~ d'accueil** (*Inform*) Homepage *f*; **~ de démarrage** (*Inform*) Startseite *f*; **~ Web** (*Inform*) Webseite *f*

pagination [paʒinasjɔ̃] *nf* Paginierung *f*

pagode [pagɔd] *nf* Pagode *f*

paie [pɛ] *nf* = **paye**

paiement [pɛmɑ̃] *nm* = **payement**

païen, ne [pajɛ̃, pajɛn] *adj* heidnisch ▸ *nm/f* Heide *m*, Heidin *f*

paillasse [pajas] *nf* (*matelas*) Strohsack *m*

paillasson [pajasɔ̃] *nm* (*de porte*) Fußmatte *f*

paille [pɑj] *nf* Stroh *nt*; (*pour boire*) Strohhalm *m*

pain [pɛ̃] *nm* Brot *nt*; **~ bis** Graubrot *nt*; **~ complet** Vollkornbrot *nt*; **~ d'épice(s)** Lebkuchen *m*; **~ de mie** Weißbrot *nt* (*ohne Kruste*); **~ grillé** Toast *m*

pair, e [pɛʀ] *adj* gerade ▸ *nf* Paar *nt*; **jeune fille au ~** Aupairmädchen *nt*; **une ~e de lunettes** eine Brille; **une ~e de tenailles** eine Beißzange

paisible [pezibl] *adj* friedlich; (*sommeil, lac*) ruhig • **paisiblement** *adv* friedlich

paix [pɛ] *nf* Frieden *m*

Pakistan [pakistɑ̃] *nm* : **le ~** Pakistan *nt*

palace [palas] *nm* Luxushotel *nt*

palais [palɛ] *nm* Palast *m*; (*Anat*) Gaumen *m*

Palatinat [palatina] *nm* : **le ~** die Pfalz *f*

pâle [pɑl] *adj* blass; **bleu/vert ~** blassblau/blassgrün

Palestine [palɛstin] *nf* : **la ~** Palästina *nt* • **palestinien, ne** *adj* palästinensisch ▸ *nm/f* : **P~, ne** Palästinenser(in) *m(f)*

palette [palɛt] *nf* Palette *f*

pâleur [pɑlœʀ] *nf* Blässe *f*

palier [palje] *nm* (*d'escalier*) Treppenabsatz *m*

pâlir [pɑliʀ] *vi* (*personne*) erbleichen; (*couleur*) verblassen; **faire ~ qn** jdn blass werden lassen

palissade [palisad] *nf* Zaun *m*

palliatif, -ive [paljatif, iv] *adj* lindernd ▸ *nm* Überbrückungsmaßnahme *f*

pallier [palje] *vt* ausgleichen; **~ à** ausgleichen

palmarès [palmaʀɛs] *nm* Preisträgerliste *f*

palme [palm] *nf* (*Bot*) Palmzweig *m*; (*de plongeur*) Schwimmflosse *f* • **palmeraie** *nf* Palmenhain *m*

palmier [palmje] *nm* Palme *f*

pâlot, te [pɑlo, ɔt] *adj* blass, blässlich

palper [palpe] *vt* befühlen, (ab)tasten

palpitant, e [palpitɑ̃, ɑ̃t] *adj* spannend, aufregend

palpitation [palpitasjɔ̃] *nf* : **avoir des ~s** Herzklopfen haben

palpiter [palpite] *vi* (*cœur, pouls*) schlagen

paludisme [palydism] *nm* Malaria *f*

pamphlet [pɑ̃flɛ] *nm* Schmähschrift *f*

pamplemousse [pɑ̃pləmus] *nm* Grapefruit *f*

pan [pɑ̃] *excl* peng ▸ *nm* : **~ de chemise** Hemdschoß *m*

panacée [panase] *nf* Allheilmittel *nt*

panache [panaʃ] *nm* (*faisceau de plumes*) Federbusch *m*; **se battre avec ~** beherzt kämpfen; **~ de fumée** Rauchfahne *f*

panaché, e [panaʃe] *adj* : **glace ~e** gemischtes Eis *nt* ▸ *nm* (*bière*) Alsterwasser *nt*

Panama [panama] *nm* : **le ~** Panama *nt*
pancarte [pɑ̃kaʀt] *nf* Schild *nt*; (*dans un défilé*) Transparent *nt*
panda [pɑ̃da] *nm* Panda(bär) *m*
pané, e [pane] *adj* paniert
panier [panje] *nm* Korb *m*; **~ à provisions** Einkaufskorb *m*; **~ de crabes** (*fig*) Schlangengrube *f*
panique [panik] *nf* Panik *f* • **paniquer** *vi* in Panik geraten
panne [pan] *nf* Panne *f*; **être** *ou* **tomber en ~** eine Panne haben; **être en ~ d'essence** kein Benzin mehr haben; **~ d'électricité** Stromausfall *m*; **~ de courant** Stromausfall
panneau, x [pano] *nm* Tafel *f*; **~ de signalisation** Straßenschild *nt*
panonceau [panɔ̃so] *nm* Schild *nt*
panoplie [panɔpli] *nf* (*d'armes*) Waffensammlung *f*; (*d'arguments etc*) (ansehnliche) Reihe *f*; **~ de pompier/d'infirmière** (*jouet*) Feuerwehrmann-/Krankenschwesterausrüstung *f*
panorama [panɔʀama] *nm* (*vue*) Panorama *nt*; (*fig*) Übersicht *f* • **panoramique** *adj* Panorama-
pansement [pɑ̃smɑ̃] *nm* Verband *m*
panser [pɑ̃se] *vt* verbinden; (*cheval*) striegeln
pantalon [pɑ̃talɔ̃] *nm* Hose *f*; **~ de golf** Golfhose *f*; **~ de ski** Skihose *f*
panthère [pɑ̃tɛʀ] *nf* (*d'Afrique*) Leopard *m*
pantin [pɑ̃tɛ̃] *nm* Hampelmann *m*
pantois [pɑ̃twa] *adj m* : **rester ~** sprachlos sein
pantomime [pɑ̃tɔmim] *nf* Pantomime *f*
pantoufle [pɑ̃tufl] *nf* Pantoffel *m*
PAO [peao] *sigle f* (= *publication assistée par ordinateur*) DTP *nt*
paon [pɑ̃] *nm* Pfau *m*
papa [papa] *nm* Papa *m*
paparazzi [papaʀadzi] *nmpl* Paparazzi *pl*
papaye [papaj] *nf* Papaya(frucht) *f*
pape [pap] *nm* : **le ~** der Papst
paperasse [papʀas] *nf* Papierwust *m* • **paperasserie** *nf* Papierwust *m*
papeterie [papɛtʀi] *nf* (*magasin*) Schreibwarenladen *m* • **papetier, -ière** *nm/f* (*commerçant*) Schreibwarenhändler(in) *m(f)*
papier [papje] *nm* Papier *nt*; (*feuille*) Blatt *nt* (Papier); **papiers** *nmpl* (*d'identité*) (Ausweis)papiere *pl*; **~ à lettres** Briefpapier *nt*; **~ d'emballage** Packpapier *nt*; **~ en continu** Endlospapier *nt*; **~ hygiénique** Toilettenpapier *nt*; **~ kraft** Packpapier *nt*; **~ peint** Tapete *f*
papillon [papijɔ̃] *nm* Schmetterling *m*; (*contravention*) Strafzettel *m*
papoter [papɔte] *vi* schwatzen
paprika [papʀika] *nm* Paprika *m*
pâque [pɑk] *nf* Passahfest *nt*; **Pâques** *nfpl* Ostern *nt*
paquebot [pak(ə)bo] *nm* Passagierschiff *nt*
pâquerette [pɑkʀɛt] *nf* Gänseblümchen *nt*
Pâques [pɑk] *nfpl voir* **pâque**
paquet [pakɛ] *nm* Paket *nt*; (*de cigarettes*) Päckchen *nt* • **paquet-cadeau** (*pl* **paquets-cadeaux**) *nm* : **pourriez-vous me faire un ~ ?** können Sie es bitte als Geschenk einpacken?

MOT-CLÉ

par [paʀ] *prép* **1** (*agent*) von; **la souris a été mangée ~ le chat** die

P

Maus ist von der Katze gefressen worden
2 (*lieu*) : **passer ~ Lyon** über Lyon fahren; **passer ~ la côte** an der Küste entlangfahren; **~ terre** auf dem Boden; **~ le haut/bas** von oben/unten; **~ ici** hierher; (*dans la région*) hier; **~-ci, ~-là** hier und da
3 (*fréquence, distribution*) pro; **trois fois ~ semaine** dreimal pro Woche *ou* in der Woche; **trois ~ jour/personne** drei am Tag/pro Person; **deux ~ deux** (*marcher, entrer*) zu zweit; (*prendre*) jeweils zwei
4 (*cause*) : **~ amour** aus Liebe
5 (*moyen*) mit; **~ la poste** mit der Post; **finir/commencer ~ faire qch** schließlich/anfangs etw tun

parabole [paʀabɔl] *nf* (*Rel*) Gleichnis *nt*; (*Math*) Parabel *f* • **parabolique** *adj* Parabol-
parachever [paʀaʃ(ə)ve] *vt* vollenden
parachute [paʀaʃyt] *nm* Fallschirm *m* • **parachuter** *vt* mit dem Fallschirm absetzen; (*fam*) hineinkatapultieren • **parachutisme** *nm* Fallschirmspringen *nt*
parade [paʀad] *nf* Parade *f*; (*Boxe*) Abwehr *f*; **de ~** Parade-; (*superficiel*) Schau-; **trouver la ~ à une attaque/mesure** einen Angriff/eine Maßnahme parieren; **faire ~ de qch** etw zur Schau stellen
parader [paʀade] *vi* herumstolzieren
paradis [paʀadi] *nm* Paradies *nt* • **paradisiaque** *adj* paradiesisch, himmlisch
paradoxal, e, -aux [paʀadɔksal, o] *adj* paradox
paradoxe [paʀadɔks] *nm* Paradox *nt*
paraffine [paʀafin] *nf* Paraffin *nt*
parages [paʀaʒ] *nmpl* (*Naut*) Gewässer *pl*; **dans les ~ (de)** in der unmittelbaren Umgebung (von)
paragraphe [paʀagʀaf] *nm* Absatz *m*, Abschnitt *m*
Paraguay [paʀagwɛ] *nm* : **le ~** Paraguay *nt*
paraître [paʀɛtʀ] *vi* (*sembler*) scheinen; (*apparaître*) erscheinen; (*soleil*) herauskommen; **il paraît que** es scheint, dass; **il me paraît que** mir scheint, dass; **laisser ~ qch** etw zeigen; **~ en justice** vor Gericht erscheinen
parallèle [paʀalɛl] *adj* parallel; (*comparable*) vergleichbar ▶ *nf* Parallele *f* ▶ *nm* : **faire un ~ entre** eine Parallele ziehen zwischen; **~ (de latitude)** Breitengrad *m*
paralyser [paʀalize] *vt* lähmen; (*grève*) lahmlegen • **paralysie** *nf* Lähmung *f*
paramètre [paʀamɛtʀ] *nm* Parameter *m*
paramilitaire [paʀamilitɛʀ] *adj* paramilitärisch
paranoïa [paʀanɔja] *nf* Verfolgungswahn *m* • **paranoïaque** *nmf* Paranoiker(in) *m(f)*
parapente [paʀapɑ̃t] *nm* (*sport*) Gleitschirmfliegen *nt*
parapet [paʀapɛ] *nm* Brüstung *f*
parapluie [paʀaplɥi] *nm* Regenschirm *m*
parasite [paʀazit] *nm* Parasit *m*, Schmarotzer *m*; **parasites** *nmpl* (*Tél*) Störung *f*
parasol [paʀasɔl] *nm* Sonnenschirm *m*
paratonnerre [paʀatɔnɛʀ] *nm* Blitzableiter *m*

paravent [paʀavɑ̃] *nm* spanische Wand *f*
parc [paʀk] *nm* Park *m*; (*pour le bétail*) Pferch *m*; **~ à huîtres** Austernbank *f*; **~ automobile** (*d'un pays*) Wagenbestand *m*; **~ d'attractions** Vergnügungspark *m*; **~ éolien** Windfarm *f*; **~ national** Nationalpark *m*
parcelle [paʀsɛl] *nf* (*de terrain*) Parzelle *f*; (*d'or, de vérité*) Stückchen *nt*
parce que [paʀs(ə)kə] *conj* weil
parchemin [paʀʃəmɛ̃] *nm* Pergament *nt*
parcimonie [paʀsimɔni] *nf* Sparsamkeit *f* • **parcimonieux, -euse** *adj* äußerst sparsam
parcmètre [paʀkmɛtʀ], **parcomètre** [paʀkɔmɛtʀ] *nm* Parkuhr *f*
parcourir [paʀkuʀiʀ] *vt* gehen durch; (*trajet, distance*) zurücklegen; (*en lisant*) überfliegen
parcours [paʀkuʀ] *nm* Strecke *f*, Route *f*; (*Sport*) Parcours *m*; (*Golf*) Runde *f*
par-dessous [paʀdəsu] *prép* unter +*dat*; (*avec mouvement*) unter +*acc* ▶ *adv* darunter • **pardessus** *nm* Mantel *m* • **par-dessus** *prép* über +*dat*; (*avec mouvement*) über +*acc* ▶ *adv* darüber • **par-devant** *adv* vorne
pardon [paʀdɔ̃] *nm* Verzeihung *f* ▶ *excl* Verzeihung, Entschuldigung; (*contradiction, pour interpeller*) entschuldigen Sie; **je vous demande ~** verzeihen *ou* entschuldigen Sie • **pardonner** *vt* verzeihen, vergeben; **~ qch à qn** jdm etw verzeihen
pare-balles [paʀbal] *adj inv* kugelsicher
pare-brise [paʀbʀiz] *nm inv* Windschutzscheibe *f*
pare-chocs [paʀʃɔk] *nm inv* Stoßstange *f*
pare-feu [paʀfø] *nm inv* Feuerschneise *f*; (*Inform*) Firewall *f*
pareil, le [paʀɛj] *adj* (*identique*) gleich ▶ *adv*: **habillés ~** gleich angezogen; **~ à** wie ▶ *nm/f*: **ne pas avoir son ~** nicht seinesgleichen haben, ohnegleichen sein; **rendre la ~le à qn** jdm Gleiches mit Gleichem vergelten • **pareillement** *adv* ebenso
parent, e [paʀɑ̃, ɑ̃t] *nm/f* Verwandte(r) *f(m)* ▶ *adj*: **être ~ de qn** mit jdm verwandt sein; **parents** *nmpl* Eltern *pl* • **parental, e, -aux** *adj* elterlich • **parenté** *nf* Verwandtschaft *f*
parenthèse [paʀɑ̃tɛz] *nf* Klammer *f*; (*digression*) Einschub *m*; **entre ~s** in Klammern
parer [paʀe] *vt* schmücken, zieren; (*Culin*) vorbereiten; (*éviter*) abwehren; **~ à** abwenden
pare-soleil [paʀsɔlɛj] *nm inv* Sonnenblende *f*
paresse [paʀɛs] *nf* Faulheit *f* • **paresseux, -euse** *adj* (*personne, esprit*) faul; (*démarche, attitude*) schwerfällig ▶ *nm* (*Zool*) Faultier *nt*
parfait, e [paʀfɛ, ɛt] *adj* perfekt, vollkommen; (*accompli*) völlig, total ▶ *nm* (*Ling*) Perfekt *nt*; (*Culin*) Parfait *nt* • **parfaitement** *adv* perfekt, ausgezeichnet; **cela lui est ~ égal** das ist ihm völlig *ou* vollkommen egal; **~ !** doch!
parfois [paʀfwa] *adv* manchmal
parfum [paʀfœ̃] *nm* (*produit*) Parfüm *nt*; (*de fleur*) Duft *m*; (*de tabac, vin*) Aroma *nt* • **parfumé, e** *adj* (*papier à lettres etc, femme*)

P

parfümiert; (*fleur, fruit*) duftend, wohlriechend; **~ au café** mit Kaffeegeschmack • **parfumer** *vt* parfümieren; (*crème, gâteau*) aromatisieren; **se parfumer** *vpr* sich parfümieren • **parfumerie** *nf* (*boutique*) Parfümerie *f*; **rayon ~** Toilettenartikel *pl*

pari [paʀi] *nm* Wette *f*; **~ mutuel urbain** *Art von Pferdewette* • **parier** *vt* wetten

Paris [paʀi] Paris *nt* • **parisien, ne** *adj* Pariser ▶ *nm/f*: **P~, ne** Pariser(in) *m(f)*

paritaire [paʀitɛʀ] *adj*: **commission ~** gemeinsamer Ausschuss *m*

parité [paʀite] *nf* Gleichheit *f*

parjure [paʀʒyʀ] *nm* Meineid *m*

parka [paʀka] *nm* Parka *m*

parking [paʀkiŋ] *nm* Parkplatz *m*; (*souterrain*) Tiefgarage *f*

parlé, e [paʀle] *adj*: **langue ~e** gesprochene Sprache *f*

parlement [paʀləmɑ̃] *nm* Parlament *nt*; **P~ européen** Europaparlament *nt* • **parlementaire** *adj* parlamentarisch

parlementer [paʀləmɑ̃te] *vi* verhandeln

parler [paʀle] *vi, vt* reden, sprechen; **~ de** sprechen *ou* reden von; **~ (à qn) de** (mit jdm) reden über +*acc*; **~ (le) français** Französisch sprechen; **~ en français** französisch sprechen

parloir [paʀlwaʀ] *nm* (*de prison*) Besuchszimmer *nt*

parmesan [paʀməzɑ̃] *nm* Parmesan *m*

parmi [paʀmi] *prép* unter +*dat*

parodie [paʀɔdi] *nf* Parodie *f*

paroi [paʀwa] *nf* (*cloison*) Trennwand *f*; **~ rocheuse** Felswand *f*

paroisse [paʀwas] *nf* Pfarrei *f*

parole [paʀɔl] *nf* (*faculté*) Sprache *f*; (*engagement*) Wort *nt*; **paroles** *nfpl* (*Mus*) Text *m*; **prendre la ~** das Wort ergreifen

parquer [paʀke] *vt* (*bestiaux*) einsperren, einpferchen

parquet [paʀkɛ] *nm* (*plancher*) Parkett *nt*; **le ~** (*Jur*) die Staatsanwaltschaft *f*

parrain [paʀɛ̃] *nm* Pate *m*; (*sponsor*) Sponsor *m* • **parrainage** *nm* (*d'un enfant*) Patenschaft *f*; (*patronage*) Schirmherrschaft *f*; (*financier*) Sponsering *nt* • **parrainer** *vt* sponsern

parsemer [paʀsəme] *vt* verstreut sein über +*acc*; **~ qch de** etw bestreuen mit

part [paʀ] (*d'efforts, de peines*) Anteil *m*; **faire ~ de qch à qn** jdm etw mitteilen; **de la ~ de qn** von jdm; **d'une ~ ... d'autre ~** einerseits ..., andererseits; **nulle ~** nirgendwo; **autre ~** anderswo; **quelque ~** irgendwo; **à ~** beiseite; **à ~ cela** abgesehen davon

partage [paʀtaʒ] *nm* Aufteilung *f* • **partager** *vt* teilen; **se partager** *vpr* sich *dat* (auf)teilen

partance [paʀtɑ̃s] *nf*: **le train en ~ pour Poitiers** der Zug nach Poitiers

partant, e [paʀtɑ̃, ɑ̃t] *nm/f* (*Sport*) Teilnehmer(in) *m(f)*

partenaire [paʀtənɛʀ] *nmf* Partner(in) *m(f)*; **~s sociaux** Sozialpartner *pl*

parterre [paʀtɛʀ] *nm* (*de fleurs*) Blumenbeet *nt*; (*Théât*) Parkett *nt*

parti [paʀti] *nm* Partei *f*; **prendre ~ (pour/contre qn)** (für/gegen jdn) Partei ergreifen; **~ pris** Voreingenommenheit *f*

participant, e [paʀtisipɑ̃, ɑ̃t] *nm/f* Teilnehmer(in) *m(f)* • **participation** *nf* Teilnahme *f*; (*Comm*) Beteiligung *f*; (*Pol*) Mitbestimmung *f* • **participe** *nm* Partizip *nt*; **~ passé** Partizip Perfekt *nt*; **~ présent** Partizip Präsens *nt* • **participer** *vi* : **~ à** teilnehmen an +*dat*; (*frais, entreprise etc*) sich beteiligen an +*dat*

particularité [paʀtikylaʀite] *nf* Besonderheit *f*

particule [paʀtikyl] *nf* Teilchen *nt*

particulier, -ière [paʀtikylje, jɛʀ] *adj* besondere(r, s); (*personnel, privé*) privat; (*individuel*) eigene(r, s); (*cas*) Einzel- ▶ *nm* (*individu*) Privatperson *f*; **en ~** (*à part*) gesondert; (*en privé*) vertraulich; (*surtout*) besonders • **particulièrement** *adv* besonders

partie [paʀti] *nf* Teil *m*; (*Jur* : *adversaire*) Partei *f*; (*de cartes, tennis etc*) Spiel *nt*, Partie *f*; **en ~** teilweise; **faire ~ de qch** zu etw gehören; **en grande ~** zu einem großen Teil; **en majeure ~** hauptsächlich

partiel, le [paʀsjɛl] *adj* Teil-, teilweise

partir [paʀtiʀ] *vi* gehen, weggehen; (*en voiture etc*) wegfahren; (*train, bus etc*) abfahren; (*avion*) abfliegen; **~ de** (*lieu*) aufbrechen von

partisan, e [paʀtizɑ̃, an] *nm/f* Anhänger(in) *m(f)*

partition [paʀtisjɔ̃] *nf* Partitur *f*

partout [paʀtu] *adv* überall

paru, e [paʀy] *pp de* **paraître**

parure [paʀyʀ] *nf* (*vêtements, ornements*) Staat *m*, Aufmachung *f*; (*de table, sous-vêtements*) Garnitur *f*; **~ de diamants** Diamantschmuck *m*

parution [paʀysjɔ̃] *nf* (*d'un livre*) Veröffentlichung *f*

parvenir [paʀvəniʀ] : **~ à** *vt* erreichen; **~ à faire qch** es schaffen, etw zu tun

parvenu, e [paʀvəny] *nm/f* (*péj*) Emporkömmling *m*

parvis [paʀvi] *nm* Vorplatz *m*

pas[1] [pa] *nm* Schritt *m*; **~ à ~** Schritt für Schritt; **rouler au ~** im Schritttempo fahren

MOT-CLÉ

pas[2] [pɑ] *adv* **1** (*avec ne, non etc*) nicht; **~ de** (*avec nom*) kein, keine, kein; **je ne vais ~ à l'école** ich gehe nicht in die Schule; **je ne mange ~ de pain** ich esse kein Brot; **ils n'ont ~ d'enfants** sie haben keine Kinder; **il m'a dit de ne ~ le faire** er hat mir gesagt, dass ich es nicht tun soll; **non ~ que ...** nicht dass ...; **je n'en sais ~ plus** mehr weiß ich nicht darüber; **ce n'est ~ sans peine/hésitation que ...** nicht ohne Mühe/Zögern ...
2 (*sans ne, non etc*) : **~ moi** ich nicht; **~ encore** noch nicht; **~ du tout** überhaupt nicht; **tu viens ou ~ ?** kommst du oder nicht?; **elle travaille, lui ~** *ou* **~ lui** sie arbeitet, er nicht; **~ de sucre, merci !** danke, keinen Zucker!; **une pomme ~ mûre** ein unreifer Apfel; **~ plus tard qu'hier** nicht später als gestern; **~ mal** nicht schlecht

passablement [pɑsabləmɑ̃] *adv* (*pas trop mal*) ganz passabel; **~ de** ziemlich viel(e)

passage [pɑsaʒ] *nm* (*traversée*) Überfahrt *f*; (*d'un état à l'autre, lieu*) Übergang *m*; **~ à niveau** Bahnübergang *m*; **« ~ interdit »**

„Durchfahrt verboten"; **~ protégé** Vorfahrtsstraße *f*

passager, -ère [pasaʒe, ɛʀ] *adj* vorübergehend ▶ *nm/f* Passagier(in) *m(f)*; **~ clandestin** blinder Passagier *m*

passant, e [pasɑ̃, ɑ̃t] *nm/f* Passant(in) *m(f)*

passe [pas] *nf (Sport)* Pass *m* ▶ *nm (passe-partout)* Hauptschlüssel *m*

passé, e [pase] *adj* vergangen; *(couleur, tapisserie)* verblasst ▶ *prép* : **~ 10 heures** nach 10 Uhr ▶ *nm* Vergangenheit *f*; **~ composé** Passé composé *nt*; **~ simple** Passé simple *nt*

passe-montagne [pasmɔ̃taɲ] (*pl* **passe-montagnes**) *nm* Kapuzenmütze *f*

passe-partout [paspaʀtu] *nm inv (clé)* Hauptschlüssel *m* ▶ *adj inv* : **tenue/phrase ~** Allzweckkleidung *f*/ Allzweckwendung *f*

passeport [paspɔʀ] *nm* Pass *m*

passer [pase] *vi (voiture)* vorbeifahren; *(piétons, jours)* vorbeigehen; *(air, soleil, lumière)* durchkommen; *(temps, douleur)* vergehen; *(film, pièce)* laufen ▶ *vt (frontière, rivière etc)* überqueren; *(temps, journée)* verbringen; *(café)* filtern; *(thé, soupe)* durchseihen; *(film)* zeigen; *(pièce, disque)* spielen; **~ par** gehen durch; *(véhicule)* fahren durch; *(intermédiaire, organisme)* gehen über *+acc*; **~ sur** übergehen; **~ avant** kommen vor; **laisser ~** durchlassen; **~ en** *ou* **la seconde/troisième** *(Auto)* in den zweiten/dritten Gang schalten; **~ à la radio/télévision** im Radio/ Fernsehen kommen; **~ à table** sich zu Tisch setzen; **~ au salon** ins Wohnzimmer gehen; **je vous passe M. Blanc** ich verbinde Sie mit Herrn Blanc; **se passer** *vpr (arriver)* passieren, geschehen **se ~ de qch** auf etw *acc* verzichten; **que s'est-il passé ?** was ist passiert *ou* geschehen?

passerelle [pasʀɛl] *nf (pont étroit)* Fußgängerbrücke *f*; *(d'un navire, avion)* Gangway *f*

passe-temps [pastɑ̃] *nm inv* Zeitvertreib *m*

passeur, -euse [pasœʀ, øz] *nm/f (de personnes)* Menschenschmuggler(in) *m(f)*

passif, -ive [pasif, iv] *adj* passiv

passion [pasjɔ̃] *nf* Leidenschaft *f*
• **passionnant, e** *adj* spannend
• **passionné, e** *adj* leidenschaftlich
• **passionner** *vt* faszinieren, fesseln; *(suj : débat, discussion)* begeistern; **se passionner** *vpr* : **se ~ pour qch** sich leidenschaftlich für etw interessieren

passoire [paswaʀ] *nf* Sieb *nt*

pastèque [pastɛk] *nf* Wassermelone *f*

pasteur [pastœʀ] *nm* Pfarrer(in) *m(f)*

pasteuriser [pastœʀize] *vt* pasteurisieren

pastiche [pastiʃ] *nm* Persiflage *f*

pastille [pastij] *nf* Pastille *f*

pastis [pastis] *nm* Pastis *m*

patate [patat] *nf (fam)* Kartoffel *f*

patauger [patoʒe] *vi* plan(t)schen; *(fig)* ins Schwimmen geraten in *+dat*; **~ dans** *(en marchant)* waten durch

pâte [pɑt] *nf* Teig *m*; *(autre substance molle)* Brei *m*, Paste *f*; **pâtes** *nfpl (macaroni etc)* Teigwaren *pl*; **~ brisée** Mürbeteig *m*; **~ feuilletée** Blätterteig *m*

pâté [pɑte] *nm (charcuterie)* Pastete *f*; **~ de foie** Leberpastete *f*; **~ de**

maisons Häuserblock *m*; **~ en croûte** Fleischpastete *f*
pâtée [pɑte] *nf* Futterbrei *m*
paternel, le [patɛʀnɛl] *adj* väterlich
paternité [patɛʀnite] *nf* Vaterschaft *f*
pathétique [patetik] *adj* ergreifend
pathologie [patɔlɔʒi] *nf* Pathologie *f* •**pathologique** *adj* pathologisch
patiemment [pasjamɑ̃] *adv* geduldig
patience [pasjɑ̃s] *nf* Geduld *f* •**patient, e** *adj* geduldig ▶ *nm/f* Patient(in) *m(f)* •**patienter** *vi* sich gedulden
patin [patɛ̃] *nm* : **~s (à glace)** Schlittschuhe *pl*; **~s à roulettes** Rollschuhe *pl* •**patinage** *nm* Schlittschuhlaufen *nt* •**patine** *nf* Patina *f* •**patiner** *vi* (*personne*) Schlittschuh laufen; (*embrayage*) schleifen; (*roue, voiture*) nicht fassen •**patineur, -euse** *nm/f* Schlittschuhläufer(in) *m(f)* •**patinoire** *nf* Eisbahn *f*
pâtisserie [pɑtisʀi] *nf* (*boutique*) Konditorei *f*; (*à la maison*) Backen *nt*; **pâtisseries** *nfpl* (*gâteaux*) feine Kuchen *pl*, Gebäck *nt* •**pâtissier, -ière** *nm/f* Konditor(in) *m(f)*
patois [patwa] *nm* Mundart *f*
patriarche [patʀijaʀʃ] *nm* Patriarch *m*
patrie [patʀi] *nf* Vaterland *nt*, Heimat *f*
patrimoine [patʀimwan] *nm* Erbe *nt*; **~ génétique** *ou* **héréditaire** Erbgut *nt*
patriotique [patʀijɔtik] *adj* patriotisch
patriotisme [patʀijɔtism] *nm* Patriotismus *m*
patron, ne [patʀɔ̃, ɔn] *nm/f* (*chef*) Chef(in) *m(f)*; (*propriétaire*) Besitzer(in) *m(f)* •**patronal, e, -aux** *adj* Arbeitgeber- •**patronat** *nm* Arbeitgeber *pl* •**patronner** *vt* (*personne, entreprise*) protegieren, sponsern
patronyme [patʀɔnim] *nm* Familienname *m*
patrouille [patʀuj] *nf* (*Mil*) Patrouille *f*; (*de police*) Streife *f* •**patrouiller** *vi* patrouillieren
patte [pat] *nf* (*jambe*) Bein *nt*; (*pied*) Pfote *f*
pâturage [pɑtyʀaʒ] *nm* Weide *f*
paume [pom] *nf* Handfläche *f*, Handteller *m* •**paumé, e** (*fam*) : **être ~(e)** nicht durchblicken; (*désorienté*) sich verirrt haben; **habiter dans un coin (complètement) ~** am Ende der Welt wohnen •**paumer** *vt* (*fam : perdre*) verlieren
paupière [popjɛʀ] *nf* Lid *nt*
paupiette [popjɛt] *nf* : **~ de veau** Kalbsroulade *f*
pause [poz] *nf* Pause *f*
pauvre [povʀ] *adj* arm •**pauvreté** *nf* Armut *f*
pavé, e [pave] *adj* gepflastert ▶ *nm* Pflasterstein *m* •**paver** *vt* pflastern
pavillon [pavijɔ̃] *nm* Pavillon *m*; (*maisonnette, villa*) Häuschen *nt*; (*drapeau*) Flagge *f*
pavot [pavo] *nm* Mohn *m*
payant, e [pɛjɑ̃, ɑ̃t] *adj* (*hôte, spectateur*) zahlend; (*parking*) gebührenpflichtig
paye [pɛj] *nf* Lohn *m*
payement [pɛjmɑ̃] *nm* Zahlung *f*; (*d'employé*) Bezahlung *f*
payer [peje] *vt* bezahlen, zahlen; **~ qch à qn** jdm etw (be)zahlen; **~ comptant** *ou* **en espèces** bar zahlen

P

pays [pei] *nm* Land *nt*; **du ~** *adj* einheimisch; **~ en voie de développement** Entwicklungsland *nt*
paysage [peizaʒ] *nm* Landschaft *f* • **paysagiste** *nmf* (*Art*) Landschaftsmaler(in) *m(f)*; (*de jardin*) Landschaftsarchitekt(in) *m(f)*
paysan, ne [peizɑ̃, an] *nm/f* Bauer *m*, Bäuerin *f*
Pays-Bas [peiba] *nmpl* : **les ~** die Niederlande *pl*
PC [pese] *sigle m* (= *personal computer*) PC *m*
PCV [peseve] *abr* (= *percevoir*) R-Gespräch *nt*
PDG [pedeʒe] *sigle m* (= *président-directeur général*) voir **président**
péage [peaʒ] *nm* (*sur autoroute*) Straßenzoll *m*, Maut *f*; (*sur pont*) Brückenzoll *m*; **autoroute à ~** Autobahn *f* mit Straßenzoll
peau, x [po] *nf* Haut *f*; **~ de banane** Bananenschale *f*
pêche [pɛʃ] *nf* (*fruit*) Pfirsich *m*; (*au poisson*) Fischen *nt*; (*: à la ligne*) Angeln *nt*; **aller à la ~** fischen/angeln gehen
péché [peʃe] *nm* Sünde *f* • **pécher** *vi* sündigen
pêcher [peʃe] *nm* (*Bot*) Pfirsichbaum *m* ▶ *vi* (*en mer*) fischen; (*en rivière*) angeln • **pêcheur** *nm* Fischer(in) *m(f)*, Angler(in) *m(f)*
pédagogie [pedagɔʒi] *nf* Pädagogik *f* • **pédagogique** *adj* pädagogisch
pédale [pedal] *nf* Pedal *nt* • **pédaler** *vi* in die Pedale treten
pédalo [pedalo] *nm* Tretboot *nt*
pédé [pede] *nm* (*fam*) Schwule(r) *m*
pédestre [pedɛstʀ] *adj* : **randonnée ~** (*excursion*) Wanderung *f*
pédiatre [pedjatʀ] *nmf* Kinderarzt *m*, Kinderärztin *f* • **pédiatrie** *nf* Pädiatrie *f*
pédicure [pedikyʀ] *nmf* Fußpfleger(in) *m(f)*
pédophile [pedɔfil] *adj* pädophil ▶ *nmf* Pädophile(r) *f(m)*
peeling [piliŋ] *nm* Peeling *nt*
peigne [pɛɲ] *nm* Kamm *m* • **peigner** *vt* kämmen; **se peigner** *vpr* sich kämmen • **peignoir** *nm* Bademantel *m*; (*déshabillé*) Morgenmantel *m*
peinard, e [pɛnaʀ, aʀd] *adj* (*fam*) gemütlich, geruhsam; **on est ~ ici** hier geht es gemütlich zu
peindre [pɛ̃dʀ] *vt* malen; (*mur*) streichen
peine [pɛn] *nf* (*effort*) Mühe *f*; (*chagrin*) Kummer *m*; **faire de la ~ à qn** jds Mitleid erwecken; **se donner de la ~** sich *dat* Mühe geben; **ce n'est pas la ~** es ist nicht nötig; **à ~** kaum; **défense d'afficher sous ~ d'amende** Plakatieren wird strafrechtlich verfolgt • **peiner** *vt* betrüben
peintre [pɛ̃tʀ] *nm* (*ouvrier*) Anstreicher(in) *m(f)*; (*Art*) Maler(in) *m(f)*; **~ en bâtiment** Anstreicher(in)
peinture [pɛ̃tyʀ] *nf* (*Art*) Malerei *f*; (*tableau*) Bild *nt*; (*matière*) Farbe *f*; (*action : de mur*) Anstreichen *nt*; (*: de paysage, personne*) Malen *nt*; **« ~ fraîche »** „frisch gestrichen"; **~ brillante** *ou* **laquée** Glanzlack *m*; **~ mate** Mattlack *m*
péjoratif, ive [peʒɔʀatif, iv] *adj* pejorativ, abwertend
Pékin [pekɛ̃] Peking *nt*
pelage [pəlaʒ] *nm* Fell *nt*

pêle-mêle [pɛlmɛl] *adv* durcheinander
peler [pəle] *vt* schälen ▶ *vi* sich schälen
pèlerin [pɛlʀɛ̃] *nm* Pilger(in) *m(f)* • **pèlerinage** *nm* Wallfahrt *f*
pelle [pɛl] *nf* Schaufel *f*
pellicule [pelikyl] *nf (couche fine)* Häutchen *nt*; *(Photo, Ciné)* Film *m*; **pellicules** *nfpl* Schuppen *pl*
pelote [p(ə)lɔt] *nf (de fil, laine)* Knäuel *nt*; **~ d'épingles** Nadelkissen *nt*; **~ basque** Pelota *f*
peloton [p(ə)lɔtɔ̃] *nm (Sport)* (Haupt)feld *nt*
pelotonner [p(ə)lɔtɔne] : **se ~** *vpr* sich zusammenrollen
pelouse [p(ə)luz] *nf* Rasen *m*
peluche [p(ə)lyʃ] *nf* : **animal en ~** Stofftier *nt*
pelure [p(ə)lyʀ] *nf* Schale *f*
pénal, e, -aux [penal, o] *adj* Straf-
pénaliser [penalize] *vt* bestrafen
pénalité [penalite] *nf* Strafe *f*; *(Rugby)* Strafstoß *m*
penalty [penalti] (*pl* **penalties**) *nm* Elfmeter *m*
penchant [pɑ̃ʃɑ̃] *nm* : **avoir un ~ pour qch** eine Vorliebe für etw haben
pencher [pɑ̃ʃe] *vi* sich neigen ▶ *vt* neigen; **se pencher** *vpr* sich vorbeugen; **~ pour** neigen zu; **se ~ sur** sich vertiefen in *+acc*
pendant, e [pɑ̃dɑ̃, ɑ̃t] *prép* während; **~ que** während
pendentif [pɑ̃dɑ̃tif] *nm (bijou)* Anhänger *m*
penderie [pɑ̃dʀi] *nf (meuble)* Kleiderschrank *m*
pendre [pɑ̃dʀ] *vt* aufhängen ▶ *vi* hängen; **se pendre** *vpr* : **se ~ (à)** sich aufhängen (an *+dat*); **se ~ à** sich hängen an *+acc* • **pendu, e** *pp de* **pendre** ▶ *nm/f* Gehängte(r) *f(m)*
pendule [pɑ̃dyl] *nf* (Wand)uhr *f* ▶ *nm* Pendel *nt*
pénétrer [penetʀe] *vi* eindringen ▶ *vt* eindringen in *+acc*; **~ dans** *ou* **à l'intérieur de** eindringen in *+acc*
pénible [penibl] *adj* mühsam, schwierig; *(personne)* lästig • **péniblement** *adv* mühsam; *(avec douleur)* schmerzlich
péninsule [penɛ̃syl] *nf* Halbinsel *f*
pénis [penis] *nm* Penis *m*
pénombre [penɔ̃bʀ] *nf* Halbdunkel *nt*
pensée [pɑ̃se] *nf* Gedanke *m*; *(faculté)* Denken *nt*; *(Bot)* Stiefmütterchen *nt*; **en ~** im Geist
penser [pɑ̃se] *vi* denken; *(réfléchir aussi)* nachdenken ▶ *vt* denken; *(imaginer)* sich *dat* denken; **~ à** denken an *+acc*; *(problème, offre)* nachdenken über *+acc*; **~ que** denken, dass • **pensif, -ive** *adj* nachdenklich
pension [pɑ̃sjɔ̃] *nf (allocation)* Rente *f*; *(prix du logement)* Unterkunft *f*; *(petit hôtel)* Pension *f*; **~ alimentaire** *(de divorcée)* Unterhalt *m* • **pensionnaire** *nmf* Pensionsgast *m* • **pensionnat** *nm* Internat *nt*
pensum [pɛ̃sɔm] *nm (Scol)* Strafarbeit *f*; *(fig)* lästige Arbeit *f*
pente [pɑ̃t] *nf (descente)* Abhang *m*; *(inclinaison)* Gefälle *nt*; **en ~** schräg, abfallend
Pentecôte [pɑ̃tkot] *nf* : **la ~** Pfingsten *nt*
pénurie [penyʀi] *nf* Mangel *m*
pépé [pepe] *nm (fam)* Opa *m*
pépin [pepɛ̃] *nm (Bot)* Kern *m*
pépinière [pepinjɛʀ] *nf* Baumschule *f*
perçant, e [pɛʀsɑ̃, ɑ̃t] *adj (vue)* scharf; *(cri, voix)* schrill

percée [pɛʀse] *nf* Durchbruch *m*; (*trouée*) Öffnung *f*
perce-neige [pɛʀsənɛʒ] *nm inv ou nf inv* Schneeglöckchen *nt*
percepteur [pɛʀsɛptœʀ] *nm* Steuereinnehmer(in) *m(f)*
perceptible [pɛʀsɛptibl] *adj* wahrnehmbar
perception [pɛʀsɛpsjɔ̃] *nf* Wahrnehmung *f*; (*bureau*) Finanzamt *nt*
percer [pɛʀse] *vt* ein Loch machen in +*acc*; (*oreilles, narines*) durchstechen; (*abcès*) aufschneiden; (*trou, tunnel*) bohren • **perceuse** *nf* Bohrer *m*; **~ à percussion** Schlagbohrer *m*
percevoir [pɛʀsəvwaʀ] *vt* (*discerner*) wahrnehmen; (*taxe, impôt*) einnehmen
perche [pɛʀʃ] *nf* (*Zool*) Flussbarsch *m*; (*pièce de bois, métal*) Stange *f* • **perchoir** *nm* Stange *f*
percolateur [pɛʀkɔlatœʀ] *nm* Kaffeemaschine *f*
percussion [pɛʀkysjɔ̃] *nf*: **instrument à ~** Schlaginstrument *nt* • **percussionniste** *nmf* Schlagzeuger(in) *m(f)*
percuter [pɛʀkyte] *vt* stoßen auf +*acc*, schlagen auf +*acc* ▶ *vi*: **~ contre** knallen gegen
perdant, e [pɛʀdɑ̃, ɑ̃t] *nm/f* Verlierer(in) *m(f)*
perdre [pɛʀdʀ] *vt* verlieren; (*manquer*) verpassen; **~ son chemin** sich verirren; **~ connaissance/l'équilibre** das Bewusstsein/das Gleichgewicht verlieren; **se perdre** *vpr* (*s'égarer*) sich verirren
perdreau, x [pɛʀdʀo] *nm* Rebhuhnjunges *nt*
perdrix [pɛʀdʀi] *nf* Rebhuhn *nt*
perdu, e [pɛʀdy] *adj* verloren; (*isolé*) abgelegen, gottverlassen; (*emballage*) Einweg-
père [pɛʀ] *nm* Vater *m*; **pères** *nmpl* (*ancêtres*) Vorväter *pl*; **de ~ en fils** vom Vater auf den Sohn; **~ de famille** Familienvater *m*; **~ Noël**: **le ~ Noël** der Weihnachtsmann
péremption [peʀɑ̃psjɔ̃] *nf*: **date de ~** Verfallsdatum *nt*
perfection [pɛʀfɛksjɔ̃] *nf* Vollkommenheit *f*; **à la ~** tadellos • **perfectionner** *vt* vervollkommnen; **se perfectionner** *vpr*: **se ~ en anglais** sein Englisch verbessern • **perfectionniste** *nmf* Perfektionist(in) *m(f)*
perfide [pɛʀfid] *adj* heimtückisch
perforer [pɛʀfɔʀe] *vt* (*Tech, Méd*) perforieren; (*ticket, carte*) lochen • **perforeuse** *nf* Bohrer *m*
performance [pɛʀfɔʀmɑ̃s] *nf* Leistung *f* • **performant, e** *adj* leistungsfähig
perfusion [pɛʀfyzjɔ̃] *nf* Infusion *f*
péril [peʀil] *nm* Gefahr *f* • **périlleux, -euse** *adj* gefährlich
périmé, e [peʀime] *adj* überholt; (*passeport*) abgelaufen
périmètre [peʀimɛtʀ] *nm* (*Math*) Umfang *m*; (*ligne*) Grenze *f*; (*zone*) Umkreis *m*
période [peʀjɔd] *nf* Zeit *f*, Zeitraum *m* • **périodique** *adj* periodisch; (*journal, publication*) regelmäßig erscheinend ▶ *nm* (*revue*) Zeitschrift *f*
péripéties [peʀipesi] *nfpl* Ereignisse *pl*, Vorfälle *pl*
périphérie [peʀifeʀi] *nf* Peripherie *f*; (*d'une ville*) Stadtrand *m*
périphérique [peʀifeʀik] *adj* Außen- ▶ *nm* (*Inform*)

Peripheriegerät *nt*; **(boulevard) ~** Umgehungsstraße *f*
périple [peʀipl] *nm* Reise *f*
périr [peʀiʀ] *vi* (*personne*) umkommen, sterben; (*navire*) untergehen
périscolaire [peʀiskɔlɛʀ] *adj* außerschulisch
périssable [peʀisabl] *adj* (*denrée*) verderblich
perle [pɛʀl] *nf* Perle *f*
permanence [pɛʀmanɑ̃s] *nf* Beständigkeit *f*; **en ~** permanent, ständig • **permanent, e** *adj* ständig; (*constant, stable*) beständig, dauerhaft ▶ *nf* Dauerwelle *f*
perméable [pɛʀmeabl] *adj* durchlässig
permettre [pɛʀmɛtʀ] *vt* erlauben; **~ qch à qn** jdm etw erlauben; **se permettre** *vpr*: **se ~ qch** sich *dat* etw erlauben *ou* herausnehmen; **se ~ de faire qch** sich *dat* erlauben, etw zu tun
permis, e [pɛʀmi, iz] *nm* Genehmigung *f*; **~ d'inhumer** Totenschein *m*; **~ de chasse** Jagdschein *m*; **~ de conduire** Führerschein *m*; **~ de pêche** Angelschein *m*; **~ de séjour** Aufenthaltsgenehmigung *f*; **~ de travail** Arbeitsgenehmigung *f*
permissif, -ive [pɛʀmisif, iv] *adj* freizügig
permission [pɛʀmisjɔ̃] *nf* Erlaubnis *f*
permuter [pɛʀmyte] *vt* austauschen ▶ *vi* tauschen
pernicieux, -euse [pɛʀnisjø, jøz] *adj* (*Méd*) bösartig; (*fig*) gefährlich
Pérou [peʀu] *nm*: **le ~** Peru *nt*
perpendiculaire [pɛʀpɑ̃dikylɛʀ] *adj* senkrecht; **~ à** senkrecht zu
perpétuel, le [pɛʀpetɥɛl] *adj* ständig, fortwährend; (*fonction etc*) lebenslang
perpétuité [pɛʀpetɥite] *nf*: **à ~** lebenslänglich; **être condamné à ~** zu lebenslänglich verurteilt werden
perplexe [pɛʀplɛks] *adj* ratlos • **perplexité** *nf* Ratlosigkeit *f*
perquisition [pɛʀkizisjɔ̃] *nf* Haussuchung *f*
perron [peʀɔ̃] *nm* Freitreppe *f*
perroquet [peʀɔkɛ] *nm* Papagei *m*
perruche [peʀyʃ] *nf* Wellensittich *m*
perruque [peʀyk] *nf* Perücke *f*
persan, e [pɛʀsɑ̃, an] *adj* Perser-, persisch • **Perse** *nf*: **la ~** Persien *nt*
persécution [pɛʀsekysjɔ̃] *nf* Verfolgung *f*
persévérant, e [pɛʀseveʀɑ̃, ɑ̃t] *adj* ausdauernd, beharrlich • **persévérer** *vi* nicht aufgeben
persiennes [pɛʀsjɛn] *nfpl* Fensterläden *pl* (*mit schrägen Latten*)
persil [pɛʀsi] *nm* Petersilie *f*
persistant, e [pɛʀsistɑ̃, ɑ̃t] *adj* anhaltend • **persister** *vi* fortdauern; (*personne*) nicht aufhören
personnage [pɛʀsɔnaʒ] *nm* Persönlichkeit *f*; (*Litt*) Person *f* • **personnaliser** *vt* (*voiture, appartement*) eine persönliche Note geben *+dat* • **personnalité** *nf* Persönlichkeit *f*
personne [pɛʀsɔn] *nf* Person *f* ▶ *pron* niemand; **personnes** *nfpl* Menschen *pl*; **en ~** persönlich; **~ âgée** älterer Mensch *m* • **personnel, le** *adj* persönlich ▶ *nm* (*employés*) Personal *nt* • **personnellement** *adv* persönlich

P

perspective [pɛʀspɛktiv] *nf* Perspektive *f*; (*point de vue*) Blickwinkel *m*; **perspectives** *nfpl* Aussichten *pl*; **en ~** in Aussicht
perspicace [pɛʀspikas] *adj* scharfsinnig
persuader [pɛʀsɥade] *vt* überzeugen; **~ qn de qch** jdn von etw überzeugen; **~ qn de faire qch** jdn dazu überreden, etw zu tun; **j'en suis persuadé** davon bin ich überzeugt • **persuasif, -ive** *adj* überzeugend • **persuasion** *nf* Überzeugung(skraft) *f*
perte [pɛʀt] *nf* Verlust *m*; **à ~** mit Verlust
pertinemment [pɛʀtinamɑ̃] *adv* treffend; (*savoir*) genau • **pertinent, e** *adj* treffend
perturbation [pɛʀtyʀbasjɔ̃] *nf* Störung *f*; (*agitation*) Unruhe *f*; **~ (atmosphérique)** atmosphärische Störungen *pl*
perturber [pɛʀtyʀbe] *vt* stören; (*personne*) beunruhigen
pervers, e [pɛʀvɛʀ, ɛʀs] *adj* pervers ▶ *nm/f* perverser Mensch *m*
pervertir [pɛʀvɛʀtiʀ] *vt* verderben
pesamment [pəzamɑ̃] *adv* schwerfällig
pesant, e [pəzɑ̃, ɑ̃t] *adj* schwer; (*présence*) lästig; (*sommeil*) tief
pèse-bébé [pɛzbebe] (*pl* **pèse-bébé(s)**) *nm* Säuglingswaage *f* • **pèse-lettre** (*pl* **pèse-lettre(s)**) *nm* Briefwaage *f*
peser [pəze] *vt* wiegen ▶ *vi* schwer wiegen
pessimisme [pesimism] *nm* Pessimismus *m* • **pessimiste** *adj* pessimistisch ▶ *nmf* Pessimist(in) *m(f)*
peste [pɛst] *nf* Pest *f*
pester [pɛste] *vi* : **~ contre** schimpfen auf *+acc*
pesticide [pɛstisid] *nm* Schädlingsbekämpfungsmittel *nt*, Pestizid *nt*
pet [pɛ] *nm* (*fam*) Furz *m*
pétale [petal] *nm* Blütenblatt *nt*
pétanque [petɑ̃k] *nf* *südfranzösisches Kugelspiel*
pétard [petaʀ] *nm* Knallkörper *m*; (*de cotillon*) Knallbonbon *m ou nt*
péter [pete] *vi* (*fam*) (*personne*) furzen
pétiller [petije] *vi* knistern; (*mousse, écume, champagne*) perlen; (*joie, yeux*) funkeln
petit, e [p(ə)ti, -it] *adj* klein; (*court*) kurz; (*bruit, cri*) schwach ▶ *nm/f* (*petit enfant*) Kleinkind *nt*; **~ à ~** nach und nach; **~(e) ami(e)** Freund(in) *m(f)*; **~s pois** Erbsen *pl* • **petit-bourgeois, petite-bourgeoise** (*pl* **petits-bourgeois, petites-bourgeoises**) (*péj*) *adj* kleinbürgerlich ▶ *nm/f* Kleinbürger(in) *m(f)*, Spießbürger(in) *m(f)* • **petit-déjeuner** (*pl* **petits-déjeuners**) *nm* Frühstück *nt* • **petite-fille** (*pl* **petites-filles**) *nf* Enkelin *f* • **petit-fils** (*pl* **petits-fils**) *nm* Enkel *m*
pétition [petisjɔ̃] *nf* Petition *f*
petit-nègre [p(ə)tinɛgʀ] *nm* (*péj*) Kauderwelsch *nt*
petits-enfants [p(ə)tizɑ̃fɑ̃] *nmpl* Enkelkinder *pl*, Enkel *pl*
petit-suisse [p(ə)tisɥis] (*pl* **petits-suisses**) *nm* *Frischkäse in Portionstöpfchen*
pétrir [petʀiʀ] *vt* kneten
pétrole [petʀɔl] *nm* Öl *nt*; **lampe à ~** Paraffinlampe *f* • **pétrolier, -ière** *adj* Öl- ▶ *nm* (*navire*) Öltanker *m*

MOT-CLÉ

peu [pø] *adv* 1 wenig; **il boit ~** er trinkt wenig; **~ avant/après** kurz davor/danach
2 : **~ de** (*nombre*) wenige; (*quantité*) wenig; **~ de femmes** wenige Frauen; **il a ~ de pain/d'espoir** er hat wenig Brot/Hoffnung; **~ de gens le savent** nur wenige wissen das; **à ~ de frais** billig; **pour ~ de temps** (für) kurze Zeit
3 (*locutions*) : **~ à ~** nach und nach; **à ~ près** ungefähr; **à ~ près 10 kg/10 euros** ungefähr 10 kg/10 Euro; **avant** *ou* **sous ~** bald; **de ~** knapp; **il s'en est fallu de ~** es wäre beinahe passiert; **depuis ~** seit Kurzem
▶ *nm* 1 : **le ~ de gens qui** die wenigen Leute, die; **le ~ de courage qui nous restait** das bisschen Mut, das uns noch blieb
2 : **un ~** ein bisschen, ein wenig; **un ~ d'espoir** ein bisschen Hoffnung; **un petit ~** ein kleines bisschen; **elle est un ~ grande** sie ist ein bisschen groß; **essayez un ~ !** versucht ihr es einmal!; **un ~ plus/moins de** etwas mehr/weniger

peuple [pœpl] *nm* Volk *nt* • **peupler** *vt* bevölkern
peuplier [pøplije] *nm* Pappel *f*
peur [pœʀ] *nf* Angst *f*; **avoir ~ que** fürchten, dass • **peureux, -euse** *adj* ängstlich
peut-être [pøtɛtʀ] *adv* vielleicht; **~ bien** es kann gut sein; **~ que** es kann sein, daß
pH [peaʃ] *abr m* (= *potentiel d'hydrogène*) pH-Wert *m*
phallocrate [falɔkʀat] *nm* Macho *m*
phare [faʀ] *nm* (*en mer*) Leuchtturm *m*; (*d'un aéroport*) Leuchtfeuer *nt*; (*de véhicule*) Scheinwerfer *m*; **se mettre en** *ou* **mettre ses ~s** Fernlicht einschalten
pharmaceutique [faʀmasøtik] *adj* pharmazeutisch
pharmacie [faʀmasi] *nf* (*science*) Pharmazie *f*; (*magasin*) Apotheke *f*; (*produits*) Arzneimittel *pl* • **pharmacien, ne** *nm/f* Apotheker(in) *m(f)*
pharynx [faʀɛ̃ks] *nm* Rachen *m*
phase [fɑz] *nf* Phase *f*
phénomène [fenɔmɛn] *nm* Phänomen *nt*; (*excentrique*) (komischer) Kauz *m*
philharmonique [filaʀmɔnik] *adj* philharmonisch
philippin, e [filipɛ̃, in] *adj* philippinisch
Philippines [filipin] *nfpl* : **les ~** die Philippinen *pl*
philistin [filistɛ̃] *nm* Banause *m*
philosophe [filɔzɔf] *nmf* Philosoph(in) *m(f)* ▶ *adj* philosophisch • **philosophie** *nf* Philosophie *f*; (*calme, résignation*) Gelassenheit *f* • **philosophique** *adj* philosophisch
phobie [fɔbi] *nf* Phobie *f*; (*horreur*) Abscheu *m*
phonétique [fɔnetik] *adj* phonetisch ▶ *nf* Phonetik *f*
phoque [fɔk] *nm* Seehund *m*
phosphate [fɔsfat] *nm* Phosphat *nt*
phosphore [fɔsfɔʀ] *nm* Phosphor *m*
photo[1] [fɔto] *nf* Foto *nt*; **prendre qn en ~** ein Foto von jdm machen; **faire de la ~** fotografieren; **~ d'identité** Passbild *nt*
photo[2] [fɔto] *préf* foto-, Foto-
photocopie [fɔtɔkɔpi] *nf* Fotokopie *f* • **photocopier** *vt*

fotokopieren • **photocopieur** *nm*, **photocopieuse** *nf (machine)* Fotokopierer *m*, Kopiergerät *nt*
photo-finish [fɔtofiniʃ] *(pl* **photos-finish**) *nf (appareil)* Zielkamera *f*; *(photo)* Zielfoto *nt*
photogénique [fɔtɔʒenik] *adj* fotogen
photographe [fɔtɔgʀaf] *nmf* Fotograf(in) *m(f)* • **photographie** *nf* Fotografie *f* • **photographier** *vt* fotografieren • **photographique** *adj* fotografisch
photomontage [fɔtomɔ̃taʒ] *nm* Fotomontage *f*
phrase [fʀɑz] *nf* Satz *m*
physicien, ne [fizisjɛ̃, jɛn] *nm/f* Physiker(in) *m(f)*
physiologique [fizjɔlɔʒik] *adj* physiologisch
physionomie [fizjɔnɔmi] *nf* Gesichtsausdruck *m*; *(fig)* Gestalt *f*
physique [fizik] *adj* physisch; *(Phys)* physikalisch; *(douleur, peur, amour)* körperlich ▸ *nm (d'une personne)* Statur *f* ▸ *nf*: **la ~** die Physik; **au ~** körperlich • **physiquement** *adv (au physique)* körperlich
pianiste [pjanist] *nmf* Pianist(in) *m(f)*
piano [pjano] *nm* Klavier *nt*
pianoter [pjanɔte] *vi (jouer du piano)* (auf dem Klavier) klimpern; **~ sur** mit den Fingern trommeln auf *+acc*
PIB [peibe] *sigle m (= produit intérieur brut)* Bruttoinlandsprodukt *nt*, BIP *nt*
pic [pik] *nm (instrument)* Spitzhacke *f*; *(montagne, cime)* Gipfel *m*; *(Zool)* Specht *m*; **à ~** *(verticalement)* senkrecht
Picardie [pikaʀdi] *nf* Picardie *f*
pichet [piʃɛ] *nm* Krug *m*
pickpocket [pikpɔkɛt] *nm* Taschendieb(in) *m(f)*
picorer [pikɔʀe] *vt* picken
picoter [pikɔte] *vt* picken ▸ *vi (piquer, irriter)* stechen, prickeln
pictogramme [piktɔgʀam] *nm* Piktogramm *nt*
pie [pi] *nf* Elster *f*
pièce [pjɛs] *nf* Stück *nt*; *(d'un logement)* Zimmer *nt*; *(de monnaie)* Münze *f*; **un deux-~s cuisine** eine Zweizimmerwohnung mit Küche; **~ d'identité** Ausweis *m*; **~ de rechange** Ersatzteil *nt*; **~ jointe** *(de lettre)* Anlage *f*; *(Inform)* Attachment *nt*; **~ montée** Baumkuchen *m*; **~s détachées** Einzelteile *pl*
pied [pje] *nm* Fuß *m*; *(d'un verre)* Stiel *m*; *(de meuble)* Bein *nt*; **à ~** zu Fuß; **mettre sur ~** auf die Beine stellen • **pied-à-terre** *nm inv* Zweitwohnung *f* • **pied-noir** *(pl* **pieds-noirs**) *nm in Algerien geborener Franzose*
piège [pjɛʒ] *nm* Falle *f*
piéger [pjeʒe] *vt* in der Falle fangen; *(avec une bombe, mine)* verminen; **lettre piégée** Briefbombe *f*; **voiture piégée** Autobombe *f*
piercing [pjɛʀsiŋ] *nm* Piercing *nt*
pierrade [pjɛʀad] *nf* Tischgrill *m*
pierre [pjɛʀ] *nf* Stein *m*; **~ précieuse** Edelstein *m*
piétiner [pjetine] *vi* auf der Stelle treten; *(fig)* stocken ▸ *vt* herumtrampeln auf *+dat*
piéton, ne [pjetɔ̃, ɔn] *nm/f* Fußgänger(in) *m(f)* • **piétonnier, -ière** *adj* Fußgänger-
pieu, x [pjø] *nm* Pfahl *m*
pieuvre [pjœvʀ] *nf* Tintenfisch *m*
pieux, -euse [pjø, pjøz] *adj* fromm

pif [pif] *nm (fam)* Riechkolben *m*; **au ~** nach dem Gefühl
piffer [pife] *vt (fam)* : **je ne peux pas le ~** ich kann ihn nicht riechen
pifomètre [pifɔmɛtʀ] *nm (fam)* Gefühl *nt*; **au ~** nach dem Gefühl
pigeon [piʒɔ̃] *nm (Zool)* Taube *f* • **pigeonnier** *nm* Taubenschlag *m*
piger [piʒe] *vt, vi (fam)* kapieren
pigiste [piʒist] *nmf (journaliste)* freiberufliche(r) Journalist(in) *m(f)* *(der/die nach Zeilen bezahlt wird)*
pigment [pigmɑ̃] *nm* Pigment *nt*
pignon [piɲɔ̃] *nm (d'un mur)* Giebel *m*; *(d'un engrenage)* Zahnrad *nt*; **avoir ~ sur rue** gut etabliert sein
pile [pil] *nf (tas)* Stapel *m*, Stoß *m*; *(Élec)* Batterie *f*
pilier [pilje] *nm* Pfeiler *m*; *(personne)* Stütze *f*
piller [pije] *vt* plündern
pilon [pilɔ̃] *nm (instrument)* Stößel *m*
pilotage [pilɔtaʒ] *nm (d'avion)* Fliegen *nt*; **~ automatique** Autopilot *m*
pilote [pilɔt] *nm (Naut)* Lotse *m*; *(Aviat)* Pilot *m*; **~ d'essai** Versuchspilot *m*; **~ de chasse** Jagdflieger *m*; **~ de course** Rennfahrer *m*; **~ de ligne** Linienpilot *m* • **piloter** *vt (navire)* lotsen; *(automobile)* fahren
pilule [pilyl] *nf* Pille *f*; **~ du lendemain** Pille *f* danach
piment [pimɑ̃] *nm* Peperoni *f*; *(fig)* Würze *f*
pin [pɛ̃] *nm* Kiefer *f*; *(bois)* Kiefernholz *nt*
pinard [pinaʀ] *nm (fam)* Wein *m*
pince [pɛ̃s] *nf (outil)* Zange *f*; *(d'un homard, crabe)* Schere *f*; **~ à épiler** Pinzette *f*; **~ à linge** Wäscheklammer *f*
pincé, e [pɛ̃se] *adj (air)* steif; *(sourire, bouche)* verkniffen ▶ *nf* : **une ~e de sel/poivre** eine Prise Salz/Pfeffer
pinceau, x [pɛ̃so] *nm* Pinsel *m*
pincer [pɛ̃se] *vt* kneifen; *(cordes)* zupfen
pince-sans-rire [pɛ̃ssɑ̃ʀiʀ] *nm inv* *Mensch, der mit unerschütterlicher Miene Witze erzählt*
pincettes [pɛ̃sɛt] *nfpl* Pinzette *f*; *(pour le feu)* Feuerzange *f*
pingouin [pɛ̃gwɛ̃] *nm* Pinguin *m*
ping-pong [piŋpɔ̃g] *nm* Pingpong *nt*, Tischtennis *nt*
pingre [pɛ̃gʀ] *adj* knauserig
pin's [pinz] *nm* Pin *m*, Anstecker *m*
pinson [pɛ̃sɔ̃] *nm* Buchfink *m*
pintade [pɛ̃tad] *nf* Perlhuhn *nt*
pioche [pjɔʃ] *nf (outil)* Spitzhacke *f* • **piocher** *vt* aufhacken
pion, ne [pjɔ̃, pjɔn] *nm/f (Scol : surveillant)* Aufsicht *f* ▶ *nm (de jeu)* Figur *f*; *(Échecs)* Bauer *m*
pionnier [pjɔnje] *nm* Pionier *m*
pipe [pip] *nf* Pfeife *f*
pipeau, x [pipo] *nm (flûte)* (Weiden)flöte *f*
pipeline [piplin] *nm* Pipeline *f*
pipérade [pipeʀad] *nf* Omelett *nt* mit Tomaten und Paprika
pipi [pipi] *nm (fam)* : **faire ~** Pipi machen
piquant, e [pikɑ̃, ɑ̃t] *adj (barbe)* kratzig; *(saveur, fig)* scharf
pique [pik] *nf (arme)* Pike *f*, Spieß *m* ▶ *nm (Cartes)* Pik *nt*
pique-assiette [pikasjɛt] *nm inv* *(péj)* Schmarotzer(in) *m(f)*
pique-nique [piknik] *(pl* **pique-niques***)* *nm* Picknick *nt* • **pique-niquer** *vi* ein Picknick machen
piquer [pike] *vt* stechen; *(Méd)* eine Spritze geben *+dat*; *(serpent,*

fumée, froid) beißen; *(barbe)* kratzen; **se piquer** *vpr (avec une aiguille)* sich stechen; *(avec une seringue)* sich spritzen

piquet [pikɛ] *nm* Pflock *m*; *(de tente)* Hering *m*

piquette [pikɛt] *nf (fam : vin)* Beerenwein *m*

piqûre [pikyʀ] *nf (d'épingle, d'insecte)* Stich *m*; *(d'ortie)* Brennen *nt*; *(Méd)* Spritze *f*; **faire une ~ à qn** jdm eine Spritze setzen *ou* geben

piratage [piʀataʒ] *nm (Inform)* Hacken *nt*

pirate [piʀat] *nm* Pirat *m*; **~ de l'air** Luftpirat *m*; **~ informatique** Hacker(in) *m(f)* • **pirater** *vt* eine Raubkopie machen von

pire [piʀ] *adj (comparatif)* schlechter, schlimmer ▶ *nm* : **le ~ (de)** der/die/das Schlechteste unter *+dat*; **le/la ~ ...** *(adjectif)* der/die/das schlechteste ...

pirouette [piʀwɛt] *nf* Pirouette *f*; **répondre par une ~** geschickt ausweichen

pis [pi] *nm (de vache)* Euter *nt* ▶ *adj* schlimm ▶ *adv* schlimmer

pis-aller [pizale] *nm inv* Notlösung *f*, Notbehelf *m*

pisciculture [pisikyltyʀ] *nf* Fischzucht *f*

piscine [pisin] *nf* Schwimmbad *nt*; **~ couverte** Hallenbad *nt*; **~ en plein air** Freibad *nt*

pissenlit [pisɑ̃li] *nm* Löwenzahn *m*

pisser [pise] *vi (fam)* pinkeln

pistache [pistaʃ] *nf* Pistazie *f*

piste [pist] *nf* Spur *f*; *(d'un hippodrome, vélodrome)* Bahn *f*; *(de stade)* Rennbahn *f*; *(de cirque)* Ring *m*; *(de danse)* Tanzfläche *f*; *(de ski)* Piste *f*; *(sentier)* Weg *m*; *(Aviat)* Start- und Landebahn *f*; **~ cyclable** Radweg *m*

pistolet [pistɔlɛ] *nm* Pistole *f*; *(à peinture, vernis)* Spritzpistole *f*; **~ à air comprimé** Luftgewehr *nt* • **pistolet-mitrailleur** *(pl* **pistolets-mitrailleurs**) *nm* Maschinenpistole *f*

piston [pistɔ̃] *nm* Kolben *m*

pistonner [pistɔne] *vt* Beziehungen spielen lassen für

piteux, -euse [pitø, øz] *adj* jämmerlich

pitié [pitje] *nf* Mitleid *nt*; **avoir ~ de qn** Mitleid mit jdm haben; **faire ~** Mitleid erregen

piton [pitɔ̃] *nm* Haken *m*; **~ rocheux** Felsnase *f*

pitoyable [pitwajabl] *adj* erbärmlich

pitre [pitʀ] *nm* Clown *m*

pittoresque [pitɔʀɛsk] *adj (lieu)* malerisch; *(expression, détail)* anschaulich, bildhaft

pivert [pivɛʀ] *nm* Grünspecht *m*

pivoine [pivwan] *nf* Pfingstrose *f*

pivot [pivo] *nm (axe)* Lagerzapfen *m*, Drehzapfen *m*; *(fig)* Dreh- und Angelpunkt *m* • **pivoter** *vi* sich drehen

pixel [piksɛl] *nm* Pixel *nt*

pizza [pidza] *nf* Pizza *f*

PJ [peʒi] *sigle f (= police judiciaire)* Kriminalpolizei *f*; *(= pièce jointe)* Anl

placard [plakaʀ] *nm (armoire)* Schrank *m*; *(affiche, écriteau)* Plakat *nt*; **~ publicitaire** Großanzeige *f*

place [plas] *nf* Platz *m*; *(endroit)* Ort *m*, Platz; *(situation)* Lage *f*; *(emploi)* Stelle *f*; **sur ~** an Ort und Stelle; **à votre ~** an Ihrer Stelle; **à la ~ de** anstelle von; **il y a 20 ~s assises/debout** es gibt 20 Sitzplätze/Stehplätze

placebo [plasebo] *nm* Placebo *nt*

placement [plasmɑ̃] *nm (investissement)* Anlage *f*

placenta [plasɛ̃ta] *nm* Plazenta *f*
placer [plase] *vt* setzen, stellen, legen
placide [plasid] *adj* ruhig, gelassen
plafond [plafɔ̃] *nm* Decke *f* • **plafonner** *vi* (*Aviat*) die Gipfelhöhe erreichen; (*fig*) die Obergrenze erreichen
plage [plaʒ] *nf* Strand *m*; (*d'un lac, fleuve*) Ufer *nt*; **~ arrière** (*Auto*) Hutablage *f*
plagier [plaʒje] *vt* plagiieren
plaider [plede] *vt* (*cause*) verteidigen, vertreten; **~ pour** *ou* **en faveur de qn** für jdn sprechen
plaie [plɛ] *nf* Wunde *f*
plaignant, e [plɛɲɑ̃, ɑ̃t] *adj* klagend ▸ *nm/f* Kläger(in) *m(f)*
plaindre [plɛ̃dʀ] *vt* bedauern; **se plaindre** *vpr* : **se ~ à qn de qn/qch** sich bei jdm über jdn/etw beklagen
plaine [plɛn] *nf* Ebene *f*
plain-pied [plɛ̃pje] : **de ~** *adv* auf gleicher Höhe
plainte [plɛ̃t] *nf* Klage *f*; **porter ~** klagen
plaire [plɛʀ] *vi* gefallen; **s'il vous plaît** bitte
plaisance [plɛzɑ̃s] *nf* (*aussi* : **navigation de plaisance**) Hobbysegeln *nt*
plaisant, e [plɛzɑ̃, ɑ̃t] *adj* (*maison, décor, site*) schön; (*personne*) angenehm; (*histoire, anecdote*) amüsant, unterhaltend • **plaisanter** *vi* Spaß machen, scherzen • **plaisanterie** *nf* Scherz *m*, Spaß *m*
plaisir [pleziʀ] *nm* Vergnügen *nt*; (*joie*) Freude *f*; **faire ~ à qn** jdm eine Freude machen; **prendre ~ à qch** Gefallen an etw *dat* finden; **pour le ~** zum reinen Vergnügen
plan, e [plɑ̃, an] *adj* eben ▸ *nm* Plan *m*; **au premier/second ~** im Vordergrund/Hintergrund; **à l'arrière ~** im Hintergrund; **de premier/second ~** erst-/zweitrangig; **sur le ~ sexuel** was das Sexuelle betrifft; **~ d'eau** Wasserfläche *f*
planche [plɑ̃ʃ] *nf* Brett *nt*; **~ à repasser** Bügelbrett *nt*; **~ à roulettes** Skateboard *nt*; **~ à voile** Surfbrett *nt*; (*sport*) Windsurfen *nt*
plancher [plɑ̃ʃe] *nm* Fußboden *m*
planchiste [plɑ̃ʃist] *nmf* Windsurfer(in) *m(f)*
plancton [plɑ̃ktɔ̃] *nm* Plankton *nt*
planer [plane] *vi* gleiten; (*fumée, odeur*) in der Luft hängen; (*être euphorique*) schweben; **~ sur** schweben über +*dat*
planétaire [planetɛʀ] *adj* Planeten-
planète [planɛt] *nf* Planet *m*
planeur [planœʀ] *nm* Segelflugzeug *nt*
planification [planifikasjɔ̃] *nf* Planung *f*
planifier [planifje] *vt* planen
planning [planiŋ] *nm* Planung *f*; **~ familial** Familienplanung *f*
planque [plɑ̃k] *nf* (*fam*) (*emploi*) ruhige Kugel *f*; (*cachette*) Versteck *nt*
plantation [plɑ̃tasjɔ̃] *nf* Pflanzung *f*, Plantage *f*
plante [plɑ̃t] *nf* Pflanze *f*; **~ du pied** Fußsohle *f* • **planter** *vt* pflanzen, einschlagen; (*tente*) aufschlagen; **se planter** *vpr* (*ordinateur*) abstürzen
plantureux, -euse [plɑ̃tyʀø, øz] *adj* (*repas*) reichlich; (*femme, poitrine*) üppig
plaque [plak] *nf* Platte *f*; (*avec inscription*) Schild *nt*;

~ d'immatriculation *ou* **minéralogique** Nummernschild *nt*, Kraftfahrzeugkennzeichen *nt*; **~ d'identité** Erkennungsmarke *f*; **~ de chocolat** Tafel *f* Schokolade
plaquer [plake] *vt* (*fam* : *laisser tomber*) sitzen lassen; **se plaquer** *vpr* : **se ~ contre** sich pressen gegen
plasma [plasma] *nm* Plasma *nt*
plastic [plastik] *nm* Plastiksprengstoff *m*
plastifié, e [plastifje] *adj* plastiküberzogen
plastique [plastik] *adj* plastisch ▶ *nm* Plastik *nt*; **en ~** Plastik-
plat, e [pla, at] *adj* flach ▶ *nm* (*récipient*) Schale *f*; (*mets*) Gericht *nt*; **le premier/deuxième ~** (*d'un repas*) der erste/zweite Gang; **à ~ ventre** bäuchlings; **à ~** (*horizontalement*) horizontal; **pneu à ~** platter Reifen *m*; **batterie à ~** leere Batterie *f*; **~ cuisiné** Fertiggericht *nt*; **~ de résistance** Hauptgericht *nt*; **~ du jour** Tagesgericht *nt*
platane [platan] *nm* Platane *f*
plateau, x [plato] *nm* Platte *f*; (*Géo*) Plateau *nt*; (*Radio, TV*) Studiobühne *f*
plate-bande [platbɑ̃d] (*pl* **plates-bandes**) *nf* Rabatte *f*, Beet *nt* • **plate-forme** (*pl* **plates-formes**) *nf* : **~ de forage** Bohrinsel *f*; **~ pétrolière** Ölbohrinsel *f*
platine [platin] *nm* (*métal*) Platin *nt*; **~ laser** CD-Player *m*
platonique [platɔnik] *adj* platonisch
plâtre [plɑtʀ] *nm* Gips *m*
plausibilité [plozibilite] *nf* Plausibilität *f* • **plausible** *adj* plausibel
play-back [plɛbak] *nm inv* Play-back *nt*
plein, e [plɛ̃, plɛn] *adj* voll ▶ *nm* : **faire le ~** (*d'essence*) volltanken; **~ de** voller; **à ~ temps** *ou* **temps ~** ganztags; **en ~ air** im Freien; **en ~e mer** auf hoher See; **en ~e rue** mitten auf der Straße; **en ~ milieu** genau in der Mitte; **en ~ jour** am hellichten Tag; **en ~e nuit** mitten in der Nacht • **plein-emploi** *nm* Vollbeschäftigung *f*
plénière [plenjɛʀ] *adj f* : **assemblée** *ou* **réunion ~** Plenarsitzung *f*
pleurer [plœʀe] *vi* weinen; (*yeux*) tränen; **~ de rire** Tränen lachen
pleurésie [plœʀezi] *nf* Brustfellentzündung *f*
pleurnicher [plœʀniʃe] *vi* flennen
pleuvoir [pløvwaʀ] *vb impers* : **il pleut** es regnet; **il pleut des cordes** es regnet Bindfäden
pli [pli] *nm* Falte *f*; (*Admin* : *lettre*) Brief *m*
pliable [plijabl] *adj* faltbar
pliant, e [plijɑ̃, ɑ̃t] *adj* Klapp- ▶ *nm* Klappstuhl *m*
plier [plije] *vt* zusammenfalten; (*table pliante*) zusammenklappen; (*genou, bras*) beugen, biegen ▶ *vi* (*branche, arbre*) sich biegen; **se plier** *vpr* : **se ~ à** sich beugen *+dat*
plissé, e [plise] *adj* (*Géo*) mit Bodenfalten ▶ *nm* (*Couture*) Plissee *nt*
plisser [plise] *vt* (*jupe*) fälteln; (*front*) runzeln; (*bouche*) verziehen; **se plisser** *vpr* (*se froisser*) Falten bekommen
plomb [plɔ̃] *nm* (*métal*) Blei *nt*; (*Pêche*) Senker *m*; (*Élec*) Sicherung *f*; **sans ~** (*essence*) bleifrei, unverbleit
plomber [plɔ̃be] *vt* (*dent*) plombieren

plomberie [plɔ̃bʀi] *nf* (*installation*) Rohre und Leitungen *pl*
plombier [plɔ̃bje] *nm* Installateur *m*, Klempner *m*
plombifère [plɔ̃bifɛʀ] *adj* bleihaltig
plonge [plɔ̃ʒ] *nf* : **faire la ~** Geschirr spülen
plongeant, e [plɔ̃ʒɑ̃, ɑ̃t] *adj* (*vue*) von oben; (*décolleté*) tief (ausgeschnitten)
plongée [plɔ̃ʒe] *nf* : **~ sous-marine** Tauchen *nt*
plongeoir [plɔ̃ʒwaʀ] *nm* Sprungbrett *nt*
plongeon [plɔ̃ʒɔ̃] *nm* Sprung *m*
plonger [plɔ̃ʒe] *vi* (*personne, sous-marin*) tauchen; (*oiseau, avion*) einen Sturzflug machen ▶ *vt* (*immerger*) tauchen ▶ *vpr* : **se ~ dans un livre** sich in ein Buch vertiefen
plongeur, -euse [plɔ̃ʒœʀ, øz] *nm/f* Taucher(in) *m(f)*; (*de restaurant*) Tellerwäscher(in) *m(f)*
plouc [pluk] *nm* (*fam*) Proll *m*
ployer [plwaje] *vi* nachgeben
plu [ply] *pp de* **plaire ; pleuvoir**
pluie [plɥi] *nf* Regen *m*; **~s acides** saurer Regen *m*
plumage [plymaʒ] *nm* Gefieder *nt*
plume [plym] *nf* Feder *f*
plumer [plyme] *vt* rupfen
plupart [plypaʀ] *nf* : **la ~** die meisten; **la ~ des hommes/d'entre nous** die meisten Menschen/die meisten von uns; **la ~ du temps** meistens; **dans la ~ des cas** in den meisten Fällen
pluriel [plyʀjɛl] *nm* Plural *m*

MOT-CLÉ

plus [ply] *adv* **1** (*forme négative*) : **ne ... ~** nicht mehr; **je n'ai ~ d'argent** ich habe kein Geld mehr; **il ne travaille ~** er arbeitet nicht mehr; **il ne reste ~ que deux tomates** es sind nur noch zwei Tomaten da
2 (*comparatif*) mehr; (*superlatif*) : **le ~** am meisten; **~ grand/intelligent (que)** größer/intelligenter (als); **le ~ grand/intelligent** der Größte/Intelligenteste
3 : **~ de** (*d'avantage*) mehr; **~ de pain** mehr Brot; **~ de 3 heures/4 kilos** mehr als 3 Stunden/4 Kilo; **~ d'argent/de possibilités (que)** mehr Geld/Möglichkeiten (als); **~ de 10 personnes** mehr als 10 Personen
4 : **~ que** (*d'avantage*) mehr als; **il travaille ~ que moi** er arbeitet mehr als ich; **3 heures/kilos de ~ que** 3 Stunden/Kilo mehr als; **il a 3 ans de ~ que moi** er ist 3 Jahre älter als ich
5 (*locutions*) : **de ~** (*en supplément*) zusätzlich; (*en outre*) außerdem; **de ~ en ~** immer mehr; **3 kilos en ~** 3 Kilo mehr; **en ~ de** zusätzlich zu; **(tout) au ~** (aller)höchstens; **d'autant ~ que** umso mehr als; **~ ou moins** mehr oder weniger; **ni ~ ni moins** nicht mehr und nicht weniger
▶ *prép* : **4 ~ 2** 4 plus 2

plusieurs [plyzjœʀ] *pron, adj* mehrere, einige
plus-que-parfait [plyskəpaʀfɛ] *nm* Plusquamperfekt *nt*
plus-value [plyvaly] (*pl* **plus-values**) *nf* (*Écon*) Mehrwert *m*; (*bénéfice*) Gewinn *m*
plutonium [plytɔnjɔm] *nm* Plutonium *nt*
plutôt [plyto] *adv* eher, vielmehr; **je ferais ~ ceci** ich würde lieber das machen

P

pluvieux, -euse [plyvjø, jøz] *adj* regnerisch
PME [peɛmə] *sigle fpl* (= *petites et moyennes entreprises*) kleine und mittelständische Betriebe *pl*
PMI [peɛmi] *sigle f* (= *(centre de) protection maternelle et infantile*) *voir* **protection**
PMU [peɛmy] *sigle m* (= *pari mutuel urbain*) Wettannahmestelle *f*
PNB [peɛnbe] *sigle m* (= *produit national brut*) BSP *nt*, Bruttosozialprodukt *nt*
pneu, x [pnø] *nm* Reifen *m*
pneumonie [pnømɔni] *nf* Lungenentzündung *f*
poche [pɔʃ] *nf* Tasche *f* ▸ *nm* (*livre*) Taschenbuch *nt*; **carnet/couteau/lampe de ~** Taschenbuch/Taschenmesser *nt*/Taschenlampe *f*
pocher [pɔʃe] *vt* (*Culin*) pochieren
pochette [pɔʃɛt] *nf* (*mouchoir*) Ziertuch *nt*; **~ d'allumettes** Streichholzheftchen *nt*; **~ de disque** Plattenhülle *f*
podcast [pɔdkast] *nm* Podcast *m*
podcaster [pɔdkaste] *vi* podcasten
podcasting [pɔdkastiŋ] *nm* Podcasting *nt*
podium [pɔdjɔm] *nm* Podest *nt*
poêle [pwal] *nm* (*appareil de chauffage*) Ofen *m* ▸ *nf* : **~ (à frire)** Bratpfanne *f*
poêlon [pwalɔ̃] *nm* Schmortopf *m*
poème [pɔɛm] *nm* Gedicht *nt*
poésie [pɔezi] *nf* Gedicht *nt*
poète [pɔɛt] *nm* Dichter(in) *m(f)*
poétique [pɔetik] *adj* poetisch; (*œuvres, talent, licence*) dichterisch
pognon [pɔɲɔ̃] *nm* (*fam*) Kohle *f*
poids [pwa] *nm* Gewicht *nt*; **vendre qch au ~** etw nach Gewicht verkaufen; **prendre du ~** zunehmen; **perdre du ~** abnehmen; **~ lourd** (*camion*) Lastkraftwagen *m*; **~ mort** (*Tech*) Leergewicht *nt*
poignant, e [pwaɲɑ̃, ɑ̃t] *adj* (*émotion, souvenir*) schmerzlich; (*lecture*) ergreifend
poignard [pwaɲaʀ] *nm* Dolch *m*
• **poignarder** *vt* erdolchen
poignée [pwaɲe] *nf* (*de couvercle, porte, etc*) Griff *m*; (*quantité*) Handvoll *f*; **~ de main** Händedruck *m*
poignet [pwaɲɛ] *nm* Handgelenk *nt*
poil [pwal] *nm* Haar *nt*; (*de tissu, tapis*) Flor *m*; (*pelage*) Fell *nt*; (*ensemble des poils*) Haare *pl*
• **poilu, e** *adj* haarig
poinçonner [pwɛ̃sɔne] *vt* (*marchandise, bijou etc*) stempeln; (*billet, ticket*) knipsen
poing [pwɛ̃] *nm* Faust *f*
point [pwɛ̃] *nm* Punkt *m*; (*endroit*) Stelle *f*, Ort *m*; (*moment*) Zeitpunkt *m*; **ne ... ~** nicht; **être sur le ~ de faire qch** im Begriff sein, etw zu tun; **mettre au ~** (*appareil-photo*) scharf einstellen; (*affaire*) klären; **~ d'eau** Wasserstelle *f*; **~ d'exclamation** Ausrufungszeichen *nt*; **~ d'interrogation** Fragezeichen *nt*; **~ de côté** Seitenstechen *nt*; **~ de vue** (*paysage*) Aussichtspunkt *m*; (*fig*) Meinung *f*; **~ faible** schwacher Punkt; **~ noir** (*sur le visage*) Mitesser *m*; (*Auto*) gefährliche Stelle *f*; **~s cardinaux** (vier) Himmelsrichtungen *pl*; **~s de suspension** Auslassungspunkte *pl*
pointe [pwɛ̃t] *nf* Spitze *f*; **une ~ d'ail** ein Hauch *m* Knoblauch; **une ~ d'accent/d'ironie** ein Anflug *m* von einem Akzent/von Ironie;

en ~ spitz; **de ~** (*industries, recherches*) führend
pointer [pwɛ̃te] *vt* (*cocher*) abhaken; (*employés, ouvriers*) kontrollieren ▶ *vi* (*ouvrier, employé*) stempeln; **~ qch vers qch** etw auf etw *acc* richten
pointilleux, -euse [pwɛ̃tijø, øz] *adj* pingelig
pointu, e [pwɛ̃ty] *adj* spitz
pointure [pwɛ̃tyʀ] *nf* Größe *f*
point-virgule [pwɛ̃viʀgyl] (*pl* **points-virgules**) *nm* Strichpunkt *m*
poire [pwaʀ] *nf* (*fruit*) Birne *f*
poireau, x [pwaʀo] *nm* Lauch *m*
poirier [pwaʀje] *nm* (*Bot*) Birnbaum *m*
pois [pwɑ] *nm* (*Bot*) Erbse *f*; **à ~** gepunktet; **~ chiche** Kichererbse *f*
poison [pwazɔ̃] *nm* Gift *nt*
poisse [pwas] *nf* (*fam*) Pech *nt*
poisson [pwasɔ̃] *nm* Fisch *m*; **les P~s** (*Astrol*) die Fische *pl*; **être des P~s** Fisch sein; **~ d'avril** ≈ Aprilscherz *m*; **~ d'avril !** April, April!; **~ rouge** Goldfisch *m* • **poissonnerie** *nf* Fischgeschäft *nt*
poitrine [pwatʀin] *nf* Brust *f*; (*seins aussi*) Busen *m*
poivre [pwavʀ] *nm* Pfeffer *m*; **~ de Cayenne** Cayennepfeffer *m*; **~ en grains** Pfefferkörner *pl* • **poivré, e** *adj* gepfeffert • **poivrier** *nm* (*ustensile*) Pfefferstreuer *m*
poivron [pwavʀɔ̃] *nm* Paprika *m*; **~ rouge/vert** roter/grüner Paprika
polaire [pɔlɛʀ] *adj* Polar- ▶ *nf* Fleecejacke *f*
polar [pɔlaʀ] *nm* (*fam*) Krimi *m*
pôle [pol] *nm* Pol *m*; **le ~ Nord/Sud** der Nord-/Südpol *m*
poli, e [pɔli] *adj* höflich; (*lisse*) poliert, glatt
police [pɔlis] *nf* Polizei *f*; **~ d'assurance** Versicherungspolice *f*; **~ judiciaire** Kriminalpolizei *f*; **~ secours** Notdienst *m*
polichinelle [pɔliʃinɛl] *nm* Kasper *m*
policier, -ière [pɔlisje, jɛʀ] *adj* Polizei-; (*mesures*) polizeilich ▶ *nm* Polizist(in) *m(f)*; (*aussi* : **roman policier**) Krimi *m*
poliment [pɔlimɑ̃] *adv* höflich
polio [pɔljo], **poliomyélite** [pɔljɔmjelit] *nf* Kinderlähmung *f*, Polio *f*
polir [pɔliʀ] *vt* polieren
polisson, ne [pɔlisɔ̃, ɔn] *adj* frech
politesse [pɔlitɛs] *nf* Höflichkeit *f*
politicien, ne [pɔlitisjɛ̃, jɛn] *nm/f* Politiker(in) *m(f)*
politique [pɔlitik] *adj* politisch ▶ *nf* Politik *f*
politiser [pɔlitize] *vt* politisieren
pollen [pɔlɛn] *nm* Blütenstaub *m*
polluant, e [pɔlyɑ̃, ɑ̃t] *adj* umweltbelastend ▶ *nm* Schadstoff *m* • **polluer** *vt* verschmutzen
pollution [pɔlysjɔ̃] *nf* Umweltverschmutzung *f*; **~ atmosphérique** Luftverschmutzung *f*; **~ sonore** Lärmbelastung *f*
polo [pɔlo] *nm* (*sport*) Polo *nt*; (*tricot*) Polohemd *nt*
Pologne [pɔlɔɲ] *nf* : **la ~** Polen *nt* • **polonais, e** *adj* polnisch ▶ *nm/f* : **P~, e** Pole *m*, Polin *f*
poltron, ne [pɔltʀɔ̃, ɔn] *adj* feige
polyamide [pɔliamid] *nm* Polyamid *nt*
polycopié, e [pɔlikɔpje] *adj* vervielfältigt ▶ *nm* Vorlesungsskript *nt*
polyester [pɔliɛstɛʀ] *nm* Polyester *nt*

polygamie [pɔligami] *nf* Polygamie *f*
polyglotte [pɔliglɔt] *adj* vielsprachig
Polynésie [pɔlinezi] *nf*: **la ~** Polynesien *nt* • **polynésien, ne** *adj* polynesisch
polype [pɔlip] *nm* (*Zool*) Polyp *m*; (*Méd*) Polype *f*
polystyrène [pɔlistiʀɛn] *nm* Styropor® *nt*
polyvalent, e [pɔlivalɑ̃, ɑ̃t] *adj* (*personne*) vielseitig; (*Chim*) mehrwertig
pommade [pɔmad] *nf* Salbe *f*
pomme [pɔm] *nf* Apfel *m*; (*pomme de terre*) Kartoffel *f*; **~ de terre** Kartoffel *f*; **~s frites** Pommes frites *pl* • **pommier** *nm* Apfelbaum *m*
pompe [pɔ̃p] *nf* (*appareil*) Pumpe *f*; (*faste*) Pomp *m*; **~ (à essence)** Zapfsäule *f*; **~ à incendie** Feuerspritze *f*; **~ de bicyclette** Fahrradpumpe *f*; **~s funèbres** Beerdigungsinstitut *nt* • **pomper** *vt* pumpen
pompeux, -euse [pɔ̃pø, øz] *adj* (*péj*) bombastisch, schwülstig
pompier [pɔ̃pje] *nm* Feuerwehrmann *m*
pompiste [pɔ̃pist] *nmf* Tankwart(in) *m(f)*
ponctionner [pɔ̃ksjɔne] *vt* (*Méd*) punktieren
ponctuation [pɔ̃ktɥasjɔ̃] *nf* Interpunktion *f*
ponctuel, le [pɔ̃ktɥɛl] *adj* pünktlich; (*opération, intervention*) punktuell • **ponctuellement** *adv* (*à l'heure*) pünktlich
ponctuer [pɔ̃ktɥe] *vt* (*texte*) mit Satzzeichen versehen
pondre [pɔ̃dʀ] *vt* (*œufs*) legen
poney [pɔnɛ] *nm* Pony *nt*
pont [pɔ̃] *nm* Brücke *f*; (*Naut*) Deck *nt*; **~ arrière/avant** (*Auto*) Hinter-/Vorderachse *f*; **faire le ~** einen Fenstertag nehmen • **pontage** *nm* Bypassoperation *f* • **pont-levis** (*pl* **ponts-levis**) *nm* Zugbrücke *f*
ponton [pɔ̃tɔ̃] *nm* Ponton *m*
populace [pɔpylas] *nf* (*péj*) Pöbel *m*
populaire [pɔpylɛʀ] *adj* Volks-; (*croyances, traditions, bon sens*) volkstümlich; (*Ling*) umgangssprachlich; (*mesure, écrivain, roi, politique*) populär • **populariser** *vt* populär machen • **popularité** *nf* Beliebtheit *f*, Popularität *f*
population [pɔpylasjɔ̃] *nf* Bevölkerung *f*; (*d'une ville*) Einwohner *pl*
porc [pɔʀ] *nm* (*Zool*) Schwein *nt*; (*Culin*) Schweinefleisch *nt*
porcelaine [pɔʀsəlɛn] *nf* Porzellan *nt*
porcelet [pɔʀsəlɛ] *nm* Ferkel *nt*
porche [pɔʀʃ] *nm* Vorhalle *f*
porcherie [pɔʀʃəʀi] *nf* Schweinestall *m*
pore [pɔʀ] *nm* Pore *f*
poreux, -euse [pɔʀø, øz] *adj* porös
porno [pɔʀno] *adj* Porno-
pornographie [pɔʀnɔgʀafi] *nf* Pornografie *f*
pornographique [pɔʀnɔgʀafik] *adj* pornografisch
port [pɔʀ] *nm* Hafen *m*; (*ville*) Hafenstadt *f*; (*Inform*) Port *m*, Ausgang *m*; (*poste*) Porto *nt*; **~ de pêche** Fischereihafen *m*; **~ dû** unfrei; **~ franc** Freihafen *m*; **~ payé** frei
portable [pɔʀtabl] *adj* tragbar ▶ *nm* (*Tél*) Handy *nt*
portail [pɔʀtaj] *nm* Portal *nt*

portant, e [pɔʀtɑ̃, ɑ̃t] *adj* tragend; **bien ~** gesund; **mal ~** krank
portatif, -ive [pɔʀtatif, iv] *adj* tragbar
porte [pɔʀt] *nf* Tür *f*; (*d'une ville, forteresse, Ski*) Tor *nt*; **~ d'entrée** Eingangstür *f*; **~ (d'embarquement)** (*Aviat*) Flugsteig *m*; **~ de secours** Notausgang *m*
porte-avions [pɔʀtavjɔ̃] *nm inv* Flugzeugträger *m* • **porte-bagages** *nm inv* (*d'une bicyclette, moto*) Gepäckträger *m*; (*Auto*) Dachgepäckträger *m* • **porte-bébé** (*pl* **porte-bébés**) *nm* Babytrage *f* • **porte-bonheur** *nm inv* Glücksbringer *m* • **porte-cigarettes** *nm inv* Zigarettenetui *nt* • **porte-clefs, porte-clés** *nm inv* Schlüsselring *m*
portée [pɔʀte] *nf* (*d'une arme*) Reichweite *f*; (*fig : importance*) Tragweite *f*; (*d'un animal etc*) Wurf *m*; (*Mus*) Notenlinien *pl*; **hors de ~ (de)** außer Reichweite (von); **à ~ de la main** in Reichweite; **à la ~ de qn** in jds Reichweite; (*fig*) auf jds Niveau
portefeuille [pɔʀtəfœj] *nm* (*porte-monnaie*) Brieftasche *f*; (*d'un ministre*) Ministerposten *m*; (*Bourse*) Portfolio *nt*
portemanteau, x [pɔʀt(ə)mɑ̃to] *nm* Garderobenständer *m*
porte-monnaie [pɔʀtmɔnɛ] *nm inv* Geldbeutel *m*
porte-parole [pɔʀtpaʀɔl] *nm inv* Wortführer(in) *m(f)*
porter [pɔʀte] *vt* tragen; (*apporter*) bringen ▶ *vi* (*voix*) tragen; (*regard, cri, arme*) reichen; (*reproche, coup*) die gewünschte Wirkung erzielen; **se porter** *vpr* : **se ~ bien/mal** sich gut/schlecht fühlen; **~ secours à qn** jdm Hilfe leisten; **~ bonheur à qn** jdm Glück bringen
porte-savon [pɔʀtsavɔ̃] (*pl* **porte-savons**) *nm* Seifenschale *f* • **porte-serviettes** *nm inv* Handtuchhalter *m* • **porte-skis** *nm inv* (*Auto*) Skiträger *m*
porteur, -euse [pɔʀtœʀ, øz] *nm/f* Überbringer(in) *m(f)*; (*Fin : d'une action, obligation*) Inhaber(in) *m(f)* ▶ *nm* (*dans une gare etc*) Gepäckträger *m*
porte-vélos [pɔʀtvelo] *nm inv* Fahrradträger *m* • **porte-voix** *nm inv* Megafon *nt*
portier [pɔʀtje] *nm* Portier *m*
portière [pɔʀtjɛʀ] *nf* Tür *f*
portillon [pɔʀtijɔ̃] *nm* Sperre *f*
portion [pɔʀsjɔ̃] *nf* Teil *m*; (*de nourriture*) Portion *f*
portique [pɔʀtik] Säulenhalle *f*; **~ de sécurité** *ou* **électronique** elektronische Sicherheitskontrolle *f*
porto [pɔʀto] *nm* Portwein *m*
portrait [pɔʀtʀɛ] *nm* Porträt *nt* • **portrait-robot** (*pl* **portraits-robots**) *nm* Phantombild *nt*
portuaire [pɔʀtɥɛʀ] *adj* Hafen-
portugais, e [pɔʀtygɛ, ɛz] *adj* portugiesisch ▶ *nm/f* : **P~, e** Portugiese *m*, Portugiesin *f* • **Portugal** *nm* : **le ~** Portugal *nt*
pose [poz] *nf* (*attitude*) Haltung *f*, Pose *f*; (*de moquette*) Verlegen *nt*; (*de rideau, papier peint*) Anbringen *nt*; **(temps de) ~** (*Photo*) Belichtungszeit *f*
poser [poze] *vt* legen; (*debout*) stellen; (*déposer : personne*) absetzen; (*rideaux, papier peint*) anbringen; (*question, problème*) stellen ▶ *vi* (*modèle*) posieren, sitzen; **se poser** *vpr* (*oiseau, avion*) landen; (*question, problème*) sich stellen

P

poseur, -euse [pozœʀ, øz] *nm/f* (*péj*) Angeber(in) *m(f)*
positif, -ive [pozitif, iv] *adj* positiv; (*incontestable*) bestimmt, sicher; (*objectif*) nüchtern; **pôle ~** Pluspol *m*
position [pozisjɔ̃] *nf* Lage *f*; (*attitude, posture*) Stellung *f*; (*Mil*) Haltung *f*; **être dans une ~ difficile/délicate** in einer schwierigen/heiklen Lage sein • **positionnement** *nm* (*Inform*) Positionierung *f* • **positionner** *vt* (*navire, etc*) lokalisieren; (*Inform*) positionieren
posséder [pɔsede] *vt* besitzen • **possessif, -ive** *adj* (*Ling*) Possessiv-; (*personne*) besitzergreifend ▶ *nm* (*Ling*) Possessiv(pronomen) *nt* • **possession** *nf* Besitz *m*, Eigentum *nt*; **être en ~ de qch** im Besitz einer Sache *gén* sein
possibilité [pɔsibilite] *nf* Möglichkeit *f*
possible [pɔsibl] *adj* möglich; (*réalisable*) durchführbar ▶ *nm* : **faire (tout) son ~** sein Möglichstes tun; **pas ~** unmöglich; **le plus/moins ~ de livres** so wenige/viele Bücher wie möglich
postal, e, -aux [pɔstal, o] *adj* Post-
postdater [pɔstdate] *vt* (zu)rückdatieren
poste [pɔst] *nf* Post *f*; (*bureau*) Post *f*, Postamt *nt*; **~ restante** *nf* postlagernde Post ▶ *nm* (*Mil* : *charge, fonction*) Posten *m*; (*de radio, télévision*) Gerät *nt*; **~ à essence** Tankstelle *f*; **~ de secours** Erste-Hilfe-Station *f*; **~ de police** Polizeiwache *f*; **~ de télévision** Fernsehgerät *nt*; **~ de travail** Arbeitsstelle *f*
poster [pɔste] *vt* (*lettre, colis*) aufgeben; (*soldats, policiers etc*) postieren; (*sur internet*) posten
postérieur, e [pɔsteʀjœʀ] *adj* (*date, document*) spätere(r, s); (*partie*) hintere(r, s) ▶ *nm* (*fam*) Hintern *m*
postérité [pɔsteʀite] *nf* Nachwelt *f*
posthume [pɔstym] *adj* (*œuvre, décoration, gloire*) posthum
postiche [pɔstiʃ] *nm* Haarteil *nt*
postuler [pɔstyle] *vt* (*emploi*) sich bewerben um
posture [pɔstyʀ] *nf* (*attitude*) Haltung *f*; **être en bonne/mauvaise ~** in einer guten/schlechten Lage sein
pot [po] *nm* Topf *m*; **~ catalytique** Katalysator *m*; **~ d'échappement** Auspufftopf *m*; **~ de fleurs** Blumentopf *m*
potable [pɔtabl] *adj* trinkbar; **eau (non) ~** (kein) Trinkwasser
potage [pɔtaʒ] *nm* Suppe *f*
potager, -ère [pɔtaʒe, ɛʀ] *adj* (*plante, cultures*) Gemüse- ▶ *nm* (*jardin*) Gemüsegarten *m*
potassium [pɔtasjɔm] *nm* Kalium *nt*
pot-au-feu [pɔtofø] *nm inv* (*mets*) Potaufeu *nt* • **pot-de-vin** (*pl* **pots-de-vin**) *nm* Schmiergeld *nt*, Bestechungsgeld *nt*
pote [pɔt] *nm* (*fam*) Kumpel *m*
poteau, x [pɔto] *nm* Pfosten *m*, Pfahl *m*; **~ indicateur** Wegweiser *m*
potelé, e [pɔt(ə)le] *adj* rundlich, mollig
potentiel, le [pɔtɑ̃sjɛl] *adj* potenziell ▶ *nm* Potenzial *nt*
poterie [pɔtʀi] *nf* (*fabrication*) Töpferei *f*; (*objet*) Töpferware *f*
potiche [pɔtiʃ] *nf* große Porzellanvase *f*

potier, -ière [pɔtje, jɛʀ] *nm/f* Töpfer(in) *m(f)*
potion [posjɔ̃] *nf* Trank *m*
potiron [pɔtiʀɔ̃] *nm* Kürbis *m*
pot-pourri [popuʀi] (*pl* **pots-pourris**) *nm* Potpourri *nt*
pou, x [pu] *nm* Laus *f*
poubelle [pubɛl] *nf* Mülleimer *m*
pouce [pus] *nm* Daumen *m*
poudre [pudʀ] *nf* Pulver *nt*; (*fard*) Puder *m*; **café en ~** Pulverkaffee *m*; **lait en ~** Milchpulver *nt*; **savon en ~** Seifenpulver *nt* • **poudreux, -euse** *adj* (*neige*) pulverig ▸ *nf* (*neige*) Pulverschnee *m* • **poudrier** *nm* Puderdose *f*
pouffer [pufe] *vi* : **~ (de rire)** kichern
poulailler [pulɑje] *nm* Hühnerstall *m*; (*fam* : *Théât*) Galerie *f*
poulain [pulɛ̃] *nm* Fohlen *nt*
poularde [pulaʀd] *nf* Poularde *f*
poule [pul] *nf* (*Zool*) Henne *f*; (*Culin*) Huhn *nt*
poulet [pulɛ] *nm* (*Culin*) Hühnchen *nt*
poulie [puli] *nf* Flaschenzug *m*
poulpe [pulp] *nm* Tintenfisch *m*
pouls [pu] *nm* Puls *m*
poumon [pumɔ̃] *nm* Lunge *f*
poupe [pup] *nf* Heck *nt*
poupée [pupe] *nf* Puppe *f*
poupin, e [pupɛ̃, in] *adj* pummelig

MOT-CLÉ

pour [puʀ] *prép* **1** für; **~ Marie/moi** für Marie/mich; **~ trois jours** für drei Tage; **mauvais ~ la santé** schlecht für die Gesundheit; **payer ~ qn** für jdn zahlen
2 (*direction*) nach; **partir ~ Rouen** nach Rouen fahren; **le train ~ Rouen** der Zug nach Rouen
3 (*en vue de, intention*) zu; **~ ton anniversaire** zu deinem Geburtstag; **~ quoi faire ?** wozu?; **~ que** damit
4 (*à cause de*) wegen; **fermé ~ (cause de) travaux** wegen Reparaturarbeiten/Bauarbeiten geschlossen; **c'est ~ cela que j'ai démissionné** deswegen habe ich gekündigt
5 (*comme*) als; **la femme qu'il a eue ~ mère** die Frau, die er zur Mutter hatte
6 (*point de vue*) : **~ moi, il a tort** meiner Meinung nach hat er unrecht
7 (*avec infinitif*) : **~ faire qch** um etw zu tun
8 (*locutions*) : **10 ~ cent** 10 Prozent; **10 ~ cent des gens** 10 Prozent aller Menschen; **je n'y suis ~ rien** ich kann nichts dafür; **être ~ beaucoup dans qch** wesentlich zu etw beigetragen haben; **ce n'est pas ~ dire, mais ...** (*fam*) ich will ja nichts sagen, aber ...
▸ *nm* : **le ~ et le contre** das Für und Wider

P

pourboire [puʀbwaʀ] *nm* Trinkgeld *nt*
pourcentage [puʀsɑ̃taʒ] *nm* Prozentsatz *m*
pourparlers [puʀpaʀle] *nmpl* Verhandlungen *pl*
pourpre [puʀpʀ] *adj* purpurrot
pourquoi [puʀkwa] *adv, conj* warum; **c'est ~** darum
pourri, e [puʀi] *adj* faul; (*arbre, bois, câble*) morsch; (*temps, climat, hiver*) scheußlich
pourriel [puʀjɛl] *nm* (*Inform*) Spam *nt*
pourrir [puʀiʀ] *vi* verfaulen; (*situation*) immer schlimmer werden

poursuite [puʀsɥit] *nf* Verfolgung *f*
poursuivant, e [puʀsɥivɑ̃, ɑ̃t] *nm/f* Verfolger(in) *m(f)*
poursuivre [puʀsɥivʀ] *vt* verfolgen; (*continuer*) fortsetzen; **se poursuivre** *vpr* fortgeführt werden
pourtant [puʀtɑ̃] *adv* trotzdem
pourvoi [puʀvwa] *nm* : **~ en cassation/en grâce/en révision** Berufung *f*/Gnadengesuch *nt*/ Wiederaufnahmeantrag *m*
pourvoir [puʀvwaʀ] *vt* (*poste*) besetzen; **~ en** versehen mit ▶ *vi* : **~ à qch** für etw sorgen
pourvoyeur, -euse [puʀvwajœʀ, øz] *nm/f* (*de drogue*) Dealer(in) *m(f)*
pourvu, e [puʀvy] *adj* : **~ de** versehen mit; **~ que** vorausgesetzt dass; **~ qu'il vienne !** hoffentlich kommt er!
pousse [pus] *nf* (*croissance*) Wachsen *nt*; (*bourgeon*) Sproß *m*, Trieb *m*
poussée [puse] *nf* Druck *m*
pousser [puse] *vt* (*bousculer*) stoßen; (*exhorter*) drängen; (*émettre*) ausstoßen ▶ *vi* (*croître*) wachsen
poussette [pusɛt] *nf* Kinderwagen *m*
poussière [pusjɛʀ] *nf* Staub *m* • **poussiéreux, -euse** *adj* staubig; (*teint*) grau
poussin [pusɛ̃] *nm* Küken *nt*
poutre [putʀ] *nf* Balken *m*

MOT-CLÉ

pouvoir [puvwaʀ] *nm* Macht *f*; (*propriété, capacité*) Fähigkeit *f*; (*législatif, exécutif*) Gewalt *f*; (*Jur : d'un tuteur, mandataire*) Befugnis *f*; **~ d'achat** Kaufkraft *f*; **pouvoirs** *nmpl* (*surnaturels, extraordinaires*) Kräfte *pl*; (*attributions : d'un préfet etc*) Befugnisse *pl*; **les ~s publics** die öffentliche Hand *f*
▶ *vb semi-aux* **1** können; **je ne peux pas le réparer** ich kann es nicht reparieren; **tu ne peux pas savoir !** du kannst es dir gar nicht vorstellen!; **tu peux le dire !** das kannst du wohl sagen!; **il aurait pu le dire !** er hätte es sagen können!
2 (*avoir le droit, la permission*) dürfen, können; **vous pouvez aller au cinéma** ihr könnt *ou* dürft ins Kino gehen
▶ *vb impers* können; **il peut arriver que ...** es kann vorkommen, dass ...; **il pourrait pleuvoir** es könnte Regen geben
▶ *vt* können; **il a fait (tout) ce qu'il a pu** er hat (alles) getan, was er konnte
▶ *vpr* : **il se peut que ...** es könnte sein, dass ...; **cela se pourrait** das könnte sein

pragmatique [pʀagmatik] *adj* pragmatisch
Prague [pʀag] Prag *nt*
prairie [pʀeʀi] *nf* Wiese *f*
praline [pʀalin] *nf* Zuckermandel *f*
praliné, e [pʀaline] *adj* (*amande*) mit Zuckerguss
praticable [pʀatikabl] *adj* (*route*) befahrbar
praticien, ne [pʀatisjɛ̃, jɛn] *nm/f* (*médecin*) praktizierender Arzt *m*, praktizierende Ärztin *f*
pratiquant, e [pʀatikɑ̃, ɑ̃t] *adj* (*Rel*) praktizierend
pratique [pʀatik] *nf* (*opposé à théorie*) Praxis *f*; (*d'une religion, d'un métier*) Ausübung *f* ▶ *adj* praktisch; **mettre en ~** in die Praxis

umsetzen •**pratiquement** *adv* (*dans la pratique*) in der Praxis; (*à peu près*) praktisch
pratiquer [pʀatike] *vt* ausüben; (*méthode, le chantage etc*) anwenden; (*sport*) betreiben; (*opération*) durchführen ▶ *vi* (*Rel*) praktizieren
pré [pʀe] *nm* Wiese *f*
préalable [pʀealabl] *adj* vorhergehend ▶ *nm* (*condition*) Voraussetzung *f*; **au ~** vorerst •**préalablement** *adv* vorerst
préambule [pʀeɑ̃byl] *nm* Einleitung *f*
préavis [pʀeavi] *nm* (*avertissement*) Vorankündigung *f*; **~ (de licenciement)** Kündigungsfrist *f*; **sans ~** fristlos
précaution [pʀekosjɔ̃] *nf* (*mesure*) Vorsichtsmaßnahme *f*; **avec ~** vorsichtig; **prendre des** *ou* **ses ~s** Vorsichtsmaßnahmen *ou* Sicherheitsvorkehrungen treffen
précédemment [pʀesedamɑ̃] *adv* vorher
précédent, e [pʀesedɑ̃, ɑ̃t] *adj* vorhergehend ▶ *nm* Präzedenzfall *m*; **le jour ~** der Vortag *m* •**précéder** *vt* kommen vor +*dat*; (*dans le temps*) vorangehen +*dat*; (*rouler devant*) vorausfahren
prêcher [pʀeʃe] *vt, vi* predigen
précieux, -euse [pʀesjø, jøz] *adj* kostbar, wertvoll; (*littérature, style, écrivain*) preziös
précipice [pʀesipis] *nm* Abgrund *m*
précipitamment [pʀesipitamɑ̃] *adv* überstürzt •**précipitation** *nf* (*hâte*) Hast *f*; (*Chim*) Niederschlag *m*; **~s (atmosphériques)** Niederschläge *pl* •**précipité, e** *adj* (*respiration*) beschleunigt; (*pas*) hastig; (*démarche, départ, entreprise*) überstürzt •**précipiter** *vt* (*faire tomber*) hinabstürzen; (*accélérer*) beschleunigen; (*départ, événements*) überstürzen; **se précipiter** *vpr*: **se ~ au-devant de qn** jdm entgegenstürzen
précis, e [pʀesi, iz] *adj* genau; (*bruit, contours, point*) deutlich •**précisément** *adv* genau •**préciser** *vt* präzisieren; **se préciser** *vpr* konkreter werden •**précision** *nf* Genauigkeit *f*; (*détail*) Einzelheit *f*; **précisions** *nfpl* weitere Einzelheiten *pl*
précoce [pʀekɔs] *adj* (*plante, animal*) früh; (*enfant, jeune fille*) frühreif
précurseur [pʀekyʀsœʀ] *nm* Vorläufer(in) *m(f)*
prédateur [pʀedatœʀ] *nm* Raubtier *nt*
prédécesseur [pʀedesesœʀ] *nm* Vorgänger(in) *m(f)*
prédiction [pʀediksjɔ̃] *nf* Prophezeiung *f*
prédilection [pʀedilɛksjɔ̃] *nf*: **avoir une ~ pour qn/qch** eine Vorliebe für etw/jdn haben; **de ~** Lieblings-
prédire [pʀediʀ] *vt* prophezeien, vorhersagen
prédominer [pʀedɔmine] *vi* vorherrschen
préfabriqué, e [pʀefabʀike] *adj*: **élément ~** Fertigteil *nt*; **maison ~e** Fertighaus *nt* ▶ *nm* Fertigbauteil *nt*
préface [pʀefas] *nf* Vorwort *nt*
préfecture [pʀefɛktyʀ] *nf* Präfektur *f*; **~ de police** Polizeihauptquartier *nt*
préférable [pʀefeʀabl] *adj* vorzuziehen; **être ~ à** vorzuziehen sein +*dat* •**préféré, e** *adj* Lieblings- •**préférence** *nf*

P

Vorliebe *f*; **de ~** am liebsten; **donner la ~ à qn** jdm den Vorzug geben • **préférentiel, le** *adj* Vorzugs- • **préférer** *vt* : **~ qn/qch (à)** jdn/etw vorziehen (*+dat*), jdn/etw lieber mögen (als); **~ faire qch** etw lieber tun; **je préférerais du thé** ich hätte lieber Tee

préfet [pʀefɛ] *nm* Präfekt *m*; **~ de police** Polizeipräfekt *m*

préhistoire [pʀeistwaʀ] *nf* : **la ~** die Urgeschichte

préjudice [pʀeʒydis] *nm* Schaden *m*

préjugé [pʀeʒyʒe] *nm* Vorurteil *nt*

prélèvement [pʀelɛvmɑ̃] *nm* (*Méd*) Entnahme *f*; **~ automatique** Abbuchungserlaubnis *f*

prélever [pʀel(ə)ve] *vt* (*échantillon, organe, tissu etc*) entnehmen; **~ (sur)** (*argent*) abheben (von)

préliminaire [pʀeliminɛʀ] *adj* Vor-, vorbereitend; **préliminaires** *nmpl* (*négociations*) Vorgespräche *pl*; (*prélude*) Vorspiel *nt*

prématuré, e [pʀematyʀe] *adj* verfrüht, vorzeitig; (*enfant*) früh geboren ▸ *nm/f* Frühgeburt *f*

préméditation [pʀemeditasjɔ̃] *nf* : **avec ~** vorsätzlich • **préméditer** *vt* vorsätzlich planen

premier, -ière [pʀəmje, jɛʀ] *adj* erste(r, s); (*branche, marche, barreau*) unterste(r, s) ▸ *nm/f* Erste(r) *f(m)* ▸ *nm* (*premier étage*) erster Stock *m* ▸ *nf* (*Auto*) erster Gang *m*; (*première classe*) erste Klasse *f*; (*Théât, Ciné*) Premiere *f*; (*exploit*) Weltpremiere *f*; **au ~ abord** auf den ersten Blick; **du ~ coup** gleich, auf Anhieb; **de première qualité** von bester Qualität; **de ~ choix** *ou* **ordre** erstklassig; **le ~ venu** der Erstbeste; **en ~ lieu** in erster Linie; **P~ ministre** Premierminister(in) *m(f)* • **premièrement** *adv* erstens; (*d'abord*) zuerst, zunächst

prendre [pʀɑ̃dʀ] *vt* nehmen; (*enlever*) wegnehmen; (*aller chercher*) holen; (*emporter, emmener*) mitnehmen; (*malfaiteur, poisson*) fangen; (*aliment, boisson*) zu sich nehmen; (*médicament*) einnehmen; (*engagement, risques*) eingehen; (*temps*) kosten; **~ l'air** (in der frischen Luft) spazieren gehen; **~ son temps** sich *dat* Zeit lassen; **~ feu** Feuer fangen; **~ à gauche** (nach) links abbiegen; **se prendre** *vpr* : **se ~ pour** sich halten für; **s'y ~** (*procéder*) vorgehen

preneur [pʀənœʀ] *nm* : **trouver ~** einen Käufer *ou* Abnehmer finden

prénom [pʀenɔ̃] *nm* Vorname *m*

préoccupation [pʀeɔkypasjɔ̃] *nf* Sorge *f* • **préoccuper** *vt* (*personne*) Sorgen machen *+dat*; (*esprit, attention*) stark beschäftigen

préparatifs [pʀepaʀatif] *nmpl* Vorbereitungen *pl*

préparation [pʀepaʀasjɔ̃] *nf* Vorbereitung *f*; (*de repas, café, viande*) Zubereitung *f*

préparatoire [pʀepaʀatwaʀ] *adj* vorbereitend

préparer [pʀepaʀe] *vt* vorbereiten; (*repas, café, viande*) zubereiten

préposition [pʀepozisjɔ̃] *nf* Präposition *f*

préretraite [pʀeʀ(ə)tʀɛt] *nf* vorgezogener Ruhestand *m*

près [pʀɛ] *adv* nahe, in der Nähe; **~ de** bei; **de ~** genau; **à 5 mm ~** auf 5 mm genau

presbyte [pʀɛsbit] *adj* weitsichtig

presbytère [pʀɛsbitɛʀ] *nm* Pfarrhaus *nt*

prescription [pʀɛskʀipsjɔ̃] *nf* Vorschrift *f*; *(Jur)* Verjährung *f*; *(Méd)* Anweisung *f*
prescrire [pʀɛskʀiʀ] *vt* *(repos, remède, traitement)* verordnen
présence [pʀezɑ̃s] *nf* Gegenwart *f*, Anwesenheit *f* • **présent, e** *adj* anwesend; *(actuel)* gegenwärtig ▶ *nm* Gegenwart *f*; **à ~** jetzt; **dès à ~** von nun an; **jusqu'à ~** bis jetzt
présentateur, -trice [pʀezɑ̃tatœʀ, tʀis] *nm/f* *(animateur)* Moderator(in) *m(f)*
présentation [pʀezɑ̃tasjɔ̃] *nf* *(de personne)* Vorstellung *f*; **faire les ~s** die Vorstellung übernehmen • **présenter** *vt* *(personne, collection)* vorstellen; *(spectacle, vue)* (dar)bieten; *(condoléances, félicitations, excuses)* aussprechen; **se présenter** *vpr* *(se faire connaître)* sich vorstellen; *(occasion)* sich bieten
préservatif [pʀezɛʀvatif] *nm* Präservativ *nt*
préservation [pʀezɛʀvasjɔ̃] *nf* Erhaltung *f*
préserver [pʀezɛʀve] *vt* : **~ de** *(protéger)* schützen vor *+dat*
président, e [pʀezidɑ̃] *nm/f* Vorsitzende(r) *f(m)*; *(Pol)* Präsident(in) *m(f)*; **~ de la République** Staatspräsident *m*; **~-directeur général** Generaldirektor *m* • **présidentiel, le** *adj* Präsidentschafts-; **présidentielles** *nfpl* Präsidentschaftswahlen *pl*
présider [pʀezide] *vt* leiten, den Vorsitz führen bei; *(dîner)* Ehrengast sein bei
présomption [pʀezɔ̃psjɔ̃] *nf* *(supposition)* Vermutung *f*, Annahme *f*
présomptueux, -euse [pʀezɔ̃ptɥø, øz] *adj* anmaßend
presque [pʀɛsk] *adv* fast, beinahe
presqu'île [pʀɛskil] *nf* Halbinsel *f*
pressant, e [pʀesɑ̃, ɑ̃t] *adj* dringend
presse [pʀɛs] *nf* Presse *f*
pressé, e [pʀese] *adj* eilig; **être ~** es eilig haben; **orange ~e** frisch gepresster Orangensaft *m*
presse-citron [pʀɛssitʀɔ̃] *nm inv* Zitronenpresse *f*
pressentiment [pʀesɑ̃timɑ̃] *nm* Vorgefühl *nt*, Vorahnung *f* • **pressentir** *vt* ahnen; **~ qn comme ministre** bei jdm wegen des Ministeramtes vorfühlen
presse-papiers [pʀɛspapje] *nm inv* Briefbeschwerer *m*
presser [pʀese] *vt* *(fruit)* auspressen; **se presser** *vpr* *(se hâter)* sich beeilen; **~ le pas** *ou* **l'allure** seinen Schritt *ou* Gang beschleunigen; **le temps presse** es eilt
pressing [pʀesiŋ] *nm* *(magasin)* chemische Reinigung *f*
pression [pʀesjɔ̃] *nf* Druck *m*; *(bouton)* Druckknopf *m*; **faire ~ sur qn/qch** auf jdn/etw Druck ausüben; **~ artérielle** Blutdruck *m*; **~ atmosphérique** Luftdruck *m*
pressoir [pʀeswaʀ] *nm* Presse *f*
prestataire [pʀɛstatɛʀ] *nmf* *(bénéficiaire)* Leistungsempfänger(in) *m(f)*; **~ de services** Dienstleistende(r) *f(m)*
prestation [pʀɛstasjɔ̃] *nf* Leistung *f*; **~s familiales** Familienbeihilfe *f*
prestidigitateur, -trice [pʀɛstidiʒitatœʀ, tʀis] *nm/f* Zauberkünstler(in) *m(f)*
prestige [pʀɛstiʒ] *nm* Prestige *nt*
prestigieux, -euse [pʀɛstiʒjø, jøz] *adj* angesehen

P

présumer [prezyme] *vt* : **~ que** annehmen, dass
prêt, e [prɛ, prɛt] *adj* fertig, bereit ▶ *nm* (*action*) Verleihen *nt*; (*somme*) Anleihe *f* • **prêt-à-porter** (*pl* **prêts-à-porter**) *nm* Konfektion *f*
prétendant [pretɑ̃dɑ̃] *nm* (*à un trône*) Prätendent *m*; (*d'une femme*) Freier *m*
prétendre [pretɑ̃dr] *vt* (*affirmer*) behaupten; **~ faire qch** (*avoir l'intention*) beabsichtigen, etw zu tun; **~ à** Anspruch erheben auf *+acc*
prétendu, e [pretɑ̃dy] *adj* (*supposé*) angeblich
prétentieux, -euse [pretɑ̃sjø, jøz] *adj* anmaßend; (*maison, villa*) protzig
prétention [pretɑ̃sjɔ̃] *nf* (*arrogance*) Überheblichkeit *f*; (*exigence*) Anspruch *m*, Forderung *f*; **sans ~** bescheiden
prêter [prete] *vt* leihen; **~ attention** aufpassen
prétexte [pretɛkst] *nm* Vorwand *m*
prêtre [prɛtr] *nm* Priester *m*
preuve [prœv] *nf* Beweis *m*
prévenir [prev(ə)nir] *vt* : **~ qn (de qch)** (*avertir*) jdn (vor etw) warnen; (*informer*) jdn (von etw) benachrichtigen
préventif, -ive [prevɑ̃tif, iv] *adj* vorbeugend • **prévention** *nf* Verhütung *f*
prévenu, e [prev(ə)ny] *nm/f* Angeklagte(r) *f(m)* (*in Untersuchungshaft*)
prévisible [previzibl] *adj* vorhersehbar
prévision [previzjɔ̃] *nf* : **en ~ de qch** in Erwartung einer Sache *gén*; **~s météorologiques** Wettervorhersage *f*
prévoir [prevwar] *vt* vorhersehen
prévoyance [prevwajɑ̃s] *nf* Vorsorge *f*; **société/caisse de ~** Rentenversicherung *f*/ Rentenfonds *m*
prévoyant, e [prevwajɑ̃, ɑ̃t] *adj* vorsorgend, vorausschauend
prier [prije] *vi* beten ▶ *vt* (*Dieu*) beten zu; (*personne*) inständig bitten; **~ qn de faire qch** jdn ersuchen *ou* bitten, etw zu tun; **je vous en prie** bitte
prière [prijɛr] *nf* (*Rel*) Gebet *nt*; (*demande instante*) Bitte *f*; **dire une ~/ses ~s** beten; **« ~ de sonner avant d'entrer »** „bitte erst läuten und dann eintreten"
primaire [primɛr] *adj* (*Scol*) Grundschul-; (*péj*) simpel ▶ *nm* (*Scol*) Grundschulausbildung *f*; **secteur ~** (*Écon*) Primarsektor *m*
prime [prim] *nf* Prämie *f*; (*cadeau*) Werbegeschenk *nt*
primer [prime] *vt* (*récompenser*) prämieren ▶ *vi* überwiegen; **~ sur qch** (*l'emporter sur*) einer Sache *dat* überlegen sein
primeur [primœr] *nf* : **avoir la ~ de qch** der/die Erste sein, der etw erfährt; **primeurs** *nfpl* (*fruits*) Frühobst *nt*; (*légumes*) Frühgemüse *nt*; **marchand de ~s** Obst- und Gemüsehändler *m*
primevère [primvɛr] *nf* Schlüsselblume *f*
primitif, -ive [primitif, iv] *adj* primitiv; (*forme, état, texte*) Ur-, ursprünglich
primo [primo] *adv* erstens
primordial, e, -aux [primɔrdjal, jo] *adj* wesentlich, unerlässlich
prince [prɛ̃s] *nm* Prinz *m*; **~ charmant** Märchenprinz *m*
principal, e, -aux [prɛ̃sipal, o] *adj* Haupt- ▶ *nm* (*essentiel*) das

Wesentliche; (*d'un collège*) Rektor *m* • **principalement** *adv* hauptsächlich
principauté [pʀɛ̃sipote] *nf*: **la ~ de Monaco/du Liechtenstein** das Fürstentum Monaco/ Liechtenstein
principe [pʀɛ̃sip] *nm* Prinzip *nt*; (*d'une discipline, d'une science*) Grundsatz *m*; **par ~** aus Prinzip; **pour le ~** aus Prinzip; **en ~** im Prinzip
printemps [pʀɛ̃tɑ̃] *nm* Frühling *m*, Frühjahr *nt*
prioritaire [pʀijɔʀitɛʀ] *adj* (*personne, industrie*) bevorrechtigt; (*véhicule*) mit Vorfahrt; (*Inform*) mit Vorrang
priorité [pʀijɔʀite] *nf*: **avoir la ~ (sur)** (*Auto*) Vorfahrt haben (vor +*dat*); **en ~** vorrangig, zuerst; **~ à droite** rechts vor links
pris, e [pʀi, pʀiz] *pp de* **prendre** ▸ *adj* (*place*) besetzt; (*journée, mains*) voll; (*personne*) beschäftigt
prise [pʀiz] *nf* (*Pêche*) Fang *m*; (*Élec*) Steckdose *f*; **lâcher ~** loslassen; **~ de sang** Blutabnahme *f*; **~ de son** Tonaufnahme *f*; **~ de vue** Aufnahme *f*; **~ multiple** Mehrfachsteckdose *f*
priser [pʀize] *vt* (*prendre*) schnupfen
prison [pʀizɔ̃] *nf* Gefängnis *nt* • **prisonnier, -ière** *nm/f* (*détenu*) Häftling *m*, Gefangene(r) *f(m)* ▸ *adj* gefangen
privatisation [pʀivatizasjɔ̃] *nf* Privatisierung *f*
privatiser [pʀivatize] *vt* privatisieren
privé, e [pʀive] *adj* privat, Privat-; (*correspondance, vie*) persönlich; **~ de** ohne ▸ *nm* : **en ~** privat; **dans le ~** (*Écon : secteur*) im Privatsektor
priver [pʀive] *vt* (*droits*) jdm etw entziehen
privilège [pʀivilɛʒ] *nm* Privileg *nt* • **privilégié, e** *adj* privilegiert; (*favorisé*) begünstigt • **privilégier** *vt* (*personne*) bevorzugen; (*méthode, chose*) den Vorzug geben +*dat*
prix [pʀi] *nm* Preis *m*; **au ~ fort** zum Höchstpreis; **hors de ~** sehr teuer; **à aucun ~** um keinen Preis; **à tout ~** um jeden Preis
pro [pʀo] *nmf* (*fam*) (= *professionnel*) Profi *mf*
probabilité [pʀɔbabilite] *nf* Wahrscheinlichkeit *f* • **probable** *adj* wahrscheinlich • **probablement** *adv* wahrscheinlich
probant, e [pʀɔbɑ̃, ɑ̃t] *adj* beweiskräftig, überzeugend
probité [pʀɔbite] *nf* Redlichkeit *f*
problématique [pʀɔblematik] *adj* problematisch ▸ *nf* Problematik *f*
problème [pʀɔblɛm] *nm* Problem *nt*
procédé [pʀɔsede] *nm* Verfahren *nt*, Prozess *m*
procéder [pʀɔsede] *vi* (*agir*) vorgehen
procédure [pʀɔsedyʀ] *nf* Verfahrensweise *f*; **~ civile/pénale** Zivil-/Strafprozessordnung *f*
procès [pʀɔsɛ] *nm* Prozess *m*; **être en ~ avec qn** mit jdm prozessieren
processeur [pʀɔsesœʀ] *nm* Prozessor *m*
processus [pʀɔsesys] *nm* Prozess *m*
procès-verbal [pʀɔsɛvɛʀbal] (*pl* **procès-verbaux**) *nm* Protokoll *nt*; (*contravention*) Strafmandat *nt*

prochain, e [prɔʃɛ̃, ɛn] *adj* nächste(r, s); **la ~e fois** das nächste Mal; **la semaine ~e** nächste Woche • **prochainement** *adv* demnächst
proche [prɔʃ] *adj* nah; **~ de** nah bei • **Proche-Orient** *nm* : **le ~** der Nahe Osten *m*
proclamation [prɔklamasjɔ̃] *nf* Bekanntgabe *f*
proclamer [prɔklame] *vt* (*annoncer*) erklären, verkündigen; (*la république, un roi*) ausrufen, proklamieren; (*résultats d'un examen*) bekannt geben; (*son innocence etc*) erklären, beteuern
procuration [prɔkyrasjɔ̃] *nf* Vollmacht *f*
procurer [prɔkyre] *vt* (*fournir*) verschaffen; (*causer*) bereiten, machen; **se procurer** *vpr* sich *dat* verschaffen
procureur [prɔkyrœr] *nm* : **~ (de la République)** ≈ Staatsanwalt *m*
prodige [prɔdiʒ] *nm* Wunder *nt* • **prodigieux, -euse** *adj* fantastisch, wunderbar
prodigue [prɔdig] *adj* verschwenderisch; **le fils ~** der verlorene Sohn • **prodiguer** *vt* (*argent, biens etc*) vergeuden; **~ qch à qn** jdn überhäufen *ou* überschütten mit etw
producteur, -trice [prɔdyktœr, tris] *adj* : **~ de blé/pétrole** Weizen erzeugend/Öl produzierend ▸ *nm/f* (*de biens, denrées*) Hersteller(in) *m(f)*; (*Ciné, Radio, TV*) Produzent(in) *m(f)*
productif, -ive [prɔdyktif, iv] *adj* (*activité, sol*) fruchtbar, ertragreich; (*investissement, capital, personnel*) produktiv
production [prɔdyksjɔ̃] *nf* Produktion *f*, Erzeugung *f*
productivité [prɔdyktivite] *nf* Produktivität *f*
produire [prɔdɥir] *vt* erzeugen; (*entreprise*) produzieren, herstellen; (*vigne, terre*) hervorbringen ▸ *vi* Gewinn bringen, arbeiten; **se produire** *vpr* sich ereignen
produit, e [prɔdɥi] *nm* Produkt *nt*; **~ d'entretien** Putzmittel *nt*; **~ fini** Fertigprodukt *nt*; **~ national brut** Bruttosozialprodukt *nt*; **~ (pour la) vaisselle** Geschirrspülmittel *nt*; **~s de beauté** Kosmetika *pl*
prof [prɔf] *abr* (*fam*) = **professeur**
profane [prɔfan] *adj* (*Rel*) weltlich; (*non initié*) laienhaft
professer [prɔfese] *vt* (*déclarer*) bekunden; (*enseigner*) unterrichten
professeur [prɔfesœr] *nm* Lehrer(in) *m(f)*; (*à l'université*) Professor(in) *m(f)*
profession [prɔfesjɔ̃] *nf* Beruf *m*; **de ~** von Beruf • **professionnel, -le** *adj* Berufs-, beruflich ▸ *nm/f* Profi *m*; (*ouvrier*) Facharbeiter(in) *m(f)*
profil [prɔfil] *nm* Profil *nt*; **de ~** im Profil • **profiler** *vt* (*Tech*) stromlinienförmig machen; **se profiler** *vpr* sich abzeichnen
profit [prɔfi] *nm* (*avantage*) Nutzen *m*, Vorteil *m*; (*Comm*) Profit *m*, Gewinn *m* • **profitable** *adj* gewinnbringend, nützlich • **profiter** *vi* : **~ de** ausnutzen; **~ à qn/qch** jdm/einer Sache *dat* nutzen *ou* nützlich sein
profond, e [prɔfɔ̃, ɔ̃d] *adj* tief; (*esprit, écrivain, signification*) tiefsinnig • **profondément** *adv* (*creuser, pénétrer etc*) tief; (*choqué, convaincu etc*) vollkommen;

~ endormi fest eingeschlafen • **profondeur** *nf* Tiefe *f*
profusion [pʀɔfyzjɔ̃] *nf* Fülle *f*; **à ~** in Hülle und Fülle
progiciel [pʀɔʒisjɛl] *nm* (Software)paket *nt*
programmation [pʀɔgʀamasjɔ̃] *nf* (*Ciné, Radio, TV*) Programm *nt*; (*Inform*) Programmieren *nt*
programme [pʀɔgʀam] *nm* Programm *nt* • **programmer** *vt* (*Inform*) programmieren • **programmeur, -euse** *nm/f* Programmierer(in) *m(f)*
progrès [pʀɔgʀɛ] *nm* Fortschritt *m* • **progresser** *vi* vorrücken, vordringen; (*élève, recherche*) Fortschritte machen • **progressif, -ive** *adj* (*impôt, taux*) progressiv; (*développement*) fortschreitend; (*difficulté*) zunehmend • **progression** *nf* Entwicklung *f*; (*d'une armée*) Vorrücken *nt*; (*Math*) Progression *f*
prohiber [pʀɔibe] *vt* verbieten
prohibitif, -ive [pʀɔibitif, iv] *adj* (*tarifs, prix*) unerschwinglich
proie [pʀwɑ] *nf* Beute *f*; **être en ~ à** leiden unter *+dat*
projecteur [pʀɔʒɛktœʀ] *nm* Projektor *m*; (*de théâtre, cirque*) Scheinwerfer *m*
projectile [pʀɔʒɛktil] *nm* Geschoss *nt*
projection [pʀɔʒɛksjɔ̃] *nf* (*de film, photos*) Vorführen *nt*; **conférence avec ~** Diavortrag *m*
projet [pʀɔʒɛ] *nm* Plan *m*; (*ébauche*) Entwurf *m* • **projeter** *vt* (*envisager*) planen; (*film, photos*) projizieren, vorführen
prolifération [pʀɔlifeʀasjɔ̃] *nf* Vermehrung *f*, Verbreitung *f*
prolifique [pʀɔlifik] *adj* fruchtbar
prolo [pʀolo] *nmf* (*fam*) Prolo *mf*
prolongation [pʀɔlɔ̃gasjɔ̃] *nf* Verlängerung *f*; **jouer les ~s** (*Sport*) in die Verlängerung gehen
prolongement [pʀɔlɔ̃ʒmɑ̃] *nm* Verlängerung *f*; **prolongements** *nmpl* Folgen *pl*, Auswirkungen *pl*; **dans le ~ de** weiterführend von • **prolonger** *vt* verlängern; (*rue, voie ferrée, piste*) weiterführen; (*être dans le prolongement de*) die Verlängerung sein von; **se prolonger** *vpr* (*leçon, repas, effet*) andauern; (*route, chemin*) weitergehen
promenade [pʀɔm(ə)nad] *nf* Spaziergang *m*; (*en voiture, à vélo*) Spazierfahrt *f*
promener [pʀɔm(ə)ne] *vt* spazieren führen; **se promener** *vpr* spazieren gehen; (*en voiture*) spazieren fahren • **promeneur, -euse** *nm/f* Spaziergänger(in) *m(f)*
promesse [pʀɔmɛs] *nf* Versprechen *nt*
promettre [pʀɔmɛtʀ] *vt* versprechen ▶ *vi* (*enfant, musicien etc*) vielversprechend sein
promo [pʀɔmo] *nf* (*fam : Scol*) Jahrgang *m*
promoteur, -trice [pʀɔmɔtœʀ, tʀis] *nm/f* (*instigateur*) Initiator(in) *m(f)*; **~ (immobilier)** (Immobilien)makler(in) *m(f)*
promotion [pʀɔmosjɔ̃] *nf* (*avancement*) Beförderung *f* • **promotionnel, le** *adj* Werbe-
promouvoir [pʀɔmuvwaʀ] *vt* (*personne*) befördern; (*politique, réforme, recherche*) fördern, sich einsetzen für
prompt, e [pʀɔ̃(pt), pʀɔ̃(p)t] *adj* schnell
prompteur [pʀɔ̃ptœʀ] *nm* Teleprompter *m*
promulguer [pʀɔmylge] *vt* erlassen

pronom [pʀɔnɔ̃] *nm* Pronomen *nt*
prononcé, e [pʀɔnɔ̃se] *adj* ausgeprägt
prononcer [pʀɔnɔ̃se] *vt* aussprechen; (*discours*) sprechen; **se prononcer** *vpr* (*se décider*) sich entscheiden; **ça se prononce comment ?** wie spricht man das aus? • **prononciation** *nf* Aussprache *f*
pronostic [pʀɔnɔstik] *nm* Prognose *f*
propagande [pʀɔpagɑ̃d] *nf* Propaganda *f*
propager [pʀɔpaʒe] *vt* verbreiten; **se propager** *vpr* sich ausbreiten
propane [pʀɔpan] *nm* Propan *nt*
prophète, prophétesse [pʀɔfɛt, pʀɔfetɛs] *nm/f* Prophet(in) *m(f)*
propice [pʀɔpis] *adj* günstig
proportion [pʀɔpɔʀsjɔ̃] *nf* (*relation*) Verhältnis *nt*; **proportions** *nfpl* Proportionen *pl*
proportionnel, le [pʀɔpɔʀsjɔnɛl] *adj* proportional, anteilmäßig; **~ à** proportional zu; **représentation ~le** Verhältniswahlrecht *nt*
propos [pʀɔpo] *nm* (*paroles*) Worte *pl*; **à quel ~ ?** in welcher Angelegenheit?; **à ~ de** bezüglich *+gén*
proposer [pʀɔpoze] *vt* (*suggérer*) vorschlagen; (*offrir*) anbieten • **proposition** *nf* (*offre*) Angebot *nt*; (*suggestion*) Vorschlag *m*
propre [pʀɔpʀ] *adj* sauber; (*intensif possessif*) eigene(r, s); **~ à** (*particulier*) typisch für, eigen *+dat* • **proprement** *adv* (*avec propreté*) sauber, ordentlich; **à ~ parler** eigentlich, streng genommen • **propreté** *nf* Sauberkeit *f*
propriétaire [pʀɔpʀijetɛʀ] *nmf* Besitzer(in) *m(f)*
propriété [pʀɔpʀijete] *nf* (*Jur*) Besitz *m*; (*immeuble, objet etc*) Eigentum *nt*
propulser [pʀɔpylse] *vt* (*missile, engin*) antreiben; (*projeter*) schleudern • **propulsion** *nf* Antrieb *m*
prorata [pʀɔʀata] *nm inv* : **au ~ de** im Verhältnis zu
proscrire [pʀɔskʀiʀ] *vt* (*bannir*) verbannen; (*interdire*) verbieten
prose [pʀoz] *nf* Prosa *f*
prospecter [pʀɔspɛkte] *vt* (*terrain*) nach Bodenschätzen suchen in *dat*; (*Comm*) erforschen
prospectus [pʀɔspɛktys] *nm* Prospekt *m*
prospère [pʀɔspɛʀ] *adj* (*année, période*) erfolgreich; (*finances, entreprise*) florierend, gut gehend
prospérer [pʀɔspeʀe] *vi* gut gedeihen; (*entreprise, ville, science*) blühen, florieren
prospérité [pʀɔspeʀite] *nf* Wohlstand *m*
prostate [pʀɔstat] *nf* Prostata *f*
prostitué, e [pʀɔstitɥe] *nm/f* Prostituierte(r) *f(m)*
prostitution [pʀɔstitysjɔ̃] *nf* Prostitution *f*
protagoniste [pʀɔtagɔnist] *nm* Protagonist *m*
protecteur, -trice [pʀɔtɛktœʀ, tʀis] *adj* beschützend; (*régime, système*) Schutz- ▶ *nm/f* Beschützer(in) *m(f)*
protection [pʀɔtɛksjɔ̃] *nf* Schutz *m*; **~ de l'environnement** Umweltschutz *m*
protégé, e [pʀɔteʒe] *nm/f* Schützling *m*, Protegé *m* • **protéger** *vt* schützen; (*physiquement*) beschützen; (*intérêt, liberté*) wahren; (*Inform*) sichern; **se protéger** *vpr* : **se ~ de**

qch/contre qch sich vor etw *dat*/ gegen etw schützen **•protège-slip** (*pl* **protège-slips**) *nm* Slipeinlage *f*
protéine [pʀɔtein] *nf* Protein *nt*
protestant, e [pʀɔtɛstɑ̃, ɑ̃t] *adj* protestantisch ▸*nm/f* Protestant(in) *m(f)*
protestation [pʀɔtɛstasjɔ̃] *nf* (*plainte*) Protest *m* **•protester** *vi* protestieren
prothèse [pʀɔtɛz] *nf* (*appareil*) Prothese *f*; **~ dentaire** Gebiss *nt*
protocole [pʀɔtɔkɔl] *nm* Protokoll *nt*; **~ d'accord** Vereinbarungsprotokoll *nt*; **~ de transfert** (*Inform*) Übertragungsprotokoll *nt*
prototype [pʀɔtɔtip] *nm* Prototyp *m*
proue [pʀu] *nf* Bug *m*
prouesse [pʀuɛs] *nf* (*acte de courage*) Heldentat *f*; (*exploit*) Kunststück *nt*, Meisterleistung *f*
prouver [pʀuve] *vt* beweisen
provenance [pʀɔv(ə)nɑ̃s] *nf* Herkunft *f*, Ursprung *m*; **avion/ train en ~ de** Flugzeug *nt*/Zug *m* aus
provençal, e, -aux [pʀɔvɑ̃sal, o] *adj* provenzalisch **•Provence** *nf*: **la ~** die Provence
provenir [pʀɔv(ə)niʀ] *vi*: **~ de** (*venir de*) (her)kommen aus; (*tirer son origine de*) stammen von; (*résulter de*) kommen von
proverbe [pʀɔvɛʀb] *nm* Sprichwort *nt*
providence [pʀɔvidɑ̃s] *nf* Vorsehung *f*
providentiel, le [pʀɔvidɑ̃sjɛl] *adj* glücklich, unerwartet
province [pʀɔvɛ̃s] *nf* Provinz *f*; **Paris et la ~** Paris und das übrige Frankreich **•provincial, e, -aux** *adj* Provinz-; (*péj*) provinzlerisch
proviseur [pʀɔvizœʀ] *nm* (*Scol*) Direktor *m*
provision [pʀɔvizjɔ̃] *nf* Vorrat *m*; (*acompte*) Anzahlung *f*, Vorschuss *m*; **provisions** *nfpl* Vorräte *pl*; **faire ~ de qch** einen Vorrat von etw anlegen
provisoire [pʀɔvizwaʀ] *adj* vorläufig **•provisoirement** *adv* vorläufig
provocant, e [pʀɔvɔkɑ̃, ɑ̃t] *adj* provozierend **•provocation** *nf* Provokation *f* **•provoquer** *vt* (*inciter*) provozieren; (*défier*) herausfordern; (*causer*) hervorrufen; (*révolte, troubles*) verursachen
proximité [pʀɔksimite] *nf* Nähe *f*; **à ~ (de)** in der Nähe (von)
prude [pʀyd] *adj* prüde
prudence [pʀydɑ̃s] *nf* Vorsicht *f*, Umsicht *f*; **par (mesure de) ~** als Vorsichtsmaßnahme **•prudent, e** *adj* vorsichtig; (*sage*) umsichtig
prune [pʀyn] *nf* Pflaume *f* **•pruneau, x** *nm* Backpflaume *f*
prunelle [pʀynɛl] *nf* (*de l'œil*) Pupille *f*
prunier [pʀynje] *nm* Pflaumenbaum *m*
Prusse [pʀys] *nf*: **la ~** Preußen *nt*
PS [peɛs] *sigle m* (= *parti socialiste*) sozialistische Partei *f*; (= *post-scriptum*) PS *nt*
psaume [psom] *nm* Psalm *m*
pseudonyme [psødɔnim] *nm* Pseudonym *nt*
psychanalyse [psikanaliz] *nf* Psychoanalyse *f* **•psychanalyste** *nmf* Psychoanalytiker(in) *m(f)*
psychiatre [psikjatʀ] *nmf* Psychiater(in) *m(f)*
psychiatrie [psikjatʀi] *nf* Psychiatrie *f*

psychiatrique [psikjatʀik] *adj* psychiatrisch
psychique [psiʃik] *adj* psychisch
psychologie [psikɔlɔʒi] *nf* Psychologie *f*; (*intuition*) Menschenkenntnis *f* • **psychologique** *adj* psychologisch; (*psychique*) psychisch • **psychologue** *nmf* Psychologe *m*, Psychologin *f*
psychopathe [psikɔpat] *nmf* Psychopath(in) *m(f)*
psychose [psikoz] *nf* Psychose *f*
psychosomatique [psikosɔmatik] *adj* psychosomatisch • **psychothérapie** *nf* Psychotherapie *f* • **psychotique** *adj* psychotisch
puanteur [pɥɑ̃tœʀ] *nf* Gestank *m*
pub [pyb] *nf* (*fam*) (*publicité*) Werbung *f*
puberté [pybɛʀte] *nf* Pubertät *f*
pubis [pybis] *nm* Schambein *nt*
public, -ique [pyblik] *adj* öffentlich ▶ *nm* (*population*) Öffentlichkeit *f*; (*assistance*) Publikum *nt*; **en ~** öffentlich; **interdit au ~** für die Öffentlichkeit nicht zugänglich • **publication** *nf* Veröffentlichung *f*
publicitaire [pyblisitɛʀ] *adj* Werbe-
publicité [pyblisite] *nf* Werbung *f*; (*annonce*) Annonce *f*
publier [pyblije] *vt* veröffentlichen; (*éditeur*) herausgeben, herausbringen
publiphone® [pyblifɔn] *nm* Kartentelefon *nt*
puce [pys] *nf* Floh *m*; (*Inform*) Chip *m*; **les ~s**, **le marché aux ~s** der Flohmarkt
pudeur [pydœʀ] *nf* Schamhaftigkeit *f* • **pudique** *adj* (*chaste*) schamhaft; (*discret*) dezent, diskret
puer [pɥe] *vi* stinken
puéril, e [pɥeʀil] *adj* kindisch
puis [pɥi] *adv* dann
puiser [pɥize] *vt*: **~ qch dans qch** etw aus etw schöpfen; (*exemple, renseignement*) etw einer Sache *dat* entnehmen
puisque [pɥisk] *conj* da
puissance [pɥisɑ̃s] *nf* Macht *f*; (*de personnalité*) Stärke *f*; **en ~** potenziell • **puissant, e** *adj* mächtig; (*musculature*) stark
puits [pɥi] *nm* (*d'eau*) Brunnen *m*; (*de pétrole*) Bohrloch *nt*
pull [pyl], **pull-over** [pylɔvɛʀ] (*pl* **pull-overs**) *nm* Pullover *m*
pulluler [pylyle] *vi* wimmeln
pulmonaire [pylmɔnɛʀ] *adj* Lungen-
pulpe [pylp] *nf* Fleisch *nt*
punaise [pynɛz] *nf* (*Zool*) Wanze *f*; (*clou*) Reißzwecke *f*
punir [pyniʀ] *vt* bestrafen • **punition** *nf* Bestrafung *f*
pupille [pypij] *nf* (*Anat*) Pupille *f*; (*enfant*) Mündel *nt*
pupitre [pypitʀ] *nm* Pult *nt*
pur, e [pyʀ] *adj* rein; (*vin*) unverdünnt; (*whisky, gin*) pur; (*air, ciel*) klar
purée [pyʀe] *nf*: **~ (de pommes de terre)** Kartoffelbrei *m*, Kartoffelpüree *nt*; **~ de marrons** Kastanienpüree *nt*; **~ de pois** (*brouillard*) Waschküche *f*
pureté [pyʀte] *nf* Reinheit *f*
purgatif [pyʀgatif] *nm* Abführmittel *nt*
purgatoire [pyʀgatwaʀ] *nm* Fegefeuer *nt*
purger [pyʀʒe] *vt* (*conduite, radiateur etc*) entlüften; (*Méd*) entschlacken; (*peine*) verbüßen

purifier [pyʀifje] *vt* reinigen
puriste [pyʀist] *nmf* Purist(in) *m(f)*
pur-sang [pyʀsɑ̃] *nm inv* Vollblut *nt*
pus [py] *nm* Eiter *m*
pusillanime [pyzi(l)lanim] *adj* zaghaft, ängstlich
pustule [pystyl] *nf* Pustel *f*
putain [pytɛ̃] *(fam) nf* Hure *f*
putois [pytwa] *nm* Iltis *m*
putsch [putʃ] *nm* Putsch *m*
puzzle [pœzl] *nm* Puzzle *nt*
PV [peve] *sigle m* = **procès-verbal**
pyjama [piʒama] *nm* Schlafanzug *m*
pylône [pilon] *nm (d'un pont)* Pfeiler *m*; *(mât, poteau)* Mast *m*
pyramide [piʀamid] *nf* Pyramide *f*
Pyrénées [piʀene] *nfpl* : **les ~** die Pyrenäen *pl*
pyrex® [piʀɛks] *nm* Jenaer Glas® *nt*
pyromane [piʀɔman] *nmf* Pyromane *m*, Pyromanin *f*
python [pitɔ̃] *nm* Python(schlange *f*) *m*

q

Qatar [kataʀ] *nm* : **le ~** Katar *nt*
QCM [kyseɛm] *sigle m (= questions à choix multiples)* Multiple-Choice-Test *m*
QI [kyi] *sigle m (= quotient intellectuel)* IQ *m*
quadragénaire [k(w)adʀaʒenɛʀ] *nmf* Person *f* in den Vierzigern
quadrangulaire [k(w)adʀɑ̃gylɛʀ] *adj* viereckig
quadrilatère [k(w)adʀilatɛʀ] *nm* Viereck *nt*
quadrupède [k(w)adʀypɛd] *nm* Vierfüßer *m* ▶ *adj* vierfüßig
quadruple [k(w)adʀypl] *adj* vierfach ▶ *nm* : **le ~ de** das Vierfache von • **quadrupler** *vt* vervierfachen
quai [ke] *nm (d'un port)* Kai *m*; *(d'une gare)* Bahnsteig *m*; *(d'un cours d'eau)* Uferstraße *f*; **être à ~** im Hafen liegen
qualificatif, -ive [kalifikatif, iv] *adj (Ling)* erläuternd ▶ *nm (terme)* Bezeichnung *f*
qualification [kalifikasjɔ̃] *nf* nähere Bestimmung *f*; *(aptitude)* Qualifikation *f*, Befähigung *f*; *(Sport)* Qualifikation *f*; **~ professionnelle** berufliche Qualifikation

qualifier [kalifje] *vt* näher bestimmen; (*appeler*) bezeichnen; **se qualifier** *vpr* (*Sport*) sich qualifizieren
qualitatif, -ive [kalitatif, iv] *adj* qualitativ
qualité [kalite] *nf* Qualität *f*; (*d'une personne*) (gute) Eigenschaft *f*
quand [kɑ̃] *conj, adv* wenn; **~ je serai riche** wenn ich (einmal) reich bin; **~ même** trotzdem
quant [kɑ̃t] *adv* : **~ à moi/cette affaire** was mich/diese Angelegenheit betrifft
quantitatif, -ive [kɑ̃titatif, iv] *adj* quantitativ
quantité [kɑ̃tite] *nf* Menge *f*, Quantität *f*
quarantaine [kaʀɑ̃tɛn] *nf* (*isolement*) Quarantäne *f*; **une ~ (de)** ungefähr vierzig; **avoir la ~** um die vierzig sein; **mettre en ~** unter Quarantäne stellen; (*fig*) schneiden
quarante [kaʀɑ̃t] *num* vierzig
quart [kaʀ] *nm* Viertel *nt*; **un ~ de vin** ein Viertel Wein; **le ~ de** ein Viertel von; **deux heures et ~** *ou* **un ~** Viertel nach zwei; **une heure moins le ~** Viertel vor eins; **~ d'heure** Viertelstunde *f*; **~s de finale** Viertelfinale *nt*
quartier [kaʀtje] *nm* Viertel *nt*
quartz [kwaʀts] *nm* Quarz *m*
quasi [kazi] *adv* quasi ▶ *préf* : **la ~-totalité de** fast die Gesamtheit *+gén* • **quasiment** *adv* fast
quatorze [katɔʀz] *num* vierzehn
quatre [katʀ] *num* vier; **à ~ pattes** auf allen vieren • **quatre-vingt-dix** *num* neunzig • **quatre-vingts** *num* achtzig • **quatrième** *num* vierte(r, s)
quatuor [kwatɥɔʀ] *nm* Quartett *nt*

MOT-CLÉ

que [kə] *conj* **1** (*après comparatif*) als; **plus grand ~** größer als
2 (*seulement*) : **ne ... ~** nur; **il ne boit ~ de l'eau** er trinkt nur Wasser
3 (*introduisant complétive*) dass; **il sait ~ tu es là** er weiß, dass du hier bist
4 (*temps*) : **il y a 4 ans qu'il est parti** es ist 4 Jahre her, dass er weggegangen ist, er ist nun schon 4 Jahre weg
5 (*reprise d'autres conjonctions*) : **quand il rentrera et qu'il aura mangé** wenn er zurück ist und gegessen hat; **si vous y allez ou ~ vous téléphoniez** wenn Sie dorthin gehen oder anrufen
6 (*en tête de phrase*) : **qu'il fasse ce qu'il voudra !** er soll doch machen, was er will!
▶ *adv* (*exclamation*) : **(qu'est-ce) qu'il est bête !** ist der dumm!; **~ de livres !** sind das viele Bücher!
▶ *pron* **1** (*relatif* : *personne*) den/die; (: *chose*) den/die/das; **le livre ~ tu lis** das Buch, das du liest; **l'homme ~ je vois** der Mann, den ich sehe; **la femme ~ je vois** die Frau, die ich sehe
2 (*interrogatif*) was; **~ fais-tu ?, qu'est-ce ~ tu fais ?** was machst du?; **je ne sais pas ~ faire** ich weiß nicht, was ich tun soll; **qu'est-ce ~ c'est ?** was ist das?

Québec [kebɛk] *nm* : **le ~** Quebec *nt* • **québécois, e** *adj* aus Quebec ▶ *nm/f* : **Q~, e** Bewohner(in) *m(f)* von Quebec

MOT-CLÉ

quel, quelle [kɛl] (*mpl* **quels**, *fpl* **quelles**) *adj* **1** (*interrogatif*) welche(r, s); (: *pluriel*) welche;

~ livre ? welches Buch?; **~s acteurs préfères-tu ?** welche Schauspieler magst du am liebsten?; **~ est ce livre ?** was ist das für ein Buch?
2 (*exclamatif*) : **~le surprise/ coïncidence !** so eine Überraschung/ein Zufall!
3 : **~ que soit le coupable** wer auch immer der Schuldige ist; **~ que soit votre avis** was auch immer Ihre Meinung ist, ganz gleich, was Ihre Meinung ist
▶ *pron interrogatif* welche(r,s); **de ces enfants, ~ est le plus intelligent ?** welches von diesen Kindern ist das intelligenteste?

quelconque [kɛlkɔ̃k] *adj* irgendein(e); (*sans attrait*) gewöhnlich

MOT-CLÉ

quelque [kɛlk] *adj* 1 (*avec pl*) einige; **il a ~s amis** er hat einige Freunde
2 (*avec sg*) einige(r, s); **cela fait ~ temps que je ne l'ai (pas) vu** ich habe ihn schon einige Zeit nicht mehr gesehen
3 (*pl avec article*) : **les ~s enfants/ livres qui ...** die paar *ou* wenigen Kinder/Bücher, die ...
4 : **~ livre qu'il choisisse** ganz gleich, welches Buch er auswählt; **~ temps qu'il fasse** ganz gleich *ou* egal, wie das Wetter ist
5 (*locutions*) : **~ chose** etwas; **~ chose d'autre** etwas anderes; **puis-je faire ~ chose pour vous ?** kann ich etwas für Sie tun?; **~ part** irgendwo; **en ~ sorte** gewissermaßen, sozusagen
▶ *adv* (*environ, à peu près*) etwa; **une rue de ~ 100 mètres** eine Straße von etwa 100 Metern (Länge); **20 kg et ~(s)** etwas über 20 Kilo
• **quelquefois** *adv* manchmal
• **quelques-uns, quelques-unes** *pron* einige, manche

quelqu'un, quelqu'une [kɛlkœ̃, yn] *pron* jemand; **~ d'autre** jemand anders *ou* anderer
quenelle [kənɛl] *nf* Klößchen *nt* (*aus Fleisch oder Fisch*)
querelle [kəʀɛl] *nf* Streit *m*
• **quereller** : **se ~** *vpr* sich streiten
• **querelleur, -euse** *adj* streitsüchtig, zankend
qu'est-ce que [kɛskə] *pron* was
question [kɛstjɔ̃] *nf* Frage *f*; **de quoi est-il ~ ?** worum geht es?; **il n'en est pas ~** das steht außer Frage • **questionnaire** *nm* Fragebogen *m* • **questionner** *vt* befragen, Fragen stellen *+dat*
quête [kɛt] *nf* (*collecte*) Sammlung *f*; (*recherche*) Suche *f*; **faire la ~** sammeln; **en ~ de** auf der Suche nach • **quêter** *vi* sammeln ▶ *vt* bitten um
queue [kø] *nf* Schwanz *m*; (*d'une casserole, d'un fruit, d'une feuille*) Stiel *m*; (*file de personnes*) Schlange *f*; **faire la ~** Schlange stehen

q

MOT-CLÉ

qui [ki] *pron* 1 (*interrogatif : sujet*) wer; **~ (est-ce ~) est venu ?** wer ist gekommen?
2 (*objet direct, après préposition avec accusatif*) wen; **~ as-tu vu ?** wen hast du gesehen?; **~ est-ce que tu as vu ?** wen hast du gesehen?; **pour ~ ?** für wen?
3 (*objet indirect, après préposition avec datif*) wem; **à ~ est ce sac ?** wem gehört diese Tasche?; **avec ~ parlais-tu ?** mit wem hast du gesprochen?

▶ *pron relatif* 1 (*sujet*) der/die/das; **la femme/fleur ~** die Frau/ Blume, die
2 (*après prép*) : **l'homme pour ~ je travaille** der Mann, für den ich arbeite
3 (*sans antécédent*) : **amenez ~ vous voulez** bringen Sie mit, wen Sie wollen

quiche [kiʃ] *nf* : **~ lorraine** Quiche *f* Lorraine
quiconque [kikɔ̃k] *pron* (*rel*) wer auch immer; (*indéf*) : **mieux que ~** besser als irgendein(e) anderer (andere)
quille [kij] *nf* Kegel *m*
quincaillerie [kɛ̃kajʀi] *nf* Eisen- und Haushaltswaren *pl*; (*magasin*) Eisen- und Haushaltswarenhandlung *f*
quinine [kinin] *nf* Chinin *nt*
quinquagénaire [kɛ̃kaʒenɛʀ] *nmf* Person *f* in den Fünfzigern
quinquennat [kɛ̃kəna] *nm* *fünfjährige Amtszeit des „Président de la République"*
quinzaine [kɛ̃zɛn] *nf* : **une ~ (de)** etwa fünfzehn; **une ~ (de jours)** vierzehn Tage *pl*
quinze [kɛ̃z] *num* fünfzehn; **dans ~ jours** in vierzehn Tagen
quiproquo [kipʀɔko] *nm* Missverständnis *nt*
quittance [kitɑ̃s] *nf* Quittung *f*
quitte [kit] *adj* : **être ~ envers qn** mit jdm quitt sein; **être ~ de qch** etw los sein; **~ à faire qch** selbst wenn das bedeutet, dass man etw tun muss
quitter [kite] *vt* verlassen; (*vêtement*) ausziehen; (*renoncer à*) aufgeben; **se quitter** *vpr* auseinandergehen; **ne quittez pas** (*Tél*) bleiben Sie am Apparat
qui-vive [kiviv] *nm inv* : **être sur le ~** auf der Hut sein

MOT-CLÉ

quoi [kwa] *pron interrog*
1 (*interrogation directe*) was; **~ de plus beau que ... ?** was ist schöner als ...?; **~ ?** was?; **~ de neuf ?** gibt es etwas Neues?
2 (*avec prép*) : **à ~ penses-tu ?** woran denkst du?; **en ~ puis-je vous aider ?** was kann ich für Sie tun?; **à ~ bon ?** wozu das Ganze?
3 (*interrogation indirecte*) : **dis-moi à ~ ça sert** sag mir, wozu das gut ist
▶ *pron rel* 1 was; **ce à ~ tu m'obliges** das, was du von mir verlangst; **merci — il n'y a pas de ~** danke — gern geschehen
2 (*locutions*) : **après ~** wonach; **sur ~** woraufhin; **sans ~** ansonsten; **comme ~** wie man sieht
3 : **~ que** : **~ qu'il arrive** was auch passiert; **~ qu'il en soit** wie dem auch sein mag
▶ *excl* : **~ !** was?

quoique [kwak] *conj* obwohl
quolibet [kɔlibɛ] *nm* spöttische Bemerkung *f*
quorum [k(w)ɔʀɔm] *nm* beschlussfähige Anzahl *f*, Quorum *nt*
quota [kɔta] *nm* Quote *f*
quote-part [kɔtpaʀ] (*pl* **quotes-parts**) *nf* Anteil *m*
quotidien, ne [kɔtidjɛ̃, jɛn] *adj* täglich; (*banal*) alltäglich ▶ *nm* (*journal*) Tageszeitung *f*
quotient [kɔsjɑ̃] *nm* Quotient *m*; **~ intellectuel** Intelligenzquotient *m*

r

rab [ʀab] *nm (fam)* Extraportion *f*
rabais [ʀabɛ] *nm* Rabatt *m*; **au ~** mit Rabatt
rabaisser [ʀabese] *vt* herabsetzen
rabat-joie [ʀabaʒwa] *nm inv/nf inv* Spielverderber(in) *m(f)*
rabattre [ʀabatʀ] *vt (couvercle, siège)* herunterklappen; **se rabattre** *vpr (bords, couvercle)* herunterfallen; **se ~ sur** vorliebnehmen mit
rabbin [ʀabɛ̃] *nm* Rabbiner *m*
rabot [ʀabo] *nm* Hobel *m* • **raboter** *vt* (ab)hobeln
rabougri, e [ʀabugʀi] *adj (végétal)* verkümmert; *(personne)* mickrig
racaille [ʀakɑj] *nf* Gesindel *nt*
raccommoder [ʀakɔmɔde] *vt* flicken, stopfen; *(fam : réconcilier)* (miteinander) versöhnen
raccompagner [ʀakɔ̃paɲe] *vt* zurückbringen
raccord [ʀakɔʀ] *nm (pièce)* Verbindungsstück *nt* • **raccordement** *nm* Verbindung *f* • **raccorder** *vt* verbinden
raccourci [ʀakuʀsi] *nm* Abkürzung *f*; *(fig : tour elliptique etc)* Verkürzung *f*; **en ~** kurz gesagt • **raccourcir** *vt* kürzen ▸ *vi (au lavage)* eingehen; *(jours)* kürzer werden
raccrocher [ʀakʀɔʃe] *vt* wieder aufhängen; *(récepteur)* auflegen ▸ *vi (Tél)* auflegen; **se raccrocher** *vpr* : **se ~ à** sich klammern an *+acc*
race [ʀas] *nf* Rasse *f*; *(origine)* Geschlecht *nt*; *(espèce)* Gattung *f*; **de ~** Rasse-
rachat [ʀaʃa] *nm* Rückkauf *m*; *(fig)* Sühne *f*
racheter [ʀaʃ(ə)te] *vt (acheter de nouveau)* wieder kaufen, noch einmal kaufen; *(acheter davantage de)* nachkaufen; *(acheter après avoir vendu)* zurückkaufen
racial, e, -aux [ʀasjal, jo] *adj* Rassen-
racine [ʀasin] *nf* Wurzel *f*
racisme [ʀasism] *nm* Rassismus *m* • **raciste** *adj* rassistisch ▸ *nmf* Rassist(in) *m(f)*
racket [ʀakɛt] *nm* Erpressung *f* • **racketteur** *nm* Erpresser *m*
racler [ʀɑkle] *vt (os, tache, boue)* abkratzen; *(casserole, plat)* auskratzen
raconter [ʀakɔ̃te] *vt* erzählen
radar [ʀadaʀ] *nm* Radar *m ou nt*
rade [ʀad] *nf (bassin)* Reede *f*; **en ~ de Toulon** im Hafen von Toulon
radeau, x [ʀado] *nm* Floß *nt*
radial, e, -aux [ʀadjal, jo] *adj* : **pneu à carcasse ~e** Gürtelreifen *m*
radiateur [ʀadjatœʀ] *nm* Heizkörper *m*; *(Auto)* Kühler *m*
radiation [ʀadjasjɔ̃] *nf (Phys)* Strahlung *f*
radical, e, -aux [ʀadikal, o] *adj* radikal ▸ *nm (Ling)* Stamm *m*; *(Math)* Wurzelzeichen *nt*; **le Parti ~** konservative politische Partei • **radicaliser** *vt* radikalisieren; **se radicaliser** *vpr* radikaler werden

radieux, -euse [Radjø, jøz] *adj* strahlend
radin, e [Radɛ̃, in] *adj (fam)* knauserig
radio [Radjo] *nf (appareil)* Radio(gerät) *nt*; *(Méd)* Röntgenaufnahme *f* ▸ *nm (personne)* Bordfunker *m*; **à la ~** im Radio; **passer une ~** geröntgt werden
radioactif, -ive [Radjoaktif, iv] *adj* radioaktiv • **radioactivité** *nf* Radioaktivität *f*
radioamateur [RadjoamatœR] *nm* Amateurfunker *m* • **radiocassette** *nf* Radiorekorder *m*
radiographie [RadjɔgRafi] *nf* Röntgenaufnahme *f* • **radiographier** *vt* röntgen
radiologie [Radjɔlɔʒi] *nf* Radiologie *f* • **radiologue** *nmf* Radiologe *m*, Radiologin *f*
radiophonique [Radjɔfɔnik] *adj (programme, émission)* Radio-; **jeu ~** Spielprogramm *nt*
radio-réveil [RadjoRevɛj] *(pl* **radios-réveils**) *nm* Radiowecker *m*
radio-taxi [Radjotaksi] *(pl* **radio-taxis**) *nm* Funktaxi *nt* • **radiotéléphone** *nm* Mobilfunk *m*
radis [Radi] *nm* Radieschen *nt*; **~ noir** Rettich *m*
radoter [Radɔte] *vi* faseln
rafale [Rafal] *nf (de vent)* Bö(e) *f*, Windstoß *m*
raffermir [RafɛRmiR] *vt* stärken
raffiné, e [Rafine] *adj (sucre, pétrole)* raffiniert; *(élégance, éducation)* erlesen; *(personne)* kultiviert • **raffiner** *vt (sucre, pétrole)* raffinieren • **raffinerie** *nf* Raffinerie *f*
raffoler [Rafɔle] : **~ de** *vt* ganz wild *ou* versessen sein auf *+acc*
rafle [Rɑfl] *nf* Razzia *f*
rafler [Rɑfle] *vt (fam)* an sich *acc* raffen
rafraîchir [RafReʃiR] *vt (atmosphère, température)* abkühlen; *(boisson, dessert)* kühlen; *(personne)* erfrischen; *(rénover)* auffrischen; **se rafraîchir** *vpr* sich abkühlen • **rafraîchissant, e** *adj* erfrischend • **rafraîchissement** *nm (de la température)* Abkühlung *f*; *(boisson)* Erfrischung *f*
rafting [Raftiŋ] *nm* Rafting *nt*
rage [Raʒ] *nf (Méd)* Tollwut *f*; *(fureur)* Wut *f*; **~ de dents** rasende Zahnschmerzen *pl* • **rageur, -euse** *adj* jähzornig
ragots [Rago] *nmpl (fam)* Klatsch *m*
ragoût [Ragu] *nm* Ragout *nt*
raid [Rɛd] *nm (Mil)* Überfall *m*; *(attaque aérienne)* Luftangriff *m*
raide [Rɛd] *adj* steif; *(cheveux)* glatt; *(tendu)* gespannt; *(escarpé)* steil ▸ *adv* : **tomber ~ mort** auf der Stelle tot umfallen
raidir [RediR] *vt (muscles, membres)* anspannen; *(câble, fil de fer)* straff anziehen; **se raidir** *vpr* sich anspannen; *(se montrer plus intransigeant)* sich verhärten
raie [Rɛ] *nf (Zool)* Rochen *m*; *(rayure)* Streifen *m*; *(des cheveux)* Scheitel *m*
raifort [RɛfɔR] *nm* Meerrettich *m*
rail [Rɑj] *nm* Schiene *f*; **par ~** per Bahn
railler [Rɑje] *vt* verspotten • **raillerie** *nf* Spott *m*
rainure [RenyR] *nf* Rille *f*
raisin [Rɛzɛ̃] *nm* Traube *f*; **~ blanc/noir** weiße/blaue Trauben *pl*; **~s secs** Rosinen *pl*
raison [Rɛzɔ̃] *nf (faculté)* Vernunft *f*, Verstand *m*; *(motif)* Grund *m*;

avoir ~ recht haben; **perdre la ~** den Verstand verlieren; **en ~ de** wegen *+gén ou dat*; **sans ~** grundlos
raisonnable [ʀɛzɔnabl] *adj* vernünftig
raisonnement [ʀɛzɔnmɑ̃] *nm* Überlegung *f*; *(argumentation)* Argumentation *f* • **raisonner** *vi* *(penser)* denken; *(argumenter)* argumentieren; *(discuter)* Einwände machen ▶ *vt (personne)* gut zureden *+dat*
rajeunir [ʀaʒœniʀ] *vt* jünger machen, verjüngen ▶ *vi* jünger aussehen
rajouter [ʀaʒute] *vt* hinzufügen
ralenti [ʀalɑ̃ti] *nm* : **au ~** *(Auto)* im Leerlauf • **ralentir** *vt* verlangsamen; **se ralentir** *vpr* langsamer werden • **ralentissement** *nm* Verlangsamung *f*
rallier [ʀalje] *vt (rassembler)* versammeln; *(rejoindre)* sich wieder anschließen *+dat*; **se rallier** *vpr* : **se ~ à** sich anschließen *+dat*
rallonge [ʀalɔ̃ʒ] *nf (de table)* Ausziehplatte *f*; *(Élec)* Verlängerungsschnur *f* • **rallonger** *vt* verlängern
rallye [ʀali] *nm* Rallye *f*
ramadan [ʀamadɑ̃] *nm (Rel)* Ramadan *m*
ramassage [ʀamɑsaʒ] *nm* : **~ scolaire** Schulbusdienst *m* • **ramasser** *vt* aufheben; *(recueillir)* einsammeln; *(récolter)* sammeln; *(: pommes de terre)* ernten
rambarde [ʀɑ̃baʀd] *nf* Geländer *nt*
rame [ʀam] *nf (aviron)* Ruder *nt*; *(de métro)* Zug *m*
rameau, x [ʀamo] *nm* Zweig *m*; **les R~x** Palmsonntag *m*
ramener [ʀam(ə)ne] *vt* zurückbringen; *(en voiture)* nach Hause fahren; *(rétablir)* wiederherstellen; **se ramener** *vpr* : **se ~ à** hinauslaufen auf *+acc*
ramer [ʀame] *vi* rudern
ramollir [ʀamɔliʀ] *vt* weich machen; **se ramollir** *vpr* weich werden
rampe [ʀɑ̃p] *nf (d'escalier)* (Treppen)geländer *nt*; *(dans un garage, Théâtre)* Rampe *f*
ramper [ʀɑ̃pe] *vi* kriechen
rancard [ʀɑ̃kaʀ] *nm (fam)* : **avoir ~ avec qn** sich mit jdm treffen
rancart [ʀɑ̃kaʀ] *nm (fam)* : **mettre au ~** ausrangieren
rance [ʀɑ̃s] *adj* ranzig
rancœur [ʀɑ̃kœʀ] *nf* Groll *m*
rançon [ʀɑ̃sɔ̃] *nf* Lösegeld *nt*
rancune [ʀɑ̃kyn] *nf* Groll *m*
randonnée [ʀɑ̃dɔne] *nf* Ausflug *m*, Wanderung *f* • **randonneur, -euse** *nm/f* Wanderer *m*, Wanderin *f*
rang [ʀɑ̃] *nm (rangée)* Reihe *f*; *(grade, position)* Rang *m*; **au premier/dernier ~** *(de sièges)* in der ersten/letzten Reihe
rangé, e [ʀɑ̃ʒe] *adj (personne)* ordentlich
rangée [ʀɑ̃ʒe] *nf* Reihe *f*
rangement [ʀɑ̃ʒmɑ̃] *nm* Aufräumen *nt*; *(classement)* Ordnen *nt*; **faire du ~** aufräumen
ranger [ʀɑ̃ʒe] *vt (classer)* ordnen; *(mettre à sa place)* wegräumen; *(: voiture)* parken; *(mettre de l'ordre dans)* aufräumen; *(disposer)* anordnen; **se ranger** *vpr (s'écarter)* ausweichen; *(se garer)* parken
ranimer [ʀanime] *vt* wiederbeleben; *(forces, courage, souvenirs)* wiederaufleben lassen; *(feu)* schüren

rapace [ʀapas] *nm* Raubvogel *m*
râpe [ʀɑp] *nf* (*Culin*) Reibe *f*, Raspel *f* • **râpé, e** *adj* (*Culin*) gerieben; (*vêtement, tissu*) abgeschabt • **râper** *vt* reiben, raspeln
rapide [ʀapid] *adj* schnell ▶ *nm* (*d'un cours d'eau*) Stromschnelle *f*; (*train*) Schnellzug *m* • **rapidement** *adv* schnell • **rapidité** *nf* Schnelligkeit *f*
rapiécer [ʀapjese] *vt* flicken
rappel [ʀapɛl] *nm* (*Théât etc*) Vorhang *m*; (*d'une aventure, d'un nom, d'une date*) Erinnerung *f*; (*sur écriteau*) Wiederholung *f* • **rappeler** *vt* zurückrufen; (*évoquer*) erinnern an +*acc*; **se rappeler** *vpr* : **se ~ que/de** sich erinnern, dass/an +*acc*
rapport [ʀapɔʀ] *nm* (*compte rendu*) Bericht *m*; (*: de médecin légiste, d'expert*) Gutachten *nt*; (*profit*) Ertrag *m*; (*lien*) Zusammenhang *m*; (*proportion*) Verhältnis *nt*; **rapports** *nmpl* Beziehungen *pl*; **être en ~ avec** im Zusammenhang stehen mit; **être en ~ avec qn** mit jdm in Verbindung stehen; **se mettre en ~ avec qn** sich mit jdm in Verbindung setzen; **par ~ à** im Vergleich zu; **~s (sexuels)** (Geschlechts)verkehr *m* • **rapporter** *vt* (*remettre à sa place, rendre*) zurückbringen; (*apporter davantage*) noch einmal bringen; (*revenir avec, ramener*) mitbringen; (*relater*) berichten ▶ *vi* (*investissement, propriété*) Gewinn abwerfen; **se ~ à** *vpr* sich beziehen auf +*acc*
rapprochement [ʀapʀɔʃmɑ̃] *nm* (*réconciliation*) Versöhnung *f*; (*analogie*) Parallele *f*
rapprocher [ʀapʀɔʃe] *vt* (*approcher*) heranrücken; (*deux objets*) zusammenrücken; (*personnes*) zusammenbringen; (*associer, comparer*) vergleichen, gegenüberstellen; **se rapprocher** *vpr* sich nähern; **se ~ de** sich nähern +*dat*; (*présenter une analogie avec*) vergleichbar sein mit
rapt [ʀapt] *nm* Entführung *f*
raquette [ʀakɛt] *nf* Schläger *m*
rare [ʀɑʀ] *adj* selten; (*cheveux, herbe*) dünn; **il est ~ que** es kommt selten vor, dass • **rarement** *adv* selten
RAS [ɛʀaɛs] *abr* (= *rien à signaler*) nichts zu berichten
ras, e [ʀɑ, ʀɑz] *adj* kurz geschoren; (*poil, herbe*) kurz ▶ *adv* (*couper*) kurz; **~ du cou** (*pull, robe*) mit rundem Halsausschnitt
raser [ʀɑze] *vt* (*barbe, cheveux*) abrasieren; (*menton, personne*) rasieren; (*fam : ennuyer*) langweilen; (*démolir*) dem Erdboden gleichmachen; **se raser** *vpr* sich rasieren; (*fam : s'ennuyer*) sich langweilen, sich mopsen
ras-le-bol [ʀɑ̃lbɔl] *nm* : **en avoir ~ (de qch)** (*fam*) (von etw) die Nase vollhaben
rasoir [ʀɑzwaʀ] *nm* : **~ électrique** Rasierapparat; **~ mécanique** Nassrasierer
rassemblement [ʀasɑ̃bləmɑ̃] *nm* Versammlung *f*; (*Mil*) Sammeln *nt*
rassembler [ʀasɑ̃ble] *vt* versammeln; (*regrouper, accumuler*) (an)sammeln; **se rassembler** *vpr* sich versammeln
rassis, e [ʀasi, iz] *adj* (*pain, brioche*) altbacken
rassurant, e [ʀasyʀɑ̃, ɑ̃t] *adj* beruhigend
rassurer [ʀasyʀe] *vt* beruhigen

rat [Ra] *nm* Ratte *f*
ratatiné, e [Ratatine] *adj* runzelig
rate [Rat] *nf* (*Anat*) Milz *f*
raté, e [Rate] *adj* (*tentative, opération*) misslungen; (*spectacle*) missraten ▶ *nm/f* (*personne*) Versager(in) *m(f)* ▶ *nm* (*Auto*) Fehlzündung *f*
râteau, x [Rɑto] *nm* Rechen *m*
rater [Rate] *vi* (*affaire, projet etc*) fehlschlagen, schiefgehen ▶ *vt* (*cible, balle*) verfehlen; (*train, occasion*) verpassen
ratification [Ratifikasjɔ̃] *nf* Ratifizierung *f*
ratifier [Ratifje] *vt* ratifizieren
ration [Rasjɔ̃] *nf* Ration *f*; (*fig*) Teil *m* • **rationaliser** *vt* rationalisieren
rationnel, le [Rasjɔnɛl] *adj* rational; (*procédé, méthode*) rationell
rationnement [Rasjɔnmɑ̃] *nm* Rationierung *f*
RATP [ɛRatepe] *sigle f* (= *Régie autonome des transports parisiens*) *Pariser Verkehrsverbund*
rattacher [Rataʃe] *vt* (*animal*) wieder anbinden; (*cheveux*) wieder festbinden; **se ~ à** *vpr* (*avoir un lien avec*) verbunden sein mit
rattraper [RatRape] *vt* (*fugitif, animal*) wieder einfangen; (*empêcher de tomber*) auffangen; (*rejoindre*) einholen; **se rattraper** (*de temps perdu*) aufholen
rature [RatyR] *nf* Korrektur *f*
rauque [Rok] *adj* heiser, rau
ravager [Ravaʒe] *vt* verwüsten; (*maladie, chagrin etc*) verheeren • **ravages** *nmpl* Verwüstung *f*
ravaler [Ravale] *vt* (*mur, façade*) restaurieren; (*déprécier*) erniedrigen; (*avaler de nouveau*) (wieder) hinunterschlucken
rave [Rav] *nf* (*légume*) Rübe *f*
ravi, e [Ravi] *adj* begeistert; **être ~ de/que** hocherfreut sein über +*acc*/darüber, dass
ravin [Ravɛ̃] *nm* Schlucht *f*
ravir [RaviR] *vt* (*enchanter*) hinreißen; (*enlever de force*) rauben
raviser [Ravize] : **se ~** *vpr* seine Meinung ändern
ravissant, e [Ravisɑ̃, ɑ̃t] *adj* hinreißend, entzückend
ravisseur, -euse [RavisœR, øz] *nm/f* Entführer(in) *m(f)*
ravitaillement [Ravitajmɑ̃] *nm* Versorgung *f*; (*provisions*) Vorräte *pl* • **ravitailler** *vt* versorgen; (*véhicule*) auftanken; **se ravitailler** *vpr* sich versorgen
raviver [Ravive] *vt* (*feu, flamme*) neu beleben; (*couleurs*) auffrischen
rayé, e [Reje] *adj* gestreift; (*éraflé*) zerkratzt • **rayer** *vt* (*érafler*) zerkratzen; (*barrer, radier*) streichen
rayon [Rɛjɔ̃] *nm* Strahl *m*; (*d'une roue*) Speiche *f*; (*étagère*) Regal *nt*; (*de grand magasin*) Abteilung *f*; **dans un ~ de** in einem Umkreis von; **~ de soleil** (*aussi fig*) Sonnenstrahl *m*; **~s X** Röntgenstrahlen *pl*
rayonnement [Rɛjɔnmɑ̃] *nm* Strahlung *f*; (*fig*) Einfluss *m* • **rayonner** *vi* (*chaleur, énergie*) ausgestrahlt werden; (*être radieux*) strahlen
rayure [RejyR] *nf* (*motif*) Streifen *m*; (*éraflure*) Schramme *f*, Kratzer *m*; **à ~s** gestreift
raz-de-marée [Rɑdmare] *nm inv* Flutwelle *f*; (*fig*) Welle *f*
razzia [Ra(d)zja] *nf* Razzia *f*
ré [Re] *nm* (*Mus*) D *nt*
réacteur [ReaktœR] *nm* : **~ nucléaire** (Kern- *ou* Atom)reaktor *m*

r

réaction [ʀeaksjɔ̃] *nf* Reaktion *f*; **avion/moteur à ~** Düsenflugzeug *nt*/Düsentriebwerk *nt*; **~ en chaîne** Kettenreaktion *f*
réactionnaire [ʀeaksjɔnɛʀ] *adj* reaktionär
réagir [ʀeaʒiʀ] *vi* reagieren; **~ à/ contre** reagieren auf +*acc*; **~ sur** sich auswirken auf +*acc*
réalisateur, -trice [ʀealizatœʀ, tʀis] *nm/f* Regisseur(in) *m(f)*
réalisation [ʀealizasjɔ̃] *nf* Verwirklichung *f*, Erfüllung *f* • **réaliser** *vt* (*projet*) verwirklichen; (*rêve, souhait*) wahr machen, erfüllen; (*exploit*) vollbringen; (*comprendre*) begreifen; **se réaliser** *vpr* (*projet*) verwirklicht werden
réaliste [ʀealist] *adj* realistisch ▶ *nmf* Realist(in) *m(f)*
réalité [ʀealite] *nf* Realität *f*; **en ~** in Wirklichkeit; **dans la ~** in der Wirklichkeit
réanimation [ʀeanimasjɔ̃] *nf* Wiederbelebung *f*; **service de ~** Intensivstation *f*
réarmement [ʀeaʀməmɑ̃] *nm* Wiederbewaffnung *f*
rébarbatif, -ive [ʀebaʀbatif, iv] *adj* abstoßend
rebattu, e [ʀ(ə)baty] *adj* abgedroschen
rebelle [ʀəbɛl] *nmf* Rebell(in) *m(f)* ▶ *adj* (*troupes*) aufständisch; (*enfant, mèche etc*) widerspenstig; **~ à** (*un art, un sujet*) nicht zugänglich für
rebeller [ʀ(ə)bele]: **se ~** *vpr* rebellieren
rébellion [ʀebeljɔ̃] *nf* Rebellion *f*, Aufruhr *m*
reboisement [ʀ(ə)bwazmɑ̃] *nm* Aufforsten *nt*
rebord [ʀ(ə)bɔʀ] *nm* Rand *m*
rebours [ʀ(ə)buʀ]: **à ~** *adv* (*brosser, caresser*) gegen den Strich; (*comprendre etc*) verkehrt
rebrousser [ʀ(ə)bʀuse] *vt*: **~ chemin** kehrtmachen, umkehren
rebuter [ʀ(ə)byte] *vt* (*suj*) abschrecken
récalcitrant, e [ʀekalsitʀɑ̃, ɑ̃t] *adj* störrisch
recaler [ʀ(ə)kale] *vt* (*Scol*) durchfallen lassen
récemment [ʀesamɑ̃] *adv* kürzlich
recensement [ʀ(ə)sɑ̃smɑ̃] *nm* Volkszählung *f*
recenser [ʀ(ə)sɑ̃se] *vt* (*population*) zählen; (*inventorier*) auflisten
récent, e [ʀesɑ̃, ɑ̃t] *adj* neu
récépissé [ʀesepise] *nm* Empfangsbescheinigung *f*
récepteur, -trice [ʀesɛptœʀ, tʀis] *adj* Empfangs- ▶ *nm* (*Radio, TV*) Apparat *m*, Empfänger *m*
réception [ʀesɛpsjɔ̃] *nf* Empfang *m*
récession [ʀesesjɔ̃] *nf* Rezession *f*
recette [ʀ(ə)sɛt] *nf* (*Culin, fig*) Rezept *nt*; **recettes** *nfpl* (*Comm*) Einnahmen *pl*
receveur, -euse [ʀ(ə)səvœʀ, øz] *nm/f* (*des contributions*) Eintreiber(in) *m(f)*; (*des postes*) Vorsteher(in) *m(f)*; (*d'autobus*) Schaffner(in) *m(f)*
recevoir [ʀ(ə)səvwaʀ] *vt* erhalten, bekommen; (*accueillir*) empfangen ▶ *vi* Gäste empfangen
rechange [ʀ(ə)ʃɑ̃ʒ] *nf*: **de ~** Reserve-
recharge [ʀ(ə)ʃaʀʒ] *nf* (*de briquet*) Nachfüllpatrone *f*; (*de stylo*) Tintenpatrone *f* • **recharger** *vt* (*camion*) wieder beladen; (*appareil de photo*) laden;

(*briquet, stylo*) nachfüllen; (*batterie*) wiederaufladen
réchaud [reʃo] *nm* Rechaud *m*, Stövchen *nt*
réchauffement [reʃofmɑ̃] *nm* : **le ~ climatique** die globale Erwärmung
réchauffer [reʃofe] *vt* aufwärmen; **se réchauffer** *vpr* (*personne*) sich aufwärmen; (*température*) wieder wärmer werden
recherche [ʀ(ə)ʃɛʀʃ] *nf* Suche *f*; (*scientifique*) Forschung *f*; **recherches** *nfpl* (*de la police*) Nachforschungen *pl* • **recherché, e** *adj* begehrt, gesucht; (*raffiné*) erlesen • **rechercher** *vt* suchen
rechute [ʀ(ə)ʃyt] *nf* Rückfall *m*
récidiviste [ʀesidivist] *nmf* Wiederholungstäter(in) *m(f)*
récif [ʀesif] *nm* Riff *nt*
récipient [ʀesipjɑ̃] *nm* Behälter *m*
réciproque [ʀesipʀɔk] *adj* gegenseitig; (*Ling*) reflexiv
récit [ʀesi] *nm* Erzählung *f*
récital [ʀesital] *nm* Konzert *nt*
réciter [ʀesite] *vt* vortragen; (*péj*) herunterleiern
réclamation [ʀeklamasjɔ̃] *nf* Reklamation *f*, Beschwerde *f*; **service des ~s** Beschwerdeabteilung *f*
réclame [ʀeklam] *nf* : **article en ~** Sonderangebot *nt*
réclamer [ʀeklame] *vt* verlangen; (*nécessiter*) erfordern ▶ *vi* (*protester*) sich beschweren
réclusion [ʀeklyzjɔ̃] *nf* (*Jur*) Freiheitsstrafe *f*
recoin [ʀəkwɛ̃] *nm* verborgener Winkel *m*; (*fig*) geheimer Winkel
récolte [ʀekɔlt] *nf* Ernte *f* • **récolter** *vt* ernten
recommandation [ʀ(ə)kɔmɑ̃dasjɔ̃] *nf* Empfehlung *f* • **recommandé, e** *adj* empfohlen; **en ~** eingeschrieben • **recommander** *vt* empfehlen; (*envoi*) als Einschreiben schicken
recommencer [ʀ(ə)kɔmɑ̃se] *vt* wieder anfangen; (*refaire*) noch einmal anfangen ▶ *vi* wieder anfangen
récompense [ʀekɔ̃pɑ̃s] *nf* Belohnung *f* • **récompenser** *vt* belohnen
recomposé, e [ʀəkɔ̃poze] *adj* : **famille ~e** neue Familienkonstellation *f* mit Scheidungskindern
réconciliation [ʀekɔ̃siljasjɔ̃] *nf* Versöhnung *f* • **réconcilier** *vt* versöhnen
reconduire [ʀ(ə)kɔ̃dɥiʀ] *vt* (*à la maison*) nach Hause bringen
réconforter [ʀekɔ̃fɔʀte] *vt* (*consoler*) trösten
reconnaissance [ʀ(ə)kɔnɛsɑ̃s] *nf* (*gratitude*) Dankbarkeit *f*; (*de gouvernement, pays*) Anerkennung *f* • **reconnaissant, e** *adj* dankbar; **je vous serais ~ de bien vouloir faire qch** ich wäre Ihnen sehr dankbar, wenn Sie etw tun könnten
reconnaître [ʀ(ə)kɔnɛtʀ] *vt* erkennen; (*pays, enfant, valeur etc*) anerkennen; (*Mil*) erkunden; **~ que** zugeben *ou* zugestehen, dass; **~ qn/qch à** jdn/etw erkennen an +*dat*
reconnu, e [ʀ(ə)kɔny] *adj* anerkannt
reconstituer [ʀ(ə)kɔ̃stitɥe] *vt* (*fortune, patrimoine*) wiederherstellen; (*tissus etc*) erneuern
record [ʀ(ə)kɔʀ] *nm* Rekord *m* ▶ *adj* Rekord-; **~ du monde** Weltrekord *m*

recourbé, e [R(ə)kuRbe] *adj* gebogen, krumm
recourir [R(ə)kuRiR] *vi* : **~ à** sich wenden an *+acc*; *(force, ruse, emprunt)* zurückgreifen auf *+acc* • **recours** *nm* : **le ~ à la violence** die Gewaltanwendung *f*; **le ~ à la ruse** die Verwendung einer List; **avoir ~ à** sich wenden an *+acc*; **en dernier ~** als letzter Ausweg
recouvrer [R(ə)kuvRe] *vt* *(retrouver)* wiedererlangen; *(impôts, créance)* eintreiben, einziehen
récréation [RekReasjɔ̃] *nf* *(détente)* Erholung *f*; *(Scol)* Pause *f*
recruter [R(ə)kRyte] *vt* *(personnel, collaborateurs)* einstellen; *(clients, partisans, adeptes)* anwerben
rectangle [Rɛktɑ̃gl] *nm* Rechteck *nt* • **rectangulaire** *adj* rechteckig
rectifier [Rɛktifje] *vt* *(calcul, compte, adresse)* berichtigen; *(erreur, faute)* richtigstellen
rectiligne [Rɛktiliɲ] *adj* gerade (verlaufend); *(Géom)* geradlinig
reçu, e [R(ə)sy] *pp de* **recevoir** ▶ *nm* Quittung *f*
recueil [Rəkœj] *nm* Sammlung *f* • **recueillir** *vt* sammeln; *(accueillir)* (bei sich) aufnehmen
recul [R(ə)kyl] *nm* *(d'une armée, épidémie etc)* Rückzug *m*; **avoir un mouvement de ~** zurückschrecken *ou* -fahren; **prendre du ~** Abstand nehmen • **reculé, e** *adj* *(isolé)* zurückgezogen; *(lointain)* entfernt • **reculer** *vi* sich rückwärtsbewegen; *(conducteur)* rückwärtsfahren ▶ *vt* *(meuble)* zurückschieben; *(véhicule)* zurücksetzen; *(mur, frontières)* verschieben • **reculons** : **à ~** *adv* rückwärts
récupérer [RekypeRe] *vt* wiederbekommen; *(forces)* wiedererlangen; *(déchets etc)* wiederverwerten ▶ *vi* sich erholen
recyclable [R(ə)siklabl] *adj* recycelbar • **recyclage** *nm* Umschulung *f*; *(de déchets)* Wiederverwertung *f* • **recyclé, e** *adj* Recycling-; **papier ~** Umwelt(schutz)papier *nt*, Recyclingpapier *nt* • **recycler** *vt* *(matériaux, eaux usées etc)* wiederverwerten
rédacteur, -trice [RedaktœR, tRis] *nm/f* Redakteur(in) *m(f)*; **~ en chef** Chefredakteur(in) *m(f)*
rédaction [Redaksjɔ̃] *nf* Schreiben *nt*; *(Journalisme)* Redaktion *f*
redémarrer [R(ə)demaRe] *vi* *(véhicule)* wieder losfahren; *(fig)* neuen Aufschwung nehmen
redevable [R(ə)dəvabl] *adj* : **être ~ de qch à qn** *(somme)* jdm etw schulden
redevance [R(ə)dəvɑ̃s] *nf* *(Tél, TV)* Gebühr *f*
rédiger [Rediʒe] *vt* abfassen
redire [R(ə)diR] *vt* wiederholen; **avoir** *ou* **trouver à ~ à qch** an einer Sache *dat* etwas auszusetzen haben
redoubler [R(ə)duble] *vt* verdoppeln; *(Scol)* wiederholen ▶ *vi* *(tempête, vent, violence)* zunehmen; *(Scol)* sitzen bleiben
redoutable [R(ə)dutabl] *adj* furchtbar • **redouter** *vt* fürchten
redressement [R(ə)dRɛsmɑ̃] *nm* *(Écon)* (Wieder)aufschwung *m* • **redresser** *vt* *(arbre, mât)* wieder aufrichten; *(pièce tordue)* wieder gerade richten; **se redresser** *vpr* *(se remettre droit)* sich wieder aufrichten; *(se tenir très droit)* sich gerade aufrichten

réduction [ʀedyksjɔ̃] *nf* Reduzierung *f*, Verkleinerung *f*; (*rabais, remise*) Rabatt *m*
réduire [ʀedɥiʀ] *vt* reduzieren; (*carte, photographie*) verkleinern; **se réduire** *vpr* : **se ~ à** sich reduzieren auf *+acc*; **se ~ en** sich verwandeln in *+acc* • **réduit, e** *adj* (*prix, tarif*) reduziert; (*vitesse*) gedrosselt
réel, le [ʀeɛl] *adj* (*non fictif*) real, tatsächlich; (*intensif*) wirklich
réélection [ʀeelɛksjɔ̃] *nf* Wiederwahl *f*
réellement [ʀeɛlmɑ̃] *adv* wirklich
réexpédier [ʀeɛkspedje] *vt* (*à l'envoyeur*) zurücksenden; (*au destinataire*) nachsenden
réf. *abr* (= *référence*) Bez.
refaire [ʀ(ə)fɛʀ] *vt* noch einmal machen, wiederholen; (*recommencer, faire autrement*) neu machen; (*réparer*) reparieren; (*restaurer*) restaurieren
référence [ʀefeʀɑ̃s] *nf* (*renvoi*) Verweis *m*; (*Comm*) Bezug(nahme *f*) *m*; **références** *nfpl* (*recommandation*) Referenzen *pl*; **faire ~ à** Bezug nehmen auf *+acc*
référendum [ʀefeʀɛ̃dɔm] *nm* Referendum *nt*
référer [ʀefeʀe] : **se référer** *vpr* : **se ~ à** (*ami, avis*) sich beziehen auf *+acc*
réfléchi, e [ʀefleʃi] *adj* (*personne, caractère*) besonnen; (*action, décision*) überlegt • **réfléchir** *vt* (*lumière, image*) reflektieren ▶ *vi* nachdenken, überlegen
reflet [ʀ(ə)flɛ] *nm* Spiegelbild *nt*, Spiegelung *f*
refléter [ʀ(ə)flete] *vt* reflektieren; (*exprimer*) erkennen lassen; **se refléter** *vpr* sich spiegeln; (*fig*) sich widerspiegeln
reflex [ʀeflɛks] *adj inv* (*Photo*) Spiegelreflex-
réflexe [ʀeflɛks] *nm* Reflex *m* ▶ *adj* : **mouvement ~** Reflexbewegung *f*; **avoir de bons ~s** gute Reflexe haben
réflexion [ʀeflɛksjɔ̃] *nf* (*Phys*) Reflexion *f*; (*fait de penser*) (Nach)denken *nt*; (*pensée*) Gedanke *m*; (*remarque*) Bemerkung *f*
reflux [ʀəfly] *nm* Ebbe *f*
réforme [ʀefɔʀm] *nf* Reform *f*; (*Rel*) Reformation *f* • **réformer** *vt* reformieren; (*Mil*) ausmustern
refouler [ʀ(ə)fule] *vt* (*liquide, Psych*) verdrängen; (*larmes, colère*) unterdrücken
refrain [ʀ(ə)fʀɛ̃] *nm* Refrain *m*; (*fig*) Lied *nt*
réfréner [ʀefʀene] *vt* zügeln
réfrigérateur [ʀefʀiʒeʀatœʀ] *nm* Kühlschrank *m*
réfrigérer [ʀefʀiʒeʀe] *vt* kühlen; (*fam : glacer*) unterkühlen; (*fig*) abkühlen
refroidir [ʀ(ə)fʀwadiʀ] *vt* abkühlen lassen ▶ *vi* abkühlen; **se refroidir** *vpr* abkühlen; (*prendre froid*) sich erkälten • **refroidissement** *nm* (*grippe, rhume*) Erkältung *f*
refuge [ʀ(ə)fyʒ] *nm* Zuflucht *f*; (*de montagne*) (Schutz)hütte *f* • **réfugié, e** *adj* geflüchtet ▶ *nm/f* Flüchtling *m*; **~ économique** Wirtschaftsflüchtling *m* • **réfugier** : **se ~** *vpr* (*s'abriter*) sich flüchten; **se ~ en France** nach Frankreich flüchten *ou* fliehen
refus [ʀ(ə)fy] *nm* Ablehnung *f* • **refuser** *vt* ablehnen; (*ne pas accorder*) verweigern; **~ de faire qch** sich weigern, etw zu tun; **se refuser** *vpr* : **se ~ à faire qch** sich weigern, etw zu tun

r

réfuter [Refyte] *vt* widerlegen
regagner [R(ə)gaɲe] *vt* zurückgewinnen; (*lieu, place*) zurückkommen nach
regain [Rəgɛ̃] *nm* : **un ~ de** (*fig*) ein neuer Aufschwung in +*dat*
régal [Regal] *nm* : **c'est un (vrai) ~** das ist eine (wahre) Wonne; **un ~ pour les yeux** ein Augenschmaus *m* • **régaler** *vt* : **~ qn** jdn fürstlich bewirten; **se régaler** *vpr* schlemmen
regard [R(ə)gaR] *nm* Blick *m* • **regardant, e** *adj* (*péj*) : **peu ~ (sur)** nicht pingelig (mit); (*dépensier*) nicht knauserig (mit) • **regarder** *vt* ansehen, betrachten; (*livre, film, match*) sich *dat* ansehen; **~ la télévision** fernsehen; **~ dans le dictionnaire/l'annuaire** im Wörterbuch/im Telefonbuch nachsehen; **~ par la fenêtre** aus dem Fenster sehen; **~ vers** (*maison*) gehen nach; **ça ne vous regarde pas** das geht Sie nichts an
régie [Reʒi] *nf* (*Admin*) Verwaltung *f*; (*Ciné, Théât*) Produktion *f*; (*Radio, TV*) Regie *f*; **~ d'État** *staatlich geführtes Unternehmen*
régime [Reʒim] *nm* Regime *nt*; (*Admin*) System *nt*; (*Méd*) Diät *f*; (*d'un moteur*) Drehzahl *f*; **suivre un/se mettre au ~** Diät leben/auf Diät gehen; **à plein ~** auf vollen Touren; **~ matrimonial** Ehe(schließungs)abkommen *nt*
régiment [Reʒimɑ̃] *nm* (*Mil*) Regiment *nt*; **un ~ de** (*fam*) Heerscharen von; **un copain de ~** ein Freund aus der Militärzeit
région [Reʒjɔ̃] *nf* Gegend *f* • **régional, e, -aux** *adj* regional
registre [RəʒistR] *nm* Register *nt*, Verzeichnis *nt*
règle [Rɛgl] *nf* Regel *f*; (*instrument*) Lineal *nt*; **règles** *nfpl* (*Méd*) Periode *f*; **en ~** (*papiers*) in Ordnung; **dans** *ou* **selon les ~s** den Regeln entsprechend; **en ~ générale** generell, im Allgemeinen
règlement [Rɛgləmɑ̃] *nm* Regelung *f*; (*paiement*) Bezahlung *f* • **réglementaire** *adj* vorschriftsmäßig • **réglementation** *nf* Regulierung *f*
régler [Regle] *vt* regeln; (*mécanisme, machine*) regulieren, einstellen; (*note, facture, dette*) bezahlen
réglisse [Reglis] *nf* Lakritz *m ou nt*
règne [Rɛɲ] *nm* Herrschaft *f*; **le ~ végétal/animal** das Pflanzen-/Tierreich *nt* • **régner** *vi* herrschen
regret [R(ə)gRɛ] *nm* (*nostalgie*) Sehnsucht *f*; (*repentir*) Reue *f*; (*d'un projet non réalisé*) Bedauern *nt*; **à ~** ungern; **avec ~** mit Bedauern • **regrettable** *adj* bedauerlich • **regretter** *vt* bedauern; (*action commise*) bereuen; **je regrette** es tut mir leid
regrouper [R(ə)gRupe] *vt* (*grouper*) zusammenfassen; (*contenir*) umfassen
régularité [RegylaRite] *nf* Regelmäßigkeit *f*; (*de pression etc*) Gleichmäßigkeit *f*; (*constance*) gleichbleibende Leistung *f*; (*caractère légal*) Legalität *f*
régulier, -ière [Regylje, jɛR] *adj* regelmäßig; (*uniforme*) gleichmäßig; (*constant*) gleichbleibend; (*légal*) ordnungsgemäß
rehausser [Rəose] *vt* erhöhen
rein [Rɛ̃] *nm* Niere *f*; **reins** *nmpl* (*dos*) Kreuz *nt*; **avoir mal aux ~s** Kreuzschmerzen haben
reine [Rɛn] *nf* Königin *f*

reine-claude [ʀɛnklod] (*pl* **reines-claudes**) *nf* Reneklode *f*
réinsertion [ʀeɛ̃sɛʀsjɔ̃] *nf* Rehabilitation *f*
réintégrer [ʀeɛ̃tegʀe] *vt* (*lieu*) zurückkehren nach +*acc*; (*fonctionnaire*) wieder einsetzen
réitérer [ʀeiteʀe] *vt* wiederholen
rejet [ʀəʒɛ] *nm* Ablehnung *f* • **rejeter** *vt* (*refuser*) ablehnen; (*renvoyer*) zurückwerfen
rejeton [ʀəʒ(ə)tɔ̃] *nm* (*fam*) Sprössling *m*
rejoindre [ʀ(ə)ʒwɛ̃dʀ] *vt* zurückkehren zu; (*rattraper*) einholen; **se rejoindre** *vpr* (*personnes*) sich treffen; (*routes*) zusammenlaufen
réjouir [ʀeʒwiʀ] *vt* erfreuen; **se réjouir** *vpr* sich freuen; **se ~ de qch** sich über etw *acc* freuen • **réjouissances** *nfpl* (*fête*) Freudenfest *nt*
relâche [ʀəlɑʃ] *nf*: **sans ~** ohne Unterbrechung, ohne Pause • **relâcher** *vt* (*ressort, cordes, discipline*) lockern; (*animal, prisonnier*) freilassen; **se relâcher** *vpr* locker werden; (*élève etc*) nachlassen
relais [ʀ(ə)lɛ] *nm* (*Sport : course*) Staffel(lauf *m*) *f*; (*Radio, TV*) Übertragung *f*; **équipe de ~** (*dans une usine*) Schicht *f*; **prendre le ~ de qn** jdn ablösen; **~ routier** Raststätte *f* (*für Lkw-Fahrer*)
relance [ʀəlɑ̃s] *nf* Aufschwung *m* • **relancer** *vt* (*balle*) zurückwerfen; (*moteur*) wieder anlassen; (*Inform*) neu starten; (*économie, agriculture, projet*) ankurbeln; (*débiteur*) ermahnen
relater [ʀ(ə)late] *vt* erzählen
relatif, -ive [ʀ(ə)latif, iv] *adj* relativ; (*positions, situations*) gegenseitig; (*Ling*) Relativ-; **~ à qch** etw betreffend
relation [ʀ(ə)lasjɔ̃] *nf* (*rapport*) Beziehung *f*, Verhältnis *nt*; **être/entrer en ~(s) avec** in Verbindung *ou* Kontakt stehen/treten mit; **~s publiques** Public Relations *pl*
relationnel, le [ʀ(ə)lasjɔnɛl] *adj* (*Psych*) Beziehungs-
relativement [ʀ(ə)lativmɑ̃] *adv* relativ; **~ à** verglichen mit
relax [ʀəlaks] *adj inv* (*personne*) gelassen; **fauteuil ~** Ruhesessel *m*
relaxation [ʀ(ə)laksasjɔ̃] *nf* Entspannung *f*
relaxer [ʀəlakse]: **se relaxer** *vpr* sich entspannen
relayer [ʀ(ə)leje] *vt* ablösen; (*Radio, TV*) übertragen; **se relayer** *vpr* sich *ou* einander ablösen
reléguer [ʀ(ə)lege] *vt* (*confiner*) verbannen; **~ au second plan** an die zweite Stelle verweisen; **être relégué** (*Sport*) absteigen
relève [ʀəlɛv] *nf* Ablösung *f*
relevé, e [ʀəl(ə)ve] *adj* (*manches*) hochgekrempelt; (*conversation, style*) gehoben; (*sauce, plat*) scharf, stark gewürzt ▶ *nm* (*d'un compteur*) Stand *m*; **~ d'identité bancaire** Bankverbindung und Kontonummer *f*; **~ de compte** Kontoauszug *m* • **relever** *vt* (*redresser*) aufheben; (*sentinelle, équipe*) ablösen; (*souligner*) betonen, hervorheben; (*remarquer*) bemerken; (*défi*) annehmen; (*noter*) aufschreiben; (*compteur*) ablesen; (*cahiers, copies*) einsammeln; **se relever** *vpr* aufstehen
relief [ʀəljɛf] *nm* Relief *nt*; (*de pneu*) Profil *nt*; **en ~** erhaben; (*photographie*) dreidimensional; **mettre en ~** hervorheben

relier [Rəlje] *vt* verbinden; (*livre*) binden; **livre relié cuir** in Leder gebundenes Buch

religieux, -euse [R(ə)liʒjø, jøz] *adj* religiös; (*respect, silence*) andächtig ▶ *nm* Mönch *m* ▶ *nf* Nonne *f*; (*gâteau*) doppelter Windbeutel

religion [R(ə)liʒjɔ̃] *nf* Religion *f*

relire [R(ə)liR] *vt* noch einmal lesen; (*vérifier*) durchlesen

reliure [RəljyR] *nf* Einband *m*

relooker [Rəluke] *vt* : **~ qn** jdm ein neues Aussehen verpassen

reluire [R(ə)lɥiR] *vi* glänzen, schimmern

remaniement [R(ə)manimɑ̃] *nm* : **~ ministériel** Kabinettsumbildung *f*

remanier [R(ə)manje] *vt* (*texte*) völlig umarbeiten; (*cabinet*) umbilden

remarier [R(ə)maRje] : **se ~** *vpr* wieder heiraten

remarquable [R(ə)maRkabl] *adj* bemerkenswert • **remarquablement** *adv* außerordentlich • **remarque** *nf* Bemerkung *f* • **remarquer** *vt* bemerken; **se remarquer** *vpr* auffallen; **se faire ~** auffallen; **faire ~ à qn que** jdn darauf hinweisen, dass; **faire ~ qch à qn** jdn auf etw +*acc* hinweisen

remblai [Rɑ̃blɛ] *nm* Böschung *f*, Damm *m*

remboursable [Rɑ̃buRsabl] *adj* zurückzahlbar

remboursement [Rɑ̃buRsəmɑ̃] *nm* Rückerstattung *f*, Rückzahlung *f*; **envoi contre ~** Nachnahme *f* • **rembourser** *vt* zurückzahlen; (*personne*) bezahlen

remède [R(ə)mɛd] *nm* Arzneimittel *nt*; (*fig*) (Heil)mittel *nt*

remerciements [RəmɛRsimɑ̃] *nmpl* Dank *m* • **remercier** *vt* danken +*dat*; **~ qn de qch** jdm für etw danken

remettre [R(ə)mɛtR] *vt* (*replacer*) zurückstellen, zurücktun; (*vêtement*) wieder anziehen; (*ajouter*) hinzufügen, hinzugeben; (*rendre*) zurückgeben; (*confier*) übergeben; (*ajourner*) verschieben; **se remettre** *vpr* (*personne malade*) sich erholen; (*temps*) (wieder) besser werden

remise [R(ə)miz] *nf* (*d'un colis, d'une récompense etc*) Übergabe *f*; (*rabais*) Rabatt *m*; (*local*) Schuppen *m*, Remise *f*

remontant [R(ə)mɔ̃tɑ̃] *nm* Stärkung *f*

remonte-pente [R(ə)mɔ̃tpɑ̃t] (*pl* **remonte-pentes**) *nm* (*Ski*) Skilift *m*

remonter [R(ə)mɔ̃te] *vi* (*sur un cheval*) wieder aufsteigen; (*dans une voiture*) wieder einsteigen; (*au deuxième étage etc*) wieder hinaufgehen; (*baromètre, fièvre*) (wieder) steigen ▶ *vt* (*escalier*) wieder hinaufgehen; (*fleuve*) hinauffahren; (*pantalon, manches*) hochkrempeln; (*garde-robe, collection*) erneuern; (*montre, mécanisme*) aufziehen; **~ à** zurückgehen auf +*acc*

remontrer [R(ə)mɔ̃tRe] *vt* (*montrer de nouveau*) wieder zeigen; **en ~ à qn** es jdm zeigen

remords [R(ə)mɔR] *nm* schlechtes Gewissen *nt*; **avoir des ~** Gewissensbisse haben

remorque [R(ə)mɔRk] *nf* Anhänger *m*; **prendre en ~** abschleppen • **remorquer** *vt* (*véhicule*) abschleppen; (*bateau*) schleppen

rempart [ʀɑ̃paʀ] *nm* (Schutz)wall *m*; **remparts** *nmpl* Stadtmauer *f*
remplaçant, e [ʀɑ̃plasɑ̃, ɑ̃t] *nm/f* Ersatz *m*; (*temporaire*) Vertretung *f* • **remplacement** *nm* Vertretung *f* • **remplacer** *vt* ersetzen; (*temporairement*) vertreten; (*pneu*) wechseln; (*ampoule*) auswechseln
remplir [ʀɑ̃pliʀ] *vt* füllen; (*journée, vacances, vie, questionnaire*) ausfüllen; (*obligations, promesses, conditions*) erfüllen; (*fonction, rôle*) ausüben
remporter [ʀɑ̃pɔʀte] *vt* (*livre, marchandise*) (wieder) mitnehmen; (*victoire, succès*) davontragen
remuant, e [ʀəmɥɑ̃, ɑ̃t] *adj* (*enfant etc*) lebhaft
remue-ménage [ʀ(ə)mymenaʒ] *nm inv* Tohuwabohu *nt*
remuer [ʀəmɥe] *vt* (*partie du corps*) bewegen; (*objet*) verschieben; (*café*) umrühren; (*salade*) mischen; **se remuer** *vpr* sich bewegen
rémunération [ʀemyneʀasjɔ̃] *nf* Bezahlung *f*, Entlohnung *f* • **rémunérer** *vt* bezahlen
renaître [ʀ(ə)nɛtʀ] *vi* wiederaufleben
renard [ʀ(ə)naʀ] *nm* Fuchs *m*
renchérir [ʀɑ̃ʃeʀiʀ] *vi* teurer werden; **~ (sur)** übertreffen
rencontre [ʀɑ̃kɔ̃tʀ] *nf* Begegnung *f*; **faire la ~ de qn** jds Bekanntschaft machen • **rencontrer** *vt* treffen; (*mot, expression, difficultés, opposition*) stoßen auf +*acc*; **se rencontrer** *vpr* sich treffen
rendement [ʀɑ̃dmɑ̃] *nm* Leistung *f*; (*d'un investissement*) Ertrag *m*
rendez-vous [ʀɑ̃devu] *nm inv* Verabredung *f*; (*lieu*) Treffpunkt *m*; **prendre ~ (avec qn)** sich (mit jdm) verabreden; **donner un ~ à qn** sich mit jdm verabreden; **avoir ~ (avec qn)** (mit jdm) verabredet sein
rendormir [ʀɑ̃dɔʀmiʀ]: **se ~** *vpr* wieder einschlafen
rendre [ʀɑ̃dʀ] *vt* zurückgeben; (*vomir*) erbrechen; **se rendre** *vpr* (*aller*) sich begeben, gehen; **~ la monnaie** (Wechsel)geld herausgeben; **se ~ insupportable/malade** unerträglich werden/sich krank machen
rênes [ʀɛn] *nfpl* Zügel *pl*
renfermé, e [ʀɑ̃fɛʀme] *adj* (*personne*) verschlossen ▶ *nm*: **sentir le ~** muffig riechen • **renfermer** *vt* (*contenir*) enthalten; **se renfermer** *vpr*: **se ~ (sur soi-même)** sich (in sich selbst) zurückziehen
renforcer [ʀɑ̃fɔʀse] *vt* verstärken; (*expression, argument*) bekräftigen
renfort [ʀɑ̃fɔʀ] *nm*: **à grand ~ de** mit (einem) großen Aufwand an +*dat*; **renforts** *nmpl* Verstärkung *f*
rengaine [ʀɑ̃gɛn] *nf* (*péj*) altes Lied *nt*
renier [ʀənje] *vt* verleugnen
renifler [ʀ(ə)nifle] *vi* schnüffeln ▶ *vt* (*odeur*) riechen
renne [ʀɛn] *nm* Ren(tier) *nt*
renom [ʀənɔ̃] *nm* Ruf *m* • **renommé, e** *adj* renommiert, berühmt ▶ *nf* Ruhm *m*
renoncer [ʀ(ə)nɔ̃se] *vi*: **~ à** aufgeben; (*droit, succession*) verzichten auf +*acc*; **~ à faire qch** darauf verzichten, etw zu tun
renouer [ʀənwe] *vt* neu binden; (*conversation, liaison*) wieder anknüpfen; **~ avec** (*tradition, habitude*) wiederaufnehmen; **~ avec qn** sich mit jdm wieder anfreunden

renouvelable [R(ə)nuv(ə)labl] *adj* verlängerbar; (*expérience*) wiederholbar; (*énergie*) erneuerbar
renouveler [R(ə)nuv(ə)le] *vt* erneuern; (*personnel, membres d'un comité*) austauschen; (*passeport, bail, contrat*) verlängern; (*demande, remerciements, exploit, méfait*) wiederholen; **se renouveler** *vpr* (*incident*) sich wiederholen • **renouvellement** *nm* Erneuern *nt*, Austausch *m*, Verlängerung *f*, Wiederbelebung *f*, Wiederholung *f*
rénovation [Renɔvasjɔ̃] *nf* Renovierung *f*
rénover [Renɔve] *vt* renovieren; (*quartier*) sanieren
renseignement [Rɑ̃sɛɲmɑ̃] *nm* Auskunft *f*; **prendre des ~s sur** sich erkundigen über +*acc* • **renseigner** *vt* : **~ qn (sur)** jdn informieren (über +*acc*); **se renseigner** *vpr* sich erkundigen
rentabiliser [Rɑ̃tabilize] *vt* rentabel machen
rentabilité [Rɑ̃tabilite] *nf* Rentabilität *f* • **rentable** *adj* rentabel
rente [Rɑ̃t] *nf* (*revenu d'un bien, capital*) Einkommen *nt*; (*retraite*) Rente *f* • **rentier, -ière** *nm/f* Rentner(in) *m(f)*
rentrée [Rɑ̃tRe] *nf* (*retour*) Rückkehr *f*; **~ (d'argent)** Einnahmen *pl*; **la ~ (des classes)** der Schuljahrsbeginn
rentrer [Rɑ̃tRe] *vi* (*entrer de nouveau : venir*) wieder hereinkommen; (*: aller*) wieder hineingehen; (*entrer : venir*) hereinkommen; (*: aller*) hineingehen; (*chez soi : venir*) nach Hause kommen; (*: aller*) nach Hause gehen; (*revenu, argent*) hereinkommen ▶ *vt* hineinbringen, hereinbringen; (*véhicule etc*) abstellen; **~ dans ses frais** auf seine Kosten kommen
renversé, e [Rɑ̃vɛRse] *adj* (*écriture*) nach links geneigt; (*image*) umgekehrt
renversement [Rɑ̃vɛRsəmɑ̃] *nm* (*d'un régime*) Umsturz *m*; **~ de la situation** Umkehrung *f* der Lage
renverser [Rɑ̃vɛRse] *vt* (*faire tomber*) umwerfen, umstoßen, umkippen; (*piéton*) anfahren; (*liquide, contenu d'un récipient*) verschütten; **se renverser** *vpr* (*véhicule*) umkippen; (*liquide*) verschüttet werden
renvoi [Rɑ̃vwa] *nm* (*référence*) Verweis *m*
renvoyer [Rɑ̃vwaje] *vt* zurückschicken; (*congédier*) entlassen; (*Tennis*) zurückschlagen; (*lumière, son*) reflektieren; (*ajourner*) verschieben; **~ qch au lendemain** etw auf den nächsten Tag verschieben
réorganiser [Reɔrganize] *vt* umorganisieren
repaire [R(ə)pɛR] *nm* Höhle *f*
répandre [Repɑ̃dR] *vt* (*renverser*) verschütten; (*gravillons, sable*) streuen; (*étaler*) streichen; **se répandre** *vpr* sich verbreiten
réparation [Reparasjɔ̃] *nf* Reparatur *f*; (*compensation*) Wiedergutmachung *f*; **réparations** *nfpl* (*travaux*) Reparaturarbeiten *pl* • **réparer** *vt* reparieren; (*fig*) wiedergutmachen
repartir [R(ə)partiR] *vi* (wieder) gehen; (*retourner*) zurückgehen
répartir [RepartiR] *vt* verteilen, aufteilen • **répartition** *nf* Aufteilung *f*, Verteilung *f*
repas [R(ə)pa] *nm* Mahlzeit *f*; **à l'heure des ~** zur Essenszeit

repassage [ʀ(ə)pɑsaʒ] *nm* Bügeln *nt*
repasser [ʀ(ə)pɑse] *vi* (*passer de nouveau*) wieder vorbeikommen ▸ *vt* (*vêtement, tissu*) bügeln; (*examen*) noch einmal machen
repentir [ʀəpɑ̃tiʀ] *nm* Reue *f*; **se repentir** *vpr* Reue empfinden; **se ~ de qch** etw bereuen; **se ~ d'avoir fait qch** bereuen, etw getan zu haben
répercussions [ʀepɛʀkysjɔ̃] *nfpl* Auswirkungen *pl*, Folgen *pl*
répercuter [ʀepɛʀkyte] *vt* (*consignes, charges etc*) weiterleiten; **se répercuter** *vpr* (*bruit, écho*) widerhallen; **se ~ sur** sich auswirken auf *+acc*
repère [ʀ(ə)pɛʀ] *nm* Zeichen *nt*, Markierung *f*
repérer [ʀ(ə)peʀe] *vt* entdecken; **se repérer** *vpr* (*s'orienter*) sich zurechtfinden
répertoire [ʀepɛʀtwaʀ] *nm* Verzeichnis *nt*, Register *nt*; (*Inform*) Verzeichnis *nt*
répéter [ʀepete] *vt* wiederholen ▸ *vi* (*Théât etc*) proben; **se répéter** *vpr* sich wiederholen • **répétition** *nf* Wiederholung *f*; (*Théât*) Probe *f*
répit [ʀepi] *nm* : **sans ~** ununterbrochen, unablässig
repli [ʀəpli] *nm* (*d'une étoffe*) Falte *f*; (*retraite*) Rückzug *m*
replier [ʀ(ə)plije] *vt* (*vêtement*) zusammenfalten
réplique [ʀeplik] *nf* (*repartie*) Antwort *f*, Erwiderung *f* • **répliquer** *vi* erwidern
répondeur [ʀepɔ̃dœʀ] *nm* automatischer Anrufbeantworter *m*
répondre [ʀepɔ̃dʀ] *vi* antworten; **~ à** (*question, remarque, invitation etc*) antworten auf *+acc* • **réponse** *nf* Antwort *f*; (*solution*) Lösung *f*
reportage [ʀ(ə)pɔʀtaʒ] *nm* Reportage *f*
reporter¹ [ʀəpɔʀtɛʀ] *nm* Reporter(in) *m(f)*
reporter² [ʀəpɔʀte] *vt* (*ajourner*) verschieben; (*transférer*) übertragen
repos [ʀ(ə)po] *nm* Ruhe *f* • **reposant, e** *adj* erholsam • **reposé, e** *adj* ausgeruht, frisch; **à tête ~e** in aller Ruhe • **reposer** *vt* (*verre*) wieder hinstellen *ou* absetzen; (*livre*) wieder hinlegen; (*question*) erneut stellen; (*délasser*) entspannen ▸ *vi* (*liquide, pâte*) ruhen; **se reposer** *vpr* (*se délasser*) sich ausruhen; **ici repose** hier ruht; **~ sur** ruhen auf *+dat*; **se ~ sur qn** sich auf jdn verlassen
repousser [ʀ(ə)puse] *vi* nachwachsen ▸ *vt* (*personne*) abstoßen; (*ennemi, attaque*) zurückschlagen; (*offre, proposition, tentation*) ablehnen; (*rendez-vous, entrevue*) aufschieben; (*tiroir, table*) zurückschieben
reprendre [ʀ(ə)pʀɑ̃dʀ] *vt* (*prisonnier*) wieder festnehmen *ou* ergreifen; (*aller chercher*) wieder abholen; (*prendre à nouveau*) wieder nehmen; (*se resservir de*) noch einmal nehmen; (*travail, études*) wiederaufnehmen; (*corriger*) verbessern ▸ *vi* (*cours, classes*) wieder anfangen, wieder beginnen; (*froid, pluie etc*) wieder einsetzen; **se reprendre** *vpr* (*se corriger*) sich verbessern; (*se ressaisir*) sich fangen; **~ la route/l'air** sich wieder auf den Weg machen/weiterfliegen; **~ connaissance** wieder zu Bewusstsein *ou* zu sich kommen
repreneur [ʀ(ə)pʀənœʀ] *nm* Sanierer *m* (*der marode Unternehmen aufkauft*)

représailles [ʀ(ə)pʀezɑj] *nfpl* Repressalien *pl*
représentant, e [ʀ(ə)pʀezɑ̃tɑ̃, ɑ̃t] *nm/f* Vertreter(in) *m(f)*
représentatif, -ive [ʀ(ə)pʀezɑ̃tatif, iv] *adj* repräsentativ
représentation [ʀ(ə)pʀezɑ̃tasjɔ̃] *nf* (*symbole, image*) Darstellung *f*; (*de pièce, opéra*) Aufführung *f*; (*de pays, syndicat, maison de commerce*) Vertretung *f* • **représenter** *vt* darstellen; (*pièce, opéra*) aufführen; (*pays, syndicat, maison de commerce*) vertreten; **se représenter** *vpr* (*occasion*) sich wieder bieten; (*s'imaginer*) sich *dat* vorstellen
répression [ʀepʀesjɔ̃] *nf* Unterdrückung *f*; (*d'une révolte*) Niederschlagen *nt*; (*punition*) Bestrafung *f*
réprimande [ʀepʀimɑ̃d] *nf* Tadel *m*, Verweis *m*
réprimer [ʀepʀime] *vt* (*désirs, passions, envie*) unterdrücken
reprise [ʀ(ə)pʀiz] *nf* (*recommencement*) Wiederbeginn *m*; (*économique*) (Wieder)aufschwung *m*; (*Théât, TV, Ciné*) Wiederholung *f*; (*Auto*) Beschleunigung *f*; **à plusieurs ~s** mehrmals
repriser [ʀ(ə)pʀize] *vt* (*raccommoder*) stopfen
réprobation [ʀepʀɔbasjɔ̃] *nf* Missbilligung *f*
reproche [ʀ(ə)pʀɔʃ] *nm* Vorwurf *m*; **sans ~(s)** tadellos • **reprocher** *vt* vorwerfen
reproduction [ʀ(ə)pʀɔdyksjɔ̃] *nf* (*de nature, son*) Wiedergabe *f*; (*tableau, dessin*) Reproduktion *f*; (*d'un texte*) Nachdruck *m*, Kopie *f*; (*Biol*) Fortpflanzung *f*; **droits de ~** (Vervielfältigungs)rechte *pl*; **~ interdite** alle Rechte vorbehalten
reproduire [ʀ(ə)pʀɔdɥiʀ] *vt* (*nature, réalité, son*) wiedergeben; (*dessin etc*) reproduzieren; **se reproduire** *vpr* (*Biol*) sich fortpflanzen; (*faits, erreurs*) sich wiederholen
réprouver [ʀepʀuve] *vt* missbilligen
reptile [ʀɛptil] *nm* Reptil *nt*
repu, e [ʀəpy] *adj* satt
république [ʀepyblik] *nf* Republik *f*; **R~ fédérale d'Allemagne** Bundesrepublik Deutschland *f*
répugnance [ʀepyɲɑ̃s] *nf* Ekel *m*, Abscheu *m ou f* • **répugner** : **~ à** *vt* anwidern
répulsion [ʀepylsjɔ̃] *nf* Abscheu *m ou f*
réputation [ʀepytasjɔ̃] *nf* Ruf *m* • **réputé, e** *adj* berühmt
requête [ʀəkɛt] *nf* Bitte *f*, Ersuchen *nt*
requin [ʀəkɛ̃] *nm* Hai *m*
requinquer [ʀ(ə)kɛ̃ke] *vt* (*fam*) aufmöbeln
requis, e [ʀəki, iz] *adj* erforderlich
RER [ɛʀəɛʀ] *sigle m* (= *Réseau express régional*) *Schnellzugnetz von Paris*
rescapé, e [ʀɛskape] *nm/f* Überlebende(r) *f(m)*
réseau, x [ʀezo] *nm* Netz *nt*; (*Inform*) Netzwerk *nt*; **~ social** soziales Netzwerk
réseauter [ʀezote] *vi* netzwerken
réservation [ʀezɛʀvasjɔ̃] *nf* Reservierung *f*
réserve [ʀezɛʀv] *nf* Reserve *f*; (*entrepôt*) Lager *nt*; (*de pêche, chasse*) Revier *nt*; **réserves** *nfpl* (*de gaz, pétrole etc*) Reserven *pl*; (*nutritives*) Vorräte *pl*, Reserven;

sous ~ de unter Vorbehalt +*gén*; ~ **naturelle** Naturschutzgebiet *nt*
réservé, e [ʀezɛʀve] *adj* reserviert; (*chasse, pêche*) privat; ~ **à** *ou* **pour** reserviert für • **réserver** *vt* reservieren, vorbestellen; ~ **qch pour/à** etw vorsehen *ou* reservieren für; ~ **qch à qn** etw für jdn reservieren; (*surprise, accueil etc*) jdm etw bereiten
réservoir [ʀezɛʀvwaʀ] *nm* Reservoir *nt*; (*d'essence*) Tank *m*
résidence [ʀezidɑ̃s] *nf* (*Admin*) Wohnsitz *m*; (*habitation luxueuse*) Residenz *f*; ~ **secondaire** Nebenwohnsitz *m* • **résident, e** *nm/f* (*étranger*) ausländische(r) Bürger(in) *m(f)* • **résidentiel, le** *adj* Wohn-; **quartier** ~ gutes Wohnviertel *nt* • **résider** *vi* (*habiter*) wohnen; ~ **en** (*problème etc*) bestehen in +*dat*
résidu [ʀezidy] *nm* (*Chim, Phys*) Rückstand *m*; (*fig*) Überbleibsel *nt*
résigner [ʀeziɲe]: **se résigner** *vpr*: **se** ~ **à qch** sich mit etw abfinden
résistance [ʀezistɑ̃s] *nf* Widerstand *m*; (*endurance*) Widerstandsfähigkeit *f*; (*fil*) Heizelement *nt*; (*Pol*): **la R**~ *die französische Widerstandsbewegung im 2. Weltkrieg*
résister [ʀeziste] *vi* standhalten; ~ **à** (*personne*) sich widersetzen +*dat*
résolu, e [ʀezɔly] *adj* entschlossen • **résolution** *nf* (*fermeté*) Entschlossenheit *f*
résonner [ʀezɔne] *vi* (*pas*) hallen; (*voix*) erklingen, schallen; (*salle, rue*) widerhallen
résorber [ʀezɔʀbe]: **se** ~ *vpr* (*tumeur, abcès*) sich zurückbilden; (*déficit, chômage*) abgebaut werden
résoudre [ʀezudʀ] *vt* lösen; **se résoudre** *vpr*: **se** ~ **à faire qch** sich dazu durchringen, etw zu tun
respect [ʀɛspɛ] *nm* Respekt *m* • **respectable** *adj* (*personne*) achtbar, anständig; (*scrupules etc*) ehrenhaft; (*quantité*) ansehnlich, beachtlich • **respecter** *vt* achten, respektieren
respectif, -ive [ʀɛspɛktif, iv] *adj* jeweilig • **respectivement** *adv* beziehungsweise
respectueux, -euse [ʀɛspɛktɥø, øz] *adj* respektvoll; **être** ~ **de** achten
respiration [ʀɛspiʀasjɔ̃] *nf* Atem *m*; (*fonction*) Atmung *f* • **respirer** *vi* atmen; (*être soulagé*) aufatmen ▶ *vt* einatmen
responsabilité [ʀɛspɔ̃sabilite] *nf* Verantwortung *f*; (*légale*) Haftung *f* • **responsable** *adj* verantwortlich; (*légalement*) haftbar ▶ *nmf* Verantwortliche(r) *f(m)*; ~ **de** verantwortlich für
resquilleur, -euse [ʀɛskijœʀ, øz] *nm/f* Schwarzfahrer(in) *m(f)*
ressaisir [ʀ(ə)seziʀ]: **se** ~ *vpr* sich fassen, sich fangen
ressemblance [ʀ(ə)sɑ̃blɑ̃s] *nf* Ähnlichkeit *f* • **ressemblant, e** *adj* ähnlich • **ressembler**: ~ **à** *vt* ähnlich sein +*dat*
ressentiment [ʀ(ə)sɑ̃timɑ̃] *nm* Groll *m*, Ressentiment *nt*
ressentir [ʀ(ə)sɑ̃tiʀ] *vt* empfinden
resserrer [ʀ(ə)seʀe] *vt* (*nœud, boulon*) anziehen; **se resserrer** *vpr* (*route, vallée*) sich verengen
resservir [ʀ(ə)sɛʀviʀ] *vt* (*servir à nouveau*) wieder auftischen; ~ **qn (d'un plat)** jdm (von einem Gericht) nachgeben
ressort [ʀəsɔʀ] *nm* Feder *f*

ressortir [RəsɔRtiR] *vi* (*venir*) wieder herauskommen; (*partir*) wieder hinausgehen
ressortissant, e [R(ə)sɔRtisɑ̃, ɑ̃t] *nm/f* Staatsbürger(in) *m(f)*
ressource [R(ə)suRs] *nf* (*recours*) Möglichkeit *f*; **ressources** *nfpl* Mittel *pl*; **~s d'énergie** Energiequellen *pl*
ressusciter [Resysite] *vt* wiederbeleben ▶ *vi* (*Christ*) auferstehen
restant, e [Rɛstɑ̃, ɑ̃t] *adj* restlich, übrig ▶ *nm* : **le ~ (de)** der Rest (von *ou* +*gén*)
restaurant [Rɛstɔʀɑ̃] *nm* Restaurant *nt*
restaurateur, -trice [RɛstɔRatœR, tRis] *nm/f* (*aubergiste*) Gastronom(in) *m(f)*; (*de tableaux*) Restaurator(in) *m(f)*
restauration [RɛstɔRasjɔ̃] *nf* (*Art*) Restauration *f*; **la ~** (*hôtellerie*) das Gastronomiegewerbe *nt*; **~ rapide** Fast Food *nt*
restaurer [RɛstɔRe] *vt* wiederherstellen; (*œuvre d'art*) restaurieren; **se restaurer** *vpr* etwas essen
reste [Rɛst] *nm* Rest *m*; **restes** *nmpl* (*Culin*) Reste *pl*; (*d'une cité, fortune*) Überreste *pl*; **le ~ du temps** die restliche *ou* übrige Zeit; **du ~** außerdem • **rester** *vi* bleiben; (*subsister*) übrig bleiben ▶ *vb impers* : **il reste du pain** es ist noch Brot übrig; **il reste deux œufs** es sind noch zwei Eier übrig; **il reste du temps** es ist noch Zeit; **il me reste du pain/deux œufs** ich habe noch Brot/zwei Eier
restituer [Rɛstitɥe] *vt* zurückgeben
resto [Rɛsto] *nm* (*fam*) Restaurant *nt*; **~ U** (= *restaurant universitaire*) Mensa *f* • **restoroute** *nm* (Autobahn)raststätte *f*
restreindre [RɛstRɛ̃dR] *vt* einschränken
restriction [RɛstRiksjɔ̃] *nf* Einschränkung *f*, Beschränkung *f*
restructurer [RəstRyktyRe] *vt* umstrukturieren
résultat [Rezylta] *nm* Ergebnis *nt*
résulter [Rezylte] : **~ de** *vt* herrühren von; **il en résulte que** daraus ergibt sich, dass
résumé [Rezyme] *nm* Zusammenfassung *f*; (*ouvrage*) Übersicht *f*; **en ~** zusammenfassend • **résumer** *vt* zusammenfassen; (*récapituler*) rekapitulieren; **se résumer** *vpr* (*personne*) zusammenfassen
rétablir [RetabliR] *vt* wiederherstellen; (*guérir*) gesund werden lassen; **se rétablir** *vpr* (*personne*) gesund werden • **rétablissement** *nm* Wiederherstellung *f*; (*guérison*) Besserung *f*
retaper [R(ə)tape] *vt* herrichten; (*redactylographier*) noch einmal tippen; (*fam* : *revigorer*) wieder auf die Beine bringen
retard [R(ə)taR] *nm* Verspätung *f*; **être en ~** (*personne*) zu spät kommen; (*train*) Verspätung haben; **avoir du ~** Verspätung haben; **prendre du ~** sich verspäten • **retardement** *nm* : **à ~** (*mine, mécanisme*) mit Zeitauslöser; **bombe à ~** Zeitbombe *f* • **retarder** *vt* (*mettre en retard*) aufhalten, verspäten; (: *sur un programme*) in Rückstand bringen; (*montre*) zurückstellen; (*départ, date*) verschieben ▶ *vi* (*horloge, montre*) nachgehen

retenir [Rət(ə)niR] *vt* zurückhalten; (*garder*) dabehalten; (*retarder*) aufhalten; (*saisir, maintenir*) halten; (*réserver*) reservieren; **~ un rire/sourire** sich *dat* ein Lachen/Lächeln verkneifen; **~ qn de faire qch** jdn daran hindern, etw zu tun
rétention [Retɑ̃sjɔ̃] *nf* : **~ d'urine** Harnverhaltung *f*
retentir [R(ə)tɑ̃tiR] *vi* hallen; **~ de** widerhallen von • **retentissant, e** *adj* (*voix*) schallend; (*succès etc*) aufsehenerregend • **retentissement** *nm* (*répercussion*) Auswirkung *f*; (*d'une nouvelle, d'un discours*) durchschlagende Wirkung *f*
retenu, e [Rət(ə)ny] *adj* (*place*) reserviert; (*personne*) verhindert ▶ *nf* (*modération, réserve*) Zurückhaltung *f*; (*somme*) Abzug *m*
rétine [Retin] *nf* Netzhaut *f*
retiré, e [R(ə)tiRe] *adj* (*personne, vie*) zurückgezogen; (*quartier*) abgelegen • **retirer** *vt* (*candidature, plainte*) zurückziehen; (*vêtement*) ausziehen; (*lunettes*) abnehmen; (*enlever*) wegnehmen; (*bagages, objet en gage, billet réservé*) abholen; (*somme d'argent*) abheben
retombées [Rətɔ̃be] *nfpl* (*radioactives*) Niederschlag *m*; (*d'un événement*) Auswirkungen *pl*
retomber [R(ə)tɔ̃be] *vi* noch einmal fallen; (*atterrir*) aufkommen; (*redescendre*) herunterkommen; (*pendre*) fallen; **~ sur qn** (*responsabilité, frais*) auf jdn fallen
rétorquer [RetɔRke] *vt* erwidern
rétorsion [RetɔRsjɔ̃] *nf* : **mesures de ~** Vergeltungsmaßnahmen *pl*
retouche [R(ə)tuʃ] *nf* (*à une peinture, photographie*) Retusche *f*; (*à un vêtement*) Änderung *f*
retour [R(ə)tuR] *nm* Rückkehr *f*; (*voyage*) Rückreise *f*; **à mon/ton ~** bei meiner/deiner Rückkehr; **être de ~ (de)** zurück sein (von/aus +*dat*); **par ~ du courrier** postwendend
retourner [R(ə)tuRne] *vt* (*dans l'autre sens*) umdrehen; (*renvoyer : lettre*) zurückschicken; (*: marchandise*) zurückgeben, umtauschen; (*restituer*) zurückgeben ▶ *vi* (*aller de nouveau*) wieder gehen; **se retourner** *vpr* (*personne*) sich umdrehen; (*voiture*) sich überschlagen; **~ quelque part** wieder irgendwohin gehen; **~ chez soi** heimgehen
retrait [R(ə)tRɛ] *nm* (*de candidature, plainte*) Zurückziehen *nt*; (*de bagage, billet réservé*) Abholung *f*; (*de somme d'argent*) Abheben *nt*; (*Pol : d'une compétition*) Rücktritt *m*; **en ~** zurückgesetzt; **~ du permis (de conduire)** Führerscheinentzug *m*
retraite [R(ə)tRɛt] *nf* (*d'un employé, fonctionnaire*) Ruhestand *m*; (*: pension*) Rente *f*; **être à la ~** im Ruhestand sein; **mettre à la ~** in den Ruhestand versetzen; **prendre sa ~** in den Ruhestand gehen; **~ anticipée** vorgezogener Ruhestand • **retraité, e** *adj* pensioniert ▶ *nm/f* Rentner(in) *m(f)*
retraitement [R(ə)tRɛtmɑ̃] *nm* Wiederaufbereitung *f*
retrancher [R(ə)tRɑ̃ʃe] *vt* entfernen; (*nombre, somme*) abziehen
retransmettre [R(ə)tRɑ̃smɛtR] *vt* übertragen
retransmission [R(ə)tRɑ̃smisjɔ̃] *nf* (*Radio, TV*) Übertragung *f*

r

rétrécir [RetResiR] *vt* enger machen ▸ *vi* (*vêtement*) eingehen; **se rétrécir** *vpr* sich verengen
rétro [RetRo] *adj inv* : **mode/style ~** Nostalgiemode *f*/-stil *m*
rétroactif, -ive [RetRoaktif, iv] *adj* rückwirkend
rétrograde [RetRɔgRad] *adj* rückschrittlich • **rétrograder** *vi* (*élève, économie*) zurückfallen; (*Auto*) hinunterschalten
rétroprojecteur [RetRopRɔʒɛktœR] *nm* Overheadprojektor *m*
rétrospectif, -ive [RetRɔspɛktif, iv] *adj* (*étude*) zurückblickend; (*jalousie, peur*) im Nachhinein ▸ *nf* Retrospektive *f*, Rückschau *f*
rétrospectivement [RetRɔspɛktivmɑ̃] *adv* im Nachhinein
retrousser [R(ə)tRuse] *vt* hochkrempeln
retrouver [R(ə)tRuve] *vt* wiederfinden; (*occasion, travail*) (wieder) finden; (*revoir*) wiedersehen; (*rejoindre*) wiedertreffen
rétrovirus [RetRoviRys] *nm* Retrovirus *nt*
rétroviseur [RetRɔvizœR] *nm* Rückspiegel *m*
réunification [Reynifikasjɔ̃] *nf* (*Pol*) Wiedervereinigung *f*
Réunion [Reynjɔ̃] *nf* : **la ~** Réunion *nt*
réunion [Reynjɔ̃] *nf* Versammlung *f*; (*de famille etc*) Treffen *nt* • **réunir** *vt* (*convoquer*) versammeln; (*rassembler*) sammeln; (*États, tendances*) vereinigen; (*raccorder, relier*) verbinden; **se réunir** *vpr* zusammenkommen
réussi, e [Reysi] *adj* gelungen • **réussir** *vi* gelingen; (*personne*) Erfolg haben; **elle a bien réussi sa sauce** die Soße ist ihr gut gelungen • **réussite** *nf* Erfolg *m*
revaloriser [R(ə)valɔRize] *vt* (*monnaie*) aufwerten; (*salaires, pensions*) erhöhen; (*doctrine, institution, tradition*) wiederaufwerten
revanche [R(ə)vɑ̃ʃ] *nf* Rache *f*; (*Sport*) Revanche *f*; **prendre sa ~ (sur)** sich rächen (an *+dat*); **en ~** andererseits
rêve [Rɛv] *nm* Traum *m*
réveil [Revɛj] *nm* Aufwachen *nt*; (*pendule*) Wecker *m*; **au ~** beim Aufwachen • **réveiller** *vt* (*personne*) (auf)wecken; (*douleur*) wecken; **se réveiller** *vpr* aufwachen; (*douleur, animosité*) wiederaufleben
réveillon [Revɛjɔ̃] *nm* Heiligabend *m*; (*du Nouvel An*) Silvester *nt*; (*dîner*) Abendessen *nt* am Heiligabend/an Silvester • **réveillonner** *vi* Heiligabend/Silvester feiern
révélateur, -trice [RevelatœR, tRis] *adj* : **~ (de qch)** bezeichnend (für etw) ▸ *nm* (*Photo*) Entwickler *m*
révélation [Revelasjɔ̃] *nf* (*information*) Enthüllung *f*; (*d'un secret, projet*) Bekanntgabe *f* • **révéler** *vt* (*divulguer*) enthüllen, bekannt geben
revenant, e [R(ə)vənɑ̃, ɑ̃t] *nm/f* Gespenst *nt*
revendeur, -euse [R(ə)vɑ̃dœR, øz] *nm/f* (*détaillant*) Einzelhändler(in) *m(f)*; (*d'occasion*) Gebrauchtwarenhändler(in) *m(f)*
revendication [R(ə)vɑ̃dikasjɔ̃] *nf* Forderung *f*; **journée de ~** ≈ Aktionstag *m* • **revendiquer** *vt* fordern

revendre [R(ə)vɑ̃dR] *vt* weiterverkaufen
revenir [Rəv(ə)niR] *vi* (*venir de nouveau, réapparaître*) wiederkommen; (*rentrer*) zurückkommen; **faire ~** (*Culin*) anbräunen; **~ à soi** wieder zu sich kommen; **~ sur ses pas** umkehren
revente [R(ə)vɑ̃t] *nf* Weiterverkauf *m*, Wiederverkauf *m*
revenu [Rəv(ə)ny] *nm* (*d'un individu*) Einkommen *nt*; **~ minimum d'insertion** ≈ Sozialhilfe *f*
rêver [Reve] *vi* : **~ de** träumen von; **~ à** träumen von
réverbère [ReveRbɛR] *nm* Straßenlaterne *f*
révérence [ReveRɑ̃s] *nf* (*salut*) Verbeugung *f*; (: *de femme*) Knicks *m*
rêverie [RɛvRi] *nf* Träumerei *f*
revers [R(ə)vɛR] *nm* Rückseite *f*; (*d'une étoffe*) linke Seite *f*; (*de pantalon*) Aufschlag *m*; (*Tennis etc*) Rückhand *f*
revêtement [R(ə)vɛtmɑ̃] *nm* (*d'une paroi*) Verkleidung *f*; (*des sols, d'une chaussée*) Belag *m*; (*enduit*) Überzug *m*
revêtir [R(ə)vetiR] *vt* (*vêtement*) anziehen; **~ qn de qch** (*autorité*) jdm etw verleihen; **~ qch de** (*carreaux*) etw auslegen mit; (*boiserie*) etw verkleiden mit
rêveur, -euse [RɛvœR, øz] *adj* verträumt ▶ *nm/f* Träumer(in) *m(f)*
revigorer [R(ə)vigɔRe] *vt* beleben
revirement [R(ə)viRmɑ̃] *nm* (*changement d'avis*) (Meinungs)umschwung *m*
réviser [Revize] *vt* (*texte, ouvrage*) überprüfen; (*comptes*) prüfen; (*Scol*) wiederholen; (*machine, moteur etc*) überholen; (*procès*) wiederaufnehmen • **révision** *nf* (*de texte*) Überprüfung *f*; (*de comptes*) Prüfung *f*; (*de machine*) Überholen *nt*
revivre [R(ə)vivR] *vi* wiederaufleben ▶ *vt* noch einmal durchleben
revoir [R(ə)vwaR] *vt* wiedersehen; (*en imagination*) vor sich *dat* sehen ▶ *nm* : **au ~** auf Wiedersehen; **dire au ~ à qn** sich von jdm verabschieden
révolte [Revɔlt] *nf* Aufstand *m* • **révolter** *vt* entrüsten, empören
révolution [Revɔlysjɔ̃] *nf* (*rotation*) Umdrehung *f*; (*Pol*) Revolution *f*; **la R~ française** die Französische Revolution • **révolutionnaire** *adj* Revolutions-; (*opinions, méthodes*) revolutionär
revolver [RevɔlvɛR] *nm* Revolver *m*
revue [R(ə)vy] *nf* (*de music-hall*) Revue *f*; (*périodique*) Zeitschrift *f*
rez-de-chaussée [Red(ə)ʃose] *nm inv* Erdgeschoss *nt*
RF [ɛRɛf] *sigle f* (= *République française*) Frankreich *nt*
Rhénanie [Renani] *nf* Rheinland *nt*
Rhin [Rɛ̃] *nm* : **le ~** der Rhein
rhinite [Rinit] *nf* Nasenkatarrh *m*
rhinocéros [RinɔseRɔs] *nm* Nashorn *nt*
Rhône [Ron] *nm* : **le ~** die Rhone *f*
rhubarbe [RybaRb] *nf* Rhabarber *m*
rhum [Rɔm] *nm* Rum *m*
rhumatisme [Rymatism] *nm* Rheuma(tismus *m*) *nt*
rhume [Rym] *nm* Schnupfen *m*; **le ~ des foins** Heuschnupfen *m*; **~ de cerveau** Kopfgrippe *f*
ri [Ri] *pp de* **rire**
ricaner [Rikane] *vi* boshaft lachen; (*bêtement*) blöde kichern

r

riche [riʃ] *adj* reich; (*somptueux*) prächtig; (*aliment*) nahrhaft ▶ *nmf*: **les ~s** die Reichen *pl*; **~ en** reich an *+dat* • **richesse** *nf* Reichtum *m* • **ricochet** *nm*: **faire des ~s** Steine auf dem Wasser hüpfen lassen; (*fig*) indirekte Auswirkungen haben; **par ~** (*fig*) indirekt

ride [rid] *nf* Falte *f*, Runzel *f* • **ridé, e** *adj* faltig, runzlig

rideau, x [rido] *nm* Vorhang *m*

rider [ride] *vt* (*peau, front*) runzeln; (*eau, sable etc*) kräuseln; **se rider** *vpr* (*avec l'âge*) Falten bekommen

ridicule [ridikyl] *adj* lächerlich • **ridiculiser** *vt* lächerlich machen; **se ridiculiser** *vpr* sich lächerlich machen

MOT-CLÉ

rien [rjɛ̃] *pron* **1** nichts; **il n'a ~ dit/fait** er hat nichts gesagt/gemacht; **il n'a ~** er hat nichts; **de ~ !** keine Ursache!

2 (*quelque chose*) : **a-t-il jamais ~ fait pour nous ?** hat er je etwas für uns getan?

3 (*rien de*) : **~ d'intéressant** nichts Interessantes; **~ d'autre** nichts anderes; **~ du tout** überhaupt nichts

4 : **~ que** nichts als; **~ que la vérité** nichts als die Wahrheit; **~ que pour lui faire plaisir** nur um ihm eine Freude zu machen

▶ *nm* : **un petit ~** eine Kleinigkeit; **des ~s** Nichtigkeiten *pl*; **un ~ de** ein Hauch (von)

rieur, -euse [r(i)jœr, -jøz] *adj* fröhlich

rigide [riʒid] *adj* steif; (*personne, éducation*) streng

rigolade [rigɔlad] *nf* Spaß *m*; **c'est de la ~** das ist ein Witz

rigoler [rigɔle] (*fam*) *vi* (*rire*) lachen; (*s'amuser*) sich amüsieren; (*plaisanter*) Spaß machen • **rigolo, -ote** (*fam*) *adj* komisch ▶ *nm/f* Scherzbold *m*

rigoureusement [rigurøzmɑ̃] *adv* ganz genau; **~ vrai/interdit** genau der Wahrheit entsprechend/strengstens verboten

rigoureux, -euse [rigurø, øz] *adj* streng; (*climat*) rau, hart; (*démonstration, analyse, preuves*) genau

rigueur [rigœr] *nf* Strenge *f*; (*du climat*) Härte *f*; (*exactitude*) Genauigkeit *f*; **être de ~** vorgeschrieben sein, Pflicht sein; **à la ~** zur Not

rillettes [rijɛt] *nfpl* ≈ Schmalzfleisch *nt*

rime [rim] *nf* Reim *m* • **rimer** *vi* sich reimen; **ne ~ à rien** völlig ungereimt sein

rimmel® [rimɛl] *nm* Wimperntusche *f*

rinçage [rɛ̃saʒ] *nm* Spülen *nt* • **rincer** *vt* (*récipient*) ausspülen; (*objet*) abspülen; (*linge*) spülen

ring [riŋ] *nm* Boxring *m*; **monter sur le ~** in den Ring steigen *ou* gehen

ringard, e [rɛ̃gar, ard] *adj* (*péj*) altmodisch

riposte [ripɔst] *nf* (schlagfertige) Antwort *f*; (*contre-attaque*) Gegenschlag *m* • **riposter** *vi* (*répondre*) antworten; (*contre-attaquer*) zurückschlagen; **~ que** erwidern, dass; **~ à** erwidern *+acc*

rire [rir] *vi* lachen; (*se divertir*) Spaß haben; (*plaisanter*) Spaß machen ▶ *nm* Lachen *nt*; **~ de** lachen über *+acc*; **~ aux éclats/**

aux larmes schallend/Tränen lachen; **~ jaune** gezwungen lachen; **pour ~** zum Spaß
ris [Ri] *nm* : **~ de veau** Kalbsbries *m*
risible [Rizibl] *adj* lächerlich
risque [Risk] *nm* Risiko *nt*; **prendre un ~/des ~s** ein Risiko/ Risiken eingehen; **à ses ~s et périls** auf eigene Gefahr, auf eigenes Risiko • **risqué, e** *adj* riskant, gewagt • **risquer** *vt* riskieren, aufs Spiel setzen; **se risquer** *vpr* : **se ~ à faire qch** es wagen, etw zu tun
rissoler [Risɔle] *vi, vt* : **(faire) ~ de la viande/des légumes** Fleisch/ Gemüse anbräunen
ristourne [RistuRn] *nf* Rabatt *m*
rite [Rit] *nm* Ritus *m*; *(fig)* Ritual *nt*
ritournelle [RituRnɛl] *nf* : **c'est toujours la même ~** *(fam)* immer das gleiche Lied
rituel, le [Ritɥɛl] *adj* rituell; *(fig)* üblich ▶ *nm* Ritual *nt*
rivage [Rivaʒ] *nm* Ufer *nt*
rival, e, -aux [Rival, o] *adj* gegnerisch ▶ *nm/f (adversaire)* Gegner(in) *m(f)* • **rivaliser** *vi* : **~ avec** *(personne)* rivalisieren mit, sich messen mit • **rivalité** *nf* Rivalität *f*
rive [Riv] *nf* Ufer *nt*
riverain, e [Riv(ə)Rɛ̃, ɛn] *nm/f (d'une route, rue)* Anlieger(in) *m(f)*
rivet [Rivɛ] *nm* Niete *f* • **riveter** *vt* nieten
rivière [RivjɛR] *nf* Fluss *m*
rixe [Riks] *nf* Rauferei *f*
riz [Ri] *nm* Reis *m*; **~ au lait** Milchreis *m*
RN [ɛRɛn] *sigle f (= route nationale) voir* **route**
RNIS [ɛRɛniɛs] *sigle m (= Réseau numérique à intégration de service)* ISDN *nt*
robe [Rɔb] *nf* Kleid *nt*; **~ de chambre** Morgenrock *m*; **~ de mariée** Brautkleid *nt*; **~ de soirée** Abendkleid *nt*
robinet [Rɔbinɛ] *nm* Hahn *m*; **~ du gaz** Gashahn *m*
robot [Rɔbo] *nm* Roboter *m*; **~ de cuisine** Küchenmaschine *f*
robuste [Rɔbyst] *adj* robust
roc [Rɔk] *nm* Fels(en) *m*
rocade [Rɔkad] *nf* Umgehungsstraße *f*
rocaille [Rɔkaj] *nf (pierraille)* Geröll *nt*; *(terrain)* steiniges Gelände *nt*; *(jardin)* Steingarten *m* ▶ *adj* : **style ~** Rokokostil *m* • **rocailleux, -euse** *adj* steinig; *(style, voix)* hart
roche [Rɔʃ] *nf* Fels(en) *m* • **rocher** *nm (bloc)* Felsen *m*; *(matière)* Fels(en) *m* • **rocheux, -euse** *adj* felsig
rodage [Rɔdaʒ] *nm (Auto)* Einfahren *nt*; **« en ~ »** „wird eingefahren" • **roder** *vt (moteur, voiture)* einfahren; *(spectacle, service)* aus den Anfangsschwierigkeiten herausbringen
rôder [Rode] *vi* herumziehen; *(péj)* sich herumtreiben
rogne [Rɔɲ] *nf* : **être en ~** gereizt *ou* wütend sein; **se mettre en ~** wütend *ou* gereizt werden
rogner [Rɔɲe] *vt (cuir, plaque de métal, pages)* beschneiden ▶ *vi* : **~ sur** kürzen
rognons [Rɔɲɔ̃] *nmpl* Nieren *pl*
roi [Rwa] *nm* König *m*; **les R~s mages** die Heiligen Drei Könige *pl*
roitelet [Rwat(ə)lɛ] *nm* Zaunkönig *m*
rôle [Rol] *nm* Rolle *f*
romain, e [Rɔmɛ̃, ɛn] *adj* römisch ▶ *nf (laitue)* Romagnasalat *m*
roman, e [Rɔmɑ̃, an] *adj* romanisch ▶ *nm* Roman *m*;

~ d'espionnage Spionageroman *m*; **~ policier** Kriminalroman *m*
romance [Rɔmɑ̃s] *nf* sentimentale Ballade *f*
romancier, -ière [Rɔmɑ̃sje, jɛR] *nm/f* Romanschriftsteller(in) *m(f)*
romand, e [Rɔmɑ̃, ɑ̃d] *adj* aus der französischen Schweiz, französischschweizerisch ▶ *nm/f*: **R~, e** Französischschweizer(in) *m(f)*
romanesque [Rɔmanɛsk] *adj* (*fantastique*) sagenhaft; (*sentimental*) romantisch, sentimental
roman-feuilleton [Rɔmɑ̃fœjtɔ̃] (*pl* **romans-feuilletons**) *nm* Fortsetzungsroman *m*
romantique [Rɔmɑ̃tik] *adj* romantisch • **romantisme** *nm* Romantik *f*
romarin [RɔmaRɛ̃] *nm* Rosmarin *m*
rompre [Rɔ̃pR] *vt* brechen; (*digue*) sprengen; (*fiançailles*) lösen ▶ *vi* (*couple*) sich trennen; **se rompre** *vpr* (*corde*) reißen; **~ avec** (*personne*) brechen mit; (*habitude, tradition*) aufgeben • **rompu, e** *pp de* **rompre** ▶ *adj* (*fourbu*) erschöpft; **~ à** beschlagen in *+dat*
ronce [Rɔ̃s] *nf* (*Bot*) Brombeerstrauch *m*; **ronces** *nfpl* (*branches*) Dornen(zweige) *pl*
rond, e [Rɔ̃, Rɔ̃d] *adj* rund; (*fam* : *ivre*) voll ▶ *nm* Kreis *m*; **en ~** im Kreis
ronde [Rɔ̃d] *nf* Runde *f*
rondelle [Rɔ̃dɛl] *nf* (*tranche*) Scheibe *f*; (*Tech*) Unterlegscheibe *f*
rondin [Rɔ̃dɛ̃] *nm* Klotz *m*
rond-point [Rɔ̃pwɛ̃] (*pl* **ronds-points**) *nm* Kreisverkehr *m*
ronfler [Rɔ̃fle] *vi* (*personne*) schnarchen; (*moteur*) brummen
ronger [Rɔ̃ʒe] *vt* nagen an *+dat*; **se ronger** *vpr* : **se ~ les ongles** an den Fingernägeln kauen; **se ~ d'inquiétude/de souci** von Unruhe/Sorgen verzehrt werden • **rongeur** *nm* Nagetier *nt*
ronronner [Rɔ̃Rɔne] *vi* schnurren
roquette [Rɔkɛt] *nf* (*Mil*) Rakete *f*; (*salade*) Rucola *f*
rosace [Rozɑs] *nf* Rosette *f*
rosaire [RozɛR] *nm* Rosenkranz *m*
rosbif [Rɔsbif] *nm* Roastbeef *nt*
rose [Roz] *nf* Rose *f* ▶ *adj* rosa, rosarot ▶ *nm* (*couleur*) Rosa(rot) *nt*
rosé, e [Roze] *adj* rosa(farben), zartrosa ▶ *nm* : **(vin) ~** Rosé(wein) *m*
roseau, x [Rozo] *nm* Schilf *nt*
rosée [Roze] *nf* Tau *m*
roseraie [RozRɛ] *nf* Rosengarten *m*
rosier [Rozje] *nm* Rosenstrauch *m*
rossignol [Rɔsiɲɔl] *nm* Nachtigall *f*
rôti [Roti] *nm* Braten *m*; **~ de bœuf/porc** Rinder-/Schweinebraten *m*
rotin [Rɔtɛ̃] *nm* Rattan *nt*
rôtir [RotiR] *vt, vi* braten; **faire ~** braten • **rôtisserie** *nf* (*restaurant*) Steakhaus *nt* • **rôtissoire** *nf* Grill *m*
rotonde [Rɔtɔ̃d] *nf* (*Archit*) Rundbau *m*
rotule [Rɔtyl] *nf* Kniescheibe *f*
rouage [Rwaʒ] *nm* (*d'un mécanisme*) Zahnrad *nt*; (*fig*) Rädchen *nt* im Getriebe
roublard, e [RublaR, aRd] *adj* (*péj*) durchtrieben
roue [Ru] *nf* Rad *nt*; **~s avant/arrière** Vorder-/Hinterräder *pl*; **~ de secours** Reserverad *nt*; **~ dentée** Zahnrad *nt*
rouet [Rwɛ] *nm* Spinnrad *nt*
rouge [Ruʒ] *adj* rot ▶ *nmf* (*Pol*) Rote(r) *f(m)* ▶ *nm* (*couleur*) Rot *nt*; **(vin) ~** Rotwein *m*; **passer au ~** (*signal*) auf Rot schalten;

~ (à lèvres) Lippenstift *m*
• rougeâtre *adj* rötlich
• rouge-gorge (*pl* **rouges-gorges**) *nm* Rotkehlchen *nt*
rougeole [ʀuʒɔl] *nf* Masern *pl*
rouget [ʀuʒɛ] *nm* Seebarbe *f*
rougeur [ʀuʒœʀ] *nf* Röte *f*
rougir [ʀuʒiʀ] *vi* rot werden
rouille [ʀuj] *nf* Rost *m*; (*Culin*) *pikante provenzalische Knoblauchmayonnaise zu Fischsuppe* ▸ *adj inv* (*couleur*) rostrot **• rouillé, e** *adj* verrostet, rostig **• rouiller** *vt* rosten lassen; (*corps, esprit*) einrosten lassen ▸ *vi* rosten; **se rouiller** *vpr* rosten; (*fig*) einrosten
roulant, e [ʀulɑ̃, ɑ̃t] *adj* (*surface, trottoir, chaise*) Roll-
rouleau, x [ʀulo] *nm* Rolle *f*; **~ à pâtisserie** Nudelrolle *f*
roulement [ʀulmɑ̃] *nm* (*d'ouvriers*) Schichtwechsel *m*; **par ~** im Turnus; **~ à billes** Kugellager *nt*
rouler [ʀule] *vt* rollen; (*tissu, papier, tapis*) aufrollen; (*cigarette*) drehen ▸ *vi* rollen; (*voiture, train, automobiliste, cycliste*) fahren; (*bateau*) rollen, schlingern; **se rouler** *vpr*: **se ~ dans** (*couverture*) sich einrollen in *+acc*
roulette [ʀulɛt] *nf* (*d'un meuble*) Rolle *f*; (*de dentiste*) Bohrer *m*; **la ~** (*jeu*) Roulette *nt*
roulotte [ʀulɔt] *nf* Planwagen *m*
roumain, e [ʀumɛ̃, ɛn] *adj* rumänisch ▸ *nm/f*: **R~, e** Rumäne *m*, Rumänin *f* **• Roumanie** *nf*: **la ~** Rumänien *nt*
rouquin, e [ʀukɛ̃, in] *nm/f* (*péj*) Rotschopf *m*
rousse [ʀus] *adj voir* **roux**
roussi [ʀusi] *nm*: **ça sent le ~** es riecht angebrannt
roussir [ʀusiʀ] *vi* (*feuilles*) braun werden; **faire ~** (*Culin*) anbräunen
routard, e [ʀutaʀ, aʀd] *nm/f* Tramper(in) *m(f)*
route [ʀut] *nf* Straße *f*; (*itinéraire, fig*) Weg *m*; **par (la) ~** auf dem Landweg; **il y a 3 heures de ~** es ist eine Strecke von 3 Stunden; **en ~** unterwegs; **en ~ !** auf gehts!; **se mettre en ~** sich auf den Weg machen; **faire fausse ~** sich verirren; **~ nationale** ≈ Bundesstraße *f*
routier, -ière [ʀutje, jɛʀ] *adj* Straßen- ▸ *nm* (*camionneur*) Lastwagenfahrer *m*
routine [ʀutin] *nf* Routine *f* **• routinier, -ière** *adj* (*travail, procédé*) eingefahren; (*personne, esprit*) starr
rouvrir [ʀuvʀiʀ] *vt* wieder öffnen; (*débat etc*) wiedereröffnen; **se rouvrir** *vpr* (*porte*) sich wieder öffnen; (*blessure*) wieder aufgehen
roux, rousse [ʀu, ʀus] *adj* (*barbe, cheveux*) rot; (*personne*) rothaarig ▸ *nm/f* Rothaarige(r) *f(m)* ▸ *nm* (*Culin*) Mehlschwitze *f*
royal, e, -aux [ʀwajal, o] *adj* königlich
royaume [ʀwajom] *nm* Königreich *nt*; (*fig*) Reich *nt*
Royaume-Uni [ʀwajomyni] *nm*: **le ~** das Vereinigte Königreich
RSA [ɛʀɛsa] *sigle m* (= *revenu de solidarité active*) *Sozialhilfeprogramm*
RSVP [ɛʀɛsvepe] *abr* (= *répondez s'il vous plaît*) u. A. w. g.
RTT [ɛʀtete] *abr f* (= *réduction du temps de travail*) Arbeitszeitverkürzung *f*
ruban [ʀybɑ̃] *nm* Band *nt*; **~ adhésif** Klebestreifen *m*
rubéole [ʀybeɔl] *nf* Röteln *pl*
rubis [ʀybi] *nm* Rubin *m*
rubrique [ʀybʀik] *nf* Rubrik *f*; (*Presse*) Spalte *f*

ruche [ʀyʃ] *nf* Bienenstock *m*
rude [ʀyd] *adj* rau, hart; **un hiver très ~** ein strenger Winter; **une ~ journée** ein harter Tag
rudimentaire [ʀydimɑ̃tɛʀ] *adj* (*ameublement, équipement*) elementar; (*insuffisant*) unzureichend; (*connaissances*) rudimentär, Grundlagen-
rudiments [ʀydimɑ̃] *nmpl* Grundlagen *pl*
rue [ʀy] *nf* Straße *f*
ruée [ʀɥe] *nf* Gedränge *nt*
ruelle [ʀɥɛl] *nf* Sträßchen *nt*
ruer [ʀɥe] *vi* (*cheval, âne*) ausschlagen; **se ruer** *vpr*: **se ~ sur** sich stürzen auf +*acc*; **se ~ vers** sich stürzen auf +*acc*
rugby [ʀygbi] *nm* Rugby *nt*
rugir [ʀyʒiʀ] *vi, vt* brüllen
rugueux, -euse [ʀygø, øz] *adj* rau
ruine [ʀɥin] *nf* Ruine *f*; (*fig*) Ruin *m* • **ruiner** *vt* ruinieren • **ruineux, -euse** *adj* ruinös, sehr kostspielig
ruisseau, x [ʀɥiso] *nm* Bach *m*; (*caniveau*) Gosse *f*
ruisseler [ʀɥis(ə)le] *vi* (*eau, larmes*) strömen; (*pluie*) in Strömen fließen; (*mur, arbre*) tropfen
rumeur [ʀymœʀ] *nf* (*nouvelle*) Gerücht *nt*; (*bruit confus*) Lärm *m*, Gemurmel *nt*
ruminer [ʀymine] *vt* (*herbe*) wiederkäuen; (*chagrin, projet*) mit sich herumtragen ▶ *vi* wiederkäuen
rupture [ʀyptyʀ] *nf* (*d'un câble*) Zerreißen *nt*; (*d'une digue, d'un contrat*) Bruch *m*; (*d'un tendon*) Riss *m*; (*séparation, désunion*) Trennung *f*
rural, e, -aux [ʀyʀal, o] *adj* ländlich
ruse [ʀyz] *nf* List *f*; **par ~** durch eine List • **rusé, e** *adj* listig, gewitzt
russe [ʀys] *adj* russisch ▶ *nm* (*Ling*) Russisch *nt* ▶ *nmf*: **R~** Russe *m*, Russin *f* • **Russie** *nf*: **la ~** Russland *nt*
rustique [ʀystik] *adj* (*mobilier etc*) rustikal; (*vie*) ländlich
rustre [ʀystʀ] *nm* Flegel *m*
rutabaga [ʀytabaga] *nm* Kohlrübe *f*, Steckrübe *f*
RV *sigle m* = **rendez-vous**
Rwanda [ʀwɑ̃da] *nm*: **le ~** Ruanda *nt*
rythme [ʀitm] *nm* Rhythmus *m*; (*de la vie*) Tempo *nt*

S

s *abr* (= *siècle*) Jh
s' [s] *pron voir* **se**
SA [ɛsa] *sigle f* (= *société anonyme*) AG *f*
sa [sa] *adj possessif voir* **son**
sable [sɑbl] *nm* Sand *m*
sablé [sɑble] *nm* ≈ Butterkeks *m*
sabler [sɑble] *vt* mit Sand bestreuen; (*contre le verglas*) streuen
sablier [sɑblije] *nm* Sanduhr *f*; (*de cuisine*) Eieruhr *f*
sablonneux, -euse [sɑblɔnø, øz] *adj* sandig
sabot [sabo] *nm* (*de cheval, bœuf*) Huf *m*; (*chaussure*) Holzschuh *m*; **~ (de Denver)** Hemmschuh *m*
sabotage [sabɔtaʒ] *nm* Sabotage *f*
saboter [sabɔte] *vt* sabotieren
sabre [sɑbʀ] *nm* Säbel *m*
sac [sak] *nm* Tasche *f*; (*à charbon, plâtre etc*) Sack *m*; (*en papier*) Tüte *f*; **~ à dos** Rucksack *m*; **~ à main** Handtasche *f*; **~ à provisions** Einkaufstasche *f*; **~ de couchage** Schlafsack *m*
saccade [sakad] *nf* Ruck *m*
saccager [sakaʒe] *vt* plündern; (*dévaster*) verwüsten
saccharine [sakaʀin] *nf* Sa(c)charin *nt*, Süßstoff *m*
sachet [saʃɛ] *nm* Tütchen *nt*; **~ de thé** Teebeutel *m*
sacoche [sakɔʃ] *nf* Tasche *f*; (*de bicyclette, motocyclette*) Satteltasche *f*
sacré, e [sakʀe] *adj* heilig; (*fam*) verdammt
sacrement [sakʀəmɑ̃] *nm* Sakrament *nt*
sacrifice [sakʀifis] *nm* Opfer *nt*
sacrifier [sakʀifje] *vt* opfern; **se sacrifier** *vpr* sich aufopfern
sacrilège [sakʀilɛʒ] *nm* Sakrileg *nt*; (*fig*) Frevel ▶ *adj* frevelhaft
sacristie [sakʀisti] *nf* Sakristei *f*
sacro-saint, e [sakʀɔsɛ̃, sɛ̃t] (*pl* **sacro-saints, es**) *adj* hochheilig
sadique [sadik] *adj* sadistisch ▶ *nmf* Sadist(in) *m(f)*
safran [safʀɑ̃] *nm* Safran *m*
sagace [sagas] *adj* scharfsinnig
sage [saʒ] *adj* klug, weise; (*enfant*) brav, artig ▶ *nm* Weiser *m*
• **sage-femme** (*pl* **sages-femmes**) *nf* Hebamme *f*
• **sagement** *adv* (*raisonnablement*) klug; (*tranquillement*) artig
• **sagesse** *nf* Weisheit *f*, Klugheit *f*
Sagittaire [saʒitɛʀ] *nm* (*Astrol*) Schütze *m*
Sahara [saaʀa] *nm* Sahara *f*
saignant, e [sɛɲɑ̃, ɑ̃t] *adj* blutend, blutig; (*viande*) blutig
• **saignement** *nm* Blutung *f*; **~ de nez** Nasenbluten *nt* • **saigner** *vi* bluten ▶ *vt* (*Méd*) Blut abnehmen +*dat*; (*animal*) ausbluten lassen; (*fig*) ausnehmen
saillie [saji] *nf* (*d'une construction*) Vorsprung *m* • **saillir** *vi* (*faire saillie*) herausragen
sain, e [sɛ̃, sɛn] *adj* gesund; **~ et sauf** unversehrt
saindoux [sɛ̃du] *nm* Schweineschmalz *nt*

saint, e [sɛ̃, sɛ̃t] *adj* heilig ▶ *nm/f* Heilige(r) *f(m)* • **saint-bernard** *nm inv* (*chien*) Bernhardiner *m* • **Saint-Esprit** *nm* : **le ~** der Heilige Geist *m*

Saint-Marin [sɛ̃maʀɛ̃] *nm* San Marino *nt*

Saint-Sylvestre [sɛ̃silvɛstʀ] *nf* : **la ~** Silvester *nt*

saisie [sezi] *nf* (*Jur*) Beschlagnahmung *f*; **~ de données** Dateneingabe *f* • **saisir** *vt* ergreifen; (*comprendre, entendre*) erfassen; (*Inform*) eingeben; (*Jur*) beschlagnahmen • **saisissant, e** *adj* ergreifend

saison [sɛzɔ̃] *nf* Jahreszeit *f*; (*des moissons, semailles*) Zeit *f*; (*touristique*) Saison *f*; **en/hors ~** in/außerhalb der Saison; **haute/basse/morte ~** Hoch-/Neben-/Nachsaison *f* • **saisonnier, -ière** *adj* (*produits*) der Jahreszeit ▶ *nm* (*travailleur*) Saisonarbeiter *m*

salade [salad] *nf* Salat *m*; **~ de fruits** Obstsalat *m* • **saladier** *nm* Salatschüssel *f*

salaire [salɛʀ] *nm* Gehalt *nt*; (*hebdomadaire, journalier*) Lohn *m*; **~ minimum interprofessionnel de croissance** gesetzlicher Mindestlohn *m*

salaison [salɛzɔ̃] *nf* (*opération*) Einsalzen *nt*; **salaisons** *nfpl* (*produits*) Gepökeltes *nt*

salamandre [salamɑ̃dʀ] *nf* Salamander *m*

salami [salami] *nm* Salami *f*

salariat [salaʀja] *nm* Gehaltsempfänger *pl*, Lohnempfänger *pl*

salarié, e [salaʀje] *nm/f* Gehaltsempfänger(in) *m(f)*, Lohnempfänger(in) *m(f)*

salaud [salo] *nm* (*fam !*) Scheißkerl *m* (*fam !*)

sale [sal] *adj* dreckig

salé, e [sale] *adj* salzig • **saler** *vt* (*plat*) salzen; (*pour conserver*) einpökeln

saleté [salte] *nf* Schmutz *m*; (*action vile, obscénité*) Schweinerei *f*; (*chose sans valeur*) Mist *m*

salière [saljɛʀ] *nf* Salzfässchen *nt*

salin, e [salɛ̃, in] *adj* Salz- ▶ *nf* Saline *f*

salir [saliʀ] *vt* beschmutzen, schmutzig machen

salissant, e [salisɑ̃, ɑ̃t] *adj* leicht schmutzend, empfindlich; (*métier*) schmutzig

salive [saliv] *nf* Speichel *m* • **saliver** *vi* sabbern

salle [sal] *nf* Zimmer *nt*; (*de musée, d'un cinéma, public*) Saal *m*; **~ à manger** Esszimmer *nt*; **~ d'attente** Wartesaal *m*; **~ de bain(s)** Badezimmer *nt*; **~ de séjour** Wohnzimmer *nt*

salon [salɔ̃] *nm* Wohnzimmer *nt*; (*mobilier*) Wohnzimmer(möbel *pl*) *nt*; **~ de coiffure** Friseursalon *m*; **~ de thé** Café *nt*

salopard [salɔpaʀ] *nm* (*fam !*) Scheißkerl *m* (*fam !*)

salope [salɔp] *nf* (*fam !*) Miststück *nt* (*fam !*)

salopette [salɔpɛt] *nf* (*de travail*) Overall *m*; (*pantalon*) Latzhose *f*

salsifis [salsifi] *nm* Schwarzwurzel *f*

saltimbanque [saltɛ̃bɑ̃k] *nmf* Schausteller(in) *m(f)*

salubre [salybʀ] *adj* gesund

saluer [salɥe] *vt* grüßen; (*pour dire au revoir*) sich verabschieden von

salut [saly] *nm* (*sauvegarde*) Wohl *nt*; (*geste, parole d'accueil etc*) Gruß *m* ▶ *excl* (*fam*) hallo; (*pour dire au*

revoir) tschüs(s) • **salutaire** *adj* heilsam, nützlich • **salutations** *nfpl* Grüße *pl*; **veuillez agréer, Monsieur, mes ~ distinguées** *ou* **respectueuses** ≈ mit freundlichen Grüßen
Salvador [salvadɔʀ] *nm* : **le ~** El Salvador *nt*
samedi [samdi] *nm* Samstag *m*; *voir aussi* **lundi**
SAMU [samy] *sigle m* (= *service d'assistance médicale d'urgence*) ≈ medizinischer Notdienst *m*
sanction [sɑ̃ksjɔ̃] *nf* Sanktion *f*
sanctuaire [sɑ̃ktɥɛʀ] *nm* (*d'une église*) Allerheiligstes *nt*; (*édifice, lieu saint*) heiliger Ort *m*
sandale [sɑ̃dal] *nf* Sandale *f*
sandwich [sɑ̃dwi(t)ʃ] *nm* Sandwich *nt*
sang [sɑ̃] *nm* Blut *nt* • **sang-froid** *nm inv* Kaltblütigkeit *f*
sanglant, e [sɑ̃glɑ̃, ɑ̃t] *adj* blutig; (*reproche, affront*) verletzend
sangle [sɑ̃gl] *nf* Gurt *m*
sanglier [sɑ̃glije] *nm* Wildschwein *nt*
sangloter [sɑ̃glɔte] *vi* schluchzen
sangsue [sɑ̃sy] *nf* Blutegel *m*
sanguin, e [sɑ̃gɛ̃, in] *adj* Blut-
sanguine [sɑ̃gin] *nf* (*orange*) Blutorange *f*
sanisette® [sanizɛt] *nf* (*automatische*) *öffentliche Toilette*
sanitaire [sanitɛʀ] *adj* (*Méd*) Gesundheits-; **sanitaires** *nmpl* Sanitäreinrichtungen *pl*
sans [sɑ̃] *prép* ohne • **sans-abri** *nm inv/nf inv* Obdachlose(r) *f(m)* • **sans-emploi** *nm inv/nf inv* Arbeitslose(r) *f(m)* • **sans-faute** *nm inv* (*Sport*) fehlerfreier Lauf *m*; (*fig*) Glanzleistung *f* • **sans-gêne** *adj inv* ungeniert ▶ *nm inv* Ungeniertheit *f* • **sans-logis** *nm inv/nf inv* Obdachlose(r) *f(m)* • **sans-papiers** *nmf* illegaler Einwanderer *m*, illegale Einwanderin *f*
santé [sɑ̃te] *nf* Gesundheit *f*; **être en bonne ~** gesund sein; **boire à la ~ de qn** auf jds Wohl trinken; **(à votre/ta) ~ !** zum Wohl!
saoudien, ne [saudjɛ̃, jɛn] *adj* saudi-arabisch
saoul, e [su, sul] *adj* = **soûl**
saper [sape] *vt* untergraben; (*fig*) unterminieren • **sapeur** *nm* (*Mil*) Pionier *m* • **sapeur-pompier** (*pl* **sapeurs-pompiers**) *nm* Feuerwehrmann *m*
saphir [safiʀ] *nm* Saphir *m*
sapin [sapɛ̃] *nm* Tanne *f*; **~ de Noël** Weihnachtsbaum *m*
sarcasme [saʀkasm] *nm* Sarkasmus *m* • **sarcastique** *adj* sarkastisch
sarcome [saʀkom] *nm* Sarkom *nt*; **~ de Kaposi** Kaposisarkom *nt*
Sardaigne [saʀdɛɲ] *nf* : **la ~** Sardinien *nt* • **sarde** *adj* sardisch
sardine [saʀdin] *nf* Sardine *f*
sari [saʀi] *nm* Sari *m*
SARL [ɛsaɛʀɛl] *sigle f* (= *société à responsabilité limitée*) GmbH *f*
Sarre [saʀ] *nf* : **la ~** das Saarland; (*rivière*) die Saar *f* • **Sarrebruck** Saarbrücken *nt*
sarriette [saʀjɛt] *nf* Bohnenkraut *nt*
sas [sɑs] *nm* (*d'un sous-marin, d'un engin spatial*) Luftschleuse *f*; (*d'une écluse*) Schleusenkammer *f*
satellite [satelit] *nm* Satellit *m*
satin [satɛ̃] *nm* Satin *m* • **satiné, e** *adj* satiniert; (*peau*) seidig
satirique [satiʀik] *adj* satirisch
satisfaction [satisfaksjɔ̃] *nf* (*d'un besoin, désir*) Befriedigung *f*; (*état*) Zufriedenheit *f*

satisfaire [satisfɛʀ] *vt* befriedigen; **~ à** erfüllen •**satisfaisant, e** *adj* befriedigend •**satisfait, e** *adj* zufrieden; **~ de** zufrieden mit

saturer [satyʀe] *vt* übersättigen

sauce [sos] *nf* Soße *f*; **en ~** mit Soße; **~ tomate** Tomatensoße *f* •**saucière** *nf* Soßenschüssel *f*, Sauciere *f*

saucisse [sosis] *nf* Wurst *f*

saucisson [sosisɔ̃] *nm* Wurst *f*; **~ à l'ail** Knoblauchwurst *f*; **~ sec** Hartwurst *f* •**saucissonner** (*fam*) *vi* einen Happen essen

sauf[1] [sof] *prép* außer +*dat*; **~ si** außer, wenn; **~ empêchement** wenn sich keine Probleme ergeben

sauf[2]**, sauve** [sof, sov] *adj* unbeschadet •**sauf-conduit** (*pl* **sauf-conduits**) *nm* Geleitbrief *m*

sauge [soʒ] *nf* Salbei *m*

saugrenu, e [sogʀəny] *adj* absurd

saule [sol] *nm* Weide *f*; **~ pleureur** Trauerweide *f*

saumon [somɔ̃] *nm* Lachs *m*; **~ fumé** Räucherlachs *m*

saumure [somyʀ] *nf* Salzlake *f*

sauna [sona] *nm* Sauna *f*

saupoudrer [sopudʀe] *vt* : **~ qch de** etw bestreuen mit

saut [so] *nm* Sprung *m*; (*Sport*) Springen *nt*; **~ à l'élastique** Bungeejumping *nt*

sauté, e [sote] *adj* (*Culin*) gebraten ▶ *nm* : **~ de veau** ≈ Kalbsbraten *m*

saute-mouton [sotmutɔ̃] *nm inv* : **jouer à ~** Bockspringen spielen

sauter [sote] *vi* springen; (*fusibles*) durchbrennen ▶ *vt* (*obstacle*) überspringen

sauterelle [sotʀɛl] *nf* Heuschrecke *f*

sautiller [sotije] *vi* hüpfen

sauvage [sovaʒ] *adj* wild; (*insociable*) ungesellig ▶ *nmf* (*primitif*) Wilde(r) *f(m)*

sauve [sov] *adj f voir* **sauf**

sauvegarde [sovgaʀd] *nf* Schutz *m*; (*Inform*) Speichern *nt*, Sichern *nt* •**sauvegarder** *vt* schützen; (*Inform*) sichern

sauve-qui-peut [sovkipø] *nm inv* Panik *f* ▶ *excl* rette sich, wer kann

sauver [sove] *vt* retten; **se sauver** *vpr* (*s'enfuir*) weglaufen; (*fam* : *partir*) abhauen; **~ qn de** jdn retten aus

sauvetage [sov(ə)taʒ] *nm* Rettung *f*

sauveteur [sov(ə)tœʀ] *nm* Retter *m*

sauvette [sovɛt] *nf* : **à la ~** (*se marier etc*) überstürzt; **vente à la ~** illegaler Verkauf *m*

sauveur [sovœʀ] *nm* Retter *m*; **le S~** der Erlöser *m*

SAV [ɛsave] *sigle m* (= *service après-vente*) Kundendienst *m*

savane [savan] *nf* Savanne *f*

savant, e [savɑ̃, ɑ̃t] *adj* (*érudit, instruit*) gelehrt; (*édition, revue, travaux*) wissenschaftlich ▶ *nm* Gelehrter *m*

saveur [savœʀ] *nf* Geschmack *m*; (*fig*) Reiz *m*

Savoie [savwa] *nf* : **la ~** Savoyen *nt*

savoir [savwaʀ] *vt* wissen; (*le grec, la grammaire, sa leçon, son rôle etc* : *être capable de*) können ▶ *nm* Wissen *nt*; **~ nager** schwimmen können •**savoir-faire** *nm inv* : **le ~** das Know-how •**savoir-vivre** *nm inv* gute Manieren *pl*

savon [savɔ̃] *nm* Seife *f* •**savonner** *vt* einseifen •**savonnette** *nf* Toilettenseife *f* •**savonneux, -euse** *adj* seifig

savourer [savuʀe] *vt* genießen •**savoureux, -euse** *adj* köstlich

Saxe [saks] *nf*: **la ~** Sachsen *nt*
saxo [saksɔ], **saxophone** [saksɔfɔn] *nm* Saxofon *nt*
scalpel [skalpɛl] *nm* Skalpell *nt*
scandale [skɑ̃dal] *nm* Skandal *m* • **scandaleux, -euse** *adj* skandalös • **scandaliser** *vt* entsetzen
scandinave [skɑ̃dinav] *adj* skandinavisch ▶ *nmf*: **S~** Skandinavier(in) *m(f)* • **Scandinavie** *nf*: **la ~** Skandinavien *nt*
scanner¹ [skanɛʀ] *nm* Scanner *m*; (*Méd*) Tomografie *f*
scanner² [skane] *vt* (ein)scannen
scaphandre [skafɑ̃dʀ] *nm* (*de plongeur*) Taucheranzug *m*
scarabée [skaʀabe] *nm* Mistkäfer *m*
scarlatine [skaʀlatin] *nf*: **la ~** Scharlach *m*
sceau, x [so] *nm* Siegel *nt*; (*fig*) Stempel *m*
sceller [sele] *vt* besiegeln; (*fermer*) versiegeln
scénario [senaʀjo] *nm* Skript *nt*, Drehbuch *nt*
scène [sɛn] *nf* Szene *f*; (*lieu de l'action*) Schauplatz *m*; (*Théât*) Bühne *f*
sceptique [sɛptik] *adj* skeptisch
schéma [ʃema] *nm* Schema *nt*
Schleswig-Holstein [ʃlɛsvikɔlʃtajn] *nm*: **le ~** Schleswig-Holstein *nt*
sciatique [sjatik] *nf* Ischias *m*
scie [si] *nf* Säge *f*; **~ circulaire** Kreissäge *f*
sciemment [sjamɑ̃] *adv* wissentlich
science [sjɑ̃s] *nf* Wissenschaft *f*; (*savoir*) Wissen *nt* • **science-fiction** (*pl* **sciences-fictions**) *nf* Science-Fiction *f* • **scientifique** *adj* wissenschaftlich ▶ *nmf* (*savant*) Wissenschaftler(in) *m(f)*
scier [sje] *vt* sägen • **scierie** *nf* Sägewerk *nt*
scinder [sɛ̃de] *vt* aufspalten; **se scinder** *vpr* (*parti*) sich spalten
scintiller [sɛ̃tije] *vi* funkeln
sciure [sjyʀ] *nf*: **~ (de bois)** Sägemehl *nt*
sclérose [skleʀoz] *nf*: **~ en plaques** multiple Sklerose *f*
scolaire [skɔlɛʀ] *adj* Schul-, schulisch; **l'année ~** das Schuljahr *nt*; **d'âge ~** im schulpflichtigen Alter
scolarisation [skɔlaʀizasjɔ̃] *nf* (*d'un enfant*) Einschulung *f*
scolariser [skɔlaʀize] *vt* mit Schulen versorgen; (*enfant*) einschulen
scolarité [skɔlaʀite] *nf* Schulbesuch *m*, Schulzeit *f*
scoop [skup] *nm* Knüller *m*
scooter [skutœʀ] *nm* Motorroller *m*; **~ des neiges** Schneebob *m*
score [skɔʀ] *nm* Punktestand *m*
scorpion [skɔʀpjɔ̃] *nm* Skorpion *m*; **être du S~** (*Astrol*) Skorpion sein
scotch [skɔtʃ] *nm* (*whisky*) Scotch *m*; **S~®** Tesafilm® *m*
scout [skut] *nm* Pfadfinder *m* • **scoutisme** *nm* Pfadfinderbewegung *f*
script [skʀipt] *nm* (*écriture*) Druckschrift *f*; (*Ciné*) Drehbuch *nt*
scrupule [skʀypyl] *nm* Skrupel *m* • **scrupuleusement** *adv* gewissenhaft • **scrupuleux, -euse** *adj* gewissenhaft
scruter [skʀyte] *vt* erforschen
scrutin [skʀytɛ̃] *nm* Wahl *f*; **~ à deux tours** Wahl mit zwei Wahlgängen; **~ majoritaire** Mehrheitswahl *f*
sculpter [skylte] *vt* in Stein hauen; (*matière*) behauen • **sculpteur** *nm*

Bildhauer(in) *m(f)* • **sculpture** *nf* Skulptur *f*

SDF *sigle m/sigle f (= sans domicile fixe)* Obdachlose(r) *f(m)*

MOT-CLÉ

se, s' [sə] *pron* **1** *(réfléchi)* sich; **se casser la jambe/laver les mains** sich *dat* das Bein brechen/die Hände waschen
2 *(réciproque)* sich, einander; **ils s'aiment** sie lieben sich *ou* einander
3 *(passif)* : **cela se répare facilement** das ist leicht zu reparieren

séance [seɑ̃s] *nf* Sitzung *f*; *(Ciné, Théât)* Vorstellung *f*
seau, x [so] *nm* Eimer *m*
sec, sèche [sɛk, sɛʃ] *adj* trocken; *(fruits)* getrocknet ▸ *nm* : **tenir au ~** trocken aufbewahren ▸ *adv* *(démarrer)* hart
sécateur [sekatœʀ] *nm* Gartenschere *f*
sèche [sɛʃ] *adj, nf voir* **sec**
• **sèche-cheveux** *nm inv* Haartrockner *m* • **sèche-linge** *nm inv* Wäschetrockner *m* • **sécher** *vt* trocknen; *(peau, blé, bois)* austrocknen ▸ *vi* trocknen; *(fam : candidat)* ins Rotieren kommen
• **sécheresse** *nf* Trockenheit *f*
séchoir [seʃwaʀ] *nm* Wäschetrockner *m*; *(à cheveux)* Haartrockner *m*
second, e [s(ə)gɔ̃, ɔ̃d] *adj* zweite(r, s) ▸ *nm (adjoint)* zweiter Mann *m*; *(étage)* zweiter Stock *m* ▸ *nf* Sekunde *f*; **voyager en ~e** zweiter Klasse reisen • **secondaire** *adj* zweitrangig, sekundär
seconder [s(ə)gɔ̃de] *vt* helfen *+dat*, unterstützen
secouer [s(ə)kwe] *vt* schütteln; *(tapis)* ausschütteln
secourir [s(ə)kuʀiʀ] *vt* helfen
• **secourisme** *nm* Erste Hilfe *f*
• **secouriste** *nmf* Sanitäter(in) *m(f)*
• **secours** *nm* Hilfe *f*; **secours** *nmpl (soins à un malade, blessé)* Hilfe *f*
secousse [s(ə)kus] *nf* Erschütterung *f*; *(électrique)* Schock *m*
secret, -ète [səkʀɛ, ɛt] *adj* geheim; *(renfermé)* reserviert ▸ *nm* Geheimnis *nt*; **en ~** insgeheim
secrétaire [s(ə)kʀetɛʀ] *nmf* Sekretär(in) *m(f)* ▸ *nm (meuble)* Sekretär *m* • **secrétariat** *nm (bureau)* Sekretariat *nt*
sécréter [sekʀete] *vt* absondern
sectaire [sɛktɛʀ] *adj* sektiererisch
secte [sɛkt] *nf* Sekte *f*
secteur [sɛktœʀ] *nm* Sektor *m*; **branché sur le ~** *(Élec)* ans Stromnetz angeschlossen; **le ~ privé/public** der private/öffentliche Sektor
section [sɛksjɔ̃] *nf* Schnitt *m*; *(tronçon)* Abschnitt *m*; *(: de parcours)* Teilstrecke *f* • **sectionner** *vt* durchschneiden; *(membre)* abtrennen
sécu [seky] *abr f (= sécurité sociale) voir* **sécurité**
séculaire [sekylɛʀ] *adj (qui a lieu tous les cent ans)* Jahrhundert-; *(très vieux)* uralt
secundo [s(ə)gɔ̃do] *adv* zweitens
sécuriser [sekyʀize] *vt* ein Gefühl der Sicherheit geben *+dat*
sécurité [sekyʀite] *nf* Sicherheit *f*; **la S~ sociale** die Sozialversicherung *f*
sédatif, -ive [sedatif, iv] *adj* beruhigend ▸ *nm* Beruhigungsmittel *nt*
sédentaire [sedɑ̃tɛʀ] *adj* sesshaft

sédiment [sedimɑ̃] *nm* Bodensatz *m*; **sédiments** *nmpl* (*alluvions*) Ablagerungen *pl*
séducteur, -trice [sedyktœʀ, tʀis] *nm/f* Verführer(in) *m(f)* • **séduction** *nf* Verführung *f*; (*charme, attrait*) Reiz *m*
séduire [sedɥiʀ] *vt* (*personne*) erobern; (*péj*) verführen • **séduisant, e** *adj* verführerisch
segment [sɛgmɑ̃] *nm* (*section, morceau*) Abschnitt *m*; **~ (de piston)** Kolbenring *m*
ségrégation [segʀegasjɔ̃] *nf*: **~ raciale** Rassentrennung *f*
seigle [sɛgl] *nm* Roggen *m*
seigneur [sɛɲœʀ] *nm* (*féodal*) (Guts)herr *m*; **le S~** (*Rel*) der Herr *m*
sein [sɛ̃] *nm* Brust *f*
Seine [sɛn] *nf* die Seine *f*
séisme [seism] *nm* Erdbeben *nt*
seize [sɛz] *num* sechzehn
séjour [seʒuʀ] *nm* Aufenthalt *m*; (*pièce*) Wohnzimmer *nt* • **séjourner** *vi* sich aufhalten
sel [sɛl] *nm* Salz *nt*
sélection [selɛksjɔ̃] *nf* Auswahl *f* • **sélectionner** *vt* auswählen
self [sɛlf] *nm* (*fam*) SB-Restaurant *nt*
self-service [sɛlfsɛʀvis] (*pl* **self-services**) *adj* Selbstbedienungs- ▸ *nm* (*magasin*) Selbstbedienungsladen *m*; (*restaurant*) Selbstbedienungsrestaurant *nt*
selle [sɛl] *nf* Sattel *m* • **seller** *vt* satteln
selon [s(ə)lɔ̃] *prép* gemäß +*dat*; **~ moi** meiner Meinung nach
semailles [s(ə)maj] *nfpl* (Aus)saat *f*
semaine [s(ə)mɛn] *nf* Woche *f*; **en ~** werktags
semblable [sɑ̃blabl] *adj* ähnlich ▸ *nm* (*prochain*) Mitmensch *m*; **être ~ à** ähneln +*dat*
semblant [sɑ̃blɑ̃] *nm* Anschein *m*; **faire ~** nur so tun; **faire ~ de faire qch** so tun, als ob man etw machte • **sembler** *vi* scheinen ▸ *vb impers*: **il (me) semble inutile/bon de** es scheint (mir) unnötig/ratsam, zu; **il semble (bien) que** es hat den Anschein, dass
semelle [s(ə)mɛl] *nf* Sohle *f*
semence [s(ə)mɑ̃s] *nf* (*graine*) Samen(korn *nt*) *m* • **semer** *vt* (aus)säen
semestre [s(ə)mɛstʀ] *nm* Halbjahr *nt*; (*Scol*) Semester *nt*
semi- [səmi] *préf* halb- • **semi-conducteur** (*pl* **semi-conducteurs**) *nm* Halbleiter *m*
séminaire [seminɛʀ] *nm* Seminar *nt*
semi-remorque [səmiʀəmɔʀk] (*pl* **semi-remorques**) *nm* Sattelschlepper *m*
semonce [səmɔ̃s] *nf* (*réprimande*) Verweis *m*
semoule [s(ə)mul] *nf* Grieß *m*
sénat [sena] *nm* Senat *m* • **sénateur** *nm* Senator *m*
Sénégal [senegal] *nm*: **le ~** Senegal *nt* • **sénégalais, e** *adj* senegalesisch
senior [senjɔʀ] *nmf* (*Sport*) Senior(in) *m(f)*
sens [sɑ̃s] *nm* Sinn *m*; (*signification aussi*) Bedeutung *f*; (*direction*) Richtung *f*; **dans le mauvais ~** verkehrt herum; **bon ~** gesunder Menschenverstand *m*; **~ commun** gesunder Menschenverstand *m*; **~ figuré** übertragener (Wort)sinn *m*; **~ interdit** Einbahnstraße *f*; **~ propre** eigentlicher Wortsinn *m*; **~ unique** Einbahnstraße *f*
sensas [sɑ̃sas] *adj* (*fam*) irre
sensation [sɑ̃sasjɔ̃] *nf* Gefühl *nt*; (*effet*) Sensation *f* • **sensationnel, le** *adj* fantastisch

sensé, e [sɑ̃se] *adj* vernünftig
sensibiliser [sɑ̃sibilize] *vt* : **~ qn (à)** jdn sensibilisieren (für)
sensibilité [sɑ̃sibilite] *nf* Empfindlichkeit *f*; (*affectivité, émotivité*) Sensibilität *f* •**sensible** *adj* sensibel, empfindlich; (*Photo*) lichtempfindlich •**sensiblement** *adv* (*notablement*) merklich; (*à peu près*) so etwa
sensitif, -ive [sɑ̃sitif, iv] *adj* (*nerf*) sensorisch
sensualité [sɑ̃sɥalite] *nf* Sinnlichkeit *f* •**sensuel, le** *adj* sinnlich
sentence [sɑ̃tɑ̃s] *nf* (*jugement*) Urteil *nt*; (*adage*) Maxime *f* •**sentencieux, -euse** *adj* dozierend
sentier [sɑ̃tje] *nm* Pfad *m*, Weg *m*
sentiment [sɑ̃timɑ̃] *nm* Gefühl *nt* •**sentimental, e, -aux** *adj* sentimental; (*vie, aventure*) Liebes-
sentinelle [sɑ̃tinɛl] *nf* Wachposten *m*
sentir [sɑ̃tiʀ] *vt* fühlen, spüren; (*par l'odorat*) riechen; (*avoir la même odeur que*) riechen wie; (*avoir le goût*) schmecken nach *+dat* ▶ *vi* (*exhaler une mauvaise odeur*) stinken; **se sentir** *vpr* : **se ~ bien** sich wohlfühlen; **~ bon/mauvais** gut/schlecht riechen; **se ~ mal** sich krank *ou* unwohl fühlen
séparation [sepaʀasjɔ̃] *nf* Trennung *f*; (*cloison*) Trennwand *f*
séparé, e [sepaʀe] *adj* getrennt; (*appartements, maisons*) separat; **~ de** getrennt von •**séparément** *adv* getrennt •**séparer** *vt* trennen; **~ qch de** (*détacher*) etw (ab)trennen von; **se séparer** *vpr* sich trennen
sept [sɛt] *num* sieben
septante [sɛptɑ̃t] *num* (*Belgique, Suisse*) siebzig
septembre [sɛptɑ̃bʀ] *nm* September *m*; *voir aussi* **juillet**
septentrional, e, -aux [sɛptɑ̃tʀijɔnal, o] *adj* nördlich
septième [sɛtjɛm] *adj* siebte(r, s) ▶ *nm* (*fraction*) Siebtel *nt*
septique [sɛptik] *adj* : **fosse ~** Klärgrube *f*
séquelles [sekɛl] *nfpl* Folgen *pl*
séquençage [sekɑ̃saʒ] *nm* Sequenzierung *f*
séquence [sekɑ̃s] *nf* (*Ciné*) Sequenz *f*; (*Inform*) Folge *f* •**séquentiel, le** *adj* sequenziell
serbe [sɛʀb] *adj* serbisch ▶ *nmf* : **S~** Serbe *m*, Serbin *f* •**Serbie** *nf* : **la ~** Serbien *nt*
serein, e [səʀɛ̃, ɛn] *adj* ruhig, gelassen; (*ciel*) wolkenlos
sérénité [seʀenite] *nf* Gelassenheit *f*
sergent [sɛʀʒɑ̃] *nm* Unteroffizier *m*, ≈ Feldwebel *m*
série [seʀi] *nf* Reihe *f*, Serie *f*; (*Sport*) Klasse *f*; **en ~** serienweise
sériel, -le [seʀjɛl] *adj* seriell
sérieusement [seʀjøzmɑ̃] *adv* ernst; **~ ?** im Ernst? •**sérieux, -euse** *adj* ernst; (*élève, employé, travail, études*) gewissenhaft; (*client, renseignement*) zuverlässig; (*maison, proposition*) seriös ▶ *nm* Ernst *m*; (*conscience*) Gewissenhaftigkeit *f*; (*sur qui on peut compter*) Zuverlässigkeit *f*; **prendre au ~** ernst nehmen
serin [s(ə)ʀɛ̃] *nm* Zeisig *m*
seringue [s(ə)ʀɛ̃g] *nf* Spritze *f*
serment [sɛʀmɑ̃] *nm* Schwur *m*, Eid *m*
sermon [sɛʀmɔ̃] *nm* Predigt *f*
séronégatif, -ive [seʀɔnegatif, iv] *adj* HIV-negativ •**séropositif, -ive** *adj* HIV-positiv
sérotonine [seʀɔtɔnin] *nf* Serotonin *nt*

serpe [sɛʀp] *nf* Sichel *f*
serpent [sɛʀpɑ̃] *nm* Schlange *f*
• **serpenter** *vi* sich schlängeln
serpentin [sɛʀpɑ̃tɛ̃] *nm* (*ruban*) Papierschlange *f*
serpillière [sɛʀpijɛʀ] *nf* Putz- *ou* Scheuerlappen *m*
serre [sɛʀ] *nf* Gewächshaus *nt*; **l'effet de ~** der Treibhauseffekt
serré, e [seʀe] *adj* eng; (*passagers etc*) dicht gedrängt
serrer [seʀe] *vt* (*tenir*) festhalten; (*comprimer, coincer*) drücken, pressen; (*corde, ceinture, nœud*) zuziehen; (*frein, vis*) anziehen; (*robinet*) fest zudrehen ▶ *vi* : **~ à droite/gauche** sich rechts/links halten; **se serrer** *vpr* (*personnes*) zusammenrücken; **~ la main à qn** jdm die Hand schütteln
serrure [seʀyʀ] *nf* Schloss *nt*
• **serrurerie** *nf* Schlosserei *f*; **~ d'art** Kunstschmiedearbeit *f*
• **serrurier** *nm* Schlosser *m*
sérum [seʀɔm] *nm* Serum *nt*; **~ antitétanique** Tetanusserum *nt*
servante [sɛʀvɑ̃t] *nf* Dienstmädchen *nt*
serveur, -euse [sɛʀvœʀ, øz] *nm/f* (*de restaurant*) Kellner(in) *m(f)* ▶ *nm* (*Inform*) Server *m*
serviable [sɛʀvjabl] *adj* gefällig, hilfsbereit
service [sɛʀvis] *nm* Bedienung *f*; (*aide, faveur*) Gefallen *m*; (*fonction, travail*) Dienst *m*; (*Rel*) Gottesdienst *m*; (*de vaisselle*) Service *nt*; (*Tennis, Volley-Ball*) Aufschlag *m*; **~ compris/non compris** inklusive Bedienung/ Bedienung nicht enthalten; **rendre un ~ à qn** jdm einen Gefallen tun; **être/mettre en ~** in Betrieb sein/nehmen; **hors ~** außer Betrieb; **~ après-vente** Kundendienst *m*; **~ militaire** Militärdienst *m*
serviette [sɛʀvjɛt] *nf* (*de table*) Serviette *f*; (*de toilette*) Handtuch *nt*; (*porte-documents*) Aktentasche *f*; **~ hygiénique** Monatsbinde *f*
servile [sɛʀvil] *adj* unterwürfig
servir [sɛʀviʀ] *vt* dienen +*dat*; (*domestique*) arbeiten für; (*convive, client*) bedienen; (*plat, boisson*) servieren ▶ *vi* (*Tennis*) aufschlagen; (*Cartes*) geben; **se servir** *vpr* (*prendre d'un plat*) sich bedienen; **~ à qn** jdm nutzen; **à quoi cela sert-il ?** wozu soll das gut sein?; **se ~ de** (*plat*) sich *dat* nehmen von; (*voiture, outil, relations, amis*) benutzen
servocommande [sɛʀvokɔmɑ̃d] *nf* Servolenkung *f*
servofrein [sɛʀvofʀɛ̃] *nm* Servobremse *f*
ses [se] *adj possessif voir* **son**
session [sesjɔ̃] *nf* Sitzung *f*
set [sɛt] *nm* (*Sport*) Satz *m*; **~ de table** (*napperons*) Sets *pl*
seuil [sœj] *nm* Schwelle *f*
seul, e [sœl] *adj* allein; (*isolé*) einsam; (*unique*) einzig ▶ *adv* allein ▶ *nm/f* : **j'en veux un ~** ich möchte nur einen/eine/eins; **parler tout ~** Selbstgespräche führen; **il en reste un ~** es ist nur noch einer/ eine/eines da • **seulement** *adv* nur; (*pas avant*) erst
sève [sɛv] *nf* Saft *m*
sévère [sevɛʀ] *adj* streng; (*punition, mesures*) hart • **sévérité** *nf* Strenge *f*; (*du climat*) Härte *f*
sexagénaire [sɛksaʒenɛʀ] *adj* sechzigjährig ▶ *nmf* Sechzigjährige(r) *f(m)*
sexe [sɛks] *nm* Geschlecht *nt*; (*sexualité*) Sex *m*
sexisme [sɛksism] *nm* Sexismus *m*
• **sexiste** *adj* sexistisch

sexualité [sɛksɥalite] *nf* Sexualität *f*
sexuel, le [sɛksɥɛl] *adj* sexuell
seyant, e [sɛjɑ̃, ɑ̃t] *adj* kleidsam
Seychelles [seʃɛl] *nfpl* : **les ~** die Seychellen *pl*
shampooing [ʃɑ̃pwɛ̃] *nm* (*lavage*) Haarwäsche *f*; (*produit*) Haarwaschmittel *nt*
shooter [ʃute] : **se shooter** *vpr* (*drogué*) fixen, spritzen
shopping [ʃɔpiŋ] *nm* : **faire du ~** einkaufen gehen
short [ʃɔʀt] *nm* Shorts *pl*

MOT-CLÉ

si [si] *adv* **1** (*oui*) doch; **Paul n'est pas venu ? — si !** Paul ist nicht gekommen? — doch!; **mais si !** doch, doch!; **je suis sûr que si** ich bin ganz sicher
2 (*tellement*) so; **si gentil/vite** so nett/schnell; **ce n'est pas si facile** so einfach ist das nicht; **si rapide qu'il soit** so schnell er auch sein mag
▶ *conj* **1** (*éventualité, hypothèse, souhait*) wenn; **si j'étais riche** wenn ich reich wäre; **si tu veux** wenn du willst; **si seulement** wenn (doch) nur
2 (*interrogation indirecte*) ob; **je me demande si** ich frage mich, ob
3 (*locutions*) : **si ce n'est que** außer daß; **si bien que** so (sehr), dass; **(tant et) si bien que** so sehr, dass
▶ *nm* (*Mus*) H *nt*

Sicile [sisil] *nf* : **la ~** Sizilien *nt*
sida [sida] *sigle m* (= *syndrome immunodéficitaire acquis*) AIDS *nt*
• **sidéen, -ne** *nm/f* Aidskranke(r) *f(m)*
sidéré, e [sideʀe] *adj* verblüfft
sidérurgie [sideʀyʀʒi] *nf* Eisenverhüttung *f*
siècle [sjɛkl] *nm* Jahrhundert *nt*
siège [sjɛʒ] *nm* Sitz *m*; **~ arrière** (*Auto*) Rücksitz *m*; **~ avant** (*Auto*) Vordersitz *m*
siéger [sjeʒe] *vi* tagen
sien, ne [sjɛ̃, sjɛn] *pron* : **le/la ~(ne)** seine(r, s); (*possesseur féminin*) ihre(r, s); **les ~s/~nes** seine; (*possesseur féminin*) ihre
sieste [sjɛst] *nf* Mittagsschlaf *m*
sifflement [sifləmɑ̃] *nm* Pfeifen *nt*
siffler [sifle] *vi* pfeifen; (*merle, serpent, projectile, vapeur*) zischen
▶ *vt* pfeifen
sifflet [siflɛ] *nm* (*instrument*) Pfeife *f*; (*sifflement*) Pfiff *m*; **coup de ~** Pfiff *m*
siffloter [siflɔte] *vi, vt* vor sich hinpfeifen
sigle [sigl] *nm* Abkürzung *f*
signal, -aux [siɲal, o] *nm* Zeichen *nt*; (*écriteau*) Schild *nt*; (*appareil*) Signal *nt*; **donner le ~ de** das Signal *ou* Zeichen geben zu; **~ d'alarme** Alarm(signal *nt*) *m*
signalement [siɲalmɑ̃] *nm* Personenbeschreibung *f*
signaler [siɲale] *vt* (*être l'indice de*) ankündigen
signalisation [siɲalizasjɔ̃] *nf* Verkehrszeichen *pl*; **panneau de ~** Verkehrsschild *nt* • **signaliser** *vt* beschildern
signataire [siɲatɛʀ] *nmf* Unterzeichnende(r) *f(m)*
• **signature** *nf* Unterschrift *f*; (*action*) Unterzeichnung *f*
signe [siɲ] *nm* Zeichen *nt*; **faire un ~ de la tête/main** ein Zeichen mit dem Kopf/der Hand geben; **faire ~ à qn** sich bei jdm melden; **~ du zodiaque** Sternzeichen *nt*
signer [siɲe] *vt* unterschreiben; **se signer** *vpr* sich bekreuzigen

significatif, -ive [sinifikatif, iv] *adj* bezeichnend, vielsagend
signification [sinifikasjɔ̃] *nf* Bedeutung *f* • **signifier** *vt* bedeuten
silence [silɑ̃s] *nm* Schweigen *nt*; **~ !** Ruhe! • **silencieux, -euse** *adj* still, leise; (*personne*) schweigsam ▶ *nm* (*d'arme*) Schalldämpfer *m*
silex [silɛks] *nm* Feuerstein *m*
silhouette [silwɛt] *nf* Silhouette *f*; (*lignes, contour*) Umriss *m*
silicone [silikon] *nf* Silikon *nt*
sillage [sijaʒ] *nm* Kielwasser *nt*; **dans le ~ de** (*fig*) im Kielwasser von
sillon [sijɔ̃] *nm* (*d'un champ*) Furche *f*; (*d'un disque*) Rille *f* • **sillonner** *vt* (*creuser*) furchen; (*parcourir*) durchstreifen
similaire [similɛʀ] *adj* ähnlich • **similarité** *nf* Ähnlichkeit *f* • **similitude** *nf* Ähnlichkeit *f*
simple [sɛ̃pl] *adj* einfach ▶ *nm* : **~ messieurs/dames** (*Tennis*) Herren-/Dameneinzel *nt* • **simplement** *adv* einfach • **simplicité** *nf* Einfachheit *f*; (*candeur*) Naivität *f* • **simplification** *nf* Vereinfachung *f* • **simplifier** *vt* vereinfachen • **simpliste** *adj* allzu einfach, simpel
simulacre [simylakʀ] *nm* : **un ~ de procès** ein Scheinprozess *m*
simuler [simyle] *vt* vortäuschen; (*maladie, fatigue, ivresse*) simulieren
simultané, e [simyltane] *adj* gleichzeitig, simultan • **simultanément** *adv* gleichzeitig
sincère [sɛ̃sɛʀ] *adj* aufrichtig, ehrlich • **sincèrement** *adv* aufrichtig, ehrlich • **sincérité** *nf* Aufrichtigkeit *f*; **en toute ~** ganz offen
sine qua non [sinekwanɔn] *adj* : **condition ~** unbedingt notwendige Voraussetzung *f*
Singapour [sɛ̃gapuʀ] Singapur *nt*
singe [sɛ̃ʒ] *nm* Affe *m* • **singer** *vt* nachäffen • **singeries** *nfpl* Faxen *pl*
singulariser [sɛ̃gylaʀize] *vt* auszeichnen; **se singulariser** *vpr* auffallen
singularité [sɛ̃gylaʀite] *nf* Einzigartigkeit *f*
singulier, -ière [sɛ̃gylje, jɛʀ] *adj* eigenartig ▶ *nm* Singular *m*
sinistre [sinistʀ] *adj* unheimlich
sinon [sinɔ̃] *adv* sonst, andernfalls; (*sauf*) außer; (*si ce n'est*) wenn nicht
sinueux, -euse [sinɥø, øz] *adj* gewunden
sinus [sinys] *nm* (*Anat*) Höhle *f*; (*Math*) Sinus *m* • **sinusite** *nf* Stirnhöhlenentzündung *f*
sirène [siʀɛn] *nf* Sirene *f*
sirop [siʀo] *nm* Sirup *m*; **~ contre la toux** Hustensirup *m ou* -saft *m*
siroter [siʀɔte] *vt* schlürfen
sismique [sismik] *adj* seismisch
site [sit] *nm* (*environnement*) Umgebung *f*; (*emplacement*) Lage *f*; **~s touristiques** (touristische) Sehenswürdigkeiten *pl*; **~ Web** Website *f*
sitôt [sito] *adv* sogleich; **~ après** kurz danach
situation [sitɥasjɔ̃] *nf* Lage *f*, Situation *f*; (*emploi*) Stellung *f*
situé, e [sitɥe] *adj* gelegen • **situer** : **se situer** *vpr* (*être, se trouver*) liegen
six [sis] *num* sechs • **sixième** *adj* sechste(r, s) ▶ *nm* (*fraction*) Sechstel *nt*
skate [skɛt], **skateboard** [skɛtbɔʀd] *nm* (*planche*) Skateboard *nt*; (*sport*) Skateboardfahren *nt*

ski [ski] *nm* Ski *m*; **faire du ~** Ski laufen; **~ de fond** (Ski)langlauf *m*; **~ de piste** Abfahrtslauf *m*; **~ de randonnée** (Ski)langlauf; **~ nautique** Wasserski *nt* • **ski-bob** (*pl* **ski-bobs**) *nm* Skibob *m* • **skier** *vi* Ski laufen • **skieur, -euse** *nm/f* Skifahrer(in) *m(f)*

Skype® [skajp] *nm* (*Inform*) Skype® *nt*

slalom [slalɔm] *nm* Slalom *m*; **faire du ~ entre** (*fig*) sich durchschlängeln durch; **~ géant** Riesenslalom *m*

slave [slav] *adj* slawisch

slip [slip] *nm* Unterhose *f*; (*de bain*) Badehose *f*; (*de bikini*) Unterteil *m ou nt*

slogan [slɔgɑ̃] *nm* Slogan *m*

slovaque [slɔvak] *adj* slowakisch ▶ *nmf*: **S~** Slowake *m*, Slowakin *f* • **Slovaquie** *nf*: **la ~** die Slowakei

slovène [slɔvɛn] *adj* slowenisch ▶ *nmf* Slowene *m*, Slowenin *f* • **Slovénie** *nf*: **la ~** Slowenien *nt*

slow [slo] *nm* (*danse*) langsamer Tanz *m*

smartphone [smaʀtfɔn] *nm* (*Inform*) Internethandy *nt*, Smartphone *nt*

SMIC [smik] *sigle m* (= *salaire minimum interprofessionnel de croissance*) gesetzlicher Mindestlohn *m*

smicard, e [smikaʀ, aʀd] *nm/f* Mindestlohnempfänger(in) *m(f)*

smoking [smɔkiŋ] *nm* Smoking *m*

SMS [ɛsɛmɛs] *sigle m* (= *short message service*) SMS *f*; **envoyer un ~** eine SMS schicken

snack [snak] *nm* (*endroit*) Imbissstube *f*, Schnellgaststätte *f*

SNCF [ɛsɛnseɛf] *sigle f* (= *Société nationale des chemins de fer français*) französische Eisenbahn

snob [snɔb] *adj* versnobt ▶ *nmf* Snob *m*

snowboard [snobɔʀd] *nm* (*planche*) Snowboard *nt*; (*sport*) Snowboarden *nt* • **snowboardeur, -euse** *nm/f* Snowboardfahrer(in) *m(f)*

sobre [sɔbʀ] *adj* (*personne*) mäßig; (*élégance, style*) schlicht • **sobriété** *nf* Enthaltsamkeit *f*, Schlichtheit *f*

sobriquet [sɔbʀikɛ] *nm* Spitzname *m*

sociable [sɔsjabl] *adj* gesellig

social, e, -aux [sɔsjal, jo] *adj* sozial; (*de la société*) gesellschaftlich; **réseau ~** soziales Netzwerk *nt* • **socialisme** *nm* Sozialismus *m* • **socialiste** *adj* sozialistisch ▶ *nmf* Sozialist(in) *m(f)*

société [sɔsjete] *nf* Gesellschaft *f*; **la ~ d'abondance/de consommation** die Wohlstands-/Konsumgesellschaft *f*; **~ à responsabilité limitée** Gesellschaft mit beschränkter Haftung; **~ anonyme** Aktiengesellschaft *f*

socioculturel, le [sɔsjokyltyʀɛl] *adj* soziokulturell

sociologie [sɔsjɔlɔʒi] *nf* Soziologie *f* • **sociologique** *adj* soziologisch • **sociologue** *nmf* Soziologe *m*, Soziologin *f*

socle [sɔkl] *nm* Sockel *m*

socquette [sɔkɛt] *nf* Söckchen *nt*

soda [sɔda] *nm* Limo *f*; (*eau gazéifiée*) Mineralwasser *nt*

sodium [sɔdjɔm] *nm* Natrium *nt*

sœur [sœʀ] *nf* Schwester *f*; (*religieuse*) Nonne *f*

sofa [sɔfa] *nm* Sofa *nt*

SOFRES [sɔfʀɛs] *sigle f* (= *Société française d'enquête par sondage*) französisches Meinungsforschungsinstitut

soi [swa] *pron* sich; **cela va de ~** das versteht sich von selbst • **soi-disant** *adj inv* sogenannt ▸ *adv* angeblich
soie [swa] *nf* Seide *f*; (*poil*) Borste *f*
soif [swaf] *nf* Durst *m*; **avoir ~** Durst haben; **~ de** (*fig*) Gier *f* auf *+acc ou* nach *+dat*
soigné, e [swaɲe] *adj* gepflegt; (*travail*) sorgfältig • **soigner** *vt* pflegen; (*docteur*) behandeln; (*travail*) sorgfältig machen
soigneusement [swaɲøzmɑ̃] *adv* sorgfältig • **soigneux, -euse** *adj* sorgfältig; **être ~ de** sorgfältig umgehen mit *ou* achten auf *+acc*
soi-même [swamɛm] *pron* (sich) selbst
soin [swɛ̃] *nm* Sorgfalt *f*; **avoir** *ou* **prendre ~ de qch/qn** sich um etw/jdn kümmern; **~s du cheveu/de beauté/du corps** Haar-/Schönheits-/Körperpflege *f*
soir [swaʀ] *nm* Abend *m*; **il fait frais/il travaille le ~** abends ist es kühl/er arbeitet abends; **à ce ~!** bis heute Abend!; **demain ~** morgen Abend; **sept heures du ~** sieben Uhr abends • **soirée** *nf* Abend *m*; (*réception*) Abendgesellschaft *f*
soit [swa] *adv* in Ordnung, einverstanden ▸ *conj* (*à savoir*) das heißt; **~ ..., ~ ...** entweder ... oder ....
soixantaine [swasɑ̃tɛn] *nf*: **une ~ (de)** etwa sechzig; **avoir la ~** um die sechzig (Jahre alt) sein • **soixante** *num* sechzig • **soixante-dix** *num* siebzig • **soixante-huitard, e** (*pl* **soixante-huitards, es**) *nm/f* Achtundsechziger(in) *m(f)*
soja [sɔʒa] *nm* Soja *nt*
sol [sɔl] *nm* Boden *m*; (*Mus*) G *nt*
solaire [sɔlɛʀ] *adj* Sonnen-; (*cadran, chauffage*) Solar-
soldat [sɔlda] *nm* Soldat *m*
solde [sɔld] *nf* (*Mil*) Sold *m* ▸ *nm* (*Comm*) Saldo *m*; **soldes** *nmpl* (*Comm*) Ausverkauf *m*; **en ~** zu reduzierten Preisen • **solder** *vt* (*marchandise*) ausverkaufen; (*compte*) saldieren
sole [sɔl] *nf* Seezunge *f*
soleil [sɔlɛj] *nm* Sonne *f*; **il y a** *ou* **il fait du ~** die Sonne scheint; **au ~** in der Sonne; **en plein ~** in der prallen Sonne; **le ~ levant/couchant** die aufgehende/untergehende Sonne
solennel, le [sɔlanɛl] *adj* feierlich
solidaire [sɔlidɛʀ] *adj* (*personnes*) solidarisch; (*choses, pièces mécaniques*) miteinander verbunden • **solidarité** *nf* Solidarität *f*
solide [sɔlid] *adj* (*mur, maison, meuble, outil*) stabil • **solidifier** *vt* fest werden lassen; **se solidifier** *vpr* sich verfestigen • **solidité** *nf* (*v adj*) Stabilität *f*, Dauerhaftigkeit *f*
soliste [sɔlist] *nmf* Solist(in) *m(f)*
solitaire [sɔlitɛʀ] *adj* einsam; (*isolé*) einzeln (stehend) ▸ *nmf* Einsiedler(in) *m(f)* ▸ *nm* (*diamant*) Solitär *m*
solitude [sɔlityd] *nf* Einsamkeit *f*
solliciter [sɔlisite] *vt* (*personne*) sich wenden an; (*emploi*) sich bewerben um; (*faveur, audience*) bitten um
sollicitude [sɔlisityd] *nf* Fürsorge *f*
solo [sɔlo] *nm* Solo *nt*
solstice [sɔlstis] *nm* Sonnenwende *f*
soluble [sɔlybl] *adj* löslich
solution [sɔlysjɔ̃] *nf* Lösung *f*
solvable [sɔlvabl] *adj* zahlungsfähig

solvant [sɔlvɑ̃] *nm* Lösungsmittel *nt*
Somalie [sɔmali] *nf*: **la ~** Somalia *nt*
sombre [sɔ̃bʀ] *adj* dunkel; (*péj*) düster; (*personne*) finster
sombrer [sɔ̃bʀe] *vi* (*bateau*) untergehen, sinken; **~ dans la misère/le désespoir/la folie** im Elend verkommen/in Verzweiflung sinken/dem Wahnsinn verfallen
sommaire [sɔmɛʀ] *adj* (*simple*) einfach ▶ *nm* Zusammenfassung *f*
sommation [sɔmasjɔ̃] *nf* (*Jur*) Aufforderung *f*; (*avant de faire feu*) Vorwarnung *f*
somme [sɔm] *nf* Summe *f* ▶ *nm*: **faire un ~** ein Nickerchen machen
sommeil [sɔmɛj] *nm* Schlaf *m*; **avoir ~** müde *ou* schläfrig sein •**sommeiller** *vi* schlafen; (*fig*) schlummern
sommelier, -ière [sɔməlje, jɛʀ] *nm/f* Getränkekellner(in) *m(f)*
sommer [sɔme] *vt*: **~ qn de faire qch** jdn auffordern, etw zu tun
sommet [sɔmɛ] *nm* Gipfel *m*; (*d'un arbre*) Wipfel *m*; (*de la hiérarchie*) Spitze *f*
sommier [sɔmje] *nm* Bettrost *m*; **~ à lattes** Lattenrost *m*; **~ métallique** Metallrost *m*; **~ à ressorts** Sprungfederrost *m*
somnambule [sɔmnɑ̃byl] *nmf* Schlafwandler(in) *m(f)*
somnifère [sɔmnifɛʀ] *nm* Schlafmittel *nt*
somnoler [sɔmnɔle] *vi* dösen
somptueux, -euse [sɔ̃ptɥø, øz] *adj* prunkvoll, prächtig
son¹, sa [sɔ̃, sa] (*pl* **ses**) *adj possessif* (*possesseur masculin*) sein(e); (*possesseur féminin*) ihr(e)
son² [sɔ̃] *nm* Ton *m*; (*résidu de mouture*) Kleie *f*
sonate [sɔnat] *nf* Sonate *f*
sondage [sɔ̃daʒ] *nm*: **~ (d'opinion)** Meinungsumfrage *f*
sonde [sɔ̃d] *nf* Sonde *f*
sonder [sɔ̃de] *vt* untersuchen; (*fig*) erforschen
songer [sɔ̃ʒe]: **~ à** *vt* denken an *+acc* •**songeur, -euse** *adj* nachdenklich
sonner [sɔne] *vi* (*cloche*) läuten; (*réveil, téléphone, à la porte*) klingeln ▶ *vt* (*cloche, tocsin*) läuten *+dat*; **~ faux** falsch klingen
sonnerie [sɔnʀi] *nf* (*son: de téléphone*) Klingeln *nt*; (*de portable*) Ringtone *m*; (*d'horloge*) Schlagen *nt*; (*mécanisme*) Schlagwerk *nt*, Läutwerk *nt*; (*sonnette*) Klingel *f*
sonnette [sɔnɛt] *nf* Klingel *f*; **~ d'alarme** Alarm *m*
sono [sɔno] *nf voir* **sonorisation**
sonore [sɔnɔʀ] *adj* (*métal*) klingend; (*voix*) laut
sonorisation [sɔnɔʀizasjɔ̃] *nf* (*matériel*) Lautsprecheranlage *f*
sonorité [sɔnɔʀite] *nf* Klang *m*; (*d'un lieu*) Akustik *f*; **sonorités** *nfpl* Klänge *pl*
sophistiqué, e [sɔfistike] *adj* (*personne*) kultiviert; (*style, élégance*) gesucht; (*complexe*) hoch entwickelt
soporifique [sɔpɔʀifik] *adj* einschläfernd; (*péj*) langweilig
soprano [sɔpʀano] *nm* Sopran *m* ▶ *nmf* (*personne*) Sopran *m*, Sopranistin *f*
sorcellerie [sɔʀsɛlʀi] *nf* Hexerei *f*
sorcier, -ière [sɔʀsje, jɛʀ] *adj*: **ce n'est pas ~** das ist keine Zauberei ▶ *nm* Zauberer *m* ▶ *nf* Hexe *f*
sordide [sɔʀdid] *adj* (*logement, quartier*) verkommen; (*gains, affaire*) schmutzig
sornettes [sɔʀnɛt] *nfpl* (*péj*) Gefasel *nt*

sort [sɔʀ] *nm* Schicksal *nt*; (*situation*) Los *nt*; **tirer au ~** losen; **tirer qch au ~** etw verlosen
sorte [sɔʀt] *nf* Sorte *f*, Art *f*; **une ~ de** eine Art (von); **de la ~** so; **en quelque ~** gewissermaßen; **de (telle)** *ou* **en ~ que** so, dass
sortie [sɔʀti] *nf* Ausgang *m*; (*somme dépensée*) Ausgabe *f*; **~ papier** Ausdruck *m*; **~ de secours** Notausgang *m*
sortir [sɔʀtiʀ] *vi* hinausgehen; (*partir, se retirer*) (weg)gehen; (*aller au spectacle, dans le monde*) ausgehen; (*apparaître*) herauskommen ▶ *vt* ausführen
sosie [sɔzi] *nm* Doppelgänger(in) *m(f)*
sot, sotte [so, sɔt] *adj* dumm ▶ *nm/f* Dummkopf *m* •**sottise** *nf* Dummheit *f*
sou [su] *nm* : **être près de ses ~s** sein Geld zusammenhalten
souche [suʃ] *nf* (*d'un arbre*) Stumpf *m*
souci [susi] *nm* Sorge *f*; (*Bot*) Ringelblume *f*; **se faire du ~** sich *dat* Sorgen machen •**soucier** : **se ~ de** *vpr* sich sorgen um •**soucieux, -euse** *adj* bekümmert
soucoupe [sukup] *nf* Untertasse *f*; **~ volante** fliegende Untertasse *f*
soudain, e [sudɛ̃, ɛn] *adj, adv* plötzlich
Soudan [sudɑ̃] *nm* : **le ~** der Sudan
soude [sud] *nf* Natron *nt*
souder [sude] *vt* (*avec fer à souder*) löten; (*par soudure autogène*) schweißen •**soudure** *nf* Löten *nt*, Schweißen *nt*; (*joint*) Lötstelle *f*, Schweißnaht *f*
souffle [sufl] *nm* Atemzug *m*; (*respiration*) Atem *m*; (*d'une explosion*) Druckwelle *f*; **retenir son ~** die Luft *ou* den Atem anhalten; **être à bout de ~** außer Atem sein; **avoir le ~ court** kurzatmig sein
soufflé, e [sufle] *adj* (*fam : surpris*) baff ▶ *nm* (*Culin*) Soufflé *nt*
souffler [sufle] *vi* (*vent, personne*) blasen; (*respirer avec peine*) schnaufen ▶ *vt* (*feu, bougie*) ausblasen; (*chasser*) wegblasen; (*verre*) blasen; **~ sur** blasen auf *+acc*
soufflet [suflɛ] *nm* Blasebalg *m*
souffrance [sufʀɑ̃s] *nf* Leiden *nt* •**souffrant, e** *adj* (*personne*) unwohl; (*air*) leidend •**souffrir** *vi* leiden ▶ *vt* (*éprouver*) erleiden; (*supporter*) ertragen, aushalten; **~ de** leiden unter *+dat*
soufre [sufʀ] *nm* Schwefel *m*
souhait [swɛ] *nm* Wunsch *m*; **tous nos ~s de réussite** unsere besten Erfolgswünsche; **à vos ~s !** Gesundheit!; **onctueux à ~** weich, wie man es sich nur wünschen kann •**souhaitable** *adj* wünschenswert •**souhaiter** *vt* wünschen
souiller [suje] *vt* schmutzig machen; (*fig*) beschmutzen
soûl, e [su, sul] *adj* betrunken
soulagement [sulaʒmɑ̃] *nm* Erleichterung *f* •**soulager** *vt* (*personne*) erleichtern; (*douleur, peine*) lindern
soûler [sule] *vt* betrunken machen; **se soûler** *vpr* sich betrinken
soulèvement [sulɛvmɑ̃] *nm* (*insurrection*) Aufstand *m*
soulever [sul(ə)ve] *vt* hochheben; (*poussière*) aufwirbeln; **se soulever** *vpr* (*personne couchée*) sich aufrichten
soulier [sulje] *nm* Schuh *m*; **~s à talons** Schuhe *pl* mit Absatz; **~s plats** flache Schuhe *pl*

souligner [suliɲe] *vt* unterstreichen
soumettre [sumɛtʀ] *vt* (*subjuguer*) unterwerfen; (*à traitement, épreuve, analyse, examen*) unterziehen; **se soumettre** *vpr*: **se ~ (à)** sich unterwerfen (*+dat*)
soumis, e [sumi, iz] *adj* (*personne, air*) unterwürfig • **soumission** *nf* (*de rebelles etc*) Unterwerfung *f*; (*docilité*) Unterwürfigkeit *f*
soupape [supap] *nf* Ventil *nt*; **~ de sûreté** Sicherheitsventil *nt*
soupçon [supsɔ̃] *nm* Verdacht *m* • **soupçonner** *vt* (*personne*) verdächtigen; (*qch*) vermuten • **soupçonneux, -euse** *adj* misstrauisch
soupe [sup] *nf* Suppe *f*; **~ à l'oignon** Zwiebelsuppe *f*
souper [supe] *vi* (*régional : dîner*) zu Abend essen, Abendbrot essen
soupière [supjɛʀ] *nf* Suppenschüssel *f*
soupir [supiʀ] *nm* Seufzer *m*
soupirant [supiʀɑ̃] *nm* Verehrer *m*
soupirer [supiʀe] *vi* seufzen
souple [supl] *adj* weich; (*membres, corps, personne*) geschmeidig, gelenkig; (*branche*) biegsam; (*fig : règlement, esprit, caractère*) flexibel • **souplesse** *nf* Biegsamkeit *f*, Gelenkigkeit *f*, Flexibilität *f*
source [suʀs] *nf* Quelle *f*; **~ d'eau minérale** Mineralquelle *f*
sourcil [suʀsi] *nm* Augenbraue *f*
sourciller [suʀsije] *vi* : **sans ~** ohne mit der Wimper zu zucken
sourcilleux, -euse [suʀsijø, øz] *adj* (*pointilleux*) pingelig, kleinlich
sourd, e [suʀ, suʀd] *adj* taub; (*douleur*) dumpf ▸ *nm/f* Taube(r) *f(m)* • **sourd-muet, sourde-muette** (*pl* **sourds-muets, sourdes-muettes**) *adj* taubstumm ▸ *nm/f* Taubstumme(r) *f(m)*
souricière [suʀisjɛʀ] *nf* Mausefalle *f*; (*fig*) Falle *f*
sourire [suʀiʀ] *vi* lächeln ▸ *nm* Lächeln *nt*
souris [suʀi] *nf* Maus *f*
sournois, e [suʀnwa, waz] *adj* heimtückisch
sous[1] [su] *prép* unter *+dat*; (*avec mouvement*) unter *+acc*; **~ la pluie/le soleil** im Regen/in der Sonne; **~ mes yeux** vor meinen Augen; **~ terre** unterirdisch; **~ peu** in Kürze
sous[2] [su] *préf* unter-, Unter- • **sous-bois** *nm inv* Unterholz *nt* • **sous-chef** (*pl* **sous-chefs**) *nm* stellvertretender Leiter *m* • **sous-continent** (*pl* **sous-continents**) *nm* Subkontinent *m*
souscription [suskʀipsjɔ̃] *nf* Subskription *f*
souscrire [suskʀiʀ] : **~ à** *vt* (*emprunt*) zeichnen; (*publication*) subskribieren; (*approuver*) gutheißen
sous-développé, e [sudevlɔpe] (*pl* **sous-développés, es**) *adj* unterentwickelt • **sous-directeur, -trice** (*pl* **sous-directeurs, -trices**) *nm/f* stellvertretender Direktor *m*, stellvertretende Direktorin *f* • **sous-emploi** *nm* Unterbeschäftigung *f* • **sous-entendre** *vt* andeuten • **sous-entendu, e** (*pl* **sous-entendus, es**) *adj* unausgesprochen ▸ *nm* Andeutung *f* • **sous-estimer** *vt* unterschätzen • **sous-exposer** *vt* unterbelichten • **sous-jacent, e**

(*pl* **sous-jacents, es**) *adj* (*fig*) latent • **sous-location** (*pl* **sous-locations**) *nf* Untermiete *f*; **en ~** zur Untermiete • **sous-louer** *vt* : **~ à qn** (*locataire principal*) an jdn untervermieten; (*sous-locataire*) jds Untermieter sein • **sous-main** *nm inv* Schreibunterlage *f*; **racheter des actions en ~** Aktien unter der Hand weiterverkaufen • **sous-marin, e** (*pl* **sous-marins, es**) *adj* Unterwasser-; (*flore*) Meeres- ▶ *nm* U-Boot *nt* • **sous-produit** (*pl* **sous-produits**) *nm* Nebenprodukt *nt*; (*péj*) schwacher Abklatsch *m* • **soussigné, e** *adj* : **je ~ ...** ich, der/die Unterzeichnete, ... ▶ *nm/f* : **le ~** der Unterzeichnete *m*; **les ~s** die Unterzeichneten *pl* • **sous-sol** (*pl* **sous-sols**) *nm* Untergeschoss *nt*; (*Géo*) Untergrund *m*; **en ~** im Untergeschoss • **sous-titre** (*pl* **sous-titres**) *nm* Untertitel *m* • **sous-titré, e** (*pl* **sous-titrés, es**) *adj* mit Untertiteln

soustraction [sustʀaksjɔ̃] *nf* Subtraktion *f*

soustraire [sustʀɛʀ] *vt* subtrahieren, abziehen; **se soustraire** *vpr* : **se ~ à** (*dérober*) sich entziehen +*dat*; **~ qch à qn** jdm etw wegnehmen; **~ qn à** jdn schützen vor +*dat*

sous-traitance [sutʀɛtɑ̃s] (*pl* **sous-traitances**) *nf* vertraglich geregelte Weitervergabe *f* von Arbeit • **sous-traitant** (*pl* **sous-traitants**) *nm* Zulieferer *m*

sous-vêtement [suvɛtmɑ̃] (*pl* **sous-vêtements**) *nm* Stück *nt* Unterwäsche; **sous-vêtements** *nmpl* Unterwäsche *f*

soutenable [sut(ə)nabl] *adj* vertretbar

soutenance [sut(ə)nɑ̃s] *nf* : **~ de thèse** Rigorosum *nt*

souteneur [sut(ə)nœʀ] *nm* Zuhälter *m*

soutenir [sut(ə)niʀ] *vt* (*supporter*) tragen; (*consolider, empêcher de tomber*) stützen; (*réconforter, aider*) beistehen +*dat*; **~ que** behaupten, dass

soutenu, e [sut(ə)ny] *adj* (*attention, efforts*) anhaltend; (*style*) gehoben

souterrain, e [sutɛʀɛ̃, ɛn] *adj* unterirdisch ▶ *nm* unterirdischer Gang *m*

soutien [sutjɛ̃] *nm* Stütze *f*; **apporter son ~ à** unterstützen • **soutien-gorge** (*pl* **soutiens-gorge**) *nm* Büstenhalter *m*

soutirer [sutiʀe] *vt* : **~ qch à qn** jdm etw entlocken

souvenir [suv(ə)niʀ] *nm* (*réminiscence*) Erinnerung *f*; (*objet, marque*) Andenken *nt*; **se souvenir** *vpr* : **se ~ de** sich erinnern an +*acc*; **en ~ de** zur Erinnerung an +*acc*; **se ~ que** sich erinnern, dass

souvent [suvɑ̃] *adv* oft; **peu ~** selten

souverain, e [suv(ə)ʀɛ̃, ɛn] *adj* (*Pol*) souverän, unabhängig; (*suprême*) höchste(r, s) ▶ *nm/f* Herrscher(in) *m(f)*; **le ~ pontife** der Papst *m*

soviétique [sɔvjetik] *adj* sowjetisch

soyeux, -euse [swajø, øz] *adj* seidig

SPA [ɛspea] *sigle f* (= *Société protectrice des animaux*) Tierschutzbund *m*

spacieux, -euse [spasjø, jøz] *adj* geräumig

spaghettis [spageti] *nmpl* Spag(h)etti *pl*

spam [spam] *nm (Inform)* Spam *nt*
sparadrap [sparadra] *nm* Heftpflaster *nt*
spasme [spasm] *nm* Krampf *m*
spatial, e, -aux [spasjal, jo] *adj (Aviat)* (Welt)raum-; *(Psych)* räumlich
spatule [spatyl] *nf* Spachtel *m*
spécial, e, -aux [spesjal, jo] *adj* speziell, besondere(r, s); *(bizarre)* eigenartig • **spécialement** *adv* speziell, besonders; *(tout exprès)* eigens, speziell; **pas ~** nicht besonders
spécialiser [spesjalize] : **se ~** *vpr* sich spezialisieren • **spécialiste** *nmf* Spezialist(in) *m(f)* • **spécialité** *nf (sujet)* Spezialgebiet *nt*; *(d'un cuisinier etc)* Spezialität *f*
spécifique [spesifik] *adj* spezifisch • **spécifiquement** *adv* spezifisch; *(tout exprès)* eigens
spécimen [spesimɛn] *nm* Probeexemplar *nt*
spectacle [spɛktakl] *nm* Anblick *m*; *(représentation)* Vorstellung *f*, Aufführung *f*
spectaculaire [spɛktakylɛʀ] *adj* spektakulär
spectateur, -trice [spɛktatœʀ, tʀis] *nm/f* Zuschauer(in) *m(f)*
spectre [spɛktʀ] *nm* Gespenst *nt*; *(Phys)* Spektrum *nt*
spéculation [spekylasjɔ̃] *nf* Spekulation *f*
spéculer [spekyle] *vi* spekulieren; **~ sur** *(tabler sur)* spekulieren auf *+acc*
spéléologie [speleɔlɔʒi] *nf* Höhlenforschung *f*
spermatozoïde [spɛʀmatɔzɔid] *nm* Spermium *nt*
sperme [spɛʀm] *nm* Sperma *nt*
spermicide [spɛʀmisid] *nm* Spermizid *nt*
sphère [sfɛʀ] *nf* Kugel *f*; *(domaine)* Sphäre *f*, Bereich *m*
sphérique [sfeʀik] *adj* rund
spirale [spiʀal] *nf* Spirale *f*
spirituel, le [spiʀitɥɛl] *adj* geistlich; *(intellectuel)* geistig; *(plein d'esprit)* geistreich
spiritueux [spiʀitɥø] *nmpl* Spirituosen *pl*
splendeur [splɑ̃dœʀ] *nf* Herrlichkeit *f*, Pracht *f* • **splendide** *adj* herrlich
sponsor [spɔ̃sɔʀ] *nm* Sponsor *m* • **sponsoriser** *vt* sponsern
spontané, e [spɔ̃tane] *adj* spontan • **spontanément** *adv* spontan
sport [spɔʀ] *nm* Sport *m*; **faire du ~** Sport treiben; **~ d'hiver** Wintersport *m* • **sportif, -ive** *adj* sportlich
spot [spɔt] *nm (lampe)* Scheinwerfer *m*; **~ (publicitaire)** Werbespot *m*
spray [spʀɛ] *nm* Spray *m ou nt*
sprint [spʀint] *nm (en fin de course)* Endspurt *m*; *(épreuve)* Sprint *m*; **piquer un ~** zum Endspurt ansetzen
square [skwaʀ] *nm* Grünanlage *f*
squash [skwaʃ] *nm* Squash *nt*
squatter[1] [skwate] *vt* besetzen
squatter[2]**, squatteur** [skwatɛʀ] *nm* Hausbesetzer(in) *m(f)*
squelette [skəlɛt] *nm* Skelett *nt*
Sri Lanka [sʀilɑ̃ka] *nm* : **le ~** Sri Lanka *nt*
St, Ste *abr* = **saint**
stabiliser [stabilize] *vt* stabilisieren; *(terrain)* befestigen
stabilité [stabilite] *nf* Stabilität *f*
stable [stabl] *adj* stabil
stade [stad] *nm (Sport)* Stadion *nt*; *(phase)* Stadium *nt*

stage [staʒ] *nm* Praktikum *nt*; (*de perfectionnement*) Fortbildungskurs *m* • **stagiaire** *nmf* Praktikant(in) *m(f)*
stagnant, e [stagnɑ̃, ɑ̃t] *adj* stehend; (*fig*) stagnierend
stand [stɑ̃d] *nm* (*d'exposition*) Stand *m*; **~ de tir** Schießstand *m*
standard [stɑ̃daʀ] *adj inv* Standard- ▶ *nm* Standard *m*; (*téléphonique*) Telefonzentrale *f* • **standardiser** *vt* standardisieren • **standardiste** *nmf* Telefonist(in) *m(f)*
standing [stɑ̃diŋ] *nm* Status *m*; **immeuble de grand ~** Luxuswohnungen *pl*
star [staʀ] *nf*: **~ (de cinéma)** (Film)star *m*
starter [staʀtɛʀ] *nm* (*Auto*) Choke *m*
station [stasjɔ̃] *nf* (*lieu d'arrêt*) Haltestelle *f*; (*Radio, TV*) Sender *m*; **~ balnéaire** Badeort *m*; **~ de sports d'hiver** Wintersportort *m*; **~ de taxis** Taxistand *m*; **~ thermale** Thermalbad *nt*
stationnaire [stasjɔnɛʀ] *adj* gleichbleibend
stationnement [stasjɔnmɑ̃] *nm* Parken *nt*; **~ alterné** *Parken abwechselnd auf der einen und der anderen Straßenseite* • **stationner** *vi* parken
station-service [stasjɔ̃sɛʀvis] (*pl* **stations-service**) *nf* Tankstelle *f*
statique [statik] *adj* (*Élec*) statisch; (*fig*) unbewegt, starr
statistique [statistik] *nf* Statistik *f*; **statistiques** *nfpl* (*données*) statistische Angaben *pl*
statue [staty] *nf* Statue *f*
stature [statyʀ] *nf* (*taille*) Größe *f*; (*fig*) Bedeutung *f*
statut [staty] *nm* Status *m*; **statuts** *nmpl* (*règlement*) Satzung *f*
Ste *abr voir* **St**
Sté *abr* (= *société*) Ges
steak [stɛk] *nm* Steak *nt*
sténo [steno] *nf* (*aussi* : **sténographie**) Stenografie *f*
stéréo [steʀeɔ] *adj, nf* Stereo *nt*, Stereofonie *f*; **en ~** in Stereo
stéréotype [steʀeɔtip] *nm* Klischee *nt*
stérile [steʀil] *adj* unfruchtbar
stérilet [steʀilɛ] *nm* Spirale *f*
stériliser [steʀilize] *vt* sterilisieren
stérilité [steʀilite] *nf* Unfruchtbarkeit *f*
sternum [stɛʀnɔm] *nm* Brustbein *nt*
stick [stik] *nm* Stift *m*; (*déodorant*) Deostift *m*
stigmatiser [stigmatize] *vt* brandmarken
stimulant, e [stimylɑ̃, ɑ̃t] *adj* (*réussite, succès*) aufmunternd; (*potion*) anregend ▶ *nm* (*fig*) Ansporn *m*
stimulateur [stimylatœʀ] *nm* : **~ cardiaque** Herzschrittmacher *m*
stimuler [stimyle] *vt* (*personne*) stimulieren, anregen; (*estomac, appétit*) anregen; (*exportations etc*) beleben
stipuler [stipyle] *vt* (*condition*) vorschreiben; (*détail*) genau angeben
stock [stɔk] *nm* (*de marchandises*) Lagerbestand *m*; (*réserve*) Reserve *f*; (*fig*) Vorrat *m* • **stockage** *nm* Lagerung *f* • **stocker** *vt* (*marchandises*) auf Lager legen, einlagern; (*déchets*) lagern
stop [stɔp] *nm* Stoppschild *nt*; (*feux arrière*) Bremslicht *nt*; (*auto-stop*) Anhalterfahren *nt* ▶ *excl* halt!, stop!; **faire du ~** trampen
stopper [stɔpe] *vt* anhalten; (*mouvement, attaque*) aufhalten; (*machine*) abstellen ▶ *vi* anhalten

store [stɔʀ] *nm* Rollo *nt*, Rollladen *m*
strabisme [stʀabism] *nm* Schielen *nt*
strapontin [stʀapɔ̃tɛ̃] *nm* Klappsitz *m*
stratégie [stʀateʒi] *nf* Strategie *f* •**stratégique** *adj* strategisch
stress [stʀɛs] *nm* Stress *m* •**stressant, e** *adj* stressig •**stressé, e** *adj* gestresst •**stresser** *vt* stressen
strict, e [stʀikt] *adj* streng; (*obligation, interprétation*) strikt; **le ~ nécessaire** *ou* **minimum** das Allernotwendigste •**strictement** *adv* streng; (*vêtu*) konservativ
strident, e [stʀidɑ̃, ɑ̃t] *adj* schrill
strip-tease [stʀiptiz] (*pl* **strip-teases**) *nm* Striptease *m*
strophe [stʀɔf] *nf* Strophe *f*
structuration [stʀyktyʀasjɔ̃] *nf* Strukturierung *f*
structure [stʀyktyʀ] *nf* Struktur *f*; **~s d'accueil** Empfangseinrichtungen *pl*
stuc [styk] *nm* Stuck *m*
studieux, -euse [stydjø, jøz] *adj* fleißig
studio [stydjo] *nm* (*logement*) Einzimmerwohnung *f*; (*d'artiste, de photographe*) Atelier *nt*
stupéfaction [stypefaksjɔ̃] *nf* Verblüffung *f* •**stupéfait, e** *adj* verblüfft •**stupéfiant, e** *adj* verblüffend ▸ *nm* Rauschgift *nt*
stupeur [stypœʀ] *nf* Verblüffung *f*; (*Méd*) Benommenheit *f*
stupide [stypid] *adj* dumm •**stupidité** *nf* Dummheit *f*
style [stil] *nm* Stil *m*; **meuble de ~** Stilmöbel *nt*; **~ de vie** Lebensstil *m*
stylo [stilo] *nm* Kugelschreiber *m*; **~ (à) bille** Kugelschreiber *m*; **~ à encre** Füller *m* •**stylo-feutre** (*pl* **stylos-feutres**) *nm* Filzstift *m*
su, e [sy] *pp de* **savoir**
suave [sɥav] *adj* (*odeur*) süß; (*voix, coloris*) süß, lieblich
subalterne [sybaltɛʀn] *adj* (*employé, officier*) untergeben; (*rôle*) untergeordnet ▸ *nmf* Untergebene(r) *f(m)*
subconscient, e [sypkɔ̃sjɑ̃, ɑ̃t] *adj* unterbewusst ▸ *nm* Unterbewusstsein *nt*
subir [sybiʀ] *vt* erleiden; (*influence, charme*) erliegen *+dat*; (*traitement, opération, examen*) sich unterziehen *+dat*
subit, e [sybi, it] *adj* plötzlich •**subitement** *adv* plötzlich
subjectif, -ive [sybʒɛktif, iv] *adj* subjektiv
subjonctif [sybʒɔ̃ktif] *nm* Konjunktiv *m*
subjuguer [sybʒyge] *vt* erobern
sublime [syblim] *adj* wunderbar, wunderschön
submerger [sybmɛʀʒe] *vt* (*inonder*) überschwemmen
subordonné, e [sybɔʀdɔne] *nm/f* Untergebene(r) *f(m)*
subsidiaire [sybzidjɛʀ] *adj* : **question ~** entscheidende Frage *f*
subsistance [sybzistɑ̃s] *nf* Unterhalt *m*
subsister [sybziste] *vi* (*rester*) (weiter)bestehen
substance [sypstɑ̃s] *nf* Substanz *f*, Stoff *m*
substantiel, le [sypstɑ̃sjɛl] *adj* (*aliment, repas*) nahrhaft; (*avantage, bénéfice*) wesentlich, bedeutend
substantif [sypstɑ̃tif] *nm* Substantiv *nt*
substituer [sypstitɥe] *vt* : **~ qn/qch à** jdn/etw ersetzen durch •**substitut** *nm* (*Jur : magistrat*) Vertreter *m*; (*succédané*) Ersatz *m* •**substitution** *nf* Ersetzen *nt*

subterfuge [syptɛʀfyʒ] *nm* List *f*; (*échappatoire*) Ausrede *f*
subtil, e [syptil] *adj* (*personne, esprit, réponse*) fein; (*raisonnement, manœuvre, nuance*) subtil
subtilité [syptilite] *nf* (*de personne*) Feinsinn *m*; (*de raisonnement, manœuvre*) Subtilität *f*
subvenir [sybvəniʀ]: **~ à** *vt* sorgen für
subvention [sybvɑ̃sjɔ̃] *nf* Subvention *f*, Zuschuss *m* •**subventionner** *vt* subventionieren
suc [syk] *nm* Saft *m*
succédané [syksedane] *nm* Ersatz *m*
succéder [syksede]: **~ à** *vt* (*qn*) nachfolgen *+dat*; (*dans une série, énumération etc*) folgen auf *+acc*; **se succéder** *vpr* aufeinanderfolgen
succès [syksɛ] *nm* Erfolg *m*; **avec ~** erfolgreich
successeur [syksesœʀ] *nm* Nachfolger(in) *m(f)*; (*héritier*) Erbe *m*, Erbin *f* •**successif, -ive** *adj* aufeinanderfolgend
succession [syksesjɔ̃] *nf* (*patrimoine*) Erbe *nt*; (*Pol*) Nachfolge *f*
successivement [syksesivmɑ̃] *adv* nacheinander
succinct, e [syksɛ̃, ɛ̃t] *adj* knapp, kurz und bündig
succomber [sykɔ̃be] *vi* (*mourir*) umkommen; **~ à** erliegen *+dat*
succulent, e [sykylɑ̃, ɑ̃t] *adj* köstlich
succursale [sykyʀsal] *nf* Filiale *f*
sucer [syse] *vt* lutschen
sucette [sysɛt] *nf* (*bonbon*) Lutscher *m*; (*de bébé*) Schnuller *m*
sucre [sykʀ] *nm* Zucker *m*; **~ en morceaux** Würfelzucker *m*; **~ en poudre**, **~ glace** Puderzucker *m* •**sucré, e** *adj* (*au goût*) süß; (*tasse de thé etc*) gezuckert; (*produit alimentaire*) gesüßt •**sucrer** *vt* süßen •**sucrerie** *nf* (*usine*) Zuckerraffinerie *f*; **sucreries** *nfpl* (*bonbons*) Süßigkeiten *pl* •**sucrier, -ière** *adj* Zucker- ▶ *nm* (*récipient*) Zuckerdose *f*
sud [syd] *nm* Süden *m* ▶ *adj inv* Süd-; **au ~ de** im Süden *ou* südlich von •**sud-américain, e** (*pl* **sud-américain, es**) *adj* südamerikanisch •**sud-est** *nm inv* Südosten *m* •**sud-ouest** *nm inv* Südwesten *m*
Suède [sɥɛd] *nf*: **la ~** Schweden *nt* •**suédois, e** *adj* schwedisch
suer [sɥe] *vi* schwitzen •**sueur** *nf* Schweiß *m*
suffire [syfiʀ] *vi* (aus)reichen, genügen ▶ *vb impers*: **il suffit d'une négligence pour que** man braucht nur einmal unachtsam zu sein und; **ça suffit !** jetzt reichts aber!
suffisamment [syfizamɑ̃] *adv* ausreichend, genügend; **~ de** genug, genügend
suffisance [syfizɑ̃s] *nf* (*vanité*) Selbstgefälligkeit *f*
suffisant, e [syfizɑ̃, ɑ̃t] *adj* ausreichend; (*vaniteux*) selbstgefällig
suffocation [syfɔkasjɔ̃] *nf* Ersticken *nt* •**suffoquer** *vt* (*fumée*) ersticken; (*émotion, colère, nouvelles*) überwältigen ▶ *vi* ersticken
suffrage [syfʀaʒ] *nm* (*voix*) Stimme *f*
suggérer [sygʒeʀe] *vt* (*conseiller*) vorschlagen
suggestif, -ive [sygʒɛstif, iv] *adj* (*évocateur*) stimmungsvoll
suggestion [sygʒɛstjɔ̃] *nf* Vorschlag *m*; (*Psych*) Suggestion *f*

S

suicidaire [sɥisidɛʀ] *adj* selbstmörderisch • **suicide** *nm* Selbstmord *m* • **suicider**: **se suicider** *vpr* sich umbringen
suisse [sɥis] *adj* schweizerisch ▸ *nmf*: **S~** Schweizer(in) *m(f)* ▸ *nf*: **la S~** die Schweiz; **la S~ allemande** *ou* **alémanique** die deutsch(sprachig)e Schweiz; **~ romand(e)** *adj* französischschweizerisch; **S~ romand(e)** *nm/f* Französischschweizer(in) *m(f)*; **la S~ romande** die französisch(sprachig)e Schweiz
suite [sɥit] *nf* Folge *f*; (*série*) Reihe *f*; (*cohérence*) Zusammenhang *m*; **suites** *nfpl* (*d'une maladie, chute*) Folgen *pl*; **prendre la ~ de** (*directeur etc*) jds Nachfolge antreten; **à la ~ de** (*en conséquence de*) aufgrund von
suivant, e [sɥivɑ̃, ɑ̃t] *adj* folgend ▸ *prép* (*selon*) gemäß +*dat*; **l'exercice ~** (*ci-après*) die folgende Übung
suivi, e [sɥivi] *adj* (*régulier*) regelmäßig; (*cohérent*) logisch; (*politique*) konsequent ▸ *nm* (*Méd*) Nachuntersuchung *f*; **très/peu ~** (*cours*) sehr/nicht sehr gut besucht; (*mode*) die großen/kaum Anklang findet
suivre [sɥivʀ] *vt* folgen +*dat*; (*bagages*) (nach)folgen +*dat*; (*consigne*) befolgen; (*cours*) teilnehmen an +*dat* ▸ *vi* folgen; (*écouter attentivement*) (gut) aufpassen; **se suivre** *vpr* aufeinanderfolgen; **~ son cours** seinen/ihren Lauf nehmen
sujet, te [syʒɛ, ɛt] *adj*: **être ~ à** (*accidents*) neigen zu; (*vertige etc*) leiden unter +*dat* ▸ *nm/f* (*d'un souverain*) Untertan(in) *m(f)* ▸ *nm* (*thème*) Thema *nt*; **au ~ de** über +*acc*; **~ de conversation** Gesprächsthema *nt*
sulfureux, -euse [sylfyʀø, øz] *adj* schwefelig, Schwefel- • **sulfurique** *adj*: **acide ~** Schwefelsäure *f*
summum [sɔmɔm] *nm*: **le ~ de** der Gipfel +*gén*
super [sypɛʀ] *adj inv* (*fam*) super
superbe [sypɛʀb] *adj* (*très beau*) wundervoll, herrlich; (*remarquable*) fantastisch
supercherie [sypɛʀʃəʀi] *nf* Betrug *m*
superficie [sypɛʀfisi] *nf* (*mesure*) (Grund)fläche *f* • **superficiel, le** *adj* oberflächlich; (*plaie, brûlure*) leicht
superflu, e [sypɛʀfly] *adj* überflüssig
supérieur, e [sypeʀjœʀ] *adj* obere(r, s); (*plus élevé*) höher; (*meilleur*) besser; (*excellent, hautain*) überlegen ▸ *nm/f* Vorgesetzte(r) *f(m)*; **~ à** höher als; (*meilleur*) besser als • **supériorité** *nf* Überlegenheit *f*
superlatif [sypɛʀlatif] *nm* Superlativ *m*
supermarché [sypɛʀmaʀʃe] *nm* Supermarkt *m*
superposer [sypɛʀpoze] *vt* aufeinanderlegen; (*meubles, caisses*) stapeln; **se superposer** *vpr* (*images, souvenirs*) sich vermischen; **lits superposés** Etagenbett *nt*
supersonique [sypɛʀsɔnik] *adj* Überschall-
superstitieux, -euse [sypɛʀstisjø, jøz] *adj* abergläubisch • **superstition** *nf* Aberglaube *m*
superviser [sypɛʀvize] *vt* beaufsichtigen

suppléance [sypleɑ̃s] *nf* Vertretung *f* • **suppléant, e** *adj* stellvertretend ▸ *nm/f* (Stell)vertreter(in) *m(f)* • **suppléer** *vt* (*ce qui manque*) ergänzen; (*remplacer*) vertreten; **~ à** (*compenser*) ausgleichen; (*chose manquante*) ersetzen • **supplément** *nm* (*à payer*) Zuschlag *m*; **être en ~** (*au menu etc*) extra kosten; **un ~ de frites** eine Extraportion Pommes frites • **supplémentaire** *adj* zusätzlich

supplice [syplis] *nm* Folter *f*; (*souffrance*) Qual *f*

supplier [syplije] *vt* anflehen

support [sypɔʀ] *nm* Stütze *f*; (*pour outils*) Ständer *m*; **~ audiovisuel** audiovisuelles Hilfsmittel *nt*; **~ de données** Datenträger *m*; **~ publicitaire** Werbemittel *nt*

supportable [sypɔʀtabl] *adj* erträglich

supporter[1] [sypɔʀte] *vt* (*porter*) tragen; (*endurer*) ertragen; (*résister à*) vertragen

supporter[2] [sypɔʀtɛʀ] *nm* Fan *m*

supposé, e [sypoze] *adj* mutmaßlich • **supposer** *vt* annehmen; (*suj : chose*) voraussetzen; **en supposant** *ou* **à ~ que** angenommen *ou* vorausgesetzt, (dass) • **supposition** *nf* Annahme *f*

suppositoire [sypozitwaʀ] *nm* Zäpfchen *nt*

suppression [sypʀesjɔ̃] *nf* Abschaffung *f*

supprimer [sypʀime] *vt* abschaffen; (*obstacle*) beseitigen, entfernen; (*clause, mot*) weglassen

suprématie [sypʀemasi] *nf* (*Pol*) Vormachtstellung *f*; (*intellectuelle, morale*) Überlegenheit *f*

suprême [sypʀɛm] *adj* oberste(r, s); (*bonheur, habileté*) höchste(r, s)

MOT-CLÉ

sur[1] [syʀ] *prép* **1** (*position*) auf +*dat*; (*au-dessus*) über +*dat*; **tes lunettes sont ~ la table** deine Brille ist auf dem Tisch

2 (*direction*) auf +*acc*; (*au-dessus*) über +*acc*; **pose-le ~ la table** lege es auf den Tisch; **~ votre droite** zu Ihrer Rechten, rechts; **avoir de l'influence/un effet ~** Einfluss/ Wirkung haben auf +*acc*

3 (*après*) : **avoir accident ~ accident** einen Unfall nach dem anderen haben; **~ ce** daraufhin

4 (*à propos de*) über +*acc*; **un livre/ une conférence ~ Balzac** ein Buch/Vortrag über Balzac

5 (*proportion*) : **un ~ 10** einer von 10; **avoir un ~ dix** (*Scol*) ≈ eine Sechs bekommen; **~ vingt, deux sont venus** von 20 sind 2 gekommen; **4 m ~ 2** 4 mal 2 m

sur[2]**, e** [syʀ] *adj* (*aigre*) sauer

sûr, e [syʀ] *adj* sicher; (*digne de confiance*) zuverlässig; **être ~ de qn** sich *dat* jds sicher sein

surabondance [syʀabɔ̃dɑ̃s] *nf* Überfluss *m*; (*de couleurs, détails*) Überfülle *f*

surbooké, e [syʀbuke] *adj* überbucht

surcharge [syʀʃaʀʒ] *nf* Überlastung *f*; (*de marchandises*) Überbelastung *f* • **surchargé, e** *adj* überladen; **~ de travail** mit Arbeit überlastet • **surcharger** *vt* überladen

surcroît [syʀkʀwa] *nm* : **un ~ de travail/d'inquiétude** zusätzliche Arbeit/Unruhe; **par** *ou* **de ~** zu allem Überfluss, obendrein

S

surdité [syʀdite] *nf* Taubheit *f*
surdose [syʀdoz] *nf* Überdosis *f*
sureau, x [syʀo] *nm* Holunder *m*
sûrement [syʀmɑ̃] *adv* sicher
suremploi [syʀɑ̃plwa] *nm* Überbeschäftigung *f*
surenchère [syʀɑ̃ʃɛʀ] *nf* höheres Gebot *nt*; **~ électorale** gegenseitiges Übertrumpfen *nt* im Wahlkampf • **surenchérir** *vi* höher bieten
surestimer [syʀɛstime] *vt* überschätzen
sûreté [syʀte] *nf* Sicherheit *f*; **la S~ (nationale)** der staatliche Sicherheitsdienst *m*
surexciter [syʀɛksite] *vt* überreizen
surexposer [syʀɛkspoze] *vt* überbelichten
surf [sœʀf] *nm* Surfen *nt*; **faire du ~** surfen
surface [syʀfas] *nf* Oberfläche *f*; (*Math*) Fläche *f*; **faire ~** auftauchen; **grande ~** Einkaufszentrum *nt*; **~ de réparation** Strafraum *m*
surfer [sœʀfe] *vi* (*Inform*) (im Internet) surfen • **surfeur, -euse** *nm/f* Surfer(in) *m(f)*
surgelé, e [syʀʒəle] *adj* tiefgekühlt
surgir [syʀʒiʀ] *vi* plötzlich auftauchen; (*jaillir*) hervorschießen
surhumain, e [syʀymɛ̃, ɛn] *adj* übermenschlich
sur-le-champ [syʀləʃɑ̃] *adv* sofort
surlendemain [syʀlɑ̃d(ə)mɛ̃] *nm* : **le ~** der übernächste Tag; (*quand ?*) am übernächsten Tag; **le ~ de** der zweite Tag nach
surligneur [syʀliɲœʀ] *nm* Leuchtstift *m*
surmédiatisation [syʀmediatizasjɔ̃] *nf* Medienrummel *m*
surmenage [syʀmənaʒ] *nm* Überanstrengung *f* • **surmené, e** *adj* überanstrengt • **surmener** *vt* überanstrengen, überfordern; **se surmener** *vpr* sich überanstrengen
surmonter [syʀmɔ̃te] *vt* (*suj* : *coupole etc*) sich erheben über +*dat*; (*vaincre*) überwinden
surnaturel, le [syʀnatyʀɛl] *adj* übernatürlich
surnom [syʀnɔ̃] *nm* Spitzname *m* • **surnommer** *vt* taufen
surpasser [syʀpɑse] *vt* übertreffen; **se surpasser** *vpr* sich selbst übertreffen
surpeuplé, e [syʀpœple] *adj* (*région*) überbevölkert; (*maison*) überfüllt
surplace [syʀplas] *nm* : **faire du ~** im Schneckentempo fahren
surplomber [syʀplɔ̃be] *vi, vt* überragen
surplus [syʀply] *nm* (*Comm*) Überschuss *m*
surprenant, e [syʀpʀənɑ̃, ɑ̃t] *adj* überraschend • **surprendre** *vt* überraschen; **se surprendre** *vpr* : **se ~ à faire qch** sich dabei ertappen, wie man etw tut
surprime [syʀpʀim] *nf* Zuschlagsprämie *f*
surpris, e [syʀpʀi, iz] *adj* überrascht • **surprise** *nf* Überraschung *f*; **faire une ~ à qn** jdn überraschen; **voyage sans ~s** ereignislose Reise *f*; **par ~** unvorbereitet
surréaliste [syʀʀealist] *adj* surrealistisch
sursaut [syʀso] *nm* Zusammenzucken *nt*; **se réveiller en ~** aus dem Schlaf auffahren • **sursauter** *vi* zusammenfahren
sursis [syʀsi] *nm* (*Jur*) Bewährung *f*; (: *de condamnation à mort*) Aufschub *m*

surtaxe [syʀtaks] *nf* Zuschlag *m*; (*Poste*) Nachporto *nt*
surtout [syʀtu] *adv* besonders; **~ ne dites rien !** sagen Sie bloß nichts!; **~ pas !** bitte nicht!
surveillance [syʀvɛjɑ̃s] *nf* Überwachung *f*; (*d'un gardien*) Aufsicht *f*; **être sous la ~ de qn** unter jds Aufsicht stehen; **sous ~ médicale** unter ärztlicher Aufsicht •**surveillant, e** *nm/f* Aufseher(in) *m(f)* •**surveiller** *vt* (*enfant*) aufpassen auf +*acc*; (*malade, bagages, suspect*) überwachen; (*élèves, prisonnier, travaux, cuisson*) beaufsichtigen; **se surveiller** *vpr* sich zurückhalten
survenir [syʀvəniʀ] *vi* eintreten, vorkommen
survêtement [syʀvɛtmɑ̃] *nm* Trainingsanzug *m*
survie [syʀvi] *nf* Überleben *nt*; (*Rel*) Leben *nt* nach dem Tode •**survivant, e** *nm/f* Überlebende(r) *f(m)* •**survivre** *vi* überleben
survoler [syʀvɔle] *vt* überfliegen
susceptible [sysɛptibl] *adj* (*trop sensible*) empfindlich
susciter [sysite] *vt* hervorrufen
suspect, e [syspɛ(kt), ɛkt] *adj* (*personne, attitude etc*) verdächtig; (*témoignage, opinions*) zweifelhaft ▶ *nm/f* (*Jur*) Verdächtige(r) *f(m)* •**suspecter** *vt* (*personne*) verdächtigen
suspendre [syspɑ̃dʀ] *vt* (*accrocher*) aufhängen; (*interrompre*) einstellen; **se suspendre** *vpr* : **se ~ à** sich hängen an +*acc* •**suspendu, e** *adj* : **être ~ à** hängen an +*dat*; **être ~ au-dessus de** schweben über +*dat*; **voiture bien/mal ~e** gut/schlecht gefedertes Auto *nt*
suspens [syspɑ̃] *nm* : **en ~** (*affaire, question*) in der Schwebe
suspense [syspɛns] *nm* Spannung *f*
suspension [syspɑ̃sjɔ̃] *nf* (*Auto*) Federung *f*; (*lustre*) Hängelampe *f*; (*de travaux, paiements*) Einstellung *f*; **en ~** schwebend
suspicion [syspisjɔ̃] *nf* Verdacht *m*
suture [sytyʀ] *nf* : **point de ~** Stich *m* •**suturer** *vt* nähen
svelte [svɛlt] *nf* schlank
SVP [ɛsvepe] *sigle* (= *s'il vous plaît*) bitte
Swaziland [swazilɑ̃d] *nm* : **le ~** Swasiland *nt*
sweat-shirt [switʃœʀt] (*pl* **sweat-shirts**) *nm* Sweatshirt *nt*
syllabe [silab] *nf* Silbe *f*
sylviculture [silvikyltyʀ] *nf* Forstwirtschaft *f*
symbole [sɛ̃bɔl] *nm* Symbol *nt* •**symbolique** *adj* symbolisch •**symboliser** *vt* symbolisieren
sympa [sɛ̃pa] *adj inv* (*fam*) sympathisch; (*déjeuner, endroit etc*) nett
sympathie [sɛ̃pati] *nf* Sympathie *f*; (*participation à douleur*) Mitgefühl *nt* •**sympathique** *adj* sympathisch; (*déjeuner, endroit etc*) nett
sympathisant, e [sɛ̃patizɑ̃, ɑ̃t] *nm/f* Sympathisant(in) *m(f)* •**sympathiser** *vi* (*s'entendre*) sich gut verstehen
symphonie [sɛ̃fɔni] *nf* Sinfonie *f* •**symphonique** *adj* sinfonisch
symptôme [sɛ̃ptom] *nm* Symptom *nt*
synagogue [sinagɔg] *nf* Synagoge *f*
synchroniser [sɛ̃kʀɔnize] *vt* synchronisieren
syncope [sɛ̃kɔp] *nf* Ohnmacht *f*
syndic [sɛ̃dik] *nm* (*d'immeuble*) Verwalter *m*

syndical, e, -aux [sɛ̃dikal, o] *adj* gewerkschaftlich; **centrale ~e** Gewerkschaftshaus *nt*
syndicaliste [sɛ̃dikalist] *nmf* Gewerkschaftler(in) *m(f)* • **syndicat** *nm* Gewerkschaft *f*; **~ d'initiative** Fremdenverkehrsbüro *nt*
syndiqué, e [sɛ̃dike] *adj* gewerkschaftlich organisiert; (*personne*) einer Gewerkschaft angeschlossen
syndrome [sɛ̃dʀom] *nm* Syndrom *nt*
synergie [sinɛʀʒi] *nf* Synergie *f*
synonyme [sinɔnim] *adj* synonym ▶ *nm* Synonym *nt*; **être ~ de** synonym sein mit
syntaxe [sɛ̃taks] *nf* Syntax *f*
synthèse [sɛ̃tɛz] *nf* Synthese *f*
synthétique [sɛ̃tetik] *adj* synthetisch
synthétiseur [sɛ̃tetizœʀ] *nm* Synthesizer *m*
Syrie [siʀi] *nf* : **la ~** Syrien *nt* • **syrien, ne** *adj* syrisch ▶ *nm/f* : **S~, ne** Syrier(in) *m(f)*
systématique [sistematik] *adj* systematisch • **système** *nm* System *nt*; **~ d'exploitation** (*Inform*) Betriebssystem *nt*

t

t' [t] *pron voir* **te**
ta [ta] *adj possessif voir* **ton**
tabac [taba] *nm* Tabak *m*; (*magasin*) Tabakwaren- und Zeitungshandlung *f*; **~ à priser** Schnupftabak *m*; **~ blond** heller Tabak; **~ brun** dunkler Tabak
tabagisme [tabaʒism] *nm* Nikotinabhängigkeit *f*
table [tabl] *nf* Tisch *m*; (*liste*) Verzeichnis *nt*; **à ~ !** zu Tisch!, (das) Essen ist fertig!; **se mettre à ~** sich zu Tisch setzen; (*fam : parler*) auspacken; **~ de chevet** Nachttisch(chen *nt*) *m*; **~ des matières** Inhaltsverzeichnis *nt*
tableau, x [tablo] *nm* (*Art*) Bild *nt*, Gemälde *nt*; **~ blanc (interactif)** (interaktive) Weißwandtafel *f*; **~ d'affichage** Anschlagbrett *nt*; **~ de bord** Armaturenbrett *nt*
tablette [tablɛt] *nf* (*planche*) Regalbrett *nt*; **~ de chocolat** Tafel *f* Schokolade; **~ (tactile)** Tablet-Computer *m*
tableur [tablœʀ] *nm* Tabelle *f*
tablier [tablije] *nm* Schürze *f*
tabou, e [tabu] *adj* tabu
tabouret [tabuʀɛ] *nm* Schemel *m*, Hocker *m*

tac [tak] *nm* : **répondre du ~ au ~** mit gleicher Münze zurückzahlen
tache [taʃ] *nf* Fleck *m*; **~s de rousseur** *ou* **de son** Sommersprossen *pl*
tâche [tɑʃ] *nf* Aufgabe *f*
tacher [taʃe] *vt* schmutzig *ou* fleckig machen, beschmutzen; *(fig)* beflecken
tâcher [tɑʃe] *vi* : **~ de faire qch** versuchen, etw zu machen
tacite [tasit] *adj* stillschweigend
taciturne [tasityʀn] *adj* schweigsam
tact [takt] *nm* Takt *m*, Feingefühl *nt*
tactile [taktil] *adj* Tast-
tactique [taktik] *adj* taktisch ▶ *nf* Taktik *f*
tag [tag] *nm* Graffito *m ou nt* • **tagueur, -euse** *nm/f* Graffiti-Sprüher(in) *m(f)*
taï chi [tajtʃi] *nm* Tai-Chi *nt*
taie [tɛ] *nf* : **~ (d'oreiller)** Kopfkissenbezug *m*
taille [taj] *nf* *(grandeur, grosseur)* Größe *f*; *(milieu du corps)* Taille *f*; *(de diamant)* Schleifen *nt*; *(de plante, arbre)* Beschneiden *nt*; **de ~** von Format; **quelle ~ faites-vous ?** welche Größe haben Sie? • **taille-crayon, taille-crayons** *nm inv* Bleistiftspitzer *m* • **tailler** *vt* *(pierre)* behauen; *(diamant)* schleifen; *(arbre, plante)* beschneiden; *(vêtement)* zuschneiden; *(crayon)* anspitzen; **se tailler** *vpr* *(barbe)* sich *dat* stutzen; *(fam : s'enfuir)* abhauen • **tailleur** *nm* *(couturier)* Schneider *m*; *(vêtement)* Kostüm *nt*
taillis [taji] *nm* Dickicht *nt*
taire [tɛʀ] *vt* für sich behalten ▶ *vi* : **faire ~ qn** jdn zum Schweigen bringen; **se taire** *vpr* schweigen; *(s'arrêter de parler ou de crier)* verstummen; **tais-toi !** sei ruhig!; **taisez-vous !** seid ruhig!
Taiwan [tajwan] *n* Taiwan *nt*
talc [talk] *nm* Talkum(puder *m*) *nt*
talent [talɑ̃] *nm* Talent *nt*
talkie-walkie [tokiwoki] (*pl* **talkies-walkies**) *nm* Walkie-Talkie *nt*
talon [talɔ̃] *nm* Ferse *f*; *(de chaussure, chaussette)* Absatz *m*; *(de chèque, billet)* Abschnitt *m*; **~s aiguilles** Pfennigabsätze *pl* • **talonner** *vt* dicht folgen +*dat*
talus [taly] *nm* Böschung *f*
tambour [tɑ̃buʀ] *nm* Trommel *f*; *(musicien)* Trommler *m*; *(porte)* Drehtür *f*
tamis [tami] *nm* Sieb *nt*
tamisé, e [tamize] *adj* gedämpft • **tamiser** *vt* sieben
tampon [tɑ̃pɔ̃] *nm* *(en coton)* Wattebausch *m*; *(hygiénique)* Tampon *m*; *(timbre)* Stempel *m*; *(amortisseur)* Puffer *m*; *(Inform)* Pufferspeicher *m* • **tamponner** *vt* *(avec un timbre)* stempeln; *(heurter)* zusammenstoßen mit; **se tamponner** *vpr* *(voitures)* aufeinanderfahren
tamponneuse [tɑ̃pɔnøz] *adj f* : **autos ~s** Autoskooter *pl*
tandem [tɑ̃dɛm] *nm* Tandem *nt*
tandis [tɑ̃di] *conj* : **~ que** während
tangible [tɑ̃ʒibl] *adj* greifbar
tank [tɑ̃k] *nm* *(char)* Panzer *m*; *(citerne)* Tank *m*
tanker [tɑ̃kœʀ] *nm* Tanker *m*
tanné, e [tane] *adj* *(cuir)* gegerbt • **tanner** *vt* gerben; *(fam : harceler)* auf die Nerven gehen
tant [tɑ̃] *adv* so viel, so sehr; **~ de** *(quantité)* so viel; *(nombre)* so viele; **~ que** *(tellement)* so, dass; *(aussi longtemps que)* so lange; **~ mieux** umso besser; **~ pis** macht nichts; **~ bien que mal** einigermaßen

tante [tɑ̃t] *nf* Tante *f*
tantôt [tɑ̃to] *adv* (*cet après-midi*) heute Nachmittag; **~ ... ~** bald ... bald
Tanzanie [tɑ̃zani] *nf*: **la ~** Tansania *nt*
taon [tɑ̃] *nm* Bremse *f*
tapage [tapaʒ] *nm* (*bruit*) Lärm *m*; **~ nocturne** nächtliche Ruhestörung *f* **•tapageur, -euse** *adj* (*bruyant*) lärmend, laut; (*voyant*) auffällig
tape-à-l'œil [tapalœj] *adj inv* protzig
tapenade [tapnad] *nf Paste aus Kapern, schwarzen Oliven und Sardellen*
taper [tape] *vt* schlagen; (*dactylographier*) tippen, schreiben; (*Inform*) eingeben ▶ *vi* (*soleil*) stechen; **se taper** *vpr* (*fam* : *travail*) am Hals haben; **~ sur qn** jdn verhauen; **~ à la porte** an die Tür klopfen
tapis [tapi] *nm* Teppich *m*; **mettre sur le ~** aufs Tapet bringen; **~ de prière** Gebetsteppich *m*; **~ de souris** Mauspad *nt*; **~ roulant** Fließband *nt* **•tapis-brosse** (*pl* **tapis-brosses**) *nm* Fußmatte *f*
tapisser [tapise] *vt* tapezieren; **~ (de)** beziehen (mit) **•tapisserie** *nf* (*tenture*) Wandteppich *m* **•tapissier, -ière** *nm/f* (*aussi* : **tapissier-décorateur**) Tapezierer(in) *m/f*
tapoter [tapɔte] *vt* leicht klopfen auf *+acc*
taquiner [takine] *vt* necken
tarama [taʀama] *nm* Taramasalata *f*
tard [taʀ] *adv* spät; **au plus ~** spätestens; **plus ~** später
tarder [taʀde] *vi* lange auf sich *acc* warten lassen; **~ à faire qch** etw hinausschieben; **sans (plus) ~** ohne (weitere) Verzögerung
tardif, -ive [taʀdif, iv] *adj* spät **•tardivement** *adv* spät
tare [taʀ] *nf* (*poids*) Tara *f*; (*défaut*) Schaden *m*
targuer [taʀge] : **se targuer de** *vpr* sich rühmen *+gén*
tarif [taʀif] *nm* (*liste*) Preisliste *f*; (*barème*) Tarif *m*
tarir [taʀiʀ] *vi* versiegen ▶ *vt* erschöpfen
tartare [taʀtaʀ] *adj* : **sauce ~** ≈ Remouladensoße *f*; **steak ~** Steak Tartare *nt*
tarte [taʀt] *nf* Kuchen *m*; **~ aux pommes/abricots** Apfel-/Aprikosenkuchen *m* **•tartelette** *nf* Törtchen *nt*
tartine [taʀtin] *nf* Schnitte *f*; **~ beurrée** Butterbrot *nt* **•tartiner** *vt* streichen; (*pain*) bestreichen; **fromage à ~** Streichkäse *m*
tartre [taʀtʀ] *nm* Zahnstein *m*
tas [tɑ] *nm* Haufen *m*; **un ~ de** (*fam*) eine Menge
tasse [tɑs] *nf* Tasse *f*
tasser [tɑse] *vt* (*terre, neige*) festtreten, feststampfen; (*entasser*) stopfen
tâter [tɑte] *vt* abtasten
tâtonner [tɑtɔne] *vi* herumtappen; (*fig*) im Dunkeln tappen **•tâtons** : **à ~** *adv* : **chercher à ~** tasten nach; **avancer à ~** sich vorantasten
tatouage [tatwaʒ] *nm* Tätowierung *f*; (*action*) Tätowieren *nt*
tatouer [tatwe] *vt* tätowieren
taudis [todi] *nm* Bruchbude *f*
taule [tol] *nf* (*fam*) Kittchen *nt*
taupe [top] *nf* Maulwurf *m*
taureau, x [tɔʀo] *nm* Stier *m*; **être du T~** (*Astrol*) Stier sein **•tauromachie** *nf* Stierkampf *m*

taux [to] *nm* Rate *f*; **~ d'alcool (dans le sang)** Alkoholspiegel *m*; **~ d'intérêt** Zinssatz *m*
taxe [taks] *nf* (*impôt*) Steuer *f*; (*douanière*) Zoll *m*; **toutes ~s comprises** alle Abgaben inklusive; **~ à** *ou* **sur la valeur ajoutée** Mehrwertsteuer *f*; **~ de séjour** Kurtaxe *f* •**taxer** *vt* besteuern; **~ qn de qch** (*qualifier*) jdn etw nennen
taxi [taksi] *nm* Taxi *nt*
taximètre [taksimɛtʀ] *nm* Taxameter *nt*
TB [tebe] *abr* (= *très bien*) ≈ sehr gut
Tchad [tʃad] *nm* : **le ~** (der) Tschad
tchao [tʃao] *excl* (*fam*) tschüss
tchèque [tʃɛk] *adj* tschechisch; **la République ~** die Tschechische Republik, Tschechen *nt*
Tchétchénie [tʃetʃeni] *nf* : **la ~** Tschetschenien *nt*
te [tə] *pron* (*objet direct, accusatif*) dich; (*objet indirect, datif*) dir
technicien, ne [tɛknisjɛ̃, jɛn] *nm/f* Techniker(in) *m(f)* •**technico-commercial, e, -aux** *adj* : **employé ~** technisch ausgebildeter Verkäufer *m* •**technique** *adj* technisch ▸ *nf* Technik *f*
techniquement [tɛknikmɑ̃] *adv* technisch
techno [tɛkno] *nf* Techno *nt ou m*
technocrate [tɛknɔkʀat] *nmf* Technokrat(in) *m(f)*
technologie [tɛknɔlɔʒi] *nf* Technologie *f* •**technologique** *adj* technologisch
tee-shirt [tiʃœʀt] (*pl* **tee-shirts**) *nm* T-Shirt *nt*
teindre [tɛ̃dʀ] *vt* färben; **se teindre** *vpr* : **se ~ (les cheveux)** sich *dat* die Haare färben
teint, e [tɛ̃, tɛ̃t] *pp de* **teindre** ▸ *adj* gefärbt ▸ *nm* (*du visage*) Teint *m* ▸ *nf* (*couleur*) Farbe *f*
teinté, e [tɛ̃te] *adj* (*verres*) getönt •**teinter** *vt* färben •**teinture** *nf* (*substance*) Farbe *f*; (*action*) Färben *nt*; **~ d'iode** Jodtinktur *f*; **~ d'arnica** Arnikatinktur *f*
teinturerie [tɛ̃tyʀʀi] *nf* Reinigung *f*
tel, telle [tɛl] *adj* : **un ~/une ~le** (*pareil*) so ein/so eine; (*indéfini*) ein gewisser/eine gewisse; (*intensif*) ein solcher/eine solche; **~ un miroir** wie ein Spiegel; **~ quel** so; **~ que** so wie
tél. *abr* (= *téléphone*) Tel
télé¹ [tele] *nf* (*télévision*) Fernsehen *nt*; (*poste*) Fernseher *m*
télé² [tele] *préf* Tele-, tele- •**téléachat** *nm* Teleshopping *nt*
télécabine [telekabin] *nf* Kabinenbahn *f* •**télécarte** *nf* Telefonkarte *f* •**téléchargeable** *adj* herunterladbar
téléchargement [teleʃaʀʒmɑ̃] *nm* (*Inform*) Download *m*
télécharger [teleʃaʀʒe] *vt* (*Inform*) herunterladen, downloaden
télécommande [telekɔmɑ̃d] *nf* Fernsteuerung *f*; (*TV*) Fernbedienung *f*
télécommunications [telekɔmynikasjɔ̃] *nfpl* Fernmeldewesen *nt*
téléconférence [telekɔ̃feʀɑ̃s] *nf* Telekonferenz *f*
télécopie [telekɔpi] *nf* (Tele)fax *nt* •**télécopieur** *nm* Faxgerät *nt*
télédiffuser [teledifyze] *vt* ausstrahlen, übertragen
télédistribution [teledistʀibysjɔ̃] *nf* Kabelfernsehen *nt*
téléférique [telefeʀik] *nm* = **téléphérique**

t

téléfilm [telefilm] *nm* Fernsehfilm *m*
télégramme [telegʀam] *nm* Telegramm *nt*
télégraphier [telegʀafje] *vt, vi* telegrafieren • **télégraphique** *adj* telegrafisch; (*style*) Telegramm-
téléguider [telegide] *vt* fernsteuern
téléobjectif [teleɔbʒɛktif] *nm* Teleobjektiv *nt*
téléphérique [telefeʀik] *nm* Seilbahn *f*
téléphone [telefɔn] *nm* Telefon *nt*; **avoir le ~** (ein) Telefon haben; **au ~** am Telefon; **~ avec appareil photo** Kameratelefon *nt*; **~ sans fil** schnurloses Telefon *nt* • **téléphoner** *vi* telefonieren ▶ *vt* telefonieren; **~ à qn** jdn anrufen • **téléphonie** *nf* Telefonie *f*; **~ mobile** Mobilfunk *m* • **téléphonique** *adj* telefonisch; **cabine/appareil ~** Telefonzelle *f*/-apparat *m* • **téléphoniste** *nmf* Telefonist(in) *m(f)*
téléréalité [teleʀealite] *nf* Reality-TV *nt*
télescope [telɛskɔp] *nm* Teleskop *nt*
télésiège [telesjɛʒ] *nm* Sessellift *m* • **téléski** *nm* Skilift *m* • **téléspectateur, -trice** *nm/f* (Fernseh)zuschauer(in) *m(f)* • **télétraitement** *nm* Datenfernverarbeitung *f* • **télétransmission** *nf* Datenübertragung *f* • **télétravail** *nm* Telearbeit *f* • **télétravailleur, -euse** *nm/f* Telearbeiter(in) *m(f)*
téléverser [televɛʀse] *vt* (*fichier, photo*) hochladen, uploaden
téléviser [televize] *vt* im Fernsehen senden *ou* übertragen • **téléviseur** *nm* Fernseher *m*, Fernsehgerät *nt* • **télévision** *nf* (*système*) Fernsehen *nt*; **(poste de) ~** Fernsehgerät *nt*, Fernseher *m*; **avoir la ~** Fernsehen haben; **~ numérique** Digitalfernsehen *nt*; **~ par câble** Kabelfernsehen *nt*
télex [telɛks] *nm* Telex *nt*, Fernschreiben *nt*
tellement [tɛlmɑ̃] *adv* (*tant*) so sehr, so viel; (*si*) so; **~ plus grand/cher (que)** so viel größer/teurer (als); **~ de** (*quantité*) so viel; (*nombre*) so viele; **pas ~** nicht besonders
téméraire [temeʀɛʀ] *adj* tollkühn
témoignage [temwaɲaʒ] *nm* Zeugnis *nt*; (*déclaration*) Zeugenaussage *f* • **témoigner** *vt* (*manifester*) zeigen, beweisen ▶ *vi* (*Jur*) als Zeuge aussagen • **témoin** *nm* Zeuge *m*, Zeugin *f*; (*Sport*) Staffelholz *nt* ▶ *adj* Kontroll-, Test-; **être ~ de** Zeuge/Zeugin sein von
tempe [tɑ̃p] *nf* Schläfe *f*
tempérament [tɑ̃peʀamɑ̃] *nm* Temperament *nt*; (*caractère*) Wesen *nt*
température [tɑ̃peʀatyʀ] *nf* Temperatur *f*; (*Méd*) Fieber *nt*; **avoir** *ou* **faire de la ~** Fieber *ou* erhöhte Temperatur haben
tempérer [tɑ̃peʀe] *vt* mildern
tempête [tɑ̃pɛt] *nf* Unwetter *nt*
temple [tɑ̃pl] *nm* Tempel *m*; (*protestant*) Kirche *f*
temporaire [tɑ̃pɔʀɛʀ] *adj* vorübergehend
temporiser [tɑ̃pɔʀize] *vi* Zeit schinden
temps [tɑ̃] *nm* Zeit *f*; (*atmosphériques, conditions*) Wetter *nt*; **il fait beau/mauvais ~** es ist schönes/schlechtes Wetter; **avoir le ~/tout le ~/juste le ~** Zeit/viel Zeit/gerade genug Zeit haben; **de**

~ en ~, de ~ à autre von Zeit zu Zeit, dann und wann; **en même ~** zur gleichen Zeit; **à ~** rechtzeitig; **~ d'accès** (*Inform*) Zugriffszeit *f*; **~ réel** (*Inform*) Echtzeit *f*
tenace [tənas] *adj* hartnäckig
tenailles [tənɑj] *nfpl* Kneifzange *f*
tendance [tɑ̃dɑ̃s] *nf* Tendenz *f*; (*inclination aussi*) Hang *m* ▶ *adj inv* angesagt • **tendancieux, -euse** *adj* tendenziös
tendinite [tɑ̃dinit] *nf* Sehnenscheidenentzündung *f*
tendon [tɑ̃dɔ̃] *nm* Sehne *f*
tendre [tɑ̃dʀ] *adj* zart; (*bois, roche*) weich; (*affectueux*) zärtlich ▶ *vt* (*raidir, allonger*) spannen; **~ qch à qn** (*présenter*) jdm etw geben, jdm etw reichen • **tendrement** *adv* zärtlich • **tendresse** *nf* Zärtlichkeit *f*
tendu, e [tɑ̃dy] *adj* angespannt
ténébreux, -euse [tenebʀø, øz] *adj* finster
teneur [tənœʀ] *nf* (*contenu*) Inhalt *m*
tenir [t(ə)niʀ] *vt* halten; (*magasin, hôtel*) haben, führen ▶ *vi* halten; (*neige, gel*) andauern; **~ à** (*aimer*) hängen an *+dat*; (*avoir pour cause*) herrühren *ou* kommen von; **tiens, Pierre!** guck mal, Pierre!; **tiens?** ach, wirklich?
tennis [tenis] *nm* Tennis *nt*; (*court*) Tennisplatz *m* ▶ *nmpl ou nfpl* (*aussi*: **chaussures de tennis**) Tennisschuhe *pl*; **~ de table** Tischtennis *nt*
tennisman [tenisman] *nm* Tennisspieler *m*
ténor [tenɔʀ] *nm* Tenor *m*
tension [tɑ̃sjɔ̃] *nf* Spannung *f*; (*Méd*) Blutdruck *m*; **faire** *ou* **avoir de la ~** (einen) hohen Blutdruck haben
tentant, e [tɑ̃tɑ̃, ɑ̃t] *adj* verlockend • **tentation** *nf* Versuchung *f* • **tentative** *nf* Versuch *m*
tente [tɑ̃t] *nf* Zelt *nt*
tenter [tɑ̃te] *vt* in Versuchung führen; (*essayer*) versuchen
tenture [tɑ̃tyʀ] *nf* Wandbehang *m*
tenu, e [t(ə)ny] *adj*: **bien/mal ~** gut/schlecht geführt ▶ *nf* (*vêtements*) Kleidung *f*; (*comportement*) Benehmen *nt*; **~e de route** Straßenlage *f*; **~e de soirée** Abendkleidung *f*
ter [tɛʀ] *adj*: **16 ~** 16b
térébenthine [teʀebɑ̃tin] *nf*: **(essence de) ~** Terpentin *nt*
tergiversations [tɛʀʒivɛʀsasjɔ̃] *nfpl* Ausflüchte *pl*
terme [tɛʀm] *nm* (*Ling*) Ausdruck *m*; (*élément*) Glied *nt*; (*fin*) Ende *nt*; (*échéance*) Frist *f*, Termin *m*; **au ~ de** am Ende *+gén*; **à court/moyen/long ~** kurz-/mittel-/langfristig; **mettre un ~ à** ein Ende setzen *+dat*
terminaison [tɛʀminɛzɔ̃] *nf* Endung *f*
terminal, -aux [tɛʀminal, o] *nm* Terminal *nt*
terminer [tɛʀmine] *vt* beenden; **se terminer** *vpr* zu Ende sein; **se ~ par/en** aufhören mit
terminus [tɛʀminys] *nm* Endstation *f*
terne [tɛʀn] *adj* matt, trüb • **ternir** *vt* matt *ou* glanzlos machen; **se ternir** *vpr* stumpf *ou* glanzlos werden
terrain [teʀɛ̃] *nm* Boden *m*; (*parcelle*) Grundstück *nt*; **~ de camping** Zeltplatz *m*, Campingplatz *m*
terrasse [teʀas] *nf* Terrasse *f*
terrassement [teʀasmɑ̃] *nm* (*activité*) Erdarbeiten *pl*; (*terres creusées*) Erdaufschüttung *f*

t

terrasser [terase] *vt* (*suj : adversaire*) niederschlagen; (*: maladie, crise cardiaque etc*) niederstrecken

terre [tɛʀ] *nf* Erde *f*; (*opposé à mer*) Land *nt*; **terres** *nfpl* (*propriété*) Landbesitz *m*; **la T~** die Erde; **pipe/vase en ~** Tonpfeife *f*/-vase *f*; **à** *ou* **par ~** auf dem Boden; (*avec mouvement*) auf den Boden; **~ cuite** Terrakotta *f*; **~ glaise** Ton *m* • **terre-à-terre** *adj* nüchtern, prosaisch

terreau, x [teʀo] *nm* Kompost(erde *f*) *m*

terre-plein [tɛʀplɛ̃] (*pl* **terre-pleins**) *nm* (*sur route*) Mittelstreifen *m*

terrer [teʀe] : **se terrer** *vpr* sich verkriechen

terrestre [teʀɛstʀ] *adj* (*surface, croûte*) Erd-; (*Zool, Bot, Mil*) Land-; (*Rel*) weltlich, irdisch

terreur [teʀœʀ] *nf* Schrecken *m*

terrible [teʀibl] *adj* furchtbar; (*violent*) fürchterlich; **pas ~** (*fam*) nicht so toll • **terriblement** *adv* (*très*) furchtbar

terrier [tɛʀje] *nm* (*de lapin*) Bau *m*; (*chien*) Terrier *m*

terrifier [teʀifje] *vt* in Schrecken versetzen

terrine [teʀin] *nf* Terrine *f*

territoire [teʀitwaʀ] *nm* Territorium *nt*; (*de pays aussi*) Hoheitsgebiet *nt*; **les ~s d'Outre-mer** *die französischen Überseegebiete*

terroir [tɛʀwaʀ] *nm* (*Agr*) Ackerboden *m*; **accent du ~** ländlicher Akzent *m*

terroriser [teʀɔʀize] *vt* terrorisieren • **terrorisme** *nm* Terrorismus *m* • **terroriste** *nmf* Terrorist(in) *m(f)*

tertiaire [tɛʀsjɛʀ] *adj* (*Écon*) Dienstleistungs-; (*Géo*) tertiär ▸ *nm* Dienstleistungssektor *m*

tertio [tɛʀsjo] *adv* drittens

tes [te] *adj possessif voir* **ton**

Tessin [tesɛ̃] *nm* : **le ~** das Tessin

test [tɛst] *nm* Test *m*

testament [tɛstamɑ̃] *nm* Testament *nt*

testicule [tɛstikyl] *nm* Hoden *m*

tétanos [tetanos] *nm* Tetanus *m*

tête [tɛt] *nf* Kopf *m*; (*d'un cortège, d'une armée*) Spitze *f*; **de ~** (*wagon, voiture*) vorderste(r, s); (*concurrent*) führend; (*calculer*) im Kopf; **faire la ~** schmollen; **de la ~ aux pieds** von Kopf bis Fuß • **tête-à-tête** *nm inv* Gespräch *nt* unter vier Augen; **en ~** unter vier Augen

tétine [tetin] *nf* (*de vache*) Euter *nt*; (*sucette*) Schnuller *m*

têtu, e [tety] *adj* störrisch

texte [tɛkst] *nm* Text *m*; **apprendre son ~** seinen Text *ou* seine Rolle lernen

textile [tɛkstil] *adj* Textil- ▸ *nm* Stoff *m*; (*industrie*) Textilindustrie *f*

textuel, le [tɛkstɥɛl] *adj* wörtlich

texture [tɛkstyʀ] *nf* (*d'une matière*) Textur *f*

Thaïlande [tailɑ̃d] *nf* : **la ~** Thailand *nt*

thalassothérapie [talasoteʀapi] *nf* Meerwassertherapie *f*

thé [te] *nm* Tee *m*; **prendre le ~** Tee trinken; **faire du ~** Tee kochen; **~ au citron** Tee mit Zitrone; **~ au lait** Tee mit Milch

théâtre [teɑtʀ] *nm* Theater *nt*; (*fig*) Schauplatz *m*; **faire du ~** Theater spielen

théière [tejɛʀ] *nf* Teekanne *f*

thème [tɛm] *nm* Thema *nt*; (*Scol : traduction*) Übersetzung *f* in die Fremdsprache

théologie [teɔlɔʒi] *nf* Theologie *f*
théorie [teɔʀi] *nf* Theorie *f*; **en ~** theoretisch • **théorique** *adj* theoretisch
thérapeutique [teʀapøtik] *adj* therapeutisch ▶ *nf* Therapie *f*
thérapie [teʀapi] *nf* Therapie *f*
thermal, e, -aux [tɛʀmal, o] *adj* Thermal-; **station ~e** Thermalbad *nt*
thermes [tɛʀm] *nmpl* (*établissement thermal*) Thermalbad *nt*; (*romains*) Thermen *pl*
thermique [tɛʀmik] *adj* thermisch
thermomètre [tɛʀmɔmɛtʀ] *nm* Thermometer *nt*
thermos® [tɛʀmos] *nm ou nf* Thermosflasche *f*
thermostat [tɛʀmɔsta] *nm* Thermostat *m*
thèse [tɛz] *nf* These *f*; (*de doctorat*) Dissertation *f*
thon [tɔ̃] *nm* T(h)unfisch *m*
thorax [tɔʀaks] *nm* Brustkorb *m*
thrombose [tʀɔ̃boz] *nf* Thrombose *f*
Thuringe [tyʀɛ̃ʒ] *nf* : **la ~** Thüringen *nt*
thym [tɛ̃] *nm* Thymian *m*
thyroïde [tiʀɔid] *nf* Schilddrüse *f*
Tibet [tibɛ] *nm* : **le ~** Tibet *nt*
tibia [tibja] *nm* Schienbein *nt*
TIC [teise] *sigle fpl* (= *technologies de l'informatique et de la communication*) ICT
tic [tik] *nm* (*mouvement nerveux*) Zucken *nt*; (*manie*) Eigenart *f*, Tick *m*
ticket [tikɛ] *nm* Fahrschein *m*
tiède [tjɛd] *adj* lauwarm; (*vent, air*) lau • **tiédir** *vi* (*refroidir*) abkühlen
tien [tjɛ̃] *pron* : **le/la ~(ne)** deine(r, s); **les ~s** deine
tiens [tjɛ̃] *vb voir* **tenir**
tierce [tjɛʀs] *adj voir* **tiers**
tiers, tierce [tjɛʀ, tjɛʀs] *adj* dritte(r, s) ▶ *nm* (*fraction*) Drittel *nt*; (*Jur*) Dritte(r) *m(f)*
tiers-monde [tjɛʀmɔ̃d] : **le ~** die Dritte Welt *f*
tige [tiʒ] *nf* Stiel *m*, Stängel *m*; (*baguette*) Stab *m*
tigre [tigʀ] *nm* Tiger *m*
tilleul [tijœl] *nm* (*arbre*) Linde *f*; (*boisson*) Lindenblütentee *m*
timbre [tɛ̃bʀ] *nm* (*timbre-poste*) Briefmarke *f*; (*tampon*) Stempel *m* • **timbre-poste** *nm* Briefmarke *f* • **timbrer** *vt* stempeln
timide [timid] *adj* schüchtern; (*fig*) zögernd • **timidement** *adv* schüchtern • **timidité** *nf* Schüchternheit *f*
tinter [tɛ̃te] *vi* klingeln
tique [tik] *nf* Zecke *f*
tir [tiʀ] *nm* Schießen *nt*; (*trajectoire*) Schuss *m*; (*stand*) Schießbude *f*; **~ au pigeon** Tontaubenschießen *nt*
tirade [tiʀad] *nf* (*péj*) Tirade *f*
tirage [tiʀaʒ] *nm* (*Photo*) Abzug *m*; (*de journal, livre*) Auflage *f*; (*de loterie*) Ziehung *f*; **~ au sort** Auslosung *f*
tirailler [tiʀɑje] *vt* (*suj*) quälen
tire-au-flanc [tiʀoflɑ̃] *nm inv* Drückeberger *m* • **tire-bouchon** (*pl* **tire-bouchons**) *nm* Korkenzieher *m* • **tire-fesses** *nm inv* Schlepplift *m*
tirelire [tiʀliʀ] *nf* Sparbüchse *f*
tirer [tiʀe] *vt* ziehen; (*fermer*) zuziehen; (*balle, coup*) abschießen; (*animal, Football*) schießen; (*Photo*) abziehen ▶ *vi* schießen; (*cheminée*) ziehen; **se tirer** *vpr* (*fam*) sich verziehen; **~ qch de** (*extraire*) etw herausziehen aus; **~ sur** ziehen an +*dat*; (*faire feu sur*) schießen auf

t

+acc; **~ avantage/parti de** Nutzen ziehen aus/ausnutzen; **~ qn de** (*embarras*) jdm heraushelfen aus; **~ une substance d'une matière première** einem Rohstoff eine Substanz entziehen; **~ à l'arc** bogenschießen; **s'en ~** durchkommen

tiret [tiʀɛ] *nm* Gedankenstrich *m*

tireur, -euse [tiʀœʀ, øz] *nm/f* (*Mil*) Schütze *m*, Schützin *f*

tiroir [tiʀwaʀ] *nm* Schublade *f* •**tiroir-caisse** (*pl* **tiroirs-caisses**) *nm* Registrierkasse *f*

tisane [tizan] *nf* Kräutertee *m*

tisser [tise] *vt* weben; (*fig*) spinnen •**tisserand, e** *nm/f* Weber(in) *m(f)*

tissu [tisy] *nm* Stoff *m*; (*Anat, Biol*) Gewebe *nt*

titre [titʀ] *nm* Titel *m*; (*de journal*) Schlagzeile *f*; (*diplôme*) Diplom *nt*, Qualifikation *f*; **à juste ~** mit vollem Recht; **à ~ d'essai** versuchsweise; **à ~ exceptionnel** ausnahmsweise; **à ~ provisoire** provisorisch; **à ~ privé** privat; **~ de transport** Fahrausweis *m*

tituber [titybe] *vi* taumeln

titulaire [titylɛʀ] *adj* : **professeur ~** ordentlicher Professor ▶ *nmf* (*Admin*) Amtsinhaber(in) *m(f)*; **être ~ de** (*poste*) innehaben; (*permis*) besitzen

TNT [teɛnte] *sigle f* (= *Télévision numérique terrestre*) Digitalfernsehen *nt*

toast [tost] *nm* Toast *m*; **porter un ~ à qn** auf jds Wohl *acc* trinken

toboggan [tɔbɔgɑ̃] *nm* (*pour enfants*) Rutschbahn *f*

tocsin [tɔksɛ̃] *nm* Alarmglocke *f*

tofu [tɔfu] *nm* Tofu *m*

Togo [tɔgo] *nm* : **le ~** Togo *nt*

toi [twa] *pron* du; (*objet direct, accusatif*) dich; (*objet indirect, datif*) dir

toile [twal] *nf* Stoff *m*, Tuch *nt*; (*grossière, de chanvre*) Leinwand *f*; (*Art*) Gemälde *nt*; **la T~** (*le Web*) das Netz; **~ cirée** Wachstuch *nt*; **~ d'araignée** Spinnennetz *nt*; **~ de tente** Zeltplane *f*

toilette [twalɛt] *nf* (*vêtements*) Kleidung *f*; **toilettes** *nfpl* Toiletten *pl*; **faire sa ~** sich waschen; **articles de ~** Toilettenartikel *pl*

toiser [twaze] *vt* von oben bis unten mustern

toison [twazɔ̃] *nf* (*de mouton*) Vlies *nt*

toit [twa] *nm* Dach *nt*; (*de véhicule*) Verdeck *nt* •**toiture** *nf* Bedachung *f*, Dach *nt*

tôle [tol] *nf* Blech *nt*; **~ d'acier** Stahlblech *nt*; **~ ondulée** Wellblech *nt*

tolérable [tɔleʀabl] *adj* erträglich

tolérance [tɔleʀɑ̃s] *nf* Toleranz *f*, Duldsamkeit *f*

tolérer [tɔleʀe] *vt* ertragen, tolerieren; (*Méd*) vertragen; (*erreur, marge*) zulassen

TOM [tɔm] *sigle m ou mpl* (= *territoire(s) d'outre-mer*) *französische Überseegebiete*

tomate [tɔmat] *nf* Tomate *f*

tombant, e [tɔ̃bɑ̃, ɑ̃t] *adj* (*fig*) : **épaules ~es** Hängeschultern *pl*

tombe [tɔ̃b] *nf* Grab *nt*

tombeau, x [tɔ̃bo] *nm* Grabmal *nt*

tombée [tɔ̃be] *nf* : **à la ~ du jour** *ou* **de la nuit** bei(m) Einbruch der Nacht

tomber [tɔ̃be] *vi* fallen; (*fruit, feuille*) herunterfallen, herabfallen; **~ sur** zufällig treffen; **~ de fatigue/de sommeil** vor Erschöpfung/Müdigkeit fast umfallen; **~ en panne** eine Panne

haben; **ça tombe bien/mal** das trifft sich gut/schlecht; **laisser ~** fallen lassen
tombeur [tɔ̃bœʀ] *nm* Frauenheld *m*
tombola [tɔ̃bɔla] *nf* Tombola *f*
tome [tɔm] *nm* Band *m*
tomographie [tɔmɔgʀafi] *nf* (Computer)tomografie *f*
ton¹, ta [tɔ̃, ta] (*pl* **tes**) *adj possessif* dein(e)
ton² [tɔ̃] *nm* Ton *m*; (*d'un morceau*) Tonart *f*; (*style*) Stil *m*
tonalité [tɔnalite] *nf* (*au téléphone*) Freizeichen *nt*; (*Mus*) Tonart *f*; (*de couleur*) (Farb)ton *m*
tondeuse [tɔ̃døz] *nf* (*à gazon*) Rasenmäher *m*; (*de coiffeur*) Haarschneidemaschine *f*
tondre [tɔ̃dʀ] *vt* (*pelouse, herbe*) mähen; (*haie, cheveux*) schneiden; (*mouton, toison*) scheren
toner [tɔnɛʀ] *nm* Toner *m*
tonifier [tɔnifje] *vt* stärken
tonique [tɔnik] *adj* stärkend ▶ *nm* Tonikum *nt*
tonne [tɔn] *nf* Tonne *f*
tonneau, x [tɔno] *nm* Fass *nt*; **faire un ~** sich überschlagen
tonnelle [tɔnɛl] *nf* Gartenlaube *f*
tonner [tɔne] *vi* donnern ▶ *vb impers* : **il tonne** es donnert •**tonnerre** *nm* Donner *m*
tonus [tɔnys] *nm* (*des muscles*) Tonus *m*; (*d'une personne*) Energie *f*
top [tɔp] *nm* : **au 3ème ~** beim dritten Ton
topinambour [tɔpinɑ̃buʀ] *nm* Topinambur *m*
toque [tɔk] *nf* : **~ de cuisinier** Kochmütze *f*; **~ de juge** Barett *nt*
torche [tɔʀʃ] *nf* Fackel *f*; **~ électrique** Taschenlampe *f*
torchon [tɔʀʃɔ̃] *nm* Lappen *m*; (*à vaisselle*) Geschirrtuch *nt*
tordre [tɔʀdʀ] *vt* (*chiffon, vêtement*) auswringen; **se tordre** *vpr* (*barre*) sich biegen; (*roue*) sich verbiegen; (*ver, serpent*) sich winden; **~ le bras à qn** jdm den Arm verdrehen; **se ~ le pied/bras** sich *dat* den Fuß/Arm verrenken; **se ~ de douleur/rire** sich vor Schmerzen krümmen/vor Lachen biegen •**tordu, e** *adj* (*fig*) verdreht
tornade [tɔʀnad] *nf* Tornado *m*
torpeur [tɔʀpœʀ] *nf* Betäubung *f*
torpiller [tɔʀpije] *vt* torpedieren
torréfier [tɔʀefje] *vt* rösten
torrent [tɔʀɑ̃] *nm* Sturzbach *m* •**torrentiel, le** *adj* strömend
torride [tɔʀid] *adj* glühend heiß
torse [tɔʀs] *nm* Oberkörper *m*
torsion [tɔʀsjɔ̃] *nf* (*action de tordre*) Verdrehen *nt*
tort [tɔʀ] *nm* (*défaut*) Fehler *m*; (*préjudice*) Unrecht *nt*; **avoir ~** unrecht haben; **à ~** zu Unrecht
torticolis [tɔʀtikɔli] *nm* steife(r) Hals *m*
tortiller [tɔʀtije] *vt* (*corde, mouchoir*) zwirbeln; (*cheveux, cravate*) zwirbeln an; (*doigts*) drehen; **se tortiller** *vpr* sich winden
tortue [tɔʀty] *nf* Schildkröte *f*
tortueux, -euse [tɔʀtɥø, øz] *adj* gewunden, sich schlängelnd
torture [tɔʀtyʀ] *nf* Folter *f* •**torturer** *vt* foltern; (*problème, question*) quälen
tôt [to] *adv* früh; **~ ou tard** früher oder später; **si ~** so bald; **au plus ~** so bald wie möglich
total, e, -aux [tɔtal, o] *adj* völlig; (*somme, hauteur*) gesamt ▶ *nm* (*somme*) Summe *f*; **au ~** im Ganzen •**totalement** *adv* völlig, total
totaliser [tɔtalize] *vt* (*avoir au total*) insgesamt erreichen

totalitaire [tɔtalitɛʀ] *adj* totalitär • **totalité** *nf* : **la ~ des élèves** alle Schüler; **la ~ de mes biens** mein gesamtes Vermögen *nt*
toubib [tubib] *nm* (*fam*) Doktor *m*
touchant, e [tuʃɑ̃, ɑ̃t] *adj* rührend
touche [tuʃ] *nf* Taste *f*; **~ à effleurement** Folientaste *f*; **~ de commande** Steuertaste *f*; **~ Contrôle** Controltaste *f*; **~ dièse** Doppelkreuztaste *f*; **~ de retour** Return-Taste *f*
toucher [tuʃe] *nm* (*sens*) Tastsinn *m* ▶ *vt* berühren; (*atteindre, affecter*) betreffen; (*émouvoir*) ergreifen; (*concerner*) betreffen, angehen; **au ~** anzufühlen
touffe [tuf] *nf* Büschel *nt* • **touffu, e** *adj* (*haie, forêt, cheveux*) dicht; (*cheveux*) dick
toujours [tuʒuʀ] *adv* immer; (*encore*) immer noch; **pour ~** für immer
toupet [tupɛ] *nm* Toupet *nt*; (*fam*) Frechheit *f*
toupie [tupi] *nf* (*jouet*) Kreisel *m*
tour [tuʀ] *nf* Turm *m*; (*immeuble*) Hochhaus *nt* ▶ *nm* (*excursion*) Ausflug *m*; (*Sport*) Runde *f*; (*ruse*) Trick *m*; **faire le ~ de** (*à pied*) herumgehen um; (*en voiture*) herumfahren um; **c'est mon/ton ~** ich bin/du bist dran *ou* an der Reihe; **~ d'horizon** *nm* Überblick *m*; **~ de contrôle** *nf* Kontrollturm *m*; **~ de force** *nm* Gewaltaktion *f*; **~ de main** *nm* : **en un ~ de main** im Handumdrehen; **~ de poitrine** *nm* Brustumfang *m ou* -weite *f*; **~ de reins** *nm* verrenkte(s) Kreuz *nt*; **~ de taille** *nm* Taillenweite *f*
tourbillon [tuʀbijɔ̃] *nm* (*d'eau*) Strudel *m*; (*de vent*) Wirbelwind *m*; (*de poussière*) Gestöber *nt* • **tourbillonner** *vi* herumwirbeln; (*eau, rivière*) strudeln
tourelle [tuʀɛl] *nf* Türmchen *nt*; (*de véhicule*) Turm *m*
tourisme [tuʀism] *nm* Tourismus *m*; **office du ~** Verkehrsbüro *nt* • **touriste** *nmf* Tourist(in) *m(f)* • **touristique** *adj* (*région*) touristisch; **menu ~** Touristenmenü *nt*
tourment [tuʀmɑ̃] *nm* Qual *f* • **tourmenter** *vt* quälen; **se tourmenter** *vpr* sich quälen
tournage [tuʀnaʒ] *nm* (*d'un film*) Dreharbeiten *pl*
tournant, e [tuʀnɑ̃, ɑ̃t] *adj* (*feu, scène, mouvement*) Dreh- ▶ *nm* (*de route*) Kurve *f*
tourne-disque [tuʀnədisk] (*pl* **tourne-disques**) *nm* Plattenspieler *m*
tournedos [tuʀnədo] *nm* Tournedo(s) *nt*
tournée [tuʀne] *nf* Runde *f*; (*d'artiste*) Tournee *f*; **payer une ~** eine Runde zahlen *ou* ausgeben; **~ électorale** Wahlkampfreise *f*
tourner [tuʀne] *vt* drehen; (*sauce, mélange*) umrühren ▶ *vi* sich drehen; (*changer de direction*) drehen; (*lait etc*) sauer werden; (*chance*) sich wenden; **se tourner** *vpr* sich umdrehen; **~ à/en** sich verwandeln in *+acc*; **se ~ vers** sich zuwenden *+dat*; (*pour demander aide, conseil*) sich wenden an *+acc*
tournesol [tuʀnəsɔl] *nm* Sonnenblume *f*
tournevis [tuʀnəvis] *nm* Schraubenzieher *m*
tourniquet [tuʀnikɛ] *nm* (*pour arroser*) Rasensprenger *m*; (*portillon*) Drehkreuz *nt*; (*présentoir*) Drehständer *m*
tournoi [tuʀnwa] *nm* Turnier *nt*
tournoyer [tuʀnwaje] *vi* (*oiseau*) kreisen; (*fumée*) herumwirbeln

tournure [tuʀnyʀ] *nf (Ling)* Ausdruck *m*; **la ~ des événements** der Gang der Ereignisse
tour-opérateur [tuʀɔpeʀatœʀ] (*pl* **tour-opérateurs**) *nm* Reiseveranstalter *m*
tourte [tuʀt] *nf* Pastete *f*
tourterelle [tuʀtəʀɛl] *nf* Turteltaube *f*
tous [tu] *adj, pron voir* **tout**
Toussaint [tusɛ̃] *nf*: **la ~** Allerheiligen *nt*
tousser [tuse] *vi* husten

MOT-CLÉ

tout, e [tu, tut] (*mpl* **tous**, *fpl* **toutes**) *adj* **1** (*avec article singulier*) : **~ le/~e la ...** der/die/das ganze ...; **~ le lait** die ganze Milch; **~ l'argent** das ganze Geld; **~e la nuit/semaine** die ganze Nacht/Woche lang *ou* über; **~ un pain/un livre** ein ganzes Brot/Buch; **~ le monde** alle; **~ le temps** dauernd; **c'est ~ le contraire** ganz im Gegenteil
2 (*avec article pluriel*) : **tous/~es les ...** alle ...; **tous les livres/enfants** alle Bücher/Kinder; **tous les deux** alle beide; **~es les trois** alle drei; **~es les nuits** jede Nacht; **~es les fois que ...** jedes Mal wenn ...
3 (*sans article*) : **à ~ âge** in jedem Alter; **à ~e heure** zu jeder Stunde; **à ~e vitesse** mit Höchstgeschwindigkeit; **à ~ hasard** auf gut Glück
▶ *pron* **1** : **~** alles; **il a ~ fait** er hat alles gemacht; **~ ou rien** alles oder nichts; **c'est ~** das ist alles; **en ~** insgesamt; **en ~ et pour ~** alles in allem
2 : **tous/~es** alle; **nous y sommes tous allés** wir sind alle hingegangen
▶ *nm* Ganzes *nt*; **le ~** alles; **pas du ~** gar nicht; **du ~ au ~** ganz und gar, völlig
▶ *adv* **1** (*très, complètement*) ganz; **elle était ~ émue/~e petite** sie war ganz gerührt/klein; **le ~ premier** der Allererste; **~ seul** ganz allein; **le livre ~ entier** das ganze *ou* gesamte Buch; **~ ouvert/rouge** ganz offen/rot; **~ droit** geradeaus; **~ simplement** ganz einfach
2 : **~ en mangeant, il écoutait la radio** während er aß, *ou* beim Essen hörte er Radio
3 (*locutions*) : **~ d'abord** zuallererst; **~ à coup** plötzlich; **~ à fait** völlig; (*exactement*) genau; **~ à l'heure** (*passé*) soeben, gerade; (*futur*) gleich; **à ~ à l'heure !** bis gleich!; **~ de même** trotzdem; **~ de suite** sofort

toutefois [tutfwa] *adv* jedoch, dennoch
tout-terrain [tuteʀɛ̃] *adj inv* : **voiture ~** Geländewagen *m*; **vélo ~** Mountainbike *nt*
toux [tu] *nf* Husten *m*
toxicologique [tɔksikɔlɔʒik] *adj* toxikologisch
toxicomane [tɔksikɔman] *nmf* Rauschgiftsüchtige(r) *f(m)*
• **toxicomanie** *nf* Drogensucht *f*
toxine [tɔksin] *nf* Gift(stoff *m*) *nt*
toxique [tɔksik] *adj* giftig
TP [tepe] *sigle mpl* (= *travaux pratiques*) Übungsseminar *nt*; (= *travaux publics*) öffentliche Bauvorhaben *pl*
trac [tʀak] *nm* (*aux examens etc*) Prüfungsangst *f*; (*Théât*) Lampenfieber *nt*
traçabilité [tʀasabilite] *nf* Rückverfolgbarkeit *f* der Herkunft

t

tracas [tʀaka] *nmpl* Scherereien *pl* • **tracasser** *vt* plagen, quälen; **se tracasser** *vpr* sich *dat* Sorgen machen
tracasseries [tʀakasʀi] *nfpl* Schikanen *pl*
trace [tʀas] *nf* Spur *f*
tracer [tʀase] *vt* zeichnen; (*piste*) markieren; (*fig : chemin, voie*) weisen
tract [tʀakt] *nm* Flugblatt *nt*
tractations [tʀaktasjɔ̃] *nfpl* Handeln *nt*, Feilschen *nt*
tracteur [tʀaktœʀ] *nm* Traktor *m*
traction [tʀaksjɔ̃] *nf* (*Tech*) Ziehen *nt*; (*Auto*) Antrieb *m*; **~ arrière** Hinterradantrieb *m*; **~ avant** Vorderradantrieb *m*
tradition [tʀadisjɔ̃] *nf* Tradition *f* • **traditionnel, le** *adj* traditionell
traducteur, -trice [tʀadyktœʀ, tʀis] *nm/f* Übersetzer(in) *m(f)* • **traduction** *nf* Übersetzung *f*; **~ assistée par ordinateur** computergestützte Übersetzung *f* • **traduire** *vt* übersetzen; (*exprimer*) ausdrücken; **se ~ par** (*s'exprimer*) sich ausdrücken in *+dat*; **~ en/du français** ins Französische/aus dem Französischen übersetzen
trafic [tʀafik] *nm* (*commerce*) Handel *m*; **~ routier/aérien** Straßen-/Flugverkehr *m*; **~ de drogue** Drogenhandel *m*, Drogenschieberei *f*
trafiquant, e [tʀafikɑ̃, ɑ̃t] *nm/f* Schieber(in) *m(f)*
trafiquer [tʀafike] (*péj*) *vt* (*moteur*) frisieren ▶ *vi* ein Schieber sein
tragédie [tʀaʒedi] *nf* Tragödie *f* • **tragique** *adj* tragisch
trahir [tʀaiʀ] *vt* verraten • **trahison** *nf* Verrat *m*
train [tʀɛ̃] *nm* (*Rail*) Zug *m*; (*allure*) Tempo *nt*; **être en ~ de faire qch** gerade etw tun; **~ à grande vitesse** Hochgeschwindigkeitszug *m*; **~ arrière** Hinterachse *f*; **~ autos-couchettes** Autoreisezug *m*; **~ avant** Vorderachse *f*; **~ d'atterrissage** Fahrgestell *nt*; **~ de vie** Lebensstil *m*; **~ spécial** Sonderzug *m*
traîneau, x [tʀɛno] *nm* Schlitten *m*
traîner [tʀene] *vt* ziehen, schleppen; (*enfant, chien*) hinter sich *dat* herziehen ▶ *vi* (*aller ou agir lentement*) bummeln, trödeln; (*vagabonder*) sich herumtreiben; (*durer*) sich hinziehen; (*être en désordre*) herumliegen; **se traîner** *vpr* (*ramper*) kriechen; (*durer*) sich hinziehen; **~ les pieds** schlurfen
train-train [tʀɛ̃tʀɛ̃] *nm inv* Trott *m*
traire [tʀɛʀ] *vt* melken
trait, e [tʀɛ] *nm* (*ligne*) Strich *m*; (*caractéristique*) Zug *m*; **traits** *nmpl* (*du visage*) Gesichtszüge *pl*; **d'un ~** in einem Zug; **~ d'union** Bindestrich *m*
traitant, e [tʀɛtɑ̃, ɑ̃t] *adj* : **votre médecin ~** Ihr Hausarzt *m*
traite [tʀɛt] *nf* (*Comm*) Tratte *f*; (*Agr*) Melken *nt*; **d'une (seule) ~** ohne Unterbrechung; **la ~ des blanches** der Mädchenhandel; **la ~ des noirs** der Sklavenhandel
traité [tʀete] *nm* Vertrag *m*
traitement [tʀɛtmɑ̃] *nm* Behandlung *f*; (*d'affaire, difficulté*) Handhabung *f*; (*Inform, Tech*) Verarbeitung *f*; (*salaire*) Gehalt *nt*; **~ de données** Datenverarbeitung *f*; **~ de texte** Textverarbeitung *f* • **traiter** *vt* behandeln ▶ *vi* verhandeln; **~ de qch** von etw handeln, etw behandeln
traiteur [tʀɛtœʀ] *nm* ≈ Partyservice *m*; (*charcutier*) Geschäft für Fleischspezialitäten und Fertiggerichte

traître, -esse [tʀɛtʀ, tʀɛtʀɛs] *adj* (heim)tückisch ▶ *nm/f* Verräter(in) *m(f)*
trajectoire [tʀaʒɛktwaʀ] *nf* Flugbahn *f*
trajet [tʀaʒɛ] *nm* Strecke *f*
tram [tʀam] *nm* = **tramway**
trame [tʀam] *nf* (*d'un tissu*) Schuss *m*; (*d'un roman*) Grundgerüst *nt*
tramway [tʀamwɛ] *nm* Straßenbahn *f*
tranchant, e [tʀɑ̃ʃɑ̃, ɑ̃t] *adj* scharf; (*personne, ton*) kategorisch ▶ *nm* (*d'un couteau*) Schneide *f*
tranche [tʀɑ̃ʃ] *nf* (*morceau*) Scheibe *f*; (*de travaux, temps, vie*) Abschnitt *m*; (*d'actions, de bons*) Tranche *f*; **~ d'âge/de salaires** Alters-/Gehaltsstufe *f*
tranché, e [tʀɑ̃ʃe] *adj* deutlich
tranchée [tʀɑ̃ʃe] *nf* Graben *m*
trancher [tʀɑ̃ʃe] *vt* (in Scheiben) schneiden; (*corde*) durchschneiden ▶ *vi* : **~ avec** *ou* **sur** sich deutlich unterscheiden von
tranquille [tʀɑ̃kil] *adj* ruhig • **tranquillement** *adv* ruhig • **tranquillisant, e** *adj* beruhigend ▶ *nm* Beruhigungsmittel *nt* • **tranquillité** *nf* Ruhe *f*
transaction [tʀɑ̃zaksjɔ̃] *nf* Transaktion *f*, Geschäft *nt*
transat [tʀɑ̃zat] *nm* Liegestuhl *m*
transatlantique [tʀɑ̃zatlɑ̃tik] *adj* überseeisch ▶ *nm* (*bateau*) Überseedampfer *m*
transcription [tʀɑ̃skʀipsjɔ̃] *nf* (*de texte*) Abschrift *f*
transférer [tʀɑ̃sfeʀe] *vt* (*société, bureau*) verlegen; (*argent*) überweisen • **transfert** *nm* : **~ de fonds** Überweisung *f*
transformateur [tʀɑ̃sfɔʀmatœʀ] *nm* Transformator *m*
transformation [tʀɑ̃sfɔʀmasjɔ̃] *nf* (*de personne*) Veränderung *f* • **transformer** *vt* verändern; (*matière première*) verwandeln; **se transformer** *vpr* sich verändern; **~ du plomb en or** Blei in Gold verwandeln *ou* zu Gold machen
transfrontalier, -ière [tʀɑ̃sfʀɔ̃talje, ɛʀ] *adj* grenzüberschreitend
transfusion [tʀɑ̃sfyzjɔ̃] *nf* : **~ sanguine** Bluttransfusion *f*
transgénique [tʀɑ̃sʒenik] *adj* transgen
transgresser [tʀɑ̃sgʀese] *vt* übertreten
transistor [tʀɑ̃zistɔʀ] *nm* Transistor *m*
transit [tʀɑ̃zit] *nm* Transitverkehr *m*
transition [tʀɑ̃zisjɔ̃] *nf* Übergang *m*; **de ~** Übergangs- • **transitoire** *adj* vorläufig; (*fugitif*) kurzlebig
translucide [tʀɑ̃slysid] *adj* durchscheinend
transmetteur [tʀɑ̃smɛtœʀ] *nm* Sender *m*
transmettre [tʀɑ̃smɛtʀ] *vt* übertragen; (*secret, recette*) mitteilen; (*vœux, amitiés, ordre, message*) übermitteln • **transmissible** *adj* übertragbar • **transmission** *nf* Übertragung *f*, Übermittlung *f*
transparence [tʀɑ̃spaʀɑ̃s] *nf* Durchsichtigkeit *f*, Transparenz *f*; **regarder qch par ~** etw gegen das Licht halten • **transparent, e** *adj* durchsichtig
transpercer [tʀɑ̃spɛʀse] *vt* durchbohren; (*froid, insulte*) durchdringen
transpiration [tʀɑ̃spiʀasjɔ̃] *nf* Schweiß *m* • **transpirer** *vi* schwitzen

t

transplanter [tʀɑ̃splɑ̃te] *vt* verpflanzen
transport [tʀɑ̃spɔʀ] *nm* Beförderung *f*, Transport *m*; **~ aérien** Lufttransport *m*; **~ de marchandises** Warentransport *m*; **~ de voyageurs** Beförderung von Passagieren; **~s publics** *ou* **en commun** öffentliche Verkehrsmittel *pl*; **~s routiers** Transport auf der Straße •**transporter** *vt* befördern, transportieren; *(énergie)* übertragen; **être transporté de bonheur/joie** vor Glück/Freude hingerissen sein •**transporteur** *nm (entrepreneur)* Spediteur *m*
transposer [tʀɑ̃spoze] *vt* versetzen, umwandeln; *(Mus)* transponieren
transsexuel, le [tʀɑ̃(s)sɛksɥɛl] *nm/f* Transsexuelle(r) *f(m)*
transversal, e, -aux [tʀɑ̃svɛʀsal, o] *adj* Quer-
trappe [tʀap] *nf (porte)* Falltür *f*; *(piège)* Falle *f*
trapu, e [tʀapy] *adj* stämmig
traumatiser [tʀomatize] *vt* einen Schock versetzen *+dat* •**traumatisme** *nm (Méd)* Trauma *nt*; *(Psych)* Schock *m*; **~ crânien** Gehirntrauma *nt*
travail, -aux [tʀavaj, o] *nm* Arbeit *f*; **travaux** *nmpl (sur route)* Straßenarbeiten *pl*; *(de construction)* Bauarbeiten *pl*; **travaux dirigés** *(à l'université)* Seminar *nt*; **travaux ménagers** Hausarbeit *f*; **travaux pratiques** Übungsseminar *nt*; **travaux publics** öffentliche Bauvorhaben *pl* •**travailler** *vi* arbeiten; *(bois)* sich verziehen *ou* werfen ▶ *vt (bois, métal)* bearbeiten; *(discipline)* arbeiten an *+dat*; **~ à** arbeiten an *+dat*; *(contribuer à)* hinarbeiten auf *+acc* •**travailleur, -euse** *adj* fleißig ▶ *nm/f* Arbeiter(in) *m(f)*
travelling [tʀavliŋ] *nm* : **~ optique** Zoomaufnahmen *pl*
travelo [tʀavlo] *nm (fam)* Transvestit *m*
travers [tʀavɛʀ] *nm (défaut)* Schwäche *f*; **en ~ (de)** quer (zu); **à ~** quer durch; **au ~ (de)** quer (durch); **de ~** schief
traverse [tʀavɛʀs] *nf (Rail)* Schwelle *f*; **chemin de ~** Abkürzung *f*
traversée [tʀavɛʀse] *nf (de salle, forêt)* Durchquerung *f*; *(de ville, tunnel)* Durchfahrt *f*; *(en mer)* Überfahrt *f* •**traverser** *vt (rue, mer, frontière)* überqueren; *(salle, forêt)* gehen durch; *(ville, tunnel)* durchfahren; *(percer, passer à travers)* durchgehen durch; *(vivre)* durchmachen
traversin [tʀavɛʀsɛ̃] *nm* Kopf- *ou* Nackenrolle *f*
travesti [tʀavɛsti] *nm* Transvestit *m*
travestir [tʀavɛstiʀ] *vt* verzerren; **se travestir** *vpr* sich verkleiden
trébucher [tʀebyʃe] *vi* : **~ (sur)** stolpern (über *+acc*)
trèfle [tʀɛfl] *nm* Klee *m*
treille [tʀɛj] *nf* Weinlaube *f*
treillis [tʀeji] *nm (métallique, en bois)* Gitter *nt*
treize [tʀɛz] *num* dreizehn
trekking [tʀekiŋ] *nm* Trekking *nt*; **~ à poney** Pony-Trekking *nt*
tremblant, e [tʀɑ̃blɑ̃, ɑ̃t] *adj* zitternd •**tremblement** *nm* Zittern *nt*; **~ de terre** Erdbeben *nt* •**trembler** *vi* zittern; *(flamme)* flackern; *(terre)* beben; **~ de** *(froid, fièvre)* zittern vor *+dat*

trempé, e [tʀɑ̃pe] *adj* patschnass •**tremper** *vt* durchnässen, nass machen; **se tremper** *vpr* (*dans la mer, piscine etc*) kurz hineingehen *ou* hineintauchen
tremplin [tʀɑ̃plɛ̃] *nm* Sprungbrett *nt*; (*Ski*) Sprungschanze *f*
trentaine [tʀɑ̃tɛn] *nf* : **une ~ (de)** etwa dreißig
trente [tʀɑ̃t] *num* dreißig; **être/se mettre sur son ~ et un** seine besten Kleider tragen/anziehen •**trentenaire** *adj* dreißigjährig, zwischen dreißig und vierzig
trépied [tʀepje] *nm* (*d'appareil*) Stativ *nt*; (*meuble*) Dreifuß *m*
trépigner [tʀepiɲe] *vi* : **~ (de colère/d'impatience)** (vor Zorn/Ungeduld) stampfen *ou* trampeln
très [tʀɛ] *adv* sehr; **j'ai ~ envie de chocolat** ich habe große Lust auf Schokolade
trésor [tʀezɔʀ] *nm* Schatz *m* •**trésorerie** *nf* (*gestion*) Kassenführung *f*; (*bureaux*) Kasse *f* •**trésorier, -ière** *nm/f* (*d'une association, société*) Kassenführer(in) *m(f)*
tressaillir [tʀesajiʀ] *vi* beben
tresse [tʀɛs] *nf* (*de cheveux*) Zopf *m* •**tresser** *vt* flechten; (*corde*) drehen
trêve [tʀɛv] *nf* Waffenstillstand *m*; (*fig*) Ruhe *f*; **~ de plaisanteries** Schluss *m* mit den Witzen; **sans ~** unaufhörlich
Trêves [tʀɛv] Trier *nt*
tri [tʀi] *nm* Sortieren *nt*; (*sélection*) Auswahl *f*
triage [tʀijaʒ] *nm* Sortieren *nt*; **gare de ~** Rangierbahnhof *m*
triangle [tʀijɑ̃gl] *nm* Dreieck *nt*
tribord [tʀibɔʀ] *nm* : **à ~** steuerbord(s)
tribu [tʀiby] *nf* Stamm *m*
tribunal, -aux [tʀibynal, o] *nm* Gericht *nt*
tribune [tʀibyn] *nf* Tribüne *f*; (*d'église*) Empore *f*; (*de tribunal*) Galerie *f*; (*débat*) Diskussion *f*
tribut [tʀiby] *nm* Abgabe *f*
tributaire [tʀibytɛʀ] *adj* : **être ~ de** abhängig sein von
tricher [tʀiʃe] *vi* schummeln •**tricheur, -euse** *nm/f* Betrüger(in) *m(f)*
tricolore [tʀikɔlɔʀ] *adj* dreifarbig; (*français*) französisch; **le drapeau ~** die Trikolore *f*
tricot [tʀiko] *nm* (*technique*) Stricken *nt*; (*ouvrage*) Strickzeug *nt*; (*tissu*) Strickware *f*, Trikot *nt*; (*vêtement*) Pullover *m* •**tricoter** *vt* stricken
tricycle [tʀisikl] *nm* Dreirad *nt*
trier [tʀije] *vt* sortieren; (*choisir*) auswählen; (*fruits*) aussortieren; (*déchets*) trennen
trimaran [tʀimaʀɑ̃] *nm* Trimaran *m*
trimestre [tʀimɛstʀ] *nm* (*Comm*) Quartal *nt*, Vierteljahr *nt* •**trimestriel, le** *adj* vierteljährlich
tringle [tʀɛ̃gl] *nf* Stange *f*
trinquer [tʀɛ̃ke] *vi* anstoßen; **~ à qch/la santé de qn** auf etw *acc*/jds Gesundheit anstoßen
trio [tʀijo] *nm* Trio *nt*
triomphe [tʀijɔ̃f] *nm* Triumph *m* •**triompher** *vi* triumphieren; **~ de qch/qn** über etw/jdn triumphieren
tripes [tʀip] *nfpl* Kutteln *pl*, Kaldaunen *pl*
triple [tʀipl] *adj* dreifach ▸ *nm* : **le ~ (de)** das Dreifache (von); **en ~ exemplaire** in dreifacher Ausfertigung •**triplé** *nm* (*Hippisme*) *Wette auf drei Pferde in drei verschiedenen Rennen*; (*Sport*)

t

Hattrick *m*; **triplés, -es** *nmpl/nfpl* Drillinge *pl* • **tripler** *vi* sich verdreifachen ▶ *vt* verdreifachen
tripoter [tʀipɔte] *vt* herumfummeln mit; (*femme*) herumfummeln an
trisomie [tʀizɔmi] *nf* Downsyndrom *nt*
triste [tʀist] *adj* traurig • **tristesse** *nf* Traurigkeit *f*
trivial, e, -aux [tʀivjal, jo] *adj* (*commun*) trivial, alltäglich
troc [tʀɔk] *nm* Tauschhandel *m*
trognon [tʀɔɲɔ̃] *nm* (*de fruit*) Kerngehäuse *nt*; (*de légume*) Strunk *m*
trois [tʀwɑ] *num* drei; **les ~ quarts de** drei Viertel *+gén* • **troisième** *adj* dritte(r, s); **le ~ âge** das Seniorenalter • **troisièmement** *adv* drittens
trolleybus [tʀɔlɛbys] *nm* Obus *m*
trombe [tʀɔ̃b] *nf*: **en ~** wie ein Wirbelwind; **~s d'eau** Regenguss *m*
trombone [tʀɔ̃bɔn] *nm* (*instrument*) Posaune *f*; (*de bureau*) Büroklammer *f*
trompe [tʀɔ̃p] *nf* (*d'éléphant*) Rüssel *m*
tromper [tʀɔ̃pe] *vt* betrügen; **se tromper** *vpr* sich irren; **se ~ de voiture/jour** sich im Auto/im Tag täuschen; **se ~ de 3 cm/20 euros** sich um 3 cm/20 Euro vertun • **tromperie** *nf* Betrug *m*
trompette [tʀɔ̃pɛt] *nf* Trompete *f* • **trompettiste** *nmf* Trompeter(in) *m(f)*
trompeur, -euse [tʀɔ̃pœʀ, øz] *adj* täuschend
tronc [tʀɔ̃] *nm* (*Bot*) Stamm *m*; (*Anat*) Rumpf *m*; (*d'église*) Opferstock *m*
tronçon [tʀɔ̃sɔ̃] *nm* Teilstrecke *f* • **tronçonneuse** *nf* Kettensäge *f*
trône [tʀon] *nm* Thron *m*
trop [tʀo] *adv* zu; (*avec verbe*) zu viel; (*aimer, chauffer, insister*) zu sehr; **~ (nombreux)** zu viele, zu zahlreich; **~ souvent** zu oft; **~ longtemps** zu lange; **~ de** (*nombre*) zu viele; (*quantité*) zu viel
trophée [tʀɔfe] *nm* Trophäe *f*
tropical, e, -aux [tʀɔpikal, o] *adj* tropisch
tropique [tʀɔpik] *nm* Wendekreis *m*; **tropiques** *nmpl* (*région*) die Tropen *pl*; **~ du Cancer/Capricorne** Wendekreis *m* des Krebses/des Steinbocks
trop-plein [tʀoplɛ̃] (*pl* **trop-pleins**) *nm* Überlauf *m*
troquer [tʀɔke] *vt* eintauschen
trot [tʀo] *nm* Trab *m*; **aller au ~** im Trab reiten • **trotter** *vi* traben; (*souris, enfants*) herumtrippeln • **trotteuse** *nf* (*de montre*) Sekundenzeiger *m*
trottiner [tʀɔtine] *vi* trippeln
trottinette [tʀɔtinɛt] *nf* Roller *m*
trottoir [tʀɔtwaʀ] *nm* Gehweg *m*; **~ roulant** Rollsteig *m*
trou [tʀu] *nm* Loch *nt*; **~ de mémoire** Gedächtnislücke *f*
trouble [tʀubl] *adj* trüb; (*louche*) zwielichtig ▶ *adv*: **voir ~** undeutlich sehen ▶ *nm* (*désarroi, embarras*) Verwirrung *f*; (*émoi sensuel*) Erregung *f*; (*zizanie*) Unruhe *f* • **troubler** *vt* verwirren; (*inquiéter*) beunruhigen; (*émouvoir*) bewegen; (*liquide*) trüben; (*perturber*) stören; **se troubler** *vpr* (*personne*) verlegen werden
troué, e [tʀue] *adj* durchlöchert ▶ *nf* (*dans un mur, une haie*) Lücke *f*; (*Géo*) Spalte *f* • **trouer** *vt* ein Loch machen in *+acc*; (*mur*) durchbohren
trouille [tʀuj] *nf* (*fam*): **avoir la ~** einen Mordsbammel haben

troupe [tʀup] *nf (Mil)* Truppe *f*; *(groupe)* Gruppe *f*, Schar *f*; **~ (de théâtre)** Theatertruppe *f*
troupeau, x [tʀupo] *nm* Herde *f*
trousse [tʀus] *nf (étui)* Etui *nt*; *(de docteur)* Arzttasche *f*; **~ à outils** Werkzeugtasche *f*; **~ de toilette** *ou* **de voyage** Kulturbeutel *m*
trousseau, x [tʀuso] *nm (de mariée)* Aussteuer *f*; **~ de clefs** Schlüsselbund *m*
trouvaille [tʀuvaj] *nf* Entdeckung *f*
trouver [tʀuve] *vt* finden; **se trouver** *vpr (être)* sein; *(être soudain)* sich finden ▸ *vb impers* : **il se trouve que** zufälligerweise; **aller/venir ~ qn** jdn besuchen gehen/kommen; **je trouve que** ich finde, dass; **se ~ mal** in Ohnmacht fallen
truand [tʀyɑ̃] *nm* Gangster *m*
truc [tʀyk] *nm* Trick *m*; *(fam : chose)* Ding *nt*
truffe [tʀyf] *nf* Trüffel *f*
truffer [tʀyfe] *vt* : **truffé de** gespickt mit
truie [tʀɥi] *nf* Sau *f*
truite [tʀɥit] *nf* Forelle *f*
truquer [tʀyke] *vt* fälschen; *(Ciné)* Trickaufnahmen anwenden bei
t-shirt *(pl* **t-shirts**) [tiʃœʀt] *nm* T-Shirt *nt*
tsigane [tsigan] *adj, nmf* = **tzigane**
TSVP [teɛsvepe] *abr (= tournez s'il vous plaît)* b.w.
TTC [tetese] *abr (= toutes taxes comprises)* alles inbegriffen
tu[1] [ty] *pron* du
tu[2]**, e** [ty] *pp de* **taire**
tuba [tyba] *nm (Mus)* Tuba *f*; *(Sport)* Schnorchel *m*
tube [tyb] *nm* Röhre *f*; *(de canalisation, métallique etc)* Rohr *nt*; *(de comprimés)* Röhrchen *nt*; *(de dentifrice etc)* Tube *f*; *(chanson)* Hit *m*
tuberculose [tybɛʀkyloz] *nf* Tuberkulose *f*
tuer [tɥe] *vt* töten; *(commerce)* ruinieren; **se tuer** *vpr (se suicider)* sich *dat* das Leben nehmen; *(dans un accident)* umkommen
• **tue-tête** : **à ~** *adv* aus Leibeskräften • **tueur** *nm (assassin)* Mörder *m*
tuile [tɥil] *nf* Dachziegel *m*; *(fam : ennui)* Pech *nt*
tulipe [tylip] *nf* Tulpe *f*
tulle [tyl] *nm* Tüll *m*
tumeur [tymœʀ] *nf* Tumor *m*
tumultueux, -euse [tymyltɥø, øz] *adj* lärmend
tuner [tynɛʀ] *nm* Tuner *m*
tunique [tynik] *nf* Tunika *f*
Tunisie [tynizi] *nf* : **la ~** Tunesien *nt* • **tunisien, ne** *adj* tunesisch ▸ *nm/f* : **T~, ne** Tunesier(in) *m(f)*
tunnel [tynɛl] *nm* Tunnel *m*
turban [tyʀbɑ̃] *nm* Turban *m*
turbine [tyʀbin] *nf* Turbine *f*
turbo [tyʀbo] *nm* Turbolader *m*; **un moteur ~** ein Turbomotor *m*
turbot [tyʀbo] *nm* Steinbutt *m*
turbulent, e [tyʀbylɑ̃, ɑ̃t] *adj (enfant)* wild, ausgelassen
turc, turque [tyʀk] *adj* türkisch ▸ *nm/f* : **T~, Turque** Türke *m*, Türkin *f*
turf [tyʀf] *nm* Pferderennen *pl*
Turkménistan [tyʀkmenistɑ̃] *nm* : **le ~** Turkmenistan *nt*
turque [tyʀk] *adj f voir* **turc**
Turquie [tyʀki] *nf* : **la ~** die Türkei *f*
turquoise [tyʀkwaz] *adj inv* türkis ▸ *nf* Türkis *m*
tutelle [tytɛl] *nf (Jur)* Vormundschaft *f*; *(de l'État, d'une*

t

société) Treuhandschaft *f*; **être sous la ~ de qn** unter jds Aufsicht *dat* stehen
tuteur, -trice [tytœʀ, tʀis] *nm/f* (*Jur*) Vormund *m* ▶ *nm* (*de plante*) Stütze *f*
tutoyer [tytwaje] *vt* duzen
tutu [tyty] *nm* Ballettröckchen *nt*
tuyau, x [tɥijo] *nm* Rohr *nt*, Röhre *f*; (*flexible*) Schlauch *m*; (*fam* : *conseil*) Wink *m*, Tipp *m*; **~ d'arrosage** Gartenschlauch *m*; **~ d'échappement** Auspuffrohr *nt* • **tuyauterie** *nf* Rohrsystem *nt*
TV [teve] *sigle f* (= *télévision*) TV *nt*
TVA [tevea] *sigle f* (= *taxe à ou sur la valeur ajoutée*) MwSt. *f*
tweet [twit] *nm* Tweet *m*
tweeter [twite] *vt* twittern
Twitter® [twitɛʀ] *nm* (*Inform*) Twitter® *nt*
tympan [tɛ̃pɑ̃] *nm* (*Anat*) Trommelfell *nt*
type [tip] *nm* Typ *m* ▶ *adj* typisch
typhoïde [tifɔid] *nf* Typhus *m*
typhus [tifys] *nm* Flecktyphus *m*
typique [tipik] *adj* typisch
typographie [tipɔgʀafi] *nf* Typografie *f*
tyran [tiʀɑ̃] *nm* Tyrann *m* • **tyrannie** *nf* Tyrannei *f* • **tyrannique** *adj* tyrannisch
Tyrol [tiʀɔl] *nm* : **le ~** Tirol *nt*
tzigane [dzigan] *adj* Zigeuner- ▶ *nmf* Zigeuner(in) *m(f)*

U

UE [ye] *sigle f* (= *Union européenne*) EU *f*
UER [yeɛʀ] *sigle f* (= *unité d'enseignement et de recherche*) Fachbereich *m*
Ukraine [ykʀɛn] *nf* die Ukraine • **ukrainien, ne** *adj* ukrainisch
ulcère [ylsɛʀ] *nm* Geschwür *nt*
ultérieur, e [ylteʀjœʀ] *adj* später; **reporté à une date ~e** auf einen späteren Zeitpunkt verschoben • **ultérieurement** *adv* später
ultimatum [yltimatɔm] *nm* Ultimatum *nt*
ultime [yltim] *adj* letzte(r, s)
ultra [yltʀa] *préf* ultra- • **ultrasensible** *adj* hoch empfindlich • **ultrasons** *nmpl* Ultraschall *m* • **ultraviolet, te** *adj* ultraviolett

MOT-CLÉ

un, une [œ̃, yn] *art indéf* eine(r, s); **un homme** ein Mann; **une femme** eine Frau
▶ *pron* eine(r, s); **l'un des meilleurs** einer der Besten; **l'un ..., l'autre ...** der eine ..., der andere ...; **l'un et l'autre** beide;

l'un ou l'autre eine(r, s) von beiden; **un par un** einer nach dem anderen
▶ *num* eins

unanime [ynanim] *adj* einstimmig • **unanimité** *nf* Einstimmigkeit *f*; **à l'~** einstimmig
UNESCO [ynɛsko] *sigle f* (*= United Nations Educational, Scientific and Cultural Organization*) UNESCO *f*
uni, e [yni] *adj* (*tissu, couleur*) einfarbig, uni; (*surface, terrain*) eben; (*famille, groupe*) eng verbunden; (*pays*) vereinigt
UNICEF [ynisɛf] *sigle m* (*= United Nations International Children's Emergency Fund*) UNICEF *f*
unification [ynifikasjɔ̃] *nf* Vereinigung *f*
unifier [ynifje] *vt* vereinigen
uniforme [ynifɔʀm] *adj* gleichmäßig; (*surface*) eben; (*objets, maisons*) gleichartig ▶ *nm* Uniform *f* • **uniformiser** *vt* vereinheitlichen • **uniformité** *nf* Gleichmäßigkeit *f*; (*de surface*) Ebenheit *f*; (*d'objets*) Gleichartigkeit *f*
unilatéral, e, -aux [ynilateʀal, o] *adj* einseitig; **stationnement ~** Parken *nt* nur auf einer Straßenseite
union [ynjɔ̃] *nf* Vereinigung *f*; (*d'éléments, couleurs, mariage*) Verbindung *f*; **l'U~ soviétique** die Sowjetunion *f*; **l'U~ européenne** die Europäische Union; **~ libre** freie Liebe *f*
unique [ynik] *adj* (*seul*) einzig; (*exceptionnel*) einzigartig; **prix/ système ~** Einheitspreis *m*/-system *nt*; **route à sens ~** Einbahnstraße *f* • **uniquement** *adv* nur, bloß
unir [yniʀ] *vt* vereinen, vereinigen; (*éléments, couleurs, qualités*) verbinden; **s'unir** *vpr* sich vereinigen; **~ qch à** etw vereinigen/verbinden mit
unisson [ynisɔ̃] *nm* : **à l'~** einstimmig
unitaire [ynitɛʀ] *adj* vereinigend; **prix ~** Einzelpreis *m*
unité [ynite] *nf* Einheit *f*; (*harmonie*) Einigkeit *f*; **~ centrale** (*Inform*) Zentraleinheit *f*; **~ de valeur** (*Scol*) Unterrichtseinheit *f*
univers [ynivɛʀ] *nm* Universum *nt*; (*fig*) Welt *f*
universel, le [ynivɛʀsɛl] *adj* allgemein; (*esprit, outil, système*) vielseitig; **remède ~** Allheilmittel *nt*
universitaire [ynivɛʀsitɛʀ] *adj* Universitäts- ▶ *nmf* Lehrkraft *f* an der Universität, Akademiker(in) *m(f)* • **université** *nf* Universität *f*
uranium [yʀanjɔm] *nm* Uran *nt*
urbain, e [yʀbɛ̃, ɛn] *adj* städtisch • **urbanisme** *nm* Städtebau *m* • **urbaniste** *nmf* Stadtplaner(in) *m(f)*
urgence [yʀʒɑ̃s] *nf* Dringlichkeit *f*; (*Méd*) Notfall *m*; **d'~** dringend; **en cas d'~** im Notfall; **service des ~s** Unfallstation *f* • **urgent, e** *adj* dringend
urine [yʀin] *nf* Urin *m* • **urinoir** *nm* Pissoir *nt*
urne [yʀn] *nf* Urne *f*; **aller aux ~s** zur Wahl gehen; **~ funéraire** Urne
URSS [yʀs] *sigle f* (*Hist*) (*= Union des Républiques Socialistes Soviétiques*) UdSSR *f*
urticaire [yʀtikɛʀ] *nf* Nesselsucht *f*

Uruguay [yʀygwɛ] *nm* : **l'~** Uruguay *nt*
us [ys] *nmpl* : **us et coutumes** Sitten und Gebräuche *pl*
USA [yɛsa] *sigle mpl* (= *United States of America*) USA *pl*
usage [yzaʒ] *nm* Benutzung *f*, Gebrauch *m*; (*coutume*) Sitte *f*; **c'est l'~** das ist (der) Brauch; **faire ~ de** Gebrauch machen von; **à l'~** mit dem Gebrauch; **à l'~ de** zum Gebrauch von, für; **en ~** in Gebrauch; **hors d'~** nicht mehr zu gebrauchen • **usagé, e** *adj* (*usé*) abgenutzt; (*d'occasion*) gebraucht • **usager, -ère** *nm/f* Benutzer(in) *m(f)*
usé, e [yze] *adj* abgenutzt; (*santé, personne*) verbraucht; (*rebattu*) abgedroschen • **user** *vt* abnutzen; (*santé, personne*) mitnehmen; (*consommer*) verbrauchen; **s'user** *vpr* sich abnutzen; (*facultés, santé*) nachlassen
usine [yzin] *nf* Fabrik *f*, Werk *nt*
usité, e [yzite] *adj* gebräuchlich
ustensile [ystɑ̃sil] *nm* Gerät *nt*; **~ de cuisine** Küchengerät *nt*
usuel, le [yzɥɛl] *adj* üblich
usurier, -ière [yzyʀje, jɛʀ] *nm/f* Wucherer *m*, Wucherin *f*
ut [yt] *nm* (*Mus*) C *nt*
utérus [yteʀys] *nm* Gebärmutter *f*
utile [ytil] *adj* nützlich
utilisateur, -trice [ytilizatœʀ, tʀis] *nm/f* Benutzer(in) *m(f)* • **utilisation** *nf* Benutzung *f* • **utiliser** *vt* benutzen; (*force, moyen*) anwenden; (*restes*) verwenden, verwerten
utilitaire [ytilitɛʀ] *adj* Gebrauchs-; (*but*) auf Nützlichkeit ausgerichtet
utilité [ytilite] *nf* Nützlichkeit *f*, Nutzen *m*; **reconnu d'~ publique** staatlich zugelassen
utopie [ytɔpi] *nf* Utopie *f*

V

va [va] *vb voir* **aller**
vacance [vakɑ̃s] *nf* (*poste*) freie Stelle *f*; **vacances** *nfpl* Ferien *pl*; **les grandes ~s** die großen Ferien; **prendre des/ses ~s (en juin)** (im Juni) Ferien machen; **aller en ~s** in die Ferien fahren; **~s de Noël** Weihnachtsferien *pl*; **~s de Pâques** Osterferien *pl* • **vacancier, -ière** *nm/f* Urlauber(in) *m(f)*
vacant, e [vakɑ̃, ɑ̃t] *adj* (*poste, chaire*) frei; (*appartement*) leer stehend, frei
vacarme [vakaʀm] *nm* Lärm *m*
vaccin [vaksɛ̃] *nm* Impfstoff *m* • **vaccination** *nf* Impfung *f* • **vacciner** *vt* impfen
vache [vaʃ] *nf* Kuh *f* ▸ *adj* (*fam : méchant*) gemein • **vachement** *adv* (*fam*) unheimlich
vacherin [vaʃʀɛ̃] *nm* (*fromage*) Art Weichkäse aus dem Jura; **~ glacé** Eismeringue *f* mit Schlagsahne
vaciller [vasije] *vi* schwanken; (*bougie, flamme, lumière*) flackern
vadrouille [vadʀuj] *nf* (*fam*) : **être en ~** einen Bummel machen
VAE [veaə] *sigle m* (= *vélo à assistance électrique*) Elektrofahrrad *nt*; (*umg*) E-Bike *nt*
va-et-vient [vaevjɛ̃] *nm inv* Kommen und Gehen *nt*; (*Élec*) Zweiwegschalter *m*
vagabond, e [vagabɔ̃, ɔ̃d] *adj* (*chien*) streunend; (*vie*) unstet; (*peuple*) nomadenhaft; (*imagination, pensées*) umherschweifend ▸ *nm* Vagabund *m*, Landstreicher *m* • **vagabonder** *vi* (*errer*) umherziehen; (*pensées, imagination*) schweifen
vagin [vaʒɛ̃] *nm* Scheide *f*, Vagina *f* • **vaginal, e, -aux** *adj* Scheiden-, vaginal
vague [vag] *nf* Welle *f* ▸ *adj* (*imprécis*) unbestimmt, vage; (*flou*) verschwommen ▸ *nm* : **être/rester dans le ~** im Unklaren sein/bleiben • **vaguement** *adv* vage
vain, e [vɛ̃, vɛn] *adj* vergeblich; **en ~** vergeblich
vaincre [vɛ̃kʀ] *vt* besiegen; (*fig*) überwinden • **vaincu, e** *pp de* **vaincre** ▸ *nm/f* Besiegte(r) *f(m)*
vainement [vɛnmɑ̃] *adv* vergeblich
vainqueur [vɛ̃kœʀ] *nm* Sieger *m*
vaisseau, x [vɛso] *nm* (*Anat*) Gefäß *nt*; **~ sanguin** Blutgefäß *nt*; **~ spatial** Raumschiff *nt*
vaisselle [vɛsɛl] *nf* Geschirr *nt*; (*lavage*) Abwasch *m*; **faire la ~** (das) Geschirr spülen, abwaschen
val [val] (*pl* **vaux** *ou* **vals**) *nm* : **par monts et (par) vaux** über Berg und Tal
valable [valabl] *adj* gültig; (*motif, excuse, solution*) annehmbar
Valais [valɛ] *nm* : **le ~** das Wallis
valet [valɛ] *nm* Diener *m*
valeur [valœʀ] *nf* Wert *m*; (*titre*) Wertpapier *nt*; **valeurs** *nfpl* (*morales*) (sittliche) Werte *pl*; **mettre en ~** (*fig*) zur Geltung bringen; **sans ~** wertlos

valide [valid] *adj* gesund; (*passeport, billet*) gültig • **valider** *vt* für gültig erklären • **validité** *nf* Gültigkeit *f*
valise [valiz] *nf* Koffer *m*; **faire sa ~** (den Koffer) packen
vallée [vale] *nf* Tal *nt*
valoir [valwaʀ] *vi* (*un certain prix*) wert sein; (*être valable*) taugen ▸ *vt* (*équivaloir à*) so gut sein wie; (*causer, procurer*) : **~ qch à qn** jdm etw einbringen; **se valoir** *vpr* gleichwertig sein; **~ la peine** sich lohnen; **ça ne vaut rien** das taugt nichts; **~ cher** teuer sein
valoriser [valɔʀize] *vt* aufwerten
valse [vals] *nf* Walzer *m*
valve [valv] *nf* Ventil *nt*
vampire [vɑ̃piʀ] *nm* Vampir *m*
vandale [vɑ̃dal] *nmf* Vandale *m*, Vandalin *f* • **vandalisme** *nm* Vandalismus *m*
vanille [vanij] *nf* Vanille *f*; **glace/crème à la ~** Vanilleeis *nt*/Vanillecreme *f*
vanité [vanite] *nf* (*inutilité*) Vergeblichkeit *f*, Nutzlosigkeit *f*; (*orgueil*) Eitelkeit *f*, Einbildung *f* • **vaniteux, -euse** *adj* eitel, eingebildet
vanity-case [vanitikɛz] (*pl* **vanity-cases**) *nm* Kosmetikkoffer *m*
vannerie [vanʀi] *nf* (*fabrication*) Korbmacherei *f*; (*objets*) Korbwaren *pl*
vantard, e [vɑ̃taʀ, aʀd] *adj* angeberisch
vanter [vɑ̃te] *vt* (an)preisen; **se vanter** *vpr* (*péj*) angeben; **se ~ de qch** sich einer Sache *gén* rühmen; (*péj*) mit etw angeben
vapeur [vapœʀ] *nf* Dampf *m*; **machine/locomotive à ~** Dampfmaschine *f*/-lokomotive *f*
vaporeux, -euse [vapɔʀø, øz] *adj* (*lumière*) dunstig; (*tissu*) duftig
vaporisateur [vapɔʀizatœʀ] *nm* Zerstäuber *m* • **vaporiser** *vt* (*Chim*) verdampfen; (*parfum etc*) zerstäuben
varappe [vaʀap] *nf* Felsklettern *nt*
vareuse [vaʀøz] *nf* (*de marin*) Matrosenbluse *f*; (*d'uniforme*) Uniformjacke *f*
variable [vaʀjabl] *adj* veränderlich; (*divers*) verschieden
variante [vaʀjɑ̃t] *nf* Variante *f*
variateur [vaʀjatœʀ] *nm* : **~ de lumière** Dimmer *m*
variation [vaʀjasjɔ̃] *nf* Variation *f*; **variations** *nfpl* Schwankungen *pl*
varice [vaʀis] *nf* Krampfader *f*
varicelle [vaʀisɛl] *nf* Windpocken *pl*
varié, e [vaʀje] *adj* (*divers*) abwechslungsreich; (*non monotone*) unterschiedlich • **varier** *vi* (*temps, humeur*) sich ändern; (*être divers*) unterschiedlich sein; (*changer d'avis*) seine Meinung ändern; (*différer d'opinion*) verschiedener Meinung sein ▸ *vt* (*diversifier*) variieren
variété [vaʀjete] *nf* Abwechslungsreichtum *m*; (*type*) Spielart *f*; **spectacle/émission de ~s** Varietéstück *nt*/-programm *nt*
variole [vaʀjɔl] *nf* Pocken *pl*
vase [vɑz] *nm* Vase *f* ▸ *nf* Schlamm *m*, Morast *m*
vaseux, -euse [vɑzø, øz] *adj* schlammig; (*raisonnement*) schwammig; (*fatigué*) schlapp
vasistas [vazistɑs] *nm* kleines Oberlicht *nt*
vaste [vast] *adj* weit; (*connaissances, expérience*) umfangreich, groß

Vatican [vatikɑ̃] *nm* : **le ~** der Vatikan
Vaud [vo] Waadt *f*
vaudeville [vod(ə)vil] *nm* Lustspiel *nt*
vaurien, ne [voʀjɛ̃, jɛn] *nm/f* (*fam*) Satansbraten *m*
vaut [vo] *vb voir* **valoir**
vautour [votuʀ] *nm* Geier *m*
vautrer [votʀe] : **se vautrer** *vpr* sich (herum)wälzen; (*dans le vice*) sich suhlen
VDQS [vedekyɛs] *abr m* (= *vin délimité de qualité supérieure*) *Qualitätswein*
veau, x [vo] *nm* Kalb *nt*; (*peau*) Kalbsleder *nt*
vécu, e [veky] *pp de* **vivre**
vedette [vədɛt] *nf* Star *m*; (*canot*) Motorboot *nt*
végétal, e, -aux [veʒetal, o] *adj* Pflanzen-; (*graisse, teinture*) pflanzlich ▶ *nm* Pflanze *f*
végétalien, ne [veʒetaljɛ̃, jɛn] *nm/f* Veganer(in) *m(f)*
végétalisme [veʒetalism] *nm* strenger Vegetarismus *m*
végétarien, ne [veʒetaʀjɛ̃, jɛn] *adj* vegetarisch ▶ *nm/f* Vegetarier(in) *m(f)*
végétarisme [veʒetaʀism] *nm* Vegetarismus *m*
végétation [veʒetasjɔ̃] *nf* Vegetation *f*; **végétations** *nfpl* Polypen *pl*
véhément, e [veemɑ̃, ɑ̃t] *adj* heftig
véhicule [veikyl] *nm* Fahrzeug *nt*; (*fig*) Mittel *nt*
veille [vɛj] *nf* (*garde*) Wache *f*; (*Psych*) Wachzustand *m*; **la ~** (*jour*) der Vortag, der Tag davor; (*quand?*) am Vortag; **la ~ de** der Tag vor; (*quand?*) am Tag vor; **à la ~ de** am Vorabend *+gén*; **l'état de ~** der Wachzustand
veillée [veje] *nf* : **~ funèbre** Totenwache *f*
veiller [veje] *vi* wachen; **~ à** (*s'occuper de*) sich kümmern um
veilleur [vɛjœʀ] *nm* : **~ de nuit** Nachtwächter *m*
veilleuse [vɛjøz] *nf* (*lampe*) Nachtlicht *nt*; **en ~** (*fig*) auf Sparflamme
veine [vɛn] *nf* (*Anat*) Vene *f*; (*filon minéral*) Ader *f*
Velcro® [vɛlkʀo] *nm* : **fermeture ~** Klettverschluss *m*
véliplanchiste [veliplɑ̃ʃist] *nmf* Windsurfer(in) *m(f)*
vélo [velo] *nm* Fahrrad *nt*; **faire du ~** Rad fahren; **~ de course** Rennrad *nt*; **~ tout terrain** Mountainbike *nt*
vélocité [velɔsite] *nf* Geschwindigkeit *f*
vélodrome [velodʀom] *nm* Radrennbahn *f*
vélomoteur [velɔmɔtœʀ] *nm* Mofa *nt*
véloski [veloski] *nm* Skibob *m*
velours [v(ə)luʀ] *nm* Samt *m*; **~ côtelé** Cordsamt *m*
velouté, e [vəlute] *adj* samtig; (*au goût*) cremig ▶ *nm* : **~ d'asperges/ de tomates** Spargel-/ Tomatencremesuppe *f*
velu, e [vəly] *adj* haarig
vénal, e, -aux [venal, o] *adj* bestechlich, käuflich
vendange [vɑ̃dɑ̃ʒ] *nf* Weinlese *f* • **vendanger** *vi* Wein lesen ▶ *vt* lesen
vendeur, -euse [vɑ̃dœʀ, øz] *nm/f* Verkäufer(in) *m(f)* • **vendre** *vt* verkaufen
vendredi [vɑ̃dʀədi] *nm* Freitag *m*; **~ saint** Karfreitag *m*; *voir aussi* **lundi**
vendu, e [vɑ̃dy] *adj* gekauft

vénéneux, -euse [venenø, øz] *adj* giftig
vénérable [veneʀabl] *adj* ehrwürdig
vénérer [veneʀe] *vt* (*Rel*) verehren; (*maître, traditions*) ehren
Venezuela [venezɥela] *nm* : **le ~** Venezuela *nt*
vengeance [vɑ̃ʒɑ̃s] *nf* Rache *f* • **venger** *vt* rächen; (*affront*) sich rächen für; **se venger** *vpr* sich rächen; **se ~ sur qch/qn** sich an etw/jdm rächen
venimeux, -euse [vənimø, øz] *adj* giftig
venin [vənɛ̃] *nm* Gift *nt*; (*fig*) Bosheit *f*
venir [v(ə)niʀ] *vi* kommen; **~ de** kommen von; **je viens d'y aller/de le voir** ich bin gerade dorthin gegangen/ich habe ihn gerade gesehen; **les années/générations à ~** die kommenden Jahre/Generationen; **faire ~ qn** jdn kommen lassen
Venise [vəniz] *n* Venedig *nt*
vent [vɑ̃] *nm* Wind *m*; **avoir le ~ debout** *ou* **en face/arrière** *ou* **en poupe** Gegenwind *m*/Rückenwind *m* haben
vente [vɑ̃t] *nf* Verkauf *m*; **~ aux enchères** Versteigerung *f*; **~ par correspondance** Versandhandel *m*
venteux, -euse [vɑ̃tø, øz] *adj* windig
ventilateur [vɑ̃tilatœʀ] *nm* Ventilator *m*
ventilation [vɑ̃tilasjɔ̃] *nf* Belüftung *f*; (*installation*) Lüftung *f*; (*Comm*) Aufschlüsselung *f* • **ventiler** *vt* belüften; (*répartir*) aufgliedern
ventouse [vɑ̃tuz] *nf* (*Méd*) Schröpfkopf *m*; (*de caoutchouc*) Saugnapf *m*; (*pour déboucher*) Sauggloсke *f*; (*Zool*) Saugnapf
ventre [vɑ̃tʀ] *nm* Bauch *m*
ventriloque [vɑ̃tʀilɔk] *nmf* Bauchredner(in) *m(f)*
venu, e [v(ə)ny] *pp de* **venir** ▶ *nf* (*arrivée*) Ankunft *f* ▶ *adj* : **être mal ~ de faire qch** keinen Grund *ou* keine Ursache haben, etw zu tun
ver [vɛʀ] *nm* Wurm *m*; **~ à soie** Seidenraupe *f*; **~ blanc** Made *f*; **~ de terre** Regenwurm *m*; **~ luisant** Glühwürmchen *nt*; **~ solitaire** Bandwurm *m*
véracité [veʀasite] *nf* Wahrhaftigkeit *f*
verbal, e, -aux [vɛʀbal, o] *adj* (*oral*) mündlich; (*Ling*) verbal
verbe [vɛʀb] *nm* Verb *nt*
verdâtre [vɛʀdɑtʀ] *adj* grünlich
verdeur [vɛʀdœʀ] *nf* (*vigueur*) Vitalität *f*; (*crudité*) Derbheit *f*; (*de fruit, vin*) Unreife *f*
verdict [vɛʀdik(t)] *nm* Urteil *nt*
verdure [vɛʀdyʀ] *nf* (*arbres, feuillages*) Laub *nt*
verge [vɛʀʒ] *nf* (*Anat*) Penis *m*, Glied *nt*
verger [vɛʀʒe] *nm* Obstgarten *m*
verglacé, e [vɛʀglase] *adj* vereist • **verglas** *nm* Glatteis *nt*
vergogne [vɛʀgɔɲ] *nf* : **sans ~** schamlos
véridique [veʀidik] *adj* (*témoin*) ehrlich; (*récit*) wahrheitsgemäß
vérification [veʀifikasjɔ̃] *nf* Überprüfung *f* • **vérifier** *vt* überprüfen; (*hypothèse*) verifizieren; **se vérifier** *vpr* sich bewahrheiten
véritable [veʀitabl] *adj* echt; (*nom, identité, histoire*) wahr
vérité [veʀite] *nf* Wahrheit *f*; (*sincérité*) Aufrichtigkeit *f*; **en ~, à la ~** in Wirklichkeit

vermeil, le [vɛʀmɛj] *adj* karminrot
vermicelles [vɛʀmisɛl] *nmpl* Fadennudeln *pl*
vermine [vɛʀmin] *nf* Ungeziefer *nt*
vermoulu, e [vɛʀmuly] *adj* wurmstichig
vermout, vermouth [vɛʀmut] *nm* Wermut *m*
verni, e [vɛʀni] *adj* lackiert; **souliers ~s** Lackschuhe *pl* • **vernir** *vt* lackieren • **vernis** *nm* Lack *m*; **~ à ongles** Nagellack *m*
vernissage [vɛʀnisaʒ] *nm (d'une exposition)* Vernissage *f*; *(d'un tableau etc)* Lackieren *nt*
vérole [veʀɔl] *nf (aussi :* **petite vérole**) Pocken *pl*
verre [vɛʀ] *nm* Glas *nt*; **boire** *ou* **prendre un ~** etwas trinken gehen • **verrière** *nf (grand vitrage)* großes Fenster *nt*; *(toit vitré)* Glasdach *nt*
verrou [veʀu] *nm* Riegel *m* • **verrouillage** *nm* Verriegelung *f*; *(Inform)* Sperren *nt*; **~ central** Zentralverriegelung *f* • **verrouiller** *vt (porte)* verriegeln
verrue [veʀy] *nf* Warze *f*
vers¹ [vɛʀ] *nm* Vers *m* ▶ *nmpl* Gedichte *pl*
vers² [vɛʀ] *prép (en direction de)* in Richtung auf *+acc*; *(près de, dans les environs de)* in der Nähe von; *(temporel)* gegen, etwa um
versant [vɛʀsɑ̃] *nm* Abhang *m*
versatile [vɛʀsatil] *adj* unbeständig, wankelmütig
verse [vɛʀs] *nf* : **il pleut à ~** es gießt in Strömen
Verseau [vɛʀso] *nm* : **le ~** Wassermann *m*
versement [vɛʀsəmɑ̃] *nm (paiement)* Zahlung *f*; *(sur un compte)* Einzahlung *f*
verser [vɛʀse] *vt (liquide, grains)* schütten; *(servir)* gießen; *(argent : à qqn)* zahlen; *(: sur un compte)* einzahlen
verset [vɛʀsɛ] *nm (Rel)* Vers *m*
version [vɛʀsjɔ̃] *nf* Version *f*; *(traduction)* Übersetzung *f (aus der Fremdsprache)*; **film en ~ originale** Film *m* in Originalfassung
verso [vɛʀso] *nm* Rückseite *f*; **voir au ~** siehe Rückseite
vert, e [vɛʀ, vɛʀt] *adj* grün; *(personne)* rüstig; *(cru, âpre)* derb
vert-de-gris [vɛʀdəgʀi] *nm inv* Grünspan *m*
vertébral, e, -aux [vɛʀtebʀal, o] *adj* : **colonne ~e** Wirbelsäule *f* • **vertèbre** *nf* (Rücken)wirbel *m*
vertébré, e [vɛʀtebʀe] *adj* Wirbel-; **vertébrés** *nmpl* Wirbeltiere *pl*
vertement [vɛʀtəmɑ̃] *adv* scharf
vertical, e, -aux [vɛʀtikal, o] *adj* vertikal, senkrecht
vertige [vɛʀtiʒ] *nm* : **j'ai le ~** ich bin nicht schwindelfrei; **j'ai des ~s** mir ist schwindlig • **vertigineux, -euse** *adj* schwindelerregend
vertu [vɛʀty] *nf (propriété)* Eigenschaft *f*; *(opposé à vice)* Tugend *f*; **en ~ de** kraft *+gén* • **vertueux, -euse** *adj* tugendhaft
verveine [vɛʀvɛn] *nf* Eisenkraut *nt*; *(infusion)* Eisenkrauttee *m*
vessie [vesi] *nf* (Harn)blase *f*
veste [vɛst] *nf* Jacke *f*
vestiaire [vɛstjɛʀ] *nm (au théâtre etc)* Garderobe *f*; *(Sport etc)* Umkleideraum *m*
vestibule [vɛstibyl] *nm* Diele *f*; *(d'hôtel, temple etc)* Vorhalle *f*
vestige [vɛstiʒ] *nm (objet)* Überrest *m*; *(fragment)* Spur *f*
veston [vɛstɔ̃] *nm* Jacke *f*

vêtement [vɛtmɑ̃] *nm* Kleidungsstück *nt*; **vêtements** *nmpl* (*habits*) Kleider *pl*
vétérinaire [veteʀinɛʀ] *nmf* Tierarzt *m*, Tierärztin *f*
vêtir [vetiʀ] *vt* anziehen; **se vêtir** *vpr* sich anziehen
veuf, veuve [vœf, vœv] *adj* verwitwet ▸ *nm* Witwer *m* ▸ *nf* Witwe *f*
vexations [vɛksasjɔ̃] *nfpl* Demütigungen *pl*
vexer [vɛkse] *vt* beleidigen; **se vexer** *vpr* beleidigt sein
VF [veɛf] *sigle f* (*= version française*) *in französischer Sprache*
viable [vjabl] *adj* (*enfant*) lebensfähig; (*entreprise*) durchführbar
viaduc [vjadyk] *nm* Viadukt *m ou nt*
viagra® [vjagʀa] *nm* Viagra® *nt*
viande [vjɑ̃d] *nf* Fleisch *nt*
vibrant, e [vibʀɑ̃, ɑ̃t] *adj* vibrierend; (*fig : de colère*) bebend
vibration [vibʀasjɔ̃] *nf* Schwingung *f*, Vibration *f* • **vibrer** *vi* schwingen, vibrieren ▸ *vt* (*Tech : béton*) schütteln; **faire ~** zum Schwingen bringen; (*personne, auditoire*) mitreißen, fesseln
vice[1] [vis] *nm* Laster *nt*
vice[2] [vis] *préf* Vize- • **vice-président, e** (*pl* **vice-présidents, es**) *nm/f* Vizepräsident *m*
vice-versa [visevɛʀsa] *adv* umgekehrt
vicieux, -euse [visjø, jøz] *adj* pervers; (*fautif*) inkorrekt, falsch
vicinal, e, -aux [visinal, o] *adj* : **chemin ~** Gemeindeweg *m*, Gemeindestraße *f*
victime [viktim] *nf* Opfer *nt*
victoire [viktwaʀ] *nf* Sieg *m* • **victorieux, -euse** *adj* siegreich; (*sourire, attitude*) triumphierend
vidange [vidɑ̃ʒ] *nf* (*Auto*) Ölwechsel *m*; **vidanges** *nfpl* (*matières*) Abwässer *pl* • **vidanger** *vt* entleeren; **faire ~ la voiture** einen Ölwechsel machen lassen
vide [vid] *adj* leer; **~ de** ohne; **emballé sous ~** vakuumverpackt; **à ~** (*Tech*) im Leerlauf • **vide-ordures** *nm inv* Müllschlucker *m*
vidéo [video] *nf* Video *nt* ▸ *adj inv* Video- • **vidéocassette** *nf* Videokassette *f* • **vidéoclip** *nm* Videoclip *m* • **vidéoconférence** *nf* Videokonferenz *f*
vidéosurveillance [videosyʀvɛjɑ̃s] *nf* Videoüberwachung *f* • **vidéothèque** *nf* Videothek *f*
vider [vide] *vt* (*récipient*) (aus)leeren; (*salle, lieu*) räumen; **se vider** *vpr* sich leeren
videur [vidœʀ] *nm* (*de boîte de nuit*) Rausschmeißer *m*
vie [vi] *nf* Leben *nt*; **sans ~** leblos
vieillard [vjɛjaʀ] *nm* alter Mann *m*; **les vieillards** *nmpl* die alten Leute *pl* • **vieilleries** *nfpl* alte Sachen *pl*; (*fig*) alter Kram *m* • **vieillesse** *nf* Alter *nt* • **vieillir** *vi* alt werden; (*se flétrir*) altern; (*institutions, doctrine*) veralten; (*vin, alcool*) reifen ▸ *vt* alt machen • **vieillissement** *nm* Altern *nt*
Vienne [vjɛn] Wien *nt* • **viennois, e** *adj* wienerisch
vierge [vjɛʀʒ] *adj* jungfräulich; (*casier judiciaire*) ohne Vorstrafen ▸ *nf* Jungfrau *f*; **être de la V~** (*Astrol*) Jungfrau sein
Viêt-Nam, Vietnam [vjɛtnam] *nm* : **le ~** Vietnam *nt*

vietnamien, ne [vjɛtnamjɛ̃, jɛn] *adj* vietnamesisch
vieux, vieil, vieille [vjø, vjɛj] *adj* alt ▶ *nm/f* Alte(r) *f(m)*; **vieille fille** alte Jungfer *f*; **~ garçon** Junggeselle *m*; **~ jeu** altmodisch; **~ rose** altrosa
vif, vive [vif, viv] *adj (animé)* lebhaft; *(alerte)* rege, wach; *(emporté)* aufbrausend; *(lumière, couleur)* grell; *(froid)* schneidend; *(sentiment)* tief; **de vive voix** mündlich ▶ *nm* : **toucher** *ou* **piquer qn au ~** jdn tief treffen
vigilant, e [viʒilɑ̃, ɑ̃t] *adj* wachsam
vigne [viɲ] *nf (plante)* Weinstock *m*; *(plantation)* Weinberg *m*; **~ vierge** Wilder Wein *m*
• **vigneron** *nm* Winzer *m*
vignette [viɲɛt] *nf* Vignette *f*; *(Auto)* ≈ Kfz-Steuerplakette *f*; *(sur médicament)* Gebührenmarke *f (auf Medikamenten, die bei Vorlage von der Krankenkasse ersetzt werden)*
vignoble [viɲɔbl] *nm (plantation)* Weinberg *m*; *(vignes d'une région)* Weinberge *pl*
vigoureux, -euse [viguʀø, øz] *adj* kräftig; *(style, dessin)* kraftvoll
• **vigueur** *nf* Kraft *f*, Stärke *f*; *(fig)* Ausdruckskraft *f*; **selon la loi en ~** nach dem geltenden Gesetz
vil, e [vil] *adj* abscheulich, gemein; **à ~ prix** spottbillig
vilain, e [vilɛ̃, ɛn] *adj (laid)* hässlich; *(enfant)* ungezogen; **~ mot** Grobheit *f*
villa [villa] *nf* Villa *f*
village [vilaʒ] *nm* Dorf *nt*; **~ de vacances** Feriendorf *nt*
• **villageois, e** *adj* ländlich ▶ *nm/f* Dorfbewohner(in) *m(f)*
ville [vil] *nf* Stadt *f*
vin [vɛ̃] *nm* Wein *m*; **~ blanc** Weißwein *m*; **~ de pays** Landwein *m*; **~ rosé** Rosé(wein) *m*; **~ rouge** Rotwein *m*
vinaigre [vinɛgʀ] *nm* Essig *m*
• **vinaigrette** *nf* Vinaigrette *f*, Salatsoße *f*
vindicatif, -ive [vɛ̃dikatif, iv] *adj* rachsüchtig
vingt [vɛ̃] *num* zwanzig; **~ et un** einundzwanzig • **vingtaine** *nf* : **une ~ (de)** etwa zwanzig
• **vingt-deux** *num* zweiundzwanzig
vingt-quatre [vɛ̃tkatʀ] *num* : **~ heures sur ~** rund um die Uhr
vinicole [vinikɔl] *adj* Weinbau-
vinyle [vinil] *nm* Vinyl *nt*
viol [vjɔl] *nm (d'une femme)* Vergewaltigung *f*
violation [vjɔlasjɔ̃] *nf* : **~ de sépulture** Grabschändung *f*
violemment [vjɔlamɑ̃] *adv (brutalement)* brutal
violence [vjɔlɑ̃s] *nf* Gewalt *f*; *(de personne)* Gewalttätigkeit *f*, Brutalität *f* • **violent, e** *adj (personne, instincts)* gewalttätig; *(langage)* brutal; *(choc, effort, bruit, vent)* gewaltig; *(colère, besoin, désir)* heftig • **violer** *vt (femme)* vergewaltigen; *(lieu, sépulture)* schänden; *(loi, traité, secret, serment)* brechen
violet, te [vjɔlɛ, ɛt] *adj* violett ▶ *nm* Violett *nt* ▶ *nf* Veilchen *nt*
violon [vjɔlɔ̃] *nm* Geige *f*
violoncelle [vjɔlɔ̃sɛl] *nm* Cello *nt*
• **violoncelliste** *nmf* Cellist(in) *m(f)*
violoniste [vjɔlɔnist] *nmf* Geiger(in) *m(f)*
vipère [vipɛʀ] *nf* Viper *f*
virage [viʀaʒ] *nm* Kurve *f*
viral, e, -aux [viʀal, o] *adj* Virus-
virée [viʀe] *nf* Spritztour *f*; *(à pied)* Bummel *m*

virement [viʀmɑ̃] *nm (Fin)* Überweisung *f*; **~ bancaire** Banküberweisung *f*; **~ postal** Postüberweisung *f* • **virer** *vt (Fin)* überweisen ▶ *vi (changer de direction)* wenden, umdrehen
virgule [viʀgyl] *nf* Komma *nt*
viril, e [viʀil] *adj* männlich • **virilité** *nf* Männlichkeit *f*
virtuel, le [viʀtɥɛl] *adj* virtuell; *(potentiel)* potenziell
virtuose [viʀtɥoz] *nmf* Virtuose *m*, Virtuosin *f*
virtuosité [viʀtɥozite] *nf* Virtuosität *f*
virulent, e [viʀylɑ̃, ɑ̃t] *adj (microbe, poison)* bösartig; *(satire, critique)* geharnischt, scharf
virus [viʀys] *nm* Virus *m ou nt*; **~ informatique** (Computer)virus *m ou nt*
vis [vis] *vb voir* **voir**; *voir* **vivre** ▶ *nf* Schraube *f*; **~ à tête plate** Flachkopfschraube *f*; **~ à tête ronde** Rundkopfschraube *f*; **~ platinées** *(Auto)* Kontakte *pl*; **~ sans fin** Endlosschraube *f*
visa [viza] *nm (sceau)* Stempel *m*; *(dans passeport)* Visum *nt*
visage [vizaʒ] *nm* Gesicht *nt*
vis-à-vis [vizavi] *adv* gegenüber ▶ *nm inv* Gegenüber *nt*; **~ de** gegenüber von; *(en comparaison de)* im Vergleich zu; **en ~** gegenüberliegend
viscose [viskoz] *nf* Viskose *f*
viser [vize] *vi* zielen ▶ *vt (objectif, cible)* anpeilen; *(carrière etc)* anstreben; *(apposer un visa sur)* mit einem Sichtvermerk versehen; **~ à qch** auf etw *acc* hinzielen
viseur [vizœʀ] *nm (Photo)* Sucher *m*
visibilité [vizibilite] *nf* Sicht *f* • **visible** *adj* sichtbar; *(évident)* sichtlich • **visiblement** *adv (ostensiblement)* sichtlich, sichtbar; *(manifestement)* offensichtlich
visière [vizjɛʀ] *nf* (Mützen)schirm *m*
vision [vizjɔ̃] *nf (sens)* Sehvermögen *nt*; *(image mentale : conception)* Vorstellung *f*, Bild *nt*; *(apparition)* Halluzination *f*
visite [vizit] *nf* Besuch *m*; *(touristique, d'inspection)* Besichtigung *f*; *(Méd : à domicile)* Hausbesuch *m*; *(consultation)* Visite *f*; **faire une ~** *ou* **rendre ~ à qn** jdn besuchen; **être en ~ (chez qn)** (bei jdm) zu Besuch sein • **visiter** *vt (prisonniers, malades)* besuchen; *(musée, ville)* besichtigen • **visiteur, -euse** *nm/f* Besucher(in) *m(f)*
visqueux, -euse [viskø, øz] *adj* zähflüssig; *(surface)* glitschig
visser [vise] *vt* festschrauben
visualisation [vizɥalizasjɔ̃] *nf*: **écran de ~** Bildschirm *m*
visuel, le [vizɥɛl] *adj* visuell; **champ ~** Gesichtsfeld *nt* ▶ *nm (Inform)* Display *nt*
vital, e, -aux [vital, o] *adj* Lebens-; *(indispensable)* lebensnotwendig • **vitalité** *nf (d'une personne)* Vitalität *f*; *(d'une entreprise, région)* Dynamik *f*
vitamine [vitamin] *nf* Vitamin *nt*
vite [vit] *adv* schnell • **vitesse** *nf* Geschwindigkeit *f*; *(Auto : dispositif)* Gang *m*; **à toute ~** mit Volldampf; **~ de croisière** Reisegeschwindigkeit *f*
viticole [vitikɔl] *adj* Weinbau- • **viticulteur** *nm* Weinbauer *m* • **viticulture** *nf* Weinbau *m*
vitrage [vitʀaʒ] *nm (cloison)* Glaswand *f*; *(toit)* Glasdach *nt*

vitrail, -aux [vitʀaj, o] *nm* buntes Kirchenfenster *nt*; (*technique*) Glasmalerei *f*
vitre [vitʀ] *nf* Fensterscheibe *f*; (*Auto*) Scheibe *f*
vitrier [vitʀije] *nm* Glaser *m*
vitrine [vitʀin] *nf* Schaufenster *nt*; (*petite armoire*) Vitrine *f*; **en ~** im Schaufenster
vivable [vivabl] *adj* (*personne*) verträglich; (*endroit*) bewohnbar
vivace [vivas] *adj* widerstandsfähig; (*haine*) tief verwurzelt; **plante ~** mehrjährige Pflanze
vivacité [vivasite] *nf* Lebhaftigkeit *f*
vivant, e [vivɑ̃, ɑ̃t] *adj* lebendig; (*langue*) lebend ▸ *nm* : **du ~ de qn** zu jds Lebzeiten
vivats [viva] *nmpl* Hochrufe *pl*
vive [viv] *excl* : **~ le roi/la république !** es lebe der König/die Republik!; **~ les vacances/la liberté !** ein Hoch auf die Ferien/die Freiheit!
vivement [vivmɑ̃] *adv* (*brusquement*) brüsk; (*regretter, s'intéresser*) sehr ▸ *excl* : **~ qu'il s'en aille !** wenn er doch nur ginge!
vivier [vivje] *nm* (*réservoir*) Fischtank *m*; (*étang*) Fischteich *m*
vivifiant, e [vivifjɑ̃, jɑ̃t] *adj* erfrischend; (*fig*) anregend
vivisection [vivisɛksjɔ̃] *nf* Vivisektion *f*
vivre [vivʀ] *vi* leben ▸ *vt* erleben; (*une certaine vie*) führen; **vivres** *nmpl* (*nourriture*) Verpflegung *f*; **faire ~ qn** jdn ernähren
vlan [vlɑ̃] *excl* peng
VO [veo] *sigle f* (= *version originale*) OF (*Originalfassung f*)
vocabulaire [vɔkabylɛʀ] *nm* Wortschatz *m*; (*livre*) Wörterverzeichnis *nt*
vocation [vɔkasjɔ̃] *nf* Berufung *f*; **avoir la ~ de l'enseignement** sich zum Lehrer berufen fühlen
vodka [vɔdka] *nf* Wodka *m*
vœu, x [vø] *nm* (*souhait*) Wunsch *m*; (*à Dieu*) Gelübde *nt*; **faire ~ de faire qch** geloben, etw zu tun; **~x de bonheur** Glückwünsche *pl*; **~x de bonne année** Glückwünsche zum neuen Jahr
vogue [vɔg] *nf* : **en ~** in Mode, in
voici [vwasi] *prép* hier ist/sind; **~ mon bureau/des fleurs** hier ist mein Büro/sind Blumen; **il est parti ~ trois ans** nun sind es drei Jahre, seit er weggegangen ist; **me ~** da *ou* hier bin ich
voie [vwa] *nf* Weg *m*; (*Rail*) Gleis *nt*; **route à deux/trois ~s** zwei-/dreispurige Fahrbahn *f*; **~ ferrée** Schienenweg *m*; **la ~ lactée** die Milchstraße *f*
voilà [vwala] *prép* da ist/sind; **~ le livre/les livres que vous cherchiez** da ist das Buch/da sind die Bücher, die Sie gesucht haben; **les ~** da sind sie; **~ deux ans que** nun sind es zwei Jahre, dass; **~ tout** das ist alles, das wärs; **~ !** (*en apportant qch*) hier, bitte
voile [vwal] *nm* Schleier *m*; (*Photo : défaut*) dunkler Schleier ▸ *nf* (*de bateau*) Segel *nt*; (*sport*) Segeln *nt* • **voiler** *vt* verschleiern; **se voiler** *vpr* (*regard, ciel*) sich trüben; (*roue, disque*) sich verbiegen; **se ~ la face** sein Gesicht verhüllen
voilier [vwalje] *nm* Segelschiff *nt*; (*plus petit*) Segelboot *nt*
voir [vwaʀ] *vi* sehen; (*comprendre*) verstehen ▸ *vt* sehen; (*être témoin de*) erleben; (*fréquenter*) verkehren mit; **se voir** *vpr* : **~ que/comme** sehen, dass/wie; **faire ~ qch à qn**

V

jdm etw zeigen; **voyons !** na, hör/hört mal!

voire [vwaʀ] *adv* ja sogar

voisin, e [vwazɛ̃, in] *adj* (*proche*) benachbart; (*ressemblant*) nah verwandt ▶ *nm/f* Nachbar(in) *m(f)* • **voisinage** *nm* (*proximité*) Nähe *f*; (*quartier, voisins*) Nachbarschaft *f*

voiture [vwatyʀ] *nf* Wagen *m*, Auto *nt*; (*wagon*) Wagen *m*; **en ~ !** alles einsteigen!; **~ d'enfant** Kinderwagen *m*; **~ d'occasion** Gebrauchtwagen *m*; **~ de location** Mietwagen *m* • **voiture-lit** (*pl* **voitures-lits**) *nf* Schlafwagen *m* • **voiture-restaurant** (*pl* **voitures-restaurants**) *nf* Speisewagen *m*

voix [vwɑ] *nf* Stimme *f*; **à haute ~** laut, mit lauter Stimme; **à ~ basse** leise, mit leiser Stimme

vol[1] [vɔl] *nm* Flug *m*; **à ~ d'oiseau** (in der) Luftlinie; **en ~** im Flug; **attraper qch au ~** etw im Flug erwischen; **~ à voile** Segelflug *m*; **~ libre** (*Sport*) Drachenfliegen *nt*; **~ plané** Gleitflug *m*

vol[2] [vɔl] *nm* (*délit*) Diebstahl *m*; **~ à l'étalage** Ladendiebstahl *m*; **~ de données** Datendiebstahl *m*

volaille [vɔlɑj] *nf* Geflügel *nt*

volant, e [vɔlɑ̃, ɑ̃t] *adj* fliegend; (*feuille*) lose; (*personnel*) Flug- ▶ *nm* (*Auto*) Lenkrad *nt*; (*Tech : de commande*) Steuer(rad) *nt*; (*balle*) Federball *m*

volatil, e [vɔlatil] *adj* flüchtig

volatiliser [vɔlatilize] : **se ~** *vpr* (*Chim*) sich verflüchtigen; (*fig*) sich in Luft auflösen

vol-au-vent [vɔlovɑ̃] *nm inv* Königinpastete *f*

volcan [vɔlkɑ̃] *nm* Vulkan *m* • **volcanique** *adj* vulkanisch

volée [vɔle] *nf* (*d'oiseaux*) Schwarm *m*; **rattraper qch à la ~** etw im Flug erwischen; **à toute ~** mit voller Kraft

voler [vɔle] *vi* fliegen; (*voleur*) stehlen; (*aller vite*) eilen ▶ *vt* (*dérober*) stehlen

volet [vɔlɛ] *nm* (*de fenêtre*) Fensterladen *m*; (*Aviat : sur l'aile*) Landeklappe *f*; (*fig : d'un plan etc*) Teil *m*

voleur, -euse [vɔlœʀ, øz] *nm/f* Dieb(in) *m(f)* ▶ *adj* diebisch

volley [vɔlɛ], **volley-ball** [vɔlɛbol] *nm* Volleyball *m*

volontaire [vɔlɔ̃tɛʀ] *adj* freiwillig; (*décidé*) entschlossen ▶ *nmf* Freiwillige(r) *f(m)* • **volontairement** *adv* freiwillig; (*exprès*) absichtlich

volonté [vɔlɔ̃te] *nf* Wille *m*; (*fermeté*) Willenskraft *f*; **à ~** nach Belieben; **les dernières ~s de qn** jds letzter Wille

volontiers [vɔlɔ̃tje] *adv* gern

volt [vɔlt] *nm* Volt *nt*

voltage [vɔltaʒ] *nm* Spannung *f*; (*d'un appareil*) Voltzahl *f*

volume [vɔlym] *nm* Volumen *nt*, Rauminhalt *m*; (*quantité, importance*) Umfang *m*; (*intensité*) Lautstärke *f*; (*livre*) Band *m* • **volumineux, -euse** *adj* umfangreich; (*courrier etc*) reichlich

voluptueux, -euse [vɔlyptɥø, øz] *adj* wollüstig, sinnlich

vomir [vɔmiʀ] *vi* brechen, erbrechen ▶ *vt* spucken, speien • **vomissement** *nm* Erbrechen *nt*

vorace [vɔʀas] *adj* gefräßig; (*fig*) unersättlich

vos [vo] *adj possessif voir* **votre**

Vosges [voʒ] *nfpl* : **les ~** die Vogesen *pl*

vote [vɔt] *nm* (*consultation*) Abstimmung *f*; (*suffrage*) Stimme *f*; (*élection*) Wahl *f* • **voter** *vi* abstimmen; (*élection*) wählen ▶ *vt* (*loi, décision*) annehmen

votre [vɔtʀ] (*pl* **vos**) *adj possessif* euer/eu(e)re; (*forme de politesse*) Ihr(e); **vos** eure; (*forme de politesse*) Ihre

vôtre [votʀ] *pron* : **le/la ~** eure(r, s); (*forme de politesse*) Ihre(r, s); **les ~s** eure; (*forme de politesse*) Ihre; **à la ~ !** (*toast*) auf euer/Ihr Wohl!

vouer [vwe] *vt* (*Rel*) weihen; (*vie, temps*) widmen; **se vouer** *vpr* : **se ~ à** sich widmen +*dat*; **~ une haine/ amitié éternelle à qn** jdm ewigen Hass/ewige Freundschaft schwören

MOT-CLÉ

vouloir [vulwaʀ] *vi, vt* **1** (*exiger*) wollen; **~ faire qch** etw tun wollen; **~ que qn fasse qch** wollen, dass jd etw tut; **que me veut-il ?** was will er von mir?; **sans le ~** unabsichtlich; **je voudrais ceci** ich möchte das; **je voudrais faire qch** ich möchte etw tun
2 (*désirer*) wollen, mögen; **voulez-vous du thé ?** möchten Sie Tee?; **comme vous voudrez** wie Sie wünschen *ou* möchten
3 (*consentir*) : **je veux bien** (*bonne volonté*) gern; (*concession*) von mir aus; **oui, si on veut** ja, wenn man so will; **veuillez attendre** bitte warten Sie
4 : **en ~** : **en ~ à qn** es auf jdn abgesehen haben; **s'en ~ d'avoir fait qch** sich darüber ärgern, dass man etw getan hat
5 : **~ de** : **l'entreprise ne veut plus de lui** die Firma will ihn nicht mehr; **elle ne veut pas de son aide** sie will seine Hilfe nicht
6 : **~ dire (que)** bedeuten(, dass)
▶ *nm* : **le bon ~ de qn** jds guter Wille

voulu, e [vuly] *adj* (*délibéré*) absichtlich; (*requis*) erforderlich

MOT-CLÉ

vous [vu] *pron* (*sujet : pl*) ihr; (: *forme de politesse : sg et pl*) Sie; (*objet direct, après préposition gouvernant l'accusatif : pl*) euch; (: *forme de politesse : sg et pl*) Sie; (*objet indirect, après préposition gouvernant le datif : pl*) euch; (: *forme de politesse*) Ihnen; **~ pouvez ~ asseoir** ihr könnt euch/Sie können sich setzen; **je ~ prie de ...** ich bitte euch/Sie, zu ...; **je ~ le jure** ich schwöre es euch/Ihnen
▶ *nm* : **employer le ~** die Sie-Form benutzen

voûte [vut] *nf* Gewölbe *nt* • **voûté, e** *adj* gewölbt; (*dos*) gekrümmt; (*personne*) gebeugt • **voûter** *vt* (*Archit*) wölben; **se voûter** *vpr* krumm werden

vouvoyer [vuvwaje] *vt* siezen

voyage [vwajaʒ] *nm* Reise *f*; (*trajet*) Weg *m*; (*course*) Fahrt *f*; (*fait de voyager*) Reisen *nt*; **être en ~** auf Reisen sein; **partir en ~** verreisen; **~ d'affaires** Geschäftsreise *f*, Dienstreise *f*; **~ de noces** Hochzeitsreise *f*; **~ organisé** Gesellschaftsreise *f* • **voyager** *vi* reisen; (*marchandises*) transportiert werden • **voyageur, -euse** *nm/f* Reisende(r) *f(m)* • **voyagiste** *nm* Reiseveranstalter *m*

voyant, e [vwajɑ̃, ɑ̃t] *adj* grell, schreiend ▶ *nm/f* (*personne*)

Hellseher(in) *m(f)* ▶ *nm (signal)* Warnlicht *nt*
voyelle [vwajɛl] *nf* Vokal *m*
voyou [vwaju] *nm* Rowdy *m*; *(enfant)* Flegel *m*
VPC [vepese] *sigle f (= vente par correspondance)* Versandhandel *m*
vrac [vʀak] : **en ~** *adv (pêle-mêle)* durcheinander; *(Comm)* lose
vrai, e [vʀɛ] *adj* wahr; *(réel)* echt ▶ *nm* : **le ~** das Wahre; **son ~ nom** sein wirklicher Name • **vraiment** *adv* wirklich; **à dire ~, à ~ dire** offen gestanden
vraisemblable [vʀɛsɑ̃blabl] *adj (probable)* wahrscheinlich • **vraisemblance** *nf* Wahrscheinlichkeit *f*
V/Réf. *abr (= votre référence)* Ihr Zeichen
VRP [veɛʀpe] *sigle m (= voyageur, représentant, placier)* Vertreter *m*
VTT [vetete] *sigle m (= vélo tout terrain)* Mountainbike *nt*
vu, e [vy] *pp de* **voir** ▶ *adj* : **bien/ mal vu** gut/schlecht angesehen ▶ *prép* wegen *+gén*, angesichts *+gén*
vue [vy] *nf (fait de voir, spectacle)* Anblick *m*; *(sens)* Sehvermögen *nt*; *(panorama)* Aussicht *f*; *(image)* Ansicht *f*; **vues** *nfpl (idées)* Ansichten *pl*; *(desseins)* Absichten *pl*; **perdre la ~** erblinden; **perdre de ~** aus den Augen verlieren; **à la ~ de tous** vor aller Augen; **hors de ~** außer Sicht(weite); **à première ~** auf den ersten Blick; **connaître qn de ~** jdn vom Sehen kennen; **à ~** *(Comm)* bei Empfang; **à ~ d'œil** merklich, sichtlich; **avoir ~ sur** (einen) Ausblick haben auf *+acc*; **avoir qch en ~** etw anvisieren; **en ~ de faire qch** mit der Absicht, etw zu tun
vulgaire [vylgɛʀ] *adj* ordinär, vulgär; *(trivial)* banal; **de ~s chaises de cuisine** ganz ordinäre Küchenstühle
vulgariser [vylgaʀize] *vt* allgemein zugänglich machen
vulgarité [vylgaʀite] *nf* Vulgarität *f*
vulnérable [vylneʀabl] *adj (physiquement)* verwundbar; *(moralement)* verletzlich; *(stratégiquement)* ungeschützt
vulve [vylv] *nf* Vulva *f*

W X

wagon [vagɔ̃] *nm* Wagen *m*; **~ de marchandises** Güterwagen *m* • **wagon-citerne** (*pl* **wagons-citernes**) *nm* Tankwagen *m* • **wagon-lit** (*pl* **wagons-lits**) *nm* Schlafwagen *m* • **wagon-restaurant** (*pl* **wagons-restaurants**) *nm* Speisewagen *m*
wallon, ne [walɔ̃, ɔn] *adj* wallonisch ▸ *nm/f*: **W~, ne** Wallone *m*, Wallonin *f* • **Wallonie** *nf*: **la ~** Wallonien *nt*
w.-c., WC [vese] *nmpl* WC *nt*, Toilette *f*
Web [wɛb] *nm inv*: **le ~** das (World Wide) Web
webcam [wɛbkam] *nf* Webcam *f*
webmaster [wɛbmastœʀ], **webmestre** [wɛbmɛstʀ] *nmf* Webmaster(in) *m(f)*
week-end [wikɛnd] (*pl* **week-ends**) *nm* Wochenende *nt*
western [wɛstɛʀn] *nm* Western *m*
whisky [wiski] (*pl* **whiskies**) *nm* Whisky *m*
white-spirit [wajtspiʀit] *nm* Terpentinersatz *m*
wifi, wi-fi [wifi] *nm inv* Wi-Fi *nt* ▸ *adj* kabellos
xénophobe [gzenɔfɔb] *adj* ausländerfeindlich, fremdenfeindlich • **xénophobie** *nf* Ausländerfeindlichkeit *f*
xylophone [gzilɔfɔn] *nm* Xylofon *nt*

y

z

MOT-CLÉ

y [i] *adv* **1** (*à cet endroit : situation*) da, dort; **nous y sommes restés une semaine** wir blieben eine Woche dort; **nous y sommes** wir sind da **2** (*à cet endroit : mouvement*) dahin, dorthin; **nous y allons demain** wir fahren morgen dorthin ▸ *pron* (*vérifier la syntaxe du verbe employé*) : **j'y pense** ich denke daran; **s'y connaître** sich (da) auskennen; **il y a** *voir* **avoir**

yacht ['jɔt] *nm* Jacht *f*
yaourt ['jauʀt] *nm* Joghurt *m ou nt*
Yémen ['jemɛn] *nm* : **le ~** Yemen *m*
yeux [jø] *nmpl de* **œil**
yoga ['jɔga] *nm* Yoga *m ou nt*
yoghourt, yogourt [jɔguʀt] *nm* = **yaourt**
yuppie [jupi] *nm* Yuppie *m*

Zaïre [zaiʀ] *nm* : **le ~** Zaire *nt*
Zambie [zɑ̃bi] *nf* : **la ~** Sambia *nt*
zapper [zape] *vi* zappen ▸ *vt* (*fam : oublier*) vergessen • **zapping** *nm* Zappen *nt*
zèbre [zɛbʀ] *nm* Zebra *nt*
zèle [zɛl] *nm* Eifer *m*; **faire du ~** übereifrig sein • **zélé, e** *adj* eifrig
ZEP [zɛp] *sigle f* (= *zone d'éducation prioritaire*) *Gebiet für gezielte Erziehungsförderung*
zéro [zeʀo] *num* Null *f*
zeste [zɛst] *nm* (*Culin*) Schale *f*
zézayer [zezeje] *vi* lispeln
ZI [ʒɛdi] *sigle f* (= *zone industrielle*) Industriegebiet nt
zigzag [zigzag] *nm* Zickzack *m*; (*point*) Zickzackstich *m*
Zimbabwe [zimbabwe] *nm* : **le ~** Zimbabwe *nt*
zinc [zɛ̃g] *nm* Zink *nt*; (*comptoir*) Theke *f*, Tresen *m*
zizi [zizi] *nm* (*fam*) Pimmel *m*
zodiaque [zɔdjak] *nm* Tierkreis *m*
zona [zona] *nm* Gürtelrose *f*
zone [zon] *nf* Zone *f*, Gebiet *nt*; **~ à urbaniser en priorité** *Gebiet für städtebauliche Sanierungs- und Entwicklungsmaßnahmen*; **~ bleue** ≈ Kurzparkzone *f*; **~ franche**

Freizone *f*; **~ industrielle** Industriegebiet *nt* • **zoner** *vt* (*fam*) herumhängen

zoo [zo] *nm* Zoo *m*

zoologie [zɔɔlɔʒi] *nf* Zoologie *f* • **zoologique** *adj* zoologisch

zoom [zum] *nm* Zoom *m*, Zoomobjektiv *nt*

ZUP [zyp] *sigle f* (*= zone à urbaniser en priorité*) *Gebiet für städtebauliche Sanierungs- und Entwicklungsmaßnahmen*

Zurich [zyʀik] *n* Zürich *nt*

zut [zyt] *excl* Mist

Phrases utiles

Nützliche Ausdrücke

THÈMES | THEMEN

Bonjour !	Guten Tag!
Bonsoir !	Guten Abend!
Bonne nuit !	Gute Nacht!
Au revoir !	Auf Wiedersehen!
Comment vous appelez-vous ?	Wie heißen Sie?
Je m'appelle ...	Mein Name ist ...
Je vous présente ...	Das ist ...
ma femme.	*meine Frau.*
mon mari.	*mein Mann.*
mon compagnon/ ma compagne.	*mein Partner/ meine Partnerin.*
D'où venez-vous ?	Wo kommen Sie her?
Je suis de ...	Ich komme aus ...
Comment allez-vous ?	Wie geht es Ihnen?
Bien, merci.	Danke, gut.
Et vous ?	Und Ihnen?
Parlez-vous français ?	Sprechen Sie Französisch?
Je ne comprends pas l'allemand.	Ich verstehe kein Deutsch.
Merci beaucoup !	Vielen Dank!
Enchanté(e) !	Sehr erfreut!
Je suis français(e).	Ich bin Franzose/Französin.
Que faites-vous dans la vie ?	Was machen Sie beruflich?

Demander son chemin	Sich erkundigen
Où est le/la ... le/la plus proche ?	Wo ist der/die/das nächste ...?
Comment est-ce qu'on va à/au/à la ... ?	Wie komme ich zum/zur/ nach ...?
Est-ce que c'est loin ?	Ist es weit (weg)?
C'est à combien d'ici ?	Wie weit ist es?
C'est la bonne direction pour aller à/au/à la ... ?	Bin ich hier richtig zum/zur/ nach ...?
Je suis perdu(e).	Ich habe mich verlaufen (*à pied*)/ verfahren (*en voiture*).
Pouvez-vous me le montrer sur la carte ?	Können Sie mir das auf der Karte zeigen?
Vous devez faire demi-tour.	Kehren Sie um.
Allez tout droit.	Fahren Sie geradeaus.
Tournez à gauche/à droite.	Biegen Sie nach links/rechts ab.
Prenez la deuxième rue à gauche/à droite.	Nehmen Sie die zweite Straße links/rechts.

Location de voitures	Autovermietung
Je voudrais louer ...	Ich möchte ... mieten.
une voiture.	*ein Auto*
une mobylette.	*ein Moped*
une moto.	*ein Motorrad*
un scooter.	*einen Roller*
C'est combien pour ... ?	Was kostet das für ...?
une journée	*einen Tag*
une semaine	*eine Woche*
Il y a une indemnité kilométrique ?	Verlangen Sie eine Kilometer-gebühr?
Qu'est-ce qui est inclus dans le prix ?	Was ist alles im Preis inbegriffen?
Je voudrais un siège-auto pour un enfant de ... ans.	Ich möchte einen Kindersitz für ein ... Jahre altes Kind.

Que dois-je faire en cas d'accident/de panne ?	Was tue ich bei einem Unfall/ einer Panne?
Pannes	**Pannen**
Je suis en panne.	Ich habe eine Panne.
Où est le garage le plus proche ?	Wo ist die nächste Werkstatt?
Le pot d'échappement	*Der Auspuff*
La boîte de vitesses	*Das Getriebe*
Le pare-brise	*Die Windschutzscheibe*
... est cassé(e).	... ist kaputt.
Les freins	*Die Bremsen*
Les phares	*Die Scheinwerfer*
Les essuie-glaces	*Die Scheibenwischer*
... ne fonctionnent pas.	... funktionieren nicht.
La batterie est à plat.	Die Batterie ist leer.
Le moteur ne démarre pas.	Der Motor springt nicht an.
Le moteur surchauffe.	Der Motor wird zu heiß.
J'ai un pneu à plat.	Ich habe einen Platten.
Pouvez-vous le réparer ?	Können Sie das reparieren?
Quand est-ce que la voiture sera prête ?	Wann ist das Auto fertig?
Stationnement	**Parken**
Je peux me garer ici ?	Kann ich hier parken?
Est-ce qu'il faut acheter un ticket de stationnement ?	Muss ich einen Parkschein lösen?
Où est l'horodateur ?	Wo ist der Parkscheinautomat?
L'horodateur ne fonctionne pas.	Der Parkscheinautomat funktioniert nicht.
Station-service	**Tankstelle**
Où est la station-service la plus proche ?	Wo ist die nächste Tankstelle?

Je dois faire le plein.	Ich muss volltanken.
40 euros de ...	Für 40 Euro ... bitte.
diesel.	*Diesel*
sans plomb.	*Normalbenzin*
super.	*Super*
Pompe numéro ..., s'il vous plaît.	Säule Nummer ... bitte.
Pouvez-vous vérifier ... ?	Können Sie bitte ... überprüfen?
la pression des pneus	*den Reifendruck*
le niveau d'huile	*das Öl*
le niveau d'eau	*das Wasser*

Accident | Unfall

Pouvez-vous s'il vous plaît appeler... ?	Bitte rufen Sie ...
la police	*die Polizei.*
le Samu	*den Notarzt.*
Voici les références de mon assurance.	Hier sind meine Versicherungsangaben.
Donnez-moi les références de votre assurance, s'il vous plaît.	Bitte geben Sie mir Ihre Versicherungsangaben.
Pouvez-vous me servir de témoin ?	Würden Sie das bezeugen?
Vous conduisiez trop vite.	Sie sind zu schnell gefahren.
Vous n'aviez pas la priorité.	Sie haben die Vorfahrt nicht beachtet.

Voyager ... en voiture | Unterwegs ... mit dem Auto

Quel chemin prendre pour aller à ... ?	Wie kommt man am besten nach/zu ...?
Où est-ce qu'il faut payer le péage ?	Wo kann ich die Maut bezahlen?

Je voudrais un badge de télépéage/une vignette ...	Ich möchte einen Aufkleber für die Autobahngebühr/ eine Vignette ...
pour une semaine.	*für eine Woche.*
pour un mois.	*für einen Monat.*
Avez-vous une carte de la région ?	Haben Sie eine Straßenkarte von dieser Gegend?

À vélo | Fahrrad

Où est la piste cyclable pour aller à ... ?	Wo ist der Radwanderweg nach ...?
Est-ce que je peux laisser mon vélo ici ?	Kann ich hier mein Fahrrad unterstellen?
On m'a volé mon vélo.	Mein Fahrrad ist gestohlen worden.
Où se trouve le réparateur de vélos le plus proche ?	Wo gibt es hier eine Fahrradwerkstatt?
Le frein ne marche pas.	Die Bremse funktioniert nicht.
Le dérailleur ne marche pas.	Die Gangschaltung funktioniert nicht.
La chaîne est cassée.	Die Kette ist gerissen.
J'ai une crevaison.	Ich habe einen Platten.
J'ai besoin d'un kit de réparation.	Ich brauche Reifenflickzeug.

En train | Zug

Un aller simple pour ..., s'il vous plaît.	Eine einfache Fahrt nach ... bitte.
Deux allers-retours pour ..., s'il vous plaît.	Zweimal hin und zurück nach ... bitte.
Pouvez-vous me donner la fiche des horaires ?	Können Sie mir einen Fahrplan geben?
première/seconde classe	erste/zweite Klasse

Y a-t-il un tarif réduit … ?	Gibt es eine Ermäßigung …?
pour les étudiants	*für Studenten*
pour les enfants	*für Kinder*
pour les seniors	*für Rentner*
avec cette carte	*mit diesem Pass*
Je voudrais faire une réservation pour le train qui va à …, s'il vous plaît.	Eine Platzkarte für den Zug nach … bitte.
Je voudrais réserver une couchette pour …	Ich möchte einen Liegewagenplatz/Schlafwagenplatz nach … buchen.
À quelle heure part le prochain train pour … ?	Wann fährt der nächste Zug nach …?
Est-ce qu'il faut payer un supplément ?	Muss ich einen Zuschlag kaufen?
Est-ce qu'il y a un changement ?	Muss ich umsteigen?
Où est-ce qu'il faut changer ?	Wo muss ich umsteigen?
C'est bien le train pour … ?	Ist das der Zug nach …?
J'ai réservé.	Ich habe eine Platzkarte/Reservierung.
Est-ce que cette place est occupée/libre ?	Ist dieser Platz besetzt/noch frei?
Où est le wagon-restaurant ?	Wo ist der Speisewagen?
Où est la voiture numéro … ?	Wo ist Wagen Nummer …?

En Ferry | Fähre

Est-ce qu'il y a un ferry pour … ?	Gibt es eine Fähre nach …?
Quand part le prochain ferry pour … ?	Wann geht die nächste Fähre nach …?
Quand part le premier/dernier ferry pour … ?	Wann geht die erste/letzte Fähre nach …?

Combien coûte ... ?	Was kostet ...?
l'aller simple	*die einfache Fahrt*
l'aller-retour	*die Hin- und Rückfahrt*
Combien cela coûte-t-il pour ... personnes avec une voiture/un camping-car ?	Was kostet es für eine Auto/ Wohnmobil mit ... Personen?
Combien de temps dure la traversée ?	Wie lange dauert die Überfahrt?
Où est ... ?	Wo ist ...?
le restaurant	*das Restaurant*
le magasin hors taxe	*der Duty-free-Shop*
Où est la cabine numéro ... ?	Wo ist Kabine Nummer ...?

En avion | Flugzeug

Où dois-je m'enregistrer pour le vol pour ... ?	Wo ist das Check-in für den Flug nach ...?
À quelle porte faut-il embarquer pour le vol pour ... ?	Von welchem Ausgang geht der Flug nach ...?
À quelle heure commence l'embarquement ?	Wann beginnt das Einsteigen?
Hublot/couloir, s'il vous plaît.	Fenster/Gang bitte.
J'ai perdu ma carte d'embarquement/mon billet.	Ich habe meine Einsteigekarte/ meinen Flugschein verloren.
Mes bagages ne sont pas arrivés.	Mein Gepäck ist nicht angekommen.
Où est ... ?	Wo ist ...?
la station de taxis	*der Taxistand*
l'arrêt de bus	*die Bushaltestelle*
le bureau de renseignements	*die Information*
Où sont ... ?	Wo sind ...?
les bornes d'enregistrement	*die Abflugschalter*
les chariots à bagage	*die Gepäckwagen*

Transports en commun	Öffentlicher Nahverkehr
Comment est-ce qu'on va à … ?	Wie komme ich zum/zur/nach …?
Quelle ligne va à … ?	Welche Linie geht nach …?
Où est … le/la plus proche ?	Wo ist die nächste …?
l'arrêt de bus	*Bushaltestelle*
l'arrêt de tram	*Straßenbahnhaltestelle*
la station de métro	*U-Bahn-Station*
Où est la gare routière ?	Wo ist der Busbahnhof?
Y a-t-il un tarif réduit … ?	Gibt es eine Ermäßigung …?
pour les étudiants	*für Studenten*
pour les enfants	*für Kinder*
pour les seniors	*für Rentner*
avec cette carte	*mit diesem Ausweis*
Vous avez une carte du réseau ?	Haben Sie eine Karte mit dem Streckennetz?
Quel est le prochain arrêt ?	Was ist die nächste Haltestelle?

En taxi	Taxi
Où puis-je trouver un taxi ?	Wo bekomme ich hier ein Taxi?
Vous pouvez m'appeler un taxi, s'il vous plaît ?	Bitte rufen Sie mir ein Taxi.
Pourriez-vous m'appeler un taxi pour … heures ?	Bitte bestellen Sie mir ein Taxi für … Uhr.
À l'aéroport/À la gare, s'il vous plaît.	Zum Flughafen/Bahnhof, bitte.
Je suis pressé(e).	Ich habe es sehr eilig.
Combien vous dois-je ?	Was kostet die Fahrt?
Il me faut un reçu.	Ich brauche eine Quittung.
Gardez la monnaie.	Stimmt so.
Vous pouvez vous arrêter ici.	Bitte halten Sie hier.
Pouvez-vous m'attendre ?	Können Sie auf mich warten?
Tout droit/à gauche/à droite.	Geradeaus/links/rechts.

Camping	Camping
Est-ce qu'il y a un camping ici ?	Gibt es hier einen Campingplatz?
Nous voudrions un emplacement pour ...	Wir möchten einen Platz für ...
une tente.	*ein Zelt.*
un camping-car.	*ein Wohnmobil.*
une caravane.	*einen Wohnwagen.*
Nous voudrions rester une nuit/... nuits.	Wir möchten eine Nacht/ ... Nächte bleiben.
Combien est-ce par nuit ?	Was kostet die Nacht?
Où sont ... ?	Wo sind ...?
les toilettes	*die Toiletten*
les douches	*die Duschen*
Où est ... ?	Wo ist ...?
le magasin	*der Laden*
le bureau	*die Verwaltung*
Est-ce qu'on peut camper ici pour la nuit ?	Können wir über Nacht hier zelten?

Location de vacances	Ferienwohnung/-haus
Où est-ce qu'il faut aller chercher la clé de l'appartement/la maison ?	Wo bekommen wir den Schlüssel für die Wohnung/ das Haus?
Est-ce que l'électricité/ le gaz est en supplément ?	Müssen wir Strom/Gas extra bezahlen?
Comment fonctionne ... ?	Wie funktioniert ...?
la machine à laver	*die Waschmaschine*
la cuisinière	*der Herd*
le chauffage	*die Heizung*
Qui dois-je contacter en cas de problème ?	An wen kann ich mich bei Problemen wenden?
Il nous faut ...	Wir brauchen ...
un double de la clé.	*einen zweiten Schlüssel.*
des draps supplémentaires.	*mehr Bettwäsche.*

Il n'y a plus de gaz.	Das Gas ist alle.
Il n'y a pas d'électricité.	Es gibt keinen Strom.
Où est-ce qu'il faut rendre les clés le jour du départ ?	Wo geben wir die Schlüssel bei der Abreise ab?
Est-ce qu'on doit nettoyer l'appartement/la maison avant de partir ?	Müssen wir die Wohnung/ das Haus vor der Abreise sauber machen?

Hôtel | Hotel

Avez-vous une ... pour ce soir ?	Haben Sie ein ... für heute Nacht?
chambre simple	*Einzelzimmer*
chambre double	*Doppelzimmer*
avec baignoire/douche	mit Bad/Dusche
Je voudrais rester une nuit/ ... nuits.	Ich möchte eine Nacht/ ... Nächte bleiben.
J'ai réservé une chambre au nom de ...	Ich habe ein Zimmer auf den Namen ... reserviert.
Je voudrais une autre chambre.	Ich möchte ein anderes Zimmer.
À quelle heure est servi le petit déjeuner ?	Wann gibt es Frühstück?
Pouvez-vous me servir le petit déjeuner dans ma chambre ?	Können Sie mir das Frühstück aufs Zimmer bringen?
Où est ... ?	Wo ist ...?
le restaurant	*das Restaurant*
le bar	*die Bar*
la salle de sport	*der Fitnessraum*
la piscine/le spa	*das Schwimmbad/das Spa*
Je voudrais être réveillé(e) demain matin à ...	Bitte wecken Sie mich morgen früh um ...
La clé, s'il vous plaît.	Den Schlüssel bitte.
Est-ce que j'ai reçu des messages ?	Sind Nachrichten für mich da?

Je cherche ...	Ich suche ...
Je voudrais ...	Ich möchte ...
Avez-vous ... ?	Haben Sie ...?
Avez-vous ceci ... ?	Haben Sie das ...?
dans une autre taille	*in einer anderen Größe*
dans une autre couleur	*in einer anderen Farbe*
avec un autre motif	*mit einem anderen Muster*
Je fais du ...	Ich trage Größe ...
Je le prends.	Ich nehme das.
Auriez-vous autre chose ?	Haben Sie noch etwas anderes?
C'est trop cher.	Das ist zu teuer.
Je regarde juste.	Ich sehe mich nur um.
Acceptez-vous la carte de crédit ?	Nehmen Sie Kreditkarten?

Alimentation | Lebensmittel

Où est ... le/la plus proche ?	Wo ist hier ...?
le supermarché	*ein Supermarkt*
la boulangerie	*eine Bäckerei*
la boucherie	*eine Metzgerei*
le magasin de fruits et légumes	*ein Obst- und Gemüseladen*
Où est le marché ?	Wo ist der Markt?
Quel jour a lieu le marché ?	Wann ist Markt?
un kilo de ...	ein Kilo ...
une livre de ...	ein Pfund ...
deux cents grammes de ...	zweihundert Gramm ...
... tranches de ...	... Scheiben ...
un litre de ...	ein Liter ...
une bouteille de ...	eine Flasche ...
un paquet de ...	ein Päckchen ...

Photographie et vidéo	Fotografie und Video
J'ai besoin de photos d'identité.	Ich brauche Passbilder.
Je cherche un câble pour appareil photo numérique.	Ich suche ein Digitalkamera-Kabel.
Est-ce que vous vendez des chargeurs de marque … ?	Verkaufen Sie Ladegeräte der Marke …?
Je voudrais imprimer des photos.	Ich möchte Bilder drucken.
Je voudrais acheter une carte mémoire.	Ich möchte eine Speicherkarte kaufen.
Je voudrais les photos …	Ich hätte die Bilder gern …
en mat.	*matt.*
en brillant.	*Hochglanz.*
en format dix sur quinze.	*im Format zehn mal fünfzehn.*
Quand est-ce que les photos seront prêtes ?	Wann sind die Fotos fertig?
Combien coûtent les photos ?	Wie viel kosten die Bilder?
La photo est floue.	Das Foto ist unscharf.
Pourriez-vous nous prendre en photo, s'il vous plaît ?	Könnten Sie bitte ein Foto von uns machen?

Poste	Post
Où est la poste la plus proche ?	Wo ist die nächste Post?
À quelle heure ouvre la poste ?	Wann hat die Post geöffnet?
Je voudrais … timbres pour des cartes postales/lettres pour l'Allemagne/l'Autriche/la France/la Suisse.	Ich möchte … Briefmarken für Postkarten/Briefe nach Deutschland/nach Österreich/nach Frankreich/in die Schweiz.
Où est la boîte aux lettres la plus proche ?	Wo ist hier ein Briefkasten?

Visites touristiques	Besichtigungen
Où se trouve l'office de tourisme ?	Wo ist die Touristeninformation?
Avez-vous des dépliants sur … ?	Haben Sie Broschüren über …?
Quels sont les sites touristiques à voir ici ?	Welche Sehenswürdigkeiten gibt es hier?
Est-ce qu'il y a une visite guidée en français ?	Gibt es eine Stadtrundfahrt (*en bus*)/einen Stadtrundgang (*à pied*) auf französisch?
À quelle heure ouvre … ?	Wann ist … geöffnet?
le musée	*das Museum*
l'église	*die Kirche*
le château	*das Schloss*
L'entrée coûte combien ?	Was kostet der Eintritt?
Il y a un tarif réduit … ?	Gibt es eine Ermäßigung …?
pour les étudiants	*für Studenten*
pour les enfants	*für Kinder*
pour les seniors	*für Rentner*
pour les chômeurs	*für Arbeitslose*
Je voudrais un catalogue.	Ich möchte einen Katalog.
Je peux prendre des photos (avec flash) ici ?	Kann ich hier (mit Blitz) fotografieren?
Je peux filmer ici ?	Kann ich hier filmen?

Sorties	Unterhaltung
Qu'est-ce qu'il y a à faire ici ?	Was kann man hier unternehmen?
Vous avez un calendrier des manifestations ?	Haben Sie einen Veranstaltungskalender?
Où est-ce qu'on peut … ?	Wo kann man hier …?
danser	*tanzen gehen*
écouter de la musique live	*Livemusik hören*

Où est-ce qu'il y a … ?	Wo gibt es hier …?
un bon bar	*eine nette Kneipe*
une bonne discothèque	*eine gute Disko*
Qu'est-ce qu'il y a ce soir … ?	Was gibt es heute Abend …?
au cinéma	*im Kino*
au théâtre	*im Theater*
à l'opéra	*in der Oper*
à la salle de concert	*in der Konzerthalle*
Où est-ce que je peux acheter des places … ?	Wo kann ich Karten für … kaufen?
de théâtre	*das Theater*
de concert	*das Konzert*
d'opéra	*die Oper*
pour le ballet	*das Ballett*
Combien coûte l'entrée ?	Was kostet der Eintritt?
Je voudrais un billet/ … billets pour …	Ich möchte eine Karte/ … Karten für …
Il y a un tarif réduit … ?	Gibt es eine Ermäßigung für …?
pour les enfants	*Kinder*
pour les seniors	*Rentner*
pour les étudiants	*Studenten*
pour les chômeurs	*Arbeitslose*

À la plage | Am Strand

Est-ce qu'on peut se baigner ici/dans ce lac ?	Kann man hier/in diesem See baden?
Où est-ce qu'il y a une plage tranquille ?	Wo gibt es hier einen ruhigen Strand?
Est-ce qu'il y a une plage surveillée ?	Gibt es einen bewachten Strand?
L'eau est-elle profonde ?	Ist das Wasser tief?
Quelle est la température de l'eau ?	Wie viel Grad hat das Wasser?

Est-ce qu'il y a des courants ?	Gibt es hier Strömungen?
Est-ce qu'il y a un maître nageur ?	Gibt es hier einen Rettungsschwimmer?
Où peut-on … ?	Wo kann man hier …?
faire du surf	*surfen*
faire du ski nautique	*Wasserski fahren*
faire de la plongée	*tauchen*
faire du parapente	*Gleitschirm fliegen*
Je voudrais louer …	Ich möchte … mieten.
un abri de plage en osier.	*einen Strandkorb*
une chaise longue.	*einen Liegestuhl*
un parasol.	*einen Sonnenschirm*
Je voudrais louer …	Ich möchte … ausleihen.
une planche de surf.	*ein Surfbrett*
un scooter des mers.	*einen Jetski*
une barque.	*ein Ruderboot*
un pédalo.	*ein Tretboot*
Ski	**Ski**
Où peut-on louer un équipement de ski ?	Wo kann ich eine Skiausrüstung ausleihen?
Je voudrais louer …	Ich möchte … ausleihen.
des skis de piste.	*Abfahrtski*
des skis de fond.	*Langlaufski*
des chaussures de ski.	*Skischuhe*
Où est-ce qu'on peut acheter un forfait ?	Wo kann ich einen Skipass kaufen?
Je voudrais un forfait …	Ich möchte einen Skipass …
pour une journée.	*für einen Tag.*
pour cinq jours.	*für fünf Tage.*
pour une semaine.	*für eine Woche.*

Combien coûte le forfait ?	Wie viel kostet der Skipass?
Avez-vous une carte des pistes ?	Haben Sie eine Pistenkarte?
Où sont les pistes pour débutants ?	Wo sind die Abfahrten für Anfänger?
Quelle est la difficulté de cette piste ?	Welchen Schwierigkeitsgrad hat diese Abfahrt?
Y a-t-il une école de ski ?	Gibt es eine Skischule?
Quel est le temps prévu pour aujourd'hui ?	Wie ist der Wetterbericht?
Comment est la neige ?	Wie ist der Schnee?
Est-ce qu'il y a un risque d'avalanche ?	Besteht Lawinengefahr?

Sport | Sport

Où peut-on ... ?	Wo kann man hier ...?
jouer au tennis/golf	*Tennis/Golf spielen*
aller nager	*schwimmen*
faire de l'équitation	*reiten*
Combien est-ce que ça coûte de l'heure ?	Wie viel kostet es pro Stunde?
Où peut-on réserver un court ?	Wo kann ich einen Platz buchen?
Où peut-on louer des raquettes de tennis ?	Wo kann ich Schläger ausleihen?
Où peut-on louer une barque/un pédalo ?	Wo kann ich ein Ruderboot/ ein Tretboot mieten?
Est-ce qu'il faut un permis de pêche ?	Braucht man einen Angelschein?
Je voudrais voir ...	Ich möchte ... ansehen.
un match de foot.	*ein Fußballspiel*
une course de chevaux.	*ein Pferderennen*

Une table pour ... personnes, s'il vous plaît.	Einen Tisch für ... Personen bitte.
La carte, s'il vous plaît.	Die Speisekarte bitte.
La carte des vins, s'il vous plaît.	Die Weinkarte bitte.
Qu'est-ce que vous me conseillez ?	Was würden Sie mir empfehlen?
Servez-vous ... ?	Haben Sie ...?
des plats végétariens	*vegetarische Gerichte*
des menus enfants	*Kinderportionen*
Est-ce que cela contient ... ?	Enthält das ...?
des cacahuètes	*Erdnüsse*
de l'alcool	*Alkohol*
Vous pourriez m'apporter (plus de) ..., s'il vous plaît ?	Bitte bringen Sie (noch) ...
Je vais prendre ...	Ich nehme ...
L'addition, s'il vous plaît.	Zahlen bitte.
Sur une seule addition, s'il vous plaît.	Bitte alles zusammen.
Sur des additions séparées, s'il vous plaît.	Getrennte Rechnungen bitte.
Gardez la monnaie.	Stimmt so.
Ce n'est pas ce que j'ai commandé.	Das habe ich nicht bestellt.
Il y a une erreur dans l'addition.	Die Rechnung stimmt nicht.
C'est froid/trop salé.	Das Essen ist kalt/versalzen.
saignant/à point/bien cuit	blutig/rosa/durch
Une bouteille d'eau gazeuse/non gazeuse.	Eine Flasche Wasser mit/ohne Kohlensäure.

voir aussi AU MENU | *siehe auch* **SPEISEKARTE**

Téléphone	Telefon
Où est-ce que je peux téléphoner ?	Wo kann ich hier telefonieren?
Allô.	Hallo.
Qui est à l'appareil ?	Wer ist am Telefon?
C'est ...	Hier ist ...
Puis-je parler à Monsieur/ Madame ... s'il vous plaît ?	Kann ich bitte mit Herrn/ Frau ... sprechen?
Je rappellerai plus tard.	Ich rufe später wieder an.
Où est-ce que je peux recharger mon portable ?	Wo kann ich mein Handy aufladen?
Il me faut une nouvelle batterie.	Ich brauche einen neuen Akku.
Je voudrais acheter une carte SIM avec/sans abonnement.	Ich möchte eine SIM-Karte mit/ ohne Vertrag kaufen.

Internet	Internet
Je n'ai pas de réseau.	Hier ist kein Netz.
La liaison est mauvaise.	Die Verbindung ist sehr schlecht.
Je voudrais envoyer un email.	Ich möchte eine E-mail schicken.
Je voudrais imprimer un document.	Ich möchte ein Dokument drucken.
Comment changer la langue du clavier ?	Wie ändert man die Sprache auf der Tastatur?
Quel est le mot de passe pour le wi-fi ?	Was ist das W-Lan Kennwort?

Passeport/Douane | Pass/Zoll

Passeport/Douane	Pass/Zoll
Voici ...	Hier ist ...
mon passeport.	*mein Pass.*
ma carte d'identité.	*mein Personalausweis.*
mon permis de conduire.	*mein Führerschein.*
Voici les documents de mon véhicule.	Hier sind meine Fahrzeugpapiere.
Les enfants figurent sur ce passeport.	Die Kinder stehen in diesem Pass.
Est-ce que je dois le déclarer ?	Muss ich das verzollen?
C'est ...	Das ist ...
un cadeau.	*ein Geschenk.*
un échantillon.	*ein Warenmuster.*
C'est pour mon usage personnel.	Das ist für meinen persönlichen Gebrauch.
Je suis en transit pour ...	Ich bin auf der Durchreise nach ...

À la banque | In der Bank

À la banque	In der Bank
Où puis-je changer de l'argent ?	Wo kann ich hier Geld wechseln?
Est-ce qu'il y a une banque/un bureau de change par ici ?	Gibt es hier eine Bank/eine Wechselstube?
La banque ouvre à quelle heure ?	Wann ist die Bank/Wechselstube geöffnet?
Je voudrais encaisser ces chèques de voyage.	Ich möchte diese Reiseschecks einlösen.
Combien prenez-vous de commission ?	Wie hoch ist die Gebühr?
Est-ce que je peux retirer des espèces avec ma carte de crédit ?	Kann ich hier mit meiner Kreditkarte Bargeld bekommen?

Où est-ce qu'il y a un distributeur ?	Wo gibt es hier einen Geldautomaten?
Le distributeur m'a pris ma carte.	Der Geldautomat hat meine Karte geschluckt.
Pouvez-vous me faire de la monnaie, s'il vous plaît ?	Bitte geben Sie mir etwas Kleingeld.

Urgences | Notfalldienste

Au secours !	Hilfe!
Au feu !	Feuer!
Pouvez-vous appeler ...	Bitte rufen Sie ...
le médecin d'urgence.	*den Notarzt.*
les pompiers.	*die Feuerwehr.*
la police.	*die Polizei.*
Je dois téléphoner d'urgence.	Ich muss dringend telefonieren.
J'ai besoin d'un interprète.	Ich brauche einen Dolmetscher.
Où est le commissariat ?	Wo ist die Polizeiwache?
Où est l'hôpital le plus proche ?	Wo ist das nächste Krankenhaus?
Je voudrais signaler un vol.	Ich möchte einen Diebstahl melden.
On m'a volé ...	... ist gestohlen worden.
Il y a eu un accident.	Es ist ein Unfall passiert.
Il y a ... blessés.	Es gibt ... Verletzte.
Je suis ...	Mein Standort ist ...
On m'a ...	Ich bin ... worden.
volé(e).	*beraubt*
attaqué(e).	*überfallen*
violé(e).	*vergewaltigt*
Je voudrais appeler mon ambassade.	Ich möchte mit meiner Botschaft sprechen.

Pharmacie	Apotheke
Où est la pharmacie la plus proche ?	Wo gibt es hier eine Apotheke?
Quelle est la pharmacie de garde ?	Welche Apotheke hat Bereitschaft?
Je voudrais quelque chose contre ...	Ich möchte etwas gegen ...
la diarrhée.	*Durchfall.*
la fièvre.	*Fieber.*
le mal des transports.	*Reisekrankheit.*
le mal de tête.	*Kopfschmerzen.*
le rhume.	*Erkältung.*
Je voudrais ...	Ich möchte ...
des pansements.	*Pflaster.*
un bandage.	*einen Verband.*
Je suis allergique à ...	Ich vertrage kein ...
l'aspirine.	*Aspirin.*
la pénicilline.	*Penizillin.*
C'est sans danger pour les enfants ?	Kann man das Kindern geben?

Chez le médecin	Beim Arzt
J'ai besoin de voir un médecin.	Ich brauche einen Arzt.
Où sont les urgences ?	Wo ist die Notaufnahme?
J'ai mal ici.	Ich habe hier Schmerzen.
J'ai ...	Mir ist ...
chaud.	*heiß.*
froid.	*kalt.*
Je me sens mal.	Mir ist übel.
J'ai la tête qui tourne.	Mir ist schwindlig.

J'ai de la fièvre.	Ich habe Fieber.
Je suis ...	Ich bin ...
enceinte.	*schwanger.*
diabétique.	*Diabetiker.*
séropositif(-ive).	*HIV-positiv.*
Je prends ces médicaments.	Ich nehme diese Medikamente.
Mon groupe sanguin est ...	Meine Blutgruppe ist ...

À l'hôpital | Im Krankenhaus

Dans quel service se trouve ... ?	Auf welcher Station liegt ...?
Quelles sont les heures de visite ?	Wann ist die Besuchszeit?
Je voudrais parler à ...	Ich möchte mit ... sprechen.
un médecin.	*einem Arzt*
un infirmier/une infirmière.	*einem Krankenpfleger/ einer Krankenschwester*
Je voudrais louer un téléphone.	Ich möchte ein Telefon mieten.
Je voudrais un casque pour la télévision, s'il vous plaît.	Ich möchte Kopfhörer für das Fernsehen, bitte.
Quand vais-je pouvoir sortir ?	Wann werde ich entlassen?

Chez le dentiste | Beim Zahnarzt

J'ai besoin de voir un dentiste.	Ich brauche einen Zahnarzt.
J'ai mal à cette dent.	Dieser Zahn tut weh.
J'ai perdu un de mes plombages.	Mir ist eine Füllung herausgefallen.
J'ai un abcès.	Ich habe einen Abszess.
Je voudrais une piqûre/ je ne veux pas de piqûre contre les douleurs.	Ich möchte eine/keine Spritze gegen die Schmerzen.
Pouvez-vous réparer mon dentier ?	Können Sie mein Gebiss reparieren?
J'ai besoin d'un reçu pour mon assurance.	Ich brauche eine Quittung für die Versicherung.

Voyages d'affaires	Dienstreisen
Je voudrais organiser une réunion avec ...	Ich möchte eine Besprechung mit ... ausmachen.
J'ai rendez-vous avec Monsieur/Madame ...	Ich haben einen Termin mit Herrn/Frau ...
Voici ma carte de visite.	Hier ist meine Karte.
Je travaille pour ...	Ich arbeite für ...
Comment rejoindre ... ?	Wie komme ich ...?
votre bureau	*zu Ihrem Büro*
le bureau de Monsieur/Madame ...	*zum Büro von Herrn/Frau ...*
la cantine	*zur Kantine*
J'ai besoin d'un interprète.	Ich brauche einen Dolmetscher.
Pourriez-vous me photocopier ça, s'il vous plaît ?	Können Sie das bitte für mich kopieren?
Je peux me servir ... ?	Darf ich ... benutzen?
de votre téléphone	*Ihr Telefon*
de votre ordinateur	*Ihren Computer*
de votre bureau	*Ihren Schreibtisch*
Y a-t-il une connexion internet sans fil?	Haben Sie drahtlosen Internetzugang?

Voyageurs handicapés	Behinderte Reisende
Où est l'entrée pour les fauteuils roulants ?	Wo ist der Eingang für Rollstuhlfahrer?
Votre hôtel est-il accessible aux fauteuils roulants ?	Ist Ihr Hotel rollstuhlgerecht?
Je voudrais une chambre ...	Ich brauche ein Zimmer ...
au rez-de-chaussée.	*im Erdgeschoss.*
accessible aux fauteuils roulants.	*für Rollstuhlfahrer.*
Y a-t-il un ascenseur pour fauteuils roulants ?	Haben Sie einen Aufzug für Rollstühle?
Où sont les toilettes pour handicapés ?	Wo ist die Behindertentoilette?

Est-ce qu'il y a dans ce train un espace aménagé pour les fauteuils roulants ?	Kann ich als Rollstuhlfahrer in diesem Zug mitfahren?
Pouvez-vous m'aider à monter/ descendre, s'il vous plaît ?	Können Sie mir beim Einsteigen/ Aussteigen bitte helfen?

Voyager avec des enfants | Mit Kindern reisen

Est-ce que nous pouvons venir avec les enfants ?	Können wir die Kinder mitbringen?
Est-ce que les enfants ont le droit d'entrer ?	Ist der Eintritt auch Kindern gestattet?
Il y a un tarif réduit pour les enfants ?	Gibt es eine Ermäßigung für Kinder?
Vous servez des menus pour enfants ?	Haben Sie Kinderportionen?
Auriez-vous ... ?	Hätten Sie ...?
une chaise pour bébé	*einen Kinderstuhl*
un lit de bébé	*ein Kinderbett*
une table à langer	*einen Wickeltisch*
Où est-ce que je peux changer mon bébé ?	Wo kann ich das Baby wickeln?
Où est-ce que je peux allaiter mon bébé ?	Wo kann ich das Baby stillen?
Vous pouvez réchauffer ceci, s'il vous plaît ?	Können Sie das bitte aufwärmen?
Qu'est-ce qu'il y a comme activités pour les enfants ?	Was können Kinder hier unternehmen?
Où est le parc de jeux le plus proche ?	Wo gibt es hier einen Spielplatz?
Est-ce qu'il y a un service de garderie ?	Gibt es hier eine Kinder-betreuung?
Mon fils/ma fille est malade.	Mein Sohn/meine Tochter ist krank.

Je voudrais faire une réclamation.	Ich möchte mich beschweren.
À qui dois-je m'adresser pour faire une réclamation ?	Bei wem kann ich mich beschweren?
Je voudrais parler au responsable, s'il vous plaît.	Ich möchte mit dem Geschäftsführer sprechen.
La lumière	*Das Licht*
Le chauffage	*Die Heizung*
La douche	*Die Dusche*
… ne marche pas.	… funktioniert nicht.
La chambre est …	Das Zimmer ist …
sale.	*schmutzig.*
trop petite.	*zu klein.*
Il fait trop froid dans la chambre.	Das Zimmer ist zu kalt.
Pourriez-vous nettoyer ma chambre, s'il vous plaît ?	Bitte machen Sie das Zimmer sauber.
Pourriez-vous baisser le son de votre télé/radio, s'il vous plaît ?	Bitte stellen Sie den Fernseher/das Radio leiser.
Il y a une odeur de tabac.	Es riecht nach Rauch.
Il n'y a pas d'eau chaude.	Es gibt kein warmes Wasser.
Pouvons-nous changer de chambre ?	Können wir das Zimmer wechseln?
On m'a volé quelque chose.	Mir wurde etwas gestohlen.
Ma chambre n'a pas été faite.	Mein Zimmer wurde nicht aufgeräumt.
Nous attendons depuis très longtemps.	Wir warten schon sehr lange.
Il y a une erreur dans l'addition.	Die Rechnung stimmt nicht.
Je veux être remboursé(e).	Ich möchte mein Geld zurück.
Je voudrais échanger ceci.	Ich möchte das umtauschen.
Je ne suis pas satisfait(e).	Ich bin damit nicht zufrieden.

aïoli Knoblauchmayonnaise
anchoïade Sardellenpaste mit Knoblauch, Olivenöl und Essig
amuse-bouche Appetithappen
assiette du pêcheur Fischplatte
bar Seebarsch
bavarois Bayerische Creme
bisque Hummercremesuppe
blanquette Kalbsfrikassee mit cremiger Soße
bouillabaisse Bouillabaisse (provenzalische Fischsuppe)
brandade de morue Kabeljau mit Knoblauch, Olivenöl und Sahne
brochette, en am Spieß
bulot Wellhornschnecke
calamar/calmar Tintenfisch
cassoulet Eintopf aus weißen Bohnen mit eingemachtem Fleisch, Speck und Wurst
cervelle de Canut Quark mit Schafskäse, Kräutern und Weißwein
charlotte Biskuitkuchen mit Cremefüllung
clafoutis Kirschkuchen
coq au vin Coq au Vin (Hähnchen in Rotwein)
coques Herzmuscheln
crémant Schaumwein
crème pâtissière Vanillesoße für Torten und Desserts
cuisses de grenouilles Froschschenkel
daube Schmorbraten
daurade Goldbrasse
filet mignon Schweinefilet
fine de claire Auster
foie gras Gänseleber
fond d'artichaut Artischockenherz
fougasse Fladenbrot
gésier Geflügelmagen
gratin dauphinois Kartoffelgratin
homard thermidor gegrillter Hummer mit Cremesoße
île flottante Schaumgebäck in Vanillesoße
loup de mer Wolfsbarsch
noisettes d'agneau Lammfleischstückchen
onglet Steak
pan-bagnat Brötchen mit Ei, Oliven, Thunfisch und Anchovis
parfait Halbgefrorenes
parmentier mit Kartoffel(püree)
pignons Pinienkerne
pipérade Omelette mit Tomaten, Zwiebeln und Paprika

pissaladière Art kleine Pizza mit Zwiebeln, Anchovis und Oliven
pistou Pesto auf provenzalische Art
pommes mousseline Kartoffelpüree mit Sahne
pot-au-feu Eintopf
quenelles Fleisch- oder Fischklöße mit Soße
rascasse Drachenkopf (Fisch)
ratatouille Ratatouille (Gemüseeintopf)
ris de veau Kalbsbries
romaine Romagnasalat
rouille scharfe Soße, serviert zur Bouillabaisse
salade lyonnaise Gemüsesalat mit Eiern und Speck
salade niçoise Salat mit Bohnen, Anchovis, Oliven und Paprika
suprême de volaille Hähnchenbrust mit Cremesoße
tapenade Paste aus schwarzen Oliven, Anchovis und Kapern
tournedos Rossini Tournedos (Lendenschnitte) auf geröstetem Brot mit Gänseleber und Trüffeln

Alsterwasser panaché
Apfelkorn liqueur de pomme
Apfelstrudel gâteau aux pommes, aux raisins et à la cannelle, roulé en pâte feuilletée
Arme Ritter pain perdu
Backpflaumen pruneaux
Bauernfrühstück petit déjeuner chaud composé d'œufs brouillés, de bacon, de morceaux de pommes de terre, d'oignons et de tomates
Berliner beignet fourré à la confiture
Bierschinken saucisse de jambon
Bierwurst saucisse bouillie bavaroise
Bockwurst saucisse bouillie
Dunkles bière brune
Eierkuchen crêpes
Eisbein jarret de porc bouilli, souvent servi avec de la choucroute
Eiswein vin de glace
Fledermaus bœuf bouilli accompagné d'une crème au raifort
Fünfkornbrot pain complet aux cinq céréales
geschmort braisé
Gewürzgurken cornichons
Hackbraten pain de viande
Helles bière légère
Heuriger vin nouveau
Jägerschnitzel escalope servie avec des champignons et une sauce au vin
Kasseler viande de porc fumée
Knackwurst saucisse épicée
Kraftsuppe consommé
Kroketten croquettes
Leberkäse pain de viande fait à partir de foie de porc
Leinsamenbrot pain complet contenant des graines de lin
Linzer Torte tarte à la confiture surmontée de croisillons de pâte
Malzbier bière brune au malt
Maß un litre de bière
Mischbrot pain gris fait à partir de farines de blé et de seigle
Nockerln petites boulettes, quenelles
Pils, Pilsner bière forte, légèrement amère
Pumpernickel pain très foncé fait à partir de farine de seigle complète grossière
Radler panaché

Räucherkäse fromage fumé
Reibekuchen galettes de pommes de terre
Rösti morceaux de pommes de terre frits avec des oignons et des lardons
Roulade roulade de bœuf
Sachertorte gâteau au chocolat
Sauerbraten bœuf braisé mariné dans du vinaigre servi avec des boulettes et des légumes
Schwertfisch espadon
Spanferkel cochon de lait
Steinbutt turbot
Steinpilze cèpes (de Bordeaux)
Stollen pâtisserie en forme de pain contenant des écorces confites, habituellement dégustée à Noël
Vollkornbrot pain aux céréales
Wiener Schnitzel escalope panée
Wildbraten venaison rôtie
Zervelatwurst cervelas à base de bœuf et de porc
Zigeunerschnitzel escalope accompagnée d'une sauce au paprika

DEUTSCH – FRANZÖSISCH
ALLEMAND – FRANÇAIS

a

Aachen (-s) *nt* Aix-la-Chapelle
Aal (-(e)s, -e) *m* anguille *f*

SCHLÜSSELWORT

ab *präp +Dat* dès ; **Kinder ab 12 Jahren** les enfants de plus de 12 ans ; **ab morgen/Montag/Januar** dès demain/lundi/(le mois de) janvier ; **ab sofort** dès maintenant
▸ *adv* **1** (*weg, entfernt*) loin ; (*herunter*): **der Knopf ist ab** le bouton est parti ; **ab ins Bett!** (ouste,) au lit ! ; **links ab** à gauche ; **Hut ab!** (*alle Achtung!*) chapeau !
2 (*zeitlich*): **von da ab** dès ce moment, dès lors ; **von heute ab** dès aujourd'hui, à partir d'aujourd'hui
3 (*auf Fahrplänen*): **München ab 12.20** Munich (départ) 12h20
4: **ab und zu** *od* **an** de temps en temps, parfois

Abbau (-(e)s) *m* (*Zerlegung*) démontage *m* ; (*von Personal, Preisen*) réduction *f* ; (*von Kräften*) déclin *m*
ab|bauen *vt* (*zerlegen*) démonter ; (*verringern*) réduire
ab|bekommen (*irr*) *vt* recevoir ; (*Regen*) prendre ; (*fam: Farbe, Aufkleber*) arriver à enlever ; **etwas ~** (*beschädigt werden*) être abîmé(e) ; (*verletzt werden*) être blessé(e)
ab|bestellen *vt* (*Zeitung*) résilier son abonnement à
ab|bezahlen *vt* payer
ab|biegen (*irr*) *vi* tourner
Abbild *nt* image *f* • **ab|bilden** *vt* reproduire • **Abbildung** *f* reproduction *f*
ab|blenden *vt*: **die Scheinwerfer ~** se mettre en code
Abblendlicht *nt* feux *mpl* de croisement
ab|brechen (*irr*) *vt* (*Ast, Henkel*) casser ; (*Beziehungen, Verhandlungen*) rompre ; (*Spiel*) interrompre ; (*Gebäude, Brücke*) démolir ; (*Lager*) lever ▸ *vi* se casser ; (*aufhören*) arrêter
ab|bringen (*irr*) *vt*: **jdn davon ~, etw zu tun** dissuader qn de faire qch
Abbruch *m* rupture *f* ; (*von Gebäude*) démolition *f*
ab|buchen *vt* prélever
ab|decken *vt* (*Haus*) arracher le toit de ; (*Tisch*) débarrasser ; (*Loch, Beet*) couvrir
Abdruck (-s, Abdrücke) *m* moulage *m*
Abend (-s, -e) *m* soir *m* ; **zu ~ essen** dîner ; **heute/gestern/morgen ~** ce/hier/demain soir
• **Abendessen** *nt* dîner *m*
• **Abendkleid** *nt* robe *f* du soir
• **Abendland** *nt* Occident *m*
• **abendlich** *adj* du soir
abends *adv* le soir
Abenteuer (-s, -) *nt* aventure *f*
• **abenteuerlich** *adj* (*gefährlich*) risqué(e) ; (*seltsam*) excentrique

Abenteurer(in) (-s, -) *m(f)* aventurier(-ière)
aber *konj* mais
abermals *adv* une nouvelle fois
ab|fahren (*irr*) *vi* partir ▸ *vt* (*Strecke*) parcourir ; (*Fahrkarte*) utiliser
Abfahrt *f* départ *m* ; (*Ski*) descente *f* ; (*von Autobahn*) sortie *f*
Abfahrtslauf *m* descente *f*
Abfahrtszeit *f* heure *f* du départ
Abfall *m* (*Rest*) déchets *mpl* ; (*Rückstand*) résidus *mpl* • **Abfallbeseitigung** *f* traitement *m* des déchets • **Abfalleimer** *m* poubelle *f*
abfällig *adj* désobligeant(e)
ab|fangen (*irr*) *vt* intercepter
ab|fertigen *vt* (*fertig machen*) préparer ; (*Flugzeug*) préparer pour le décollage
ab|finden (*irr*) *vt* dédommager ▸ *vr*: **sich mit etw ~/nicht ~** être/ne pas être satisfait(e) de qch
Abfindung *f* (*von Gläubigern*) remboursement *m* ; (*Geld*) indemnité *f*
ab|fliegen (*irr*) *vi* (*Flugzeug*) décoller ; (*Passagier*) partir
Abflug *m* décollage *m* • **Abflugzeit** *f* heure *f* du départ
Abfluss *m* (*Öffnung*) voie *f* d'écoulement
Abfolge *f* ordre *m*
ab|fragen *vt* interroger
Abfuhr (-, -*en*) *f* enlèvement *m* ; **sich** *Dat* **eine ~ holen** (*fam*) se faire remettre en place
ab|führen *vi* (*Méd*) avoir des propriétés laxatives
Abführmittel *nt* laxatif *m*
Abgabe *f* (*von Waren*) vente *f* ; (*von Wärme*) émission *f* ; (*von Prüfungsarbeit, Stimmzettel*) remise *f* ; (*von Ball*) passe *f* ; (*gew pl*: *Steuer*) impôt *m*
Abgang *m* départ *m* ; (*Theat*) sortie *f* ; (*Méd*: *von Nierenstein etc*) évacuation *f* ; (: *Fehlgeburt*) fausse couche *f* ; (*kein pl*: *der Post, von Waren*) expédition *f* ; **reißenden ~ finden** se vendre comme des petits pains
Abgas *nt* gaz *m inv* d'échappement
ab|geben (*irr*) *vt* remettre ; (*an Garderobe*: *Erklärung*) donner ; (*Ball*) passer ; (*Wärme*) émettre ▸ *vr*: **sich mit jdm/etw ~** s'occuper de qn/qch
ab|gehen (*irr*) *vi* partir ; (*von der Schule*) quitter l'école ▸ *vt* (*Strecke, Weg*) parcourir
abgelegen *adj* éloigné(e)
abgeneigt *adj* +*Dat*: **jdm/einer Sache nicht ~ sein** n'avoir rien contre qn/qch
Abgeordnete(r) *f(m)* député(e)
Abgesandte(r) *f(m)* envoyé(e)
abgesehen *adv*: **~ von ...** à part ...
abgestanden *adj* (*Flüssigkeit*) pas frais(fraîche)
abgetragen *adj* (*Kleidung, Schuhe*) usé(e)
ab|gewinnen (*irr*) *vt*: **jdm etw ~** (*Geld*) faire perdre qch à qn ; **einer Sache** *Dat* **etwas/nichts ~ können** trouver qch intéressant/sans intérêt
abgewogen *adj* (*Urteil*) équitable ; (*Worte*) bien pesé(e)
ab|gewöhnen *vt*: **jdm etw ~** faire perdre l'habitude de qch à qn ; **sich** *Dat* **etw ~** perdre l'habitude de qch
ab|grenzen *vt* séparer ; (*Pflichten*) déterminer ; (*Bereich*) délimiter ; (*Begriffe*) définir ▸ *vr* prendre ses distances
Abgrund *m* abîme *m*
ab|halten (*irr*) *vt* (*Versammlung*) tenir ; (*Besprechung*) avoir ; (*Gottesdienst*) célébrer ; **jdn von etw ~** empêcher qn de faire qch

ab|handeln *vt* (*Thema*) traiter ; **jdm die Waren ~** conclure un marché avec qn
abhanden|kommen *vi* s'égarer ; **mir ist mein Schirm abhandengekommen** j'ai égaré mon parapluie
Abhandlung *f* traité *m*
Abhang *m* pente *f*
ab|hängen *vt* décrocher ; (*Verfolger*) se débarrasser de ▶ *vi* : **von jdm/etw ~** dépendre de qn/qch
abhängig *adj* dépendant(e)
ab|hauen (*irr*) *vt* (*Kopf, Ast*) couper ▶ *vi* (*fam*) filer ; **hau ab!** fiche le camp !
ab|heben (*irr*) *vt* (*Dach, Deckel, Schicht*) enlever ; (*Telefonhörer*) décrocher ; (*Geld*) prélever ▶ *vi* (*Flugzeug, Rakete*) décoller ; (*Kartenspiel*) couper ▶ *vr* se distinguer ; **sich von etw ~** ressortir sur qch
Abhilfe *f* secours *m*
ab|holen *vt* aller chercher
Abitur (-*s*, -*e*) *nt* ≈ baccalauréat *m*
Abiturient(in) *m(f)* bachelier(-ière)
ab|kaufen *vt* acheter ; **jdm alles ~** (*fam: glauben*) gober tout ce que qn raconte
Abkommen (-*s*, -) *nt* accord *m*
ab|kürzen *vt* abréger ; (*Strecke*) raccourcir
Abkürzung *f* (*Wort*) abréviation *f* ; (*Weg*) raccourci *m*
ab|laden (*irr*) *vt* décharger
ab|lassen (*irr*) *vt* (*Wasser*) vider ; (*Luft*) faire sortir ; (*vom Preis*) remettre
Ablauf *m* (*Abfluss*) écoulement *m* ; (*von Ereignissen*) déroulement *m* ; (*einer Frist*) expiration *f*
ab|laufen (*irr*) *vi* (*abfließen*) s'écouler ; (*Ereignisse*) se dérouler ; (*Frist*) arriver à échéance ; (*Pass*) expirer
ab|legen *vt* (*Gegenstand*) poser ; (*Kleider*) enlever ; (*Gewohnheit*) perdre ; (*Prüfung*) passer
Ableger (-*s*, -) *m* (*Bot*) bouture *f*
ab|lehnen *vt* (*Angebot, Verantwortung, Einladung*) décliner ; (*Hilfe, Amt*) refuser
Ablehnung *f* refus *m*
ab|leiten *vt* (*Wasser, Rauch, Blitz*) détourner ; (*herleiten*) tirer ; (*Math, Ling*) dériver
ab|lenken *vt* détourner ; (*zerstreuen*) distraire
Ablenkung *f* distraction *f*
ab|lesen (*irr*) *vt* (*Text, Rede*) lire ; (*Messgeräte, Werte*) relever
ab|liefern *vt* (*Ware*) livrer ; (*Geld*) remettre ; (*abgeben*) rendre
ab|lösen *vt* (*Briefmarke*) décoller ; (*Pflaster, Fleisch*) enlever ▶ *vr* (*abgehen*) se détacher ; (*sich abwechseln*) se relayer
ab|machen *vt* (*entfernen*) enlever ; (*vereinbaren*) convenir de ; (*in Ordnung bringen*) régler
Abmachung *f* (*Vereinbarung*) accord *m*
ab|melden *vt* annoncer le départ de ; (*Auto*) faire annuler l'immatriculation de ; (*Telefon*) faire couper ▶ *vr* annoncer son départ ; **sich bei der Polizei ~** annoncer son départ au commissariat
Abnahme *f* (*Verringerung*) baisse *f* ; (*Entfernen*) *fait d'enlever* ; (*Écon*) achat *m*
ab|nehmen (*irr*) *vt* enlever ; (*Bild, Telefonhörer*) décrocher ; (*Führerschein*) retirer ; (*Geld*) prendre ▶ *vi* (*schlanker werden*) maigrir
Abnehmer (-*s*, -) *m* (*Écon*) acheteur *m*

Abneigung *f*: **~ (gegen)** aversion *f* (pour)
ab|nutzen *vt* user
Abo (-*s*, -*s*) *nt* (*fam*) *abk* = **Abonnement**
Abonnement (-*s*, -*s*) *nt* abonnement *m*
abonnieren *vt* être abonné(e) à
ab|raten (*irr*) *vi*: **jdm von etw ~** déconseiller qch à qn
ab|reagieren *vr* se défouler
ab|rechnen *vt* (*abziehen*) déduire ; (*Rechnung aufstellen*) préparer l'addition *od* la facture
Abrechnung *f* (*Bilanz*) bilan *m*
Abreise *f* départ *m*
ab|reisen *vi* partir (en voyage) ; (*Rückreise antreten*) partir
ab|reißen (*irr*) *vt* (*Haus, Brücke*) démolir ; (*Blatt, Faden, Blumen*) arracher
Abriss *m* (*Übersicht*) aperçu *m*
Abruf *m*: **auf ~** à disposition
ab|rufen (*irr*) *vt* (*Ware*) faire livrer
ab|rüsten *vi* (*Mil*) désarmer
Abrüstung *f* désarmement *m*
Absage *f* réponse *f* négative
ab|sagen *vt* annuler ; (*Einladung*) décliner ▶ *vi* dire non
Absatz *m* (*Schuhabsatz*) talon *m* ; (*neuer Abschnitt*) alinéa *m* ; (*von Ware*) ventes *fpl*
ab|schaffen *vt* (*Todesstrafe, Gesetz*) abolir ; (*Angestellte, Haustier, Auto*) se défaire de
Abschaffung *f* abolition *f*
ab|schalten (*fam*) *vt* éteindre ▶ *vi* (*nicht mehr konzentrieren*) décrocher
abschätzig *adj* (*Blick*) méprisant(e) ; (*Bemerkung*) peu flatteur(-euse)
Abscheu (-(*e*)*s*) *m od f* dégoût *m* • **abscheulich** *adj* épouvantable
ab|schicken *vt* expédier
ab|schieben (*irr*) *vt* (*Ausländer*) expulser
Abschied (-(*e*)*s*, -*e*) *m* adieu *m* ; (*von Armee*) retour *m* à la vie civile ; **~ nehmen** prendre congé ; **zum ~** en guise d'adieu
Abschiedsbrief *m* lettre *f* d'adieu
abschlägig *adj* négatif(-ive)
Abschlagszahlung *f* acompte *m*
Abschleppdienst *m* service *m* de dépannage
ab|schleppen *vt* remorquer ▶ *vr*: **sich mit etw ~** traîner qch (à grand-peine)
Abschleppseil *nt* câble *m* de remorquage
ab|schließen (*irr*) *vt* fermer à clé ; (*beenden, eingehen*) conclure
Abschluss *m* (*Beendigung*) fin *f* ; (*Geschäftsabschluss: von Vertrag*) conclusion *f*
ab|schmieren *vt* (*Aut*) graisser, lubrifier
ab|schminken *vt, vr* se démaquiller ; **das kannst du dir gleich ~!** (*fam*) il n'en est pas question !
ab|schneiden (*irr*) *vt* couper ▶ *vi*: **bei etw gut/schlecht ~** (*fam*) bien/mal réussir qch
Abschnitt *m* (*von Strecke*) section *f* ; (*von Buch*) passage *m* ; (*Kontrollabschnitt*) talon *m* ; (*Zeitabschnitt*) époque *f*
ab|schrauben *vt* dévisser
ab|schrecken *vt* (*Menschen*) faire peur à • **abschreckend** *adj* (*Anblick*) effroyable ; **ein ~es Beispiel** un exemple à ne pas suivre ; **eine ~e Wirkung haben** avoir un effet de dissuasion
Abschreckung *f* (*Mil*) dissuasion *f*
ab|schreiben (*irr*) *vt* copier ; (*Écon*) déduire ; (*fam: verloren geben*) mettre une croix sur

Abschrift *f* copie *f*
abschüssig *adj* en pente
ab|schwächen *vt* (*Wirkung*) diminuer ; (*Eindruck, Behauptung, Kritik*) atténuer
ab|schwellen (*irr*) *vi* désenfler ; (*Lärm*) diminuer
absehbar *adj* (*Folgen*) prévisible ; **in ~er Zeit** dans un proche avenir
ab|sehen (*irr*) *vt* prévoir ▶ *vi*: **von etw ~** renoncer à qch ; (*nicht berücksichtigen*) ne pas tenir compte de qch ; **jdm etw ~** (*erlernen*) apprendre qch de qn
abseits *adv* à l'écart ▶ *präp +Gen* à l'écart de
Abseits *nt* (*Sport*) hors-jeu *m*
ab|senden (*irr*) *vt* envoyer
Absender(in) *m(f)* expéditeur(-trice)
ab|setzen *vt* poser ; (*verkaufen*) écouler ; (*abziehen*) déduire ; (*entlassen*) destituer de ses fonctions ; (*hervorheben*) mettre en valeur ▶ *vr* (*fam: sich entfernen*) se tirer ; (*sich ablagern*) se déposer
ab|sichern *vt* protéger ▶ *vr* se couvrir
Absicht *f* intention *f* ; **mit ~** délibérément • **absichtlich** *adj* voulu(e)
absolut *adj* absolu(e) ▶ *adv* absolument
absolvieren *vt* (*Pensum*) finir ; (*Prüfung*) réussir
ab|speichern *vt* (*Inform*) sauvegarder, mémoriser
ab|speisen *vt* (*fig*) consoler
ab|sperren *vt* (*Gebiet*) fermer ; (*Tür*) fermer à clé
Absperrung *f* (*Vorgang*) interdiction *f* d'accès ; (*Sperre*) barrière *f*
ab|spielen *vt* (*Platte, Tonband*) jouer ▶ *vr* se dérouler
Absprache *f* accord *m*
ab|sprechen (*irr*) *vt* (*vereinbaren*) convenir de ; **jdm etw ~** (*aberkennen*) priver qn de qch ; **jdm die Begabung ~** contester le talent de qn
ab|springen (*irr*) *vi* sauter ; (*Farbe, Lack*) partir
Absprung *m* saut *m* ; **den ~ schaffen** (*fam*) arriver à rompre avec le passé
ab|stammen *vi* descendre
Abstammung *f* origine *f*
Abstand *m* distance *f* ; (*zeitlich*) intervalle *m*
Abstecher (-s, -) *m* détour *m*
ab|steigen (*irr*) *vi* descendre
ab|stellen *vt* poser ; (*ausschalten: Maschine*) éteindre ; (*: Strom*) couper ; (*: beenden*) mettre fin à ; (*ausrichten*) adapter à
ab|stempeln *vt* (*Briefmarke*) oblitérer ; (*Menschen*) étiqueter
Abstieg (-(e)s, -e) *m* descente *f* ; (*Niedergang*) déclin *m*
ab|stimmen *vi* voter ▶ *vt* (*Farben*) marier ; (*Interessen*) concilier ; (*Termine, Ziele*) faire coïncider ▶ *vr* se mettre d'accord
Abstimmung *f* (*Stimmenabgabe*) vote *m*
abstrakt *adj* abstrait(e) ▶ *adv* d'une manière abstraite
ab|streiten (*irr*) *vt* nier
Abstrich *m* (*Méd*) frottis *m*
ab|stumpfen *vi* s'émousser ; (*fig*) devenir insensible
Absturz *m* chute *f*
ab|stürzen *vi* faire une chute ; (*Aviat*) s'écraser
absurd *adj* absurde
Abszess (-es, -e) *m* abcès *m*
Abt (-(e)s, ¨-e) *m* abbé *m*
ab|tauen *vi* (*Schnee, Eis*) fondre ; (*Straße*) dégeler ▶ *vt* dégivrer

Abtei *f* abbaye *f*
Abteil (-(e)s, -e) *nt* compartiment *m*
ab|teilen *vt* diviser; (*abtrennen*) cloisonner
Abteilung *f* (*in Firma, in Krankenhaus*) service *m*; (*in Kaufhaus*) rayon *m*
• **Abteilungsleiter(in)** *m(f)* chef *m* de service; (*in Kaufhaus*) chef de rayon
ab|treiben (*irr*) *vi* (*Schiff*) dériver; **(ein Kind) ~** avorter
Abtreibung *f* avortement *m*
Abtreibungsversuch *m* tentative *f* d'avortement
ab|trennen *vt* (*lostrennen*) découdre; (*entfernen, abteilen*) séparer
ab|treten (*irr*) *vt* (*überlassen*) céder
ab|trocknen *vt* essuyer ▶ *vi* sécher
ab|tun (*irr*) *vt* (*fam: ablegen*) enlever; (*fig*) rejeter
ab|warten *vt, vi* attendre; **~ und Tee trinken** (*fam*) voir venir
abwärts *adv* vers le bas
ab|waschen (*irr*) *vt* (*Schmutz*) enlever (en lavant); (*Geschirr*) laver
Abwasser (-s, *Abwässer*) *nt* eaux *fpl* usées
ab|wechseln *vi* alterner; (*Menschen*) se relayer
abwechselnd *adv* tour à tour
Abwechslung *f* changement *m*; (*Zerstreuung*) distraction *f*
abwechslungsreich *adj* varié(e)
abwegig *adj* étrange
Abwehr *f* (*Ablehnung*) défense *f*; (*Schutz*) protection *f*; (*Geheimdienst*) contre-espionnage *m* • **ab|wehren** *vt* (*Feind, Angriff*) repousser; (*Neugierige*) renvoyer; (*Gefahr*) éviter; (*Ball*) dégager; (*Verdacht*) écarter; (*Vorwurf*) répondre à; **~de Geste** geste *m* de refus
ab|weichen (*irr*) *vi* (*Werte*) être différent(e); (*von Kurs, Straße*) s'écarter; (*Meinung*) différer
ab|wenden (*irr*) *vt* (*Blick, Kopf*) détourner; (*verhindern*) éviter ▶ *vr* se détourner
ab|werfen (*irr*) *vt* (*Kleidungsstück*) se débarrasser de; (*Reiter*) désarçonner; (*Profit*) rapporter; (*Ballast, Bomben, Flugblätter*) lâcher
ab|werten *vt* (*Fin*) dévaluer
abwesend *adj* absent(e)
Abwesenheit *f* absence *f*
Abwurf *m* (*von Bomben etc*) largage *m*
ab|zahlen *vt* payer, rembourser
Abzeichen *nt* insigne *m*; (*Orden*) ordre *m*
ab|zeichnen *vt* dessiner; (*unterschreiben*) signer ▶ *vr* se dessiner; (*bevorstehen*) se préciser
ab|ziehen (*irr*) *vt* (*entfernen*) retirer; (*subtrahieren*) déduire ▶ *vi* (*Rauch*) s'échapper; (*fam: weggehen*) se tirer
Abzug *m* retrait *m*; (*von Waffen*) gâchette *f*; (*Phot*) épreuve *f*
abzüglich *präp* +*Gen* moins, sans
ab|zweigen *vi* bifurquer ▶ *vt* utiliser
Abzweigung *f* embranchement *m*
ach *interj* oh
Achse *f* axe *m*; (*Aut*) essieu *m*; **auf ~ sein** (*fam*) être en voyage
Achsel (-, -n) *f* épaule *f*
acht *num* huit
Acht *f*: **~ geben** *siehe* **achtgeben**; **sich in ~ nehmen** faire attention; **etw völlig außer ~ lassen** ne pas tenir compte de qch
achte(r, s) *adj* huitième
Achtel *nt* huitième *m*
achten *vt* respecter ▶ *vi*: **auf etw** *Akk* **~** faire attention à qch

Achterbahn *f* montagnes *fpl* russes
achtfach *adj* octuple
acht|geben *vi*: **~ (auf** *+Akk***)** faire attention (à)
achthundert *num* huit cent(s)
achtlos *adv* sans faire attention
Achtung *f*: **~ vor jdm/etw** respect *m* pour qn/qch ▶ *interj*: **~!** attention !
achtzehn *num* dix-huit
achtzig *num* quatre-vingts
ächzen *vi* (*Mensch*) gémir
Acker (-s, ¨) *m* champ *m*
Action (-, -s) *f* (*fam*) action *f*
Actionfilm *m* film *m* d'action
Adapter *m* adaptateur *m*
addieren *vt* additionner
ade *interj* adieu
Adel (-s) *m* noblesse *f*
Ader (-, -n) *f* veine *f*
Adjektiv *nt* adjectif *m*
Adler (-s, -) *m* aigle *m*
adoptieren *vt* adopter
Adrenalin (-s) *nt* adrénaline *f*
Adresse *f* adresse *f*
adressieren *vt* adresser
ADSL *f abk* (= *Asymmetric Digital Subscriber Line*) ADSL *m*
Advent (-(e)s, -e) *m* Avent *m*
Adventskalender *m* calendrier *m* de l'Avent
Aerobic (-s) *nt* aérobic *f*
Affäre *f* affaire *f*; (*Verhältnis*) aventure *f*
Affe (-n, -n) *m* singe *m*
affektiert *adj* affecté(e)
Afghanistan (-s) *nt* l'Afghanistan *m*
Afrika (-s) *nt* l'Afrique *f*
Afrikaner(in) (-s, -) *m(f)* Africain(e)
afrikanisch *adj* africain(e)
AG *abk* (= *Aktiengesellschaft*) SARL *f*
Agent(in) *m(f)* agent *m* secret ; (*Vertreter*) agent, représentant(e)
Agentur *f* agence *f*
Aggression *f* agression *f*; **seine ~en abreagieren** se défouler
aggressiv *adj* agressif(-ive)
Ägypten (-s) *nt* l'Égypte *f*
ägyptisch *adj* égyptien(ne)
aha *interj* ah
ähneln *vi +Dat* ressembler à ▶ *vr* se ressembler
ahnen *vt* deviner
ähnlich *adj* semblable ; **das sieht ihm ~!** (*fam*) c'est bien de lui !
• **Ähnlichkeit** *f* ressemblance *f*
Ahnung *f* (*Vorgefühl*) pressentiment *m* ; (*Vermutung*) idée *f*; **keine ~!** aucune idée !
ahnungslos *adv*: **er kam ~ herein/an** il est entré/arrivé sans se douter de rien
Ahorn (-s, -e) *m* érable *m*
Ähre *f* épi *m*
Aids *nt* sida *m*
Airbag (-s, -s) *m* airbag *m*
Akademie *f* établissement *d'enseignement supérieur*
Akademiker(in) (-s, -) *m(f)* universitaire *mf*
akademisch *adj* (*Scol*) universitaire
Akkord (-(e)s, -e) *m* (*Mus*) accord *m* ; **im ~ arbeiten** travailler à la pièce
Akkordeon (-s, -s) *nt* accordéon *m*
Akne *f* acné *f*
Akt (-(e)s, -e) *m* acte *m* ; (*Art*) nu *m*
Akte *f* dossier *m*
Aktentasche *f* serviette *f*
Aktie *f* action *f*
Aktiengesellschaft *f* société *f* à responsabilité limitée
Aktienkurs *m* cours *m* des actions
Aktion *f* action *f*; (*Polizeiaktion, Suchaktion*) opération *f*; **in ~** en action
Aktionär(in) (-s, -e) *m(f)* actionnaire *mf*

aktiv *adj* actif(-ive)
aktivieren *vt* activer
aktualisieren *vt* (*Inform*) mettre à jour
aktuell *adj* (*Thema, Problem*) actuel(le)
Akupunktur *f* acupuncture *f*
Akustik *f* acoustique *f*
akut *adj* (*Frage*) urgent(e) ; (*Gefahr*) imminent(e) ; (*Méd*) aigu (aiguë)
AKW (-s, -s) *nt abk* = **Atomkraftwerk**
Akzent (-(e)s, -e) *m* accent *m*
akzeptabel *adj* (*Preise*) acceptable
akzeptieren *vt* accepter
Alarm (-(e)s, -e) *m* alarme *f*
• **Alarmbereitschaft** *f* état *m* d'alerte ; **in ~ sein** être prêt(e) à intervenir
alarmieren *vt* alerter ; (*beunruhigen*) alarmer
Alaska (-s) *nt* l'Alaska *m*
Albanien (-s) *nt* l'Albanie *f*
albern *adj* sot(te), idiot(e)
Albtraum *m* cauchemar *m*
Album (-s, *Alben*) *nt* album *m*
Alge *f* algue *f*
Algerien (-s) *nt* l'Algérie *f*
Algorithmus (-, *-men*) *m* algorithme *m*
Alibi (-s, -s) *nt* alibi *m*
Alkohol (-s, -e) *m* alcool *m*
• **alkoholfrei** *adj* sans alcool
Alkoholiker(in) (-s, -) *m(f)* alcoolique *mf*
Alkoholismus *m* alcoolisme *m*
All (-s) *nt* univers *m*

SCHLÜSSELWORT

alle(r, s) *pron* **1** (*substantivisch: nt sg*): **~s** tout ; **das ~s** tout cela ; **~s Gute** mes meilleurs vœux ; **~s in ~m** l'un dans l'autre, à tout prendre ; **trotz ~m** malgré tout ; **vor ~m** avant tout, surtout ; **ist das ~s?** (*im Geschäft*) ce sera tout ? ; **das wäre ~s** ce sera tout ; **was hast du ~s gesehen?** raconte-moi tout ce que tu as vu ; **was es nicht ~s gibt!** qu'est-ce qu'il ne faut pas entendre ! ; **wer ~s weiß davon?** qui d'autre est au courant ? ; **~s aussteigen!** tout le monde descend !
2 (*substantivisch: pl: sämtliche*) tous (toutes) ; **~ sind gekommen** tout le monde est venu, ils (elles) sont tous (toutes) venu(e)s ; **~ beide** (tous (toutes)) les deux ; **wir ~** nous tous (toutes) ; **wir ~ möchten** nous aimerions tous (toutes) ; **~ die** tous (toutes) ceux (celles) qui
3 (*adjektivisch: sg*) tout(e) le (la) ; (*pl*) tous (toutes) les ; **~s Geld** tout l'argent ; **~s Bier** toute la bière ; **~ Milch** tout le lait ; **~ Kinder** tous les enfants ; **trotz ~r Bemühungen** malgré tous nos/ses *etc* efforts ; **ohne ~n Zweifel** sans aucun doute
4 (*mit Zeit- oder Maßangaben*): **~ 10 Minuten** toutes les 10 minutes ; **~ fünf Meter** tous les cinq mètres
▶ *adj* (*fam: aufgebraucht*) fini(e) ; **die Milch ist ~** il n'y a plus de lait ; **etw ~ machen** finir qch

Allee *f* allée *f*
allein *adj* seul(e) ; **nicht ~** (*nicht nur*) pas seulement
• **alleinerziehend** *adj* célibataire, seul(e) • **Alleinerziehende(r)** *f(m)* parent *m* seul • **Alleingang** *m*: **im ~** tout(e) seul(e)
alleinig *adj* (*Erbe*) unique ; (*Vertreter, Hersteller*) exclusif(-ive)
alleinstehend *adj* célibataire
Alleinstehende(r) *f(m)* personne *f* (qui vit) seule

allenfalls *adv* (*höchstens*) au plus ; (*möglicherweise*) le cas échéant
allerbeste(r, s) *adj* de loin le(la) meilleur(e)
allerdings *adv* (*einschränkend*) toutefois ; (*bekräftigend*) bien sûr
Allergie *f* allergie *f*
allergisch *adj* allergique ; **gegen etw ~ sein** être allergique à qch
allerhand *adj inv* (*fam*) toutes sortes de ; **das ist doch ~!** (*entrüstet*) c'est un comble !
Allerheiligen *nt* Toussaint *f*
allerhöchste(r, s) *adj* (*Berg*) le(la) plus haut(e) de tous(toutes) ; **es wird** *od* **ist ~ Zeit** *od* **Eisenbahn, dass ...** il est grand temps que ...
allerhöchstens *adv* au plus
allerlei *adj inv* toutes sortes de
allerletzte(r, s) *adj* tout(e) dernier(-ière)
allerwenigste(r, s) *adj*: **von uns allen hat er das ~ Geld** de nous tous, c'est lui qui a le moins d'argent
allgemein *adj* général(e) ▸ *adv* (*beliebt, bekannt*) de tous ; **das ~e Wahlrecht** le suffrage universel ; **im A~en** en général
• **Allgemeinbildung** *f* culture *f* générale • **allgemeingültig** *adj* universellement reconnu(e)
• **Allgemeinheit** *f* (*Öffentlichkeit*) communauté *f* ; **Allgemeinheiten** *pl* généralités *fpl*
alljährlich *adj* annuel(le)
allmählich *adj* progressif(-ive) ▸ *adv* petit à petit
Allradantrieb *m*: **mit ~** à quatre roues motrices
allseits *adv*: **sie war ~ beliebt** elle était aimée de tous
Alltag *m* quotidien *m*
allzu *adv* beaucoup trop
Alm (-, -*en*) *f* alpage *m*
Almosen (-*s*, -) *nt* aumône *f*
Alpen *pl* Alpes *fpl*
Alphabet (-(*e*)*s*, -*e*) *nt* alphabet *m*
alpin *adj* alpin(e)
Alptraum *m siehe* **Albtraum**

SCHLÜSSELWORT

als *konj* **1** (*zeitlich*) au moment où, quand ; **~ er merkte, dass** quand il a remarqué que ; **damals ~ ...** à cette époque, où ... ; **gerade ~ ...** juste au moment où ...
2 (*in der Eigenschaft*) en tant que, comme ; **~ Clown verkleidet** déguisé(e) en clown ; **~ Kind war ich immer sehr ängstlich** quand j'étais petit(e), j'étais très peureux(-euse) ; **~ Beweis** pour *od* comme preuve
3 (*bei Vergleichen*): **schöner ~** plus beau (belle) que ; **so viel ~ möglich** autant que possible ; **so weit ~ möglich** dans la mesure du possible ; **nichts ~ Ärger** rien que des ennuis ; **alles andere ~** tout sauf
4: **~ ob** *od* **wenn** comme si ; **~ wäre nichts geschehen** comme s'il ne s'était rien passé

also *adv* donc
alt *adj* vieux (vieille) ; (*antik, ehemalig*) ancien(ne) ; **sie ist drei Jahre ~** elle a trois ans
Alt (-*s*, -*e*) *m* (*Mus*) contralto *m*
Altar (-(*e*)*s*, -*äre*) *m* autel *m*
Altbau *m* vieil immeuble *m*
Altbier *nt bière brune allemande*
Alter (-*s*, -) *nt* âge *m* ; (*letzter Lebensabschnitt*) vieillesse *f* ; **im ~ von** à l'âge de
altern *vi* vieillir
alternativ *adj* (*Medizin*) parallèle, alternatif(-ive) ▸ *adv*: **~ leben** avoir un mode de vie alternatif

Alternative *f* solution *f* de rechange
Alternativmedizin *f* médecine *f* douce
Altersgrenze *f* limite *f* d'âge
Altersheim *nt* maison *f* de retraite
Altersversorgung *f* retraite *f*
Altertum (-s) *nt* antiquité *f*; **Altertümer** *pl* (*Gegenstände*) antiquités *fpl*
Altglas *nt* verre *m* usagé
Altglascontainer *m* conteneur *m* de collecte du verre usagé
altklug *adj* précoce
Altlasten *pl* déchets *mpl* toxiques
Altmaterial *nt* déchets *mpl*
altmodisch *adj* démodé(e)
Altpapier *nt* vieux papiers *mpl*
Altstadt *f* vieille ville *f*
Alufolie *f* papier *m* aluminium
Aluminium (-s) *nt* aluminium *m*
Alzheimerkrankheit *f* maladie *f* d'Alzheimer
am = **an dem**
Amateur *m, in zW* amateur *m*
ambulant *adj* (*Méd*) ambulatoire
Ameise *f* fourmi *f*
Amerika (-s) *nt* l'Amérique *f*
Amerikaner(in) (-s, -) *m(f)* Américain(e)
amerikanisch *adj* américain(e)
Amnestie *f* amnistie *f*
Ampel (-, -n) *f* (*Verkehrsampel*) feu(x) *m(pl)* (*de signalisation*)
Amsel (-, -n) *f* merle *m*
Amt (-(e)s, ¨er) *nt* (*Posten*) fonction *f*, poste *m*; (*Aufgabe*) fonction; (*Behörde*) office *m*
amtlich *adj* officiel(le)
Amtsrichter(in) *m(f)* juge *m* au tribunal civil
amüsieren *vt* amuser ▶ *vr* s'amuser; **sich über etw** *Akk* **~** rire de qch

SCHLÜSSELWORT

an *präp* +*Dat* **1** (*räumlich: wo?*): **am Bahnhof** à la gare; **an der Wand** au mur; **am Fenster** à la fenêtre; **am Tatort** sur les lieux du crime; **an diesem Ort** à cet endroit; **zu nahe an etw** trop près de qch; **am Fluss** au bord de la rivière; **Frankfurt am Main** Francfort sur le Main; **an der Autobahn** près *od* au bord de l'autoroute
2 (*zeitlich: wann?*): **am kommenden Sonntag** le dimanche suivant; **am vergangenen** *od* **letzten Sonntag** dimanche dernier; **an diesem Tag** ce jour-là; **an Ostern** à Pâques; **am 1. Mai** le 1er mai; **am Morgen/Abend** le matin/soir
3: **an etw sterben** mourir de qch; **arm an Fett** pauvre en matières grasses; **an der ganzen Sache ist nichts** ce n'est pas si compliqué que ça; **jdn an der Hand nehmen** prendre qn par la main; **an (und für) sich** à vrai dire
4 (*als Superlativ*): **sie singt am besten** c'est elle qui chante le mieux
▶ *präp* +*Akk* **1** (*räumlich: wohin?*): **etw an die Wand hängen** accrocher qch au mur; **an die Wand schreiben** écrire sur le mur; **er ging an die Tür** il est allé ouvrir la porte; **sie ging ans Telefon** elle est allée répondre au téléphone; **sich an die Arbeit machen** se mettre au travail
2 (*zeitlich*): **bis an sein Lebensende/80. Lebensjahr** jusqu'à la fin de sa vie/à l'âge de 80 ans
3 (*gerichtet an*): **einen Brief an jdn schreiben** écrire une lettre à qn; **ein Päckchen an jdn schicken**

envoyer un colis à qn ; **ich habe eine Frage an dich** j'ai une question pour toi ; **an etw denken** penser à qch
▶ *adv* **1** (*ungefähr*) environ ; **an die 10 Euro/3 Stunden** environ 10 euros/trois heures
2 (*auf Fahrplänen*): **Frankfurt an 18.17** arrivée à Francfort à 18h17
3 (*ab*): **von dort an** à partir de là ; **von heute an** dorénavant, dès aujourd'hui
4 (*angeschaltet, angezogen*): **das Licht ist an** la lumière est allumée ; **er hatte einen dunklen Anzug an** il portait un costume sombre

analog *adj* analogue
Analogrechner *m* calculateur *m* analogique
Analyse *f* analyse *f*
analysieren *vt* analyser
Ananas (-, - od -*se*) *f* ananas *m*
Anarchie *f* anarchie *f*
Anarchist(in) *m(f)* anarchiste *mf*
Anatomie *f* anatomie *f*
Anbau *m* (*Agr*) culture *f* ; (*Gebäude*) annexe *f*
an|bauen *vt* planter ; (*Gebäudeteil*) ajouter
an|behalten (*irr*) *vt* garder
anbei *adv* ci-joint
an|beißen (*irr*) *vi* (*Fisch*) mordre
an|belangen *vt*: **was mich anbelangt** en ce qui me concerne
an|beten *vt* être en adoration devant
Anbetracht *m*: **in ~** +*Gen* en considération de
an|bieten (*irr*) *vt* proposer ; (*Speise, Getränk*) offrir ▶ *vr* (*Mensch*) se proposer ; (*Gelegenheit*) se présenter
an|binden (*irr*) *vt* attacher
Anblick *m* spectacle *m*
an|brechen (*irr*) *vt* (*Vorräte*) entamer ▶ *vi* (*Zeitalter*) commencer ; (*Tag*) se lever ; (*Nacht*) tomber
an|brennen (*irr*) *vi* prendre feu, se mettre à brûler ; (*Culin*) attacher
an|bringen (*irr*) *vt* (*herbeibringen*) ramener ; (*Bitte*) faire ; (*Wissen, Witz, Ware*) placer ; (*festmachen*) poser
Anbruch *m*: **bei ~ des Tages** au lever du jour
Andacht (-, -*en*) *f* recueillement *m* ; (*Gottesdienst*) office *m*
an|dauern *vi* se poursuivre, durer
andauernd *adj* continuel(le) ▶ *adv* continuellement
Andenken (-*s*, -) *nt* souvenir *m*
andere(r, s) *pron* autre ; **von etwas ~m sprechen** parler d'autre chose ; **unter ~m** notamment
andererseits, anderenteils *adv* d'autre part
ändern *vt* changer, modifier
andernfalls *adv* sinon, autrement
anders *adv* autrement ; **irgendwo ~** autre part ; **~ aussehen** avoir l'air *od* être différent(e)
• **andersartig** *adj* différent(e)
andersherum *adv* dans l'autre sens
anderswo *adv* ailleurs
anderthalb *adj* un(e) et demi(e)
Änderung *f* changement *m*, modification *f*
anderweitig *adj* autre ▶ *adv* (*anders*) à quelqu'un d'autre
an|deuten *vt* indiquer
Andeutung *f* (*Hinweis*) allusion *f* ; (*Spur*) ombre *f*
Andorra (-*s*) *nt* Andorre *f*
Andrang *m* afflux *m*

an|drohen *vt*: **jdm etw ~** menacer qn de qch
an|eignen *vt*: **sich** *Dat* **etw ~** s'approprier qch ; *(lernen)* acquérir qch
aneinander *adv (vorbeifahren)* l'un(e) à côté de l'autre ; *(denken)* l'un(e) à l'autre
• **aneinander|fügen** *vt* joindre
an|ekeln *vt* dégoûter
anerkannt *adj* reconnu(e) (de tous)
an|erkennen *(irr) vt (Regierung)* reconnaître ; *(Bemühungen)* apprécier
anerkennend *adj* élogieux(-euse)
anerkennenswert *adj* louable
Anerkennung *f* reconnaissance *f*
an|fahren *(irr) vt (herbeibringen)* amener ; *(umfahren und verletzen)* renverser ; (Ort) aller *od* se rendre à ; *(zurechtweisen)* remettre à sa place ▶ *vi (losfahren)* démarrer
Anfall *m (Méd)* crise *f* ; *(fig)* accès *m*
an|fallen *(irr) vt (angreifen)* attaquer ▶ *vi (Arbeit)* se présenter
anfällig *adj*: **~ für etw** sujet(te) à qch
Anfang *(-(e)s, Anfänge) m* début *m*, commencement *m* ; **von ~ an** dès le début *od* départ
an|fangen *(irr) vt* commencer ; *(machen)* faire ▶ *vi* commencer
Anfänger(in) *(-s, -) m(f)* débutant(e)
anfänglich *adj* initial(e)
anfangs *adv* au début
an|fassen *vt (ergreifen)* prendre ; *(berühren)* toucher ; *(Angelegenheit)* aborder ▶ *vi (helfen)* mettre la main à la pâte
an|fechten *(irr) vt (Urteil)* faire appel de ; *(Meinung, Vertrag)* contester ; *(beunruhigen)* troubler
an|fertigen *vt (Gutachten, Protokoll)* rédiger
an|flehen *vt* implorer
an|fliegen *(irr) vt (Land)* atterrir en ; *(Stadt)* atterrir à
Anflug *m (Aviat)* arrivée *f*
an|fordern *vt* demander
Anforderung *f (Beanspruchung)* demande *f*
Anfrage *f* demande *f* ; *(Pol)* question *f*
an|freunden *vr (mit Menschen)* se lier d'amitié ; **sich mit etw ~** *(fig)* se faire à qch
an|fühlen *vr*: **sich kalt/weich ~** être froid(e)/doux (douce) (au toucher)
Anführungsstriche, Anführungszeichen *pl* guillemets *mpl*
Angabe *f (Auskunft)* indication *f* ; *(Tech)* spécification *f*
an|geben *(irr) vt* donner ; *(Zeuge)* citer ▶ *vi (fam)* se vanter
Angeber(in) *(-s, -) (fam) m(f)* vantard(e)
angeblich *adj* soi-disant *inv* ▶ *adv* apparemment, paraît-il
Angebot *nt* offre *f* ; *(Auswahl)* choix *m*
angebracht *adj (Bemerkung)* judicieux(-euse)
angeheitert *adj* éméché(e)
an|gehen *(irr) vt (betreffen)* regarder ▶ *vi (Radio, Licht)* s'allumer ; *(fam: beginnen)* commencer
Angehörige(r) *f(m)* proche parent(e)
Angeklagte(r) *f(m)* accusé(e)
Angel *(-, -n) f (zum Fischfang)* canne *f* à pêche ; *(Türangel, Fensterangel)* gond *m*
Angelegenheit *f* affaire *f*
angeln *vt, vi* pêcher

angemessen *adj* approprié(e)
angenehm *adj* agréable ; **~!** *(bei Vorstellung)* enchanté(e) !
angenommen *adj* : **~, wir …** supposons que nous …
angepasst *adj* conformiste
angesagt *(fam) adj* tendance *inv*
angesehen *adj* respecté(e)
angesichts *präp +Gen* en raison de
angespannt *adj* tendu(e) ; *(Aufmerksamkeit)* soutenu(e)
Angestellte(r) *f(m)* employé(e)
angestrengt *adv (nachdenken)* très fort ; *(arbeiten)* dur
angetan *adj* : **von jdm/etw ~ sein** être séduit(e) par qn/qch
angewiesen *adj* : **auf jdn/etw ~ sein** dépendre de qn/qch
an|gewöhnen *vt* : **jdm/sich etw ~** habituer qn/s'habituer à qch
Angewohnheit *f* habitude *f*
Angler(in) *(-s, -) m(f)* pêcheur(-euse) (à la ligne)
an|greifen *(irr) vt* attaquer ; *(Gesundheit)* atteindre
Angreifer(in) *(-s, -) m(f)* agresseur *m*
Angriff *m* attaque *f*
angst *adj* : **ihm ist/wird (es) ~ (und bange)** il a de plus en plus peur • **Angst** *(-, ¨-e) f (Furcht)* peur *f* ; *(Sorge)* crainte *f*
ängstigen *vt* faire peur à ▶ *vr* se faire du souci
ängstlich *adj (furchtsam)* peureux(-euse) ; *(besorgt)* inquiet(-ète)
an|haben *(irr) vt* avoir mis(e)
an|halten *(irr) vt (Fahrzeug)* arrêter ; *(Luft, Atem)* retenir ▶ *vi* s'arrêter ; *(andauern)* continuer
anhaltend *adj (Beifall)* interminable ; *(Regen)* ininterrompu(e)
Anhalter(in) *(-s, -) m(f)* auto-stoppeur(-euse) ; **per ~ fahren** faire du stop
Anhaltspunkt *m* : **jdm einen ~ für etw geben** donner une idée à qn sur qch
anhand *präp +Gen* en se fondant sur
Anhang *m (Buch, Vertrag)* appendice *m* ; *(von E-Mail)* pièce *f* jointe, fichier *m* joint
an|hängen *vt* accrocher ; *(anfügen: Inform)* ajouter ▶ *vr* : **sich an jdn ~** suivre qn ; **jdm etw ~** *(fam)* mettre qch sur le dos de qn ; **eine Datei an eine E-Mail ~** *(Inform)* joindre un fichier à un mail
Anhänger *(-s, -) m* partisan *m* ; *(Aut)* caravane *f* ; *(am Koffer)* étiquette *f* ; *(Schmuck)* pendentif *m*
an|heben *(irr) vt (Gegenstand)* soulever ; *(Preise, Steuern)* augmenter
an|heuern *vt* engager
Anhieb *m* : **auf ~** tout de suite
an|hören *vt* écouter ▶ *vr* s'entendre
Animateur *m* animateur *m*
animieren *vt* : **(zu etw) ~** inciter (à qch)
Ankauf *m* achat *m*
Anker *(-s, -) m* ancre *f*
ankern *vi* mouiller
Ankerplatz *m* mouillage *m*
Anklage *f* accusation *f* • **Anklagebank** *f* banc *m* des accusés
an|klagen *vt* accuser
Anklang *m* : **(bei jdm) ~ finden** être bien reçu(e) (par qn)
Ankleidekabine *f* cabine *f*
an|klopfen *vi* frapper
an|kommen *(irr) vi* arriver ▶ *vi unpers* : **es kommt darauf an** ça dépend ; *(wichtig sein)* c'est ce qui

compte ; **bei jdm ~** (*Anklang finden*) avoir du succès chez qn
an|kreuzen *vt* cocher
an|kündigen *vt* annoncer
Ankunft *f* arrivée *f*
Ankunftszeit *f* heure *f* d'arrivée
an|kurbeln *vt* (*Wirtschaft, Produktion*) relancer
Anlage *f* (*Fabrik, Gebäudekomplex*) installations *fpl* ; (*Park*) parc *m* ; (*Tech, Mil, Sport etc*) équipement *m* ; (*Fin*) placement *m* ; (*Beilage*) annexe *f* ; (*Veranlagung*): **~ zu** tendance *f* à
Anlass (*-es, Anlässe*) *m* (*Ursache*) cause *f* ; (*Gelegenheit, Ereignis*) occasion *f* ; **~ zur Besorgnis/ Freude geben** être inquiétant(e)/ réjouissant(e)
an|lassen (*irr*) *vt* (*Motor*) mettre en marche, démarrer ; (*Mantel etc*) garder ; (*Licht, Radio etc*) laisser allumé(e)
Anlasser (*-s, -*) *m* (*Aut*) démarreur *m*
anlässlich *präp* +*Gen* à l'occasion de
Anlauf *m* (*Sport*) élan *m* ; (*Versuch*) tentative *f*
an|laufen (*irr*) *vi* (*beginnen*) commencer ; (*Metall*) se ternir ; (*Fenster*) se couvrir de buée ▶ *vt* (*Hafen*) faire escale à ; **angelaufen kommen** arriver
an|legen *vt* (*Lineal*) placer ; (*Leiter*) poser ; (*anziehen*) revêtir ; (*Park, Garten*) aménager ; (*Liste*) établir ; (*Kartei, Akte*) constituer ; (*Geld: investieren*) placer ; (*: ausgeben*) dépenser ▶ *vi* (*Schiff*) mouiller ; **es auf einen Streit ~** chercher la bagarre
Anlegestelle *f* mouillage *m*
an|lehnen *vt* (*Leiter, Fahrrad*) appuyer ; (*Tür, Fenster*) entrebâiller ▶ *vr* s'appuyer
Anleitung *f* instructions *fpl*
Anliegen (*-s, -*) *nt* problème *m* ; (*Wunsch*) demande *f*
Anlieger (*-s, -*) *m* riverain *m*
an|machen *vt* (*anschalten, anzünden*) allumer ; (*befestigen*) fixer ; (*Salat*) assaisonner ; **jdn ~** (*fam*) draguer qn
Anmeldeformular *nt* formulaire *m* d'inscription
an|melden *vt* (*Besucher, Besuch*) annoncer ; (*Radio*) payer la redevance pour ; (*Auto*) faire immatriculer ▶ *vr* s'annoncer ; (*polizeilich*) annoncer son arrivée
Anmeldung *f* (*Büro*) réception *f*
an|merken *vt* (*hinzufügen*) ajouter ; (*anstreichen*) noter ; **jdm seine Unsicherheit ~** remarquer le manque d'assurance de qn ; **sich** *Dat* **nichts ~ lassen** ne rien laisser paraître
Anmerkung *f* remarque *f*
Anmut *f* charme *m*
annähernd *adj* approximatif(-ive)
Annahme *f* (*Vermutung*) supposition *f* ; (*von Gesetz, Kind, Namen*) adoption *f*
an|nehmen (*irr*) *vt* accepter ; (*vermuten*) admettre ▶ *vr*: **sich einer Sache** *Gen* **~** (*sich kümmern um*) s'occuper de qch ; **angenommen, das ist so** admettons que ce soit vrai
Annehmlichkeit *f* commodité *f*
annoncieren *vt* annoncer ▶ *vi* mettre *od* insérer une annonce
anonym *adj* anonyme
an|ordnen *vt* ranger, classer ; (*befehlen*) ordonner
Anordnung *f* (*Befehl*) ordre *m*
an|packen *vt* (*anfassen*) saisir ; (*in Angriff nehmen*) s'attaquer à
an|passen *vt* (*angleichen*) adapter

Anpfiff *m (Sport)* coup *m* de sifflet *(annonçant le début d'un match)*; *(fam: Zurechtweisung)* savon *m*
an|prangern *vt* dénoncer
an|preisen *(irr) vt* recommander (chaleureusement)
an|probieren *vt* essayer
an|rechnen *vt* compter; *(altes Gerät)* accorder une remise pour; **jdm etw hoch ~** avoir une haute opinion de qn à cause de qch
Anrecht *nt* droit *m*
Anrede *f* titre *m*
an|reden *vt (ansprechen)* s'adresser à; *(belästigen)* aborder; **jdn mit „Sie" ~** vouvoyer qn
an|regen *vt (stimulieren)* stimuler; *(vorschlagen)* suggérer; **angeregte Unterhaltung** conversation *f* animée
anregend *adj (Mittel)* excitant(e); *(Luft)* qui réveille; *(Gespräch)* stimulant(e)
Anregung *f* suggestion *f*
Anreise *f* (voyage *m* d')aller *m*
an|reisen *vi* arriver
Anreiz *m* motivation *f*
an|richten *vt (Essen)* servir; *(Verwirrung)* provoquer; *(Schaden)* faire
Anruf *m* appel *m* • **Anrufbeantworter** *m* répondeur *m* (automatique)
an|rufen *(irr) vt (Tél)* appeler
an|rühren *vt (anfassen)* toucher; *(mischen)* préparer
Ansage *f* annonce *f*
an|sagen *vt (Zeit)* donner; *(Programm)* annoncer
Ansager(in) *(-s, -) m(f) (Radio, TV)* speaker(ine)
an|sammeln *vr* s'accumuler
Ansatz *m (Beginn)* début *m*; *(Versuch)* tentative *f*; *(Haaransatz)* racine *f*; *(Rostansatz, Kalkansatz)* dépôt *m* • **Ansatzpunkt** *m* point *m* de départ
an|schaffen *vt* acquérir, acheter
Anschaffung *f* acquisition *f*
an|schalten *vt* allumer
an|schauen *vt* regarder
anschaulich *adj* vivant(e)
Anschein *m* apparence *f*
anscheinend *adv* apparemment
Anschlag *m (Bekanntmachung)* affiche *f*; *(Attentat)* attentat *m*; *(Écon)* devis *m*; *(auf Schreibmaschine)* frappe *f*
an|schlagen *(irr) vt (Zettel)* afficher; *(beschädigen: Tasse)* ébrécher; *(Akkord)* frapper
an|schließen *(irr) vt (Gerät)* brancher; *(Sender)* relayer; *(Fahrrad etc)* enchaîner ▶ *vr*: **sich jdm ~** se joindre à qn; *(beipflichten)* se ranger à l'avis de qn
anschließend *adj (räumlich)* contigu(ë); *(zeitlich)* qui suit ▶ *adv* ensuite
Anschluss *m (Élec)* branchement *m*; *(von Wasser etc)* branchement; *(Rail, Aviat)* correspondance *f*; *(Tél: Verbindung)* communication *f*; *(: Apparat)* ligne *f*; **im ~ an** *+Akk* (immédiatement) après
Anschlussflug *m* correspondance *f*
an|schnallen *vr* attacher sa ceinture
Anschnallpflicht *f*: **in Taxis ist jetzt ~** *le port de la ceinture (de sécurité) est devenu obligatoire dans les taxis*
Anschrift *f* adresse *f*
an|sehen *(irr) vt* regarder; **jdm etw ~** lire qch sur le visage de qn; **jdn/etw als etw ~** considérer qn/qch comme qch
Ansehen *(-s) nt (Ruf)* réputation *f*

ansehnlich *adj* (*Mensch*) de belle apparence *od* stature ; (*Betrag*) considérable
an|setzen *vt* (*anfügen*) ajouter ; (*Termin*) fixer ▶ *vi* (*beginnen*) commencer ▶ *vr* (*Rost*) se former
Ansicht *f* (*sichtbarer Teil*) vue *f* ; (*Meinung*) avis *m*, opinion *f* ; **zur ~** à l'examen ; **meiner ~ nach** à mon avis
Ansichtskarte *f* carte *f* postale
Anspannung *f* tension *f*
Anspiel *nt* (*Spielbeginn*) commencement *m* du match
Anspielung *f*: **~ auf** +*Akk* allusion *f* à
Ansporn (-(*e*)*s*) *m* stimulation *f*
Ansprache *f* allocution *f*
an|sprechen (*irr*) *vt* (*reden mit*) adresser la parole à ; (*gefallen*) plaire à
ansprechend *adj* charmant(e)
Ansprechpartner *m* interlocuteur *m*
an|springen (*irr*) *vi* (*Aut*) démarrer
Anspruch *m* (*Recht*) droit *m* ; (*Forderung*) exigence *f*, revendication *f* ; **~ auf etw** *Akk* **haben** avoir droit à qch ; **etw in ~ nehmen** avoir recours à qch
anspruchsvoll *adj* exigeant(e)
Anstalt (-, -*en*) *f* (*Schule, Heim, Gefängnis*) établissement *m* ; (*Heilanstalt*) maison *f* de santé ; **~en machen, etw zu tun** se préparer *od* s'apprêter à faire qch
Anstand *m* décence *f*
anständig *adj* (*Mensch, Benehmen*) honnête ; (*Leistung, Arbeit*) satisfaisant(e)
an|starren *vt* regarder fixement, fixer du regard
anstatt *präp* +*Gen* à la place de ▶ *konj*: **~ etw zu tun** au lieu de faire qch
an|stecken *vt* (*Abzeichen, Blume, Ring*) mettre ; (*Méd*) contaminer ▶ *vr*: **ich habe mich bei ihm angesteckt** il m'a contaminé(e)
ansteckend *adj* contagieux(-euse)
Ansteckung *f* contagion *f*
an|stehen (*irr*) *vi* faire la queue ; (*Verhandlungspunkt*) être à l'ordre du jour
anstelle, an Stelle *präp* +*Gen*: **~ von** à la place de
an|stellen *vt* (*einschalten*: *Gerät*) allumer ; (*Wasser*) ouvrir ; (*Arbeit geben*) engager ; (*vornehmen*) faire ▶ *vr* (*Schlange stehen*) faire la queue ; **sich dumm/geschickt ~** mal/bien s'y prendre
Anstellung *f* emploi *m*
Anstieg (-(*e*)*s*, -*e*) *m* montée *f*
Anstoß *m* (*Impuls*) impulsion *f* ; **~ nehmen an** +*Dat* être choqué(e) par *od* de
an|stoßen (*irr*) *vt* pousser ▶ *vi* (*mit Gläsern*) trinquer
anstößig *adj* choquant(e)
an|streben *vt* aspirer à
Anstreicher(in) (-*s*, -) *m*(*f*) peintre *m* (en bâtiment)
an|strengen *vt* (*Augen, Person*) fatiguer ▶ *vr* faire des efforts
anstrengend *adj* fatigant(e)
Anstrengung *f* effort *m*
Anstrich *m* couche *f* de peinture ; (*fig*: *Note*) apparence *f*
Ansturm *m* assaut *m*
Antarktis (-) *f* Antarctique *m*
Anteil *m* (*Teil*) part *f* ; **~ an etw** *Dat* **nehmen** s'intéresser à qch
Anteilnahme (-) *f* (*Mitleid*) compassion *f*, sympathie *f*
Antenne *f* antenne *f*
Antibiotikum (-*s*, -*biotika*) *nt* antibiotique *m*
Antihistaminikum *nt* (-*s*, *Antihistaminika*) (*Méd*) antihistaminique *m*
antik *adj* ancien(ne)

Antike *f* antiquité *f*
Antiquitäten *pl* antiquités *fpl*
Antiviren- *adj (Inform)* antivirus
Antivirenprogramm *nt (Inform)* antivirus *m*
Antivirensoftware *f* antivirus *m*
Antrag *(-(e)s, Anträge) m (Formular)* formulaire *m*; *(Heiratsantrag)* demande *f* en mariage
an|treiben *(irr) vt* pousser; *(Motor)* entraîner, faire marcher; *(fig)* entraîner
an|treten *(irr) vt (Amt, Regierung, Stellung)* prendre; *(Reise, Urlaub)* partir en ▶ *vi* s'aligner
Antrieb *m* impulsion *f*; *(Tech)* entraînement *m*
Antritt *m (Beginn)* début *m*; *(eines Amtes)* entrée *f* en fonction
an|tun *(irr) vt:* **jdm etw ~** faire qch à qn; **sich** *Dat* **Zwang ~** se faire violence
Antwort *(-, -en) f* réponse *f*; **um ~ wird gebeten** répondez s'il vous plaît (R.S.V.P.)
antworten *vi* répondre; **jdm ~** répondre à qn
an|vertrauen *vt:* **jdm etw ~** confier qch à qn ▶ *vr:* **sich jdm ~** se confier à qn
an|wachsen *(irr) vi* augmenter; *(Pflanze)* prendre racine
Anwalt *(-(e)s, Anwälte) m* avocat *m*
Anwaltskosten *pl* frais *mpl* de justice
an|weisen *(irr) vt (zuweisen)* assigner, attribuer; *(befehlen)* ordonner à; *(anleiten)* diriger; *(Fin: überweisen)* virer
Anweisung *f (Befehl)* ordre *m*; *(Anleitung)* mode *m* d'emploi; *(Postanweisung)* mandat *m*
an|wenden *(irr) vt (Gerät)* utiliser; *(Mittel, Therapie, Gewalt)* recourir à; *(Gesetz, Regel)*: **etw auf etw ~** appliquer qch à qch
Anwender(in) *(-s, -) m(f)* utilisateur(-trice)
Anwendung *f* application *f*; *(Inform)* application *f*, appli *f (fam)*
anwesend *adj* présent(e); **die A~en** les personnes présentes
Anwesenheit *f* présence *f*
an|widern *vt* dégoûter
Anwohner(in) *(-s, -) m(f)* riverain(e)
Anzahl *f (Menge)* quantité *f*; *(Gesamtzahl)* nombre *m*
Anzahlung *f* acompte *m*
Anzeichen *nt* signe *m*
Anzeige *f* annonce *f*; *(Messgerät)* affichage *m*; *(bei Polizei)* dénonciation *f*
an|zeigen *vt* indiquer; *(bei Polizei)* dénoncer
an|ziehen *(irr) vt (Kleidung)* mettre; *(anlocken)* attirer; *(Schraube, Handbremse)* serrer ▶ *vr* s'habiller
anziehend *adj* attirant(e), attrayant(e)
Anziehung *f (Reiz)* attrait *m*, charme *m*
Anziehungskraft *f* attirance *f*; *(Phys)* force *f* d'attraction
Anzug *m* costume *m*
anzüglich *adj (Bemerkung)* désobligeant(e); *(Witz)* de mauvais goût
an|zünden *vt* allumer
apart *adj* chic *inv*
Apfel *(-s, ⸚) m* pomme *f* • **Apfelmus** *nt* purée *f* de pommes
Apfelsine *f* orange *f*
Apfelwein *m* cidre *m*
Apostel *(-s, -) m* apôtre *m*
Apotheke *f* pharmacie *f*
Apotheker(in) *(-s, -) m(f)* pharmacien(ne)
App *f* appli *f*

Apparat (-(e)s, -e) *m* appareil *m* ; **wer ist am ~?** (*Tél*) qui est à l'appareil ?
Appartement (-s, -s) *nt* appartement *m*
Appell (-s, -e) *m* (*Mil*) appel *m* ; (*fig*): **~ (an** *+Akk***)** appel (à)
appellieren *vi*: **~ an** *+Akk* faire appel à
Appetit (-(e)s, -e) *m* appétit *m* ; **guten ~!** bon appétit !
• **appetitlich** *adj* appétissant(e)
Appetitzügler (-s, -) *m* coupe-faim *m*
Applaus (-es, -e) *m* applaudissements *mpl*
Applikation *f* (*Inform*) application *f*
Aprikose *f* abricot *m*
April (-(s), -e) *m* avril *m*
Aquarium *nt* aquarium *m*
Äquator *m* équateur *m*
Araber(in) (-s, -) *m(f)* Arabe *mf*
arabisch *adj* (*Géo*) arabe
Arbeit (-, -en) *f* travail *m*
arbeiten *vi* travailler
Arbeiter(in) (-s, -) *m(f)* travailleur(-euse) ; (*ungelernt*) ouvrier(-ière) • **Arbeiterschaft** *f* ouvriers *mpl*
Arbeitgeber(in) (-s, -) *m(f)* employeur(-euse)
Arbeitnehmer(in) (-s, -) *m(f)* salarié(e)
Arbeitsamt *nt* ≈ Agence *f* nationale pour l'emploi
Arbeitserlaubnis *f* permis *m* de travail
Arbeitsgemeinschaft *f* groupe *m* de travail, équipe *f*
Arbeitskraft *f* énergie *f* ; **Arbeitskräfte** *pl* (*Mitarbeiter*) main-d'œuvre *f*
arbeitslos *adj* au chômage
Arbeitslose(r) *f(m)* chômeur(-euse) *m/f*
Arbeitslosengeld *nt* allocation *f* (de) chômage
Arbeitslosenhilfe *f* ≈ allocation *f* de fin de droits
Arbeitslosigkeit *f* chômage *m*
Arbeitsmarkt *m* marché *m* du travail
Arbeitsplatz *m* lieu *m* de travail ; (*Stelle*) emploi *m*
Arbeitstag *m* journée *f* de travail
Arbeitszeit *f* temps *m* *od* heures *fpl* de travail
Architekt(in) (-en, -en) *m(f)* architecte *mf*
Architektur *f* architecture *f*
Archiv (-s, -e) *nt* archives *fpl*
arg *adj* (*heftig*) terrible ▶ *adv* très
Argentinien (-s) *nt* l'Argentine *f*
Ärger (-s) *m* (*Wut*) colère *f* ; (*Unannehmlichkeit*) ennuis *mpl*
• **ärgerlich** *adj* (*zornig*) en colère, furieux(-euse) ; (*lästig*) fâcheux(-euse), ennuyeux(-euse)
ärgern *vt* fâcher, contrarier ▶ *vr* se fâcher, s'énerver
Argument *nt* argument *m*
argwöhnisch *adj* soupçonneux(-euse)
Arie *f* aria *f*
Arktis (-) *f* (*Géo*) Arctique *m*
arktisch *adj* arctique
arm *adj* pauvre ; **~ dran sein** (*fam*) être à plaindre
Arm (-(e)s, -e) *m* bras *m* ; (*von Leuchter*) branche *f* ; (*von Polyp*) tentacule *m* ; **~ in ~** bras dessus, bras dessous
Armatur *f* (*Élec*) induit *m*
Armaturenbrett *nt* tableau *m* de bord
Armband *nt* bracelet *m*
• **Armbanduhr** *f* montre(-bracelet) *f*
Arme(r) *f(m)* pauvre *mf*
Armee *f* armée *f*
Ärmel (-s, -) *m* manche *f*

Ärmelkanal *m* Manche *f*
Armut (-) *f* pauvreté *f*
Armutszeugnis *nt*: **jdm ein ~ ausstellen** montrer l'incompétence de qn ; **sich ein ~ ausstellen** se révéler compétent
Aroma (-s, *Aromen*) *nt* arôme *m*
arrangieren *vt* organiser
Arrest (-(e)s, -e) *m* (*Mil*) arrêts *mpl* ; (*Scol*) retenue *f*, colle* *f*
arrogant *adj* arrogant(e)
Arroganz *f* arrogance *f*
Arsch (-es, ⸚e) (*fam !*) *m* cul *m* (*fam !*)
Art (-, -en) *f* (*Weise*) manière *f*, façon *f* ; (*Sorte*) sorte *f* ; (*Wesen*) caractère *m*, nature *f* ; (*Bio*) espèce *f*
Artenschutz *m* protection *f* des espèces animales et végétales
Artenschwund *m*, **Artensterben** (-s) ▶ *nt* disparition *f* des espèces
Artenvielfalt *f* biodiversité *f*
artig *adj* sage
Artikel (-s, -) *m* article *m*
Artischocke *f* artichaut *m*
Arznei *f* médicament *m*
Arzt (-es, ⸚e) *m* médecin *m* ; **praktischer ~** généraliste *m*
Ärztin *f* (femme *f*) médecin *m*
ärztlich *adj* médical(e)
Asbest (-(e)s, -e) *m* amiante *m*
Asche *f* cendre *f*
Aschenbecher *m* cendrier *m*
Aschermittwoch *m* mercredi *m* des Cendres
asiatisch *adj* asiatique
Asien (-s) *nt* l'Asie *f*
Aspekt (-(e)s, -e) *m* aspect *m*
Asphalt (-s, -e) *m* asphalte *m*
aß *etc vb siehe* **essen**
Assistent(in) *m(f)* assistant(e)
Ast (-(e)s, ⸚e) *m* branche *f*
ästhetisch *adj* esthétique
Asthma (-s) *nt* asthme *m*
Astrologie *f* astrologie *f*
Astronaut(in) (-en, -en) *m(f)* astronaute *mf*
Astronomie *f* astronomie *f*
Asyl (-s, -e) *nt* asile *m* ; (*Heim*) hospice *m* ; (*Obdachlosenasyl*) refuge *m* pour les sans-abri
Asylant(in) (-en, -en), **Asylbewerber(in)** *m(f)* demandeur(-euse) *m/f* d'asile
Asylantrag *m* demande *f* d'asile
Asylbewerber(in) *m(f)* demandeur(-euse) d'asile
Asylrecht *nt* droit *m* d'asile
Atelier (-s, -s) *nt* atelier *m*
Atem (-s) *m* (*Luft*) haleine *f*, souffle *m* ; (*Atmen*) respiration *f*
• **atemberaubend** *adj* (*Spannung*) à vous couper le souffle, incroyable ; (*Tempo*) vertigineux(-euse) ; (*Schönheit*) époustouflant(e) • **atemlos** *adj* (*Mensch*) hors d'haleine
• **Atempause** *f* temps *m* d'arrêt
• **Atemzug** *m* souffle *m* ; **in einem ~** (*fig*) en même temps
Atheist(in) *m(f)* athée *mf*
Äthiopien (-s) *nt* l'Éthiopie *f*
Athlet(in) (-en, -en) *m(f)* athlète *mf*
Atlantik (-s) *m* Atlantique *m*
atlantisch *adj*: **der A~e Ozean** l'océan *m* Atlantique
Atlas (-ses, *Atlanten*) *m* atlas *m*
atmen *vi* respirer
Atmosphäre *f* atmosphère *f*
Atmung *f* respiration *f*
Atom (-s, -e) *nt* atome *m*
Atombombe *f* bombe *f* atomique
Atomenergie *f* énergie *f* nucléaire
Atomkraft *f* énergie *f* nucléaire
Atomkraftwerk *nt* centrale *f* nucléaire
Atomkrieg *m* guerre *f* atomique
Atomwaffen *pl* armes *fpl* nucléaires

atomwaffenfrei *adj* dénucléarisé(e)
Attachment(-s, -s) *nt* (*von E-Mail*) pièce *f* jointe, fichier *m* joint
Attentat(-(e)s, -e) *nt* attentat *m*
Attest(-(e)s, -e) *nt* certificat *m*
attraktiv *adj* (*Mensch*) séduisant(e) ; (*Angebot, Beruf*) attrayant(e)
At-Zeichen *nt* ar(r)obase *f*
ätzen *vi* être caustique *od* corrosif
ätzend *adj* (*fam*) incroyable

SCHLÜSSELWORT

auch *adv* 1(*ebenfalls*) aussi ; **das ist ~ schön** c'est joli aussi ; **er kommt — ich ~** il va venir — moi aussi ; **nicht nur ..., sondern ~ ...** non seulement ..., mais aussi ... ; **~ nicht** pas non plus ; **ich ~ nicht** moi non plus ; **oder ~** ou encore
2(*selbst, sogar*) même ; **~ wenn das Wetter schlecht ist** même s'il fait mauvais temps ; **ohne ~ nur zu fragen** sans même demander
3(*wirklich*): **du siehst müde aus — bin ich ~** tu as l'air fatigué — je le suis ; **so sieht es ~ aus** ça se voit
4(*auch immer*): **was ~ geschehen mag** quoi qu'il arrive ; **wie dem ~ sei** quoi qu'il en soit

audiovisuell *adj* audiovisuel(le)

SCHLÜSSELWORT

auf *präp +Dat* 1(*wo?*) sur ; **~ dem Tisch** sur la table ; **~ der Post** à la poste ; **~ der Straße** dans la rue ; **~ dem Land** à la campagne ; **~ der ganzen Welt** dans le monde entier ; **was hat es damit ~ sich?** de quoi s'agit-il ?
2(*während*): **~ der Reise/dem Heimweg** pendant le voyage/voyage de retour
▶ *präp +Akk* 1(*wohin?*) sur ; **~ den Tisch** sur la table ; **~ die Post gehen** aller à la poste ; **~ die Schule gehen** aller à l'école ; **~s Land ziehen** aller habiter à la campagne ; **etw ~ einen Zettel schreiben** écrire qch sur un billet ; **~ den Boden fallen** tomber par terre
2(*mit Zeit- und Maßangaben*): **~ 2 Jahre** pour 2 ans ; **~ die Sekunde genau** à la seconde près ; **jdn ~ 10 Uhr zu sich bestellen** faire venir qn pour *od* à 10 heures
3(*als Reaktion*): **~ seinen Vorschlag (hin)** suivant son conseil ; **~ meinen Brief/meine Bitte hin** en réponse à ma lettre/demande
4: **~ Deutsch** en allemand ; **bis ~ ihn** sauf *od* à part lui ; **~ einmal** (*plötzlich*) tout à coup ; **zwei ~ einmal** deux à la fois ; **~ unseren lieben Onkel Albert!** buvons à la santé de notre cher oncle Albert ! ; **die Nacht (von Montag) ~ Dienstag** la nuit de lundi à mardi ; **~ einen Polizisten kommen 1. Bürger** il y a un agent de police pour 1 habitants
▶ *adv* 1(*offen*): **~ sein** (*Tür, Geschäft etc*) être ouvert(e) ; **das Fenster ist ~** la fenêtre est ouverte ; **Augen ~!** ouvre(z) l'œil !
2(*aufgestanden*): **~ sein** (*Mensch*) être debout ; **ist er schon ~?** il est déjà levé ?
3: **~ und ab gehen** faire les cent pas ; **~ und davon gehen** partir ; **~!** (*los!*) allons !
▶ *konj*: **~ dass** (pour) que

auf|atmen *vi* pousser un soupir de soulagement, respirer
Aufbau *m* (*Bauen*) construction *f* ; (*kein pl: Gliederung, Struktur*)

structure *f* ; (: *Schaffung*) création *f* ; (*Aut*) carrosserie *f*
auf|bauen *vt* (*Zelt, Maschine, Gerüst*) monter ; (*Beziehungen*) établir
auf|bereiten *vt* (*Text etc*) préparer
auf|bewahren *vt* garder, conserver
Aufbewahrung *f* (*Gepäckaufbewahrung*) consigne *f*
auf|bieten (*irr*) *vt* (*Kraft, Verstand*) rassembler ; (*Armee, Polizei*) mobiliser
auf|blasen (*irr*) *vt* gonfler ▶ *vr* (*fam*: *péj*) faire l'important
auf|bleiben (*irr*) *vi* (*Laden, Fenster*) rester ouvert(e) ; (*Mensch*) rester debout, veiller
auf|blenden *vt*: **die Scheinwerfer ~** se mettre pleins phares *od* en phares ▶ *vi* (*Aut*) se mettre pleins phares *od* en phares
auf|blühen *vi* (*Blume*) éclore ; (*Mensch*) s'épanouir
auf|brechen (*irr*) *vt* (*Kiste, Auto*) ouvrir (en forçant) ; (*Schloss*) fracturer ▶ *vi* (*Wunde*) se rouvrir ; (*gehen*) partir
auf|bringen (*irr*) *vt* (*öffnen*) réussir à ouvrir ; (*in Umlauf setzen*: *Mode*) lancer ; (*beschaffen*) trouver ; (: *ärgern*) mettre en colère ; (*aufwiegeln*): **~ gegen** monter contre ; **Verständnis für jdn ~** se montrer compréhensif(-ive) envers qn
Aufbruch *m* départ *m*
auf|decken *vt* (*Bett*) ouvrir ; (*enthüllen*) révéler
auf|drängen *vt*: **jdm etw ~** imposer qch à qn ▶ *vr*: **sich jdm ~** (*Mensch*) imposer sa présence à qn ; (*Gedanke, Verdacht*) ne pas sortir de la tête de qn
aufdringlich *adj* importun(e)
aufeinander *adv* (*fam*) l'un(e) sur l'autre ; **sich ~ verlassen** compter l'un sur l'autre
Aufenthalt (-*s*, -*e*) *m* séjour *m* ; (*Verzögerung*) retard *m* ; (*Unterbrechung von Fahrt od Flug*) arrêt *m*
Aufenthaltserlaubnis *f*, **Aufenthaltsgenehmigung** *f* permis *m* de séjour
Auffahrt *f* (*Hausauffahrt*) allée *f* ; (*Autobahnauffahrt*) bretelle *f* d'accès
Auffahrunfall *m* collision *f* en chaîne
auf|fallen (*irr*) *vi* se faire remarquer ; **jdm fällt etw** Akk **auf** qn remarque qch
auffallend *adj* remarquable, extraordinaire
auffällig *adj* voyant(e), frappant(e)
auf|fangen (*irr*) *vt* (*Ball*) attraper ; (*Wasser*) recueillir ; (*Funkspruch*) capter ; (*Preise*) arrêter la hausse de
auf|fassen *vt* (*verstehen*) comprendre ; (*auslegen*) interpréter
Auffassung *f* (*Meinung*) opinion *f*, avis *m* ; (*Auslegung*) conception *f* ; (*auch*: **Auffassungsgabe**) intelligence *f*
auf|fordern *vt* (*befehlen*) exhorter ; (*bitten*) inviter, prier
Aufforderung *f* (*Befehl*) exhortation *f* ; (*Einladung*) invitation *f*
auf|führen *vt* (*Theat*) jouer ; (*in einem Verzeichnis*) mentionner
Aufführung *f* (*Theat*) représentation *f*
Aufgabe *f* (*Auftrag, Arbeit*) tâche *f* ; (*Pflicht, Schulaufgabe*) devoir *m* ; (*Verzicht*) abandon *m* ; (*von Gepäck*) expédition *f*

Aufgang *m* (*Sonnenaufgang*) lever *m* ; (*Treppe*) escalier *m*
auf|geben (*irr*) *vt* (*Paket, Telegramm*) envoyer, expédier ; (*Gepäck*) expédier ; (*Bestellung*) passer ; (*Inserat*) mettre ; (*verzichten*) abandonner ; (*Verlorenes*) renoncer à ▶ *vi* abandonner
Aufgebot *nt* mobilisation *f* ; (*Eheaufgebot*) publication *f* des bans
auf|gehen (*irr*) *vi* (*Sonne, Theat: Vorhang*) se lever ; (*Teig, Saat*) lever ; (*sich öffnen*) s'ouvrir ; (*Math*) être divisible ; (*klar werden*) : **jdm ~** devenir clair(e) pour qn
aufgeklärt *adj* éclairé(e) ; (*sexuell*) qui a reçu une éducation sexuelle
aufgelegt *adj* : **gut/schlecht ~ sein** être de bonne/mauvaise humeur ; **zu etw ~ sein** être d'humeur à qch (*fam*)
aufgeregt *adj* énervé(e), excité(e)
aufgeschlossen *adj* ouvert(e)
auf|greifen (*irr*) *vt* (*Thema, Punkt*) reprendre ; (*Verdächtige*) appréhender
aufgrund, auf Grund *präp* +*Gen* (*wegen*) en raison de
auf|haben (*irr*) *vt* (*Hut, Brille*) porter ; (*Scol*) avoir à faire ▶ *vi* être ouvert(e)
auf|halten (*irr*) *vt* arrêter ; (*Entwicklung*) freiner ; (*Menschen*) retenir ; (*Betrieb*) perturber ; (*Tür, Hand, Sack, Augen*) garder *od* tenir ouvert(e) ▶ *vr* (*bleiben*) s'attarder, rester ; (*wohnen*) séjourner
auf|hängen *vt* accrocher ; (*Hörer*) raccrocher
auf|heben (*irr*) *vt* (*hochheben*) soulever ; (*aufbewahren*) conserver ▶ *vr* se compenser ; **bei jdm gut aufgehoben sein** être en de bonnes mains avec qn ; **viel A~(s) machen** faire beaucoup de bruit
auf|heitern *vr* (*Himmel*) s'éclaircir ; (*Miene*) se dérider ; (*Stimmung*) s'améliorer ▶ *vt* (*Menschen*) égayer
auf|holen *vi* rattraper son retard
auf|horchen *vi* dresser l'oreille
auf|hören *vi* (*enden*) s'arrêter
auf|klären *vt* (*Geheimnis, Fall*) élucider ; (*Irrtum*) expliquer ; (*sexuell*) donner une éducation sexuelle à ; **~ über** +*Akk* mettre au courant de
Aufkleber (-*s*, -) *m* autocollant *m*
auf|kommen (*irr*) *vi* (*Wind*) se lever ; (*Zweifel, Gefühl, Mode*) naître ; **für jdn/etw ~** prendre qn/qch à sa charge
Auflage *f* (*Buch*) édition *f* ; (*von Zeitung etc*) tirage *m* ; (*Bedingung*) condition *f* ; **jdm etw zur ~ machen** imposer qch à qn
Auflauf *m* (*Culin*) soufflé *m* ; (*Menschenauflauf*) attroupement *m*
auf|leben *vi* (*Mensch*) reprendre du poil de la bête ; (*Pflanze*) se remettre ; (*Gespräch*) reprendre ; (*Interesse*) renaître
auf|legen *vt* mettre ; (*Telefonhörer*) raccrocher
auflehnen *vr* : **sich gegen jdn/etw ~** se révolter contre qn/qch
auf|lesen (*irr*) *vt* ramasser
auf|lösen *vt* (*in Wasser*) diluer, délayer ; (*Ehe, Versammlung, Partei, Parlament*) dissoudre ; (*Geschäft*) liquider ▶ *vr* se dissoudre
auf|machen *vt* (*öffnen*) ouvrir ; (*zurechtmachen*) arranger ▶ *vr* (*gehen*) se mettre en route
Aufmachung *f* (*Kleidung*) tenue *f* ; (*Gestaltung*) présentation *f*
aufmerksam *adj* attentif(-ive) ; (*höflich*) aimable ; **jdn auf jdn/etw ~ machen** attirer l'attention de qn

sur qn/qch • **Aufmerksamkeit** *f* attention *f*; (*Höflichkeit*) égard *m*
auf|muntern *vt* (*ermutigen*) encourager; (*erheitern*) égayer
Aufnahme *f* (*Empfang, Reaktion*) accueil *m*; (*in Verein, Krankenhaus etc*) admission *f*; (*in Liste, Programm etc*) insertion *f*; (*von Beziehungen etc*) établissement *m*; (*Phot*) photo *f*; (*auf Tonband etc*) enregistrement *m*
auf|nehmen (*irr*) *vt* (*Kampf, Verhandlungen, Fährte*) ouvrir; (*empfangen, reagieren auf*) accueillir; (*in Verein, Krankenhaus etc*) admettre; (*in Liste etc*) insérer; (*erfassen: Eindrücke*) assimiler; (*auf Tonband, Platte*) enregistrer; (*fotografieren*) prendre en photo; (*Maschen*) reprendre; **es mit jdm ~ können** pouvoir se mesurer à qn
auf|passen *vi* (*aufmerksam sein*) faire attention
Aufprall (*-(e)s, -e*) *m* choc *m*, impact *m*
auf|prallen *vi*: **auf etw** *Akk* **~** heurter qch
Aufpreis *m* majoration *f*
auf|pumpen *vt* gonfler
auf|raffen (*fam*) *vr*: **sich zu einer Arbeit** *etc* **~** trouver l'énergie pour faire un travail *etc*
auf|räumen *vt, vi* ranger
aufrecht *adj* droit(e)
aufrecht|erhalten (*irr*) *vt* maintenir
auf|regen *vt* (*ärgerlich machen*) irriter; (*in Erregung versetzen*) exciter ▸ *vr* s'énerver
aufregend *adj* excitant(e)
Aufregung *f* émotion *f* (forte); (*Durcheinander*) émoi *m*
auf|reizen *vt* exciter
aufreizend *adj* provocant(e)
aufrichtig *adj* sincère
Aufruf *m* (*zur Hilfe, des Namens*) appel *m*
auf|rufen (*irr*) *vt* appeler; **einen Schüler ~** interroger un élève; **jds Namen ~** appeler qn
Aufruhr (*-(e)s, -e*) *m* (*Erregung*) émoi *m*, trouble *m*; (*Pol*) révolte *f*, insurrection *f*
auf|runden *vt* (*Summe*) arrondir
auf|rüsten *vt* armer
Aufrüstung *f* armement *m*
Aufsatz *m* (*Schulaufsatz*) rédaction *f*, dissertation *f*
Aufschlag *m* (*an Kleidungsstück*) revers *m*; (*Aufprall*) choc *m*; (*Preisaufschlag*) supplément *m*; (*Tennis*) service *m*
auf|schlagen (*irr*) *vt* (*Zelt*) dresser, monter ▸ *vi* (*teurer werden*) augmenter; (*aufprallen*) percuter
auf|schließen (*irr*) *vt* ouvrir ▸ *vi* (*aufrücken*) se serrer, se pousser
Aufschnitt *m* (*Wurstaufschnitt*) charcuterie *f*; (*Käseaufschnitt*) fromage *m* en tranches
Aufschrei *m* cri *m*
auf|schreiben (*irr*) *vt* noter
Aufschrift *f* inscription *f*
Aufschub (*-(e)s, Aufschübe*) *m* délai *m*
Aufschwung *m* (*Auftrieb, Elan*) élan *m*, essor *m*; (*wirtschaftlich*) relance *f*
auf|sehen (*irr*) *vi* lever les yeux • **Aufsehen** (*-s*) *nt* sensation *f* • **aufsehenerregend** *adj* qui fait sensation
Aufseher(in) (*-s, -*) *m(f)* surveillant(e); (*Museumsaufseher, Parkaufseher*) gardien(ne)
auf|setzen *vt* (*Hut, Brille*) mettre ▸ *vi* (*Flugzeug*) atterrir
Aufsicht *f* (*Kontrolle*) surveillance *f*; (*Person*) garde *m*, surveillant(e) *m/f*

Aufsichtsrat *m* conseil *m* d'administration
auf|spielen *vr* se donner de grands airs
Aufstand *m* soulèvement *m*
auf|stehen (*irr*) *vi* se lever ; (*Tür*) être ouvert(e)
auf|steigen (*irr*) *vi* monter ; (*beruflich*) monter en grade, être promu(e)
auf|stellen *vt* (*hinstellen*) mettre (en place), poser ; (*Gerüst*) monter ; (*Programm etc*) établir ; (*Rekord*) battre
Aufstellung *f* (*Sport*) composition *f* ; (*Liste*) liste *f*
Aufstieg (-(*e*)*s*, -*e*) *m* ascension *f* ; (*Weg*) montée *f* ; (*beruflich*) avancement *m*
auf|suchen *vt* (*besuchen*) rendre visite à ; (*konsultieren*) consulter
Auftakt *m* (*fig*) prélude *m*
auf|tanken *vi*, *vt* (*Flugzeug*) ravitailler ; (*Auto*) remplir le réservoir de
auf|tauchen *vi* émerger, faire surface, apparaître ; (*Zweifel, Fragen, Problem*) apparaître
auf|tauen *vt* (*Gefrorenes*) décongeler ▶ *vi* (*Eis*) fondre ; (*fig: Mensch*) se dégeler
auf|teilen *vt* répartir ; (*Raum*) diviser
Aufteilung *f* répartition *f* ; (*von Raum*) division *f*
Auftrag (-(*e*)*s*, *Aufträge*) *m* (*Bestellung*) commande *f* ; **im ~** +*Gen* par ordre de, de la part de
Auftraggeber(in) (-*s*, -) *m(f)* client(e)
auf|treiben (*irr*, *fam*) *vt* dénicher
auf|treten (*irr*) *vi* (*erscheinen*) se présenter ; (*Theat*) entrer en scène ; (*sich verhalten*) se conduire
Auftreten (-*s*) *nt* (*Vorkommen*) existence *f* ; (*Benehmen*) conduite *f*, attitude *f*
Auftritt *m* scène *f* ; (*von Schauspieler*) entrée *f* en scène
auf|wachen *vi* s'éveiller, se réveiller
auf|wachsen (*irr*) *vi* grandir
Aufwand (-(*e*)*s*) *m* (*an Kraft, Geld etc*) dépense *f* ; (*Kosten*) frais *mpl*
aufwändig *adj siehe* **aufwendig**
aufwärts *adv* (*in Rangordnung*) à partir de
auf|wecken *vt* réveiller
auf|weisen (*irr*) *vt* montrer
aufwendig *adj* coûteux(-euse)
auf|werfen (*irr*) *vt* (*Probleme*) soulever ; (*Fenster etc*) ouvrir (brusquement) ▶ *vr*: **sich zum Richter ~** s'ériger en juge
auf|werten *vt* (*Fin*) réévaluer ; (*fig*) rehausser
auf|zählen *vt* énumérer
Aufzeichnung *f* (*schriftlich*) note *f* ; (*Tonbandaufzeichnung, Filmaufzeichnung*) enregistrement *m*
auf|zeigen *vt* montrer
auf|ziehen (*irr*) *vt* (*öffnen*) ouvrir ; (*Uhr*) remonter ; (*Fest, Unternehmung*) organiser ; (*Kinder, Tiere*) élever ; (*fam: necken*) taquiner
Aufzug *m* (*Fahrstuhl*) ascenseur *m* ; (*Aufmarsch*) défilé *m* ; (*Kleidung*) accoutrement *m* ; (*Theat*) acte *m*
Auge (-*s*, -*n*) *nt* œil *m* ; (*auf Würfel*) point *m* ; **ein ~/beide ~n zudrücken** (*fam*) fermer les yeux ; **das kann leicht ins ~ gehen** (*fam*) ça risque de mal finir
Augenarzt *m* ophtalmologue *m*, oculiste *m*
Augenblick *m* instant *m* • **augenblicklich** *adj* (*sofort*) immédiat(e) ; (*gegenwärtig*) présent(e), actuel(le)

Augenbraue *f* sourcil *m*
Augenschein (*kein pl*) *m* (*geh*): **jdn/etw in ~ nehmen** examiner qn/qch de près
augenscheinlich *adj* (*geh*) évident(e), apparent(e)
Augenzeuge *m*, **Augenzeugin** *f* témoin *m* oculaire
August (-(*e*)*s* od -, -*e*) *m* août *m*
Auktion *f* vente *f* aux enchères
Aula (-, *Aulen* od -*s*) *f* salle *f* des fêtes

SCHLÜSSELWORT

aus *präp* +*Dat* **1** (*räumlich*) de ; **~ dem Zimmer kommen** sortir de la chambre ; **~ dem Garten/der Stadt kommen** venir du jardin/de la ville ; **er ist ~ Berlin** il vient de Berlin ; **~ dem Fenster** par la fenêtre
2 (*Material*) de, en ; **eine Statue ~ Marmor** une statue de *od* en marbre
3 (*auf Ursache deutend*) par ; **~ Mitleid** par pitié ; **~ Versehen** par mégarde ; **~ Spaß** pour plaisanter *od* rire
▶ *adv* **1** (*zu Ende*) fini(e) ; **~ sein** (*fam: zu Ende sein*) être fini(e) ; (: *nicht brennen, abgeschaltet sein*) être éteint(e) ; **es ist ~ mit ihm** c'en est fait de lui, il est fichu ; **~ und vorbei** fini(e)
2: **weder ~ noch ein wissen** ne plus savoir que faire ; **auf etw** *Akk* **~ sein** viser qch ; **sie ist doch nur auf dein Geld ~** c'est ton argent qui l'intéresse
3 (*ausgeschaltet*): **ist der Herd ~?** le four est-il éteint ? ; **ist das Licht ~?** la lumière est-elle éteinte ?
4 (*in Verbindung mit von*): **von Rom ~** depuis Rome ; **vom Fenster ~** de la fenêtre ; **von sich ~** (*selbstständig*) de lui-même/d'elle-même ; **o. k., von mir ~** d'accord(, si tu veux)

Aus *nt* (*Sport*) élimination *f* ; (*fig: Ende*) fin *f*
aus|baden (*fam*) *vt*: **etw ~ müssen** devoir payer les pots cassés pour qch
Ausbau *m* (*Erweitern*) agrandissement *m*
aus|bauen *vt* (*vergrößern, erweitern*) agrandir ; (*herausnehmen*) démonter
aus|beulen *vt* débosseler
Ausbeute *f* rendement *m*
aus|beuten *vt* exploiter
aus|bilden *vt* former
Ausbilder(in) (-*s*, -) *m*(*f*) formateur(-trice)
Ausbildung *f* formation *f*
Ausbildungsplatz *m* stage *m*
aus|bleiben (*irr*) *vi* (*Personen*) ne pas venir ; (*Ereignisse*) ne pas se produire
Ausblick *m* vue *f* ; (*fig*) perspective *f*
aus|brechen (*irr*) *vi* (*Gefangener*) s'évader ; (*fig: Krieg, Feuer*) éclater ; (*Krankheit*) se déclarer ; (*Vulkan*) entrer en éruption ; **in Gelächter ~** éclater de rire
aus|breiten *vr* (*Nebel, Wärme*) se répandre ; (*Seuche, Feuer*) se propager ; (*über Thema*) s'étendre
Ausbruch *m* évasion *f* ; (*eines Krieges, einer Epidemie*) début *m* ; (*von Vulkan*) éruption *f* ; (*Gefühlsausbruch*) débordement *m* ; **zum ~ kommen** se déclarer
Ausdauer *f* persévérance *f*
ausdauernd *adj* persévérant(e), tenace
aus|dehnen *vt* étendre ; (*Gummi*) étirer ; (*zeitlich*) prolonger ▶ *vr* s'étendre

aus|denken *(irr) vt:* **sich** *Dat* **etw ~** imaginer qch
Ausdruck *m* expression *f*; *(Inform)* sortie *f* (sur imprimante)
aus|drucken *vt (Inform)* imprimer
aus|drücken *vt* exprimer ; *(Zigarette)* écraser ; *(Zitrone, Schwamm)* presser ▸ *vr* s'exprimer
ausdrücklich *adj* exprès(-esse)
auseinander *adv (räumlich, zeitlich):* **~ sein** *(Paar, Ehe)* être séparé(e)
auseinander|gehen *(irr) vi (Menschen)* se séparer ; *(Meinungen)* diverger ; *(Gegenstand)* tomber en morceaux
auseinander|halten *(irr) vt (unterscheiden)* distinguer
Auseinandersetzung *f (Diskussion)* discussion *f*; *(Streit)* dispute *f*
aus|fahren *(irr) vt (spazieren fahren)* (aller) promener ; *(liefern)* (aller) livrer ▸ *vi (spazieren fahren)* (aller) faire un tour ; *(Naut)* prendre la mer
Ausfahrt *f* sortie *f*; *(des Zuges etc)* départ *m*
Ausfall *m (Wegfall, Verlust)* perte *f*; *(Nichtstattfinden)* annulation *f*; *(Tech)* panne *f*; *(Produktionsstörung)* arrêt de la production
aus|fallen *(irr) vi (Zähne, Haare)* tomber ; *(nicht stattfinden)* ne pas avoir lieu
ausfallend *adj* blessant(e)
aus|fertigen *vt (Pass)* délivrer ; *(: Urkunde, Rechnung)* établir
ausfindig *adv:* **jdn/etw ~ machen** (finir par) trouver qn/qch
aus|flippen *(fam) vi* flipper
Ausflug *m* excursion *f*
Ausfuhr *(-, -en) f* exportation *f*
aus|führen *vt (Écon)* exporter ; *(verwirklichen)* réaliser ; *(erklären)* expliquer
ausführlich *adj* détaillé(e) ▸ *adv* en détail
aus|füllen *vt (Loch)* combler ; *(Zeit)* occuper, employer ; *(Platz)* occuper ; *(Fragebogen etc, Beruf)* remplir ; **jdn (ganz) ~** *(in Anspruch nehmen)* absorber qn (complètement)
Ausgabe *f (Geld)* dépense *f*; *(Gepäckausgabe)* consigne *f (où on retire les bagages)* ; *(Buch)* édition *f*; *(Nummer)* numéro *m* ; *(Ausführung)* modèle *m*, version *f*; *(Inform)* sortie *f*
Ausgang *m* sortie *f*; *(kein pl : Ende)* fin *f*; *(: Ergebnis)* issue *f*; *(Ausgehtag)* jour *m* de sortie ; **kein ~** sortie interdite
aus|geben *(irr) vt (Geld)* dépenser ; *(austeilen)* distribuer ▸ *vr:* **sich für etw/jdn ~** se faire passer pour qch/qn
ausgebucht *adj* complet(-ète)
ausgefallen *adj* inhabituel(le), insolite
ausgeglichen *adj (Mensch, Temperament)* équilibré(e)
aus|gehen *(irr) vi (weggehen, sich vergnügen)* sortir ; *(Haare, Zähne)* tomber ; *(Feuer, Ofen, Licht)* s'éteindre ; *(Resultat haben)* finir ; **von etw ~** se fonder sur qch ; *(herrühren)* venir de qch
ausgelassen *adj* débordant(e) de gaieté, enjoué(e)
ausgenommen *präp +Gen od Dat* sauf
ausgepowert *(fam) adj:* **~ sein** être vidé(e), être vanné(e)
ausgerechnet *adv:* **~ heute kommt er** il ne pouvait arriver à un pire moment !
ausgeschlossen *adj (unmöglich)* exclu(e)
ausgesprochen *adj* prononcé(e) ▸ *adv:* **~ schlecht/schön** vraiment très mauvais(e)/beau(belle)

ausgezeichnet *adj* excellent(e)
ausgiebig *adj* (*Essen*) copieux(-euse)
Ausgleich (-(e)s, -e) *m* (*Gleichgewicht*) équilibre *m* ; (*Sport*) égalisation *f* ; **zum ~** en compensation
aus|gleichen (*irr*) *vt* (*Höhenunterschied*) égaliser ; (*Unterschied*) aplanir, équilibrer ; (*Mangel, Verlust*) compenser ; (*Konto*) équilibrer
aus|grenzen *vt* exclure
Ausguss *m* (*Spüle*) évier *m* ; (*Abfluss*) bonde *f* ; (*Tülle*) bec *m*
aus|halten (*irr*) *vt* (*Schmerzen, Hunger, Vergleich*) supporter ; (*Blick*) soutenir
aus|handeln *vt* négocier
Aushang *m* avis *m*
aus|harren *vi* patienter
aus|hecken (*fam*) *vt* inventer, élaborer
aus|helfen (*irr*) *vi* +*Dat*: **jdm ~** donner un coup de main à qn
Aushilfe *f* aide *f*
aushilfsweise *adv* à titre provisoire, temporairement
aus|kennen (*irr*) *vr* s'y connaître
aus|kommen (*irr*) *vi*: **mit jdm (gut) ~** (bien) s'entendre avec qn ; **mit etw ~** se débrouiller avec qch ; **ohne jdn/etw ~** (pouvoir) se passer de qn/qch • **Auskommen** (-s) *nt*: **sein ~ haben** avoir de quoi vivre
Auskunft (-, *Auskünfte*) *f* (*Mitteilung*) renseignement *m* ; (*Stelle*) bureau *m* de renseignements *od* d'information ; (*Tél*) renseignements
aus|lachen *vt* se moquer de
aus|laden (*irr*) *vt* décharger ; (*Gäste*) décommander
Auslage *f* (*Waren*) étalage *m*, éventaire *m* ; (*Schaufenster*) vitrine *f* ; **Auslagen** *pl* (*Kosten*) frais *mpl*
Ausland *nt* étranger *m* ; **im ~, ins ~** à l'étranger
Ausländer(in) (-s, -) *m(f)* étranger(-ère)
ausländerfeindlich *adj* hostile aux étrangers, xénophobe
ausländisch *adj* étranger(-ère)
Auslandsschutzbrief *m contrat de garantie automobile pour voyages à l'étranger*
aus|lassen (*irr*) *vt* omettre ▶ *vr*: **sich über etw** *Akk* **~** s'étendre sur qch
Auslauf *m* espace *m* ; (*Ausflussstelle*) voie *f* d'écoulement
aus|laufen (*irr*) *vi* (*Flüssigkeit*) s'écouler, couler ; (*Behälter*) fuir ; (*Naut*) appareiller ; (*zu Ende sein*) se terminer
aus|leeren *vt* vider
aus|legen *vt* étaler ; (*Geld*) avancer ; (*Text etc*) interpréter
Ausleihe *f* prêt *m* ; (*Stelle*) salle *f* de prêt
aus|leihen (*irr*) *vt* (*verleihen*) prêter ; **sich** *Dat* **etw ~** emprunter qch
Auslese *f* (*Vorgang*) choix *m*, sélection *f* ; (*Elite*) élite *f* ; (*Wein*) grand cru *m*
aus|liefern *vt* livrer ▶ *vr*: **sich jdm ~** se livrer à qn ; **jdm/etw ausgeliefert sein** être à la merci de qn/qch
Auslieferung *f* livraison *f* ; (*von Gefangenen*) extradition *f*
aus|loggen (*Inform*) *vi* se déconnecter
aus|lösen *vt* (*Explosion, Schuss, Alarm*) déclencher ; (*Reaktion*) provoquer ; (*Panik*) jeter, semer ; (*Gefühle, Heiterkeit*) susciter
Auslöser (-s, -) *m* (*Phot*) déclencheur *m*
aus|machen *vt* (*Licht, Feuer*) éteindre ; (*entdecken*) repérer ;

(erkennen) distinguer ; *(vereinbaren)* convenir de, fixer ; *(Anteil darstellen, bedeuten)* constituer, représenter ; **das macht ihm nichts aus** ça ne lui fait rien ; **macht es Ihnen etwas aus, wenn ...?** ça vous dérange si ... ?
Ausmaß *nt (von Katastrophe)* ampleur *f* ; *(von Liebe etc)* grandeur *f*
aus|messen *(irr) vt* mesurer
Ausnahme *f* exception *f* • **Ausnahmezustand** *m* état *m* d'exception
ausnahmslos *adv* sans exception
ausnahmsweise *adv* exceptionnellement
aus|nehmen *(irr) vt (Tier, Fisch, Nest)* vider ; *(fam)* plumer ▶ *vr* avoir l'air
aus|nutzen *vt* profiter de
aus|packen *vt (Koffer)* défaire ; *(Kleider, Geschenk)* déballer
aus|probieren *vt* essayer
Auspuff *(-(e)s, -e) m (Aut)* échappement *m* • **Auspuffrohr** *nt*, **Auspufftopf** *m* pot *m* d'échappement
aus|rauben *vt* dévaliser
aus|rechnen *vt* calculer
Ausrede *f* excuse *f*, prétexte *m*
aus|reden *vi* finir (de parler) ▶ *vt*: **jdm etw ~** dissuader qn de qch
aus|reichen *vi* suffire
ausreichend *adj* suffisant(e)
Ausreise *f*: **bei der ~** en quittant le pays
aus|reisen *vi* sortir du pays
aus|reißen *(irr) vt* arracher ▶ *vi (fam: weglaufen)* se tirer
aus|richten *vt (Botschaft, Gruß)* transmettre ; **jdm etw ~** faire savoir qch à qn
aus|rufen *(irr) vt (schreien)* crier ; *(Stationen, Schlagzeile)* annoncer ; *(Streik, Revolution)* proclamer
Ausrufezeichen *nt* point *m* d'exclamation
aus|ruhen *vt* reposer ▶ *vi, vr* se reposer
Ausrüstung *f* équipement *m*
aus|rutschen *vi* glisser, déraper
Aussage *f* déclaration *f* ; *(Zeugenaussage)* déposition *f*
aus|sagen *vt*: **viel ~ über** *+Akk* en dire long sur ▶ *vi (Jur)* déposer
aus|schalten *vt (Maschine)* arrêter ; *(Licht)* éteindre ; *(Strom)* couper
Ausschank *(-(e)s, Ausschänke) m* vente *f* ; *(Theke)* comptoir *m*
Ausschau *f*: **~ halten nach** guetter
aus|scheiden *(irr) vt* éliminer ; *(Méd)* excréter, éliminer ▶ *vi (nicht in Betracht kommen)* ne pas entrer en ligne de compte ; *(Sport)* être éliminé(e)
aus|schlafen *(irr) vi, vr* dormir tant qu'on veut
Ausschlag *m (Méd)* éruption *f* ; **den ~ geben** être déterminant(e)
ausschlaggebend *adj* déterminant(e)
aus|schließen *(irr) vt* exclure
ausschließlich *adj* exclusif(-ive) ▶ *adv* exclusivement
Ausschnitt *m (Teil)* fragment *m*, morceau *m* ; *(von Kleid)* décolleté *m* ; *(aus Film etc)* extrait *m*
Ausschuss *m (Gremium)* comité *m*, commission *f* ; *(Écon: auch:* **Ausschussware***)* articles *mpl* de second choix
Ausschweifung *f* excès *m*
aus|sehen *(irr) vi* sembler ; **es sieht schlecht aus** ça se présente mal • **Aussehen** *(-s) nt* apparence *f*
außen *adv* à l'extérieur, dehors
Außenminister *m* ministre *m* des Affaires étrangères

Außenpolitik *f* politique *f* étrangère *od* extérieure
außer *präp +Dat* (*abgesehen von*) sauf ; (*räumlich*) en dehors de ▸ *konj* (*ausgenommen*) sauf ; **~ wenn** sauf quand ; **~ dass** sauf que
außerdem *konj* en outre, en plus
äußere(r, s) *adj* extérieur(e) ; **das Äußere** (*äußere Erscheinung*) les apparences *fpl*
außergewöhnlich *adj* inhabituel(le) ; (*außerordentlich*) extraordinaire, exceptionnel(le)
außerhalb *präp +Gen* en dehors de ▸ *adv* au dehors, à l'extérieur
äußerlich *adj* extérieur(e), externe ▸ *adv* en apparence • **Äußerlichkeit** *f* formalité *f*
äußern *vt* (*aussprechen*) exprimer ▸ *vr* (*sich aussprechen*) s'exprimer ; (*sich zeigen*) se manifester
außerordentlich *adj* extraordinaire
äußerst *adv* extrêmement
äußerste(r, s) *adj* extrême ; (*Termin, Preis*) dernier(-ière)
Äußerung *f* propos *mpl*
aus|setzen *vt* (*Kind, Tier*) abandonner ▸ *vi* (*Herz*) cesser de battre ; (*Motor*) avoir des ratés, caler ; (*Mensch : bei Arbeit*) s'interrompre ; (*: Pause machen*) prendre congé ; **jdn/sich etw** *Dat* **~** (*preisgeben*) exposer qn/s'exposer à qch ; **an jdm/einer Sache etwas auszusetzen haben** avoir qch à reprocher à qn/qch
Aussicht *f* (*Blick*) vue *f* ; (*in Zukunft*) perspective *f* ; **etw in ~ haben** avoir qch en vue
aussichtslos *adj* sans espoir
Aussiedler(in) (*-s, -*) *m(f)* émigrant(e)
aus|spannen *vi* se détendre
Aussprache *f* prononciation *f* ; (*Unterredung*) discussion *f*
aus|sprechen (*irr*) *vt* (*Wort, Urteil, Strafe*) prononcer ; (*zu Ende sprechen*) finir ; (*äußern*) exprimer ; (*Warnung*) donner ▸ *vr* (*sich äußern*) s'exprimer ; (*sich anvertrauen*) se confier, s'épancher ; (*diskutieren*) s'expliquer
aus|statten *vt*: **jdn mit etw ~** doter qn de qch
Ausstattung *f* (*Ausstatten*) équipement *m* ; (*Aufmachung*) présentation *f* ; (*von Zimmer*) décor *m* ; (*von Auto*) équipement *m*
aus|stehen (*irr*) *vt* (*ertragen*) supporter ▸ *vi* (*noch nicht da sein*) ne pas (encore) être arrivé(e), manquer ; **jdn/etw nicht ~ können** ne pas supporter qn/qch
aus|steigen (*irr*) *vi* descendre
Aussteiger(in) (*fam*) *m(f)* marginal(e)
aus|stellen *vt* (*Waren, Bilder*) exposer ; (*Pass, Zeugnis*) délivrer ; (*Scheck*) émettre, établir ; (*Rechnung etc*) établir ; (*fam: ausschalten*) éteindre
Ausstellung *f* (*Kunstausstellung etc*) exposition *f* ; (*eines Passes etc*) délivrance *f*
aus|sterben (*irr*) *vi* disparaître
Ausstieg (*-(e)s, -e*) *m* descente *f* ; **~ aus der Gesellschaft** marginalisation *f*
aus|strahlen *vt* répandre ; (*Radio, TV*) émettre, diffuser
Ausstrahlung *f* rayonnement *m*
aus|suchen *vt* choisir
Austausch *m* échange *m* • **austauschbar** *adj* échangeable ; (*gleichwertig*) interchangeable
aus|tauschen *vt* échanger
aus|teilen *vt* distribuer
Auster (*-, -n*) *f* huître *f*

aus|tragen (*irr*) *vt* (*Poste*) distribuer ; (*Streit etc*) régler ; (*Wettkämpfe*) disputer
Australien (-*s*) *nt* l'Australie *f*
australisch *adj* australien(ne)
aus|treten (*irr*) *vi* (*aus Verein, Partei*) quitter ; (*herauskommen: Flüssigkeit*) fuir, s'échapper ; (*fam: zur Toilette*) aller aux toilettes ▶ *vt* (*Feuer*) éteindre (avec les pieds) ; (*Schuhe, Treppe*) user
Austritt *m* (*aus Verein, Partei etc*) départ *m*
Ausverkauf *m* soldes *mpl*
ausverkauft *adj* épuisé(e) ; (*Theat*): **vor ~em Haus spielen** afficher « complet »
Auswahl *f* choix *m*, sélection *f* ; (*Sport*) sélection ; (*Écon: Angebot*) choix
aus|wählen *vt* choisir
aus|wandern *vi* émigrer
Auswanderung *f* émigration *f*
auswärtig *adj* étranger(-ère)
auswärts *adv* à l'extérieur ; (*nach außen*) vers l'extérieur
aus|wechseln *vt* remplacer
Ausweg *m* issue *f*
aus|weichen (*irr*) *vi*: **jdm/etw** *Dat* **~** éviter qn/qch
Ausweis (-*es*, -*e*) *m* (*Personalausweis*) carte *f* d'identité ; (*Mitgliedsausweis, Bibliotheksausweis etc*) carte
aus|weisen (*irr*) *vt* (*aus dem Land weisen*) expulser ▶ *vr* montrer ses papiers
Ausweisung *f* expulsion *f*
auswendig *adv* par cœur
aus|werten *vt* (*Berichte*) analyser ; (*Daten*) exploiter
Auswertung *f* analyse *f* ; (*von Daten*) exploitation *f*
aus|wirken *vr*: **sich auf/in etw** *Akk* **~** se répercuter sur qch
Auswirkung *f* effet *m*
aus|wuchten *vt* (*Aut*) équilibrer
aus|zahlen *vt* payer ▶ *vr* être payant(e)
aus|zeichnen *vt* (*mit Preisschild versehen*) étiqueter ; (*ehren*) décorer ▶ *vr* se distinguer
Auszeichnung *f* (*Ehrung*) distinction *f* ; (*Ehre*) honneur *m* ; (*Orden*) décoration *f* ; (*Écon*) étiquetage *m* ; **mit ~** avec mention
aus|ziehen (*irr*) *vt* (*Kleidung*) enlever ; (*Tisch*) rallonger ; (*Antenne*) sortir ▶ *vr* se déshabiller ▶ *vi* (*aus Wohnung*) déménager
Auszubildende(r) *f(m)* stagiaire *mf* ; (*als Handwerker auch*) apprenti(e) *m/f*
Auszug *m* (*aus Wohnung*) déménagement *m* ; (*Kontoauszug*) relevé *m*
autistisch *adj* autiste
Auto (-*s*, -*s*) *nt* voiture *f* ; **~ fahren** conduire
Autobahn *f* autoroute *f*

> **Autobahn** désigne une autoroute en allemand. Le réseau autoroutier est très développé dans tout le pays. On peut noter deux grandes caractéristiques : En général, la vitesse n'est pas limitée sur les autoroutes allemandes. Elles sont gratuites, sauf pour les camions étrangers qui doivent s'acquitter d'un droit de passage.

Autobahndreieck *nt* échangeur *m*
Autobahnkreuz *nt* échangeur *m*
Autofahrer(in) *m(f)* automobiliste *mf*
Autogas *nt* gaz *m inv* de pétrole liquéfié (GPL)
Autogramm *nt* autographe *m*

Automat (*-en, -en*) *m* distributeur *m* (automatique)
Automatikgurt *m* ceinture *f* à enrouleur
automatisch *adj* automatique
autonom *adj* autonome
Autor(in) *m(f)* auteur *m*
Autoreifen *m* pneu *m* (de voiture)
Autoreisezug *m* train *m* auto-couchettes
Autorennen *nt* course *f* d'automobiles
Autorität *f* autorité *f*
Autostopp *m*: **per ~ fahren** faire du stop
Autotelefon *nt* téléphone *m* de voiture
Autounfall *m* accident *m* de voiture
Autoverleih *m*, **Autovermietung** *f* location *f* de voitures
Axt (*-, ¨e*) *f* hache *f*

b

Baby (*-s, -s*) *nt* bébé *m* • **Babynahrung** *f* aliments *mpl* pour bébé • **Babysitter(in)** (*-s, -*) *m(f)* baby-sitter *mf*
Bach (*-(e)s, ¨e*) *m* ruisseau *m*
Backe *f* joue *f*
backen (*irr*) *vt* faire (cuire) ; (*Fisch*) faire frire ▶ *vi* (*Person*) faire de la pâtisserie
Bäcker(in) (*-s, -*) *m(f)* boulanger(-ère)
Bäckerei *f* boulangerie *f*
Backofen *m* four *m*
Backpulver *nt* levure *f* (chimique)
Bad (*-(e)s, ¨er*) *nt* bain *m* ; (*Raum*) salle *f* de bains ; (*Schwimmbad*) piscine *f* ; (*Kurort*) station *f* thermale
Badeanzug *m* maillot *m* de bain
Badehose *f* slip *m od* maillot *m* de bain
Badekappe *f* bonnet *m* de bain
Bademantel *m* peignoir *m*
Bademeister *m* maître nageur *m*
Bademütze *f* bonnet *m* de bain
baden *vi* se baigner ▶ *vt* baigner
Baden-Württemberg *nt* le Bade-Wurtemberg
Badetuch *nt* drap *m* de bain
Badewanne *f* baignoire *f*

Badezimmer *nt* salle *f* de bains
baff (*fam*) *adj*: **~ sein** être sidéré(e)
Bagger (-s, -) *m* excavateur *m*, pelle *f* mécanique
Bahamas *pl*: **die ~** les Bahamas *fpl*
Bahn (-, -en) *f* (*Eisenbahn*) train *m*; (*Straßenbahn*) tram(way) *m*; (*Rennbahn*) piste *f*; (*von Gestirn, Geschoss auch*) trajectoire *f* • **BahnCard®** (-, -s) *f* carte *f* demi-tarif
Bahnfahrt *f* voyage *m* en train
Bahnhof *m* gare *f*
Bahnlinie *f* ligne *f* de chemin de fer
Bahnsteig *m* quai *m*
Bahnstrecke *f* voie *f* de chemin de fer
Bahnübergang *m* passage *m* à niveau
Balance *f* équilibre *m*
balancieren *vt* faire tenir en équilibre ▶ *vi* se tenir en équilibre
bald *adv* (*zeitlich*) bientôt; (*leicht*) vite; (*fast, beinahe*) presque
baldig *adj* prompt(e), rapide
Baldrian (-s, -e) *m* valériane *f*
Balkan *m*: **der ~** les Balkans *mpl*
Balken (-s, -) *m* poutre *f*
Balkon (-s, -s od -e) *m* balcon *m*
Ball (-(e)s, ⁼e) *m* ballon *m*, balle *f*; (*Tanz*) bal *m*
Ballade *f* ballade *f*
Ballast (-(e)s, -e) *m* lest *m*; (*fig*) charge *f* • **Ballaststoffe** *pl* (*Méd*) fibres *fpl* alimentaires
Ballett (-(e)s, -e) *nt* ballet *m*
Ballon (-s, -s od -e) *m* ballon *m*
Ballung *f* concentration *f*
Baltikum (-s) *nt*: **das ~** les pays *mpl* baltes
Bambus (-ses, -se) *m* bambou *m*
banal *adj* banal(e)
Banane *f* banane *f*
Bananenrepublik *f* république *f* bananière
Banause (-n, -n) *m* beauf *m*
band *etc vb siehe* **binden**
Band[1] (-(e)s, ⁼e) *m* (*Buchband*) volume *m*
Band[2] (-(e)s, ⁼er) *nt* (*Stoffband, Ordensband*) ruban *m*; (*Fließband*) chaîne *f*; (*Tonband*) bande *f*; **etw auf ~ aufnehmen** enregistrer qch
Band[3] (-(e)s, -e) *nt* (*Freundschaftsband etc*) lien *m*
Band[4] (-, -s) *f* (*Mus*) orchestre *m*; (*Popband*) groupe *m*
bandagieren *vt* bander
Bande *f* bande *f*
bändigen *vt* (*Tier*) apprivoiser; (*Trieb, Leidenschaft*) maîtriser
Bandscheibe *f* (*Anat*) disque *m* intervertébral
Bandwurm *m* ténia *m*, ver *m* solitaire
bange *adj* angoissé(e); **mir wird es ~** je commence à m'inquiéter; **jdm B~ machen** faire peur à qn
Bank[1] (-, ⁼e) *f* (*Sitzbank, Sandbank*) banc *m*
Bank[2] (-, -en) *f* (*Geldbank*) banque *f*; **die ~ sprengen** faire sauter la banque
Bankier (-s, -s) *m* banquier *m*
Bankleitzahl *f* code *m* de la banque
Banknote *f* billet *m* de banque
bankrott *adj* en faillite
Banküberfall *m* hold-up *m inv* (*d'une banque*)
Banner (-s, -) *nt* bannière *f*
bar *adj* (*unbedeckt*) découvert(e); (*offenkundig*): **~er Unsinn** folie pure; **etw (in) ~ bezahlen** payer qch comptant *od* en espèces; **gegen ~ kaufen** acheter (au) comptant
Bar (-, -s) *f* bar *m*
Bär (-en, -en) *m* (*Zool*) ours *m*
Baracke *f* baraque *f*

barfuß *adj* pieds nus
barg *etc vb siehe* **bergen**
Bargeld *nt* argent *m* liquide, espèces *fpl*
bargeldlos *adj*: **~er Zahlungsverkehr** transaction *f* par virement
Bariton *m* baryton *m*
Barkeeper (-s, -) *m* tenancier *m* de bar
Barometer (-s, -) *nt* baromètre *m*
Barren (-s, -) *m* (*Sport*) barres *fpl* parallèles ; (*Goldbarren*) lingot *m*
Barriere *f* barrière *f*
Barrikade *f* barricade *f*
barsch *adj* brusque
Barsch (-(e)s, -e) *m* (*Zool*) perche *f*
Bart (-(e)s, ¨e) *m* barbe *f*
bärtig *adj* barbu(e)
Barzahlung *f* paiement *m* comptant
Basar (-s, -e) *m* (*Markt*) bazar *m* ; (*Wohltätigkeitsbasar*) vente *f* de charité
basieren *vi*: **auf etw** *Dat* **~** se fonder sur qch
Basis (-, *Basen*) *f* base *f*
Baskenland *nt* pays *m* basque
Basketball *m* (*Ball*) ballon *m* de basket ; (*Spiel*) basket *m*, basket-ball *m*
Bass (-es, ¨sse) *m* basse *f*
Bassist *m* bassiste *m*
Bast (-(e)s, -e) *m* raphia *m*
basteln *vt, vi* bricoler
Bastler (-s, -) *m* bricoleur *m*
bat *etc vb siehe* **bitten**
Batterie *f* (*in Gerät*) pile *f*
Bau (-(e)s) *m* construction *f* ; (*Baustelle*) chantier *m* ; (*pl*: *Baue*: *Tier*) terrier *m*, tanière *f* ; (*pl*: *Bauten*: *Gebäude*) bâtiment *m*, édifice *m*
• **Bauarbeiter** *m* ouvrier *m* du bâtiment
Bauch (-(e)s, *Bäuche*) *m* ventre *m*
bauchig *adj* (*Gefäß*) ventru(e)
Bauchschmerzen *pl* mal *m* au *od* maux *mpl* de ventre
bauen *vt* construire ; (*Nest*) faire ; (*Mus*: *Instrumente*) fabriquer ▶ *vi* construire
Bauer[1] (-n od -s, -n) *m* paysan *m* ; (*Échecs*) pion *m*
Bauer[2] (-s, -) *nt od m* (*Vogelbauer*) cage *f*
Bäuerin *f* paysanne *f*, agricultrice *f*
bäuerlich *adj* paysan(ne) ; (*Art*) rustique
Bauernhaus *nt*, **Bauernhof** *m* ferme *f*
Baufirma *f* entreprise *f* de construction
Baugenehmigung *f* permis *m* de construire
Bauherr *m* maître *m* d'ouvrage
Baujahr *nt* année *f* de construction
Baukosten *pl* coût *msg* de la construction
Bauland *nt* terrain *m* à bâtir
Baum (-(e)s, *Bäume*) *m* arbre *m*
Baumarkt *m* magasin *m* de bricolage
baumeln *vi* pendre
Baumwolle *f* coton *m*
Bauplatz *m* terrain *m* à bâtir
Bausparkasse *f* caisse *f* d'épargne-logement
Baustein *m* (*Spielzeug*) cube *m* ; (*fig*) composante *f*
Baustelle *f* chantier *m*
Bauteil *nt* élément *m*
Bauunternehmer *m* entrepreneur *m*
Bauweise *f* style *m* de construction
Bauwerk *nt* édifice *m*
Bayern *nt* la Bavière
beabsichtigen *vt*: **~, etw zu tun** avoir l'intention de faire qch
beachten *vt* (*befolgen*) respecter ; (: *Vorfahrt*) observer

beachtlich *adj* important(e) ; (*Leistung*) remarquable
Beachtung *f* (*von Regeln etc*) respect *m*
Beamte(r) *m* fonctionnaire *m*
beanspruchen *vt* (*Recht, Erbe*) revendiquer ; (*Zeit, Platz*) prendre ; (*Benzin*) consommer
beanstanden *vt* critiquer ; (*Rechnung*) contester
beantragen *vt* demander
beantworten *vt* répondre à
bearbeiten *vt* s'occuper de ; (*Thema, Chem*) traiter ; (*Material*) travailler ; (*fam: beeinflussen wollen*) travailler
Bearbeitung *f* (*von Thema*) traitement *m* ; (*von Buch, Film*) adaptation *f*
beaufsichtigen *vt* surveiller
beauftragen *vt* charger ; **jdn mit etw ~** charger qn de faire qch
Beben (*-s, -*) *nt* tremblement *m*
Becher (*-s, -*) *m* gobelet *m* ; (*für Joghurt*) pot *m*
Becken (*-s, -*) *nt* bassin *m* ; (*Waschbecken*) lavabo *m* ; (*Mus*) cymbale *f*
bedacht *adj* réfléchi(e) ; **auf etw** *Akk* **~ sein** faire attention à qch
bedächtig *adj* (*umsichtig*) réfléchi(e) ; (*langsam*) lent(e), posé(e)
bedanken *vr*: **sich bei jdm für etw ~** remercier qn de *od* pour qch
Bedarf (*-(e)s*) *m* besoin *m* ; (*Écon*) demande *f* ; **bei ~** en cas de besoin
Bedarfshaltestelle *f* arrêt *m* facultatif
bedauerlich *adj* regrettable
bedauern *vt* regretter ; (*bemitleiden*) plaindre • **Bedauern** (*-s*) *nt* regret *m*
bedauernswert *adj* (*Zustände*) regrettable ; (*Mensch*) à plaindre
bedecken *vt* couvrir
bedeckt *adj* couvert(e)
bedenken (*irr*) *vt* (*Folgen*) réfléchir à • **Bedenken** (*-s, -*) *nt* (*Überlegen*) réflexion *f* ; (*Zweifel*) doute *m* ; (*Skrupel*) scrupule *m*
bedenklich *adj* (*besorgt*) préoccupé(e) ; (*bedrohlich*) inquiétant(e), menaçant(e) ; (*zweifelhaft*) douteux(-euse)
Bedenkzeit *f* délai *m* de réflexion
bedeuten *vt* signifier
bedeutend *adj* important(e) ; (*beträchtlich*) considérable
Bedeutung *f* signification *f*, sens *m* ; (*Wichtigkeit*) importance *f*
bedeutungslos *adj* (*Wort, Zeichen*) dépourvu(e) de sens ; (*Mensch, Ereignis*) sans importance
bedienen *vt* servir ▶ *vr* (*beim Essen*): **bitte ~ Sie sich!** servez-vous !
Bedienung *f* service *m* ; (*von Maschinen*) maniement *m* ; (*Kellnerin*) serveuse *f*
Bedienungsanleitung *f* mode *m* d'emploi
bedingen *vt* (*verursachen*) causer ; (*voraussetzen*) exiger
bedingt *adj* (*Richtigkeit, Tauglichkeit*) limité(e) ; (*Lob*) réservé(e) ; (*Zusage, Annahme*) conditionnel(le) ; (*Reflex*) conditionné(e)
Bedingung *f* condition *f*
bedingungslos *adj* sans condition
bedrängen *vt* harceler ; **jdn mit Fragen ~** presser qn de questions
bedrohen *vt* menacer
bedrohlich *adj* menaçant(e)
Bedrohung *f* menace *f*
bedrücken *vt* accabler
Bedürfnis *nt* besoin *m*
bedürftig *adj* (*arm*) dans le besoin
beeilen *vr* se dépêcher

beeindrucken *vt* impressionner
beeindruckend *adj* impressionnant(e)
beeinflussen *vt* influencer
beeinträchtigen *vt* (*Freude, Genuss*) gâcher ; (*Sehvermögen, Wert, Qualität*) porter préjudice à
beenden, beendigen *vt* terminer
beengen *vt* (*Kleidung*) serrer ; (*fig: jdn*) gêner
beerben *vt* hériter de
beerdigen *vt* enterrer
Beerdigung *f* enterrement *m*
Beere *f* baie *f* ; (*Traubenbeere*) grain *m*
Beet (-(*e*)*s*, -*e*) *nt* plate-bande *f*
befahl *etc vb siehe* **befehlen**
befahrbar *adj* (*Straße*) carrossable ; (*Wasserweg*) navigable
befahren (*irr*) *vt* (*Straße, Route*) emprunter ; (*Naut*) naviguer sur ▶ *adj* (*Straße*) fréquenté(e)
befallen (*irr*) *vt* (*Krankheit*) frapper ; (*Übelkeit, Fieber, Ekel*) prendre ; (*Angst, Zweifel*) saisir ; (*Ungeziefer*) envahir
befangen *adj* (*schüchtern*) intimidé(e) ; (*voreingenommen*) partial(e) • **Befangenheit** *f* (*Schüchternheit*) gêne *f*, timidité *f* ; (*Voreingenommenheit*) parti *m* pris
befassen *vr*: **sich ~ mit** s'occuper de
Befehl (-(*e*)*s*, -*e*) *m* (*Anordnung*) ordre *m* ; (*Befehlsgewalt*) commandement *m* ; (*Inform*) commande *f*
befehlen (*irr*) *vt* ordonner
Befehlshaber (-*s*, -) *m* (*Mil*) commandant *m*
befestigen *vt* (*anbringen, festmachen*) fixer
befinden (*irr*) *vr* se trouver ▶ *vt*: **jdn für schuldig ~** déclarer qn coupable
Befinden (-*s*) *nt* (*Zustand*) état *m* de santé ; (*Meinung*) opinion *f*
befohlen *pp von* **befehlen**
befolgen *vt* suivre
befördern *vt* (*Güter, Gepäck*) transporter ; (*im Beruf*) promouvoir
Beförderung *f* transport *m* ; (*beruflich*) promotion *f*
befragen *vt* interroger ; (*um Stellungnahme bitten, Wörterbuch*) consulter
Befragung *f* interrogation *f* ; (*Umfrage*) sondage *m*
befreien *vt* libérer ; (*freistellen*) exempter ▶ *vr* se libérer
Befreiung *f* libération *f* ; (*Erlassen*) exemption *f*
befreunden *vr*: **sich ~ mit** se lier d'amitié avec ; (*mit Idee etc*) se familiariser avec
befreundet *adj* ami(e)
befriedigen *vt* satisfaire
befriedigend *adj* satisfaisant(e)
Befriedigung *f* satisfaction *f*
befristet *adj* à durée limitée
befruchten *vt* féconder ; (*Diskussion, Gedanken*) stimuler
Befugnis *f* pouvoir *m*
befugt *adj* autorisé(e), habilité(e)
befühlen *vt* palper
Befund (-(*e*)*s*, -*e*) *m* (*von Sachverständigen*) conclusions *fpl* ; (*Méd*) diagnostic *m*
befürchten *vt* craindre
Befürchtung *f* crainte *f*
befürworten *vt* (*Gesetz, Vorschlag*) soutenir ; (*Neuerung*) être favorable à
Befürworter(in) (-*s*, -) *m*(*f*) défenseur *m*
begabt *adj* doué(e)
Begabung *f* don *m*
begann *etc vb siehe* **beginnen**
begeben (*irr*) *vr* (*gehen*) se rendre ; (*geschehen*) se passer

b

begegnen *vi +Dat* rencontrer ; (*widerfahren*) arriver ; (*behandeln*) traiter ; **ihre Blicke begegneten sich** leurs regards se sont rencontrés
Begegnung *f* rencontre *f*
begehen (*irr*) *vt* (*Straftat, Fehler, Dummheit*) commettre ; (*Feier*) célébrer
begehren *vt* désirer
begehrenswert *adj* désirable
begehrt *adj* (*Posten*) convoité(e) ; (*Reiseziel*) en vogue
begeistern *vr*: **sich an etw** *Dat* *od* **für etw ~** s'enthousiasmer pour qch ▶ *vt* remplir d'enthousiasme
begeistert *adj* enthousiaste
Begeisterung *f* enthousiasme *m*
Begierde *f* désir *m*
begierig *adj* avide
Beginn (-(*e*)*s*) *m* commencement *m*, début *m* ; **zu ~** au commencement *od* début
beginnen (*irr*) *vt, vi* commencer
Beglaubigung *f* authentification *f*
begleichen (*irr*) *vt* régler
begleiten *vt* accompagner
Begleiter(in) (-*s*, -) *m(f)* compagnon (compagne)
Begleitung *f* compagnie *f* ; (*Mus*) accompagnement *m*
beglückwünschen *vt*: **jdn zu etw ~** féliciter qn pour *od* de qch
begnügen *vr*: **sich mit etw ~** se contenter de qch
begonnen *pp von* **beginnen**
begraben (*irr*) *vt* (*Toten*) enterrer ; (*Streit*) oublier
Begräbnis *nt* enterrement *m*
begreifen (*irr*) *vt* comprendre
Begriff (-(*e*)*s*, -*e*) *m* notion *f*, concept *m* ; (*Meinung, Vorstellung*) idée *f*
begriffsstutzig *adj* bouché(e)
begründen *vt* (*Tat, Abwesenheit*) justifier ; (*beginnen*) fonder
Begründung *f* justification *f*
begrüßen *vt* accueillir
• **begrüßenswert** *adj* bienvenu(e)
Begrüßung *f* accueil *m*
begutachten *vt* expertiser ; (*fam: ansehen*) examiner
behagen *vi*: **jd/etw behagt ihm nicht** qn/qch ne lui plaît pas
• **Behagen** (-*s*) *nt* sensation *f* de bien-être
behaglich *adj* (*Atmosphäre*) douillet(te) ; (*Wärme*) agréable
behalten (*irr*) *vt* garder ; (*Mehrheit, Recht*) conserver ; (*im Gedächtnis*) retenir
Behälter (-*s*, -) *m* récipient *m*
behandeln *vt* traiter ; (*Méd*) soigner
Behandlung *f* traitement *m* ; (*von Maschine*) maniement *m*
beharrlich *adj* (*ausdauernd*) résolu(e), persévérant(e) ; (*hartnäckig*) opiniâtre, tenace
behaupten *vt* affirmer ; (*Recht, Position*) défendre ▶ *vr* s'affirmer
Behauptung *f* (*Äußerung*) affirmation *f*
beheimatet *adj* domicilié(e) ; **diese Pflanze/dieses Tier ist in den Alpen ~** cette plante/cet animal vient des Alpes
beheizen *vt* chauffer
behelligen *vt* importuner
beherbergen *vt* héberger
beherrschen *vt* (*Volk, Land*) gouverner ; (*Situation, Markt, Szene, Landschaft*) dominer ; (*Gefühle*) refréner ; (*Sprache, Handwerk*) posséder ▶ *vr* se maîtriser
beherrscht *adj* (*Mensch*) maître(sse) de soi
Beherrschung *f* (*Selbstbeherrschung*) maîtrise *f* de soi

behilflich *adj*: **jdm (bei etw) ~ sein** aider qn (à faire qch)
behindern *vt* (*Bewegung, Verkehr*) entraver ; (*Sicht, Arbeit*) gêner
Behinderte(r) *f(m)* handicapé(e) *m/f*
Behinderung *f* (*Körperbehinderung*) handicap *m*
Behörde *f* autorité *f*
behüten *vt* garder, surveiller ; **jdn vor etw** *Dat* **~** préserver qn de qch
behutsam *adv* (*berühren*) doucement

SCHLÜSSELWORT

bei *präp +Dat* **1** chez ; **~m Friseur** chez le coiffeur ; **H. Schmitt, ~ Neumeier** (*in Adresse*) H. Schmitt, chez Neumeier ; **~ Collins ar~ten** travailler chez Collins ; **etw ~ sich haben** avoir qch sur soi ; **jdn ~ sich haben** avoir qn avec soi ; **~m Militär** à l'armée ; **~ seinem Talent** avec un talent pareil
2 (*Zustand, Tätigkeit ausdrückend*): **~ Nacht/Tag** de nuit/jour ; **~ Nebel** par temps de brouillard ; **~ Regen** sous la pluie ; **~ meiner Ankunft** quand je suis arrivé(e) ; **~ der Arbeit** pendant le travail ; **ich habe ihm ~ der Arbeit geholfen** je l'ai aidé dans son travail ; **~ offenem Fenster schlafen** dormir avec la fenêtre ouverte ; **er war gerade ~m Essen/Lesen** il était en train de manger/lire

bei|behalten (*irr*) *vt* conserver
bei|bringen (*irr*) *vt* (*Beweis, Gründe*) fournir ; (*Zeugen*) produire ; **jdm etw ~** (*Ordnung, Manieren*) apprendre qch à qn ; (*zu verstehen geben*) faire comprendre qch à qn
Beichte *f* confession *f*
beichten *vt* (*Sünden*) confesser ▶ *vi* se confesser
beide *pron* les deux ; **meine ~n Brüder** mes deux frères ; **alle ~** tous(toutes) les deux ; **alles ~s** les deux (choses) ; **wir ~** nous deux
beiderlei *adj*: **Menschen ~ Geschlechts** des personnes des deux sexes
beiderseitig *adj* (*Lungenentzündung*) double ; **im ~en Einverständnis** d'un commun accord
beiderseits *adv*: **die Regierungen stimmten ~ zu** les gouvernements ont tous deux donné leur accord ▶ *präp +Gen* de part et d'autre de
beieinander *adv* ensemble
Beifahrer(in) *m(f)* passager(-ère)
• **Beifahrersitz** *m* place *f* à côté du conducteur
Beifall *m* applaudissements *mpl* ; (*Zustimmung*) approbation *f*
bei|fügen *vt* joindre
Beigeschmack *m* arrière-goût *m*
Beihilfe *f* (*für Bedürftige*) aide *f* ; (*Studienbeihilfe*) bourse *f* ; (*Jur*) complicité *f*
Beil (-(e)s, -e) *nt* hache *f*
Beilage *f* (*Zeitungsbeilage etc*) supplément *m* ; (*Culin*) garniture *f*
beiläufig *adj* (*Bemerkung*) fait(e) en passant ▶ *adv* en passant
bei|legen *vt* (*hinzufügen*) joindre ; (*beimessen*) accorder ; (*enden*) régler
Beileid *nt* condoléances *fpl*
beiliegend *adj* ci-joint(e)
beim = **bei dem**
Bein (-(e)s, -e) *nt* jambe *f* ; (*von Tier*) patte *f* ; (*vom Möbelstück*) pied *m*
beinah, beinahe *adv* presque
beinhalten *vt* contenir

bei|pflichten *vi*: **jdm/einer Sache ~** être d'accord avec qn/qch
beisammen *adv* ensemble
• **Beisammensein** (-*s*) *nt* réunion *f*
Beisein (-*s*) *nt* présence *f*
beiseite *adv* de côté ; (*stehen, gehen*) à l'écart
beiseite|legen *vt*: **etw ~** (*sparen*) mettre qch de côté
Beisetzung *f* enterrement *m* ; (*von Urne*) inhumation *f*
Beispiel (-*s*, -*e*) *nt* exemple *m* ; **zum ~** par exemple • **beispielhaft** *adj* exemplaire
beispielsweise *adv* par exemple
beißen (*irr*) *vt, vi* mordre ; (*Rauch, Säure*) piquer ▸ *vr* (*Farben*) jurer
beißend *adj* piquant(e) ; (*Hohn, Spott*) mordant(e)
Beißzange *f* pince *f* coupante
Beistand (-(*e*)*s*, ⁼*e*) *m* assistance *f* ; (*Jur*) avocat *m*
bei|steuern *vt* (*Geld, Beitrag*) donner
Beitrag (-(*e*)*s*, ⁼*e*) *m* contribution *f* ; (*Mitgliedsbeitrag*) cotisation *f*
bei|tragen (*irr*) *vt* donner ▸ *vi*: **~ zu** contribuer à
bei|treten (*irr*) *vi* adhérer
Beitritt *m* adhésion *f*
bei|wohnen *vi*: **einer Sache** *Dat* **~** assister à qch
Beize *f* (*Culin*) marinade *f* ; (*Holzbeize*) teinture *f*
beizeiten *adv* à temps
bejahen *vt* (*Frage, Vorschlag*) répondre par l'affirmative à ; (*gutheißen*: *Leben*) approuver
bekämpfen *vt* combattre ; (*Schädlinge, Unkraut, Seuche, Missstände*) lutter contre
bekannt *adj* connu(e) ; (*nicht fremd*): **mit jdm ~ sein** connaître qn ; **~ geben** annoncer ; **jdn mit jdm ~ machen** présenter qn à qn
Bekannte(r) *f(m)* connaissance *f*
Bekanntenkreis *m* cercle *m* d'amis
bekannt|geben *vt siehe* **bekannt**
bekanntlich *adv* comme chacun sait
Bekanntschaft *f* connaissance *f*
bekehren *vt* convertir
bekennen (*irr*) *vt* reconnaître ; (*seinen Glauben*) affirmer ▸ *vr*: **sich zu einem Glauben ~** faire profession d'une *od* professer une croyance ; **sich schuldig ~** s'avouer coupable
Bekennerbrief *m* lettre *f* revendiquant un attentat
Bekenntnis *nt* aveu *m* ; (*Religion*) confession *f*
beklagen *vt* plaindre ; (*Verluste, Toten*) déplorer ▸ *vr* se plaindre
bekleiden *vt* habiller ; (*Amt*) occuper
Bekleidung *f* (*Kleidung*) habillement *m*
beklommen *adj* angoissé(e)
bekommen (*irr*) *vt* recevoir ; (*Angst, Hunger*) avoir (de plus en plus) ; (*: Krankheit, Zug*) attraper ; (*Kind, Fieber*) avoir ▸ *vi*: **jdm ~** convenir à qn ; **jdm gut/schlecht ~** faire du bien/mal à qn ; **Hunger ~** commencer à avoir faim
bekräftigen *vt* confirmer
bekunden *vt* (*sagen*) exprimer ; (*zeigen*) manifester
belächeln *vt* sourire de
beladen (*irr*) *vt* charger
Belag (-(*e*)*s*, ⁼*e*) *m* revêtement *m* ; (*Zahnbelag*) tartre *m* ; (*Bremsbelag*) garniture *f*
Belagerung *f* siège *m*
belangen *vt* (*Jur*): **jdn gerichtlich ~** poursuivre qn en justice
belanglos *adj* insignifiant(e)

belassen (*irr*) *vt* laisser ; **es dabei ~** en rester là
Belastbarkeit *f* (*von Brücke, Aufzug*) charge *f* admissible ; (*von Menschen, Nerven*) résistance *f*
belasten *vt* charger ; (*Organ, Körper*) surmener ; (*Umwelt*) polluer ; (*fig: bedrücken*) accabler ; (*Konto*) débiter ▶ *vr* (*mit Arbeit, Sorgen*) s'accabler de
belastend *adj* pénible ; **~es Material** pièces *fpl* à conviction
belästigen *vt* harceler
Belästigung *f* désagrément *m* ; (*körperlich*) harcèlement *m*
Belastung *f* charge *f* ; (*Gewicht, Sorge*) poids *m* ; (*Écon*) débit *m* ; (*Fin*) charges *fpl*
belaufen (*irr*) *vr*: **sich auf etw** *Akk* **~** s'élever à qch
belebt *adj* animé(e)
Beleg (*-(e)s, -e*) *m* (*Écon*) reçu *m* ; (*Beweis*) attestation *f*
belegen *vt* (*Boden*) recouvrir ; (*Kuchen, Brot*) garnir ; (*Platz, Zimmer*) occuper ; (*Kurs, Vorlesung*) s'inscrire à ; (*Ausgaben*) justifier ; (*urkundlich beweisen*) prouver
Belegschaft *f* personnel *m*
belegt *adj* (*besetzt*) occupé(e) ; (*Zunge*) chargé(e) ; **~e Brote** canapés *mpl*
belehren *vt* instruire ; (*informieren*) informer
beleidigen *vt* vexer, blesser ; (*Jur*) diffamer
Beleidigung *f* insulte *f* ; (*Jur*) diffamation *f*
beleuchten *vt* illuminer ; (*mit Licht versehen*) éclairer ; (*Problem*) éclaircir
Beleuchtung *f* éclairage *m* ; (*von Gebäude*) illumination *f*
Belgien (*-s*) *nt* la Belgique
Belgier(in) (*-s, -*) *m(f)* Belge *mf*
belgisch *adj* belge
belichten *vt* exposer
Belichtung *f* (*Phot*) exposition *f*
Belichtungsmesser (*-s, -*) *m* posemètre *m*
Belieben *nt*: **nach ~** (*Antwort*) comme vous voulez ; (*Culin*) à volonté
beliebig *adj*: **ein ~er/eine ~e/ein ~es …** n'importe quel(le) …, un(e) … quelconque
beliebt *adj* populaire ; **sich bei jdm ~ machen** se faire apprécier de qn
• **Beliebtheit** *f* popularité *f*
beliefern *vt* fournir
bellen *vi* aboyer
belohnen *vt* récompenser
Belohnung *f* récompense *f*
belügen (*irr*) *vt* mentir à
belustigen *vt* amuser
bemängeln *vt* critiquer
bemerkbar *adj* sensible ; **sich ~ machen** (*Person*) se faire remarquer ; (*Unruhe, Müdigkeit*) se faire sentir
bemerken *vt* remarquer
bemerkenswert *adj* remarquable
Bemerkung *f* remarque *f*
bemitleiden *vt* plaindre
bemühen *vr* (*sich Mühe geben*) faire des efforts ; (*beanspruchen*) mettre à contribution ; **sich ~, etw zu tun** s'efforcer de faire qch ; **sich um jdn/etw ~** prendre soin de qn/de qch
Bemühung *f* (*Anstrengung*) effort *m* ; (*Dienstleistung*) services *mpl*
benachbart *adj* voisin(e)
benachrichtigen *vt* informer
benachteiligen *vt* désavantager
benehmen (*irr*) *vr* se comporter
• **Benehmen** (*-s*) *nt* comportement *m*
beneiden *vt* envier
beneidenswert *adj* enviable

b

Beneluxländer *pl* Benelux *m*
benennen *(irr) vt (Pflanze, Straße)* donner un nom à ; *(Täter)* nommer ; **etw/jdn nach jdm ~** donner à qch/qn le nom de qn
benommen *adj* hébété(e)
benötigen *vt* avoir besoin de
benutzen, benützen *vt* utiliser ; *(Bücherei)* fréquenter ; *(Zug, Taxi)* prendre
Benutzer(in) *(-s, -) m(f) (von Gegenstand)* utilisateur(-trice) ; *(von Bücherei etc)* usager *m*
benutzerfreundlich *adj (Inform)* convivial(e)
Benutzerkonto *nt (Inform)* compte *m* utilisateur
Benutzerprofil *nt* profil *m* utilisateur
Benutzung *f* utilisation *f*
Benzin *(-s, -e) nt (Aut)* essence *f* ; *(Reinigungsbenzin)* benzine *f* • **Benzinkanister** *m* bidon *m* d'essence • **Benzinuhr** *f* jauge *f*
beobachten *vt* observer ; *(bemerken)* remarquer
Beobachter(in) *(-s, -) m(f)* observateur(-trice) ; *(Presse, TV)* correspondant(e)
Beobachtung *f* observation *f* ; *(polizeilich)* surveillance *f*
bequem *adj* confortable ; *(Lösung, Ausrede, Schüler)* facile ; *(Untergebene)* docile ; *(träge)* paresseux(-euse)
Bequemlichkeit *f* confort *m* ; *(Faulheit)* paresse *f*
beraten *(irr) vt* conseiller ; *(besprechen)* débattre
Berater(in) *(-s, -) m(f)* conseiller(-ère)
Beratung *f (Auskunft, Ratschlag)* conseils *mpl* ; *(ärztlich)* consultation *f* ; *(Besprechung)* délibération *f*
berauben *vt* voler
berechenbar *adj* calculable ; *(Verhalten)* prévisible
berechnen *vt* calculer ; *(anrechnen)* facturer • **berechnend** *adj* calculateur(-trice)
Berechnung *f* calcul *m* ; *(Écon)* facturation *f*
berechtigen *vt* donner droit à
berechtigt *adj* justifié(e), fondé(e)
Berechtigung *f* autorisation *f* ; *(fig)* justification *f*
Bereich *(-(e)s, -e) m (Bezirk)* région *f* ; *(Sachgebiet)* domaine *m*
bereichern *vt* enrichir ▶ *vr* s'enrichir
bereinigen *vt (Angelegenheit)* régler ; *(Missverständnis)* dissiper ; *(Verhältnis)* normaliser
bereisen *vt* parcourir
bereit *adj* prêt(e) ; **zu etw ~ sein** être prêt(e) à qch
bereiten *vt* préparer ; *(Kummer, Freude)* causer
bereit|halten *(irr) vt* avoir sous la main
bereit|machen *vt* préparer
bereits *adv* déjà
Bereitschaft *f* disponibilité *f* ; **in ~ sein** être prêt(e) ; *(Polizei)* être prêt(e) à intervenir ; *(Arzt)* être de garde
bereit|stehen *(irr) vi* être prêt(e)
bereit|stellen *vt* préparer ; *(Truppen, Maschinen)* mettre à disposition ; *(Geld etc)*: **etw für etw ~** affecter qch à qch
bereitwillig *adj* obligeant(e)
bereuen *vt* regretter
Berg *(-(e)s, -e) m* montagne *f* • **bergab** *adv*: **~ gehen/fahren** descendre • **Bergarbeiter** *m* mineur *m* • **bergauf** *adv*: **~ gehen/fahren** monter • **Bergbau** *m* exploitation *f* minière

bergen (*irr*) *vt* sauver
bergig *adj* montagneux(-euse)
Bergmann (-(*e*)*s*, -*leute*) *m* mineur *m*
Bergsteigen (-*s*) *nt* alpinisme *m*
Bergsteiger(in) (-*s*, -) *m*(*f*) alpiniste *mf*
Bergung *f* sauvetage *m*
Bergwacht *f* secours *m* en montagne
Bergwerk *nt* mine *f*
Bericht (-(*e*)*s*, -*e*) *m* rapport *m* • **berichten** *vt* (*schriftlich*) faire un rapport sur, rapporter ▶ *vi* faire un rapport • **Berichterstatter(in)** *m*(*f*) reporter *m* ; (*im Ausland*) correspondant(e) • **Berichterstattung** *f* rapport *m*
berichtigen *vt* corriger
Berlin (-*s*) *nt* Berlin
Bernstein *m* ambre *m* (jaune)
berüchtigt *adj* (*Gegend, Lokal*) mal famé(e) ; (*Verbrecher*) notoire
berücksichtigen *vt* (*jdn, Bedürfnisse*) prendre en considération
Beruf (-(*e*)*s*, -*e*) *m* profession *f*, métier *m* ; **was sind Sie von ~?** que faites-vous dans la vie ?
berufen (*irr*) *vt* nommer ▶ *vr*: **sich auf jdn ~** se réclamer de qn ; **sich auf etw ~** se prévaloir de qch ▶ *adj* très compétent(e) ; **sich zu etw ~ fühlen** se sentir destiné(e) à qch
beruflich *adj* professionnel(le) ; **~ unterwegs sein** être en voyage d'affaires
Berufsausbildung *f* formation *f* professionnelle
Berufsberatung *f* orientation *f* professionnelle
Berufserfahrung *f* expérience *f* professionnelle
Berufsleben *nt* vie *f* professionnelle ; **im ~ stehen** travailler
Berufsschule *f* école *f* professionnelle
Berufssportler *m* sportif *m* professionnel
berufstätig *adj*: **~ sein** exercer une activité professionnelle, travailler
Berufsverkehr *m* heures *fpl* de pointe
Berufung *f* nomination *f* ; (*Jur*) appel *m*, recours *m* ; **~ einlegen** faire appel
beruhen *vi*: **auf etw** *Dat* **~** être fondé(e) sur qch ; **eine Sache auf sich ~ lassen** ne pas poursuivre qch
beruhigen *vt* calmer ; (*Gewissen*) soulager ▶ *vr* se calmer ; **beruhigt sein** être rassuré(e)
Beruhigung *f* (*des Gewissens*) soulagement *m*
Beruhigungsmittel *nt* calmant *m*
berühmt *adj* célèbre
berühren *vt* toucher
Berührung *f* contact *m*
Berührungsbildschirm *m* écran *m* tactile
besagen *vt* signifier
besänftigen *vt* apaiser
Besatzung *f* (*Mil*) armée *f* d'occupation ; (*Naut, Aviat*) équipage *m*
beschädigen *vt* endommager, abîmer
Beschädigung *f* endommagement *m* ; (*Stelle*) dégât *m*
beschaffen *vt* procurer, fournir ; **sich** *Dat* **etw ~** se procurer qch • **Beschaffenheit** *f* nature *f*
Beschaffung *f* acquisition *f*
beschäftigen *vt* occuper ; (*beruflich*) employer ; (*innerlich*) préoccuper ▶ *vr* s'occuper

Beschäftigung *f* (*Beruf, Arbeitsstelle*) emploi *m* ; (*Tätigkeit*) occupation *f*
Beschäftigungstherapie *f* ergothérapie *f*
Bescheid (*-(e)s, -e*) *m*: **~ bekommen** être informé(e) ; (*Jur*) être notifié(e) ; **~ wissen** être au courant ; **jdm ~ geben** *od* **sagen** renseigner qn
bescheiden (*irr*) *adj* modeste • **Bescheidenheit** *f* modestie *f*
bescheinigen *vt* attester
Bescheinigung *f* attestation *f* ; (*Quittung*) reçu *m*
bescheißen (*irr*) (*fam !*) *vt* rouler (*fam*)
beschenken *vt* faire un cadeau à
Bescherung *f* distribution *f* des cadeaux de Noël ; (*fam*) tuile *f* ; **da haben wir die ~!** nous voilà dans de beaux draps !
beschimpfen *vt* insulter
beschissen (*fam !*) *adj* chiant(e) (*fam !*)
beschlagnahmen *vt* saisir, confisquer
beschleunigen *vt* accélérer ▶ *vi* (*Aut*) accélérer
Beschleunigung *f* accélération *f*
beschließen (*irr*) *vt* décider ; (*beenden*) terminer
Beschluss *m* décision *f*
beschneiden (*irr*) *vt* (*Hecke*) tailler ; (*Flügel*) couper ; (*Rel*) circoncire ; (*jds Rechte, Freiheit*) restreindre
beschränken *vt* limiter ▶ *vr* se limiter
beschränkt *adj* limité(e) ; (*Mensch*) borné(e)
beschreiben (*irr*) *vt* décrire ; (*Papier*) écrire sur
Beschreibung *f* description *f*
beschuldigen *vt* accuser
Beschuldigung *f* accusation *f*
beschützen *vt*: **~ (vor** *+Dat***)** protéger (de)
Beschwerde *f* plainte *f* ; (*pl: Leiden*) souffrance *f*
beschweren *vt* rendre plus lourd(e), alourdir ; (*fig*) peiner ▶ *vr* se plaindre
beschwerlich *adj* pénible
beschwichtigen *vt* apaiser, calmer
beschwingt *adj* gai(e), enjoué(e) ; (*Schritt*) léger(-ère)
beschwipst *adj* éméché(e)
beschwören (*irr*) *vt* (*Aussage*) jurer, affirmer sous serment ; (*anflehen*) implorer, supplier ; (*Geister*) conjurer
beseitigen *vt* se débarrasser de ; (*Fehler*) supprimer ; (*Zweifel*) lever
Beseitigung *f* élimination *f*
Besen (*-s, -*) *m* balai *m*
besessen *adj* obsédé(e)
besetzen *vt* occuper
besetzt *adj* occupé(e) • **Besetztzeichen** *nt* tonalité *f* occupée
Besetzung *f* occupation *f* ; (*Gesamtheit der Schauspieler*) distribution *f*
besichtigen *vt* visiter
Besichtigung *f* visite *f*
besiegen *vt* vaincre
besinnen (*irr*) *vr* (*nachdenken*) réfléchir ; (*erinnern*): **sich auf etw** *Akk* **~** se rappeler de qch
besinnlich *adj* paisible
Besinnung *f* (*Bewusstsein*) connaissance *f* ; **zur ~ kommen** reprendre connaissance ; (*fig*) revenir à la raison
Besitz (*-es*) *m* (*das Besitzen*) possession *f* ; (*Landgut*) propriété *f*
besitzen (*irr*) *vt* posséder
Besitzer(in) (*-s, -*) *m(f)* propriétaire *mf*

besoffen (*fam*) *adj* bourré(e)
Besoldung *f* (*von Beamten*) traitement *m*; (*von Soldaten*) solde *f*
besondere(r, s) *adj* exceptionnel(le); (*ausgefallen, speziell, separat*) particulier(-ière); (*Auftrag*) spécial(e); **nichts/etwas B~s** rien/quelque chose de spécial
Besonderheit *f* particularité *f*
besonders *adv* (*hauptsächlich*) principalement, surtout; (*nachdrücklich*) expressément; (*sehr*) énormément; **nicht ~** pas particulièrement
besonnen *adj* (*Mensch*) réfléchi(e); (*Verhalten, Vorgehen*) sage • **Besonnenheit** *f* sagesse *f*
besorgen *vt* (*beschaffen*) se procurer; (*erledigen, sich kümmern um*) s'occuper de
Besorgnis *f* inquiétude *f*
besorgniserregend *adj* inquiétant(e)
besorgt *adj* inquiet(-ète)
besprechen (*irr*) *vt* discuter
Besprechung *f* (*Unterredung*) entretien *m*, discussion *f*; (*von Buch*) critique *f*
besser (*Komp*) *adj* meilleur(e) ▶ *adv* mieux; **du hättest ~ ...** tu aurais mieux fait de ...; **er hält sich für etwas B~es** il se croit supérieur; **~ gesagt ...** ou plutôt ...
bessern *vt* améliorer ▶ *vr* s'améliorer
Besserung *f* amélioration *f*; **gute ~!** prompt rétablissement!
Besserwisser(in) (-s, -) *m(f)* bêcheur(-euse)
Bestand (-(e)s, ¨e) *m* (*Fortbestehen*) persistance *f*, continuité *f*; (*Kassenbestand*) encaisse *f*; (*Vorrat*) stock *m*; **~ haben** *od* **von ~ sein** durer, persister
beständig *adj* constant(e); (*Wetter*) stable; (*Stoffe*) résistant(e)
Bestandsaufnahme *f* inventaire *m*
Bestandteil *m* (*Einzelteil*) partie *f*, élément *m*
bestärken *vt*: **jdn in etw** *Dat* **~** confirmer qn dans qch
bestätigen *vt* confirmer; (*Empfang*) accuser réception de; (*anerkennen*) reconnaître ▶ *vr* se confirmer
Bestätigung *f* confirmation *f*
Bestattung *f* inhumation *f*
bestaunen *vt* admirer
beste(r, s) (*Superl*) *adj* meilleur(e) ▶ *adv*: **am ~n** le mieux; **sie singt am ~n** c'est elle qui chante le mieux; **am ~n gehst du gleich** il vaut mieux que tu partes tout de suite
bestechen (*irr*) *vt* (*Zeugen*) suborner; (*Beamte*) corrompre
bestechlich *adj* corruptible, vénal(e) • **Bestechlichkeit** *f* corruption *f*
Bestechung *f* corruption *f*, subornation *f*
Besteck (-(e)s, -e) *nt* couverts *mpl*
bestehen (*irr*) *vi* (*existieren*) exister; (*andauern*) durer ▶ *vt* (*Probe, Prüfung*) réussir; (*Kampf*) soutenir; **aus etw ~** se composer de qch; **auf etw** *Dat* **~** insister sur qch
bestehlen (*irr*) *vt* voler
besteigen (*irr*) *vt* (*Berg*) escalader; (*Fahrzeug*) monter dans; (*Pferd*) monter; (*Thron*) accéder à
bestellen *vt* (*Waren*) commander; (*reservieren lassen*) réserver; (*jdn*) faire venir; (*ausrichten*) transmettre
Bestellung *f* commande *f*
bestenfalls *adv* dans le meilleur des cas

bestens *adv* parfaitement (bien)
besteuern *vt* imposer
Bestie *f* bête *f* féroce ; *(fig)* brute *f*
bestimmen *vt (entscheiden, anordnen)* décréter, ordonner ; *(festsetzen)* fixer, déterminer ; *(vorsehen)* destiner ; *(ernennen)* désigner ; *(definieren)* déterminer
bestimmt *adj (feststehend, gewiss)* certain(e) ; *(entschlossen)* décidé(e) ; *(Artikel)* défini(e) ▶ *adv* sûrement, certainement
Bestimmung *f (Verordnung)* décret *m*, ordonnance *f* ; *(Festsetzen)* fixation *f* ; *(Schicksal)* destin *m* ; *(Definition)* définition *f*
Bestleistung *f* record *m*
bestmöglich *adj* le (la) meilleur(e) possible
bestrafen *vt* punir
Bestrafung *f* punition *f*
bestrahlen *vt (subj)* éclairer ; *(Méd)* traiter par radiothérapie
Bestrahlung *f (Méd)* séance *f* de radiothérapie
Bestreben (-s) *nt* effort *m*
bestreiken *vt* faire grève dans ; **die Fabrik wird zur Zeit bestreikt** l'usine est en grève
bestreiten *(irr) vt (abstreiten)* nier, contester ; *(finanzieren)* financer
Bestseller (-s, -) *m* best-seller *m*
bestürzen *vt* bouleverser, consterner
Besuch (-(e)s, -e) *m* visite *f* ; **einen ~ bei jdm machen** rendre visite à qn ; **bei jdm auf** *od* **zu ~ sein** être en visite chez qn
besuchen *vt (jdn)* rendre visite à ; *(Ort, Museum, Patienten, Kunden)* visiter ; *(Vorstellung, Gottesdienst)* assister à ; *(Schule, Universität)* aller à ; *(Kurs)* suivre
Besucher(in) (-s, -) *m(f)* visiteur(-euse)
betätigen *vt* actionner ▶ *vr* exercer une activité ; **sich politisch/künstlerisch ~** exercer une activité politique/artistique
Betätigung *f* activité *f* ; *(Tech)* actionnement *m*
betäuben *vt (Nerv)* endormir ; *(durch Narkose)* anesthésier ; *(durch Schlag)* assommer ; *(durch Geruch)* griser, enivrer
Betäubungsmittel *nt* anesthésique *m*
Bete *f*: **Rote ~** betterave *f* rouge
beteiligen *vr*: **sich ~ an** *+Dat* participer à, prendre part à ▶ *vt*: **jdn ~ an** *+Dat* faire participer qn à
Beteiligung *f* participation *f*
beten *vt, vi* prier
beteuern *vt* déclarer ; *(Unschuld)* protester de
Beton (-s, -s) *m* béton *m*
betonen *vt* accentuer ; *(bekräftigen)* insister sur ; *(farblich)* faire ressortir
Betonung *f* accentuation *f*
Betracht *m*: **(nicht) in ~ kommen** (ne pas) entrer en ligne de compte
betrachten *vt* contempler ; **jdn als etw ~** considérer qn comme qch
Betrachter(in) (-s, -) *m(f)* observateur(-trice)
beträchtlich *adj* considérable
Betrag (-(e)s, ¨-e) *m* montant *m*
• **betragen** *(irr) vi (ausmachen)* s'élever à ▶ *vr* se comporter
Betragen (-s) *nt* conduite *f*
betreffen *(irr) vt* concerner
betreffend *adj (erwähnt)* mentionné(e) ; *(zuständig)* compétent(e)
betreffs *präp +Gen* concernant
betreiben *(irr) vt (Gewerbe)* exercer ; *(Handel, Studien, Politik)* faire

Betreiber(in) *m(f)* (*Firma*) société *f* d'exploitation ; (*von Spielhalle, Hotel*) tenancier(-ière)
betreten (*irr*) *vt* (*Haus, Baustelle*) entrer dans ; (*Rasen, Gelände*) marcher sur ▶ *adj* embarrassé(e), gêné(e)
betreuen *vt* s'occuper de ; (*Reisegruppe*) accompagner
Betrieb (-(*e*)*s*, -*e*) *m* (*Unternehmen*) entreprise *f* ; (*von Maschine*) fonctionnement *m* ; (*Treiben, Trubel*) animation *f* ; **außer ~ sein** être hors service ; **in ~ sein/nehmen** être/mettre en service
Betriebskosten *pl* charges *fpl* (d'exploitation)
Betriebsrat *m* comité *m* d'entreprise
Betriebssystem *nt* (*Inform*) système *m* d'exploitation
Betriebswirtschaft *f* gestion *f* d'entreprise
betrinken (*irr*) *vr* s'enivrer
betroffen *adj* (*bestürzt*) bouleversé(e)
betrübt *adj* affligé(e)
Betrug (-(*e*)*s*) *m* tromperie *f* ; (*Jur*) fraude *f*
betrügen (*irr*) *vt* tromper ▶ *vr* se faire des illusions
Betrüger(in) (-*s*, -) *m(f)* escroc *m*
betrügerisch *adj* frauduleux(-euse)
betrunken *adj* ivre
Bett (-(*e*)*s*, -*en*) *nt* lit *m* ; **ins** *od* **zu ~ gehen** aller se coucher • **Bettbezug** *m* housse *f* d'édredon • **Bettdecke** *f* couverture *f* ; (*Daunenbett*) couette *f* ; (*Überwurf*) couvre-lit *m*
betteln *vi* mendier
Bettlaken *nt* drap *m*
Bettler(in) (-*s*, -) *m(f)* mendiant(e)
Bettnässer (-*s*, -) *m* enfant *m* incontinent *od* énurétique
Bettwäsche *f* draps *mpl*
Bettzeug *nt* literie *f* (*sans matelas*)
beugen *vt* (*Körperteil*) plier ▶ *vr* (*sich lehnen*) se pencher
Beule *f* bosse *f*
beunruhigen *vt* inquiéter ▶ *vr* s'inquiéter
Beunruhigung *f* inquiétude *f*
beurteilen *vt* juger
Beurteilung *f* jugement *m*
Beute (-) *f* butin *m* ; (*fig: Opfer*) victime *f*
Beutel (-*s*, -) *m* (*Tasche*) sac *m* ; (*Waschbeutel, Kosmetikbeutel*) trousse *f* ; (*Geldbeutel*) porte-monnaie *m inv*
Bevölkerung *f* population *f*
Bevollmächtigte(r) *f(m)* mandataire *mf*
bevor *konj* avant de +*inf*, avant que +*sub* • **bevormunden** *vt* maintenir en tutelle • **bevor|stehen** (*irr*) *vi* être imminent(e)
bevorzugen *vt* préférer
bewachen *vt* surveiller ; (*Schatz*) garder
Bewachung *f* (*das Bewachen*) surveillance *f* ; (*Leute*) garde *f*
bewaffnet *adj* armé(e) ; (*Überfall*) à main armée
Bewaffnung *f* armement *m*
bewahren *vt* garder ; **jdn vor etw ~** préserver qn de qch
bewähren *vr* (*Mensch*) faire ses preuves ; (*Regelung*) se révéler efficace
bewährt *adj* éprouvé(e)
Bewährung *f* (*Jur*) sursis *m*
bewältigen *vt* surmonter ; (*Arbeit, Aufgabe*) venir à bout de
bewässern *vt* irriguer
bewegen[1] *vt* bouger, remuer ; (*jdn: rühren*) émouvoir, toucher ;

(: *beschäftigen*) préoccuper ▸ *vr* bouger
bewegen² (*irr*) *vt*: **jdn zu etw ~** décider qn à faire qch
beweglich *adj* mobile ; (*flink*) agile ; (*geistig wendig*) vif(vive)
bewegt *adj* (*unruhig*: *Leben, Vergangenheit*) agité(e), mouvementé(e) ; (*ergriffen*) ému(e)
Bewegung *f* mouvement *m* ; (*körperliche Betätigung*) exercice *m*
Bewegungsfreiheit *f* liberté *f* de mouvement
Beweis (*-es, -e*) *m* preuve *f* ; (*Math*) démonstration *f*
beweisen (*irr*) *vt* prouver ; (*Mut, Geschmack, Charakter*) faire preuve de
Beweismittel *nt* (*Jur*) preuve *f*
bewenden *vi*: **es bei etw ~ lassen** se contenter de qch
bewerben (*irr*) *vr* poser sa candidature
Bewerber(in) (*-s, -*) *m(f)* candidat(e)
Bewerbung *f* candidature *f*
Bewerbungsunterlagen *pl* dossier *m* de candidature
bewerten *vt* évaluer ; (*Note geben*) noter
bewilligen *vt* accorder
bewirken *vt* provoquer
bewirten *vt* régaler
bewirtschaften *vt* (*Hotel*) gérer ; (*Landwirtschaft*) exploiter
Bewirtung *f* accueil *m*
bewohnen *vt* habiter
Bewohner(in) *m(f)* habitant(e)
bewölkt *adj* nuageux(-euse)
Bewölkung *f* nuages *mpl*
Bewunderer(in) (*-s, -*) *m(f)* admirateur(-trice)
bewundern *vt* admirer
Bewunderung *f* admiration *f*
bewusst *adj* (*absichtlich*) intentionnel(le) ; (*geistig wach*) conscient(e) ; (*bereits erwähnt*) nommé(e) ; **sich** *Dat* **einer Sache** *Gen* **~ sein/werden** être conscient(e)/prendre conscience de qch • **bewusstlos** *adj* sans connaissance ; **~ werden** perdre connaissance • **Bewusstlosigkeit** *f* perte *f* de connaissance • **Bewusstsein** (*-s*) *nt* conscience *f* ; (*Méd*) connaissance *f*
bezahlen *vt* payer ; **etw macht sich bezahlt** qch en vaut la peine ; **bitte ~!** l'addition, s'il vous plaît !
Bezahlung *f* paiement *m*
bezeichnen *vt* (*kennzeichnen*) marquer ; (*beschreiben*) décrire ; (*nennen, bedeuten*) désigner
bezeichnend *adj* caractéristique
Bezeichnung *f* (*kein pl*: *Markierung, Kennzeichnung*) marquage *m* ; (*Benennung*) désignation *f*
beziehen (*irr*) *vt* (*Möbel*) recouvrir ; (*Zeitung*) être abonné(e) à ; (*Gehalt*) percevoir ▸ *vr* (*Himmel*) se couvrir ; (*betreffen*): **sich auf jdn/etw ~** concerner qn/qch
Beziehung *f* (*Verbindung*) relation *f* ; (*Zusammenhang*) rapport *m* ; (*Verhältnis*) lien *m* ; (*Hinsicht*) sens *m* ; **~en zu jdm haben** avoir de bonnes relations avec qn
beziehungsweise *konj* (*genauer gesagt*) ou plutôt ; (*im anderen Fall*) ou
Bezirk (*-(e)s, -e*) *m* (*Stadtbezirk*) quartier *m* ; (*Polizeibezirk*) district *m*
Bezug *m* (*Überzug*) garniture *f* ; (*Beziehung*) rapport *m* ; **Bezüge** *pl* (*Gehalt*) appointements *mpl* ; **in ~ auf** *+Akk* en ce qui concerne
bezüglich *präp +Gen* concernant ▸ *adj* concernant

bezwecken *vt* avoir pour but ; **was bezweckst du damit?** à quoi veux-tu en venir ?
bezweifeln *vt* douter de
BH (-s, -(s)) *m abk* (= *Büstenhalter*) soutien-gorge *m*
Bhf. *abk* = **Bahnhof**
Bibel (-, -n) *f* Bible *f*
Biber (-s, -) *m* castor *m*
Bibliothek (-, -en) *f* bibliothèque *f*
bieder *adj* (*rechtschaffen*) honnête ; (*péj*) niais(e)
biegen (*irr*) *vt* plier ; (*Ast*) courber ▶ *vr* (*Ast, Blech*) plier ; (*Mensch, Körper*) ployer ▶ *vi* (*Auto, Straße*) tourner
biegsam *adj* flexible ; (*Körper*) souple
Biene *f* abeille *f*
Bier (-(e)s, -e) *nt* bière *f* • **Bierkrug** *m* chope *f*
Biest (-s, -er) (*fam*) *nt* (*Tier*) (sale) bête *f* ; (*Mensch*) brute *f*
bieten (*irr*) *vt* présenter ; (*Hand*) donner ; (*Film, Schauspiel, Anblick*) présenter ▶ *vr* se présenter ▶ *vi* (*bei Versteigerung*) faire une enchère ; **sich** *Dat* **etw ~ lassen** accepter qch
Bikini (-s, -s) *m* bikini *m*
Bilanz *f* bilan *m*
Bild (-(e)s, -er) *nt* (*Gemälde*) tableau *m* ; (*Foto*) photo *f* ; (*Zeichnung*) dessin *m* ; (*Fernsehbild, Metapher*) image *f* ; (*Anblick*) vue *f*
bilden *vt* former ; (*Regierung, Verein: sein, ausmachen*) constituer ▶ *vr* (*entstehen*) se former, se développer ; (*geistig*) s'instruire
Bilderbuch *nt* livre *m* d'images
Bildfläche *f* (*fig*): **auf der ~ erscheinen** apparaître ; **von der ~ verschwinden** disparaître
Bildhauer(in) (-s, -) *m(f)* sculpteur *m*
bildhübsch *adj* ravissant(e)
bildlich *adj* (*Ausdrucksweise*) figuré(e) ; (*Vorstellung*) concret(-ète) ; (*Schilderung*) vivant(e) ; **sich** *Dat* **etw ~ vorstellen** se représenter qch (concrètement)
Bildschirm *m* écran *m*
Bildschirmschoner *m* (*Inform*) économiseur *m* d'écran
Bildschirmtext *m* ≈ Minitel® *m*
bildschön *adj* très beau(belle)
Bildung *f* (*Wissen, Benehmen*) éducation *f* ; (*von Wörtern, Sätzen, Schaum, Wolken etc*) formation *f*
Bildungslücke *f* lacune *f* (*dans les connaissances*)
Bildungspolitik *f* politique *f* de l'éducation
Bildungsurlaub *m* congé-formation *m*
Bildungsweg *m*: **auf dem zweiten ~** en cours du soir
Bildungswesen *nt* enseignement *m*
Bildverarbeitung *f* (*Inform*) traitement *m* d'images
billig *adj* bon marché *inv* ; (*schlecht*) mauvais(e) ; (*fig*) piètre
billigen *vt* approuver
Billigung *f* approbation *f*
Billion *f* billion *m*
binär *adj* binaire
Binde *f* (*Méd*) bandage *m* ; (*Damenbinde*) serviette *f* (périodique) • **Bindegewebe** *nt* tissu *m* conjonctif • **Bindeglied** *nt* lien *m*
binden (*irr*) *vt* attacher ; (*Buch*) relier ▶ *vr* s'engager ; **sich an jdn ~** s'engager vis-à-vis de qn
Bindestrich *m* trait *m* d'union
Bindfaden *m* ficelle *f*
Bindung *f* (*menschliche Beziehung*) relation *f* ; (*Verbundenheit*) lien *m* ; (*Skibindung*) fixation *f*

Binnenmarkt *m*: **der Europäische ~** le marché unique européen
Binse *f* jonc *m* ; **in die ~n gehen** (*fam*) s'en aller à vau-l'eau
Binsenweisheit *f* vérité *f* de La Palice, lapalissade *f*
Biochemie *f* biochimie *f*
Biodiesel *m* diesel *m* biologique
biodynamisch *adj* biologique
Biogas *nt* biogaz *m*
Biografie *f* biographie *f*
Biokraftstoff *m* biocarburant *m*
Biologe *m* biologiste *m*
Biologie *f* biologie *f*
Biologin *f* biologiste *f*
biologisch *adj* biologique
biometrisch *adj* biométrique
Biotechnik *f* biotechnologie *f*
Biotechnologie *f* biotechnologie *f*
Biotonne *f* container *m* [*od* conteneur *m*] à compost
Biotop *m od nt* biotope *m*
bipolar *adj* bipolaire
Birke *f* bouleau *m*
Birne *f* poire *f* ; (*Élec*) ampoule *f* (électrique)
bis *präp* +*Akk* jusqu'à ▶ *konj*: **von ... ~ ...** de ... à ; **~ bald/gleich** à bientôt/tout à l'heure ; **~ auf** +*Akk* (*außer*) sauf
Bischof (-*s*, ⸚*e*) *m* évêque *m*
bisexuell *adj* bisexuel(le)
bisher *adv* jusqu'à présent
Biskaya *f*: **der Golf von ~** le golfe de Gascogne
Biskuit (-(*e*)*s*, -*s* od -*e*) *m od nt* ≈ biscuit *m* de Savoie
bislang *adv* jusqu'à présent
biss *etc vb siehe* **beißen**
Biss (-*es*, -*e*) *m* morsure *f*
bisschen; **ein ~** *adj* un peu de *adv* un peu ; **kein ~** (*fam*) pas du tout ; **ein klein(es) ~** un petit peu
Bissen (-*s*, -) *m* bouchée *f*
bissig *adj* (*Bemerkung*) acerbe, caustique ; **„Vorsicht, ~er Hund"** « attention, chien méchant »
Bistum *nt* évêché *m*
Bit (-(*s*), -(*s*)) *nt* (*Inform*) bit *m*
bitte *interj* s'il vous/te plaît ; **vielen Dank! — ~ sehr!** merci beaucoup ! — je vous en/t'en prie ! ; **wie ~?** comment ? • **Bitte** *f* prière *f*, demande *f*
bitten (*irr*) *vt* demander
bitter *adj* amer(-ère) ; (*Erfahrung, Wahrheit*) cruel(le) ; (*Not, Unrecht*) extrême • **bitterböse** *adj* (*Mensch*) fâché(e) ; (*Blick*) mauvais(e) • **Bitterkeit** *f* amertume *f*
Bizeps (-(*e*)*s*, -*e*) *m* biceps *m*
Blähungen *pl* (*Méd*) flatulence *f*
Blamage *f* honte *f*
blamieren *vr* se ridiculiser ▶ *vt* couvrir de honte
blank *adj* (*glänzend*) brillant(e) ; (*unbedeckt*) nu(e) ; (*abgewetzt*) lustré(e) ; (*sauber*) propre ; (*offensichtlich*) pur(e) ; **~ sein** (*fam*: *ohne Geld*) être fauché(e)
Blankoscheck *m* chèque *m* en blanc
Bläschen *nt* (*Méd*) petite ampoule *f*, vésicule *f*
Blase *f* bulle *f* ; (*Anat*: *Harnblase*) vessie *f* ; (*Méd*) ampoule *f*
blasen (*irr*) *vt* souffler
blasiert (*péj*) *adj* hautain(e)
Blasinstrument *nt* instrument *m* à vent
Blaskapelle *f* orchestre *m* de cuivres
Blasphemie *f* blasphème *m*
blass *adj* pâle
Blatt (-(*e*)*s*, ⸚*er*) *nt* feuille *f* ; (*Seite*) page *f* ; (*von Säge, Axt*) lame *f*
blättern *vi* (*Farbe, Verputz*) s'écailler ; **in etw** *Dat* **~** feuilleter qch

Blätterteig *m* pâte *f* feuilletée
blau *adj* bleu(e) ; *(Auge)* au beurre noir ; *(fam: betrunken)* noir(e) ; *(Culin)* au bleu ; **~er Fleck** bleu *m*
Blaulicht *nt* gyrophare *m*
Blech(-(e)s, -e) *nt* tôle *f* ; *(Backblech)* plaque *f*
blechen *(fam) vt* cracher ▶ *vi* casquer
Blechschaden *m (Aut)* dégât *m* matériel mineur
Blei(-(e)s, -e) *nt* plomb *m* ▶ *m (Bleistift)* crayon *m*
Bleibe *f* gîte *m*, *endroit où loger*
bleiben *(irr) vi* rester ; **bei etw ~** persister dans qch ; *(umkommen)* mourir • **bleiben lassen** *(irr) vt*: **etw ~** ne pas faire qch
bleich *adj* très pâle, blême • **bleichen** *vt (Wäsche)* blanchir ; *(Haare)* décolorer
bleifrei *adj (Benzin)* sans plomb
bleihaltig *adj* plombifère
Bleistift *m* crayon *m*
Bleistiftspitzer *m* taille-crayon *m*
Blende *f (Phot)* diaphragme *m*
blenden *vi* éblouir ▶ *vt* aveugler, éblouir
blendend *(fam) adj* formidable ; **~ aussehen** avoir très bonne mine
Blick(-(e)s, -e) *m* regard *m* ; *(Aussicht)* vue *f* ; **einen ~ auf etw werfen** jeter un coup d'œil à qch
blicken *vi* regarder ; **sich ~ lassen** se montrer
Blickfeld *nt* champ *m* visuel
blieb *etc vb siehe* **bleiben**
blies *etc vb siehe* **blasen**
blind *adj* aveugle ; **~er Passagier** passager *m* clandestin
Blinddarm *m* appendice *m* • **Blinddarmentzündung** *f* appendicite *f*
Blindenschrift *f* braille *m*
Blindheit *f* cécité *f*
blindlings *adv* aveuglément
Blindschleiche *f* orvet *m*
blind|schreiben *(irr) vi* taper au toucher
blinken *vi* scintiller ; *(Leuchtturm)* clignoter ; *(Aut)* mettre son clignotant
Blinker(-s, -) *m (Aut)* clignotant *m*
blinzeln *vi* cligner des yeux
Blitz(-es, -e) *m* éclair *m* • **Blitzableiter**(-s, -) *m* paratonnerre *m* • **blitzen** *vi (Metall)* briller, étinceler ; *(Augen)* flamboyer ; **es blitzt** il y a des éclairs • **Blitzlicht** *nt (Phot)* flash *m* • **blitzschnell** *adj* rapide comme l'éclair
Block(-(e)s, ⁼e) *m* bloc *m* ; *(Häuser)* pâté *m*
Blockade *f* blocus *m*
Blockflöte *f* flûte *f* à bec
blockieren *vt* bloquer ; *(Verhandlungen)* entraver ▶ *vi (Räder)* se bloquer
Blockschrift *f* majuscules *fpl* d'imprimerie
blöd, blöde *adj* idiot(e)
Blödsinn *m* idiotie *f*
Blog(-s, -s) *m* blog *m*
bloggen *vi* bloguer
Blogging *nt* blogging *m*
blond *adj* blond(e)
bloß *adj* nu(e) ; *(alleinig, nur)* simple ▶ *adv* uniquement
bloß|stellen *vt* couvrir de honte
blühen *vi* fleurir ; *(fig)* prospérer ; *(fam: bevorstehen)* attendre
blühend *adj (Pflanze)* en fleurs ; *(Aussehen)* radieux(-euse) ; *(Handel)* florissant(e)
Blume *f* fleur *f* ; *(von Wein)* bouquet *m*
Blumenkohl *m* chou-fleur *m*
Blumentopf *m* pot *m* de fleurs
Bluse *f* chemisier *m*

Blut (-(*e*)*s*) *nt* sang *m* • **Blutdruck** *m* tension *f* (artérielle)
Blüte *f* fleur *f*; (*fig*: *Blütezeit*) apogée *m*
Blutegel *m* sangsue *f*
bluten *vi* saigner
Bluter (-*s*, -) *m* (*Méd*) hémophile *mf*
Bluterguss *m* hématome *m*
Blutgruppe *f* groupe *m* sanguin
blutig *adj* sanglant(e)
blutjung *adj* tout jeune
Blutkonserve *f sang provenant des donneurs, conservé en sachet ou flacon*
Blutprobe *f* prise *f* de sang
Blutung *f* saignement *m*
Blutwurst *f* boudin *m*
BLZ *abk* = **Bankleitzahl**
Bö (-, -*en*) *f* rafale *f*
Bob (-*s*, -*s*) *m* bob(sleigh) *m*
Bock (-(*e*)*s*, ⸗*e*) *m* (*Rehbock*) cerf *m*; (*Ziegenbock*) bouc *m*; (*Gestell*) tréteau *m*; **total/keinen ~ auf Arbeit haben** (*fam*) avoir très envie/ne pas avoir envie de bosser
Boden (-*s*, ⸗) *m* terrain *m*; (*Fußboden*) sol *m*, plancher *m*; (*unterste Fläche*) fond *m*; (*Dachboden, Speicher*) grenier *m* • **Bodenschätze** *pl* ressources *fpl* naturelles
Bodensee *m*: **der ~** le lac de Constance
Bodybuilding *nt* body-building *m*
bog *etc vb siehe* **biegen**
Bogen (-*s*, -) *m* (*Biegung*) courbe *f*; (*Archit, Math, Mil*) arc *m*; (*Papier*) feuille *f*
Bohne *f* haricot *m*; (*Kaffeebohne*) grain *m* (de café)
bohren *vt* (*Loch*) percer; (*mit Bohrer, Maschine*) forer; (*hineinbohren*): **~ in** +*Akk* enfoncer dans ▸ *vi* forer; (*Zahnarzt*) passer la roulette
Bohrer (-*s*, -) *m* perceuse *f*; (*von Zahnarzt*) fraise *f*
Bohrinsel *f* plate-forme *f* de forage
Bohrmaschine *f* perceuse *f*
Bohrturm *m* derrick *m*
Boiler (-*s*, -) *m* chauffe-eau *m inv*
Boje *f* balise *f*
Bolivien *nt* la Bolivie
Bolzen (-*s*, -) *m* boulon *m*
bombardieren *vt* bombarder
Bombe *f* bombe *f*
Bombenanschlag *m* attentat *m* à la bombe
Bombenerfolg (*fam*) *m* succès *m* fou
Bonbon (-*s*, -*s*) *m od nt* bonbon *m*
Bonus (-, -*se*) *m* (*Écon*) bonification *f*; (*von Versicherung*) bonus *m*
Boot (-(*e*)*s*, -*e*) *nt* bateau *m*; **in einem** *od* **im gleichen ~ sitzen** être logé(e) à la même enseigne
booten *vt, vi* (*Inform*) booter
Bord (-(*e*)*s*, -*e*) *m* (*Naut*): **an ~** à bord ▸ *nt* (*Brett*) étagère *f*
Bordell (-*s*, -*e*) *nt* bordel *m*
Bordfunk *m*, **Bordfunkanlage** *f* radio *f* de bord
Bordkarte *f* carte *f* d'embarquement
borgen *vt*: **jdm etw ~** prêter qch à qn; **sich** *Dat* **etw ~** emprunter qch
Börse *f* (*Fin*) Bourse *f*; (*Geldbörse*) porte-monnaie *m inv*
Börsenkurs *m* cours *m* de la Bourse
Borste *f* soie *f* (*de porc ou de sanglier*)
Borte *f* bordure *f*
bösartig *adj* méchant(e); (*Geschwulst*) malin(-igne)
Böschung *f* (*Straßenböschung, Bahndamm*) talus *m*; (*Uferböschung*) berge *f*
Bosheit *f* méchanceté *f*
Bosnien *nt* la Bosnie
bosnisch *adj* bosnien(ne)
böswillig *adj* malveillant(e)

bot *etc vb siehe* **bieten**
botanisch *adj* botanique
Bote (*-n, -n*) *m* messager *m* ; (*Laufbursche*) garçon *m* de courses
Botschaft *f* message *m* ; (*Pol*) ambassade *f* • **Botschafter(in)** (*-s, -*) *m(f)* ambassadeur(-drice)
Bottich (*-(e)s, -e*) *m* cuve *f*, baquet *m*
boxen *vi* boxer
Boxer (*-s, -*) *m* boxeur *m*
Boxkampf *m* match *m* de boxe
Boykott (*-(e)s, -s*) *m* boycott(age) *m*
boykottieren *vt* boycotter
brach *etc vb siehe* **brechen**
brachte *etc vb siehe* **bringen**
Branche *f* (*Geschäftszweig*) succursale *f*
Branchenverzeichnis *nt* ≈ pages *fpl* jaunes
Brand (*-(e)s, ⸚e*) *m* incendie *m*
Brandenburg *nt* le Brandebourg
Brandstifter *m* incendiaire *mf*, pyromane *mf*
Brandstiftung *f* incendie *m* criminel
Brandung *f* ressac *m*
Brandwunde *f* brûlure *f*
brannte *etc vb siehe* **brennen**
Branntwein *m* eau-de-vie *f*, spiritueux *m*
Brasilien *nt* le Brésil
braten (*irr*) *vt* rôtir ; (*in Pfanne*) (faire) frire
Braten (*-s, -*) *m* rôti *m*
Bratkartoffeln *pl* pommes *fpl* de terre sautées
Bratpfanne *f* poêle *f* (à frire)
Bratrost *m* gril *m*
Bratwurst *f* (*zum Braten*) saucisse *f* (à griller) ; (*gebraten*) saucisse grillée
Brauch (*-(e)s, Bräuche*) *m* coutume *f*
brauchbar *adj* utilisable ; (*Vorschlag*) utile ; (*Mensch*) capable
brauchen *vt* avoir besoin de ; (*benutzen*) utiliser ; (*verbrauchen*) consommer
Braue *f* sourcil *m*
Brauerei *f* brasserie *f*
braun *adj* brun(e), marron *inv* ; (*von Sonne*) bronzé(e)
bräunen *vt* (*Culin*) faire revenir, faire rissoler ; (*Sonne*) hâler, bronzer
Brause *f* (*Dusche*) douche *f* ; (*Getränk*) limonade *f*
brausen *vi* (*Wind, Wellen*) rugir ; (*schnell fahren*) foncer
Braut (*-, Bräute*) *f* mariée *f* ; (*Verlobte*) fiancée *f*
Bräutigam (*-s, -e*) *m* marié *m*
brav *adj* (*artig*) sage
bravo *interj* bravo
BRD *f abk* (= *Bundesrepublik Deutschland*) RFA *f*

> **Bundesrepublik Deutschland** est le nom officiel de la République fédérale d'Allemagne. La fédération comprend 16 *Länder* (voir *Land*). Jusqu'à la réunification, il y avait 11 Länder dans la fédération, (10 en Allemagne de l'Ouest plus Berlin-Ouest), auxquels vinrent s'ajouter le 3 octobre 1990 les 5 « nouveaux Länder » formés à partir de l'Allemagne de l'Est (l'ex-RDA).

Brecheisen *nt* levier *m*
brechen (*irr*) *vt* (*zerbrechen*) casser ; (*Widerstand, Trotz*) vaincre ; (*Schweigen, Vertrag, Versprechen*) rompre ; (*Rekord*) battre ▶ *vi* (*zerbrechen: Rohr etc*) crever ; (*speien*) vomir ▶ *vr* (*Brandung*) se briser ; **sich den Arm/das Bein ~** se casser le bras/la jambe
Brecher (*-s, -*) *m* brisant *m*
Brechreiz *m* nausée *f*

b

Brei (-(*e*)*s*, -*e*) *m* pâte *f*; (*für Kinder, Kranke*) bouillie *f*
breit *adj* large • **Breitband** *nt* (*Inform*) haut-débit *m*
Breite *f* largeur *f*; (*Géo*) latitude *f*
Breitengrad *m* latitude *f*
Bremen *nt* Brême
Bremsbelag *m* garniture *f* de frein
Bremse *f* frein *m*; (*Zool*) taon *m*
bremsen *vi* freiner ▸ *vt* freiner; (*jdn*) arrêter
Bremslicht *nt* feu *m* (de) stop
Bremspedal *nt* pédale *f* de frein
Bremsspur *f* trace *f* de dérapage
Bremsweg *m* distance *f* de freinage
brennen (*irr*) *vi* brûler ▸ *vt* brûler; (*Branntwein*) distiller; (*Kaffee*) torréfier; **es brennt!** au feu!
Brennnessel *f* ortie *f*
Brennpunkt *m* foyer *m*; (*Mittelpunkt*) centre *m*
Brennspiritus *m* alcool *m* à brûler
Brennstab *m* (barre *f* de) combustible *m* nucléaire
Brennstoff *m* combustible *m*
brenzlig *adj* (*Geruch*) de brûlé; (*Situation*) qui sent le roussi
Brett (-(*e*)*s*, -*er*) *nt* planche *f*; (*Bücherbrett*) étagère *f*; (*Spielbrett*) plateau *m*; **Schwarze(s) ~** tableau *m* d'affichage
Brief (-(*e*)*s*, -*e*) *m* lettre *f*
• **Briefkasten** *m* boîte *f* aux lettres
• **brieflich** *adv* par écrit
• **Briefmarke** *f* timbre *m*
• **Brieftasche** *f* portefeuille *m*
• **Briefträger(in)** *m(f)* facteur *m*
• **Briefumschlag** *m* enveloppe *f*
• **Briefwechsel** *m* correspondance *f*
briet *etc vb siehe* **braten**
brillant *adj* (*ausgezeichnet*) excellent(e)
Brille *f* lunettes *fpl*
bringen (*irr*) *vt* apporter; (*mitnehmen*) emporter; (*begleiten*) emmener; (*veröffentlichen*) sortir; (*Theat, Ciné*) donner; (*Radio, TV*) passer; (*fam: tun können, schaffen*) arriver à (faire); **jdn dazu ~, etw zu tun** convaincre qn de faire qch; **jdn um etw ~** faire perdre qch à qn; **es zu etwas ~** réussir
Brise *f* brise *f*
Brite *m*, **Britin** *f* Britannique *mf*
britisch *adj* britannique; **die B~en Inseln** les îles *fpl* Britanniques
Brocken (-*s*, -) *m* (*Stückchen*) morceau *m*; (*Bissen*) bouchée *f*; (*Felsbrocken*) fragment *m*
Brokkoli *pl* brocoli *m*
Brombeere *f* mûre *f*
Bronchien *pl* bronches *fpl*
Bronchitis *f* bronchite *f*
Bronze *f* bronze *m*
• **Bronzemedaille** *f* médaille *f* de bronze
Brosche *f* broche *f*
Broschüre *f* brochure *f*
Brot (-(*e*)*s*, -*e*) *nt* pain *m*; (*belegtes Brot*) tartine *f*
Brötchen *nt* petit pain *m*
browsen *vi* (*Inform*) surfer *od* naviguer sur le Net
Browser *m* (*Inform*) navigateur *m*
Bruch (-(*e*)*s*, ¨-*e*) *m* cassure *f*; (*Vertragsbruch: zwischen Menschen, Ländern*) rupture *f*; (*Méd: Eingeweidebruch*) hernie *f*; (*: Beinbruch etc*) fracture *f*; (*Math*) fraction *f*
brüchig *adj* (*Material*) cassant(e), fragile; (*Stein*) friable
Bruchteil *m* fraction *f*
Brücke *f* pont *m*; (*Zahnbrücke*) bridge *m*
Bruder (-*s*, ¨) *m* frère *m*
brüderlich *adj* fraternel(le)
Brüderschaft *f* fraternité *f*

Brühe *f* bouillon *m* ; (*péj: Getränk*) lavasse *f* ; (*: Wasser*) eau *f* sale
brüllen *vi* (*Mensch*) hurler ; (*Ochse*) mugir ; (*Löwe*) rugir
brummen *vi* grogner ; (*Insekt*) bourdonner ; (*Motor*) vrombir, ronfler
brünett *adj* brun(e)
Brunnen (*-s, -*) *m* fontaine *f* ; (*tief*) puits *m* ; (*natürlich*) source *f*
Brust (*-, ¨e*) *f* poitrine *f* ; (*weibliche Brust*) sein *m*
brüsten *vr* se vanter
Brustschwimmen *nt* brasse *f*
Brüstung *f* balustrade *f*
brutal *adj* brutal(e)
brüten *vi* (*Vogel*) couver ; **über etw** *Dat* **~** (*fig*) ruminer qch ; **~de Hitze** chaleur *f* accablante
Brüter (*-s, -*) *m*: **Schneller ~** surgénérateur *m*
brutto *adv* brut
• **Bruttosozialprodukt** *nt* produit *m* national brut, P.N.B. *m*
Btx *abk* = **Bildschirmtext**
Buch (*-(e)s, ¨er*) *nt* livre *m*
Buche *f* hêtre *m*
buchen *vt* réserver, retenir ; (*Betrag*) inscrire
Bücherbrett *nt* étagère *f* (*de bibliothèque*)
Bücherei *f* bibliothèque *f*
Buchfink *m* pinson *m*
Buchführung *f* comptabilité *f*
Buchhalter(in) (*-s, -*) *m(f)* comptable *mf*
Buchhandel *m* marché *m* du livre ; **im ~ erhältlich** (disponible) en librairie
Buchhändler(in) *m(f)* libraire *mf*
Buchhandlung *f* librairie *f*
Büchse *f* boîte *f* (de conserve) ; (*Gewehr*) fusil *m*
Büchsenfleisch *nt* viande *f* en conserve
Büchsenöffner *m* ouvre-boîtes *m*
Buchstabe (*-ns, -n*) *m* lettre *f* (*de l'alphabet*)
buchstabieren *vt* épeler
buchstäblich *adv* (*geradezu, regelrecht*) littéralement
Bucht (*-, -en*) *f* baie *f* ; (*Parkbucht*) place *f* de stationnement
Buchung *f* (*Reservierung*) réservation *f* ; (*Écon*) écriture *f*
Buckel (*-s, -*) *m* (*fam: Rücken*) dos *m*
bücken *vr* se baisser
Bückling *m* (*Culin*) hareng *m* saur ; (*Verbeugung*) courbette *f*
Buddhismus *m* bouddhisme *m*
Bude *f* baraque *f*
Budget (*-s, -s*) *nt* budget *m*
Büfett (*-s, -s*) *nt* (*Anrichte*) buffet *m*
Büffel (*-s, -*) *m* buffle *m*
Bug (*-(e)s, -e*) *m* (*Naut*) proue *f*
Bügel (*-s, -*) *m* (*Kleiderbügel*) cintre *m* ; (*Steigbügel*) étrier *m* ; (*Brillenbügel*) branche *f* ; (*Griff*) poignée *f* • **Bügelbrett** *nt* planche *f* à repasser • **Bügeleisen** *nt* fer *m* à repasser • **Bügelfalte** *f* pli *m* (*de pantalon*)
bügeln *vt, vi* repasser
Bühne *f* (*Podium*) estrade *f* ; (*Theat*) scène *f*
Bühnenbild *nt* décor *m*
Bulgarien *nt* la Bulgarie
bulgarisch *adj* bulgare
Bulldogge *f* bouledogue *m*
Bulldozer (*-s, -*) *m* bulldozer *m*
Bulle (*-n, -n*) *m* taureau *m*
Bummel (*-s, -*) *m* balade *f* ; (*Schaufensterbummel*) lèche-vitrines *m inv*
bummeln *vi* (*gehen*) se balader, flâner ; (*trödeln*) lambiner ; (*faulenzen*) se la couler douce
Bummelstreik *m* grève *f* du zèle
Bummelzug *m* tortillard *m*

bumsen *vi* (*schlagen, stoßen*) cogner ; (*fam ! : koitieren*) baiser (*fam !*)

Bund[1] (*-(e)s, ⁼e*) *m* (*Vereinigung*) alliance *f* ; (*Pol*) fédération *f* ; (*Hosenbund, Rockbund*) ceinture *f*

Bund[2] (*-(e)s, -e*) *nt* (*Strohbund, Spargelbund etc*) botte *f*

Bündchen *nt* (*Kragenbündchen*) col *m* ; (*Ärmelbündchen*) poignet *m*

Bündel (*-s, -*) *nt* paquet *m* ; (*von Papieren*) liasse *f* ; (*Strahlenbündel*) faisceau *m*

Bundesbank *f* banque *f* nationale (allemande)

Bundeskanzler(in) *m(f)* chancelier(-ière) allemand(e), ≈ premier ministre *m*

Bundesland *nt* land *m*, État *m*

Bundesliga *f* (*Sport*) ligue *f* nationale

Bundesnachrichtendienst *m* services *mpl* secrets allemands

Bundespräsident *m* président *m*

Bundesrat *m* conseil *m* fédéral

Bundesregierung *f* gouvernement *m* fédéral (d'un État)

Bundesrepublik *f* République *f* fédérale d'Allemagne

Bundesstaat *m* État *m* fédéral

Bundesstraße *f* route *f* nationale

Bundestag *m* Parlement *m* allemand, Bundestag *m*

Bundestagswahl *f* élections *fpl* parlementaires

Bundeswehr *f* armée *f* allemande

La **Bundeswehr** désigne les forces armées allemandes. Établie en 1955, elle fut tout d'abord composée de volontaires, mais depuis 1956 elle accueille aussi les appelés du contingent, le service militaire étant obligatoire pour les hommes de 18 ans et plus (voir *Wehrdienst*). En temps de paix, le Ministre de la Défense dirige la Bundeswehr mais en temps de guerre, le *Bundeskanzler* la prend en charge. La Bundeswehr est placée sous la juridiction de l'OTAN.

bündig *adj* (*kurz*) concis(e), succint(e)

Bündnis (*-ses, -se*) *nt* alliance *f*

Bunker (*-s, -*) *m* bunker *m*

bunt *adj* aux couleurs variées
• **Buntstift** *m* crayon *m* de couleur
• **Buntwäsche** *f* linge *m* de couleur

Burg (*-, -en*) *f* château *m* fort

Bürge (*-n, -n*) *m*, **Bürgin** *f* garant(e)

bürgen *vi*: **für jdn/etw ~** se porter garant pour qn/de qch

Bürger(in) (*-s, -*) *m(f)* (*von Ort, Stadt*) citoyen(ne) ; (*Sociologie*) bourgeois(e) • **Bürgerinitiative** *f* initiative *f* populaire
• **Bürgerkrieg** *m* guerre *f* civile
• **bürgerlich** *adj* (*Rechte*) civique ; (*Klasse: péj*) bourgeois(e)
• **Bürgermeister(in)** *m(f)* maire *m*
• **Bürgersteig** *m* trottoir *m*

Bürgin *f siehe* **Bürge**

Bürgschaft *f* caution *f*

Burgund (*-(s)*) *nt* la Bourgogne

Büro (*-s, -s*) *nt* bureau *m*
• **Büroklammer** *f* trombone *m*

Bursche (*-n, -n*) *m* garçon *m*

burschikos *adj* (*Mädchen*) garçon manqué *inv* ; (*unbekümmert*) désinvolte

Bürste *f* brosse *f*

bürsten *vt* brosser

Bus (*-ses, -se*) *m* (auto)bus *m*

Busbahnhof *m* gare *f* routière

Busch (*-(e)s, ⁼e*) *m* buisson *m* ; (*in Tropen*) brousse *f*

Büschel (*-s, -*) *nt* (*Gras, Haar*) touffe *f*

Busen (*-s, -*) *m* poitrine *f*
Buslinie *f* ligne *f* de bus
Bussard (*-s, -e*) *m* buse *f*
Buße *f* pénitence *f*; (*Geldbuße*) amende *f*
büßen *vi*: **für etw ~** expier qch ▶ *vt* payer
Bußgeld *nt* amende *f*
Büste *f* buste *m*
Büstenhalter (*-s, -*) *m* soutien-gorge *m*
Butter *f* beurre *m* • **Butterblume** *f* bouton *m* d'or • **Butterbrot** *nt* tartine *f* (beurrée) • **Butterdose** *f* beurrier *m* • **Buttermilch** *f* babeurre *m*
b. w. *abk* (= *bitte wenden*) TSVP
Byte (*-s, -s*) *nt* octet *m*

C

C

Café (*-s, -s*) *nt* salon *m* de thé
Cafeteria (*-, -s*) *f* cafétéria *f*
Callcenter *nt* centre *m* d'appels
campen *vi* faire du camping
Camper(in) (*-s, -*) *m(f)* campeur(-euse)
Camping (*-s*) *nt* camping *m* • **Campingbus** *m* camping-car *m* • **Campingkocher** *m* réchaud *m* de camping, camping-gaz® *m* • **Campingplatz** *m* (terrain *m* de) camping *m*
Cape (*-s, -*) *nt* cape *f*
Cäsium *nt* césium *m*
CD *f abk* (= *Compact Disc*) CD *m* • **CD-Brenner** *m* graveur *m* de CD • **CD-Player** (*-s, -*) *m* platine *f* laser • **CD-ROM** (*-, -s*) *f* CD-ROM *m*
Cello (*-s, -s od Celli*) *nt* violoncelle *m*
Celsius *adj* Celsius
Cent (*-s, -s*) *m* (*Untereinheit des Euro*) cent *m*, centime *m*; (*Untereinheit des Dollar*) cent *m*
Chamäleon (*-s, -s*) *nt* caméléon *m*
Champagner (*-s, -*) *m* champagne *m*
Champignon (*-s, -s*) *m* champignon *m* de Paris
Chance *f* chance *f*

Chancengleichheit *f* égalité *f* des chances
Chaos (-) *nt* chaos *m*
Chaot(in) (*-en, -en*) (*péj*) *m(f)* écervelé(e)
chaotisch *adj* chaotique
Charakter (*-s, -e*) *m* caractère *m*
• **charakterfest** *adj* qui a du caractère
charakterisieren *vt* caractériser
charakteristisch *adj* caractéristique
charakterlich *adj* de caractère
charmant *adj* charmant(e)
Charme (*-s*) *m* charme *m*
Charterflug *m* vol *m* charter
Chat (*-s, -s*) *m* (*Inform*) chat *m*
Chatroom (*-s, -s*) *m* salon *m* de conversation
chatten *vi* chatter
Chauffeur *m* chauffeur *m*
Chauvi (*-s, -s*) (*fam*) *m* macho *m*
Chauvinismus *m* (*Pol*) chauvinisme *m* ; **männlicher ~** machisme *m*
checken *vt* (*überprüfen*) vérifier ; (*fam: verstehen*) piger
Chef(in) (*-s, -s*) *m(f)* patron(ne)
• **Chefarzt** *m* chef *m* de clinique
Chemie (-) *f* chimie *f*
• **Chemiefaser** *f* fibre *f* synthétique
Chemikalie *f* produit *m* chimique
Chemiker(in) (*-s -*) *m(f)* chimiste *mf*
chemisch *adj* chimique ; **~e Reinigung** nettoyage *m* à sec
Chemotherapie *f* chimiothérapie *f*
Chicorée (*-s*) *m od f* chicorée *f*
Chiffre *f* chiffre *m*
Chile (*-s*) *nt* le Chili
China (*-s*) *nt* la Chine
Chinese (*-n, -n*) *m*, **Chinesin** *f* Chinois(e)
chinesisch *adj* chinois(e)
Chinin (*-s*) *nt* quinine *f*
Chip (*-s, -s*) *m* (*Inform*) puce *f* ; **~s** (*Kartoffelchips*) (pommes *fpl*) chips *fpl*
Chipkarte *f* carte *f* à puce
Chirurg(in) (*-en, -en*) *m(f)* chirurgien(ne)
Chirurgie *f* chirurgie *f*
chirurgisch *adj* chirurgical(e)
Chlor (*-s*) *nt* chlore *m*
Cholera (-) *f* choléra *m*
cholerisch *adj* colérique
Cholesterin (*-s*) *nt* cholestérol *m*
Chor (*-(e)s, ¨-e*) *m* chœur *m*
Choreografie *f* chorégraphie *f*
Chorgestühl *nt* stalles *fpl* du chœur
Christ (*-en, -en*) *m* chrétien *m*
Christentum *nt* christianisme *m*
Christkind *nt* ≈ père *m* Noël ; (*Jesus*) enfant *m* Jésus
christlich *adj* chrétien(ne)
Christrose *f* rose *f* de Noël
Christus (*Christi*) *m* le Christ
Chrom (*-s*) *nt* chrome *m*
Chromosom (*-s, -en*) *nt* chromosome *m*
Chronik *f* chronique *f*
chronisch *adj* chronique
chronologisch *adj* chronologique
Chrysantheme (*-, -n*) *f* chrysanthème *m*
circa *adv* environ
clever *adj* malin(-igne), rusé(e)
Clique *f* bande *f*
Clou (*-s, -s*) *m* clou *m*
Clown (*-s, -s*) *m* clown *m*
Cocktail (*-s, -s*) *m* cocktail *m*
Code (*-s, -s*) *m* code *m*
Cola (*-, -s*) (*fam*) *f od nt* coca® *m*
Compact Disc, Compact Disk (*-, -s*) *f* disque *m* compact
Computer (*-s, -*) *m* ordinateur *m*
• **Computerspiel** *nt* jeu *m* informatique

• **Computerspieler(in)** *m(f)* joueur(-euse) (de jeux vidéo)
• **Computervirus** *m* virus *m* informatique
Conférencier(-s, -s) *m* animateur *m*
Container(-s, -s) *m* container *m*
Cookie(-s, -s) *nt* (*Inform*) cookie *m*, témoin *m* de connexion
cool(*fam*) *adj* cool *inv*
Cordsamt *m* velours *m* côtelé
Couch(-, -*es* od -*en*) *f* canapé *m*
Countdown, Count-down(-s, -s) *m* compte *m* à rebours
Coupon(-s, -s) *m* coupon *m*
Cousin(e)(-s, -s) *m(f)* cousin(e)
Creme(-, -s) *f* crème *f*; (*Schuhcreme*) cirage *m*
Cup (-s, -s) *m* (*Sport*) coupe *f*
Currywurst *f* saucisse *f* au curry
Cursor(-s) *m* (*Inform*) curseur *m*

d

d

SCHLÜSSELWORT

da *adv* 1(*örtlich*) là ; (*hier*) ici ; **das Stück Kuchen da!** ce morceau de gâteau-là ! ; **da sein** (*anwesend*) être là, être présent(e) ; **wieder da sein** être de retour ; **noch da sein** être encore là ; **ist Post/sind Briefe für mich da?** y a-t-il du courrier/des lettres pour moi ? ; **es ist noch Suppe da** il reste de la soupe ; **so etwas ist noch nie da gewesen** ça ne s'est jamais vu ; **ist er schon da?** est-il arrivé ? ; **da draußen** là dehors ; **da bin ich** me voici ; **ich bin schon 2 Stunden da** ça fait deux heures que je suis ici ; **da, wo** (là) où ; **da hast du dein Geld!** voilà ton argent !
2(*dann*) alors, là ; **da sagte sie ...** alors elle a dit ...
3: **da haben wir aber Glück gehabt** là, nous avons vraiment eu de la chance ; **da kann man nichts machen** il n'y a rien à faire ; **was gibts denn da zu lachen?** qu'est-ce qui vous fait rire ?
▶ *konj* (*weil*) comme ; **da er keine Zeit hatte, fuhren wir gleich nach Hause** comme il était pressé, nous sommes rentrés tout de suite

dabei *adv* (*räumlich*) à côté ; (*zeitlich*) en même temps ; (*obwohl, obgleich*) pourtant ; **~ sein** (*anwesend*) assister ; (*beteiligt*) participer ; **~ sein, etw zu tun** être en train de faire qch ; **was ist schon ~?** et alors ? ; **es ist doch nichts ~, wenn ...** qu'est-ce que cela peut faire que ... ? ; **ich finde gar nichts ~** moi, ça ne me dérange pas

Dach (-(*e*)*s*, *¨er*) *nt* toit *m*
• **Dachboden** *m* grenier *m*
• **Dachrinne** *f* gouttière *f*

Dachs (-*es*, -*e*) *m* (*Zool*) blaireau *m*

dachte *etc vb siehe* **denken**

Dackel (-*s*, -) *m* basset *m*

dadurch *adv* (*durch diesen Umstand*) de ce fait ; (*aus diesem Grund*) ainsi ; (*räumlich*) à travers ▸ *konj*: **~, dass** du fait que

dafür *adv* pour (cela) ; (*als Ersatz*) en échange ; **~, dass er ...** quand on pense qu'il ... ; **er kann nichts ~, dass ...** ce n'est pas de sa faute si ... ; **~ sein** (*zustimmen*) être d'accord ; (*gerne haben*) être pour *od* favorable ; **~ sein, dass ...** (*der Meinung sein*) être d'avis que ...

dagegen *adv* contre (cela) ; (*im Vergleich*) par contre ▸ *konj* par contre

daheim *adv* à la maison

daher *adv* de là ▸ *konj* (*deshalb*) c'est pourquoi ; **~ kommt es, dass ...** c'est pour cela que ... ; **~ rühren unsere Probleme** voilà l'origine de nos problèmes

dahin *adv* (*räumlich*) vers cet endroit ; **ich fahre heute ~** j'y vais aujourd'hui ; **~ gehend** en ce sens ; **~ sein** être perdu(e)

dahinten *adv* (*weit entfernt*) là-bas

dahinter *adv* derrière ; (*langsam verstehen*) finir par comprendre

damalig *adj* d'alors

damals *adv* à cette époque ; **~ und heute** autrefois et aujourd'hui

Dame *f* dame *f* ; (*Échecs*) reine *f* ; **meine ~n und Herren!** mesdames et messieurs !

Damenbinde *f* serviette *f* hygiénique

damenhaft *adj* distingué(e)

Damespiel *nt* jeu *m* de dames

damit *adv* avec cela ; (*begründend*) de ce fait ▸ *konj* pour que +*sub* ; **was ist ~?** qu'en est-il ?

dämlich (*fam*) *adj* idiot(e)

Damm (-(*e*)*s*, *¨e*) *m* (*Staudamm*) barrage *m* ; (*Hafendamm*) quai *m*

Dämmerung *f* (*Morgendämmerung*) aube *f* ; (*Abenddämmerung*) crépuscule *m*

Dämon (-*s*, -*en*) *m* démon *m*

Dampf (-(*e*)*s*, *¨e*) *m* vapeur *f*
• **dampfen** *vi* fumer

dämpfen *vt* (*Culin*) cuire à la vapeur ; (*bügeln*) repasser (à la vapeur)

Dampfer (-*s*, -) *m* bateau *m* à vapeur

Dampfkochtopf *m* cocotte-minute *f*

Dampfwalze *f* rouleau *m* compresseur

danach *adv* (*räumlich*) derrière ; (*in Richtung*) vers cela ; **er griff ~** il tendit la main pour s'en emparer

daneben *adv* à côté ; (*im Vergleich damit*) en comparaison ; (*außerdem*) en outre

Dänemark (-*s*) *nt* le Danemark

dänisch *adj* danois(e)

dank *präp* +*Dat od Gen* grâce à
• **Dank** (-(*e*)*s*) *m* remerciement *m* ; **vielen** *od* **schönen** *od* **besten** *od* **herzlichen ~** merci beaucoup
• **dankbar** *adj* reconnaissant(e) ; (*lohnend*) qui en vaut la peine
• **Dankbarkeit** *f* gratitude *f*

danke *interj* merci ; **~ schön** *od* **sehr!** merci beaucoup !
danken *vi* dire merci ▶ *vt* (*geh*) savoir gré à ; **jdm für etw ~** remercier qn de qch ; **ich danke** merci
dann *adv* alors ; (*außerdem*) en outre
daran *adv* à cela, y ; **~ zweifeln** en douter ; **das liegt ~, dass ...** c'est parce que ... ; **das Dümmste ~ ist, dass ...** le pire *od* ce qui est bête, c'est que ...
darauf *adv* (*räumlich*) dessus ; (*danach*) ensuite ; **es kommt ganz ~ an, ob sie mitmacht** cela dépend si elle participe ; **ich komme nicht ~** cela m'échappe ; **die Tage ~** les jours suivants ; **~ folgend** suivant(e) ; **am Tag ~** le lendemain • **daraufhin** *adv* (*aus diesem Grund*) en conséquence ; **wir müssen es ~ prüfen, ob ...** nous devons l'examiner pour savoir si ...
daraus *adv* en ; **was ist ~ geworden?** qu'en est-il advenu ?
Darbietung *f* spectacle *m*
darin *adv* là-dedans, y ; (*in dieser Beziehung*) en cela
dar|legen *vt* présenter
Darlehen (-*s*, -) *nt* prêt *m*
Darm (-(*e*)*s*, ⸚*e*) *m* intestin *m* ; (*für Saiten, Schläger, Wurstdarm*) boyau *m* • **Darmsaite** *f* corde *f* (en boyau)
dar|stellen *vt* représenter
Darsteller(in) (-*s*, -) *m*(*f*) interprète *mf*
Darstellung *f* représentation *f* ; (*Beschreibung, Geschichte*) description *f*
darüber *adv* au-dessus ; (*direkt auf etw*) par-dessus ; (*in Bezug auf Thema*) à ce sujet ; **~ sprechen** en parler
darum *adv* (*räumlich*) autour ; (*hinsichtlich einer Sache*) pour cela ▶ *konj* c'est pourquoi ; **es geht ~, dass ...** voici ce dont il s'agit : ...
darunter *adv* dessous ; (*dazwischen, dabei*) parmi eux(elles) ; (*weniger, niedriger*) au-dessous ; **was verstehen Sie ~?** qu'entendez-vous par là ?
das *art, pron siehe* **der**
Dasein (-*s*) *nt* existence *f* ; (*Anwesenheit*) présence *f*
dass *konj* que ; (*damit*) pour que ; **ausgenommen** *od* **außer ~ ...** sauf que ...
dasselbe *pron siehe* **derselbe**
da|stehen (*irr*) *vi* (*Mensch*) rester ; (*in Situation, Lage befinden*) se trouver ; (*fig*): **gut/schlecht ~** être en bonne/mauvaise posture
Datei *f* fichier *m* • **Dateimanager** *m* gestionnaire *m* de fichiers
Daten *pl* (*Inform*) données *fpl* • **Datenautobahn** *f* autoroute *f* de l'information • **Datenbank** *f* banque *f* de données • **Datenbestand** *m* ensemble *m* des données • **Datendiebstahl** *m* vol *m* de données • **Datenschutz** *m* protection *f* des données • **Datenschutzbeauftragte(r)** *f*(*m*) personne *f* chargée de la protection des données • **Datenträger** *m* support *m* de données • **Datenübertragung** *f* transfert *m* de données • **Datenverarbeitung** *f* traitement *m* de données
datieren *vt* dater
Dattel (-, -*n*) *f* datte *f*
Datum (-*s*, *Daten*) *nt* date *f*
Dauer (-, -*n*) *f* durée *f* ; **auf die ~** à la longue • **dauerhaft** *adj* durable • **Dauerkarte** *f* abonnement *m*
dauern *vi* durer

d

dauernd *adj* constant(e) ; (*andauernd*) permanent(e) ▶ *adv* constamment
Dauerregen *m* pluie *f* incessante
Dauerwelle *f* permanente *f*
Daumen (*-s, -*) *m* pouce *m*
Daunendecke *f* édredon *m*
davon *adv* (*von dieser Stelle entfernt, weg von*) de là, en ; (*dadurch*) à cause de cela, en ; (*Trennung, Teil, Material, Thema*) de cela ; **die Hälfte/das Doppelte ~** la moitié/le double (de cela) ; **~ wissen** être au courant • **davon|kommen** (*irr*) *vi* s'en tirer • **davon|laufen** (*irr*) *vi* se sauver
davor *adv* devant ; (*zeitlich*) auparavant, avant ; **das Jahr ~** l'année précédente
dazu *adv* (*dabei, damit*) avec cela ; (*zu diesem Zweck, dafür*) pour cela ; (*zum Thema, darüber*) sur cela ; **sich ~ äußern** donner son opinion (sur cela) ; **~ fähig sein** en être capable • **dazu|kommen** (*irr*) *vi* (*eintreffen, erscheinen*) survenir
dazwischen *adv* (*räumlich*) au milieu ; (*zeitlich*) entre-temps ; (*dabei*) dans le tas, parmi eux (elles) ; (*bei Maß-, Mengenangaben*) entre les deux • **dazwischen|kommen** (*irr*) *vi*: **es ist etwas dazwischengekommen** il y a eu un contretemps • **dazwischen|reden** *vi* interrompre
DDR (*-*) *f abk* (*= Deutsche Demokratische Republik*) RDA *f*
Dealer(in) (*-s, -*) (*fam*) *m(f)* dealer *m*
Debatte *f* débat *m*
Deck (*-(e)s, -s od -e*) *nt* pont *m*
Decke *f* couverture *f* ; (*Tischdecke*) nappe *f* ; (*Zimmerdecke*) plafond *m*
Deckel (*-s, -*) *m* couvercle *m*
decken *vt* couvrir ; (*Sport*) marquer ▶ *vr* (*Meinung, Interesse*) être semblable(s) ; **den Tisch ~** mettre le couvert
Deckmantel *m*: **unter dem ~ von** sous le couvert de
Deckung *f* (*Schutz*) abri *m* ; (*von Meinung*) accord *m* ; (*Math*) coïncidence *f* ; (*Fin*) couverture *f* ; **in ~ gehen** se mettre à l'abri
defekt *adj* (*Maschine etc*) défectueux(-euse) • **Defekt** (*-(e)s, -e*) *m* défaut *m*
defensiv *adj* défensif(-ive)
definieren *vt* définir
Definition *f* définition *f*
definitiv *adj* définitif(-ive)
Defizit (*-s, -e*) *nt* déficit *m*
deftig *adj* (*Essen*) consistant(e) ; (*Witz*) grossier(-ère)
Degen (*-s, -*) *m* épée *f*
degenerieren *vi* dégénérer ; (*Sitten*) se corrompre
dehnen *vt* (*Stoff, Glieder*) étirer ; (*Vokal*) allonger ▶ *vr* (*Stoff*) s'étirer, prêter ; (*Mensch*) s'étirer
Deich (*-(e)s, -e*) *m* digue *f*
dein(e) *pron* (*possessiv*) ton(ta)
deine(r, s) *pron* le(la) tien(ne) ; **der/die/das D~** le(la) tien(ne)
deiner *pron* (*Gen von du*) de toi
deinerseits *adv* de ton côté
deinetwegen *adv* pour toi ; (*wegen dir*) à cause de toi
deinstallieren *vt* (*Programm*) désinstaller
Dekadenz *f* décadence *f*
Dekan (*-s, -e*) *m* doyen *m*
deklinieren *vt* décliner
Dekoration *f* décoration *f*
dekorativ *adj* décoratif(-ive)
dekorieren *vt* décorer
Delegation *f* délégation *f*
delegieren *vt*: **~ an** *+Akk* (*Aufgaben*) déléguer à

Delfin (*-s, -e*) *m* dauphin *m*
Delikatesse *f* (*Feinkost*) mets *m* exquis ; (*geh: Zartgefühl*) délicatesse *f*
Delikt (*-(e)s, -e*) *nt* délit *m*
Delle (*fam*) *f* bosse *f*
Delphin (*-s, -e*) *m siehe* **Delfin**
Delta (*-s, -s*) *nt* delta *m*
dem *art, pron siehe* **der**
dementieren *vt* démentir
demnach *adv* donc
demnächst *adv* (*bald*) sous peu
Demo (*-s, -s*) (*fam*) *f* manif *f*
Demokrat(in) *m(f)* démocrate *mf*
Demokratie *f* démocratie *f*
demokratisch *adj* démocratique
Demonstrant(in) *m(f)* manifestant(e)
Demonstration *f* (*Protestkundgebung*) manifestation *f* ; (*Zurschaustellung*) démonstration *f*
demonstrativ *adj* démonstratif(-ive)
demonstrieren *vi* manifester ▶ *vt* (*vorführen*) faire une démonstration de ; (*guten Willen*) manifester
Demut *f* humilité *f*
demütigen *vt* humilier ▶ *vr*: **sich ~ vor** *+Dat* s'humilier devant
demzufolge *adv* par conséquent
den *art, pron siehe* **der**
Denglisch (*-*) *nt allemand anglicisé à l'extrême*
denkbar *adj* concevable ▶ *adv* (*äußerst*) extrêmement
denken (*irr*) *vi* penser ▶ *vt* penser ; (*glauben, vermuten*) croire ; **denke daran!** penses-y !
Denken (*-s*) *nt* (*Überlegen*) réflexion *f* ; (*Denkfähigkeit*) pensée *f*
Denker(in) (*-s, -*) *m(f)* penseur(-euse)
Denkfehler *m* faute *f* de raisonnement
Denkmal (*-s, ¨er*) *nt* monument *m* • **Denkmalschutz** *m*: **etw unter ~ stellen** classer qch monument historique
denkwürdig *adj* mémorable
Denkzettel *m*: **jdm einen ~ verpassen** donner une leçon à qn
denn *konj* car ▶ *adv*: **mehr/besser ~ je** plus/mieux que jamais
dennoch *konj* pourtant, cependant ▶ *adv*: **und ~, ...** et pourtant ...
Deo (*-s, -s*) *nt*, **Deodorant** (*-s, -e* od *-s*) ▶ *nt* déodorant *m*
Deospray *nt od m* spray *m* déodorant
Deponie *f* décharge *f*
deponieren *vt* déposer
Depot (*-s, -s*) *nt* dépôt *m*
Depression *f* dépression *f*
depressiv *adj* dépressif(-ive)
deprimieren *vt* déprimer

SCHLÜSSELWORT

der (*f* **die**, *nt* **das**, *Gen* **des, der, des**, *Dat* **dem, der, dem**, *Akk* **den, die, das**, *pl* **die, der, den, die**) *art* le (la) ; **~ Tisch** la table ; **das Haus** la maison ; **die Blume** la fleur ; **die Melone** le melon ; **das Kind** l'enfant *m* ; **die Fenster/Kinder** les fenêtres *fpl*/enfants *mpl* ; **~ Rhein** le Rhin ; **~ Klaus** (*fam*) Klaus
▶ *pron* (*relativ: Subjekt*) qui ; (*: Akk*) que ; (*: Dat*) à qui ; **die Frau, die hier wohnt** la femme qui habite ici ; **~ Mann, den ich gesehen habe** l'homme que j'ai vu ; **das Kind, dem ich das Buch gegeben hatte** l'enfant à qui j'avais donné le livre
▶ *pron* (*demonstrativ*) celui-ci (celle-ci) ; (*: jener, dieser*) celui-là (celle-là) ; (*: pl*) ceux-ci (celles-ci) ; (*: jene*) ceux-là (celles-là) ; **~/die**

war es c'est celui-ci (celle-ci) ; (*Mensch*) c'est lui (elle) ; **~ mit der Brille** celui avec les lunettes ; **ich will den (da)** j'aimerais celui-ci (celle-ci)

derart *adv* tellement ; **er hat sich ~ geärgert** il s'est tellement fâché • **derartig** *adj* tel(le), pareil(le)
derb *adj* grossier(-ière)
deren (*Gen von die*) *pron* (*relativ: sg*) dont, duquel(de laquelle) ; (*: pl*) dont, desquels(desquelles)
dergleichen *pron inv* (*adjektivisch*) tel(le)
derjenige (*f* **diejenige**, *nt* **dasjenige**) *pron* celui(celle) ; **diejenigen, die** ceux qui
dermaßen *adv* tellement
derselbe (*f* **dieselbe**, *nt* **dasselbe**) *pron* le(la) même
des *art, pron siehe* **der**
desgleichen *adv* (*ebenso*) de même
deshalb *adv* pour cette raison
Design (-*s*, -*s*) *nt* style *m* ; (*als Fach*) design *m*, stylisme *m*
Designer(in) *m(f)* styliste *mf*
Desinfektion *f* désinfection *f*
Desinfektionsmittel *nt* désinfectant *m*
desinfizieren *vt* désinfecter
Desinteresse (-*s*) *nt*: **~ an** *+Dat* manque *m* d'intérêt pour
dessen (*Gen von der, das*) *pron* (*relativ*) dont, duquel(de laquelle) ; **~ ungeachtet** néanmoins
Dessert (-*s*, -*s*) *nt* dessert *m*
destillieren *vt* distiller
desto *konj* d'autant
deswegen *adv* pour cette raison
Detail (-*s*, -*s*) *nt* détail *m*
Detektiv(in) *m(f)* détective *mf*
deuten *vt* interpréter ▶ *vi*: **~ auf** *+Akk* indiquer
deutlich *adj* clair(e) ; (*Unterschied*) net(te) ▶ *adv*: **jdm etw ~ machen** faire comprendre qch à qn
deutsch *adj* allemand(e) • **Deutsch** (-(*s*)) *nt* (*Ling*) (l')allemand *m* ; **ins ~ übersetzen** traduire en allemand • **Deutsche(r)** *f(m)* (*Géo*) Allemand(e) *m/f* • **Deutschland** *nt* l'Allemagne *f*
Devise *f* devise *f* ; **Devisen** *pl* (*Fin*) devises *fpl*
Dezember (-(*s*), -) *m* décembre *m*
dezent *adj* discret(-ète)
d. h. *abk* (= *das heißt*) c.-à-d.
Dia (-*s*, -*s*) *nt* diapo(sitive) *f*
Diabetes *m* diabète *m*
Diabetiker(in) *m(f)* diabétique *mf*
Diagnose *f* diagnostic *m*
Dialekt (-(*e*)*s*, -*e*) *m* dialecte *m*
Dialog (-(*e*)*s*, -*e*) *m* dialogue *m*
Diamant *m* diamant *m*
Diät (-, -*en*) *f* régime *m* ; **~ halten** suivre un régime ; **Diäten** *pl* indemnité *f* parlementaire ; **~ leben** suivre un régime
dich (*Akk von du*) *pron* te ; (*vor Vokal, stummem h*) t' ; (*nach präp*) toi
dicht *adj* (*Nebel, Haar, Wald*) épais(se) ; (*Gewebe*) serré(e) ; (*Dach*) étanche ▶ *adv*: **~ an/bei** tout près de
dichten *vt* (*Leitung, Dach, Leck*) rendre étanche
Dichter(in) (-*s*, -) *m(f)* poète *m* • **dichterisch** *adj* poétique
dicht|machen (*fam*) *vt* (*schließen*) boucler
Dichtung *f* (*Tech, Aut*) joint *m* ; (*Gedichte*) poésie *f* ; (*Prosa*) œuvre *f* littéraire
dick *adj* épais(se) ; (*Mensch*) gros(se)
Dicke *f* épaisseur *f*
dickflüssig *adj* visqueux(-euse)
Dickicht (-*s*, -*e*) *nt* fourré *m*

Dickkopf *m* tête *f* de mule
Dickmilch *f* lait *m* caillé
die *art, pron siehe* **der**
Dieb(in) *(-(e)s, -e) m(f)* voleur(-euse)
• **Diebstahl** *(-(e)s, -¨e) m* vol *m*
Diele *f (Brett)* planche *f (de plancher)*; *(Flur)* entrée *f*
dienen *vi* servir
Diener *(-s, -) m* domestique *m*
Dienst *(-(e)s, -e) m* service *m*; **außer ~** à la retraite; **im ~** en service; **~ haben** être de service; **~ habend** *od* **tuend** de service
Dienstag *m* mardi *m*
dienstags *adv* le mardi
Dienstleistung *f* (prestation *f* de) service *m*
dienstlich *adj* officiel(le)
Dienstreise *f* voyage *m* d'affaires
Dienststelle *f* service *m*
Dienstzeit *f* heures *fpl* de travail
dies *pron* ceci; **~ sind meine Eltern** voici *od* voilà mes parents
diesbezüglich *adj* à ce sujet
diese(r, s) *pron (adjektivisch)* ce(cette); *(substantivisch)* celui-là(celle-là)
Diesel *m (Kraftstoff)* gazole *m*, gas-oil *m*; *(Fahrzeug)* diesel *m*
diesig *adj* brumeux(-euse)
diesjährig *adj* de cette année
diesmal *adv* cette fois-ci
diesseits *präp +Gen* de ce côté de
Dietrich *(-s, -e) m* crochet *m*
Differenz *(-, -en) f* différence *f*; **Differenzen** *pl (Meinungsverschiedenheit)* différend *m*
Differenzialgetriebe *nt* engrenage *m* différentiel
differenzieren *vt* différencier ▶ *vi* faire la différence
digital *adj* numérique
• **Digitalfernsehen** *nt* télévision *f* numérique • **Digitalkamera** *f* appareil *m* (photo) numérique
• **Digitaluhr** *f* montre *f* à affichage numérique
Diktat *nt* dictée *f*
Diktator *m* dictateur *m*
Diktatur *f* dictature *f*
diktieren *vt* dicter
Dilemma *(-s, -s od -ta) nt* dilemme *m*
dilettantisch *adj* de dilettante
Dimension *f* dimension *f*
Ding *(-(e)s, -e) nt* chose *f*
Dings *(fam) nt* machin *m*, truc *m*
Dingsbums *(fam) nt siehe* **Dings**
Dinosaurier *m* dinosaure *m*
Diplom *(-(e)s, -e) nt* diplôme *m*
Diplomat *(-en, -en) m* diplomate *m*
Diplomatie *f* diplomatie *f*
diplomatisch *adj* diplomatique
Diplom-Ingenieur *m* ingénieur *m* diplômé
dir *(Dat von du) pron* te; *(vor Vokal, stummem h)* t'; *(nach präp)* toi; **mit ~** avec toi
direkt *adj* direct(e) • **Direktflug** *m* vol *m* direct
Direktor(in) *m(f)* directeur(-trice)
Direktübertragung *f* émission *f* en direct
Dirigent(in) *m(f)* chef *m* d'orchestre
dirigieren *vt* diriger
Disco *(-s, -s) f* discothèque *f*, boîte *f*
Diskette *f* disquette *f*
Diskettenlaufwerk *nt* lecteur *m* de disquettes
Diskothek *(-, -en) f* discothèque *f*
diskret *adj* discret(-ète)
Diskretion *f* discrétion *f*
diskriminieren *vt* faire de la discrimination contre
Diskriminierung *f* discrimination *f*
Diskussion *f* discussion *f*; **(nicht) zur ~ stehen** (ne pas) être à l'ordre du jour

diskutieren *vt* discuter ▶ *vi*: **~ über** *+Akk* discuter de
Display (*-s, -s*) *nt* afficheur *m*
Distanz *f* distance *f*
distanzieren *vr*: **sich von jdm/etw ~** prendre ses distances par rapport à *od* avec qn/qch
Distel (*-, -n*) *f* chardon *m*
Disziplin *f* discipline *f*
Dividende *f* dividende *m*
dividieren *vt*: **etw ~ (durch)** diviser qch (par)
DM *f abk* (*Hist* : = *Deutsche Mark*) DM *m*

Schlüsselwort

doch *adv* **1** (*dennoch, trotzdem*) malgré tout, quand même ; (*sowieso*) de toute façon ; **er kam ~ noch** finalement, il est quand même venu ; **und ~** et pourtant ; **also ~!** (*tatsächlich*) c'était donc vrai !
2 (*als bejahende Antwort*) si ; **das ist nicht wahr — ~!** ce n'est pas vrai — si !
3 (*auffordernd*): **komm ~!** viens donc ! ; **lass ihn ~** mais laisse-le donc tranquille ! ; **nicht ~!** mais non !
4 (*zur Betonung*): **sie ist/war ~ noch so jung** (mais) elle est/était si jeune ; **Sie wissen ~, wie das ist** vous savez ce que c'est ; **wenn ~** si seulement
▶ *konj* (*aber*) pourtant ; **und ~ hat er es getan** il l'a fait malgré tout

Docht (*-(e)s, -e*) *m* mèche *f*
Dogge *f* dogue *m*
Dogma (*-s, Dogmen*) *nt* dogme *m*
Doktor (*-s, -en*) *m* (*akademischer Grad*) docteur *m*
Doktorarbeit *f* thèse *f* de doctorat
Doktortitel *m* titre *m* de docteur
Dokument *nt* document *m*
Dokumentarfilm *m* (film *m*) documentaire *m*
dokumentieren *vt* documenter
Dolch (*-(e)s, -e*) *m* poignard *m*
Dollar (*-s, -*) *m* dollar *m*
dolmetschen *vt* interpréter, traduire ▶ *vi* servir d'interprète
Dolmetscher(in) (*-s, -*) *m(f)* interprète *mf*
Dom (*-(e)s, -e*) *m* cathédrale *f*
Domäne *f* domaine *m*
dominieren *vt, vi* dominer
Donau *f*: **die ~** le Danube
Dongle *m* dongle *m*
Donner (*-s, -*) *m* tonnerre *m*
donnern *vi unpers* tonner
Donnerstag *m* jeudi *m*
• **donnerstags** *adv* le jeudi
doof (*fam*) *adj* idiot(e)
dopen *vt* doper
Doping (*-s*) *nt* doping *m*, dopage *m*
Dopingkontrolle *f* contrôle *m* antidopage
Doppel (*-s, -*) *nt* double *m*
• **Doppelbett** *nt* grand lit *m*
• **Doppelgänger(in)** (*-s, -*) *m(f)* sosie *m* • **Doppelklick** (*-s, -s*) *m* double-clic *m* • **doppelklicken** *vi* (*Inform*): **~ (auf** *Akk*) double-cliquer (sur)
• **Doppelpunkt** *m* deux points *mpl*
• **Doppelstecker** *m* prise *f* double
doppelt *adj* double ; (*Buchführung*) en partie double ▶ *adv*: **die Karte habe ich ~** cette carte, je l'ai en double ; **sich ~ freuen** se réjouir doublement
Doppelzimmer *nt* chambre *f* pour deux personnes
Dorf (*-(e)s, ¨-er*) *nt* village *m*
• **Dorfbewohner(in)** *m(f)* villageois(e)
Dorn[1] (*-(e)s, -en*) *m* (*Bot*) épine *f*
Dorn[2] (*-(e)s, -e*) *m* (*an Schnalle*) ardillon *m*

dörren *vt* (faire) sécher
Dörrobst *nt* fruits *mpl* secs
Dorsch (-(*e*)*s*, -*e*) *m* jeune morue *f*
dort *adv* (*da*) là • **dorther** *adv* de là • **dorthin** *adv* là-bas
Dose *f* boîte *f*
dösen (*fam*) *vi* somnoler
Dosenbier *nt* bière *f* en boîte
Dosenöffner *m* ouvre-boîte *m*
Dosis (-, *Dosen*) *f* dose *f*
Dotter (-*s*, -) *m od nt* jaune *m* d'œuf
Download (-*s*, -*s*) *m* (*Inform*) téléchargement *m*
Dozent(in) *m*(*f*): **~ für** ≈ maître *m* de conférences en
Drache (-*n*, -*n*) *m* dragon *m*
Drachen (-, -) *m* (*Spielzeug*) cerf-volant *m* ; (*Sport*) deltaplane *m* ; (*péj*: *fam*: *Frau*) dragon *m* • **Drachenfliegen** *nt* (*Sport*) deltaplane *m*, vol *m* libre
Draht (-(*e*)*s*, *⸚e*) *m* fil *m* de fer
Drahtseilbahn *f* funiculaire *m*
Drama (-*s*, *Dramen*) *nt* drame *m*
Dramatiker(in) (-*s*, -) *m*(*f*) dramaturge *mf*
dramatisch *adj* dramatique
drang *etc vb siehe* **dringen**
Drang (-(*e*)*s*, *⸚e*) *m* (*Antrieb*) impulsion *f* ; (*Druck*) pression *f*
drängeln (*péj*) *vt* presser ▸ *vi* pousser
drängen *vt* presser ▸ *vi* presser ; **auf etw** *Akk* **~** insister sur qch
drastisch *adj* (*Maßnahme*) draconien(ne) ; (*Schilderung*) cru(e)
draußen *adv* dehors
Dreck (-(*e*)*s*) *m* saleté *f*
dreckig *adj* sale ; (*Bemerkung*) grossier(-ère) ; (*Witz*) cochon(ne)
Dreharbeiten *pl* tournage *m*
Drehbuch *nt* (*Ciné*) scénario *m*
drehen *vt* tourner ; (*Zigaretten*) rouler ▸ *vi* tourner ▸ *vr* tourner ; (*Mensch*) se tourner ; **es dreht sich darum, dass ...** voici ce dont il s'agit : ...
Drehorgel *f* orgue *m* de Barbarie
Drehung *f* (*Rotation*) rotation *f* ; (*Umdrehung*, *Wendung*) tour *m*
drei *num* trois • **Dreieck** *nt* triangle *m* • **dreieckig** *adj* triangulaire
dreierlei *adj inv* trois sortes de
dreifach *adj* triple
dreihundert *num* trois cents
Dreikönigsfest *nt* Épiphanie *f*, fête *f* des Rois
dreimal *adv* trois fois
drein|reden *vi*: **jdm ~** (*dazwischenreden*) interrompre qn ; (*sich einmischen*) se mêler des affaires de qn
dreißig *num* trente
dreist *adj* impudent(e)
Dreistigkeit *f* impudence *f*
Dreiviertelstunde *f* trois quarts *mpl* d'heure
dreizehn *num* treize
dreschen (*irr*) *vt* (*Getreide*) battre ; **Phrasen ~** (*fam*) débiter de belles phrases
Dresden *nt* Dresde
dressieren *vt* dresser
dribbeln *vi* dribbler
Drillbohrer *m* perceuse *f*
drin (*fam*) *adv siehe* **darin**
dringen (*irr*) *vi* pénétrer ; **auf etw** *Akk* **~** insister sur qch
dringend *adj* urgent(e), pressant(e)
Dringlichkeit *f* urgence *f*
Drink (-*s*, -*s*) *m* drink *m*
drinnen *adv* à l'intérieur, dedans
dritt *adv*: **zu ~** à trois ; **wir kommen zu ~** nous serons trois
dritte(r, s) *adj* troisième ; **die D~ Welt** le tiers monde • **Dritte(r)** *f*(*m*) troisième *mf*
Drittel (-*s*, -) *nt* tiers *m*
drittens *adv* troisièmement

droben *adv* là-haut
Droge *f* drogue *f*
drogenabhängig *adj* toxicomane
Drogenabhängige(r) *f(m)* toxicomane *mf*
Drogenhandel *m* narcotrafic *m*
Drogenszene *f* milieu *m* de la drogue
Drogeriemarkt *f* droguerie *f*

Une droguerie, ou **Drogeriemarkt**, est un supermarché où l'on trouve des produits d'entretien, des cosmétiques, de la parfumerie et des articles de toilette, ainsi que des médicaments en vente libre. Il existe plusieurs chaînes de drogueries en Allemagne et en Autriche.

drohen *vi* menacer ; **jdm (mit etw) ~** menacer qn (de qch)
dröhnen *vi* (*Motor*) vrombir ; (*Stimme, Musik*) retentir
Drohung *f* menace *f*
drollig *adj* drôle
drosch *etc vb siehe* **dreschen**
Drossel (-, -n) *f* grive *f*
drüben *adv* de l'autre côté
Druck[1] (-(e)s, =e) *m* pression *f*
Druck[2] (-(e)s, -e od -s) *m* (*Typ*) impression *f* ; **im ~ sein** être sous presse • **Druckbuchstabe** *m* caractère *m* d'imprimerie
drucken *vt, vi* imprimer
drücken *vt* (*herabsetzen*) baisser ; (*wehtun: Schuhe, Rucksack*) faire mal à ; (*Hand*) serrer ; (*Klinke*) tourner ▶ *vi* (*Schuhe etc*) faire mal ▶ *vr*: **sich vor etw** *Dat* **~** s'esquiver devant qch
drückend *adj* (*Hitze, Armut*) accablant(e) ; (*Last, Steuern*) écrasant(e)
Drucker (-s, -) *m* (*Inform*) imprimante *f*
Drücker (-s, -) *m* (*Türdrücker*) poignée *f*
Druckerei *f* imprimerie *f*
Druckfehler *m* faute *f* d'impression.
Druckknopf *m* bouton-pression *m*
Drucksache *f* imprimé *m*
Druckschrift *f* caractères *mpl* d'imprimerie
drunten *adv* (*im Tal*) en bas ; (*auf der Erde*) sur terre
Drüse *f* glande *f*
Dschungel (-s, -) *m* jungle *f*
du *pron* tu ; **du hast es mir gesagt** c'est toi qui me l'as dit
ducken *vr* se baisser
Dudelsack *m* cornemuse *f*
Duell (-s, -e) *nt* duel *m*
Duett (-(e)s, -e) *nt* duo *m*
Duft (-(e)s, =e) *m* parfum *m*
duften *vi* sentir bon
dulden *vt* (*zulassen*) tolérer ; (*leiden*) endurer ▶ *vi* souffrir
duldsam *adj* patient(e)
dumm *adj* bête, stupide • **dummdreist** *adj* insolent(e)
dummerweise *adv* bêtement
Dummheit *f* bêtise *f*, stupidité *f*
Dummkopf *m* imbécile *m*
dumpf *adj* (*Ton*) sourd(e) ; (*Erinnerung, Schmerz*) vague
Düne *f* dune *f*
düngen *vt* fertiliser, amender
Dünger (-s, -) *m* engrais *m*
dunkel *adj* sombre ; (*Farbe*) foncé(e) ; (*Stimme*) grave ; (*Ahnung*) vague ; (*verdächtig*) louche ; **im D~n tappen** (*fig*) tâtonner
Dunkelheit *f* obscurité *f*
Dunkelziffer *f* cas *mpl* non enregistrés
dünn *adj* mince ; (*Haar, Bevölkerung*) clairsemé(e) ; (*Suppe, Kaffee*) clair(e) ; **~ gesät** clairsemé(e)

Dunst (-es, ¨-e) *m* brume *f*; (*durch Abgase, Zigaretten, Essen*) (nuage *m* de) fumée *f*
dünsten *vt* cuire à l'étuvée
Dur (-, -) *nt* (*Mus*) majeur *m*

SCHLÜSSELWORT

durch *präp* +*Akk* **1** (*hindurch*) par, à travers; **~ die ganze Welt reisen** faire le tour du monde
2 (*mittels*) par; **Tod ~ Herzschlag/den Strang** mort par crise cardiaque/pendaison; **~ seine Bemühungen** grâce à son intervention, par son entremise
3 (*Math*): **8 ~ 4 = 2** 8 (divisé) par 4 = 2
▶ *adv* **1** (*hindurch*): **die ganze Nacht ~** toute la nuit; **den Sommer ~** tout l'été; **~ und ~ verfault** complètement pourri(e)
2 (*durchgebraten*): **(gut) ~** bien cuit(e)

durchaus *adv* (*unbedingt: als Antwort*) absolument; **das lässt sich ~ machen** c'est tout à fait possible
durch|blättern *vt* feuilleter
Durchblick *m* vue *f*; **den (vollen) ~ haben** être au clair; **keinen ~ haben** (*fam*) rien (y) piger
• **durch|blicken** *vi* regarder; (*fam: verstehen*): **bei etw ~** piger qch; **etw ~ lassen** laisser entendre qch
durch|brechen (*irr*) *vt* (*in zwei Teile brechen*) casser en deux
durch|brennen (*irr*) *vi* (*Draht*) fondre; (*Sicherung*) sauter; (*fam: weglaufen*): **~ mit** filer avec
durchdacht *adj* réfléchi(e)
durch|drehen *vt, vi* (*fam*) craquer
durcheinander *adv* pêle-mêle; **~ sein** ne pas s'y retrouver; (*Zimmer*) être en désordre
• **Durcheinander** (-s) *nt* (*Verwirrung*) confusion *f*; (*Unordnung*) désordre *m*
• **durcheinanderbringen** *vt* déranger, mettre en désordre; (*verwechseln*) confondre
• **durcheinanderreden** *vi* parler (tous(toutes)) en même temps
Durchfahrt *f* passage *m*; (*Durchreise*) traversée *f*; **auf der ~ sein** être de passage
Durchfall *m* (*Méd*) diarrhée *f*
durch|fallen (*irr*) *vi* tomber (à travers); (*in Prüfung*) échouer
durch|führen *vt* (*ausführen*) réaliser; (*hindurchleiten*) guider
Durchgang *m* passage *m*; (*Phase*) phase *f*; (*Sport*) partie *f*; (*bei Wahl*) tour *m* (de scrutin)
Durchgangsverkehr *m* circulation *f* (de passage)
durchgefroren *adj* transi(e) (de froid)
durch|gehen (*irr*) *vt* (*gründlich besprechen*) examiner point par point ▶ *vi* passer; (*Zug*) être direct(e); (*Mensch*) filer; **~ durch** (*durch Haus, Stadt etc: Flüssigkeit, Lärm etc*) traverser; (*durch Kontrolle*) passer; **jdm etw ~ lassen** laisser passer qch à qn
durchgehend *adj* (*Zug*) direct(e) ▶ *adv* (*geöffnet*) sans interruption
durch|halten (*irr*) *vi* tenir bon
durch|kommen (*irr*) *vi* passer; (*Nachricht*) parvenir; (*auskommen*) y arriver; (*überleben*) s'en tirer
durch|lassen (*irr*) *vt* laisser passer
Durchlauferhitzer (-s, -) *m* chauffe-eau *m inv*
durch|lesen (*irr*) *vt* lire d'un bout à l'autre
durchleuchten *vt insép* radiographier
durch|machen *vt* (*Leiden*) endurer; **wir machen die Nacht**

durch nous allons passer une nuit blanche, nous allons faire la fête toute la nuit
Durchmesser(-s, -) *m* diamètre *m*
durch|nehmen(*irr*) *vt* traiter
durch|nummerieren *vt* numéroter (en continu)
durchqueren *vt insép* traverser
Durchreise *f* passage *m*
durch|rosten *vi* rouiller complètement
durchs = **durch das**
Durchsage *f* communiqué *m*
durch|schauen *vt insép* (*jdn*) ne pas se laisser tromper par
Durchschlag *m* copie *f*
durch|schlagen(*irr*) *vt* (*entzweischlagen*) casser en deux ▶ *vr* se débrouiller
durchschlagend *adj* (*Erfolg*) retentissant(e)
Durchschnitt *m* moyenne *f*
• **durchschnittlich** *adj* moyen(ne) ▶ *adv* en moyenne
Durchschnittswert *m* valeur *f* moyenne
Durchschrift *f* copie *f*
durch|sehen(*irr*) *vt* (*flüchtig ansehen*) parcourir ; (*prüfen*) examiner ▶ *vi*: **durch etw ~** voir à travers qch
durch|setzen *vt* imposer
Durchsicht *f* examen *m*
durchsichtig *adj* (*Stoff*) transparent(e) ; (*Lügen*) évident(e)
durch|sickern *vi* suinter ; (*fig*) s'ébruiter
durch|sprechen(*irr*) *vt* discuter (à fond)
durch|stehen(*irr*) *vt* endurer
durch|streichen(*irr*) *vt* barrer, rayer
durchsuchen *vt insép* fouiller ; (*Jur*) perquisitionner
Durchsuchung *f* perquisition *f*
durchtrieben *adj* rusé(e)
Durchwahl *f* (*Tél*) automatique *m* ; (*Anschluss*) appel *m* direct
durchweg *adv* complètement
Durchzug *m* (*Luft*) courant *m* d'air ; (*von Truppen, Vögeln*) passage *m*

SCHLÜSSELWORT

dürfen(*pt* **durfte**, *pp* **gedurft** *od* (*als Hilfsverb*) **dürfen**) *vi*
1 (*Erlaubnis haben*): **ich darf das** j'ai le droit ; **darf ich?** je peux ? ; **darf ich ins Kino (gehen)?** je peux aller au cinéma ? ; **es darf geraucht werden** on peut fumer ; **das darf nicht geschehen** il faut l'éviter à tout prix
2 (*in Höflichkeitsformeln*): **darf ich Sie bitten, das zu tun?** auriez-vous l'amabilité de faire cela ? ; **was darf es sein?** et pour Monsieur/Madame ?
3 (*können*): **das ~ Sie mir glauben** vous pouvez me croire
4 (*Möglichkeit*): **das dürfte genug sein** ça devrait suffire ; **das darf doch nicht wahr sein!** ce n'est pas possible ! ; **da darf sie sich nicht wundern** c'est bien fait pour elle

dürftig *adj* (*ärmlich*) misérable ; (*unzulänglich*) insuffisant(e)
dürr *adj* (*Ast*) mort(e) ; (*mager*) décharné(e)
Dürre *f* sécheresse *f*
Durst(-(e)s) *m* soif *f*
durstig *adj* assoiffé(e)
Dusche *f* douche *f*
duschen *vi, vr* se doucher, prendre une douche
Duschgel *nt* gel *m* pour la douche
Düse *f* (*Flugzeugdüse*) réacteur *m*
Düsenantrieb *m* propulsion *f* par réacteur

Düsenflugzeug *nt* avion *m* à réaction
düster *adj* sombre
Dutzend (-s, -e) *nt* douzaine *f*; **~(e) Mal** des dizaines de fois
duzen *vt* tutoyer
DVD *f abk* (= *Digital Versatile Disc*) DVD *m*
DVD-Spieler *m* lecteur *m* de DVD
Dynamik *f* dynamique *f*; (*von Mensch*) dynamisme *m*
dynamisch *adj* dynamique
Dynamit (-s) *nt* dynamite *f*
Dynamo (-s, -s) *m* dynamo *f*

e

Ebbe *f* marée *f* basse
eben *adj* plat(e) ▸ *adv* (*gerade*) juste ; (*bestätigend*) justement ; **sie ist ~ erst angekommen** elle vient d'arriver
ebenbürtig *adj*: **jdm (an** *od* **in** *Dat***) ~ sein** égaler qn (en)
Ebene *f* plaine *f*; (*fig*) niveau *m*
ebenfalls *adv* également
ebenso *adv* de la même manière ; **~ gut/schön wie** aussi bien/beau que
Eber (-s, -) *m* verrat *m*
E-Bike (*fam*) *nt* VAE *f* (= *vélo à assistance électrique*)
ebnen *vt* aplanir, niveler ; **jdm/etw den Weg ~** (*fig*) aplanir le terrain pour qn/qch
E-Book (-s, -s) *nt* e-book *m*, livre *m* électronique, livre *m* numérique
E-Card (-, -s) *f* carte *f* électronique
Echo (-s, -s) *nt* écho *m*
echt *adj* vrai(e) ; (*fam*) typique
• **Echtheit** *f* authenticité *f*
Echtzeit *f* (*Inform*) temps *m* réel
Eckball *m* corner *m*
Ecke *f* coin *m* ; (*Sport*) corner *m*
eckig *adj* anguleux(-euse)
edel *adj* (*Holz*) précieux(-euse) ; (*Wein*) fin(e) • **Edelmetall** *nt*

métal *m* précieux • **Edelstein** *m* pierre *f* précieuse
editieren *vt* (*Inform*) éditer
Editor (*-s, -en*) *m* (*Inform*) éditeur *m* (de texte)
EDV *f abk* (= *elektronische Datenverarbeitung*) traitement *m* électronique des données
EEG (-) *nt abk* (= *Elektroenzephalogramm*) électroencéphalogramme *m*
Efeu (*-s*) *m* lierre *m*
Effekt (*-s, -e*) *m* effet *m*
effektiv *adj* effectif(-ive)
effizient *adj* efficace
egal *adj* égal(e)
Egoismus *m* égoïsme *m*
egoistisch *adj* égoïste
ehe *konj* avant que + *sub*
Ehe *f* mariage *m* • **Ehebruch** *m* adultère *m* • **Ehefrau** *f* épouse *f*, femme *f* • **Eheleute** *pl* époux *mpl*
ehemalig *adj* ancien(ne)
ehemals *adv* autrefois
Ehemann *m* époux *m*, mari *m*
Ehepaar *nt* couple *m* (marié)
eher *adv* (*früher*) plus tôt ; (*lieber, mehr*) plutôt
Ehering *m* alliance *f*
eheste(r, s) *adj*: **am ~n Termin** le plus tôt possible ▸ *adv*: **am ~n** (*am liebsten*) de préférence
Ehre *f* honneur *m* ; **zu ~n von** en l'honneur de
ehren *vt* (*Sieger*) récompenser
Ehrengast *m* invité *m* d'honneur
Ehrenwort *nt* parole *f* d'honneur
Ehrfurcht *f* (profond) respect *m*
Ehrgeiz *m* ambition *f*
ehrgeizig *adj* ambitieux(-euse)
ehrlich *adj* honnête ; **~ gesagt** à vrai dire
Ehrlichkeit *f* honnêteté *f*
Ehrung *f* hommage *m*
Ei (*-(e)s, -er*) *nt* œuf *m*
Eibe *f* if *m*
Eiche *f* chêne *m*
Eichel (*-, -n*) *f* (*Bot, Anat*) gland *m*
eichen *vt* étalonner ; **auf etw geeicht sein** (*fam: fig*) s'y connaître en qch
Eichhörnchen *nt* écureuil *m*
Eid (*-(e)s, -e*) *m* serment *m*
Eidechse *f* lézard *m*
Eidgenosse *m* confédéré *m* ; (*Schweizer*) Suisse *m*
Eierbecher *m* coquetier *m*
Eierstock *m* ovaire *m*
Eieruhr *f* sablier *m*
Eifer (*-s*) *m* zèle *m* • **Eifersucht** *f* jalousie *f* • **eifersüchtig** *adj*: **(auf jdn/etw) ~** jaloux(-ouse) (de qn/qch)
eifrig *adj* zélé(e)
Eigelb *nt* jaune *m* d'œuf
eigen *adj* propre (*vorgestellt*) ; (*Meinung*) personnel(le) ; (*typisch*) particulier(-ière) ; (*eigenartig*) étrange • **Eigenart** *f* particularité *f* • **eigenartig** *adj* étrange, bizarre • **Eigenbedarf** *m* besoins *mpl* personnels • **eigenhändig** *adj* autographe • **Eigenheim** *nt* maison *f* dont on est propriétaire • **Eigenheit** *f* particularité *f* • **Eigenlob** *nt* éloge *m* de soi-même • **eigenmächtig** *adj* (*selbstherrlich*) autoritaire ▸ *adv*: **~ entscheiden** décider de son propre chef
eigens *adv* exprès
Eigenschaft *f* (*Merkmal*) qualité *f*, propriété *f*
Eigensinn *m* obstination *f*
eigentlich *adj* (*Grund*) vrai(e) ; (*Bedeutung*) propre ▸ *adv* en fait ; (*überhaupt*) au fait
Eigentor *nt* but *m* contre son propre camp

Eigentum *nt* propriété *f*
Eigentümer(in) (-s, -) *m(f)* propriétaire *mf*
eigentümlich *adj* bizarre, étrange
Eigentumswohnung *f* appartement *m* dont on est propriétaire
eignen *vr*: **sich ~ (für/als)** convenir (pour/comme)
Eignung *f* aptitude *f*
Eilbrief *m* lettre *f* envoyée (en) exprès *od* par Chronopost®
Eile *f* hâte *f*, précipitation *f*
eilen *vi* (*dringend sein*) être urgent(e)
eilig *adj* (*in Eile, schnell*) pressé(e) ; (*dringlich*) urgent(e) ; **es ~ haben** être pressé(e)
Eimer (-s, -) *m* seau *m*
ein(e) *num, indef art* un(e)
einander *pron* l'un(e) l'autre
ein|arbeiten *vt*: **sich** *Akk* **~** apprendre le métier
ein|atmen *vt* respirer ▶ *vi* inspirer
Einbahnstraße *f* (rue *f* à) sens *m* unique
einbändig *adj* en un volume
ein|bauen *vt* (*Schrank etc*) encastrer ; (*Küche*) (faire) installer
ein|berufen (*irr*) *vt* (*Versammlung*) convoquer ; (*Soldaten*) appeler sous les drapeaux
Einberufung *f* convocation *f* ; (*Mil*) appel *m* (sous les drapeaux)
ein|beziehen (*irr*) *vt* inclure
ein|bilden *vr*: **sich** *Dat* **etw ~** s'imaginer qch ; (*stolz sein*): **sich** *Dat* **viel auf etw** *Akk* **~** être très fier(fière) de qch
Einbildung *f* imagination *f* ; (*Dünkel*) suffisance *f*
• **Einbildungskraft** *f* imagination *f*
ein|binden (*irr*) *vt* (*Buch*) relier
ein|bläuen (*fam*) *vt*: **jdm etw ~** faire entrer qch dans la tête de qn
Einblick *m* aperçu *m*, idée *f* ; **jdm ~ in etw** *Akk* **gewähren** permettre à qn de consulter qch
ein|brechen (*irr*) *vi* (*Einbruch verüben*) cambrioler, faire un cambriolage ; (*Nacht*) tomber ; (*Winter*) arriver ; (*einstürzen*) s'effondrer ; (*in Eis*) passer à travers la couche de glace
Einbrecher (-s, -) *m* cambrioleur *m*
ein|bringen (*irr*) *vt* (*Geld, Vorteil*) rapporter ; (*Kapital, Kenntnisse*) apporter ; **das bringt nichts ein** (*fig*) ça ne sert à rien
Einbruch *m* cambriolage *m* ; (*des Winters*) arrivée *f*
einbruchssicher *adj* (*Schloss*) incrochetable ; (*Haus*) muni(e) d'un système d'alarme
ein|bürgern *vt* naturaliser ▶ *vr*: **das hat sich so eingebürgert** c'est entré dans les mœurs
ein|checken *vt* enregistrer
ein|decken *vr*: **sich (mit etw) ~** s'approvisionner (en qch)
eindeutig *adj* (*Beweis*) incontestable ; (*Absage*) clair(e)
ein|dringen (*irr*) *vi*: **~ in** *+Akk* pénétrer dans ; **auf jdn ~** attaquer qn ; (*mit Bitten*) presser qn
eindringlich *adj* (*Bitte*) pressant(e)
Eindringling *m* intrus *m*
Eindruck *m* impression *f*
eindrucksvoll *adj* impressionnant(e)
eine(r, s) *pron* un(une) ; **~r von uns** l'un d'entre nous
eineiig *adj*: **~e Zwillinge** des vrais jumeaux/vraies jumelles
eineinhalb *num* un(e) et demi
ein|engen *vt* restreindre
einerlei *adj* (*gleichartig*) le(la) même
einerseits *adv*: **~ ... andererseits** d'une part ... d'autre part

einfach *adj* simple ▸*adv*: **etw ~ tun** faire qch (sans hésiter)
• **Einfachheit** *f* simplicité *f*
ein|fahren *(irr) vt (Barriere)* enfoncer, emboutir ; *(Auto)* roder ▸*vi (Zug)* entrer en gare
Einfahrt *f* entrée *f*; *(Weg)* entrée
Einfall *m (Idee)* idée *f* • **ein|fallen** *(irr) vi (einstürzen)* s'écrouler ; *(einstimmen)* joindre sa voix ; **etw fällt jdm ein** qn pense (soudain) à qch ; **sich** *Dat* **etwas ~ lassen** trouver une solution
einfältig *adj* niais(e)
Einfamilienhaus *nt* maison *f* individuelle
ein|fangen *(irr) vt* attraper ; *(Stimmung)* rendre
einfarbig *adj* d'une seule couleur ; *(Stoff etc)* uni(e)
ein|finden *(irr) vr* arriver
ein|flößen *vt*: **jdm etw ~** faire prendre qch à qn ; *(fig: Angst etc)* inspirer qch à qn
Einfluss *m* influence *f*
• **Einflussbereich** *m* zone *f* d'influence • **einflussreich** *adj* influent(e)
einförmig *adj* monotone
ein|frieren *(irr) vi* geler ▸*vt (Lebensmittel)* congeler
ein|fügen *vt* insérer ; *(zusätzlich)* ajouter
Einfühlungsvermögen *nt* capacité *f* à se mettre à la place des autres
Einfuhr *f* importation *f*
ein|führen *vt* introduire ; *(importieren)* importer ; *(Mensch)* présenter ; *(in Arbeit, Idee)*: **jdn in etw** *Akk* **~** initier qn à qch
Einführung *f* introduction *f*; *(von Mensch)* présentation *f*; *(in Amt)* installation *f*
Eingabe *f (Gesuch)* requête *f*; *(Inform)* entrée *f*
Eingabetaste *f (Inform)* touche *f* Entrée
Eingang *m* entrée *f*
ein|geben *(irr) vt (Inform)* entrer
eingebildet *adj (Krankheit)* imaginaire ; *(Mensch, Benehmen)* vaniteux(-euse), prétentieux(-euse)
Eingeborene(r) *f(m)* indigène *mf*
eingefleischt *adj* invétéré(e) ; **~er Junggeselle** célibataire *m* endurci
ein|gehen *(irr) vi (eintreffen)* arriver ; *(sterben)* mourir ; *(Stoff)* rétrécir ; **auf jdn/etw ~** prêter attention à qn/qch ▸*vt (Vertrag)* conclure ; *(Risiko)* prendre
eingehend *adj* détaillé(e)
Eingemachte(s) *nt* conserves *fpl*
eingenommen *adj*: **von jdm/etw ~ sein** être séduit(e) par qn/qch ; **gegen jdn/etw ~ sein** être prévenu(e) contre qn/qch
eingeschrieben *adj (Brief)* recommandé(e)
ein|gestehen *(irr) vt* avouer
eingetragen *adj (Verein)* reconnu(e) (par les autorités) ; **~es Warenzeichen** marque *f* déposée
Eingeweide *(-s, -) nt (gew pl)* viscères *mpl*
ein|gewöhnen *vr*: **sich ~ in** *+Akk* s'habituer à
eingleisig *adj* à voie unique ; **er denkt sehr ~** il est très étroit d'esprit
ein|greifen *(irr) vi* intervenir
Eingreiftruppe *f*: **schnelle ~** force *f* d'intervention rapide
Eingriff *m* intervention *f*; *(Operation)* intervention (chirurgicale)
Einhalt *m*: **jdm ~ gebieten** *(geh)* arrêter qn ; **etw** *Dat* **~ gebieten** mettre un terme à qch

ein|halten (*irr*) *vt* suivre ; (*Frist*) respecter
einhändig *adv* d'une (seule) main
ein|hängen *vt* (*Tür*) monter ; (*Telefon*) raccrocher
einheimisch *adj* (*Ware*) du pays ; (*Bevölkerung*) indigène, autochtone • **Einheimische(r)** *f(m)* autochtone *mf*
Einheit *f* unité *f* • **einheitlich** *adj* (*Kleidung, Gestaltung*) uniformisé(e) ; (*Preis*) unique ; (*genormt*) standard *inv*
Einheitspreis *m* prix *m* unique
ein|holen *vt* (*aufholen*) rattraper ; (*Rat, Erlaubnis*) demander
einhundert *num* cent
einig *adj* (*vereint*) uni(e) ; **(sich** *Dat***) ~ sein** être d'accord ; **~ werden** tomber d'accord
einige(r, s) *pron* (*etwas: adjektivisch*) un peu de ; (: *substantivisch*) un peu ; **~ Mal(e)/ Tage** plusieurs fois/jours ; **es gibt noch ~s zu regeln** il reste encore plusieurs questions à régler
einigen *vt* unir ▶ *vr*: **sich ~ auf** *+Akk* se mettre d'accord sur
einigermaßen *adv* assez, plutôt
Einigkeit *f* unité *f* ; (*Übereinstimmung*) accord *m*
Einigung *f* accord *m*
einjährig *adj* d'un an
Einkauf *m* achat *m*
ein|kaufen *vt* acheter ▶ *vi* faire les courses *od* des achats
Einkaufswagen *m* caddie *m*
Einkaufszentrum *nt* centre *m* commercial
Einklang *m* harmonie *f* ; **in ~ bringen** harmoniser
ein|klemmen *vt* coincer
Einkommen (*-s, -*) *nt* revenu *m*
einkommensschwach *adj* à faible revenu
einkommensstark *adj* à revenu élevé
Einkommenssteuer *f* impôt *m* sur le revenu
Einkünfte *pl* revenus *mpl*
ein|laden (*irr*) *vt* (*Person*) inviter ; (*Gepäck*) charger
Einladung *f* invitation *f*
Einlage *f* (*Programmeinlage*) intermède *m* ; (*Spareinlage*) dépôt *m* ; (*in Schuh*) support *m*
Einlass (*-es, ¨e*) *m* admission *f* ; **jdm ~ gewähren** laisser entrer qn
ein|lassen (*irr*) *vt* (*Mensch*) laisser entrer ; (*Wasser*) faire couler ; (*einsetzen: Platte*) encastrer ▶ *vr*: **sich auf etw** *Akk* **~** s'aventurer dans qch ; **sich mit jdm ~** se commettre avec qn
ein|laufen (*irr*) *vi* arriver ; (*in Hafen*) entrer dans le port ; (*Wasser*) couler ; (*Stoff*) rétrécir
ein|leben *vr* s'acclimater
ein|legen *vt* (*Blatt*) insérer ; (*in Holz etc*) incruster, appliquer ; (*Pause*) faire ; (*Veto*) opposer
ein|leiten *vt* (*Feier, Rede*) commencer
Einleitung *f* introduction *f*
ein|leuchten *vi*: **(jdm) ~** paraître évident(e) (à qn)
einleuchtend *adj* convaincant(e)
ein|loggen *vi* ouvrir une session
ein|lösen *vt* (*Scheck*) encaisser ; (*Schuldschein, Pfand*) retirer ; (*Versprechen*) tenir
einmal *adv* (*ein einziges Mal*) une (seule) fois ; (*später, irgendwann*) un jour ; (*früher, vorher*) jadis, une fois ; **noch ~** encore une fois ; **nicht ~** même pas ; **auf ~** tout à coup
einmalig *adj* unique
Einmarsch *m* (*Mil*) invasion *f* ; (*von Sportlern*) entrée *f*

e

ein|mischen *vr*: **sich ~ in** *+Akk* se mêler de
Einnahme *f* (*Geld*) recette *f*, revenu *m* ; (*von Medizin*) absorption *f*
• **Einnahmequelle** *f* source *f* de revenu
ein|nehmen (*irr*) *vt* (*Geld*) gagner ; (*Medizin, Mahlzeit, Mil: Stadt*) prendre ; (*Raum, Platz*) occuper ; **jdn für/gegen jdn/etw ~** prévenir qn en faveur de/contre qn/qch
ein|ordnen *vt* (*Karteikarten etc*) classer ▶ *vr* (*sich anpassen*) s'intégrer ; (*Aut*) prendre la bonne file
ein|packen *vt* (*Geschenke*) emballer ; (*in Koffer, Paket*) mettre
ein|parken *vt* garer ▶ *vi* se garer
ein|pferchen *vt* parquer
ein|planen *vt* prévoir
ein|prägen *vr* (*Erlebnisse*) rester gravé(e) dans la mémoire ; **sich** *Dat* **etw ~** mémoriser qch
ein|räumen *vt* (*ordnen*) ranger ; (*überlassen*) laisser, céder ; (*zugestehen*) concéder
ein|reden *vt*: **jdm/sich etw ~** persuader qn/se persuader de qch
ein|reichen *vt* présenter
Einreise *f* entrée *f*
• **Einreiseerlaubnis** *f*, **Einreisegenehmigung** *f* visa *m* d'entrée
ein|reisen *vi* (*in ein Land*) entrer
ein|reißen (*irr*) *vt* (*Papier*) déchirer ; (*Gebäude*) raser ▶ *vi* se déchirer ; (*Gewohnheit werden*) s'enraciner
ein|richten *vt* (*Wohnung*) aménager ; (*eröffnen*) ouvrir ; (*arrangieren*) arranger ▶ *vr* (*in Haus*) s'installer ; (*sich anpassen*) se débrouiller
Einrichtung *f* (*Wohnungseinrichtung*) équipement *m* ; (*öffentliche Anstalt*) institution *f* ; (*Dienste*) service *m*
eins *num* un(e) • **Eins** (-, -*en*) *f* un *m*
einsam *adj* seul(e), solitaire
• **Einsamkeit** *f* solitude *f*
ein|sammeln *vt* (*Geld*) recueillir ; (*Hefte*) ramasser
Einsatz *m* (*Koffereinsatz*) compartiment *m* amovible ; (*Stoffeinsatz*) empiècement *m* ; (*Spieleinsatz*) mise *f*, enjeu *m* ; (*Bemühung*) effort *m* ; (*Risiko*) risque *m* ; (*Mus*) entrée *f*
• **einsatzbereit** *adj* (*Maschine*) opérationnel(le) ; (*Helfer*) disponible
ein|schalten *vt* (*Radio, Licht etc*) allumer ; (*Pause*) faire ; (*Anwalt*) faire appel à
ein|schärfen *vt*: **jdm etw ~** inculquer qch à qn
ein|schätzen *vt* juger ; (*Situation, Arbeit*) évaluer
ein|schenken *vt* verser
ein|schlafen (*irr*) *vi* s'endormir ; (*Glieder*) s'engourdir
ein|schlagen (*irr*) *vt* (*Nagel*) enfoncer ; (*Fenster, Zähne*) casser ; (*Aut: Räder*) braquer ; (*Weg, Richtung*) prendre ▶ *vi* (*sich einigen*) toper ; (*Anklang finden*) avoir du succès ; (*Blitz, Bombe*): **~ (in** *+Akk***)** tomber (sur)
ein|schließen (*irr*) *vt* (*Kind, Häftling*) enfermer ; (*Gegenstand*) mettre sous clef ; (*Mil*) encercler ; (*einbegreifen*) inclure, comprendre
einschließlich *adv, präp +Gen* y compris
ein|schmeicheln *vr*: **sich ~ bei** s'insinuer dans les bonnes grâces de
Einschnitt *m* découpure *f* ; (*Méd*) incision *f*

ein|schränken *vt* réduire ; (*Freiheit, Rechte, Begriff*) limiter, restreindre ; (*Behauptung*) nuancer ▸ *vr* (*sich bescheiden*) réduire ses dépenses
Einschränkung *f* limitation *f*, restriction *f* ; (*von Kosten*) réduction *f* ; **nur mit/ohne ~** sous/sans réserve
ein|schreiben (*irr*) *vt* inscrire ; (*Poste*) recommander ▸ *vr* s'inscrire
Einschreiben *nt* envoi *m* recommandé
ein|schreiten *vi* intervenir
ein|schüchtern *vt* intimider
ein|sehen (*irr*) *vt* (*hineinsehen in, verstehen*) voir ; (*prüfen*) examiner • **Einsehen** (-*s*) *nt*: **ein/kein ~ haben** se montrer compréhensif(-ive)/ intransigeant(e)
einseitig *adj* (*Lähmung*) partiel(le) ; (*Erklärung, Pol*) unilatéral(e) ; (*Ausbildung*) trop spécialisé(e)
ein|senden (*irr*) *vt* envoyer
ein|setzen *vt* (*einfügen*) mettre, poser ; (*in Amt*) nommer ; (*verwenden*) avoir recours à ▸ *vi* (*Kälte*) arriver ▸ *vr* (*bemühen*) payer de sa personne ; **sich für jdn/etw ~** se battre pour qn/qch
Einsicht *f* (*Einblick*) aperçu *m* ; (*Verständnis*) compréhension *f* ; **zu der ~ kommen, dass ...** en arriver à la conclusion que ...
einsichtig *adj* (*vernünftig*) compréhensif(-ive)
Einsiedler (-*s*, -) *m* ermite *m*
einsilbig *adj* (*fig*) laconique
ein|sperren *vt* enfermer
ein|springen (*irr*) *vi* (*aushelfen*): **für jdn ~** remplacer qn au pied levé
Einspritzmotor *m* moteur *m* à injection
Einspruch *m* objection *f*
einspurig *adj* à une (seule) voie
einst *adv* autrefois, jadis ; (*zukünftig*) un jour
Einstand *m* (*Tennis*) égalité *f*
ein|stecken *vt* (*Gerät*) brancher ; (*mitnehmen in Tasche etc*) prendre ; (*Prügel, Niederlage*) encaisser
ein|stehen (*irr*) *vi*: **~ (für** *+Akk***)** se porter garant(e) (de) ; **für einen Schaden ~** réparer un dommage
ein|steigen (*irr*) *vi*: **~ in** *+Akk* (*in Fahrzeug*) monter dans ; (*in Schiff*) s'embarquer sur
Einsteiger(in) (-*s*, -) *m(f)* (*fam*) débutant(e), novice *mf*
ein|stellen *vt* (*Arbeit*) arrêter ; (*Zahlungen*) cesser, suspendre ; (*Geräte, Kamera*) régler, mettre au point ; (*Radio*) allumer ; (*unterstellen*) entreposer ▸ *vr* (*erscheinen*) se manifester ; **sich auf jdn/etw ~** s'adapter à qn/qch
Einstellung *f* (*von Arbeitskräften*) embauche *f* ; (*das Regulieren*) réglage *m*, mise *f* au point ; (*das Aufhören*) arrêt *m*, cessation *f* ; (*Haltung, Ansicht*) attitude *f*
Einstieg (-(*e*)*s*, -*e*) *m* (*das Einsteigen*) montée *f* ; (*fig*) entrée *f*
einstig *adj* ancien(ne)
einstimmig *adj* unanime
einstmals *adv* autrefois
einstöckig *adj* (*Haus*) à un (seul) étage
einstündig *adj* d'une heure
Einsturz *m* (*von Gebäude*) effondrement *m*
ein|stürzen *vi* s'écrouler
einstweilen *adv* en attendant
einstweilig *adj* provisoire
eintägig *adj* d'un jour
ein|tauschen *vt* échanger
eintausend *num* mille
ein|teilen *vt* diviser ; (*sinnvoll aufteilen*) répartir

einteilig *adj* une pièce *inv*
eintönig *adj* monotone
Eintopf *m* plat *m* unique
Eintracht *f* concorde *f*, harmonie *f*
Eintrag(-(e)s, ¨-e) *m* inscription *f*; **amtlicher ~** enregistrement *m*
ein|tragen(*irr*) *vt* (*einschreiben, einzeichnen*) inscrire ; (*einbringen*) rapporter ▶ *vr* (*in Liste*): **sich ~ (in +Akk)** s'inscrire (sur) ; **jdm etw ~** valoir qch à qn
einträglich *adj* lucratif(-ive)
ein|treffen(*irr*) *vi* (*ankommen*) arriver ; (*wahr werden*) se réaliser
ein|treten(*irr*) *vi* entrer ; (*sich ereignen*) se produire ; **für jdn/etw ~** intervenir en faveur de qn/qch
Eintritt *m* entrée *f*; **bei ~ der Dunkelheit** à la tombée de la nuit
Eintrittsgeld *nt* prix *m* du billet
Eintrittskarte *f* billet *m*
Eintrittspreis *m* prix *m* du billet
Einvernehmen(-s, -) *nt* accord *m*
einverstanden *interj* d'accord ▶ *adj*: **~ sein (mit)** être d'accord (avec)
Einverständnis(-ses) *nt* accord *m*
Einwand(-(e)s, ¨-e) *m* objection *f*
Einwanderer *m* immigrant *m*, immigré *m*
ein|wandern *vi*: **~ (in +Akk od nach)** immigrer (en)
Einwanderung *f* immigration *f*
Einwanderungsland *nt* pays *m* d'immigration
einwandfrei *adj* (*Ware*) impeccable, sans défaut ; (*Benehmen*) irréprochable ; (*Beweis*) irréfutable
Einwegflasche *f* bouteille *f* non consignée
ein|weichen *vt* faire tremper
ein|weihen *vt* (*Brücke, Gebäude*) inaugurer ; (*fam: zum ersten Mal benutzen*) étrenner ; **jdn in etw Akk ~** initier qn à qch
Einweihung *f* inauguration *f*
Einweisung *f* (*in Amt*) installation *f*; (*in Arbeit*) initiation *f*; (*in Krankenhaus*) hospitalisation *f*
ein|wenden(*irr*) *vt* objecter
ein|werfen(*irr*) *vt* (*Brief*) mettre à la boîte, poster ; (*Münze*) introduire ; (*Fenster*) casser ; (*äußern*) objecter
ein|wickeln *vt* (*Ware*) emballer
ein|willigen *vi*: **~ (in +Akk)** consentir (à)
Einwilligung *f* consentement *m*
ein|wirken *vi*: **auf jdn/etw ~** influer sur qn/qch ; **etw ~ lassen** (*Méd*) attendre l'effet de qch
Einwirkung *f* influence *f*; (*Méd*) effet *m*
Einwohner(in)(-s, -) *m(f)* habitant(e)
• **Einwohnermeldeamt** *nt en Allemagne, administration chargée d'enregistrer les changements de domicile*
Einwurf *m* (*Einwand*) objection *f*; (*Sport*) remise *f* en jeu ; (*Öffnung*) ouverture *f*
ein|zahlen *vt* (*Geld*) verser
Einzel(-s, -) *nt* (*Tennis*) simple *m*
• **Einzelfahrschein** *m* billet *m* simple • **Einzelfall** *m* cas *m* isolé
• **Einzelgänger(in)** *m(f)* solitaire *mf* • **Einzelhaft** *f* régime *m* cellulaire
Einzelhandel *m* commerce *m* de détail, petit commerce
Einzelheit *f* détail *m*
Einzelkind *nt* enfant *mf* unique
einzeln *adj* seul(e), unique ; (*vereinzelt*) isolé(e) ▶ *adv*: **~ angeben** spécifier ; **der/die E~e** l'individu *m*
Einzelteil *nt* pièce *f* détachée

Einzelzimmer *nt* (*in Hotel*) chambre *f* à un lit
ein|ziehen (*irr*) *vt* (*Kopf*) baisser ; (*Steuern*) percevoir ; (*Erkundigungen*) prendre ▶ *vi* (*in Wohnung*) emménager
einzig *adj* unique, seul(e) ; (*ohnegleichen*) unique ▶ *adv* (*nur*) seulement • **einzigartig** *adj* unique, extraordinaire
Einzug *m* (*in Haus*) emménagement *m*
Eis (-*es*, -) *nt* glace *f* • **Eisbahn** *f* patinoire *f* • **Eisbecher** *m* coupe *f* glacée • **Eisbein** *nt* jarret *m* de porc
Eisdiele *f* glacier *m*
Eisen (-*s*, -) *nt* fer *m*
Eisenbahn *f* chemin *m* de fer
Eisenerz *nt* minerai *m* de fer
eisern *adj* de fer ▶ *adv* tenacement, avec ténacité
Eishockey *nt* hockey *m* sur glace
eisig *adj* glacial(e)
eiskalt *adj* (*Wasser*) glacé(e) ; (*Miene, Typ*) glacial(e)
Eiskunstlauf *m* patinage *m* artistique
Eispickel *m* piolet *m*
Eiszapfen *m* glaçon *m*
Eiszeit *f* période *f* glaciaire
eitel *adj* (*Mensch*) vaniteux(-euse) ; (*Freude*) pur(e) • **Eitelkeit** *f* vanité *f*
Eiter (-*s*) *m* pus *m*
eitern *vi* suppurer
Eiweiß (-*es*, -*e*) *nt* blanc *m* d'œuf ; (*Chem*) albumine *f*
Eizelle *f* ovule *m*
Ekel[1] (-*s*) *m* dégoût *m*
Ekel[2] (-*s*, -) (*fam*) *nt* (*Mensch*) individu *m* répugnant
ekelerregend *adj* dégoûtant(e)
ekelhaft *adj*, **ek(e)lig** *adj* dégoûtant(e)
ekeln *vt* dégoûter ▶ *vr*: **sich vor etw** *Dat* ~ trouver qch dégoûtant *od* répugnant
EKG (-) *nt abk* (= *Elektrokardiogramm*) électrocardiogramme *m*
Ekstase *f* extase *f*
Ekzem (-*s*, -*e*) *nt* eczéma *m*
Elan (-*s*) *m* enthousiasme *m*
Elbe *f* Elbe *f*
Elch (-(*e*)*s*, -*e*) *m* élan *m*
Elefant *m* éléphant *m*
elegant *adj* élégant(e)
Eleganz *f* élégance *f*
Elektriker (-*s*, -) *m* électricien *m*
elektrisch *adj* électrique
Elektrizität *f* électricité *f*
Elektrizitätswerk *nt* centrale *f* électrique
Elektrofahrrad *nt* VAE *f* (= *vélo à assistance électrique*)
Elektroherd *m* cuisinière *f* électrique
Elektrokardiogramm *nt* électrocardiogramme *m*
Elektronik *f* électronique *f*
elektronisch *adj* électronique
Elektrorasierer *m* rasoir *m* électrique
Elektrosmog *m* émissions *fpl* électromagnétiques
Elektrotechnik *f* électrotechnique *f*
Element (-*s*, -*e*) *nt* élément *m* ; **in seinem ~ sein** être dans son élément
elementar *adj* élémentaire
elend *adj* misérable ; (*krank*) malade ; (*fam: Hunger*) terrible ▶ *adv*: **~ aussehen** avoir très mauvaise mine ; **es war ~ kalt** il faisait un froid de loup ; **mir ist ganz ~** je ne me sens vraiment pas bien • **Elend** (-(*e*)*s*) *nt* misère *f*
Elendsviertel *nt* bidonville *m*

elf *num* onze • **Elf** (-, -*en*) *f* (*Sport*) onze *m*
Elfenbein *nt* ivoire *m*
Elfmeter *m* (*Sport*) penalty *m*
eliminieren *vt* éliminer
Elite *f* élite *f*
Ellbogen *m siehe* **Ellenbogen**
Ellenbogen *m* coude *m*
Elsass *nt* (-): **das ~** l'Alsace *f*
Elsässer(in) *m(f)* Alsacien(ne)
Elster (-, -*n*) *f* pie *f*
elterlich *adj* des parents, parental(e)
Eltern *pl* parents *mpl* • **Elternhaus** *nt* maison *f* familiale
Email (-*s*, -*s*) *nt* émail *m*
E-Mail (-) *f* courrier *m* électronique, e-mail *m*
E-Mail-Adresse *f* adresse *f* e-mail, adresse *f* électronique
Emanze *f* féministe *f*
Emanzipation *f* émancipation *f*
emanzipieren *vt* émanciper ▸ *vr* s'émanciper
Embargo (-*s*, -*s*) *nt* embargo *m*
Embryo (-*s*, -*s od* -*nen*) *m* embryon *m*
Emigration *f* émigration *f*
emotional *adj* émotif(-ive)
empfahl *etc vb siehe* **empfehlen**
empfand *etc vb siehe* **empfinden**
Empfang (-(*e*)*s*, ⸚*e*) *m* (*Radio*, *TV*) réception *f*; (*Begrüßung*) accueil *m*; **ein Päckchen in ~ nehmen** prendre livraison d'un colis; **nach** *od* **bei ~ zahlbar** payable à la livraison
empfangen (*irr*) *vt* recevoir
Empfänger(in) (-*s*, -) *m(f)* (*von Brief*, *Paket etc*) destinataire *mf*
empfänglich *adj*: **~ (für)** sensible (à)
Empfängnis (-, -*se*) *f* conception *f* • **Empfängnisverhütung** *f* contraception *f*
empfehlen (*irr*) *vt* recommander; **es empfiehlt sich ...** il est recommandé de ...
empfehlenswert *adj* à recommander
Empfehlung *f* recommandation *f*
Empfehlungsschreiben *nt* lettre *f* de recommandation
empfinden (*irr*) *vt* ressentir, éprouver
empfindlich *adj* (*Stelle*, *Gerät*) sensible; (*Stoff*) fragile; (*leicht beleidigt*) susceptible; (*hart*, *schmerzlich*) sensible
Empfindung *f* sensation *f*; (*Seelenempfindung*) sentiment *m*
empfing *vb siehe* **empfangen**
empfohlen *pp von* **empfehlen**
empor *adv* vers le haut
empören *vt* indigner
emsig *adj* (*Mensch*) affairé(e)
Endbahnhof *m* (gare *f*) terminus *m*
Ende (-*s*, -*n*) *nt* fin *f*; (*Stelle*, *wo etw aufhört*) bout *m*, extrémité *f*; **am ~** à la fin; **am ~ sein** être au bout du rouleau
enden *vi* finir, se terminer
endgültig *adj* définitif(-ive)
Endivie *f* chicorée *f*
Endlager *nt* centre *m* de stockage définitif
Endlagerung *f* stockage *m* des déchets radioactifs
endlich *adv* enfin, finalement
endlos *adj* sans fin; (*langwierig*) interminable
Endlospapier *nt* papier *m* en continu
Endspiel *nt* finale *f*
Endspurt *m* sprint *m* final
Endstation *f* terminus *m*
Endung *f* terminaison *f*
Energie *f* énergie *f* • **Energiebedarf** *m* besoins *mpl* énergétiques

• **Energiewirtschaft** *f* secteur *m* de la production d'énergie
energisch *adj* énergique
eng *adj* étroit(e) ; (*fig: Horizont*) limité(e)
Engagement (-*s*, -*s*) *nt* (*von Künstler*) engagement *m* ; (*Einsatz*) engagement (personnel)
engagieren *vt* (*Künstler*) engager ▶ *vr* s'engager
Enge *f* étroitesse *f* ; **jdn in die ~ treiben** acculer qn
Engel (-*s*, -) *m* ange *m*
England *nt* l'Angleterre *f*
Engländer(in) (-*s*, -) *m(f)* Anglais(e)
englisch *adj* anglais(e) • **Englisch** *nt* (*Ling*) l'anglais *m*
Engpass *m* (*Versorgungsschwierigkeiten*) difficultés *fpl* d'approvisionnement ; (*Verkehr*) bouchon *m*
engstirnig *adj* (*Mensch*) borné(e) ; (*Entscheidung*) d'un esprit borné
Enkel (-*s*, -) *m* petit-fils *m* • **Enkelin** *f* petite-fille *f* • **Enkelkind** *nt*: **meine ~er** mes petits-enfants
enorm *adj* énorme
entbehren *vt* se passer de
entbehrlich *adj* superflu(e)
Entbehrung *f* privation *f*
entbinden (*irr*) *vt*, *vi* (*Méd*) accoucher ; **~ (von)** dispenser (de)
Entbindung *f* (*Méd*) accouchement *m*
entdecken *vt* découvrir
Entdecker(in) (-*s*, -) *m(f)* découvreur(-euse)
Entdeckung *f* découverte *f*
Ente *f* canard *m*
enteignen *vt* exproprier
enteisen *vt* (*auftauen*) dégivrer
entfallen (*irr*) *vi* (*wegfallen, ausfallen*) être supprimé(e) ; **jdm ~** (*vergessen*) échapper à qn ; **auf jdn ~** revenir à qn
entfalten *vt* déployer ; (*Karte auch*) déplier ▶ *vr* s'épanouir ; (*Talente*) se développer
entfernen *vt*: **~ (aus** *od* **von)** enlever (de) ▶ *vr* s'éloigner
entfernt *adj* éloigné(e) ; **weit (davon) ~ sein, etw zu tun** être loin de faire qch
Entfernung *f* (*Abstand*) distance *f* ; (*Wegschaffen*) enlèvement *m*
Entfernungsmesser *m* (*Phot*) télémètre *m*
Entfremdung *f* aliénation *f*
Entfroster (-*s*, -) *m* (*Aut*) dégivreur *m*
entführen *vt* enlever ; (*Flugzeug*) détourner
Entführer(in) *m(f)* ravisseur(-euse) ; (*von Flugzeug*) pirate *m* de l'air
Entführung *f* enlèvement *m*, rapt *m* ; (*von Flugzeug*) détournement *m*
entgegen *präp* +*Dat* contre
• **entgegen|bringen** (*irr*) *vt*: **jdm etw ~** faire preuve de *od* témoigner de qch envers qn
• **entgegen|gehen** (*irr*) *vi* +*Dat* aller à la rencontre de
• **entgegengesetzt** *adj* opposé(e), contraire ; (*widersprechend*) contradictoire
• **entgegen|kommen** (*irr*) *vi* +*Dat* venir à la rencontre de ; (*Zugeständnisse machen*) accéder à
• **entgegen|nehmen** (*irr*) *vt* recevoir, accepter
• **entgegen|sehen** (*irr*) *vi*: **einer Sache** *Dat* **~** attendre qch
• **entgegen|treten** (*irr*) *vi* +*Dat* (*sich in den Weg stellen*) s'opposer à ; (*einem Vorurteil*) combattre
entgegnen *vt*, *vi* (*antworten*) répliquer

e

entgehen (*irr*) *vi* +*Dat* échapper à ; **sich** *Dat* **etw ~ lassen** manquer qch
entgeistert *adj* hébété(e)
Entgelt (-(*e*)*s*, -*e*) *nt* rémunération *f*
entgleisen *vi* dérailler
Entgleisung *f* déraillement *m*
Enthaarungsmittel *nt* dépilatoire *m*
enthalten (*irr*) *vt* contenir ▶ *vr* s'abstenir ; **sich der Stimme ~** s'abstenir
enthaltsam *adj* sobre ; (*sexuell*) chaste • **Enthaltsamkeit** *f* sobriété *f* ; (*sexuell*) chasteté *f*
Enthusiasmus *m* enthousiasme *m*
enthusiastisch *adj* enthousiaste
entkommen (*irr*) *vi* réussir à s'échapper
entladen (*irr*) *vt* décharger ▶ *vr* (*Élec*) se décharger ; (*Gewitter, Ärger etc*) éclater
entlang *präp* (+*Akk od Dat*) le long de • **entlang|gehen** (*irr*) *vt* marcher le long de ▶ *vi*: **an etw** *Dat* **~** longer qch
entlarven *vt* (*Betrüger*) démasquer ; (*Absicht*) dévoiler
entlassen (*irr*) *vt* (*Arbeiter*) licencier
Entlassung *f* (*von Arbeiter*) licenciement *m*
entlasten *vt* décharger ; (*Verkehr*) délester ; (*Angeklagten*) disculper
Entlastung *f* (*von Arbeit*) décharge *f* ; (*des Verkehrs*) délestage *m* ; (*des Angeklagten*) disculpation *f* ; (*des Vorstandes*) approbation *f*
entmutigen *vt* décourager
Entnahme *f* prélèvement *m*
entnehmen (*irr*) *vt*: **~ (aus)** (*Waren*) prendre (dans) ; (*folgern*) conclure ; **wie ich Ihren Worten entnehme, ...** d'après ce que vous venez de dire, ...
entpacken *vt* (*Inform*) décompacter
entrosten *vt* débarrasser de sa rouille
entrüsten *vt* indigner ▶ *vr*: **sich ~ (über** +*Akk***)** s'indigner (de)
Entrüstung *f* indignation *f*
entschädigen *vt*: **~ (für)** dédommager (de)
Entschädigung *f* dédommagement *m*, indemnité *f*
Entscheid (-(*e*)*s*, -*e*) *m* décision *f*
entscheiden (*irr*) *vt* décider ▶ *vr* se décider
entscheidend *adj* décisif(-ive) ; (*Unterschied*) capital(e)
Entscheidung *f* décision *f*
entschieden *adj* (*Gegner*) résolu(e) ; (*Meinung*) catégorique ; (*klar, entschlossen*) net(te) ; **das geht ~ zu weit** cela dépasse vraiment les bornes • **Entschiedenheit** *f* détermination *f*
entschließen (*irr*) *vr* se décider
entschlossen *adj* décidé(e) • **Entschlossenheit** *f* résolution *f*
Entschluss *m* décision *f*
entschuldigen *vt* excuser ▶ *vr*: **sich ~ für** s'excuser de
Entschuldigung *f* excuse *f* ; **jdn um ~ bitten** demander pardon à qn
entsetzen *vt* horrifier • **Entsetzen** (-*s*) *nt* (*von Mensch*) horreur *f*
entsetzlich *adj* effroyable
entsetzt *adj* horrifié(e)
entsorgen *vt* éliminer les déchets produits par
Entsorgung *f* élimination *f* des déchets
entspannen *vt* détendre
Entspannung *f* détente *f*
entsprechen (*irr*) *vi* +*Dat* correspondre à

entsprechend *adj* (*angemessen*) correspondant(e) ▸ *adv* en conséquence
entspringen (*irr*) *vi* (*Fluss*) prendre sa source ; (*sich aus etw erklären lassen*) être dû (due) à
entstehen (*irr*) *vi* naître ; (*Unruhe*) se produire ; (*Kosten*) être occasionné(e)
Entstehung *f* origine *f*
entstellen *vt* (*Mensch*) défigurer ; (*Bericht, Wahrheit*) déformer
enttäuschen *vt* décevoir
Enttäuschung *f* déception *f*
entwaffnen *vt* désarmer
Entwarnung *f* fin *f* d'alerte
entwässern *vt* drainer, assainir
entweder *konj*: **~ ... oder ...** soit ... soit ..., ou (bien) ... ou (bien) ...
entweichen (*irr*) *vi* fuir
entwerfen (*irr*) *vt* (*Zeichnung*) esquisser ; (*Modell*) concevoir ; (*Plan*) dresser
entwerten *vt* dévaluer ; (*Fahrschein*) composter
Entwerter (*-s, -*) *m* composteur *m*
entwickeln *vt* développer ▸ *vr* se développer
Entwicklung *f* développement *m*
Entwicklungshelfer(in) *m(f)* coopérant(e)
Entwicklungshilfe *f* aide *f* au développement
Entwicklungsland *nt* pays *m* en voie de développement
entwöhnen *vt* sevrer ; (*Süchtige*) désintoxiquer
entwürdigend *adj* dégradant(e)
Entwurf *m* (*Zeichnung*) croquis *m* ; (*Konzept, Vertragsentwurf*) projet *m*
entziehen (*irr*) *vt* +*Dat* (*Führerschein, Erlaubnis, Unterstützung*) retirer (à) ▸ *vr*: **sich jdm/einer Sache ~** échapper à qn/à qch ; **sich der Pflicht/ Verantwortung ~** se dérober à ses obligations/son devoir
Entziehungskur *f* cure *f* de désintoxication
entziffern *vt* déchiffrer
entzücken *vt* ravir
entzückend *adj* ravissant(e) ; (*Kind*) adorable
Entzug (*-(e)s*) *m* (*einer Lizenz etc*) retrait *m* ; (*Méd*) désintoxication *f*
Entzugserscheinung *f* symptôme *m* de manque
entzünden *vt* (*Fackel, Feuer*) allumer ▸ *vr* s'enflammer
Entzündung *f* (*Méd*) inflammation *f*
entzwei *adv* cassé(e)
Enzian (*-s, -e*) *m* gentiane *f*
Enzym (*-s, -e*) *nt* enzyme *m*
Epidemie *f* épidémie *f*
Epilepsie *f* épilepsie *f*
Epileptiker(in) (*-s, -*) *m(f)* épileptique *mf*
Episode *f* épisode *m*
Epoche *f* époque *f*
er *pron* il
erbarmen *vr* +*Gen* avoir pitié de • **Erbarmen** (*-s*) *nt* pitié *f*
erbärmlich *adj* (*Zustände*) lamentable, déplorable ; (*gemein*) misérable
erbarmungslos *adj* sans pitié
Erbe[1] (*-n, -n*) *m* héritier *m*
Erbe[2] (*-s*) *nt* héritage *m*
erben *vt, vi* hériter (de)
Erbin *f* héritière *f*
erbittert *adj* acharné(e)
erblich *adj* héréditaire
erbrechen (*irr*) *vt, vr* vomir
Erbschaft *f* héritage *m*
Erbse *f* petit pois *m*
Erdbeben *nt* tremblement *m* de terre
Erdbeere *f* fraise *f*
Erdboden *m* sol *m*

Erde *f* terre *f* ; (*Boden*) sol *m* • **erden** *vt* (*Élec*) relier à la terre
erdenkbar *adj* imaginable ; **sich** *Dat* **alle ~e Mühe geben** se donner toutes les peines du monde
erdenklich *adj* = **erdenkbar**
Erdgas *nt* gaz *m inv* naturel
Erdgeschoss *nt* rez-de-chaussée *m inv*
Erdkunde *f* géographie *f*
Erdnuss *f* cacahuète *f*
Erdöl *nt* pétrole *m*
Erdrutsch *m* glissement *m* de terrain
Erdteil *m* continent *m*
erdulden *vt* endurer
ereifern *vr*: **sich über etw** *Akk od* **wegen einer Sache** *Gen* **~** s'exciter à cause de qch
ereignen *vr* se produire, survenir
Ereignis *nt* événement *m* • **ereignisreich** *adj* mouvementé(e)
erfahren (*irr*) *vt* apprendre ; (*erleben*) éprouver ▶ *adj* expérimenté(e)
Erfahrung *f* expérience *f*
erfassen *vt* saisir
erfinden (*irr*) *vt* inventer
Erfinder(in) *m(f)* inventeur(-trice)
Erfindung *f* invention *f*
Erfolg (-(*e*)*s*, -*e*) *m* succès *m* ; **~ versprechend** (*Versuch, Unternehmen*) prometteur(-euse)
erfolglos *adj* (*Mensch*) qui n'a pas de succès ; (*Versuch, Unternehmen*) infructueux(-euse)
erfolgreich *adj* (*Mensch*) qui a du succès ; (*Versuch, Unternehmen*) couronné(e) de succès
Erfolgserlebnis *nt* succès *m*
erfolgversprechend *adj siehe* **Erfolg**
erforderlich *adj* nécessaire ; (*Kenntnisse*) requis(e)
erfordern *vt* demander, requérir
erforschen *vt* (*Land*) explorer ; (*Problem*) étudier
Erforschung *f* exploration *f*
erfragen *vt* demander
erfreuen *vr*: **sich an etw ~** se réjouir de qch ▶ *vt* faire plaisir à ; **sich bester Gesundheit** *Gen etc* **~** (*geh*) être en parfaite santé *etc*
erfreulich *adj* (*Ergebnis*) qui fait plaisir
erfreulicherweise *adv* heureusement
erfrieren (*irr*) *vi* (*Mensch*) mourir de froid ; (*Pflanzen*) geler
erfrischen *vt* rafraîchir
Erfrischung *f* rafraîchissement *m*
Erfrischungsraum *m* buvette *f*
erfüllen *vt* remplir ; (*Bitte*) satisfaire ; (*Erwartung*) répondre à ▶ *vr* se réaliser
ergänzen *vt* compléter
Ergänzung *f* complément *m* ; (*Zusatz*) supplément *m*
ergeben (*irr*) *vt* (*Betrag, Summe*) rapporter ; (*Bild*) donner ▶ *vr* (*kapitulieren*) se rendre ; (*folgen*) s'ensuivre, en résulter ▶ *adj* dévoué(e)
Ergebnis *nt* résultat *m* • **ergebnislos** *adj* sans résultat
ergehen (*irr*) *vi* (*Befehl*) être donné(e) ; (*Gesetz*) paraître ▶ *vi unpers*: **es erging ihm gut/ schlecht** cela s'est bien/mal passé pour lui ; **etw über sich ~ lassen** supporter *od* subir qch patiemment
ergiebig *adj* (*Quelle*) abondant(e) ; (*Untersuchung*) fructueux(-euse) ; (*Boden*) fertile
Ergonomie *f* ergonomie *f*
Ergotherapie *f* ergothérapie *f*
ergreifen (*irr*) *vt* saisir ; (*Täter*) arrêter ; (*Beruf*) embrasser ;

(*Maßnahmen*) prendre ; (*innerlich rühren*) toucher
ergreifend *adj* émouvant(e)
ergriffen *adj*: **~ sein** être ému(e) ▶ *pp von* **ergreifen**
erhaben *adj* en relief ; (*Anblick*) sublime ; **über etw** *Akk* **~ sein** être au-dessus de qch
erhalten (*irr*) *vt* recevoir ; (*bewahren*) conserver ▶ *adj*: **gut ~** bien conservé(e)
erhältlich *adj* en vente
Erhaltung *f* (*Bewahrung*) maintien *m* ; (: *von Gebäude, Energie*) conservation *f*
erhängen *vt* pendre
erheben (*irr*) *vt* lever ; (*rangmäßig: Protest*) élever ; (*Klage*) porter ▶ *vr* (*aufstehen, ausbrechen*) se lever ; (*Frage*) se poser ; (*sich auflehnen*) se soulever ; **Anspruch auf etw** *Akk* **~** revendiquer qch
erheblich *adj* considérable
erheitern *vt* égayer
Erheiterung *f* amusement *m*
erhitzen *vt* chauffer
erhoffen *vt* espérer ; **was erhoffst du dir davon?** qu'est-ce que tu espères y gagner ?
erhöhen *vt* (*Steuern, Geschwindigkeit, Risiko*) augmenter
erholen *vr* (*von Krankheit*) se remettre ; (*entspannen*) se reposer
erholsam *adj* reposant(e)
Erholung *f* (*Gesundung*) rétablissement *m* ; (*Entspannung*) repos *m*
Erika (-, *Eriken*) *f* bruyère *f*
erinnern *vt*: **~ (an** *+Akk***)** rappeler ▶ *vr*: **sich ~ (an** *+Akk***)** se souvenir (de)
Erinnerung *f* souvenir *m* ; **Erinnerungen** (*Litt*) mémoires *mpl* ; **zur ~ an** *+Akk* en souvenir de
erkälten *vr* prendre froid
Erkältung *f* rhume *m*
erkennbar *adj* reconnaissable
erkennen (*irr*) *vt* reconnaître
erkenntlich *adj*: **sich für etw** *Akk* **~ zeigen** exprimer sa reconnaissance pour qch
Erkenntnis *f* connaissance *f* ; **zu der ~ kommen** *od* **gelangen, dass ...** en arriver à la conclusion que ...
Erker (-*s*, -) *m* encorbellement *m*
erklären *vt* expliquer
Erklärung *f* explication *f* ; (*Mitteilung*) déclaration *f*
erklingen (*irr*) *vi* retentir
erkranken *vi* tomber malade
Erkrankung *f* maladie *f*
erkunden *vt* (*bes Mil: Gelände*) reconnaître ; (*herausfinden*) apprendre
erkundigen *vr*: **sich nach etw ~** se renseigner sur *od* s'informer de qch
Erkundigung *f* demande *f* de renseignements
Erkundung *f* reconnaissance *f*
erlangen *vt* (*Vorteil, Mehrheit*) obtenir ; (*Bedeutung*) prendre ; (*Gewissheit*) acquérir
Erlass (-*es*, *=e*) *m* décret *m* ; (*von Strafe*) remise *f*
erlassen (*irr*) *vt* (*verkünden*) publier ; (*aufheben: Strafe*) remettre ; **jdm etw ~** faire grâce de qch à qn
erlauben *vt* permettre ; **jdm etw ~** permettre qch à qn
Erlaubnis (-, -*se*) *f* permission *f*
erläutern *vt* expliquer
Erle *f* aune *m*, aulne *m*
erleben *vt* (*erfahren*) avoir ; (*durchleben*) vivre ; (*miterleben*) voir
Erlebnis *nt* expérience *f*
erledigen *vt* (*Arbeit*) faire, exécuter ; (*fam: erschöpfen*) épuiser ; (: *ruinieren*) ruiner
erleichtern *vt* (*Arbeit, Leben*) faciliter ; (*Last*) alléger ; (*Mensch*) soulager

erleichtert *adj* soulagé(e) ; (*Seufzer*) de soulagement
Erleichterung *f* soulagement *m*
erleiden (*irr*) *vt* subir ; (*Schmerzen*) endurer
erlernen *vt* apprendre
Erlös (*-es, -e*) *m* produit *m*
erlösen *vt* (*Mensch*) délivrer ; (*Rel*) sauver
Ermächtigung *f* autorisation *f*
ermäßigen *vt* (*Gebühr*) accorder une réduction sur
Ermäßigung *f* réduction *f*
Ermessen (*-s*) *nt* jugement *m* ; **in jds ~ liegen** être à la discrétion de qn
ermitteln *vt* (*Wert*) calculer ; (*Täter*) retrouver ▶ *vi*: **gegen jdn ~** faire une enquête sur qn
Ermittlung *f* (*Polizeiermittlung*) enquête *f*
ermöglichen *vt* rendre possible, permettre
ermorden *vt* assassiner
Ermordung *f* assassinat *m*
ermüden *vt* fatiguer ▶ *vi* se fatiguer
Ermüdung *f* fatigue *f*
Ermüdungserscheinung *f* effet *m* de la fatigue
ermuntern *vt* (*ermutigen*) encourager ; (*beleben*) vivifier ; (*aufmuntern*) remonter le moral à
ermutigen *vt* encourager
ernähren *vt* nourrir ▶ *vr*: **sich ~ von** se nourrir de
Ernährung *f* (*das Ernähren*) alimentation *f* ; (*Nahrung*) nourriture *f*
ernennen (*irr*) *vt* nommer
Ernennung *f* nomination *f*
erneuern *vt* (*Reifen, Verband*) changer ; (*Vertrag, Pass*) renouveler ; (*Gebäude*) rénover
Erneuerung *f* (*von Gebäude*) rénovation *f* ; (*von Teil*) remplacement *m*
erneut *adj* nouveau(nouvelle) ▶ *adv* à *od* de nouveau
ernst *adj* sérieux(-euse) ; (*bedrohlich*) grave • **Ernst** (*-es*) *m* sérieux *m* ; **das ist mein ~** je parle sérieusement ; **im ~** sérieusement • **Ernstfall** *m*: **im ~** en cas d'urgence • **ernsthaft** *adj* sérieux(-euse) • **ernstlich** *adj* sérieux(-euse)
Ernte *f* récolte *f*
ernten *vt* récolter
Eroberer (*-s, -*) *m* conquérant *m*
erobern *vt* conquérir
Eroberung *f* conquête *f*
eröffnen *vt* ouvrir ▶ *vr* (*Möglichkeiten*) se présenter
Eröffnung *f* ouverture *f* ; (*Mitteilung*) déclaration *f*
erogen *adj* (*Zone*) érogène
Erotik *f* érotisme *m*
erotisch *adj* érotique
erpicht *adj*: **~ (auf** *+Akk*) avide (de)
erpressen *vt* (*Geld etc*) extorquer ; (*Mensch*) faire chanter
Erpresser(in) (*-s, -*) *m(f)* maître *m* chanteur
Erpressung *f* chantage *m*
erproben *vt* mettre à l'essai
erraten (*irr*) *vt* deviner
erregen *vt* (*hervorrufen*) susciter ; (*aufregen, sinnlich erregen*) exciter ▶ *vr*: **sich ~ (über** *+Akk*) s'énerver (à cause de)
Erreger (*-s, -*) *m* (*von Krankheit*) agent *m*
Erregung *f* excitation *f*
erreichbar *adj* (*Ziel*) que l'on peut atteindre ; **in ~er Nähe bleiben** rester à proximité ; **er ist jederzeit telefonisch ~** on peut le joindre au téléphone à n'importe quel moment
erreichen *vt* atteindre ; (*Zug*) attraper ; (*sich in Verbindung setzen mit*) joindre

errichten *vt* (*Gebäude*) ériger, construire ; (*gründen*) fonder
erringen (*irr*) *vt* remporter
erröten *vi* rougir
Errungenschaft *f* conquête *f* ; (*fam: Anschaffung*) acquisition *f*
Ersatz (*-es*) *m* remplacement *m* ; (*Schadensersatz*) dédommagement *m* • **Ersatzreifen** *m* roue *f* de secours • **Ersatzteil** *nt* pièce *f* de rechange
erschaffen (*irr*) *vt* créer
erscheinen (*irr*) *vi* (*sich zeigen*) apparaître ; (*auftreten*) se présenter ; (*veröffentlicht werden*) paraître ; **das erscheint mir vernünftig** cela me paraît raisonnable
Erscheinung *f* (*das Erscheinen, Geist*) apparition *f* ; (*Gestalt*) personnage *m*
erschießen (*irr*) *vt* tuer (d'un coup de revolver *od* de fusil)
erschlagen (*irr*) *vt* assommer
erschöpfen *vt* épuiser
Erschöpfung *f* épuisement *m*
erschrak *etc vb siehe* **erschrecken**
erschrecken *vt* effrayer, faire peur à ▶ *vi* s'effrayer
erschreckend *adj* effrayant(e)
erschrocken *adj* effrayé(e)
erschüttern *vt* ébranler ; (*ergreifen*) bouleverser
Erschütterung *f* (*von Gebäude*) ébranlement *m* ; (*von Mensch*) bouleversement *m*
erschweren *vt* rendre (plus) difficile
erschwinglich *adj* abordable
ersetzen *vt* remplacer ; (*erstatten*) rembourser
ersichtlich *adj* (*Grund*) apparent(e)
ersparen *vt*: **jdm etw ~** épargner qch à qn
Ersparnis *f* économie *f* ; **~ an** *+Dat* économie de

SCHLÜSSELWORT

erst *adv* **1** d'abord ; (*anfänglich*) au début ; **mach ~ einmal deine Hausaufgaben, ehe du spielen gehst** fais tes devoirs avant d'aller jouer ; **da gings ~ richtig los** ça ne faisait que commencer
2 (*nicht früher als*) pas avant ; **~ gestern** pas plus tard qu'hier ; **~ morgen** pas avant demain ; **~ als** seulement quand, ce n'est que quand ; **wir fahren ~ später** nous partons plus tard (que prévu) ; **gerade ~** tout juste
3: **jetzt ~ recht!** à plus forte raison !

erstatten *vt* (*Unkosten*) rembourser ; **Anzeige (gegen jdn) ~** porter plainte (contre qn) ; **Bericht ~** faire un rapport
erstaunen *vt* étonner • **Erstaunen** (*-s*) *nt* étonnement *m*
erstaunlich *adj* étonnant(e)
erstbeste(r, s) *adj* premier(-ière) venu(e)
erste(r, s) *adj* premier(-ière)
erstellen *vt* (*Gebäude*) construire ; (*Gutachten*) établir
erstens *adv* premièrement, primo
ersticken *vt* étouffer ▶ *vi*: **an etw** *Dat* **~** s'étouffer avec qch
Erstickung *f* étouffement *m*
erstklassig *adj* (*Ware*) de premier choix ; (*Hotel*) de première classe ; (*Essen*) de première qualité
erstmalig *adj* premier(-ière)
erstmals *adv* pour la première fois
erstrebenswert *adj* enviable
erstrecken *vr* s'étendre
ertappen *vt* surprendre
erteilen *vt* donner

Ertrag (-(e)s, ⁼e) *m* (*Ergebnis von Arbeit*) rendement *m* ; (*Gewinn*) bénéfice *m*, revenu *m*
ertragen (*irr*) *vt* supporter
erträglich *adj* supportable
ertränken *vt* noyer
ertrinken (*irr*) *vi* se noyer
• **Ertrinken** (-*s*) *nt* noyade *f*
erübrigen *vt* (*Geld*) économiser, épargner ; (*Zeit*) trouver ▸ *vr* être inutile
erwachsen *adj* adulte
Erwachsene(r) *f(m)* adulte *mf*
Erwachsenenbildung *f* formation *f* continue
erwähnen *vt* mentionner
Erwähnung *f* mention *f*
erwarten *vt* (*warten auf*) attendre ; **etw kaum ~ können** attendre qch avec impatience
Erwartung *f* attente *f*
erweisen (*irr*) *vt* (*Ehre, Dienst*) rendre ▸ *vr*: **sich als etw ~** s'avérer être qch ; **es hat sich erwiesen, dass ...** il s'est avéré que ...
Erwerb (-(e)s, -e) *m* acquisition *f* ; (*Beruf*) travail *m*
erwerben (*irr*) *vt* acquérir
erwerbslos *adj* sans emploi
Erwerbsquelle *f* source *f* de revenus, ressource *f*
erwerbstätig *adj* actif(-ive)
erwerbsunfähig *adj* invalide
erwidern *vt* répondre ; (*Besuch*) rendre
erwischen (*fam*) *vt* attraper, choper
erwünscht *adj* (*Gelegenheit*) rêvé(e)
erwürgen *vt* étrangler
Erz (-*es*, -*e*) *nt* minerai *m*
erzählen *vt* raconter
Erzählung *f* récit *m*
Erzengel *m* archange *m*
erzeugen *vt* produire ; (*Angst*) provoquer
Erzeugnis *nt* produit *m*
erziehen (*irr*) *vt* (*Kind*) élever ; (*bilden*) éduquer
Erzieher(in) (-*s*, -) *m(f)* éducateur(-trice)
Erziehung *f* éducation *f*
Erziehungsberechtigte(r) *f(m)* *personne qui a l'autorité parentale*
erzielen *vt* (*Ergebnis*) obtenir
erzwingen (*irr*) *vt* forcer, obtenir de force
es *pron* (*Subjekt*) il(elle) ; (*Objekt*) le (la) ; (*unpersönlich*) il ; **es regnet/schneit** il pleut/neige
Esel (-*s*, -) *m* âne *m*
Eselsbrücke *f* (*Gedächtnishilfe*) moyen *m* mnémotechnique
Eselsohr (*fam*) *nt* (*in Buch*) corne *f*
Eskalation *f* escalade *f*
Espresso (-(*s*), -*s od Espressi*) *m* express *m*
essbar *adj* mangeable ; (*Pilz*) comestible
essen (*irr*) *vt, vi* manger • **Essen** (-*s*, -) *nt* repas *m*
Essenszeit *f* heure *f* du repas
Essig (-*s*, -*e*) *m* vinaigre *m*
• **Essiggurke** *f* cornichon *m* (au vinaigre)
Esslöffel *m* cuiller *f od* cuillère *f* à soupe
Esszimmer *nt* salle *f* à manger
Estland *nt* l'Estonie *f*
etablieren *vr* s'établir
Etage *f* étage *m*
Etagenbett *nt* lits *mpl* superposés
Etappe *f* étape *f*
Etat (-*s*, -*s*) *m* budget *m*
Ethik *f* éthique *f*
ethisch *adj* éthique
ethnisch *adj* ethnique ; **~e Säuberung(saktionen** *pl*) *f* purification *f* ethnique
Etikett (-(e)s, -e) *nt* étiquette *f*
Etikette *f* étiquette *f*

etliche *pron (sg)* considérable ; **~s** pas mal de choses
etwa *adv (ungefähr)* environ ; *(zum Beispiel)* par exemple ; *(möglicherweise, vielleicht)* par hasard ; **nicht ~** non pas
etwaig *adj* éventuel(le)
etwas *pron* quelque chose ▶ *adv* un peu ; **noch ~ Kaffee/Wein?** encore un peu de café/vin ?
EU (-) *f abk (= Europäische Union)* UE *f*
euch *(Akk, Dat von ihr) pron* vous
euer *pron (possessiv)* votre ; **eure Bücher** vos livres
euere(r, s) *pron siehe* **eure(r, s)**
EU-Erweiterung *f* élargissement *m* de l'UE
Eule *f* chouette *f*, hibou *m*
eure(r, s) *pron* le(la) vôtre ▶ *pron (possessiv)*
eurerseits *adv* de votre côté
euretwegen *adv (für euch)* pour vous ; *(wegen euch)* à cause de vous
Euro *m* euro *m*
Eurocent *m* euro-cent *m*, euro centime *m*
Europa *nt* l'Europe *f*
Europäer(in) *(-s, -) m(f)* Européen(ne)
europäisch *adj* européen(ne) ; **E~e Union** Union *f* européenne ; **das E~e Parlament** le Parlement européen
Europameister *m* champion *m* d'Europe
Europaparlament *nt* Parlement *m* européen
Europarat *m* Conseil *m* de l'Europe
Europawahl *f* élections *fpl* européennes
Eurozone *f* Euroland *m*
Euter *(-s, -) nt* pis *m*
evakuieren *vt* évacuer
evangelisch *adj* protestant(e)
Evangelium *nt* évangile *m*
eventuell *adj* éventuel(le) ▶ *adv* éventuellement
ewig *adj* éternel(le) • **Ewigkeit** *f* éternité *f*
EWS *nt abk (= Europäisches Währungssystem)* SME *m*
EWU (-) *f abk (= Europäische Währungsunion)* UME *f*
exakt *adj (Zahl)* exact(e) ; *(Arbeit)* précis(e)
Examen *(-s, - od Examina) nt* examen *m*
Exemplar *(-s, -e) nt* exemplaire *m* • **exemplarisch** *adj* exemplaire
Exil *(-s, -e) nt* exil *m*
Existenz *f* existence *f*
Existenzminimum *nt* minimum *m* vital
existieren *vi* exister
exklusiv *adj (Bericht)* exclusif(-ive) ; *(Gesellschaft)* chic *inv*
exklusive *präp +Gen* non compris(e), sans
exotisch *adj* exotique
Expansion *f* expansion *f*
Expedition *f* expédition *f* ; *(Écon)* service *m* des expéditions
Experiment *nt* expérience *f*
experimentell *adj* expérimental(e)
experimentieren *vi* faire une expérience *od* des expériences
Experte *(-n, -n) m*, **Expertin** *f* expert *m*
explodieren *vi* exploser
Explosion *f* explosion *f*
explosiv *adj* explosif(-ive) ; *(Mensch)* d'un tempérament explosif
Export *(-(e)s, -e) m* exportation *f*
exportieren *vt* exporter
extra *adj inv (fam: gesondert)* à part ; *(besondere)* spécial(e) ▶ *adv (gesondert)* à part ; *(speziell)* spécialement ; *(absichtlich)* exprès • **Extra** *(-s, -s) nt* option *f*

Extrakt (*-(e)s, -e*) *m* extrait *m*
extrem *adj* extrême
extremistisch *adj* extrémiste
E-Zigarette *f* cigarette *f* électronique ; **eine ~ rauchen** *od* (*fam*) **dampfen** vapoter

f

Fabel (*-, -n*) *f* fable *f* • **fabelhaft** *adj* extraordinaire
Fabrik *f* usine *f*
Fabrikat *nt* produit *m*
Fach (*-(e)s, ¨-er*) *nt* rayon *m* ; (*Schulfach*) matière *f*, discipline *f* • **Facharbeiter(in)** *m(f)* ouvrier(-ière) spécialisé(e) • **Facharzt** *m*, **Fachärztin** *f* spécialiste *mf* (*médecin*)
Fächer (*-s, -*) *m* éventail *m*
Fachfrau *f* spécialiste *f*
Fachhochschule *f* ≈ institut *m* universitaire de technologie (I.U.T.)
fachlich *adj* professionnel(le)
Fachmann (*-(e)s, -leute*) *m* spécialiste *m*
Fachwerk *nt* colombage *m*
Fachwerkhaus *nt* maison *f* à colombage
Fackel (*-, -n*) *f* flambeau *m*
fad, fade *adj* fade
Faden (*-s, ¨-*) *m* fil *m*
fähig *adj* capable ; **zu allem ~ sein** être capable de tout • **Fähigkeit** *f* capacité *f*
fahnden *vi*: **~ nach** rechercher
Fahndung *f* recherches *fpl*
Fahne *f* (*Flagge*) drapeau *m* ; **eine ~ haben** (*fam*) empester l'alcool

Fahrausweis *m* titre *m* de transport
Fahrbahn *f* chaussée *f*
Fähre *f* bac *m* ; (*Autofähre*) ferry(-boat) *m*
fahren (*irr*) *vt* (*lenken*) conduire ; (: *Rad, Motorrad*) faire de ; (*befördern*) transporter ▸ *vi* aller ; (*fahren können*) conduire ; (*abfahren*) partir ; **mit dem Zug/Auto ~** aller en train/en voiture ; **ein Gedanke fuhr ihm durch den Kopf** une idée lui passa par la tête
Fahrer(in) (-*s*, -) *m(f)* conducteur(-trice) • **Fahrerflucht** *f* délit *m* de fuite
Fahrgast *m* passager(-ère) *m/f*
Fahrgestell *nt* châssis *m* ; (*Aviat*) train *m* d'atterrissage
Fahrkarte *f* billet *m*
Fahrlässigkeit *f* négligence *f*
Fahrplan *m* horaire *m*
fahrplanmäßig *adj, adv* à l'heure prévue
Fahrpreis *m* prix *m* du billet
Fahrrad *nt* bicyclette *f*, vélo *m*
Fahrradweg *m* piste *f* cyclable
Fahrschein *m* ticket *m*
Fahrscheinentwerter *m* composteur *m*
Fahrschule *f* auto-école *f*
Fahrstuhl *m* ascenseur *m*
Fahrt (-, -*en*) *f* voyage *m*
Fahrtkosten *pl* frais *mpl* de déplacement
Fahrzeug *nt* véhicule *m*
Fahrzeughalter (-*s*, -) *m* propriétaire *m* d'un véhicule
fair *adj* équitable
Faktor *m* facteur *m*
Fakultät *f* faculté *f*
Falke (-*n*, -*n*) *m* faucon *m*
Fall (-(*e*)*s*, ¨*e*) *m* (*Sturz, Untergang*) chute *f* ; (*Sachverhalt, Ling, Méd*) cas *m* ; (*Jur*) affaire *f* ; **auf jeden ~, auf alle Fälle** en tout cas ; **auf keinen ~!** il n'en est pas question !
Falle *f* piège *m*
fallen (*irr*) *vi* tomber ; (*Bemerkung*) être fait(e) ; (*Tor*) être marqué(e) ; **~ lassen** (*Bemerkung*) laisser échapper ; (*Plan*) renoncer à
fällen *vt* (*Baum*) abattre ; (*Urteil*) rendre
fällig *adj* (*Wechsel, Zinsen*) dû(due), arrivé(e) à échéance ; (*Bus, Zug*) attendu(e)
falls *konj* au cas où
Fallschirm *m* parachute *m*
Fallschirmspringer(in) *m(f)* parachutiste *mf*
falsch *adj* faux(fausse)
fälschen *vt* contrefaire
Falschfahrer(in) *m(f)* automobiliste *mf* circulant à contresens
fälschlich *adj* faux(fausse), erroné(e)
Fälschung *f* contrefaçon *f*
fälschungssicher *adj* infalsifiable
Faltblatt *nt* dépliant *m*
Falte *f* pli *m* ; (*in Haut*) ride *f*
falten *vt* plier ; (*Hände*) joindre
Familie *f* famille *f*
Familienmitglied *nt* membre *m* de la famille
Familienname *m* nom *m* de famille
Familienplanung *f* planning *m* familial
Familienstand *m* état *m* civil
Familienvater *m* père *m* de famille
Fan (-*s*, -*s*) *m* fan *m*
Fanatiker(in) (-*s*, -) *m(f)* fanatique *mf*
Fanatismus *m* fanatisme *m*
fand *etc vb siehe* **finden**
Fang (-(*e*)*s*, ¨*e*) *m* capture *f* ; (*Beute*) prise *f* ; **Fänge** *pl* (*Zähne*) crocs *mpl* ; (*Krallen*) serres *fpl*

fangen (*irr*) *vt* attraper ▶ *vr* (*nicht fallen*) retrouver son équilibre ; (*seelisch*) se reprendre
Fantasie *f* imagination *f*
fantasieren *vi* fantasmer ; (*Méd*) délirer
fantastisch *adj* fantastique
Farbaufnahme *f* photo *f* en couleurs
Farbe *f* couleur *f* ; (*Malerfarbe*) peinture *f*
farbecht *adj* grand teint *inv*
färben *vi* déteindre ▶ *vt* teindre ▶ *vr* (*Blätter*) jaunir
Farbfernsehen *nt* télévision *f* (en) couleur
Farbfilm *m* film *m* en couleur
farbig *adj* (*bunt*) coloré(e) ; (*Mensch*) de couleur
farblos *adj* incolore ; (*fig*) terne
Farn (-(*e*)*s*, -*e*) *m* fougère *f*
Fasan (-(*e*)*s*, -*e*(*n*)) *m* faisan *m*
Fasching (-*s*, -*e* od -*s*) *m* carnaval *m*
Faschismus *m* fascisme *m*
Faschist(in) *m(f)* fasciste *mf*
faseln *vi* (*Unsinn reden*) radoter
Faser (-, -*n*) *f* fibre *f*
fasern *vi* s'effilocher
Fass (-*es*, ⁼*er*) *nt* tonneau *m*
Fassade *f* façade *f*
fassen *vt* saisir ; (*Verbrecher*) arrêter ; (*enthalten*) contenir ; (*Beschluss, Vertrauen*) prendre ▶ *vr* se ressaisir
Fassung *f* (*Umrahmung, Einfassung*) monture *f* ; (*bei Lampe*) douille *f* ; (*Textversion*) version *f* ; (*Beherrschung*) contenance *f* ; **jdn aus der ~ bringen** faire perdre contenance à qn
fassungslos *adj* consterné(e)
fast *adv* presque
fasten *vi* jeûner • **Fastenzeit** *f* carême *m*
Fastnacht *f* carnaval *m*
faszinieren *vt* fasciner
fatal *adj* fatal(e)
faul *adj* (*Person*) paresseux(-euse) ; (*Essen, Obst etc*) pourri(e) ; (*péj: Witz, Ausrede*) mauvais(e)
faulen *vi* pourrir
faulenzen *vi* paresser
Faulheit *f* paresse *f*
faulig *adj* putride
Faust (-, *Fäuste*) *f* poing *m* ; **auf eigene ~** de sa propre initiative
Favorit(in) (-*en*, -*en*) *m(f)* favori(-ite)
Fax (-*es*, -*e*) *nt* fax *m*
faxen *vt, vi* faxer
Fazit (-*s*, -*s*) *nt* bilan *m*
FCKW (-*s*, -*s*) *m abk* (= *Fluorchlorkohlenwasserstoff*) CFC *m*
Februar (-(*s*), -*e*) *m* février *m*
fechten (*irr*) *vi* (*kämpfen*) se battre ; (*Sport*) faire de l'escrime
Feder (-, -*n*) *f* plume *f* ; (*Tech*) ressort *m* • **Federball** *m* volant *m* ; (*Spiel*) badminton *m*
Federung *f* (*bei Auto*) suspension *f* ; (*bei Bett, Polster*) ressorts *mpl*
Fee *f* fée *f*
fegen *vt* balayer
fehl *adj*: **~ am Platz** *od* **Ort sein** être déplacé(e)
fehlen *vi* manquer ; (*Mensch*) être absent(e) ; **was fehlt Ihnen?** qu'est-ce qui ne va pas ?
Fehler (-*s*, -) *m* faute *f*, erreur *f* ; (*Mangel, Schwäche*) défaut *m* • **Fehlerbeseitigung** *f* (*Inform*) débogage *m* • **fehlerfrei** *adj* irréprochable, impeccable • **fehlerhaft** *adj* défectueux(-euse) • **Fehlermeldung** *f* (*Inform*) message *m* d'erreur
Fehlgeburt *f* fausse couche *f*
Fehlschlag *m* échec *m*
Fehlstart *m* (*Sport*) faux départ *m*

Fehlzündung *f* (*Aut*) raté *m*
Feier (-, -n) *f* fête *f* • **Feierabend** *m* fin *f* du travail ; **~ machen** avoir fini sa journée de travail
feierlich *adj* solennel(le) • **Feierlichkeit** *f* solennité *f*
feiern *vt, vi* fêter
Feiertag *m* jour *m* férié
feig, feige *adj* lâche
Feige *f* figue *f*
Feigheit *f* lâcheté *f*
Feigling *m* lâche *m*
Feile *f* lime *f*
feilen *vt, vi* limer
feilschen *vi* marchander
fein *adj* fin(e) ; (*vornehm*) distingué(e) ; **~!** très bien !
Feind(in) (-(e)s, -e) *m(f)* ennemi(e) • **Feindbild** *nt* idée *f* préconçue de l'ennemi • **feindlich** *adj* hostile • **Feindschaft** *f* inimitié *f* • **Feindseligkeit** *f* hostilité *f*
Feinheit *f* finesse *f*
Feinkostgeschäft *nt* épicerie *f* fine
Feinschmecker (-s, -) *m* gourmet *m*
Feld (-(e)s, -er) *nt* (*Acker*) champ *m* ; (*Gebiet*) domaine *m* ; (*Sport*) peloton *m*
Feldzug *m* campagne *f*
Felge *f* jante *f*
Fell (-(e)s, -e) *nt* poil *m*, pelage *m* ; (*von Schaf*) toison *f* ; (*verarbeitetes Fell*) fourrure *f*
Fels (-en, -en) *m* = **Felsen**
Felsen (-s, -) *m* rocher *m*
felsig *adj* rocheux(-euse)
Feminismus *m* féminisme *m*
Feministin *f* féministe *f*
feministisch *adj* féministe
Fenchel (-s) *m* fenouil *m*
Fenster (-s, -) *nt* fenêtre *f* • **Fensterladen** *m* volet *m* • **Fensterscheibe** *f* vitre *f*
Ferien *pl* vacances *fpl* • **Ferienkurs** *m* cours *m* d'été *od* de vacances • **Ferienlager** *nt* colonie *f* de vacances • **Ferienwohnung** *f* appartement *m* (pour les vacances)
Ferkel (-s, -) *nt* porcelet *m*
fern *adj* lointain(e) ▶ *präp +Gen* loin de • **Fernbedienung** *f* télécommande *f*
Ferne *f* lointain *m*
ferner *konj* (*außerdem*) en outre
Ferngespräch *nt* communication *f* interurbaine
ferngesteuert *adj* téléguidé(e)
Fernglas *nt* jumelles *fpl*
fern|halten (*irr*) *vt*: **(sich) ~** (se) tenir à l'écart
Fernheizung *f* chauffage *m* urbain
Fernrohr *nt* longue-vue *f*
Fernsehapparat *m* poste *m* de télévision
fern|sehen (*irr*) *vi* regarder la télévision • **Fernsehen** (-s) *nt* télévision *f* ; **im ~** à la télévision
Fernseher *m* télé *f*
Fernsprecher *m* téléphone *m*
Fernsprechzelle *f* cabine *f* téléphonique
Fernverkehr *m* trafic *m* longue distance
Ferse *f* talon *m*
fertig *adj* prêt(e) ; (*beendet, vollendet*) fini(e) ; (*fam: ausgebildet*) qui a fini sa formation ; **~ machen** (*beenden*) terminer ; **mit jdm/etw ~ werden** venir à bout de qn/qch • **fertig|bringen** (*irr*) *vt*: **es ~, etw zu tun** arriver à faire qch
fertig|machen (*fam*) *vt* (*ermüden*) épuiser ; (*abkanzeln*) démolir
Fessel (-, -n) *f* lien *m*
fesseln *vt* (*Gefangenen*) ligoter ; (*fig*) captiver
fesselnd *adj* captivant(e)

f

fest *adj* ferme ; (*Nahrung, Stoff*) solide ; (*Preis, Wohnsitz, Anstellung*) fixe ; (*Bindung*) sérieux(-euse) ; (*Schlaf*) profond(e)
Fest (-(e)s, -e) *nt* fête *f*
Festessen *nt* banquet *m*
fest|halten (*irr*) *vt* (*Gegenstand*) tenir ; (*Ereignis*) immortaliser ▶ *vi*: **an etw** *Dat* **~** (*Meinung, Glauben*) ne pas démordre de qch ▶ *vr*: **sich an etw** *Dat* **~** s'accrocher à qch
festigen *vt* consolider, renforcer
Festival (-s, -s) *nt* festival *m*
Festland *nt* continent *m*
fest|legen *vt* fixer ▶ *vr* (*sich entscheiden*) se décider
festlich *adj* de fête
fest|machen *vt* fixer
Festnahme *f* arrestation *f*
fest|nehmen (*irr*) *vt* arrêter
Festplatte *f* (*Inform*) disque *m* dur
fest|setzen *vt* fixer
Festspiele *pl* festival *msg*
fest|stehen (*irr*) *vi* être fixé(e)
fest|stellen *vt* constater
Festung *f* forteresse *f*
fett *adj* gras(se)
Fett (-(e)s, -e) *nt* graisse *f*
fetten *vt* graisser
Fettfleck *m* tache *f* de gras
Fettgehalt *m* teneur *f* en graisse
fettig *adj* gras(se)
Fetzen (-s, -) *m* lambeau *m*
feucht *adj* humide • **Feuchtigkeit** *f* humidité *f* • **Feuchtigkeitscreme** *f* crème *f* hydratante
Feuer (-s, -) *nt* feu *m* ; **~ fangen** prendre feu ; (*fig*) s'enflammer • **feuerfest** *adj* (*Geschirr*) allant au four • **feuergefährlich** *adj* inflammable • **Feuerlöscher** (-s, -) *m* extincteur *m* • **Feuermelder** (-s, -) *m* avertisseur *m* d'incendie
feuern *vi* (*schießen*) tirer ; (*heizen*): **mit Öl/Holz ~** se chauffer au fioul/au bois ▶ *vt* (*schleudern*) balancer ; (*entlassen*) virer ; **jdm eine ~** (*fam*) donner une baffe à qn
Feuerwehr (-, -en) *f* sapeurs-pompiers *mpl*
Feuerwehrmann *m* pompier *m*
Feuerwerk *nt* feu *m* d'artifice
Feuerzeug *nt* briquet *m*
feurig *adj* (*Liebhaber*) passionné(e)
Fichte *f* épicéa *m*
Fieber (-s, -) *nt* fièvre *f* • **fieberhaft** *adj* fiévreux(-euse)
Fieberthermometer *nt* thermomètre *m* (médical)
fiel *etc vb siehe* **fallen**
fies (*fam*) *adj* dégoûtant(e)
Figur (-, -en) *f* (*Körperform*) silhouette *f*, stature *f* ; (*Mensch*) personnage *m* ; (*Spielfigur*) pion *m* ; (: *Schachfigur*) pièce *f*
Filiale *f* succursale *f*
Film (-(e)s, -e) *m* (*Spielfilm*) film *m* ; (*Phot*) pellicule *f*
filmen *vt* filmer
Filmkamera *f* caméra *f*
Filter (-s, -) *m* filtre *m*
filtern *vt* filtrer
Filterpapier *nt* papier-filtre *m*
Filterzigarette *f* cigarette *f* à bout filtre
Filz (-es, -e) *m* feutre *m*
Filzschreiber *m*, **Filzstift** *m* feutre *m*, stylo-feutre *m*
Finale (-s, -(s)) *nt* finale *f*
Finanzamt *nt* perception *f*
Finanzen *pl* finances *fpl*
finanziell *adj* financier(-ière)
finanzieren *vt* financer
Finanzminister *m* ministre *m* des Finances
finden (*irr*) *vt* trouver ; **ich finde nichts dabei, wenn ...** je ne trouve rien de mal à ce que ...

Finder(in) (*-s, -*) *m(f)* celui(celle) qui trouve • **Finderlohn** *m* récompense *f*
fing *etc vb siehe* **fangen**
Finger (*-s, -*) *m* doigt *m* • **Fingerabdruck** *m* empreinte *f* digitale • **Fingernagel** *m* ongle *m* • **Fingerspitzengefühl** *nt* doigté *m*
Fink (*-en, -en*) *m* pinson *m*
finnisch *adj* finnois(e), finlandais(e)
Finnland *nt* la Finlande
finster *adj* sombre ; (*unheimlich*) sinistre • **Finsternis** *f* obscurité *f*
Firewall (*-, -s*) *f* (*Inform*) pare-feu *m*
Firma (*-, Firmen*) *f* entreprise *f*
Fisch (*-(e)s, -e*) *m* poisson *m* ; **Fische** *mpl* (*Astr*) Poissons *mpl*
fischen *vt, vi* pêcher
Fischer (*-s, -*) *m* pêcheur *m*
Fischerei *f* pêche *f*
Fischfang *m* pêche *f*
Fischstäbchen *nt* bâtonnet *m* de poisson
fit *adj* en forme • **Fitness** (*-*) *f* forme *f* physique • **Fitnesscenter** *nt* centre *m* de remise en forme
Fitnesstrainer(in) *m(f)* professeur *mf* de fitness
fix *adj* (*flink*) rapide ; (*gleichbleibend*) fixe ; **~ und fertig** (*völlig fertig*) tout(e) prêt(e) ; (*fam: erschöpft*) complètement crevé(e)
fixen (*fam*) *vi* (*Drogen spritzen*) se shooter
Fixer(in) (*-s, -*) *m(f)* drogué(e) (*qui se shoote*)
fixieren *vt* fixer
flach *adj* plat(e)
Fläche *f* surface *f*, superficie *f*
flächendeckend *adj* (*Telefonnetz, Verkehrsnetz*) qui couvre l'ensemble du territoire
Flachland *nt* plaine *f*
Fladenbrot *nt* pain *m* plat
Flagge *f* pavillon *m*
flämisch *adj* flamand(e)
Flamme *f* flamme *f*
Flandern *nt* la Flandre, les Flandres *fpl*
Flanke *f* flanc *m* ; (*Sport*) aile *f*
Flasche *f* bouteille *f* ; (*fam: Versager*) cloche *f*
Flaschenbier *nt* bière *f* en bouteille *od* canette
Flaschenöffner *m* ouvre-bouteilles *m*, décapsuleur *m*
Flaschenpfand *nt* consigne *f*
flatterhaft *adj* volage
flattern *vi* voleter ; (*Wäsche*) flotter au vent
flau *adj* (*schwach: Brise*) faible ; (*Écon, Fin*) stagnant(e) ; **jdm ist ~** qn se sent mal
flauschig *adj* duveteux(-euse)
Flausen *pl* (*Unsinn*) bêtises *fpl*
Flaute *f* calme *m* (plat) ; (*Écon*) stagnation *f*
Flechte *f* tresse *f*, natte *f* ; (*Méd*) lichen *m* (*dermatose à pellicules ou à croûtes*)
flechten (*irr*) *vt* tresser
Fleck (*-(e)s, -e*) *m* tache *f* ; (*fam: Ort, Stelle*) endroit *m*
Fleckenmittel *nt* détachant *m*
fleckig *adj* taché(e)
Fledermaus *f* chauve-souris *f*
Fleisch (*-(e)s*) *nt* (*Culin*) viande *f* ; (*Anat*) chair *f* • **Fleischbrühe** *f* bouillon *m* (gras)
Fleischer (*-s, -*) *m* boucher *m*
Fleischerei *f* boucherie *f*
fleischig *adj* charnu(e)
Fleischwolf *m* hachoir *m* (à viande) (*appareil*)
Fleiß (*-es*) *m* application *f*
fleißig *adj* assidu(e)
flexibel *adj* flexible, souple
flicken *vt* raccommoder, rapiécer

Flieder (*-s, -*) *m* lilas *m*
Fliege *f* mouche *f*; (*Querbinder*) nœud *m* papillon
fliegen (*irr*) *vi* voler; (*: hinfallen*) s'étaler ▶ *vt* (*Flugzeug*) piloter; (*Menschen*) transporter (par avion)
Fliegenpilz *m* tue-mouches *m*
Flieger (*-s, -*) *m* (*Pilot*) aviateur *m*
fliehen (*irr*) *vi* fuir; **vor etw** *Dat* **~** fuir (devant) qch
Fliese *f* carreau *m*
Fließband *nt* chaîne *f* (de montage)
fließen (*irr*) *vi* couler
fließend *adj* (*Wasser, Rede, Deutsch*) courant(e) ▶ *adv*: **sie spricht ~ Deutsch** elle parle couramment l'allemand
flimmern *vi* scintiller; **das Bild flimmert** (*TV, Ciné*) l'image est mal réglée
flink *adj* agile, vif(vive)
Flirt (*-s, -s*) *m* flirt *m*
flirten *vi* flirter
Flitterwochen *pl* lune *fsg* de miel
flitzen *vi* (*fam*) filer (comme une flèche)
flocht *etc vb siehe* **flechten**
flog *etc vb siehe* **fliegen**
floh *etc vb siehe* **fliehen**
Floh (*-(e)s, ¨-e*) *m* puce *f*
Flohmarkt *m* marché *m* aux puces
Flop (*-s, -s*) *m* (*Misserfolg*) flop *m*
Floskel (*-, -n*) *f* formule *f* (toute faite)
Floß (*-es, ¨-e*) *nt* radeau *m*
floss *etc vb siehe* **fließen**
Flosse *f* (*Fischflosse, Robbenflosse*) nageoire *f*; (*Taucherflosse*) palme *f*
Flöte *f* flûte *f*
flott *adj* (*schnell*) rapide; (*Musik*) entraînant(e); (*chic*) chic *inv*; (*Naut*) à flot
Flotte *f* flotte *f*, marine *f*
Fluch (*-(e)s, ¨-e*) *m* juron *m*
fluchen *vi* jurer; **auf jdn/über etw ~** pester contre qn/qch
Flucht (*-, -en*) *f* fuite *f*
fluchtartig *adj* précipité(e)
flüchten *vi* fuir ▶ *vr* (*Schutz suchen*) se réfugier
flüchtig *adj* (*oberflächlich*) superficiel(le); (*kurz: Blick, Besuch*) rapide • **Flüchtigkeitsfehler** *m* faute *f* d'inattention
Flüchtling *m* réfugié(e) *m/f*
Flug (*-(e)s, ¨-e*) *m* vol *m* • **Flugbegleiter(in)** *m(f)* steward *m*, hôtesse *f* de l'air • **Flugblatt** *nt* tract *m*
Flügel (*-s, -*) *m* aile *f*; (*Fensterflügel, Türflügel*) battant *m*; (*Konzertflügel*) piano *m* à queue
Fluggast *m* passager(-ère) *m/f*
flügge *adj* (*Vogel*) prêt(e) à quitter le nid; (*Mensch*) capable de voler de ses propres ailes
Fluggesellschaft *f* compagnie *f* aérienne
Flughafen *m* aéroport *m*
Flugkarte *f* billet *m* d'avion
Fluglotse *m* aiguilleur *m* du ciel
Flugplan *m* horaire *m* des vols
Flugplatz *m* aérodrome *m*
Flugschein *m* billet *m* d'avion; (*des Piloten*) brevet *m* de pilote
Flugschreiber *m* boîte *f* noire
Flugsteig *m* salle *f* d'embarquement
Flugticket *nt* billet *m* d'avion
Flugverkehr *m* trafic *m* aérien
Flugzeug *nt* avion *m* • **Flugzeugentführung** *f* détournement *m* d'avion
Flunder (*-, -n*) *f* flet *m*
Flur (*-(e)s, -e*) *m* (*Wohnungsflur*) corridor *m*
Fluss (*-es, ¨-e*) *m* rivière *f*; (*ins Meer fließend*) fleuve *m*; (*Fließen*) flot *m*

flüssig *adj* liquide ; *(Verkehr)* fluide ; *(Stil)* coulant(e) • **Flüssigkeit** *f* liquide *m* ; *(von Metall, Stil)* fluidité *f*
flüstern *vi, vt* chuchoter
Flut (-, -en) *f (Gezeiten)* marée *f* haute ; *(Wassermassen, fig)* flot *m*
Flutlicht *nt* projecteurs *mpl*
focht *etc vb siehe* **fechten**
Fohlen (-s, -) *nt* poulain *m*
Föhn (-(e)s, -e) *m (Wind)* foehn *m* ; *(Haartrockner)* sèche-cheveux *m inv*
föhnen *vt* sécher (au sèche-cheveux)
Föhre *f* pin *m* (sylvestre)
Folge *f (Reihenfolge)* série *f* ; *(Auswirkung, Ergebnis)* suite *f* ; **etw zur ~ haben** entraîner qch ; **~n haben** avoir des conséquences
folgen *vi +Dat* suivre ; *(gehorchen)* obéir
folgend *adj* suivant(e)
folgendermaßen *adv* de la manière suivante
folgern *vt* conclure à
Folgerung *f* conclusion *f*
folglich *adv* en conséquence, par conséquent
folgsam *adj* obéissant(e)
Folie *f* film *m*, pellicule *f*
Folter (-, -n) *f* torture *f*
foltern *vt* torturer
Fonds (-, -) *m* fonds *m*
fordern *vt* exiger
fördern *vt (Mensch, Talent, Neigung)* encourager ; *(Plan)* favoriser ; *(Kohle)* extraire
Forderung *f* exigence *f*
Forelle *f* truite *f*
Form (-, -en) *f* forme *f* ; *(Gussform, Backform)* moule *m* ; **in ~ sein** être en forme ; **in ~ von** sous forme de
Format *nt* format *m* ; *(fig: Niveau)* niveau *m*
formatieren *vt* formater
Formation *f* formation *f*
Formel *f* formule *f*
formell *adj* formel(le)
formen *vt* former
förmlich *adj (offiziell)* officiel(le) ▶ *adv (fam: geradezu)* pratiquement • **Förmlichkeit** *f* formalité *f* ; *(Benehmen)* cérémonie *f*
formlos *adj* informe ; *(Antrag, Brief)* tout(e) simple, sans (aucune) formalité
Formular (-s, -e) *nt* formulaire *m*
formulieren *vt* formuler
Formulierung *f* formulation *f*
forsch *adj* résolu(e), énergique
forschen *vi (wissenschaftlich)* faire de la recherche
Forscher(in) (-s, -) *m(f)* chercheur(-euse)
Forschung *f* recherche *f*
Förster(in) (-s, -) *m(f)* garde *m* forestier
Forstwirtschaft *f* sylviculture *f*
fort *adv (weg)* loin • **fort|bestehen** *(irr) vi* persister, survivre • **fort|bewegen** *vt* déplacer ▶ *vr* se déplacer • **fort|bilden** *vr* poursuivre sa formation • **Fortbildung** *f*: **berufliche ~** formation *f* professionnelle • **Fortdauer** *f* prolongation *f* • **fort|fahren** *(irr) vi (wegfahren)* partir ; *(weitermachen, fortsetzen)* continuer • **fort|gehen** *(irr) vi* s'en aller, partir • **fortgeschritten** *adj* avancé(e) • **Fortpflanzung** *f* reproduction *f*
Fortschritt *m* progrès *m* • **fortschrittlich** *adj* progressiste
fort|setzen *vt* continuer
Fortsetzung *f* continuation *f*, suite *f* ; **~ folgt** à suivre
fortwährend *adj* constant(e), continuel(le)
Foto (-s, -s) *nt* photo *f* • **Fotoapparat** (-s, -s) *m*

f

appareil-photo *m* • **Fotograf(in)** (*-en, -en*) *m(f)* photographe *mf* • **Fotografie** *f* photographie *f* • **fotografieren** *vt* photographier ▸ *vi* faire de la photo • **Fotokopie** *f* photocopie *f* • **fotokopieren** *vt* photocopier • **Fotokopierer** *m* photocopieuse *f*
Foul (*-s, -s*) *nt* faute *f*
Fracht (*-, -en*) *f* chargement *m* ; (*Naut*) cargaison *f*
Frachter (*-s, -*) *m* cargo *m*
Frack (*-(e)s, ¨-e*) *m* frac *m*, habit *m*
Frage *f* question *f* • **Fragebogen** *m* questionnaire *m*
fragen *vt* interroger ▸ *vi* demander
Fragezeichen *nt* point *m* d'interrogation
fraglich *adj* (*zweifelhaft*) incertain(e) ; (*betreffend*) en question
fraglos *adv* incontestablement
Fragment *nt* fragment *m*
fragwürdig *adj* douteux(-euse)
Fraktion *f* (*Pol*) groupe *m* parlementaire
Franken (*-, -*) *m* (*Schweizer Franken*) franc *m* (suisse)
frankieren *vt* affranchir
franko *adv* (*Poste*) franco
Frankreich *nt* la France
Franse *f* frange *f*
Franzose (*-n, -n*) *m*, **Französin** *f* Français(e)
französisch *adj* français(e) • **Französisch** *nt* (*Ling*) français *m*
fraß *etc vb siehe* **fressen**
Fratze *f* (*Grimasse*) grimace *f*
Frau (*-, -en*) *f* femme *f* ; (*Anrede*) Madame *f* ; **~ Doktor** Docteur *m*
Frauenarzt *m* gynécologue *m*
Frauenbewegung *f* mouvement *m* de libération de la femme
frauenfeindlich *adj* misogyne
Frauenhaus *nt* centre *m* d'hébergement pour femmes battues
Fräulein *nt* demoiselle *f* ; **„~"** « Mademoiselle »
fraulich *adj* féminin(e)
Freak (*-s, -s*) (*fam*) *m* enragé(e) *m/f*, mordu(e) *m/f*
frech *adj* insolent(e) ; (*keck*) coquin(e) • **Frechheit** *f* insolence *f*
Fregatte *f* frégate *f*
frei *adj* libre ; (*Arbeitsstelle*) vacant(e), à pourvoir ; (*Mitarbeiter*) indépendant(e), free-lance *inv* ; (*Aussicht*) dégagé(e) ; **im F~en** en plein air • **Freibad** *nt* piscine *f* en plein air • **freiberuflich** *adj* indépendant(e)
freigebig *adj* généreux(-euse)
Freiheit *f* liberté *f*
Freiheitsstrafe *f* peine *f* de prison
Freikarte *f* billet *m* gratuit
frei|kommen (*irr*) *vi* être libéré(e)
frei|lassen (*irr*) *vt* (*Gefangenen*) libérer ; (*Tier*) remettre en liberté
freilich *adv* cependant ; **ja ~!** mais certainement !
Freilichtbühne *f* théâtre *m* en plein air
frei|machen *vt* (*Poste*) affranchir ▸ *vr* (*entkleiden, beim Arzt*) se déshabiller ; (*freie Zeit erübrigen*) se libérer
frei|nehmen (*irr*) *vt*: **sich** *Dat* **einen Tag ~** prendre un jour de congé
Freisprechanlage *f* (*Tél*) pack *m* *od* kit *m* mains libres
frei|sprechen (*irr*) *vt*: **jdn (von etw) ~** acquitter *od* décharger qn (de qch)
Freispruch *m* acquittement *m*
frei|stellen *vt*: **jdm etw ~** laisser qn décider qch
Freistoß *m* coup *m* franc

Freitag *m* vendredi *m*
freitags *adv* le vendredi
freiwillig *adj* volontaire
Freiwillige(r) *f(m)* volontaire *mf*
Freizeit *f* temps *m* libre
Freizeitgestaltung *f* organisation *f* des loisirs
Freizeitpark *m* parc *m* de loisirs, parc *m* d'attractions
freizügig *adj* (*unbürgerlich*) libre ; (*mit Geld*) généreux(-euse)
fremd *adj* étranger(-ère)
Fremde(r) *f(m)* étranger(-ère) *m/f*
fremdenfeindlich *adj* hostile aux étrangers
Fremdenführer(in) *m(f)* guide *m*
Fremdenverkehr *m* tourisme *m*
Fremdenverkehrsamt *nt* office *m* du tourisme
Fremdenzimmer *nt*: **„~"** « chambres à louer »
fremd|gehen(*irr : fam*) *vi* être infidèle
Fremdkörper *m* corps *m* étranger
Fremdsprache *f* langue *f* étrangère
Fremdwort *nt* mot *m* étranger
Frequenz *f* fréquence *f*
fressen(*irr*) *vt* (*suj : Tier*) manger ; (*: Mensch : fam*) bouffer
Freude *f* joie *f*
freudig *adj* joyeux(-euse)
freuen *vt unpers* faire plaisir à ▶ *vr* être content(e) *od* enchanté(e), se réjouir ; **es freut mich, dass ...** je suis heureux(-euse) que ... ; **sich auf etw** *Akk* **~** attendre qch avec impatience
Freund(-(*e*)*s*, -*e*) *m* ami *m* • **Freundin** *f* amie *f* • **freundlich** *adj* (*Mensch, Miene*) aimable ; (*Wohnung, Gegend*) accueillant(e) ; **würden Sie bitte so ~ sein und das tun?** auriez-vous l'amabilité de faire cela ? • **freundlicherweise** *adv* aimablement
• **Freundlichkeit** *f* amabilité *f*
• **Freundschaft** *f* amitié *f*
• **freundschaftlich** *adj* amical(e)
Frieden(-*s*, -) *m* paix *f*
Friedensbewegung *f* mouvement *m* pour la paix
Friedenstruppe *f* force *f* d'interposition
Friedensvertrag *m* traité *m* de paix
Friedhof *m* cimetière *m*
friedlich *adj* paisible
frieren(*irr*) *vi* avoir froid ▶ *vi unpers* geler
Frikadelle *f* boulette *f* de viande hachée
Frisbee(-, -*s*) *nt* frisbee *m*
frisch *adj* frais(fraîche) ; **~ gestrichen!** peinture fraîche ! ; **sich ~ machen** faire un brin de toilette
Frische *f* fraîcheur *f*
Frischhaltefolie *f* film *m* alimentaire
Friseur(-*s*, -*e*) *m*, **Friseuse** *f* coiffeur(-euse)
frisieren *vt* coiffer ; (*Abrechnung*) truquer ; (*Motor*) trafiquer
Frisör *m* = **Friseur**
Frist(-, -*en*) *f* délai *m* ; (*Termin*) date *f* limite
fristen *vt*: **ein kümmerliches Dasein ~** mener une existence misérable
fristlos *adj* sans préavis
Frisur *f* coiffure *f*
Frl. *abk* (= *Fräulein*) Mlle
froh *adj* joyeux(-euse) ; **ich bin ~, dass ...** je suis content(e) que ...
fröhlich *adj* joyeux(-euse), gai(e) • **Fröhlichkeit** *f* gaieté *f*
fromm *adj* pieux(-euse) ; **ein ~er Wunsch** un vain espoir

Frömmigkeit *f* piété *f*
Fronleichnam (-(e)s) *m* Fête-Dieu *f*
Front (-, -en) *f* (*von Gebäude*) façade *f*; (*Mil*) front *m*
frontal *adj, adv* de plein fouet, de front
fror *etc vb siehe* **frieren**
Frosch (-(e)s, ¨e) *m* grenouille *f* • **Froschschenkel** *m* cuisse *f* de grenouille
Frost (-(e)s, ¨e) *m* gel *m*
frösteln *vi* frissonner
Frostschutzmittel *nt* antigel *m*
Frottee (-(s), -s) *nt od m* tissu *m* éponge
Frottierhandtuch, Frottiertuch *nt* serviette *f* éponge
Frucht (-, ¨e) *f* fruit *m* • **fruchtbar** *adj* fertile; (*Frau, Tier*) fécond(e); (*fig*) fructueux(-euse) • **Fruchtbarkeit** *f* fertilité *f*; (*von Frau, Tier*) fécondité *f*
früh *adj* (*Winter, Tod, Obst*) précoce ▸ *adv* tôt, de bonne heure; **heute ~** ce matin
früher *adj* ancien(ne) ▸ *adv* autrefois
frühestens *adv* au plus tôt
Frühgeburt *f* (*Kind*) prématuré(e) *m/f*
Frühjahr *nt* printemps *m*
Frühjahrsmüdigkeit *f* fatigue *f* de printemps
Frühling *m* printemps *m*
frühreif *adj* précoce
Frühstück *nt* petit déjeuner *m*
frühstücken *vi* prendre le petit déjeuner
Frühstücksbüfett *nt* buffet *m* pour le petit déjeuner
Frust (-(e)s) (*fam*) *m* frustration *f*
frustrieren *vt* frustrer
Fuchs (-es, ¨e) *m* renard *m*
fühlen *vt* sentir; (*abtasten*) tâter ▸ *vi* sentir ▸ *vr* se sentir; **mit jdm ~** comprendre les sentiments de qn
fuhr *etc vb siehe* **fahren**
führen *vt* (*leiten*) être à la tête de; (*begleiten, beeinflussen*) conduire; (*als Fremdenführer*) guider; (*Geschäft, Haushalt, Liste*) tenir; (*Waren*) avoir, vendre ▸ *vi* mener
Führer(in) *m(f)* (*von Land, Gruppe*) leader *m*; (*Fremdenführer*) guide *m* • **Führerschein** *m* permis *m* de conduire
Führung *f* conduite *f*; (*eines Unternehmens*) direction *f*; (*Besichtigung mit Führer*) visite *f* guidée
füllen *vt* remplir; (*Zahn*) plomber; (*Culin*) farcir ▸ *vr*: **sich mit etw ~** se remplir de qch
Füller (-s, -) *m* stylo *m* plume *od* à encre
Füllung *f* remplissage *m*; (*Culin*) farce *f*
fummeln (*fam*) *vi*: **an etw** *Dat* **~** tripoter qch
Fund (-(e)s, -e) *m* trouvaille *f*, découverte *f*
Fundament *nt* (*von Gebäude*) fondations *fpl*; (*Grundlage, Basis*) fondement *m* • **fundamental** *adj* fondamental(e)
Fundamentalismus *m* fondamentalisme *m*
Fundbüro *nt* bureau *m* des objets trouvés
Fundgrube *f* (*fig*) mine *f*
fundiert *adj* (*Wissen*) approfondi(e), solide
fünf *num* cinq • **fünfhundert** *num* cinq cent(s) • **fünfjährig** *adj* de cinq ans • **Fünfprozentklausel** *f* clause *f* des cinq pour cent
fünfte(r, s) *adj* cinquième
Fünftel (-s, -) *nt* cinquième *m*

fünfzehn *num* quinze
fünfzig *num* cinquante
fungieren *vi*: **als etw ~** faire fonction de qch
Funk (*-s*) *m* radio *f*
Funke (*-ns, -n*) *m* étincelle *f*
funkeln *vi* étinceler
funken *vi* (*durch Funk*) transmettre par radio ▶ *vt* envoyer (par radio)
Funken (*-s, -*) *m* = **Funke**
Funker (*-s, -*) *m* opérateur *m* radio
Funkgerät *nt* poste *m* de radio
Funkhaus *nt* maison *f* de la radio
Funkstreife *f* voiture *f* de police (*munie d'une radio*)
Funktaxi *nt* radio-taxi *m*
Funktion *f* fonction *f*
funktionieren *vi* fonctionner
funktionsfähig *adj* capable de fonctionner
Funktionstaste *f* touche *f* de fonction
für *präp +Akk* pour ; **was ~ ein/ eine ...?** quelle sorte de ... ?
Furcht *f* crainte *f* • **furchtbar** *adj* terrible, effroyable ; (*fam: schrecklich*) affreux(-euse)
fürchten *vt* craindre ▶ *vr*: **sich (vor jdm/etw) ~** avoir peur (de qn/qch)
fürchterlich *adj* terrible
füreinander *adv* l'un(e) pour l'autre
Fürst (*-en, -en*) *m* prince *m*
Fürstentum *nt* principauté *f*
fürstlich *adj* princier(-ière)
Fürwort *nt* pronom *m*
Fusion *f* fusion *f*
Fuß (*-es, ¨-e*) *m* pied *m* ; (*von Tier*) patte *f* ; **zu ~** à pied • **Fußball** *m* football *m* ; (*Ball*) ballon *m* de football • **Fußballspiel** *nt* match *m* de football • **Fußballspieler** *m* footballeur *m* • **Fußboden** *m* plancher *m*
Fußgänger(in) (*-s, -*) *m(f)* piéton(ne)
Fußgängerzone *f* zone *f* piétonnière *od* piétonne
Fußpfleger(in) *m(f)* pédicure *mf*
Fußtritt *m* coup *m* de pied
Fußweg *m* (*Pfad*) sentier *m*
Futter (*-s, -*) *nt* nourriture *f* (*pour animaux*), fourrage *m* ; (*Stoff*) doublure *f*
futtern (*fam*) *vt, vi* bouffer
füttern *vt* donner à manger à ; (*Kleidung*) doubler
Futur (*-s, -e*) *nt* futur *m*

g

gab *etc vb siehe* **geben**
Gabe *f* don *m*
Gabel (-, -n) *f* (*Essgabel*) fourchette *f*; (*Mistgabel, Heugabel, Astgabel*) fourche *f*
gabeln *vr* bifurquer
G-8 *f abk* (*Pol*) G8 *m*
gackern *vi* caqueter
gaffen *vi* regarder bouche bée
Gage *f* cachet *m*
gähnen *vi* bâiller
Galerie *f* galerie *f*
Galgen (-s, -) *m* (*zur Todesstrafe*) potence *f*
Galle *f* (*Organ*) vésicule *f* biliaire
galt *etc vb siehe* **gelten**
Gamer(in) (-s, -) *m(f)* (*Inform*) joueur(-euse) (de jeux vidéo)
Gameshow (-, -s) *f* jeu *m* télévisé
gammeln (*fam*) *vi* (*Mensch*) glander
gang *adj*: **~ und gäbe sein** être courant
Gang (-(e)s, ⸚e) *m* (*Gangart*) démarche *f*; (*Ablauf, Verlauf*) cours *m*; (*in Haus, Zug*) couloir *m*; (*Aut*) vitesse *f*; **in ~ bringen** (*Motor, Maschine*) mettre en marche; (*Sache, Vorgang*) lancer; **in ~ sein** (*Sache*) être en cours
Gangschaltung *f* (*an Fahrrad*) dérailleur *m*
Gangway (-, -s) *f* passerelle *f*
Gans (-s, ⸚e) *f* oie *f*; **dumme ~** (*fam*) sotte *f*
Gänseblümchen *nt* pâquerette *f*
Gänsehaut *f*: **eine ~ haben** *od* **bekommen** avoir la chair de poule
ganz *adj*: **der/die ~e …** tout(e) le(la) …; (*vollständig, auch Zahl*) entier(-ière); (*nicht kaputt*) intact(e) ▶ *adv* (*ziemlich*) assez; (*völlig*) complètement; **eine ~e Menge** beaucoup (de); **~ und gar** complètement; **~ und gar nicht** absolument pas
gänzlich *adv* complètement
ganztags *adv* (*arbeiten*) à plein temps
Ganztagsschule *f* école *f* toute la journée
gar *adj* (*durchgekocht*) cuit(e) ▶ *adv*: **~ nicht/nichts** pas/rien du tout; **~ keiner** personne; **~ nicht schlecht** pas mal du tout
Garage *f* garage *m*
Garantie *f* garantie *f*
garantieren *vt* garantir
Garde *f* garde *f*; **die alte ~** la vieille garde
Garderobe *f* (*Kleidung*) garde-robe *f*; (*Ablage*) vestiaire *m*
Gardine *f* rideau *m*
gären (*irr*) *vi* (*Wein*) fermenter
Garn (-(e)s, -e) *nt* fil *m*
Garnele *f* crevette *f*
garnieren *vt* garnir
Garnitur *f* (*Satz*) ensemble *m*
Garten (-s, ⸚) *m* jardin *m*
Gärtner(in) (-s, -) *m(f)* jardinier(-ière)
Gärtnerei *f* établissement *m* horticole
Gas (-es, -e) *nt* gaz *m inv*; **~ geben** (*Aut*) accélérer

Gasherd *m* cuisinière *f* à gaz
Gaspedal *nt* accélérateur *m*
Gasse *f* ruelle *f*
Gast (*-es, ¨-e*) *m* (*in Familie*) invité(e) *m/f*, hôte *mf*; (*in Lokal*) client(e) *m/f*; (*in Land*) visiteur(-euse) *m/f* • **Gastarbeiter(in)** *m(f)* travailleur(-euse) immigré(e)
Gästebuch *nt* livre *m* d'or
gastfreundlich *adj* hospitalier(-ière)
Gastgeber(in) (*-s, -*) *m(f)* hôte (hôtesse)
Gasthaus *nt*, **Gasthof** *m* auberge *f*
gastieren *vi* donner une représentation *od* des représentations en vedette américaine
gastlich *adj* hospitalier(-ière)
Gastronomie *f* (*Gaststättengewerbe*) hôtellerie *f*
Gastspiel *nt* (*Theat*) représentation *f* (*au cours d'une tournée*); (*Sport*) match *m* à l'extérieur
Gaststätte *f* auberge *f*
Gastwirt *m* patron *m*
Gatte (*-n, -n*) *m* époux *m*
Gattin *f* épouse *f*
Gattung *f* (*bei Tieren, Pflanzen*) espèce *f*; (*Art, Literaturgattung*) genre *m*
GAU *abk* (*= größter anzunehmender Unfall*) *problème le plus grave pour lequel des mesures de sécurité ont été prises* (*lors de la construction d'une centrale nucléaire*)
Gaumen (*-s, -*) *m* palais *m*
Gauner (*-s, -*) *m* filou *m*
geb. *abk* = **geboren**
Gebäck (*-(e)s, -e*) *nt* pâtisserie *f*
gebacken *pp von* **backen**
gebar *etc vb siehe* **gebären**
gebären (*irr*) *vt* mettre au monde
Gebärmutter *f* utérus *m*
Gebäude (*-s, -*) *nt* bâtiment *m*
Gebell (*-(e)s*) *nt* aboiement *m*
geben (*irr*) *vt* donner; (*schicken*) mettre; (*in Obhut, zur Aufbewahrung*) confier ▶ *vi unpers*: **es gibt** il y a ▶ *vr* (*sich verhalten*) se conduire; (*aufhören*) cesser; **jdm etw ~** donner qch à qn; **etw von sich ~** (*Laute etc*) émettre qch; **~ Sie mir Herrn Braun** (*Tél*) passez-moi Monsieur Braun; **was gibts?** qu'est-ce qu'il y a ?; **es wird Frost ~** il va geler; **das gibt es nicht!** c'est impossible !; **das gibts doch nicht!** c'est pas vrai !; **das wird sich ~** cela va s'arranger
Gebet (*-(e)s, -e*) *nt* prière *f*
gebeten *pp von* **bitten**
Gebiet (*-(e)s, -e*) *nt* région *f*; (*Hoheitsgebiet*) territoire *m*; (*Fachgebiet*) domaine *m*
Gebilde (*-s, -*) *nt* structure *f*
gebildet *adj* cultivé(e)
Gebirge (*-s, -*) *nt* montagne *f*
gebirgig *adj* montagneux(-euse)
Gebiss (*-es, -e*) *nt* (*von Mensch, Tier*) denture *f*; (*künstlich*) dentier *m*
gebissen *pp von* **beißen**
Gebläse (*-s, -*) *nt* (*Aut*) compresseur *m*
geblasen *pp von* **blasen**
geblieben *pp von* **bleiben**
geblümt *adj* fleuri(e)
gebogen *pp von* **biegen**
geboren *pp von* **gebären** ▶ *adj* né(e); **Anna Müller, ~e Schulz** Anna Müller, née Schulz
geborgen *pp von* **bergen** ▶ *adj*: **sich (bei jdm) ~ fühlen** se sentir en sécurité (auprès de qn)
Gebot (*-(e)s, -e*) *nt* (*Rel*) commandement *m*
geboten *pp von* **bieten**
gebracht *pp von* **bringen**
gebrannt *pp von* **brennen**
gebraten *pp von* **braten**

Gebrauch *m* (*Benutzung*) utilisation *f*, usage *m* ; (*Sitte*) coutume *f*
gebrauchen *vt* employer, utiliser ; **etw gut ~ können** avoir grand besoin de qch
gebräuchlich *adj* courant(e)
Gebrauchsanweisung *f* mode *m* d'emploi
gebraucht *adj* usagé(e)
• **Gebrauchtwagen** *m* voiture *f* d'occasion
gebrechlich *adj* infirme
gebrochen *pp von* **brechen**
Gebrüder *pl* frères *mpl*
Gebrüll (-(*e*)*s*) *nt* hurlements *mpl* ; (*von Löwe*) rugissement *m*
Gebühr (-, -*en*) *f* tarif *m*
gebührenfrei *adj* franco de port, en franchise
gebührenpflichtig *adj* soumis(e) à la taxe, payant(e) ; **~e Verwarnung** (*Jur*) amende *f*
gebunden *pp von* **binden**
Geburt (-, -*en*) *f* naissance *f*
gebürtig *adj* originaire ; **sie ist ~e Schweizerin** elle est d'origine suisse
Geburtsdatum *nt* date *f* de naissance
Geburtsjahr *nt* année *f* de naissance
Geburtsort *m* lieu *m* de naissance
Geburtstag *m* anniversaire *m* ; (*auf Formularen*) date *f* de naissance
Geburtsurkunde *f* acte *m* de naissance
Gebüsch (-(*e*)*s*, -*e*) *nt* buissons *mpl*
gedacht *pp von* **denken**
Gedächtnis *nt* mémoire *f*
Gedanke (-*ns*, -*n*) *m* idée *f* ; (*Denken*) pensée *f* ; **sich über etw** *Akk* **~n machen** se faire du souci pour qch
Gedankenaustausch *m* échange *m* d'idées *od* de vues
Gedankenstrich *m* tiret *m*
Gedeck (-(*e*)*s*, -*e*) *nt* couvert *m* ; (*Menü*) menu *m* (à prix fixe)
gedeihen (*irr*) *vi* (*Pflanze*) bien pousser ; (*Mensch, Tier*) grandir ; (*Werk etc*) (bien) avancer
gedenken (*irr*) *vi* +*Gen* (*geh: denken an*) penser à ; **~, etw zu tun** compter faire qch, avoir l'intention de faire qch
Gedenkfeier *f* commémoration *f*
Gedenkminute *f* minute *f* de silence
Gedenktag *m* anniversaire *m*
Gedicht (-(*e*)*s*, -*e*) *nt* poème *m*
Gedränge (-*s*) *nt* (*das Drängeln*) bousculade *f* ; (*Menschen, Menge*) foule *f*, cohue *f*
gedroschen *pp von* **dreschen**
gedrückt *adj* (*Stimmung, Miene*) déprimé(e)
gedrungen *pp von* **dringen**
Geduld *f* patience *f*
gedulden *vr* patienter
geduldig *adj* patient(e)
gedurft *pp von* **dürfen**
geehrt *adj*: **Sehr ~e Damen und Herren!** Mesdames et Messieurs
geeignet *adj* (*Mittel, Methode*) approprié(e) ; **für etw/jdn ~ sein** être bon (bonne) pour qch/qn
Gefahr (-, -*en*) *f* danger *m*
gefährden *vt* (*Mensch*) mettre en danger ; (*Plan, Fortschritt etc*) compromettre
gefahren *pp von* **fahren**
gefährlich *adj* dangereux(-euse) ; (*Krankheit*) grave
Gefälle (-*s*, -) *nt* (*Neigungsgrad*) inclinaison *f*, pente *f* ; (*soziales Gefälle*) disparités *fpl*
gefallen (*irr*) *pp von* **gefallen; fallen** ▶ *vi*: **jdm ~** plaire à qn ; **er/es gefällt mir** il/ça me plaît ; **sich** *Dat* **etw ~ lassen** endurer qch

Gefallen[1] (*-s, -*) *m* (*Gefälligkeit*) service *m* ; **jdm einen ~ tun** rendre service à qn
Gefallen[2] (*-s*) *nt*: **an etw** *Dat* **~ finden** trouver *od* prendre plaisir à qch
Gefälligkeit *f* (*Hilfsbereitschaft*) obligeance *f* ; **etw aus ~ tun** faire qch pour rendre service
gefälligst *adv*: **warten Sie ~, bis Sie an der Reihe sind** attendez votre tour, s'il vous plaît
gefangen *pp von* **fangen** ▶ *adj*: **~ nehmen** faire prisonnier(-ière)
Gefangene(r) *f(m)* (*Verbrecher*) détenu(e) *m/f* ; (*Kriegsgefangene*) prisonnier(-ière) *m/f* (de guerre)
Gefangenenlager *nt* camp *m* de prisonniers
Gefangenschaft *f* (*Haft*) détention *f* ; (*Kriegsgefangenschaft*) captivité *f*
Gefängnis *nt* prison *f*
Gefäß (*-es, -e*) *nt* récipient *m* ; (*Blutgefäß*) vaisseau *m* (sanguin)
gefasst *adj* (*beherrscht*) calme ; **auf etw** *Akk* **~ sein** s'attendre à qch
Gefecht (*-(e)s, -e*) *nt* combat *m*
gefiel *etc vb siehe* **gefallen**
geflochten *pp von* **flechten**
geflogen *pp von* **fliegen**
geflohen *pp von* **fliehen**
geflossen *pp von* **fließen**
Geflügel (*-s*) *nt* volaille *f*
gefochten *pp von* **fechten**
gefragt *adj* (très) demandé(e)
gefräßig *adj* vorace
gefressen *pp von* **fressen**
gefrieren (*irr*) *vi* geler
Gefrierfach *nt* freezer *m*
gefriergetrocknet *adj* lyophilisé(e)
Gefrierpunkt *m* point *m* de congélation
gefroren *pp von* **frieren; gefrieren**
Gefühl (*-(e)s, -e*) *nt* (*physisch*) sensation *f* ; (*seelisch*) sentiment *m*
gefühlsbetont *adj* émotif(-ive)
Gefühlsduselei (*fam*) *f* sensiblerie *f*
gefühlsmäßig *adj* instinctif(-ive)
gefunden *pp von* **finden**
gegangen *pp von* **gehen**
gegeben *pp von* **geben**
gegebenenfalls *adv* le cas échéant

g

SCHLÜSSELWORT

gegen *präp +Akk* **1** contre ; **~ einen Baum fahren** rentrer dans *od* percuter un arbre ; **X ~ Y** (*Sport, Jur*) X contre Y ; **~ den Wind** contre le vent ; **nichts ~ jdn haben** n'avoir rien contre qn ; **ein Mittel ~ Schnupfen** un remède contre *od* pour le rhume
2 (*in Richtung auf*) vers
3 (*ungefähr*) vers ; **~ 3 Uhr** vers 3 heures ; **~ Abend** vers le soir
4 (*gegenüber*) envers ; **gerecht ~ alle** juste envers tous
5 (*im Austausch für*) contre, pour
6 (*verglichen mit*) par rapport à, à côté de

Gegenangriff *m* contre-attaque *f*
Gegend (*-, -en*) *f* région *f*
Gegendarstellung *f* (*Presse*) réponse *f*
gegeneinander *adv* l'un(e) contre l'autre
Gegenfahrbahn *f* voie *f* opposée
Gegenfrage *f* autre question *f*
Gegengift *nt* antidote *m*
Gegenleistung *f* contrepartie *f*, compensation *f*
Gegenmaßnahme *f* contre-mesure *f*
Gegensatz *m* (*bei Begriff, Wort*) contraire *m* ; (*bei Meinung etc*) contradiction *f*

gegensätzlich *adj* opposé(e), contraire
Gegenschlag *m* contre-attaque *f*
Gegenseite *f* (*Gegenpartei*) partie *f* adverse
gegenseitig *adj* (*Einverständnis, Abmachung*) commun(e)
Gegenseitigkeit *f* réciprocité *f*
Gegenspieler *m* adversaire *m* ; (*Sport*) homologue *m*
Gegenstand *m* objet *m* ; (*Thema*) sujet *m*
Gegenstimme *f* (*bei Abstimmung*) non *m*
Gegenteil *nt* contraire *m* ; **im ~!** au contraire !
gegenteilig *adj* contraire
gegenüber *präp +Dat* (*räumlich*) en face de ; (*angesichts*) vis-à-vis de ; (*im Vergleich zu*) par rapport à ▶ *adv* en face ; **jdm ~ freundlich sein** être aimable envers *od* avec qn • **Gegenüber** (-*s*, -) *nt* (*Mensch, der gegenüber sitzt*) vis-à-vis *m inv* • **gegenüber|stellen** *vt* (*Menschen*) confronter ; (*zum Vergleich*) comparer
Gegenvorschlag *m* contre-proposition *f*
Gegenwart *f* (*Ling*) présent *m* ; (*Anwesenheit*) présence *f*
gegenwärtig *adj* présent(e) ▶ *adv* actuellement
Gegenwind *m* vent *m* contraire
gegessen *pp von* **essen**
geglichen *pp von* **gleichen**
geglitten *pp von* **gleiten**
Gegner (-*s*, -) *m* adversaire *m* ; (*militärisch*) ennemi *m*
gegolten *pp von* **gelten**
gegoren *pp von* **gären**
gegossen *pp von* **gießen**
gegraben *pp von* **graben**
gegriffen *pp von* **greifen**
Gehabe (-*s*) (*fam*) *nt* manières *fpl*
Gehackte(s) *nt* viande *f* hachée
Gehalt[1] (-(*e*)*s*, -*e*) *m* (*Inhalt*) contenu *m* ; (*Anteil*) teneur *f*
Gehalt[2] (-*s*, ¨-*er*) *nt* (*Bezahlung*) salaire *m*, traitement *m*
gehalten *pp von* **halten**
gehangen *pp von* **hängen**
gehässig *adj* malveillant(e) • **Gehässigkeit** *f* méchanceté *f*, malveillance *f*
gehauen *pp von* **hauen**
Gehäuse (-*s*, -) *nt* (*von Wecker, Radio*) boîtier *m* ; (*von Apfel etc*) trognon *m*
Gehege (-*s*, -) *nt* (*im Zoo*) enclos *m* ; (*Jagd*) réserve *f* ; **jdm ins ~ kommen** (*fig*) marcher sur les plates-bandes de qn
geheim *adj* secret(-ète) ; **im G~en** en secret • **Geheimdienst** *m* services *mpl* secrets
Geheimnis *nt* secret *m* • **geheimnisvoll** *adj* mystérieux(-euse)
Geheimnummer *f* (*Tél*) numéro *m* confidentiel *od* inscrit sur liste rouge
Geheimpolizei *f* police *f* secrète
Geheimzahl *f* (*für Geldautomat*) code *m* confidentiel
geheißen *pp von* **heißen**
gehemmt *adj* complexé(e)
gehen (*irr*) *vi* aller ; (*zu Fuß gehen: funktionieren*) marcher ; (*weggehen*) s'en aller ; (*abfahren*) partir ▶ *vt* parcourir ▶ *vi unpers*: **wie geht es Ihnen?** comment allez-vous ? ; **~ lassen** laisser partir ; **sich ~ lassen** se laisser aller ; **mir/ihm geht es gut** je vais/il va bien ; **geht das?** c'est possible ? ; **es geht um etw** il s'agit de qch
geheuer *adj*: **nicht ~** inquiétant(e)
Gehirn (-(*e*)*s*, -*e*) *nt* cerveau *m* • **Gehirnerschütterung** *f* commotion *f* cérébrale

gehoben *pp von* **heben** ▶ *adj* (*Position*) supérieur(e)
geholfen *pp von* **helfen**
Gehör(*-(e)s*) *nt* (*Hörvermögen*) ouïe *f*
gehorchen *vi +Dat*: **jdm ~** obéir à qn
gehören *vi* (*als Eigentum*) appartenir ; **das gehört mir/ Gisela** c'est à moi/à Gisela ; **zu etw ~** faire partie de qch ; **dazu gehört Mut** cela demande du courage
gehorsam *adj* obéissant(e) • **Gehorsam**(*-s*) *m* obéissance *f*
Gehsteig, Gehweg *m* trottoir *m*
Geier(*-s, -*) *m* vautour *m*
Geige *f* violon *m*
Geiger(in)(*-s, -*) *m(f)* violoniste *mf*
geil *adj* excité(e) ; (*fam*: *gut*) super
Geisel(*-, -n*) *f* otage *m* • **Geiselnahme** *f* prise *f* d'otage(s)
Geiselnehmer(in)(*-s, -*) *m(f)* preneur(-euse) d'otage(s)
Geist(*-(e)s, -er*) *m* esprit *m*
Geisterfahrer(*fam*) *m* *automobiliste qui a pris l'autoroute à contresens*
Geistesblitz *m* idée *f* géniale
geistesgegenwärtig *adv* avec beaucoup de présence d'esprit
Geisteswissenschaften *pl* sciences *fpl* humaines
geistig *adj* (*intellektuell*) intellectuel(le) ; (*Psych*) mental(e)
geistlich *adj* spirituel(le) ; (*religiös*) religieux(-euse) • **Geistliche(r)** *m* ecclésiastique *m*
geistlos *adj* stupide
geistreich *adj* spirituel(le)
geisttötend *adj* abrutissant(e)
Geiz(*-es*) *m* avarice *f*
geizen *vi*: **(mit etw) ~** être avare (de qch)
geizig *adj* avare
gekannt *pp von* **kennen**
geklungen *pp von* **klingen**
gekniffen *pp von* **kneifen**
gekommen *pp von* **kommen**
gekonnt *adj* habile, adroit(e)
gekrochen *pp von* **kriechen**
Gel(*-s, -e*) *nt* gel *m*
Gelächter(*-s, -*) *nt* rires *mpl*
geladen *pp von* **laden** ▶ *adj* chargé(e) ; (*fam*: *wütend*) furax
gelähmt *adj* paralysé(e)
Gelände(*-s, -*) *nt* terrain *m*
Geländer(*-s, -*) *nt* balustrade *f* ; (*Treppengeländer*) rampe *f*
gelang *etc vb siehe* **gelingen**
gelangen *vi*: **~ an** *+Akk od* **zu** arriver à, atteindre ; (*erwerben*) acquérir
gelangweilt *adj* qui s'ennuie
gelassen *pp von* **lassen** ▶ *adj* calme • **Gelassenheit** *f* calme *m*
gelaufen *pp von* **laufen**
geläufig *adj* courant(e)
gelaunt *adj*: **schlecht/gut ~** de mauvaise/bonne humeur
gelb *adj* jaune ; (*Ampellicht*) orange • **gelblich** *adj* jaunâtre
Gelbsucht *f* jaunisse *f*
Geld(*-(e)s, -er*) *nt* argent *m* • **Geldanlage** *f* placement *m* • **Geldautomat** *m* distributeur *m* automatique de billets • **Geldbeutel** *m* porte-monnaie *m inv* • **Geldbuße** *f* amende *f* • **Geldgeber**(*-s, -*) *m* bailleur *m* de fonds • **Geldschein** *m* billet *m* de banque • **Geldstrafe** *f* amende *f* • **Geldstück** *nt* pièce *f* de monnaie • **Geldwechsel** *m* change *m*
gelegen *pp von* **liegen** ▶ *adj* situé(e) ; (*passend*) opportun(e) ; **das kommt mir sehr ~** ça m'arrange
Gelegenheit *f* occasion *f* ; **bei jeder ~** à tout propos ; **bei ~** à l'occasion

g

gelegentlich *adj* qui a lieu de temps en temps ▶ *adv* (*ab und zu*) de temps en temps ; (*bei Gelegenheit*) à l'occasion
gelehrt *adj* savant(e), érudit(e) • **Gelehrte(r)** *f(m)* érudit(e) *m/f*
Geleit (*-s, -e*) *nt* escorte *f* ; **freies** *od* **sicheres ~** sauf-conduit *m*
Gelenk (*-(e)s, -e*) *nt* (*von Mensch*) articulation *f* ; (*von Maschine*) joint *m*
gelenkig *adj* souple
gelernt *adj* qualifié(e)
gelesen *pp von* **lesen**
Geliebte(r) *f(m)* amant *m*, maîtresse *f*
geliehen *pp von* **leihen**
gelingen (*irr*) *vi* réussir ; **die Arbeit gelingt mir nicht** je n'arrive pas à faire ce travail
gelitten *pp von* **leiden**
gelogen *pp von* **lügen**
gelten (*irr*) *vi* être valable ▶ *vi unpers*: **es gilt, etw zu tun** il s'agit de faire qch ▶ *vt* (*wert sein*) valoir ; **als** *od* **für etw ~** (*angesehen werden als*) passer pour qch
geltend *adj* en vigueur ; (*Meinung*) répandu(e) ; **etw ~ machen** faire valoir qch ; **sich ~ machen** se manifester
Geltung *f*: **~ haben** être valable ; **etw** *Dat* **~ verschaffen** imposer qch ; **sich** *Dat* **~ verschaffen** s'imposer
gelungen *pp von* **gelingen** ▶ *adj* réussi(e) ; (*witzig*) drôle
gemächlich *adj* tranquille
gemahlen *pp von* **mahlen**
Gemälde (*-s, -*) *nt* tableau *m*
gemäß *präp +Dat* (*zufolge*) conformément à
gemäßigt *adj* modéré(e) ; (*Klima*) tempéré(e)
gemein *adj* (*niederträchtig*) ignoble ; (*allgemein*) commun(e)
Gemeinde *f* commune *f* ; (*Pfarrgemeinde*) paroisse *f* • **Gemeinderat** *m* conseil *m* municipal ; (*Mitglied*) conseiller *m* municipal
Gemeinheit *f* méchanceté *f*
gemeinsam *adj* commun(e) ; **etw ~ tun** faire qch ensemble
Gemeinschaft *f* communauté *f* ; **~ Unabhängiger Staaten** Communauté des États indépendants
gemeinschaftlich *adj siehe* **gemeinsam**
Gemeinwohl *nt* bien *m* public
gemessen *pp von* **messen**
Gemetzel (*-s, -*) *nt* carnage *m*
gemieden *pp von* **meiden**
Gemisch (*-es, -e*) *nt* mélange *m*
gemischt *adj* mélangé(e) ; (*Gesellschaft, Gruppe*) hétérogène ; (*Gefühle*) mitigé(e)
gemocht *pp von* **mögen**
gemolken *pp von* **melken**
Gemüse (*-s, -*) *nt* légumes *mpl*
gemusst *pp von* **müssen**
Gemüt (*-(e)s, -er*) *nt* (*seelisch, Mensch*) nature *f* ; **sich** *Dat* **etw zu ~e führen** (*fam*) se régaler de qch
gemütlich *adj* (*Haus, Lokal*) où on se sent bien, accueillant(e) ; (*Abend*) très agréable ; (*Tempo, Spaziergang*) tranquille ; (*Mensch*) sympathique • **Gemütlichkeit** *f* confort *m* ; (*Behaglichkeit*) tranquillité *f*
Gen (*-s, -e*) *nt* gène *m*
genannt *pp von* **nennen**
genau *adj* exact(e), précis(e) ▶ *adv* avec précision ; (*sorgfältig*) soigneusement ; **etw ~ nehmen** prendre qch au sérieux ; **~ genommen** à strictement parler
Genauigkeit *f* (*Exaktheit*) exactitude *f* ; (*Sorgfältigkeit*) soin *m*

genauso *adv* de la même manière *od* façon ; **~ gut** aussi bien
genehmigen *vt* autoriser ; **sich** *Dat* **etw ~** s'offrir qch
Genehmigung *f* autorisation *f*
General (-s, -e *od* ⸚e) *m* général *m* • **Generaldirektor** *m* P.D.G. *m* • **Generalkonsulat** *nt* consulat *m* général • **Generalprobe** *f* (répétition *f*) générale *f* • **Generalstreik** *m* grève *f* générale
Generation *f* génération *f*
Generator *m* générateur *m*
generell *adj* général(e)
genesen (*irr*) *vi* se rétablir
Genesung *f* guérison *f*
genetisch *adj* génétique
Genf *nt* Genève
genial *adj* génial(e), de génie
Genialität *f* génie *m*
Genick (-(e)s, -e) *nt* nuque *f*
Genie (-s, -e) *nt* génie *m*
genieren *vr* se gêner ; **~ Sie sich nicht!** ne vous gênez pas !
genießen (*irr*) *vt* aimer (beaucoup) ; (*Essen, Trinken*) savourer ; (*erhalten: Erziehung, Bildung*) jouir de, avoir
Genießer (-s, -) *m* bon vivant *m*
Genmanipulation *f* manipulation *f* génétique
genmanipuliert *adj* génétiquement modifié(e)
Genom (-s, -e) *nt* génome *m*
genommen *pp von* **nehmen**
genoss *etc vb siehe* **genießen**
Genosse (-n, -n) *m* camarade *m*
genossen *pp von* **genießen**
Genossenschaft *f* coopérative *f*
Genossin *f* camarade *f*
Gentechnik *f* technique *f* génétique, génétique *f*
Gentechnologie *f* génie *m* génétique
genug *adv* assez, suffisamment
Genüge *f*: **etw zur ~ kennen** (*abwertend*) connaître qch par cœur
genügen *vi* (*ausreichen*) suffire ; (*Anforderungen*) satisfaire ; **das genügt** ça suffit
Genugtuung *f* satisfaction *f*
Genuss (-es, ⸚e) *m* (*kein pl*) consommation *f* ; (*Vergnügen*) plaisir *m*
genüsslich *adv* avec délectation
Geografie *f* géographie *f*
Geologie *f* géologie *f*
Geometrie *f* géométrie *f*
Georgien (-s) *nt* la Géorgie
Gepäck (-(e)s) *nt* bagages *mpl* • **Gepäckabfertigung** *f* (*Aviat*) enregistrement *m* des bagages • **Gepäckaufbewahrung** *f* consigne *f* • **Gepäckausgabe** *f* (*Aviat*) livraison *f* des bagages • **Gepäcknetz** *nt* filet *m* • **Gepäckschein** *m* bulletin *m* de consigne • **Gepäckträger** *m* porteur *m* ; (*beim Fahrrad*) porte-bagages *m inv*
gepfiffen *pp von* **pfeifen**
gepflegt *adj* soigné(e) ; (*Park*) bien entretenu(e)
Gepflogenheit *f* coutume *f*
gepriesen *pp von* **preisen**

SCHLÜSSELWORT

gerade *adj* (*nicht krumm, aufrecht*) droit(e) ; **eine ~ Zahl** un chiffre pair
▶ *adv* **1** (*genau*) justement ; (*speziell*): **~ deshalb** précisément pour cela ; **das ist es ja ~!** justement ! ; **warum ~ ich?** pourquoi moi ? ; **jetzt ~ nicht!** pas maintenant ! ; **nicht ~ schön** pas précisément beau(belle)
2 (*nicht krumm, aufrecht*): **~ stehen** se tenir droit(e)

3 (*eben, soeben*): **er wollte ~ aufstehen** il allait justement se lever ; **~ erst** tout juste ; **~ noch** tout juste ; **~ weil** justement *od* précisément parce que

Gerade *f* (*Math*) droite *f*
geradeaus *adv* tout droit
geradezu *adv* pour ainsi dire
gerann *etc vb siehe* **gerinnen**
gerannt *pp von* **rennen**
Gerät (-(*e*)*s*, -*e*) *nt* appareil *m* ; (*landwirtschaftliches Gerät*) machine *f* ; (*Werkzeug*) outil *m*
geraten *pp von* **raten; geraten** ▸ *vi irr* (*gelingen*) réussir ; (*mit präp: zufällig gelangen*) se retrouver ; **gut/schlecht ~** bien/ne pas réussir ; **an jdn ~** tomber sur qn ; **in etw** *Akk* **~** se retrouver dans qch ; **außer sich** *Dat* **~** être hors de soi
Geratewohl *nt*: **aufs ~** au hasard
geräumig *adj* spacieux(-euse)
Geräusch (-(*e*)*s*, -*e*) *nt* bruit *m*
gerecht *adj* juste, équitable ; **jdm/etw ~ werden** apprécier qn/qch à sa juste valeur
Gerechtigkeit *f* justice *f*
Gerede (-*s*) *nt* bavardage *m*
geregelt *adj* régulier(-ière) ; (*Leben*) réglé(e)
gereizt *adj* irrité(e), énervé(e) • **Gereiztheit** *f* irritation *f*
Gericht (-(*e*)*s*, -*e*) *nt* (*Jur*) tribunal *m* ; (*Essen*) plat *m* • **gerichtlich** *adj* judiciaire
Gerichtshof *m* cour *f* (de justice)
Gerichtssaal *m* salle *f* du *od* de tribunal
Gerichtsverfahren *nt* procédure *f* judiciaire
Gerichtsverhandlung *f* procès *m*
Gerichtsvollzieher *m* huissier *m*
gerieben *pp von* **reiben**
geriet *etc vb siehe* **geraten**
gering *adj* (*Entfernung, Höhe*) faible ; **~es Interesse** peu d'intérêt • **geringfügig** *adj* insignifiant(e) ; **~ Beschäftigte** ≈ travailleurs à temps partiel
geringste(r, s) *adj* moindre ; **nicht im G~n** pas le moins du monde
gerinnen (*irr*) *vi* (*Milch*) cailler ; (*Blut*) se coaguler
gerissen *pp von* **reißen** ▸ *adj* rusé(e)
geritten *pp von* **reiten**
Germanistik *f*: **~ studieren** faire des études d'allemand
gern(e) *adv*: **jdn/etw ~ haben** *od* **mögen** aimer bien qn/qch ; **etw ~ tun** (*mögen*) aimer faire qch ; **~!** volontiers !, avec plaisir ! ; **~ geschehen!** il n'y a pas de quoi !
gerochen *pp von* **riechen**
Geröll (-(*e*)*s*, -*e*) *nt* éboulis *mpl*
geronnen *pp von* **gerinnen; rinnen**
Gerste *f* orge *f*
Gerstenkorn *nt* (*in Auge*) orgelet *m*
Geruch (-(*e*)*s*, ¨-*e*) *m* odeur *f*
Gerücht (-(*e*)*s*, -*e*) *nt* rumeur *f*
gerufen *pp von* **rufen**
geruhsam *adj* tranquille
Gerümpel (-*s*) *nt* bric-à-brac *m inv*
gerungen *pp von* **ringen**
Gerüst (-(*e*)*s*, -*e*) *nt* échafaudage *m* ; (*von Plan*) grandes lignes *fpl*
gesalzen *pp von* **salzen**
gesamt *adj*: **der/die/das ~e ...** tout(e) le(la) ..., le(la) ... tout(e) entier(-ière) ; **die ~en Kosten** l'ensemble des frais • **Gesamtheit** *f* ensemble *m*
gesandt *pp von* **senden**
Gesang (-(*e*)*s*, ¨-*e*) *m* chant *m*
Gesäß (-*es*, -*e*) *nt* postérieur *m*
gesch. *abk* (= *geschieden*) divorcé(e)

geschaffen *pp von* **schaffen**
Geschäft (-(e)s, -e) *nt* affaire *f*; (*Laden*) magasin *m*
geschäftlich *adj* d'affaires, commercial(e)
Geschäftsführer *m* gérant *m*; (*von Klub*) secrétaire *m*
Geschäftsleitung *f* direction *f*, gestion *f*
Geschäftsmann (-(e)s, -leute) *m* homme *m* d'affaires
Geschäftsreise *f* voyage *m* d'affaires
Geschäftsschluss *m* heure *f* de fermeture
Geschäftsstelle *f* bureau *m*, agence *f*
geschäftstüchtig *adj* habile en affaires
geschah *etc vb siehe* **geschehen**
geschehen (*irr*) *vi* arriver, se produire; **etw geschieht jdm** qch arrive à qn; **das geschieht ihm (ganz) recht** c'est bien fait pour lui
gescheit *adj* intelligent(e)
Geschenk (-(e)s, -e) *nt* cadeau *m* • **Geschenkgutschein** *m* chèque-cadeau *m*
Geschichte *f* histoire *f*
geschichtlich *adj* historique
Geschick (-(e)s, -e) *nt* (*Geschicklichkeit*) adresse *f*; (*geh: Schicksal*) destin *m*, sort *m*
geschickt *adj* habile, adroit(e); (*beweglich*) agile
geschieden *adj* divorcé(e) ▶ *pp von* **scheiden**
geschienen *pp von* **scheinen**
Geschirr (-(e)s, -e) *nt* vaisselle *f*; (*für Pferd*) harnais *m* • **Geschirrspülmaschine** *f* lave-vaisselle *m inv* • **Geschirrtuch** *nt* torchon *m*
geschlafen *pp von* **schlafen**
geschlagen *pp von* **schlagen**
Geschlecht (-(e)s, -er) *nt* sexe *m*; (*Ling*) genre *m* • **geschlechtlich** *adj* sexuel(le)
Geschlechtskrankheit *f* maladie *f* sexuellement transmissible
Geschlechtsorgan *nt* organe *m* sexuel
Geschlechtsverkehr *m* rapports *mpl* sexuels
geschlichen *pp von* **schleichen**
geschliffen *pp von* **schleifen**
geschlossen *pp von* **schließen**
Geschmack (-(e)s, ¨-e) *m* goût *m* • **geschmacklos** *adj* (*fig*) de mauvais goût
geschmackvoll *adj* de bon goût ▶ *adv* avec goût
geschmeidig *adj* souple; (*Haut*) doux(douce)
geschmissen *pp von* **schmeißen**
geschmolzen *pp von* **schmelzen**
geschnitten *pp von* **schneiden**
geschoben *pp von* **schieben**
Geschoss (-es, -e) *nt* (*Mil*) projectile *m*; (*Stockwerk*) étage *m*
geschossen *pp von* **schießen**
Geschrei (-s) *nt* cris *mpl*; (*Aufhebens*) histoires *fpl*
geschrieben *pp von* **schreiben**
Geschütz (-es, -e) *nt* pièce *f* d'artillerie; **schwere ~e auffahren** employer les grands moyens
geschützt *adj* protégé(e)
Geschwätz (-es) *nt* bavardage *m*
geschwätzig *adj* bavard(e)
geschweige *adv*: **~ (denn)** et encore moins
geschwiegen *pp von* **schweigen**
Geschwindigkeit *f* vitesse *f*
Geschwindigkeitsbegrenzung *f* limitation *f* de vitesse
Geschwindigkeitsüberschreitung *f* excès *m* de vitesse

Geschwister *pl* frères *mpl* et sœurs *fpl*
geschwollen *pp von* **schwellen** ▶ *adj* enflé(e) ; (*Redeweise etc*) ampoulé(e)
geschwommen *pp von* **schwimmen**
geschworen *pp von* **schwören**
Geschworene(r) *f(m)* juré(e) *m/f* ; **die ~n** les membres *mpl* du jury
Geschwulst (-, ¨-e) *f* tumeur *f*
Geschwür (-(e)s, -e) *nt* ulcère *m*
gesehen *pp von* **sehen**
gesellig *adj* (*Mensch, Wesen*) sociable ; **~es Beisammensein** rencontre *f* informelle
• **Geselligkeit** *f* sociabilité *f*
Gesellschaft *f* société *f* ; (*Begleitung*) compagnie *f*
Gesellschafter (-s, -) *m* associé *m*
gesellschaftlich *adj* social(e)
Gesellschaftsordnung *f* structures *fpl* sociales
gesessen *pp von* **sitzen**
Gesetz (-es, -e) *nt* loi *f*
• **Gesetzbuch** *nt* code *m*
• **Gesetzentwurf** *m* projet *m* de loi
Gesetzgeber *m* législateur *m*
Gesetzgebung *f* législation *f*
gesetzlich *adj* légal(e)
gesetzt *adj* posé(e)
Gesicht (-(e)s, -er) *nt* visage *m* ; (*Miene*) mine *f* ; **ein langes ~ machen** faire triste *od* grise mine
Gesichtsausdruck *m* expression *f*
Gesichtspunkt *m* point *m* de vue
Gesinnung *f* (*Ansichten*) opinions *fpl*
Gesinnungswandel *m* volte-face *f inv*
gesoffen *pp von* **saufen**
gespannt *adj* (*voll Erwartung*) impatient(e), curieux(-euse) ; (*einem Streit nahe*) tendu(e) ; **ich bin ~, ob ...** j'aimerais bien savoir si ..., je me demande si ... ; **auf etw/jdn ~ sein** attendre qch/l'arrivée de qn avec impatience
Gespenst (-(e)s, -er) *nt* fantôme *m*
gespien *pp von* **speien**
gesponnen *pp von* **spinnen**
Gespräch (-(e)s, -e) *nt* (*Unterhaltung*) conversation *f* ; (*Anruf*) appel *m*
gesprächig *adj* bavard(e), loquace
gesprochen *pp von* **sprechen**
gesprungen *pp von* **springen**
Gespür (-s) *nt* flair *m*
Gestalt (-, -en) *f* (*von Personen*) stature *f*, apparence *f* ; (*Form*) forme *f* ; **in ~ von** sous forme de
gestalten *vt* (*Kunstwerk*) créer ; (*Einrichtung*) agencer ; (*organisieren*) organiser ▶ *vr* se révéler
Gestaltung *f* organisation *f*
gestanden *pp von* **stehen**
Geständnis *nt* aveu *m*
Gestank (-(e)s) *m* puanteur *f*
gestatten *vt* permettre
Geste *f* geste *m*
gestehen (*irr*) *vt* avouer
Gestein (-(e)s, -e) *nt* roche *f*
Gestell (-(e)s, -e) *nt* support *m* ; (*Fahrgestell*) châssis *m*
gestern *adv* hier ; **~ Abend/ Morgen** hier soir/matin
gestiegen *pp von* **steigen**
gestochen *pp von* **stechen**
gestohlen *pp von* **stehlen**
gestorben *pp von* **sterben**
gestoßen *pp von* **stoßen**
gestreift *adj* rayé(e), à rayures
gestrichen *pp von* **streichen**
gestrig *adj* d'hier
gestritten *pp von* **streiten**
Gestrüpp (-(e)s, -e) *nt* broussailles *fpl*
gestunken *pp von* **stinken**

Gestüt (-(e)s, -e) *nt* haras *m*
gestylt *adj* chic *inv*
Gesuch (-(e)s, -e) *nt* (*Antrag*) demande *f*, requête *f*
gesucht *adj* demandé(e) ; (*Verbrecher, Ausdrucksweise*) recherché(e)
gesund *adj* (*körperlich*) en bonne santé
Gesundheit *f* santé *f* • **gesundheitlich** *adj* de santé ▶ *adv* pour ce qui est de la santé ; **wie geht es Ihnen ~?** comment va la santé ?
gesundheitsschädlich *adj* mauvais(e) pour la santé
Gesundheitswesen *nt* (services *mpl* de la) santé *f* publique
Gesundheitszustand *m* état *m* de santé
gesungen *pp von* **singen**
gesunken *pp von* **sinken**
getan *pp von* **tun**
getragen *pp von* **tragen**
Getränk (-(e)s, -e) *nt* boisson *f*
Getränkeautomat *m* distributeur *m* de boissons
Getreide (-s, -) *nt* céréales *fpl*
getrennt *adj* séparé(e) ; **~ leben** être séparés
getreten *pp von* **treten**
Getriebe (-s, -) *nt* (*Aut*) boîte *f* de vitesses
getrieben *pp von* **treiben**
getroffen *pp von* **treffen**
getrogen *pp von* **trügen**
getrost *adv* en toute tranquillité
getrunken *pp von* **trinken**
Getue (-s) (*péj*) *nt* chichis *mpl*
geübt *adj* expert(e)
Gewächs (-es, -e) *nt* (*Méd*) tumeur *f* ; (*Pflanze*) plante *f*
gewachsen *pp von* **wachsen** ▶ *adj* : **etw** *Dat* **~ sein** être à la hauteur de qch ; **jdm ~ sein** être capable de tenir tête à qn
gewagt *adj* osé(e) ; (*Unternehmen*) risqué(e)
Gewähr *f* garantie *f*
gewährleisten *vt* garantir
Gewahrsam (-s) *m* : **in ~ bringen** mettre en lieu sûr ; (*Polizeigewahrsam*) placer en détention préventive ; **etw in ~ nehmen** se voir confier qch
Gewalt (-, -en) *f* (*Macht*) pouvoir *m* ; (*Kontrolle*) contrôle *m* ; (*Gewalttaten*) violence *f* • **Gewaltanwendung** *f* recours *m* à la force
gewaltfrei *adj* non-violent(e)
Gewaltherrschaft *f* dictature *f*
gewaltig *adj* (*groß*) énorme ; (*mächtig*) puissant(e)
gewaltsam *adj* violent(e)
Gewaltverbrechen *nt* crime *m* violent
Gewaltverzicht *m* non-agression *f*
gewandt *adj* agile ; (*Auftreten*) sûr(e) de soi ▶ *pp von* **wenden**
gewann *etc vb siehe* **gewinnen**
gewaschen *pp von* **waschen**
Gewässer (-s, -) *nt* eau *f*
Gewebe (-s, -) *nt* tissu *m*
Gewehr (-(e)s, -e) *nt* fusil *m*
Geweih (-(e)s, -e) *nt* bois *mpl*
Gewerbe (-s, -) *nt* métier *m* • **Gewerbegebiet** *nt* zone *f* industrielle • **Gewerbesteuer** *f* ≈ taxe *f* professionnelle
Gewerkschaft *f* syndicat *m*
Gewerkschaftsbund *m* confédération *f* syndicale
gewesen *pp von* **sein**
Gewicht (-(e)s, -e) *nt* poids *m*
gewiesen *pp von* **weisen**
gewillt *adj* : **~ sein, etw zu tun** être décidé(e) à faire qch
Gewinde (-s, -) *nt* pas *m* de vis

Gewinn (-(e)s, -e) *m* (*Écon*) bénéfice *m* ; (*Preis*) lot *m* ; (*fig*) gain *m*
• **Gewinnbeteiligung** *f* participation *f* aux bénéfices
• **gewinnbringend** *adj* lucratif(-ive)
gewinnen (*irr*) *vt* gagner ; (*Kohle, Öl*) extraire ▶ *vi* gagner
Gewinner(in) (-s, -) *m(f)* gagnant(e)
Gewinnung *f* (*von Kohle etc*) extraction *f* ; (*von Energie, Zucker etc*) production *f*
Gewirr (-(e)s, -) *nt* enchevêtrement *m* ; (*von Straßen*) dédale *m*
gewiss *adj* certain(e) ▶ *adv* (*sicherlich*) sûrement
Gewissen (-s, -) *nt* conscience *f*
• **gewissenhaft** *adj* consciencieux(-euse)
Gewissensbisse *pl* remords *mpl*
Gewissenskonflikt *m* cas *m* de conscience
gewissermaßen *adv* en quelque sorte
Gewissheit *f* certitude *f*
Gewitter (-s, -) *nt* orage *m*
gewoben *pp von* **weben**
gewogen *pp von* **wiegen** ▶ *adj*: **jdm ~ sein** être bien disposé(e) envers qn ; **etw** *Dat* **~ sein** être favorable à qch
gewöhnen *vt*: **jdn an etw** *Akk* **~** habituer qn à qch ▶ *vr*: **sich an etw** *Akk* **~** s'habituer à qch
Gewohnheit *f* habitude *f*
gewöhnlich *adj* (*durchschnittlich, normal*) ordinaire, banal(e) ; (*ordinär*) vulgaire ▶ *adv*: **wie ~** comme d'habitude
gewohnt *adj* habituel(le) ; **etw ~ sein** avoir l'habitude de qch
Gewölbe (-s, -) *nt* voûte *f*
gewonnen *pp von* **gewinnen**
geworben *pp von* **werben**
geworden *pp von* **werden**
geworfen *pp von* **werfen**
Gewühl (-(e)s) *nt* (*Gedränge*) cohue *f*
Gewürz (-es, -e) *nt* épice *f*
• **Gewürznelke** *f* clou *m* de girofle
gewusst *pp von* **wissen**
Gezeiten *pl* marées *fpl*
gezielt *adj* ciblé(e)
geziert *adj* affecté(e)
gezogen *pp von* **ziehen**
gezwungen *adj* forcé(e) ▶ *pp von* **zwingen**
Gicht *f* goutte *f*
Giebel (-s, -) *m* pignon *m*
Gier *f* cupidité *f*
gierig *adj* avide
gießen (*irr*) *vt* verser ; (*Blumen, Garten*) arroser ▶ *vi unpers*: **es gießt (in Strömen)** (*fam*) il pleut à verse
Gießkanne *f* arrosoir *m*
Gift (-(e)s, e) *nt* poison *m*
giftig *adj* toxique ; (*Pflanze, Pilz*) vénéneux(-euse) ; (*Schlange, fig*) venimeux(-euse)
Giftmüll *m* déchets *mpl* toxiques
Giftstoff *m* produit *m* toxique
Gigabyte *nt* giga-octet *m*
gigantisch *adj* gigantesque ; (*Erfolg*) immense
ging *etc vb siehe* **gehen**
Ginster (-s, -) *m* genêt *m*
Gipfel (-s, -) *m* sommet *m* ; **das ist der ~ der Unverschämtheit!** c'est un comble !
Gipfeltreffen *nt* (conférence *f* au) sommet *m*
Gips (-es, -e) *m* plâtre *m*
Giro (-s, -s) *nt* virement *m*
• **Girokonto** *nt* compte *m* courant
Gitarre *f* guitare *f*
Gitter (-s, -) *nt* grille *f*
Glanz (-es) *m* éclat *m* ; (*fig*) splendeur *f*
glänzen *vi* briller

glänzend *adj* brillant(e)
Glas (*-es, ¨-er*) *nt* verre *m*
gläsern *adj* de *od* en verre
Glasscheibe *f* vitre *f*
Glasur *f* vernis *m* ; (*Culin*) glaçage *m*
glatt *adj* lisse ; (*rutschig*) glissant(e) ; (*Lüge*) évident(e)
Glätte *f* (*von Fläche*) aspect *m* lisse ; (*Schneeglätte, Eisglätte*) état *m* glissant
Glatteis *nt* verglas *m*
Glätteisen *nt* lisseur *m*
Glatze *f* calvitie *f*
Glaube (*-ns, -n*) *m* (*Rel*) foi *f* ; (*Überzeugung*) croyance *f*
glauben *vt, vi +Dat* croire ; **an etw** *Akk* ~ croire à qch ; **an Gott ~** croire en Dieu
glaubhaft *adj* crédible
gläubig *adj* (*Rel*) croyant(e) ; (*vertrauensvoll*) confiant(e) • **Gläubige(r)** *f(m)* (*Rel*) croyant(e) *m/f* ; **die ~n** les fidèles *mpl*
Gläubiger(in) (*-s, -*) *m(f)* créancier(-ière)
gleich *adj*: **der/die/das ~e ... (wie)** le(la) même ... (que) ▸ *adv* (*ebenso*) tout aussi ; (*sofort, bald*) tout de suite ; **~ gesinnt** qui a les mêmes idées ; **~ groß** de la même taille • **gleichbedeutend** *adj* synonyme • **gleichberechtigt** *adj* égal(e) • **Gleichberechtigung** *f* égalité *f*
gleichen (*irr*) *vi*: **jdm/etw ~** ressembler à qn/qch ▸ *vr* se ressembler
gleichfalls *adv* pareillement
gleichgeschlechtlich *adj* homoparental(e)
Gleichgewicht *nt* équilibre *m*
gleichgültig *adj* indifférent(e) ; (*belanglos*) sans intérêt
Gleichheit *f* égalité *f*
gleichmäßig *adj* régulier(-ière)
gleich|sehen (*irr*) *vi +Dat* ressembler à
Gleichstrom *m* courant *m* continu
Gleichung *f* équation *f*
gleichwertig *adj* équivalent(e)
gleichzeitig *adj* simultané(e)
Gleis (*-es, -e*) *nt* (*Schiene*) voie *f* (ferrée), rails *mpl* ; (*Bahnsteig*) quai *m*
gleiten (*irr*) *vi* glisser
Gleitzeit *f* horaire *m* flexible *od* à la carte
Gletscher (*-s, -*) *m* glacier *m* • **Gletscherspalte** *f* crevasse *f*
glich *etc vb siehe* **gleichen**
Glied (*-(e)s, -er*) *nt* (*Körperglied, Penis*) membre *m* ; (*einer Kette*) maillon *m*
Gliederung *f* organisation *f*
Gliedmaßen *pl* membres *mpl*
glimpflich *adj* (*nachsichtig*) clément(e) ; **~ davonkommen** s'en tirer à bon compte
glitt *etc vb siehe* **gleiten**
glitzern *vi* scintiller
global *adj* (*weltweit*) mondial(e) ; (*ungefähr, pauschal*) général(e) ; **~e Erwärmung** réchauffement *m* de la planète
Globalisierung *f* globalisation *f*
Globalisierungsgegner(in) *m(f)* altermondialiste *mf*
Globus (*- od -ses, Globen od -se*) *m* mappemonde *f*
Glocke *f* cloche *f* ; **etw an die große ~ hängen** crier qch sur les toits
Glockenspiel *nt* carillon *m*
Glockenturm *m* clocher *m*
glotzen (*fam*) *vi* regarder bêtement
Glück (*-(e)s*) *nt* (*guter Zufall*) chance *f* ; (*Freude, Zustand*) bonheur *m* ; **zum ~!** heureusement !
gluckern *vi* (*Bach, Wasser*) clapoter
glücklich *adj* heureux(-euse) • **glücklicherweise** *adv* heureusement

Glücksbringer *m* porte-bonheur *m inv*
Glücksspiel *nt* jeu *m* de hasard
Glückwunsch *m* félicitations *fpl*
Glühbirne *f* ampoule *f* (électrique)
glühen *vi* rougeoyer
Glühwein *m* vin *m* chaud
Glühwürmchen *nt* ver *m* luisant
Glut (-, -*en*) *f* (*Feuersglut*) braise *f*; (*Hitze*) chaleur *f* torride; (*von Leidenschaft, Liebe*) ardeur *f*
GmbH (-, -*s*) *f abk* (= *Gesellschaft mit beschränkter Haftung*) SARL *f*
Gnade *f* (*Gunst*) faveur *f*; (*Erbarmen, Rel*) grâce *f*
gnadenlos *adj* sans pitié
gnädig *adj* clément(e); **~e Frau** (*Anrede*) chère Madame
Gold (-(*e*)*s*) *nt* or *m* • **golden** *adj* d'or • **Goldfisch** *m* poisson *m* rouge • **Goldgrube** *f* mine *f* d'or
goldig *adj* adorable
Goldmedaille *f* médaille *f* d'or
Goldschmied *m* orfèvre *m*
Golf[1] (-(*e*)*s*, -*e*) *m* (*Géo*) golfe *m*
Golf[2] (-*s*) *nt* (*Sport*) golf *m* • **Golfplatz** *m* terrain *m* de golf • **Golfschläger** *m* club *m*
Gondel (-, -*n*) *f* (*Boot*) gondole *f*; (*bei Seilbahn*) cabine *f*
gönnen *vt*: **jdm etw ~** trouver que qn a mérité qch; **sich** *Dat* **etw ~** s'accorder qch
googeln *vt* googler
gor *etc vb siehe* **gären**
goss *etc vb siehe* **gießen**
Gosse *f* caniveau *m*; (*fig*) rue *f*
Gott (-*es*, ⸚*er*) *m* dieu *m*
Gottesdienst *m* (*katholisch*) messe *f*; (*evangelisch*) culte *m*
Gotteshaus *nt* maison *f* de Dieu
Göttin *f* déesse *f*
göttlich *adj* divin(e)
GPS *nt* (*abk*) (= *Global Positioning System*) GPS *m*
Grab (-(*e*)*s*, ⸚*er*) *nt* tombe *f*
graben (*irr*) *vt, vi* creuser; **nach etw ~** creuser pour trouver qch
Graben (-*s*, ⸚) *m* fossé *m*
Grabstein *m* pierre *f* tombale
Grad (-(*e*)*s*, -*e*) *m* degré *m*; (*Rang*) grade *m*
Graf (-*en*, -*en*) *m* comte *m*
Graffiti *pl* graffiti *mpl*
Grafik *f* (*Art, Technik*) arts *mpl* graphiques
Grafiker(in) (-*s*, -) *m(f)* graphiste *mf*
Grafikkarte *f* (*Inform*) carte *f* graphique
Gramm (-*s*, -) *nt* gramme *m*
Grammatik *f* grammaire *f*
Granate *f* (*Mil*) grenade *f*
Granit (-*s*, -*e*) *m* granit *m*; **auf ~ beißen** se heurter à un mur
Graphik *f* = **Grafik**
Gras (-*es*, ⸚*er*) *nt* herbe *f*
grässlich *adj* terrible
Grat (-(*e*)*s*, -*e*) *m* arête *f*
Gräte *f* arête *f*
gratis *adv* gratuitement
gratulieren *vi*: **jdm (zu etw) ~** féliciter qn (de qch)
Gratwanderung *f*: **sich auf einer ~ befinden** (*fig*) être sur la corde raide
grau *adj* gris(e)
Gräuel (-*s*, -) *m* horreur *f*
grauen[1] *vi* (*Tag*) se lever
grauen[2] *vi unpers*: **es graut jdm vor etw** qn frémit à l'idée de qch
grauenhaft *adj* horrible
grausam *adj* (*Mensch, Tat, Sitten*) cruel(e) • **Grausamkeit** *f* cruauté *f*
gravierend *adj* déterminant(e)
Greencard (-, -*s*) *f* permis *m* de travail
greifbar *adj* tangible; **in ~er Nähe** à portée de main

greifen (*irr*) *vt* saisir ▶ *vi* (*mit der Hand*) tendre la main
Greis (*-es, -e*) *m* vieillard *m*
grell *adj* (*Licht*) aveuglant(e) ; (*Farbe*) criard(e) ; (*Stimme, Ton*) strident(e)
Gremium *nt* commission *f*
Grenze *f* frontière *f* ; (*fig*) limite *f*
grenzen *vi*: **an etw** *Akk* **~** être voisin(e) de qch
grenzenlos *adj* infini(e) ; (*Frechheit*) qui dépasse les bornes
Grenzwert *m* valeur *f* limite
Grieche *m* Grec *m*
Griechenland *nt* la Grèce
Griechin *f* Grecque *f*
griechisch *adj* grec(grecque)
griesgrämig *adj* grincheux(-euse)
Grieß (*-es, -e*) *m* semoule *f*
griff *etc vb siehe* **greifen**
Griff (*-(e)s, -e*) *m* (*an Tür, Topf, Koffer*) poignée *f*
griffbereit *adj*: **etw ~ haben** avoir qch à portée de main
Grill (*-s, -s*) *m* gril *m*
Grille *f* grillon *m*
grillen *vt* griller
Grimasse *f* grimace *f*
grimmig *adj* furieux(-euse)
grinsen *vi* sourire ; (*höhnisch*) ricaner
Grippe *f* grippe *f*
grob *adj* grossier(-ière) ; (*nicht exakt*) approximatif(-ive) • **Grobheit** *f* grossièreté *f*
Grog (*-s, -s*) *m* grog *m*
grölen *vt* brailler
Groll (*-(e)s*) *m* ressentiment *m*
groß *adj* grand(e) ; **im G~en und Ganzen** dans l'ensemble ; **er ist 1,80 m ~** il mesure 1,80 m ; **~er Lärm** beaucoup de bruit • **großartig** *adj* remarquable • **Großbritannien** *nt* la Grande-Bretagne
Größe *f* taille *f* ; (*von Haus auch*) dimensions *fpl* ; (*Math*) valeur *f*
Großeltern *pl* grands-parents *mpl*
Großformat *nt* grand format *m*
Großhandel *m* commerce *m* de gros
Großhändler *m* grossiste *m*
Großmutter *f* grand-mère *f*
Großraumwagen *m* voiture *f* à couloir central (*sans compartiments*)
großspurig *adj* (*Mensch*) qui se donne de grands airs
Großstadt *f* grande ville *f*
größte(r, s) *adj siehe* **groß**
größtenteils *adv* pour la plupart
Großvater *m* grand-père *m*
großzügig *adj* généreux(-euse)
grotesk *adj* grotesque
Grotte *f* grotte *f* (*artificielle*)
grub *etc vb siehe* **graben**
Grübchen *nt* fossette *f*
Grube *f* fosse *f*
grübeln *vi* ruminer
Gruft (*-, ¨e*) *f* tombe *f*
grün *adj* vert(e) ; **die G~en** (*Pol*) les verts *mpl od* écologistes *mpl* ; **G~er Punkt** *voir article*

> Le **Grüner Punkt** est un symbole représentant un point vert. On le trouve sur certains emballages qui doivent être séparés des ordures ménagères pour être recyclés par le système *DSD* (*Duales System Deutschland*). Les fabricants financent le recyclage des emballages en achetant des licences à la *DSD* et répercutent souvent le coût sur les consommateurs.

Grünanlage *f* espace *m* vert
Grund (*-(e)s, ¨e*) *m* (*von Gewässer, Gefäß*) fond *m* ; (*Motiv, Ursache*) raison *f* ; **im ~e (genommen)** au fond • **Grundausbildung** *f*

formation *f* de base • **Grundbesitz** *m* propriété *f* foncière
gründen *vt* fonder
Gründer(in) (*-s, -*) *m(f)* fondateur(-trice)
Grundgebühr *f* taxe *f* de base
Grundgesetz *nt* (*Verfassung*) constitution *f* allemande
Grundlage *f* base *f*
grundlegend *adj* fondamental(e)
gründlich *adj* (*Mensch, Arbeit*) consciencieux(-euse) ; (*Vorbereitung*) minutieux(-euse) ; (*Kenntnisse*) approfondi(e) ▶ *adv* (*fam*) complètement
grundlos *adj* sans fondement
Grundriss *m* plan *m* ; (*fig*) aperçu *m*
Grundsatz *m* principe *m*
grundsätzlich *adj* fondamental(e) ▶ *adv* en principe
Grundschule *f* école *f* primaire
Grundstein *m* première pierre *f*
Grundstück *nt* terrain *m*
Gründung *f* fondation *f*
Grundwasser *nt* nappe *f* phréatique
Grünstreifen *m* terre-plein *m* central
grunzen *vi* grogner
Gruppe *f* groupe *m*
Gruppenarbeit *f* travail *m* d'équipe
gruppieren *vt* regrouper ▶ *vr* se regrouper
Gruselfilm *m* film *m* d'horreur
gruseln (*unpers*) *vr* avoir des frissons
Gruß (*-es, ¨-e*) *m* salutations *fpl*, salut *m* ; **viele** *od* **liebe Grüße** amitiés *fpl* ; **mit freundlichen Grüßen** veuillez agréer, Monsieur/ Madame, l'expression de mes sentiments distingués
grüßen *vt* saluer
gucken *vi* regarder
Gulasch (*-(e)s, -e*) *nt* goulasch *m*
gültig *adj* valable, valide
Gummi (*-s, -s*) *nt od m* caoutchouc *m* • **Gummiband** *nt* élastique *m*
Gummiknüppel *m* matraque *f*
Gummistiefel *m* botte *f* en caoutchouc
Gunst *f* faveur *f*
günstig *adj* favorable ; (*Angebot, Preis*) avantageux(-euse)
Gurgel (*-, -n*) *f* gorge *f*
gurgeln *vi* (*Mensch*) se gargariser ; (*Wasser*) gargouiller
Gurke *f* concombre *m* ; **saure ~** cornichon *m*
Gurt (*-(e)s, -e*) *m* ceinture *f*
Gürtel (*-s, -*) *m* ceinture *f* • **Gürtelreifen** *m* pneu *m* à carcasse radiale
GUS *f abk* (= *Gemeinschaft Unabhängiger Staaten*) CEI *f*
Guss (*-es, ¨-e*) *m* fonte *f* ; (*Regenguss*) averse *f* ; (*Culin*) glaçage *m*
Gusseisen *nt* fonte *f*

SCHLÜSSELWORT

gut *adj* bon(ne) ; **alles G~e** meilleurs vœux ; **das ist ~ gegen Husten** (*fam*) c'est bon contre *od* pour la toux ; **sei so ~ (und) gib mir das Buch** passe-moi le livre, s'il te plaît ; **das ist alles ~ und schön, aber ...** c'est bien joli, mais ... ; **du bist ~!** (*fam*) tu en as de bonnes ! ; **das ist so ~ wie fertig** c'est pratiquement terminé
▶ *adv* bien ; **es geht ihm/uns ~** il va/nous allons bien ; **das ist noch einmal ~ gegangen** on l'a échappé belle (une fois de plus) ; **es wird schon alles ~ gehen** ne vous faites pas de souci ; **~ gehend** qui marche bien, florissant(e) ; **~ gelaunt** de bonne humeur ; **~ gemeint** qui part

d'une bonne intention ; **~ schmecken** être bon(ne) ; **also ~** bon, d'accord ; **~, aber ...** d'accord, mais ... ; **(na) ~, ich komme** bon, d'accord, je viens ; **du hast es ~!** tu as de la chance ! ; **~ und gern** en tout cas ; **~ drei Stunden** trois bonnes heures ; **das kann ~ sein** c'est bien possible ; **lass es ~ sein** ça ira comme ça ; **machs ~!** *(fam)* bonne chance ! ; *siehe auch* **guttun**

Gut *(-(e)s, ⸗er) nt (Landgut)* propriété *f* ; *(Besitz)* bien *m* ; *(Ware)* marchandise *f*
Gutachten *(-s, -) nt* expertise *f*
Gutachter *(-s, -) m* expert *m*
gutartig *adj (Méd)* bénin(bénigne)
gutbürgerlich *adj* bourgeois(e)
Güte *f (charakterlich)* bonté *f* ; *(Qualität)* qualité *f*
Güterzug *m* train *m* de marchandises
gutgläubig *adj* crédule
Guthaben *(-s, -) nt* avoir *m*
gutmütig *adj* facile à vivre
Gutschein *m* bon *m*
gut|schreiben *(irr) vt* créditer
Gutschrift *f* inscription *f* au crédit
gut|tun *(irr) vi:* **jdm ~** faire du bien à qn
Gymnasium *nt* lycée *m*
Gymnastik *f* gymnastique *f*
G-20 *f abk (Pol)* G20 *m*

h

Haar *(-(e)s, -e) nt (Kopfhaar)* cheveu *m* ; *(von Tier, Pflanze, Brusthaar, Schamhaar)* poil *m* • **Haarbürste** *f* brosse *f* à cheveux
Haarglätter *m* lisseur *m*
haarig *adj* poilu(e) ; *(fam)* difficile
Haarnadelkurve *f* virage *m* en épingle à cheveux
haarscharf *adj (Beobachtung)* très attentif(-ive) ▶ *adv:* **~ danebengehen** *(Schuss)* passer de justesse à côté
Haarschnitt *m* coupe *f* de cheveux
Haarspray *nt* laque *f*
haarsträubend *adj* à faire dresser les cheveux sur la tête
Haarwaschmittel *nt* shampooing *m*
Habe *(-) f* biens *mpl*
haben *(irr) Hilfsverb, vt* avoir ; **zu ~ sein** *(erhältlich)* être disponible ; *(Mädchen, Mann)* être libre ; **für etw zu ~ sein** *(begeistert sein)* être amateur de qch
Habgier *f* cupidité *f*
Habicht *(-(e)s, -e) m* faucon *m*
Habseligkeiten *pl* affaires *fpl*
Hachse *f (Culin)* jarret *m*
Hacke *f* pioche *f* ; *(Ferse, Absatz)* talon *m*

hacken *vt* (*Erde*) piocher ; (*Holz*) couper (à la hache) ; (*Fleisch*) hacher ; **ein Loch ~ in** +*Akk* faire un trou dans
Hacker (*-s, -*) *m* (*Inform*) pirate *m*
Hackfleisch *nt* viande *f* hachée
Hafen (*-s, ¨*) *m* port *m*
• **Hafenstadt** *f* ville *f* portuaire
Hafer (*-s, -*) *m* avoine *f*
Haft (*-*) *f* détention *f* • **haftbar** *adj*: **für jdn/etw ~ sein** être responsable de qn/qch
• **Haftbefehl** *m* mandat *m* d'arrêt
haften *vi*: **für jdn/etw ~** (*Jur*) se porter garant(e) de qn/qch ; (*verantwortlich sein*) être responsable de qn/qch ▶ *vi* (*kleben*): **(an etw** *Dat***) ~** coller (à qch)
Haftpflichtversicherung *f* assurance *f* responsabilité civile
Haftung *f* responsabilité *f*
Hagebutte *f* cynorhodon *m*
Hagel (*-s*) *m* grêle *f*
hageln *vi unpers* grêler
Hahn (*-(e)s, ¨e*) *m* coq *m* ; (*Wasserhahn, Gashahn*) robinet *m*
Hähnchen *nt* poulet *m*
Häkchen *nt* agrafe *f*
häkeln *vt* faire au crochet ▶ *vi* faire du crochet
Haken (*-s, -*) *m* crochet *m* ; (*Angelhaken*) hameçon *m* ; (*Nachteil*) hic *m* • **Hakenkreuz** *nt* croix *f* gammée
halb *adj* demi(e) ▶ *adv* (*nur teilweise*) à moitié, à demi ; **~ eins** midi et demie ; **ein ~es Jahr** six mois ; **mit jdm ~e-~e machen** couper la poire en deux
halbieren *vt* partager en deux
Halbinsel *f* presqu'île *f*
Halbjahr *nt* semestre *m*
halbjährlich *adv* tous les six mois
Halbschuh *m* chaussure *f* basse
halbstündlich *adj, adv* toutes les demi-heures
halbtags *adv*: **~ arbeiten** travailler à mi-temps
Halbtagsarbeit *f* travail *m* à mi-temps
halbwegs (*fam*) *adv* (*einigermaßen*) plus ou moins
Halbwertzeit *f* demi-vie *f*
Halbzeit *f* mi-temps *f*
half *etc vb siehe* **helfen**
Hälfte *f* moitié *f*
Halle *f* hall *m*
hallen *vi* résonner
Hallenbad *nt* piscine *f* couverte
hallo *interj* (*Ruf* : *überrascht*) hé ; (*am Telefon*) allô
Halm (*-(e)s, -e*) *m* tige *f*, brin *m*
Hals (*-es, ¨e*) *m* cou *m* ; (*innen auch*) gorge *f* ; (*von Flasche*) col *m*
• **Halsband** *nt* collier *m*
• **Halsentzündung** *f* angine *f*
• **Hals-Nasen-Ohren-Arzt** *m* oto-rhino(-laryngologiste) *m/f*
• **Halsschmerzen** *pl* mal *msg* à la gorge • **Halstuch** *nt* foulard *m*
halt *interj* stop • **Halt** (*-(e)s, -e*) *m* (*kurzes Anhalten*) arrêt *m* ; (*für Füße, Hände*) prise *f* ; (*fig*) appui *m*, soutien *m* • **haltbar** *adj* (*Material*) résistant(e) ; (*Lebensmittel*) longue conservation *inv* ; (*fig*) tenable
• **Haltbarkeit** *f* (*von Lebensmitteln*) conservation *f*
• **Haltbarkeitsdatum** *nt* date *f* limite de consommation
halten (*irr*) *vt* tenir ; (*Rede*) prononcer ; (*Takt* : *in bestimmten Zustand*) garder ; (*verteidigen*) défendre ; (*zurückhalten*) retenir ▶ *vi* tenir ; (*frisch bleiben*) se garder ; (*stoppen*) s'arrêter ▶ *vr* (*frisch bleiben*) se garder ; (*Wetter*) durer, tenir ; (*sich behaupten*) tenir bon ; **viel auf etw** *Akk* **~** attacher

beaucoup d'importance à qch ; **viel auf jdn ~** avoir une haute opinion de qn ; **jdn/etw für jdn/etw ~** considérer qn/qch comme qn/qch ; **davon halt(e) ich nichts** ça n'est pas une bonne idée

Haltestelle *f* arrêt *m*

Halteverbot *nt*: **absolutes ~** stationnement *m* strictement interdit, arrêt *m* interdit

haltlos *adj* (*Mensch*) instable ; (*Weinen*) sans retenue

Haltung *f* (*Körperhaltung*) posture *f*; (*Einstellung*) attitude *f*

Hamburg (-*s*) *nt* Hambourg

Hamburger (-*s*, -) *m* (*Culin*) hamburger *m*

hämisch *adj* méchant(e)

Hammel (-*s*, ¨ od -) *m* mouton *m*

Hammer (-*s*, ¨) *m* marteau *m*

hämmern *vt* (*Metall*) marteler ▸ *vi* (*Herz, Puls*) battre (fort)

Hamster (-*s*, -) *m* hamster *m*

hamstern *vi* faire des provisions ▸ *vt* faire des stocks de

Hand (-, ¨*e*) *f* main *f*; **zu Händen von** à l'attention de • **Handarbeit** *f* travail *m* manuel ; (*Nadelarbeit*) travaux *mpl* d'aiguille • **Handball** *m* handball *m* • **Handbremse** *f* frein *m* à main • **Handbuch** *nt* manuel *m*

Handel (-*s*) *m* commerce *m* ; **der Faire ~** le commerce équitable

handeln *vi* (*tätig werden*) agir ▸ *vr unpers*: **es handelt sich um jdn/etw** il s'agit de qn/qch ; **mit etw ~** (*Handel treiben*) faire commerce de qch

Handelsbilanz *f* balance *f* commerciale

Handelskammer *f* chambre *f* de commerce

Handfeger (-*s*, -) *m* balayette *f*

Handgelenk *nt* poignet *m*

Handgemenge *nt* mêlée *f*

Handgepäck *nt* bagages *mpl* à main

handgeschrieben *adj* manuscrit(e)

handhaben *vt* (*Maschine*) manipuler, se servir de ; (*Gesetze, Regeln*) appliquer

Händler(in) (-*s*, -) *m(f)* commerçant(e)

handlich *adj* maniable

Handlung *f* action *f*; (*Geschäft*) magasin *m*

Handschlag *m*: **per** *od* **mit ~** par une poignée de main

Handschrift *f* écriture *f*; (*Text*) manuscrit *m*

Handschuh *m* gant *m*

Handtasche *f* sac *m* à main

Handtuch *nt* serviette *f* de toilette

Handvoll *f* poignée *f*

Handwerk *nt* métier *m*

Handwerker (-*s*, -) *m* ouvrier *m*

Handwerkszeug *nt* outils *mpl*

Handy (-*s*, -*s*) *nt* portable *m*

Hanf (-(*e*)*s*) *m* chanvre *m*

Hang (-(*e*)*s*, ¨*e*) *m* (*Berghang*) pente *f*

Hängebrücke *f* pont *m* suspendu

Hängematte *f* hamac *m*

hängen *vi* (*irr: befestigt sein*) être accroché(e) ▸ *vt* (*aufhängen*) accrocher ; **an etw** *Dat* **~** être accroché(e) à qch ; **an jdm/etw ~** (*abhängig sein von*) dépendre de qn/qch ; **~ bleiben (an** +*Dat***)** rester accroché(e) (à)

hänseln *vt* taquiner

Hansestadt *f* ville *f* hanséatique

Hantel (-, -*n*) *f* haltère *m*

hantieren *vi* s'affairer ; **mit etw ~** manier qch

Happen (-*s*, -) *m* bouchée *f*

Hardware (-, -*s*) *f* matériel *m*

Harfe *f* harpe *f*

Harke *f* râteau *m*

harken *vt, vi* ratisser

harmlos *adj* inoffensif(-ive) ; (*Krankheit*) bénin(bénigne) ; (*Vergnügen, Bemerkung*) innocent(e)
Harmonie *f* harmonie *f*
harmonieren *vi* (*Farben, Töne*) s'harmoniser ; (*Menschen*) bien s'entendre
harmonisch *adj* harmonieux(-euse)
Harn (-(*e*)*s*, -*e*) *m* urine *f* • **Harnblase** *f* vessie *f*
Harpune *f* harpon *m*
hart *adj* dur(e) ; (*Währung*) fort(e) ; (*Winter, Gesetze*) rigoureux(-euse) ▶ *adv*: **~ gekocht** (*Ei*) dur(e) ; **das ist ~ an der Grenze (des Erlaubten)** c'est à la limite de ce qui est permis
Härte *f* dureté *f*
hartnäckig *adj* (*Mensch*) obstiné(e) ; (*Husten*) persistant(e)
Harz (-*es*, -*e*) *nt* résine *f*
Haschee (-*s*, -*s*) *nt* hachis *m*
Haschisch (-) *nt od m* haschisch *m*
Hase (-*n*, -*n*) *m* lièvre *m*
Haselnuss *f* noisette *f*
Hass (-*es*) *m* haine *f*
hassen *vt* haïr, détester ; **etw wie die Pest ~** (*fam*) ne pas pouvoir sentir qch
hässlich *adj* laid(e) ; (*gemein*) méchant(e)
Hast (-) *f* hâte *f*
hastig *adj* (*Schritte*) pressé(e) ; (*Bewegung*) nerveux(-euse)
hatte *etc vb siehe* **haben**
Haube *f* coiffe *f*, bonnet *m* ; (*Aut*) capot *m*
Hauch (-(*e*)*s*, -*e*) *m* souffle *m* ; (*leichter Duft*) vague odeur *f* ; (*fig*) soupçon *m* • **hauchdünn** *adj* (*Scheiben*) très mince *od* fin(e) • **hauchen** *vi* souffler
hauen (*irr*) *vt* (*fam: schlagen*) frapper ; (*verprügeln*) rosser ; (*Stein*) tailler ▶ *vi* (*fam: schlagen*) frapper ; **jdm auf die Schulter ~** taper sur l'épaule de qn
Haufen (-*s*, -) *m* tas *m* ; (*Leute*) foule *f* ; **ein ~ Leute/Bücher** (*fam*) un tas de gens/bouquins
häufen *vt* accumuler ▶ *vr* s'accumuler
haufenweise *adv* en masse
häufig *adj* fréquent(e) ▶ *adv* fréquemment
Hauptbahnhof *m* gare *f* centrale
hauptberuflich *adv* à plein temps
Hauptdarsteller(in) *m(f)* acteur(-trice) principal(e)
Haupteingang *m* entrée *f* principale
Hauptgeschäftszeit *f* heures *fpl* d'affluence
Hauptgewinn *m* gros lot *m*
Hauptperson *f* personnage *m* principal
Hauptquartier *nt* quartier *m* général
Hauptrolle *f* rôle *m* principal
Hauptsache *f* essentiel *m*
hauptsächlich *adv* surtout
Hauptschule *f* *premier cycle de l'enseignement secondaire (5e à 9e année)*
Hauptspeicher *m* (*Inform*) mémoire *f* centrale
Hauptstadt *f* capitale *f*
Hauptstraße *f* grand-route *f* ; (*in Stadt*) rue *f* principale
Haus (-*es*, *Häuser*) *nt* maison *f* ; (*von Schnecke*) coquille *f* ; **nach ~e** à la maison ; **zu ~e** à la maison • **Hausarbeit** *f* travaux *mpl* ménagers ; (*Scol*) devoirs *mpl* • **Hausarzt** *m*, **Hausärztin** *f* médecin *m* de famille • **Hausaufgabe** *f* (*Scol*) devoir *m* • **Hausbesetzer(in)** (-*s*, -) *m(f)* squatter *m* • **Hausbesetzung** *f*

squat *m* • **Hausbesitzer(in)** *m(f)* propriétaire *mf*
hausen *vi* (*wohnen*) nicher ; (*fam: wüten*) faire des dégâts
Hausfrau *f* ménagère *f*, femme *f* au foyer
Hausfriedensbruch *m* violation *f* de domicile
hausgemacht *adj* maison *inv*
Haushalt *m* ménage *m* ; (*Pol, Écon*) budget *m*
Haushaltsgerät *nt* appareil *m* ménager
Haushaltsplan *m* budget *m*
Hausherr(in) *m(f)* maître (maîtresse) de maison ; (*Vermieter*) propriétaire *mf*
haushoch *adv*: **~ verlieren** être battu(e) à plate couture
hausieren *vi* faire du porte à porte
häuslich *adj* (*Pflichten*) familial(e) ; (*Mensch*) casanier(-ière)
Hausmann (*-(e)s, -männer*) *m* homme *m* au foyer
Hausmeister(in) *m(f)* concierge *mf*
Hausnummer *f* numéro *m* (*de la maison*)
Hausordnung *f* règlement *m* intérieur
Hausschlüssel *m* clé *f* de la maison
Hausschuh *m* pantoufle *f*
Haustier *nt* animal *m* domestique
Haut (*-, Häute*) *f* peau *f* ; (*von Zwiebel*) pelure *f* • **Hautarzt** *m*, **Hautärztin** *f* dermatologue *m*
Hautfarbe *f* couleur *f* de (la) peau
Haxe *f siehe* **Hachse**
Hbf. *abk* = **Hauptbahnhof**
HDTV *abk* (= *high-definition television*) TVHD *f*
Hebamme *f* sage-femme *f*
Hebel (*-s, -*) *m* levier *m*
heben (*irr*) *vt* soulever ; (*Arm, Hand, Augen*) lever ; (*Niveau, Stimmung*) améliorer
Hecht (*-(e)s, -e*) *m* brochet *m* ; (*Schwimmen: Hechtsprung*) plongeon *m* droit
Heck (*-(e)s, -e*) *nt* arrière *m*
Hecke *f* haie *f*
Heckmotor *m* (*Aut*) moteur *m* à l'arrière
Heer (*-(e)s, -e*) *nt* armée *f* ; (*Unmenge*) foule *f*
Hefe *f* levure *f*
Heft[1] (*-(e)s, -e*) *nt* (*Schreibheft*) cahier *m* ; (*Zeitschrift*) numéro *m*
Heft[2] (*-(e)s, -e*) *nt* (*von Messer*) manche *m*
heften *vt* (*befestigen*) épingler ; (*nähen*) bâtir ; **~ an** +*Akk* fixer à
heftig *adj* violent(e) ; (*Worte*) dur(e)
Heftklammer *f* agrafe *f*
Heftpflaster *nt* sparadrap *m*
Heftzwecke *f* punaise *f*
hegen *vt* (*Wild, Bäume*) protéger ; (*Wunsch, Misstrauen*) caresser
Hehl *m od nt*: **kein(en) ~ aus etw** *Dat* **machen** ne pas faire mystère de qch
Hehler (*-s, -*) *m* receleur(-euse) *m/f*
Heide *f* (*Gebiet*) lande *f* ; (*Heidekraut*) bruyère *f* • **Heidekraut** *nt* bruyère *f*
Heidelbeere *f* myrtille *f*
heikel *adj* délicat(e) ; (*wählerisch*) difficile
heil *adj* (*nicht kaputt*) intact(e) ; (*unverletzt*) sain(e) et sauf(sauve)
Heil (*-(e)s*) *nt* (*Glück*) bonheur *m* ; (*Rel*) salut *m*
heilen *vt, vi* guérir
heilig *adj* saint(e) • **Heiligabend** *m* veille *f* od réveillon *m* de Noël
Heilige(r) *f(m)* saint(e) *m/f*
Heiligenschein *m* auréole *f*
Heiligkeit *f* sainteté *f*

Heiligtum *nt* (Ort) lieu *m* saint
heillos *adj* épouvantable
Heilmittel *nt* remède *m*
Heilpraktiker(in) *m(f)* guérisseur(-euse)
Heilsarmee *f* armée *f* du Salut
Heilung *f* guérison *f*
heim *adv* à la maison, chez moi/soi *etc*
Heim (-(e)s, -e) *nt* foyer *m*, chez soi *m* ; (*Altersheim*) maison *f* (de retraite) ; (*Kinderheim*) maison pour enfants
Heimat (-, -en) *f* (*von Mensch*) patrie *f* ; (*von Tier, Pflanze*) pays *m* d'origine • **Heimatland** *nt* pays *m* natal • **Heimatort** *nt* lieu *m* d'origine
heim|begleiten *vt* raccompagner
heimelig *adj où l'on se sent chez soi*
heim|fahren (*irr*) *vi* rentrer chez soi
Heimfahrt *f* retour *m*
heim|gehen (*irr*) *vi* rentrer chez soi
heimisch *adj* régional(e), local(e) ; **sich ~ fühlen** se sentir chez soi
Heimkehr (-, -en) *f* retour *m*
heimlich *adj* secret(-ète)
Heimreise *f* (voyage *m* de) retour *m*
Heimspiel *nt* match *m* à domicile
heimtückisch *adj* insidieux(-euse) ; (*Tat, Blick*) sournois(e)
Heimweg *m* (chemin *m* du) retour *m*
Heimweh *nt* mal *m* du pays
Heirat (-, -en) *f* mariage *m* • **heiraten** *vi* se marier ▸ *vt* épouser
heiser *adj* enroué(e)
heiß *adj* chaud(e) ; (*Kampf, Diskussion*) acharné(e) ; (*leidenschaftlich*) passionné(e) ; (*aufreizend*) excitant(e)
heißen (*irr*) *vi* (*Namen haben*) s'appeler ; (*lauten*) être ▸ *vt* (*nennen*) appeler ; (*befehlen*) dire à ▸ *vi unpers*: **es heißt, dass ...** on dit que ... ; **das heißt** c'est-à-dire
heiter *adj* (*Wetter*) clair(e) ; (*fröhlich*) gai(e) • **Heiterkeit** *f* gaieté *f*
heizen *vt, vi* chauffer
Heizkörper *m* radiateur *m*
Heizöl *nt* mazout *m*
Heizung *f* chauffage *m*
hektisch *adj* fébrile
Held (-en, -en) *m* héros *m*
helfen (*irr*) *vi* +*Dat* aider ▸ *vi unpers*: **es hilft nichts, du musst ...** il n'y a rien à faire, il faut que tu ...
Helfer(in) (-s, -) *m(f)* aide *mf* ; (*Mitarbeiter*) assistant(e)
Helfershelfer *m* complice *m*
hell *adj* clair(e)
hellhörig *adj* (*Wohnung*) mal insonorisé(e) ; **~ werden** dresser l'oreille
Helligkeit *f* clarté *f*
Hellseher(in) *m(f)* voyant(e)
Helm (-(e)s, -e) *m* casque *m*
Hemd (-(e)s, -en) *nt* chemise *f* ; (*Unterhemd*) gilet *m* • **Hemdbluse** *f* chemisier *m*
hemmen *vt* entraver ; (*Menschen*) inhiber
Hemmung *f* (*Psych*) complexe *m*
hemmungslos *adj* (*Mensch*) sans aucune retenue ; (*weinen*) sans retenue
Hengst (-es, -e) *m* étalon *m*
Henkel (-s, -) *m* anse *f*
Henne *f* poule *f*
Hepatitis (-, *Hepatitiden*) *f* hépatite *f*

SCHLÜSSELWORT

her *adv* **1** (*Richtung*): **komm ~** viens ici ; **komm ~ zu mir** viens vers moi ; **von England ~** d'Angleterre ; **von weit ~** de loin ; **wo bist du ~?** d'où viens-tu *od* es-tu ? ; **~ damit!**

donne ! ; **wo hat er das ~?** où a-t-il trouvé ça ? ; **wo ist das ~?** d'où est-ce que ça vient ? ; **hinter jdm ~ sein** (*fam*) courir après qn ; **hinter etw** *Dat* **~ sein** être à la recherche de qch
2 (*zeitlich*): **das ist 5 Jahre ~** ça s'est passé il y a cinq ans

herab *adv*: **er kam den Hügel/die Treppe ~** il descendait la colline/l'escalier • **herablassend** *adj* condescendant(e) • **herab|setzen** *vt* (*Preise*) baisser ; (*Geschwindigkeit*) réduire
heran *adv*: **näher ~!** approche-toi !, approchez-vous ! • **heran|kommen** (*irr*) *vi*: **(an jdn/etw) ~** s'approcher (de qn/qch) ; **alle Probleme an sich** *Akk* **~ lassen** avoir une attitude attentiste • **heran|ziehen** (*irr*) *vt* tirer à soi ; (*Pflanzen*) cultiver ; (*Nachwuchs*) former ; (*Sachverständige*) faire appel à ; **jdn zur Hilfe/Unterstützung ~** demander l'aide/le soutien de qn
herauf *adv*: **er kam die Treppe ~** il a monté l'escalier
heraus *adv*: **~ sein** (*aus Stadt, Land etc*: *Buch, Briefmarke etc*) être sorti(e) ; **aus etw ~ sein** (*überstanden haben*) avoir surmonté qch ; **es ist noch nicht ~** (*entschieden*) ce n'est pas encore décidé • **heraus|bringen** (*irr*) *vt* sortir ; (*Geheimnis*) découvrir ; **jdn/etw ganz groß ~** faire beaucoup de battage autour de qn/qch • **heraus|finden** (*irr*) *vt* découvrir • **heraus|fordern** *vt* provoquer • **Herausforderung** *f* provocation *f* • **heraus|geben** (*irr*) *vt* (*zurückgeben*) rendre ; (*veröffentlichen*) publier • **Herausgeber(in)** *m(f)* éditeur(-trice) • **heraus|halten** (*irr*) *vr*: **sich aus etw ~** ne pas se mêler de qch • **heraus|holen** *vt* sortir ; (*Ergebnis*) arriver à obtenir ; (*Sieg*) remporter • **heraus|kommen** (*irr*) *vi* sortir • **heraus|nehmen** (*irr*) *vt* (*entfernen*) sortir • **heraus|stellen** *vr* (*sich zeigen*) s'avérer ; **sich als etw ~** se révéler qch • **heraus|ziehen** (*irr*) *vt* tirer ; (*Zahn*) arracher ; (*Splitter*) enlever
herb *adj* (*Geschmack, Duft*) âcre ; (*Wein*) sec(sèche) ; (*Enttäuschung*) amer(-ère) ; (*Worte, Kritik*) acerbe ; (*Gesicht, Schönheit*) austère
herbei *adv* ici
Herberge *f* auberge *f*
her|bringen (*irr*) *vt* apporter ; (*jdn*) amener
Herbst (-(*e*)*s*, -*e*) *m* automne *m*
Herd (-(*e*)*s*, -*e*) *m* cuisinière *f*
Herde *f* troupeau *m*
herein *adv*: **er kam ins Zimmer ~** il est entré dans la pièce ; **~!** entrez ! • **herein|bitten** (*irr*) *vt* prier d'entrer • **herein|kommen** (*irr*) *vi* entrer • **herein|legen** *vt* (*fam*: *betrügen*) rouler
her|fallen (*irr*) *vi*: **über etw** *Akk* **~** se précipiter sur qch ; **über jdn ~** se jeter sur qn
Hergang *m* déroulement *m* des faits
her|geben (*irr*) *vt* (*übergeben*) donner ; (*zurückgeben*) rendre
her|halten (*irr*) *vt* tendre, rapprocher ▶ *vi*: **(für jdn/etw) ~ müssen** payer (pour qn/qch)
her|hören *vi* écouter
Hering (-*s*, -*e*) *m* hareng *m*
her|kommen (*irr*) *vi* (*näher kommen*) s'approcher ; (*herrühren*) venir

herkömmlich *adj* conventionnel(le)
Herkunft(-, *-künfte*) *f* origine *f*
hermetisch *adj* hermétique
Heroin(-*s*) *nt* héroïne *f*
Herr(-(*e*)*n*, *-en*) *m* (*Herrscher*) seigneur *m* ; (*Mann*) monsieur *m* ; (*vor Namen*) Monsieur ; **meine ~en!** Messieurs !
her|richten *vt* (*Essen, Kleid*) préparer ; (*Bett*) faire
Herrin *f* maîtresse *f*
herrlich *adj* merveilleux(-euse)
Herrlichkeit *f* splendeur *f*
Herrschaft *f* pouvoir *m*
herrschen *vi* régner
Herrscher(in)(-*s*, -) *m(f)* souverain(e)
her|rühren *vi*: **von etw ~** provenir de qch
her|stellen *vt* fabriquer
Hersteller(-*s*, -) *m* fabricant *m*, producteur *m*
Herstellung *f* fabrication *f*, production *f*
herüber *adv*: **hier ~, bitte!** par ici, je vous prie !
herum *adv*: **um etw ~** autour de qch • **herum|kommen**(*irr*) *vi* (*vermeiden*) arriver à éviter ; **viel/ wenig ~** voir beaucoup/peu de monde • **herum|kriegen**(*fam*) *vt* convaincre • **herum|lungern** *vi* traînasser • **herum|sprechen**(*irr*) *vr* s'ébruiter • **herum|treiben**(*irr*) *vr* se traîner
herunter *adv*: **vom Himmel ~** du (haut du) ciel • **heruntergekommen** *adj* (*Mensch*) dans un triste état • **herunter|kommen**(*irr*) *vi* descendre ; (*moralisch*) se laisser aller • **herunterladbar** *adj* (*Inform*) téléchargeable • **herunter|laden** (*irr*) *vt* (*Inform*) télécharger
hervor|bringen(*irr*) *vt* produire
hervor|gehen(*irr*) *vi* (*als Sieger*) sortir ; (*als Resultat*) résulter ; **aus dem Brief/daraus geht hervor, dass ...** il ressort de cette lettre/il en ressort que ...
hervor|heben(*irr*) *vt* souligner
hervorragend *adj* (*ausgezeichnet*) excellent(e)
hervor|rufen(*irr*) *vt* (*bewirken*) provoquer
hervor|tun(*irr*) *vr*: **sich mit etw ~** se distinguer par qch
Herz(-*ens*, *-en*) *nt* cœur *m*
Herzinfarkt *m* infarctus *m* (du myocarde)
Herzklopfen *nt* palpitations *fpl*
herzlich *adj* chaleureux(-euse) ; **~e Grüße** amitiés
Herzlichkeit *f* gentillesse *f*
Herzschlag *m* battement *m* de cœur ; (*Méd*) rythme *m* cardiaque
Herzschrittmacher *m* stimulateur *m* cardiaque
Hessen(-*s*) *nt* (*Géo*) la Hesse
heterosexuell *adj* hétérosexuel(le)
Hetze *f* (*Eile*) hâte *f*
hetzen *vt* (*jagen*) traquer ▸ *vr* (*sich eilen*) se dépêcher
Heu(-(*e*)*s*) *nt* foin *m*
Heuchelei *f* hypocrisie *f*
heucheln *vt* simuler, feindre ▸ *vi* être hypocrite
Heuchler(in)(-*s*, -) *m(f)* hypocrite *mf* • **heuchlerisch** *adj* hypocrite
Heugabel *f* fourche *f* à foin
heulen *vi* hurler
heurig(*Südd, Österr, Schweiz*) *adj* de cette année
Heuschnupfen *m* rhume *m* des foins
Heuschrecke *f* sauterelle *f*
heute *adv* aujourd'hui ; **~ Abend** ce soir ; **~ früh** *od* **Morgen** ce matin

heutig *adj* d'aujourd'hui ; (*Problem*) actuel(le)
heutzutage *adv* de nos jours
Hexe *f* sorcière *f*
Hexenschuss *m* (*Méd*) lumbago *m*
hieb *etc vb siehe* **hauen**
Hieb (-(e)s, -e) *m* coup *m*
hielt *etc vb siehe* **halten**
hier *adv* ici
hierbei *adv* ce faisant ; **~ handelt es sich um ...** il s'agit (ici) de ...
hier|bleiben (*irr*) *vi* rester (ici)
hierdurch *adv* ainsi ; (*örtlich*) par ici
hierher *adv* ici
hier|lassen (*irr*) *vt* laisser ici
hiermit *adv* avec cela
hierzulande, hier zu Lande *adv* par ici
hiesig *adj* d'ici
hieß *etc vb siehe* **heißen**
Hi-Fi-Anlage *f* chaîne *f* hi-fi
Hilfe *f* aide *f*; **Erste ~** premiers secours *mpl od* soins *mpl* ; **~!** à l'aide ! • **Hilfeleistung** *f* assistance *f*; **unterlassene ~** (*Jur*) non-assistance *f* à personne en danger
hilflos *adj* perdu(e)
Hilflosigkeit *f* air *m* perdu
hilfreich *adj* serviable
Hilfsaktion *f* opération *f* de secours
Hilfsarbeiter *m* ouvrier *m* spécialisé
hilfsbereit *adj* serviable
Hilfsorganisation *f* organisation *f* humanitaire
Himbeere *f* framboise *f*
Himmel (-s, -) *m* ciel *m*
Himmelsrichtung *f* direction *f*; **die vier ~en** les quatre points *mpl* cardinaux
himmlisch *adj* céleste, divin(e)

SCHLÜSSELWORT

hin *adv* **1** (*räumlich*): **bis zur Mauer ~** jusqu'au mur ; **nach Westen ~** vers l'ouest ; **geh doch zu ihr ~** va vers elle ; **wo ist er ~?** (*fam*) où est-il passé ? ; **einmal Basel, ~ und zurück** Bâle, aller (et) retour ; **~ und her gehen** faire les cent pas ; **etw ~ und her überlegen** tourner et retourner qch dans son esprit ; **~ und wieder** de temps en temps ; **Regen ~, Regen her** qu'il pleuve ou non
2: **auf ... ~**: **auf meine Bitte ~** à ma demande ; **auf seinen Rat ~** sur son conseil ; **auf meinen Brief ~** suite à ma lettre ; **nichts wie ~!** (*fam*) allons-y !
3: **~ sein** (*fam: kaputt sein*) être fichu(e) ; **mein Glück ist ~** c'en est fait de mon bonheur

hinab|gehen (*irr*) *vi* descendre
hinauf *adv* vers le haut • **hinauf|steigen** (*irr*) *vi* monter
hinaus *adv* dehors ; **~ mit dir!** dehors ! • **hinaus|gehen** (*irr*) *vi* sortir ; **das geht über meine Kräfte hinaus** c'est au-delà de mes forces • **hinaus|laufen** (*irr*) *vi* sortir ; **~ auf** +*Akk* (*fig*) revenir à
Hinblick *m*: **in** *od* **im ~ auf** +*Akk* eu égard à
hinderlich *adj*: **einer Sache** *Dat* **~ sein** faire obstacle à qch
hindern *vt* gêner
Hindernis *nt* obstacle *m*
hin|deuten *vi*: **auf etw** *Akk* **~** (*schließen lassen*) indiquer
Hinduismus *m* hindouisme *m*
hindurch *adv*: **durch den Wald ~** à travers la forêt ; **die ganze Nacht ~** toute la nuit
hinein *adv*: **in etw** *Akk* **~** dans qch ; **bis in die Nacht ~** jusqu'à la

tombée de la nuit • **hinein|gehen** (*irr*) *vi*: **~ in** +*Akk* entrer dans • **hinein|passen** *vi* entrer, aller • **hinein|stecken** *vt* (*Schlüssel*) mettre ; (*investieren*) consacrer

hin|fahren (*irr*) *vi* (*mit Fahrzeug*) se rendre ▶ *vt* conduire

Hinfahrt *f* aller *m*

hinfällig *adj* (*Mensch*) frêle, invalide ; (*Argument*) non valable ; (*Pläne*) tombé(e) à l'eau

hing *etc vb siehe* **hängen**

Hingabe *f* dévouement *m*

hin|gehen (*irr*) *vi* (*Mensch*) y aller

hin|halten (*irr*) *vt* (*Gegenstand*) tendre ; (*vertrösten, warten lassen*) faire attendre

hinken *vi* (*Mensch*) boiter

hinlänglich *adv* suffisamment

hin|legen *vt* (*aus der Hand legen*) poser ; (*Person*) coucher ; (*bezahlen*) sortir

hin|nehmen (*irr*) *vt* (*fig*) accepter

Hinreise *f* aller *m*

Hinrichtung *f* exécution *f*

hinsichtlich *präp* +*Gen* en ce qui concerne

Hinspiel *nt* match *m* aller

hin|stellen *vt* poser, mettre ▶ *vr* se mettre ; **jdn/etw als etw ~** présenter qn/qch comme qch

hinten *adv* derrière ; (*am Ende*) à la fin • **hintenherum** *adv* par derrière

hinter *präp* +*Dat* derrière ; (*nach*) après ▶ *präp* +*Akk* derrière ; **etw ~ sich** *Dat* **haben** avoir qch derrière soi ; **etw ~ sich** *Akk* **bringen** se débarrasser une bonne fois pour toutes de qch ; **~ die Wahrheit/ ein Geheimnis kommen** découvrir la vérité/un secret • **Hinterachse** *f* essieu *m* arrière • **Hinterbliebene(r)** *f(m)*: **die ~n** la famille du défunt

hintere(r, s) *adj* (*an der Rückseite*) arrière *inv* ; (*am Ende*) dernier(-ière)

hintereinander *adv* (*räumlich*) l'un(e) derrière l'autre ; (*zeitlich*) l'un(e) après l'autre

Hintergedanke *m* arrière-pensée *f*

Hintergrund *m* fond *m* ; (*Zusammenhang*) antécédents *mpl*

Hinterhalt *m* embuscade *f*

hinterhältig *adj* sournois(e)

hinterher *adv* (*hinter jdm*) derrière ; (*danach*) ensuite

Hinterhof *m* arrière-cour *f*

Hinterkopf *m* occiput *m*

hinterlassen (*irr*) *vt insép* laisser ; (*nach Tod*) léguer

Hinterlassenschaft *f* héritage *m*

hinterlegen *vt insép* déposer

hinterlistig *adj* trompeur(-euse), sournois(e)

Hintern (-*s*, -) *m* postérieur *m*

Hinterrad *nt* roue *f* arrière

Hinterradantrieb *m* roues *fpl* arrière motrices

Hinterteil *nt* postérieur *m*

Hintertreffen *nt*: **ins ~ kommen** être en perte de vitesse

hinterziehen (*irr*) *vt insép*: **Steuern ~** frauder le fisc

hinüber *adv* de l'autre côté • **hinüber|gehen** (*irr*) *vi*: **~ über** +*Akk* (*Straße*) traverser

hinunter *adv*: **jdn bis ~ begleiten** accompagner qn jusqu'en bas • **hinunter|schlucken** *vt* avaler

Hinweg *m* aller *m*

Hinweis (-*es*, -*e*) *m* indication *f* ; (*Anhaltspunkt*) indice *m*

hin|weisen (*irr*) *vi*: **auf etw** *Akk* **~** (*zeigen*) indiquer qch ▶ *vt*: **jdn auf etw** *Akk* **~** (*aufmerksam machen*) attirer l'attention de qn sur qch

hin|ziehen (*irr*) *vr* (*lange dauern*) traîner en longueur ; (*sich erstrecken*) s'étendre

hinzu *adv* en plus • **hinzu|fügen** *vt* ajouter • **hinzu|kommen** *(irr) vi (Mensch)* s'y joindre ; *(Umstand)* s'y ajouter • **hinzu|ziehen** *(irr) vt* faire appel à
Hirn *(-(e)s, -e) nt* cerveau *m* ; *(Culin)* cervelle *f* • **Hirngespinst** *nt* chimère *f* • **hirnverbrannt** *adj* complètement fou(folle)
Hirsch *(-(e)s, -e) m* cerf *m*
Hirse *f* millet *m*
Historiker(in) *(-s, -) m(f)* historien(ne)
historisch *adj* historique
Hit *(-s, -s) m (Mus)* tube *m* ; *(fig)* (gros) succès *m* • **Hitparade** *f* hit-parade *m*
Hitze *(-) f* chaleur *f* • **hitzebeständig** *adj* résistant(e) à la chaleur • **Hitzewelle** *f* vague *f* de chaleur
hitzig *adj (Mensch, Temperament)* fougueux(-euse) ; *(Debatte)* houleux(-euse)
Hitzschlag *m* coup *m* de chaleur
HIV *(-(s), -(s)) nt (abk) (= Human Immunodeficiency Virus)* HIV *m*
HIV-positiv *adj* séropositif(-ive)
H-Milch *f* lait *m* longue conservation *od* UHT
hob *etc vb siehe* **heben**
Hobby *(-s, -s) nt* hobby *m*
Hobel *(-s, -) m* rabot *m*
hoch *(attrib* **hohe(r, s)**) *adj* haut(e) ; *(Preis, Besucherzahl, Gewicht)* élevé(e) ; *(Fieber)* fort(e) ; *(Bildung)* grand(e) ▸ *adv* haut ; *(sehr)* très ; **~ dotiert** bien rémunéré(e)
Hoch *(-s, -s) nt (Ruf)* vivat *m* ; *(Météo)* anticyclone *m*
Hochachtung *f* considération *f*
hochachtungsvoll *adv (Briefschluss)* veuillez agréer, Monsieur/Madame, mes salutations distinguées
hochbegabt *adj* extrêmement doué(e)
Hochbetrieb *m* activité *f* intense
Hochburg *f (fig)* fief *m*
Hochdeutsch *nt* haut allemand *m*
Hochdruck *m (Météo)* haute pression *f*
Hochebene *f* haut plateau *m*
hoch|fahren *(irr) vi (erschreckt)* sursauter ▸ *vt (Inform)* amorcer, initialiser
Hochform *f* pleine forme *f*
hoch|halten *(irr) vt* tenir en l'air ; *(fig)* tenir en haute estime
Hochhaus *nt* tour *f* (d'habitation)
hoch|heben *(irr) vt* soulever
Hochkonjunktur *f* boom *m*
hoch|laden *(irr) vt (Inform)* télécharger
Hochland *nt* régions *fpl* montagneuses
hoch|leben *vi*: **jdn ~ lassen** porter un toast à la santé de qn
Hochleistungssport *m* sport *m* de haut niveau
Hochmut *m* arrogance *f*
hochmütig *adj* arrogant(e)
hochnäsig *adj* prétentieux(-euse)
Hochrechnung *f* extrapolation *f*
Hochsaison *f* haute saison *f*
Hochschule *f* établissement *m* d'enseignement supérieur
Hochsommer *m* plein été *m*
Hochspannung *f* haute tension *f*
Hochsprung *m* saut *m* en hauteur
höchst *adv* extrêmement
höchste(r, s) *adj* le(la) plus haut(e)
höchstens *adv* (tout) au plus, au maximum
Höchstform *f*: **in ~** au top de sa *etc* forme
Höchstgeschwindigkeit *f* vitesse *f* maximum *od* maximale
höchstwahrscheinlich *adv* (très) vraisemblablement

h

Hochwasser *nt* (*Flut*) marée *f* haute ; (*Überschwemmung*) inondation *f*
Hochzahl *f* exposant *m*
Hochzeit (-, -*en*) *f* mariage *m*
Hocke *f* (*Stellung*) position *f* accroupie ; (*Sport*) saut *m* fléchi
hocken *vi* être accroupi(e)
Hocker (-*s*, -) *m* tabouret *m*
Höcker (-*s*, -) *m* bosse *f*
Hockey (-*s*) *nt* hockey *m*
Hoden (-*s*, -) *m* testicule *m*
Hof (-(*e*)*s*, ⸚*e*) *m* cour *f* ; (*von Mond*) halo *m*
hoffen *vi*, *vt* espérer
hoffentlich *adv*: **~ regnet es morgen** j'espère qu'il pleuvra demain
Hoffnung *f* espoir *m*
hoffnungslos *adj* désespéré(e)
Hoffnungslosigkeit *f* caractère *m* désespéré
hoffnungsvoll *adj* plein(e) d'espoir
höflich *adj* poli(e) • **Höflichkeit** *f* politesse *f*
hohe(r, s) *adj attrib siehe* **hoch**
Höhe *f* hauteur *f* ; (*von Mieten, Gehalt, Preisen*) montant *m*
Hoheit *f* (*Pol*) souveraineté *f* ; (*Titel*) altesse *f*
Hoheitsgewässer *pl* eaux *fpl* territoriales
Höhepunkt *m* apogée *m*
hohl *adj* creux(-euse)
Höhle *f* grotte *f*, caverne *f* ; (*Zool, fig*) antre *m*, tanière *f*
Hohn (-(*e*)*s*) *m* dérision *f*
höhnisch *adj* méprisant(e)
holen *vt* aller chercher ; **Atem** *od* **Luft ~** reprendre son souffle ; **sich** *Dat* **eine Lungenentzündung ~** attraper une pneumonie ; **jdn/ etw ~ lassen** envoyer chercher qn/qch
Holland *nt* la Hollande
holländisch *adj* hollandais(e)
Hölle *f* enfer *m*
höllisch *adj* infernal(e)
Holocaust (-(*s*), -*s*) *m* holocauste *m*
holperig *adj* cahoteux(-euse) ; (*Vortrag*) hésitant(e)
Holz (-*es*, ⸚*er*) *nt* bois *m*
hölzern *adj* en bois ; (*fig*) gauche
holzig *adj* (*Spargel*) filandreux(-euse)
Holzkohle *f* charbon *m* de bois
Holzweg *m*: **auf dem ~ sein** se tromper
Holzwolle *f* copeaux *mpl* de bois
Homepage *f* page *f* d'accueil
Homöopathie *f* homéopathie *f*
homosexuell *adj* homosexuel(le)
Homosexuelle(r) *f(m)* homosexuel(le) *m/f*
Honig (-*s*, -*e*) *m* miel *m* • **Honigmelone** *f* melon *m* d'hiver *od* d'Antibes
Honorar (-*s*, -*e*) *nt* honoraires *mpl*
honorieren *vt* (*bezahlen*) rétribuer ; (*anerkennen*) honorer
Hopfen (-*s*, -) *m* houblon *m*
horchen *vi* écouter
Horde *f* horde *f*
hören *vt* entendre ; (*anhören, reden lassen*) écouter ▶ *vi* entendre ; (*erfahren*) apprendre ; **von jdm ~** avoir des nouvelles de qn
Hörer(in) (-*s*, -) *m(f)* (*Zuhörer, Radio*) auditeur(-trice) ▶ *m* (*Telefonhörer*) écouteur *m*
Hörgerät *nt*, *f* appareil *m* acoustique
Horizont (-(*e*)*s*, -*e*) *m* horizon *m*
horizontal *adj* horizontal(e)
Hormon (-*s*, -*e*) *nt* hormone *f*
Horn (-(*e*)*s*, ⸚*er*) *nt* corne *f* ; (*Mus*) cor *m*
Hornhaut *f* callosité *f*
Hornisse *f* frelon *m*
Horoskop (-*s*, -*e*) *nt* horoscope *m*

Horror *m*: **einen ~ vor jdm/etw haben** avoir horreur de qn/qch
Horrorfilm *m* film *m* d'horreur
Hörsaal *m* amphithéâtre *m*
Hort (-(e)s, -e) *m* (*Scol*) garderie *f* • **horten** *vt* stocker, amasser
Hose *f* pantalon *m*; (*Unterhose*) slip *m*
Hosentasche *f* poche *f* de pantalon
Hosenträger *pl* bretelles *fpl*
Hotel (-s, -s) *nt* hôtel *m*
Hotelier (-s, -s) *m* hôtelier *m*
Hotline (-, -s) *f* hotline *f*
Hotspot (-s, -s) *m* borne *f* wifi, hotspot *m*
Hub (-(e)s, ⸚e) *m* (*Tech*) course *f*
Hubraum *m*: **ein Auto mit 1600 cm³ ~** une voiture de 1600 cm³ de cylindrée
hübsch *adj* joli(e)
Hubschrauber (-s, -) *m* hélicoptère *m*
Huf (-(e)s, -e) *m* sabot *m* • **Hufeisen** *nt* fer *m* à cheval
Hüfte *f* hanche *f*
Hügel (-s, -) *m* colline *f*
hügelig *adj* vallonné(e)
Huhn (-(e)s, ⸚er) *nt* poule *f*
Hühnerauge *nt* cor *m* (au pied)
Hühnerbrühe *f* bouillon *m* de poule
Hülle *f* enveloppe *f*; **in ~ und Fülle** en abondance
Hülsenfrucht *f* légumineuse *f*
human *adj* humain(e)
Hummel (-, -n) *f* bourdon *m*
Hummer (-s, -) *m* homard *m*
Humor (-s, -e) *m* humour *m* • **humorlos** *adj* sans humour • **humorvoll** *adj* plein(e) d'humour
humpeln *vi* boiter
Hund (-(e)s, -e) *m* chien *m*
Hundehütte *f* niche *f*
hundert *num* cent
Hundertjahrfeier *f* centenaire *m*
hundertmal *adv* cent fois
hundertprozentig *adj* à cent pour cent
Hunger (-s) *m* faim *f*
hungern *vi* souffrir de la faim
Hungersnot *f* famine *f*
Hungerstreik *m* grève *f* de la faim
hungrig *adj* affamé(e)
Hupe *f* klaxon *m*
hupen *vi* klaxonner
hüpfen *vi* sautiller
Hürde *f* (*Sport*) haie *f*; (*fig*) obstacle *m*
Hure *f* putain *f*
husten *vi* tousser • **Husten** (-s) *m* toux *f* • **Hustenbonbon** *nt od m* pastille *f* contre la toux • **Hustensaft** *m* sirop *m* contre la toux
Hut[1] (-(e)s, ⸚e) *m* chapeau *m*
Hut[2] (-) *f* garde *f*; **vor etw** *Dat* **auf der ~ sein** prendre garde à qch
hüten *vt* garder ▶ *vr*: **sich vor etw** *Dat* **~** prendre garde à qch
Hütte *f* cabane *f*; (*im Gebirge*) refuge *m*
Hyazinthe *f* jacinthe *f*
Hydrant *m* bouche *f* d'incendie
Hygiene (-) *f* hygiène *f*
hygienisch *adj* hygiénique
Hymne *f* hymne *m*
Hyperlink *m* hyperlien *m*, lien *m* hypertexte
Hypertext *m* hypertexte *m*
Hypnose *f* hypnose *f*
hypnotisch *adj* hypnotique
hypnotisieren *vt* hypnotiser
Hypothek (-, -en) *f* hypothèque *f*
Hysterie *f* hystérie *f*
hysterisch *adj* hystérique

I

IC (-) *m abk* (= *Intercity-Zug*) rapide *m*
ICE (-) *m abk* (= *Intercityexpresszug*) ≈ TGV *m*
ich *pron* je ; (*vor Vokal od stummem h*) j' • **Ich** (-(*s*), -(*s*)) *nt* moi *m*
ideal *adj* idéal(e) • **Ideal** (-*s*, -*e*) *nt* idéal *m*
Idealismus *m* idéalisme *m*
Idee *f* idée *f*
identifizieren *vt* identifier
identisch *adj*: **mit jdm/etw ~ sein** être identique à qn/qch
Ideologie *f* idéologie *f*
ideologisch *adj* idéologique
Idiot(in) (-*en*, -*en*) *m(f)* idiot(e)
idiotisch *adj* idiot(e)
idyllisch *adj* idyllique
Igel (-*s*, -) *m* hérisson *m*
ignorieren *vt* (*jdn*) ignorer ; (*etwas*) ne pas tenir compte de
IHK *f abk* (= *Industrie- und Handelskammer*) ≈ CCI *f*
ihm (*Dat von er, es*) *pron* lui ; (*nach präp*) lui ; **ich habe es ~ gesagt** je le lui ai dit ; **mit ~** avec lui
ihn (*Akk von er*) *pron* le ; **ich schreibe an ~** je lui écris
ihnen (*Dat von sie pl*) *pron* leur ; (*nach präp*) eux(elles) • **Ihnen** (*Dat von Sie*) *pron* vous, à vous ; (*nach präp*) vous

SCHLÜSSELWORT

ihr *pers pron* **1** (*2. Person pl nom, Akk, Dat* **euch**) vous ; **~ schlaft** vous dormez
2 (*3. Person f sg Dat*) lui ; (*: nach präp*) lui (elle) ; **mit ~** avec elle

SCHLÜSSELWORT

ihr(e) *poss pron* **1** (*3. Person sg f*) son(sa) ; **~ Hund** son chien ; **~ Auto** sa voiture ; **~e Mutter** sa mère ; **~e Schuhe** ses chaussures
2 (*3. Person pl*) leur ; **~ Leben** leur vie ; **~e Schuhe** leurs chaussures

Ihr(e) *poss pron* votre
ihre(r, s) *pron* (*sg*) le(la) sien(ne) ; (*pl*) les siens(siennes) ; (*von mehreren*) le(la) leur ; (*: pl*) les leurs ; **der/die/das I~** le(la) sien(ne) • **Ihre(r, s)** *pron* le(la) vôtre ; (*pl*) les vôtres
ihrer *pron*: **wir gedenken ~** (*geh*) nous pensons à elle ; (*pl*) nous pensons à eux(elles)
ihrerseits *adv* (*sg*) de son côté ; (*pl*) de leur côté
Ihrerseits *adv* de votre côté
ihresgleichen *pron* des gens comme elle ; (*von mehreren*) des gens comme eux(elles)
ihretwegen *adv* (*für sie sg*) pour elle ; (*für sie pl*) pour eux(elles) ; (*wegen ihr*) à cause d'elle ; (*wegen ihnen*) à cause d'eux(elles)
Ikone *f* icône *f*
illegal *adj* illégal(e)
Illusion *f* illusion *f*
illusorisch *adj* illusoire
illustrieren *vt* illustrer
Illustrierte *f* illustré *m*
Iltis (-*ses*, -*se*) *m* putois *m*
im = **in dem**

IM (*-s, no pl*) *nt abk* (*= instant messaging*) MI *f*, messagerie *f* instantanée
Image (*-(s), -s*) *nt* image *f* de marque
Imam *m* imam *m*
Imbiss (*-es, -e*) *m* casse-croûte *m inv*
Imbisshalle, Imbissstube *f* snack(-bar) *m*
imitieren *vt* imiter
Imker (*-s, -*) *m* apiculteur *m*
immatrikulieren *vr* s'inscrire
immer *adv* toujours ; (*jeweils*) chaque fois ; **~ noch** toujours, encore ; **~ schöner/trauriger** de plus en plus beau(belle)/triste
• **immerhin** *adv* tout de même
• **immerzu** *adv* sans arrêt, continuellement
Immobilien *pl* biens *mpl* immobiliers
immun *adj* immunisé(e)
Immunität *f* immunité *f*
Immunschwäche *f* immunodéficience *f*
Immunsystem *nt* système *m* immunitaire
Imperativ *m* impératif *m*
Imperfekt *nt* imparfait *m*
impfen *vt* vacciner ; **jdn gegen etw ~** vacciner qn contre qch
Impfpass *m* carnet *m* de vaccination
Impfstoff *m* vaccin *m*
Impfung *f* vaccination *f*
imponieren *vi*: **jdm ~** impressionner qn
Import (*-(e)s, -e*) *m* importation *f*
importieren *vt* importer
impotent *adj* impuissant(e)
Impotenz *f* impuissance *f*
imprägnieren *vt* (*wasserdicht machen*) imperméabiliser
Improvisation *f* improvisation *f*
improvisieren *vt, vi* improviser
Impuls (*-es, -e*) *m* impulsion *f*
impulsiv *adj* impulsif(-ive)
imstande *adj*: **~ sein, etw zu tun** (*in der Lage*) être en mesure de faire qch ; (*fähig*) être capable de faire qch

SCHLÜSSELWORT

in *präp +Akk* **1** (*räumlich: wohin?*) dans ; **etw in eine Schublade legen** mettre qch dans un tiroir ; **in den Garten gehen** aller dans le jardin ; **in die Stadt** en ville ; **in die Schule gehen** aller à l'école
2 (*zeitlich*): **bis ins 20. Jahrhundert** jusqu'au XXe siècle
▸ *präp +Dat* **1** (*räumlich: wo?*) dans ; **in einer Schublade liegen** être dans un tiroir ; **im Garten sitzen** être assis(e) dans le jardin ; **in der Stadt** en ville ; **in der Schule sein** être à l'école ; **es in sich haben** (*fam: Text*) être coriace ; (*: Whisky*) être corsé(e)
2 (*zeitlich: wann?*): **in diesem Jahr** cette année ; **in jenem Jahr** cette année-là ; **heute in zwei Wochen** aujourd'hui en quinze, dans quinze jours
3 (*als Verlaufsform*): **etw im Liegen/Stehen tun** faire qch couché(e)/debout
▸ *adj*: **in sein** (*fam*) être in

Inbegriff *m* incarnation *f*
inbegriffen *adv* y compris
Inbetriebnahme *f* (*von Maschine*) mise *f* en service ; (*von Gebäude, U-Bahn etc*) inauguration *f*
indem *konj* (*dadurch, dass*) grâce au fait que ; (*während*) pendant que ; **~ man etw macht** en faisant qch
Inder(in) *m(f)* Indien(ne)
Indianer(in) (*-s, -*) *m(f)* Indien(ne) (d'Amérique)

Indien(-*s*) *nt* l'Inde *f*
indirekt *adj* indirect(e)
indisch *adj* indien(ne)
Indiskretion *f* indiscrétion *f*
individuell *adj* individuel(le)
Individuum(-*s*, *Individuen*) *nt* individu *m*
Indiz(-*es*, -*ien*) *nt* indice *m*
Indonesien(-*s*) *nt* l'Indonésie *f*
Industrie *f* industrie *f* • **Industriegebiet** *nt* zone *f* industrielle
industriell *adj* industriel(le)
Industrie- und Handelskammer *f* Chambre *f* de commerce et d'industrie
ineinander *adj*: **~ verliebt sein** être amoureux (l'un de l'autre)
Infarkt(-(*e*)*s*, -*e*) *m* infarctus *m*
Infektion *f* infection *f*
Infinitiv *m* infinitif *m*
infizieren *vt* infecter ▶ *vr*: **sich ~ (bei)** être infecté(e) (par)
Inflation *f* inflation *f*
Inflationsrate *f* taux *m* d'inflation
Info(-*s*, -*s*) *nt* documentation *f*
infolge *präp* +*Gen* à la suite de • **infolgedessen** *adv* par conséquent
Informatik *f* informatique *f* • **Informatiker(in)** *m(f)* informaticien(ne)
Information *f* information *f*
Informationstechnik *f* technique *f* de l'information
Informationstechnologie *f* technologies *fpl* de l'information
informieren *vt* informer ▶ *vr*: **sich ~ über** +*Akk* s'informer de
infrage *adv*: **etw ~ stellen** remettre qch en question ; **~ kommend** possible ; **das kommt nicht ~!** il n'en est pas question !
Infrastruktur *f* infrastructure *f*
Infusion *f* perfusion *f*
Ingenieur(in) *m* ingénieur *m* • **Ingenieurschule** *f* école *f* d'ingénieurs
Ingwer(-*s*) *m* gingembre *m*
Inhaber(in)(-*s*, -) *m(f)* (*von Rekord, Genehmigung, Konzession, Titel, Lizenz*) détenteur(-trice) ; (*von Pass, Führerschein*) titulaire *mf* ; (*von Restaurant, Hotel*) propriétaire *mf*
inhalieren *vt* (*Méd*) inhaler ; (*beim Rauchen*) avaler ▶ *vi* faire des inhalations
Inhalt(-(*e*)*s*, -*e*) *m* contenu *m* ; (*Volumen*) volume *m* • **inhaltlich** *adv* en ce qui concerne le contenu
Inhaltsangabe *f* résumé *m*
Inhaltsverzeichnis *nt* indication *f* du contenu ; (*in Buch*) table *f* des matières
Initiative *f* initiative *f*
Injektion *f* injection *f*
inklusive *präp* +*Gen* y compris
Inkrafttreten(-*s*) *nt* entrée *f* en vigueur
Inland *nt* intérieur *m* (des terres) ; (*Pol*) intérieur (du pays) ; **im ~ und Ausland** ici *od* dans le pays et à l'étranger
inmitten *präp* +*Gen* au milieu de ▶ *adv*: **~ von** au milieu de
innen *adv* à l'intérieur ; **nach ~** vers l'intérieur • **Innenminister** *m* ministre *m* de l'Intérieur • **Innenpolitik** *f* politique *f* intérieure • **innenpolitisch** *adj* de politique intérieure • **Innenstadt** *f* centre-ville *m* • **Innentasche** *f* poche *f* intérieure
innere(r, s) *adj* intérieur(e) ; (*Méd*) interne
Innere(s) *nt* intérieur *m*
Innereien *pl* abats *mpl*
innerhalb *adv*: **~ von** (*räumlich*) à

l'intérieur de ; (*zeitlich*) en ▶ *präp* +*Gen* (*räumlich*) à l'intérieur de ; (*zeitlich*) en
innerlich *adj* intérieur(e), interne ; (*geistig*) profond(e)
innerste(r, s) *adj* central(e) ; (*Gedanken, Gefühle*) le(la) plus profond(e)
innig *adj* (*Freundschaft*) profond(e)
innovativ *adj* innovateur(-trice)
inoffiziell *adj* non officiel(le)
ins = **in das**
Insasse (-*n*, -*n*) *m*, **Insassin** *f* (*von Anstalt*) pensionnaire *mf* ; (*von Auto*) passager(-ère)
insbesondere *adv* en particulier
Inschrift *f* inscription *f*
Insekt (-(*e*)*s*, -*en*) *nt* insecte *m*
Insel *f* île *f* ; (*Verkehrsinsel*) refuge *m* (pour piétons)
Inserat (-(*e*)*s*, -*e*) *nt* (petite) annonce *f*
inserieren *vi* passer une annonce ▶ *vt* passer une annonce pour
insgeheim *adv* en secret
insgesamt *adv* en tout
insofern *adv* sur ce point ; (*deshalb*) dans cette mesure ▶ *konj* (*wenn*) dans la mesure où, si
insoweit *adv* = **insofern**
Installation *f* (*Inform*) installation *f*
installieren *vt* installer
Instandhaltung *f* entretien *m*
Instandsetzung *f* remise *f* en état ; (*eines Gebäudes*) restauration *f*
Instant Messaging (-, -) *nt* messagerie *f* instantanée
Instanz *f* instance *f*
Instinkt (-(*e*)*s*, -*e*) *m* instinct *m*
instinktiv *adj* instinctif(-ive)
Institut (-(*e*)*s*, -*e*) *nt* institut *m*
Institution *f* institution *f*
Instrument *nt* instrument *m*
Insulin (-*s*) *nt* insuline *f*
inszenieren *vt* mettre en scène ; (*fig*) orchestrer
Inszenierung *f* mise *f* en scène
integrieren *vt* intégrer ;
integrierte Gesamtschule établissement *m* secondaire polyvalent
intellektuell *adj* intellectuel(le)
intelligent *adj* intelligent(e)
Intelligenz *f* intelligence *f* ; (*Gruppe, Schicht*) intelligentsia *f*
Intendant *m* directeur *m*
intensiv *adj* intense ; (*Gespräch*) approfondi(e) • **Intensivkurs** *m* cours *m* intensif • **Intensivstation** *f* service *m* de réanimation
interaktiv *adj* interactif(-ive)
Intercity (-*s*, -*s*) *m* Intercité *m*
interessant *adj* intéressant(e)
interessanterweise *adv* curieusement
Interesse (-*s*, -*n*) *nt* intérêt *m* ;
~ haben an +*Dat* être intéressé(e) par
Interessent(in) *m(f)* personne *f* intéressée
interessieren *vt* intéresser ▶ *vr*:
sich ~ (für) s'intéresser (à)
Internat *nt* internat *m*
international *adj* international(e)
Internet *nt*: **das ~** l'Internet *m* ; **ins ~ stellen** mettre *od* poster sur Internet • **Internetadresse** *f* adresse *f* Internet • **Internetcafé** *nt* cybercafé *m* • **Internethandy** *nt* smartphone *m* • **Internetzugang** *m* accès *m* à Internet
Internist(in) *m(f)* spécialiste *mf* en médecine interne
Interpretation *f* interprétation *f*
interpretieren *vt* interpréter
Interpunktion *f* ponctuation *f*
Interrailkarte *f* carte *f* Inter-Rail
intervenieren *vi* intervenir
Interview (-*s*, -*s*) *nt* interview *f*

i

interviewen *vt* interviewer
intim *adj* intime
Intimität *f* intimité *f*
intolerant *adj* intolérant(e)
Intranet *nt* intranet *m*
Intrige *f* intrigue *f*
introvertiert *adj* introverti(e)
Intuition *f* intuition *f*
Invasion *f* invasion *f*
Inventar (*-s, -e*) *nt* inventaire *m*
investieren *vt* investir
Investition *f* investissement *m*
Investmentfonds *m* fonds *m* d'investissement
inwiefern, inwieweit *adv, konj* dans quelle mesure
inzwischen *adv* entre-temps
iPod® *m* iPod® *m*
Irak (*-s*) *m*: **der ~** l'Irak *m*, l'Iraq *m*
Iran (*-s*) *m*: **der ~** l'Iran *m*
irdisch *adj* terrestre
Ire (*-n, -n*) *m* Irlandais *m*
irgend *adv*: **ich tue, was ich ~ kann** je vais faire tout mon possible • **irgendein(e)** *adj* un(e) (quelconque) • **irgendeine(r, s)** *pron* quelqu'un ; (*ein Beliebiger*) n'importe qui • **irgendeinmal** *adv* (*fragend*) jamais • **irgendetwas** *pron* quelque chose • **irgendjemand** *pron* quelqu'un • **irgendwann** *adv* un jour • **irgendwer** *pron* quelqu'un ; **er ist nicht ~, er ist der Bundeskanzler** ce n'est pas n'importe qui, c'est le premier ministre • **irgendwie** *adv* d'une façon ou d'une autre • **irgendwo** *adv* quelque part ; (*verneinend*) nulle part • **irgendwohin** *adv* quelque part ; (*verneinend*) n'importe où
Irin *f* Irlandaise *f*
irisch *adj* irlandais(e)
Irland *nt* l'Irlande *f*
Ironie *f* ironie *f*
ironisch *adj* ironique
irre *adj* fou(folle) ; **~ gut** (*fam*) super
Irre(r) *f(m)* fou(folle) *m/f*
irre|führen *vt* induire en erreur
irren *vi* (*umherirren*) errer ▶ *vr* se tromper
irrig *adj* erroné(e)
Irrsinn *m* folie *f*
irrsinnig *adj* fou(folle)
Irrtum *m* erreur *f*
irrtümlich *adj* erroné(e)
ISBN *f abk* (= *international Standardbuchnummer*) ISBN *m*
Ischias (-) *f od nt* sciatique *f*
ISDN *nt abk* (= *Integrated Services Digital Network*) RNIS *m*
Islam (*-s*) *m* islam *m*
islamisch *adj* islamique
Islamisierung *f* islamisation *f*
Island *nt* l'Islande *f*
isländisch *adj* islandais(e)
Isolierband *nt* ruban *m* isolant
isolieren *vt* isoler
Isolierstation *f* (*Méd*) salle *f* des contagieux
Israel (*-s*) *nt* Israël *m*
Israeli (*-(s), -s*) *mf* Israélien(ne) *m/f*
israelisch *adj* israélien(ne)
Italien (*-s*) *nt* l'Italie *f*
Italiener(in) (*-s, -*) *m(f)* Italien(ne)
italienisch *adj* italien(ne)

J

Schlüsselwort

ja *adv* **1** oui ; **ich glaube ja** je crois que oui ; **Ja und Amen zu allem sagen** (*fam*) dire amen à tout, tout accepter sans broncher
2 (*fragend*): **ich habe gekündigt — ja?** j'ai donné ma démission — c'est vrai ?
3 (*unbedingt*): **sei ja vorsichtig** fais bien attention ; **tu das ja nicht!** ne le fais surtout pas !
4 (*schließlich*): **Sie wissen ja, dass ...** vous n'êtes pas sans savoir que ... ; **sie ist ja erst fünf** (n'oubliez pas qu')elle n'a que cinq ans
5 (*feststellend*): **ich habe es ja gewusst** j'en étais sûr(e) ; **das sag ich ja!** c'est bien ce que je disais !
6 (*vergewissernd*): **du kommst doch, ja?** tu ne viens pas ?
7 (*verstärkend*): **das ist ja schlimm** c'est vraiment grave ; **ja, also ich gehe dann mal!** bon, eh bien je vais partir ; **ja, also so geht das nicht** non, non, ça ne va pas comme ça

Jacht (-, -*en*) *f* yacht *m*
Jacke *f* veste *f*
Jackett (-*s*, -*s* od -*e*) *nt* veston *m*
Jackpot (-*s*, -*s*) *m* jackpot *m*
Jagd (-, -*en*) *f* chasse *f*
jagen *vi* chasser ; (*rennen, schnell fahren*) aller à toute vitesse ▶ *vt* chasser ; (*verfolgen*) poursuivre
Jäger(in) (-*s*, -) *m(f)* chasseur(-euse)
Jahr (-(*e*)*s*, -*e*) *nt* année *f*, an *m* ; **mit den ~en** avec le temps
jahrelang *adv* pendant des années
Jahresbericht *m* rapport *m* annuel
Jahreswechsel *m* nouvel an *m*
Jahreszahl *f* date *f*
Jahreszeit *f* saison *f*
Jahrgang *m* année *f*
Jahrhundert *nt* siècle *m*
jährlich *adj* annuel(le) ▶ *adv* chaque année
Jahrmarkt *m* foire *f*
Jahrzehnt *nt* décennie *f*
jähzornig *adj* colérique
Jalousie *f* persiennes *fpl*
Jammer (-*s*) *m* (*Klagen*) lamentations *fpl* ; (*Elend*) misère *f* ; **es ist ein ~, dass ...** c'est vraiment dommage que ...
jämmerlich *adj* misérable ; (*Weinen, Geschrei*) de douleur
jammern *vi* se lamenter
Januar (-*s*, -*e*) *m* janvier *m*
Japan (-*s*) *nt* le Japon
Japaner(in) (-*s*, -) *m(f)* Japonais(e)
japanisch *adj* japonais(e)
Jargon (-*s*, -*s*) *m* jargon *m*
jauchzen *vi* pousser des cris de joie
jawohl *adv* oui
Jazz (-) *m* jazz *m*
je *adv* (*jemals*) jamais ▶ *konj*: **je nach ...** selon le(la) ... ; **sie zahlten je 5 Euro** ils ont payé chacun 5 euros ; **je nachdem** selon ; **je nachdem, ob ...** selon que ... ; **je eher, desto besser** le plus tôt possible
Jeans *pl* jean *m*

jede(r, s) *pron* chacun(e) ; **~s Mal** chaque fois
jedenfalls *adv* de toute manière
jedermann *pron* tout le monde
jederzeit *adv* à tout moment
jedoch *adv, konj* cependant, pourtant
jeher *adv*: **von** *od* **seit ~** depuis toujours
jemals *adv* jamais
jemand *pron* quelqu'un
jene(r, s) *pron (adjektivisch)* ce(cette) ; (*substantivisch*) celui-là (celle-là)
jenseits *adv* de l'autre côté ▶ *präp +Gen* de l'autre côté de, au-delà de
jetzig *adj* actuel(le)
jetzt *adv* maintenant
jeweilig *adj* respectif(-ive)
jeweils *adv* chaque fois
Job (*-s, -s*) *m* boulot *m*
jobben (*fam*) *vi* faire des petits boulots
Jod (*-(e)s*) *nt* iode *m*
joggen *vi* faire du jogging
Jogger(in) (*-s, -*) *m(f)* adepte *mf* du jogging
Jogging (*-s*) *nt* jogging *m*, footing *m*
Joghurt, Jogurt (*-s, -s*) *m od nt* yaourt *m*
Johannisbeere *f* groseille *f* (rouge) ; **Schwarze ~** cassis *m*
Joint (*-s, -s*) *m* joint *m*
jonglieren *vi*: **~ mit** jongler avec
Jordanien (*-s*) *nt* la Jordanie
Journalismus *m* journalisme *m*
Journalist(in) *m(f)* journaliste *mf*
journalistisch *adj* journalistique
Joystick (*-s, -s*) *m* (*Inform*) manche *m* à balai
Jubel (*-s*) *m* cris *mpl* de joie
jubeln *vi* pousser des cris de joie
Jubiläum (*-s, Jubiläen*) *nt* anniversaire *m*
jucken *vi* démanger ; **es juckt mich am Arm** mon bras me démange
Juckreiz *m* démangeaisons *fpl*
Jude (*-n, -n*) *m* juif *m*
Judenverfolgung *f* persécution *f* des juifs
Jüdin *f* juive *f*
jüdisch *adj* juif(juive)
Jugend (*-*) *f* jeunesse *f* • **Jugendherberge** *f* auberge *f* de jeunesse • **jugendlich** *adj* jeune • **Jugendliche(r)** *f(m)* adolescent(e) *m/f*, jeune *mf*
Jugoslawien (*-s*) *nt* la Yougoslavie
jugoslawisch *adj* yougoslave
Juli (*-(s), -s*) *m* juillet *m*
jung *adj* jeune
Junge (*-n, -n*) *m* garçon *m*
Junge(s) *nt* petit *m*
jünger *adj* plus jeune
Jungfer (*-, -n*) *f*: **alte ~** vieille fille *f*
Jungfrau *f* vierge *f* ; (*Astr*) Vierge *f* ; **~ sein** (*sexuell*) être vierge
Junggeselle *m* célibataire *m*
Juni (*-(s), -s*) *m* juin *m*
Junior (*-s, -en*) *m* (*hum*: *Kind*) rejeton *m* ; (*Sport*) junior *m*
Junkfood (*-s*) *nt* bouffe *f* industrielle
Junkie (*-s, -s*) *m* junkie *mf*
Jura; **~ studieren** faire du droit
Jurist(in) *m(f)* juriste *mf* • **juristisch** *adj* juridique
Justiz (*-*) *f* justice *f*
Juwel (*-s, -en*) *nt od m* bijou *m*, joyau *m*
Juwelier (*-s, -e*) *m* joaillier *m*, bijoutier *m*
Jux (*-es, -e*) *m* blague *f* ; **nur aus ~** juste pour rigoler

K

Kabarett (-s, -e od -s) *nt* cabaret *m*
Kabel (-s, -) *nt* câble *m*
• **Kabelfernsehen** *nt* (télévision *f* par) câble *m* • **kabbellos** *adj* (*Inform*) sans fil, wifi, wi-fi *adj inv*
Kabeljau (-s, -e od -s) *m* morue *f*
Kabine *f* cabine *f*; (*in Flugzeug*) carlingue *f*
Kabinett (-s, -e) *nt* (*Pol*) cabinet *m*
Kachel (-, -n) *f* carreau *m*
Kachelofen *m* poêle *m* en faïence
Kadaver (-s, -) *m* charogne *f*
Käfer (-s, -) *m* coléoptère *m*
Kaff (-s, -s od -e) (*péj*) *nt* patelin *m*
Kaffee (-s, -s) *m* café *m*; (*Nachmittagskaffee*) ≈ goûter *m*
• **Kaffeehaus** *nt* café *m*
• **Kaffeekanne** *f* cafetière *f*
• **Kaffeelöffel** *m* cuiller *f* à café, petite cuiller • **Kaffeemaschine** *f* cafetière *f* électrique
• **Kaffeemühle** *f* moulin *m* à café
Käfig (-s, -e) *m* cage *f*
kahl *adj* chauve; (*Landschaft*) désolé(e); (*Raum*) vide; **~ geschoren** tondu(e)
Kahn (-(e)s, ¨-e) *m* barque *f*; (*Lastkahn*) péniche *f*, chaland *m*
Kai (-s, -s) *m* quai *m*
Kaiser (-s, -) *m* empereur *m*
• **Kaiserin** *f* impératrice *f*
• **Kaiserreich** *nt* empire *m*
• **Kaiserschnitt** *m* césarienne *f*
Kajüte *f* cabine *f*
Kakao (-s, -s) *m* cacao *m*
Kalb (-(e)s, ¨-er) *nt* veau *m*
Kalbfleisch *nt* veau *m* (*viande*)
Kalender (-s, -) *m* calendrier *m*; (*Taschenkalender*) agenda *m*
Kalk (-(e)s, -e) *m* (*zum Tünchen*) chaux *f*; (*im Körper*) calcium *m*
Kalkstein *m* calcaire *m*
Kalkulation *f* calcul *m*
kalkulieren *vt* calculer
Kalorie *f* calorie *f*
kalorienarm *adj* pauvre en calories, (à) basses calories
kalt *adj* froid(e); **mir ist (es) ~** j'ai froid • **kaltblütig** *adj* (*Mensch*) sans pitié; (*Tat*) commis(e) de sang-froid
Kälte (-) *f* froid *m*; (*fig*) froideur *f*
Kalzium (-s) *nt* calcium *m*
kam *etc vb siehe* **kommen**
Kamel (-(e)s, -s) *nt* chameau *m*
Kamera (-, -s) *f* caméra *f*
Kamerad(in) (-en, -en) *m(f)* camarade *mf* • **Kameradschaft** *f* camaraderie *f*
Kamerahandy *nt* téléphone *m* avec appareil photo
Kameramann (-(e)s, -männer) *m* cameraman *m*
Kamille *f* camomille *f*
Kamillentee *m* (infusion *f* de) camomille *f*
Kamin (-s, -e) *m* cheminée *f*
• **Kaminfeger** (-s, -) *m*, **Kaminkehrer** (-s, -) *m* ramoneur *m*
Kamm (-(e)s, ¨-e) *m* peigne *m*; (*Bergkamm, Hahnenkamm*) crête *f*
kämmen *vt* peigner
Kammer (-, -n) *f* chambre *f*
Kampf (-(e)s, ¨-e) *m* combat *m*, lutte *f*

kämpfen *vi* se battre ; **mit dem Schlaf ~** lutter contre le sommeil ; **um etw ~** se battre pour qch
kampflos *adv* sans combattre
kampieren *vi* camper
Kanada (-s) *nt* le Canada
Kanadier(in) (-s, -) *m(f)* Canadien(ne)
kanadisch *adj* canadien(ne)
Kanal (-s, *Kanäle*) *m* canal *m* ; (*für Abwässer, zur Entwässerung*) égout *m* ; **der ~** (*Ärmelkanal*) la Manche
• **Kanalinseln** *pl* les îles *fpl* anglo-normandes
Kanalisation *f* égouts *mpl*
Kanarienvogel *m* canari *m*
Kandidat(in) (-en, -en) *m(f)* candidat(e)
Kandidatur *f* candidature *f*
kandidieren *vi* poser sa candidature
Känguru (-s, -s) *nt* kangourou *m*
Kaninchen *nt* lapin *m*
Kanister (-s, -) *m* bidon *m*
Kännchen *nt* (*für Kaffee*) petite cafetière *f*
Kanne *f* cruche *f* ; (*Kaffeekanne*) cafetière *f*
kannte *etc vb siehe* **kennen**
Kanone *f* (*Waffe*) canon *m*
Kante *f* bord *m* ; (*Webkante*) lisière *f* ; (*Rand, Borte*) bord
Kantine *f* cantine *f*
Kanton (-s, -e) *m* canton *m*
Kanu (-s, -s) *nt* canoë *m*
Kanzel (-, -n) *f* chaire *f* ; (*Aviat*) cockpit *m*
Kanzlei *f* chancellerie *f* ; (*Büro eines Anwalts*) étude *f*
Kanzler (-s, -) *m* chancelier *m*
Kap (-s, -s) *nt* cap *m* ; **das ~ der Guten Hoffnung** le cap de Bonne Espérance
Kapazität *f* capacité *f* ; (*Fachmann*) sommité *f*
Kapelle *f* chapelle *f* ; (*Mus*) (petit) orchestre *m*
kapieren (*fam*) *vt, vi* piger
Kapital (-s, -e *od* -ien) *nt* capital *m*
Kapitalismus *m* capitalisme *m*
kapitalistisch *adj* capitaliste
Kapitalmarkt *m* marché *m* monétaire
Kapitän (-s, -e) *m* capitaine *m* ; (*von Flugzeug*) commandant *m*
Kapitel (-s, -) *nt* chapitre *m*
Kapitulation *f* capitulation *f*
kapitulieren *vi* capituler
Kappe *f* (*Mütze*) bonnet *m* ; (*auf Füllfederhalter*) capuchon *m*
Kapsel (-, -n) *f* capsule *f*
kaputt *adj* cassé(e) ; (*erschöpft*) crevé(e) ; **~ machen** (*Gegenstand*) casser ; *siehe auch* **kaputtmachen**
• **kaputt|gehen** (*irr*) *vi* (*Auto, Gerät*) se détraquer ; (*Schuhe, Stoff*) s'abîmer ; (*Firma*) faire faillite ; **~ an** +*Dat* crever de
• **kaputt|machen** (*fam*) *vt siehe* **kaputt** ▸ *vr* se tuer (au travail)
Kapuze *f* capuchon *m*
Karamell (-s) *m* caramel *m*
Karaoke (-(s)) *nt* karaoké *m*
Kardinal (-s, *Kardinäle*) *m* cardinal *m*
Karfreitag *m* vendredi *m* saint
karg *adj* (*Landschaft, Boden*) ingrat(e) ; (*Lohn, Vorräte*) maigre ; (*Mahlzeit*) frugal(e)
kärglich *adj* misérable
Karibik (-) *f*: **die ~** la mer des Antilles
kariert *adj* à carreaux ; (*Papier*) quadrillé(e)
Karies (-) *f* carie *f*
Karikatur *f* caricature *f*
Karneval (-s, -e *od* -s) *m* carnaval *m*
Karneval est une tradition encore très vivante dans les régions catholiques en Allemagne. Les

gens se retrouvent pour chanter, danser, manger, boire et s'amuser avant le début du carème. La veille de Mardi gras, *Rosenmontag*, marque l'apogée du *Karneval* dans la région rhénane. La plupart des entreprises chôment ce jour pour permettre à leurs employés d'admirer les défilés et de prendre part aux festivités. Dans le sud de l'Allemagne, cette période s'appelle *Fasching* ou *Fastnacht*.

Karo (*-s, -s*) *nt* carreau *m*
Karosserie *f* carosserie *f*
Karotte *f* carotte *f*
Karpfen (*-s, -*) *m* carpe *f*
Karren (*-s, -*) *m* charrette *f*
Karriere *f* carrière *f* • **Karrieremacher(in)** (*-s, -*) (*péj*) *m(f)* arriviste *mf*
Karte *f* carte *f*; (*Eintrittskarte, Fahrkarte*) billet *m*
Kartei *f* fichier *m* • **Karteikarte** *f* fiche *f*
Kartell (*-s, -e*) *nt* cartel *m*
Kartenspiel *nt* jeu *m* de cartes
Kartentelefon *nt* téléphone *m* à carte
Kartenvorverkauf *m* location *f*
Kartoffel (*-, -n*) *f* pomme *f* de terre • **Kartoffelbrei** *m* purée *f* (de pommes de terre) • **Kartoffelchips** *pl* chips *mpl* • **Kartoffelsalat** *m* salade *f* de pommes de terre
Karton (*-s, -s*) *m* carton *m*
Karussell (*-s, -s*) *nt* manège *m*
Karwoche *f* semaine *f* sainte
kaschieren *vt* dissimuler
Käse (*-s, -*) *m* fromage *m*; (*fam: Unsinn*) bêtises *fpl* • **Käsekuchen** *m tourte au fromage blanc*
Kaserne *f* caserne *f*
Kasino (*-s, -s*) *nt* (*Spielkasino*) casino *m*
Kasper (*-s, -*) *m* guignol *m*
Kasse *f* caisse *f*; (*Krankenkasse*) caisse d'assurance-maladie; (*Sparkasse*) caisse d'épargne
Kassenzettel *m* ticket *m* de caisse
Kassette *f* cassette *f*, chargeur *m*; (*Bücherkassette*) coffret *m*
Kassettenrekorder *m* magnétophone *m* (à cassettes)
kassieren *vt* (*Geld*) encaisser; (*wegnehmen*) confisquer ▶ *vi*: **darf ich ~?** puis-je encaisser?
Kassierer(in) (*-s, -*) *m(f)* caissier(-ière); (*von Klub*) trésorier(-ière)
Kastanie *f* (*Baum: Rosskastanie*) marronnier *m*; (*: Edelkastanie*) châtaignier *m*; (*Frucht*) marron *m*; (*Edelkastanie, Esskastanie*) châtaigne *f*
Kästchen *nt* coffret *m*
Kaste *f* caste *f*
Kasten (*-s, ¨-*) *m* caisse *f*; (*Briefkasten*) boîte *f* (aux lettres)
Katalog (*-(e)s, -e*) *m* catalogue *m*
Katalysator *m* pot *m* catalytique
Katarrh, Katarr (*-s, -e*) *m* catarrhe *m*
katastrophal *adj* catastrophique
Katastrophe *f* catastrophe *f*
Katastrophenschutz *m* ≈ plan *m* ORSEC
Kategorie *f* catégorie *f*
kategorisch *adj* catégorique
Kater (*-s, -*) *m* matou *m*; (*fam*) gueule *f* de bois
Kathedrale *f* cathédrale *f*
Katholik(in) (*-en, -en*) *m(f)* catholique *mf*
katholisch *adj* catholique
Katze *f* chat *m*
Kauderwelsch (*-(s)*) *nt* charabia *m*
kauen *vt, vi* mâcher
kauern *vi* être accroupi(e)

Kauf (*-(e)s, Käufe*) *m* achat *m* ; **etw in ~ nehmen** s'accommoder de qch
kaufen *vt* acheter ▶ *vi* faire des achats
Käufer(in) (*-s, -*) *m(f)* acheteur(-euse)
Kauffrau *f* commerçante *f*
Kaufhaus *nt* grand magasin *m*
Kaufkraft *f* pouvoir *m* d'achat
käuflich *adj* achetable, à acheter ; (*bestechlich*) vénal(e), corruptible
Kaufmann (*-(e)s, -leute*) *m* commerçant *m*
Kaufvertrag *m* contrat *m* de vente
Kaugummi *m od nt* chewing-gum *m*
Kaukasus *m*: **der ~** le Caucase
kaum *adv* à peine
Kaution *f* caution *f*
Kauz (*-es, Käuze*) *m* (*Zool*) chat-huant *m* ; (*Mensch*) excentrique *m*
Kavalier (*-s, -e*) *m* gentleman *m*
Kavaliersdelikt *nt* peccadille *f*
Kaviar *m* caviar *m*
keck *adj* (*Antwort, Benehmen*) effronté(e) ; (*Hut*) pimpant(e) ; (*Frisur*) coquet(te)
Kegel (*-s, -*) *m* cône *m* ; (*Spielfigur*) quille *f* • **Kegelbahn** *f* bowling *m*
kegeln *vi* jouer au quilles
Kehle *f* gorge *f*
Kehlkopf *m* larynx *m*
kehren *vt* (*drehen*) tourner ; (*mit Besen*) balayer
Kehrseite *f* (*einer Münze*) côté *m* pile ; (*fig*) désavantage *m*
kehrt|machen *vi* faire demi-tour
keifen *vi* criailler
Keil (*-(e)s, -e*) *m* coin *m* ; (*Aut*) cale *f*
Keilriemen *m* courroie *f* du ventilateur
Keim (*-(e)s, -e*) *m* germe *m*
Keimzelle *f* (*fig*) point *m* de départ
kein(e) *pron* pas de ; **ich habe ~e Kinder/~en Hund** je n'ai pas d'enfants/de chien
keine(r, s) *pron* aucun(e) ; (*niemand*) personne
keinerlei *adj attrib* (ne …) aucun(e)
keinesfalls *adv* (ne …) en aucun cas
keineswegs *adv* (ne …) pas du tout
keinmal *adv* (ne …) pas une seule fois
Keks (*-es, -e*) *m od nt* biscuit *m*
Kelch (*-(e)s, -e*) *m* (*Glas*) coupe *f* ; (*Rel, Bot*) calice *m*
Kelle *f* (*Schöpfkelle*) louche *f*
Keller (*-s, -*) *m* cave *f*
Kellner(in) (*-s, -*) *m(f)* serveur(-euse)
keltern *vt* presser
Kenia (*-s*) *nt* le Kenya
kennen (*irr*) *vt* connaître ; (*Sprache, jds Alter*) savoir
kennen|lernen *vt* (*jdn*) faire la connaissance de ▶ *vr* faire connaissance ; (*zum ersten Mal treffen*) être présentés(-ées)
Kenner(in) (*-s, -*) *m(f)* connaisseur(-euse)
kenntlich *adj*: **etw ~ machen** marquer qch
Kenntnis *f* connaissance *f* ; **etw zur ~ nehmen** prendre note de qch
Kennwort *nt* (*Chiffre*) code *m* ; (*Losungswort*) mot *m* de passe
Kennzeichen *nt* signe *m* distinctif ; (*Markierung*) marque *f* ; **(amtliches** *od* **polizeiliches) ~** (*Aut*) numéro *m* d'immatriculation
kennzeichnen *vt* caractériser
Kennziffer *f* code *m* ; (*Écon*) référence *f*
kentern *vi* chavirer
Keramik (*-, -en*) *f* céramique *f*
Kerbe *f* encoche *f*

Kerbel (-s, -) *m* cerfeuil *m*
Kerker (-s, -) *m* cachot *m*
Kerl (-s, -e) *m* type *m*
Kern (-(e)s, -e) *m* noyau *m* ; (*von Apfel, Orange, Zitrone*) pépin *m* ; (*fig: von Problem*) cœur *m*, fond *m* • **Kernenergie** *f* énergie *f* nucléaire • **Kernforschung** *f* recherche *f* (en physique) nucléaire • **Kerngehäuse** *nt* trognon *m* • **kerngesund** *adj* en parfaite santé
Kernkraft *f* énergie *f* nucléaire *od* atomique
Kernkraftwerk *nt* centrale *f* nucléaire
Kernpunkt *m* point *m* essentiel
Kernspaltung *f* fission *f* de l'atome
Kerze *f* bougie *f*
kess *adj* (*Mädchen*) joli(e)
Kessel (-s, -) *m* (*Wasserkessel*) bouilloire *f* ; (*Mulde*) cuvette *f*
Ketchup, Ketschup (-(s), -s) *m od nt* ketchup *m*
Kette *f* chaîne *f*
Kettenfahrzeug *nt* véhicule *m* à chenilles
Kettenreaktion *f* réaction *f* en chaîne
keuchen *vi* haleter
Keuchhusten *m* coqueluche *f*
Keule *f* massue *f* ; (*Culin*) cuisse *f* ; (: *von Wild*) cuissot *m*
Kfz (-(s), -(s)) *nt abk* = **Kraftfahrzeug**
Kfz-Steuer *f* taxe *f* sur les véhicules à moteur
kichern *vi* glousser ; (*boshaft*) ricaner
Kiefer[1] (-s, -) *m* (*Anat*) mâchoire *f*
Kiefer[2] (-, -n) *f* (*Bot*) pin *m*
Kieferorthopäde *m* orthodontiste *m*
Kiel (-(e)s, -e) *m* (*Naut*) quille *f*
Kies (-es, -e) *m* gravier *m*
Kiesel (-s, -) *m* caillou *m* • **Kieselstein** *m* caillou *m*
kiffen (*fam*) *vt* fumer de l'herbe
Kilo (-s, -(s)) *nt* kilo *m* • **Kilobyte** *nt* kilo-octet *m* • **Kilogramm** *nt* kilogramme *m*
Kilometer *m* kilomètre *m* • **Kilometerzähler** *m* compteur *m*
Kind (-(e)s, -er) *nt* enfant *mf*
Kinderarzt *m* pédiatre *m*
Kinderbuch *nt* livre *m* pour enfant
Kinderei *f* enfantillage *m*
Kindergarten *m* jardin *m* d'enfants, école *f* maternelle
Kindergeld *nt* allocations *fpl* familiales
Kinderkrippe *f* crèche *f*
Kinderlähmung *f* polio(myélite) *f*
kinderleicht *adj* enfantin(e)
kinderreich *adj* (*Familie*) nombreux(-euse)
Kinderspiel *nt*: **das ist ein ~** c'est un jeu d'enfant
Kinderwagen *m* landau *m*
Kinderzimmer *nt* chambre *f* d'enfants
Kindheit *f* enfance *f*
kindisch *adj* puéril(e)
kindlich *adj* d'enfant, enfantin(e)
Kinn (-(e)s, -e) *nt* menton *m*
Kino (-s, -e) *nt* cinéma *m* • **Kinobesucher** *m* spectateur *m*
Kiosk (-(e)s, -e) *m* kiosque *m*
Kippe *f* (*fam: Zigarettenstummel*) mégot *m* ; **auf der ~ stehen** être tangent(e)
kippen *vt* faire basculer ; (*Fenster*) faire pivoter ▶ *vi* se renverser
Kirche *f* église *f*
Kirchensteuer *f* impôt *m* ecclésiastique
kirchlich *adj* (*Trauung, Beerdigung*) religieux(-euse) ; (*Amt*) ecclésiastique

Kirchturm *m* clocher *m*
Kirsche *f* cerise *f*
Kirschwasser *nt* kirsch *m*
Kissen (-s, -) *nt* coussin *m*; (*Kopfkissen*) oreiller *m*
Kiste *f* caisse *f*
Kitsch (-(e)s) *m* kitsch *m*
kitschig *adj* kitsch *inv*
Kitt (-(e)s, -e) *m* mastic *m*
Kittel (-s, -) *m* blouse *f*
kitten *vt* recoller; (*Ehe etc*) replâtrer
kitzelig *adj* chatouilleux(-euse); (*fig*) délicat(e)
kitzeln *vt* chatouiller
Kiwi (-, -s) *f* kiwi *m*
KKW (-s, -s) *nt abk* = **Kernkraftwerk**
klaffen *vi* bâiller
kläffen *vi* japper
Klage *f* plainte *f*
klagen *vi* (*jammern*) se lamenter; (*sich beschweren*) se plaindre; (*Jur*) porter plainte
kläglich *adj* (*Ton, Stimme*) plaintif(-ive); (*Gesichtsausdruck*) pitoyable
klamm *adj* (*Finger*) engourdi(e); (*Wäsche*) humide et froid(e)
Klamm (-, -en) *f* gorge *f*
Klammer (-, -n) *f* (*Wäscheklammer*) pince *f* (à linge); (*in Text, Math*) parenthèse *f*; (*Büroklammer*) trombone *m*; (*Heftklammer*) agrafe *f* • **Klammeraffe** *m* arobase *f*
klammern *vr*: **sich an etw** *Akk* **~** se cramponner à qch; **sich an jdn ~** se cramponner à qn
klang *etc vb siehe* **klingen**
Klang (-(e)s, =e) *m* son *m*
Klappe *f* clapet *m*; (*Herzklappe*) valve *f*; **eine große ~ haben** (*fam*) être grande gueule
klappen *vt*: **nach oben/unten ~** (*Sitz*) soulever/rabattre ▶ *vi* (*gelingen*) marcher
klappern *vi* claquer; (*Schreibmaschine*) cliqueter
Klapperschlange *f* serpent *m* à sonnettes
Klaps (-es, -e) *m* tape *f*
klar *adj* clair(e); (*Naut, Mil*) prêt(e); **(na) ~!** bien sûr!; **sich** *Dat* **über etw** *Akk* **im K~en sein** être tout à fait conscient(e) de qch
Kläranlage *f* station *f* d'épuration
klären *vt* (*Problem*) résoudre; (*Missverständnis*) dissiper
Klarheit *f* clarté *f*
Klarinette *f* clarinette *f*
klar|kommen (*irr*) *vi*: **mit jdm ~** arriver à s'entendre avec qn; **mit etw ~** venir à bout de qch
klar|machen *vt*: **jdm etw ~** faire comprendre qch à qn
Klarsichtfolie *f* cellophane® *f*
klar|stellen *vt* éclaircir
Klärung *f* (*von Abwässern*) épuration *f*; (*von Frage, Problem*) éclaircissement *m*
klasse (*fam*) *adj* super
Klasse *f* classe *f*; (*Warenklasse, Qualitätsklasse: Sport*) catégorie *f*
Klassenarbeit *f* interrogation *f* (écrite)
Klassenlehrer(in) *m(f)* professeur *m* principal
Klassenzimmer *nt* salle *f* de classe
Klassik (-) *f* (*Epoche*) époque *f* classique; (*Antike*) Antiquité *f* classique • **Klassiker** (-s, -) *m* classique *m*
klassisch *adj* classique
Klatsch (-(e)s, -e) *m* (*Gerede*) potins *mpl*, ragots *mpl*
klatschen *vi* (*applaudieren*) applaudir; (*péj: reden*) cancaner
Klatschmohn *m* coquelicot *m*
Klaue *f* (*von Raubvogel*) serre *f*; (*fam: Schrift*) gribouillis *m*
klauen (*fam*) *vt* piquer, faucher

Klausel (-, -n) *f* clause *f*
Klausur *f* (*Univ*) examen *m* écrit
Klavier (-s, -e) *nt* piano *m*
kleben *vt* coller ▶ *vi* coller ; **an etw** *Akk* **~** coller *od* adhérer à qch
klebrig *adj* collant(e)
Klebstoff *m* colle *f*
kleckern *vi* faire des taches
Klecks (-es, -e) *m* tache *f*
Klee (-s) *m* trèfle *m*
Kleid (-(e)s, -er) *nt* robe *f* ; **Kleider** *pl* (*Kleidung*) vêtements *mpl*
kleiden *vt* habiller ▶ *vr* s'habiller
Kleiderbügel *m* cintre *m*
Kleiderbürste *f* brosse *f* à habits
Kleiderschrank *m* armoire *f*
Kleidung *f* vêtements *mpl*
Kleidungsstück *nt* vêtement *m*
Kleie *f* son *m*
klein *adj* petit(e) ▶ *adv*: **ein ~ wenig** un petit peu ; **~ schneiden** couper en petits morceaux
Kleingedruckte(s) *nt* clauses *fpl*
Kleingeld *nt* monnaie *f*
Kleinigkeit *f* petite chose *f* ; (*Einzelheit*) détail *m*
Kleinkind *nt* petit enfant *m*
kleinlaut *adj* penaud(e)
kleinlich *adj* mesquin(e)
klein|schneiden *vt siehe* **klein**
Kleinstadt *f* petite ville *f*
Kleister (-s, -) *m* colle *f*
Klemme *f* pince *f* ; (*Haarklemme*) pince crocodile ; (*schwierige Situation*) pétrin *m*
klemmen *vt* (*festhalten*) coincer ; (*quetschen*) pincer ▶ *vi* (*Tür, Schloss*) être bloqué(e) *od* coincé(e)
Klempner (-s, -) *m* plombier *m*
Klette *f* bardane *f* ; (*fam: Mensch*) pot *m* de colle
klettern *vi* grimper
Klettverschluss *m* fermeture *f* velcro
Klick (-s, -s) *m* clic *m*
klicken *vi* (*Inform*) cliquer
Klima (-s, -s *od* -te) *nt* climat *m*
• **Klimaanlage** *f* climatisation *f*
• **Klimaschutz** *m* protection *f* de climat
Klimawandel *m* changement *m* climatique
Klimawechsel *m* changement *m* d'air
Klinge *f* lame *f*
Klingel (-, -n) *f* sonnette *f*
• **Klingelton** *m* (*Telefon, Handy*) sonnerie *f*
klingeln *vi* sonner
klingen (*irr*) *vi* (*Glocken*) sonner ; **seine Stimme klingt ruhig** sa voix est calme
Klinik *f* clinique *f*
klinisch *adj* clinique
Klinke *f* poignée *f*
Klinker (-s, -) *m* brique *f* recuite
Klippe *f* (*im Meer*) écueil *m*, récif *m* ; (*fig*) écueil
Klischee (-s, -s) *nt* cliché *m*
Klo (-s, -s) (*fam*) *nt* toilettes *fpl*
klobig *adj* (*Gegenstand*) massif(-ive)
Klon (-s, -e) *m* clone *m*
klonen *vt* cloner
klopfen *vi* frapper ; (*Herz*) battre ; (*Motor*) cogner
Klopfer (-s, -) *m* (*Teppichklopfer*) tapette *f* ; (*Türklopfer*) heurtoir *m*
Klops (-es, -e) *m* boulette *f* de viande
Klosett (-s, -e *od* -s) *nt* W.-C. *mpl*
Kloß (-es, ¨-e) *m* (*Culin*) boulette *f* (*de pâte*) ; (*im Hals*) boule *f*
Kloster (-s, ¨-e) *nt* couvent *m*
Klotz (-es, ¨-e) *m* (*aus Holz*) bloc *m* ; (*Spielzeug*) cube *m*
Klub (-s, -s) *m* club *m*
Kluft (-, ¨-e) *f* (*Spalt*) fissure *f* ; (*fig: Gegensatz*) fossé *m*
klug *adj* (*intelligent, schlau*) intelligent(e) ; (*weise*) sage

• **Klugheit** *f* intelligence *f*; (*von Entscheidung*) sagesse *f*
Klumpen (-s, -) *m* (*Erdklumpen*) motte *f*; (*Blutklumpen*) caillot *m*; (*Culin*) grumeau *m*
knabbern *vt* grignoter
Knäckebrot *nt* galette *f* suédoise
knacken *vt* (*Nüsse*) casser; (*Tresor, Autos*) cambrioler ▶ *vi* craquer; (*Radio*) grésiller
Knacks (-es, -e) *m* (*Laut*) craquement *m*; (*Sprung*) fêlure *f*; **einen ~ weghaben** (*fam*) ne plus être le même
Knall (-(e)s, -e) *m* (*von Explosion*) détonation *f*; (*von Aufprall*) fracas *m*; (*Peitschenknall*) claquement *m* • **knallen** *vi* (*Schuss*) partir; (*Tür, Peitsche*) claquer; (*Korken*) sauter ▶ *vt* (*werfen*) flanquer; (*schießen*) tirer; **gegen etw ~** (*Auto*) percuter qch • **knallhart** *adj* (*schonungslos*) très dur(e)
knapp *adj* (*Kleidungsstück*) juste; (*Portionen*) maigre; (*Sprache, Bericht*) concis(e); (*Sieg*) remporté(e) de justesse; (*Mehrheit*) faible; **eine ~e Stunde** une petite heure; **~ neben/unter** juste à côté de/sous
• **knapp|halten** (*irr*) *vt*: **jdn ~** (*mit Geld*) donner peu d'argent à qn
• **Knappheit** *f* (*von Geld, Vorräten*) pénurie *f*; (*von Zeit*) manque *m*; (*von Kleidungsstück*) étroitesse *f*
knarren *vi* craquer
knauserig *adj* radin(e)
knautschen *vt* froisser ▶ *vi* se froisser
knebeln *vt* bâillonner
kneifen (*irr*) *vt* pincer ▶ *vi* (*Kleidung*) serrer
Kneipe (*fam*) *f* bistro *m*
Knete (*fam*) *f* pognon *m*
kneten *vt* (*Teig*) pétrir
Knick (-(e)s, -e) *m* pli *m*; (*Kurve, Biegung*) coude *m*
knicken *vt* (*brechen*) casser; (*falten*) plier ▶ *vi* (se) casser
Knicks (-es, -e) *m* révérence *f*
Knie (-s, -) *nt* genou *m*; (*in Rohr*) coude *m* • **Kniegelenk** *nt* articulation *f* du genou
• **Kniekehle** *f* jarret *m*
knien *vi* être à genoux
Kniescheibe *f* rotule *f*
Kniestrumpf *m* chaussette *f* (montante)
kniff *etc vb siehe* **kneifen**
Kniff (-(e)s, -e) *m* (*Falte*) pli *m*; (*fig*) truc *m*
knipsen *vt* (*Fahrkarte*) poinçonner; (*fotografieren*) prendre en photo
Knirps (-es, -e) *m* (*kleiner Junge*) petit bonhomme *m*; (*kleiner Mensch*) nabot *m*; **~®** (*Schirm*) parapluie *m* téléscopique *od* pliant
knirschen *vi* crisser; **mit den Zähnen ~** grincer des dents
knittern *vi* se froisser
Knoblauch *m* ail *m*
Knöchel (-s, -) *m* (*Fingerknöchel*) jointure *f* (des doigts); (*Fußknöchel*) cheville *f*
Knochen (-s, -) *m* os *m*
• **Knochenbruch** *m* fracture *f*
knochig *adj* osseux(-euse)
Knödel (-s, -) *m boulette de pâte cuite dans du potage*
Knolle *f* bulbe *m*
Knopf (-(e)s, ⸚e) *m* bouton *m*
Knopfloch *nt* boutonnière *f*
Knorpel (-s, -) *m* cartilage *m*
Knospe *f* bourgeon *m*
knoten *vt* nouer
Knoten (-s, -) *m* nœud *m*; (*Méd, Bot*) nodosité *f*; (*Haarknoten*) chignon *m* • **Knotenpunkt** *m* (*im Verkehr*) carrefour *m*
Know-how (-(s)) *nt* savoir-faire *m*

Knüller(-s, -) (*fam*) *m* succès *m* fou
knüpfen *vt* nouer ; **Hoffnungen an etw** *Akk* ~ fonder des espoirs sur qch ; **Bedingungen an etw** *Akk* ~ faire qch à certaines conditions
Knüppel(-s, -) *m* bâton *m* ; (*Polizeiknüppel*) matraque *f* ; (*Aviat*) manche *m* à balai
• **Knüppelschaltung** *f* vitesses *fpl* au plancher
knurren *vi* (*Hund*) gronder ; (*Mensch*) grogner ; (*Magen*) gargouiller
knutschen (*fam*) *vi, vr* se peloter
k. o. *adj* (*Boxe*) K.-O. *m* ; ~ **sein** être K.-O.
Koalition *f* coalition *f*
Koch(-(*e*)*s*, ⸚*e*) *m* cuisinier *m*
• **Kochbuch** *nt* livre *m* de cuisine
kochen *vt* (faire) cuire ; (*Kaffee, Tee*) faire ; (*Wasser, Wäsche*) faire bouillir ▶ *vi* (*Essen bereiten*) faire la cuisine ; (*wütend sein*) bouillir
Kocher(-s, -) *m* réchaud *m*
Kochgelegenheit *f* possibilité *f* de faire la cuisine
Köchin *f* cuisinière *f*
Kochlöffel *m* cuiller *f* de *od* en bois
Kochplatte *f* plaque *f* de cuisson
Kochtopf *m* casserole *f*
Köder(-s, -) *m* appât *m*
ködern *vt* appâter
Koffein(-s) *nt* caféine *f*
• **koffeinfrei** *adj* décaféiné(e)
Koffer(-s, -) *m* valise *f*
• **Kofferradio** *nt* transistor *m*
• **Kofferraum** *m* coffre *m*
Kohl(-(*e*)*s*, -*e*) *m* chou *m*
Kohle *f* charbon *m* • **Kohlehydrat** (-(*e*)*s*, -*e*) *nt* hydrate *m* de carbone
Kohlendioxid(-(*e*)*s*, -*e*) *nt* gaz *m* carbonique
Kohlenmonoxid *nt* oxyde *m* de carbone
Kohlensäure *f* acide *m* carbonique
Kohlenstoff *m* carbone *m*
Kohlrabi(-s, -s) *m* chou *m* rave
Koje *f* (*Nische*) alcôve *f* ; (*Bett*) pieu *m*
Kokain(-s) *nt* cocaïne *f*
Kokosnuss *f* noix *f* de coco
Koks(-es, -e) *m* coke *m*
Kolben(-s, -) *m* (*Gewehrkolben*) crosse *f* ; (*Tech*) piston *m* ; (*Maiskolben*) épi *m*
Kollaps(-es, -e) *m* grave malaise *m* cardiovasculaire
Kollege(-n, -n) *m*, **Kollegin** *f* collègue *mf*
Kollegium *nt* (*Lehrerkollegium*) corps *m* enseignant
kollektiv *adj* collectif(-ive)
kollidieren *vi* entrer en collision ; (*zeitlich*) se chevaucher
Köln(-s) *nt* Cologne
Kölnischwasser *nt* eau *f* de Cologne
Kolonie *f* colonie *f*
Kolonne *f* colonne *f* ; (*von Fahrzeugen*) convoi *m*
kolossal *adj* (*riesig*) gigantesque ▶ *adv* : ~ **reich** extrêmement riche
Kölsch(-(*s*)) *nt* (*Culin*) *bière blonde et forte de Cologne*
Kolumbien *nt* la Colombie
Koma(-s, -s *od* -*ta*) *nt* coma *m*
Kombi(-s, -s) *m* break *m*
Kombination *f* combinaison *f* ; (*Vermutung*) raisonnement *m* ; (*Hose und Jackett, Kleid mit Jacke*) ensemble *m*
kombinieren *vt* combiner ▶ *vi* (*schlussfolgern, vermuten*) réfléchir
Kombizange *f* pince *f* universelle
Komet(-en, -en) *m* comète *f*
Komfort(-s) *m* confort *m*
Komik(-) *f* comique *m* • **Komiker** (-s, -) *m* comique *m*
komisch *adj* (*lustig*) drôle ; (*merkwürdig*) bizarre

Komitee (-s, -s) *nt* comité *m*
Komma (-s, -s od -ta) *nt* virgule *f*
Kommandant, Kommandeur *m* commandant *m*
Kommando (-s, -s) *nt* commandement *m* ; (*Truppeneinheit*) commando *m* ; **auf ~** sur commande
kommen (*irr*) *vi* venir ; (*ankommen, näher kommen, eintreffen, geschehen*) arriver ; **jetzt kommt er an die Reihe** c'est (à) son tour ; **wie kommt es, dass du ...?** comment se fait-il que tu ... ? ; **um etw ~** perdre qch ; **hinter etw** *Akk* **~** (*entdecken*) découvrir qch ; **(wieder) zu sich ~** (*Bewusstsein wiedererlangen*) reprendre connaissance
Kommen (-s) *nt* venue *f*
kommend *adj* prochain(e) ; (*Generationen, Ereignisse*) futur(e)
Kommentar *m* commentaire *m* ; **kein ~** je n'ai rien à dire
kommentieren *vt* commenter
kommerziell *adj* commercial(e)
Kommilitone (-n, -n) *m*, **Kommilitonin** *f* camarade *mf* d'université
Kommissar *m* (*Polizeikommissar*) commissaire *m*
Kommission *f* (*Ausschuss*) commission *f* ; **etw in ~ geben** confier qch à un commissionnaire
Kommode *f* commode *f*
Kommune *f* commune *f*
Kommunikation *f* communication *f*
Kommunion *f* communion *f*
Kommunismus *m* communisme *m*
Kommunist(in) *m(f)* communiste *mf* • **kommunistisch** *adj* communiste
kommunizieren *vi* (*Rel*) communier ; (*geh*) communiquer
Komödie *f* comédie *f*
Kompagnon (-s, -s) *m* associé *m*
kompakt *adj* compact(e)
Kompanie *f* compagnie *f*
Kompass (-es, -e) *m* boussole *f*
kompatibel *adj* compatible
kompetent *adj* compétent(e)
Kompetenz *f* compétence *f*
komplett *adj* complet(-ète)
komplex *adj* complexe • **Komplex** (-es, -e) *m* complexe *m* ; (*Zusammengehöriges*) ensemble *m*
Kompliment *nt* compliment *m*
Komplize (-n, -n) *m*, **Komplizin** *f* complice *mf*
komplizieren *vt* compliquer
kompliziert *adj* compliqué(e)
Komplizin *f siehe* **Komplize**
Komplott (-(e)s, -e) *nt* complot *m*
komponieren *vt* composer
Komponist(in) *m(f)* compositeur(-trice)
Komposition *f* composition *f*
Kompost (-(e)s, -e) *m* compost *m* • **Komposthaufen** *m* tas *m* de compost
Kompott (-(e)s, -e) *nt* compote *f*
komprimiert *adj* comprimé(e)
Kompromiss (-es, -e) *m* compromis *m* • **kompromissbereit** *adj* conciliant(e)
Kondensmilch *f* lait *m* concentré
Kondenswasser *nt* condensation *f*
Kondition *f* (*Bedingung*) condition *f* ; (*Sport*) condition physique, forme *f*
Konditor *m* pâtissier *m*
Konditorei *f* pâtisserie *f*
Kondom (-s, -e) *nt* préservatif *m*
Konferenz *f* conférence *f*
Konfession *f* confession *f*
Konfiguration *f* configuration *f*

Konfirmation *f* confirmation *f*
Konflikt (-*(e)s*, -*e*) *m* conflit *m*
konfrontieren *vt* confronter
Kongo (-*s*) *m* Congo *m*
Kongress (-*es*, -*e*) *m* congrès *m*
König (-*es*, -*e*) *m* roi *m*
Königin *f* reine *f*
königlich *adj* royal(e)
Königreich *nt* royaume *m*
konjugieren *vt* conjuguer
Konjunktion *f* conjonction *f*
Konjunktiv *m* subjonctif *m*
Konjunktur *f* conjoncture *f* (économique)
konkret *adj* concret(-ète)
Konkurrent(in) *m(f)* concurrent(e)
Konkurrenz *f* concurrence *f* • **konkurrenzfähig** *adj* compétitif(-ive) • **Konkurrenzkampf** *m* concurrence *f*
konkurrieren *vi* être en concurrence
Konkurs (-*es*, -*e*) *m* faillite *f*

SCHLÜSSELWORT

können (*pt* **konnte**, *pp* **gekonnt** *od (als Hilfsverb)* **können**) *vt, vi*
1 (*vermögen*) pouvoir ; **ich kann nichts dafür** je n'y peux rien
2 (*wissen, beherrschen*) savoir ; **was ~ Sie?** que savez-vous faire ? ; **~ Sie Deutsch?** vous savez l'allemand ? ; **~ Sie Auto fahren?** vous savez conduire ? ; **sie kann keine Mathematik** elle n'est pas douée en math
3 (*dürfen*) pouvoir ; **kann ich gehen?** je peux partir ? ; **könnte ich ...?** (est-ce que) je pourrais ... ? ; **kann ich mit?** (*fam*) je peux venir ?
4 (*möglich sein*): **das kann sein** c'est possible ; **kann sein** (*fam*) c'est possible, peut-être

konsequent *adj* (*logisch*) logique ; (*unbeirrbar*) résolu(e), inébranlable
Konsequenz *f* (*Unbeirrbarkeit*) détermination *f* ; (*Folge*) conséquence *f*
konservativ *adj* conservateur(-trice)
Konserve *f* conserve *f*
Konservenbüchse *f* boîte *f* de conserve
konservieren *vt* conserver
Konservierungsmittel *nt* agent *m* conservateur
konstant *adj* constant(e), obstiné(e)
konstruieren *vt* construire ; (*fig*) imaginer
Konstruktion *f* construction *f*
konstruktiv *adj* constructif(-ive) ; (*Tech*) de construction
Konsul (-*s*, -*n*) *m* consul *m*
Konsulat *nt* consulat *m*
Konsum (-*s*, -*s*) *m* consommation *f*
Konsument *m* consommateur *m*
Konsumgesellschaft *f* société *f* de consommation
konsumieren *vt* consommer
Kontakt (-*(e)s*, -*e*) *m* contact *m* • **kontaktarm** *adj* qui a du mal à se faire des amis • **kontaktfreudig** *adj* sociable
kontern *vi* contre-attaquer
Kontinent (-*(e)s*, -*e*) *m* continent *m*
Kontingent (-*(e)s*, -*e*) *nt* quota *m* ; (*Mil*) contingent
kontinuierlich *adj* continu(e), constant(e)
Konto (-*s*, *Konten*) *nt* compte *m* • **Kontoauszug** *m* relevé *m* de compte • **Kontoinhaber(in)** *m(f)* titulaire *mf* d'un compte
Kontonummer *f* numéro *m* de compte
Kontostand *m* position *f od* solde *m* d'un compte

Kontra (-s, -s) *nt*: **jdm ~ geben** (*fam*) contredire qn • **Kontrabass** *m* contrebasse *f*
Kontrahent *m* adversaire *m*
kontraproduktiv *adj* nuisible, néfaste
Kontrast (-(e)s, -e) *m* contraste *m*
Kontrolle *f* contrôle *m*
Kontrolleur *m* (*Fahrkartenkontrolleur*) contrôleur *m*
kontrollieren *vt* contrôler
Kontur *f* contour *m*
Konvention *f* convention *f*
konventionell *adj* conventionnel(le)
Konversation *f* conversation *f*
konvertieren *vi* convertir
Konvoi (-s, -s) *m* convoi *m*
Konzentrat *nt* concentré *m*
Konzentration *f* concentration *f*
Konzentrationslager *nt* camp *m* de concentration
konzentrieren *vr* se concentrer
konzentriert *adj* concentré(e) ▸ *adv* attentivement
Konzept (-(e)s, -e) *nt* plan *m*, programme *m* ; (*Entwurf, Rohfassung*) brouillon *m* ; **jdn aus dem ~ bringen** faire perdre le fil à qn
Konzern (-s, -e) *m* consortium *m*
Konzert (-(e)s, -e) *nt* concert *m*
Konzertsaal *m* salle *f* de concert
Konzession *f* concession *f*, licence *f*
Kooperation *f* coopération *f*
koordinieren *vt* coordonner
Kopf (-(e)s, ¨-e) *m* tête *f* ; **sich** *Dat* **(über etw** *Akk***) den ~ zerbrechen** se creuser la tête (à propos de qch) • **Kopfbedeckung** *f* couvre-chef *m*
köpfen *vt* (*Person*) décapiter ; (*Ei*) ouvrir ; (*Flasche*) déboucher ; **den Ball ~** faire une tête
Kopfhörer *m* écouteurs *mpl*
Kopfkissen *nt* oreiller *m*
Kopfsalat *m* laitue *f*
Kopfschmerzen *pl* mal *m* à la tête
Kopfsprung *m* plongeon *m*
Kopftuch *nt* foulard *m*
Kopfweh *nt* mal *m* de tête
Kopfzerbrechen *nt*: **jdm ~ machen** être un souci pour qn
Kopie *f* copie *f*
kopieren *vt* copier ; (*Person*) imiter
Kopierer (-s, -) *m*, **Kopiergerät** *nt* photocopieuse *f*
koppeln *vt* (*Tech*) coupler ; (*Unternehmungen*) combiner
Koralle *f* corail *m*
Koran (-s) *m* Coran *m*
Korb (-(e)s, ¨-e) *m* panier *m* ; **jdm einen ~ geben** (*fig*) rembarrer qn
Korbstuhl *m* chaise *f* de rotin
Kordsamt *m siehe* **Cordsamt**
Korea (-s) *nt* la Corée
Kork (-(e)s, -e) *m* liège *m*
Korken (-s, -) *m* bouchon *m* • **Korkenzieher** (-s, -) *m* tire-bouchon *m*
Korn (-(e)s, ¨-er) *nt* grain *m* ; (*Getreide*) blé *m*
Kornblume *f* bleuet *m*
Körper (-s, -) *m* corps *m* • **körperbehindert** *adj* handicapé(e) physique • **körperlich** *adj* physique • **Körperpflege** *f* hygiène *f* corporelle • **Körperteil** *m* partie *f* du corps
Korps (-, -) *nt* (*Mil*) corps *m* ; (*Univ*) corporation *f* d'étudiants
korrekt *adj* correct(e)
Korrektur *f* correction *f*
Korrespondent(in) *m(f)* (*von Zeitung*) correspondant(e)
Korrespondenz *f* correspondance *f*
Korridor (-s, -e) *m* corridor *m*

korrigieren *vt* corriger
Korruption *f* corruption *f*
Korsett (-(*e*)*s*, -*e*) *nt* corset *m*
Korsika (-*s*) *nt* la Corse
Kosmetik *f* soins *mpl* de beauté
kosmetisch *adj* cosmétique ; (*Chirurgie*) esthétique, plastique
Kosmonaut(in) (-*en*, -*en*) *m*(*f*) cosmonaute *mf*
Kosmos (-) *m* cosmos *m*
Kosovo (-*s*) *nt* le Kosovo
Kost (-) *f* (*Nahrung*) nourriture *f* ; (*Verpflegung*) pension *f* ; **er bekommt ~ und Logis frei** il est nourri et logé gratuitement
kostbar *adj* précieux(-euse)
Kostbarkeit *f* valeur *f* ; (*Wertstück*) objet *m* de valeur
kosten *vt* (*Preis haben*) coûter ▶ *vi* (*versuchen*) déguster
Kosten *pl* coût *msg* ; (*Ausgaben*) frais *mpl* ; **auf jds ~** (*von jds Geld*) aux frais de qn ; (*zu jds Nachteil*) au détriment de qn • **kostenlos** *adj* gratuit(e)
köstlich *adj* (*Essen*) délicieux(-euse) ; (*Geschichte, Einfall*) très amusant(e)
Kostprobe *f* échantillon *m*
kostspielig *adj* coûteux(-euse)
Kostüm (-*s*, -*e*) *nt* costume *m* ; (*Damenkostüm auch*) tailleur *m*
Kot (-(*e*)*s*) *m* excréments *mpl*
Kotelett (-*s*, -*s*) *nt* côtelette *f*
Koteletten *pl* (*Bart*) favoris *mpl*
Köter (-*s*, -) *m* clebs *m*
Kotflügel *m* aile *f*
kotzen (*fam !*) *vi* dégobiller (*fam !*)
Krabbe *f* crabe *m*
krabbeln *vi* ramper
Krach (-(*e*)*s*, ⸗*e*) *m* fracas *m* ; (*andauernd*) bruit *m* ; (*fam: Streit*) dispute *f*
krachen *vi* (*brechen*) craquer ; **gegen etw ~** se cogner contre qch
krächzen *vi* (*Vogel*) croasser ; (*Mensch*) parler d'une voix rauque
kraft *präp* +*Gen* en vertu de
Kraft (-, ⸗*e*) *f* force *f* ; (*Arbeitskraft*) travailleur(-euse) *m*/*f* ; **in ~ treten/sein** entrer/être en vigueur
Kraftfahrer(in) *m*(*f*) automobiliste *mf*
Kraftfahrzeug *nt* voiture *f* • **Kraftfahrzeugbrief, Kraftfahrzeugschein** *m* ≈ carte *f* grise • **Kraftfahrzeugsteuer** *f* *impôt sur les automobiles*, ≈ vignette *f* • **Kraftfahrzeugversicherung** *f* assurance-auto(mobile) *f*
kräftig *adj* fort(e) ; (*Suppe, Essen*) nourrissant(e) ▶ *adv* (*gebaut*) solidement
kräftigen *vt* fortifier
Kraftprobe *f* épreuve *f* de force
kraftvoll *adj* vigoureux(-euse)
Kraftwerk *nt* centrale *f* (électrique)
Kragen (-*s*, -) *m* col *m*
Krähe *f* corneille *f*
krähen *vi* (*Hahn*) chanter ; (*Säugling*) gazouiller
Kralle *f* (*von Tier*) griffe *f* ; (*Vogelkralle*) serre *f*
Kram (-(*e*)*s*) *m* (*Plunder, Sachen*) fourbi *m*
kramen *vi*: **in etw** *Dat* **~** fouiller dans qch
Krampf (-(*e*)*s*, ⸗*e*) *m* crampe *f* • **Krampfader** *f* varice *f*
krampfhaft *adj* convulsif(-ive) ; (*Versuche*) désespéré(e)
Kran (-(*e*)*s*, ⸗*e*) *m* grue *f* ; (*Wasserkran*) robinet *m*
Kranich (-*s*, -*e*) *m* grue *f*
krank *adj* malade
Kranke(r) *f*(*m*) malade *mf* ; (*Patient*) patient(e) *m*/*f*
kränkeln *vi* être souffreteux(-euse)

kranken *vi*: **an etw** *Dat* **~** souffrir de qch
kränken *vt* blesser
Krankengymnastik *f* kinésithérapie *f*
Krankenhaus *nt* hôpital *m*
Krankenkasse *f* caisse *f* (d'assurance-)maladie
Krankenpfleger *m* infirmier *m*
Krankenschein *m* ≈ feuille *f* de maladie
Krankenschwester *f* infirmière *f*
Krankenversicherung *f* assurance-maladie *f*
Krankenwagen *m* ambulance *f*
krankhaft *adj* maladif(-ive)
Krankheit *f* maladie *f*
Krankheitserreger *m* agent *m* pathogène
kränklich *adj* souffreteux(-euse)
Kränkung *f* offense *f*
Kranz (*-es, ⁼e*) *m* couronne *f*
Krapfen (*-s, -*) *m* beignet *m*
krass *adj* grossier(-ière)
Krater (*-s, -*) *m* cratère *m*
kratzen *vt* (*mit Nägeln, Krallen*) griffer ; (*einritzen*) graver
Kratzer (*-s, -*) *m* (*Wunde*) égratignure *f* ; (*Werkzeug*) grattoir *m*
kraus *adj* (*Haar*) crêpu(e) ; (*Stirn*) plissé(e) ; (*verworren*) confus(e)
kräuseln *vt* (*Haar*) friser ; (*Stoff*) froncer ; (*Stirn*) plisser ; (*Wasser*) rider ▶ *vr* (*Haar*) friser ; (*Stirn*) se plisser ; (*Wasser*) se rider
Kraut (*-(e)s, Kräuter*) *nt* (*Blätter*) fane *f* ; **Kräuter** *pl* (*Culin*) fines herbes *fpl*
Krawall (*-s, -e*) *m* émeute *f* ; (*Lärm*) tapage *m*
Krawatte *f* cravate *f*
kreativ *adj* créatif(-ive)
Kreatur *f* créature *f*
Krebs (*-es, -e*) *m* (*Zool*) écrevisse *f* ; (*Méd*) cancer *m* ; (*Astr*) Cancer *m* ; **~ sein** (*Astr*) être (du) Cancer • **Krebsvorsorge** *f* dépistage *m* du cancer
Kredit (*-(e)s, -e*) *m* crédit *m* • **Kreditkarte** *f* carte *f* de crédit
Kreide *f* craie *f*
kreieren *vt* créer
Kreis (*-es, -e*) *m* cercle *m* ; (*Verwaltungskreis*) circonscription *f*, district *m* ; **im ~ gehen** tourner en rond
kreischen *vi* (*Vogel*) piailler ; (*Mensch*) pousser des cris perçants
Kreisel (*-s, -*) *m* toupie *f* ; (*Verkehrskreisel*) rond-point *m*
kreisen *vi* tourner ; (*herumgereicht werden*) passer de main en main ; **~ um** tourner autour de
Kreislauf *m* (*Méd*) circulation *f* ; (*der Natur etc*) cycle *m*
Kreislaufstörungen *pl* troubles *mpl* circulatoires
Kreisstadt *f* chef-lieu *m* de circonscription *od* de district
Kreisverkehr *m* sens *m* giratoire
Krematorium *nt* crématorium *m*
Krempe *f* bord *m* (*d'un chapeau*)
Krempel (*-s*) (*fam: péj*) *m* bazar *m*
Kren (*-(e)s*) (*Österr*) *m* raifort *m*
krepieren *vi* (*fam*) crever
Krepp (*-s, -s od -e*) *m* crêpe *m* • **Kreppapier** *nt* papier *m* crêpé
Kresse *f* cresson *m*
Kreta (*-s*) *nt* la Crète
Kreuz (*-es, -e*) *nt* croix *f* ; (*Anat*) reins *mpl* ; (*Cartes*) trèfle *m*
kreuzen *vt, vi* croiser
Kreuzfahrt *f* croisière *f*
Kreuzfeuer *nt*: **ins ~ geraten/im ~ stehen** être attaqué(e) de toutes parts
Kreuzgang *m* cloître *m*
Kreuzigung *f* crucifixion *f*
Kreuzotter *f* vipère *f*
Kreuzung *f* croisement *m*

Kreuzworträtsel *nt* mots *mpl* croisés
Kreuzzug *m* croisade *f*
kriechen (*irr*) *vi* ramper ; (*Verkehr*) rouler au pas
Kriechspur *f* (*auf Autobahn*) *voie pour véhicules lents*
Krieg (-(*e*)*s*, -*e*) *m* guerre *f*
kriegen (*fam*) *vt* (*Hunger, Angst etc*) avoir (de plus en plus) ; (*erwischen*) attraper
Krieger (-*s*, -) *m* guerrier *m*
Kriegsdienstverweigerer *m* objecteur *m* de conscience
Kriegserklärung *f* déclaration *f* de guerre
Kriegsgefangene(r) *f*(*m*) prisonnier(-ière) *m*/*f* de guerre
Kriegsgericht *nt* cour *f* martiale
Kriegsschiff *nt* navire *m* de guerre
Kriegsverbrechen *m* crime *m* de guerre
Kriegsverbrecher *m* criminel *m* de guerre
Kriegszustand *m* état *m* de guerre
Krimi (-*s*, -*s*) (*fam*) *m* polar *m*
Kriminalbeamte(r) *m* inspecteur *m* de la police judiciaire
Kriminalität *f* criminalité *f*
Kriminalpolizei *f* police *f* judiciaire
Kriminalroman *m* roman *m* policier
kriminell *adj* criminel(le)
Kriminelle(r) *f*(*m*) criminel(le) *m*/*f*
Krimskrams (-*es*) (*fam*) *m* camelote *f*
Kripo (-) (*fam*) *f abk* = **Kriminalpolizei**
Krippe *f* (*Futterkrippe*) mangeoire *f* ; (*Rel, Kinderkrippe*) crèche *f*
Krise *f* crise *f*
kriseln *vi unpers*: **es kriselt** il y a de l'eau dans le gaz
Krisengebiet *nt* point *m* chaud
Krisenherd *m* foyer *m* de crise
Krisenstab *m* cellule *f* de crise
Kristall (-*s*, -*e*) *m od nt* cristal *m*
Kriterium *nt* critère *m*
Kritik *f* critique *f*
Kritiker(in) (-*s*, -) *m*(*f*) critique *mf*
kritisch *adj* critique
kritisieren *vt* critiquer
kritzeln *vt, vi* griffonner
Kroatien (-*s*) *nt* la Croatie
kroatisch *adj* croate
kroch *etc vb siehe* **kriechen**
Krokodil (-*s*, -*e*) *nt* crocodile *m*
Krokus (-, - *od* -*se*) *m* crocus *m*
Krone *f* couronne *f*
krönen *vt* couronner
Kronleuchter *m* lustre *m*
Kronprinz *m* prince *m* héritier
Kröte *f* crapaud *m*
Krücke *f* béquille *f*
Krug (-(*e*)*s*, ⸚*e*) *m* cruche *f* ; (*Bierkrug*) chope *f*
Krümel (-*s*, -) *m* miette *f*
krumm *adj* (*gebogen*) tordu(e) ; (*kurvig*) courbe, courbé(e) ; (*zwielichtig*) louche
krümmen *vt* (*Finger, Rücken*) plier ; (*Draht*) tordre ▶ *vr* (*Straße*) tourner ; (*Rücken*) se courber ; **sich vor Schmerzen/Lachen ~** se tordre de douleur/rire
Krüppel (-*s*, -) *m* infirme *m*
Kruste *f* croûte *f*
Kruzifix (-*es*, -*e*) *nt* crucifix *m*
Kuba (-*s*) *nt* Cuba *f*
Kübel (-*s*, -) *m* seau *m*
Kubikmeter *m* mètre *m* cube
Küche *f* cuisine *f*
Kuchen (-*s*, -) *m* gâteau *m*
• **Kuchenblech** *nt* plaque *f* à gâteaux • **Kuchenform** *f* moule *m* à pâtisserie • **Kuchengabel** *f* fourchette *f* à gâteaux *od* à dessert
Küchenschabe *f* cafard *m*, blatte *f*
Kuckuck (-*s*, -*e*) *m* coucou *m*

K

Kufe *f* patin *m*
Kugel (-, -n) *f* (*Körper*) boule *f*; (*Math*) sphère *f*; (*Erdkugel*) globe *m*; (*Gewehrkugel*) balle *f* • **Kugelkopfschreibmaschine** *f* machine *f* (à écrire) à boule • **Kugellager** *nt* roulement *m* à billes
Kugelschreiber *m* stylo *m* à bille
kugelsicher *adj* pare-balles
Kugelstoßen (-s) *nt* lancement *m* du poids
Kuh (-, =e) *f* vache *f*; (*péj*: *Frau*) chameau *m*
kühl *adj* frais(fraîche); (*leicht abweisend, nüchtern*) froid(e)
kühlen *vt* refroidir, rafraîchir
Kühler (-s, -) *m* (*Aut*) radiateur *m* • **Kühlerhaube** *f* capot *m*
Kühlschrank *m* réfrigérateur *m*
Kühltruhe *f* congélateur *m*
Kühlwasser *nt* (*Aut*) eau *f* de refroidissement
Küken (-s, -) *nt* poussin *m*
kulant *adj* arrangeant(e)
Kuli (-s, -s) *m* coolie *m*; (*fam*: *Kugelschreiber*) bic® *m*
Kulisse *f* coulisse *f*
Kult (-(e)s, -e) *m* culte *m*; **mit etw einen ~ treiben** avoir le culte de qch
kultivieren *vt* cultiver
kultiviert *adj* cultivé(e)
Kultur *f* culture *f* • **Kulturbeutel** *m* trousse *f* de toilette
kulturell *adj* culturel(le)
Kultusminister *m* ministre *m* de la Culture
Kultusministerium *nt* ministère *m* de la Culture
Kümmel (-s, -) *m* cumin *m*
Kummer (-s) *m* chagrin *m*
kümmerlich *adj* misérable; (*schwächlich*) chétif(-ive)
kümmern *vt* regarder ▶ *vr*: **sich um jdn/etw ~** s'occuper de qn/qch
Kumpel (-s, -) *m* (*fam*: *Freund*) copain *m*; (*Bergmann*) mineur *m*
Kunde (-n, -n) *m* client *m*
Kundendienst *m* service *m* après-vente
Kundenkarte *f* Carte *f* Bleue®
Kundgebung *f* manifestation *f*
kundig *adj* expérimenté(e); (*Rat, Blick*) d'expert; **sich ~ machen** se mettre à jour
kündigen *vi* (*Arbeitnehmer*) démissionner ▶ *vt* (*Mietvertrag, Sparvertrag*) résilier
Kündigung *f* (*durch Arbeitgeber*) licenciement *m*; (*durch Arbeitnehmer, Vermieter*) congé
Kündigungsfrist *f* préavis *m* (de congé)
Kundin *f* cliente *f*
Kundschaft *f* clientèle *f*
künftig *adj* futur(e) ▶ *adv* désormais, à l'avenir
Kunst (-, =e) *f* art *m* • **Kunstakademie** *f* (école *f* des) beaux-arts *mpl* • **Kunstdünger** *m* engrais *m* chimique • **Kunstfaser** *f* fibre *f* synthétique • **Kunstfehler** *m* faute *f* professionnelle (d'un médecin) • **Kunstgeschichte** *f* histoire *f* de l'art • **Kunstgewerbe** *nt* arts *mpl* décoratifs • **Kunstgriff** *m* truc *m* • **Kunsthandwerk** *nt* artisanat *m*
Künstler(in) (-s, -) *m(f)* artiste *mf* • **künstlerisch** *adj* artistique
künstlich *adj* artificiel(le); **~e Intelligenz/Befruchtung** intelligence *f*/insémination *f* artificielle
Kunststoff *m* plastique *m*
Kunststück *nt* (*von Zauberer*) tour *m* de magie; **das ist kein ~** ce n'est vraiment pas difficile
kunstvoll *adj* réussi(e)
Kunstwerk *nt* œuvre *f* d'art

kunterbunt *adj (farbig)* bariolé(e) ; *(durcheinander)* pêle-mêle *inv*
Kupfer(-*s*, -) *nt* cuivre *m*
Kuppe *f (Bergkuppe)* sommet *m* ; *(Fingerkuppe)* bout *m*
Kuppel(-, -*n*) *f* coupole *f*
kuppeln *vi (Aut)* embrayer
Kuppler(in) *m(f)* proxénète *mf*
Kupplung *f (Aut)* embrayage *m*
Kur(-, -*en*) *f* cure *f*
Kurbel(-, -) *f* manivelle *f*
Kurbelwelle *f* vilebrequin *m*
Kürbis(-*ses*, -*se*) *m* citrouille *f*, potiron *m*
Kurgast *m* curiste *mf*
Kurier(-*s*, -*e*) *m* messager *m*
Kurierdienst *m* service *m* de messageries
kurieren *vt* guérir
kurios *adj* curieux(-euse)
Kuriosität *f* curiosité *f*
Kurort *m* station *f* thermale
Kurpfuscher(*péj*) *m* charlatan *m*
Kurs(-*es*, -*e*) *m (Richtung)* route *f* ; *(Lehrgang, Finanz)* cours *m* • **Kursbuch** *nt* indicateur *m od* horaire *m* (des chemins de fer)
kursieren *vi (Banknoten)* être en circulation ; *(Gerüchte)* courir
kursiv *adj (Schrift)* italique
Kurswagen *m* voiture *f* directe
Kurve *f (Math etc)* courbe *f* ; *(Straßenkurve)* virage *m* ; *(von Frau)* rondeur *f*
kurvenreich *adj* : **„~e Strecke"** « attention, virages (dangereux) »
kurz *adj* court(e) ; *(knapp)* bref(brève) ; **zu ~ kommen** être défavorisé(e)
Kurzarbeit *f* chômage *m* partiel
Kürze *f* brièveté *f*
kürzen *vt* raccourcir ; *(Gehalt etc)* diminuer, réduire
kurzerhand *adv* brusquement
kurzfristig *adj (ohne Vorankündigung)* brusque ; *(für kurze Zeit)* à court terme
Kurzgeschichte *f* nouvelle *f*
kurz|halten(*irr*) *vt* tenir la bride haute à
kürzlich *adv* récemment
Kurzschluss *m* court-circuit *m*
kurzsichtig *adj* myope
Kurzwelle *f* ondes *fpl* courtes
kuscheln *vr* se blottir
Kusine *f* cousine *f*
Kuss(-*es*, ⸚*e*) *m* baiser *m*
küssen *vt* embrasser ; **jdm die Hand ~** baiser la main de qn
Küste *f* côte *f*
Küster(-*s*, -) *m* sacristain *m*
Kutsche *f* diligence *f*
Kutscher(-*s*, -) *m* cocher *m*
Kuwait(-*s*) *nt* le Koweït
kyrillisch *adj* cyrillique
KZ(-*s*, -*s*) *nt abk* = **Konzentrationslager**

l

Labor (*-s, -e od -s*) *nt* laboratoire *m*
Laboratorium *nt* laboratoire *m*
Labyrinth (*-s, -e*) *nt* labyrinthe *m*
Lache[1] *f* (*von Flüssigkeit*) flaque *f*; (*Blutlache*) mare *f*
Lache[2] *f* (*Gelächter*) rire *m*
lächeln *vi* sourire • **Lächeln** (*-s*) *nt* sourire *m*
lachen *vi* rire; **~ über** +*Akk* rire de
lächerlich *adj* ridicule; **jdn ~ machen** ridiculiser qn
Lachs (*-es, -e*) *m* saumon *m*
Lack (*-(e)s, -e*) *m* laque *f*, vernis *m*; (*von Auto*) peinture *f*
lackieren *vt* (*Möbel*) vernir; (*Auto*) refaire la peinture de
laden (*irr*) *vt* charger
Laden (*-s, =*) *m* (*Geschäft*) magasin *m*; (*Fensterladen*) volet *m* • **Ladenbesitzer** *m* propriétaire *m* (de magasin) • **Ladendiebstahl** *m* vol *m* à l'étalage • **Ladenpreis** *m* prix *m* de vente • **Ladenschluss** *m* heure *f* de fermeture • **Ladentisch** *m* comptoir *m*
Ladung *f* charge *f*; (*Naut, Aviat*) cargaison *f*; (*fam: große Menge*) paquet *m*
lag *etc vb siehe* **liegen**
Lage *f* situation *f*; (*Position*) position *f*; (*Schicht*) couche *f*; **in der ~ sein, etw zu tun** être en mesure de faire qch
Lager (*-s, -*) *nt* camp *m*; (*Écon*) entrepôt *m*; (*Tech*) palier *m* • **Lagerhaus** *nt* entrepôt *m*
lagern *vt* stocker; (*betten*) mettre ▸ *vi* (*Vorräte*) être entreposé(e); (*Menschen*) camper ▸ *vr* (*rasten*) faire une halte, s'arrêter; **kühl ~** conserver au frais
Lagerung *f* (*von Waren*) entreposage *m*
lahm *adj* paralysé(e); (*langsam, langweilig*) mou(molle); (*Ausrede*) mauvais(e)
lähmen, lahmlegen *vt* paralyser
Lähmung *f* paralysie *f*
Laib (*-s, -e*) *m*: **ein ~ Brot** une miche de pain, un pain
Laich (*-(e)s, -e*) *m* frai *m*
Laie (*-n, -n*) *m* profane *m*; (*Rel*) laïc *m*
Laken (*-s, -*) *nt* drap *m*
Lamm (*-(e)s, =er*) *nt* agneau *m*
Lampe *f* lampe *f*
Lampenfieber *nt* trac *m*
Lampenschirm *m* abat-jour *m inv*
Land (*-(e)s, =er*) *nt* (*Festland*) terre *f*; (*Gelände, Erdboden*) terrain *m*; (*Staatsgebiet, Nation*) pays *m*; (*Bundesland*) land *m*; **auf dem ~(e)** à la campagne

> Un **Land** (au pluriel *Länder*) est un état membre de la BRD. La BRD est formée de 16 *Länder*: Bade-Wurtemberg, Basse-Saxe, Bavière, Berlin, Brandebourg, Brême, Hambourg, Hesse, Mecklembourg-Poméranie-Occidentale, Rhénanie-du-Nord-Westphalie, Rhénanie-Palatinat, Sarre, Saxe, Saxe-Anhalt, Schleswig-Holstein, Thuringe. Chaque *Land* a son assemblée et sa constitution.

Landebahn *f* piste *f* d'atterrissage
landen *vi* (*Flugzeug*) atterrir ; (*Schiff*) accoster ; (*Passagier*) débarquer ; (*fam: geraten*) atterrir
Landesregierung *f gouvernement de/du Land*
Landessprache *f* langue *f* nationale
Landhaus *nt* maison *f* de campagne
Landkarte *f* carte *f* (*géographique*)
Landkreis *m* district *m* (administratif)
ländlich *adj* rural(e)
Landschaft *f* paysage *m*
Landsmann (*-(e)s, -leute*) *m*, **Landsmännin** *f* compatriote *mf*
Landstraße *f* route *f* départementale
Landstrich *m* contrée *f*, région *f*
Landtag *m* parlement *m* (d'un land)
Landung *f* (*von Flugzeug*) atterrissage *m* ; (*von Schiff*) accostage *m*
Landwirt *m* agriculteur *m*
Landwirtschaft *f* agriculture *f*
lang *adj* long(ue) ; (*fam: Mensch*) grand(e) ; **sein Leben ~** toute sa vie
lange *adv* longtemps
Länge *f* longueur *f* ; (*Géo*) longitude *f* ; **sich in die ~ ziehen** tirer en longueur
langen *vi* (*ausreichen*) suffire ; (*sich erstrecken*) s'étendre, aller ; (*fassen*) tendre la main ; **es langt mir!** (*fam*) j'en ai assez !
Langeweile *f* ennui *m*
langfristig *adj, adv* à long terme
Langlauf *m* ski *m* de fond
länglich *adj* long(longue)
längs *präp* (*+Gen od Dat*) le long de ▸ *adv* dans le sens de la longueur
langsam *adj* lent(e) ▸ *adv* (*allmählich*) peu à peu
• **Langsamkeit** *f* lenteur *f*
Langschläfer(in) *m(f)* lève-tard *mf*
Langspielplatte *f* 33-tours *m*
längst *adv* depuis longtemps
Languste *f* langouste *f*
langweilen *vt* ennuyer
langweilig *adj* ennuyeux(-euse)
Langwelle *f* grandes ondes *fpl*
langwierig *adj* prolongé(e)
Langzeitarbeitslose *pl* chômeurs *mpl* de longue durée
Lanze *f* lance *f*
Lappalie *f* bagatelle *f*
Lappen (*-s, -*) *m* chiffon *m*
läppisch *adj* puéril(e)
Laptop (*-, -*) *m* (*Inform*) portable *m*
Lärche *f* mélèze *m*
Lärm (*-(e)s*) *m* bruit *m*
Lärmschutz *m* protection *f* contre le bruit
las *etc vb siehe* **lesen**
lasch *adj* (*schlaff*) mou (molle) ; (*Behandlung, Einstellung*) laxiste ; (*Geschmack*) fade
Lasche *f* (*Schuhlasche*) languette *f* ; (*Tech*) élément *m* de raccord
Laser (*-s, -*) *m* laser *m*
• **Laserdrucker** *m* imprimante *f* laser

SCHLÜSSELWORT

lassen (*pt* **ließ**, *pp* **gelassen** *od* (*als Hilfsverb*) **lassen**) *vt* **1** (*unterlassen*) arrêter ; **lass das (sein)!** arrête ! ; **~ wir das!** arrêtons !, ça suffit comme ça ! ; **tu, was du nicht ~ kannst!** fais-le, si tu ne peux pas t'en empêcher
2 (*zurücklassen*) laisser ; **etw zu Hause ~** laisser qch à la maison
3 (*überlassen*): **jdm etw ~** laisser qch à qn
4 (*zugestehen*): **das muss man ihr ~, sie ist eine tolle Hausfrau** il faut reconnaître qu'elle est

une ménagère accomplie
▶ *vi*: **lass mal, ich mache das schon** laisse, je m'en occupe
▶ *Hilfsverb* **1** (*veranlassen*): **etw machen ~** faire faire qch ; **sich** *Dat* **etw schicken ~** se faire envoyer qch ; **jdn etw wissen ~** faire savoir qch à qn
2 (*zulassen, belassen*): **jdn gewinnen ~** laisser qn gagner ; **das Licht brennen ~** laisser la lumière allumée ; **jdn ins Haus ~** laisser entrer qn ; **jdn warten ~** faire attendre qn ; **lass es dir gut gehen!** bonne chance !
3: **lass uns gehen** partons !
4 (*möglich sein*): **die Tür lässt sich nicht schließen** la porte ne ferme pas

lässig *adj* décontracté(e)
Last (-, -*en*) *f* (*Gegenstand*) fardeau *m*, charge *f* ; (*Naut, Aviat*) cargaison *f* ; (*Gewicht*) poids *m* ; **jdm zur ~ fallen** importuner qn
lasten *vi*: **auf jdm/etw ~** peser sur qn/qch
Laster (-*s*, -) *nt* vice *m*
lasterhaft *adj* dépravé(e)
lästern *vi*: **über jdn/etw ~** médire de qn/qch ▶ *vt* (*Gott*) blasphémer
lästig *adj* importun(e) ; **jdm ~ werden** importuner qn
Lastkraftwagen *m* poids lourd *m*
Lastwagen *m* camion *m*
Latein (-*s*) *nt* latin *m*
latent *adj* latent(e)
Laterne *f* lanterne *f* ; (*Straßenlaterne*) réverbère *m*
Laternenpfahl *m* lampadaire *m*
Latte *f* latte *f*
Latz (-*es*, -*e*) *m* (*für Säugling*) bavette *f* ; (*an Kleidungsstück, Hosenlatz*) plastron *m*
Latzhose *f* salopette *f*
lau *adj* tiède ; (*Wetter, Wind, Nacht*) doux(douce)
Laub (-*es*) *nt* feuillage *m*, feuilles *fpl*
Laube *f* tonnelle *f*
Laubfrosch *m* rainette *f*
Laubsäge *f* scie *f* à chantourner
Lauch (-(*e*)*s*, -*e*) *m* poireau *m*
Lauer *f*: **auf der ~ sein** *od* **liegen** être aux aguets
lauern *vi*: **auf jdn/etw ~** épier qn/qch
Lauf (-(*e*)*s*, *Läufe*) *m* cours *m* ; (*das Laufen, Sport*) course *f* ; (*Gewehrlauf*) canon *m* • **Laufbahn** *f* carrière *f*
laufen (*irr*) *vi* marcher ; (*rennen*) courir ; (*fließen*) couler ; (*gültig sein*) être valide ; (*gezeigt werden: Film*) passer ; (*im Gang sein*) être en cours ; **sich** *Dat* **Blasen ~** attraper des ampoules en marchant
laufend *adj* (*ständig*) continuel(le) ; (*gegenwärtig*) courant(e), en cours ; **auf dem L~en sein/halten** être/tenir au courant (des derniers développements) ; **~e Nummer** dernier numéro *m* ; (*von Konto*) numéro d'ordre ; **~e Kosten** frais *mpl* d'exploitation
Läufer (-*s*, -) *m* (*Sport*) coureur *m* ; (*Échecs*) fou *m* ; (*Teppich*) chemin *m*
Läuferin *f* (*Sport*) coureuse *f*
Laufmasche *f* maille *f* filée
Laufstall *m* parc *m* (*pour bébés*)
Laufsteg *m* passerelle *f*
Laufwerk *nt* (*Inform*) lecteur *m* de disquette
Lauge *f* (*Chem*) solution *f* alcaline ; (*Seifenlauge*) eau *f* savonneuse
Laune *f* humeur *f* ; (*Einfall*) caprice *m*
launisch (*péj*) *adj* lunatique
Laus (-, *Läuse*) *f* pou *m*
lauschen *vi* écouter
lauschig *adj* tranquille

lausig (*fam*) *adj* minable
laut *adj* bruyant(e) ; (*Stimme*) fort(e) ▶ *präp +Gen* d'après
Laut (-*(e)s*, -*e*) *m* son *m*
lauten *vi*: **wie lautet das englische Original?** que dit l'original anglais ? ; **wie lautet das Urteil?** quel est le verdict ?
läuten *vi, vt* sonner
lauter *adj* pur(e) ▶ *adv*: **das sind ~ Lügen** c'est un tissu de mensonges
lauthals *adv* (*lachen*) à gorge déployée ; (*schreien*) à tue-tête
lautlos *adj* silencieux(-euse)
Lautsprecher *m* haut-parleur *m*
lautstark *adj* très fort(e)
Lautstärke *f* (*Radio*) volume *m*
lauwarm *adj* tiède
Lavendel (-*s*, -) *m* lavande *f*
Lawine *f* avalanche *f*
Lawinengefahr *f* danger *m* d'avalanches
Layout, Lay-out (-*s*, -*s*) *nt* mise *f* en page
leasen *vt* louer (à bail)
Leasing (-*s*, -*s*) *nt* leasing *m*
leben *vi* vivre
Leben (-*s*, -) *nt* vie *f*
lebend *adj* vivant(e)
lebendig *adj* vivant(e) ; (*lebhaft auch*) plein(e) de vie • **Lebendigkeit** *f* vivacité *f*
Lebensart *f* mode *m* de vie ; **seine ~ haben** manquer de savoir-vivre
Lebenserfahrung *f* expérience *f* de la vie
Lebenserwartung *f* espérance *f* de vie
Lebensgefahr *f* danger *m* de mort ; **in ~ schweben** *od* **sein** être entre la vie et la mort *od* dans un état critique
lebensgefährlich *adj* très dangereux(-euse) ; (*Verletzung, Krankheit*) grave
Lebenshaltungskosten *pl* coût *msg* de la vie
lebenslänglich *adj* à perpétuité
Lebenslauf *m* curriculum *m* vitae
lebenslustig *adj* heureux(-euse) de vivre
Lebensmittel *pl* aliments *mpl*
lebensmüde *adj* las(se) de vivre
Lebensretter *m* sauveteur *m*
Lebensstandard *m* niveau *m* de vie
Lebensunterhalt *m* subsistance *f*
Lebensversicherung *f* assurance-vie *f*
Lebenswandel *m* vie *f*
Lebensweise *f* mode *m* de vie
lebenswichtig *adj* vital(e)
Lebenszeichen *nt* signe *m* de vie
Lebenszeit *f*: **auf ~** à vie
Leber (-, -*n*) *f* foie *m* • **Leberfleck** *m* grain *m* de beauté • **Leberwurst** *f* saucisse *f* au pâté de foie
Lebewesen *nt* être *m* vivant
lebhaft *adj* vif(vive) ; (*Straße*) animé(e) ; (*Verkehr*) dense
Lebkuchen *m* pain *m* d'épice
leblos *adj* inanimé(e)
lechzen *vi*: **nach etw ~** être avide de qch
leck *adj* (*Boot*) qui prend l'eau ; (*Rohr*) qui fuit • **Leck** (-*(e)s*, -*s*) *nt* fuite *f*
lecken[1] *vi* (*Loch haben*) fuir
lecken[2] *vt* (*schlecken*) lécher
lecker *adj* délicieux(-euse) • **Leckerbissen** *m* délice *m*
led. *abk* = **ledig**
Leder (-*s*, -) *nt* cuir *m* • **Lederhose** *f* (*von Tracht*) culotte *f* de cuir
ledern *adj* en *od* de cuir
ledig *adj* célibataire • **lediglich** *adv* uniquement, ne ... que
leer *adj* vide
Leere (-) *f* vide *m*
leeren *vt* vider

Leergewicht *nt* poids *m* à vide
Leerlauf *m* point *m* mort
Leertaste *f* barre *f* d'espacement
Leerung *f* vidage *m*; (*Poste*) levée *f*
legal *adj* légal(e) • **legalisieren** *vt* légaliser
Legasthenie *f* dyslexie *f*
Legebatterie *f* batterie *f* (*pour l'élevage de poules pondeuses*)
legen *vt* (*tun*) mettre, poser; (*in flache Lage*) coucher; (*Kabel, Schienen*) poser; (*Ei*) pondre; (*Haare*) mettre en pli ▶ *vr* (*Mensch*) s'allonger; (*Betrieb, Interesse*) baisser; (*Schmerzen, Sturm*) se calmer
Legende *f* légende *f*
leger *adj* décontracté(e)
Legierung *f* alliage *m*
Legislative *f* législatif *m*
Legislaturperiode *f* législature *f*, mandature *f*
legitim *adj* légitime • **Legitimation** *f* légitimation *f* • **legitimieren** *vt* légitimer ▶ *vr* prouver son identité
Lehm (-(e)s, -e) *m* terre *f* glaise • **lehmig** *adj* glaiseux(-euse)
Lehne *f* (*Rückenlehne*) dossier *m*; (*Armlehne*) accoudoir *m*
lehnen *vt*: **etw an etw** *Akk* **~** appuyer qch contre qch ▶ *vr*: **sich an etw** *Akk***/auf etw** *Akk* **~** s'appuyer contre/à qch
Lehrbuch *nt* manuel *m*
Lehre *f* (*Ausbildung*) apprentissage *m*; (*Gedankenlehre, Glaubenssystem*) doctrine *f*; (*Erfahrung*) leçon *f*; (*Tech*) jauge *f*, calibre *m*
lehren *vt* (*unterrichten*) enseigner
Lehrer(in) (-s, -) *m(f)* professeur *m*; (*Grundschullehrer*) instituteur(-trice)
Lehrgang *m* cours *m*
Lehrling *m* apprenti *m*
Lehrplan *m* programme *m* (scolaire)
lehrreich *adj* instructif(-ive)
Lehrstelle *f* place *f* d'apprentissage
Lehrstuhl *m* chaire *f*
Leib (-(e)s, -er) *m* corps *m*
leibhaftig *adj* en chair et en os; (*Teufel*) incarné(e)
leiblich *adj* (*Sohn*) vrai(e)
Leiche *f* cadavre *m*
Leichenwagen *m* corbillard *m*
Leichnam (-(e)s, -e) *m* dépouille *f*
leicht *adj* léger(-ère); (*nicht schwierig*) facile ▶ *adv* (*schnell*) facilement; **es jdm ~ machen** faciliter les choses à qn • **Leichtathletik** *f* athlétisme *m* • **leicht|fallen** (*irr*) *vi*: **jdm ~** être facile pour qn • **leichtfertig** *adj* irréfléchi(e) • **leichtgläubig** *adj* crédule • **leichthin** *adv* à la légère
Leichtigkeit *f* facilité *f*
leicht|nehmen (*irr*) *vt* prendre à la légère
Leichtsinn *m* légèreté *f*
leichtsinnig *adj* imprudent(e)
leid *adj*: **etw ~ haben** *od* **sein** en avoir assez de qch; *siehe auch* **leidtun**
Leid (-(e)s) *nt* peine *f*
leiden (*irr*) *vt* souffrir de ▶ *vi* souffrir; **jdn/etw nicht ~ können** ne pas pouvoir souffrir qn/qch; **unter etw** *Dat* **~** souffrir de qch • **Leiden** (-s, -) *nt* (*Krankheit*) maladie *f*
Leidenschaft *f* passion *f* • **leidenschaftlich** *adj* passionné(e)
leider *adv* malheureusement
leidlich *adj* passable ▶ *adv* à peu près
leid|tun (*irr*) *vi*: **es tut mir leid** je suis désolé(e); **er tut mir leid** il me fait pitié

Leidwesen *nt*: **zu jds ~** au grand regret de qn
leihen *(irr) vt* prêter ; **sich** *Dat* **etw ~** emprunter qch
Leihgebühr *f* frais *mpl* de location
Leihwagen *m* voiture *f* de location
Leim (-(e)s, -e) *m* colle *f* • **leimen** *vt* coller
Leine *f* corde *f*; *(Hundeleine)* laisse *f*
Leinen (-s, -) *nt* toile *f*
Leintuch *nt* drap *m*
Leinwand *f* toile *f*; *(Ciné)* écran *m*
leise *adj (Stimme)* bas(basse) ; *(Geräusch, Wind, Regen, Zweifel)* léger(-ère)
Leiste *f* bordure *f*; *(Zierleiste)* garniture *f*; *(Anat)* aine *f*
leisten *vt* faire ; *(vollbringen)* accomplir ; **sich** *Dat* **etw ~ können** pouvoir se permettre qch
Leistung *f (Geleistetes)* performance *f*; *(Kapazität)* rendement *m* ; *(von Motor, Maschine)* puissance *f*; *(finanziell)* prestations *fpl*
Leistungsdruck *m* obligation *f* de réussir
Leistungssport *m* sport *m* de compétition
Leitartikel *m* éditorial *m*
Leitbild *nt* modèle *m*
leiten *vt* être à la tête de ; *(Firma, Orchester etc)* diriger ; *(Wärme, Strom)* conduire • **leitend** *adj (Stellung)* de cadre, à responsabilité ; **~er Angestellter** cadre *m* supérieur
Leiter[1] (-s, -) *m (Direktor)* directeur *m*
Leiter[2] (-, -n) *f* échelle *f*
Leiterin *f* directrice *f*
Leitfaden *m* précis *m*
Leitmotiv *nt* leitmotiv *m*
Leitplanke *f* glissière *f* de sécurité
Leitung *f (Führung, die Leitenden)* direction *f*; *(für Wasser, Gas, Strom)* conduite *f*; *(Kabel)* câble *m* ; *(Telefonleitung)* ligne *f*; **eine lange ~ haben** *(fig)* avoir la comprenette un peu dure
Leitwerk *nt* empennage *m*
Lektion *f* leçon *f*
Lektüre *f* lecture *f*
Lende *f* lombes *mpl*, reins *mpl* ; *(Culin)* filet *m*
lenken *vt (Fahrzeug)* conduire ; *(Blick, Aufmerksamkeit)* tourner
Lenkrad *nt* volant *m*
Lenkstange *f (Fahrradlenkstange)* guidon *m*
Leopard (-en, -en) *m* léopard *m*
Lerche *f* alouette *f*
lernbehindert *adj* attardé(e)
lernen *vt* apprendre
lesbar *adj* lisible
Lesbe (-, -n) *f (fam)*, **Lesbierin** *f* lesbienne *f*
lesbisch *adj* lesbien(ne)
Lese *f (Weinlese)* vendanges *fpl*
lesen *(irr) vt (Text)* lire ; *(ernten)* récolter ; *(auslesen)* trier
Leser(in) (-s, -) *m(f)* lecteur(-trice)
Leserbrief *m* lettre *f* de lecteur ; **„~e"** « courrier des lecteurs »
leserlich *adj* lisible
Lesesaal *m* salle *f* de lecture
Lesezeichen *nt* signet *m*
Lettland *nt* la Lettonie
letzte(r, s) *adj* dernier(-ière) ; **zum ~n Mal** pour la dernière fois
letztens *adv* récemment ; *(zuletzt)* finalement
letztere(r, s) *adj* ce(cette) dernier(-ière)
Leuchte *f* lampe *f*; *(kluger Kopf)* lumière *f*
leuchten *vi* briller ; *(mit Lampe)* éclairer
Leuchter (-s, -) *m* chandelier *m*

Leuchtfarbe *f* couleur *f* fluorescente
Leuchtfeuer *nt* balise *f*
Leuchtkugel *f* balle *f* traçante
Leuchtreklame *f* enseigne *f* lumineuse
Leuchtturm *m* phare *m*
leugnen *vt, vi* nier
Leukämie *f* leucémie *f*
Leute *pl* gens *mpl* ; (*Personal*) subordonnés *mpl*
Leutnant (-*s*, -*s* od -*e*) *m* lieutenant *m*
leutselig *adj* bienveillant(e)
Lexikon (-*s*, *Lexiken* od *Lexika*) *nt* encyclopédie *f* ; (*Wörterbuch*) dictionnaire *m*
Libanon (-*s*) *m* : **der ~** le Liban
Libelle *f* libellule *f*
liberal *adj* libéral(e)
Libero (-*s*, -*s*) *m* arrière *m* volant
Libyen (-*s*) *nt* la Libye
Licht (-(*e*)*s*, -*er*) *nt* lumière *f*
Lichtbild *nt* (*Passbild*) photo *f* d'identité
Lichtblick *m* lueur *f* d'espoir
lichten *vt* (*Wald*) éclaircir ; (*Anker*) lever ▶ *vr* (*Nebel*) se lever ; (*Reihen*) s'éclaircir
Lichthupe *f* appel *m* de phares
Lichtjahr *nt* année-lumière *f*
Lichtmaschine *f* dynamo *f*
Lichtschalter *nt* interrupteur *m*
Lichtschutzfaktor *m* indice *m* de protection
Lid (-(*e*)*s*, -*er*) *nt* paupière *f*
• **Lidschatten** *m* fard *m* à paupières
lieb *adj* gentil(le) ; (*artig*) sage ; (*willkommen*) bienvenu(e) ; (*geliebt*) cher (chère) ; **L~e Anne, ~er Klaus! ...** Chère Anne, cher Klaus ... ; **würden Sie so ~ sein** auriez-vous l'amabilité ; **~ haben** aimer beaucoup
liebäugeln *vi* : **mit dem Gedanken ~, etw zu tun** caresser l'idée de faire qch
Liebe *f* amour *m*
lieben *vt* aimer
liebenswert *adj* très sympathique
liebenswürdig *adj* aimable
liebenswürdigerweise *adv* aimablement
Liebenswürdigkeit *f* amabilité *f*
lieber *adv* : **etw ~ tun** préférer faire qch ; **ich gehe ~ nicht** je préfère ne pas y aller
Liebesbrief *m* lettre *f* d'amour
Liebeskummer *m* : **~ haben** avoir un chagrin d'amour
Liebespaar *nt* amoureux *mpl*
liebevoll *adj* affectueux(-euse)
Liebhaber(in) (-*s*, -) *m*(*f*) amant *m* ; (*Kenner*) amateur(-trice)
Liebhaberei *f* violon *m* d'Ingres
lieblich *adj* (*Landschaft*) charmant(e) ; (*Duft, Wein*) doux (douce)
Liebling *m* (*von Eltern, Publikum*) préféré(e) *m/f* ; (*Anrede*) chéri(e) *m/f*
Lieblings- *in zW* préféré(e)
lieblos *adj* sans cœur
Liechtenstein (-*s*) *nt* le Liechtenstein
Lied (-(*e*)*s*, -*er*) *nt* chanson *f*
liederlich *adj* dissolu(e)
Liedermacher *m* auteur-compositeur *m*
lief *etc vb siehe* **laufen**
Lieferant *m* fournisseur *m*
liefern *vt* (*Waren*) livrer ; (*Rohstoffe*) produire ; (*versorgen mit*) fournir
Lieferschein *m* bon *m* de livraison
Lieferung *f* livraison *f*
Lieferwagen *m* voiture *f* de livraison
Liege *f* divan *m*

liegen (*irr*) *vi* (*waagerecht sein*) être couché(e) ; (*sich befinden*) se trouver ; **an etw** *Dat* **~** (*Ursache*) tenir à qch ; **mir liegt viel daran** j'y tiens beaucoup ; **~ bleiben** (*nicht aufstehen*) rester couché(e) ; (*nicht ausgeführt werden*) rester en plan ; **~ lassen** (*vergessen*) oublier
Liegesitz *m* siège *m* à dossier réglable
Liegestuhl *m* chaise *f* longue
Liegewagen *m* wagon-couchette *m*
lieh *etc vb siehe* **leihen**
ließ *etc vb siehe* **lassen**
Lift (-(*e*)*s*, -*e od* -*s*) *m* ascenseur *m*
Likör (-*s*, -*e*) *m* liqueur *f*
lila *adj* mauve
Lilie *f* lis *m*
Limo *f* = **Limonade**
Limonade *f* limonade *f*
Linde *f* tilleul *m*
lindern *vt* soulager
Linderung *f* soulagement *m*
Lineal (-*s*, -*e*) *nt* règle *f*
Linguistik *f* linguistique *f*
Linie *f* ligne *f*
Linienflug *m* vol *m* de ligne
Linienrichter *m* juge *m* de touche
linieren *vt* régler
Link *m* lien *m*
linke(r, s) *adj* gauche
Linke *f* (*Hand*) main *f* gauche ; (*Pol*) gauche *f*
linkisch *adj* gauche
links *adv* à gauche ; (*verkehrt herum*) à l'envers ; (*mit der linken Hand*) de la main gauche ; **~ von mir** à ma gauche • **Linkshänder(in)** (-*s*, -) *m*(*f*) gaucher(-ère) • **Linksverkehr** *m* circulation *f* à gauche
Linse *f* lentille *f*
Lippe *f* lèvre *f*
Lippenstift *m* rouge *m* à lèvres
lispeln *vi* zézayer
List (-, -*en*) *f* ruse *f*
Liste *f* liste *f*
listig *adj* rusé(e)
Litauen (-*s*) *nt* la Lituanie
Liter (-*s*, -) *m od nt* litre *m*
literarisch *adj* littéraire
Literatur *f* littérature *f*
Litfaßsäule *f* colonne *f* Morris
litt *etc vb siehe* **leiden**
live *adj*, *adv* (*Radio*, *TV*) en direct
Lizenz *f* licence *f*
Lkw, LKW (-(*s*), -(*s*)) *m abk* = **Lastkraftwagen**
Lob (-(*e*)*s*) *nt* éloge *m*
loben *vt* faire l'éloge de, louer
lobenswert *adj* louable
Loch (-(*e*)*s*, ⸚*er*) *nt* trou *m* ; (*péj*: *Wohnung*) taudis *m*
lochen *vt* (*Papier*) perforer ; (*Fahrkarte*) poinçonner
Locher (-*s*, -) *m* perforatrice *f*
löcherig *adj* troué(e)
Locke *f* boucle *f*
locken[1] *vt* (*herbeilocken*) attirer
locken[2] *vt* (*Haare*) boucler
Lockenwickler *m* bigoudi *m*
locker *adj* (*Schraube*) desserré(e) ; (*Zahn*) qui branle ; (*nicht streng*) relâché(e) ; (*fam*) cool *inv*
lockern *vt* desserrer ; (*Vorschriften etc*) assouplir
lockig *adj* bouclé(e)
Löffel (-*s*, -) *m* cuillère *f*
log *etc vb siehe* **lügen**
Loge *f* loge *f*
Logik *f* logique *f*
Log-in *nt* (-*s*, -*s*) (*Inform*) identifiant *m*
logisch *adj* logique
Logo (-*s*, -*s*) *nt* logo *m*
Lohn (-(*e*)*s*, ⸚*e*) *m* récompense *f*, salaire *m* • **Lohnausgleich** *m* compensation *f* de salaire
lohnen *vr* en valoir la peine
Lohnfortzahlung *f droit au salaire en cas de maladie, accident etc*

l

Lohnpolitik *f* politique *f* salariale
Lohnsteuerkarte *f carte de contribuable*
Loipe *f* piste *f* de ski de fond
lokal *adj* local(e)
Lokal (-(e)s, -e) *nt* café *m* ; (*Restaurant*) restaurant *m*
Lokalisierung *f* localisation *f*
Lokomotive *f* locomotive *f*
lol *abk* (*Internet, Tél*) LOL, MDR
London (-s) *nt* Londres
Lorbeer (-s, -en) *m* laurier *m*
los *adj* (*nicht befestigt*) détaché(e) ▶ *adv*: **~!** (*vorwärts*) en avant ! ; (*Beeilung*) allons ! ; **was ist ~?** qu'est-ce qu'il y a ? ; **dort ist nichts ~** c'est un trou ! ; **jdn/etw ~ sein** être débarrassé(e) de qn/qch
Los (-es, -e) *nt* (*Lotterielos*) billet *m* de loterie
löschen *vt* (*Feuer, Licht*) éteindre ; (*Durst*) étancher ; (*Datei, Tonband*) effacer ; (*Fracht*) décharger ▶ *vi* (*Feuerwehr*) éteindre l'incendie
Löschtaste *f* touche *f* d'effacement
lose *adj* (*Knopf*) qui se découd ; (*Schraube*) desserré(e) ; (*Blatt*) volant(e) ; (*nicht verpackt*) en vrac ; (*moralisch*) dissolu(e)
Lösegeld *nt* rançon *f*
losen *vi* tirer au sort
lösen *vt* (*abtrennen*) détacher ; (*Rätsel, Problem*) résoudre ; (*Fahrkarte*) acheter ▶ *vr* (*aufgehen*) se défaire ; (*Zucker etc*) se dissoudre
los|fahren (*irr*) *vi* (*Fahrzeug*) démarrer, partir
los|gehen (*irr*) *vi* (*beginnen*) commencer ; (*aufbrechen: Bombe, Gewehr*) partir
los|kommen (*irr*) *vi*: **von jdm ~** arriver à se détacher de qn
los|lassen (*irr*) *vt* lâcher
los|legen (*fam*) *vi*: **nun leg mal los und erzähl(e) ...** vas-y, raconte ...
löslich *adj* soluble
los|machen *vt* détacher
Losung *f* slogan *m* ; (*Kennwort*) mot *m* de passe
Lösung *f* solution *f*
Lösungsmittel *nt* solvant *m*
los|werden (*irr*) *vt* se débarrasser de ; (*verkaufen*) écouler
Lot (-(e)s, -e) *nt* (*Senkblei*) fil *m* à plomb ; (*Senkrechte*) perpendiculaire *f* ; **(nicht) im ~ sein** (ne pas) être d'aplomb ; (*Sachen*) (ne pas) être en ordre
löten *vt* souder
Lothringen (-s) *nt* la Lorraine
Lötkolben *m* fer *m* à souder
Lotse (-n, -n) *m* pilote *m* ; (*Aviat*) aiguilleur *m* du ciel
lotsen *vt* piloter, diriger ; (*fam*): **jdn ins Kino/in die Stadt ~** traîner qn au cinéma/en ville
Lotterie *f* loterie *f*
Lotto (-s, -s) *nt* loto *m*
Löwe (-n, -n) *m* lion *m* ; (*Astr*) Lion *m* ; **~ sein** être (du) Lion
Löwenzahn *m* pissenlit *m*
Löwin *f* lionne *f*
loyal *adj* loyal(e)
Luchs (-es, -e) *m* lynx *m*
Lücke *f* (*in Zaun*) brèche *f* ; (*in Wissen, Gesetz*) lacune *f*
Lückenbüßer (-s, -) *m* bouche-trou *m*
lud *etc vb siehe* **laden**
Luder (-s, -) *nt* (*péj*) garce *f*
Luft (-, ⸗e) *f* air *m* ; (*Atem*) souffle *m* ; **in die ~ fliegen** exploser ; **hier ist dicke ~** (*fam: fig*) il y a de l'orage dans l'air • **Luftangriff** *m* attaque *f* aérienne • **Luftballon** *m* ballon *m* • **luftdicht** *adj* hermétique • **Luftdruck** *m* pression *f* atmosphérique

lüften *vt* aérer
Luftfahrt *f* aviation *f*
luftig *adj* (*Zimmer*) (bien) aéré(e) ; (*Kleider*) léger(-ère)
Luftkissenfahrzeug *nt* aéroglisseur *m*
Luftkurort *m* station *f* climatique
luftleer *adj*: **~er Raum** vide *m*
Luftlinie *f*: **100 km ~** 100 km à vol d'oiseau
Luftloch *nt* trou *m* d'air
Luftmatratze *f* matelas *m* pneumatique
Luftpost *f* poste *f* aérienne
Luftröhre *f* trachée *f*
Luftschutzkeller *m* abri *m* antiaérien
Lüftung *f* aération *f*
Luftverkehr *m* trafic *m* aérien
Luftverschmutzung *f* pollution *f* atmosphérique
Luftwaffe *f* armée *f* de l'air
Lüge *f* mensonge *m* ; **eine Behauptung ~n strafen** démentir une affirmation
lügen (*irr*) *vi* mentir
Lügner(in) (*-s, -*) *m(f)* menteur(-euse)
Luke *f* lucarne *f*
lukrativ *adj* lucratif(-ive)
Lümmel (*-s, -*) *m* vaurien *m*
lümmeln *vr* se vautrer
Lump (*-en, -en*) *m* gredin *m*
Lumpen (*-s, -*) *m* chiffon *m*
Lunge *f* poumon *m*
Lungenentzündung *f* pneumonie *f*
Lungenkrebs *m* cancer *m* du poumon
Lupe *f* loupe *f*
Lust (*-, ¨e*) *f* (*Freude, auch sexuell*) plaisir *m* ; (*Begierde, auch sexuell*) désir *m* ; (*Neigung*) envie *f* ; **~ haben zu** *od* **auf etw** *Akk***/etw zu tun** avoir envie de qch/de faire qch
lüstern *adj* lascif(-ive), lubrique
lustig *adj* (*komisch*) drôle ; (*fröhlich*) gai(e)
lustlos *adj* sans enthousiasme
lutschen *vt* sucer
Lutscher (*-s, -*) *m* sucette *f*
Luxemburg (*-s*) *nt* le Luxembourg
luxemburgisch *adj* luxembourgeois(e)
luxuriös *adj* luxueux(-euse)
Luxus (*-*) *m* luxe *m*
lynchen *vt* lyncher
Lyrik *f* poésie *f* lyrique

m

machbar *adj* faisable, réalisable

SCHLÜSSELWORT

machen *vt* **1** (*tun*) faire ; **was ~ Sie (beruflich)?** qu'est-ce que vous faites dans la vie ? ; **was macht die Arbeit?** comment va le travail ? ; **Schluss ~** arrêter
2 (*herstellen, anfertigen, richten*) faire ; **Essen ~** faire *od* préparer à manger ; **sein Bett ~** faire son lit ; **ein Foto ~** faire *od* prendre une photo ; **aus Holz gemacht** en bois ; **etw ~ lassen** (*herstellen lassen*) faire faire qch ; (*reparieren lassen*) faire réparer qch
3 (*ablegen: Examen, Abitur*) passer
4 (*teilnehmen*): **einen Kurs ~** suivre un cours ; **eine Reise ~** faire un voyage
5 (*verursachen, bereiten*): **jdm Angst/Freude ~** faire peur/plaisir à qn ; **das macht die Kälte** c'est dû au froid
6 (*ausmachen, schaden*) faire ; **macht nichts!** ça ne fait rien ! ; **die Kälte/der Rauch macht mir nichts** le froid/la fumée ne me dérange pas
7 (*mit Präpositionen*): **jdm zum Sklaven/zu seiner Frau ~** faire de qn un esclave/sa femme ; **aus jdm etw ~** faire qch de qn
8 (*Math*): **wie viel macht das?** ça fait combien ? ; **3 und 5 macht 8** 3 plus 5 égalent 8 ; **das macht 15 Euro** ça fait 15 euros
▶ *vi*: **mach schnell!** dépêche-toi ! ; **mach schon** *od* **schneller!** (*fam*) plus vite que ça ! ; **mach, dass du wegkommst!** ouste, va-t-en ! ; **machs gut!** bonne chance ! ; **das macht müde** ça fatigue ; **das macht hungrig/durstig** ça donne faim/soif ; **das macht dick** ça fait grossir ; **er macht in Politik** (*fam*) il fait de la politique ; **lass mich mal ~** (*fam*) laisse-moi faire
▶ *vr*: **sich an etw** *Akk* **~** (*beginnen*) se mettre à qch ; **sich** *Dat* **viel aus jdm/etw ~** tenir (beaucoup) à qn/qch ; **mach dir nichts daraus** ne t'en fais pas ; **sich auf den Weg ~** se mettre en route ; **das macht sich gut** c'est bien

Machenschaften *pl* intrigues *fpl*
Macher (-s, -) (*fam*) *m* battant *m*
Macht (-, ¨e) *f* pouvoir *m*
• **Machthaber** (-s, -) *m* dirigeant *m*
mächtig *adj* puissant(e) ; (*ungeheuer*) énorme
machtlos *adj* impuissant(e) ; (*hilflos*) désarmé(e)
Machtwort *nt*: **ein ~ sprechen** faire acte d'autorité
Machwerk *nt* travail *m* bâclé
Madagaskar (-s) *nt* Madagascar *m od f*
Mädchen *nt* jeune fille *f* ; (*Kind*) petite fille • **Mädchenname** *m* nom *m* de jeune fille
Made *f* asticot *m*
Magazin (-s, -e) *nt* magazine *m*

Magen (-s, - od ⸚) *m* estomac *m* • **Magenschmerzen** *pl* maux *mpl* d'estomac
mager *adj* maigre • **Magerkeit** *f* maigreur *f* • **Magersucht** *f* anorexie *f*
Magie *f* magie *f*
Magier (-s, -) *m* magicien *m*
magisch *adj* magique
Magnet (-s od -e, -en) *m* aimant *m* • **Magnetband** *nt* bande *f* magnétique • **magnetisch** *adj* magnétique
Mahagoni (-s) *nt* acajou *m*
mähen *vt* (*Rasen*) tondre ; (*Gras*) faucher
Mahl (-(e)s, -e) *nt* repas *m*
mahlen *vt* moudre
Mahlzeit *f* repas *m* ▶ *interj* bon appétit
Mähne *f* crinière *f*
mahnen *vt* (*warnend*) avertir ; (*wegen Schuld*) mettre en demeure
Mahnung *f* avertissement *m* ; (*mahnende Worte*) exhortation *f*
Mai (-(e)s, -e) *m* mai *m* • **Maiglöckchen** *nt* muguet *m* • **Maikäfer** *m* hanneton *m*
Mail (-, -s) *f* courrier *m* électronique
mailen *vi* (*Inform*): **jdm etw ~** envoyer qch à qn par mail
Mailprogramm *nt* logiciel *m* de courrier électronique
Main (-(e)s) *m* Main *m*
Mainz *nt* Mayence
Mais (-es, -e) *m* maïs *m* • **Maiskolben** *m* épi *m* de maïs
Majonäse (-, -n) *f* mayonnaise *f*
Majoran (-s, -e) *m* marjolaine *f*
makaber *adj* macabre
Makel (-s, -) *m* défaut *m* ; (*moralisch*) tare *f*
makellos *adj* sans défaut ; (*Sauberkeit*) immaculé(e) ; (*Vergangenheit*) irréprochable
Make-up (-s, -s) *nt* maquillage *m*
Makkaroni *pl* macaronis *mpl*
Makler(in) (-s, -) *m(f)* (*Fin*) courtier(-ière) *m*
Makrele *f* maquereau *m*
mal *adv* (*Math*) fois ; (*fam*) *siehe* **einmal**
Mal (-(e)s, -e) *nt* (*Zeitpunkt, Anlass*) fois *f* ; (*Zeichen*) marque *f*
Malaria (-) *f* paludisme *m*
Malaysia (-s) *nt* la Malaysia
Malediven *pl*: **die ~** les Maldives *fpl*
malen *vt, vi* peindre
Maler(in) (-s, -) *m(f)* peintre *m*
Malerei *f* peinture *f*
malerisch *adj* pittoresque
Mallorca (-s) *nt* Majorque *f*
Malta (-s) *nt* Malte *f*
Malz (-es) *nt* malt *m*
Mama (-, -s) (*fam*) *f* maman *f*
man *pron* on
Management (-s, -s) *nt* management *m* ; (*Führungskräfte*) cadres *mpl* supérieurs
managen *vt* gérer ; (*Sportler*) être le manager de ; **das werden wir schon ~!** on se débrouillera !
Manager(in) *m(f)* chef *m*
manche(r, s) *pron* plus d'un(e) ; **~ (Leute)** certains
mancherlei *pron inv* (*adjektivisch*) toutes sortes de ; (*substantivisch*) toutes sortes de choses
manchmal *adv* parfois
Mandant(in) *m(f)* (*Jur*) mandant(e)
Mandarine *f* mandarine *f*
Mandat *nt* mandat *m*
Mandel (-, -n) *f* amande *f* ; (*Anat*) amygdale *f* • **Mandelentzündung** *f* amygdalite *f*
Manege *f* (*im Zirkus*) piste *f* ; (*in einer Reitschule*) manège *m*
Mangel[1] (-, -n) *f* (*für Wäsche*) calandre *f*

Mangel² (-s, ⸚) *m* (*Fehler*) défaut *m* ; **~ (an** +*Dat*) (*Knappheit*) manque *m* (de)
mangelhaft *adj* (*ungenügend*) insuffisant(e) ; (*Material*) défectueux(-euse)
mangeln *vi unpers*: **es mangelt jdm an etw** *Dat* qn manque de qch ▶ *vt* (*Wäsche*) calandrer
mangels *präp* +*Gen* à défaut de, faute de
Mango (-, -s) *f* mangue *f*
Manier (-) *f* manière *f* ; **Manieren** *pl* manières *fpl*
Manifest (-es, -e) *nt* manifeste *m*
manipulieren *vt* manipuler
Mann (-(e)s, ⸚er) *m* homme *m* ; (*Ehemann*) mari *m*
Männchen *nt* petit homme *m* ; (*Tier*) mâle *m*
männlich *adj* mâle ; (*Ling*) masculin(e)
Mannschaft *f* (*Sport*) équipe *f* ; (*Naut, Aviat*) équipage *m* ; (*Mil*) homme *m* (de troupe)
Manschette *f* manchette *f*
Mantel (-s, ⸚) *m* manteau *m* ; (*Tech*) gaine *f*
Manuskript (-(e)s, -e) *nt* manuscrit *m*
Mappe *f* (*Aktenordner*) classeur *m* ; (*Aktentasche*) serviette *f*
Maracuja (-, -s) *f* fruit *m* de la passion
Märchen *nt* conte *m* (de fées) ; (*Lüge*) histoire *f* • **märchenhaft** *adj* fabuleux(-euse) ; (*wunderschön*) merveilleux(-euse)
Marder (-s, -) *m* martre *f*
Margarine *f* margarine *f*
Marienkäfer *m* coccinelle *f*
Marihuana (-s) *nt* marijuana *f*
Marine *f* marine *f*
Marionette *f* marionnette *f*
Mark¹ (-, -) *f* (*Hist: Münze*) mark *m*
Mark² (-(e)s) *nt* (*Knochenmark*) moelle *f*
markant *adj* (*Gesicht, Erscheinung*) marquant(e) ; (*Stil*) caractéristique
Marke *f* (*Warensorte, Fabrikat*) marque *f* ; (*Rabattmarke, Briefmarke*) timbre *m* ; (*Essensmarke*) ticket *m* ; (*aus Metall etc*) jeton *m*
Marker (-s, -) *m* marqueur *m*
Marketing (-s) *nt* marketing *m*
markieren *vt* (*kennzeichnen*) marquer ; (*fam*) simuler
Markierung *f* marque *f*
Markt (-(e)s, ⸚e) *m* marché *m* • **Marktanteil** *m* part *f* de marché • **Marktforschung** *f* étude *f* de marché • **Marktplatz** *m* place *f* du marché • **Marktwirtschaft** *f* économie *f* de marché
Marmelade *f* confiture *f*
Marmor (-s, -e) *m* marbre *m*
Marokko (-s) *nt* le Maroc
Marsch (-(e)s, ⸚e) *m* marche *f*
marschieren *vi* marcher
Märtyrer(in) (-s, -) *m(f)* martyr(e)
März (-(es), -e) *m* mars *m*
Marzipan (-s, -e) *nt* massepain *m*
Masche *f* maille *f* ; **das ist die neueste ~** (*fam*) c'est le dernier cri
Maschine *f* machine *f* ; **~ schreiben** taper à la machine
maschinell *adj* automatique
Maschinenbau *m* construction *f* mécanique
Maschinenbauer *m* ingénieur *m* mécanicien
Maschinengewehr *nt* mitrailleuse *f*
maschinenlesbar *adj* (*Inform*) exploitable par ordinateur
Maschinenpistole *f* mitraillette *f*
Masern *pl* (*Méd*) rougeole *f*
Maserung *f* fibres *fpl*
Maske *f* masque *m*

maskieren *vt (verkleiden)* déguiser
Maskulinum *(-s, Maskulina) nt* masculin *m*
maß *vb siehe* **messen**
Maß[1] *(-es, -e) nt* mesure *f*
Maß[2] *(-, -(e)) f (Bier)* ≈ litre *m (de bière)*
Massage *f* massage *m*
Masse *f* masse *f*
massenhaft *adj* en masse
Massenmedien *pl* mass media *mpl*
Massenvernichtungswaffen *pl* armes *fpl* de destruction massive
Masseur(in) *m(f)* masseur(-euse)
massieren *vt* masser
massig *adj* massif(-ive) ▶ *adv (fam: massenhaft)* en masse
mäßig *adj (Preise)* modéré(e) ; *(Qualität etc)* moyen(ne) ▶ *adv*: **~ trinken/essen** boire/manger avec modération
massiv *adj* massif(-ive) ; *(Beleidigung)* grossier(-ière) • **Massiv** *(-s, -e) nt* massif *m*
Maßkrug *m chope d'un litre*
maßlos *adj (unmäßig)* excessif(-ive) ; *(äußerst)* énorme
Maßnahme *f* mesure *f*
Maßstab *m (Géo)* échelle *f* ; *(Richtlinie, Norm)* norme *f*
maßvoll *adj* modéré(e)
Mast *(-(e)s, -e(n)) m* mât *m* ; *(Élec)* pylône *m*
mästen *vt (Tier)* engraisser
Material *(-s, -ien) nt (Stoff, Rohstoff)* matière *f* ; *(Hilfsmittel, Ausrüstung)* matériel *m*
materialistisch *adj* matérialiste
Materie *f* matière *f*
materiell *adj* matériel(le) ; **~ eingestellt sein** être matérialiste
Mathematik *f* mathématiques *fpl*
Matratze *f* matelas *m*
Matrixdrucker *m* imprimante *f* matricielle
Matrose *(-n, -n) m* marin *m*
Matsch *(-(e)s) m* boue *f* ; *(Schneematsch)* neige *f* fondante *od* fondue
matt *adj (Schimmer)* faible ; *(Phot)* mat(e) ; *(Lächeln)* faible ; *(Échecs)* mat *inv*
Matte *f (an der Tür)* paillasson *m*
Mattscheibe *f (TV)* écran *m* ; **~ haben** *(fam)* être dans les vapes
Mauer *(-, -n) f* mur *m*
Maul *(-(e)s, Mäuler) nt* gueule *f* • **Maulesel** *m* mulet *m* • **Maulkorb** *m* muselière *f* • **Maul- und Klauenseuche** *f* fièvre *f* aphteuse
Maulwurf *m (Zool)* taupe *f*
Maurer *(-s, -) m* maçon *m*
Mauritius *nt* l'île *f* Maurice
Maus *(-, Mäuse) f (auch Inform)* souris *f*
Mausefalle *f* souricière *f*
Mausklick *m* clic *m* sur la souris
Maustaste *f* bouton *m* de la souris
Maut *f* péage *m*
maximal *adj* maximum
maximieren *vt* maximiser
Mayonnaise *(-, -n) f* mayonnaise *f*
Mechanik *f* mécanique *f*
Mechaniker(in) *(-s, -) m(f)* mécanicien(ne)
mechanisch *adj* mécanique
Mechanismus *m* mécanisme *m*
meckern *vi (Ziege)* chevroter ; *(fam)* râler
Medaille *f* médaille *f*
Medien *pl von* **Medium**
Medikament *nt* médicament *m*
Meditation *f* méditation *f*
meditieren *vi* méditer
Medium *nt (Phys)* milieu *m* ; **die Medien** les média(s) *fpl*
Medizin *(-, -en) f (Wissenschaft)* médecine *f*

medizinisch *adj* médical(e)
Meer (-(*e*)*s*, -*e*) *nt* mer *f*
Meeresspiegel *m* niveau *m* de la mer
Meerrettich *m* raifort *m*
Meerschweinchen *nt* cobaye *m*
Megabyte *nt* mégaoctet *m*
Mehl (-(*e*)*s*, -*e*) *nt* farine *f*
Mehlspeise (*Österr*) *f* (*Culin*) entremets *m*
mehr *pron* plus de ▶ *adv* plus • **mehrdeutig** *adj* (*Wort*) ambigu(ë)
mehrere *pron* plusieurs
mehreres *pron* plusieurs choses
mehrfach *adj* (*Hinsicht*) divers(e) ; (*wiederholt*) répété(e)
Mehrfamilienhaus *nt* petit immeuble *m*
Mehrheit *f* majorité *f*
mehrmalig *adj* répété(e)
mehrmals *adv* plusieurs fois
mehrstimmig *adj, adv* à plusieurs voix
Mehrwertsteuer *f* taxe *f* sur la valeur ajoutée, TVA *f*
Mehrzahl *f*: **die ~ (von)** la majorité (de)
meiden (*irr*) *vt* éviter
Meile *f* mille *m*
Meilenstein *m* borne *f* ; (*fig*) événement *m* marquant
meilenweit *adv* très loin
mein(e) *poss pron* mon(ma) ; (*pl*) mes
meine(r, s) *pron* le(la) mien(ne)
Meineid *m* parjure *m*
meinen *vt* (*der Ansicht sein*) penser ; (*sagen*) dire ; (*sagen wollen*) vouloir dire
meiner (*Gen von ich*) *pron* (*geh*): **erinnert ihr euch ~?** vous souvenez-vous de moi ?
meinerseits *adv* pour ma part
meinetwegen *adv* (*mir zuliebe*) pour moi ; (*wegen mir*) à cause de moi ; **~!** si tu veux !
Meinung *f* opinion *f*
Meinungsaustausch *m* échange *m* de vues
Meinungsfreiheit *f* liberté *f* d'opinion
Meinungsumfrage *f* sondage *m* d'opinion
Meinungsverschiedenheit *f* divergence *f* de vues
Meise *f* mésange *f*
Meißel (-*s*, -) *m* ciseau *m*
meist *adv* généralement
meiste(r, s) *adj*: **die ~n Leute** la plupart des gens
meistens *adv* la plupart du temps
Meister(in) (-*s*, -) *m(f)* maître *m* ; (*Sport*) champion(ne) • **meisterhaft** *adj* (*Arbeit*) parfait(e) ; (*Können*) magistral(e)
meistern *vt* maîtriser ; **sein Leben ~** bien se débrouiller dans la vie
Meisterschaft *f* maîtrise *f* ; (*Sport*) championnat *m*
Meisterstück, Meisterwerk *nt* chef-d'œuvre *m*
Melancholie *f* mélancolie *f*
melancholisch *adj* mélancolique
Meldefrist *f* délai *m*
melden *vt* annoncer, signaler ; (*registrieren*) déclarer ▶ *vr* s'annoncer ; (*freiwillig*) se porter volontaire ; (*auf etw, am Telefon*) répondre
Meldepflicht *f* déclaration *f* obligatoire
Meldung *f* avis *m* ; (*Bericht*) information *f*
melken (*irr*) *vt* traire
Melodie *f* mélodie *f*
Melone *f* melon *m* ; (*Hut*) (chapeau *m*) melon
Memoiren *pl* mémoires *mpl*
Menge *f* quantité *f* ; (*Menschenmenge*) foule *f* ; (*große Anzahl*) masse *f*, tas *m*

Mengenlehre *f (Math)* théorie *f* des ensembles
Mensa (-, -s *od Mensen*) *f* restaurant *m* universitaire
Mensch[1] (-en, -en) *m* homme *m*, être *m* humain ; **kein ~** personne
Mensch[2] (-(e)s, -er) *(fam) nt* salope *f*
menschenmöglich *adj* humainement possible
Menschenrechte *pl* droits *mpl* de l'homme
menschenunwürdig *adj* dégradant(e)
Menschenverstand *m*: **gesunder ~** bon sens *m*
Menschheit *f* humanité *f*
menschlich *adj* humain(e)
Menschlichkeit *f* humanité *f*
Menstruation *f* règles *fpl*
Mentalität *f* mentalité *f*
Menü (-s, -s) *nt (Culin, Inform)* menu *m* • **menügesteuert** *adj (Inform)* guidé(e) par le menu
merken *vt* remarquer ▶ *vr*: **sich** *Dat* **jdn/etw ~** ne pas oublier qn/qch
merklich *adj* visible
Merkmal *nt* caractéristique *f*
merkwürdig *adj* étrange
Messbecher *m* verre *m* gradué
Messe *f (Ausstellung)* foire *f*; *(Rel)* messe *f*
messen *(irr) vt* mesurer
Messer (-s, -) *nt* couteau *m*
Messgerät *nt* appareil *m* de mesure
Messing (-s) *nt* laiton *m*
Metall (-s, -e) *nt* métal *m*
Metastase *f (Méd)* métastase *f*
Meter (-s, -) *m od nt* mètre *m* • **Metermaß** *nt* mètre *m*
Methode *f* méthode *f*
methodisch *adj* méthodique
Metropole *f* métropole *f*
Metzger (-s, -) *m* boucher *m*
Metzgerei *f* boucherie *f*
Meute *f* meute *f*
Meuterei *f* mutinerie *f*
meutern *vi* se mutiner
Mexiko (-s) *nt* le Mexique
MHz *abk (= Megahertz)* MHz
miauen *vi* miauler
mich *(Akk von ich) pron* me ; *(nach präp)* moi
mied *etc vb siehe* **meiden**
Miene *f* mine *f*
mies *(fam) adj* mauvais(e)
Miesmuschel *f* moule *f*
Mietauto *nt* voiture *f* de location
Miete *f* loyer *m*
mieten *vt* louer
Mieter(in) (-s, -) *m(f)* locataire *mf*
Mietshaus *nt* immeuble *m* de rapport
Mietvertrag *m* contrat *m* de location
Mietwagen *m* voiture *f* de location
Mietwohnung *f* logement *m* en location
Migräne *f* migraine *f*
Mikrochip *m* puce *f*
Mikrofon (-s, -e) *nt* microphone *m*
Mikroprozessor *m* microprocesseur *m*
Mikroskop (-s, -e) *nt* microscope *m*
Mikrowelle *f* micro-onde *f*
Mikrowellenherd *m* four *m* à micro-ondes
Milch (-) *f* lait *m*
Milchkaffee *m* café *m* au lait
Milchstraße *f* voie *f* lactée
mild *adj* doux(douce)
Milde *f* douceur *f*; *(Güte)* bienveillance *f*
mildern *vt* atténuer ; **~de Umstände** circonstances *fpl* atténuantes
Milieu (-s, -s) *nt* milieu *m*
militant *adj* militant(e)

m

Militär (*-s*) *nt* armée *f* • **militärisch** *adj* militaire
Militarismus *m* militarisme *m*
Milliarde *f* milliard *m*
Millimeter *m od nt* millimètre *m*
Million (*-, -en*) *f* million *m*
Millionär(in) *m(f)* millionnaire *mf*
Milz (*-, -en*) *f* rate *f*
Mimose *f* mimosa *m* ; (*fig*) hypersensible *mf*
minder *adj* (*Qualität, Ware*) inférieur(e) ▶ *adv* moins
Minderheit *f* minorité *f*
minderjährig *adj* mineur(e)
mindern *vt, vr* diminuer
Minderung *f* (*von Wert, Qualität*) baisse *f*
minderwertig *adj* (*Ware*) de qualité inférieure
Minderwertigkeitskomplex *m* complexe *m* d'infériorité
mindeste(r, s) *adj* le(la) plus petit(e) possible ; (*nach Verneinung*) le(la) moindre
mindestens *adv* au moins
Mindestlohn *m* salaire *m* minimum
Mine *f* mine *f* ; (*Kugelschreibermine*) cartouche *f*
Mineral (*-s, -e od -ien*) *nt* minéral *m* • **Mineralwasser** *nt* eau *f* minérale
minimal *adj* minimal(e), minimum
Minimum (*-s, -ma*) *nt* minimum *m*
Minirock *m* mini-jupe *f*
Minister(in) (*-s, -*) *m(f)* ministre *mf*
Ministerium *nt* ministère *m*
Ministerpräsident(in) *m(f)* Premier ministre *mf*
minus *adv, präp +Gen* moins • **Minus** (*-, -*) *nt* déficit *m*
Minute *f* minute *f*
mir (*Dat von ich*) *pron* (à) moi ; (*nach präp*) moi ; (*reflexiv*) me
mischen *vt* mélanger ▶ *vr* (*Menschen*) se mêler
Mischling *m* métis *m*
Mischung *f* mélange *m*
miserabel *adj* (*Essen, Film*) minable ; (*Gesundheit*) pitoyable ; (*Benehmen*) lamentable
Missachtung *f* mépris *m*
Missbildung *f* malformation *f*
Missbrauch *m* abus *m*
missbrauchen *vt insép* abuser de
Misserfolg *m* échec *m*
Missfallen (*-s*) *nt* mécontentement *m*, déplaisir *m*
Missgunst *f* ressentiment *m*
missgünstig *adj* (*Mensch, Blick, Worte*) plein(e) de ressentiment
misshandeln *vt* maltraiter
Mission *f* mission *f*
misslingen (*irr*) *vi* (*Experiment etc*) échouer
Missmanagement *nt* mauvaise gestion *f*
Missstand *m* anomalie *f*
Misstrauen (*-s*) *nt*: **~ gegenüber** méfiance *f* à l'égard de
Misstrauensvotum *nt* (*Pol*) adoption *f* d'une motion de censure
misstrauisch *adj* méfiant(e)
Missverständnis *nt* malentendu *m*
missverstehen (*irr*) *vt insép* mal comprendre
Mist (*-(e)s*) *m* fumier *m* ; (*fam*) bêtises *fpl* ; **~!** c'est de la foutaise !
Mistel (*-, -n*) *f* gui *m*
mit *präp +Dat* avec ▶ *adv* (*außerdem, auch*) aussi ; **~ der Bahn/dem Flugzeug** en train/avion ; **~ 10 Jahren sollte man das wissen** à 10 ans il devrait le savoir ; **willst du ~?** (*fam*) tu viens avec nous ?
Mitarbeit *f* collaboration *f* • **mit|arbeiten** *vi*: **~ (an** *Dat od* **bei)** collaborer (à) ; **seine Frau**

arbeitet mit sa femme travaille aussi
Mitarbeiter(in) *m(f)* collaborateur(-trice) ; **Mitarbeiter** *pl* (*Personal*) collaborateurs *mpl* ; **freier/ständiger ~** collaborateur indépendant/engagé à titre permanent
Mitbestimmung *f* participation *f*
mit|bringen (*irr*) *vt* (*Mensch*) amener ; **(jdm) etw ~** apporter qch (à qn)
Mitbringsel (-s, -) *nt* petit cadeau *m*
miteinander *adv* ensemble
mit|erleben *vt* assister à ; (*als Zeitgenosse*) vivre
Mitesser (-s, -) *m* point *m* noir
mit|fahren (*irr*) *vi* venir *od* y aller aussi ; **er fährt nach Norwegen und ich fahre mit** il va en Norvège et je l'accompagne
mit|geben (*irr*) *vt*: **jdm etw ~** donner qch (à emporter) à qn
Mitgefühl *nt* compassion *f*
mit|gehen (*irr*) *vi* venir ; **überall wo ich hingehe, geht er mit** il m'accompagne *od* me suit partout où je vais
mitgenommen *adj*: **~ sein/aussehen** (*Mensch*) être/avoir l'air épuisé(e) ; (*Möbel, Auto etc*) endommagé(e)
Mitgift *f* dot *f*
Mitglied *nt* membre *m*
Mitgliedschaft *f* affiliation *f*
mit|halten (*irr*) *vi* suivre
mit|helfen (*irr*) *vi* aider, donner un coup de main
Mithilfe *f* concours *m*
mit|kommen (*irr*) *vi* venir ; (*mithalten, verstehen*) suivre
Mitleid *nt* pitié *f*
Mitleidenschaft *f*: **jdn/etw in ~ ziehen** toucher qn/qch
mitleidig *adj* compatissant(e)
mit|machen *vt* prendre part à ▶ *vi* participer
mit|nehmen (*irr*) *vt* (*Person*) emmener ; (*Sache*) emporter ; (*anstrengen*) épuiser
mitsamt *präp +Dat* avec
Mitschuld *f* complicité *f*
mitschuldig *adj*: **an etw** *Dat* **~ sein** être complice de qch ; (*an Unfall*) participer la responsabilité de qch
Mitschüler(in) *m(f)* camarade *mf* d'école
mit|spielen *vi* prendre part au jeu ; (*fig*) être de la partie
Mitspieler(in) *m(f)* autre joueur(-euse)
Mitspracherecht *nt* droit *m* d'intervention
Mittag *m* midi *m* ; **(zu) ~ essen** déjeuner ; **gestern/heute/Sonntag ~** hier/aujourd'hui/dimanche à midi • **Mittagessen** *nt* déjeuner *m*
mittags *adv* à midi • **Mittagspause** *f* pause *f* de midi ; (*in Geschäften*) ≈ fermeture *f* entre midi et deux heures
Mitte *f* milieu *m*
mit|teilen *vt*: **jdm etw ~** annoncer qch à qn
Mitteilung *f* communication *f* ; (*Nachricht*) nouvelle *f*
Mittel (-s, -) *nt* moyen *m* ; (*Méd*) remède *m* • **Mittelalter** *nt* moyen âge *m* • **Mittelamerika** *nt* l'Amérique *f* centrale • **mittelbar** *adj* indirect(e) • **Mitteleuropa** *nt* l'Europe *f* centrale • **Mittelfinger** *m* majeur *m* • **mittelmäßig** *adj* moyen(ne) • **Mittelmeer** *nt* Méditerranée *f* • **Mittelpunkt** *m* centre *m*

m

mittels *präp +Gen* au moyen de
Mittelstand *m* classes *fpl* moyennes
Mittelstreifen *m* bande *f* médiane
Mittelstürmer *m* avant-centre *m*
Mittelweg *m* moyen terme *m*
Mittelwelle *f* (*Radio*) ondes *fpl* moyennes
Mittelwert *m* moyenne *f*
mitten *adv* au milieu ; **~ auf der Straße/in der Nacht** en pleine rue/nuit
Mitternacht *f* minuit *m*
mittlere(r, s) *adj* du milieu ; (*durchschnittlich*) moyen(ne)
mittlerweile *adv* entre-temps
Mittwoch (-(*e*)*s*, -*e*) *m* mercredi *m*
mittwochs *adv* le mercredi
mitunter *adv* de temps en temps
mitverantwortlich *adj* (*Mensch*) coresponsable
mit|wirken *vi*: **~ (bei** *od* **an** *+Dat***)** collaborer (à) ; (*Theat*) participer
Mitwirkung *f* collaboration *f* ; **unter ~ von** avec le concours de
Mitwisser *m* complice *m*
Mixer (-*s*, -) *m* mixer *m*
Mobbing (-*s*) *nt* harcèlement *m* moral
Möbel (-*s*, -) *nt* meuble *m*
• **Möbelwagen** *m* camion *m* de déménagement
mobil *adj* mobile ; (*fam*: *munter*) alerte
Mobilfunk *m* téléphonie *f* mobile
Mobiliar (-*s*, -*e*) *nt* mobilier *m*
möblieren *vt* meubler ; **möbliert wohnen** habiter un appartement meublé
mochte *etc vb siehe* **mögen**
Mode *f* mode *f*
Model (-*s*, -*s*) *nt* (*Mannequin*) mannequin *m*
Modell (-*s*, -*e*) *nt* modèle *m* ; (*Mannequin*) mannequin *m*
Modem (-*s*, -*s*) *nt* modem *m*
Modenschau *f* défilé *m* de mode
modern *adj* moderne ; (*Kleid, Frisur*) à la mode
modernisieren *vt* moderniser
modisch *adj* à la mode
Modul (-*s*, -*e*) *nt* module *m*
Modus (-, *Modi*) *m* mode *m*
Mofa (-*s*, -*s*) *nt* mobylette *f*
mogeln (*fam*) *vi* tricher

SCHLÜSSELWORT

mögen (*pt* **mochte**, *pp* **gemocht** *od (als Hilfsverb)* **mögen**) *vt, vi*
1 (*gernhaben*): **ich mag ihn** je l'aime bien ; **ich mag Blumen/Schokolade** j'aime les fleurs/le chocolat ; **ich mag (es) nicht, wenn man mir immer widerspricht** je n'aime pas qu'on me contredise constamment ; **ich mag nicht mehr** (*ich habe genug*) j'en ai assez ; (*ich kann nicht mehr*) je n'en peux plus
2 (*wollen*): **möchtest du einen Drink?** (aimerais-tu) quelque chose à boire ?
▸ *Hilfsverb* **1** (*Wunsch*: *wollen*): **möchtest du etwas essen?** aimerais-tu manger quelque chose ? ; **ich möchte nach Rom reisen** j'aimerais aller à Rome ; **ich möchte das gern haben** j'aimerais *od* je voudrais bien l'avoir ; **man möchte meinen, dass ...** on dirait que ... ; **sie mag** *od* **möchte nicht bleiben** elle n'a pas envie de rester ; **das mag wohl sein** c'est bien possible ; **was mag das (wohl) heißen?** qu'est-ce que ça signifie ?
2 (*Aufforderung*: *sollen*) : **sag ihr, sie möchte zu Hause anrufen** dis-lui de téléphoner à la maison

möglich *adj* possible
möglicherweise *adv* peut-être
Möglichkeit *f* possibilité *f*
möglichst *adv* dans la mesure du possible
Mohn (*-(e)s, -e*) *m* pavot *m* ; (*Klatschmohn*) coquelicot *m*
Möhre (*-, -n*) *f* carotte *f*
Mole *f* môle *m*
molk *etc vb siehe* **melken**
Molkerei *f* laiterie *f*
Moll (*-, -*) *nt* (*Mus*) mode *m* mineur
mollig *adj* douillet(te) ; (*dicklich: Figur*) potelé(e)
Moment[1] (*-(e)s, -e*) *m* moment *m* ; **im ~** en ce moment
Moment[2] (*-(e)s, -e*) *nt* (*Umstand*) facteur *m*
momentan *adj* (*augenblicklich*) actuel(le) ▶ *adv* actuellement
Monaco (*-s*) *nt* Monaco
Monarch(in) (*-en, -en*) *m(f)* monarque *m*
Monarchie *f* monarchie *f*
Monat (*-(e)s, -e*) *m* mois *m*
monatelang *adv* pendant des mois
monatlich *adj* mensuel(le)
Monatsgehalt *nt*: **das dreizehnte ~** le treizième mois
Monatskarte *f* (carte *f* d')abonnement *m* mensuel
Mönch (*-(e)s, -e*) *m* moine *m*
Mond (*-(e)s, -e*) *m* lune *f*
Mondfinsternis *f* éclipse *f* de lune
Mondlandung *f* alunissage *m*
Mondschein *m* clair *m* de lune
monegassisch *adj* monégasque
mongoloid *adj* mongolien(ne)
Monitor *m* moniteur *m*
Monolog (*-s, -e*) *m* monologue *m*
Monopol (*-s, -e*) *nt* monopole *m*
monoton *adj* monotone
Monotonie *f* monotonie *f*
Monsun (*-s, -e*) *m* mousson *f*
Montag *m* lundi *m*
Montage *f* montage *m*
montags *adv* le lundi
montieren *vt* monter
Monument *nt* monument *m*
Moor (*-(e)s, -e*) *nt* marécage *m*
Moos (*-es, -e*) *nt* mousse *f*
Moped (*-s, -s*) *nt* vélomoteur *m*, mobylette *f*
Moral (*-, -en*) *f* morale *f* • **moralisch** *adj* moral(e)
Mord (*-(e)s, -e*) *m* meurtre *m* • **Mordanschlag** *m* attentat *m*
Mörder(in) (*-s, -*) *m(f)* meurtrier(-ière)
Mordkommission *f* ≈ brigade *f* criminelle
morgen *adv* demain ; **~ früh** demain matin • **Morgen** (*-s, -*) *m* matin *m*
morgens *adv* le matin
morgig *adj* de demain ; **der ~e Tag** demain
Morphium *nt* morphine *f*
morsch *adj* (*Holz*) pourri(e) ; (*Knochen*) fragile
Mörtel (*-s, -*) *m* mortier *m*
Mosaik (*-s, -en od -e*) *nt* mosaïque *f*
Moschee *f* mosquée *f*
Mosel *f* Moselle *f*
Moskau (*-s*) *nt* Moscou
Moskito (*-s, -s*) *m* (*Zool*) moustique *m* (tropical)
Moslem (*-s, -s*) *m* musulman *m*
Most (*-(e)s, -e*) *m* moût *m* ; (*Apfelwein*) cidre *m*
Motel (*-s, -s*) *nt* motel *m*
Motiv *nt* motif *m*
Motivation *f* motivation *f*
motivieren *vt* motiver
Motor (*-s, -en*) *m* moteur *m* • **Motorboot** *nt* canot *m* automobile
Motorrad *nt* moto *f*

m

Motorradfahrer(in) *m(f)* motocycliste *mf*
Motorroller *m* scooter *m*
Motorschaden *m* panne *f* de moteur
Motorsport *m* sport *m* automobile
Motte *f* mite *f*
Motto (*-s, -s*) *nt* devise *f*
Mountainbike (*-s, -s*) *nt* V.T.T. *m*, vélo tout-terrain *m*
Möwe *f* mouette *f*
MS *abk* = **multiple Sklerose**
Mücke *f* moustique *m*
müde *adj* fatigué(e)
Müdigkeit *f* fatigue *f*
Muffel (*-s, -*) (*fam*) *m* grognon *m*
muffig *adj* qui sent le renfermé
Mühe *f* peine *f*; **sich** *Dat* **~ geben** se donner de la peine • **mühelos** *adv* sans peine
muhen *vi* meugler
Mühle *f* moulin *m*
Mull (*-(e)s, -e*) *m* gaze *f*
Müll (*-(e)s*) *m* ordures *fpl* • **Müllabfuhr** *f* ramassage *m* des ordures; (*Leute*) voirie *f* • **Müllabladeplatz** *m* décharge *f* publique
Mullbinde *f* bande *f* de gaze
Mülldeponie *f* décharge *f* publique
Mülleimer *m* poubelle *f*
Müller (*-s, -*) *m* meunier *m*
Müllschlucker (*-s, -*) *m* vide-ordures *m inv*
Mülltonne *f* poubelle *f*
Müllverbrennungsanlage *f* usine *f* d'incinération
Müllwagen *m* camion *m* de la voirie
mulmig *adj* (*Gefühl*) bizarre; **ihm ist ~** (*leicht übel*) il se sent mal
Multi (*-s, -s*) *m* multinationale *f*
multikulturell *adj* multiculturel(le)
multiple Sklerose *f* sclérose *f* en plaques
multiplizieren *vt* multiplier
Mumie *f* momie *f*
Mumps (*-*) *m od f* oreillons *mpl*
München (*-s*) *nt* Munich
Mund (*-(e)s, ¨er*) *m* bouche *f* • **Mundart** *f* dialecte *m*
münden *vi*: **~ in** *+Akk* se jeter dans
Mundgeruch *m* mauvaise haleine *f*
Mundharmonika *f* harmonica *m*
mündig *adj* majeur(e)
mündlich *adj* (*Absprache*) verbal(e); (*Prüfung*) oral(e) ▶ *adv*: **alles Weitere ~!** je t'expliquerai le reste de vive voix!
mundtot *adj*: **jdn ~ machen** réduire qn au silence
Mündung *f* embouchure *f*; (*von Gewehr*) gueule *f*
Mundwinkel *m* coin *m* de la bouche
Munition *f* munitions *fpl*
munkeln *vt, vi* chuchoter
Münster (*-s, -*) *nt* cathédrale *f*
munter *adj* (*lebhaft, heiter*) gai(e); (*wach*) éveillé(e) • **Munterkeit** *f* gaîté *f*
Münze *f* pièce *f* de monnaie
münzen *vt* (*Metall*) monnayer; (*Geldstück*) battre, frapper; **auf jdn/etw gemünzt sein** viser qn/qch
Münzfernsprecher *m* téléphone *m* public
mürb, mürbe *adj* (*Holz*) pourri(e); (*Gebäck*) friable • **Mürbeteig** *m* pâte *f* brisée
murmeln *vt, vi* murmurer
Murmeltier *nt* marmotte *f*
murren *vi* grogner
mürrisch *adj* grincheux(-euse)
Mus (*-es, -e*) *nt* compote *f*

Muschel (-, -n) *f* coquillage *m* ; (*Telefonmuschel*) écouteur *m*
Museum (-s, *Museen*) *nt* musée *m*
Musik *f* musique *f*
musikalisch *adj* (*Mensch*) musicien(ne) ; (*Verständnis*) musical(e)
Musikbox *f* juke-box *m*
Musiker(in) (-s, -) *m(f)* musicien(ne)
musizieren *vi* jouer de la musique
Muskat *m* muscade *f*
Muskel (-s, -n) *m* muscle *m*
• **Muskelkater** *m*: **einen ~ haben** être courbaturé(e)
Muskulatur *f* musculature *f*
Müsli (-s, -) *nt* muesli *m*
Muslim *m* (-s, -s) musulman *m*
Muslimin *f* musulmane *f*
Muss *nt* nécessité *f*
Muße (-) *f* loisir *m*
müssen (*pt* **musste**, *pp* **gemusst** *od* (*als Hilfsverb*) **müssen**) *vi* devoir ; **er hat gehen ~** il a dû partir
musste *etc vb siehe* **müssen**
Muster (-s, -) *nt* modèle *m* ; (*Dessin*) motif *m* ; (*Probe*) échantillon *m*
mustern *vt* (*betrachten*) dévisager
Mut *m* courage *m* ; **jdm ~ machen** encourager qn
mutig *adj* courageux(-euse)
Mutter (-, ⁼) *f* mère *f* ; (*Tech*) écrou *m*
mütterlich *adj* maternel(le)
mütterlicherseits *adv* du côté de ma *etc* mère
Mutterschaft *f* maternité *f*
Mutterschutz *m dispositions légales visant à protéger les femmes enceintes et les enfants en bas âge*
Muttersprache *f* langue *f* maternelle
Mutti (-, -s) (*fam*) *f* maman *f*
mutwillig *adj* intentionnel(le)
Mütze *f* (*Wollmütze*) bonnet *m* ; (*mit Schirm*) casquette *f*
MwSt *abk* (= *Mehrwertsteuer*) ≈ T.V.A. *f*
Mythos (-, *Mythen*) *m* mythe *m*

m

n

na *interj* eh bien
Nabel (*-s, -*) *m* nombril *m*

SCHLÜSSELWORT

nach *präp +Dat* **1** (*örtlich*) à ; **~ Köln fahren/umziehen** aller/ déménager à Cologne ; **~ links/ rechts** à gauche/droite ; **von A ~ B** de A à B
2 (*zeitlich*) après ; **zehn (Minuten) ~ drei** trois heures dix ; **immer schön einer ~ dem anderen!** ne poussez pas ! ; **bitte ~ Ihnen!** après vous !
3 (*gemäß*) selon ; **~ dem Gesetz** selon la loi ; **die Uhr ~ dem Radio stellen** régler sa montre d'après la radio ; **ihrer Sprache ~ (zu urteilen)** d'après *od* à en juger par la manière dont elle s'exprime ; **~ allem, was ich weiß** d'après ce que je sais
▶ *adv*: **~ und ~** peu à peu, progressivement ; **~ wie vor** toujours

nach|ahmen *vt* imiter
Nachahmung *f* imitation *f*
Nachbar(in) (*-s, -n*) *m(f)* voisin(e)
• **Nachbarhaus** *nt* maison *f* voisine
• **Nachbarschaft** *f* voisinage *m*
nachdem *konj* après que ; (*weil*) puisque, comme
nach|denken (*irr*) *vi*: **~ über** *+Akk* réfléchir à
nachdenklich *adj* pensif(-ive)
Nachdruck *m* insistance *f* ; (*Typ*) réimpression *f* ; **etw mit ~ sagen** insister sur qch
nacheinander *adv* l'un(e) après l'autre
nach|empfinden (*irr*) *vt* ressentir
Nachfolge *f* succession *f*
nach|folgen *vi*: **jdm ~** (*hinterherkommen*) suivre qn ; (*in Amt etc*) succéder à qn ; **etw** *Dat* **~** suivre qch
Nachfolger(in) (*-s, -*) *m(f)* successeur *m*
Nachfrage *f* demande *f*
nach|fragen *vi* se renseigner
nach|geben (*irr*) *vi* céder
Nachgebühr *f* surtaxe *f*
nach|gehen (*irr*) *vi* (*Uhr*) retarder ; **jdm/etw ~** (*folgen*) suivre qn/qch ; **einer Sache** *Dat* **~** se renseigner sur qch
Nachgeschmack *m* arrière-goût *m*
nachgiebig *adj* (*Mensch, Haltung*) indulgent(e) ; (*Boden, Material etc*) moux (molle)
nachhause *adv* à la maison
nachher *adv* (*anschließend*) ensuite
Nachhilfeunterricht *m* cours *mpl* particuliers
nach|holen *vt* (*Versäumtes*) rattraper
nach|kommen (*irr*) *vi* (*+Dat*) suivre ; (*einer Verpflichtung*) ne pas manquer à
Nachlass (*-es, -lässe*) *m* (*Écon*) remise *f* ; (*Erbe*) héritage *m*
nach|lassen (*irr*) *vt* (*Summe*) rabattre ; (*Preis*) diminuer ▶ *vi*

(*Sturm*) se calmer ; (*Gehör, Gedächtnis, Augen*) baisser ; (*Leistung*) devenir moins bon (bonne)
nachlässig *adj* (*Arbeit*) bâclé(e) ; (*Mensch*) négligent(e)
nach|laufen (*irr*) *vi* +*Dat* courir après
nach|machen *vt* (*Person, Gebärde*) imiter ; (*Geld*) contrefaire ; (*Fotos*) faire refaire ; **jdm alles ~** imiter tout ce que fait qn
Nachmittag *m* après-midi *m od f* ; **am ~** l'après-midi
nachmittags *adv* l'après-midi
Nachnahme *f*: **per ~** contre remboursement
Nachname *m* nom *m* de famille
Nachrede *f*: **üble ~** diffamation *f*
Nachricht (-, *-en*) *f* nouvelle *f* ; **Nachrichten** *pl* informations *fpl*
Nachrichtenagentur *f* agence *f* de presse
Nachrichtendienst *m* (*Geheimdienst*) service *m* secret *od* de renseignements
Nachruf *m* nécrologie *f*
nach|rüsten *vt* moderniser
nach|sagen *vt*: **jdm etw ~** (*wiederholen*) répéter qch après qn ; (*vorwerfen*) reprocher qch à qn
nach|schicken *vt siehe* **nachsenden**
nach|schlagen (*irr*) *vt* (*Wort, Sache*) vérifier ; **in einem Wörterbuch ~** consulter un dictionnaire
Nachschlagewerk *nt* ouvrage *m* de référence
Nachschub *m* ravitaillement *m*
nach|sehen (*irr*) *vt* vérifier
nach|senden (*irr*) *vt* faire suivre
Nachsicht *f* indulgence *f*
Nachspeise *f* dessert *m*
Nachspiel *nt* suites *fpl*
nächstbeste(r, s) *adj attrib* premier(-ière) venu(e)
nächste(r, s) *adj* suivant(e) ; (*Verwandte*) proche
nächstmöglich *adj*: **zum ~en Termin** le plus tôt possible
Nacht (-, *⸚e*) *f* nuit *f*
Nachteil *m* désavantage *m*
nachteilig *adj* défavorable
Nachthemd *nt* chemise *f* de nuit
Nachtigall (-, *-en*) *f* rossignol *m*
Nachtisch *m* (*Culin*) *siehe* **Nachspeise**
Nachtleben *nt* vie *f* nocturne
nächtlich *adj* nocturne
Nachtrag (*-(e)s, -träge*) *m* supplément *m*
Nachtruhe *f*: **angenehme ~!** bonne nuit !
nachts *adv* la nuit
Nachtschicht *f* poste *m* de nuit
Nachttisch *m* table *f* de chevet
Nachttopf *m* pot *m* de chambre
Nachweis (*-es, -e*) *m* preuve *f* • **nachweisbar** *adj* (*Schuld, Tat*) qui peut être prouvé(e) • **nach|weisen** (*irr*) *vt* prouver ; **jdm etw ~** (*Zimmer*) trouver qch pour qn ; (*Straftat*) prouver que qn a commis qch
Nachwirkung *f* séquelles *fpl*
Nachwuchs *m* (*Kinder*) progéniture *f* ; (*beruflich etc*) nouvelles recrues *fpl*
nach|zahlen *vt, vi* payer
nach|zählen *vi* recompter, vérifier
Nacken (*-s, -*) *m* nuque *f*
nackt *adj* nu(e) ; (*Fels*) vif (vive) ; (*Tatsachen*) cru(e) • **Nacktheit** *f* nudité *f*
Nadel (-, *-n*) *f* aiguille *f* ; (*Stecknadel*) épingle *f*
Nagel (*-s, ⸚e*) *m* clou *m* ; (*Fingernagel*) ongle *m* ; **Nägel mit Köpfen machen** (*fam*) ne pas faire les choses à moitié • **Nagelfeile** *f* lime *f* à ongles

• **Nagellack** *m* vernis *m* à ongles • **Nagellackentferner** (-s, -) *m* dissolvant *m*
nagelneu *adj* flambant neuf (neuve)
nagen *vt* ronger ▸ *vi*: **~ an** *+Dat* ronger
Nagetier *nt* rongeur *m*
nah *adj, adv* = **nahe**
Nahaufnahme *f* gros plan *m*
nahe *adj* proche ▸ *präp +Dat* près de
Nähe (-) *f* proximité *f*; (*Umgebung*) environs *mpl*
nahe|gehen (*irr*) *vi +Dat* (*fig*) bouleverser
nahe|legen *vt*: **jdm etw ~** suggérer qch à qn
nahe|liegen (*irr*) *vi* (*fig: Verdacht, Gedanke*) s'imposer ; **~d** (*Grund*) évident(e)
nahen *vi* approcher
nähen *vt* coudre ; (*Wunde*) recoudre ▸ *vi* coudre
näher *adj* plus proche ; (*Erklärung, Auskünfte*) plus précis(e)
Nähere(s) *nt* détails *mpl*
Naherholungsgebiet *nt région de villégiature à proximité d'une grande ville*
nähern *vr* s'approcher
nahe|stehen (*irr*) *vi* (*fig*): **jdm ~** être proche de qn ; **~d** (*Freund*) intime
nahm *etc vb siehe* **nehmen**
Nähmaschine *f* machine *f* à coudre
nähren *vt* nourrir
nahrhaft *adj* nourrissant(e)
Nährstoffe *pl* substances *fpl* nutritives
Nahrung *f* nourriture *f*
Nahrungsmittel *nt* aliment *m*, denrée *f* alimentaire
Nährwert *m* valeur *f* nutritive
Naht (-, ⸗e) *f* couture *f*; (*Méd*) suture *f* • **nahtlos** *adj* sans couture ; (*Tech*) sans soudure
Nahverkehr *m* trafic *m* urbain
naiv *adj* naïf (naïve)
Name (-ns, -n) *m* nom *m* ; **im ~n von** au nom de
namens *adv* du nom de ▸ *präp +Gen* (*förmlich*) au nom de
Namenstag *m* fête *f*
namentlich *adj* (*Abstimmung*) nominal(e) ▸ *adv* (*besonders*) surtout
nämlich *adv* à savoir ; (*denn*) en effet
nannte *etc vb siehe* **nennen**
Narbe *f* cicatrice *f*
Narkose *f* anesthésie *f*
Narr (-en, -en) *m* fou *m*
naschen *vt* (*Schokolade etc*) grignoter
naschhaft *adj* gourmand(e)
Nase *f* nez *m*
Nasenbluten *nt* saignement *m* de nez
Nasentropfen *pl* gouttes *fpl* pour le nez
naseweis *adj* effronté(e), impertinent(e) ; (*neugierig*) curieux(-euse)
Nashorn *nt* rhinocéros *m*
nass *adj* mouillé(e)
Nässe (-) *f* humidité *f*
Nation *f* nation *f*
national *adj* national(e) • **Nationalfeiertag** *m* fête *f* nationale • **Nationalhymne** *f* hymne *m* national
Nationalismus *m* nationalisme *m*
nationalistisch *adj* nationaliste
Nationalität *f* nationalité *f*
Nationalmannschaft *f* équipe *f* nationale
Nationalpark *m* parc *m* national
Nationalsozialismus *m* national-socialisme *m*, nazisme *m*
NATO *f abk* OTAN *f*

Natron (-s) *nt* bicarbonate *m* de soude
Natur *f* nature *f*
Naturalien *pl*: **in ~ bezahlt werden** être payé(e) en nature
Naturgesetz *nt* loi *f* de la nature
Naturkatastrophe *f* catastrophe *f* naturelle
natürlich *adj* naturel(le) ▶ *adv* naturellement
Naturpark *m* parc *m* naturel
Naturprodukt *nt* (*Rohstoff*) matière *f* première ; (*landwirtschaftliches Erzeugnis*) produit *m* naturel
naturrein *adj* naturel(le)
Naturschutz *m*: **unter ~ stehen** être une espèce protégée
Naturschutzgebiet *nt* réserve *f* naturelle
Naturwissenschaftler(in) *m(f)* scientifique *mf*
Navelorange *f* orange *f* navel
Navigation *f* navigation *f*
Navigationssystem *nt* système *m* de navigation
Nazi (-s, -s) *m* nazi *m*
n. Chr. *abk* (= *nach Christus*) apr. J.-C.
Nebel (-s, -) *m* brouillard *m*
nebelig *adj* de brouillard
Nebelleuchte, Nebelschlussleuchte *f* (feu *m*) antibrouillard *m* arrière
Nebelscheinwerfer *m* (phare *m*) antibrouillard *m*
Nebelschlussleuchte *f siehe* **Nebelleuchte**
neben *präp +Dat* (*räumlich*) à côté de ; (*außer*) à côté de • **nebenan** *adv* à côté • **nebenbei** *adv* en outre ; (*beiläufig*) en passant • **Nebenbeschäftigung** *f* activité *f* secondaire • **nebeneinander** *adv* l'un(e) à côté de l'autre • **Nebenerscheinung** *f* effet *m* secondaire • **Nebenfach** *nt* matière *f* secondaire • **Nebenfluss** *m* affluent *m* • **nebenher** *adv* (*zusätzlich*) en plus ; (*gleichzeitig*) en même temps ; (*daneben*) à côté • **Nebenkosten** *pl* charges *fpl* • **Nebenrolle** *f* rôle *m* secondaire • **Nebensache** *f* chose *f* secondaire • **nebensächlich** *adj* insignifiant(e) • **Nebensaison** *f* basse saison *f* • **Nebenstraße** *f* rue *f* latérale • **Nebenzimmer** *nt* pièce *f* voisine
neblig *adj* = **nebelig**
necken *vt* taquiner
neckisch *adj* (*Spielchen*) badin(e)
Neffe (-n, -n) *m* neveu *m*
negativ *adj* négatif(-ive) • **Negativ** *nt* négatif *m*
Neger(in) (-s, -) (*péj*) *m(f)* noir(e)
nehmen (*irr*) *vt* prendre ; **~ Sie doch bitte** servez-vous, je vous en prie
Neid (-(e)s) *m* jalousie *f*
neidisch *adj* envieux(-euse)
neigen *vi*: **zu etw ~** avoir tendance à qch
Neigung *f* (*des Geländes*) inclinaison *f* ; **~ zu** (*Tendenz*) tendance *f* à ; (*Vorliebe*) penchant *m* pour
nein *adv* non
Nektarine *f* nectarine *f*
Nelke *f* (*Bot*) œillet *m* ; (*Culin*) clou *m* de girofle
nennen (*irr*) *vt* (*Kind*) appeler ; (*angeben*: *Namen, Betrag, Sache*) indiquer
nennenswert *adj* digne d'être mentionné(e)
Nenner (-s, -) *m* (*Math*) dénominateur *m*
Nennwert *m* (*Fin*) valeur *f* nominale
Neon (-s) *nt* néon *m*
Neonazi *m* néonazi(e) *m/f*

Neonlicht *nt* éclairage *m* au néon
Neonröhre *f* tube *m* au néon *od* fluorescent
Nepal *nt* le Népal
Nerv(*-s, -en*) *m* nerf *m* ; **jdm auf die ~en gehen** *od* **fallen** énerver qn
nerven(*fam*) *vt* taper sur les nerfs de
Nervenbündel *nt* paquet *m* de nerfs
Nervensystem *nt* système *m* nerveux
Nervenzusammenbruch *m* dépression *f* (nerveuse)
nervig (*fam*) *adj* musclé(e)
nervös *adj* nerveux(-euse)
Nerz(*-es, -e*) *m* vison *m*
Nessel(*-, -n*) *f* ortie *f*
Nest(*-(e)s, -er*) *nt* nid *m* ; (*fam: kleiner Ort*) trou *m*
Netiquette(*-, -*) *f* nétiquette *f*
nett *adj* joli(e) ; (*Abend*) sympathique ; (*freundlich*) gentil(le)
netto *adv* net (nette)
Netz(*-es, -e*) *nt* filet *m* ; (*System, Strom*) réseau *m* • **Netzhaut** *f* rétine *f*
Netzwerk *nt* réseau *m*
Netzwerken *nt* réseaux *mpl* sociaux
Netzwerkkarte *f* adaptateur *m* de réseau
neu *adj* nouveau (nouvelle) ; (*noch nicht gebraucht*) neuf (neuve) ▶ *adv*: **~ schreiben** réécrire ; **~ machen** refaire • **Neubau** *m* maison *f* neuve
Neue(r) *f(m)* nouveau (nouvelle)
neuerdings *adv* (*seit Kurzem*) depuis peu ; (*von Neuem*) de nouveau
Neuerung *f* innovation *f*
Neugier *f* curiosité *f*
neugierig *adj* curieux(-euse)
Neuheit *f* nouveauté *f*
Neuigkeit *f* nouvelle *f*
Neujahr *nt* nouvel an *m*
neulich *adv* l'autre jour
Neuling *m* novice *mf*, débutant(e) *m/f*
neun *num* neuf • **neunte(r, s)** *adj* neuvième • **Neuntel**(*-s, -*) *nt* neuvième *m* • **neunzehn** *num* dix-neuf • **neunzig** *num* quatre-vingt-dix
neureich (*péj*) *adj* nouveau riche *inv*
Neurose *f* névrose *f*
neurotisch *adj* névrosé(e)
Neuseeland(*-s*) *nt* la Nouvelle-Zélande
neutral *adj* neutre
neutralisieren *vt* neutraliser
Neutralität *f* neutralité *f*
Neutron(*-s, -en*) *nt* neutron *m*
Neutrum(*-s, -a* od *-en*) *nt* neutre *m*
Neuzeit *f* temps *mpl* modernes

SCHLÜSSELWORT

nicht *adv* **1**(*Verneinung*) ne ... pas ; **er raucht ~** il ne fume pas ; **er hat ~ geraucht** il n'a pas fumé ; **ich auch ~** moi non plus ; **noch ~** pas encore ; **~ mehr** plus ; **~ mehr als** pas plus de
2(*Bitte, Verbot*): **~!** non ! ; **bitte ~ berühren!** (prière de) ne pas toucher ! ; **~ rauchen** défense de fumer ; **~ doch!** arrête(z) !
3(*rhetorisch*): **du bist müde/das ist schön, ~ (wahr)?** tu es fatigué(e)/c'est beau, n'est-ce pas ?
4: **was du ~ sagst!** ça alors !

Nichte *f* nièce *f*
nichtig *adj* (*ungültig*) nul(le) ; (*wertlos*) vain(e) ; (*belanglos*) futile
Nichtraucher(in) *m(f)* non-fumeur(-euse)
nichts *pron* rien ; **~ ahnend** qui ne se doute de rien • **Nichts**(*-s*) *nt* néant *m* ; (*péj: Person*) nullité *f*

Nichtschwimmer *m*: **er ist ~** il ne sait pas nager
nichtsdestoweniger *adv* néanmoins
nichtssagend *adj* (*Gesicht*) sans expression ; (*Worte*) creux (creuse)
Nick *m* pseudo *m*
nicken *vi* faire un signe de tête affirmatif
Nickerchen *nt* roupillon *m*
Nickname *m* pseudo *m*
nie *adv* jamais ; **~ wieder** *od* **mehr** jamais plus, plus jamais
nieder *adj* bas (basse) • **Niedergang** *m* déclin *m* • **niedergeschlagen** *adj* abattu(e), découragé(e) • **Niederlage** *f* défaite *f*
Niederlande *pl*: **die ~** les Pays-Bas *mpl*
niederländisch *adj* néerlandais(e)
nieder|lassen (*irr*) *vr* s'établir
Niederlassung *f* (*Écon*) filiale *f*
nieder|legen *vt* poser ; (*Arbeit*) cesser ; (*Amt*) démissionner de
Niedersachsen *nt* la Basse-Saxe
Niederschlag *m* (*Météo*) précipitations *fpl*
nieder|schlagen (*irr*) *vt* (*Gegner*) terrasser ; (*Aufstand*) réprimer ; (*Augen*) baisser ▶ *vr* (*Chem*) former un précipité ; **das Verfahren wurde niedergeschlagen** l'affaire a été classée ; **sich in etw** *Dat* **~** s'exprimer dans qch
niederträchtig *adj* ignoble, vil(e)
niedlich *adj* mignon(ne), adorable
niedrig *adj* bas (basse) ; (*Geschwindigkeit*) faible
niemals *adv* jamais
niemand *pron* personne
Niere *f* rein *m*
Nierenentzündung *f* néphrite *f*
nieseln *vi unpers*: **es nieselt** il bruine
niesen *vi* éternuer
Niete *f* (*Tech*) rivet *m* ; (*Los*) numéro *m* perdant ; (*fam*: *Mensch*) raté(e) *m/f*
Nikotin (-*s*) *nt* nicotine *f* • **nikotinarm** *adj* pauvre en nicotine
Nil (-*s*) *m* Nil *m* • **Nilpferd** *nt* hippopotame *m*
nippen *vt*, *vi* siroter
nirgends *adv* nulle part
nirgendwo *adv* nulle part
Nische *f* niche *f*
Niveau (-*s*, -*s*) *nt* niveau *m*
Nixe *f* sirène *f*
Nizza (-*s*) *nt* Nice

SCHLÜSSELWORT

noch *adv* **1** (*weiterhin, wie zuvor*) encore, toujours ; **~ nicht** pas encore ; **~ nie** encore jamais ; **~ immer, immer ~** toujours ; **bleiben Sie doch ~** restez encore un peu ; **ich möchte gern(e) ~ bleiben** j'aimerais bien rester (encore un moment)
2 (*irgendwann*) encore ; **das kann ~ passieren** ça peut encore arriver ; **er wird ~ kommen** il va venir
3 (*nicht später als*): **~ vor einer Woche** il y a seulement une semaine ; **~ am selben Tag** le jour-même ; **können Sie das heute ~ erledigen?** pouvez-vous le faire aujourd'hui ? ; **gerade ~** tout juste
4 (*zusätzlich*): **wer ~?** qui d'autre ? ; **was ~?** quoi encore ? ; **~ (ein)mal** encore une fois ; **~ dreimal** encore trois fois ; **~ einen Tee?** encore une tasse de thé ? ; **~ einer** encore un(e) ; **und es regnete auch ~** pour tout arranger, il a plu

n

5 (*zuerst*): **ich muss erst ~ (etwas) essen** il faut d'abord que je mange quelque chose
6 (*bei Vergleichen*): **~ größer** encore plus grand(e) ; **das ist ~ besser** c'est encore mieux
7: **Geld ~ und ~** (*fam*) un tas d'argent, de l'argent à la pelle
▶ *konj*: **weder A ~ B** ni A ni B

nochmalig *adj* nouveau (nouvelle)
nochmals *adv* encore une fois
nominell *adj* nominal(e)
Nonne *f* religieuse *f*
Nordamerika *nt* l'Amérique *f* du Nord
norddeutsch *adj* d'Allemagne du Nord
Norddeutschland *nt* l'Allemagne *f* du Nord
Norden (-*s*) *m* nord *m*
Nordirland *nt* l'Irlande *f* du Nord
nordisch *adj* nordique
Nordkorea *nt* la Corée du Nord
nördlich *adj* du nord, septentrional(e) ▶ *präp +Gen* au nord de ; **~ von** au nord de
Nordosten *m* nord-est *m* ; (*Region*) Nord-Est *m*
Nordpol *m* pôle *m* Nord
Nordrhein-Westfalen (-*s*) *nt* la Rhénanie-Westphalie
Nordsee *f* mer *f* du Nord
Nordwesten *m* nord-ouest *m* ; (*Region*) Nord-Ouest *m*
nörgeln *vi* maugréer
Norm (-, -*en*) *f* norme *f*
normal *adj* normal(e)
normalerweise *adv* normalement
Norwegen (-*s*) *nt* la Norvège
norwegisch *adj* norvégien(ne)
Not (-, ¨-*e*) *f* détresse *f* ; (*Mangel*) misère *f*, dénuement *m* ; **zur ~** à la rigueur
Notar(in) *m(f)* notaire *m*
Notarzt *m* médecin *m* d'urgence
Notausgang *m* sortie *f* de secours
Notbremse *f* signal *m* d'alarme
Notdienst *m* service *m* d'urgence
notdürftig *adj* (*kaum ausreichend*) piètre ; (*behelfsmäßig*) provisoire
Note *f* note *f* ; (*Banknote*) billet *m* (de banque) ; (*Gepräge*) touche *f*
Notebook (-(*s*), -*s*) *nt* (*Inform*) ordinateur *m* portable, portable *m*
Notfall *m*: **im ~** en cas d'urgence
notfalls *adv* au besoin, si besoin est
notgedrungen *adv*: **etw ~ machen** être contraint(e) de faire qch
notieren *vt* noter ; (*Fin*) coter
nötig *adj* nécessaire ; **etw ~ haben** avoir besoin de qch
Notiz (-, -*en*) *f* note *f* • **Notizbuch** *nt* calepin *m*, carnet *m*
Notlage *f* situation *f* critique, détresse *f*
notlanden *vi* faire un atterrissage forcé
Notlösung *f* solution *f* provisoire
Notlüge *f* pieux mensonge *m*
notorisch *adj* notoire
Notruf *m* appel *m* d'urgence
Notrufsäule *f téléphone réservé aux appels d'urgence*
Notstand *m* état *m* d'urgence
Notwehr (-) *f* légitime défense *f*
notwendig *adj* nécessaire ; (*zwangsläufig*) inéluctable
Notwendigkeit *f* nécessité *f*
Novelle *f* nouvelle *f* ; (*Jur, Pol*) amendement *m*
November (-(*s*), -) *m* novembre *m* ; *siehe auch* **September**
Nu *m*: **im Nu** en un clin d'œil
nüchtern *adj* (*nicht betrunken*) pas ivre ; (*ohne Essen*) à jeun
Nudeln *fpl* nouilles *fpl*
null *num* zéro • **Null** (-, -*en*) *f* zéro *m*
Nullpunkt *m* (point *m*) zéro *m*

Nulltarif *m* gratuité *f* (*des transports en commun*)
Nummer (-, -*n*) *f* numéro *m*
nummerieren *vt* numéroter
Nummernkonto *nt* compte *m* à numéros
Nummernschild *nt* (*Aut*) plaque *f* minéralogique
nun *adv* maintenant ▶ *interj* alors
nur *adv* seulement
Nuss (-, ⸚*e*) *f* noix *f*; (*Haselnuss*) noisette *f*
Nussknacker (-*s*, -) *m* casse-noisettes *m*
Nutte *f* putain *f*
nutzbar *adj* (*Boden*) cultivable; **etw ~ machen** exploiter qch
nütze *adj*: **zu nichts ~ sein** n'être bon (bonne) à rien
nutzen *vi* (*Maßnahme etc*) être utile, servir ▶ *vt* exploiter; (*Gelegenheit*) profiter de; **es nutzt nichts** ça ne sert à rien • **Nutzen** (-*s*) *m* utilité *f*
nützlich *adj* utile
nutzlos *adj* inutile

O

Oase *f* oasis *f*
ob *konj* si; **und ob!** et comment!
Obacht *f*: **(auf jdn/etw) ~ geben** faire attention (à qn/qch)
ÖBB *f abk* (= *Österreichische Bundesbahnen*) *chemins de fer autrichiens*
obdachlos *adj* sans abri *inv*
Obdachlose(r) *f*(*m*) sans-abri *mf inv*
Obduktion *f* autopsie *f*
O-Beine *pl* jambes *fpl* arquées
oben *adv* en haut; **~ erwähnt, ~ genannt** mentionné(e) ci-dessus • **obendrein** *adv* par-dessus le marché
Ober (-*s*, -) *m* serveur *m*
Oberarzt *m* chef *m* de clinique
Oberbefehlshaber *m* commandant *m* en chef
Oberbekleidung *f* vêtements *mpl* (de dessus)
Oberbürgermeister *m* maire *m*
obere(r, s) *adj* supérieur(e)
Oberfläche *f* surface *f*
oberflächlich *adj* superficiel(le)
oberhalb *adv*: **~ von Köln** au-dessus de Cologne ▶ *präp +Gen* au-dessus de
Oberhaupt *nt* chef *m*

Oberhaus *nt* Chambre *f* haute
Oberhemd *nt* chemise *f*
Oberkellner *m* maître *m* d'hôtel
Oberkommando *nt* haut commandement *m*
Oberkörper *m* haut *m* du corps
Oberschenkel *m* cuisse *f*
Oberschicht *f* couches *fpl* supérieures (de la société)
Oberschule *f* lycée *m*
Oberst (*-en* od *-s, -en* od *-e*) *m* colonel *m*
oberste(r, s) *adj* (*Knopf, Regal*) du haut ; (*Stockwerk*) dernier(-ière) ; (*Befehlshaber, Gesetz, Prinzip*) suprême ; (*Klasse*) supérieur(e)
Oberstufe *f* second cycle *m*
Oberteil *nt* partie *f* supérieure
Oberweite *f* tour *m* de poitrine
obgleich *konj* bien que *+sub*
Obhut (-) *f* garde *f*
obig *adj* ci-dessus
Objekt (*-(e)s, -e*) *nt* objet *m*
objektiv *adj* objectif(-ive)
Objektiv *nt* objectif *m*
obligatorisch *adj* obligatoire
Oboe *f* hautbois *m*
Obrigkeit *f* autorité *f* ; (*Behörden, Rel*) autorités *fpl*
obschon *konj* quoique *+sub*
Obst (*-(e)s*) *nt* fruits *mpl*
• **Obstbaum** *m* arbre *m* fruitier
• **Obstkuchen** *m* tarte *f* aux fruits
obszön *adj* obscène
obwohl *konj* bien que *+sub*
Ochse (*-n, -n*) *m* bœuf *m*
öd, öde *adj* (*karg*) inculte ; (*verlassen*) désert(e) ; **öd und leer** désolé(e)
Öde *f* solitude *f* ; (*fig*) ennui *m*
oder *konj* ou
Ofen (*-s,* ¨) *m* (*Heizofen*) poêle *m* ; (*Backofen*) four *m*
offen *adj* ouvert(e) ; (*Stelle*) vacant(e) ; (*aufrichtig*) franc (franche) ▶ *adv*: **~ gesagt** à vrai dire
offenbar *adj* manifeste, évident(e) ▶ *adv* apparemment
offenbaren *vt* révéler
Offenbarung *f* révélation *f*
Offenheit *f* franchise *f*, sincérité *f*
offenkundig *adj* manifeste
offensichtlich *adj* manifeste
offensiv *adj* offensif(-ive)
Offensive *f* offensive *f*
offen|stehen (*irr*) *vi* (*fig*): **es steht Ihnen offen, es zu tun** vous êtes libre de le faire
öffentlich *adj* public(-ique)
Öffentlichkeit *f* public *m*
offiziell *adj* officiel(le)
Offizier (*-s, -e*) *m* officier *m*
offline *adj* (*Inform*) hors ligne
öffnen *vt, vi* ouvrir
Öffnung *f* ouverture *f*
Öffnungszeiten *pl* heures *fpl* d'ouverture
oft *adv* souvent
öfter *adv*, **öfters** *adv* assez souvent
ohne *präp +Akk* sans ▶ *konj*: **~ dass** sans que • **ohnedies** *adv* de toute façon • **ohnehin** *adv* de toute façon
Ohnmacht *f* évanouissement *m*
ohnmächtig *adj* évanoui(e)
Ohr (*-(e)s, -en*) *nt* oreille *f*
Öhr (*-(e)s, -e*) *nt* chas *m*
Ohrenarzt *m* oto-rhino(-laryngologiste) *m*
ohrenbetäubend *adj* assourdissant(e)
Ohrenschützer *pl* serre-tête *m inv*
Ohrfeige *f* gifle *f*
Ökologie *f* écologie *f*
ökologisch *adj* écologique ; **~er Fußabdruck** empreinte *f* écologique
Ökostrom *m* électricité *f* verte
Ökosystem *nt* écosystème *m*
Oktanzahl *f* indice *m* d'octane

Oktober (-(s), -) *m* octobre *m*
Oktoberfest *nt voir article*

Le festival de la bière ou **Oktoberfest** a lieu tous les ans de fin septembre à début octobre à Munich, dans un grand champ où l'on installe tentes à bière, montagnes russes et autres attractions. Les participants prennent place le long de grandes tables de bois, boivent de la bière dans d'énormes chopes d'un litre et savourent des bretzels tout en écoutant des orchestres de cuivre. Le festival est un succès aussi bien auprès des touristes que des gens du pays.

ökumenisch *adj* œcuménique
Öl (-(e)s, -e) *nt* huile *f* ; (*Erdöl*) pétrole *m*
ölen *vt* (*Tech*) lubrifier
Ölfarbe *f* peinture *f* à l'huile
Ölheizung *f* chauffage *m* au mazout
Ölmessstab *m* jauge *f* (de niveau d'huile)
Ölpest *f* marée *f* noire
Ölsardine *f* sardine *f* à l'huile
Ölteppich *m* nappe *f* de pétrole
Ölwechsel *m* vidange *f*
Olympiade *f* olympiade *f*
Olympiasieger(in) *m(f)* champion(ne) olympique
olympisch *adj* olympique
Oma (-, -s) (*fam*) *f* mamie *f*
Omelett (-(e)s, -s) *nt* omelette *f*
Omnibus *m* (auto)bus *m*
Onkel (-s, -) *m* oncle *m*
online *adj* (*Inform*) en ligne
Onlinebanking *nt* système *m* de banque en ligne
Onlinedienst *m* service *m* en ligne
Opa (-s, -s) (*fam*) *m* papy *m*
Oper *f* opéra *m*
Operation *f* opération *f*
operieren *vt, vi* opérer
Opfer (-s, -) *nt* (*Gabe*) offrande *f* ; (*Verzicht*) sacrifice *m* ; (*bei Unfall*) victime *f*
opfern *vt* sacrifier
Opportunismus *m* opportunisme *m*
Opposition *f* opposition *f*
Optik *f* optique *f*
Optiker(in) (-s, -) *m(f)* opticien(ne)
optimal *adj* optimal(e)
optimieren *vt* optimaliser
Optimismus *m* optimisme *m*
Optimist(in) *m(f)* optimiste *mf* • **optimistisch** *adj* optimiste
Option *f* option *f*
optisch *adj* optique
orange *adj* orange *inv* • **Orange** *f* orange *f*
Orangensaft *m* jus *m* d'orange
Orchester (-s, -) *nt* orchestre *m*
Orchidee *f* orchidée *f*
Orden (-s, -) *m* (*Rel*) ordre *m* ; (*Mil etc*) décoration *f*
ordentlich *adj* (*ordnungsliebend*) ordonné(e) ; (*geordnet*) (bien) rangé(e) ; (*anständig*) honnête ; (*fam: annehmbar*) pas mal *inv* ▶ *adv* (*fam: sehr*) vraiment
ordinär *adj* (*vulgär*) vulgaire ; (*alltäglich, gewöhnlich*) ordinaire
ordnen *vt* ranger ; (*Gedanken*) mettre de l'ordre dans
Ordner (-s, -) *m* (*Mensch*) membre *m* du service d'ordre ; (*Aktenordner*) classeur *m*
Ordnung *f* ordre *m* ; (*Ordnen*) rangement *m*
ordnungsgemäß *adj* (*Erledigung*) réglementaire ; (*Verhalten*) correct(e)
ordnungswidrig *adj* non réglementaire
Organ (-s, -e) *nt* organe *m*

O

Organisation *f* organisation *f*
Organisator *m* organisateur(-trice) *m/f*
organisatorisch *adj* (*Talent*) d'organisateur(-trice) ; (*Aufgabe*) d'organisation
organisch *adj* organique
organisieren *vt* organiser
Organismus *m* organisme *m*
Organspender *m* donneur *m* d'organe
Orgasmus *m* orgasme *m*
Orgel *f* orgue *m*
Orgie *f* orgie *f*
Orient (-*s*) *m* Orient *m*
orientieren *vt* (*unterrichten*) informer, mettre au courant ▶ *vr*: **sich über etw** *Akk* **~** (*sich erkundigen*) se mettre au courant de qch
Orientierung *f* orientation *f*
Orientierungssinn *m* sens *m* de l'orientation
Orientierungsstufe *f* cycle *m* d'orientation
original *adj* original(e) • **Original** (-*s*, -*e*) *nt* original *m* • **Originalfassung** *f* version *f* originale
originell *adj* original(e)
Orkan (-(*e*)*s*, -*e*) *m* ouragan *m*
Ort[1] (-(*e*)*s*, -*e*) *m* endroit *m*, lieu *m* ; (*Ortschaft*) endroit
Ort[2] (-(*e*)*s*, ⁼*er*) *m*: **vor ~** (*Mines*) au fond ; (*fig*) sur place
orten *vt* repérer
orthopädisch *adj* orthopédique
örtlich *adj* local(e)
Ortschaft *f* localité *f*
Ortsgespräch *nt* communication *f* locale
Ortsnetz *nt* réseau *m* local *od* urbain
Ortszeit *f* heure *f* locale
Öse *f* œillet *m*
Ossi *m voir article*

Ossi est un terme familier et irrespectueux désignant un Allemand de l'ancienne *DDR*.

Osten (-*s*) *m* est *m* ; **der Ferne ~** l'Extrême-Orient *m* ; **der Mittlere ~** le Moyen-Orient ; **der Nahe ~** le Proche-Orient
Osterei *nt* œuf *m* de Pâques
Osterglocke *f* jonquille *f*
Osterhase *m* lapin *m* de Pâques
Ostermontag *m* lundi *m* de Pâques
Ostern (-, -) *nt* Pâques *fpl*
Österreich (-*s*) *nt* l'Autriche *f*
Österreicher(in) (-*s*, -) *m(f)* Autrichien(ne)
österreichisch *adj* autrichien(ne)
Ostersonntag *m* dimanche *m* de Pâques
östlich *adj* de l'est ▶ *adv*: **~ von Hamburg/der Elbe** à l'est de Hambourg/l'Elbe
Ostsee *f*: **die ~** la Baltique
Otter[1] (-*s*, -) *m* (*Marder*) loutre *f*
Otter[2] (-, -*n*) *f* (*Schlange*) vipère *f*
oval *adj* oval(e)
Overall (-*s*, -*s*) *m* combinaison *f* (*de travail*)
Overheadprojektor *m* rétroprojecteur *m*
Oxid (-(*e*)*s*, -*e*) *nt* oxyde *m*
oxidieren *vi* s'oxyder
Ozean (-*s*, -*e*) *m* océan *m*
Ozon (-*s*) *nt od m* ozone *m* • **Ozonloch** *nt* trou *m* dans la couche d'ozone • **Ozonschicht** *f* couche *f* d'ozone

P

paar *adj inv*: **ein ~** quelques ; **ein P~ mal** plusieurs fois • **Paar** (-(*e*)*s*, -*e*) *nt* paire *f* ; (*Ehepaar*) couple *m*
Paarung *f* (*von Tieren*) accouplement *m* ; (*fig*) combinaison *f*
Pacht (-, -*en*) *f* bail *m*
Pack[1] (-(*e*)*s*, -*e* od ⸚*e*) *m* pile *f* ; (*zusammengeschnürt*) liasse *f*
Pack[2] (-(*e*)*s*) (*péj*) *nt* racaille *f*
Päckchen *nt* petit paquet *m* ; (*Zigaretten*) paquet
packen *vt* (*Koffer, Paket*) faire ; (*fassen*) saisir
Packpapier *nt* papier *m* d'emballage
Packung *f* paquet *m* ; (*Méd*) compresse *f*
Paddel (-*s*, -) *nt* pagaie *f* • **Paddelboot** *nt* canoë *m*
Page (-, -*n*) *m* (*in Hotel*) chasseur *m*
Paket (-(*e*)*s*, -*e*) *nt* paquet *m* ; (*Postpaket auch*) colis *m*
Pakistan (-*s*) *nt* le Pakistan
Pakt (-(*e*)*s*, -*e*) *m* pacte *m*
Palast (-*es*, ⸚*e*) *m* palais *m*
Palästina (-*s*) *nt* la Palestine
palästinensisch *adj* palestinien(ne)
Palette *f* (*zum Malen, Ladepalette*) palette *f* ; (*fig*) gamme *f*
Palme *f* palmier *m*
Palmsonntag *m* dimanche *m* des Rameaux
Pampelmuse *f* pamplemousse *m*
panieren *vt* paner
Paniermehl *nt* chapelure *f*
Panik *f* panique *f*
panisch *adj* (*Angst*) panique ; **in ~er Eile** pris(e) de panique
Panne *f* (*Aut*) panne *f* ; (*Missgeschick*) problème *m*
Pannendienst *m*, **Pannenhilfe** *f* service *m* de dépannage
Pantoffel (-*s*, -*n*) *m* pantoufle *f*
Pantomime *f* pantomime *f*
Panzer (-*s*, -) *m* (*von Schildkröte etc*) carapace *f* ; (*Fahrzeug*) char *m* (d'assaut)
Papa (-*s*, -*s*) (*fam*) *m* papa *m*
Papagei (-*s*, -*en*) *m* perroquet *m*
Paparazzi *pl* paparazzi *mpl*
Papier (-*s*, -*e*) *nt* papier *m*
Papiergeld *nt* billets *mpl* de banque
Papierkorb *m* corbeille *f* à papier ; (*Inform*) corbeille *f*
Pappdeckel *m* carton *m*
Pappel *f* peuplier *m*
Paprika (-*s*, -(*s*)) *m* (*Gewürz*) paprika *m* ; (*Paprikaschote*) poivron *m*
Papst (-(*e*)*s*, ⸚*e*) *m* pape *m*
Parabel *f* parabole *f*
Parabolantenne *f* antenne *f* parabolique
Parade *f* (*Mil*) défilé *m* ; (*Fechten*) parade *f*
Paradies (-*es*, -*e*) *nt* paradis *m*
paradox *adj* paradoxal(e)
Paragraf (-*en*, -*en*) *m* paragraphe *m* ; (*Jur*) article *m*
parallel *adj* parallèle
Parallele *f* parallèle *f*
Parameter *m* paramètre *m*
Paranuss *f* noix *f* du Brésil
parat *adj* prêt(e)

Pärchen *nt* couple *m* (d'amoureux)
Parfüm (*-s, -s* od *-e*) *nt* parfum *m*
Parfümerie *f* parfumerie *f*
parfümieren *vt* parfumer
Paris *nt* Paris
Pariser (*-s, -*) *m* (*fam: Kondom*) capote *f* anglaise
Parität *f* (*von Währung*) parité *f*
Park (*-s, -s*) *m* parc *m*
Park-and-ride-System *nt* *parkings situés à la périphérie des grandes villes, permettant aux banlieusards de se rendre au centre par les transports en commun*
parken *vt* garer ▶ *vi* se garer
Parkett (*-(e)s, -e*) *nt* parquet *m* ; (*Theat*) orchestre *m*
Parkhaus *nt* parking *m* couvert
Parklücke *f* place *f* de stationnement
Parkplatz *m* parking *m*
Parkscheibe *f* disque *m* de stationnement
Parkuhr *f* parcomètre *m*
Parkverbot *nt* interdiction *f* de stationner
Parlament *nt* parlement *m*
Parlamentarier(in) (*-s, -*) *m(f)* parlementaire *mf*
parlamentarisch *adj* parlementaire
Parmesan (*-(s)*) *m* parmesan *m*
Parodie *f*: **~ (auf** *+Akk***)** parodie *f* (de)
Parodontose *f* déchaussement *m* des dents
Parole *f* mot *m* de passe ; (*Wahlspruch*) slogan *m*
Partei *f* parti *m*
parteiisch *adj* partial(e)
parteilos *adj* non inscrit(e)
Parteimitglied *nt* membre *m* du parti
Parteitag *m* congrès *m* du parti
Parteivorsitzende(r) *f(m)* dirigeant(e) du parti
Parterre (*-s, -s*) *nt* rez-de-chaussée *m inv* ; (*Theat*) orchestre *m*
Partie *f* partie *f* ; (*Écon*) lot *m* ; **mit von der ~ sein** en être ; **eine gute/schlechte ~ sein** être/ne pas être un beau parti
Partikel (*-, -n*) *f* particule *f*
Partner(in) (*-s, -*) *m(f)* associé(e) ; (*Spielpartner*) partenaire *mf*
• **Partnerstadt** *f* ville *f* jumelée
Party (*-, -s*) *f* fête *f*
Pass (*-es, ⸚e*) *m* (*Ausweis*) passeport *m* ; (*Bergpass*) col *m*
Passage *f* passage *m*
Passagier (*-s, -e*) *m* passager(-gère)
• **Passagierdampfer** *m* paquebot *m* • **Passagierflugzeug** *nt* avion *m* (*affecté au transport de passagers*)
Passamt *nt* service *m* des passeports
Passant(in) *m(f)* passant(e)
Passbild *nt* photo *f* d'identité
passen *vi* aller (bien) ; (*auf Frage, beim Kartenspiel*) passer
passend *adj* (*in Farbe, Stil*) assorti(e) ; (*genehm, angemessen*) approprié(e)
passieren *vi* arriver
passiv *adj* passif(-ive)
Passkontrolle *f* contrôle *m* des passeports
Passwort *nt* (*Inform*) mot *m* de passe
Paste *f* pâte *f*
Pastete *f* (*Leberpastete etc*) pâté *m* ; (*Pastetchen*) vol-au-vent *m inv*
pasteurisieren *vt* pasteuriser
Pate (*-n, -n*) *m* parrain *m*
Patenkind *nt* filleul(e)
patent *adj* (*Mensch*) super *inv*
Patent (*-(e)s, -e*) *nt* brevet *m*
Patentschutz *m* droit *m* d'exploitation exclusif
Pathos (*-*) *nt* pathétique *m*
Patient(in) *m(f)* patient(e)

Patin *f* marraine *f*
Patina (-) *f* patine *f*
Patriarch (*-en, -en*) *m* patriarche *m*
Patriot(in) (*-en, -en*) *m(f)* patriote *mf*
Patriotismus *m* patriotisme *m*
Patrone *f* cartouche *f*
Patrouille *f* patrouille *f*
patrouillieren *vi* patrouiller
patschnass (*fam*) *adj* trempé(e)
patzig (*fam*) *adj* insolent(e)
Pauke *f* timbale *f*
pauschal *adj* forfaitaire ; (*fig: Urteil*) hâtif(e)
Pauschale *f* (*Einheitspreis*) forfait *m*
Pauschalreise *f* voyage *m* organisé
Pause *f* pause *f* ; (*Scol*) récréation *f*
pausenlos *adj* ininterrompu(e)
Pavian (*-s, -e*) *m* babouin *m*
Pay-TV (*-s, -s*) *nt* télévision *f* payante
Pazifik (*-s*) *m* Pacifique *m*
Pazifist(in) *m(f)* pacifiste *mf*
PC *abk* = **Personal Computer**
Pech (*-s, -e*) *nt* poix *f* ; (*fig*) malchance *f* ; **~ haben** ne pas avoir de chance • **Pechsträhne** (*fam*) *f* série *f* noire
Pedal (*-s, -e*) *nt* pédale *f*
Pedant *m* personne *f* pointilleuse
Pegel (*-s, -*) *m* indicateur *m* de niveau • **Pegelstand** *m* niveau *m* de l'eau
peinlich *adj* (*unangenehm*) gênant(e) ▶ *adv*: **~ genau** avec une précision méticuleuse
Peitsche *f* fouet *m*
Pelle *f* (*von Wurst, Kartoffel*) peau *f*
Pellkartoffeln *pl* pommes *fpl* de terre en robe des champs
Pelz (*-es, -e*) *m* fourrure *f*
Pendel (*-s, -*) *nt* pendule *m*
pendeln *vi* faire la navette
Pendelverkehr *m* (*von Bus etc*) navette *f*
Pendler(in) (*-s, -*) *m(f)* banlieusard(e) (*qui se rend à son travail par les transports en commun*)
penetrant *adj* (*Geruch*) fort(e) ; (*péj: Person*) envahissant(e)
Penis (*-, -se od Penes*) *m* pénis *m*
Penner (*fam*) *m* (*Landstreicher*) clochard *m* ; (*verschlafener Mensch*) endormi *m*
Pension *f* pension *f* ; (*Ruhestand*) retraite *f*
pensionieren *vt* mettre à la retraite
pensioniert *adj* retraité(e)
Pensionierung *f* départ *m* à la retraite
Pensionsgast *m* pensionnaire *m*
Pensum (*-s, Pensen*) *nt* tâche *f* ; (*Scol*) programme *m*
per *präp +Akk* par ; (*bis*) d'ici à
perfekt *adj* parfait(e)
Perfekt (*-(e)s, -e*) *nt* parfait *m*
perforieren *vt* perforer
Pergament *nt* parchemin *m* • **Pergamentpapier** *nt* papier *m* surfurisé
Periode *f* période *f* ; (*Méd*) règles *fpl*
periodisch *adj* périodique
Peripherie *f* périphérie *f* • **Peripheriegerät** *nt* (*Inform*) périphérique *m*
Perle *f* perle *f*
Perlmutt (*-s*) *nt* nacre *f*
perplex *adj* perplexe
Persianer (*-s, -*) *m* astrakan *m*
Person (*-, -en*) *f* personne *f*
Personal (*-s*) *nt* personnel *m* • **Personalausweis** *m* carte *f* d'identité • **Personal Computer** *m* P.C. *m*
Personalien *pl*: **die ~ feststellen** faire un contrôle d'identité
Personenkraftwagen *m* voiture *f*
Personenkreis *m* groupe *m* de personnes

Personenschaden *m* victime(s) *f(pl)*
Personenzug *m* train *m* de voyageurs
personifizieren *vt* personnifier
persönlich *adj* personnel(le) ▶ *adv* (*erscheinen*) en personne
• **Persönlichkeit** *f* personnalité *f*
Perspektive *f* perspective *f*
Perücke *f* perruque *f*
pervers *adj* pervers(e)
Pessimismus *m* pessimisme *m*
pessimistisch *adj* pessimiste
Pest (-) *f* peste *f*
Petersilie *f* persil *m*
Petrodollar *m* pétrodollar *m*
Petroleum (-s) *nt* pétrole *m*
petzen *vi* rapporter
Pfad (-(e)s, -e) *m* sentier *m*, chemin *m*
• **Pfadfinder(in)** *m(f)* scout *m*, guide *f*
Pfahl (-(e)s, ⁼e) *m* poteau *m*
• **Pfahlbau** *m* bâtiment *m* sur pilotis
Pfalz (-) *f* Palatinat *m*
Pfand (-(e)s, ⁼er) *nt* gage *m* ; (*Flaschenpfand*) consigne *f*
pfänden *vt* hypothéquer ; (*Mensch*) saisir les biens de
Pfanne *f* poêle *f*
Pfannkuchen *m* crêpe *f* ; (*Berliner*) beignet *m*
Pfarrei *f* paroisse *f*
Pfarrer (-s, -) *m* curé *m* ; (*evangelisch, von Freikirchen*) pasteur *m*
Pfau (-(e)s, -en) *m* paon *m*
Pfeffer (-s, -) *m* poivre *m*
• **Pfefferkuchen** *m* pain *m* d'épice
• **Pfefferminz** (-es, -e) *nt* bonbon *m* à la menthe • **Pfefferminze** *f* menthe *f* • **Pfeffermühle** *f* moulin *m* à poivre
Pfeife *f* (*Tabakpfeife*) pipe *f* ; (*von Schiedsrichter etc*) sifflet *m* ; (*Orgelpfeife*) tuyau *m*
pfeifen *vt, vi* siffler
Pfeil (-(e)s, -e) *m* flèche *f*
Pfeiler (-s, -) *m* pilier *m* ; (*Brückenpfeiler*) pile *f*
Pferd (-(e)s, -e) *nt* cheval *m*
Pferderennen *nt* courses *fpl* de chevaux
Pferdeschwanz *m* queue *f* de cheval
pfiff *etc vb siehe* **pfeifen**
Pfiff (-(e)s, -e) *m* coup *m* de sifflet ; (*besonderer Reiz*) touche *f* (originale)
Pfifferling *m* chanterelle *f*
pfiffig *adj* futé(e)
Pfingsten (-, -) *nt* Pentecôte *f*
Pfingstrose *f* pivoine *f*
Pfirsich (-s, -e) *m* pêche *f*
Pflanze *f* plante *f*
pflanzen *vt* planter
Pflanzenfett *nt* graisse *f* végétale
pflanzlich *adj* végétal(e)
Pflaster (-s, -) *nt* pansement *m* ; (*von Straße*) chaussée *f*
Pflaume *f* prune *f*
Pflege *f* (*von Mensch, Tier*) soins *mpl* ; (*von Maschine*) entretien *m*
• **pflegebedürftig** *adj* qui a besoin de soins • **Pflegeeltern** *pl* parents *mpl* nourriciers • **Pflegekind** *nt* *enfant placé dans une famille d'accueil ou chez des parents nourriciers*
• **pflegeleicht** *adj* d'entretien facile
pflegen *vt* soigner ; (*Kleidung, Auto, Beziehungen*) entretenir ▶ *vi* (*gewöhnlich tun*): **ich pflege mittags ein Stündchen zu schlafen** j'ai l'habitude de faire une sieste d'une petite heure l'après-midi
Pfleger (-s, -) *m* aide *m* infirmier
Pflegerin *f* aide *f* soignante
Pflegeversicherung *f* assurance *f* dépendance

Pflicht (-, -en) *f* devoir *m* ; (*Sport*) figures *fpl* imposées • **pflichtbewusst** *adj* consciencieux(-euse) • **Pflichtfach** *nt* matière *f* obligatoire • **Pflichtversicherung** *f* assurance *f* obligatoire
Pflock (-(e)s, ⸚e) *m* pieu *m*
pflücken *vt* cueillir
Pflug (-(e)s, ⸚e) *m* charrue *f*
pflügen *vt* (*Feld*) labourer
Pforte *f* porte *f*
Pförtner(in) (-s, -) *m(f)* concierge *mf*, portier *m*
Pfosten (-s, -) *m* (*senkrechter Balken*) montant *m*
Pfote *f* patte *f*
Pfropf (-(e)s, -e) *m* (*in Rohr*) bouchon *m* (*accidentel*) ; (*Blutpfropf*) caillot *m* (de sang)
Pfund (-(e)s, -e) *nt* livre *f*
pfuschen (*fam*) *vi* (*liederlich arbeiten*) faire du travail bâclé
Pfütze *f* flaque *f* (d'eau)
Phantasie *etc f siehe* **Fantasie** *etc*
Phantombild *nt* portrait-robot *m*
Pharmaindustrie *f* industrie *f* pharmaceutique
Phase *f* phase *f*
Philippinen *pl* Philippines *fpl*
Philologie *f* philologie *f*
Philosoph(in) (-en, -en) *m(f)* philosophe *mf*
Philosophie *f* philosophie *f*
philosophisch *adj* philosophique ; (*besinnlich*) contemplatif(-ive)
phlegmatisch *adj* apathique
Phonetik *f* phonétique *f*
Phosphat *nt* phosphate *m*
Photo *nt siehe* **Foto**
pH-Wert *m* pH *m*
Physik *f* physique *f*
Physiker(in) (-s, -) *m(f)* physicien(ne)
physisch *adj* physique
Pianist(in) *m(f)* pianiste *mf*
Pickel (-s, -) *m* (*auf der Haut*) bouton *m* ; (*Werkzeug*) pioche *f* ; (*Eispickel*) piolet *m*
picken *vt, vi* picorer
Picknick (-s, -e od -s) *nt* pique-nique *m*
piepen *vi* (*Vogel*) piailler
Pik (-s, -s) *nt* (*Cartes*) pique *m*
pikant *adj* (*Speise*) épicé(e) ; (*Geschichte*) piquant(e)
pikiert *adj* froissé(e)
Pilger(in) (-s, -) *m(f)* pèlerin(e)
Pille *f* pilule *f*
Pilot(in) (-en, -en) *m(f)* pilote *m*
Pils (-, -) *nt, nt bière blonde à fort goût de houblon*
Pilz (-es, -e) *m* champignon *m* • **Pilzkrankheit** *f* mycose *f*
PIN (-, -s) *f abk* (= *personal identification number*) code *m* confidentiel
pingelig (*fam*) *adj* tatillon(ne)
Pinguin (-s, -e) *m* pingouin *m*
Pinie *f* pin *m*
pinkeln (*fam*) *vi* pisser
Pinsel (-s, -) *m* pinceau *m*
Pinzette *f* pincettes *fpl*
Pionier (-s, -e) *m* pionnier *m*
Piste *f* piste *f*
Pistole *f* pistolet *m*
Pixel (-s, -s) *nt* (*Inform*) pixel *m*
Pizza (-, -s) *f* pizza *f*
Pkw (-(s), -(s)) *m abk* (= *Personenkraftwagen*) voiture *f*
Plage *f* fléau *m* ; (*Mühe*) soucis *mpl*
plagen *vt* tourmenter ▶ *vr* peiner, trimer
Plakat *nt* affiche *f*
Plan (-(e)s, ⸚e) *m* plan *m*
planen *vt* (*Haus*) concevoir ; (*Entwicklung*) planifier ; (*Mord etc*) préméditer
Planer(in) (-s, -) *m(f)* urbaniste *mf*

Planet (*-en, -en*) *m* planète *f*
Planke *f* poutre *f*
planmäßig *adj, adv* à l'heure
Planschbecken *nt* pataugeoire *f*
planschen *vi* barboter
Planung *f* planification *f*
Planwirtschaft *f* économie *f* planifiée
plappern *vi* jacasser
Plasma (*-s, Plasmen*) *nt* (*Méd*) plasma *m* (sanguin)
Plastik[1] *f* (*Art*) sculpture *f*
Plastik[2] (*-s*) *nt* (*Kunststoff*) plastique *m* • **Plastiktüte** *f* sac *m* en plastique
Plastilin (*-s*) *nt* pâte *f* à modeler
plastisch *adj* plastique, malléable ; **stell dir das ~ vor!** imagine la scène !
Platane *f* platane *m*
Platin (*-s*) *nt* platine *m*
plätschern *vi* (*Wasser*) clapoter
platt *adj* plat(e) ; (*Reifen*) à plat ; **~ sein** (*fam: völlig überrascht*) être ébahi(e)
Platte *f* plaque *f* ; (*Schallplatte*) disque *m* ; (*Steinplatte*) bloc *m* ; (*Servierteller*) plat *m*
Plattenspieler *m* tourne-disque *m*
Plattfuß *m* pied *m* plat ; (*Reifenpanne*) crevaison *f*
Platz (*-es, ¨-e*) *m* place *f* ; (*Sportplatz*) terrain *m* ; **~ nehmen** prendre place
Plätzchen *nt* (*Gebäck*) biscuit *m*
platzen *vi* éclater ; (*aufplatzen*) craquer
platzieren *vt* placer ▶ *vr* (*Sport*) se placer ; (*: Tennis*) se placer en tête de série
Platzkarte *f* réservation *f*
plaudern *vi* bavarder
plausibel *adj* plausible
Playboy *m* play-boy *m*
plazieren *vt, vr siehe* **platzieren**
pleite *adj*: **~ sein** (*Firma*) avoir fait faillite ; (*Person*) être fauché(e) • **Pleite** *f* faillite *f* ; (*Reinfall*) bide *m*
Plenum (*-s, Plenen*) *nt* plenum *m*
Plombe *f* plomb *m* ; (*Zahnplombe*) plombage *m* (*fam*)
plombieren *vt* plomber
plötzlich *adj* soudain(e) ▶ *adv* soudain
plump *adj* (*Mensch*) lourdaud(e) ; (*Hände, Körper*) épais(se), lourd(e) ; (*Bewegung*) gauche
plumpsen (*fam*) *vi* tomber (comme une masse)
plündern *vt, vi* piller
plus *konj, präp +Gen, adv* plus • **Plus** (*-, -*) *nt* excédent *m* ; (*Gewinn*) bénéfice *m* ; (*Vorteil*) avantage *m*
Plüsch (*-(e)s, -e*) *m* peluche *f*
Pluspol *m* pôle *m* positif
Pluspunkt *m* (*fig*) avantage *m*
Plutonium *nt* plutonium *m*
PLZ *f abk* (= *Postleitzahl*) code *m* postal
Po (*-s, -s*) (*fam*) *m* postérieur *m*
pöbelhaft *adj* vulgaire
pochen *vi* frapper ; (*Herz*) battre ; **auf etw** *Akk* **~** (*fig*) insister sur qch
Pocken *pl* (*Méd*) variole *f*
Podcast (*-s, -s*) *m* podcast *m*
Podium *nt* estrade *f*
Podiumsdiskussion *f* débat *m* public
Poesie *f* poésie *f*
Poet (*-en, -en*) *m* poète *m* • **poetisch** *adj* poétique
Pointe *f* conclusion *f*
Pokal (*-s, -e*) *m* coupe *f*
Pol (*-s, -e*) *m* pôle *m*
Pole (*-n, -n*) *m* Polonais *m*
polemisch *adj* polémique
Polen (*-s*) *nt* la Pologne
Police *f* police *f* (d'assurance)
polieren *vt* (*Boden, Möbel*) cirer ; (*Silber*) nettoyer

Polin *f* Polonaise *f*
Politik *f* politique *f*
Politiker(in) (*-s, -*) *m(f)* homme/ femme politique
politisch *adj* politique
Politur *f* (*Mittel*) encaustique *f*
Polizei *f* police *f*
• **Polizeibeamte(r)** *m* agent *m* de police • **polizeilich** *adj* policier(-ière) ; (*Anordnung*) de police ; **~es Kennzeichen** plaque *f* minéralogique • **Polizeirevier** *nt* secteur *m* ; (*Polizeiwache*) commissariat *m* • **Polizeistunde** *f* *heure de fermeture légale des cafés etc* • **polizeiwidrig** *adj* illégal(e)
Polizist(in) *m(f)* agent *m* de police
Pollen (*-s, -*) *m* pollen *m*
polnisch *adj* polonais(e)
Polohemd *nt* polo *m*
Polster (*-s, -*) *nt* (*Polsterung*) rembourrage *m* ; (*in Kleidung*) épaulette *f* ; (*fig: Geld*) réserves *fpl* • **Polstermöbel** *pl* meubles *mpl* rembourrés
polstern *vt* rembourrer
Polterabend *m fête, la veille d'un mariage, où l'on casse de la vaisselle pour porter bonheur aux mariés*
poltern *vi* (*Krach machen*) faire du vacarme
Pommes frites *pl* frites *fpl*
pompös *adj* somptueux(-euse)
Pony (*-s, -s*) *nt* (*Zool*) poney *m* ▶ *m* (*Frisur*) frange *f*
Popcorn (*-s*) *nt* pop-corn *m inv*
Popmusik *f* musique *f* pop
Popo (*-s, -s*) (*fam*) *m* postérieur *m*
poppig *adj* (*Farbe*) criard(e)
Pore *f* pore *m*
porös *adj* poreux(-euse)
Porree (*-s, -s*) *m* poireau *m*
Portal (*-s, -e*) *nt* portail *m*
Portemonnaie (*-s, -s*) *nt* porte-monnaie *m inv*
Portier (*-s, -s*) *m* portier *m*
Portion *f* portion *f* ; (*fig: Menge*) dose *f*
Porto (*-s, -s od Porti*) *nt* port *m*, affranchissement *m* • **portofrei** *adj* franco *inv* de port
Portugal (*-s*) *nt* le Portugal
portugiesisch *adj* portugais(e)
Porzellan (*-s, -e*) *nt* porcelaine *f*
Posaune *f* trombone *m*
posieren *vi* poser (pour la galerie)
Position *f* position *f* ; (*beruflich*) situation *f* ; (*auf Liste*) poste
positionieren *vt* (*Inform*) positionner
Positionierung *f* (*Inform*) positionnement *m*
positiv *adj* positif(-ive)
Post (*-, -en*) *f* poste *f* ; (*Briefe*) courrier *m* • **Postamt** *nt* bureau *m* de poste • **Postanweisung** *f* mandat *m* postal, mandat-poste *m* • **Postbote** *m* facteur *m*
posten *vt* poster (*sur Internet*)
Posten (*-s, -*) *m* poste *m* ; (*Warenmenge*) lot *m* ; (*auf Liste*) article *m* ; (*Mil*) sentinelle *f*
Poster (*-s, -(s)*) *nt* poster *m*
Postfach *nt* boîte *f* postale
Postkarte *f* carte *f* postale
postlagernd *adj* en poste restante
Postleitzahl *f* code *m* postal
postmodern *adj* postmoderne
Postsparkasse *f* Caisse *f* nationale d'épargne
Poststempel *m* cachet *m* de la poste
postwendend *adv* par retour de courrier
potent *adj* viril(e)
Potenz *f* (*Math*) puissance *f* ; (*eines Mannes*) virilité *f*
Potenzial (*-s, -e*) *nt* potentiel *m*
PR *abk* (= *Public Relations*) relations *fpl* publiques

Pracht (-) *f* splendeur *f*
prächtig *adj* magnifique, superbe
prahlen *vi* se vanter
praktikabel *adj* réaliste
Praktikant(in) *m(f)* stagiaire *mf*
Praktikum (-*s*, *Praktika* od *Praktiken*) *nt* stage *m*
praktisch *adj* pratique ; **~er Arzt** généraliste *mf*
praktizieren *vt* (*Methode, Idee*) mettre en pratique ▶ *vi* exercer
Praline *f* (bonbon *m* au) chocolat *m*
prall *adj* (*Sack*) rebondi(e) ; (*Ball*) bien gonflé(e) ; (*Segel*) tendu(e) ; (*Arme*) dodu(e) ; **in der ~en Sonne** en plein soleil
prallen *vi*: **~ gegen** *od* **auf** +*Akk* heurter
Prämie *f* prime *f*
Pranger (-*s*, -) *m* pilori *m*
Präposition *f* préposition *f*
Präsens (-) *nt* présent *m*
Präservativ *nt* préservatif *m*
Präsident(in) *m(f)* président(e)
prasseln *vi* (*Feuer*) crépiter ; (*Regen, Hagel*) tambouriner
Praxis (-, *Praxen*) *f* pratique *f* ; (*von Arzt*) cabinet *m* ; (*von Anwalt*) étude *f*
Präzedenzfall *m* précédent *m*
predigen *vt, vi* prêcher
Predigt (-, -*en*) *f* sermon *m*
Preis (-*es*, -*e*) *m* prix *m* • **Preisausschreiben** *nt* concours *m*
Preiselbeere *f* airelle *f*
preisen (*irr*) *vt* louer
preis|geben (*irr*) *vt* (*aufgeben*) abandonner ; (*ausliefern*) livrer ; (*verraten*) révéler
preisgünstig *adj* avantageux(-euse)
Preislage *f* gamme *f* de prix
preislich *adj* (*Lage*) des prix ; (*Unterschied*) de prix
Preisrichter *m* membre *m* du jury
Preisträger(in) *m(f)* lauréat(e)
preiswert *adj* avantageux(-euse)
Prellung *f* contusion *f*
Premiere *f* première *f*
Premierminister(in) *m(f)* premier ministre *m*
Presse *f* (*für Obst*) presse-citron *m inv* • **Pressefreiheit** *f* liberté *f* de la presse • **Pressekonferenz** *f* conférence *f* de presse
pressen *vt* presser
Pressluft *f* air *m* comprimé • **Pressluftbohrer** *m* marteau-piqueur *m*
Prestige (-*s*) *nt* prestige *m*
Preußen (-*s*) *nt* la Prusse
prickeln *vi* (*Haut*) démanger ; (*Sekt*) pétiller
pries *etc vb siehe* **preisen**
Priester(in) (-*s*, -) *m(f)* prêtre(-tresse)
prima *adj inv* de première qualité ; (*fam*) super
Primel (-, -*n*) *f* primevère *f*
primitiv *adj* primitif(-ive)
Prinz (-*en*, -*en*) *m* prince *m*
Prinzessin *f* princesse *f*
Prinzip (-*s*, -*ien*) *nt* principe *m*
prinzipiell *adj* de principe ▶ *adv* par principe
Prise *f* pincée *f*
privat *adj* privé(e)
Privatschule *f* école *f* privée *od* libre
Privatsender *m* chaîne *f* privée
Privileg (-(*e*)*s*, -*ien*) *nt* privilège *m*
pro *präp* +*Akk* par
Pro (-*s*) *nt* pour *m*
Probe *f* essai *m* ; (*Teststück*) échantillon *m* ; (*Theat*) répétition *f*
proben *vt* répéter
probeweise *adv* à l'essai
Probezeit *f* période *f* d'essai
probieren *vt, vi* essayer ; (*Wein, Speise*) goûter

Problem (*-s, -e*) *nt* problème *m*
Problematik *f* problématique *f*
problematisch *adj* problématique
problemlos *adj, adv* sans problèmes
Produkt (*-(e)s, -e*) *nt* produit *m*
Produktion *f* production *f*
produktiv *adj* productif(-ive)
Produzent(in) *m(f)* producteur(-trice)
produzieren *vt* produire
Professor(in) *m(f)* professeur *m*
Profi (*-s, -s*) *m* professionnel *m*
Profil (*-s, -e*) *nt* (*Seitenansicht*) profil *m* ; (*fig*) personnalité *f* ; (*von Reifen*) (dessin *m* de la) bande *f* de roulement
profilieren *vr* se distinguer
Profit (*-(e)s, -e*) *m* profit *m*
profitieren *vi*: **von etw ~** profiter de qch
Prognose (*-, -n*) *f* pronostic *m*
Programm (*-s, -e*) *nt* programme *m* ; (*Sender*) chaîne *f*
programmieren *vt* (*Inform*) programmer
Programmierer(in) (*-s, -*) *m(f)* programmeur(-euse)
Programmiersprache *f* langage *m* de programmation
progressiv *adj* (*geh*) progressiste
Projekt (*-(e)s, -e*) *nt* projet *m*
Projektor *m* projecteur *m*
projizieren *vt* projeter
Prolog (*-(e)s, -e*) *m* prologue *m*
Promenade *f* promenade *f*
Promille (*-(s), -*) *nt* alcoolémie *f*
prominent *adj* important(e)
Prominenz *f* personnalités *fpl*
Promotion *f* (obtention *f* du) doctorat *m*
promovieren *vi* obtenir son doctorat
prompt *adj* rapide ▸ *adv* (*wie erwartet*) évidemment
Pronomen (*-s, -*) *nt* pronom *m*
Propaganda (*-*) *f* propagande *f*
Propeller (*-s, -*) *m* hélice *f*
Prophet(in) (*-en, -en*) *m(f)* prophète (prophétesse)
prophezeien *vt* prédire
Prophezeiung *f* prophétie *f*
Proportion *f* proportion *f*
proportional *adj* proportionnel(le)
Prosa (*-*) *f* prose *f*
Prospekt (*-(e)s, -e*) *m* prospectus *m*
prost *interj* à la vôtre/tienne, santé
Prostituierte (*-n, -n*) *f* prostituée *f*
Prostitution *f* prostitution *f*
Protein (*-s, -e*) *nt* protéine *f*
Protest (*-(e)s, -e*) *m* protestation *f*
Protestant(in) *m(f)* protestant(e)
• **protestantisch** *adj* protestant(e)
protestieren *vi* protester
Protestkundgebung *f* manifestation *f*
Prothese *f* prothèse *f* ; (*Zahnprothese*) dentier *m*
Protokoll (*-s, -e*) *nt* procès-verbal *m* ; **etw zu ~ geben** (*bei Polizei*) signaler qch
Prototyp *m* prototype *m*
protzen (*fam*) *vi* se vanter ; **mit etw ~** étaler qch
protzig *adj* tape-à-l'œil *inv* ; (*neureich*)
Proviant (*-s, -e*) *m* provisions *fpl*
Provider (*-s, -*) *m* (*Inform*) fournisseur *m* d'accès
Provinz (*-, -en*) *f* province *f*
provinziell *adj* provincial(e)
Provision *f* (*Écon*) commission *f*
provisorisch *adj* provisoire
Provokation *f* provocation *f*
provozieren *vt* provoquer
Prozedur *f* procédure *f* ; (*péj*) histoires *fpl*
Prozent (*-(e)s, -e*) *nt*: **5 ~** 5 pour cent
• **Prozentsatz** *m* pourcentage *m*
• **prozentual** *adj*: **~e Beteiligung** pourcentage *m*

P

Prozess (*-es, -e*) *m* (*Jur*) procès *m* ; (*Vorgang*) processus *m*
prozessieren *vi*: **~ (mit** *od* **gegen)** être en procès (avec)
Prozession *f* procession *f*
Prozessor (*-s, -en*) *m* (*Inform*) processeur *m*
prüfen *vt* (*Kandidat*) faire passer un examen à ; (*Gerät*) tester ; (*nachprüfen*) vérifier
Prüfling *m* candidat(e)
Prüfung *f* examen *m*
Prügel *pl* raclée *f*
Prügelei *f* bagarre *f*
prügeln *vt* battre ▸ *vr* se battre
prunkvoll *adj* fastueux(-euse)
PS *abk* (*= Pferdestärke*) CV ; (*= Postskript(um)*) P-S
Psychiater (*-s, -*) *m* psychiatre *m*
psychisch *adj* psychologique, psychique
Psychoanalyse *f* psychanalyse *f*
Psychologe *m* psychologue *m*
Psychologie *f* psychologie *f*
Psychologin *f* psychologue *f*
psychologisch *adj* psychologique
Psychotherapeut(in) *m(f)* psychothérapeute *mf*
Psychotherapie *f* psychothérapie *f*
Pubertät *f* puberté *f*
Publikum (*-s*) *nt* public *m*
publizieren *vt* (*Buch etc*) publier
Pudding (*-s, -e od -s*) *m* ≈ flan *m*
Pudel (*-s, -*) *m* caniche *m*
Puder (*-s, -*) *m* poudre *f*
Puderzucker *m* sucre *m* glace
Puff[1] (*-(e)s, -e*) (*fam*) *m* (*Stoß*) gnon *m*
Puff[2] (*-(e)s, -e*) *m* (*Wäschepuff*) panier *m* à linge (capitonné) ; (*Sitzpuff*) pouf *m*
Puff[3] (*-s, -s*) (*fam*) *nt od m* (*Bordell*) bordel *m*
Puffer (*-s, -*) *m* (*Rail, Inform*) tampon *m*
Pulli (*-s, -s*) *m* pull *m*
Puls (*-es, -e*) *m* pouls *m* • **Pulsader** *f* artère *f*
Pult (*-(e)s, -e*) *nt* pupitre *m* ; (*Schaltpult*) pupitre de commande
Pulver (*-s, -*) *nt* poudre *f*
pulverig *adj* poudreux(-euse)
Pulverschnee *m* poudreuse *f*
pummelig *adj* rondelet(te)
Pumpe *f* pompe *f*
pumpen *vt* pomper ; (*fam: leihen*) prêter ; (*: entleihen*) emprunter
Punkt (*-(e)s, -e*) *m* point *m*
pünktlich *adj* ponctuel(le) • **Pünktlichkeit** *f* ponctualité *f*
Pupille *f* pupille *f*
Puppe *f* poupée *f*
Puppenstube *f* maison *f* de poupée
pur *adj* pur(e)
Püree (*-s, -s*) *nt* purée *f*
Puste (*-*) (*fam*) *f* souffle *m*
Pustel (*-, -n*) *f* bouton *m* (*sur la peau*)
pusten *vi* souffler
Pute *f* dinde *f*
Puter (*-s, -*) *m* dindon *m*
Putsch (*-(e)s, -e*) *m* putsch *m*, coup *m* d'État
Putz (*-es*) *m* (*Mörtel*) crépi *m*
putzen *vt* nettoyer ; (*Schuhe*) cirer ▸ *vr* faire sa toilette
Putzfrau *f* femme *f* de ménage
Puzzle (*-s, -s*) *nt* puzzle *m*
Pyramide *f* pyramide *f*
Python (*-s, -s*) *m* python *m*

q

Quader (*-s, -*) *m* pierre *f* de taille
Quadrat *nt* carré *m* • **quadratisch** *adj* carré(e) • **Quadratmeter** *m* mètre *m* carré
quaken *vi* (*Frosch*) coasser ; (*Ente*) cancaner
quäken (*fam*) *vi* brailler
Qual *f* torture *f* ; (*seelisch*) tourment *m*
quälen *vt* torturer ; (*mit Bitten*) harceler ▶ *vr* (*sich abmühen*) peiner ; (*geistig*) se tourmenter
qualifizieren *vt* qualifier ▶ *vr* se qualifier
Qualität *f* qualité *f*
Qualle *f* méduse *f*
Qualm (*-(e)s*) *m* épaisse fumée *f*
qualmen *vi* fumer ; (*fam: Mensch*) fumer comme un sapeur
qualvoll *adj* atroce
Quantität *f* quantité *f*
quantitativ *adj* quantitatif(-ive)
Quark (*-s*) *m* (*Culin*) *sorte de fromage blanc*
Quartal (*-s, -e*) *nt* trimestre *m*
Quartier (*-s, -e*) *nt* logement *m*
quasi *adv* quasiment, quasi
quasseln (*fam*) *vi* jacasser
Quatsch (*-es*) *m* bêtises *fpl*
quatschen *vi* papoter
Quatschkopf (*fam*) *m* (*Schwätzer*) moulin *m* à paroles
Quecksilber *nt* mercure *m*
Quelle *f* source *f*
quellen (*irr*) *vi* (*hervorquellen*) jaillir ; (*schwellen*) gonfler
quengeln (*fam*) *vi* pleurnicher
quer *adv* (*der Breite nach*) en travers
querfeldein *adv* à travers champs
Querflöte *f* flûte *f* traversière
Querschnitt *m* coupe *f od* section *f* transversale ; (*repräsentative Auswahl*) échantillon *m*
Querstraße *f* rue *f* transversale
Quertreiber (*-s, -*) *m* empêcheur *m* de tourner en rond
quetschen *vt* presser, écraser ; (*Finger etc*) écraser, meurtrir
Quetschung *f* contusion *f*
quietschen *vi* grincer ; (*Mensch*) pousser des cris
Quintett (*-(e)s, -e*) *nt* quintette *m*
Quirl (*-(e)s, -e*) *m* (*Küchengerät*) fouet *m* (électrique)
quitt *adj*: **(mit jdm) ~ sein** être quitte (envers qn)
Quitte *f* coing *m*
quittieren *vt* donner un reçu pour ; (*Dienst*) quitter
Quittung *f* quittance *f*, reçu *m*
Quiz (*-, -*) *nt* jeu-concours *m* (*télévisé ou radiophonique*)
Quote *f* proportion *f*, taux *m*

r

Rabatt (-*(e)s*, -*e*) *m* rabais *m*, remise *f*
Rabatte *f* plate-bande *f*
Rabe (-*n*, -*n*) *m* corbeau *m*
Rache *f* vengeance *f*
Rachen (-*s*, -) *m* gorge *f*
rächen *vt* venger ▶ *vr* se venger ; (*Leichtsinn, Faulheit*) coûter cher
Rad (-*(e)s*, ⁼*er*) *nt* roue *f* ; (*Fahrrad*) vélo *m* ; **~ fahren** faire du vélo
Radar (-*s*) *m od nt* radar *m*
• **Radarfalle** *f* contrôle *m* radar
Radau (-*s*) *m* (*fam*) boucan *m*
radebrechen *vt, vi* baragouiner
radeln (*fam*) *vi* faire du vélo ; **zur Post ~** aller à la poste à *od* en vélo
Radfahrer(in) *m(f)* cycliste *mf*
Radfahrweg *m* piste *f* cyclable
Radiergummi *m* gomme *f*
Radieschen *nt* radis *m*
radikal *adj* (*extrem*) extrémiste ; (*Maßnahme*) radical(e)
Radikale(r) *f(m)* extrémiste *mf*
Radio (-*s*, -*s*) *nt* radio *f* • **radioaktiv** *adj* radioactif(-ive)
• **Radiorekorder** *m* radiocassette *f*
Radiowecker *m* radio-réveil *m*
Radius (-, *Radien*) *m* rayon *m*
Radkappe *f* enjoliveur *m*
Radler(in) *m(f)* cycliste *mf*
Radrennen *nt* course *f* cycliste
Radsport *m* cyclisme *m*
Radweg *m* piste *f* cyclable
RAF (-) *f abk* (= *Rote-Armee-Faktion*) *mouvement terroriste allemand*
raffinieren *vt* raffiner
raffiniert *adj* (*Mensch, Trick*) subtil(e), astucieux(-euse) ; (*Kleid*) chic *inv*
Rahm (-*s*) *m* crème *f*
rahmen *vt* encadrer
Rahmen (-*s*, -) *m* cadre *m*
Rakete *f* fusée *f*
RAM (-*(s)*, -*(s)*) *nt* (*Inform*) mémoire *f* vive
Rampe *f* rampe *f*
Rampenlicht *nt* feux *mpl* de la rampe
ramponieren (*fam*) *vt* esquinter
Ramsch (-*(e)s*, -*e*) *m* camelote *f*
Rand (-*(e)s*, ⁼*er*) *m* bord *m* ; (*von Stadt*) périphérie *f* ; (*auf Papier*) marge *f* ; (*unter Augen*) cerne *f*
randalieren *vi* faire du tapage
rang *etc vb siehe* **ringen**
Rang (-*(e)s*, ⁼*e*) *m* rang *m* ; (*Wert*) calibre *m* ; (*Theat*) balcon *m*
rangieren *vt* (*Rail*) aiguiller ▶ *vi* (*fig*) se classer
rann *etc vb siehe* **rinnen**
rannte *etc vb siehe* **rennen**
ranzig *adj* (*Butter*) rance
Rap (-*(s)*, -*s*) *m* (*Mus*) rap *m*
Rappen (-*s*, -) *m* (*Schweiz*) centime *m* (suisse)
Rapper(in) (-*s*, -) *m(f)* (*Mus*) rappeur(-euse)
Raps (-*es*, -*e*) *m* colza *m*
rar *adj* rare
rasant *adj* très rapide
rasch *adj* rapide
rasen *vi* (*fam: schnell fahren*) foncer
Rasen (-*s*, -) *m* gazon *m*
rasend *adj* (*Eifersucht*) fou(folle) ; (*Entwicklung, Tempo*) très rapide ; **~e Kopfschmerzen** de violents maux de tête

Rasenmäher (-s, -) *m* tondeuse *f* (à gazon)
Raserei *f* (*Wut*) fureur *f*; (*Schnelle*) vitesse *f* folle
Rasierapparat *m* rasoir *m*
rasieren *vt* raser ▸ *vr* se raser
Rasierklinge *f* lame *f* de rasoir
Rasiermesser *nt* rasoir *m*
Rasierpinsel *m* blaireau *m*
Rasierseife *f* savon *m* à barbe
Rasierwasser *nt* after-shave *m*
Rasse *f* race *f*
Rassismus *m* racisme *m*
Rassist(in) *m(f)* raciste *mf*
rassistisch *adj* raciste
Rast (-, -*en*) *f* arrêt *m* • **rasten** *vi* s'arrêter
Rastplatz *m* (*an Autobahn*) aire *f* de repos
Rasur *f* rasage *m*
Rat (-(*e*)*s*, -*schläge*) *m* conseil *m*; (*pl Räte*: *Ratsversammlung*) conseil; (: *Mitglied*) conseiller *m*
Rate *f* acompte *m*; **auf ~n kaufen** acheter à crédit
raten (*irr*) *vt* deviner; **jdm ~** (*empfehlen*) conseiller qn
Ratgeber (-*s*, -) *m* conseiller *m*; (*Buch*) manuel *m*
Rathaus *nt* mairie *f*
ratifizieren *vt* ratifier
Ration *f* ration *f*
rational *adj* rationnel(le)
rationalisieren *vt* rationaliser
ratlos *adj* perplexe
Ratlosigkeit *f* perplexité *f*
ratsam *adj* indiqué(e)
Ratschlag *m* conseil *m*
Rätsel (-*s*, -) *nt* devinette *f*; (*Geheimnis*) énigme *f* • **rätselhaft** *adj* mystérieux(-euse)
Ratte *f* rat *m*
rau *adj* rêche, rugueux(-euse); (*Stimme*) rauque; (*Hals*) enroué(e); (*Klima*) rude
Raub (-(*e*)*s*) *m* (*von Gegenstand*) vol *m* (à main armée); (*von Mensch*) enlèvement *m*; (*Beute*) proie *f* • **Raubbau** *m* exploitation *f* abusive
rauben *vt* (*wegnehmen*) voler; (*entführen*) enlever
Räuber (-*s*, -) *m* brigand *m*
Raubmord *m* vol *m* avec homicide
Raubtier *nt* prédateur *m*
Raubüberfall *m* attaque *f* à main armée
Raubvogel *m* rapace *m*
Rauch (-(*e*)*s*) *m* fumée *f*
rauchen *vt*, *vi* fumer
Raucher(in) (-*s*, -) *m(f)* fumeur(-euse)
räuchern *vt* (*Fleisch*) fumer
Rauchfleisch *nt* viande *f* fumée
Rauchverbot *nt* interdiction *f* de fumer
Raum (-(*e*)*s*, *Räume*) *m* (*Zimmer*) pièce *f*; (*Platz*) place *f*; (*Gebiet*) région *f*
räumen *vt* (*Wohnung*) quitter; (*Platz, Stadt, Gebiet*) évacuer; (*Schnee, Schutt*) enlever
Raumfähre *f* navette *f* spatiale
Raumfahrt *f* astronautique *f*
räumlich *adj* (*Darstellung*) en relief • **Räumlichkeiten** *pl* locaux *mpl*
Raumschiff *nt* vaisseau *m* spatial
Raumstation *f* station *f* spatiale
Raupe *f* chenille *f*
Raureif *m* givre *m*
raus (*fam*) *adv* = **heraus, hinaus**
Rausch (-(*e*)*s*, *Räusche*) *m* ivresse *f*
rauschen *vi* (*Wasser*) murmurer; (*Bäume*) bruire
Rauschgift *nt* drogue *f* • **Rauschgiftsüchtige(r)** *m(f)* drogué(e)
räuspern *vr* se racler la gorge
Razzia (-, *Razzien*) *f* rafle *f*
Reagenzglas *nt* éprouvette *f*

reagieren *vi* réagir ; **~ auf** *+Akk* réagir à
Reaktion *f* réaction *f*
Reaktor *m* réacteur *m*
real *adj* réel(le) ; (*wirklichkeitsbezogen*) réaliste
realisieren *vt* réaliser
Realismus *m* réalisme *m*
Realist(in) *m(f)* réaliste *mf* • **realistisch** *adj* réaliste
Realschule *f* école *f* secondaire, collège *m*
Rebe *f* vigne *f*
Rebell(in) (*-en, -en*) *m(f)* rebelle *mf*
Rebellion *f* rébellion *f*
Rebhuhn *nt* perdrix *f*
Rebstock *m* vigne *f*
rechen *vt, vi* ratisser
Rechen (*-s, -*) *m* râteau *m*
Rechenschaft *f* comptes *mpl* ; **jdm über etw** *Akk* **~ ablegen** rendre compte de qch à qn ; **~ verlangen** demander des comptes
Rechenzentrum *nt* centre *m* informatique
rechnen *vt* calculer ; (*einberechnen, veranschlagen*) compter ▶ *vi* calculer • **Rechnen** *nt* calcul *m*
Rechner (*-s, -*) *m* calculatrice *f* ; (*Inform*) ordinateur *m*
Rechnung *f* calcul *m* ; (*von Waren*) facture *f* ; (*in Restaurant etc*) addition *f*
recht *adj* juste ; (*echt*) vrai(e) ▶ *adv* (*vor adj*) vraiment ; **das ist mir ~** cela me convient ; **~ haben** avoir raison
Recht (*-(e)s, -e*) *nt* droit *m* ; **~ auf** *+Akk* droit à
rechte(r, s) *adj* droit(e)
Rechte (*-n, -n*) *f* (*Pol*) droite *f*
Rechteck (*-s, -e*) *nt* rectangle *m*
rechteckig *adj* rectangulaire
rechtfertigen *vt* justifier
Rechtfertigung *f* justification *f*
rechtlich *adj* (*gesetzlich*) légal(e)
rechts *adv* à droite ▶ *präp +Gen*: **~ der Straße** sur le côté droit de la rue • **Rechtsanwalt** *m*, **Rechtsanwältin** *f* avocat *m*
Rechtschreibprüfung *f* (*Inform*) vérification *f* d'orthographe
Rechtschreibung *f* orthographe *f*
Rechtsextremist *m* extrémiste *m* de droite
Rechtshänder(in) (*-s, -*) *m(f)* droitier(-ière)
rechtsradikal *adj* d'extrême droite
Rechtsstreit *m* litige *m*
Rechtsweg *m* voie *f* judiciaire
rechtswidrig *adj* illégal(e)
rechtwinklig *adj* à angle droit ; (*Dreieck*) rectangle
rechtzeitig *adv* à temps
recken *vt* (*Hals*) tendre ▶ *vr* s'étirer
recycelbar *adj* recyclable
recyceln *vt* recycler
Recycling (*-s*) *nt* récupération *f*
Redakteur(in) *m(f)* rédacteur(-trice)
Redaktion *f* rédaction *f*
Rede *f* discours *m* • **Redefreiheit** *f* liberté *f* d'expression
reden *vi* parler ▶ *vt* dire
Redewendung *f* expression *f*
redlich *adj* honnête
Redner(in) *m(f)* orateur(-trice)
reduzieren *vt* réduire
Reede *f* mouillage *m*
Reeder (*-s, -*) *m* armateur *m*
Reederei *f* compagnie *f* de navigation
reell *adj* (*ehrlich*) honnête ; (*tatsächlich*) véritable
Referat *nt* (*Vortrag*) exposé *m* ; (*Verwaltung*) service *m*
Referent(in) *m(f)* (*Vortragender*) conférencier(-ière) ; (*Sachbearbeiter*) expert(e)

Referenz *f* référence *f*
referieren *vi*: **~ über** *+Akk* faire un compte-rendu de
reflektieren *vt* réfléchir ▶ *vi* réfléchir la lumière ; **~ auf** *+Akk* viser
Reflex (*-es, -e*) *m* réflexe *m*
reflexiv *adj* réfléchi(e)
Reform (*-, -en*) *f* réforme *f*
Reformhaus *nt* magasin *m* diététique
reformieren *vt* réformer
Refrain (*-s, -s*) *m* refrain *m*
Regal (*-s, -e*) *nt* étagère *f*
rege *adj* (*lebhaft*) animé(e) ; (*wach, lebendig*) vif (vive)
Regel (*-, -n*) *f* règle *f* ; (*Méd*) règles *fpl* • **regelmäßig** *adj* régulier(-ière) ▶ *adv*: **er kommt ~ zu spät** il arrive régulièrement en retard
regeln *vt* régler ▶ *vr* se régler
regelrecht *adj* (*Verfahren*) en règle ; (*fam: Frechheit etc*) sacré(e)
Regelung *f* (*Vereinbarung*) règlement *m* ; (*das Regeln*) régulation *f*
regen *vr* (*bewegen*) bouger ; (*Widerspruch*) se faire sentir
Regen (*-s, -*) *m* pluie *f*
Regenbogen *m* arc-en-ciel *m*
Regenmantel *m* imperméable *m*
Regenschauer *m* averse *f*
Regenschirm *m* parapluie *m*
Regenwald *m* forêt *f* tropicale
Regenwurm *m* ver *m* de terre
Regenzeit *f* saison *f* des pluies
Regie *f* (*Film etc*) réalisation *f* ; (*Theat*) mise *f* en scène ; (*fig*) direction *f*
regieren *vt* gouverner ▶ *vi* régner
Regierung *f* gouvernement *m*
Regierungswechsel *m* changement *m* de gouvernement
Regierungszeit *f*: **während seiner ~** lorsqu'il était au pouvoir ; (*von König*) pendant son règne
Regime (*-s, -*) *nt* régime *m*
Regiment (*-s, -er*) *nt* (*Mil*) régiment *m*
Region *f* région *f*
regional *adj* régional(e)
Regisseur(in) *m(f)* (*Ciné*) réalisateur(-trice) ; (*Theat*) metteur *m* en scène
Register (*-s, -*) *nt* (*Verzeichnis*) répertoire *m* ; (*Stichwortverzeichnis*) index *m*
registrieren *vt* enregistrer
regnen *vi unpers*: **es regnet** il pleut
regnerisch *adj* pluvieux(-euse)
regulär *adj* (*Arbeitszeit*) normal(e) ; (*Preis*) courant(e)
regulieren *vt* régler ; (*Fluss*) régulariser
Regung *f* mouvement *m* ; (*Gefühl auch*) sentiment *m*
regungslos *adj* immobile
Reh (*-(e)s, -e*) *nt* chevreuil *m*
rehabilitieren *vt* (*Kranken etc*) rééduquer ; (*Ruf, Ehre*) réhabiliter
Reibe *f*, **Reibeisen** *nt* râpe *f*
reiben (*irr*) *vt* (*scheuern*) frotter ; (*Culin*) râper
Reibung *f* frottement *m* ; (*fig*) friction *f*
reibungslos *adj* (*fig*) sans heurts
reich *adj* riche
Reich (*-(e)s, -e*) *nt* empire *m* ; (*fig*) royaume *m* ; **das Dritte ~** le troisième Reich
reichen *vi* (*sich erstrecken*) s'étendre, aller ; (*genügen*) suffire ▶ *vt* (*hinhalten*) tendre ; (*bei Tisch*) passer ; (*anbieten*) offrir
reichhaltig *adj* (*Auswahl*) très grand(e) ; (*Essen*) riche
reichlich *adj* (*Geschenke*) à profusion ▶ *adv* largement ; **~ Zeit** largement assez de temps
Reichstag *m* (*Gebäude, Regierungssitz*) Reichstag *m*

Reichtum *m* richesse *f*
Reichweite *f* portée *f*
reif *adj* mûr(e)
Reif (-(e)s, -e) *m* givre *m* ; (*Ringreif*) anneau *m*
Reife (-) *f*: **mittlere ~** (*Scol*) ≈ BEPC *m*
reifen *vi, vt* mûrir
Reifen (-s, -) *m* (*Fahrzeugreifen*) pneu *m* ; (*von Fass*) cercle *m* • **Reifenpanne** *f* crevaison *f*
Reifeprüfung *f* baccalauréat *m*
Reihe *f* rangée *f* ; (*von Menschen*) rang *m* ; (*von Beispielen etc: Serie*) série *f*
reihen *vt* (*Perlen*) enfiler ; (*beim Nähen*) faufiler ▶ *vr*: **B reiht sich an A** B suit A
Reihenfolge *f* ordre *m*
Reihenhaus *nt maison attenante aux maisons voisines*
Reiher (-s, -) *m* héron *m*
Reim (-(e)s, -e) *m* rime *f*
reimen *vr* rimer
rein *adj* pur(e) ; (*sauber*) propre ; **~ gar nichts** vraiment rien du tout
Reinfall (*fam*) *m* échec *m*
Reingewinn *m* bénéfice *m* net
Reinheit *f* pureté *f* ; (*von Wäsche*) propreté *f*
reinigen *vt* nettoyer
Reinigung *f* (*Geschäft*) teinturerie *f* ; **chemische ~** nettoyage *m* à sec
Reis[1] (-es, -e) *m* (*Culin*) riz *m*
Reis[2] (-es, -er) *nt* (*Zweig*) brindille *f*
Reise *f* voyage *m* • **Reiseandenken** *nt* souvenir *m* (de voyage) • **Reisebüro** *nt* agence *f* de voyages • **Reiseführer** *m* guide *m* • **Reisegesellschaft** *f* groupe *m* de touristes • **Reisekosten** *pl* frais *mpl* de déplacement • **Reiseleiter(in)** *m(f)* guide *m*
reisen *vi* voyager
Reisende(r) *f(m)* voyageur(-euse) *m/f*
Reisepass *m* passeport *m*
Reisepläne *pl* projets *mpl* de voyage
Reiseproviant *m* casse-croûte *m inv*
Reisescheck *m* chèque *m* de voyage
Reiseveranstalter *m* voyagiste *m*, tour-opérateur *m*
Reiseverkehr *m* circulation *f* (*des départs en vacances od des rentrées de vacances*)
Reisewetter *nt* temps *m* de vacances
Reiseziel *nt* destination *f*
reißen (*irr*) *vi* (*Stoff*) se déchirer ; (*Seil*) casser ; (*zerren*) tirer
Reißnagel *m* punaise *f*
Reißverschluss *m* fermeture *f* éclair
Reißzwecke *f* = **Reißnagel**
reiten (*irr*) *vt* monter ▶ *vi*: **(auf einem Pferd) ~** monter (à cheval)
Reiter(in) (s, -) *m(f)* cavalier(-ière)
Reithose *f* culotte *f* de cheval
Reitpferd *nt* cheval *m* de selle
Reitstiefel *m* botte *f* d'équitation
Reiz (-es, -e) *m* stimulation *f* ; (*Verlockung*) charme *m*
reizen *vt* stimuler ; (*verlocken*) attirer ; (*Aufgabe, Angebot*) intéresser ; (*irritieren, ärgern*) irriter
reizend *adj* charmant(e)
reizvoll *adj* (*Anblick*) charmant(e) ; (*Angebot*) alléchant(e)
Reizwäsche *f* lingerie *f* sexy
Reklamation *f* réclamation *f*
Reklame *f* publicité *f*
reklamieren *vi* se plaindre
rekonstruieren *vt* (*Gebäude*) reconstruire ; (*Vorfall*) reconstituer
Rekord (-es, -e) *m* record *m*
rekrutieren *vt* recruter ▶ *vr*: **sich ~ aus** (*Team*) être recruté(e) parmi

Rektor(in) *m(f)* (*Univ*) recteur *m* ; (*Scol*) directeur(-trice)
relativ *adj* relatif(-ive)
relevant *adj* pertinent(e)
Religion *f* religion *f*
religiös *adj* religieux(-euse)
Reling (-, -*s*) *f* bastingage *m*
Ren (-*s*, -*s* od -*e*) *nt* renne *m*
Rendezvous (-, -) *nt* rendez-vous *m inv*
Rendite *f* rapport *m*
Rennbahn *f* (*Pferderennbahn*) champ *m* de courses ; (*Radrennbahn*) vélodrome *m* ; (*Aut*) circuit *m* automobile
rennen *vi, vt* courir • **Rennen** (-*s*, -) *nt* course *f*
Renner (-*s*, -) *m* (*Verkaufsschlager*) gros succès *m*
Rennfahrer *m* coureur *m*
Rennrad *nt* vélo *m* de course
Rennwagen *m* voiture *f* de course
renovieren *vt* rénover
Renovierung *f* rénovation *f*
rentabel *adj* rentable, lucratif(-ive)
Rente *f* retraite *f*, pension *f*
Rentenalter *nt* âge *m* de la retraite
Rentenversicherung *f* assurance *f* invalidité-vieillesse
Rentier *nt* renne *m*
rentieren *vr* être rentable
Rentner(in) (-*s*, -) *m(f)* retraité(e)
Reparatur *f* réparation *f*
reparieren *vt* réparer
Reportage *f* reportage *m*
Reporter(in) (-*s*, -) *m(f)* reporter *m*
reproduzieren *vt* reproduire
Reptil (-*s*, -*ien*) *nt* reptile *m*
Republik *f* république *f*
Reservat *nt* (*Gebiet*) réserve *f*
Reserve *f* réserve *f* • **Reserverad** *nt* roue *f* de secours • **Reservetank** *m* réservoir *m* de secours
reservieren *vt* réserver
Reservoir (-*s*, -*e*) *nt* réservoir *m*
Residenz *f* résidence *f*
Resignation *f* résignation *f*
resignieren *vi* se résigner
Resolution *f* résolution *f*
Resonanz *f* résonance *f*
Resozialisierung *f* réinsertion *f* sociale
Respekt (-(*e*)*s*) *m* respect *m*
respektieren *vt* respecter
respektlos *adj* irrespectueux(-euse)
respektvoll *adj* respectueux(-euse)
Ressort (-*s*, -*s*) *nt*: **in jds ~ fallen** être du ressort de qn
Rest (-(*e*)*s*, -*e*) *m* reste *m*
Restaurant (-*s*, -*s*) *nt* restaurant *m*
restaurieren *vt* restaurer
Restbetrag *m* solde *m*
restlich *adj* qui reste
restlos *adv* complètement
Restmüll *m* déchets *mpl* non recyclables
Resultat *nt* résultat *m*
Retorte *f* cornue *f*
Retortenbaby *nt* bébé-éprouvette *m*
retten *vt* sauver ▶ *vr* se sauver
Retter(in) *m(f)* sauveur *m*
Rettich (-*s*, -*e*) *m* radis *m*
Rettung *f* (*das Retten*) sauvetage *m* ; (*Hilfe*) secours *m*
Rettungsboot *nt* canot *m* de sauvetage
Rettungsinsel *f* radeau *m* de sauvetage
Rettungsring *m* bouée *f* (de sauvetage)
Rettungswagen *m* ambulance *f*
Reue (-) *f* remords *mpl*
reuen *vt* (*geh*): **es reut ihn** il le regrette
Revanche *f* revanche *f*

revanchieren *vr*: **sich für etw ~** (*sich rächen*) se venger de qch ; (*erwidern*) revaloir qch
revidieren *vt* (*abändern, korrigieren*) réviser ; (*überprüfen*) vérifier
Revier (-*s*, -*e*) *nt* (*Territorium*) territoire *m* ; (*Jagdrevier*) (terrain *m* de) chasse *f* ; (*Polizeidienststelle*) commissariat *m* (de police)
Revision *f* (*von Ansichten etc*) révision *f* ; (*Écon*) vérification *f* ; (*Jur*) appel *m*
Revolte *f* révolte *f*
Revolution *f* révolution *f*
revolutionieren *vt* révolutionner
Revolver (-*s*, -) *m* révolver *m*
Rezensent *m* critique *m*
Rezension *f* critique *f*
Rezept (-(*e*)*s*, -*e*) *nt* recette *f* ; (*Méd*) ordonnance *f* • **rezeptfrei** *adj* délivré(e) sans ordonnance
Rezeption *f* réception *f*
rezeptpflichtig *adj* délivré(e) uniquement sur ordonnance
Rezession *f* récession *f*
Rhabarber (-*s*) *m* rhubarbe *f*
Rhein (-(*e*)*s*) *m* Rhin *m*
Rheinland-Pfalz *nt* la Rhénanie-Palatinat
Rhesusfaktor *m* facteur *m* rhésus
Rhetorik *f* rhétorique *f*
rhetorisch *adj* rhétorique
Rheuma *nt* (-*s*) rhumatisme *m*
rhythmisch *adj* rythmique
Rhythmus (-) *m* rythme *m*
richten *vt* (*lenken*) diriger ; (*instand setzen*) réparer ; (*zurechtmachen*) préparer ▶ *vr*: **sich nach jdm ~** faire comme cela convient à qn
Richter(in) (-*s*, -) *m*(*f*) juge *m*
richtig *adj* bon (bonne) ; (*echt, ordentlich*) vrai(e) ▶ *adv* (*korrekt*) correctement, juste ; **das R~e** ce qu'il faut • **Richtigkeit** *f* (*von Antwort*) exactitude *f* ; (*von Verhalten*) justesse *f*
Richtlinie *f* directive *f*
Richtpreis *m* prix *m* indicatif
Richtung *f* direction *f* ; (*Tendenz*) tendance *f*
Richtungstaste *f* touche *f* directionnelle
rieb *etc vb siehe* **reiben**
riechen (*irr*) *vt, vi* sentir
rief *etc vb siehe* **rufen**
Riegel (-*s*, -) *m* (*Schieber*) verrou *m* ; (*von Schokolade*) barre *f*
Riemen (-*s*, -) *m* (*Treibriemen*) courroie *f*
Riese (-*n*, -*n*) *m* géant *m*
rieseln *vi* (*Wasser*) couler ; (*Schnee, Staub*) tomber doucement
Riesenerfolg *m* succès *m* fou
riesig *adj* énorme
riet *etc vb siehe* **raten**
Riff (-(*e*)*s*, -*e*) *nt* récif *m*
Rille *f* rainure *f*
Rind (-(*e*)*s*, -*er*) *nt* bœuf *m*
Rinde *f* (*Baumrinde*) écorce *f* ; (*Brotrinde, Käserinde*) croûte *f*
Rindfleisch *nt* viande *f* de bœuf
Ring (-(*e*)*s*, -*e*) *m* anneau *m* ; (*Schmuck*) bague *f* ; (*Kreis, Vereinigung*) cercle *m* ; (*Boxring*) ring *m* • **Ringbuch** *nt* classeur *m*
ringen (*irr*) *vi* lutter ; **~ um** lutter pour
Ringfinger *m* annulaire *m*
rings *adv* tout autour ; **~ um das Haus standen Bäume** il y avait des arbres tout autour de la maison
ringsherum *adv* tout autour
Ringstraße *f* boulevard *m* périphérique
Rinne *f* rigole *f*
rinnen (*irr*) *vi* fuir
Rippchen *nt* côte *f* de porc
Rippe *f* côte *f*

Rippenfellentzündung *f* pleurésie *f*
Risiko (*-s, -s od Risiken*) *nt* risque *m*
riskant *adj* risqué(e)
riskieren *vt* risquer
riss *etc vb siehe* **reißen**
Riss (*-es, -e*) *m* (*in Mauer etc*) fissure *f*; (*in Haut*) gerçure *f*; (*in Papier, Stoff*) déchirure *f*
rissig *adj* (*Mauer*) fissuré(e); (*Hände*) gercé(e)
ritt *etc vb siehe* **reiten**
Ritt (*-(e)s, -e*) *m* chevauchée *f*
Ritter (*-s, -*) *m* chevalier *m* • **ritterlich** *adj* chevaleresque
Ritze *f* fissure *f*
ritzen *vt* graver
Rivale (*-n, -n*) *m*, **Rivalin** *f* rival(e)
Rivalität *f* rivalité *f*
Rizinusöl *nt* huile *f* de ricin
Robbe *f* phoque *m*
Roboter (*-s, -*) *m* robot *m*
roch *etc vb siehe* **riechen**
Rock (*-(e)s, ¨-e*) *m* jupe *f*
Rockmusik *f* rock *m*
Rodel (*-s, -*) *m* luge *f*
rodeln *vi* luger
Rogen (*-s, -*) *m* œufs *mpl* de poisson
Roggen (*-s, -*) *m* seigle *m*
roh *adj* (*ungekocht*) cru(e); (*unbearbeitet*) brut(e); (*grob*) grossier(-ière) • **Rohbau** *m* gros œuvre *m* • **Rohöl** *nt* pétrole *m* brut
Rohr (*-(e)s, -e*) *nt* tuyau *m*
Röhre *f* tube *m*; (*für Wasser*) tuyau *m*
Rohrstuhl *m* chaise *f* en osier
Rohrzucker *m* sucre *m* de canne
Rohseide *f* soie *f* grège
Rohstoff *m* matière *f* première
Rollbrett *nt* skate(board) *m*
Rolle *f* rouleau *m*; (*Garnrolle etc*) bobine *f*; (*unter Möbeln etc*) roulette *f*; (*Theat*) rôle *m*
rollen *vt, vi* rouler
Roller (*-s, -*) *m* (*für Kinder*) trottinette *f*; (*Motorroller*) scooter *m*
Rollladen *m* store *m*
Rollmops *m* rollmops *m*
Rollschuh *m* patin *m* à roulettes
Rollstuhl *m* fauteuil *m* roulant
rollstuhlgerecht *adj* accessible aux fauteuils roulants
Rolltreppe *f* escalier *m* mécanique
Rom (*-s*) *nt* Rome
Roman (*-s, -e*) *m* roman *m*
Romantik *f* romantisme *m*
Romantiker(in) (*-s, -*) *m(f)* romantique *mf*
romantisch *adj* romantique
Romanze *f* romance *f*; (*Liebelei*) histoire *f* d'amour
Römer (*-s, -*) *m* Romain *m*
römisch *adj* romain(e)
röntgen *vt* radiographier • **Röntgenstrahlen** *pl* rayons *mpl* X
rosa *adj inv* rose
Rose *f* rose *f*
Rosé (*-s, -s*) *m* (*Wein*) rosé *m*
Rosenkohl *m* choux *mpl* de Bruxelles
Rosenmontag *m* lundi *m* de carnaval
Rosette *f* (*Fenster*) rosace *f*; (*aus Papier*) rosette *f*
rosig *adj* rose
Rosine *f* raisin *m* sec
Rosmarin (*-s*) *m* romarin *m*
Ross (*-es, -e*) *nt* cheval *m*
Rosskastanie *f* marronnier *m*; (*Frucht*) marron *m*
Rost (*-(e)s, -e*) *m* rouille *f*; (*Gitter*) grille *f* • **Rostbraten** *m rôti cuit sur le gril*
rosten *vi* rouiller
rösten *vt* griller
rostfrei *adj* inoxydable

rostig *adj* rouillé(e)
Rostschutz *m* (*Mittel*) antirouille *m*
rot *adj* rouge
Rotation *f* rotation *f*
Röteln *pl* rubéole *f*
rothaarig *adj* roux (rousse)
rotieren *vi* tourner ; (*fam: sich aufregen*) paniquer
Rotkäppchen *nt* le petit chaperon rouge
Rotkehlchen *nt* rouge-gorge *m*
Rotstift *m* crayon *m* rouge
Rotwein *m* vin *m* rouge
Rotz (*-es, -e*) (*fam*) *m* morve *f*
Roulade *f* paupiette *f*
Route *f* itinéraire *m*
Routine *f* expérience *f* ; (*Gewohnheit*) routine *f*
Rowdy (*-s, -s*) *m* voyou *m*
Rübe *f*: **Gelbe ~** carotte *f* ; **Rote ~** betterave *f* (rouge)
Rubrik *f* (*Kategorie*) rubrique *f* ; (*Spalte*) colonne *f*
Ruck (*(e)s, -e*) *m* secousse *f* ; **sich** *Dat* **einen ~ geben** se secouer
rückbezüglich *adj* réfléchi(e)
rücken *vt* (*Möbel*) déplacer ; (*Spielfiguren*) jouer ▶ *vi* bouger, se déplacer ; (*Platz machen*) se pousser ; **an jds Stelle ~** prendre la place de qn
Rücken (*-s, -*) *m* dos *m*
Rückenmark *nt* moelle *f* épinière
Rückenschwimmen *nt* nage *f* sur le dos
Rückenwind *m* vent *m* arrière
Rückerstattung *f* remboursement *m*
Rückfahrkarte *f* billet *m* aller-retour
Rückfahrt *f* retour *m*
Rückflug *m* (vol *m* de) retour *m*
Rückgabe *f* restitution *f*
rückgängig *adj*: **etw ~ machen** annuler qch
Rückgrat (*-(e)s, -e*) *nt* colonne *f* vertébrale
Rückhand *f* revers *m*
Rückkehr (*-, -en*) *f* retour *m*
Rücklicht *nt* feu *m* arrière
Rücknahme *f* reprise *f*
Rückreise *f* (voyage *m* de) retour *m*
Rückruf *m* rappel *m*
Rucksack *m* sac *m* à dos
Rücksicht *f* considération *f* ; **~ auf jdn/etw nehmen** tenir compte de qn/qch
rücksichtslos *adj* (*Mensch*) qui manque d'égards ; (*Fahren*) imprudent(e)
rücksichtsvoll *adj* prévenant(e)
Rücksitz *m* siège *m* arrière
Rückspiegel *m* rétroviseur *m*
Rückspiel *nt* match *m* retour
Rücktritt *m* démission *f*
Rücktrittbremse *f* frein *m* à rétropédalage
rückwärts *adv* en arrière
Rückwärtsgang *m* marche *f* arrière
Rückweg *m* retour *m*
rückwirkend *adj* rétroactif(-ive)
Rückzahlung *f* remboursement *m*
Rudel (*-s, -*) *nt* (*von Wölfen*) bande *f* ; (*von Hirschen*) troupeau *m*
Ruder (*-s, -*) *nt* rame *f* ; (*Steuer*) gouvernail *m* • **Ruderboot** *nt* bateau *m* à rames • **Ruderer** (*-s, -*) *m* rameur(-euse) *m/f*
rudern *vt* (*Boot*) faire avancer (en ramant) ▶ *vi* ramer
Ruf (*-(e)s, -e*) *m* cri *m* ; (*Ansehen*) réputation *f*
rufen (*irr*) *vt* appeler ▶ *vi* appeler, crier
Rufname *m* prénom *m* (usuel)
Rufnummer *f* numéro *m* de téléphone
Ruhe (*-*) *f* calme *m* ; (*Schweigen*) silence *m* ; (*Ausruhen, Stillstand*)

repos *m* ; (*Ungestörtheit*) tranquillité *f*
ruhen *vi* (*ausruhen*) se reposer ; (*begraben sein*) reposer
Ruhestand *m* retraite *f*
Ruhetag *m* jour *m* de repos
ruhig *adj* calme ; (*Wochenende, Leben*) tranquille
Ruhm (-(*e*)*s*) *m* gloire *f*
Ruhr (-) *f* (*Méd*) dysenterie *f*
Rührei *nt* œufs *mpl* brouillés
rühren *vt* remuer ; (*Gemüt bewegen*) toucher ▶ *vr* bouger
rührend *adj* touchant(e)
Ruhrgebiet *nt* Ruhr *f*
rührselig *adj* sentimental(e)
Rührung *f* émotion *f*
Ruin (-*s*, -*e*) *m* ruine *f*
Ruine *f* ruine *f*
ruinieren *vt* (*Person*) ruiner
rülpsen (*fam*) *vi* roter
Rum (-*s*, -*s*) *m* rhum *m*
Rumänien (-*s*) *nt* la Roumanie
rumänisch *adj* roumain(e)
Rummel (-*s*) *m* (*fam*) tapage *m* ; (*Jahrmarkt*) foire *f* • **Rummelplatz** *m* champ *m* de foire
Rumpelkammer *f* débarras *m*
Rumpf (-(*e*)*s*, ⸚*e*) *m* tronc *m* ; (*Aviat*) fuselage *m* ; (*Naut*) coque *f*
rümpfen *vt* froncer
rund *adj* rond(e) ▶ *adv* (*ungefähr*) environ ; **~ um die Welt reisen** faire le tour du monde • **Rundbogen** *m* arc *m* en plein cintre
Runde *f* (*Rundgang*) ronde *f* ; (*in Rennen*) tour *m* ; (*Gesellschaft*) cercle *m* ; (*von Getränken*) tournée *f*
runden *vt* arrondir ▶ *vr* (*fig*) se préciser
Rundfahrt *f* circuit *m*
Rundfunk *m* radio *f*
rundlich *adj* rondelet(te) ; (*Gesicht*) rond(e)
Rundreise *f* circuit *m*
Rundschreiben *nt* circulaire *f*
runter (*fam*) *adv* = **herunter; hinunter**
Runzel (-, -*n*) *f* ride *f*
runzelig *adj* ridé(e)
runzeln *vt* plisser
Rüpel (-*s*, -) *m* mufle *m* • **rüpelhaft** *adj* grossier(-ière)
ruppig *adj* (*unhöflich*) brusque
Ruß (-*es*) *m* suie *f*
Russe (-*n*, -*n*) *m* Russe *m*
Rüssel (-*s*, -) *m* trompe *f*
rußig *adj* couvert(e) de suie
Russin *f* Russe *f*
russisch *adj* russe
Russland *nt* la Russie
rüstig *adj* alerte
Rüstung *f* armement *m* ; (*Ritterrüstung*) armure *f*
Rutsch (-(*e*)*s*, -*e*) *m* : **~ nach links/ rechts** (*Pol*) glissement *m* à gauche/droite • **Rutschbahn** *f* toboggan *m*
rutschen *vi* glisser ; (*ausrutschen, Auto*) déraper
rutschig *adj* glissant(e)
rütteln *vt* secouer

r

S

Saal (-(e)s, Säle) *m* salle *f*
Saarland *nt*: **das ~** la Sarre
Saat (-, -en) *f* (*Pflanzen*) semis *mpl*; (*Säen*) semailles *fpl*
sabbern (*fam*) *vi* baver
Säbel (-s, -) *m* sabre *m*
Sabotage *f* sabotage *m*
sabotieren *vt* saboter
Sachbearbeiter(in) *m(f)* spécialiste *mf*; (*Beamter*) responsable *mf*
Sache *f* affaire *f*; (*Ding*) chose *f*; (*Thema*) sujet *m*
Sachlage *f* circonstances *fpl*
sachlich *adj* objectif(-ive)
sächlich *adj* neutre
Sachschaden *m* dommage *m* matériel
Sachsen (-s) *nt* la Saxe
Sachsen-Anhalt *nt* la Saxe-Anhalt
sacht, sachte *adv* doucement; (*allmählich*) peu à peu
Sachverständige(r) *f(m)* expert(e) *m/f*
Sack (-(e)s, ¨-e) *m* sac *m*
Sackgasse *f* cul-de-sac *m*
sadistisch *adj* sadique
säen *vt, vi* semer
Safe (-s, -s) *m od nt* coffre-fort *m*
Saft (-(e)s, ¨-e) *m* jus *m*
saftig *adj* juteux(-euse); (*Rechnung*) salé(e)
Sage *f* légende *f*
Säge *f* scie *f* • **Sägemehl** *nt* sciure *f*
sagen *vt, vi* dire
sägen *vt* scier
sagenhaft *adj* légendaire; (*fam: Glück etc*) incroyable
sah *etc vb siehe* **sehen**
Sahara *f* Sahara *m*
Sahne (-) *f* crème *f*
Saison (-, -s) *f* saison *f*
Saite *f* corde *f*
Sakko (-s, -s) *m od nt* veste *f*
Salat (-(e)s, -e) *m* salade *f*; (*Kopfsalat auch*) laitue *f* • **Salatsoße** *f* vinaigrette *f*
Salbe *f* pommade *f*
Salbei (-s od -) *m od f* sauge *f*
Saldo (-s, Salden) *m* solde *m*
Salmiak (-s) *m* chlorure *m* d'ammonium • **Salmiakgeist** *m* ammoniaque *f*
Salmonellen *pl* salmonelles *fpl*
Salon (-s, -s) *m* salon *m*
salopp *adj* (*Kleidung, Manieren*) décontracté(e); (*Ausdrucksweise, Sprache*) familier(-ière)
Salpeter (-s) *m* salpêtre *m* • **Salpetersäure** *f* acide *m* nitrique
Salz (-es, -e) *nt* sel *m*
salzen *vt* saler
salzig *adj* salé(e)
Salzkartoffeln *pl* pommes *fpl* de terre bouillies
Salzsäure *f* acide *m* chlorhydrique
Samen (-s, -) *m* (*Bot*) graine *f*; (*Sperma*) sperme *m*
sammeln *vt* (*Beeren*) ramasser; (*Geld*) collecter; (*Unterschriften*) recueillir; (*als Hobby*) collectionner
Sammlung *f* (*das Sammeln*) collecte *f*; (*das Gesammelte*) collection *f*; (*Konzentration*) concentration *f*

Samstag *m* samedi *m*
samstags *adv* le samedi
samt *präp +Dat* avec
Samt *(-(e)s, -e) m* velours *m*
Sand *(-(e)s, -e) m* sable *m*
Sandale *f* sandale *f*
sandig *adj (Boden)* sablonneux(-euse)
Sandpapier *nt* papier *m* de verre
Sandstein *m* grès *m*
sandstrahlen *vt* décaper à la sableuse
sandte *etc vb siehe* **senden**
Sanduhr *f* sablier *m*
sanft *adj* doux (douce)
sang *etc vb siehe* **singen**
Sänger(in) *(-s, -) m(f)* chanteur(-euse)
sanieren *vt (Stadt, Haus)* rénover ; *(Betrieb)* remettre à flot ▶ *vr (Unternehmen)* se remettre à flot
Sanierung *f (von Stadt)* rénovation *f* ; *(von Betrieb)* renflouement *m*
sank *etc vb siehe* **sinken**
Sanktion *f* sanction *f*
Sardelle *f* anchois *m*
Sardine *f* sardine *f*
Sarg *(-(e)s, ¨-e) m* cercueil *m*
Sarkasmus *m* sarcasme *m*
sarkastisch *adj* sarcastique
saß *etc vb siehe* **sitzen**
Satellit *(-en, -en) m* satellite *m*
Satellitenfoto *nt* photo *f* satellite
Satire *f* satire *f*
satirisch *adj* satirique
satt *adj* rassasié(e) ; **jdn/etw ~ sein** *(fam)* en avoir marre de qn/qch ; **sich ~ essen** manger à sa faim
Sattel *(-s, ¨-e) m* selle *f*
sättigen *vt* rassasier
Satz *(-es, ¨-e) m* phrase *f* ; *(der gesetzte Text)* composition *f* ; *(Mus)* mouvement *m* ; *(von Töpfen, Briefmarken etc)* série *f* ; *(Sport)* set *m* ; *(Kaffeesatz)* marc *m* ; *(großer Sprung)* bond *m*
Satzung *f* statuts *mpl*
Sau *(-, Säue) f* truie *f* ; *(fam ! : schmutzig)* cochon *m (fam)*
sauber *adj* propre ; *(ironisch)* joli(e)
• **Sauberkeit** *f* propreté *f*
säubern *vt* nettoyer ; *(Pol etc)* purger
Sauce *f* = **Soße**
Saudi-Arabien *(-s) nt* l'Arabie *f* saoudite
sauer *adj* acide ; *(Wein)* aigre ; *(Milch)* caillé(e) ; *(fam: verdrießlich)* fâché(e) ; **saurer Regen** pluies *fpl* acides
Sauerei *(fam) f* cochonnerie *f*
Sauerkraut *nt* choucroute *f*
Sauermilch *f* lait *m* caillé
Sauerstoff *m* oxygène *m*
Sauerstoffgerät *nt (im Flugzeug)* masque *m* à oxygène
saufen *(irr) vt* boire ▶ *vi* s'abreuver ; *(fam: viel trinken)* picoler
Säufer(in) *(-s, -) (fam) m(f)* ivrogne *mf*
saugen *(irr) vt (Flüssigkeit)* sucer, aspirer ▶ *vi:* **~ an** *+Dat (Pfeife)* tirer sur
Sauger *(-s, -) m (auf Flasche)* tétine *f*
Säugetier *nt* mammifère *m*
Säugling *m* nourrisson *m*
Säule *f* colonne *f*, pilier *m*
Sauna *(-, -s) f* sauna *m*
Säure *(-, -n) f (Chem)* acide *m* ; *(Geschmack)* acidité *f*
sausen *vi* mugir ; *(Ohren)* bourdonner ; *(fam: eilen)* foncer
S-Bahn *f abk (= Schnellbahn, Stadtbahn)* train *m* de banlieue
scannen *vt (Inform)* scanner
Scanner *(-s, -) m (Inform)* scanner *m*
Schabe *f* cafard *m*
schaben *vt* gratter ; *(reiben, scheuern)* racler

schäbig *adj* miteux(-euse) ; (*gemein*) infect(e)
Schach (-s, -s) *nt* échecs *mpl* ; (*Stellung*) échec *m* • **Schachbrett** *nt* échiquier *m*
Schachfigur *f* pièce *f* d'échecs
schachmatt *adj* échec et mat
Schacht (-(e)s, ¨-e) *m* puits *m* ; (*für Aufzug*) cage *f*
Schachtel (-, -n) *f* boîte *f*
schade *adj*: **das ist ~** c'est dommage ; **für etw zu ~ sein** être trop beau (belle) pour qch
Schädel (-s, -) *m* crâne *m* • **Schädelbruch** *m* fracture *f* du crâne
schaden *vi* nuire
Schaden (-s, ¨) *m* dommages *mpl*, dégâts *mpl* ; (*Nachteil*) perte *f*
Schadenersatz *m* dommages et intérêts *mpl*
Schadenfreude *f* joie *f* malveillante
schadenfroh *adj* qui se réjouit du malheur des autres
schadhaft *adj* endommagé(e)
schädigen *vt* nuire à
schädlich *adj* (*Stoffe*) dangereux(-euse), nocif(-ive) ; (*Tier*) nuisible
Schädling *m* animal *m* nuisible
schadlos *adj*: **sich ~ halten an** *+Dat* se venger sur
Schadstoff *m* substance *f* toxique • **schadstoffarm** *adj* qui contient peu de substances nocives
Schaf (-(e)s, -e) *nt* mouton *m* • **Schafbock** *m* bélier *m*
Schäfer(in) (-s, -) *m(f)* berger(-ère) • **Schäferhund** *m* (chien *m* de) berger *m*
schaffen¹ (*irr*) *vt* (*Werk*) créer ; (*Ordnung*) rétablir ; (*Platz*) faire
schaffen² *vt* (*bewältigen*) arriver à faire ; (*: Prüfung*) réussir ; (*transportieren*) transporter
Schaffner(in) (-s, -) *m(f)* contrôleur(-euse)
schäkern *vi* (*fam: scherzen*) blaguer
Schal (-s, -e od -s) *m* écharpe *f*
Schälchen *nt* coupelle *f*
Schale *f* (*Kartoffelschale, Obstschale*) peau *f* ; (*: abgeschält*) pelure *f* ; (*Nussschale, Muschelschale, Eischale*) coquille *f* ; (*Schüssel*) coupe *f*
schälen *vt* (*Kartoffeln, Obst*) éplucher ▶ *vr* (*Haut*) peler
Schall (-(e)s, -e) *m* son *m* • **Schalldämpfer** *m* (*Aut*) pot *m* d'échappement ; (*an Gewehr*) silencieux *m*
schallen *vi* résonner
Schallplatte *f* disque *m*
Schalotte *f* échalote *f*
schalten *vt* mettre ▶ *vi* (*Aut*) changer de vitesse ; (*fam: begreifen*) piger
Schalter (-s, -) *m* (*Élec*) interrupteur *m* ; (*bei Post, Bank: Fahrkartenschalter*) guichet *m*
Schaltjahr *nt* année *f* bissextile
Scham (-) *f* honte *f*
schämen *vr* avoir honte ; **sich jds/einer Sache** *od* **für jdn/etw ~** avoir honte de qn/qch
schamlos *adj* éhonté(e)
Schande (-) *f* honte *f*
schändlich *adj* honteux(-euse)
Schanze *f* (*Sprungschanze*) tremplin *m*
Schar (-, -en) *f* (*von Personen*) foule *f* ; (*von Vögeln*) volée *f* ; **in ~en** en grand nombre
scharen *vr* s'assembler, se rassembler
scharf *adj* (*Klinge*) tranchant(e) ; (*Wind, Kälte*) glacial(e) ; (*Essen*) épicé(e) ; (*Worte*) dur(e) ; (*Kritik*) acerbe ; (*Auge*) perçant(e) ; (*Ohr*)

fin(e); (*Verstand*) vif (vive); (*Phot*) net(te); **auf etw** *Akk* **~ sein** (*fam*) être fou (folle) de qch
Scharnier (*-s, -e*) *nt* charnière *f*
Schaschlik (*-s, -s*) *m od nt* brochette *f*
Schatten (*-s, -*) *m* ombre *f*
schattig *adj* ombragé(e)
Schatz (*-es, ¨-e*) *m* trésor *m*
Schätzchen *nt* chéri(e) *m/f*
schätzen *vt* estimer; **~ lernen** apprécier de plus en plus
Schätzung *f* estimation *f*, évaluation *f*
schätzungsweise *adv* approximativement
Schau (*-*) *f* spectacle *m*; (*Ausstellung*) exposition *f* • **Schaubild** *nt* diagramme *m*
schauen *vi* regarder
Schauer (*-s, -*) *m* (*Regenschauer*) averse *f*; (*vor Schreck*) frisson *m* • **schauerlich** *adj* épouvantable
Schaufel (*-, -n*) *f* pelle *f*
Schaufenster *nt* vitrine *f* • **Schaufensterbummel** *m* lèche-vitrines *m inv*
Schaukasten *m* vitrine *f*
Schaukel (*-, -n*) *f* balançoire *f*
schaukeln *vi* se balancer
Schaukelstuhl *m* fauteuil *m* à bascule
Schaulustige(r) *f(m)* badaud(e) *m/f*
Schaum (*-(e)s, Schäume*) *m* écume *f*; (*Seifenschaum: von Getränken*) mousse *f*
schäumen *vi* mousser
Schaumgummi *m* caoutchouc *m* mousse®
Schauplatz *m* scène *f*
Schauspiel *nt* spectacle *m*; (*Theat*) pièce *f*
Schauspieler(in) *m(f)* acteur(-trice)
Scheck (*-s, -s*) *m* chèque *m* • **Scheckbuch** *nt*, **Scheckheft** *nt* carnet *m* de chèques, chéquier *m*
Scheckkarte *f* carte *f* d'identité bancaire
Scheibe *f* disque *m*; (*Brot, Wurst, Zitrone etc*) tranche *f*; (*Glasscheibe*) vitre *f*
Scheibenwaschanlage *f* lave-glace *m*
Scheibenwischer *m* essuie-glace *m*
Scheich (*-s, -e od -s*) *m* cheik *m*
Scheide *f* (*Anat*) vagin *m*
scheiden (*irr*) *vt* séparer; (*Ehe*) dissoudre
Scheidung *f* divorce *m*
Schein (*-(e)s, -e*) *m* lumière *f*; (*Anschein*) apparence *f*; (*Geldschein*) billet *m*; (*Bescheinigung*) attestation *f*; **den ~ wahren** sauver les apparences • **scheinbar** *adv* apparemment
scheinen (*irr*) *vi* briller; **mir scheint ...** il me semble ...
scheinheilig *adj* hypocrite
Scheinwerfer (*-s, -*) *m* projecteur *m*; (*Aut*) phare *m*
Scheiße (*-*) (*fam!*) *f* merde *f* (*fam!*)
Scheit (*-(e)s, -e od -er*) *nt* bûche *f*
Scheitel (*-s, -*) *m* sommet *m*; (*Haarscheitel*) raie *f*
scheitern *vi* échouer
Schelte *f* réprimande *f*
Schema (*-s, -s od -ta*) *nt* plan *m*; (*Darstellung*) schéma *m*
Schemel (*-s, -*) *m* tabouret *m*
Schenkel (*-s, -*) *m* cuisse *f*
schenken *vt* offrir
Schenkung *f* donation *f*
Scherbe *f* débris *m*
Schere *f* ciseaux *mpl*; (*groß*) cisailles *fpl*; (*Zool*) pince *f*
scheren[1] (*irr*) *vt* (*Schaf etc*) tondre

scheren[2] *vr* (*sich kümmern*) se préoccuper ; **sich nicht um jdn/etw ~** ne pas se soucier de qn/qch
Schererei (*fam*) *f* tracasserie *f*
Scherz (*-es, -e*) *m* plaisanterie *f*
scherzhaft *adj* (*Antwort*) drôle
scheu *adj* (*ängstlich*) craintif(-ive) ; (*schüchtern*) timide
Scheu *f* (*Angst*) crainte *f* ; **~ vor** *+Dat* (*Ehrfurcht*) respect *m* de
scheuen *vr*: **sich vor etw** *Dat* **~** craindre qch ▶ *vt* (*Gefahr*) reculer devant ; (*Anstrengung, Öffentlichkeit*) éviter ; (*Aufgabe*) se dérober à ▶ *vi* (*Pferd*) s'emballer
scheuern *vt* (*putzen*) récurer ; (*reiben*) frotter
Scheuklappe *f* œillère *f*
Scheune *f* grange *f*
scheußlich *adj* épouvantable
Schi *m siehe* **Ski**
Schicht (*-, -en*) *f* couche *f* ; (*in Fabrik etc*) poste *m* • **schichten** *vt* empiler
schick *adj* chic
schicken *vt* envoyer
Schicksal (*-s, -e*) *nt* destin *m*
Schicksalsschlag *m* coup *m* du destin
Schiebedach *nt* toit *m* ouvrant
schieben (*irr*) *vt* pousser ; **die Schuld auf jdn ~** rejeter la responsabilité sur qn
Schiebetür *f* porte *f* coulissante
Schiebung *f* (*Parteilichkeit*) favoritisme *m*
schied *etc vb siehe* **scheiden**
Schiedsgericht *nt* tribunal d'arbitrage ; (*bei Sport, Wettbewerb*) commission *f* d'arbitrage
Schiedsrichter *m* arbitre *m*
schief *adj* (*Ebene*) en pente, incliné(e) ; (*Turm*) penché(e) ▶ *adv* de travers ; **jdn ~ ansehen** regarder qn de travers ; **auf die ~e Bahn geraten** *od* **kommen** s'écarter du droit chemin ; **ein ~es Bild der Wirklichkeit zeichnen** donner une image fausse de *od* déformer la réalité
Schiefer (*-s, -*) *m* ardoise *f*
Schiefergas *nt* gaz *m* de schiste
schief|gehen (*irr: fam*) *vi* mal tourner
schielen *vi* loucher
schien *etc vb siehe* **scheinen**
Schienbein *nt* tibia *m*
Schiene *f* rail *m* ; (*Méd*) attelle *f*
schienen *vt* éclisser
schier *adj* pur(e) ; (*Fleisch*) maigre ▶ *adv* presque
Schießbude *f* stand *m* de tir
schießen (*irr*) *vt, vi* tirer
Schiff (*-(e)s, -e*) *nt* bateau *m* ; (*Kirchenschiff*) nef *f* • **Schiffbau** *m* construction *f* navale • **Schiffbruch** *m* naufrage *m*
Schiffer (*-s, -*) *m* batelier *m*
Schifffahrt *f* navigation *f*
Schifffahrtslinie *f* ligne *f* maritime
Schikane *f* tracasserie *f*
schikanieren *vt* brimer
Schild[1] (*-(e)s, -e*) *m* (*Schutz*) bouclier *m* ; (*von Tier*) carapace *f* ; (*Mützenschild*) visière *f*
Schild[2] (*-(e)s, -er*) *nt* écriteau *m* ; (*Verkehrsschild*) panneau *m* ; (*Etikett*) étiquette *f*
Schilddrüse *f* thyroïde *f*
schildern *vt* décrire
Schilderung *f* description *f*
Schildkröte *f* tortue *f*
Schilf (*-(e)s, -e*) *nt*, **Schilfrohr** *nt* roseau *m*
schillern *vi* chatoyer, miroiter
Schilling *m* schilling *m*
Schimmel (*-s, -*) *m* moisissure *f* ; (*Pferd*) cheval *m* blanc
schimmelig *adj* moisi(e)
schimmeln *vi* moisir

Schimmer (-s) *m* lueur *f*
schimmern *vi* (*Kerze*) jeter une faible lueur
Schimpanse (-n, -n) *m* chimpanzé *m*
schimpfen *vi* pester
Schimpfwort *nt* gros mot *m*
Schinken (-s, -) *m* jambon *m*
Schirm (-(e)s, -e) *m* (*Regenschirm*) parapluie *m* ; (*Sonnenschirm*) parasol *m* ; (*Lampenschirm*) abat-jour *m inv* ; (*Mützenschirm*) visière *f* • **Schirmherrschaft** *f* patronage *m*
Schlacht (-, -en) *f* bataille *f*
schlachten *vt* (*Tier*) tuer
Schlachtenbummler *m supporter d'une équipe jouant à l'extérieur*
Schlachter (-s, -) *m* boucher *m*
Schlachtfeld *nt* champ *m* de bataille
Schlachtruf *m* cri *m* de guerre
Schlaf (-(e)s) *m* sommeil *m* • **Schlafanzug** *m* pyjama *m*
Schläfchen *nt* (petite) sieste *f*
Schläfe *f* tempe *f*
schlafen (*irr*) *vi* dormir ; **~ gehen** aller se coucher
schlaff *adj* (*Haut*) flasque ; (*erschöpft*) épuisé(e) ; (*péj: energielos*) mou (molle)
Schlafgelegenheit *f* endroit *m* où dormir
Schlaflosigkeit *f* insomnie *f*
Schlafmittel *nt* somnifère *m*
Schlafsaal *m* dortoir *m*
Schlafsack *m* sac *m* de couchage
Schlaftablette *f* somnifère *m*
Schlafwagen *m* wagon-lit *m*
Schlafzimmer *nt* chambre *f* à coucher
Schlag (-(e)s, ¨-e) *m* (*Hieb*) coup *m* ; (*Méd: Hirnschlag*) attaque *f* (d'apoplexie) *f* ; (*Stromschlag*) secousse *f* ; (*Blitzschlag*) foudre *f* ; (*Schicksalsschlag*) coup du destin ; **Schläge** *pl* (*Tracht Prügel*) raclée *f* • **Schlagader** *f* artère *f* • **Schlaganfall** *m* attaque *f* (d'apoplexie) • **schlagartig** *adj* brusque
Schlägel (-s, -) *m* (*Trommelschlägel*) baguette *f*
schlagen (*irr*) *vt* battre
Schlager (-s, -) *m* (*Mus*) tube *m* ; (*Erfolg*) succès *m*
Schläger (-s, -) *m* (*Tennisschläger*) raquette *f* ; (*Hockeyschläger*) crosse *f* ; (*Golfschläger*) club *m*
Schlägerei *f* bagarre *f*
Schlagersänger(in) *m(f)* chanteur(-euse) pop
schlagfertig *adj* qui a de la repartie
Schlagloch *nt* nid *m* de poules
Schlagwort *nt* slogan *m*
Schlagzeile *f* manchette *f*
Schlagzeug *nt* batterie *f*
Schlagzeuger(in) (-s, -) *m(f)* batteur *m*
Schlamassel (-s, -) (*fam*) *m od nt* pagaille *f*
Schlamm (-(e)s, -e) *m* boue *f*
schlammig *adj* boueux(-euse)
Schlampe(r) (*péj: fam*) *f(m)* souillon *f*
Schlamperei (*fam*) *f* (*Unordnung*) pagaille *f* ; (*schlechte Arbeit*) travail *m* bâclé
schlampig (*fam*) *adj* (*Mensch*) débraillé(e) ; (*Arbeit*) bâclé(e)
Schlange *f* serpent *m* ; (*Menschenschlange*) queue *f* ; (*von Autos*) file *f* ; **~ stehen** faire la queue
schlank *adj* mince • **Schlankheit** *f* minceur *f* • **Schlankheitskur** *f* cure *f* d'amaigrissement
schlapp *adj* (*erschöpft*) épuisé(e) ; (*fam: energielos*) mou (molle)

Schlappe (*fam*) *f* veste *f*
schlau *adj* (*Mensch*) malin(-igne) ; (*Plan*) astucieux(-euse)
Schlauch (*-(e)s, Schläuche*) *m* tuyau *m* ; (*in Reifen*) chambre *f* à air • **Schlauchboot** *nt* canot *m* pneumatique
schlauchen (*fam*) *vt* pomper
schlecht *adj* mauvais(e) ; (*verdorben*) avarié(e) ▶ *adv* mal ; (*kaum*) difficilement ; **jdm geht es ~** (*gesundheitlich*) qn va mal ; (*wirtschaftlich*) qn est dans la gêne
schlechthin *adv* tout simplement ; **der Dramatiker ~** le type même du dramaturge
Schlechtigkeit *f* méchanceté *f*
schlecht|machen *vt* calomnier
schlecken *vt* lécher ▶ *vi* manger des sucreries
Schlegel (*-s, -*) *m* (*Culin*) cuisse *f*
schleichen (*irr*) *vi* se glisser ; (*heimlich*) marcher à pas de loup
schleichend *adj* (*Krankheit, Gift*) insidieux(-euse)
Schleier (*-s, -*) *m* voile *m* • **schleierhaft** *adj* : **jdm ~ sein** échapper à qn
Schleife *f* boucle *f* ; (*auf Schuh auch, im Haar*) nœud *m*
schleifen[1] *vi* traîner ▶ *vt* (*ziehen*) traîner
schleifen[2] *vt irr* (*Messer*) aiguiser ; (*Edelstein*) tailler
Schleim (*-(e)s, -e*) *m* (*Méd*) mucosité *f* ; (*Culin*) gruau *m*
schleimig *adj* visqueux(-euse)
schlemmen *vi* festoyer
schlendern *vi* flâner
schlenkern *vt* balancer
schleppen *vt* traîner ; (*Auto, Schiff*) remorquer ▶ *vr* se traîner
schleppend *adj* (*Gang*) traînant(e) ; (*Bedienung, Abfertigung*) très lent(e)
Schlepper (*-s, -*) *m* (*Schiff*) remorqueur *m*
Schlepplift *m* remonte-pente *m*
Schleswig-Holstein *nt* le Schleswig-Holstein
Schleuder (*-, -n*) *f* (*Steinschleuder*) fronde *f* ; (*Wäscheschleuder*) essoreuse *f* ; (*Zentrifuge*) centrifugeuse *f* • **schleudern** *vt* lancer ; (*Wäsche*) essorer ▶ *vi* (*Aut*) déraper
Schleuderpreis *m* prix *m* sacrifié
Schleudersitz *m* siège *m* éjectable
schleunigst *adv* au plus vite
Schleuse *f* écluse *f*
schlich *vb siehe* **schleichen**
schlicht *adj* simple
schlichten *vt* (*Streit*) régler
Schlichter(in) (*-s, -*) *m(f)* médiateur(-trice)
Schlichtung *f* conciliation *f*
Schlick (*-(e)s, -e*) *m* vase *f*
schlief *etc vb siehe* **schlafen**
Schließe *f* fermeture *f*
schließen (*irr*) *vt* fermer ; (*Lücke*) boucher ; (*Frieden, Ehe*) conclure ; (*Vertrag*) passer ▶ *vi* (*folgern*) conclure
Schließfach *nt* consigne *f* automatique
schließlich *adv* finalement ; (*immerhin*) après tout
schliff *etc vb siehe* **schleifen**
schlimm *adj* mauvais(e) ; (*Zeiten*) difficile • **schlimmer** *adj* pire • **schlimmste(r, s)** *adj* pire
schlimmstenfalls *adv* au pire (des cas)
Schlinge *f* boucle *f* ; (*als Verband*) écharpe *f*
schlingern *vi* tanguer
Schlips (*-es, -e*) *m* cravate *f*
Schlitten (*-s, -*) *m* luge *f* ; (*Pferdeschlitten*) traîneau *m*
schlittern *vi* patiner

Schlittschuh *m* patin *m* à glace
Schlitz (*-es, -e*) *m* fente *f*; (*Hosenschlitz*) braguette *f*
schloss *etc vb siehe* **schließen**
Schloss (*-es, -̈er*) *nt* (*Bau*) château *m*; (*Vorrichtung*) serrure *f*
Schlosser (*-s, -*) *m* (*für Schlüssel*) serrurier *m*
Schlucht (*-, -en*) *f* gorge *f*
schluchzen *vi* sangloter
Schluck (*-(e)s, -e*) *m* gorgée *f*
Schluckauf (*-s*) *m* hoquet *m*
schlucken *vt, vi* avaler
schlug *etc vb siehe* **schlagen**
schlummern *vi* faire un petit somme; (*fig*) être caché(e)
schlüpfen *vi* se glisser; (*Küken, Vogel etc*) éclore
Schlüpfer (*-s, -*) *m* slip *m*
schlüpfrig *adj* glissant(e); (*péj*) obscène
Schluss (*-es, -̈e*) *m* fin *f*; (*Schlussfolgerung*) conclusion *f*
Schlüssel (*-s, -*) *m* clé *f*, clef *f*; (*Lösungsheft*) corrigé *m* • **Schlüsselbein** *nt* clavicule *f* • **Schlüsselblume** *f* primevère *f* • **Schlüsselbund** *m* trousseau *m* de clés • **Schlüsseldienst** *m* serrurerie *f* express • **Schlüsselloch** *nt* trou *m* de la serrure
Schlussfolgerung *f* conclusion *f*
Schlusslicht *nt* feu *m* arrière
Schlussstrich *m*: **einen ~ unter etw** *Akk* **ziehen** tirer un trait sur qch
Schlussverkauf *m* soldes *mpl*
schmächtig *adj* frêle
schmackhaft *adj* (*Essen*) délicieux(-euse); **jdm etw ~ machen** faire un tableau flatteur de qch à qn
schmählich *adj* honteux(-euse)
schmal *adj* étroit(e); (*Person, Buch etc*) mince; (*karg*) maigre
schmälern *vt* (*Ertrag, Lohn*) diminuer; (*Ruf, Verdienst*) rabaisser
Schmalz (*-es, -e*) *nt* graisse *f* (fondue); (*Schweineschmalz*) saindoux *m*
schmalzig *adj* (*Lied etc*) à l'eau de rose
Schmarotzer (*-s, -*) *m* parasite *m*
schmatzen *vi* manger bruyamment
schmecken *vt* goûter ▶ *vi* (*Essen*) être bon(ne); **schmeckt es (Ihnen)?** vous aimez ?
Schmeichelei *f* mot *m* flatteur
schmeichelhaft *adj* flatteur(-euse)
schmeicheln *vi* +*Dat* flatter
schmeißen (*irr*) (*fam*) *vt* jeter, balancer
Schmeißfliege *f* mouche *f* bleue
schmelzen (*irr*) *vt* faire fondre ▶ *vi* fondre
Schmerz (*-es, -en*) *m* douleur *f*; (*Trauer*) chagrin *m*
schmerzen *vt* faire mal à; (*fig*) blesser
Schmerzensgeld *nt* dommages *mpl* et intérêts *mpl*
schmerzhaft *adj* douloureux(-euse)
schmerzlich *adj* douloureux(-euse)
Schmerzmittel *nt* analgésique *m*
schmerzstillend *adj* analgésique
Schmetterling *m* papillon *m*
Schmied (*-(e)s, -e*) *m* forgeron *m*
Schmiedeeisen *nt* fer *m* forgé
schmieden *vt* forger
schmiegsam *adj* flexible, souple
Schmiere *f* graisse *f*
schmieren *vt* étaler; (*Aufstrich, Butter*) tartiner; (*ölen, fetten*) graisser; (*fam: bestechen*) graisser la patte à; (*schreiben*) griffonner ▶ *vi* (*schreiben*) griffonner

Schmiergeld *nt* pot-de-vin *m*
Schmiermittel *nt* lubrifiant *m*
Schmierseife *f* savon *m* noir
Schminke *f* maquillage *m*
schminken *vt* maquiller ▶ *vr* se maquiller
schmirgeln *vt* poncer
schmiss *etc vb siehe* **schmeißen**
schmollen *vi* bouder
schmolz *etc vb siehe* **schmelzen**
Schmorbraten *m* rôti *m* braisé
schmoren *vt* braiser ▶ *vi* cuire à feu doux
Schmuck (-(e)s, -e) *m* (*Ringe etc*) bijoux *mpl* ; (*Verzierung*) décoration *f*
schmücken *vt* décorer
Schmuggel (-s) *m* contrebande *f*
schmuggeln *vt* passer en contrebande ▶ *vi* faire de la contrebande
Schmuggler(in) (-s, -) *m(f)* contrebandier(-ière)
schmunzeln *vi* sourire
schmusen *vi* se faire des câlins
Schmutz (-es) *m* saleté *f*
schmutzig *adj* sale ; (*Witz*) cochon(ne) ; (*Geschäfte*) louche
Schnabel (-s, =) *m* bec *m*
Schnake *f* moustique *m*
Schnalle *f* boucle *f*
schnallen *vt* attacher ; **den Gürtel enger ~** se serrer la ceinture
Schnäppchen (*fam*) *nt* bonne affaire *f*
schnappen *vt* saisir
Schnappschuss *m* instantané *m*
Schnaps (-es, =e) *m* eau-de-vie *f*
schnarchen *vi* ronfler
schnaufen *vi* haleter
Schnauzbart *m* moustache *f*
Schnauze *f* museau *m* ; (*Ausguss*) bec *m* ; (*fam*) gueule *f*
Schnecke *f* escargot *m* ; (*Nacktschnecke*) limace *f*
Schneckenhaus *nt* coquille *f*
Schnee (-s) *m* neige *f* • **Schneeball** *m* boule *f* de neige • **Schneegestöber** *nt* tempête *f* de neige • **Schneeglöckchen** *nt* perce-neige *m od f inv* • **Schneekette** *f* chaîne *f* • **Schneepflug** *m* chasse-neige *m inv* • **Schneeschmelze** *f* fonte *f* des neiges
Schneide *f* tranchant *m*
schneiden (*irr*) *vt* couper ▶ *vr* se couper
Schneider(in) (-s, -) *m(f)* tailleur *m*, couturière *f*
Schneidezahn *m* incisive *f*
schneien *vi unpers*: **es schneit** il neige
schnell *adj* rapide ; **machen Sie ~!** faites vite !
schnellen *vi* bondir ; (*Preise*) faire un bond
Schnelligkeit *f* rapidité *f*
Schnellimbiss *m* snack(-bar) *m*
schnellstens *adv* au plus vite
Schnellstraße *f* voie *f* rapide
Schnickschnack (-(e)s) *m* (*fam* : *péj* : *Überflüssiges*) camelote *f*
schnippisch *adj* insolent(e)
schnitt *etc vb siehe* **schneiden**
Schnitt (-(e)s, -e) *m* coupure *f* ; (*Schnittpunkt*) intersection *f* ; (*Durchschnitt*) moyenne *f*
Schnitte *f* tranche *f*
Schnittlauch *m* ciboulette *f*
Schnittmuster *nt* patron *m*
Schnittpunkt *m* intersection *f*
Schnittstelle *f* interface *f*
Schnitzel (-s, -) *nt* (*Culin*) escalope *f*
schnitzen *vt* sculpter
schnodderig (*fam*) *adj* sans-gêne *inv*
Schnorchel (-s, -) *m* tuba *m*
schnorcheln *vi* faire de la plongée (avec un tuba)

Schnörkel (*-s, -*) *m* fioriture *f*
schnorren *vt* taper
schnüffeln *vi* flairer, renifler ; (*fam: spionieren*) fouiner ; **an etw** *Dat* **~** renifler qch
Schnuller (*-s, -*) *m* tétine *f*
Schnupfen (*-s, -*) *m* rhume *m*
schnuppern *vi*: **an etw** *Dat* **~** renifler qch
Schnur (*-, ⸚e*) *f* ficelle *f* ; (*Élec*) fil *m*
Schnurrbart *m* moustache *f*
schnurren *vi* ronronner
Schnürsenkel *m* lacet *m*
schob *etc vb siehe* **schieben**
Schock (*-(e)s, -s*) *m* choc *m*
Schöffengericht *nt tribunal avec un jury*
Schokolade *f* chocolat *m*
Schokoriegel *m* barre *f* chocolatée
Scholle *f* (*Fisch*) plie *f*

SCHLÜSSELWORT

schon *adv* **1** (*bereits*) déjà ; **~ vor 100 Jahren** déjà il y a cent ans ; **ich war ~ einmal da** (*früher*) j'y suis déjà allé(e) ; **das war ~ immer so** ça a toujours été comme ça ; **wartest du ~ lange?** il y a longtemps que tu attends ? ; **~ oft** (déjà) souvent ; **wie ~ so oft** comme déjà souvent ; **~ immer** toujours ; **was, ~ wieder?** quoi, encore ? ; **ich habe das ~ mal gehört** j'ai déjà entendu ça quelque part ; **hast du ~ gehört?** tu as entendu la nouvelle ?
2 (*bestimmt*): **du wirst ~ sehen** tu verras bien ; **das wird ~ noch gut** ça va (sûrement) s'arranger
3 (*bloß*): **wenn ich das ~ höre** rien que d'entendre des choses pareilles ; **hör ~ auf damit!** arrête ! ; **was macht das ~, wenn ...?** qu'est-ce que ça peut bien faire que ... ?
4 (*einschränkend*): **ja ~, aber ...** d'accord, mais ...
5: **(das ist) ~ möglich** c'est bien possible ; **~ gut!** bon(, d'accord) ! ; **du weißt ~** tu sais bien ; **komm ~!** allez, viens ! ; **und wenn ~!** et alors ?

schön *adj* beau (belle) ; **~e Grüße** bien le bonjour ; **~e Ferien!** bonnes vacances !
schonen *vt* ménager ▶ *vr* se ménager
Schönheit *f* beauté *f*
Schonung *f* (*Nachsicht*) égards *mpl* ; (*von Gegenstand*) ménagement *m* ; (*Forst*) pépinière *f*
schonungslos *adj* impitoyable
Schonzeit *f* période *f* de fermeture de la chasse
schöpfen *vt* (*Flüssigkeit*) puiser ; (*Mut, Luft*) prendre
Schöpfkelle *f*, **Schöpflöffel** *m* louche *f*
Schöpfung *f* création *f*
Schorf (*-(e)s, -e*) *m* croûte *f*
Schornstein *m* cheminée *f*
• **Schornsteinfeger** (*-s, -*) *m* ramoneur *m*
Schoß (*-es, ⸚e*) *m* (*von Rock*) basque *f* ; **auf jds ~** sur les genoux de qn
schoss *etc vb siehe* **schießen**
Schote *f* (*Bot*) cosse *f*
schottisch *adj* écossais(e)
Schottland *nt* l'Écosse *f*
schraffieren *vt* hachurer
schräg *adj* (*Wand: schief, geneigt*) penché(e) ; (*Linie*) oblique
Schramme *f* éraflure *f*
schrammen *vt* érafler
Schrank (*-(e)s, ⸚e*) *m* placard *m* ; (*Kleiderschrank*) armoire *f*
Schranke *f* barrière *f*
Schraube *f* vis *f* ; (*Schiffsschraube*) hélice *f*

schrauben *vt* visser
Schraubenschlüssel (-s, -) *m* clé *f* à molette
Schraubenzieher (-s, -) *m* tournevis *m*
Schreck (-(e)s, -e) *m* frayeur *f*
Schreckgespenst *nt* spectre *m*
schreckhaft *adj* craintif(-ive)
schrecklich *adj* épouvantable
Schrei (-(e)s, -e) *m* cri *m*
Schreibblock *m* bloc-notes *m*
schreiben (*irr*) *vt, vi* écrire
• **Schreiben** (-s, -) *nt* lettre *f*
Schreiber(in) (-s, -) *m(f)* auteur *m*
schreibfaul *adj* trop paresseux(-euse) pour écrire
Schreibfehler *m* faute *f* d'orthographe
Schreibmaschine *f* machine *f* à écrire
Schreibschutz *m* (*Inform*) protection *f* d'écriture
Schreibtisch *m* bureau *m*
Schreibwaren *pl* fournitures *fpl* de bureau
Schreibweise *f* orthographe *f*; (*Stil*) style *m*
schreien (*irr*) *vi, vt* crier
schreiend *adj* (*Ungerechtigkeit*) criant(e); (*Farbe*) criard(e)
Schreiner (-s, -) *m* (*von Möbeln*) menuisier *m*; (*Zimmermann*) charpentier *m*
Schreinerei *f* menuiserie *f*
schreiten (*irr*) *vi* marcher; **zum Angriff/zur Tat ~** passer à l'attaque/l'acte
schrie *etc vb siehe* **schreien**
schrieb *etc vb siehe* **schreiben**
Schrift (-, -en) *f* écriture *f*; (*Buch, Gedrucktes*) écrit *m* • **Schriftart** *f* (*Handschrift*) écriture; (*Typ*) caractères *mpl* • **Schriftdeutsch** *nt* bon allemand *m* • **schriftlich** *adj* écrit(e) ▶ *adv* par écrit
Schriftsteller(in) (-s, -) *m(f)* écrivain *m*
schrill *adj* (*Stimme*) perçant(e); (*Ton*) aigu(ë)
Schritt (-(e)s, -e) *m* pas *m*
• **Schrittmacher** *m* stimulateur *m* cardiaque
schroff *adj* brusque
schröpfen *vt* (*fig*) plumer
Schrot (-(e)s, -e) *m od nt* (*Blei*) plomb *m*; (*Getreide*) farine *f* brute
• **Schrotflinte** *f* fusil *m* (de chasse)
Schrott (-(e)s, -e) *m* ferraille *f*
• **schrottreif** *adj* bon(ne) pour la casse
schrumpfen *vi* (*Apfel, Mensch*) se ratatiner
Schubkarren *m* brouette *f*
Schublade *f* tiroir *m*
schüchtern *adj* timide
schuf *etc vb siehe* **schaffen**[1]
Schuft (-(e)s, -e) *m* canaille *f*
schuften (*fam*) *vi* bosser
Schuh (-(e)s, -e) *m* chaussure *f*
• **Schuhband** *nt* lacet *m*
• **Schuhcreme** *f* cirage *m*
• **Schuhgeschäft** *nt* magasin *m* de chaussures • **Schuhmacher** *m* cordonnier *m* • **Schuhwerk** *nt* chaussures *fpl*
schuld *adj*: **(an etw** *Dat***) ~ sein** être responsable (de qch) • **Schuld** (-, -en) *f* responsabilité *f*; (*Verschulden*) faute *f*
schulden *vt* devoir
schuldig *adj* coupable; **jdm etw ~ sein** *od* **bleiben** devoir qch à qn
Schuldner(in) (-s, -) *m(f)* débiteur(-trice)
Schuldspruch *m* verdict *m* de culpabilité
Schule *f* école *f*
schulen *vt* former; (*Geist, Ohr*) exercer
Schüler(in) (-s, -) *m(f)* élève *mf*

Schulferien *pl* vacances *fpl* scolaires
schulfrei *adj*: **~er Tag** jour *m* où il n'y a pas classe
Schulhof *m* préau *m*, cour *f* de l'école
Schuljahr *nt* année *f* scolaire
Schulmedizin *f* médecine *f* conventionnelle
schulpflichtig *adj* (*Alter*) scolaire ; (*Kind*) d'âge scolaire
Schulstunde *f* heure *f* de classe
Schulter (*-, -n*) *f* épaule *f* • **Schulterblatt** *nt* omoplate *f*
Schulung *f* formation *f*
Schuppe *f* (*von Fisch, Schlange*) écaille *f* ; **Schuppen** *pl* (*Haarschuppen*) pellicules *fpl*
schuppen *vt* (*Fisch*) enlever les écailles de
Schuppen (*-s, -*) *m* remise *f*
schürfen *vt* (*Haut, Knie*) égratigner
Schürze *f* tablier *m*
Schuss (*-es, ¨-e*) *m* (*Gewehrschuss*) coup *m* de feu ; (*Foot etc*) tir *m*
Schüssel (*-, -n*) *f* saladier *m*
Schuster (*-s, -*) *m* cordonnier *m*
Schutt (*-(e)s*) *m* (*Trümmer, Bauschutt*) décombres *mpl* • **Schuttabladeplatz** *m* décharge *f* (publique)
Schüttelfrost *m* frissons *mpl*
schütteln *vt* secouer ▶ *vr* (*vor Kälte*) frissonner
schütten *vt* verser ▶ *vi unpers* pleuvoir à verse
Schutz (*-es*) *m* protection *f* ; (*Zuflucht*) abri *m* ; **jdn in ~ nehmen** prendre la défense de qn • **Schutzblech** *nt* garde-boue *m inv*
Schütze (*-n, -n*) *m* tireur *m* ; (*Schießsportler*) marqueur *m* ; (*Astr*) Sagittaire *m*
schützen *vt* protéger ; **~ vor** *+Dat* *od* **gegen** protéger de *od* contre
Schutzengel *m* ange *m* gardien
Schutzgebiet *nt* (*Pol*) protectorat *m* ; (*Naturschutzgebiet*) parc *m* naturel
Schutzhelm *m* casque *m*
schutzlos *adj* sans défense
schwach *adj* faible ; (*Tee, Gift*) léger(-ère) ; (*Gedächtnis*) mauvais(e)
Schwäche *f* faiblesse *f* ; **~ für** *+Akk* faible *m* pour
schwächen *vt* affaiblir
Schwachkopf (*fam*) *m* imbécile *m*
Schwachsinn *m* (*Méd*) débilité *f* mentale
Schwachstelle *f* point *m* faible
schwafeln (*fam*) *vi* radoter
Schwager (*-s, ¨*) *m* beau-frère *m*
Schwägerin *f* belle-sœur *f*
Schwalbe *f* hirondelle *f*
Schwall (*-(e)s, -e*) *m* flot *m*
schwamm *etc vb siehe* **schwimmen**
Schwamm (*-(e)s, ¨-e*) *m* éponge *f*
schwammig *adj* spongieux(-euse) ; (*Gesicht*) bouffi(e)
Schwan (*-(e)s, ¨-e*) *m* cygne *m*
schwanger *adj* enceinte
Schwangerschaft *f* grossesse *f*
Schwangerschaftsabbruch *m* interruption *f* de grossesse
schwanken *vi* se balancer ; (*Preise, Zahlen, Temperatur*) fluctuer ; (*taumeln*) chanceler ; (*zögern*) hésiter
Schwanz (*-es, ¨-e*) *m* queue *f*
schwänzen (*fam*) *vt* sécher
Schwarm (*-(e)s, ¨-e*) *m* essaim *m* ; (*fam*) idole *f*
schwärmen *vi*: **für jdn/etw ~** adorer qn/qch
schwarz *adj* noir(e) • **Schwarzarbeit** *f* travail *m* au noir • **Schwarzbrot** *nt* pain de seigle très noir • **Schwarze(r)** *f(m)* Noir(e) *m/f*

S

schwarz|fahren (*irr*) *vi* resquiller
Schwarzfahrer(in) *m(f)* resquilleur(-euse)
Schwarzmarkt *m* marché *m* noir
schwarz|sehen *vi* (*TV*) *regarder la télé sans avoir payé sa redevance* ; (*fam: Pessimist*) tout voir en noir
Schwarzwald *m* Forêt-Noire *f*
schwatzen *vi*, **schwätzen** *vi* bavarder
Schwätzer(in) (-*s*, -) (*péj*) *m(f)* bavard(e)
Schwebebahn *f* téléphérique *m*
schweben *vi* planer ; (*aufgehängt sein*) être suspendu(e)
Schweden (-*s*) *nt* la Suède
schwedisch *adj* suédois(e)
Schwefel (-*s*) *m* soufre *m*
schweigen (*irr*) *vi* se taire
• **Schweigen** (-*s*) *nt* silence *m*
schweigsam *adj* silencieux(-euse)
Schwein (-(*e*)*s*, -*e*) *nt* cochon *m* ; (*Culin*) porc *m* ; (*fam: Glück*) bol *m*
Schweinefleisch *nt* viande *f* de porc
Schweinegrippe *f* grippe *f* porcine *od* A
Schweinerei *f* (*fam: Gemeinheit*) vacherie *f*
Schweiß (-*es*) *m* sueur *f*
schweißen *vt* souder
Schweißfüße *pl*: **~ haben** transpirer des pieds
Schweiz *f*: **die ~** la Suisse
Schweizer (-*s*, -) *m* Suisse *m*
• **Schweizerdeutsch** *nt* suisse *m* alémanique *od* allemand
• **schweizerisch** *adj* suisse
Schwelle *f* seuil *m*
schwellen (*irr*) *vi* (*Méd*) enfler ; (*Fluss*) grossir
Schwellung *f* (*Méd*) enflure *f*
schwenken *vt* agiter ▶ *vi* (*Mil*) effectuer une conversion
schwer *adj* lourd(e) ; (*schwierig, hart*) difficile ; (*Wein*) capiteux(-euse) ; (*Schmerzen*) fort(e) ; (*Gewitter*) violent(e) ▶ *adv* (*sehr*) vraiment
Schwere (-) *f* gravité *f* ; (*Gewicht*) poids *m* • **Schwerelosigkeit** *f* apesanteur *f*
schwer|fallen (*irr*) *vi*: **jdm ~** être difficile pour qn
schwerfällig *adj* lourd(e) ; (*Mensch*) lourdaud(e)
Schwergewicht *nt* (*fig*) accent *m*
schwerhörig *adj* dur(e) d'oreille
Schwerkraft *f* pesanteur *f*
schwerlich *adv* difficilement
schwer|nehmen (*irr*) *vt* mal supporter
Schwerpunkt *m* centre *m* de gravité ; (*fig*) essentiel *m*
Schwert (-(*e*)*s*, -*er*) *nt* épée *f*
Schwerverbrecher(in) *m(f)* criminel(le)
schwerwiegend *adj* (*Grund*) important(e) ; (*Fehler*) grave
Schwester (-, -*n*) *f* sœur *f* ; (*Krankenschwester*) infirmière *f*
schwieg *etc vb siehe* **schweigen**
Schwiegereltern *pl* beaux-parents *mpl*
Schwiegermutter *f* belle-mère *f*
Schwiegersohn *m* gendre *m*
Schwiegertochter *f* belle-fille *f*
Schwiegervater *m* beau-père *m*
schwierig *adj* difficile
• **Schwierigkeit** *f* difficulté *f*
Schwimmbad *nt* piscine *f*
Schwimmbecken *nt* piscine *f*
schwimmen (*irr*) *vi* nager ; (*treiben, nicht sinken*) flotter
Schwimmer (-*s*, -) *m* nageur *m* ; (*Angeln*) flotteur *m*
Schwimmflosse *f* palme *f*
Schwimmweste *f* gilet *m* de sauvetage

Schwindel (-s) *m* vertige *m* ; (*Betrug*) escroquerie *f* • **schwindelfrei** *adj*: **~ sein** ne pas avoir le vertige
schwindeln *vi* (*fam: lügen*) mentir ; **jdm schwindelt es** qn a le vertige
schwinden (*irr*) *vi* (*Hoffnung*) s'évanouir ; (*Kräfte*) décliner
schwindlig *adj*: **mir ist ~** j'ai le vertige
schwingen (*irr*) *vt* balancer ; (*Waffe etc*) brandir ▸ *vi* (*Pendel*) osciller ; (*klingen*) résonner ; (*vibrieren*) vibrer
Schwips (-es, -e) *m*: **einen ~ haben** être éméché(e)
schwirren *vi* (*Fliegen*) bourdonner
schwitzen *vi* transpirer
schwoll *etc vb siehe* **schwellen**
schwor *etc vb siehe* **schwören**
schwören (*irr*) *vi* jurer ▸ *vt*: **einen Eid ~** prêter serment
schwul (*fam*) *adj* homo
schwül *adj* lourd(e)
Schwule(r) (*fam*) *m* homo *m*
Schwund (-(e)s) *m* (*Abnahme*) diminution *f*
Schwung (-(e)s, ¨-e) *m* élan *m* ; (*Energie*) énergie *f* ; (*fam: Menge*) tapée *f* • **schwungvoll** *adj* (*mitreißend*) entraînant(e)
Schwur (-(e)s, ¨-e) *m* serment *m* • **Schwurgericht** *nt* ≈ cour *f* d'assises (*avec des jurés*)
sechs *num* six • **sechshundert** *num* six cents
sechste(r, s) *adj* sixième
Sechstel (-s, -) *nt* sixième *m*
sechzehn *num* seize
sechzig *num* soixante
Secondhandladen *m* magasin *m* de vêtements d'occasion
See[1] (-s, -n) *m* lac *m*
See[2] *f* mer *f* • **Seefahrt** *f* navigation *f* maritime • **Seehund** *m* phoque *m*, veau *m* marin • **Seeigel** *m* oursin *m* • **seekrank** *adj*: **~ sein** avoir le mal de mer
Seele *f* âme *f*
Seeleute *pl von* **Seemann**
seelisch *adj* psychique, psychologique
Seelsorge *f* soutien *m* moral
Seelsorger (-s, -) *m* directeur *m* de conscience
Seemann (-(e)s, -leute) *m* marin *m*
Seeräuber *m* pirate *m*
Seerose *f* nénuphar *m*
Seestern *m* étoile *f* de mer
Seezunge *f* sole *f*
Segel (-s, -) *nt* voile *f* • **Segelboot** *nt* voilier *m* • **Segelfliegen** (-s) *nt* vol *m* à voile • **Segelflugzeug** *nt* planeur *m*
segeln *vi* naviguer ; (*Segler*) faire de la voile
Segelschiff *nt* voilier *m*
Segen (-s, -) *m* bénédiction *f*
Segler (-s, -) *m* (*Person*) plaisancier *m*
sehen (*irr*) *vt, vi* voir ; (*in bestimmte Richtung*) regarder
sehenswert *adj* à voir
Sehenswürdigkeiten *pl* attractions *fpl* touristiques, choses *fpl* à voir
Sehne *f* tendon *m* ; (*an Bogen, Math*) corde *f*
sehnen *vr*: **sich ~ nach** (*jdm, Heimat*) s'ennuyer de ; (*etw*) avoir très envie de
Sehnsucht *f* désir *m* ardent ; (*nach Vergangenem*) nostalgie *f*
sehnsüchtig *adj* (*Blick, Augen etc*) ardent(e) ; (*Wunsch*) ardent(e) ▸ *adv* (*erwarten*) avec impatience
sehr *adv* très ; (*mit Verben*) beaucoup ; **zu ~** trop
seicht *adj* (*Wasser*) peu profond(e) ; (*fig*) superficiel(le)

Seide *f* soie *f*
Seife *f* savon *m*
Seil (-(e)s, -e) *nt* corde *f*, câble *m*
• **Seilbahn** *f* téléphérique *m*
• **Seilhüpfen** (-s), **Seilspringen** (-s) *nt* saut *m* à la corde
• **Seiltänzer(in)** *m(f)* funambule *mf*

SCHLÜSSELWORT

sein (*pt* **war**, *pp* **gewesen**) *vi* **1** être ; **sie ist 20 (Jahre)** elle a 20 ans ; **es ist Mitternacht/16.15 Uhr** il est minuit/16h15
2: **seien Sie mir bitte nicht böse** il ne faut pas m'en vouloir ; **was sind Sie (beruflich)?** que faites-vous dans la vie ? ; **wenn ich Sie/du wäre** à votre/ta place ; **das wärs** voilà ; (*in Geschäft*) ce sera tout
3 (*Resultat*): **3 und 5 ist 8** 3 plus 5 égalent 8 ; **es sei denn, dass ...** à moins que ... ; **wie dem auch sei** quoi qu'il en soit ; **wie wäre es mit einem Kaffee?** que diriez-vous d'un café ? ; **damit ist nichts** (*fam: es klappt nicht*) ça ne marche pas ; **ist was?** qu'est-ce qu'il y a ? ; **mir ist kalt** j'ai froid ; **mir ist nicht gut** je ne me sens pas (très) bien ; **mir ist, als hätte ich geträumt** j'ai l'impression d'avoir rêvé ; **mir ist heute nicht nach Alkohol** (*fam*) je n'ai pas envie d'alcool aujourd'hui ; **etw ~ lassen** (*fam: aufhören*) arrêter qch ; (*nicht tun*) ne pas faire qch ; **lass das ~!** arrête !
4 (*Hilfsverb*) être ; **er ist angekommen** il est arrivé ; **sie ist angekommen** elle est arrivée

sein(e) *poss pron* son, sa, son ; (*mit Plural*) ses ; **er ist gut ~e zwei Meter** (*fam*) il fait bien deux mètres
seine(r, s) *pron* le (la) sien(ne) ; **die S~n** les siens
seiner *pron Gen von* **er, es**
seinerseits *adv* de son côté
seinerzeit *adv* à cette époque
seinesgleichen *pron* (*Leute*) les gens comme lui
seinetwegen *adv* (*für ihn*) pour lui
seit *konj* depuis que ▶ *präp +Dat* depuis • **seitdem** *adv* depuis ▶ *konj* depuis que
Seite *f* côté *m* ; (*von Angelegenheit*) aspect *m* ; (*Buchseite*) page *f*
Seitenhieb *m* (*fig*) coup *m* de bec
seitens *präp +Gen* du côté de
Seitensprung *m* aventure *f*
Seitenstechen *nt* point *m* de côté
Seitenstreifen *m* bande *f* latérale
seither *adv* depuis
seitlich *adj* latéral(e)
Sekretär *m* secrétaire *m*
Sekretariat *nt* secrétariat *m*
Sekretärin *f* secrétaire *f*
Sekt (-(e)s, -e) *m* ≈ champagne *m*
Sekte *f* secte *f*
Sektor *m* secteur *m* ; (*Sachgebiet*) domaine *m*
Sekundarstufe *f* (*Scol*) niveau *m* secondaire
Sekunde *f* seconde *f*
selber *pron* = **selbst**

SCHLÜSSELWORT

selbst *pron* **1**: **ich/er ~** moi/lui-même ; **wir ~** nous-mêmes ; **sie ist die Tugend ~** c'est la vertu même *od* personnifiée ; **wie gehts? — gut, und ~?** comment ça va ? — bien, et toi/vous ?
2 (*ohne Hilfe*) tout(e) seul(e) ; **von ~** de lui-même (d'elle-même) ; (*ich*) de moi-même ; **sie näht ihre Kleider ~** elle fait ses robes elle-même ; **~ gebacken** maison *inv* ; **~ gemacht** (*Kleidung*) qu'on a fait soi-même ; (*Marmelade etc*) maison *inv* ; (*fam: Methode etc*)

artisanal(e) ; **~ verdientes Geld** de l'argent qu'on a gagné soi-même ; **~ ist der Mann/die Frau!** on n'est jamais mieux servi que par soi-même ! ; **das muss er ~ wissen** c'est à lui de décider ▶ *adv* même ; **~ wenn** même si ; **~ Gott** même Dieu

Selbst (-) *nt* moi *m*
selbständig *etc adj siehe* **selbstständig** *etc*
Selbstbedienung *f* self-service *m*
Selbstbefriedigung *f* masturbation *f*
Selbstbeherrschung *f* maîtrise *f* de soi
selbstbewusst *adj* sûr(e) de soi
Selbstbewusstsein *nt* confiance *f* en soi
selbstklebend *adj* autocollant(e)
Selbstkostenpreis *m* prix *m* coûtant *od* de revient
Selbstmord *m* suicide *m*
Selbstmörder(in) *m(f)* suicidé(e)
selbstsicher *adj* sûr(e) de soi
selbstständig *adj* indépendant(e) ; **~er Einzelunternehmer** autoentrepreneur *mf* • **Selbstständigkeit** *f* indépendance *f*
Selbstversorger *m*: **~ sein** subvenir à ses propres besoins ; **Urlaub für ~** vacances *fpl* en appartement *etc*
selbstverständlich *adj* évident(e) ▶ *adv* bien sûr
Selbstverteidigung *f* autodéfense *f*
Selbstvertrauen *nt* confiance *f* en soi
Selbstverwaltung *f* autogestion *f*
Selbstzweck *m* fin *f* en soi
selig *adj* (*glücklich*) aux anges
Sellerie (-s, -(s)) *m* céleri(-rave) *m*
selten *adj* rare ▶ *adv* rarement
Seltenheit *f* rareté *f*
seltsam *adj* étrange
seltsamerweise *adv* étrangement
Semester (-s, -) *nt* semestre *m*
Semikolon (-s, -s) *nt* point-virgule *m*
Seminar (-s, -e) *nt* (*Institut*) département *m* ; (*Kurs*) séminaire *m*
Semmel (-, -n) *f* petit pain *m*
Senat (-(e)s, -e) *m* sénat *m*
senden (*irr*) *vt* (*Brief etc*) envoyer ; (*ausstrahlen*) émettre ▶ *vi* (*ausstrahlen*) émettre
Sender (-s, -) *m* émetteur *m*
Sendereihe *f* série *f* d'émissions
Sendung *f* (*Brief, Paket*) envoi *m* ; (*Radio, TV*) émission *f*
Senegal *m* le Sénégal
Senf (-(e)s, -e) *m* moutarde *f*
Senior (-s, -en) *m* (*Mensch im Rentenalter*) personne *f* du troisième âge
Seniorenpass *m* ≈ carte *f* Vermeil
senken *vt* baisser ; (*Steuern*) diminuer ▶ *vr* s'affaisser
Senkfuß *m* pied *m* plat
senkrecht *adj* vertical(e)
Sensation *f* sensation *f*
sensationell *adj* sensationnel(le)
Sense *f* faux *f*
sensibel *adj* sensible
sensibilisieren *vt* sensibiliser
Sensor *m* détecteur *m*
sentimental *adj* sentimental(e)
separat *adj* indépendant(e) ; (*Eingang*) particulier(-ière)
September (-(s), -) *m* septembre *m*
Sequenz *f* série *f* ; (*Ciné, Inform*) séquence *f*
sequenziell *adj*: **~e Datei** fichier *m* séquentiel

Serbien (-s) *nt* la Serbie
serbisch *adj* serbe
Serie *f* série *f*
seriell *adj* (*Inform*) série *inv*
Serpentine *f* (*Straße*) route *f* en lacet
Serum (-s, *Seren*) *nt* sérum *m*
Server (-s, -) *m* (*Inform*) serveur *m*
Service (-(s), - od -, -s) *nt od m* service *m*
servieren *vt, vi* servir
Sessel (-s, -) *m* fauteuil *m*
• **Sessellift** *m* télésiège *m*
Set (-s, -s) *nt od m* série *f*; (*Deckchen*) set *m* (de table)
setzen *vt* poser; (*Gast*) asseoir, placer; (*Hoffnung, Segel, Komma*) mettre; (*Termin, Frist, Ziel*) fixer; (*Geld*) miser ▶ *vr* s'asseoir; **auf ein Pferd ~** miser sur un cheval
Seuche *f* épidémie *f*
seufzen *vi* soupirer
Sex (-(*es*)) *m* sexe *m*
Sexualität *f* sexualité *f*
sexuell *adj* sexuel(le)
sexy *adj* sexy *inv*
shoppen *vi* faire du shopping
Shorts *pl* short *m*
sich *pron* se
Sichel (-, -*n*) *f* faucille *f*; (*Mondsichel*) croissant *m*
sicher *adj* sûr(e); (*geschützt, ungefährdet*) en sécurité; (*zuverlässig*) sûr(e) ▶ *adv* certainement; **~ vor** +*Dat* à l'abri de; **sich** *Dat* **einer Sache/jds ~ sein** être sûr(e) de qch/qn
sichergehen (*irr*) *vi* assurer ses arrières
Sicherheit *f* sécurité *f*; (*Gewissheit*) certitude *f*; (*Zuverlässigkeit*) sûreté *f*; (*Selbstsicherheit*) assurance *f*
Sicherheitsgurt *m* ceinture *f* de sécurité
sicherheitshalber *adv* par mesure de sécurité
Sicherheitsnadel *f* épingle *f* de sûreté *od* de nourrice
Sicherheitsschloss *nt* serrure *f* de sécurité
Sicherheitsvorkehrung *f* mesure *f* de sécurité
sicherlich *adv* certainement
sichern *vt* (*Tür, Fenster*) bien fermer; (*Inform*) sauvegarder; (*Bergsteiger: garantieren*) assurer; **~ gegen** *od* **vor** +*Dat* protéger contre *od* de
sicher|stellen *vt* (*Beute*) mettre en sécurité
Sicherung *f* protection *f*; (*an Waffen*) cran *m* de sécurité; (*Élec*) plombs *mpl*
Sicht *f* vue *f* • **sichtbar** *adj* visible
sichten *vt* apercevoir; (*durchsehen*) examiner
sichtlich *adj* évident(e)
Sichtverhältnisse *pl* visibilité *f*
Sichtvermerk *m* visa *m*
Sichtweite *f* visibilité *f*
sickern *vi* (*Flüssigkeit*) suinter; (*Nachricht*) transpirer
sie *pron* (*weiblich: sg: Nom*) elle; (*: Akk*) la; (*pl: Nom*) elles; (*: Akk*) les; (*männlich: Nom*) il; (*: Akk*) le; (*: Dat*) lui; (*: pl: Nom*) ils; (*: pl: Akk*) les
Sie (*Akk* **Sie**, *Dat* **Ihnen**) *pron* vous
Sieb (-(*e*)*s*, -*e*) *nt* tamis *m*; (*Gemüsesieb*) passoire *f*; (*Teesieb*) passoire
sieben[1] *vt* tamiser; (*fig*) trier
sieben[2] *num* sept
• **siebenhundert** *num* sept cent
siebte(r, s) *adj* septième
Siebtel (-s, -) *nt* septième *m*
siebzehn *num* dix-sept
siebzig *num* soixante-dix
Siedewasserreaktor *m* réacteur *m* à eau bouillante

Siedlung *f* établissement *m*, agglomération *f*; (*Neubausiedlung etc*) cité *f*
Sieg (-*(e)s*, -*e*) *m* victoire *f*
Siegel (-*s*, -) *nt* sceau *m*
siegen *vi* remporter la *od* une victoire, vaincre; **über jdn/etw ~** battre qn/qch
Sieger(in) (-*s*, -) *m(f)* vainqueur *m*
Siegeszug *m* marche *f* victorieuse
siegreich *adj* victorieux(-euse)
siehe *etc vb siehe* **sehen**
siezen *vt* vouvoyer
Signal (-*s*, -*e*) *nt* signal *m*
signalisieren *vt* signaler
Signatur *f* (*Unterschrift*) signature *f*; (*Bibliothekssignatur*) cote *f*
Silbe *f* syllabe *f*
Silber (-*s*) *nt* argent *m* • **Silberblick** *m*: **einen ~ haben** avoir un léger strabisme
Silbermedaille *f* médaille *f* d'argent
silbern *adj* d'argent; (*Klang*) argentin(e)
Silhouette *f* silhouette *f*
Silvester (-*s*, -) *nt* Saint-Sylvestre *f*

Silvester désigne le réveillon du nouvel an en allemand. Bien que ce ne soit pas un jour férié officiel, la plupart des entreprises finissent plus tôt et les magasins ferment à midi. La majorité des Allemands allument feux d'artifices et fusées à minuit et font la fête jusqu'au petit matin.

Simbabwe (-*s*) *nt* le Zimbabwe
SIM-Karte *f* carte *f* SIM
simpel *adj* très simple
Sims (-*es*, -*e*) *m od nt* (*Fenstersims*) rebord *m* (de fenêtre)
simulieren *vt* simuler ▶ *vi* faire semblant
simultan *adj* simultané(e)
Sinfonie *f* symphonie *f*
singen (*irr*) *vi, vt* chanter
Single[1] (-*s*, -*s*) *m* (*Alleinlebender*) célibataire *mf*
Single[2] (-, -*(s)*) *f* (*Schallplatte*) 45 tours *msg*
Singvogel *m* oiseau *m* chanteur
sinken (*irr*) *vi* (*Schiff*) couler; (*Sonne*) se coucher; (*niedriger werden, abnehmen*) baisser
Sinn (-*(e)s*, -*e*) *m* sens *m*; (*Bewusstsein*) conscience *f*; **~ für etw haben** avoir le sens de qch; **es hat keinen/wenig ~** ça ne sert à rien/pas à grand-chose; **das war nicht der ~ der Sache** ce n'est pas qui était prévu • **Sinnbild** *nt* symbole *m*
sinnlich *adj* sensuel(le)
sinnlos *adj* (*unsinnig*) insensé(e)
Sinnlosigkeit *f* inutilité *f*
sinnvoll *adj* (*Leben, Arbeit*) qui a un sens
Sintflut *f* déluge *m*
Sippe *f* tribu *f*
Sirene *f* sirène *f*
Sirup (-*s*, -*e*) *m* sirop *m*
Sitte *f* (*Gewohnheit*) coutume *f*; (*Sittlichkeit*) mœurs *fpl*
Sittlichkeitsverbrechen *nt* crime *m* d'ordre sexuel
Situation *f* situation *f*
Sitz (-*es*, -*e*) *m* siège *m*
sitzen (*irr*) *vi* être assis(e); **~ bleiben** rester assis(e); (*Scol*) redoubler; **auf etw** *Dat* **~ bleiben** ne pas arriver à vendre qch; **~ lassen** (*Mädchen*) laisser tomber
sitzend *adj* (*Tätigkeit*) sédentaire
Sitzgelegenheit *f* siège *m*
Sitzplatz *m* siège *m*
Sitzung *f* séance *f*
Sizilien (-*s*) *nt* la Sicile

Skala (-, *Skalen*) *f* échelle *f*
Skandal (-s, -e) *m* scandale *m*
Skandinavien (-s) *nt* la Scandinavie
Skateboard (-s, -s) *nt* planche *f* à roulettes
skateboarden *vi* faire du skate(board)
Skelett (-(e)s, -e) *nt* squelette *m*
Skepsis (-) *f* scepticisme *m*
skeptisch *adj* sceptique
Ski (-s, -er) *m* ski *m* ; **~ laufen** *od* **fahren** faire du ski • **Skifahrer(in)** *m(f)* skieur(-euse) • **Skilehrer(in)** *m(f)* moniteur(-trice) de ski • **Skilift** *m* téléski *m*
Skin(head) (-s, -s) *m* skin(head) *mf*
Skipiste *f* piste *f* de ski
Skistock *m* bâton *m* de ski
Skizze *f* esquisse *f*
skizzieren *vt* esquisser ; (*Bericht*) rédiger le brouillon de
Sklave (-n, -n) *m* esclave *m*
Sklaverei *f* esclavage *m*
Skonto (-s, -s) *m od nt* escompte *m*
Skorpion (-s, -e) *m* scorpion *m* ; (*Astr*) Scorpion
Skrupel (-s, -) *m* scrupule *m* • **skrupellos** *adj* sans scrupules
Skulptur *f* sculpture *f*
Skype® *nt* Skype® *m*
Slalom (-s, -s) *m* slalom *m*
Slip (-s, -s) *m* slip *m*
Slowakei *f* Slovaquie *f*
slowakisch *adj* slovaque
Slowenien *nt* la Slovénie
Smartphone *nt* smartphone *m*
Smog (-(s), -s) *m* smog *m*
SMS (-, -) *f abk* (= *Short Message Service*) SMS *m*
Snowboard (-s, -s) *nt* snowboard *m*, surf *m* des neiges
snowboarden *vi* faire du snowboard, faire du surf (des neiges)

SCHLÜSSELWORT

so *adv* **1** (*so sehr*) tellement ; **das hat ihn so geärgert, dass ...** ça l'a tellement irrité que ... ; **ein so altes Haus** une maison tellement vieille ; **so groß/schön wie ...** (*im Vergleich*) aussi grand(e)/beau (belle) que ... ; **so viel** (*ebenso viel*) autant ; **so viel für heute!** ça suffit pour aujourd'hui ! ; **halb/doppelt so viel** deux fois moins/plus ; **rede nicht so viel** tu parles trop ; **so weit sein** (*fam: fertig*) être prêt(e) ; **so weit wie** *od* **als möglich** autant que possible, dans la mesure du possible ; **ich bin so weit zufrieden** en gros, je suis satisfait ; **es ist bald so weit** ça y est presque ; **so wenig wie möglich** le moins possible
2 (*auf diese Weise*) ainsi, comme ça ; **mach es nicht so wie ich** ne suis pas mon exemple ; **so oder so** de toute façon ; **und so weiter** etc. ; **oder so was** ou quelque chose du même genre ; **das ist gut so** ça va bien comme ça ; **das habe ich nur so gesagt** je plaisantais ; **so gut es geht** de mon/ton *etc* mieux
3 (*solch*): **so etwas ist noch nie passiert!** ça n'est encore jamais arrivé ! ; **so ein Gauner/eine Unverschämtheit!** quel escroc/culot ! ; **so jemand wie ich** les gens comme moi ; **so etwas Schönes!** que c'est beau ! ; **na so was!** ça alors !
4 (*fam: umsonst*): **ich habe es so bekommen** je l'ai eu pour rien
▶ *konj*: **so wie es jetzt ist** dans les circonstances actuelles ; *siehe auch* **sodass**
▶ *interj*: **so?** ah oui ? ; **so, das wärs** bon, voilà

Socke *f* chaussette *f*
Sockel (*-s, -*) *m* socle *m*
sodass *konj* si bien que
Sodbrennen *nt* brûlures *fpl* d'estomac
soeben *adv* (*vor sehr kurzer Zeit*) justement
Sofa (*-s, -s*) *nt* canapé *m*
sofern *konj* à condition que
soff *etc vb siehe* **saufen**
sofort *adv* immédiatement, tout de suite
Softeis *nt* crème *f* glacée
Softie *m* homme *m* tendre
Software *f* logiciel *m*
Sog (*-(e)s, -e*) *m* aspiration *f*
sogar *adv* même
sogleich *adv* immédiatement
Sohle *f* (*Fußsohle*) plante *f* (du pied) ; (*Schuhsohle*) semelle *f*
Sohn (*-(e)s, ¨-e*) *m* fils *m*
Sojasoße *f* sauce *f* au soja
Solarium *nt* solarium *m*
solch *adj inv* tel(le)
solche(r, s) *adj* tel(le) ; **ein ~r Mensch** une telle personne
Sold (*-(e)s, -e*) *m* solde *f*
Soldat (*-en, -en*) *m* soldat *m*
solidarisch *adj* solidaire
solidarisieren *vr*: **sich ~ mit** se solidariser avec
Solidarität *f* solidarité *f*
solide *adj* (*Material*) solide ; (*Leben, Person*) respectable ; (*Arbeit, Wissen*) approfondi(e)
Solist(in) *m(f)* soliste *mf*
Soll (*-(s), -(s)*) *nt* (*Fin*) débit *m* ; (*Arbeitsmenge*) objectif *m* (de production)

SCHLÜSSELWORT

sollen (*pt* **sollte**, *pp* **gesollt** *od* (*als Hilfsverb*) **sollen**) *vi* **1** (*Pflicht, Befehl*) devoir ; **was soll ich tun?** que (dois-je) faire ? ; **du hättest nicht gehen ~** tu n'aurais pas dû y aller ; **soll ich dir helfen?** je peux t'aider ? ; **ich soll dich von ihm grüßen** il m'a demandé de bien te saluer ; **du sollst nicht töten** (*Bibel*) tu ne tueras pas ; **sag ihm, er soll warten** dis-lui d'attendre ; **das sollst du nicht (machen** *od* **tun)** c'est défendu
2 (*Vermutung*): **sie soll verheiratet sein** elle serait mariée ; **was soll das (heißen)?** qu'est-ce que ça signifie ? ; **was soll das sein?** qu'est-ce que c'est que ça ? ; **was solls?** et puis zut ! ; **man sollte glauben, dass ...** on dirait presque que ... ; **sollte das passieren, ...** si cela devait se produire *od* le cas échéant, ... ; **mir soll es gleich sein** pour moi, c'est du pareil au même

Solo (*-s, -s od Soli*) *nt* solo *m*
somit *konj* donc
Sommer (*-s, -*) *m* été *m*
• **sommerlich** *adj* (*Wetter*) estival(e) ; (*Kleidung*) d'été
• **Sommerschlussverkauf** *m* soldes *mpl* d'automne
• **Sommersprossen** *pl* taches *fpl* de rousseur • **Sommerzeit** *f* été *m*
Sonate *f* sonate *f*
Sonde *f* sonde *f*
Sonderangebot *nt* offre *f* spéciale
sonderbar *adj* étrange
Sonderfall *m* exception *f*
sonderlich *adj* (*sonderbar*) étrange ▶ *adv* (*besonders*) particulièrement
Sondermüll *m* déchets *mpl* spéciaux
sondern *konj* mais
Sonnabend *m* samedi *m*
Sonne *f* soleil *m*
sonnen *vr* se bronzer

S

Sonnenaufgang *m* lever *m* du *od* de soleil
Sonnenblume *f* tournesol *m*
Sonnenbrand *m* coup *m* de soleil
Sonnenbrille *f* lunettes *fpl* de soleil
Sonnenenergie *f* énergie *f* solaire
Sonnenfinsternis *f* éclipse *f* (de soleil)
Sonnenschein *m* soleil *m*
Sonnenschirm *m* parasol *m*
Sonnenstich *m* insolation *f*
Sonnenuhr *f* cadran *m* solaire
Sonnenuntergang *m* coucher *m* de *od* du soleil
Sonnenwende *f* solstice *m*
sonnig *adj* ensoleillé(e)
Sonntag *m* dimanche *m*
sonntags *adv* le dimanche
sonst *adv* (*außerdem*) sinon ; (*zu anderer Zeit*) une autre fois ; (*gewöhnlich*) d'habitude ▶ *konj* sinon ; **wer/was ~?** qui/quoi d'autre ?
Sopran (-*s*, -*e*) *m* (voix *f* de) soprano *m* ; (*Mensch*) soprano *mf*
Sorge *f* souci *m* ; (*Fürsorge*) soin *m*
sorgen *vi*: **für jdn ~** s'occuper de qn ▶ *vr* se faire du souci ; **dafür ~, dass ...** veiller à ce que ... ; **für Ruhe ~** rétablir le calme • **Sorgenkind** *nt enfant m handicapé*
Sorgerecht *nt* droit *m* de garde
Sorgfalt (-) *f* soin *m*
sorgfältig *adj* (*Arbeit*) soigné(e)
sorglos *adj* sans souci ; (*Mensch*) insouciant(e)
sorgsam *adj* attentif(-ive)
Sorte *f* sorte *f* ; (*Warensorte*) variété *f* ; **Sorten** *pl* (*Fin*) devises *fpl*
sortieren *vt* trier
Sortiment *nt* assortiment *m*
Soße *f* sauce *f*
soviel *konj* autant que ; **~ ich weiß, ...** autant que je sache, ...
soweit *konj* (pour) autant que
sowie *konj* (*sobald*) dès que ; (*ebenso, und*) ainsi que
sowieso *adv* de toute façon
Sowjetunion *f* Union *f* soviétique
sowohl *konj*: **~ ... als** *od* **wie auch ...** aussi bien ... que ...
sozial *adj* social(e) ; **~es Netzwerk** réseau *m* social • **Sozialabgaben** *pl* contributions *fpl* à la Sécurité sociale • **Sozialarbeiter(in)** *m(f)* travailleur(-euse) social(e) • **Sozialdemokrat** *m* social-démocrate *m* • **sozialdemokratisch** *adj* social(e)-démocrate • **Sozialhilfe** *f* aide *f* sociale, prestations *fpl* sociales
Sozialismus *m* socialisme *m*
Sozialist(in) *m(f)* socialiste *mf* • **sozialistisch** *adj* socialiste
Sozialpartner *m* partenaire *m* social
Sozialpolitik *f* politique *f* sociale
Sozialstaat *m* État-providence *m*
Sozialversicherung *f* ≈ Sécurité *f* sociale
Sozialwohnung *f* ≈ HLM *f*
Soziologe (-*n*, -*n*) *m* sociologue *m*
Soziologie *f* sociologie *f*
sozusagen *adv* pour ainsi dire
Spachtel (-*s*, -) *m* spatule *f*
Spalt (-(*e*)*s*, -*e*) *m* ouverture *f* ; (*fig*: *Kluft*) fossé *m*
Spalte *f* fissure *f* ; (*Gletscherspalte*) crevasse *f* ; (*in Text*) colonne *f*
spalten *vt* fendre ; (*fig*) diviser
Spaltung *f* division *f* ; (*Phys*) fission *f*
Spam (-*s*, -*s*) *nt* (*Inform*) spam *m*
Span ((*e*)*s*, ¨*e*) *m* copeau *m*
Spanferkel *nt* cochon *m* de lait
Spange *f* (*Haarspange*) barrette *f* ; (*Schnalle*) boucle *f* ; (*Armreif*) bracelet *m*
Spanien (-*s*) *nt* l'Espagne *f*

Spanier(in) *(-s, -) m(f)* Espagnol(e)
spanisch *adj* espagnol(e)
spann *etc vb siehe* **spinnen**
Spannbetttuch *nt* drap-housse *m*
spannen *vt (straffen)* tendre ; *(Bogen)* bander ▶ *vi (Kleidung)* être trop serré(e)
spannend *adj* passionnant(e)
Spannung *f* tension *f* ; *(Neugier)* suspense *m*
Sparbuch *nt* carnet *m* d'épargne
sparen *vt, vi* économiser
Sparer *(-s, -) m* épargnant *m*
Spargel *(-s, -) m* asperge *f*
Sparkasse *f* caisse *f* d'épargne
spärlich *adj* maigre
Sparmaßnahme *f* mesure *f* d'économie
sparsam *adj (Mensch)* économe ; *(Gerät, Auto)* économique
Sparsamkeit *f* sens *m* de l'économie
Sparte *f* secteur *m* ; *(Presse)* rubrique *f*
Spaß *(-es, ¨-e) m* plaisanterie *f* ; *(Freude)* plaisir *m*
Spaßverderber *(-s, -) m* rabat-joie *m inv*
spät *adj* tardif(-ive) ▶ *adv* tard
Spaten *(-s, -) m* bêche *f*
später *adj* ultérieur(e) ▶ *adv* plus tard
spätestens *adv* au plus tard
Spätlese *f vin vendangé tardivement*
Spatz *(-en, -en) m* moineau *m*
spazieren *vi* se promener ; **~ gehen** aller se promener
Spaziergang *m* promenade *f*
Spazierweg *m* sentier *m*
Specht *(-(e)s, -e) m* pic *m*
Speck *(-(e)s, -e) m* lard *m*
Spedition *f (Speditionsfirma)* entreprise *f* de transports
Speer *(-(e)s, -e) m* lance *f* ; *(Sport)* javelot *m*
Speiche *f* rayon *m*
Speichel *(-s) m* salive *f*
Speicher *(-s, -) m* grenier *m* ; *(Wasserspeicher)* réservoir *m* ; *(Inform)* mémoire *f*
Speicherkarte *f (Inform, Foto)* carte *f* de mémoire
speichern *vt* mettre en réserve, entreposer ; *(Wasser)* accumuler ; *(Inform)* enregistrer
Speicherplatz *m (Inform)* mémoire *f* disponible ; *(auf Diskette/ Festplatte)* espace-disque *m*
speien *(irr) vt, vi* cracher ; *(sich übergeben)* vomir
Speise *f* mets *m*, plat *m*
• **Speisekarte** *f* menu *m*
speisen *vi* manger ▶ *vt (versorgen)*: **~ mit** alimenter en
Speiseröhre *f* œsophage *m*
Speisesaal *m* salle *f* à manger
Speisewagen *m* wagon-restaurant *m*
Spektakel *(-s, -) nt (Veranstaltung)* spectacle *m* ▶ *m (fam: Lärm)* tohu-bohu *m*, boucan *m*
Spekulation *f* spéculation *f*
spekulieren *vi (Fin)* faire de la spéculation
Spende *f* don *m*
spenden *vt* donner ; *(Schatten)* faire ; *(Seife)* distribuer
Spender(in) *(-s, -) m(f)* donateur(-trice) ; *(Méd)* donneur(-euse) ▶ *m (Gerät)* distributeur *m*
spendieren *vt* offrir
Spengler *(-s, -) m* plombier *m*
Sperma *(-s, Spermen) nt* sperme *m*
Sperre *f* barrière *f* ; *(Verbot)* interdiction *f* ; *(Polizeisperre)* barrage *m*
sperren *vt* fermer ; *(Konto)* bloquer ; *(Sport)* suspendre ▶ *vr*: **sich ~ gegen** s'opposer à

Sperrgebiet *nt* zone *f* interdite
Sperrmüll *m* déchets *mpl* encombrants
Spesen *pl* frais *mpl*
Spezialisierung *f* spécialisation *f*
Spezialist(in) *m(f)*: **ein ~ für etw** un spécialiste de qch
Spezialität *f* spécialité *f*
speziell *adj* spécial(e)
spezifisch *adj* spécifique
spicken *vt* entrelarder
spie *etc vb siehe* **speien**
Spiegel (-s, -) *m* miroir *m*
• **Spiegelbild** *nt* reflet *m*
Spiegelei *nt* œuf *m* au plat
spiegeln *vr* se refléter ▶ *vi* briller ; (*blenden*) éblouir ; (*reflektieren*) réfléchir la lumière
Spiegelreflexkamera *f* appareil *m* reflex
Spiegelung *f* reflet *m*
Spiel (-(e)s, -e) *nt* jeu *m* ; (*Sport*) match *m*
spielen *vt, vi* jouer
spielend *adv* avec une grande facilité
Spieler(in) (-s, -) *m(f)* joueur(-euse)
Spielerei *f* (*nichts Anstrengendes*) jeu *m* d'enfant ; (*unwichtiges Extra*) gadget *m*
spielerisch *adj* enjoué(e) ; **~es Können** (*Sport*) aisance *f*, excellent jeu *m*
Spielfeld *nt* terrain *m*
Spielfilm *m* film *m* (*long métrage*)
Spielplan *m* (*Theat*) programme *m*
Spielplatz *m* aire *f* de jeu
Spielraum *m* jeu *m*, liberté *f*
Spielsachen *pl* jouets *mpl*
Spielverderber (-s, -) *m* trouble-fête *m inv*
Spielzeug *nt* jouets *mpl*
Spieß (-es, -e) *m* lance *f* ; (*Bratspieß*) broche *f*
Spießer (-s,-) *m* (petit) bourgeois *m*
spießig (*péj*) *adj* (petit(e)-)bourgeois(e)
Spinat (-(e)s, -e) *m* épinards *mpl*
Spinne *f* araignée *f*
spinnen (*irr*) *vt* filer ; (*Netz*) tisser ▶ *vi* (*fam: verrückt sein*) dérailler
Spinner(in) (-s, -) (*fam*) *m(f)* cinglé(e)
Spinnwebe *f* toile *f* d'araignée
Spion (-s, -e) *m* espion *m* ; (*Guckloch*) judas *m*
Spionage *f* espionnage *m*
spionieren *vi* faire de l'espionnage
Spirale *f* spirale *f* ; (*Méd*) stérilet *m*
Spirituosen *pl* spiritueux *mpl*
Spiritus (-, -se) *m* alcool *m*
Spital (-s, ¨-er) *nt* hôpital *m*
spitz *adj* pointu(e) ; (*Bemerkung*) acerbe
Spitzbogen *m* arc *m* en ogive
Spitze *f* pointe *f* ; (*gew pl: Gewebe*) dentelle *f*
Spitzel (-s, -) *m* indicateur *m* (de police)
spitzen *vt* (*Bleistift*) tailler ; (*Ohren*) dresser
Spitzen- *in zW* (*erstklassig, höchste*) excellent(e) ; (*aus Spitze*) en dentelle
spitzfindig *adj* subtil(e)
Spitzname *m* surnom *m*
Splitter (-s, -) *m* éclat *m*
sponsern *vt* sponsoriser
Sponsor (-s, -en) *m* sponsor *m*
spontan *adj* spontané(e)
Sport (-(e)s, -e) *m* sport *m*
• **Sportlehrer(in)** *m(f)* professeur *m* d'éducation physique
Sportler(in) (-s, -) *m(f)* sportif(-ive)
sportlich *adj* sportif(-ive) ; (*Kleidung, Auto*) de sport
Sportplatz *m* terrain *m* de sport
Sportverein *m* club *m* sportif
Sportwagen *m* voiture *f* de sport
Spott (-(e)s) *m* railleries *fpl*

spöttisch *adj* moqueur(-euse)
sprach *etc vb siehe* **sprechen**
Sprache *f* langue *f*; (*Sprechfähigkeit*) parole *f*
Sprachführer *m* manuel *m* de conversation
Sprachgebrauch *m* usage *m*
Sprachkenntnisse *pl* connaissances *fpl* linguistiques ; **mit guten englischen ~n** avec de bonnes connaissances d'anglais
Sprachkurs *m* cours *m* de langue
sprachlich *adj* linguistique
sprachlos *adj* muet(te) ; (*erschrocken*) héberlué(e)
Sprachrohr *nt* (*fig*) voix *f*
sprang *etc vb siehe* **springen**
Spray (-s, -s) *m od nt* spray *m*
sprechen (*irr*) *vi, vt* parler ; (*jdn*) parler à
Sprecher(in) (-s, -) *m(f)* locuteur(-trice) ; (*für Gruppe*) porte-parole *m inv* ; (*Radio, TV*) speaker(ine)
Sprechstunde *f* consultation *f*
Sprechstundenhilfe *f* secrétaire *f* médicale
Sprechzimmer *nt* cabinet *m* (de consultation)
sprengen *vt* (*mit Sprengstoff*: *Spielbank*) faire sauter ; (*Versammlung*) faire se dissoudre ; (*Rasen*) arroser
Sprengstoff *m* explosif *m*
Sprichwort *nt* proverbe *m*
Springbrunnen *m* jet *m* d'eau
springen (*irr*) *vi* sauter ; (*zerspringen*) se casser, se fêler
Springer (-s, -) *m* (*Sport*) sauteur *m* ; (*Scolach*) cavalier *m*
Sprit (-(e)s, -e) (*fam*) *m* essence *f*
Spritze *f* piqûre *f*
spritzen *vt* (*anspritzen*) arroser ; (*Méd*) faire une piqûre de, injecter ▸ *vi* (*Wasser, heißes Fett*) gicler
spröde *adj* (*Material*) cassant(e) ; (*Haut*) sec(sèche) ; (*Person*) austère
Spruch (-(e)s, ⁼e) *m* dicton *m*
Sprudel (-s, -) *m* eau *f* minérale gazeuse
sprudeln *vi* jaillir
Sprühdose *f* spray *m*, aérosol *m*
sprühen *vt* vaporiser ▸ *vi* jaillir ; **~ vor** pétiller de
Sprung (-(e)s, ⁼e) *m* saut *m*
• **Sprungbrett** *nt* tremplin *m*
• **sprunghaft** *adj* (*Mensch*) qui ne tient pas en place ; (*Aufstieg*) fulgurant(e)
Spucke (-) *f* salive *f*
spucken *vt, vi* cracher
Spuk (-(e)s, -e) *m* esprit *m* ; (*fig*) horreur *f*
spuken *vi* (*Geist*) hanter les lieux
Spule *f* bobine *f*
Spüle *f* évier *m*
spülen *vt* (*Geschirr*) laver, faire
Spülmaschine *f* lave-vaisselle *m inv*
Spülmittel *nt* produit *m* pour la vaisselle
Spülung *f* rinçage *m*
Spur (-, -en) *f* trace *f*; (*Fußspuren, Radspur, Tonbandspur*) piste *f* ; (*Fahrspur*) file *f*
spüren *vt* sentir
spurlos *adv* sans laisser de traces
Spurt (-(e)s, -s od -e) *m* sprint *m*
Squash (-) *nt* squash *m*
Sri Lanka *nt* le Sri Lanka
Staat (-(e)s, -en) *m* État *m*
staatlich *adj attrib* de l'État
Staatsangehörigkeit *f* nationalité *f*
Staatsanwalt *m* ≈ procureur *m* de la République
Staatsdienst *m* fonction *f* publique
Staatsexamen *nt* (*Univ*) *examen dont l'obtention donne accès aux carrières de l'enseignement*

Staatsmann (-(*e*)*s*, -*männer*) *m* homme *m* d'État
Staatsoberhaupt *nt* chef *m* de l'État *od* d'État
Staatsstreich *m* coup *m* d'État
Stab (-(*e*)*s*, ⸗*e*) *m* bâton *m* ; (*Gitterstab*) barreau *m* ; (*von Menschen*) équipe *f*
Stäbchen *nt* (*Essstäbchen*) baguette *f*
stabil *adj* stable ; (*Möbel*) solide ; (*Gesundheit*) robuste
stabilisieren *vt* stabiliser
stach *etc vb siehe* **stechen**
Stachel (-*s*, -*n*) *m* épine *f* ; (*von Biene etc*) dard *m* • **Stachelbeere** *f* groseille *f* à maquereau • **Stacheldraht** *m* fil *m* de fer barbelé
stachelig *adj* (*Tier*) à piquants ; (*Pflanze*) épineux(-euse)
Stadion (-*s*, *Stadien*) *nt* stade *m*
Stadium *nt* stade *m*
Stadt (-, ⸗*e*) *f* ville *f*
städtisch *adj* (*Leben*) en ville ; (*Anlagen*) municipal(e)
Stadtmauer *f* remparts *mpl*
Stadtmitte *f* centre-ville *m*
Stadtplan *m* plan *m* (de ville)
Stadtrand *m* périphérie *f*
Stadtrundfahrt *f* tour *m* de ville
Stadtteil *m* quartier *m*
Staffel (-, -*n*) *f* (*Sport*) équipe *f* (*de course de relais*)
stahl *etc vb siehe* **stehlen**
Stahl (-(*e*)*s*, ⸗*e*) *m* acier *m*
Stall (-(*e*)*s*, ⸗*e*) *m* étable *f* ; (*Pferdestall*) écurie *f* ; (*Kaninchenstall*) clapier *m* ; (*Schweinestall*) porcherie *f* ; (*Hühnerstall*) poulailler *m*
Stamm (-(*e*)*s*, ⸗*e*) *m* (*Baumstamm*) tronc *m* ; (*Volksstamm*) tribu *f* • **Stammbaum** *m* arbre *m* généalogique
stammen *vi* : ~ **von** *od* **aus** venir de
Stammgast *m* habitué *m*
Stammtisch *m* (*Tisch in Gasthaus*) *table réservée aux habitués d'un café*
Stammzelle *f* cellule *f* souche
stampfen *vi* taper du pied ; (*gehen*) marcher d'un pas lourd ▶ *vt* (*zerkleinern*) réduire en purée
stand *etc vb siehe* **stehen**
Stand (-(*e*)*s*, ⸗*e*) *m* (*Stehen*) position *f* debout ; (*Zustand, Stufe, Pol: Klasse*) état *m* ; (*Spielstand*) score *m* ; (*Messestand etc*) stand *m*
Standard (-*s*, -*s*) *m* norme *f*
Ständchen *nt* sérénade *f*
Ständer (-*s*, -) *m* (*Kleiderständer*) portemanteau *m* ; (*Notenständer*) pupitre *m*
Standesamt *nt* bureau *m* de l'état civil (*à la mairie*)
standhaft *adj* imperturbable
stand|halten (*irr*) *vi* +*Dat* tenir tête à
ständig *adj* permanent(e) ▶ *adv* constamment
Standlicht *nt* feu *m* de position
Standort *m* emplacement *m* ; (*Mil*) garnison *f*
Standpunkt *m* point *m* de vue
Standspur *f* (*Aut*) bande *f* d'arrêt d'urgence
Stange *f* barre *f* ; (*Zigaretten*) cartouche *f*
Stängel (-*s*, -) *m* tige *f*
Stangenbrot *nt* baguette *f*
stank *etc vb siehe* **stinken**
Stapel (-*s*, -) *m* pile *f* ; (*Naut*) cale *f* sèche
stapeln *vt* empiler
Star[1] (-(*e*)*s*, -*e*) *m* (*Zool*) étourneau *m* ; (*Méd*) cataracte *f*
Star[2] (-*s*, -*s*) *m* star *f*, vedette *f*
starb *etc vb siehe* **sterben**
stark *adj* fort(e) ; (*mächtig*) puissant(e)

Stärke *f* force *f* ; (*von Brille*) puissance *f* ; (*Culin*) amidon *m*
stärken *vt* (*Mensch*) fortifier ; (*Selbstbewusstsein*) renforcer ; (*Wäsche*) amidonner
starr *adj* rigide ; (*Haltung*) inflexible ; (*Blick*) fixe
starren *vi* regarder fixement
Start (-(*e*)*s*, -*e*) *m* départ *m* ; (*Aviat*) décollage *m* • **Startbahn** *f* piste *f* d'envol • **starten** *vt* (*Aut*) mettre en marche ; (*Aviat*) lancer ▶ *vi* (*Aviat*) décoller ; (*Sport*) prendre le départ • **Starthilfekabel** *nt* câble *m* de démarrage • **Startseite** *f* (*im Internet*) page *f* de démarrage
Station *f* (*Haltestelle*) arrêt *m* ; (*Krankenstation*) service *m* ; **~ machen** faire halte
stationieren *vt* (*Truppen*) cantonner ; (*Atomwaffen etc*) entreposer
Statistik *f* statistique *f* • **Statistiker(in)** *m(f)* statisticien(ne)
statistisch *adj* statistique
Stativ *nt* trépied *m*
statt *konj* au lieu de ▶ *präp +Gen od Dat* à la place de
Stätte *f* endroit *m*
statt|finden (*irr*) *vi* avoir lieu
Statue *f* statue *f*
Statur *f* stature *f*
Status (-, -) *m* statut *m* • **Statussymbol** *nt* signe *m* extérieur de richesse
Stau (-(*e*)*s*, -*e*) *m* blocage *m* ; (*Verkehrsstau*) embouteillage *m*
Staub (-(*e*)*s*) *m* poussière *f*
staubig *adj* (*Straße*) poussiéreux(-euse) ; (*Kleidung*) couvert(e) de poussière
Staubsauger *m* aspirateur *m*
Staudamm *m* barrage *m*
stauen *vr* (*Wasser*) s'accumuler ; (*Verkehr*) être bloqué(e)
staunen *vi* s'étonner, être étonné(e) • **Staunen** (-*s*) *nt* étonnement *m*
Stausee *m* lac *m* artificiel (*d'un barrage*)
stechen (*irr*) *vt* piquer ; (*mit Messer*) donner un coup de couteau à *od* dans ▶ *vi* piquer ; (*Sonne*) taper dur
Stechen (-*s*, -) *nt* (*Sport*) belle *f* ; (*Schmerz*) douleur *f* lancinante
Steckbrief *m* signalement *m*
Steckdose *f* prise *f*
stecken *vt* mettre ; (*Nadel*) enfoncer ; (*beim Nähen*) épingler ▶ *vi irr* être bloqué(e) ; (*Nadeln*) être enfoncé(e) ; (*fam: sein*) être
Stecker (-*s*, -) *m* (*Élec*) prise *f*
Stecknadel *f* épingle *f*
Steg (-(*e*)*s*, -*e*) *m* passerelle *f* ; (*Bootssteg*) débarcadère *m*
stehen (*irr*) *vi* (*sich befinden*) être, se trouver ; (*stillstehen, angehalten haben*) être arrêté(e) ▶ *vi unpers*: **es steht schlecht um ihn/seine Karriere** ça s'annonce mal pour lui/ses perspectives d'avançement ; **wie stehts?** comment ça va ? ; **~ bleiben** s'arrêter
stehlen (*irr*) *vt* voler
steif *adj* raide ; (*Stoff*) rigide ; (*Gesellschaft*) guindé(e)
Steigbügel *m* étrier *m*
steigen (*irr*) *vi* (*klettern*) grimper ; (*Flugzeug, Ballon*) monter, prendre de l'altitude
steigern *vt* améliorer ▶ *vr* (*Spannung*) augmenter ; (*Leistung*) s'améliorer
Steigerung *f* augmentation *f*
Steigung *f* montée *f* ; (*Hang*) pente *f*
steil *adj* (*Abhang*) raide ; (*Fels*) escarpé(e)

S

Stein (*-(e)s, -e*) *m* pierre *f* • **Steinbock** *m* (*Zool*) bouquetin *m* ; (*Astr*) Capricorne *m* • **Steinbruch** *m* carrière *f*
Steingut *nt* grès *m*
steinig *adj* rocailleux(-euse)
Steinkohle *f* anthracite *m*
Steinmetz (*-es, -e*) *m* tailleur *m* de pierre
Steiß (*-es, -e*) *m* bas *m* du dos
Stelle *f* endroit *m* ; (*Position*) place *f* ; (*Abschnitt*) passage *m* ; (*Arbeit*) emploi *m* ; (*Amt*) poste
stellen *vt* mettre ; (*Bedingungen, Falle*) poser ▶ *vr* se mettre ; (*bei Polizei*) se livrer
Stellenangebot *nt* offre *f* d'emploi
Stellengesuch *nt* demande *f* d'emploi
Stellenwert *m* (*fig*): **einen hohen ~ haben** être très en vue
Stellung *f* position *f* ; (*Posten*) poste *m* ; **~ nehmen zu** prendre position à propos de • **Stellungnahme** *f* prise *f* de position
stellvertretend *adj attrib* remplaçant(e)
Stellvertreter(in) *m(f)* remplaçant(e)
Stelze *f* échasse *f*
stemmen *vt* (*Gewicht*) soulever ▶ *vr*: **sich ~ gegen** (*fig*) être violemment opposé(e) à
Stempel (*-s, -*) *m* tampon *m*
stempeln *vt* tamponner ; (*Briefmarke*) oblitérer
Stengel *m siehe* **Stängel**
Steppdecke *f* couette *f*
Steppe *f* steppe *f*
Sterbehilfe *f* euthanasie *f*
sterben (*irr*) *vi* mourir
Sterblichkeit *f* condition *f* de mortel
Stereoanlage *f* chaîne *f* stéréo
steril *adj* stérile
sterilisieren *vt* stériliser
Stern (*-(e)s, -e*) *m* étoile *f* • **Sternbild** *nt* constellation *f* • **Sternchen** *nt* astérisque *m* • **Sternschnuppe** *f* étoile *f* filante
stetig *adj* continu(e)
stets *adv* toujours
Steuer[1] (*-s, -*) *nt* (*Naut*) barre *f* ; (*Aut*) volant *m*
Steuer[2] (*-, -n*) *f* impôt *m*
Steuerberater(in) *m(f)* conseiller(-ère) fiscal(e)
Steuererklärung *f* déclaration *f* d'impôts
Steuerhinterziehung *f* fraude *f* fiscale
Steuerknüppel *m* (*Flug*) manche *m* à balai
Steuermann (*-(e)s, -männer od -leute*) *m* timonier *m*
steuern *vt* (*Auto*) conduire ; (*Flugzeug*) piloter ; (*Entwicklung*) contrôler ▶ *vi* se diriger
Steuerrad *nt* volant *m*
Steuerung *f* (*Vorrichtung*) direction *f* ; (*Steuervorgang*) conduite *f* ; (*Tech, Inform*) commande *f*
Steuerzahler *m* contribuable *m*
Steward (*-s, -s*) *m* steward *m*
Stewardess (*-, -en*) *f* hôtesse *f* de l'air
Stich (*-e*) *m* (*Insektenstich*) piqûre *f* ; (*Messerstich*) coup *m* de couteau ; (*beim Nähen*) point *m* ; (*Art*) gravure *f*
stichhaltig *adj* concluant(e)
Stichprobe *f* échantillonnage *m*
Stichwahl *f* second tour *m*
Stichwort *nt* mot-clé *m*
Sticker (*-s, -*) *m* autocollant *m*
Stickerei *f* broderie *f*
stickig *adj*: **hier ist aber ~e Luft** ça sent vraiment le renfermé ici
Stickstoff *m* azote *m*

Stiefel (-s, -) *m* botte *f*
Stiefkind *nt* beau-fils(belle-fille) ; (*fig*) enfant *m* mal aimé
Stiefmutter *f* belle-mère *f*
Stiefmütterchen *nt* pensée *f*
Stiefvater *m* beau-père *m*
stieg *etc vb siehe* **steigen**
Stiel (-(e)s, -e) *m* (*von Gerät*) manche *m* ; (*von Glas*) pied *m* ; (*Bot*) tige *f*
Stier (-(e)s, -e) *m* taureau *m* ; (*Astr*) Taureau
stieß *etc vb siehe* **stoßen**
Stift (-(e)s, -e) *m* (*Farbstift, Bleistift*) crayon *m* ; (*Metallstift*) cheville *f* ; (*Nagel*) petit clou *m*
stiften *vt* (*Orden*) fonder ; (*Preis*) créer ; (*Unruhe etc*) provoquer ; (*Geld*) donner
Stifter(in) (-s, -) *m(f)* donateur(-trice)
Stiftung *f* (*Schenkung*) donation *f* ; (*Organisation*) fondation *f*
Stil (-(e)s, -e) *m* style *m*
still *adj* calme
Stille *f* calme *m*
stillen *vt* (*Blut*) arrêter ; (*Schmerzen*) calmer ; (*Säugling*) allaiter
still|legen *vt* (*Betrieb*) fermer
Stilllegung *f* fermeture *f*
Stillschweigen *nt* silence *m* absolu
stillschweigend *adj* tacite
Stillstand *m*: **zum ~ bringen** arrêter
still|stehen (*irr*) *vi* être arrêté(e) ; (*Verkehr*) être bloqué(e)
Stimmabgabe *f* vote *m*
Stimmbänder *pl* cordes *fpl* vocales
stimmberechtigt *adj* qui a le droit de vote
Stimme *f* voix *f*
stimmen *vi* (*richtig sein*) être juste *od* vrai(e)
Stimmrecht *nt* droit *m* de vote
Stimmung *f* (*Gemütsstimmung*) humeur *f* ; (*Atmosphäre*) atmosphère *f* ; (*vorherrschende Meinung*) opinion *f* publique
Stimmzettel *m* bulletin *m* de vote
stinken (*irr*) *vi* puer
Stipendium *nt* bourse *f* (d'études)
Stirn (-, -en) *f* front *m*
Stock (-(e)s, ¨-e) *m* bâton *m* ; (*Etage: pl - od -werke*) étage *m*
stocken *vi* s'arrêter ; (*beim Sprechen*) hésiter
Stockung *f* interruption *f* ; (*von Verkehr*) embouteillage *m*
Stockwerk *nt* étage *m*
Stoff (-(e)s, -e) *m* étoffe *f* ; (*Substanz, Materie*) matière *f* ; (*von Buch etc*) sujet *m* ; (*fam: Rauschgift*) came *f*
Stoffwechsel *m* métabolisme *m*
stöhnen *vi* soupirer
Stollen (-s, -) *m* (*Mines*) galerie *f* ; (*Culin*) *sorte de cake de Noël*
stolpern *vi* trébucher
stolz *adj* fier(fière) • **Stolz** (-es) *m* (*Hochmut*) orgueil *m* ; (*große Befriedigung*) fierté *f*
stopfen *vt* (*hineinstopfen*) enfoncer ; (*nähen*) raccommoder ▶ *vi* (*Méd*) constiper
Stoppel (-, -n) *f* chaume *m* ; (*Bartstoppel*) barbe *f* de plusieurs jours
stoppen *vt* arrêter ; (*mit Stoppuhr*) chronométrer ▶ *vi* s'arrêter
Stoppschild *nt* stop *m*
Stoppuhr *f* chronomètre *m*
Stöpsel (-s, -) *m* (*von Waschbecken*) bonde *f* ; (*für Flasche*) bouchon *m*
Storch (-(e)s, ¨-e) *m* cigogne *f*
stören *vt* déranger ; (*behindern*) entraver ; (*Radio*) perturber
Störfall *m* accident *m* (*dans une centrale nucléaire*)
stornieren *vt* annuler

S

Störung *f* dérangement *m* ; (*Radio*) perturbation *f*
Stoß (*-es, ¨-e*) *m* coup *m* ; (*Haufen*) pile *f* • **Stoßdämpfer** (*-s, -*) *m* amortisseur *m*
stoßen (*irr*) *vt* (*mit Druck*) pousser ; (*mit Schlag*) donner un coup à ; (*mit Fuß*) donner un coup de pied à ; (*zerkleinern*) piler ; (*anstoßen*): **sich** *Dat* **(an etw** *Dat*) **den Kopf ~** se cogner la tête (contre qch) ▶ *vr* (*fig*) se heurter à (*sich verletzen*): **er hat sich** *Dat* **am Regal ge~** il s'est cogné à l'étagère
Stoßstange *f* pare-chocs *m inv*
stottern *vt, vi* bégayer
Stövchen *nt* chauffe-plats *m inv*
Strafanstalt *f* établissement *m* pénitentiaire
strafbar *adj* punissable
Strafbarkeit *f* caractère *m* punissable
Strafe *f* punition *f* ; (*Jur*) peine *f* ; (*Geldstrafe*) amende *f*
strafen *vt* punir
straff *adj* tendu(e) ; (*Stil*) concis(e)
straffen *vt* tendre ; (*Rede*) rendre plus concis(e)
Strafgefangene(r) *f(m)* détenu(e)
Strafgesetzbuch *nt* Code *m* pénal
sträflich *adj* impardonnable
Sträfling *m* bagnard *m*
Strafporto *nt* supplément *m* d'affranchissement
Strafraum *m* (*Sport*) surface *f* de réparation
Strafrecht *nt* droit *m* pénal
Straftat *f* délit *m*
Strafzettel *m* P.-V. *m*
Strahl (*-(e)s, -en*) *m* rayon *m* ; (*Wasserstrahl*) jet *m*
strahlen *vi* briller ; (*Mensch*) avoir le visage rayonnant
Strahlenbehandlung *f* radiothérapie *f*
Strahlenbelastung *f* irradiation *f*
Strahlung *f* (*Phys*) radiation *f*
Strähne *f* mèche *f*
stramm *adj* (*Haltung*) (bien) droit(e)
Strand (*-(e)s, ¨-e*) *m* plage *f* • **Strandbad** *nt* plage *f* aménagée
Strandgut *nt* épaves *fpl*
Strandkorb *m grand fauteuil de plage en osier*
Strang (*-(e)s, ¨-e*) *m* (*Strick, Seil*) corde *f* ; (*Nervenstrang*) cordon *m* ; (*Schienenstrang*) ligne *f* ; **über die Stränge schlagen** dépasser les bornes
Strapaze *f* effort *m* énorme
strapazieren *vt* user ; (*Mensch, Kräfte*) épuiser
strapaziös *adj* épuisant(e)
Straßburg (*-s*) *nt* Strasbourg
Straße *f* (*über Land*) route *f* ; (*in Ortschaft, Stadt*) rue *f*
Straßenbahn *f* tramway *m*
Straßensperre *f* barrage *m*
Straßenverkehr *m* circulation *f*
Straßenverkehrsordnung *f* code *m* de la route
Strategie *f* stratégie *f*
strategisch *adj* stratégique
Strauch (*-(e)s, Sträucher*) *m* buisson *m*
Strauß[1] (*-es, Sträuße*) *m* (*Blumenstrauß*) bouquet *m*
Strauß[2] (*-es, -e*) *m* (*Zool*) autruche *f*
streben *vi*: **~ nach** aspirer à ; **~ zu** *od* **nach** (*sich bewegen*) se diriger vers
Streber (*-s, -*) (*péj*) *m* (*Scol*) bûcheur *m*
Strecke *f* trajet *m* ; (*Entfernung*) distance *f* ; (*Rail, Math*) ligne *f*
strecken *vt* (*Glieder*) étendre ; (*Culin*) allonger ▶ *vr* s'étirer

Streich (-(e)s, -e) *m* (*Scherz*) farce *f* ; (*Schlag*) coup *m*
streicheln *vt* caresser
streichen (*irr*) *vt* (*berühren, auftragen*) étaler ; (*anmalen*) peindre ; (*durchstreichen*) barrer ▶ *vi* (*berühren*) : **jdm über die Haare ~** passer la main dans les cheveux de qn
Streichholz *nt* allumette *f*
Streichinstrument *nt* instrument *m* à cordes
Streife *f* patrouille *f*
streifen *vt* effleurer ; (*abstreifen*) enlever ▶ *vi* (*gehen*) errer
Streifen (-s, -) *m* (*Linie*) rayure *f* ; (*Stück, auf Fahrbahn*) bande *f* • **Streifenwagen** *m* voiture *f* de police
Streifzug *m* expédition *f* ; (*Bummel*) tour *m* ; (*kurzer Überblick*) tour d'horizon, aperçu *m*
Streik (-(e)s, -s) *m* grève *f* • **streiken** *vi* faire la grève
Streit (-(e)s, -e) *m* dispute *f*
streiten (*irr*) *vi, vr* se disputer
streitig *adj* : **jdm etw ~ machen** contester qch à qn
Streitigkeiten *pl* conflit *msg*
Streitkräfte *pl* belligérants *mpl*
streng *adj* sévère ; (*Vorschrift, Anweisungen*) strict(e)
Strenge *f* sévérité *f*
strenggläubig *adj* strict(e)
Stress (-es, -e) *m* stress *m*
stressen *vt* stresser
stressfrei *adj* sans stress
stressig *adj* stressant(e)
streuen *vt* répandre
strich *etc vb siehe* **streichen**
Strich (-(e)s, -e) *m* trait *m* • **Strichcode** *m* code *m* barres
Strichmädchen (*fam*) *nt* jeune prostituée *f*
Strichpunkt *m* point-virgule *m*
Strick (-(e)s, -e) *m* corde *f*
stricken *vi, vt* tricoter
Stricknadel *f* aiguille *f* à tricoter
strikt *adj* (*Befehl*) formel(le) ; (*Ordnung*) méticuleux(-euse)
stritt *etc vb siehe* **streiten**
strittig *adj* (*Punkt, Frage*) litigieux(-euse)
Stroh (-(e)s) *nt* paille *f* • **Strohhalm** *m* fétu *m* de paille ; (*Trinkhalm*) paille *f*
Strom (-(e)s, ¨e) *m* fleuve *m* ; (*Strömung, Élec*) courant *m*
strömen *vi* (*Wasser*) couler (à flots) ; (*Menschen*) se précipiter (en masse)
Stromkreis *m* circuit *m* (électrique)
stromlinienförmig *adj* aérodynamique
Strömung *f* courant *m*
Strophe *f* strophe *f*
strotzen *vi* : **~ vor** +*Dat od* **von** déborder de
Strudel (-s, -) *m* tourbillon *m* ; (*Culin*) *pâtisserie autrichienne aux pommes*
Struktur *f* structure *f* ; (*von Gewebe*) contexture *f*
strukturell *adj* de structure
Strumpf (-(e)s, ¨e) *m* bas *m* • **Strumpfhose** *f* collant *m*
struppig *adj* hirsute
Stube *f* chambre *f*
Stuck (-(e)s) *m* stuc *m*
Stück (-(e)s, -e) *nt* morceau *m* ; (*Einzelteil, Theat*) pièce *f*
Student(in) *m(f)* étudiant(e)
Studentenwohnheim *nt* résidence *f* universitaire
Studie *f* étude *f*
Studienplatz *m* place *f* à l'université
studieren *vt* étudier ▶ *vi* faire des études

S

Studio (-s, -s) *nt* atelier *m* ; (*TV etc*) studio *m*
Studium *nt* études *fpl*
Stufe *f* marche *f* ; (*Entwicklungsstufe*) stade *m*
stufenweise *adv* par étapes
Stuhl (-(*e*)*s*, ⸚*e*) *m* chaise *f*
Stuhlgang *m* selles *fpl*
stumm *adj* muet(te)
Stummel (-*s*, -) *m* bout *m* ; (*Zigarettenstummel*) mégot *m* (*fam*)
Stummfilm *m* film *m* muet
stumpf *adj* (*Messer etc*) émoussé(e) ; (*Metall, Blick*) terne ; (*Mensch*) amorphe
Stumpf (-(*e*)*s*, ⸚*e*) *m* (*Baumstumpf*) souche *f*
Stumpfsinn (-(*e*)*s*) *m* abrutissement *m*
Stunde *f* heure *f*
Stundengeschwindigkeit *f* vitesse *f* horaire *od* à l'heure
Stundenkilometer *pl* kilomètres *mpl* à l'heure, kilomètres/heure *mpl*
stundenlang *adv* pendant des heures
Stundenlohn *m* salaire *m* horaire
Stundenplan *m* horaire *m* des cours
stundenweise *adv* à l'heure
stündlich *adv* toutes les heures
Stupsnase *f* nez *m* retroussé
stur *adj* borné(e)
Sturm (-(*e*)*s*, ⸚*e*) *m* tempête *f*
Stürmer (-*s*, -) *m* (*Sport*) avant *m*
Sturmflut *f* marée *f* de tempête ; (*Flutwelle*) raz *m* de marée
stürmisch *adj* (*Meer*) houleux(-euse) ; (*Empfang*) enthousiaste ; **~es Wetter** (temps *m* de) tempête *f*, gros temps *m* ; **nicht so ~!** du calme !
Sturmwarnung *f* avis *m* de coup de vent
Sturz (-*es*, ⸚*e*) *m* chute *f*
stürzen *vt* (*werfen, absetzen*) faire tomber ▶ *vi* (*fallen*) tomber ; (*rennen*) se précipiter ▶ *vr* se précipiter
Sturzhelm *m* casque *m* de protection
Stute *f* jument *f*
Stütze *f* support *m*
stützen *vt* soutenir ; (*Ellbogen, Kinn etc*) mettre
stutzig *adj* : **~ werden** devenir méfiant(e)
Subjekt (-(*e*)*s*, -*e*) *nt* sujet *m* ; (*Mensch*) personnage *m*
subjektiv *adj* subjectif(-ive)
Substanz *f* substance *f* ; (*Kapital*) capital *m*
subtil *adj* subtile
Subvention *f* subvention *f*
subventionieren *vt* subventionner
subversiv *adj* subversif(-ive)
Suche *f* recherche *f*
suchen *vt, vi* chercher ; **~ und ersetzen** (*Inform*) rechercher et remplacer
Sucher (-*s*, -) *m* (*Phot*) viseur *m*
Suchmaschine *f* moteur *m* de recherche
Sucht (-, ⸚*e*) *f* besoin *m* irrésistible ; (*Méd*) dépendance *f*
süchtig *adj* intoxiqué(e)
• **Süchtige(r)** *f(m)* drogué(e)
Suchtkranke(r) *f(m)* intoxiqué(e) ; (*rauschgiftsüchtig*) toxicomane *mf* ; (*drogensüchtig*) drogué(e)
Südafrika *nt* l'Afrique *f* du Sud
Südamerika *nt* l'Amérique *f* du Sud
süddeutsch *adj* d'Allemagne du Sud
Süddeutschland *nt* l'Allemagne *f* du Sud
Süden (-*s*) *m* sud *m*

südlich *adj* du sud, méridional(e) ▶ *präp +Gen*: **~ von** au sud de
Südpol *m* pôle *m* Sud
Südsee *f* Pacifique *m* (sud)
süffig *adj (Wein)* qui se laisse boire
suggerieren *vt*: **jdm etw ~** créer qch chez qn
Sulfonamid *(-(e)s, -e) nt* sulfamide *m*
Sultanine *f* (gros) raisin *m* sec
Sülze *f* aspic *m*
Summe *f* somme *f*
summieren *vt* additionner ▶ *vr* s'accumuler
Sumpf *(-(e)s, ⸚e) m* marais *m*
sumpfig *adj* marécageux(-euse)
Sünde *f* péché *m*
super *(fam) adj* super *inv* ▶ *adv* super bien
Super *(-s) nt (Benzin)* super *m*
Supermarkt *m* supermarché *m*
Suppe *f* soupe *f*
Surfbrett *nt* planche *f* de surf
surfen *vi* faire du surf
Surfer *m* surfeur *m*
suspekt *adj* suspect(e)
süß *adj* sucré(e) ; *(lieblich)* mignon(ne)
Süßigkeit *f (Bonbon etc)* sucrerie *f*
Süßspeise *f* dessert *m*
Süßstoff *m* édulcorant *m*
Süßwasser *nt* eau *f* douce
Sweatshirt *(-s, -s) nt* sweat-shirt *m*
Symbol *(-s, -e) nt* symbole *m*
symbolisch *adj* symbolique
symmetrisch *adj* symétrique
Sympathie *f* sympathie *f*
Sympathisant(in) *m(f)* sympathisant(e)
sympathisch *adj* sympathique
Symptom *(-s, -e) nt* symptôme *m*
symptomatisch *adj* symptomatique
Synagoge *f* synagogue *f*
synchron *adj* synchrone
• **Synchrongetriebe** *nt* vitesses *fpl* synchronisées
synchronisieren *vt* synchroniser
Syndrom *(-s, -e) nt* syndrome *m*
Synonym *(-s, -e) nt* synonyme *m*
Syntax *(-, -en) f* syntaxe *f*
Synthese *f* synthèse *f*
synthetisch *adj* synthétique
Syphilis *(-) f* syphilis *f*
Syrien *(-s) nt* la Syrie
System *(-s, -e) nt* système *m*
• **Systemanalyse** *f* analyse *f* fonctionnelle
systematisch *adj* systématique
Systemkritiker *m personne qui critique le système*
Szenario *nt* scénario *m*
Szene *f* scène *f* ; *(Drogenszene etc)* milieu *m*

S

t

Tabak (-s, -e) *m* tabac *m*
Tabelle *f* tableau *m*
Tablet-Computer *m* (*Inform*) tablette (*tactile*) *f*
Tablette *f* comprimé *m*
Tabu (-s, -s) *nt* tabou *m*
Tachometer *m od nt* compteur *m* (de vitesse)
Tadel (-s, -) *m* (*Rüge*) réprimande *f*, blâme *m* ; (*Makel*) faute *f* • **tadellos** *adj* irréprochable
Tadschikistan *nt* le Tadjikistan
Tafel (-, -n) *f* tableau *m* ; (*Anschlagtafel*) panneau *m* d'affichage ; (*Schiefertafel*) ardoise *f* ; (*Gedenktafel*) plaque *f* ; (*Schokolade etc*) tablette *f*
Tag (-(e)s, -e) *m* jour *m* ; **am ~** pendant la journée ; **guten ~!** bonjour !
Tagebau *m* exploitation *f* à ciel ouvert
Tagebuch *nt* journal *m* (intime)
tagelang *adv* des journées entières
tagen *vi* siéger ▶ *vb unpers*: **es tagt** le jour se lève
Tagesablauf *m* journée *f*
Tageskarte *f* carte *f* journalière ; (*Speisekarte*) menu *m* du jour
Tageslicht *nt* lumière *f* du jour
Tageslichtprojektor *m* rétroprojecteur *m*
Tagesordnung *f* ordre *m* du jour
Tagesschau *f* journal *m* télévisé
Tageszeit *f* heure *f* (du jour)
Tageszeitung *f* quotidien *m*
täglich *adj* quotidien(ne) ▶ *adv* tous les jours
tagsüber *adv* pendant la journée
Tagung *f* congrès *m*
Tai-Chi (-) *nt* taï chi *m*
Taille *f* taille *f*
tailliert *adj* cintré(e)
Takt (-(e)s, -e) *m* tact *m* ; (*Mus*) mesure *f* • **Taktfrequenz** *f* (*Inform*) fréquence *f* d'horloge
Taktik (-, -en) *f* tactique *f*
taktisch *adj* tactique
taktlos *adj* qui manque de tact
taktvoll *adj* plein(e) de tact
Tal (-(e)s, ¨er) *nt* vallée *f*
Talent (-(e)s, -e) *nt* talent *m*
Talkshow (-, -s) *f* causerie *f* télévisée
Talsohle *f* fond *m* de (la) vallée
Tampon (-s, -s) *m* tampon *m*
Tang (-(e)s, -e) *m* algues *fpl*
Tank (-s, -s) *m* réservoir *m*
tanken *vi* prendre de l'essence ▶ *vt* prendre
Tanker (-s, -) *m* pétrolier *m*
Tankstelle *f* station-service *f*
Tankwart *m* pompiste *m*
Tanne *f* sapin *m*
Tannenzapfen *m* pomme *f* de pin
Tante *f* tante *f*
Tanz (-es, ¨e) *m* danse *f*
tanzen *vi*, *vt* danser
Tapete *f* papier *m* peint
tapfer *adj* courageux(-euse) • **Tapferkeit** *f* courage *m*
Tarif (-s, -e) *m* tarif *m* • **Tarifpartner** *m*: **die ~** les partenaires *mpl* sociaux • **Tarifverhandlungen** *pl* négociations *fpl* salariales

• **Tarifvertrag** *m* convention *f* collective
Tarnung *f* camouflage *m*
Tasche *f* (*an Kleidung*) poche *f* ; (*Handtasche, Einkaufstasche*) sac *m*
Taschen- *in zW* de poche
Taschenbuch *nt* livre *m* de poche
Taschendieb *m* pickpocket *m*
Taschengeld *nt* argent *m* de poche
Taschenlampe *f* lampe *f* de poche
Taschenmesser *nt* canif *m*
Taschenrechner *m* calculatrice *f* de poche, calculette *f*
Taschentuch *nt* mouchoir *m*
Tasse *f* tasse *f*
Tastatur *f* clavier *m*
Taste *f* touche *f*
tasten *vi* tâtonner ▶ *vt* (*Méd*) palper ; **nach etw ~** chercher qch à tâtons • **Tastentelefon** *nt* téléphone *m* à touches
tat *etc vb siehe* **tun**
Tat (-, -*en*) *f* acte *m*, action *f* ; (*Verbrechen*) méfait *m*
Tatbestand *m* faits *mpl*
tatenlos *adv*: **~ zusehen** regarder sans rien faire
Täter(in) (-*s*, -) *m(f)* coupable *mf*
tätig *adj* actif(-ive) ; **~ sein** (*beruflich*) travailler
Tätigkeit *f* activité *f* ; **in ~** (*Maschine*) en marche
tätowieren *vt* tatouer
Tatsache *f* fait *m*
tatsächlich *adj* vrai(e) ▶ *adv* vraiment
Tau[1] (-(*e*)*s*, -*e*) *nt* cordage *m*
Tau[2] (-(*e*)*s*) *m* rosée *f*
taub *adj* sourd(e) ; (*Körperglied*) engourdi(e)
Taube *f* pigeon *m*
taubstumm *adj* sourd(e)-muet(te)
tauchen *vi* plonger ▶ *vt* (*kurz eintauchen*) tremper
Taucher(in) (-*s*, -) *m(f)* plongeur(-euse) • **Taucheranzug** *m* scaphandre *m* • **Taucherbrille** *f* lunettes *fpl* de plongée
Tauchsieder (-*s*, -) *m* thermoplongeur *m*
tauen *vi unpers* fondre ; **es taut** il dégèle
Taufe *f* baptême *m*
taufen *vt* baptiser
taugen *vi* convenir ; **~ für** être fait(e) pour
tauglich *adj* (*Mil*) apte au service ; **~ für etw sein** convenir pour qch
Tausch (-(*e*)*s*, -*e*) *m* échange *m*
tauschen *vt* échanger ▶ *vi* faire un échange
täuschen *vt, vi* tromper ▶ *vr* se tromper
Täuschung *f* tromperie *f* ; (*Irrtum*) illusion *f*
tausend *num* mille
Tauziehen *nt* lutte *f* à la corde ; (*fig*) lutte acharnée
Taxi (-(*s*), -(*s*)) *nt* taxi *m*
Taxifahrer(in) *m(f)* chauffeur *m* de taxi
Teakholz *nt* teck *m*
Team (-*s*, -*s*) *nt* équipe *f* • **Teamarbeit** *f*, **Teamwork** (-*s*) *nt* travail *m* en équipe
Technik *f* technique *f*
Techniker(in) (-*s*, -) *m(f)* technicien(ne)
technisch *adj* technique
Technologie *f* technologie *f* ; **neue Informations- und Kommunikationstechnologien (NIKT)** NTIC *fpl* (= *nouvelles technologies de l'information et de la communication*)
technologisch *adj* technologique
Teddybär *m* ours *m* en peluche
Tee (-*s*, -*s*) *m* thé *m* ; (*aus anderen Pflanzen*) tisane *f*, infusion *f*

t

• **Teekanne** *f* théière *f* • **Teelöffel** *m* ≈ cuillère *f* à café
Teer *(-(e)s, -e)* *m* goudron *m*
Teesieb *nt* passe-thé *m*
Teich *(-(e)s, -e)* *m* mare *f*
Teig *(-(e)s, -e)* *m* pâte *f*
Teigwaren *pl* pâtes *fpl*
Teil *(-(e)s, -e)* *m* partie *f* ▸ *m od nt* *(Anteil)* part *f* ▸ *nt* *(Ersatzteil)* pièce *f*; **zum ~** en partie • **Teilchen** *nt* particule *f*; *(Gebäckstück)* (petit) gâteau *m*
teilen *vt* *(in zwei oder mehrere Teile: Math)* diviser; *(aufteilen, gemeinsam haben)* partager
teil|haben *(irr)* *vi*: **~ an** *+Dat* participer à
Teilhaber(in) *(-s, -)* *m(f)* associé(e)
Teilkaskoversicherung *f* *assurance responsabilité civile, vol et incendie*
Teilnahme *(-)* *f* participation *f*; *(Interesse)* intérêt *m*; *(Mitleid)* sympathie *f*; **jdm seine herzliche ~ aussprechen** présenter ses sincères condoléances à qn
teil|nehmen *(irr)* *vi*: **~ an** *+Dat* participer à
Teilnehmer(in) *(-s, -)* *m(f)* participant(e)
teils *adv* en partie
Teilung *f* partage *m*
teilweise *adv* en partie
Teilzeitarbeit *f* travail *m* à temps partiel
Telearbeit *m* télétravail *m*
Telefon *(-s, -e)* *nt* téléphone *m* • **Telefonanruf** *m*, **Telefonat** *nt* coup *m* de fil
Telefonbuch *nt* annuaire *m* (du téléphone)
telefonieren *vi* téléphoner; **mit jdm ~** téléphoner à qn
telefonisch *adj* téléphonique; *(Benachrichtigung)* par téléphone ▸ *adv*: **ich bin ~ zu erreichen** on peut me joindre par téléphone
Telefonnummer *f* numéro *m* de téléphone
Telefonzelle *f* cabine *f* téléphonique
Telefonzentrale *f* standard *m*
telegrafieren *vt, vi* télégraphier
Telegramm *nt* télégramme *m*
Telekolleg *nt* ≈ télé-enseignement *m* universitaire
Teleobjektiv *nt* téléobjectif *m*
Teleskop *(-s, -e)* *nt* télescope *m*
Telex *(-es, -e)* *nt* télex *m*
Teller *(-s, -)* *m* assiette *f*
Tempel *(-s, -)* *m* temple *m*
Temperament *nt* tempérament *m* • **temperamentvoll** *adj* plein(e) d'entrain
Temperatur *f* température *f*
Tempo *(-s, -s)* *nt* vitesse *f*
Tempolimit *(-s, -s)* *nt* limitation *f* de vitesse
Tendenz *f* tendance *f*
tendieren *vi*: **zu etw ~** avoir tendance à qch
Tennis *(-)* *nt* tennis *m* • **Tennisplatz** *m* court *m* (de tennis) • **Tennisschläger** *m* raquette *f* de tennis • **Tennisspieler(in)** *m(f)* joueur(-euse) de tennis
Tenor *(-s, ¨-e)* *m* ténor *m*
Teppich *(-s, -e)* *m* tapis *m* • **Teppichboden** *m* moquette *f*
Termin *(-s, -e)* *m* *(Zeitpunkt)* date *f*; *(Arzttermin etc)* rendez-vous *m inv*; **den ~ einhalten** être dans les délais
Terminal *(-s, -s)* *nt* *(Aviat, Inform)* terminal *m*
Terminkalender *m* agenda *m*
Terminologie *f* terminologie *f*

Terpentin (-s, -e) *nt* térébenthine *f*
Terrasse *f* terrasse *f*
Terrier (-s, -) *m* terrier *m* (*chien*)
Territorium *nt* territoire *m*
Terror (-s) *m* terreur *f*
• **Terroranschlag** *m* attentat *m* terroriste
terrorisieren *vt* terroriser
Terrorismus *m* terrorisme *m*
Terrorist(in) *m(f)* terroriste *mf*
Test (-s, -s) *m* test *m*
Testament *nt* testament *m*
testen *vt* tester
Tetanus (-) *m* tétanos *m*
• **Tetanusimpfung** *f* vaccination *f* antitétanique
teuer *adj* cher (chère)
Teuerung *f* hausse *f* des prix
Teufel (-s, -) *m* diable *m*
Teufelskreis *m* cercle *m* vicieux
Text (-(e)s, -e) *m* texte *m* ; (*zu Bildern*) légende *f* ; (*Liedertext*) paroles *fpl*
Textilien *pl* textiles *mpl*
Textverarbeitung *f* traitement *m* de texte
Thailand *nt* la Thaïlande
Theater (-s, -) *nt* théâtre *m*
• **Theaterstück** *nt* pièce *f* de théâtre
theatralisch *adj* théâtral(e)
Theke *f* comptoir *m*
Thema (-s, *Themen* od *-ta*) *nt* sujet *m*
thematisch *adj* thématique
Themse *f*: **die ~** la Tamise
Theologe (-n, -n) *m*, **Thelogin** *f* théologien(ne)
Theologie *f* théologie *f*
Theoretiker(in) (-s, -) *m(f)* théoricien(ne)
theoretisch *adj* théorique
Theorie *f* théorie *f*
Therapeut(in) (-en, -en) *m(f)* thérapeute *mf*
therapeutisch *adj* thérapeutique
Therapie *f* thérapie *f*
Thermalbad *nt* station *f* thermale
Thermodrucker *m* imprimante *f* thermique
Thermometer *nt* thermomètre *m*
These *f* thèse *f*
Thron (-(e)s, -e) *m* trône *m*
Thunfisch *m* thon *m*
Thüringen (-s) *nt* la Thuringe
Thymian (-s, -e) *m* thym *m*
Tick (-(e)s, -s) *m* (*nervöser*) tic *m* ; (*Eigenart, Fimmel*) manie *f*
ticken *vi* (*Uhr*) faire tic tac
Ticket (-s, -s) *nt* billet *m*
tief *adj* profond(e) ; (*Stimme*) grave ▶ *adv* profondément ; **~ greifend** profond(e) • **Tief** (-s, -s) *nt* (*von Wetter, Stimmung*) dépression *f*
• **Tiefdruck** *m* (*Météo*) basses pressions *fpl*
Tiefe *f* profondeur *f*
Tiefenschärfe *f* profondeur *f* de champ
Tiefgarage *f* garage *m* souterrain
tiefgekühlt *adj* surgelé(e)
Tiefkühlfach *nt* freezer *m*
Tiefkühlkost *f* surgelés *mpl*
Tiefkühltruhe *f* congélateur *m*
Tiefpunkt *m* (*fig*) creux *m* de la vague
Tiefstand *m* niveau *m* le plus bas
Tiefstwert *m* valeur *f* la plus basse
Tier (-(e)s, -e) *nt* animal *m* • **Tierarzt** *m*, **Tierärztin** *f* vétérinaire *mf*
• **Tiergarten** *m* jardin *m* zoologique • **tierisch** *adj* animal(e) ; (*péj*) bestial(e) ; **mit ~em Ernst** avec le plus grand sérieux • **Tierquälerei** *f* cruauté *f* envers les animaux
Tierschutz *m* protection *f* des animaux • **Tierschutzverein** *m* Société *f* protectrice des animaux
Tierversuch *m* expérimentation *f* sur des animaux

Tiger(in) (-s, -) *m(f)* tigre (tigresse)
tilgen *vt* effacer ; (*Schulden*) rembourser
Tilgung *f* suppression *f* ; (*von Schulden*) remboursement *m*
timen *vt* choisir le moment de
Tinte *f* encre *f*
Tintenfisch *m* seiche *f*
Tipp (-s, -s) *m* tuyau *m*
tippen *vt* (*auf Schreibmaschine*) taper ▶ *vi* (*raten*): **~ auf** +*Akk* parier sur
Tippfehler *m* faute *f* de frappe
tipptopp (*fam*) *adj* impeccable
Tisch (-(e)s, -e) *m* table *f* • **Tischdecke** *f* nappe *f*
Tischler (-s, -) *m* menuisier *m*
Tischlerei *f* menuiserie *f*
Tischrechner *m* calculatrice *f*
Tischtennis *nt* ping-pong *m*
Tischtuch *nt* nappe *f*
Titel (-s, -) *m* titre *m* • **Titelbild** *nt* (*auf Zeitschriften*) photo *f* de couverture ; (*von Buch*) frontispice *m* • **Titelrolle** *f* rôle *m* principal • **Titelseite** *f* (*von Zeitung*) couverture *f* ; (*Buchtitel*) page *f* de titre • **Titelverteidiger** *m* détenteur(-trice) *m/f* du titre
Toast (-(e)s, -s od -e) *m* (*Brot*) toast *m*, pain *m* grillé ; (*Trinkspruch*) toast
Toaster (-s, -) *m* grille-pain *m inv*
toben *vi* (*Meer*) être très agité(e) ; (*Wind*) souffler en tempête ; (*Kampf*) faire rage ; (*Kinder, Publikum*) être déchaîné(e)
Tochter (-, ⸚) *f* fille *f* • **Tochtergesellschaft** *f* filiale *f*
Tod (-(e)s, -e) *m* mort *f* • **todernst** (*fam*) *adj* sérieux(-euse) comme un pape ▶ *adv* très sérieusement
Todesangst *f* peur *f* panique
Todesfall *m* décès *m*
Todesopfer *nt* victime *f* (*qui trouve la mort dans un accident*)
Todesstrafe *f* peine *f* de mort
Todestag *m* anniversaire *m* de la mort
Todesursache *f* cause *f* de la mort
Todesurteil *nt* condamnation *f* à mort
tödlich *adj* mortel(le)
todmüde *adj* mort(e) de fatigue
todschick (*fam*) *adj* très chic *inv*
todsicher (*fam*) *adj* absolument sûr(e) ▶ *adv* sûrement
Tofu (-(s)) *m* tofu *m*
Toilette *f* (*WC*) toilettes *fpl*, W.C. *mpl* ; (*Körperpflege, Kleidung*) toilette
Toilettenpapier *nt* papier *m* hygiénique
tolerant *adj* tolérant(e)
Toleranz *f* tolérance *f*
tolerieren *vt* tolérer
toll (*fam*) *adj* (*verrückt*) fou(folle) ; (*ausgezeichnet*) super *inv*, formidable
Tollkirsche *f* belladone *f*
tollkühn *adj* téméraire
Tollwut *f* rage *f*
Tomate *f* tomate *f*
Tomatenmark *nt* concentré *m* de tomate
Ton[1] (-(e)s, -e) *m* (*Erde*) argile *f*
Ton[2] (-(e)s, ⸚e) *m* ton *m* ; (*Laut*) son *m* • **Tonband** *nt* bande *f* magnétique • **Tonbandgerät** *nt* magnétophone *m*
tönen *vt* (*Haare*) teindre
Tonfall *m* intonations *fpl*
Tonfilm *m* film *m* parlant
Tonleiter *f* gamme *f*
Tonne (-, -n) *f* (*Fass*) tonneau *m* ; (*Maß*) tonne *f*
Top (-s, -s) *nt* (*Kleidungsstück*) haut *m*
Topf (-(e)s, ⸚e) *m* pot *m* ; (*Kochtopf*) casserole *f*

Topfen (-s, -) (*Autriche*) *m* sorte de *fromage blanc*
Töpfer(in) (-s, -) *m(f)* potier(-ière)
Töpferei *f* poterie *f*
töpfern *vi* faire de la poterie
Töpferscheibe *f* tour *m* (de potier)
Topflappen *m* gant *m* isolant
Tor (-(e)s, -e) *nt* (*Tür*) portail *m* ; (*Stadttor, Skitor*) porte *f* ; (*Sport*) but *m*
Torf (-(e)s) *m* tourbe *f*
torkeln *vi* tituber
torpedieren *vt* torpiller
Torpedo (-s, -s) *m* torpille *f*
Torte *f* gâteau *m*
Tortur *f* (*fig*) torture *f*
Torwart (-(e)s, -e) *m* gardien *m* de but
tot *adj* mort(e) ; (*erschöpft*) mort(e) de fatigue ; **~ geboren** mort-né(e) ; **sich ~ stellen** faire le (la) mort(e)
total *adj* total(e) ▶ *adv* complètement
Totalschaden *m* dommages *mpl* irréparables
Tote(r) *f(m)* mort(e) *m/f*
töten *vt, vi* tuer
Totenkopf *m* tête *f* de mort
tot|lachen (*fam*) *vr* se bidonner
Toto (-s, -s) *m od nt* loto *m* sportif
Totschlag *m* homicide *m* volontaire
Touchscreen (-, -s) *m* écran *m* tactile
Touchscreen-Handy *nt* (*Tech*) portable *m* à écran tactile
Toupet (-s, -s) *nt* postiche *m*
toupieren *vt* crêper
Tour (-, -en) *f* (*Ausflug, Reise*) tour *m*, voyage *m* ; (*Bergtour*) excursion *f*
Tourenzähler *m* compte-tours *m inv*
Tourismus *m* tourisme *m*
Tourist(in) *m(f)* touriste *mf*
• **Touristenklasse** *f* classe *f* touriste
Tournee (-, -s od -n) *f* tournée *f* ; **auf ~ gehen** partir en tournée
Trab (-(e)s) *m* (*Gangart*) trot *m* ; **auf ~ sein** (*Mensch*) être très occupé(e)
Tracht (-, -en) *f* (*Kleidung*) costume *m* ; **eine ~ Prügel** une volée de coups
trächtig *adj* (*Tier*) plein(e)
Tradition *f* tradition *f*
traditionell *adj* traditionnel(le)
traf *etc vb siehe* **treffen**
tragbar *adj* (*Gerät*) portatif(-ive), portable ; (*Kleidung*) mettable ; (*erträglich*) supportable
träge *adj* (*Mensch*) moux (molle), léthargique ; (*Bewegung*) indolent(e) ; (*Masse*) inerte
tragen (*irr*) *vt* porter
Träger (-s, -) *m* porteur *m* ; (*an Kleidung*) bretelle *f* ; (*Stahlträger, Holzträger, Betonträger*) poutre *f*
Tragflügelboot *nt* hydrofoil *m*
Trägheit *f* (*von Mensch*) indolence *f* ; (*von Bewegung*) lenteur *f* ; (*geistig*) paresse *f* ; (*Phys*) inertie *f*
Tragik *f* tragique *m*
tragisch *adj* tragique
Tragödie *f* tragédie *f*
Tragweite *f* portée *f*
Trainer(in) (-s, -) *m(f)* entraîneur *m*
trainieren *vt* entraîner ▶ *vi* s'entraîner
Training (-s, -s) *nt* entraînement *m*
Trainingsanzug *m* survêtement *m*
Traktor *m* tracteur *m*
trampen *vi* faire du stop
Tramper(in) (-s, -) *m(f)* auto-stoppeur(-euse)
Trampolin (-s, -e) *nt* trampoline *m*
Trance *f* transe *f*
Träne *f* larme *f*
tränen *vi* larmoyer
Tränengas *nt* gaz *m* lacrymogène
trank *etc vb siehe* **trinken**

Transformator *m* transformateur *m*
Transfusion *f* transfusion *f* (sanguine)
Transistor *m* transistor *m*
Transit *m* transit *m*
transparent *adj* transparent(e)
Transplantation *f* greffe *f*
Transport (*-(e)s, -e*) *m* transport *m*
transportieren *vt* transporter
Transportkosten *pl* frais *mpl* de transport
Transportmittel *nt* moyen *m* de transport
Transportunternehmen *nt* entreprise *f* de transports
Transvestit (*-en, -en*) *m* travesti *m*
trat *etc vb siehe* **treten**
Traube *f* raisin *m*
Traubenzucker *m* sucre *m* de raisin
trauen *vi +Dat*: **jdm ~** faire confiance à qn ▸ *vr* oser ▸ *vt* marier
Trauer (-) *f* chagrin *m* ; (*für Verstorbenen*) deuil *m*
trauern *vi*: **~ um** pleurer (la mort de)
Trauerspiel *nt* tragédie *f*
träufeln *vt* verser goutte à goutte
Traum (*-(e)s, Träume*) *m* rêve *m*
Trauma (*-s, -men od -ta*) *nt* traumatisme *m*
träumen *vi, vt* rêver
traumhaft *adj* fantastique
traurig *adj* triste • **Traurigkeit** *f* tristesse *f*
Trauschein *m* extrait *m* d'acte de mariage
Trauung *f* mariage *m*
Trauzeuge *m*, **Trauzeugin** *f* témoin *m* (de mariage)
treffen (*irr*) *vi* (*Geschoss, Hieb*) atteindre son but ▸ *vt* toucher ; (*begegnen*) rencontrer ; (*Entscheidung, Maßnahmen*) prendre ; (*Vorbereitungen, Auswahl*) faire ▸ *vr* se rencontrer
Treffen (*-s, -*) *nt* rencontre *f* • **treffend** *adj* pertinent(e) ; (*Beschreibung*) excellent(e)
Treffer (*-s, -*) *m* (*Schuss etc*) tir *m* réussi *od* dans le mille ; (*Foot, Hockey etc*) but *m* ; (*Los*) billet *m* gagnant
Treffpunkt *m* lieu *m* de rendez-vous
treiben (*irr*) *vt* (*Tiere, Menschen*) mener ; (*Rad*) actionner ; (*Maschine*) faire marcher ; (*drängen, anspornen*) pousser ; (*Studien, Sport*) faire ▸ *vi* (*Pflanzen*) pousser ; (*Culin: aufgehen*) lever • **Treiben** (*-s*) *nt* (*Tätigkeit*) activité *f* ; (*lebhafter Verkehr etc*) animation *f*
Treiber (*-s, -*) *m* (*Inform*) driver *m*
Treibgas *nt* gaz *m* propulseur
Treibhaus *nt* serre *f*
Treibhauseffekt *m* effet *m* de serre
Treibhausgase *pl* gaz *mpl* responsables de l'effet de serre
Treibstoff *m* carburant *m*
trennen *vt* séparer ; (*zerteilen*) diviser ; (*abtrennen, lösen*) détacher ; (*Begriffe*) distinguer ▸ *vr* se séparer
Trennung *f* séparation *f* ; (*von Begriffen*) distinction *f*
Treppe *f* escalier *m*
Treppenhaus *nt* cage *f* d'escalier
Tresor (*-s, -e*) *m* coffre-fort *m* ; (*Raum*) salle *f* des coffres
Tretboot *nt* pédalo *m*
treten (*irr*) *vi* (*gehen*) marcher ▸ *vt* (*mit Fußtritt*) donner un coup de pied à ; (*niedertreten*) piétiner ; **nach jdm/etw ~** donner un coup de pied à qn/dans qch ; **in Verbindung ~** entrer en contact

treu *adj (Diener, Hund, Ehemann, Dienste)* fidèle
Treue (-) *f* fidélité *f*
treulos *adj* déloyal(e)
Trichter (-s, -) *m* entonnoir *m*
Trick (-s, -e *od* -s) *m* truc *m*
• **Trickfilm** *m* dessin *m* animé
trieb *etc vb siehe* **treiben**
Trieb (-(e)s, -e) *m (instinkthaft)* instinct *m* ; *(geschlechtlich)* pulsion *f* ; *(Neigung)* tendance *f* ; *(an Baum etc)* pousse *f* • **Triebtäter** *m* auteur *m* d'un crime sexuel • **Triebwagen** *m* autorail *m* • **Triebwerk** *nt* groupe *m* moteur
triefen *vi* ruisseler
triftig *adj* convaincant(e)
Trikot[1] (-s, -s) *nt* maillot *m*
Trikot[2] (-s) *m (Gewebe)* jersey *m*
Trillerpfeife *f* sifflet *m*
trinkbar *adj* potable
trinken *(irr) vt, vi* boire
Trinker(in) (-s, -) *m(f)* alcoolique *mf*
Trinkgeld *nt* pourboire *m*
Trinkhalm *m* paille *f*
Trinkspruch *m* toast *m*
Trinkwasser *nt* eau *f* potable
Tripper (-s, -) *m* blennorragie *f*
Tritt (-(e)s, -e) *m* pas *m* ; *(Fußtritt)* coup *m* de pied • **Trittbrett** *nt* marchepied *m*
Triumph (-(e)s, -e) *m* triomphe *m*
• **Triumphbogen** *m* arc *m* de triomphe
triumphieren *vi* triompher ; **~ über** *+Akk* triompher de
trivial *adj* banal(e)
trocken *adj* sec (sèche) ; *(nüchtern)* sobre ; *(Humor)* pince-sans-rire *inv*
• **Trockenhaube** *f* casque *m (séchoir)* • **Trockenheit** *f* sécheresse *f*
trocknen *vt, vi* sécher
Trockner (-s, -) *m* sèche-linge *m inv*
Trödel (-s) *m* bric-à-brac *m inv*
trödeln *(fam) vi* traîner
Trödler (-s, -) *m (Händler)* brocanteur *m*
trog *etc vb siehe* **trügen**
Trommel (-, -n) *f* tambour *m*
• **Trommelfell** *nt* tympan *m*
trommeln *vi* jouer du tambour
Trompete *f* trompette *f*
Trompeter (-s, -) *m* trompettiste *m*
Tropen *pl* tropiques *mpl*
Tropf (-(e)s, ⁻e) *m (Kerl)* type *m* ; *(Méd: Infusion)* goutte-à-goutte *m inv* ; **armer ~** pauvre diable *m*
tropfen *vi (Regen, Schweiß etc)* tomber goutte à goutte ; *(Wasserhahn)* goutter ▶ *vt* verser goutte à goutte
Tropfen (-s, -) *m* goutte *f*
tropfenweise *adv* goutte à goutte
Tropfsteinhöhle *f* grotte *f* avec des stalactites
tropisch *adj* tropical(e)
Trost (-es) *m* consolation *f*
trösten *vt* consoler
tröstlich *adj (Worte, Brief)* de consolation
trostlos *adj (Verhältnisse)* affligeant(e) ; *(Landschaft)* désolé(e)
Trott (-(e)s, -e) *m* trot *m* ; *(Routine)* train-train *m inv*
Trottel (-s, -) *(fam) m* crétin *m*
trotz *präp +Gen od Dat* malgré
Trotz (-es) *m*: **etw aus ~ tun** faire qch par défi ; **jdm zum ~** pour braver qn
trotzdem *adv* quand même
trotzig *adj (Antwort)* provocant(e) ; *(Benehmen)* de défi
trüb *adj (Augen, Metall)* terne ; *(Aussichten)* sombre ; *(Flüssigkeit)* trouble ; *(Glas)* opaque ; *(Mensch, Gedanke, Stimmung, Zeiten)* triste ; *(Tag, Wetter)* gris(e)

t

Trubel (-s) *m* tumulte *m*
trübselig *adj* triste
Trübsinn *m* humeur *f* chagrine
Trüffel (-, -n) *f* truffe *f*
trug *etc vb siehe* **tragen**
trügen (*irr*) *vt, vi* tromper
trügerisch *adj* trompeur(-euse)
Truhe *f* bahut *m*
Trümmer *pl* débris *mpl* ; (*Bautrümmer*) ruines *fpl*
Trumpf (-(e)s, ¨-e) *m* atout *m*
Trunkenheit *f* ivresse *f*
Trupp (-s, -s) *m* groupe *m*
Truppe *f* troupe *f*
Truthahn *m* dindon *m*
Tscheche (-n, -n) *m*, **Tschechin** *f* Tchèque *mf*
tschechisch *adj* tchèque
Tschechische Republik *f* République *f* tchèque
tschüss (*fam*) *interj* salut, tchao
T-Shirt (-s, -s) *nt* T-shirt *m*
Tube *f* tube *m*
Tuberkulose *f* tuberculose *f*
Tuch (-(e)s, ¨-er) *nt* (*Stoff*) étoffe *f* ; (*Stück Stoff*) pièce *f* de tissu ; (*Tischtuch*) nappe *f* ; (*Halstuch*) foulard *m* ; (*Kopftuch*) fichu *m*
tüchtig *adj* (*fleißig*) travailleur(-euse) ; (*fähig, brauchbar*) bon (bonne) ; (*fam: kräftig*) sacré(e)
Tugend (-, -en) *f* vertu *f*
Tulpe *f* tulipe *f*
tummeln *vr* s'ébattre
Tumor (-s, -e) *m* tumeur *f*
Tümpel (-s, -) *m* mare *f*
Tumult (-(e)s, -e) *m* tumulte *m*
tun (*irr*) *vt* (*machen*) faire ; (*legen etc*) mettre ▶ *vi*: **freundlich ~** prendre un air aimable ; **jdm etw ~** (*antun*) faire qch à qn ; **so ~, als ob ...** faire comme si ...
Tunesien (-s) *nt* la Tunisie
Tunfisch *m siehe* **Thunfisch**
Tunke *f* sauce *f*
tunken *vt* tremper
tunlichst *adv* si possible
Tunnel (-s, - od -s) *m* tunnel *m*
tupfen *vt* tamponner ; (*mit Farbe*) moucheter • **Tupfen** (-s, -) *m* point *m* ; (*größer*) pois *m*
Tür (-, -en) *f* porte *f*
Turbine *f* turbine *f*
turbulent *adj* turbulent(e)
Türkei *f*: **die ~** la Turquie
Türkis (-es, -e) *m* turquoise *f*
türkisch *adj* turc (turque)
Turkmenistan *nt* le Turkménistan
Turm (-(e)s, ¨-e) *m* tour *f* ; (*Kirchturm*) clocher *m* ; (*Sprungturm*) plongeoir *m*
turnen *vi* faire de la gymnastique • **Turnen** (-s) *nt* gymnastique *f*
Turnhalle *f* salle *f* de gymnastique
Turnhose *f* short *m*
Turnier (-s, -e) *nt* tournoi *m*
Turnschuh *m* basket *f*
Türöffner *m* portier *m* automatique
Tusche *f* encre *f* de Chine ; (*Wimperntusche*) mascara *m*
tuscheln *vi* chuchoter
Tüte *f* cornet *m* ; (*Tragtüte*) sac *m*
TÜV (-) *m abk* (= *Technischer Überwachungsverein*) *office chargé du contrôle périodique obligatoire des véhicules*

> Le **TÜV** (*Technischer Überwachungsverein*) est l'organisme chargé de la vérification du bon fonctionnement des machines et en particulier des véhicules. Les voitures de plus de trois ans doivent passer un contrôle de sécurité et de pollution tous les deux ans.

Tweet *m* tweet *m*

Twen (-(s), -s) *m jeune d'une vingtaine d'années*
Twitter® *nt* Twitter® *m*
twittern *vi* tweeter
Typ (-s, -en) *m* type *m*
Typhus (-) *m* typhus *m*
typisch *adj* typique
Tyrann (-en, -en) *m* tyran *m*
Tyrannei *f* tyrannie *f*

U

u. A. w. g. *abk* (= *um Antwort wird gebeten*) RSVP
U-Bahn *f* métro *m*
übel *adj* mauvais(e) ; **mir ist ~** je me sens mal ; **jdm etw ~ nehmen** en vouloir à qn de qch • **Übel** (-s, -) *nt* mal *m* • **Übelkeit** *f* nausée *f*
üben *vt* (*Instrument*) s'exercer à, étudier ; (*Geduld, Gerechtigkeit*) faire preuve de ; **Kritik an etw** *Dat* **~** critiquer qch

SCHLÜSSELWORT

über *präp +Dat* **1** (*räumlich*) en dessus de, au-dessus de, sur ; **das Bild hängt ~ dem Klavier an der Wand** le tableau est suspendu au mur au-dessus du piano ; **wir wohnen ~ ihnen** nous sommes à l'étage du dessus ; **zwei Grad ~ null** deux degrés au-dessus de zéro, plus deux
2 (*zeitlich: während*) pendant ; **~ einem Glas Wein alles besprechen** discuter des détails autour d'un verre de vin
▶ *präp +Akk* **1** (*räumlich*) au-dessus de, par dessus, sur ; **hänge das Bild ~s Klavier** mets le tableau au-dessus du piano ; **Fehler ~**

Fehler faute sur faute
2 (*zeitlich*) pour ; **~ Weihnachten/die Feiertage wegfahren** partir pour Noël/les fêtes ; **die ganze Zeit ~** tout le temps ; **den (ganzen) Sommer ~** (pendant) tout l'été ; **~ kurz oder lang** tôt ou tard
3 (*mit Zahlen*): **Kinder ~ 12 Jahren** les enfants de plus de douze ans ; **ein Scheck ~ 200 Euro** un chèque de 200 euros
4 (*auf dem Wege*) via, par ; **nach Köln ~ Aachen fahren** aller à Cologne via Aix-la-Chapelle
5 (*betreffend*) sur ; **ein Buch ~ Bananen** un livre sur les bananes ; **~ jdn/etw lachen** rire de qn/qch
6: **sie liebt ihn ~ alles** elle l'aime plus que tout
▶ *adv*: **~ und ~** complètement

überanstrengen *vt insép* surmener ▶ *vr insép* se surmener
überarbeiten *vt insép* (*Text*) remanier ▶ *vr insép* se surmener
überbelichten *vt insép* surexposer
überbieten (*irr*) *vt insép* (*Angebot*) enchérir sur ; (*Leistung*) dépasser ; (*Rekord*) battre
Überbleibsel (-s, -) *nt* reste *m*
Überblick *m* vue *f* d'ensemble ; (*Abriss*) aperçu *m* ; **den ~ verlieren** ne plus être au courant
überblicken *vt insép* (*Platz, Landschaft*) avoir vue sur ; (*fig*) voir ; (*Sachverhalt, Lage*) comprendre
überbringen (*irr*) *vt insép* remettre
überbrücken *vt insép* (*Fluss*) construire un pont sur ; (*Gegensatz*) concilier ; (*Zeit*) passer
überdenken (*irr*) *vt insép* réfléchir à
Überdosis *f* surdose *f*, overdose *f*
Überdruss (-*es*) *m* dégoût *m* ; **bis zum ~** à satiété
überdrüssig *adj* +*Gen* las(se) de
übereifrig *adj* trop empressé(e)
übereilt *adj* précipité(e)
übereinander *adv* l'un(e) sur l'autre ; (*sprechen*) l'un(e) de l'autre
Übereinkunft (-, -*künfte*) *f* accord *m*
überein|stimmen *vi* être d'accord ; (*Angaben, Messwerte, Zahlen etc*) correspondre
Übereinstimmung *f* accord *m*
überempfindlich *adj* hypersensible
über|fahren (*irr*) *vt insép* (*Person, Tier*) écraser ; (*fig*) prendre de vitesse
Überfahrt *f* traversée *f*
Überfall *m* (*auf Bank etc*) attaque *f* à main armée, hold-up *m inv* ; (*auf Land*) attaque
überfallen (*irr*) *vt insép* attaquer ; (*besuchen*) rendre visite à l'improviste à
überfällig *adj* en retard
überfliegen (*irr*) *vt insép* survoler
Überfluss *m* excédent *m*
überflüssig *adj* superflu(e)
überfordern *vt insép* (*Menschen*) trop en demander à
über|führen *vt* (*Leiche etc*) transférer
Überführung *f* (*von Leiche*) transfert *m* ; (*von Täter*) conviction *f* ; (*Brücke*) viaduc *m* ; (: *für Fußgänger*) passerelle *f*
Übergabe *f* remise *f*
Übergang *m* passage *m*, transition *f*
Übergangslösung *f* solution *f* provisoire
übergeben (*irr*) *vt insép* remettre ▶ *vr insép* vomir
über|gehen (*irr*) *vi* (*Besitz, zum Feind etc*) passer
Übergewicht *nt* (*von Gepäck*) excédent *m* ; (*größere Bedeutung*) prépondérance *f*

überglücklich *adj* ravi(e)
überhand|nehmen (*irr*) *vi* s'accroître outre mesure ; (*Unkraut*) se propager outre mesure
überhaupt *adv* (*im Allgemeinen*) somme toute ; **~ nicht** pas du tout
überheblich *adj* présomptueux(-euse)
überholen *vt insép* (*Aut*) dépasser, doubler ; (*Gerät, Maschine*) réviser
Überholspur *f* voie *f* rapide
überholt *adj* dépassé(e)
Überholverbot *nt* interdiction *f* de dépasser
überhören *vt insép* ne pas entendre ; (*absichtlich*) ne pas tenir compte de
überladen (*irr*) *vt insép* surcharger
überlassen (*irr*) *vt insép* laisser ; **es jdm ~, etw zu tun** laisser qn faire qch
überlasten *vt insép* surcharger
überleben *vt insép* survivre à
• **Überlebende(r)** *f(m)* survivant(e) *m/f*
überlegen *vt insép* réfléchir à ▶ *adj*: **jdm ~ sein** être supérieur(e) à qn
• **Überlegenheit** *f* supériorité *f*
Überlegung *f* réflexion *f*
Überlieferung *f* tradition *f*
überm = **über dem**
Übermacht *f* supériorité *f*
übermäßig *adj* excessif(-ive)
übermitteln *vt insép* transmettre
übermorgen *adv* après-demain
Übermüdung *f* épuisement *m*
Übermut *m* exubérance *f*
übernachten *vi insép* passer la nuit
Übernachtung *f* nuit *f*
Übernahme *f* réception *f* ; (*von Verantwortung, Kosten*) prise *f* en charge
übernehmen (*irr*) *vt insép* (*Sendung*) recevoir ; (*als Nachfolger*) reprendre ; (*Verantwortung, Amt, Kosten, Haftung*) assumer ▶ *vr insép* se surmener
überprüfen *vt insép* vérifier
Überprüfung *f* contrôle *m*
überqueren *vt insép* traverser
überraschen *vt insép* surprendre
Überraschung *f* surprise *f*
überreden *vt insép* persuader
überreichen *vt insép* remettre
überreizt *adj*: **nervlich ~** à bout de nerfs
überrumpeln *vt insép* prendre par surprise
übers = **über das**
übersättigen *vt insép* saturer
Überschallgeschwindigkeit *f* vitesse *f* supersonique
überschätzen *vt insép* surestimer ▶ *vr insép* se surestimer
überschlagen (*irr*) *vt insép* (*berechnen*) estimer ; (*Seite*) sauter ▶ *vr insép* (*Auto, Flugzeug*) faire un tonneau ; (*Stimme*) se casser ; **sich vor Eifer ~** (*fam*) se mettre en quatre
über|schnappen *vi* (*Stimme*) se casser ; (*fam: Mensch*) devenir cinglé(e)
überschneiden (*irr*) *vr insép* (*Linien*) se recouper ; (*Pläne, Themen*) coïncider
überschreiben (*irr*) *vt insép* (*Inform*) écraser ; **jdm etw ~** céder qch à qn
überschreiten (*irr*) *vt insép* franchir ; (*Gleise*) traverser ; (*Alter, Höhepunkt, Kraft, Geschwindigkeit*) dépasser ; (*Gesetz*) transgresser ; (*Vollmacht*) outrepasser
Überschrift *f* titre *m*
Überschuss *m* (*Écon*) bénéfice *m* net

überschüssig *adj* (*Ware*) excédentaire ; **~e Energie** un trop-plein d'énergie
überschütten *vt insép*: **jdn mit Vorwürfen ~** accabler qn de reproches
überschwänglich *adj* (*Lob, Begeisterung*) excessif(-ive)
überschwemmen *vt insép* inonder
Überschwemmung *f* inondation *f*
Übersee *f*: **in** *od* **nach ~** outre-mer ; **aus** *od* **von ~** d'outre-mer
übersehen (*irr*) *vt insép* (*Folgen*) se rendre compte de ; (*nicht beachten*) ne pas faire attention à
übersetzen *vt insép* traduire
Übersetzer(in) (-s, -) *m(f)* traducteur(-trice)
Übersetzung *f* traduction *f* ; (*Tech*) transmission *f*
Übersicht *f* (*Fähigkeit*) vue *f* d'ensemble ; (*kurze Darstellung*) résumé *m* • **übersichtlich** *adj* (*Gelände*) dégagé(e) ; (*Darstellung*) clair(e)
überspitzt *adj* exagéré(e)
überspringen (*irr*) *vt insép* sauter
über|stehen (*irr*) *vt insép* surmonter
übersteigen (*irr*) *vt insép* (*Zaun*) escalader ; (*fig*) dépasser
überstimmen *vt insép* mettre en minorité
überstürzen *vt insép* précipiter ▶ *vr insép* (*Ereignisse*) se précipiter
überstürzt *adj* précipité(e) ; (*Entschluss*) hâtif(-ive)
Übertrag (-(e)s, -träge) *m* report *m* • **übertragbar** *adj* transmissible
übertragen (*irr*) *vt insép* (*Radio, TV*) diffuser ; (*übersetzen*) traduire ; (*Aufgabe, Verantwortung*) confier ; (*Krankheit, Tech*) transmettre
Übertragung *f* transmission *f*
übertreffen (*irr*) *vt insép* dépasser
übertreiben (*irr*) *vt, vi insép* exagérer
Übertreibung *f* exagération *f*
über|treten (*irr*) *vt insép* (*Gebot, Gesetz etc*) transgresser
Übertretung *f* (*von Gebot, Gesetz etc*) transgression *f*
übertrieben *adj* exagéré(e)
überwachen *vt insép* surveiller
überwältigen *vt insép* (*Dieb etc*) maîtriser ; (*subj: Schlaf*) envahir
überweisen (*irr*) *vt insép* (*Geld*) virer ; (*Patient*) adresser
Überweisung *f* (*Fin*) virement *m*
überwiegen (*irr*) *vi insép* prédominer
überwiegend *adv* principalement
überwinden (*irr*) *vt insép* surmonter
Überwindung *f* effort *m* (sur soi-même)
überzählig *adj* excédentaire
überzeugen *vt insép* convaincre, persuader
Überzeugung *f* conviction *f*
überziehen (*irr*) *vt insép* (*Kissen, Schachtel*) recouvrir ; (*Konto*) mettre à découvert
Überzug *m* (*Hülle, Bezug*) housse *f*
üblich *adj* habituel(le)
U-Boot *nt* sous-marin *m*
übrig *adj* restant(e) ; **das Übrige** le reste ; **im Übrigen** sinon ; **~ bleiben** rester ; **~ lassen** laisser
übrigens *adv* du reste ; (*nebenbei bemerkt*) d'ailleurs
übrig|haben (*irr*) (*fam*) *vi*: **für jdn viel/etwas ~** beaucoup/bien aimer qn
Übung *f* exercice *m*
UdSSR *f abk* (*Géo:* = *Union der Sozialistischen Sowjetrepubliken*) URSS *f*

Ufer (-s, -) *nt* rive *f*; (*Meeresufer*) rivage *m*
UFO, Ufo (-(s), -s) *nt abk* (= *unbekanntes Flugobjekt*) OVNI *m*
Uhr (-, -en) *f* horloge *f*; (*Armbanduhr*) montre *f*; **wie viel ~ ist es?** quelle heure est-il ?; **1 ~** une heure • **Uhrzeiger** *m* aiguille *f* (*d'une montre*) • **Uhrzeigersinn** *m*: **im ~** dans le sens des aiguilles d'une montre; **entgegen dem ~** dans le sens inverse des aiguilles d'une montre • **Uhrzeit** *f* heure *f*
Uhu (-s, -s) *m* grand duc *m*
Ukraine *f*: **die ~** l'Ukraine *f*
ulkig *adj* drôle
Ulme *f* orme *m*
Ultimatum (-s, *Ultimaten*) *nt* ultimatum *m*

SCHLÜSSELWORT

um *präp +Akk* **1** (*um ... herum*) autour de
2 (*mit Zeitangabe: ungefähr*): **um Weihnachten** autour de Noël; **um 8 Uhr herum** autour des 8 heures; (: *genau*): **um 8 (Uhr)** à 8 heures
3 (*mit Größenangabe*): **etw um 4 cm kürzen** raccourcir qch de 4 cm; **sie ist um zwei Jahre älter (als ich)** elle a deux ans de plus (que moi); **um 10% teurer** plus cher (chère) de 10%; **um vieles besser** nettement mieux; **um nichts besser** pas mieux
4 (*wegen*): **Sorgen um seine Zukunft** des soucis pour son avenir
5 (*nach*): **Stunde um Stunde** heure après heure
6 (*über*): **es geht um das Prinzip** c'est une question de principe
7: **der Kampf um den Titel** la lutte pour le titre; **um Geld spielen** jouer pour de l'argent
▶ *präp +Gen*: **um Gottes willen** pour l'amour du ciel
▶ *konj*: **um ... zu** pour ...; **zu klug, um zu ...** trop intelligent(e) pour ...; *siehe auch* **umso**
▶ *adv* **1** (*ungefähr*) environ; **um (die) 30 Leute** environ trente personnes
2 (*vorbei*): **um sein** (*fam*) être fini(e); **die zwei Stunden sind um** les deux heures sont passées *od* écoulées

umarmen *vt insép* étreindre
Umbau *m* transformation *f*
um|bauen *vt* transformer
um|bilden *vt* réorganiser; (*Pol*) remanier
um|bringen (*irr*) *vt* tuer
Umbruch *m* bouleversement *m*; (*Typ*) mise *f* en pages
um|buchen *vt* (*Flug*) changer; (*Reise*) changer sa réservation pour
um|denken (*irr*) *vi* changer sa façon de penser
um|drehen *vt* retourner ▶ *vr* se retourner
Umdrehung *f* rotation *f*, tour *m*
umeinander *adv* l'un(e) autour de l'autre; **sich ~ kümmern** s'occuper l'un(e) de l'autre
um|fallen (*irr*) *vi* tomber; (*fam*: *nachgeben*) tourner casaque
Umfang *m* étendue *f*; (*von Buch*) longueur *f*; (*von Kreis*) circonférence *f* • **umfangreich** *adj* (*Buch etc*) volumineux(-euse); (*Wissen*) vaste
umfassend *adj* complet(-ète); (*Wissen*) vaste
Umfeld *nt* environnement *m*
Umfrage *f* sondage *m*
um|funktionieren *vt* transformer
Umgang *m* relations *fpl*
umgänglich *adj* facile à vivre

Umgangsformen *pl* (bonnes) manières *fpl*
umgeben (*irr*) *vt insép* entourer
Umgebung *f* (*Landschaft*) environs *mpl* ; (*Milieu*) environnement *m* ; (*Personen*) entourage *m*
um|gehen (*irr*) *vi*: **mit jdm grob ~** traiter qn avec rudesse ; **mit Geld sparsam ~** être économe
umgehend *adj* rapide ▶ *adv* immédiatement
Umgehungsstraße *f* route *f* de contournement
umgekehrt *adj* inverse ▶ *adv* inversement ; **und ~** et vice versa
Umhang *m* cape *f*
um|hängen *vt* (*Bild*) déplacer ; **jdm etw ~** mettre qch sur les épaules de qn
umher *adv* autour, alentours
• **umher|ziehen** (*irr*) *vi* rouler sa bosse
um|hören *vr* se renseigner
Umkehr (-) *f* demi-tour *m*
um|kehren *vi* faire demi-tour ▶ *vt* retourner ; (*Reihenfolge*) intervertir
um|kippen *vt* renverser ▶ *vi* se renverser ; (*Meinung ändern*) retourner sa veste ; (*fam: ohnmächtig werden*) tomber dans les pommes
Umkleidekabine *f* cabine *f*
Umkleideraum *m* vestiaire *m*
um|kommen (*irr*) *vi* mourir, périr
Umkreis *m* environs *mpl* ; **im ~ von 50 km** dans un rayon de 50 km
umkreisen *vt insép* tourner autour de
um|krempeln *vt* (*mehrmals*) retrousser ; (*von innen nach außen*) retourner ; (*Betrieb*) réorganiser
Umlage *f* participation *f*
Umlauf *m* (*von Geld, Gerüchten, Schreiben*) circulation *f* ; (*von Planet etc*) révolution *f*
Umlaufbahn *f* orbite *f*
um|legen *vt* (*Kosten*) ventiler
um|leiten *vt* (*Verkehr*) dévier ; (*Fluss*) détourner
Umleitung *f* déviation *f*
umliegend *adj* environnant(e)
Umrechnung *f* conversion *f*
Umrechnungskurs *m* cours *m* du change
Umriss *m* contour *m*
um|rühren *vt* remuer
ums = **um das**
Umsatz *m* chiffre *m* d'affaires
Umschlag *m* (*Briefumschlag*) enveloppe *f* ; (*Buchumschlag*) couverture *f* ; (*Méd*) compresse *f*
um|schlagen (*irr*) *vi* changer brusquement ▶ *vt* (*Ärmel*) retrousser ; (*Seite*) tourner ; (*Waren*) transborder
Umschlagplatz *m* lieu *m* de transbordement
um|schreiben (*irr*) *vt* (*neu schreiben*) récrire ; **~ auf** +*Akk* (*Haus*) céder à
um|schulen *vt* recycler
Umschulung *f* reconversion *f*
umschwärmen *vt insép*: **von Verehrern umschwärmt werden** avoir une nuée d'admirateurs
Umschweife *pl*: **ohne ~** sans détours *od* ambages
Umschwung *m* (*fig*) revirement *m*
um|sehen (*irr*) *vr* regarder autour de soi ; **sich nach einer Stelle/Wohnung ~** chercher un emploi/appartement
umseitig *adj* au verso
umso *konj* (*desto*): **~ besser/schlimmer** d'autant mieux/plus grave ; **~ mehr, als ...** d'autant plus que ...
umsonst *adv* en vain ; (*gratis*) gratuitement
Umstand *m* circonstance *f* ; **Umstände** *pl* (*Förmlichkeiten*)

manières *fpl* ; **unter Umständen** peut-être ; **das macht wirklich keine Umstände** cela ne me dérange pas du tout
umständlich *adj* (*Mensch*) qui complique des choses ; (*Methode*) (trop) compliqué(e)
um|steigen (*irr*) *vi* changer (de train)
um|stellen *vt* changer de place ; (*Hebel, Weichen*) actionner ▶ *vr*: **sich ~ auf** *+Akk* s'adapter à
Umstellung *f* changement *m* ; (*Umgewöhnung*) adaptation *f*
um|stimmen *vt* (*jdn*) faire changer d'avis
umstritten *adj* controversé(e)
Umsturz *m* renversement *m*
um|stürzen *vt* renverser ▶ *vi* (*Stuhl etc*) se renverser
Umtausch *m* échange *m* ; (*von Geld*) change *m*
um|tauschen *vt* échanger ; (*Geld*) changer
Umtriebe *pl* manigances *fpl*
um|wandeln *vt* transformer
Umweg *m* détour *m*
Umwelt *f* environnement *m*
• **Umweltbelastung** *f* pollution *f*
• **umweltbewusst** *adj* conscient(e) des problèmes d'environnement
• **umweltfeindlich** *adj* polluant(e)
• **umweltfreundlich** *adj* non polluant(e), qui respecte l'environnement
• **Umweltkatastrophe** *f* catastrophe *f* écologique
• **Umweltkriminalität** *f* crimes *mpl* contre l'environnement
• **umweltschädlich** *adj* polluant(e) • **Umweltschutz** *m* défense *f* de l'environnement
• **Umweltschützer** *m* écologiste *m*
• **Umweltsteuer** *f* écotaxe *f*
• **Umweltsünder(in)** *m(f)* pollueur(-euse)
• **Umweltverschmutzung** *f* pollution *f*
umwerben (*irr*) *vt insép* courtiser
um|werfen (*irr*) *vt* renverser ; (*Plan*) bouleverser
um|ziehen (*irr*) *vi* déménager ▶ *vr* se changer
Umzug *m* (*Festumzug*) procession *f* ; (*Wohnungsumzug*) déménagement *m*
unabhängig *adj* indépendant(e)
unangebracht *adj* déplacé(e)
unangemessen *adj* inadéquat(e)
unangenehm *adj* désagréable
Unannehmlichkeit *f* désagrément *m*
unanständig *adj* grossier(-ière)
unauffällig *adj* discret(-ète)
unaufhaltsam *adj* inexorable
unaufhörlich *adj* incessant(e)
unaufmerksam *adj* inattentif(-ive)
unaussprechlich *adj* imprononçable ; (*Elend*) indicible
unausweichlich *adj* inévitable
unbändig *adj* (*Kind*) turbulent(e) ; (*Gefühl*) irrépressible
unbarmherzig *adj* impitoyable
unbeabsichtigt *adj* involontaire
unbeachtet *adj* inaperçu(e)
unbedenklich *adj* (*Plan*) qui ne présente aucune difficulté ▶ *adv* sans hésiter
unbedeutend *adj* (*Summe*) insignifiant(e) ; (*Fehler*) futile
unbedingt *adj* absolu(e) ▶ *adv* absolument
unbefangen *adj* spontané(e) ; (*unvoreingenommen*) impartial(e)
unbefriedigend *adj* insuffisant(e)
unbefugt *adj* non autorisé(e)
unbegreiflich *adj* incompréhensible

unbegrenzt *adj* illimité(e)
unbegründet *adj* injustifié(e)
Unbehagen *nt* malaise *m*, gêne *f*
unbehaglich *adj* (*Wohnung*) inconfortable ; (*Gefühl*) désagréable
unbeholfen *adj* maladroit(e)
unbekannt *adj* inconnu(e)
unbekümmert *adj* insouciant(e)
unbeliebt *adj* impopulaire
unbequem *adj* (*Stuhl*) inconfortable ; (*Mensch*) importun(e)
unberechenbar *adj* (*Mensch, Verhalten*) imprévisible
unberechtigt *adj* injustifié(e) ; (*nicht erlaubt*) non autorisé(e)
unbeschreiblich *adj* indescriptible
unbestimmt *adj* indéfini(e) ; (*Zukunft*) incertain(e)
unbeteiligt *adj* (*desinteressiert*) distant(e) ; **an etw *Dat* ~ sein** n'avoir rien à voir dans qch
unbewacht *adj* non gardé(e) ; (*Parkplatz*) sans surveillance
unbeweglich *adj* (*Gelenk, Gerät*) fixe, immobile
unbewusst *adj* inconscient(e)
unbrauchbar *adj* inutilisable
und *konj* et ; **~ so weiter** et cetera
undenkbar *adj* inconcevable
undeutlich *adj* (*Schrift*) illisible ; (*Erinnerung*) vague ; (*Aussprache*) peu clair(e)
undicht *adj* qui fuit ; (*Dach*) qui a des fuites
Unding *nt*: **das ist ein ~** c'est insensé
undurchsichtig *adj* (*Glas*) opaque ; (*fig*) louche
uneben *adj* accidenté(e)
unehelich *adj* (*Kind*) illégitime
uneigennützig *adj* désintéressé(e)
uneinig *adj* désuni(e), en désaccord
unempfindlich *adj* insensible ; (*Stoff*) pratique
unendlich *adj* infini(e)
unentbehrlich *adj* indispensable
unentgeltlich *adj* gratuit(e)
unentschieden *adj* indécis(e) ; **~ enden** (*Sport*) se terminer sur un match nul
unentschlossen *adj* indécis(e)
unentwegt *adj* constant(e)
unerbittlich *adj* inflexible
unerfreulich *adj* désagréable
unerheblich *adj* insignifiant(e)
unerhört *adj* (*unverschämt*) inouï(e) ; (*Bitte*) sans réponse
unerlässlich *adj* sine qua non
unerlaubt *adj* illicite
unermesslich *adj* immense
unermüdlich *adj* infatigable
unersättlich *adj* insatiable
unerschöpflich *adj* (*Vorräte*) inépuisable ; (*Geduld*) sans limites
unerschwinglich *adj* inabordable
unerträglich *adj* insupportable
unerwartet *adj* inattendu(e)
unerwünscht *adj* (*Besuch*) importun(e)
unfähig *adj*: **~ sein, etw zu tun** être incapable de faire qch
unfair *adj* injuste ; (*Sport*) pas correct(e)
Unfall *m* accident *m* • **Unfallflucht** *f* délit *m* de fuite • **Unfallgefahr** *f* danger *m* d'accident • **Unfallstelle** *f* lieu *m* de l'accident • **Unfallversicherung** *f* assurance *f* (contre les) accidents
unfreiwillig *adj* involontaire
unfreundlich *adj* (*Mensch*) peu aimable ; (*Wetter*) maussade • **Unfreundlichkeit** *f* manque *m* d'amabilité
Unfug *m* (*Benehmen*) bêtises *fpl* ; (*Unsinn*) sottises *fpl*

ungarisch *adj* hongrois(e)
Ungarn (*-s*) *nt* la Hongrie
ungeachtet *präp +Gen* malgré
ungebeten *adj* (*Gast*) importun(e)
ungebildet *adj* inculte
ungebräuchlich *adj* inusité(e)
ungedeckt *adj* (*Scheck*) sans provision
Ungeduld *f* impatience *f*
ungeduldig *adj* impatient(e)
ungeeignet *adj* (*Sache, Mensch*) qui ne convient pas ; (*Maßnahmen*) peu approprié(e)
ungefähr *adv* environ, à peu près ▶ *adj* approximatif(-ive)
ungehalten *adj* irrité(e), mécontent(e)
ungeheuer *adj* énorme ▶ *adv* (*fam*) énormément • **Ungeheuer** (*-s, -*) *nt* monstre *m* • **ungeheuerlich** *adj* monstrueux(-euse)
ungehobelt *adj* (*unhöflich*) grossier(-ière)
ungehörig *adj* inconvenant(e)
Ungehorsam *m* désobéissance *f*
ungeklärt *adj* (*Frage, Rätsel*) non résolu(e)
ungelegen *adj* (*Besuch, Vorschlag*) inopportun(e) ; **jdm ~ kommen** déranger qn
ungelogen *adv* honnêtement
ungemein *adv* extrêmement
ungemütlich *adj* (*Wohnung*) peu confortable ; (*Person*) désagréable
ungenau *adj* imprécis(e)
ungeniert *adj* sans gêne ▶ *adv* sans se gêner
ungenießbar *adj* (*Essen*) immangeable ; (*fam*) insupportable
ungenügend *adj* insuffisant(e)
ungepflegt *adj* négligé(e)
ungerade *adj* impair(e)
ungerecht *adj* injuste
ungerechtfertigt *adj* injustifié(e)
Ungerechtigkeit *f* injustice *f*
ungern *adv* de mauvaise grâce
ungeschehen *adj*: **etw ~ machen** réparer qch
ungeschickt *adj* maladroit(e)
ungestört *adj*: **~ arbeiten** travailler en paix
ungestraft *adv* impuni(e)
ungesund *adj* malsain(e) ; (*Aussehen*) maladif(-ive)
ungetrübt *adj* sans nuage
ungewiss *adj* incertain(e)
Ungewissheit *f* incertitude *f*
ungewöhnlich *adj* inhabituel(le)
ungewohnt *adj* inhabituel(le)
Ungeziefer (*-s*) *nt* vermine *f*
ungezogen *adj* désobéissant(e)
ungezwungen *adj* détendu(e)
ungläubig *adj* (*Gesicht*) incrédule
unglaublich *adj* incroyable
ungleich *adj* inégal(e) ▶ *adv* infiniment • **Ungleichheit** *f* inégalité *f*
Unglück *nt* malheur *m* ; (*Pech*) malchance *f* ; (*Verkehrsunglück*) accident *m* • **unglücklich** *adj* malheureux(-euse) ; (*Zeitpunkt*) mauvais(e) • **unglücklicherweise** *adv* malheureusement
ungültig *adj* (*Pass*) périmé(e)
ungünstig *adj* défavorable
unhaltbar *adj* (*Zustände*) insupportable ; (*Behauptung*) insoutenable
Unheil *nt* malheur *m*
unheimlich *adj* (*Geschichte, Gestalt*) sinistre ▶ *adv* (*fam*) vachement
unhöflich *adj* impoli(e)
Uni (*-, -s*) *f* fac *f*
Uniform *f* uniforme *m*
uninteressant *adj* inintéressant(e)
Universität *f* université *f*
Universum (*-s*) *nt* univers *m*
unkenntlich *adj* méconnaissable

Unkenntnis *f* ignorance *f*
unklar *adj* (*Bild*) flou(e) ; (*Text, Rede*) peu clair(e) ; **(sich *Dat*) im U~en sein über** +*Akk* ne pas être au clair sur • **Unklarheit** *f* manque *m* de clarté ; (*Unentschiedenheit*) incertitude *f*
unklug *adj* imprudent(e)
Unkosten *pl* frais *mpl*
Unkraut *nt* mauvaises herbes *fpl*
unleserlich *adj* illisible
unmäßig *adj* démesuré(e), excessif(-ive)
Unmenge *f* quantité *f* énorme
Unmensch *m* monstre *m* • **unmenschlich** *adj* inhumain(e)
unmerklich *adj* imperceptible
unmissverständlich *adj* (*Antwort*) catégorique ; (*Verhalten*) sans équivoque
unmittelbar *adj* (*Nähe, Folge*) immédiat(e) ; (*Kontakt*) direct(e)
unmöbliert *adj* non meublé(e)
unmöglich *adj* impossible
unmoralisch *adj* immoral(e)
Unmut *m* mauvaise humeur *f*
unnachgiebig *adj* (*Material*) rigide ; (*fig*) intransigeant(e)
unnötig *adj* inutile
unnütz *adj* inutile
UNO *f abk* (= *United Nations Organisation*): **die ~** l'ONU *f*
unordentlich *adj* (*Mensch*) désordonné(e) ; (*Arbeit*) bâclé(e) ; (*Zimmer*) en désordre
Unordnung *f* désordre *m*
unpassend *adj* (*Äußerung*) déplacé(e) ; (*Zeit*) mal choisi(e)
unpersönlich *adj* impersonnel(le)
unpolitisch *adj* apolitique
unpraktisch *adj* peu pratique ; (*Mensch*) qui manque de sens pratique
unpünktlich *adj* qui n'est pas ponctuel(le)
unrecht *adj* (*Weg*) mauvais(e) • **Unrecht** *nt* injustice *f* ; **zu ~** à tort ; **im ~ sein** avoir tort • **unrechtmäßig** *adj* (*Besitz*) illégitime
unregelmäßig *adj* irrégulier(-ière) ; (*Leben*) peu réglé(e)
unreif *adj* pas mûr(e)
Unruhe *f* agitation *f* • **Unruhestifter(in)** (-s, -) *m(f)* agitateur(-trice)
unruhig *adj* agité(e) ; (*Gegend*) bruyant(e)
uns *pron* (*Akk, Dat von wir*) nous
unsagbar *adj* indicible
unschädlich *adj* inoffensif(-ive) ; **jdn/etw ~ machen** mettre qn/qch hors d'état de nuire
unscharf *adj* (*Konturen*) peu net(te) ; (*Bild etc*) flou(e)
unscheinbar *adj* modeste
unschlagbar *adj* imbattable
unschlüssig *adj* indécis(e)
Unschuld *f* innocence *f* ; (*Jungfräulichkeit*) virginité *f*
unschuldig *adj* innocent(e)
unser *poss pron* (*adjektivisch*) notre ; **~e Bücher/Häuser** nos livres/maisons
unsere(r, s), unsre (r, s) *pron* le (la) nôtre ; **~ sind rot** les nôtres sont rouges
unsererseits *adv* de notre côté
unsicher *adj* (*nicht selbstsicher*) qui manque d'assurance ; (*ungewiss*) incertain(e) • **Unsicherheit** *f* (*von Verhalten*) manque *m* d'assurance
unsichtbar *adj* invisible
Unsinn *m* bêtises *fpl*
unsinnig *adj* (*Gerede*) absurde ; (*Preise*) exorbitant(e) ▶ *adv* (*fam: sehr*) terriblement
Unsitte *f* mauvaise habitude *f*
unsittlich *adj* indécent(e)

unsportlich *adj* (*Mensch*) qui n'aime pas le sport
unsre(r, s) *pron siehe* **unsere**
unsterblich *adj* immortel(le) • **Unsterblichkeit** *f* immortalité *f*
Unstimmigkeit *f* discordance *f*; (*Streit*) désaccord *m*
unsympathisch *adj* antipathique
untätig *adj* inactif(-ive)
untauglich *adj* (*Mil*) inapte ; **er ist für den Posten ~** il n'est pas fait pour ce poste
unten *adv* en bas

SCHLÜSSELWORT

unter *präp* +*Dat* **1** (*räumlich, zeitlich*) en-dessous de, sous ; **~ dem Tisch sitzen** être assis(e) sous la table ; **das Bild hängt ~ dem Kalender** le tableau est en-dessous du calendrier ; **Jugendliche ~ 18 Jahren** les jeunes de moins de dix-huit ans
2 (*zwischen*) entre ; **sie waren ~ sich** ils (elles) étaient entre eux (elles) ; **einer ~ ihnen** l'un d'entre eux ; **~ anderem** entre autres, notamment
3: **~ etw leiden** souffrir de qch
▶ *präp* +*Akk* **1** (*räumlich*) en-dessous de, sous
2 (*zwischen*): **ich rechne ihn ~ meine besten Freunde** je le compte parmi mes meilleurs amis ; **~ der Hand** par la bande ; (*verkaufen*) sous le manteau

Unterarm *m* avant-bras *m inv*
unterbelichten *vt insép* sous-exposer
Unterbewusstsein *nt* subconscient *m*
unterbieten (*irr*) *vt insép* (*Écon*) vendre moins cher que
unterbinden (*irr*) *vt insép* empêcher
unterbrechen (*irr*) *vt insép* interrompre ; (*Kontakt*) couper
Unterbrechung *f* interruption *f*
unter|bringen (*irr*) *vt* (*verstauen*) arriver à mettre, caser ; (*in Hotel, Heim, bei jdm*) loger
unterdessen *adv* entre-temps
unterdrücken *vt insép* (*Gefühle*) réprimer ; (*Leute*) opprimer
untere(r, s) *adj* inférieur(e)
untereinander *adv* (*unter uns/euch/sich*) entre nous/vous/eux *od* elles
unterentwickelt *adj* sous-développé(e)
Unterernährung *f* sous-alimentation *f*
Unterführung *f* passage *m* souterrain
Untergang *m* (*von Staat, Kultur*) déclin *m* ; (*von Schiff*) naufrage *m* ; (*von Gestirn*) coucher *m*
unter|gehen (*irr*) *vi* (*Schiff*) couler ; (*Sonne*) se coucher ; (*Volk*) périr ; (*im Lärm*) se perdre
Untergeschoss *nt* sous-sol *m*
Untergrund *m* sous-sol *m* ; (*Pol*) clandestinité *f* • **Untergrundbahn** *f* métro *m* • **Untergrundbewegung** *f* mouvement *m* clandestin
unterhalb *präp* +*Gen* au dessous de ▶ *adv*: **~ von** au-dessous de
Unterhalt *m* entretien *m*
unterhalten (*irr*) *vt insép* entretenir ; (*belustigen*) divertir ▶ *vr insép* (*sprechen*) s'entretenir ; **sich gut ~** se divertir
unterhaltsam *adj* divertissant(e)
Unterhaltung *f* entretien *m* ; (*Vergnügen*) distraction *f*
Unterhemd *nt* tricot *m* de corps
Unterhose *f* slip *m*
unterirdisch *adj* souterrain(e)
unter|kommen (*irr*) *vi* trouver à se loger ; (*Arbeit finden*) trouver du

travail ; **das ist mir noch nie untergekommen** je n'ai encore jamais vu ça
Unterkunft (-, *-künfte*) *f* logement *m*
Unterlage *f* (*Schreibunterlage*) sous-main *m inv* ; (*Beleg*) document *m*
unterlassen (*irr*) *vt insép* (*versäumen*) omettre (de faire) ; (*sich enthalten*) renoncer à
unterlegen *adj* inférieur(e) ; (*besiegt*) vaincu(e)
Unterleib *m* bas-ventre *m*
unterliegen (*irr*) *vi insép* (*besiegt werden*) être vaincu(e) ; (*unterworfen sein*) être soumis(e)
Untermenü *nt* (*Inform*) sous-menu *m*
Untermiete *f*: **(bei jdm) zur ~ wohnen** être sous-locataire (de qn)
Untermieter(in) *m(f)* sous-locataire *mf*
unternehmen (*irr*) *vt insép* entreprendre • **Unternehmen** (*-s, -*) *nt* entreprise *f*
Unternehmensberater *m* conseiller *m* en gestion d'entreprise
Unternehmer(in) (-s, -) *m(f)* chef *m* d'entreprise
unternehmungslustig *adj* entreprenant(e)
Unterredung *f* entretien *m*, entrevue *f*
Unterricht (-(*e*)*s*, *-e*) *m* cours *m* • **unterrichten** *vt insép* (*Unterricht geben*) enseigner ▶ *vi insép* enseigner
Unterrock *m* jupon *m*
untersagen *vt insép* interdire
Untersatz *m* (*für Gläser*) dessous *m* de verre ; (*für Flaschen*) dessous de bouteille
unterschätzen *vt insép* sous-estimer
unterscheiden (*irr*) *vt insép* distinguer ▶ *vr insép*: **sich von jdm/etw ~** différer *od* être différent(e) de qn/qch
Unterscheidung *f* distinction *f*
Unterschied (-(*e*)*s*, *-e*) *m* différence *f* • **unterschiedlich** *adj* différent(e)
unterschlagen (*irr*) *vt insép* (*Geld*) détourner ; (*verheimlichen*) taire
Unterschlagung *f* détournement *m* de fonds
Unterschlupf (-(*e*)*s*, *-schlüpfe*) *m* refuge *m*
unterschreiben (*irr*) *vt, vi insép* signer
Unterschrift *f* signature *f*
Unterseeboot *nt* sous-marin *m*
Untersetzer *m* = **Untersatz**
untersetzt *adj* (*Gestalt*) trapu(e)
unterste(r, s) *adj*: **die ~ Schublade** le tiroir du bas
unterstehen (*irr*) *vi insép* (+*Dat*) être subordonné(e) (à) ▶ *vr insép* oser
unterstellen[1] *vt insép*: **jdm etw ~** (*unterschieben*) accuser qn de qch à tort
unter|stellen[2] *vt* (*Auto*) mettre à l'abri ▶ *vr* se mettre à l'abri
unterstreichen (*irr*) *vt insép* souligner
Unterstufe *f* degré *m* inférieur
unterstützen *vt insép* soutenir ; (*aus öffentlichen Mitteln*) subventionner
Unterstützung *f* soutien *m* ; (*Zuschuss*) subvention *f*
untersuchen *vt insép* examiner
Untersuchung *f* examen *m*
Untersuchungsausschuss *m* commission *f* d'enquête
Untersuchungshaft *f* détention *f* préventive
Untertasse *f* soucoupe *f*; **fliegende ~** soucoupe volante

Unterteil *nt od m* partie *f* inférieure, bas *m*
Untertitel *m* sous-titre *m*
untertreiben (*irr*) *vt insép* minimiser
Unterwäsche *f* sous-vêtements *mpl*
unterwegs *adv* en route *od* chemin
Unterwelt *f* enfers *mpl* ; (*fig*) milieu *m*
unterwerfen (*irr*) *vt insép* (*Volk, Gebiet*) soumettre ▸ *vr insép* se soumettre
unterzeichnen *vt insép* signer
unter|ziehen (*irr*) *vr insép*: **sich etw** *Dat* **~** se soumettre à qch ; (*einer Prüfung*) passer qch
untreu *adj* infidèle
Untreue *f* infidélité *f*
untröstlich *adj* inconsolable
unüberlegt *adj* irréfléchi(e)
unumgänglich *adj* inévitable
unumwunden *adv* sans détour
ununterbrochen *adj* ininterrompu(e) ▸ *adv* sans arrêt
unveränderlich *adj* immuable
unverantwortlich *adj* irresponsable
unverbesserlich *adj* incorrigible
unverbindlich *adv* (*Écon*) sans engagement de votre part, sans obligation d'achat
unverblümt *adj* (*Wahrheit*) tout(e) nu(e) ▸ *adv* sans détour
unvereinbar *adj* incompatible
unverfänglich *adj* anodin(e)
unverfroren *adj* effronté(e)
unverkennbar *adj* indubitable, évident(e)
unvermeidlich *adj* inévitable
unverschämt *adj* (*Kerl*) effronté(e) ; (*Preise*) exorbitant(e)
Unverschämtheit *f* culot *m*
unversehrt *adj* intact(e)
unversöhnlich *adj* irréconciliable
unverständlich *adj* incompréhensible
unverträglich *adj* (*Essen*) indigeste ; (*Gegensätze*) incompatible, inconciliable
unverwüstlich *adj* (*Material*) inusable ; (*Humor*) imperturbable
unverzeihlich *adj* impardonnable
unverzüglich *adj* immédiat(e)
unvorbereitet *adj* non préparé(e)
unvorhergesehen *adj* imprévu(e)
unvorstellbar *adj* inimaginable
unwahr *adj* faux (fausse)
• **unwahrscheinlich** *adj* invraisemblable ▸ *adv*: **~ viel Geld** énormément d'argent
unweigerlich *adj* inéluctable ▸ *adv* immanquablement
Unwesen *nt* (*Unfug*) méfaits *mpl* ; **sein ~ treiben** faire des siennes
unwesentlich *adj* peu important(e)
Unwetter *nt* tempête *f*
unwichtig *adj* sans importance
unwiderruflich *adj* irrévocable
unwiderstehlich *adj* irrésistible
unwillig *adj* mécontent(e) ; (*widerwillig*) récalcitrant(e)
unwillkürlich *adj* involontaire
unwirklich *adj* irréel(le)
unwirksam *adj* inefficace
unwirsch *adj* bourru(e)
unwirtlich *adj* (*Land*) inhospitalier(-ière), peu accueillant(e)
unwirtschaftlich *adj* (*Verfahren*) peu rentable *od* économique
Unwissenheit *f* ignorance *f*
unwohl *adj*: **mir ist ~, ich fühle mich ~** je ne me sens pas (très) bien • **Unwohlsein** (-*s*) *nt* malaise *m*
unwürdig *adj* +*Gen* indigne (de)
unzählig *adj* innombrable
unzertrennlich *adj* inséparable

Unzucht *f* attentat *m* aux mœurs *od* à la pudeur
unzüchtig *adj* indécent(e)
unzufrieden *adj* mécontent(e)
Unzufriedenheit *f* mécontentement *m*
unzulänglich *adj* insuffisant(e)
unzulässig *adj* inadmissible
unzurechnungsfähig *adj* irresponsable
unzusammenhängend *adj* incohérent(e)
unzutreffend *adj* inexact(e)
unzuverlässig *adj* peu sûr(e) *od* fiable
unzweideutig *adj* sans équivoque
Update *nt* (*Inform*) mise *f* à jour
uploaden *vt* téléverser, télécharger
üppig *adj* (*Frau, Busen*) plantureux(-euse) ; (*Essen*) copieux(-euse) ; (*Vegetation*) luxuriant(e)
uralt *adj* très vieux (vieille)
Uran (-s) *nt* uranium *m*
Ureinwohner *mpl* premiers habitants *mpl*
Urenkel(in) *m(f)* arrière-petit-fils (arrière-petite-fille)
Urheber(in) (-s, -) *m(f)* instigateur(-trice) ; (*Autor*) auteur *m*
urig *adj* (*Mensch*) truculent(e)
Urin (-s, -e) *m* urine *f*
Urkunde *f* document *m*
URL *f abk* URL *f*, adresse *f* web
Urlaub (-(e)s, -e) *m* congé *m*, vacances *fpl* ; (*Mil etc*) permission *f* • **Urlauber(in)** (-s, -) *m(f)* vacancier(-ière)
Urmensch *m* homme *m* préhistorique
Urne *f* urne *f*
Ursache *f* cause *f*
Ursprung *m* origine *f* ; (*von Fluss*) source *f*
ursprünglich *adj* (*anfänglich*) initial(e)
Urteil (-s, -e) *nt* jugement *m* ; (*Jur*) sentence *f*, verdict *m* • **urteilen** *vi* juger
Urteilsspruch *m* sentence *f*
Urwald *m* forêt *f* vierge
Urzeit *f* préhistoire *f*
USA *pl abk* (= *Vereinigte Staaten von Amerika*); **die ~** les USA *mpl*
Usbekistan *nt* l'Ouzbékistan *m*
User(in) (-s, -) *m(f)* (*Inform*) utilisateur(-trice)
USB-Stick *m* (*Inform*) clé *f* USB
usw. *abk* (= *und so weiter*) etc.
Utensilien *pl* ustensiles *mpl*
Utopie *f* utopie *f*
utopisch *adj* utopique

V

Vagina (-, *Vaginen*) *f* vagin *m*
Vakuum (-*s*, *Vakua* od *Vakuen*) *nt* vide *m* • **vakuumverpackt** *adj* emballé(e) sous vide
Vampir (-*s*, -*e*) *m* vampire *m*
Vandalismus *m* vandalisme *m*
Vanille *f* vanille *f* • **Vanillestange** *f* gousse *f* de vanille
Variation *f* variation *f*
variieren *vt, vi* varier
Vase *f* vase *m*
Vater (-*s*, ⸗) *m* père *m* • **Vaterland** *nt* patrie *f*
väterlich *adj* paternel(le)
väterlicherseits *adv* du côté paternel
Vaterschaft *f* paternité *f*
Vatikan (-*s*) *m* Vatican *m*
v. Chr. *abk* (= *vor Christus*) av. J.-C.
Vegetarier(in) (-*s*, -) *m(f)* végétarien(ne)
vegetarisch *adj* végétarien(ne)
vegetieren *vi* végéter
Veilchen *nt* violette *f*
Vene *f* veine *f*
Ventil (-*s*, -*e*) *nt* soupape *f*
Ventilator *m* ventilateur *m*
verabreden *vt* convenir de, fixer ▶ *vr*: **sich mit jdm ~** prendre rendez-vous avec qn
Verabredung *f* accord *m* ; (*Treffen*) rendez-vous *m inv*
verabschieden *vt* prendre congé de ; (*Gesetz*) adopter ▶ *vr*: **sich (von jdm) ~** prendre congé (de qn)
Verabschiedung *f* (*von Menschen*) adieux *mpl* ; (*Feier*) réception *f* d'adieu ; (*von Gesetz*) adoption *f*
verachten *vt* mépriser
verächtlich *adj* méprisant(e) ; (*verachtenswert*) méprisable
Verachtung *f* mépris *m*
verallgemeinern *vt* généraliser
veraltet *adj* vieilli(e), démodé(e)
Veranda (-, *Veranden*) *f* véranda *f*
veränderlich *adj* variable ; (*Mensch, Wesen*) changeant(e)
verändern *vt* transformer ▶ *vr* changer
Veränderung *f* changement *m*
verankern *vt* (*Schiff: fig*) ancrer
veranlagt *adj*: **künstlerisch ~ sein** avoir des talents artistiques
Veranlagung *f* (*körperlich*) prédisposition *f* ; (*angeborene Fähigkeit*) don *m*
veranlassen *vt*: **Maßnahmen ~** faire en sorte que des mesures soient prises ; **sich veranlasst sehen, etw zu tun** se voir dans l'obligation de faire qch
Veranlassung *f* (*Anlass*) raison *f* ; **auf jds ~ (hin)** à l'instigation de qn
veranschaulichen *vt* illustrer
veranstalten *vt* organiser
Veranstalter(in) (-*s*, -) *m(f)* organisateur(-trice)
Veranstaltung *f* (*Ereignis*) manifestation *f*
verantworten *vt* assumer la responsabilité de
verantwortlich *adj* responsable
Verantwortung *f* responsabilité *f*
verantwortungslos *adj* irresponsable

verarbeiten *vt* travailler ; (*bewältigen*) assimiler ; **Holz zu Papier ~** transformer du bois en papier
Verarbeitung *f* (*Art und Weise*) finition *f* ; (*Bewältigung*) assimilation *f*
verärgern *vt* irriter
verarzten *vt* soigner
Verb (*-s, -en*) *nt* verbe *m*
Verband *m* (*Méd*) bandage *m* ; (*Bund*) association *f*
verbannen *vt* bannir
verbergen (*irr*) *vt* cacher ▶ *vr* se cacher
verbessern *vt* (*besser machen*) améliorer ; (*berichtigen*) corriger ▶ *vr* s'améliorer
Verbesserung *f* amélioration *f*, correction *f*
verbeugen *vr*: **sich ~ vor** *+Dat* s'incliner devant
Verbeugung *f* révérence *f*
verbiegen (*irr*) *vt* tordre
verbieten (*irr*) *vt* interdire
verbinden (*irr*) *vt* relier ; (*Menschen*) lier ; (*kombinieren*) combiner ; (*Méd*) panser ; (*Tél*) mettre en communication ▶ *vr* s'unir
verbindlich *adj* (*bindend*) obligatoire ; (*freundlich*) aimable
Verbindlichkeit *f* (*bindender Charakter*) caractère *m* obligatoire ; (*Höflichkeit*) obligeance *f* ; **Verbindlichkeiten** *pl* obligations *fpl*
Verbindung *f* (*von Orten*) liaison *f* ; (*Beziehung*) contact *m* ; (*Zugverbindung, Verkehrsverbindung*) liaison ; (*Tél: Anschluss*) communication *f*
verbissen *adj* (*Kampf, Gegner*) acharné(e) ; (*Gesichtsausdruck*) tendu(e)
verblassen *vi* s'estomper
Verbleib (*-(e)s*) *m*: **sein ~** l'endroit *m* où il se trouve
verbleiben (*irr*) *vi* rester ; **wir sind so verblieben, dass wir ...** nous sommes convenu(e)s que nous ...
verbleit *adj* au plomb
verblöden *vi* s'abrutir
verblüffen *vt* épater
Verblüffung *f*: **zu meiner ~** à ma (grande) stupéfaction
verblühen *vi* se faner
verbluten *vi* mourir d'hémorragie
verbohrt *adj* obstiné(e)
verborgen *adj* caché(e)
Verbot (*-(e)s, -e*) *nt* interdiction *f*
verboten *adj* interdit(e), défendu(e) ; **Rauchen ~!** défense de fumer !
Verbrauch (*-(e)s*) *m* consommation *f*
verbrauchen *vt* consommer ; (*Geld*) dépenser ; (*Kraft*) épuiser
Verbraucher(in) (*-s, -*) *m(f)* consommateur(-trice)
verbraucht *adj* usé(e) ; (*Luft*) vicié(e)
Verbrechen (*-s, -*) *nt* crime *m*
Verbrecher(in) (*-s, -*) *m(f)* criminel(le) • **verbrecherisch** *adj* criminel(le)
verbreiten *vt* répandre ▶ *vr* se propager
verbreitern *vt* élargir
Verbreitung *f* propagation *f*
verbrennen (*irr*) *vt* brûler ; (*Leiche*) incinérer ▶ *vi* brûler
Verbrennung *f* (*Méd*) brûlure *f* ; (*von Leiche, Abfällen*) incinération *f* ; (*in Motor, von Papier*) combustion *f*
Verbrennungsmotor *m* moteur *m* à explosion
verbringen (*irr*) *vt* passer
verbrüdern *vr*: **sich mit jdm ~** fraterniser avec qn

verbrühen *vr* s'ébouillanter
verbuchen *vt* enregistrer ; (*Erfolg*) mettre à son actif
Verbund *m* (*Écon*) trust *m*
verbunden *adj*: **jdm ~ sein** être l'obligé(e) de qn
verbünden *vr* s'allier
Verbundenheit *f* attachement *m*
Verbündete(r) *f(m)* allié(e) *m/f*
verbürgen *vr*: **sich für jdn/etw ~** répondre de qn/qch
verbüßen *vt* (*Strafe*) purger
Verdacht (-(*e*)*s*) *m* soupçon *m*
verdächtig *adj* suspect(e) • **verdächtigen** *vt* +*Gen* soupçonner (de)
verdammen *vt* condamner
verdammt (*fam !*) *adj* sacré(e) (*fam*) ▶ *adv* sacrément (*fam*) ; **~ noch mal!** nom de Dieu ! (*fam !*)
verdampfen *vi* s'évaporer
verdanken *vt*: **jdm etw ~** devoir qch à qn
verdarb *etc vb siehe* **verderben**
verdauen *vt* digérer
verdaulich *adj*: **schwer ~** indigeste ; **leicht ~** très digeste
Verdauung *f* digestion *f*
Verdeck (-(*e*)*s*, -*e*) *nt* (*Aut*) capote *f* ; (*Naut*) pont *m* supérieur
verdecken *vt* cacher
verderben (*irr*) *vt* gâcher ; (*moralisch*) corrompre, pervertir ▶ *vi* (*Essen*) s'avarier ; **sich den Magen ~** se rendre malade ; **sich die Augen ~** s'abîmer les yeux *od* la vue
Verderben (-*s*) *nt* perte *f*
verderblich *adj* (*Einfluss*) nocif(-ive), mauvais(e) ; (*Lebensmittel*) périssable
verdeutlichen *vt* expliquer
verdichten *vt* (*Phys, Tech*) comprimer ▶ *vr* (*Nebel*) s'épaissir
verdienen *vt* (*Geld*) gagner ; (*moralisch*) mériter
Verdienst (-(*e*)*s*, -*e*) *m* (*Einkommen*) revenu *m* ▶ *nt* mérite *m*
verdient *adj* mérité(e) ; (*Person*) émérite ; **sich um etw ~ machen** bien mériter de qch
verdoppeln *vt* doubler
verdorben *pp von* **verderben** ▶ *adj* (*Essen*) avarié(e) ; (*moralisch*) dépravé(e)
verdorren *vi* se dessécher
verdrängen *vt* refouler
verdrehen *vt* (*Augen*) rouler ; (*Sinn, Wahrheit*) fausser ; **jdm den Kopf ~** tourner la tête à qn
Verdruss (-*es*, -*e*) *m* contrariété *f*
verduften *vi* s'évaporer ; (*fam*) se volatiliser
verdünnen *vt* diluer
verdunsten *vi* s'évaporer
verdursten *vi* mourir de soif
verdutzt *adj* déconcerté(e)
verehren *vt* vénérer ; **jdm etw ~** (*fam*) faire cadeau de qch à qn
Verehrer(in) (-*s*, -) *m(f)* admirateur(-trice) ; (*Liebhaber auch*) soupirant *m*
verehrt *adj* honoré(e), vénéré(e) ; **sehr ~es Publikum!** Mesdames et Messieurs !
Verehrung *f* admiration *f* ; (*Rel*) vénération *f*
vereidigen *vt* assermenter ; **jdn auf etw** *Akk* **~** faire prêter serment à qn sur qch
Vereidigung *f* prestation *f* de serment
Verein (-(*e*)*s*, -*e*) *m* association *f*, société *f* • **vereinbar** *adj* compatible
vereinbaren *vt* convenir de
Vereinbarung *f* accord *m*
vereinen *vt* unir ; (*Prinzipien*) concilier ; **die Vereinten Nationen** les Nations *fpl* unies
vereinfachen *vt* simplifier

vereinigen *vt* réunir ▶ *vr* se réunir ; **sich ~ mit** s'unir à ; **die Vereinigten Staaten** les États-Unis *mpl*
Vereinigung *f* union *f* ; (*Verein*) association *f*
vereinzelt *adj* isolé(e)
vereisen *vi* geler ▶ *vt* (*Méd*) insensibiliser
vereiteln *vt* (*Plan*) déjouer
vereitert *adj* infecté(e)
vererben *vt* léguer ; (*Bio*) transmettre
vererblich *adj* héréditaire
Vererbung *f* hérédité *f*, transmission *f* (héréditaire)
verewigen *vt* immortaliser
verfahren (*irr*) *vi* (*handeln*) procéder ▶ *vt* (*Geld*) dépenser (en transports) ; (*Benzin*) consommer ; (*Fahrkarte*) utiliser ▶ *vr* se tromper de route
Verfahren (-s, -) *nt* procédé *m* ; (*Jur*) procédure *f*
Verfall (-(e)s) *m* déclin *m* ; (*von Gebäude*) délabrement *m* ; (*von Gutschein, Garantie, Wechsel*) échéance *f*
verfallen (*irr*) *vi* (*Gebäude*) tomber en ruine ; (*ungültig werden*) expirer ▶ *adj* (*Gebäude*) délabré(e) ; **~ in** +*Akk* (*Schweigen*) tomber dans ; **~ auf** +*Akk* (*Gedanken*) avoir ; (*neues Projekt*) avoir l'idée de ; **jdm völlig ~ sein** être l'esclave de qn
Verfallsdatum *nt* date *f* d'expiration
verfänglich *adj* (*Frage, Situation*) délicat(e)
verfassen *vt* rédiger
Verfasser(in) (-s, -) *m(f)* auteur *m*
Verfassung *f* (*auch Pol*) constitution *f* ; (*Zustand*) état *m*
Verfassungsgericht *nt* cour constitutionnelle
verfassungswidrig *adj* anticonstitutionnel(le)
verfaulen *vi* pourrir
Verfechter (-s, -) *m* défenseur *m*
verfehlen *vt* manquer, rater
verfeinern *vt* améliorer
verfilmen *vt* filmer
verfliegen (*irr*) *vi* (*Duft, Ärger*) se dissiper ; (*Zeit*) passer très vite
verflossen *adj* (*Zeiten, Monat*) passé(e) ; (*fam: Liebhaber*) ancien(ne)
verfluchen *vt* maudire
verflüchtigen *vr* se volatiliser
verfolgen *vt* poursuivre ; (*Pol*) persécuter ; (*Spur, Plan, Entwicklung*) suivre
Verfolger(in) (-s, -) *m(f)* poursuivant(e)
Verfolgung *f* poursuite *f* ; (*Pol*) persécution *f*
verfremden *vt* appliquer l'effet de distanciation à
verfrüht *adj* prématuré(e)
verfügbar *adj* disponible
verfügen *vi*: **~ über** +*Akk* disposer de
Verfügung *f* (*Anordnung*) décret *m* ; **jdm zur ~ stehen** être à la disposition de qn
verführen *vt* (*sexuell*) séduire
verführerisch *adj* (*Angebot, Duft, Anblick*) tentant(e) ; (*Aussehen*) séduisant(e)
vergammeln (*fam*) *vi* se laisser aller ; (*Nahrung*) devenir immangeable
vergangen *adj* dernier(-ière), passé(e) • **Vergangenheit** *f* passé *m*
Vergaser (-s, -) *m* carburateur *m*
vergaß *etc vb siehe* **vergessen**
vergeben (*irr*) *vt* (*verzeihen*) pardonner ; **~ an** +*Akk* attribuer à
vergebens *adv* en vain
vergeblich *adj* vain(e), inutile

Vergebung *f* (*Verzeihen*) pardon *m* ; **um ~ bitten** demander pardon
vergehen (*irr*) *vi* (*Zeit*) passer ; (*Schmerzen*) disparaître • **Vergehen** (-*s*, -) *nt* délit *m*
Vergeltung *f* vengeance *f*
vergessen (*irr*) *vt* oublier • **Vergessenheit** *f*: **in ~ geraten** tomber dans l'oubli
vergesslich *adj*: **~ werden** perdre la mémoire
vergeuden *vt* gaspiller
vergewaltigen *vt* violer ; (*Sprache*) faire violence à
Vergewaltigung *f* viol *m* ; (*fig*) violation *f*
vergewissern *vr* s'assurer
vergießen (*irr*) *vt* verser
vergiften *vt* empoisonner
Vergiftung *f* empoisonnement *m*
Vergissmeinnicht (-(*e*)*s*, -*e*) *nt* myosotis *m*
Vergleich (-(*e*)*s*, -*e*) *m* comparaison *f* ; (*Jur*) compromis *m* • **vergleichbar** *adj* comparable
vergleichen (*irr*) *vt* comparer ▶ *vr* se comparer
vergnügen *vr* s'amuser • **Vergnügen** (-*s*, -) *nt* plaisir *m* ; **viel ~!** amusez-vous *od* amuse-toi bien ! ; **nur zum ~** uniquement pour son *etc* plaisir
vergnügt *adj* joyeux(-euse), gai(e)
Vergnügung *f* divertissement *m*, amusement *m*
Vergnügungspark *m* parc *m* d'attractions
vergolden *vt* dorer
vergöttern *vt* adorer
vergraben (*irr*) *vt* (*in der Erde*) enterrer ; (*verbergen*) enfouir ▶ *vr* (*in Arbeit etc*) se plonger
vergreifen (*irr*) *vr*: **sich an jdm ~** se livrer à des voies de fait sur qn ; **sich an etw** *Dat* **~** s'approprier qch
vergriffen *adj* (*Buch*) épuisé(e)
vergrößern *vt* agrandir ; (*mengenmäßig*) augmenter ; (*mit Lupe*) grossir ▶ *vr* s'agrandir, augmenter
Vergrößerung *f* agrandissement *m* ; (*mit Lupe*) grossissement *m*
Vergrößerungsglas *nt* loupe *f*
Vergünstigung *f* (*Preisermäßigung*) rabais *m* ; (*Vorteil*) privilège *m*
vergüten *vt* (*Arbeit, Leistung*) payer ; **jdm etw ~** rembourser qch à qn
verhaften *vt* arrêter
Verhaftung *f* arrestation *f*
verhalten (*irr*) *vr* se comporter • **Verhalten** (-*s*) *nt* comportement *m*
Verhältnis *nt* rapport *m* ; **Verhältnisse** *pl* (*Umstände*) conditions *fpl* ; (*Lage*) situation *f* • **verhältnismäßig** *adv* relativement
verhandeln *vi* négocier ▶ *vt* (*Jur*) juger ; **(mit jdm) über etw** *Akk* **~** négocier qch (avec qn)
Verhandlung *f* négociation *f* ; (*Jur*) procès *m*
Verhängnis *nt* fatalité *f* ; **jdm zum ~ werden, jds ~ sein** être fatal(e) à qn • **verhängnisvoll** *adj* fatal(e)
verharmlosen *vt* minimiser
verheerend *adj* catastrophique
verheilen *vi* guérir
verheimlichen *vt* cacher
verheiratet *adj* marié(e)
verhelfen (*irr*) *vi*: **jdm zu etw ~** aider qn à obtenir qch ; **jdm zur Flucht ~** aider qn à s'enfuir
verherrlichen *vt* glorifier
verhexen *vt* ensorceler
verhindern *vt* empêcher
Verhör (-(*e*)*s*, -*e*) *nt* interrogatoire *m*
verhören *vt* interroger ▶ *vr* entendre de travers

verhungern *vi* mourir de faim
verhüten *vt* empêcher, prévenir
Verhütung *f* prévention *f*
Verhütungsmittel *nt* contraceptif *m*
verirren *vr* se perdre
verkabeln *vt* câbler
Verkabelung *f* câblage *m*
verkalken *vi* (*Méd*) se scléroser ; (*fam: senil werden*) être sclérosé(e) ; (*Wasserkessel*) être entartré(e)
verkannt *adj* méconnu(e)
Verkauf *m* vente *f*
verkaufen *vt* vendre
Verkäufer(in) (-s, -) *m(f)* vendeur(-euse)
verkäuflich *adj* (*zu verkaufen*) à vendre ; (*absetzbar*) vendable
Verkehr (-s, -e) *m* (*Straßenverkehr, Umlauf*) circulation *f* ; (*Geschlechtsverkehr*) rapports *mpl* (sexuels)
verkehren *vi* circuler ▸ *vt* fausser ; **in einem Café ~** fréquenter un café
Verkehrsampel *f* feux *mpl* (de circulation)
Verkehrsamt *nt* office *m* du tourisme
verkehrsberuhigt *adj* (*Zone*) à circulation réduite
Verkehrsberuhigung *f* réduction *f* de la circulation
Verkehrsdelikt *nt* infraction *f* au code de la route
Verkehrsinsel *f* refuge *m*
Verkehrsmittel *nt* moyen *m* de transport ; **öffentliche ~** transports *mpl* publics *od* en commun
Verkehrsstau *m* bouchon *m*
Verkehrsstockung *f* gros bouchon *m*
Verkehrssünder *m* contrevenant *m* au code de la route
Verkehrsteilnehmer *m* usager *m* de la route
Verkehrsunfall *m* accident *m* de la circulation
Verkehrsverbund *m* transports *mpl* publics
verkehrswidrig *adj* (*Verhalten*) contrevenant au code de la route
Verkehrszeichen *nt* panneau *m* de signalisation
verkehrt *adj* (*falsch*) faux (fausse) ; (*umgekehrt*) à l'envers
verkennen (*irr*) *vt* méconnaître
verklagen *vt* porter plainte contre
verklappen *vt* déverser en mer
verkleiden *vr* se déguiser ▸ *vt* (*Wand*) revêtir
Verkleidung *f* déguisement *m*
verkleinern *vt* réduire
verklemmt *adj* complexé(e)
verkneifen (*irr*) *vr* (*sich versagen*) se priver de qch
verkniffen *adj* tendu(e)
verknüpfen *vt* (*Faden*) attacher ; (*Gedanken etc*) associer
Verknüpfung *f* (*fig*) association *f*
verkommen (*irr*) *vi* (*Garten, Haus etc*) être à l'abandon ; (*Mensch*) se laisser aller ▸ *adj* (*Haus*) délabré(e) ; (*Mensch*) dévoyé(e)
verkraften *vt* supporter
verkühlen *vr* prendre froid
verkümmern *vi* (*Pflanze*) s'étioler ; (*Mensch, Tier*) dépérir ; (*Gliedmaßen*) s'atrophier ; (*Talent*) se perdre
verkünden *vt* annoncer ; (*Urteil*) prononcer
verkürzen *vt* raccourcir ; **verkürzte Arbeitszeit** journée *f* de travail réduite
verladen (*irr*) *vt* embarquer
Verlag (-(e)s, -e) *m* maison *f* d'édition
verlangen *vt* exiger, demander • **Verlangen** (-s, -) *nt*: **~ nach**

désir *m* de ; **auf jds ~ (hin)** à la demande de qn
verlängern *vt* (*länger machen*) rallonger ; (*zeitlich*) prolonger
Verlängerung *f* prolongation *f*
Verlängerungsschnur *f* rallonge *f*
verlangsamen *vt* ralentir
Verlass *m*: **auf jdn/etw ist kein ~** on ne peut pas se fier à qn/qch
verlassen (*irr*) *vt* abandonner ▶ *vr*: **sich ~ auf** +*Akk* compter sur
verlässlich *adj* sûr(e)
Verlauf *m* (*Ablauf*) déroulement *m* ; (*von Kurve*) tracé *m* ; **im ~ von** au cours de
verlaufen (*irr*) *vi* (*Feier, Abend, Urlaub*) se dérouler ▶ *vr* (*sich verirren*) s'égarer ; (*sich auflösen*) se disperser ; **die Grenze verläuft entlang des Flusses** la frontière longe la rivière
verlauten *vi*: **etw ~ lassen** révéler qch
verleben *vt* passer
verlebt *adj* (*Gesicht*) de fêtard
verlegen *vt* déplacer ; (*Termin*) remettre ; (*Leitungen, Kabel, Fliesen etc*) poser ▶ *adj* embarrassé(e), gêné(e) ; **nicht ~ sein um** ne pas être à court de • **Verlegenheit** *f* embarras *m*
Verleger (*-s, -*) *m* éditeur *m*
Verleih (*-(e)s, -e*) *m* location *f*
verleihen (*irr*) *vt*: **an jdn ~** (*leihweise, Geld*) prêter à qn ; (*Medaille, Preis*) décerner à qn
Verleihung *f* (*von Dingen*) prêt *m* ; (*gegen Gebühr*) location *f* ; (*von Medaille, Preis*) remise *f*
verleiten *vt*: **~ zu** entraîner à
verlernen *vt* oublier
verlesen (*irr*) *vt* lire à haute voix ; (*Beeren, Obst etc*) trier ▶ *vr* mal lire
verletzen *vt* blesser ; (*Gesetz etc*) violer ▶ *vr* se blesser
verletzend *adj* blessant(e)
verletzlich *adj* vulnérable
Verletzte(r) *f(m)* blessé(e) *m/f*
Verletzung *f* blessure *f* ; (*Verstoß*) violation *f*
verleugnen *vt* renier
verleumden *vt* calomnier
Verleumdung *f* calomnie *f*, diffamation *f*
verlieben *vr*: **sich in jdn/etw ~** tomber amoureux(-euse) de qn/qch
verliebt *adj* amoureux(-euse)
verlieren (*irr*) *vt, vi* perdre ; **an Wert/an Höhe ~** perdre de sa valeur/de l'altitude
Verlierer *m* perdant *m*
verloben *vr*: **sich ~ mit** se fiancer à *od* avec
Verlobte(r) *f(m)* fiancé(e) *m/f*
Verlobung *f* fiançailles *fpl*
Verlockung *f* tentation *f*
verlogen *adj* menteur(-euse) ; (*Kompliment, Versprechungen*) mensonger(-ère) • **Verlogenheit** *f* hypocrisie *f*
verlor *etc vb siehe* **verlieren**
verloren *pp von* **verlieren** ▶ *adj* perdu(e) ; **jdn/etw ~ geben** considérer qn/qch comme perdu(e) ; **~ gehen** se perdre
verlosen *vt* tirer au sort
Verlosung *f* tirage *m* au sort
Verlust (*-(e)s, -e*) *m* perte *f* ; (*finanziell auch*) déficit *m*
vermehren *vt* augmenter, faire fructifier ▶ *vr* augmenter ; (*sich fortpflanzen*) se reproduire
Vermehrung *f* augmentation *f* ; (*Fortpflanzung*) reproduction *f*
vermeiden (*irr*) *vt* éviter
vermeintlich *adj* présumé(e)
Vermerk (*-(e)s, -e*) *m* remarque *f* ; (*in Ausweis*) mention *f*
vermerken *vt* noter

vermessen (*irr*) *vt* (*Land*) mesurer, arpenter ▶ *adj* présomptueux(-euse)
vermieten *vt* louer
Vermieter(in) *m(f)* propriétaire *mf*
Vermietung *f* location *f*
vermindern *vt* réduire ▶ *vr* diminuer
Verminderung *f* réduction *f*
vermischen *vt* mélanger ▶ *vr* se mélanger
vermissen *vt* (*Mensch*) s'ennuyer de ; (*Gegenstand*) avoir perdu
vermitteln *vi* (*in Streit*) servir de médiateur ▶ *vt* (*Arbeitskräfte*) procurer ; (*Wissen*) transmettre
Vermittler(in) (*-s, -*) *m(f)* intermédiaire *m* ; (*Schlichter*) médiateur(-trice)
Vermittlung *f* (*Stellenvermittlung*) bureau *m* de placement ; (*Tél*) central *m* téléphonique ; (*Schlichtung*) médiation *f*
vermodern *vi* pourrir, se décomposer
Vermögen (*-s, -*) *nt* fortune *f*
vermummen *vr* s'envelopper
vermuten *vt* supposer, présumer
vermutlich *adj* probable ▶ *adv* probablement
Vermutung *f* supposition *f*
vernachlässigen *vt* négliger
vernehmen (*irr*) *vt* (*polizeilich*) interroger
Vernehmung *f* (*richterlich*) audition *f* ; (*polizeilich*) interrogatoire *m*
vernehmungsfähig *adj* en état de témoigner
verneigen *vr*: **sich vor jdm/etw ~** s'incliner devant qn/qch
Vernetzung *f* connexion *f*
vernichten *vt* (*Akten, Ernte*) détruire ; (*Feind*) anéantir
vernichtend *adj* écrasant(e) ; (*Kritik*) cinglant(e)
Vernichtung *f* destruction *f*
verniedlichen *vt* minimiser
Vernunft (-) *f* raison *f*
vernünftig *adj* raisonnable ; (*fam: Essen, Arbeit etc*) convenable
veröden *vi* se dépeupler ▶ *vt* (*Krampfadern*) procéder à l'ablation de
veröffentlichen *vt* publier
Veröffentlichung *f* publication *f*
verordnen *vt* (*Medikament*) prescrire
Verordnung *f* décret *m* ; (*Méd*) ordonnance *f*
verpachten *vt* donner à bail
verpacken *vt* emballer
Verpackung *f* emballage *m*
verpassen *vt* manquer, rater
verpesten *vt* empester
verpflegen *vt* nourrir
Verpflegung *f* nourriture *f* ; (*im Hotel*) pension *f*
verpflichten *vt* obliger ; (*anstellen, vertraglich binden*) engager ▶ *vr* s'engager
Verpflichtung *f* (*sozial, finanziell etc*) obligation *f* ; (*Engagieren*) engagement *m*
verpfuschen *vt* bâcler
verplempern (*fam*) *vt* gaspiller
verpönt *adj* mal vu(e)
verprügeln *vt* rosser, battre
Verputz *m* crépi *m*
verputzen *vt* (*Haus*) crépir ; (*fam: Essen*) engloutir
verquollen *adj* gonflé(e), bouffi(e)
Verrat (*-(e)s*) *m* trahison *f*
verraten (*irr*) *vt* trahir
Verräter(in) (*-s, -*) *m(f)* traître(-esse) • **verräterisch** *adj* traître
verrechnen *vt* (*Scheck*) porter en compte ▶ *vr* se tromper dans ses

calculs ; *(fig)* se tromper ; **etw mit etw ~** compenser qch avec qch
Verrechnungsscheck *m* chèque *m* barré
verregnet *adj* pluvieux(-euse)
verreisen *vi* partir en voyage
verrenken *vt* démettre ; *(Méd)* luxer
Verrenkung *f (Bewegung)* contorsion *f* ; *(Méd)* luxation *f*
verrichten *vt* accomplir
verriegeln *vt* verrouiller
verringern *vt* diminuer, réduire ▶ *vr* diminuer
Verringerung *f* diminution *f*, réduction *f*
verrosten *vi* rouiller
verrotten *vi* pourrir, se décomposer
verrücken *vt* déplacer
verrückt *adj* fou (folle)
• **Verrückte(r)** *f(m)* fou (folle) *m/f*
Verruf *m*: **jdn in ~ bringen** discréditer qn ; **in ~ geraten** tomber en discrédit
verrufen *adj* mal famé(e)
Vers *(-es, -e) m* vers *m*
versagen *vi (Mensch, Stimme)* défaillir ; *(Regierung)* échouer ; *(Maschine, Motor)* tomber en panne
• **Versagen** *(-s) nt* défaillance *f*
Versager *(-s, -) m* raté *m*
versalzen *vt* trop saler
versammeln *vt* réunir, rassembler ▶ *vr* se réunir
Versammlung *f* assemblée *f*
Versand *(-(e)s) m* expédition *f* ; *(Abteilung)* service *m* expédition
Versandhaus *nt* maison *f* de vente par correspondance
versäumen *vt (verpassen)* manquer, rater ; *(unterlassen)* négliger
verschaffen *vt*: **jdm etw ~** procurer qch à qn
verschämt *adj* gêné(e)
verschärfen *vt (Strafe, Gesetze)* rendre plus sévère ; *(Zensur, Kontrollen)* intensifier ▶ *vr* s'aggraver
verschätzen *vr* se tromper
verschenken *vt (Gegenstand)* offrir
verscherzen *vr*: **sich** *Dat* **etw ~** perdre qch
verscheuchen *vt* chasser
verschicken *vt* envoyer
verschieben *(irr) vt (Möbel etc)* déplacer ; *(zeitlich)* remettre ; *(Waren, Devisen)* faire le trafic de ▶ *vr (verrutschen)* glisser
verschieden *adj* différent(e) ; **V~es** plusieurs choses
verschiedentlich *adv* à plusieurs reprises
verschimmeln *vi* moisir
verschlafen *(irr) vi, vr* se réveiller trop tard ▶ *vt (Tag)* passer à dormir ; *(versäumen)* oublier
verschlechtern *vr* empirer
Verschlechterung *f* aggravation *f*, dégradation *f*
verschleißen *(irr) vt* user ▶ *vi* s'user
verschleppen *vt (Menschen)* déporter ; *(hinauszögern)* faire traîner en longueur
verschlimmern *vt* aggraver ▶ *vr* s'aggraver, empirer
verschlingen *(irr) vt* engloutir ; *(Fäden)* nouer
verschliss *etc vb siehe* **verschleißen**
verschlissen *pp von* **verschleißen**
verschlossen *adj* fermé(e) à clé ; *(fig)* renfermé(e)
verschlucken *vt* avaler ▶ *vr* avaler de travers
Verschluss *m* fermeture *f* ; *(Stöpsel)* bouchon *m*
verschlüsseln *vt (Nachricht)* coder

verschmähen *vt* dédaigner
verschmelzen (*irr*) *vt* fondre ▶ *vi* se mêler
verschmerzen *vt* se consoler de
verschmitzt *adj* malicieux(-euse)
verschmutzen *vt* salir ; (*Umwelt*) polluer
verschneit *adj* enneigé(e)
verschnupft *adj*: **~ sein** être enrhumé(e) ; (*fam: beleidigt*) être vexé(e)
verschollen *adj* disparu(e)
verschonen *vt* épargner ; **jdn mit etw ~** épargner qch à qn
verschreiben (*irr*) *vt* (*Méd*) prescrire ▶ *vr* faire une faute ; **sich einer Sache ~** se consacrer à qch
verschreibungspflichtig *adj* délivré(e) uniquement sur ordonnance
verschroben *adj* bizarre
verschrotten *vt* mettre à la ferraille
verschüchtert *adj* intimidé(e)
verschulden *vt* causer
verschuldet *adj* endetté(e)
Verschuldung *f* endettement *m*
verschütten *vt* (*versehentlich*) renverser ; (*zuschütten*) combler ; (*unter Trümmern*) ensevelir
verschwand *etc vb siehe* **verschwinden**
verschweigen (*irr*) *vt*: **jdm etw ~** cacher qch à qn
verschwenden *vt* gaspiller
verschwenderisch *adj* (*Mensch*) dépensier(-ière) ; (*Aufwand*) excessif(-ive)
Verschwendung *f* gaspillage *m*
verschwiegen *adj* (*Mensch*) discret(-ète) ; (*Ort*) retiré(e) • **Verschwiegenheit** *f* discrétion *f*
verschwimmen (*irr*) *vi* se brouiller
verschwinden (*irr*) *vi* disparaître • **Verschwinden** (*-s*) *nt* disparition *f*
verschwitzen *vt* (*Kleidung*) tremper de sueur ; (*fam: vergessen*) oublier
verschwommen *adj* (*Farbe*) fondu(e) ; (*Bild*) flou(e)
verschwören (*irr*) *vr* conspirer
verschwunden *pp von* **verschwinden**
versehen (*irr*) *vt* (*Dienst, Pflicht*) accomplir ; (*Haushalt*) tenir ; **jdn/etw mit etw ~** (*ausstatten*) munir qn/qch de qch ; **ehe er (es) sich ~ hatte …** il n'a pas eu le temps de dire ouf que … • **Versehen** (*-s, -*) *nt* méprise *f* ; **aus ~** par mégarde
versehentlich *adv* par mégarde
versenden (*irr*) *vt* expédier
versenken *vt* (*Schiff*) couler ▶ *vr*: **sich ~ in** *+Akk* se plonger dans
versessen *adj*: **auf jdn/etw ~** fou(folle) de qn/qch
versetzen *vt* (*an andere Stelle*) déplacer ; (*dienstlich*) muter ; (*verpfänden*) mettre en gage ; (*in Schule*) faire passer dans la classe supérieure ; (*fam: vergeblich warten lassen*) poser un lapin à ▶ *vr*: **sich in jdn** *od* **in jds Lage ~** se mettre à la place de qn
Versetzung *f* (*dienstlich*) mutation *f* ; (*in Schule*) passage *m* dans la classe supérieure
verseuchen *vt* polluer ; (*durch radioaktive Stoffe*) contaminer
versichern *vt* assurer ▶ *vr +Gen* s'assurer de
Versicherung *f* assurance *f*
Versicherungsnehmer (*-s, -*) *m* (*förmlich*) assuré(e) *m/f*
Versicherungspolice *f* police *f* d'assurance
Versicherungsprämie *f* prime *f* d'assurance
versinken (*irr*) *vi* s'enfoncer
Version *f* version *f*

versöhnen *vt* réconcilier ▶ *vr:* **sich mit jdm ~** se réconcilier avec qn
versorgen *vt* fournir ; (*unterhalten*) entretenir ; (*sich kümmern um*) s'occuper de ▶ *vr:* **sich ~ mit** se pourvoir de, s'approvisionner en
Versorgung *f* approvisionnement *m* ; (*Unterhalt*) entretien *m*
verspäten *vr* être en retard
Verspätung *f* retard *m*
versperren *vt* (*Weg*) barrer ; (*Sicht*) boucher ; (*Tür*) barricader
verspielen *vt* (*Geld*) perdre au jeu ; **bei jdm verspielt haben** ne plus être bien vu de qn
verspielt *adj* joueur(-euse)
versprechen (*irr*) *vt* promettre
• **Versprechen** (*-s, -*) *nt* promesse *f*
Verstand *m* raison *f*
verständig *adj* raisonnable
verständigen *vt* avertir, prévenir ▶ *vr* communiquer ; (*sich einigen*) se mettre d'accord, s'entendre
Verständigung *f* (*Kommunikation*) communication *f* ; (*Benachrichtigung*) notification *f*
verständlich *adj* compréhensible ; **sich ~ machen** se faire comprendre
Verständnis *nt* compréhension *f*
• **verständnisvoll** *adj* compréhensif(-ive)
verstärken *vt* renforcer ; (*Strom, Spannung, Ton*) amplifier ; (*erhöhen*) augmenter ▶ *vr* augmenter
Verstärker (*-s, -*) *m* (*Tech*) amplificateur *m*
Verstärkung *f* (*Hilfe*) renforts *mpl*
verstauchen *vt:* **sich** *Dat* **etw ~** se fouler *od* se tordre qch
Versteck (*-(e)s, -e*) *nt* cachette *f* ; **~ spielen** jouer à cache-cache
verstecken *vt* cacher ▶ *vr* se cacher
versteckt *adj* caché(e) ; (*Lächeln, Blick*) furtif(-ive) ; (*Vorwürfe, Andeutung*) voilé(e)
verstehen (*irr*) *vt* comprendre ▶ *vr* se comprendre ; (*gut auskommen*) bien s'entendre
versteigern *vt* vendre aux enchères
Versteigerung *f* vente *f* aux enchères
verstellen *vt* (*verändern*) ajuster ; (*falsch einstellen*) dérégler ; (*richtig einstellen*) régler ; (*versperren*) bloquer ; (*Stimme*) déguiser ▶ *vr* (*heucheln*) jouer la comédie
verstimmen *vt* (*Instrument*) désaccorder ; (*Mensch*) mettre de mauvaise humeur
verstohlen *adj* furtif(-ive)
verstopfen *vt* boucher ; (*Innenstadt*) embouteiller
Verstopfung *f* (*von Rohr*) engorgement *m* ; (*von Straße*) embouteillage *m* ; (*Méd*) constipation *f*
verstorben *adj* décédé(e)
verstört *adj* (*Mensch*) troublé(e), perturbé(e)
Verstoß (*-es, ⁼e*) *m:* **~ gegen** infraction *f* à
verstoßen (*irr*) *vi:* **~ gegen** contrevenir à
verstreichen (*irr*) *vt* (*Butter, Salbe*) étendre ▶ *vi* (*Zeit*) s'écouler
verstümmeln *vt* mutiler, estropier ; (*fig*) estropier
verstummen *vi* se taire ; (*Lärm*) cesser
Versuch (*-(e)s, -e*) *m* tentative *f*, essai *m* ; (*wissenschaftlich*) expérience *f*
versuchen *vt* (*Essen*) goûter ; (*ausprobieren*) essayer
versuchsweise *adv* à titre expérimental

Versuchung *f* tentation *f*
vertagen *vt* ajourner
vertauschen *vt* échanger
verteidigen *vt* défendre
Verteidiger(in) (*-s, -*) *m(f)* défenseur *m*; (*Anwalt*) avocat(e); (*Foot, Rugby*) arrière *m*
Verteidigung *f* défense *f*
verteilen *vt* distribuer; (*Salbe etc*) étaler ▶ *vr* se disperser
Verteilung *f* distribution *f*
vertiefen *vt* approfondir ▶ *vr*: **sich in etw** *Akk* **~** se plonger dans qch
Vertiefung *f* creux *m*
vertilgen *vt* (*Unkraut, Ungeziefer*) détruire; (*fam: essen*) engloutir
vertonen *vt* (*Text*) mettre en musique
Vertrag (*-(e)s, ¨-e*) *m* contrat *m*; (*Pol*) traité *m*
vertragen (*irr*) *vt* supporter ▶ *vr*: **sich mit jdm ~** (bien) s'entendre avec qn
vertraglich *adj* contractuel(le)
verträglich *adj* conciliant(e); (*Speisen*) digeste; (*Medikament*) bien toléré(e) (par l'organisme)
Vertragspartner (*-s, -*) *m* contractant(e) *m/f*
vertrauen *vi* (*+Dat*) avoir confiance en • **Vertrauen** (*-s*) *nt* confiance *f*; **~ zu jdm fassen** avoir de plus en plus confiance en qn; **im ~ (gesagt)** soit dit entre nous
vertrauensvoll *adj* confiant(e)
vertraulich *adj* confidentiel(le) • **Vertraulichkeit** *f* caractère *m* confidentiel; (*Aufdringlichkeit*) familiarité *f* excessive
verträumt *adj* rêveur(-euse); (*Ort, Städtchen*) paisible
vertraut *adj* familier(-ière) • **Vertraute(r)** *f(m)* confident(e) *m/f*
vertreiben (*irr*) *vt* chasser; (*aus Land*) expulser; (*Écon*) vendre; (*Zeit*) passer
Vertreibung *f* expulsion *f*
vertretbar *adj* justifiable, défendable
vertreten (*irr*) *vt* (*Kollegen*) remplacer; (*Interessen*) défendre; (*Ansicht*) soutenir; (*Staat, Firma, Wahlkreis*) représenter
Vertreter(in) *m(f)* remplaçant(e), suppléant(e); (*Verfechter*) défenseur *m*
Vertretung *f* représentation *f*; (*von Arzt*) remplaçant(e) *m/f*; (*von Firma*) agence *f*
Vertrieb (*-(e)s, -e*) *m* vente *f*
Vertriebene(r) *f(m)* expulsé(e) *m/f*, exilé(e) *m/f*
vertrösten *vt* faire attendre
vertun (*irr*) *vt* gaspiller ▶ *vr* se tromper
vertuschen *vt* étouffer
verübeln *vt*: **jdm etw ~** en vouloir à qn de qch
verüben *vt* commettre
verunglücken *vi* avoir un accident; **tödlich ~** se tuer dans un accident
verunsichern *vt* semer le doute dans l'esprit de
veruntreuen *vt* détourner
verursachen *vt* causer
Verursacher(in) (*-s, -*) *m(f)* responsable *mf*; (*von Umweltverschmutzung*) pollueur(-euse)
verurteilen *vt* condamner
Verurteilung *f* condamnation *f*
vervielfältigen *vt* (*Text*) polycopier
vervollkommnen *vt* perfectionner ▶ *vr*: **sich in etw** *Dat* **~** se perfectionner en qch
vervollständigen *vt* compléter

verwackeln *vt* (*Phot*) rendre flou(e)
verwählen *vr* se tromper de numéro
verwahren *vt* (*aufbewahren*) conserver ▶ *vr*: **sich ~ (gegen)** se défendre (de)
verwaist *adj* (*Kind*) orphelin(e)
verwalten *vt* gérer, administrer
Verwalter(in) *m(f)* administrateur(-trice) ; (*Hausverwalter*) gérant(e)
Verwaltung *f* administration *f*
verwandeln *vt* transformer ▶ *vr* se transformer ; **jdn/etw in etw** *Akk* **~** transformer qn/qch en qch
Verwandlung *f* transformation *f*
verwandt *adj*: **mit jdm ~ sein** être apparenté(e) à *od* parent(e) de qn
Verwandte(r) *f(m)* parent(e) *m/f*
Verwandtschaft *f* parenté *f*
Verwarnung *f* avertissement *m* ; **gebührenpflichtige ~** contravention *f*
verwechseln *vt* confondre
Verwechslung *f* confusion *f*
verwegen *adj* téméraire
verweichlicht *adj* affaibli(e)
verweigern *vt* refuser
Verweigerung *f* refus *m*
Verweis (*-es, -e*) *m* (*Tadel*) réprimandes *fpl* ; (*Hinweis*) renvoi *m*
verweisen (*irr*) *vt* renvoyer ▶ *vi*: **~ auf etw** *Akk* renvoyer à qch ; **Marie an Paul ~** envoyer Marie chez Paul ; **jdn des Landes ~** expulser qn
verwelken *vi* se faner
verwenden (*irr*) *vt* utiliser ; (*Mühe, Zeit*) consacrer
Verwendung *f* emploi *m*, utilisation *f*
verwerfen (*irr*) *vt* (*Plan, Klage, Antrag*) rejeter
verwerflich *adj* répréhensible
verwerten *vt* utiliser
Verwertung *f* utilisation *f*
verwesen *vi* se décomposer
verwickeln *vt*: **jdn in etw** *Akk* **~** impliquer qn dans qch ▶ *vr* (*Fäden etc*) s'emmêler ; (*fig*) être mêlé(e) ; **sich in Widersprüche ~** se perdre dans des contradictions
verwickelt *adj* compliqué(e)
verwildern *vi* (*Garten*) être à l'abandon ; (*Tier*) retourner à l'état sauvage
verwirklichen *vt* réaliser
Verwirklichung *f* réalisation *f*
verwirren *vt* emmêler ; (*jdn*) déconcerter
Verwirrung *f* confusion *f*
verwittern *vi* être érodé(e)
verwitwet *adj* veuf (veuve)
verwöhnen *vt* gâter
verworren *adj* confus(e)
verwunden *vt* blesser
verwunderlich *adj* surprenant(e)
Verwunderung *f* étonnement *m*
Verwundete(r) *f(m)* blessé(e) *m/f*
Verwundung *f* blessure *f*
verwünschen *vt* maudire
verwüsten *vt* ravager, dévaster
verzählen *vr* faire une erreur de calcul, se tromper
verzehren *vt* (*essen*) manger ; (*aufbrauchen*) dilapider
verzeichnen *vt* inscrire ; (*Erfolg*) mettre à son actif ; (*Verlust, Niederlage*) essuyer
Verzeichnis *nt* liste *f* ; (*in Buch*) index *m* ; (*Inform*) répertoire *m*
verzeihen (*irr*) *vt, vi* pardonner
Verzeihung *f* pardon *m* ; **~!** pardon ! ; **jdn um ~ bitten** demander pardon à qn
verzerren *vt* déformer
Verzicht (*-(e)s, -e*) *m*: **~ leisten auf** *+Akk* renoncer à • **verzichten** *vi*: **~ auf** *+Akk* renoncer à

verziehen (*irr*) *vt* (*Kind*) mal élever ▶ *vr, vi*: **„verzogen"** « n'habite plus à l'adresse indiquée » ; **das Gesicht ~** faire la grimace
verzieren *vt* décorer
verzögern *vt* différer ; (*verlangsamen*) ralentir ▶ *vr* (*Abreise*) être remis(e)
Verzögerung *f* retard *m*
verzollen *vt* dédouaner ; **haben Sie etwas zu ~?** avez-vous quelque chose à déclarer ?
verzweifeln *vi*: **an etw** *Dat* **~** désespérer de qch
verzweifelt *adj* désespéré(e)
Verzweiflung *f* désespoir *m*
verzwickt (*fam*) *adj* embrouillé(e)
Veto (-s, -s) *nt* veto *m*
Vetter (-s, -) *m* cousin *m*
VHS (-) *f abk* = **Volkshochschule**
Video (-s, -s) *nt* vidéo *f* • **Videogerät** *nt* magnétoscope *m* • **Videokamera** *f* caméra *f* vidéo • **Videokonferenz** *f* vidéoconférence *f* • **Videorekorder** *m* magnétoscope *m* • **Videoüberwachung** *f* vidéosurveillance *f*
Vieh (-(e)s) *nt* bétail *m*
viel *adj* beaucoup de ▶ *adv* beaucoup ; **~e** (*pl*: *Menschen*) beaucoup de gens
vielerlei *adj inv* divers(es)
vielfach *adj*: **auf ~en Wunsch** à la demande générale
Vielfalt (-) *f* variété *f*
vielfältig *adj* varié(e)
vielleicht *adv* peut-être
vielmehr *adv* plutôt ▶ *konj* au contraire
vielsagend *adj* éloquent(e)
vielseitig *adj* (*Mensch*) polyvalent(e) ; (*Interessen*) multiple
vielversprechend *adj* prometteur(-euse)
vier *num* quatre • **Viereck** (-(e)s, -e) *nt* quadrilatère *m* • **viereckig** *adj* quadrilatéral(e) ; (*quadratisch*) carré(e) • **vierhundert** *num* quatre cent(s)
viert *adj*: **wir gingen zu ~** nous étions quatre
vierte(r, s) *adj* quatrième
Viertel (-s, -) *nt* quart *m* • **Vierteljahr** *nt* trimestre *m*
Viertelstunde *f* quart *m* d'heure
vierzehn *num* quatorze
vierzehntägig *adj* de quinze jours
vierzig *num* quarante
Vietnam (-s) *nt* le Vietnam, le Viêt-nam
Villa (-, *Villen*) *f* villa *f*
violett *adj* violet(te)
Violine *f* violon *m*
virtuell *adj* virtuel(le)
Virus (-, *Viren*) *m od nt* virus *m*
Visier (-s, -e) *nt* (*an Helm*) visière *f* ; (*an Waffe*) mire *f*
Visite *f* (*Méd*) visite *f*
Visitenkarte *f* carte *f* de visite
visuell *adj* visuel(le)
Visum (-s, *Visa od Visen*) *nt* visa *m*
Vitamin (-s, -e) *nt* vitamine *f*
Vogel (-s, =) *m* oiseau *m* • **Vogelgrippe** *f* grippe *f* aviaire • **Vogelscheuche** *f* épouvantail *m*
Vogesen *pl* les Vosges *fpl*
Voicemail *f* messagerie *f* vocale
Vokabel (-, -n) *f* mot *m* (de vocabulaire)
Vokabular (-s, -e) *nt* vocabulaire *m*
Volk (-(e)s, =er) *nt* peuple *m* ; (*viele Menschen*) foule *f*
Völkerrecht *nt* droit *m* international (public)
Völkerverständigung *f* entente *f* entre les peuples
Volksbegehren *nt* initiative *f* populaire
Volksfest *nt* fête *f* populaire

Volkshochschule *f* université *f* populaire
Volksmund *m* langage *m* populaire
Volksrepublik *f* république *f* populaire
volkstümlich *adj* populaire
Volkswirtschaft *f* économie *f* nationale
Volkszählung *f* recensement *m*
voll *adj* plein(e) ; (*ganz*) entier(-ière) ; **~ sein** (*fam: betrunken*) être bourré(e)
vollauf *adv* amplement
Vollbart *m* barbe *f*
Vollbeschäftigung *f* plein emploi *m*
Vollbremsung *f*: **eine ~ machen** freiner à fond
vollbringen (*irr*) *vt insép* accomplir
vollenden *vt insép* achever
vollendet *adj* (*vollkommen*) accompli(e)
vollends *adv* entièrement
Vollendung *f* achèvement *m*
voller *adj +Gen* plein(e) de
Volleyball *m* volley(-ball) *m*
Vollgas *nt*: **~ geben** mettre les gaz ; **mit ~** (à) pleins gaz
völlig *adj* complet(-ète) ▶ *adv* complètement
volljährig *adj* majeur(e)
Vollkaskoversicherung *f* assurance *f* tous risques
vollkommen *adj* (*fehlerlos*) parfait(e) ▶ *adv* complètement
Vollkornbrot *nt* pain *m* complet
voll|machen *vt* remplir
Vollmacht (-, -*en*) *f* procuration *f*
Vollmilch *f* lait *m* entier
Vollmond *m* pleine lune *f*
Vollpension *f* pension *f* complète
vollständig *adj* complet(-ète) ▶ *adv* complètement
voll|tanken *vt, vi* faire le plein
Volltextsuche *f* recherche *f* de texte complet
Volltreffer *m* coup *m* dans le mille ; (*fig*) gros succès *m*
Vollversammlung *f* assemblée *f* plénière
Vollwertkost *f* aliments *mpl* complets
vollzählig *adj* complet(-ète)
vollziehen (*irr*) *vt insép* (*ausführen*) exécuter, accomplir ; (*Befehl, Urteil*) exécuter ▶ *vr insép* s'accomplir
Vollzug *m* (*von Urteil*) exécution *f*
Volt (- od -(*e*)*s*, -) *nt* volt *m*
Volumen (-*s*, - od *Volumina*) *nt* volume *m*
vom = **von dem**

SCHLÜSSELWORT

von *präp +Dat* **1** (*Ausgangspunkt*) de ; **westlich ~ Freiburg** à l'ouest de Fribourg ; **~ A bis Z** de A à Z ; **~ morgens bis abends** du matin au soir ; **~ Paris nach Bonn** de Paris à Bonn ; **~ wo kommt der Zug?** d'où vient le train ? ; **~ wo sind Sie jetzt gekommen?** d'où arrivez-vous ? ; **~ wann ist dieser Brief?** de quand date cette lettre ? ; **~ morgen an** dès demain ; **Ihr Schreiben ~ vor zwei Wochen** votre lettre d'il y a quinze jours ; **~ dort aus kann man die Alpen sehen** de là, on voit les Alpes ; **etw ~ sich aus tun** faire qch spontanément *od* de soi-même ; **~ mir aus** (*fam*) si ça vous chante, moi, ça m'est égal
2 (*Eigenschaft*): **eine Sache ~ Wichtigkeit** une affaire d'importance
3 (*im Passiv, Ursache*): **ein Gedicht ~ Schiller** un poème de Schiller ; **ich bin müde vom Wandern** je suis fatigué(e) après cette

V

randonnée ; **das kommt vom Rauchen!** c'est parce que tu fumes (trop) ! ; **er kauft das ~ seinem Taschengeld** il l'achète avec son argent de poche ; **das ist nett ~ dir** c'est gentil à toi
4 (*als Genitiv*): **die Königin ~ Holland** la reine de Hollande ; **ein Freund ~ mir** un ami à moi
5 (*Maße, Größe etc*): **zwei Söhne ~ drei und fünf Jahren** deux fils, un de trois ans et un de cinq ans ; **im Alter ~ 12 Jahren** à l'âge de douze ans
6 (*bei Adelstitel*): **die Prinzessin ~ Wales** la princesse de Galles
7 (*über*): **er erzählte vom Urlaub** il a parlé de ses vacances
8: **~ wegen!** (*fam*) pas du tout !

voneinander *adv* l'un(e) de l'autre

SCHLÜSSELWORT

vor *präp +Dat* **1** (*räumlich, in Gegenwart von*) devant ; **~ der Kirche links abbiegen** tourner à gauche devant l'église
2 (*zeitlich*): **~ 2 Tagen/einer Woche** il y a deux jours/une semaine ; **5 (Minuten) ~ 4** 4 heures moins cinq ; **~ Kurzem** il y a peu
3 (*Ursache*): **~ Wut** de colère ; **~ Hunger sterben** mourir de faim
4: **~ allem, ~ allen Dingen** avant tout
▶ *präp +Akk* (*räumlich*) devant ; **stell dich ~ das Fenster** mets-toi devant la fenêtre
▶ *adv*: **~ und zurück schaukeln** se balancer en avant et en arrière

Vorabend *m* veille *f*
voran *adv* en avant • **voran|gehen** (*irr*) *vi* (*vorn gehen*) marcher en tête ; (*Fortschritte machen*) progresser • **voran|kommen** (*irr*) *vi* avancer
Voranschlag *m* devis *m*
voraus *adv* devant ; (*zeitlich*: *im Voraus*) en avance • **voraus|sagen** *vt* prédire • **voraus|setzen** *vt* supposer ; **vorausgesetzt dass ...** à condition que ... • **Voraussetzung** *f* (*Bedingung*) condition *f* ; (*Annahme*) supposition *f* ; **unter der ~, dass ...** à condition que ... • **Voraussicht** *f* prévoyance *f* ; **aller ~ nach** selon toute vraisemblance • **voraussichtlich** *adv* probablement, vraisemblablement
Vorbehalt (-(e)s, -e) *m* réserve *f*
vor|behalten (*irr*) *vt*: **sich etw ~** se réserver qch ; **Änderungen ~** sous réserve de modifications
vorbehaltlos *adj, adv* sans réserve *od* restriction
vorbei *adv* (*zeitlich*) passé(e) ; (*zu Ende*) fini(e), terminé(e) • **vorbei|gehen** (*irr*) *vi* passer ; **bei jdm ~** (*fam*) passer voir qn • **vorbei|kommen** (*irr*) *vi*: **bei jdm ~** passer chez qn
vor|bereiten *vt* préparer
Vorbereitung *f* préparation *f*
vorbestraft *adj* qui a un casier judiciaire
vor|beugen *vr* se pencher (en avant) ▶ *vi*: **einer Sache** *Dat* **~** prévenir qch
vorbeugend *adj* (*Maßnahme*) préventif(-ive)
Vorbeugung *f* prévention *f*
Vorbild *nt* modèle *m* ; **sich** *Dat* **jdn zum ~ nehmen** prendre exemple sur qn • **vorbildlich** *adj* exemplaire
vor|bringen (*irr*) *vt* (*Wunsch*) exprimer ; (*Vorschlag*) faire ; (*fam*: *nach vorne*) apporter

Vorderachse *f* essieu *m* avant
vordere(r, s) *adj* de devant, antérieur(e)
Vordergrund *m* premier plan *m* ; **im ~ stehen** être au premier plan
Vordermann (*-(e)s, -männer*) *m*: **mein/sein ~** la personne devant moi/lui *od* qui me/le précède ; **jdn auf ~ bringen** (*fam*) mettre qn au pas
Vorderseite *f* devant *m*
vorderste(r, s) *adj* premier(-ière)
voreilig *adj* (*Bemerkung*) irréfléchi(e)
voreingenommen *adj* prévenu(e) • **Voreingenommenheit** *f* préjugés *mpl*, parti *m* pris
vor|enthalten (*irr*) *vt*: **jdm etw ~** priver qn de qch ; (*Nachricht, Brief etc*) cacher qch à qn
vorerst *adv* pour le moment
Vorfahrt *f* priorité *f* ; **~ (be)achten!** respectez la priorité !
Vorfahrtsschild *nt* panneau *m* de priorité
Vorfall *m* incident *m*
Vorfeld *nt* (*fig*) marge *f*
vor|finden (*irr*) *vt* trouver
Vorfreude *f* joie *f* anticipée
vor|führen *vt* présenter
Vorgabe *f* (*Sport*) avantage *m* ; (*an Maßen, Bestimmungen etc*) référence *f*
Vorgang *m* processus *m* ; (*Akten*) dossier *m*
Vorgänger(in) (*-s, -*) *m(f)* prédécesseur *m*
vor|geben (*irr*) *vt* prétendre
vorgefertigt *adj* préfabriqué(e)
vor|gehen (*irr*) *vi* (*voraus*) aller à l'avance ; (*nach vorn*) avancer ; (*handeln*) procéder
Vorgehen (*-s*) *nt* manière *f* d'agir
Vorgeschmack *m* avant-goût *m*
Vorgesetzte(r) *f(m)* supérieur(e) *m/f*
vorgestern *adv* avant-hier
vor|haben (*irr*) *vt* projeter ; **hast du schon etwas vor?** as-tu déjà prévu quelque chose ?
Vorhaben (*-s, -*) *nt* intention *f*, projet *m*
vor|halten (*irr*) *vt* (*vorwerfen*) reprocher ▶ *vi* (*Vorräte etc*) suffire
Vorhand *f* coup *m* droit
vorhanden *adj* (*verfügbar*) disponible ; (*existierend*) présent(e)
Vorhang *m* rideau *m*
Vorhängeschloss *nt* cadenas *m*
vorher *adv* auparavant
Vorherrschaft *f* prédominance *f*
vor|herrschen *vi* prédominer
Vorhersage *f* prédiction *f* ; (*Wetter*) prévisions *fpl*
vorher|sagen *vt* prévoir, prédire
vorhersehbar *adj* prévisible
vorher|sehen (*irr*) *vt* prévoir
vorhin *adv* tout à l'heure, à l'instant
vorig *adj* (*Woche, Jahr*) dernier(-ière) ; (*Besitzer*) précédent(e)
Vorkehrung *f* précaution *f*
vor|kommen (*irr*) *vi* (*nach vorn*) avancer ; (*geschehen, sich ereignen*) arriver ; (*vorhanden sein, auftreten*) se trouver ; (*erscheinen*) paraître
Vorkommen (*-s, -*) *nt* (*von Erdöl etc*) gisement *m*
Vorkommnis *nt* incident *m*
Vorkriegs- *in zW* d'avant-guerre
Vorladung *f* citation *f*
Vorlage *f* modèle *m*
vorläufig *adj* provisoire
vor|legen *vt* soumettre
Vorleger (*-s, -*) *m* (*Bettvorleger*) descente *f* de lit
vor|lesen (*irr*) *vt* lire à haute voix, donner lecture de
Vorlesung *f* cours *m* (*magistral*)

vorletzte(r, s) *adj* avant-dernier(-ière)
Vorliebe *f* préférence *f*
vorlieb|nehmen (*irr*) *vi*: **~ mit** se contenter de
vor|liegen (*irr*) *vi* (*Bericht, Ergebnis*) être disponible ; **etw liegt gegen jdn vor** on a qch à reprocher à qn
vor|machen *vt*: **jdm etw ~** (*zeigen*) montrer à qn comment faire qch ; (*fig*) en faire accroire à qn
Vormachtstellung *f* suprématie *f*
Vormarsch *m* (*Mil*) progression *f*
vor|merken *vt* prendre note de, noter
Vormittag *m* matinée *f*; **heute/ Freitag ~** ce/vendredi matin
vormittags *adv* le matin
Vormund *m* tuteur *m*
vorn *adv siehe* **vorne**
Vorname *m* prénom *m*
vorne, vorn *adv* devant ; **nach ~** en avant ; **von ~** de nouveau ; **von ~ anfangen** recommencer à zéro
vornehm *adj* distingué(e)
vor|nehmen (*irr*) *vt*: **sich** *Dat* **etw ~** projeter qch ; **sich** *Dat* **jdn ~** dire ses quatre vérités à qn
vornehmlich *adv* avant tout
vornherein *adv*: **von ~** de prime abord, tout de suite
Vorort *m* faubourg *m*
Vorrang *m* priorité *f*, préséance *f*
vorrangig *adj* prioritaire
Vorrat *m* provisions *fpl*, réserves *fpl*
vorrätig *adj* en magasin *od* stock
Vorrecht *nt* privilège *m*
Vorrichtung *f* dispositif *m*
Vorruhestand *m* préretraite *f*
Vorsaison *f* avant-saison *f*
Vorsatz *m* résolution *f*
vorsätzlich *adj* (*Jur*) prémédité(e) ▸ *adv* (*Jur*) avec préméditation
Vorschau *f* aperçu *m* des programmes ; (*Ciné*) bande-annonces *fpl*
Vorschlag *m* proposition *f*
vor|schlagen (*irr*) *vt* proposer
vorschnell *adj* (*Bemerkung*) irréfléchi(e)
vor|schreiben (*irr*) *vt* prescrire
Vorschrift *f* prescription *f*; (*Anweisungen*) instruction *f*
vorschriftsmäßig *adj* réglementaire
Vorschuss *m* avance *f*
vor|sehen (*irr*) *vt* (*planen*) prévoir ▸ *vr*: **sich ~ vor** +*Dat* prendre garde à ; **das ist dafür nicht vorgesehen** ça n'est pas fait pour cela
Vorsehung *f* Providence *f*
vor|setzen *vt* (*anbieten*) offrir
Vorsicht *f* prudence *f*; **~!** attention ! ; **~, Stufe!** attention à la marche !
vorsichtig *adj* prudent(e)
vorsichtshalber *adv* par précaution
Vorsichtsmaßnahme *f* mesure *f* de précaution
Vorsilbe *f* préfixe *m*
Vorsitz *m* présidence *f*
Vorsitzende(r) *f(m)* président(e) *m/f*
Vorsorge *f* précaution *f*
vor|sorgen *vi*: **~ für** prévoir
Vorsorgeuntersuchung *f* (*Méd*) bilan *m* de santé
vorsorglich *adv* par précaution
Vorspeise *f* entrée *f*
Vorspiel *nt* (*Mus*) prélude *m*
Vorsprung *m* saillie *f*; (*Abstand*) avance *f*
Vorstadt *f* faubourg *m*
Vorstand *m* conseil *m* d'administration ; (*Mensch*) directeur(-trice) *m/f*

vor|stehen (*irr*) *vi* être proéminent(e) ; (*als Vorstand*): **einer Sache** *Dat* **~** (*fig*) diriger qch
vorstellbar *adj* imaginable
vor|stellen *vt* (*nach vorne*) avancer ; (*vor etwas*) mettre *od* placer devant ; (*bekannt machen, vorführen*) présenter ; (*darstellen*) représenter ; (*bedeuten*) signifier ▶ *vr* se présenter ; **sich** *Dat* **etw ~** se représenter *od* s'imaginer qch
Vorstellung *f* (*Bekanntmachen*) présentation *f* ; (*Theat etc*) représentation *f* ; (*Gedanke*) idée *f*
Vorstellungsgespräch *nt* entretien *m*
vor|strecken *vt* avancer
Vorstufe *f* premier stade *m*
Vortag *m* veille *f*
vor|täuschen *vt* simuler, feindre
Vorteil (-*s*, -*e*) *m* avantage *m* ; **im ~ sein (gegenüber)** avoir un avantage (sur) • **vorteilhaft** *adj* avantageux(-euse)
Vortrag (-(*e*)*s*, *Vorträge*) *m* conférence *f*
vor|tragen (*irr*) *vt* (*Gedicht*) réciter ; (*Lied*) chanter ; (*Rede*) tenir ; (*Plan*) présenter
vorüber *adv* (*räumlich, zeitlich*) passé(e) • **vorübergehend** *adj* temporaire, momentané(e)
Vorurteil *nt* préjugé *m*
Vorverkauf *m* location *f*
Vorwahl *f* (*Tél*) indicatif *m*
Vorwand (-(*e*)*s*, *Vorwände*) *m* prétexte *m*
vorwärts *adv* en avant • **Vorwärtsgang** *m* marche *f* avant • **vorwärts|gehen** (*irr*) *vi* progresser, avancer
vorweg *adv* d'avance, à l'avance • **vorweg|nehmen** (*irr*) *vt* anticiper sur
vor|weisen (*irr*) *vt* présenter
vor|werfen (*irr*) *vt* (*beschuldigen*) reprocher ; **sich** *Dat* **nichts vorzuwerfen haben** n'avoir rien à se reprocher
vorwiegend *adj* prédominant(e) ▶ *adv* en grande partie
Vorwort (-(*e*)*s*, -*e*) *nt* préface *f*
Vorwurf *m* reproche *m*
Vorzeichen *nt* (*Omen*) présage *m*
vor|zeigen *vt* montrer
vorzeitig *adj* prématuré(e)
vor|ziehen (*irr*) *vt* (*lieber haben*) préférer
Vorzimmer *nt* (*Büro*) réception *f*
Vorzug *m* préférence *f* ; (*gute Eigenschaft*) mérite *m* ; (*Vorteil*) avantage *m*
vorzüglich *adj* excellent(e)
vulgär *adj* vulgaire
Vulkan (-*s*, -*e*) *m* volcan *m* • **Vulkanausbruch** *m* éruption *f* volcanique

W

Waage *f* balance *f*; (*Astr*) Balance *f*
waagerecht *adj* horizontal(e)
wach *adj* (r)éveillé(e); (*fig*) éveillé(e)
Wache *f* garde *f*
wachen *vi* veiller
Wacholder (*-s, -*) *m* genièvre *m*
Wachs (*-es, -e*) *nt* cire *f*; (*Skiwachs*) fart *m*
wachsam *adj* vigilant(e) • **Wachsamkeit** *f* vigilance *f*
wachsen *vi irr* pousser; (*Mensch*) grandir; (*Kraft, Wut, Mut*) augmenter ▶ *vt* (*Skier*) farter
Wachstum *nt* croissance *f*
Wächter (*-s, -*) *m* gardien *m*
wackelig *adj* (*Stuhl*) bancal(e)
Wackelkontakt *m* faux contact *m*
wackeln *vi* (*Stuhl*) être bancal(e)
Wade *f* mollet *m*
Waffe *f* arme *f*
Waffel *f* gaufre *f*
Waffenstillstand *m* armistice *m*
wagen *vt* oser; (*Widerspruch, Behauptung*) oser émettre; (*riskieren*) risquer
Wagen (*-s, -*) *m* voiture *f*; (*Rail*) wagon *m* • **Wagenheber** (*-s, -*) *m* cric *m*
Waggon (*-s, -s*) *m* wagon *m*
waghalsig *adj* téméraire
Wagnis *nt* entreprise *f* hasardeuse; (*Risiko*) risque *m*
Wahl *f* choix *m*; (*Pol*) élection *f*
wahlberechtigt *adj* qui a le droit de vote
Wahlbeteiligung *f* participation *f* au vote
wählen *vt* choisir; (*Pol*) élire; (*Tél*) composer
Wähler(in) (*-s, -*) *m(f)* électeur(-trice) • **wählerisch** *adj* exigeant(e), difficile
Wahlgang *m* tour *m* de scrutin
Wahlkampf *m* campagne *f* électorale
Wahlkreis *m* circonscription *f* électorale
Wahllokal *nt* bureau *m* de vote
wahllos *adv* au hasard
Wahlrecht *nt* droit *m* de vote
Wahlurne *f* urne *f*
wahlweise *adv* au choix
Wahn (*-(e)s*) *m* (*Einbildung*) illusion *f*
Wahnsinn *m* folie *f*
wahnsinnig *adj* fou (folle) ▶ *adv* (*fam: sehr*) vachement
wahr *adj* vrai(e); **nicht ~?** n'est-ce pas?
wahren *vt* (*Rechte*) défendre
während *präp +Gen* pendant ▶ *konj* pendant que; (*wohingegen*) alors que
wahr|haben *vt*: **etw nicht ~ wollen** ne pas vouloir admettre qch
wahrhaft *adv* vraiment
wahrhaftig *adj* sincère ▶ *adv* vraiment
Wahrheit *f* vérité *f*
wahr|nehmen *vt irr* remarquer; (*Gelegenheit*) profiter de
Wahrnehmung *f* (*Sinneswahrnehmung*) perception *f*

Wahrsager(in) *(-s, -) m(f)* voyant(e) (extralucide)
wahrscheinlich *adj* probable ; *(Täter)* présumé(e) ▶ *adv* probablement
Wahrscheinlichkeit *f* vraisemblance *f*
Währung *f* monnaie *f*
Währungsraum *m* zone *f* monétaire
Wahrzeichen *nt* emblème *m*
Waise *f* orphelin(e) *m/f*
Waisenhaus *nt* orphelinat *m*
Waisenkind *nt* orphelin(e)
Wal *(-(e)s, -e) m* baleine *f*
Wald *(-(e)s, ⸗er) m* forêt *f*
waldig *adj* boisé(e)
Waldsterben *nt* dépérissement *m* des forêts
Wales *(-) nt* le pays de Galles
Walkie-Talkie *(-(s), -s) nt* talkie-walkie *m*
Wall *(-(e)s, ⸗e) m* rempart *m*
Wallfahrt *f* pèlerinage *m*
Walnuss *f* noix *f*
Walross *nt* morse *m*
Walze *f* cylindre *m* ; *(Gerät)* rouleau *m* ; *(Fahrzeug)* rouleau compresseur
wälzen *vt* rouler ; *(Bücher)* compulser ; *(Probleme)* ruminer ▶ *vr (sich vorwärtsschieben)* avancer ; *(vor Schmerzen)* se tordre ; *(im Bett)* se tourner et se retourner
Walzer *(-s, -) m* valse *f*
Wand *(-, ⸗e) f* paroi *f* ; *(von Haus, außen)* mur *m*
Wandel *(-s) m* changement *m*
wandeln *vt* changer ▶ *vr* changer
Wanderausstellung *f* exposition *f* itinérante
Wanderer *(-s, -) m*, **Wanderin** *f* randonneur(-euse)
wandern *vi* faire une randonnée ; *(Blick, Gedanken)* errer
Wanderung *f* randonnée *f*
Wandlung *f* transformation *f*
wandte *etc vb siehe* **wenden**
Wange *f* joue *f*
wann *adv* quand
Wanne *f (Badewanne)* baignoire *f* ; *(Ölwanne)* cuve *f* ; *(Trog)* auge *f*
Wanze *f (Zool)* punaise *f* ; *(Abhörgerät)* micro *m* caché
Wappen *(-s, -) nt* blason *m*
war *etc vb siehe* **sein**
warb *etc vb siehe* **werben**
Ware *f* marchandise *f*
Warenhaus *nt* grand magasin *m*
warf *etc vb siehe* **werfen**
warm *adj* chaud(e) ; **mir ist ~** j'ai chaud
Wärme *f* chaleur *f*
wärmen *vt* chauffer, réchauffer ▶ *vr* se réchauffer
Wärmflasche *f* bouillotte *f*
Warmwasserbereiter *m* chauffe-eau *m inv*
Warndreieck *nt (Aut)* triangle *m* de présignalisation *od* de détresse
warnen *vt:* **~ (vor)** mettre en garde (contre)
Warnstreik *m* grève *f* d'avertissement
Warnung *f* avertissement *m*, mise *f* en garde
Wartehäuschen *nt* abribus *m*
Warteliste *f* liste *f* d'attente
warten *vi:* **~ (auf** *+Akk***)** attendre ▶ *vt (Auto, Maschine)* entretenir
Wärter(in) *(-s, -) m(f)* gardien(ne)
Warteraum *m*, **Wartesaal** *m*, **Wartezimmer** *nt* salle *f* d'attente
Warteschlange *f* file *f* d'attente
Wartezimmer *nt* salle *f* d'attente
Wartung *f* entretien *m*
warum *adv* pourquoi
Warze *f* verrue *f*
was *pron (interrogativ)* (qu'est-ce) que ; *(: indirekt)* ce que ; *(: nach*

präp) quoi ; (*relativ*) qui ; (*fam: etwas*) quelque chose
Waschbecken *nt* lavabo *m*
Wäsche *f* linge *m* ; (*Bettwäsche*) draps *mpl*
waschecht *adj* (*fam*) pur sang *inv*
Wäscheklammer *f* pince *f* à linge
waschen (*irr*) *vt* laver ▸ *vi* faire la lessive ▸ *vr* se laver
Wäscherei *f* blanchisserie *f*
Wäscheschleuder *f* essoreuse *f*
Waschlappen *m* gant *m* de toilette ; (*fam*) lavette *f*
Waschmaschine *f* machine *f* à laver
Waschmittel *nt* lessive *f*
Waschsalon *m* laverie *f* automatique
Wasser (-*s*, - *od* ⸚) *nt* eau *f*
wasserdicht *adj* étanche, imperméable
Wasserfall *m* chute *f* d'eau
Wasserhahn *m* robinet *m*
Wasserleitung *f* conduite *f* d'eau
Wassermann *m* (*Astr*) Verseau *m*
Wassermelone *f* pastèque *f*
wässern *vt* (*Culin*) faire tremper
Wasserski *nt* ski *m* nautique
Wasserstand *m* niveau *m* d'eau
Wasserstoff *m* hydrogène *m*
Wasserwerfer *m* canon *m* à eau
waten *vi* patauger
watscheln *vi* se dandiner
Watt[1] (-(*e*)*s*, -*en*) *nt* (*Géo*) laisse *f*
Watt[2] (-*s*, -) *nt* (*Élec*) watt *m*
Watte *f* ouate *f*
Wattestäbchen *nt* coton-tige® *m*
WC *nt abk* (= *Wasserklosett*) W.-C. *mpl*
Web *nt*: **das (World Wide) ~** le Web
Webadresse *f* adresse *f* Web *od* Internet
Webcam *f* webcam *f*
weben *vt* tisser
Weblog *m* blog *m*
Webseite *f*, **Website** (-, -*s*) ▸ *f* (*Inform*) page *f* Web, site *m* Internet
Webserver *m* serveur *m* Internet
Wechsel (-*s*, -) *m* changement *m* ; (*Geldwechsel*) change *m*
• **Wechselgeld** *nt* monnaie *f*
• **wechselhaft** *adj* variable
• **Wechselkurs** *m* taux *m* de change
wechseln *vt* changer de ; (*austauschen*) échanger ; (*Geld*) changer
Wechselstrom *m* courant *m* alternatif
Wechselwirkung *f* interaction *f*
Weckdienst *m* service *m* du réveil (téléphonique)
wecken *vt* réveiller
Wecker (-*s*, -) *m* réveil *m*, réveille-matin *m inv*
Weckruf *m* réveil *m* téléphonique
wedeln *vi* (*Ski*) godiller ; **(mit dem Schwanz) ~** remuer la queue ; **mit einem Fächer ~** agiter un éventail
weder *konj*: **~ ... noch ...** ni ... ni ...
weg *adv*: **~ sein** être parti(e), ne plus être là
Weg (-(*e*)*s*, -*e*) *m* chemin *m* ; (*Mittel*) moyen *m*
wegen *präp* +*Gen* (*fam*) à cause de
weg|fahren (*irr*) *vi* partir
Wegfahrsperre *f* (*Aut*): **(elektronische) ~** antidémarrage *m* (électronique)
weg|fallen (*irr*) *vi* être supprimé(e) *od* annulé(e) ; **etw ~ lassen** supprimer *od* annuler qch
weg|gehen (*irr*) *vi* partir
weg|lassen (*irr*) *vt* laisser partir ; (*streichen*) supprimer
weg|laufen (*irr*) *vi* se sauver
weg|legen *vt* poser
weg|machen *vt* (*fam: Flecken*) enlever

weg|müssen (*irr: fam*) *vi* devoir partir
weg|nehmen (*irr*) *vt* enlever ; (*Eigentum, Zeit, Platz*) prendre
weg|räumen *vt* ranger
wegtun (*irr*) *vt* (*aufräumen*) ranger ; (*wegwerfen*) jeter
Wegweiser (-s, -) *m* poteau *m* indicateur
weg|werfen (*irr*) *vt* jeter
wegwerfend *adv* dédaigneux(-euse), méprisant(e)
Wegwerfgesellschaft *f* société *f* de consommation (*où l'on jette au lieu de réparer*)
weg|ziehen (*irr*) *vi* (*umziehen*) partir
weh *adj* (*Finger*) qui fait mal, douloureux(-euse) ; *siehe auch* **wehtun**
wehe *interj*: **~, wenn du ...** gare à toi si tu ...
Wehe *f* (*Geburtswehe*) contraction *f* ; (*Schneewehe*) congère *f*
wehen *vt, vi* (*Wind*) souffler ; (*Fahne*) flotter
wehleidig (*péj*) *adj* douillet(te)
Wehmut *f* mélancolie *f*
wehmütig *adj* mélancolique
Wehr[1] (-(e)s, -e) *nt* digue *f*
Wehr[2] (-, -en) *f*: **sich zur ~ setzen** se défendre
Wehrdienst *m* service *m* militaire
Wehrdienstverweigerer *m* objecteur *m* de conscience
wehren *vr* se défendre
wehrlos *adj* sans défense
Wehrpflicht *f* service *m* militaire obligatoire
weh|tun (*irr*) *vt* faire mal ; **sich** *Dat* **~** se faire mal
Weib (-(e)s, -er) *nt* femme *f*
Weibchen *nt* femelle *f*
weibisch *adj* efféminé(e)
weiblich *adj* féminin(e)
weich *adj* mou(molle), souple ; (*Sessel, Bett etc*) moelleux(-euse) ; (*Haut, Pelz, Stoff*) doux (douce) ; (*Kern, Herz, Gemüse etc*) tendre
Weiche *f* aiguillage *m*
weichen (*irr*) *vi* +*Dat* (*Platz machen*) céder la place (à)
weichlich *adj* mou (molle)
Weichspüler *m* adoucissant *m* (textile)
Weide *f* (*Baum*) saule *m* ; (*Wiese*) pâturage *m*
weiden *vi* paître ▶ *vr*: **sich an etw** *Dat* **~** se repaître de qch
weigern *vr* refuser
Weigerung *f* refus *m*
Weihe *f* consécration *f* ; (*Priesterweihe*) ordination *f*
weihen *vt* (*Priester*) ordonner ; (*Gebäude*) consacrer ; (*Kerze*) bénir ; (*widmen*) vouer
Weiher (-s, -) *m* étang *m*
Weihnachten (-) *nt* Noël *m*
Weihnachtsbaum *m* arbre *m* de Noël
Weihnachtsmann *m* père *m* Noël
Weihnachtsmarkt *m* marché *m* de Noël

Les marchés de Noël, **Weihnachtsmarkt**, font partie du paysage germanophone traditionnel de la période de l'Avent. On peut y déguster différentes spécialités, tels du vin chaud et du pain d'épices, mais aussi des saucisses grillées et y acheter des cadeaux, des jouets et des décorations de Noël dans une ambiance de fête.

Weihnachtstag *m* jour *m* de Noël ; **der zweite ~** le 26 décembre
weil *konj* parce que
Weile (-) *f* moment *m*
Wein (-(e)s, -e) *m* vin *m* ; (*Pflanze*) vigne *f* • **Weinbau** *m* viticulture *f*

• **Weinbeere** *f* (grain *m* de) raisin *m* • **Weinberg** *m* vignoble *m* • **Weinbergschnecke** *f* escargot *m* de Bourgogne • **Weinbrand** *m* eau-de-vie *f*
weinen *vi* pleurer
Weinlese *f* vendanges *fpl*
Weinprobe *f* dégustation *f* de vins
Weinrebe *f* vigne *f*
Weinstock *m* pied *m* de vigne
Weintraube *f* (grain *m* de) raisin *m*
weise *adj* sage
Weise *f* (Art) façon *f*, manière *f*
Weise(r) *f(m)* sage *m*
weisen (*irr*) *vt* (*Weg*) indiquer
Weisheit *f* sagesse *f*
Weisheitszahn *m* dent *f* de sagesse
weiß *adj* blanc (blanche)
Weißbier *nt bière blonde de froment*
Weißblech *nt* fer-blanc *m*
Weißbrot *nt* pain *m* blanc
Weißglut *f* incandescence *f*; **jdn bis zur ~ bringen** (*fam*) faire voir rouge à qn
Weißwandtafel *f* tableau *m* blanc ; **interaktive ~** tableau blanc interactif
Weißwein *m* vin *m* blanc
Weisung *f* directives *fpl*
weit *adj* large ; (*Entfernung, Reise*) long (longue) ; **das geht zu ~** c'en est trop • **weitaus** *adv* de loin • **Weitblick** *m* flair *m* • **weitblickend** *adj* qui voit loin
Weite *f* largeur *f*; (*Raum*) étendue *f*
weiten *vt* élargir ▶ *vr* se dilater ; (*Horizont*) s'élargir
weiter *adj* plus large ; (*Entfernung, Reise*) plus long(longue), plus grand(e) ; (*zusätzlich*) supplémentaire, complémentaire ▶ *adv* plus loin ; (*außerdem*) autrement • **weiter|arbeiten** *vi* continuer de travailler • **weiter|bilden** *vr* se recycler • **Weiterbildung** *f* formation *f* (professionnelle) complémentaire
Weitere(s) *nt*: **alles ~** tout le reste ; **ohne ~s** sans problème
weiter|empfehlen (*irr*) *vt* recommander (à d'autres)
Weiterfahrt *f* suite *f* du voyage
Weiterflug *m* suite *f* du vol
weiter|gehen (*irr*) *vi* (*Leben*) continuer
weiterhin *adv* (*immer noch*) toujours ; (*außerdem*) en outre
weiter|leiten *vt* (*Poste*) faire suivre ; (*Anfrage*) transmettre
weiter|machen *vt, vi* continuer
weiter|reisen *vi* poursuivre son voyage
weitgehend *adj* large ▶ *adv* largement
weitläufig *adj* (*Gebäude*) vaste ; (*Erklärung*) détaillé(e) ; (*Verwandter*) éloigné(e)
weitsichtig *adj* (*Méd*) presbyte
Weitsprung *m* saut *m* en longueur
weitverbreitet *adj* très répandu(e)
Weizen (-s, -) *m* blé *m* • **Weizenbier** *nt bière à base de froment*

SCHLÜSSELWORT

welche(r, s) *pron* **1** (*interrogativ*) lequel (laquelle) ; (: *pl*) lesquels (lesquelles) ; **~r/~ von beiden?** lequel (laquelle) des deux ? ; **~n/~ hast du genommen?** lequel (laquelle) as-tu pris ? ; **welch eine schöne Kirche!** quelle belle église ! ; **~ Freude!** quel plaisir !
2 (*unbestimmt*): **es soll ja ~ geben die ...** il paraît qu'il y a des gens qui ... ; **ich habe ~** j'en ai ; **haben Sie noch ~?** vous en avez ?
3 (*relativ: Subjekt*) qui ; (: *Akkusativ*)

que ; (: *Dativ*) à qui ; (: *bei Sachen*) auquel (à laquelle)

welk *adj* flétri(e)
welken *vi* se faner
Wellblech *nt* tôle *f* ondulée
Welle *f* vague *f*; (*Tech*) onde *f*
Wellenlänge *f* longueur *f* d'onde
Wellenlinie *f* ligne *f* ondulée
Wellensittich *m* perruche *f*
Wellness (-) *f* bien-être *m*
Wellpappe *f* carton *m* ondulé
Welt *f* monde *m* • **Weltall** *nt* univers *m* • **Weltanschauung** *f* vision *f* du monde, philosophie *f* • **weltberühmt** *adj* de renommée internationale
weltfremd *adj* sauvage
Weltkrieg *m* guerre *f* mondiale
Weltmacht *f* grande puissance *f*
Weltmeister(in) *m(f)* champion(ne) du monde
Weltmeisterschaft *f* championnat *m* du monde
Weltraum *m* espace *m*
Weltraumstation *f* station *f* spatiale
Weltreise *f* tour *m* du monde
Weltrekord *m* record *m* du monde
Weltstadt *f* métropole *f*
weltweit *adj* international(e)
Weltwunder *nt*: **die sieben ~** les sept merveilles *fpl* du monde
wem *pron* (*Dat*) à qui
wen *pron* (*Akk*) qui
Wende *f* tournant *m*
Wendeltreppe *f* escalier *m* en colimaçon
wenden (*irr*) *vt* tourner, retourner ; (*Boot*) faire virer de bord ▸ *vr* (*Glück*) tourner ▸ *vi* faire demi-tour ; **bitte ~!** tournez, s'il vous plaît, T.S.V.P. ; **sich an jdn ~** s'adresser à qn
Wendepunkt *m* tournant *m*
Wendung *f* tournure *f*
wenig *adj* peu de ▸ *adv* peu ; **er hat zu ~ Geld** il n'a pas assez d'argent ; **~e** *pl* peu de gens
wenigste(r, s) *adj* moindre
wenigstens *adv* au moins

SCHLÜSSELWORT

wenn *konj* (*falls, bei Wünschen*) si ; (*zeitlich*) quand ; **~ auch ...** même si ... ; **selbst ~ ...** même si ... ; **es ist, als ~ ...** c'est comme si ... ; **~ ich doch ...** si seulement je ... ; **immer ~ ...** chaque fois que ... ; **außer ~ ...** sauf quand ... ; **~ wir erst die neue Wohnung haben** quand nous aurons notre nouvel appartement

wer *pron* qui
Werbebanner *nt* message *m* publicitaire
Werbefernsehen *nt* publicité *f* à la télévision
Werbekampagne *f* campagne *f* publicitaire
werben (*irr*) *vi* faire de la publicité ; **für eine Firma/ein Produkt ~** faire de la publicité pour une entreprise/un produit
Werbespot *m* spot *m* publicitaire
Werbung *f* publicité *f*; (*von Mitgliedern*) recrutement *m* ; (*um Frau*) cour *f*

SCHLÜSSELWORT

werden (*pt* **wurde**, *pp* **geworden** *od* (*bei Passiv*) **worden**) *vi* devenir ; **rot ~** rougir ; **zu Eis ~** geler ; **die Fotos sind gut geworden** les photos sont réussies ; **was willst du (mal) ~?** qu'est-ce que tu veux faire quand tu seras grand(e) ? ; **was ist aus ihm geworden?** qu'est-il devenu ? ; **aus ihr wird nie etwas** elle n'arrivera jamais à rien ; **es wird Nacht** la nuit tombe ; **es wird Tag** le jour se lève ; **mir wird kalt** je commence à avoir froid ; **mir wird schlecht** je me sens mal ; **Erster ~** être (classé) premier ; **das muss anders ~** il faut que ça change ; **er wird bald 40** il va bientôt avoir 40 ans ▶ *Hilfsverb* **1** (*Futur*): **er wird es tun** il va le faire ; **es wird gleich regnen** il va bientôt pleuvoir **2** (*Konjunktiv*): **ich würde weniger essen** je mangerais moins ; **ich würde das nicht so machen** je ne le ferais pas comme ça ; **er würde gern ...** il aimerait bien ... ; **ich würde lieber ...** je préférerais ... **3** (*Vermutung*): **sie wird (wohl) in der Küche sein** elle est sans doute à la cuisine **4** (*Passiv*): **gebraucht ~** être utilisé(e), servir ; **es wurde viel gelacht** on a beaucoup ri

werfen (*irr*) *vt* lancer

Werft (-, -*en*) *f* chantier *m* naval

Werk (-(*e*)*s*, -*e*) *nt* (*Buch, Tätigkeit etc*) œuvre *f* ; (*Fabrik*) usine *f*

Werkstatt (-, -*stätten*) *f* atelier *m* ; (*Aut*) garage *m*

Werktag *m* jour *m* ouvrable

werktags *adv* les jours ouvrables

werktätig *adj* (*Bevölkerung*) actif(-ive)

Werkzeug *nt* outils *mpl*

Werkzeugkasten *m* boîte *f* à outils

Wermut (-(*e*)*s*) *m* (*Wein*) vermouth *m*

wert *adj* (*geschätzt*) cher (chère) ; **~e Anwesende** Mesdames et Messieurs ; **das ist es/er mir ~** je trouve que ça/qu'il en vaut la peine • **Wert** (-(*e*)*s*, -*e*) *m* valeur *f* ; **~ legen auf** +*Akk* tenir à ; **es hat doch keinen ~** ça ne sert à rien

werten *vt* (*beurteilen*) juger

Wertgegenstand *m* objet *m* de valeur

wertlos *adj* sans valeur ; (*Information*) inutile

wertvoll *adj* précieux(-euse)

Wesen (-*s*, -) *nt* (*Geschöpf*) être *m* ; (*Natur, Charakter*) nature *f*

wesentlich *adj* (*ausschlaggebend*) essentiel(le) ; (*beträchtlich*) considérable

weshalb *adv* pourquoi

Wespe *f* guêpe *f*

wessen *pron* (*Gen*) de qui, dont

Wessi *m abk voir article*

> **Wessi** est un terme familier et souvent irrespectueux désignant un Allemand de l'ancienne *BRD*. L'expression « Besserwessi » désigne un Allemand de l'Ouest qui croit tout savoir sur tout.

Weste *f* gilet *m*

Westen (-*s*) *m* ouest *m*

westlich *adj* occidental(e) ▶ *präp* +*Gen* à l'ouest de

weswegen *adv* pourquoi

wett *adj*: **mit jdm ~ sein** être quitte envers qn • **Wettbewerb** *m* concours *m*

Wette *f* pari *m*

wetten *vt, vi* parier

Wetter (-*s*, -) *nt* temps *m* (qu'il fait) • **Wetterbericht** *m* bulletin *m* de la météo • **Wetterdienst** *m* service *m* météorologique • **wetterfühlig** *adj* sensible aux changements de temps • **Wetterlage** *f* situation *f* météorologique

Wettervorhersage *f* prévisions *fpl* météorologiques

Wettkampf *m* compétition *f*

Wettlauf *m* course *f*

wett|machen *vt* réparer, compenser

Wettstreit *m* compétition *f*

wetzen *vt* (*Messer*) aiguiser
WG *abk* = **Wohngemeinschaft**
Whisky (-s, -s) *m* whisky *m*
wichtig *adj* important(e)
• **Wichtigkeit** *f* importance *f*
wickeln *vt* enrouler ; (*Baby*) langer
Widder (-s, -) *m* bélier *m* ; (*Astr*) Bélier *m*
wider *präp* +*Akk* contre
widerfahren (*irr*) *vi insép*: **jdm ~** advenir à qn
widerlegen *vt insép* réfuter
widerlich *adj* repoussant(e)
widerrechtlich *adj* illégal(e)
Widerrede *f* contradiction *f*
Widerruf *m*: **bis auf ~** jusqu'à nouvel ordre
widerrufen (*irr*) *vt insép* (*Aussage, Geständnis*) retirer ; (*Befehl, Anordnung*) annuler
widersetzen *vr insép*: **sich einem Befehl ~** s'opposer à un ordre
widerspenstig *adj* récalcitrant(e), rebelle • **Widerspenstigkeit** *f* caractère *m* rebelle *od* récalcitrant
wider|spiegeln *vt* refléter
widersprechen (*irr*) *vi insép*: **jdm/ einer Sache ~** contredire qn/qch
Widerspruch *m* contradiction *f*
Widerstand *m* résistance *f*
Widerstandsbewegung *f* mouvement *m* de résistance
widerstandslos *adj* sans résistance
widerstehen (*irr*) *vi insép*: **jdm/ einer Versuchung ~** résister à qn/ une tentation
widerwärtig *adj* épouvantable
Widerwille *m* dégoût *m*
widerwillig *adj, adv* à contrecœur
Widget *nt* (*Inform*) widget *m*
widmen *vt* (*Buch*) dédier ; (*Zeit*) consacrer ▶ *vr* se consacrer
Widmung *f* dédicace *f*
widrig *adj* (*Umstände*) adverse

SCHLÜSSELWORT

wie *adv* **1** (*in Fragen*) comment ; **~ schreibt man das?** comment ça s'écrit ? ; **~ groß?** de quelle grandeur *od* taille ? ; **~ groß ist er?** combien mesure-t-il ? ; **~ schnell?** à quelle vitesse ? ; **~ heißt du?** comment t'appelles-tu ? ; **~ nennt man das?** comment ça s'appelle ? ; **~ ist er?** comment est-il ? ; **~ spät ist es?** quelle heure est-il ? ; **~ viel** combien de ; **~ viel Personen?** combien de personnes ? ; **~ viel kostet das?** combien ça coute ? ; **~ viel Uhr ist es?** quelle heure est-il ? ; **~ bitte?** comment ?
2 (*in Ausrufen*): **~ gut du das kannst!** tu le fais vraiment bien ! ; **~ schrecklich!** c'est affreux ! ; **~ schön das ist!** comme *od* que c'est beau ! ; **~ schön sie ist!** comme elle *od* qu'elle est belle ! ; **und ~!** et comment !
3 (*relativ*): **die Art, ~ sie das macht** la manière dont elle s'y prend
▶ *konj* **1** (*bei Vergleichen*): **so schön ~ ...** aussi beau (belle) que ... ; **~ du** comme toi ; **~ ich schon sagte** comme je l'ai dit, je disais donc ; **ganz ~ Sie wünschen, mein Herr!** comme vous voudrez, Monsieur ! ; **~ (zum Beispiel)** comme (par exemple) ; **~ immer** comme toujours
2 (*zeitlich*): **~ er das hörte, ging er** en entendant cela, il est parti
3 (*Art und Weise*): **sie sagte mir, ~ man das macht** elle m'a dit comment le faire

wieder *adv* de *od* à nouveau ; **~ ein(e)** encore un(e)
• **Wiederaufbau** *m* reconstruction *f* • **Wiederaufbereitungsanlage** *f*

usine *f* de retraitement
• **wiederbeschreibbar** *adj* (*CD, DVD*) réinscriptible
• **wieder|erkennen** (*irr*) *vt* reconnaître
Wiedergabe *f* (*Bericht*) compte rendu *m*; (*Reproduktion*) reproduction *f*
wieder|geben (*irr*) *vt* rendre; (*Gefühle*) exprimer
Wiedergutmachung *f* (*Geldbetrag*) indemnité *f*
wiederher|stellen *vt* (*Mensch*) guérir; (*Ordnung*) rétablir; (*Frieden, Ruhe*) ramener; (*Inform*) restaurer; **sobald er** *od* **seine Gesundheit wiederhergestellt ist** dès qu'il sera rétabli
Wiederherstellung *f* restauration *f*; (*von Frieden, Beziehung*) rétablissement *m*
wiederholen *vt insép* répéter
wiederholt *adj* répété(e)
Wiederholung *f* répétition *f*
Wiederhören *nt*: **auf ~** au revoir
Wiederkehr *f* retour *m*
wieder|sehen (*irr*) *vt* revoir
Wiedersehen *nt* retrouvailles *fpl*; **auf ~!** au revoir!
wiederum *adv* de *od* à nouveau; (*andererseits*) par contre
Wiedervereinigung *f* (*Pol*) réunification *f*
Wiederwahl *f* réélection *f*
Wiege *f* berceau *m*
wiegen (*irr*) *vt, vi* peser
wiehern *vi* (*Pferd*) hennir
Wien (-*s*) *nt* Vienne
wies *etc vb siehe* **weisen**
Wiese *f* pré *m*
Wiesel (-*s*, -) *nt* belette *f*
wieso *adv* pourquoi
wievielte(r, s) *adj*: **zum ~n Mal?** pour la combientième fois?; **den W~n haben wir heute?** le combien sommes-nous?; **an ~r Stelle?** combientième?
wieweit *adv* jusqu'où
Wi-Fi *nt* wifi *m*, wi-fi *m*
wild *adj* sauvage; (*Volk*) primitif(-ive); (*wütend*) furieux(-euse)
Wild (-*(e)s*) *nt* gibier *m*
wildern *vi* braconner
wildfremd *adj* complètement inconnu(e)
Wildleder *nt* daim *m*
Wildnis *f* région *f* sauvage
Wildschwein *nt* sanglier *m*
Wille (-*ns*, -*n*) *m* volonté *f*
willen *präp +Gen*: **um ... ~** pour l'amour de ...
willenlos *adj* sans volonté
willig *adj* de bonne volonté
willkommen *adj* bienvenu(e); **(herzlich) ~!** bienvenue!
• **Willkommen** (-*s*, -) *nt* bienvenue *f*
willkürlich *adj* arbitraire
wimmeln *vi*: **~ von** fourmiller de
wimmern *vi* geindre
Wimper (-, -*n*) *f* cil *m*
Wimperntusche *f* mascara *m*
Wind (-*(e)s*, -*e*) *m* vent *m*
• **Windbeutel** *m* ≈ chou *m* à la crème
Winde *f* (*Tech*) treuil *m*; (*Bot*) volubilis *m*, liseron *m*
Windel *f* couche *f* (*de bébé*)
winden[1] *vi unpers*: **es windet** il vente
winden[2] (*irr*) *vt* (*Kranz*) tresser ▶ *vr* (*Weg*) serpenter; (*Pflanze*) s'enrouler; (*Person*) se tordre
Windenergie *f* énergie *f* éolienne
Windfarm (-, -*en*) *f* parc *m* éolien
Windhund *m* lévrier *m*; (*Mensch*) écervelé *m*
windig *adj* de vent; (*fam*: *Bursche*) louche
Windkraftanlage *f* centrale *f* éolienne

Windmühle *f* moulin *m* à vent
Windpark *m* parc *m* d'aérogénérateurs
Windpocken *pl* varicelle *fsg*
Windschutzscheibe *f* pare-brise *m inv*
Windstille *f* calme *m* plat
Windstoß *m* coup *m* de vent
Wink (-(e)s, -e) *m* (*mit Kopf*) signe *m* (de la tête) ; (*mit Hand*) signe (de la main) ; (*fig*) conseil *m*
Winkel (-s, -) *m* (*Ecke*) coin *m* ; (*Math*) angle *m* ; (*Gerät*) équerre *f*
winken *vi* faire signe (de la main) ; (*fig: Gelegenheit*) être en vue
winseln *vi* geindre
Winter (-s, -) *m* hiver *m* • **winterlich** *adj* hivernal(e) • **Winterschlaf** *m* hibernation *f* • **Winterschlussverkauf** *m* soldes *mpl* de printemps • **Wintersport** *m* sport *m* d'hiver
Winzer (-s, -) *m* vigneron *m*
winzig *adj* minuscule
wir *pron* nous ; **~ alle** nous tous
Wirbel (-s, -) *m* (*Anat*) vertèbre *f* ; (*in Wasser, Trubel*) tourbillon *m* ; (*Aufsehen*) remous *mpl*
wirbeln *vi* tourbillonner
Wirbelsäule *f* colonne *f* vertébrale
wirken *vi* (*tätig sein*) agir ; (*erfolgreich sein, Wirkung haben*) être efficace, agir ; (*erscheinen*) avoir l'air
wirklich *adj* vrai(e) • **Wirklichkeit** *f* réalité *f*
wirksam *adj* efficace ; **~ werden** (*gelten*) entrer en vigueur • **Wirksamkeit** *f* efficacité *f*
Wirkung *f* effet *m*
wirkungslos *adj* inefficace
wirkungsvoll *adj* efficace
wirr *adj* (*Haar*) emmêlé(e) ; (*unklar*) confus(e)
Wirren *pl* troubles *mpl*
Wirrwarr (-s) *m* confusion *f*
Wirsing (-s), **Wirsingkohl** *m* chou *m* frisé
Wirt(in) (-(e)s, -e) *m(f)* (*von Gaststätte*) patron(ne)
Wirtschaft *f* (*Gaststätte*) café *m* ; (*Écon*) économie *f* • **wirtschaftlich** *adj* économique • **Wirtschaftlichkeit** *f* rentabilité *f*
Wirtschaftskrise *f* crise *f* économique
Wirtschaftspolitik *f* politique *f* économique
Wirtshaus *nt* auberge *f*
wischen *vt* (*Boden*) laver ; (*Staub*) essuyer ; (*Augen*) s'essuyer
Wischer (-s, -) *m* (*Aut*) essuie-glace *m inv*
wissbegierig *adj* curieux(-euse)
wissen (*irr*) *vt* savoir ; **man kann nie ~** on ne sait jamais • **Wissen** (-s) *nt* savoir *m*
Wissenschaft *f* science *f*
Wissenschaftler(in) (-s, -) *m(f)* scientifique *mf*
wissenschaftlich *adj* scientifique
wissenswert *adj* digne d'intérêt
wissentlich *adj* voulu(e) ▶ *adv* en toute connaissance de cause
wittern *vt* (*Spur, Gefahr*) flairer
Witterung *f* (*Wetterlage*) temps *m*
Witwe *f* veuve *f*
Witz (-es, -e) *m* histoire *f* (drôle) • **Witzbold** (-(e)s, -e) *m* plaisantin *m*
witzeln *vi* plaisanter
witzig *adj* drôle
wo *adv* où ; (*fam: irgendwo*) quelque part
woanders *adv* ailleurs
wob *etc vb siehe* **weben**
wobei *adv* (*relativ*) à l'occasion de quoi
Woche *f* semaine *f*
Wochenende *nt* week-end *m*

wochenlang *adj* qui dure des semaines ▶ *adv* pendant plusieurs semaines
Wochentag *m* jour *m* de la semaine
wöchentlich *adj* hebdomadaire
Wodka (-s, -s) *m* vodka *f*
wodurch *adv* (*relativ*) grâce à *od* à cause de quoi ; (*interrogativ*) comment
wofür *adv* (*relativ*) pour lequel(laquelle) ; (*interrogativ*) pour quoi
wog *etc vb siehe* **wiegen**
woher *adv* d'où
wohin *adv* où

SCHLÜSSELWORT

wohl *adv* **1**: **bei dem Gedanken ist mir nicht ~** rien que d'y penser, ça me rend malade ; **~ oder übel** bon gré mal gré ; **~ gemeint** = **wohlgemeint**; **sich ~ fühlen** *siehe* **wohlfühlen**
2 (*gründlich*): **etw ~ überlegen** bien réfléchir à qch ; **ich habe es mir ~ überlegt** c'est tout réfléchi
3 (*wahrscheinlich*) probablement ; (*gewiss*) sûrement ; (*vielleicht*) sans doute ; (*etwa*) à peu près ; (*durchaus*) bien, tout à fait ; **sie ist ~ zu Hause** elle est sans doute chez elle ; **das ist doch ~ ein Witz** *od* **nicht dein Ernst!** tu plaisantes ! ; **das mag ~ sein** c'est possible ; **ob das ~ stimmt?** je me demande si c'est vrai ; **er weiß das ~** il le sait sans doute

Wohl (-(e)s) *nt*: **das ~ seiner Kinder** le bien-être de ses enfants ; **zum ~!** à la tienne *od* vôtre !
wohlbehalten *adj* sain(e) et sauf (sauve) ; (*Gegenstand*) intact(e)
Wohlfahrt *f* (*Fürsorge*) aide *f* sociale
Wohlfahrtsstaat *m* État-providence *m*
wohlfühlen *vr* se sentir bien
wohlgemeint *adj* bien intentionné(e)
wohlig *adj* agréable
Wohlstand *m* aisance *f*
Wohltat *f* bienfait *m*
Wohltäter(in) *m(f)* bienfaiteur(-trice)
wohlweislich *adv* sciemment
Wohlwollen *nt* bienveillance *f*
wohlwollend *adj* bienveillant(e)
wohnen *vi* habiter
Wohngebiet *nt* zone *f* d'habitation
Wohngemeinschaft *f* communauté *f*
wohnhaft *adj* domicilié(e)
Wohnheim *nt* foyer
wohnlich *adj* confortable
Wohnmobil *nt* camping-car *m*
Wohnort *m* domicile *m*
Wohnsitz *m* domicile *m*
Wohnung *f* appartement *m* ; (*Unterkunft*) logis *m*
Wohnungsnot *f* crise *f* du logement
Wohnwagen *m* caravane *f*
Wohnzimmer *nt* (salle *f* de) séjour *m*, living *m*
Wok (-, -s) *m* wok *m*
wölben *vr* (*Brücke*) être voûté(e)
Wölbung *f* voûte *f*
Wolf (-(e)s, ⸚e) *m* loup *m*
Wölfin *f* louve *f*
Wolke *f* nuage *m*
Wolkenkratzer *m* gratte-ciel *m inv*
wolkig *adj* nuageux(-euse)
Wolle *f* laine *f*

SCHLÜSSELWORT

wollen[1] (*pt* **wollte**, *pp* **gewollt** *od* (*als Hilfsverb*) **wollen**) *vt*, *vi* vouloir ; **ich will nach Hause** je veux

rentrer à la maison ; **er will nicht** il ne veut pas ; **etw lieber ~** préférer qch ; **wenn du willst** si tu veux ; **ganz wie du willst!** comme tu voudras ! ; **das hab ich nicht gewollt** ce n'était pas mon intention ; **ich weiß nicht, was er will** je ne sais *od* comprends pas ce qu'il veut
▶ *Hilfsverb* **1** (*Absicht haben*): **wolltest du gehen/etw sagen?** tu voulais partir/dire qch ? ; **ich wollte gerade bei dir anrufen** j'allais justement te téléphoner
2 (*müssen*): **so ein Schritt will gut überlegt sein** il faut réfléchir soigneusement avant de prendre une décision pareille
3 (*sollen*): **das will nichts heißen** ça ne veut rien dire
4 (*in Wunsch*): **ich wollte, ich wäre ...** j'aimerais être ...

wollen² *adj* en laine
wollüstig *adj* (*sinnlich*) voluptueux(-euse)
womit *adv* (*relativ*) avec quoi, avec lequel(laquelle) ; (*interrogativ*) avec quoi
womöglich *adv* peut-être
wonach *adv* (*relativ: demzufolge*) selon lequel(laquelle)
Wonne *f* délice *m*
woran *adv* (*relativ*) auquel(à laquelle) ; (*interrogativ*) à quoi
worauf *adv* (*relativ*) sur lequel(laquelle) ; (*interrogativ*) sur quoi
woraus *adv* (*relativ*) duquel(de laquelle) ; (*interrogativ*) de quoi
worin *adv* en quoi
Workshop (*-s, -s*) *m* atelier *m*, workshop *m*
Wort (*-(e)s, ¨-er od -e*) *nt* mot *m* ; **~ halten** tenir parole ; **mit anderen ~en** autrement dit
Wörterbuch *nt* dictionnaire *m*
Wortlaut *m* teneur *f* ; **im ~** textuellement
wörtlich *adj* (*Übersetzung*) mot à mot, littéral(e)
wortlos *adj* muet(te)
wortreich *adj* verbeux(-euse)
Wortschatz *m* vocabulaire *m*
Wortspiel *nt* jeu *m* de mots
worüber *adv* (*relativ*) sur lequel(laquelle) ; (*interrogativ*) sur quoi
worum *adv* (*relativ*) autour duquel(de laquelle) ; (*interrogativ*) autour de quoi
wovon *adv* (*relativ*) dont ; (*interrogativ*) de quoi
wovor *adv* (*relativ*) devant lequel(laquelle) ; (*interrogativ*) devant quoi
wozu *adv* (*relativ*) pour lequel(laquelle) ; (*interrogativ*) pourquoi
Wrack (*-(e)s, -s*) *nt* épave *f*
Wucher (*-s*) *m* usure *f*
wuchern *vi* (*Pflanzen*) proliférer
wuchs *etc vb siehe* **wachsen**
Wucht (*-*) *f* force *f*
wühlen *vi* (*Tier*) fouir ; **in etw ~** fouiller dans qch
wund *adj* (*Haut*) écorché(e)
Wunde *f* blessure *f*
Wunder (*-s, -*) *nt* miracle *m* • **wunderbar** *adj* miraculeux(-euse) ; (*herrlich*) merveilleux(-euse) • **Wunderkind** *nt* enfant *m* prodige • **wunderlich** *adj* bizarre
wundern *vr*: **sich ~ über** *+Akk* s'étonner de ▶ *vt* étonner
wunderschön *adj* merveilleux(-euse)
wundervoll *adj* merveilleux(-euse)
Wundstarrkrampf *m* tétanos *m*

Wunsch (-(*e*)*s*, *¨e*) *m* souhait *m* ; **herzliche** *od* **alle guten Wünsche zum Geburtstag!** meilleurs vœux pour ton anniversaire !
wünschen *vt* souhaiter ; **sich** *Dat* **etw ~** désirer (avoir) qch
wünschenswert *adj* souhaitable
wurde *etc vb siehe* **werden**
Würde *f* dignité *f*
würdig *adj* digne ; **jds/einer Sache ~ sein** être digne de qn/qch
würdigen *vt* reconnaître ; **jdn keines Blickes ~** ne pas daigner regarder qn
Wurf (*-s*, *¨e*) *m* lancement *m*, jet *m*
Würfel (*-s*, *-*) *m* dé *m* ; (*Math*) cube *m*
würfeln *vi* jeter les dés
Würfelspiel *nt* jeu *m* de dés
Würfelzucker *m* sucre *m* en morceaux
würgen *vt* étrangler ▶ *vi*: **~ an** *+Dat* avoir du mal à avaler
Wurm (-(*e*)*s*, *¨er*) *m* ver *m*
wurmig *adj* véreux(-euse)
wurmstichig *adj* vermoulu(e)
Wurst (*-*, *¨e*) *f* saucisse *f*
Würstchen *nt* saucisse *f*
Würze *f* épice *f*
Wurzel (*-*, *-n*) *f* racine *f*
würzen *vt* épicer ; (*fig*) donner du piquant à
würzig *adj* épicé(e)
wusch *etc vb siehe* **waschen**
wusste *etc vb siehe* **wissen**
wüst *adj* (*roh*: *Kerl*) rustre ; (*ausschweifend*) déchaîné(e) ; (*öde*) désert(e) ; (*fam*: *heftig*) terrible
Wüste *f* désert *m*
Wut (*-*) *f* colère *f*, fureur *f* ; **eine ~ auf jdn/etw haben** être en colère contre qn/qch ; **seine ~ an jdn/etw auslassen** passer sa colère sur qn/qch • **Wutanfall** *m* accès *m* de colère
wüten *vi* (*Wind*) souffler en tempête
wütend *adj* furieux(-euse)
WWW *nt abk* (= *World Wide Web*): **das ~** le Web

X

X-Beine *pl* jambes *fpl* cagneuses
x-beliebig *adj* n'importe quel(le)
x-mal *adv* n fois
Xylofon, Xylophon (*-s, -e*) *nt* xylophone *m*

Y

Yoga (*-(s)*) *m od nt* yoga *m*
Ypsilon (*-(s), -s*) *nt* i *m* grec

Z

Zacke *f* pointe *f* ; (*Bergzacke: von Gabel, Kamm*) dent
zaghaft *adj* hésitant(e)
zäh *adj* (*Fleisch*) coriace ; (*Flüssigkeit*) visqueux(-euse) ; (*Mensch*) résistant(e) ; (*schleppend*) pénible
Zahl (-, -*en*) *f* nombre *m*
zahlbar *adj* payable
zahlen *vt, vi* payer ; **~ bitte!** l'addition, s'il vous plaît !
zählen *vi, vt* compter ; **~ zu** compter parmi ; **auf jdn/etw ~** compter sur qn/qch
Zähler (-*s*, -) *m* (*Tech*) compteur *m*
zahlreich *adj* nombreux(-euse)
Zahlung *f* paiement *m*
zahm *adj* (*Tier*) apprivoisé(e) ; (*brav*) sage
zähmen *vt* apprivoiser, dompter
Zahn (-(*e*)*s*, *¨e*) *m* dent *f* • **Zahnarzt** *m*, **Zahnärztin** *f* dentiste • **Zahnbürste** *f* brosse *f* à dents
Zahnersatz *m* prothèse *f* dentaire
Zahnfleisch *nt* gencive(s) *f(pl)*
Zahnpasta *f* (pâte *f*) dentifrice *m*
Zahnrad *nt* roue *f* dentée
Zahnradbahn *f* chemin *m* de fer à crémaillère
Zahnschmerzen *pl* maux *mpl* de dents
Zahnseide *f* fil *m* dentaire
Zahnspange *f* appareil *m* (*pour redresser les dents*)
Zahnstocher (-*s*, -) *m* cure-dents *m*
Zange *f* pince *f* ; (*Beißzange*) tenailles *fpl* ; (*Geburtszange*) forceps *m*
zanken *vi* se disputer ▶ *vr*: **sich mit jdm ~** se disputer avec qn
Zäpfchen *nt* (*Anat*) luette *f* ; (*Méd*) suppositoire *m*
zapfen *vt* tirer
Zapfen (-*s*, -) *m* (*Tannenzapfen*) pomme *f* de pin ; (*Eiszapfen*) glaçon *m*
Zapfenstreich *m* (*Mil*) retraite *f*
zappeln *vi* frétiller
zappen *vi* (*TV*) zapper
Zar(in) (-*s*, -*en*) *m(f)* tsar(ine)
zart *adj* (*Haut, Töne*) doux(douce) ; (*Farben*) délicat(e) ; (*Berührung*) léger(-ère) ; (*Braten*) tendre
zärtlich *adj* tendre • **Zärtlichkeit** *f* tendresse *f* ; **Zärtlichkeiten** *pl* (*Worte*) mots *mpl* tendres
Zauber (-*s*, -) *m* (*Magie*) magie *f* ; (*fig*) charme *m* ; **fauler ~** (*fam*) attrape-nigaud *m*
Zauberer (-*s*, -) *m*, **Zauberin** *f* magicien(ne)
zauberhaft *adj* merveilleux(-euse)
Zauberkünstler *m* prestidigitateur *m*
zaubern *vi* faire des tours de passe-passe
zaudern *vi* hésiter
Zaum (-(*e*)*s*, *Zäume*) *m* bride *f* ; **etw im ~ halten** maîtriser qch
Zaun (-(*e*)*s*, *Zäune*) *m* clôture *f* • **Zaunkönig** *m* roitelet *m*
z. B. *abk* (= *zum Beispiel*) par ex.

Zebra (-s, -s) *nt* zèbre *m* • **Zebrastreifen** *m* passage *m* clouté
Zeche *f* addition *f*; (*Bergbau*) mine *f*
Zecke *f* tique *f*
Zeh (-s, -en) *m*, **Zehe** *f* orteil *m*, doigt *m* de pied; (*Knoblauchzehe*) gousse *f*
zehn *num* dix
Zehnerkarte *f* ≈ carnet *m* de dix tickets
Zehnkampf *m* décathlon *m*
zehnte(r, s) *adj* dixième
Zehntel (-s, -) *nt* dixième *m*
Zeichen (-s, -) *nt* signe *m*; (*Schild*) écriteau *m* • **Zeichensatz** *m* (*Inform*) jeu *m* de caractères • **Zeichentrickfilm** *m* dessin *m* animé
zeichnen *vi* dessiner ▶ *vt* dessiner; (*kennzeichnen*) marquer; (*unterzeichnen*) signer
Zeichner(in) (-s, -) *m(f)* dessinateur(-trice); **technische(r) ~(in)** dessinateur(-trice) industriel(le)
Zeichnung *f* dessin *m*
Zeigefinger *m* index *m*
zeigen *vt* montrer ▶ *vi*: **~ auf** +*Akk* indiquer ▶ *vr* se montrer; **das wird sich ~** on verra
Zeiger (-s, -) *m* aiguille *f*
Zeile *f* ligne *f*
Zeit (-, -en) *f* temps *m*; (*Uhrzeit*) heure *f*; (*Augenblick*) moment *m*; **sich** *Dat* **~ lassen** prendre son temps; *siehe auch* **zurzeit** • **Zeitalter** *nt* ère *f* • **Zeitarbeit** *f* travail *m* temporaire • **Zeitgeist** *m* esprit *m* (d'une *od* de l'époque) • **zeitgemäß** *adj* moderne • **Zeitgenosse** *m* contemporain(e) *m/f*
zeitig *adv* tôt
zeitlebens *adv* toute ma/sa *etc* vie
zeitlich *adj* (*Reihenfolge*) chronologique
Zeitlupe *f* ralenti *m*
Zeitpunkt *m* moment *m*
Zeitraffer (-s) *m* accéléré *m*
Zeitraum *m* période *f*
Zeitrechnung *f*: **vor/nach unserer ~** avant/après J.-C
Zeitschrift *f* revue *f*
Zeitung *f* journal *m*
Zeitverschwendung *f* perte *f* de temps
Zeitvertreib *m* passe-temps *m inv*
zeitweilig *adj* temporaire
zeitweise *adv* de temps en temps
Zeitwort *nt* verbe *m*
Zeitzone *f* fuseau *m* horaire
Zeitzünder *m* détonateur *m* à retardement
Zelle *f* cellule *f*; (*Telefonzelle*) cabine *f*
Zellstoff *m* cellulose *f*
Zelt (-(e)s, -e) *nt* tente *f* • **zelten** *vi* camper
Zement *m* ciment *m*
zensieren *vt* censurer; (*Scol*) marquer
Zensur *f* censure *f*; (*Scol*) note *f*
Zentimeter *m od nt* centimètre *m*
Zentner (-s, -) *m* 50 *kilos*
zentral *adj* central(e)
Zentrale *f* (*von Bank, Partei, Konzern*) siège *m*; (*Tél*) central *m*
Zentraleinheit *f* unité *f* centrale
Zentralheizung *f* chauffage *m* central
Zentralverriegelung *f* (*Aut*) verrouillage *m* central (des portières)
Zentrifuge *f* essoreuse *f*
Zentrum (-s, *Zentren*) *nt* centre *m*
zerbrechen (*irr*) *vt* casser ▶ *vi* se casser
zerbrechlich *adj* fragile
zerdrücken *vt* écraser

Zeremonie *f* cérémonie *f*
Zerfall *m* (*von Kultur*) déclin *m* ; (*von Gesundheit*) détérioration *f* • **zerfallen** (*irr*) *vi* (*Gebäude etc*) tomber en ruine
zerkleinern *vt* réduire en morceaux
zerlegen *vt* démonter ; (*Fleisch, Geflügel etc*) découper ; (*Satz*) analyser
zermürben *vt* (*Mensch*) anéantir
zerquetschen *vt* écraser
zerreißen (*irr*) *vt* déchirer ▶ *vi* (*Seil*) casser
zerren *vt* traîner ▶ *vi*: **~ an** +*Dat* tirer sur
zerrissen *adj* déchiré(e)
Zerrung *f* claquage *m*
zerrüttet *adj* (*Ehe*) brisé(e) ; (*Gesundheit*) miné(e)
zerschlagen (*irr*) *vt* casser ; (*mit Gewalt*) fracasser ▶ *vr* (*Pläne etc*) échouer ▶ *adj*: **sich ~ fühlen** être épuisé(e)
zersetzen *vt* (*Metall etc*) attaquer ▶ *vr* se décomposer
zerstören *vt* détruire
Zerstörung *f* destruction *f*
zerstreuen *vt* disperser ▶ *vr* se disperser ; (*sich unterhalten*) se distraire
zerstreut *adj* (*Mensch*) distrait(e)
zertreten (*irr*) *vt* écraser
zertrümmern *vt* fracasser
Zerwürfnis *nt* brouille *f*
Zettel (-s, -) *m* billet *m*
Zeug (-(e)s, -e) (*fam*) *nt* affaires *fpl* ; **dummes ~** bêtises *fpl*
Zeuge (-n, -n) *m*, **Zeugin** *f* témoin *m*
zeugen *vt* (*Kind*) procréer ▶ *vi* témoigner
Zeugenaussage *f* témoignage *m*
Zeugenstand *m* barre *f* (des témoins)
Zeugin *f siehe* **Zeuge**
Zeugnis *nt* certificat *m* ; (*Scol*) bulletin *m* (scolaire) ; (*Referenz, Arbeitszeugnis*) références *fpl*
z. H., z. Hd. *abk* (= *zu Händen*) à l'attention de
Ziege *f* chèvre *f*
Ziegel (-s, -) *m* brique *f* ; (*Dachziegel*) tuile *f*
ziehen (*irr*) *vt* tirer ▶ *vi* tirer ; (*umziehen*) déménager ; (*wandern*) aller ; (*Wolke*) passer ▶ *vi unpers*: **es zieht** il y a un courant d'air ; **Gesichter ~** faire des grimaces ; **zu jdm ~** aller habiter avec qn
Ziehharmonika *f* accordéon *m*
Ziehung *f* (*Losziehung*) tirage *m* (au sort)
Ziel (-(e)s, -e) *nt* but *m*
zielen *vi*: **~ auf** +*Akk* viser
Zielgruppe *f* groupe *m* cible
ziellos *adj* sans but
Zielscheibe *f* cible *f*
zielstrebig *adj* qui a de la suite dans les idées
ziemlich *adj* considérable ▶ *adv* plutôt ; **~ lange** assez longtemps
zieren *vr* faire des façons
zierlich *adj* gracile • **Zierlichkeit** *f* gracilité *f*
Ziffer (-, -n) *f* chiffre *m* • **Zifferblatt** *nt* cadran *m*
zig (*fam*) *adj* je ne sais combien de
Zigarette *f* cigarette *f*
Zigarettenautomat *m* distributeur *m* de cigarettes
Zigarettenschachtel *f* paquet *m* de cigarettes
Zigarillo (-s, -s) *nt od m* cigarillo *m*
Zigarre *f* cigare *m*
Zigeuner(in) (-s, -) *m(f)* gitan(e)
Zimbabwe (-s) *nt* le Zimbabwe
Zimmer (-s, -) *nt* chambre *f* ; **„~ frei"** « chambres à louer » • **Zimmermädchen** *nt* femme *f* de

chambre • **Zimmermann** (*pl -leute*) *m* charpentier *m*
Zimmervermittlung *f* service *m* du logement
zimperlich *adj* douillet(te)
Zimt (*-(e)s, -e*) *m* cannelle *f* • **Zimtstange** *f* bâton *m* de cannelle
Zink (*-(e)s*) *nt* zinc *m*
Zinke *f* dent *f*
Zinn (*-(e)s*) *nt* étain *m*
Zins (*-es, -en*) *m* intérêt *m*
Zinsfuß *m* taux *m* d'intérêt
zinslos *adj* sans intérêts
Zinssatz *m* taux *m* d'intérêt
Zionismus *m* sionisme *m*
Zipfel (*-s, -*) *m* bout *m* • **Zipfelmütze** *f* bonnet *m*
zirka *adv* environ
Zirkel (*-s, -*) *m* (*von Personen*) cercle *m* ; (*Gerät*) compas *m*
Zirkus (*-, -se*) *m* cirque *m*
zischen *vi* siffler
Zitat *nt* citation *f*
zitieren *vt* citer ; (*vorladen, rufen*): **~ vor** *+Akk* convoquer devant
Zitronat *nt* écorce *f* de citron confite
Zitrone *f* citron *m*
Zitronenlimonade *f* limonade *f*
Zitronensaft *m* jus *m* de citron
zittern *vi* trembler
zivil *adj* civil(e) ; (*gemäßigt*) honnête • **Zivil** (*-s*) *nt*: **~ tragen** s'habiller *od* se mettre en civil • **Zivilbevölkerung** *f* population *f* civile • **Zivilcourage** *f*: **~ haben** avoir le courage de ses opinions
Zivildienst *m* service *m* civil
Zivilisation *f* civilisation *f*
Zivilist *m* civil *m*
Zocker(in) (*-s, -*) *m(f)* (*fam*) grand(e) joueur(-euse)
Zoff (*-s*) *m* (*fam*) pétard *m* ; **dann gibt's ~** ça va chauffer
zog *etc vb siehe* **ziehen**
zögern *vi* hésiter
Zoll[1] (*-(e)s, ¨-e*) *m* (*Behörde*) douane *f* ; (*Abgabe*) (droit *m* de) douane
Zoll[2] (*-(e)s, -*) *m* (*Maß*) pouce *m* (*mesure*)
Zollabfertigung *f* formalités *fpl* de douane
Zollbeamte(r) *m* douanier *m*
Zollerklärung *f* déclaration *f* en douane
zollfrei *adj* exempté(e) *od* franc(franche) de douane
zollpflichtig *adj* soumis(e) à des droits de douane
Zone *f* zone *f*
Zoo (*-s, -s*) *m* zoo *m*
Zoologie *f* zoologie *f*
Zoom (*-s, -s*) *nt* zoom *m*
Zopf (*-(e)s, ¨-e*) *m* (*Haarzopf*) tresse *f*, natte *f* ; **ein alter ~** (*péj*) une coutume dépassée
Zorn (*-(e)s*) *m* colère *f*
zornig *adj* en colère
Zote *f* plaisanterie *f* grossière

SCHLÜSSELWORT

zu *präp +Dat* **1** (*örtlich*): **zum Bahnhof/Arzt gehen** aller à la gare/chez le médecin ; **zur Schule/Kirche gehen** aller à l'école/l'église ; **sollen wir zu euch gehen?** on va chez vous ? ; **zum Gebirge hin** vers la montagne ; **zu meiner Linken** à ma gauche ; **bis zu** jusqu'à ; **darf ich mich zu Ihnen setzen?** je peux m'asseoir à côté de *od* avec vous ?
2 (*zeitlich*): **zu Ostern** à Pâques ; **bis zum 1. Mai** jusqu'au 1er mai ; (*nicht später als*) d'ici au 1er mai ; **zu meiner Zeit** de mon temps
3 (*Zusatz*): **zu Fisch trinkt man Weißwein** avec le poisson, on boit du vin blanc ; **zu dem kommt**

noch, dass ... à cela s'ajoute que ...
4 (*Zweck*) pour ; **Wasser zum Waschen** de l'eau pour se laver ; **das ist doch nur zu seinem Besten** c'est pour son bien
5 (*als*): **jdn zum Vorbild haben** prendre qn pour modèle, prendre exemple sur qn ; **jdn zum Vorsitzenden wählen** élire qn président
6 (*Anlass*): **ein Geschenk zum Geburtstag** un cadeau d'anniversaire ; **herzlichen Glückwunsch zum Geburtstag!** bon anniversaire ! ; **jdm zu etw gratulieren** présenter ses meilleurs vœux à qn à l'occasion de qch
7 (*Veränderung*): **zu etw werden** devenir qch ; **jdn zu etw machen** faire qch de qn
8 (*mit Zahlen*): **3 zu 2** (*Sport*) 3 à 2 ; **das Stück zu 2 Euro** 2 euros pièce ; **zum ersten/dritten Mal** pour la première/troisième fois
9: **zu meiner Freude** à ma grande joie ; **zum Glück** heureusement ; **zu Fuß** à pied ; **es ist zum Weinen** c'est triste à pleurer ; **zum Scherz** pour rire ; **zum Beispiel** par exemple
▸ *konj* pour ; **ohne es zu wissen** sans le savoir
▸ *adv* 1 (*allzu*) trop ; **zu klein/dick** trop petit(e)/gros(se) ; **zu sehr** trop ; **zu viel** trop (de) ; **viel zu viel** beaucoup trop ; **zu wenig** trop peu (de)
2 (*örtlich*) vers ; **er kam auf mich zu** il est venu vers moi
3 (*geschlossen*): **zu sein** être fermé(e) ; **„auf/zu"** (*Wasserhahn*) « ouvert/fermé » ; **(mach die) Tür zu!** ferme la porte !

zuallererst *adv* avant tout
zuallerletzt *adv* en tout dernier
Zubehör (-(*e*)*s*, -*e*) *nt* équipement *m*
zu|bekommen (*irr*) (*fam*) *vt* arriver à fermer
zu|bereiten *vt* préparer
zu|binden (*irr*) *vt* (*Schuh*) lacer ; (*Sack*) fermer
zu|bleiben (*irr*) (*fam*) *vi* rester fermé(e)
Zubringer (-*s*, -) *m* (*Straße*) (route *f* d')accès *m*
Zucchini *pl* courgettes *fpl*
Zucht (-, -*en*) *f* (*von Tieren*) élevage *m* ; (*von Pflanzen*) culture *f* ; (*Disziplin*) discipline *f*
züchten *vt* (*Tiere*) élever ; (*Pflanzen*) cultiver
Zuchthaus *nt* pénitencier *m*
züchtig *adj* (*Mensch, Benehmen*) bien élevé(e)
zucken *vi* (*Körperteil*) tressaillir
▸ *vt*: **die Achseln** *od* **Schultern ~** hausser les épaules
zücken *vt* (*Schwert*) brandir ; (*Geldbeutel, Kamera*) sortir
Zucker (-*s*, -) *m* sucre *m* ; (*Zuckerkrankheit*) diabète *m*
• **Zuckerdose** *f* sucrier *m*
• **Zuckerguss** *m* glaçage *m*
• **zuckerkrank** *adj* diabétique
zuckern *vt* sucrer
Zuckerrohr *nt* canne *f* à sucre
Zuckerrübe *f* betterave *f* sucrière
Zuckerwatte *f* barbe *f* à papa
Zuckung *f* contraction *f*
zu|decken *vt* couvrir
zudem *adv* de plus
zu|drehen *vt* fermer
zudringlich *adj* pressant(e)
zu|drücken *vt* fermer (en poussant) ; **ein Auge ~** fermer les yeux
zueinander *adv* l'un(e) avec l'autre

zueinander|passen *vi*: **sie passen zueinander** ils vont bien ensemble
zuerst *adv* d'abord ; (*als Erste(r)*) le(la) premier(-ère)
Zufahrt *f* accès *m*
Zufahrtsstraße *f* (route *f* d')accès *m* ; (*von Autobahn etc*) bretelle *f*
Zufall *m* hasard *m*
zufällig *adj* fortuit(e) ▶ *adv* par hasard
Zuflucht *f* refuge *m*
zufolge *präp* +*Dat* selon
zufrieden *adj* satisfait(e) ; (*Mensch auch*) content(e)
zufrieden|geben (*irr*) *vr* se déclarer *od* être satisfait(e)
Zufriedenheit *f* satisfaction *f*
zu|fügen *vt* (*dazutun*) ajouter
Zug (-(e)s, ¨-e) *m* train *m* ; (*Luftzug*) courant *m* d'air ; (*Gesichtszug, Schriftzug, Charakterzug*) trait *m* ; (*Échecs etc*) coup *m* ; **einen ~ an einer Zigarette machen** tirer sur une cigarette
Zugabe *f* (*Vorgang*) ajout *m* ; (*in Konzert etc*) bis *m*
Zugang *m* accès *m*
zugänglich *adj* accessible
Zugbrücke *f* pont *m* ferroviaire
zu|geben (*irr*) *vt* admettre
zu|gehen (*irr*) *vi* (*fam*: *schließen*) fermer ▶ *vi impers*: **es geht dort seltsam zu** il s'y passe des choses étranges ; **auf jdn/etw ~** se diriger vers qn/qch
Zugehörigkeit *f*: **~ zu** appartenance *f* à
zugeknöpft (*fam*) *adj* fermé(e)
Zügel (-s, -) *m* rêne *f*
zügellos *adj* débridé(e) ; (*sexuell*) débauché(e)
zügeln *vt* maîtriser
Zugeständnis *nt* concession *f*
zu|gestehen (*irr*) *vt* accorder
Zugführer *m* (*Rail*) chef *m* de train
zugig *adj* (*Raum*) plein(e) de courants d'air
zügig *adj* rapide
zugleich *adv* en même temps
Zugluft *f* courant *m* d'air
zu|greifen (*irr*) *vi* (*schnell nehmen*) le(la) saisir ; (*Angebot, Gelegenheit*) sauter dessus ; (*beim Essen*) se servir
Zugriff *m* (*Inform*) accès *m*
Zugriffszeit *f* (*Inform*) temps *m* d'accès
zugrunde, zu Grunde *adv*: **~ gehen** disparaître ; (*sterben*) périr ; **etw einer Sache** *Dat* **~ legen** fonder qch sur qch ; **einer Sache** *Dat* **~ liegen** être à la base de qch ; **~ richten** perdre
zugunsten, zu Gunsten *präp* +*Gen od Dat* en faveur de
zugute|halten (*irr*) *vt*: **jdm etw ~** retenir qch en faveur de qn
zugute|kommen (*irr*) *vi*: **jdm ~** être utile à qn
Zugverbindung *f* correspondance *f*
Zugvogel *m* oiseau *m* migrateur
Zuhälter (-s, -) *m* souteneur *m*
zuhause *adv* à la maison
Zuhause (-) *nt* chez-soi *m inv*
zu|hören *vi* (+*Dat*) écouter
Zuhörer(in) *m(f)* auditeur(-trice)
zu|jubeln *vi*: **jdm ~** acclamer qn
zu|kommen (*irr*) *vi*: **auf jdn ~** se diriger vers qn ; (*Aufgabe, Verantwortung*) incomber à qn
Zukunft (-, *Zukünfte*) *f* avenir *m* ; (*Ling*) futur *m*
zukünftig *adj* futur(e)
Zukunftsaussichten *pl* perspectives *fpl* d'avenir
Zukunftsmusik (*fam*) *f* paroles *fpl* en l'air
Zulage *f* (*Gehaltszulage*) augmentation *f*

zu|lassen (*irr*) *vt* (*tolerieren, erlauben*) permettre ; (*Fahrzeug*) délivrer la vignette pour ; (*fam: nicht öffnen*) laisser fermé(e) ; **jdn zu etw ~** admettre qn à qch
zulässig *adj* autorisé(e)
zu|legen *vt* (*dazugeben*) ajouter ; **sich** *Dat* **etw ~** acquérir qch ; **Tempo ~** accélérer
zuletzt *adv* (*an letzter Stelle*) en dernier ; (*zum letzten Mal*) la dernière fois ; (*schließlich*) finalement
zuliebe *adv*: **jdm ~** pour faire plaisir à qn
zum = **zu dem**
zu|machen *vt, vi* fermer
zumal *konj* d'autant plus que
zumindest *adv* du moins
zumutbar *adj* acceptable
zumute, zu Mute *adv*: **mir ist wohl ~** je me sens bien
zu|muten *vt*: **jdm etw ~** demander qch à qn
Zumutung *f* demande *f* exagérée ; **so eine ~!** quel culot !
zunächst *adv* (*am Anfang, zuerst*) tout d'abord ; (*vorerst*) pour l'instant
Zunahme *f* augmentation *f*
Zuname *m* nom *m* de famille
zünden *vi* prendre
Zündkerze *f* (*Aut*) bougie *f*
Zündschlüssel *m* clé *f* de contact
Zündung *f* (*Aut*) allumage *m*
zu|nehmen (*irr*) *vi* augmenter ; (*dicker werden*) prendre du poids
Zuneigung *f* affection *f*
Zunft (-, ¨e) *f* corporation *f*
zünftig *adj* (*ordentlich, gehörig*) bon (bonne)
Zunge *f* langue *f*
Zungenbrecher *m phrase très difficile à prononcer*
zunichte|machen *vt* anéantir
zunichte|werden (*irr*) *vi* être réduit(e) à néant
zunutze, zu Nutze *adv*: **sich** *Dat* **etw ~ machen** tirer profit de qch, se servir de qch
zupfen *vt* (*Fäden*) tirer ; (*Augenbrauen*) s'épiler ; (*Gitarre*) jouer de
zur = **zu der**
zurechnungsfähig *adj* sain(e) d'esprit
zurecht|finden (*irr*) *vr* s'y retrouver ; (*im Leben*) se débrouiller
zurecht|kommen (*irr*) *vi* (*finanziell*) arriver à joindre les deux bouts
zurecht|machen *vt* préparer ▶ *vr* se préparer
zurecht|weisen (*irr*) *vt* remettre à sa place
zu|reden *vi* +*Dat* (*ermutigen*) encourager
zurück *adv* (*nach rückwärts*) en arrière ; (*im Rückstand*) en retard • **zurück|bekommen** (*irr*) *vt* obtenir en retour ; **Sie bekommen noch 50 Cents zurück** je vous dois encore 50 cents • **zurück|bleiben** (*irr*) *vi* rester ; (*in Entwicklung*) avoir du retard • **zurück|bringen** (*irr*) *vt* rapporter • **zurück|führen** *vt* ramener ; **etw auf etw** *Akk* **~** mettre qch sur le compte de qch • **zurück|geben** (*irr*) *vt* rendre ▶ *vi* (*antworten*) répliquer • **zurückgeblieben** *adj* (*geistig*) arriéré(e) • **zurück|gehen** (*irr*) *vi* (*an Ort*) retourner ; (*nachlassen*) baisser • **zurückgezogen** *adj* retiré(e) • **zurück|halten** (*irr*) *vt* retenir ▶ *vr* se retenir ; (*im Hintergrund bleiben*) se tenir sur la réserve • **zurückhaltend** *adj* réservé(e) • **zurück|kommen** (*irr*) *vi* revenir

• **zurück|legen** *vt* (*an Platz*) remettre ; (*Geld*) mettre de côté ; (*Karten*) réserver ; (*Strecke*) parcourir • **zurück|nehmen** (*irr*) *vt* reprendre ; (*Bemerkung*) retirer • **zurück|schrecken** *vi*: **vor nichts ~** n'avoir peur de rien • **zurück|treten** (*irr*) *vi* (*nach hinten*) reculer ; (*von Amt*) démissionner • **zurück|weisen** (*irr*) *vt* (*Bewerber*) refuser ; (*Vorwurf, Behauptung*) rejeter • **zurück|zahlen** *vt* rembourser • **zurück|ziehen** (*irr*) *vt* retirer ▶ *vr* se retirer

zurzeit *adv* en ce moment

Zusage *f* accord *m* ; (*von Einladung etc*) acceptation *f*

zu|sagen *vt* (*Hilfe, Job*) accorder ▶ *vi* (*bei Einladung, Stelle*) accepter ; **jdm ~** (*gefallen*) plaire à qn

zusammen *adv* ensemble ; (*insgesamt*) en tout • **Zusammenarbeit** *f* collaboration *f* • **zusammen|arbeiten** *vi* collaborer • **zusammen|brechen** (*irr*) *vi* s'écrouler ; (*Mensch*) s'effondrer ; (*Verkehr*) être immobilisé(e) • **zusammen|bringen** (*irr*) *vt* rassembler ; (*fam* : *Gedicht*) arriver à sortir ; (: *Sätze*) arriver à aligner • **Zusammenbruch** *m* (*Nervenzusammenbruch*) dépression *f* (nerveuse) ; (*von Firma*: *Écon, Pol*) effondrement *m* • **zusammen|fahren** (*irr*) *vi* (*Fahrzeug*) entrer en collision ; (*zusammenzucken, erschrecken*) tressaillir • **zusammen|fassen** *vt* (*vereinigen*) réunir • **Zusammenfassung** *f* résumé *m* • **zusammengesetzt** *adj* composé(e) • **zusammen|halten** (*irr*) *vi* (*Teile*) tenir ensemble ; (*Menschen*) se serrer les coudes • **Zusammenhang** *m* rapport *m* • **zusammen|hängen** (*irr*) *vi* (*Ursachen*) être lié(e) • **zusammen|kommen** (*irr*) *vi* se réunir ; (*Geld*) être réuni(e) • **Zusammenkunft** (-, -*künfte*) *f* réunion *f* • **zusammen|leben** *vi* vivre ensemble • **zusammen|nehmen** (*irr*) *vt* rassembler ▶ *vr* se ressaisir • **zusammen|passen** *vi* aller (bien) ensemble • **Zusammenschluss** *m* fusion *f* • **Zusammensein** (-*s*) *nt* réunion *f* de gens • **zusammen|setzen** *vt* (*Puzzle, Teile*) assembler ▶ *vr*: **sich aus etw ~** être composé(e) de qch • **Zusammensetzung** *f* composition *f* • **zusammen|stellen** *vt* (*Rede, Menü*) composer ; (*Ausstellung*) monter • **Zusammenstellung** *f* (*Übersicht*) résumé *m* ; (*Vorgang*) sélection *f* • **Zusammenstoß** *m* collision *f* • **zusammen|treffen** (*irr*) *vi* coïncider ; **mit jdm ~** rencontrer qn • **zusammen|wachsen** (*irr*) *vi* se joindre • **zusammen|zählen** *vt* additionner • **zusammen|zucken** *vi* tressaillir

Zusatz *m* appendice *m* • **Zusatzgerät** *m* accessoire *m*

zusätzlich *adj* supplémentaire

zu|schauen *vi* regarder

Zuschauer(in) (-*s*, -) *m(f)* spectateur(-trice)

Zuschlag *m* supplément *m*

zu|schlagen (*irr*) *vt* (*Tür*) claquer ; (*Buch*) fermer d'un coup sec ▶ *vi* (*Mensch*) frapper

zu|schließen (*irr*) *vt* fermer à clé

zu|schneiden (*irr*) *vt* couper

zu|schreiben (*irr*) *vt*: **jdm etw ~** attribuer qch à qn
Zuschrift *f* lettre *f* (*de lecteur ou d'auditeur*)
zuschulden, zu Schulden *adv*: **sich** *Dat* **etwas ~ kommen lassen** se rendre coupable d'une faute
Zuschuss *m* subvention *f*
zu|sehen (*irr*) *vi* (*+Dat*) (*zuschauen*) regarder ; **~, dass** (*dafür sorgen*) veiller à ce que
zusehends *adv* à vue d'œil
zu|senden (*irr*) *vt*: **jdm etw ~** envoyer qch à qn
zu|sichern *vt*: **jdm etw ~** assurer qn de qch
zu|spitzen *vr* (*Lage*) s'aggraver
Zustand *m* état *m* ; **Zustände** *pl* (*Verhältnisse*) conditions *fpl*
zustande, zu Stande *adv*: **etw ~ bringen** réussir à obtenir qch ; **~ kommen** (*Geschäft, Vertrag*) être conclu(e)
zuständig *adj* responsable, compétent(e)
zu|stehen (*irr*) *vi*: **etw steht jdm zu** qn a droit à qch
zu|stellen *vt* distribuer
zu|stimmen *vi +Dat* être d'accord (avec)
Zustimmung *f* accord *m* ; **allgemeine ~ finden** être bien reçu(e) partout
zu|stoßen (*irr*) *vi*: **jdm ~** arriver à qn
Zustrom *m* (*Menschenmenge, Météo*) afflux *m*
zutage, zu Tage *adv*: **~ bringen** exposer
Zutaten *pl* ingrédients *mpl*
zu|teilen *vt* attribuer
zutiefst *adv* profondément
zu|trauen *vt*: **jdm etw ~** (*Aufgabe, Tat*) confier qch à qn ; **sich** *Dat* **etw ~** se sentir capable de (faire) qch
zutraulich *adj* confiant(e)
zu|treffen (*irr*) *vi* être exact(e), être juste ; **~ auf** *+Akk od* **für** s'appliquer à
zutreffend *adj* judicieux(-euse)
Zutritt *m* accès *m*, entrée *f*
Zutun (*-s*) *nt*: **ohne mein/sein ~** sans que j'y sois/qu'il y soit pour rien
zuverlässig *adj* (*Mensch*) digne de confiance ; (*Nachrichtenquelle*) sûr(e) ; (*Auto*) fiable
• **Zuverlässigkeit** *f* fiabilité *f*
Zuversicht *f* confiance *f*
• **zuversichtlich** *adj* confiant(e)
zuvor *adv* auparavant
zuvor|kommen (*irr*) *vi +Dat* devancer
zuvorkommend *adj* prévenant(e)
Zuwachs (*-es*) *m* accroissement *m* ; **sie haben ~ bekommen** (*fam*) la famille s'est agrandie
Zuwachsrate *f* taux *m* de croissance
zuwege, zu Wege *adv*: **etw ~ bringen** obtenir qch
zuweilen *adv* de temps en temps, parfois
zu|wenden (*irr*) *vt* (*Gesicht, Rücken*) tourner ▶ *vr*: **sich jdm ~** se tourner vers qn ; (*widmen*) s'occuper de qn ; **sich etw** *Dat* **~** se tourner vers qch ; (*sich widmen*) se consacrer à qch
Zuwendung *f* (*finanziell*) don *m*
zuwider *adv*: **jdm ~ sein** dégoûter qn
zuwinken *vi*: **jdm ~** saluer qn d'un signe de la main
zu|ziehen (*irr*) *vt* (*Vorhang*) tirer ; (*Knoten etc*) serrer ; (*Arzt, Experten*) consulter ; **sich** *Dat* **etw ~** (*Krankheit*) contracter qch ; (*Zorn*) s'attirer qch
zuzüglich *präp +Gen* plus
zwang *etc vb siehe* **zwingen**

Zwang (-(*e*)*s*, ⸗*e*) *m* force *f*; **tu dir keinen ~ an** (*fam*) ne te force pas
zwängen *vt* forcer
zwanghaft *adj* compulsif(-ive)
zwanglos *adj* informel(le); (*Kleidung, Arbeitsweise*) décontracté(e)
Zwangsarbeit *f* travaux *mpl* forcés
Zwangsarbeiter(in) *m(f)* travailleur(-euse) forcé(e)
zwangsweise *adv* d'office
zwanzig *num* vingt
zwar *adv*: **das ist ~ traurig, aber …** c'est (vraiment) triste, mais …
Zweck (-(*e*)*s*, -*e*) *m* but *m*; (*Sinn*) sens *m*
Zwecke *f* (*Reißzwecke, Heftzwecke*) punaise *f*
Zweckentfremdung *f* détournement *m*
zwecklos *adj* inutile
zweckmäßig *adj* pratique
zwecks *präp* +*Gen* en vue de
zwei *num* deux • **Zweibettzimmer** *nt* chambre *f* à deux lits • **zweideutig** *adj* ambigu(ë); (*unanständig*) à double sens, osé(e)
zweierlei *adj*: **~ Brot/Stoff** deux sortes de pain/tissu
zweifach *adj* double
Zweifel (-*s*, -) *m* doute *m* • **zweifelhaft** *adj* douteux(-euse) • **zweifellos** *adv* indubitablement
zweifeln *vi*: **an jdm/etw ~** douter de qn/qch
Zweifelsfall *m*: **im ~** en cas de doute
Zweig (-(*e*)*s*, -*e*) *m* branche
Zweigstelle *f* succursale *f*
zweihundert *num* deux cents
Zweikampf *m* duel *m*
zweimal *adv* deux fois
Zweisitzer *m* voiture *f* à deux places
zweisprachig *adj* bilingue
zweispurig *adj* à deux voies
zweit *adv*: **zu ~** à deux
zweitbeste(r, s) *adj* second(e)
zweite(r, s) *adj* deuxième, second(e)
zweiteilig *adj* en deux parties; (*Kleidung*) deux-pièces
zweitens *adv* deuxièmement
zweitgrößte(r, s) *adj* deuxième *od* second(e) (par ordre de grandeur)
zweitletzte(r, s) *adj* avant-dernier(-ère)
zweitrangig *adj* (*Qualität*) de second choix
Zwerchfell *nt* diaphragme *m*
Zwerg(in) (-(*e*)*s*, -*e*) *m(f)* nain(e)
zwicken *vt, vi* pincer
Zwieback (-(*e*)*s*, -*e od* -*bäcke*) *m* ≈ biscotte *f*
Zwiebel *f* oignon *m*
Zwielicht *nt* pénombre *f*; **ins ~ geraten sein** s'être discrédité(e)
zwielichtig *adj* louche
Zwiespalt *m* conflit
zwiespältig *adj* contradictoire
Zwilling (-*s*, -*e*) *m* jumeau(-elle) *m/f*; **Zwillinge** *pl* (*Astr*) Gémeaux *mpl*
zwingen (*irr*) *vt* forcer
zwingend *adj* (*Grund etc*) contraignant(e); (*Schluss*) inévitable; (*Beweis*) concluant(e)
zwinkern *vi* cligner des yeux; (*absichtlich*) faire un clin *od* des clins d'œil
Zwirn (-(*e*)*s*, -*e*) *m* fil *m*
zwischen *präp* (+*Akk*, +*Dat*) entre • **Zwischenbilanz** *f* bilan *m* intermédiaire • **zwischendurch** *adv* (*zeitlich*) entre-temps • **Zwischenfall** *m* incident *m* • **Zwischenlager** *nt* stockage *m* provisoire • **Zwischenlagerung** *f* entreposage *m*

• **zwischen|landen** *vi* faire escale
• **Zwischenlandung** *f* escale *f*
• **Zwischenraum** *m* espace *m*
• **Zwischenruf** *m* interruption *f*
• **Zwischenstation** *f*: **~ machen** faire halte • **Zwischenzeit** *f*: **in der ~** entre-temps

Zwist (*-es, -e*) *m* conflit *m*
zwitschern *vi* gazouiller
Zwitter (*-s, -*) *m* hermaphrodite *m*
zwölf *num* douze
Zyklus (*-, Zyklen*) *m* cycle *m*
Zylinder (*-s, -*) *m* cylindre *m*; (*Hut*) haut-de-forme *m*
Zyniker(in) (*-s, -*) *m(f)* cynique *mf*
zynisch *adj* cynique
Zynismus *m* cynisme *m*
Zypern (*-s*) *nt* Chypre *f*
Zypresse *f* cyprès *m*
zz., z. Zt. *abk* = **zurzeit**